COLLECTION DES CENT-QUINZE

DE LA SOCIÉTÉ

DES BIBLIOPHILES LANGUEDOCIENS

———

HISTOIRE
DE LA VILLE
DE MONTPELLIER

AVIS IMPORTANT

La Société, laiſſant à chaque auteur ou éditeur la reſponſabilité de ſes écrits, déclare ne point accepter la ſolidarité des opinions énoncées dans les ouvrages qu'elle fait imprimer.

(*Statuts*, extr. de l'art. 1er.)

HISTOIRE
DE LA VILLE
DE
MONTPELLIER

Depuis fon origine jufqu'à notre temps

Par Charles D'AIGREFEUILLE

NOUVELLE ÉDITION

PUBLIÉE SOUS LA DIRECTION

De M. de la PIJARDIÈRE

Archivifte de l'Hérault
Bibliothécaire honoraire de la bibliothèque Sainte-Geneviève, Préfident de la Société des Bibliophiles Languedociens

ET

PAR PLUSIEURS MEMBRES DE CETTE SOCIÉTÉ

TROISIÈME VOLUME

A MONTPELLIER
Chez C. COULET, Libraire-Éditeur
de la Société des Bibliophiles Languedociens
Grand'rue, 5

M DCCC LXXIX

HISTOIRE
DE LA VILLE
DE MONTPELLIER,
SECONDE PARTIE

CONTENANT

L'ORIGINE DE SON EGLISE,

La fuite de fes evêques, fes eglifes particuliéres, fes monaftéres anciens & modernes, fes hôpitaux. Avec un abregé hiftorique de fon univerfité & de fes colléges.

Par Meffire CHARLES DEGREFEUILLE, *prétre, docteur en théologie chanoine de la cathédrale.*

A MONTPELLIER,
Chez les fieurs RIGAUD pere & fils, marchands-libraires, ruë de la Barralerie,
à la Bible d'or.

M. DCC. XXXIX.
AVEC PRIVILEGE DU ROY

APPROBATION

J'Ay lû par ordre de Monseigneur le Chancelier cette seconde partie de l'Histoire de la ville de Montpellier, & je n'y ai rien trouvé qui doive en empêcher l'impression. A Paris le premier février mil sept cens trente-huit.   L'ABBÉ DUBOIS.

PRIVILEGE DU ROY

LOUIS PAR LA GRACE DE DIEU, ROY DE FRANCE ET DE NAVARRE : A nos amez & feaux conseillers, les gens tenans nos cours de parlement, maîtres des requêtes ordinaires de notre hôtel, grand conseil, prévôt de Paris, baillifs, sénéchaux, leurs lieutenans-civils & autres nos justiciers qu'il apartiendra, SALUT. Notre cher & bien-amé le sieur DEGREFEUILLE, docteur en théologie & chanoine de l'église cathédrale Saint-Pierre de Montpellier, nous ayant fait remontrer qu'il souhaiteroit faire imprimer & donner au public un ouvrage qui a pour titre, *Histoire de la ville de Montpellier, deuxième partie*, de sa composition, s'il nous plaisoit lui accorder nos lettres de privilége sur ce necessaires ; offrant pour cet effet de le faire imprimer en bon papier & en beaux caractéres, suivant la feuille imprimée & attachée pour modéle sous le contre-scel des présentes. A CES CAUSES, voulant favorablement traiter ledit sr. exposant, nous lui avons permis & permettons par ces présentes, de faire imprimer ledit ouvrage exposé, en un ou plusieurs volumes, conjointement ou séparément, & autant de fois que bon lui semblera & de le faire vendre & débiter par tout notre royaume, pendant le tems de neuf années consécutives, à compter du jour de la datte desdites présentes : faisons défenses à toutes sortes de personnes de quelque qualité & condition qu'elles soient, d'en introduire d'impression étrangere dans aucun lieu de notre obéissance ; comme aussi à tous libraires, imprimeurs & autres, d'imprimer, faire imprimer, vendre, faire vendre, débiter ni contrefaire ledit ouvrage ci-dessus spécifié, en tout ni en partie, ni d'en faire aucuns extraits, sous quelque prétexte que ce soit, d'augmentation, correction, changement de titre ou autrement, sans la permission expresse & par écrit dudit sieur exposant ou de ceux qui auront droit de lui, à peine de confiscation des exemplaires contrefaits, de trois mille livres d'amende contre chacun des contrèvenans dont un tiers à nous, un tiers à l'Hôtel-Dieu de Paris, l'autre tiers audit sieur exposant, & de tous dépens, dommages & interêts ; à la charge que ces présentes seront enregistrées tout au long sur le régître de la communauté des imprimeurs & libraires de Paris, dans trois mois de la datte d'icelles ; que l'impression de cet ouvrage sera faite dans notre royaume & non ailleurs, & que l'impétrant se conformera en tout aux réglements de la librairie, & notamment à celui du 10 avril 1725 & qu'avant que de l'exposer en vente, le manuscrit ou imprimé qui aura servi de copie à l'impression dudit ouvrage, sera remis dans le même état où l'approbation y aura été donnée, ez mains de notre très-cher & féal chevalier, le fieur d'Aguesseau, chancelier de France, commandeur de nos ordres; & qu'il en fera enfuite remis deux exemplaires dans notre bibliothéque publique, un dans celle de notre château du Louvre, & un dans celle de notredit très-cher & féal chevalier le fieur d'Aguef-feau, chancelier de France, commandeur de nos ordres, le tout à peine de nullité des préfentes, du contenu defquelles vous mandons & enjoignons, de faire joüir ledit fieur expofant ou fes ayans-caufe, pleinement & paifiblement, fans fouffrir qu'il leur foit fait aucun trouble ou empêchement. Voulons que la copie defdites préfentes qui fera imprimée tout au long au commencement ou à la fin dudit ouvrage, foit tenuë pour dûë fignifiée, & qu'aux copies collationnées par l'un de nos amés & féaux confeillers & fecrétaires, foi foit ajoûtée comme à l'original. Commandons au premier notre huiffier ou fergent, de faire pour l'exécution d'icelles tous actes requis & néceffaires, fans demander autre permiffion, & nonobftant clameur de haro, chartre-normande & lettres à ce contraire: CAR tel eft notre plaifir. DONNÉ à Verfailles le feptiéme jour du mois de mars, l'an de grace mil fept cens trente-huit, & de notre regne le vingt-troifiéme. Par le roy en fon confeil,

Signé SAINSON.

Régîtré fur le régître X de la Chambre royale & fîndicale de la librairie & imprimerie de Paris, n° 1, fol. 1, conformément au réglement de 1723, qui fait défenfe, art. IV, à toutes per-fonnes de quelque qualité qu'elles foient, autres que les libraires & imprimeurs, de vendre, débiter & faire afficher aucuns livres pour les vendre en leurs noms, foit qu'ils s'en difent les auteurs ou autrement, & à la charge de fournir à la fufdite Chambre les huit exemplaires prefcrits par l'ar-ticle CVIII du même réglement. A Paris, le 15 mars 1738.

LANGLOIS, fíndic.

Et ledit fieur DEGREFEUILLE a cedé le prefent privilege aux fieurs RIGAUD pere & fils, marchands-libraires à Montpellier, pour en jouir fuivant l'accord fait entr'eux.

A MONSEIGNEUR
MONSEIGNEUR GEORGE-LAZARE-BERGER
DE CHARANCY
EVÊQUE DE MONTPELLIER

Et à Messieurs les venerables prevôt, dignités, personats
& chanoines de la cathedrale

ET A TOUS LES ORDRES DU CLERGÉ DE MONTPELLIER.

MONSEIGNEUR,

J'AY *crû ne pouvoir vous offrir, à votre heureuse arrivée en cette ville, un présent plus digne de vous, que l'histoire de votre église. Vous y verrez,* MON-SEIGNEUR, *la suite de vos prédecesseurs, dont les uns s'atta-chérent à préserver leur diocése des erreurs des albigeois; & les* autres dans ces derniers siécles n'épargnerent rien pour reparer les desordres que les calvinistes y avoient causés. L'heureux succès dont Dieu accompagna leur zéle, nous présage celui dont il accompagnera le vôtre ; & nous pourrons tout esperer de la solidité de votre esprit, de la bonté de votre cœur, & de votre expérience dans le gouvernement de l'église ; votre chapitre, qui connoît toute la valeur du présent que le roy nous a fait, levera les mains au ciel pour la conservation d'une santé aussi précieuse que la votre & tous les ordres de votre clergé, animés par vos instructions & par vos exemples, coopéreront avec zéle à vos travaux.

Pour moi, MONSEIGNEUR, qui ai crû pouvoir joindre aux fonctions de mon état une étude particuliére de l'histoire de ma patrie, je m'estimerai heureux de pouvoir vous présenter les antiquités vénérables de votre église, & vous marquer le respectueux attachement avec lequel j'ay l'honneur d'être,

MONSEIGNEUR,

Votre très-humble & très-obéïssant serviteur,

DEGREFEUILLE, chanoine.

PRÉFACE

L'Eglife de Maguelone, ayant fouffert depuis fon établiffement divers changemens confidérables, j'ai crû, pour les rendre plus fenfibles à mes lecteurs, en devoir faire les principales époques de cette hiftoire. Ainfi, aprés avoir raporté dans le premier livre, tout ce qu'on trouve de plus certain fur fon origine & fur fes premiers evêques, jufqu'à la deftruction de Maguelone fous *Charles Martel*, je parcours dans le fecond les evêques qui tinrent leur fiége à *Subftantion* pendant trois cens ans. Ils retournerent enfuite à Maguelone dans le douziéme fiécle, ou ils établirent une nouvelle maniére de vivre parmi les chanoines, cc qui fera le fujet du III & du IV livre. Enfin, fous le roy François I, le fiége de Maguelone & fon chapitre ayant été transferez à Montpellier, ils y furent expofez à tous les troubles que les calviniftes cauferent dans cette ville, jufqu'au regne de Louis XIII.

L'hiftoire particuliére des monaftéres & des hôpitaux, m'a parû avoir une fi grande liaifon avec celle de nos evêques, que j'ai crû ne pouvoir me difpenfer d'en faire des articles particuliers, tant pour la fatisfaction des perfonnes qui y demeurent, que pour fervir de confirmation à tout ce que j'en aurai touché dans le corps de cet ouvrage.

J'ai crû auffi devoir comprendre dans ce même volume, l'article de l'Univerfité de Montpellier, à caufe de la prérogative qu'ont nos evêques d'en être les chanceliers. Et pour ne pas oublier les perfonnes diftinguées par leur pieté, qui font originaires de cette ville ou de fon diocéfe, je donne un abrégé de leur vie, comme la partie la plus précieufe de l'hiftoire ecclefiaftique.

Enfin, pour donner des preuves de tout ce que j'ai dit dans l'hiftoire des evêques, j'ai crû devoir y ajouter celle qu'Arnaud de Verdale, evêque de Maguelone, écrivit dans le xve fiécle fur tous fes prédeceffeurs, dont le pere Labbe nous a donné des fragmens dans fa bibliothéque & que j'infere dans fon entier, ayant été affez heureux pour en recouvrer les manufcrits de feu Mr. Plantavit de la Pauze, evêque de Lodeve & du célébre François Bofquet, evêque de Montpellier.

HISTOIRE
DE LA
VILLE DE MONTPELLIER

SECONDE PARTIE

SUITE CHRONOLOGIQUE

DES EVÊQUES DE MAGUELONE ET DE MONTPELLIER

La pagination eft celle de la première édition, dont les chiffres ont été maintenus dans les marges de cette réimpression.

Années.		Pages du Livre.
451.	ÆTHERIUS.	3.
550.	VINCENT Ier.	4.
572.	VIATOR.	ibid.
589.	BOISSI.	ibid.
600.	GENIEZ.	ibid.
672.	VINCENT II.	7.
788.	JEAN Ier.	9.
804.	STABELLUS.	ibid.
812.	RICUIN Ier.	ibid.
818.	ARGEMIRE.	10.
878.	ABBO.	ibid.
894.	GONTIER.	11.
937.	WIBAL.	12.
975.	RICUIN II.	ibid.
999.	PIERRE Ier.	13.
1048.	ARNAUD Ier.	ibid.
1078.	BERTRAND Ier.	19.
1080.	GOTHOFROI.	ibid.
1110.	GAUTIER.	25.
1129.	RAYMOND.	29.
1190.	GUILLAUME Ier, Raymond.	39.
1197.	GUILLAUME II, de Fleix.	42.
1203.	GUILLAUME III, d'Altiniac.	45.

Années.		Pages du Livre.
1216.	BERNARD, de Mezoa.	50.
1234.	Jean II, de Montlaur.	54.
1247.	RAYNIER.	58.
1248.	PIERRE II, de Conchis.	63.
1256.	GUILLAUME IV, Chriftophle.	66.
1262.	BERENGER, de Fredol.	69.
1296.	GAUCELIN Ier, de la Garde.	75.
1304.	PIERRE III, de Levis.	79.
1309.	JEAN III, de Comminges.	80.
1317.	GAILLARD, de Saumate.	83.
1318.	ANDRÉ, de Fredol.	ibid.
1328.	JEAN IV, de Viffec.	85.
1334.	PICTAVIN, de Montefquiou.	99.
1339.	ARNAUD II, de Verdale.	102.
1352.	AUDOIN.	111.
1353.	DURAND, des Chapelles.	112.
1362.	DEODAT.	116.

Années.		Pages du Livre.	Années.		Pages du Livre.
1366.	GAUCELIN II, de Deux.	121.	1527.	GUILLAUME II, Peliffier.	150.
1373.	PIERRE IV, de Vernobs.	132.	1573.	ANTOINE II, dit Subjet.	170.
1389.	ANTOINE Ier, de Louvier.	139.	1597.	GUITARD de Ratte.	172.
1405.	PIERRE V, Adhemar.	ibid.	1602.	JEAN VII, dit Garnier.	175.
1421.	B. LOUIS ALLEMAN.	142.	1608.	PIERRE V, de Fenoüillet.	177.
1424.	GUILLAUME V, dit le Roy.	145.	1657.	FRANÇOIS BOSQUET.	183.
1429.	LEGER Saporis.	ibid.	1677.	CHARLES DE PRADEL.	184.
1431.	BERTRAND II.	144.			
1433.	ROBERT de Rouvres.	ibid.	1696.	CHARLES-JOACHIM COLBERT.	187.
1450.	MAUR de Valeville.	ibid.			
1471.	JEAN VI, Bonail.	146.	1738.	GEORGE-LAZARE BERGER de Charancy.	
1487.	ISARN de Barriere.	ibid.			
1498.	GUILLAUME-Ier, Peliffier.	149.			

II. PARTIE DE L'HISTOIRE
DE MONTPELLIER

LIVRE PREMIER
Contenant la suite des evêques de Maguelone jusqu'au renversement de cette isle sous Charles Martel

---

CHAPITRE I.

I. Sentiment de Gariel sur l'origine de l'église de Maguelone. II. Ce que l'on peut croire de son sentiment. III. Preuves certaines de ses evêques dans le cinquième siécle.

QUOIQUE l'église de Maguelone passe constamment pour une des plus anciennes du Languedoc, il faut néanmoins avoüer que sa premiere époque n'est pas bien certaine. Pierre Gariel, dans la suite qu'il a donné au public des evêques de Maguelone, fait une dissertation pour établir, autant qu'il le peut, que Simon le Lepreux, chez qui le Sauveur mangea à Bethanie six jours avant sa passion, ayant été mis sur un vaisseau sans voiles & sans rames avec le Lazare, Marthe & Magdeleine, ils arriverent heureusement sur les côtes de Provence, où Lazare fonda l'église de Marseille, & Simon vint établir celle de Maguelone. Il nous aprend en même tems qu'il y souffrit le martyre, ayant été submergé dans l'étang des Volsques qui

Series præful. Magalon.

environne la ville de Maguelone. *Simon, stagno Volscarum immersus, nobile fecit martyrium.*

    Il faut avoüer qu'une origine aussi ancienne seroit bien glorieuse pour l'église de Maguelone; mais la vérité de l'histoire ne permet point d'embrasser une opinion, précisément parce qu'elle est avantageuse : car il faut auparavant qu'elle soit probable. Or il est très-douteux, selon nos plus anciens auteurs, que la religion chrétienne ait été reçuë dans les Gaules du tems des apôtres. *Sulpice Severe qui vivoit dans le cinquiéme siécle, en parlant des martyrs de Lyon qui souffrirent sous Marc Aurele dans la Ve persecution, c'est-à-dire, environ l'an de Jesus-Christ 180, dit positivement, que ce fut alors qu'on vit pour la premiere fois des martyrs dans les Gaules, parce, ajoute-t-il, que la religion chrétienne y fut reçuë bien tard, *tum primum intra Gallias martyria visa, serius trans Alpes Dei religione suscepta*. Et Gregoire de Tours, parlant des premiers evêques qui porterent l'évangile dans les Gaules en deçà de Lion, dit aussi que, durant la paix que les empereurs Philippe pere & fils laisserent à l'Eglise, le pape Fabien & ses successeurs envoyerent dans les Gaules Denis, qui fut evêque de Paris, Trophime à Arles, Paul à Narbonne, Gatien à Tours, Stremoine en Auvergne, Martial à Limoges, & Saturnin à Toulouse, qui moururent tous, sur la fin du troisiéme siécle, les uns durant la persécution de Dece, & quelques autres plus tard.

    Ce sentiment a si fort prévalu parmi les habiles critiques, que les églises que je viens de nommer ont repris, dans la reformation de leur breviaire, l'ancienne tradition, & abandonné les actes apocrifes qu'ils avoient du neuviéme ou du dixiéme siécle. Ainsi, Paris ne pretend plus avoir pour apôtre saint Denis l'Aréopagite, comme Hilduin, abbé de St-Denis commença de le pretendre dans le IXe siécle. Ainsi, Narbonne n'assûre plus Paul Serge le proconsul pour son apôtre, mais seulement ce même Paul qui fut envoyé dans les Gaules sous l'empire de Dece. Par où l'on peut fixer l'époque de St. Aphrodize, evêque de Beziers, disciple de St. Paul de Narbonne; celle de St. Papoul, disciple de Saturnin de Toulouse; celle de Crescent, evêque de Carcassonne & disciple de St. Paul; celle de St. Flour, evêque de Lodeve, que Mr. Plantavit dit qu'il faut mettre du tems de St. Martial.

    Je ne parle point de quantité d'autres anciennes églises du Languedoc, qui ont prétendu avoir pour fondateurs quelqu'un des disciples des apôtres; mais elles se trouvent dans de grandes peines pour leur donner des successeurs durant les quatre ou cinq premiers siécles. Ainsi Narbonne ne compte que le seul Estienne, entre Paul son premier evêque, & Hilaire, à qui le pape Boniface écrivit en 423. Toulouse n'en peut nommer que quatre ou cinq, qui même lui font difputez, entre Saturnin & Exupere qui vivoit dans le cinquiéme fiécle. Beziers ne connoit que Agritius & Paulin, depuis St. Aphrodize jufques bien avant dans ce même fiécle. Agde & Nîmes ne montent pas plus haut que dans le fixiéme. Lodeve ne compte que deux evêques entre St. Flour & Helladius, qui vivoit en l'année 451. Carcaffonne ne fçait qu'incertainement le tems où vivoient St. Gimier & St. Hilaire, qu'elle reconnoit pour fes evêques, & la fuite de leurs fucceffeurs ne commence que dans le fixiéme fiécle. Cominge & Perpignan ne montent pas plus haut.

Il n'eft pas neceffaire de faire ici mention de Montauban, Mirepoix, Caftres, Lavaur, Alet, St-Pons, St-Papoul, Rieux & Pamiers, dont les églifes font très-modernes; le pape Jean XXII, comme tout le monde fçait, ayant érigé en evêché les abbayes, prieurez ou fimples églifes paroiffiales qui étoient auparavant dans ces villes.

Il eft vrai que les églifes du Puy & de Viviers ont confervé dans leur legende une fuite de leurs evêques des cinq premiers fiécles; mais elle ne contient que leur nom, fans marquer le tems où ils vécûrent, ni les actions de leur vie. Ainfi l'églife d'Alby, quoiqu'ancienne, ne fe trouve avoir rien de bien certain que dans le Ve fiécle; & celle de Mende, dont les evêques font apellez evêques de Gevaudan, *epifcopi Gabalitani*, ne trouve de fucceffeur à St. Privat, fon premier evêque, que dans le premier concile d'Arles en 314, & dans celui d'Agde en 506.

On aporte pour raifon de cette obfcurité les perfecutions générales & particulieres, qui defolerent l'Eglife jufqu'à Conftantin, & particulierement celle de Diocletien, qui donna des ordres très-feveres de déchirer les livres & les écrits des chrétiens. Mais fi c'eft une excufe de l'ignorance où nous fommes fur ces premiers fiécles, cette raifon n'établit rien de pofitif, & nous ne fommes * pas moins en peine fur les faits dont nous aurions befoin d'être éclaircis. Cependant, comme l'hiftoire ne doit donner pour certain que ce qui l'eft, je me contente de dire, fans m'arrêter à des fimples conjectures, que le plus ancien témoignage que nous ayons pour l'églife de Maguelone eft tiré de Mariana dans fon Hiftoire d'Efpagne, où il dit, en citant un auteur arabe * qui vivoit dans le fixiéme fiécle, que l'empereur Conftantin ayant donné la paix à l'Eglife, donna auffi plufieurs evêques à des villes d'Efpagne qui en manquoient, & à la Gaule Narbonnoife, dans laquelle il nomme Narbonne, Beziers, Touloufe, Maguelone, Nîmes, Carcaffonne, Lodeve & Elne, aujourd'hui Perpignan. *Conftantinus multis urbibus epifcopos dedit eo honore carentibus... Ergo viris idoneis ad fe vocatis, civitates in hunc modum diftribuit. Primo Narbo defignata eft, aliæque feptem urbes, cum*

PAGE 3.

* *Razez Arabs.*

Liv. VI. chap. 16.

potestate jura sacra populis dandi moresque corrigendi. Earum hæc sunt nomina: Beterris, Tolosa, Magalona, Nemausus, Carcasso, & præter has *Lutebe & Helena.*

Sur quoi M. Gariel (qui m'a indiqué cet endroit de Mariana) se fait une difficulté qui vient naturellement. Pourquoi (dit-il) fixer la fondation de ces églises au tems de Constantin, puisqu'il est certain que plusieurs d'elles avoient auparavant des evêques, comme Narbonne & Toulouse ? A quoi il répond avec esprit, que la crainte des persecutions ayant cessé, & la religion ayant la liberté de se montrer à découvert sous le règne de Constantin, elle parut prendre dès-lors son commencement de la maniere qu'il est dit dans la Genese, qu'Enoch commença d'invoquer le nom du Seigneur, *Enoch cæpit invocare nomen Domini,* quoiqu'il soit constant qu'il y avoit avant Enoch des adorateurs du vrai Dieu.

Quelque ingenieuse que soit cette réponse, elle ne nous instruit pas davantage, & nous ne sommes pas moins en peine de sçavoir le nom de ces premiers evêques qui nous furent donnez par Constantin. Il est vrai qu'on auroit pû tirer quelque éclaircissement de la souscription des conciles qui furent tenus dans la Gaule Narbonoise durant le IVe & le cinquiéme siécle; mais, malheureusement pour nous, les evêques qui y souscrivirent se sont contentez de faire mention de leur siége sans y mettre leur nom. C'est ce que l'on voit dans le premier concile d'Arles, sous l'empereur Constantin en 314, dans le second de la même ville sous l'empereur Constance en 353, durant lequel Saturnin, evêque d'Arles, fit déposer Paulin, evêque de Treves. On le voit encore dans le conciliabule de Beziers, sous le même empereur, en 356, durant lequel la faction du même Saturnin fit exiler St. Hilaire, evêque de Poitiers. Les Actes du concile d'Orange sous Valentinien en 441, ni ceux du troisiéme d'Arles, sous Avitus en 455, ne nous marquent rien qui puisse nous donner connoissance d'aucun evêque de Maguelone. Ainsi il faut recourir à d'autres preuves qu'à celles que nous aurions pû tirer de tous ces conciles.

Je dirai donc que le plus ancien evêque de Maguelone, dont nous ayons quelque témoignage, est ÆTHERIUS, qui souscrivit avec St. Rustique, archevêque de Narbonne, à la lettre que les evêques de la province écrivirent en 451, au pape St. Léon, laquelle commence par ces mots : *Perlata ad nos epistola beatitudinis vestræ, quam ad orientem pro catholicæ fidei assertione misistis,* &c. On trouve cette lettre dans le premier volume des conciles du P. Sirmond, où veritablement on ne voit la souscription d'Ætherius qu'en ces termes : *Ego Ætherius sanctitatem tuam in Domino saluto,* sans qu'il y soit fait mention de la ville de Maguelone. Mais ce défaut est avantageusement reparé par un autre exemplaire de la même lettre, recüeilli par feu Mr Savaron préfident en la fenéchauffée de Clermont en Auvergne, dont le fçavoir & le merite fut connu dans toute la France. Car, dans les manufcrits qui ont refté au pouvoir des Chartreux de Bonpas, on trouve cette même lettre avec la foufcription de tous les evêques de la province en cet ordre.

Rufticus, epifcopus Narbonenfis.
Helladius, epifcopus Lodovenfis.
Ætherius, epifcopus Magalonenfis.
Eugenius, epifcopus Nemaufenfis, &c.

CHAPITRE SECOND.

PAGE 4.

I. Succeffeurs d'Ætherius dans l'evêché de Maguelone. II. Revolte de l'evêque Guimilus contre le roy Vamba. III. Irruptions des Sarrafins dans le Languedoc qui occafionnerent la deftruction de Maguelone. IV. Et le changement du fiége à Subftantion.

SUIVANT le manufcrit de Savaron dont j'ai déjà parlé, Ætherius eut pour fucceffeur dans le fiége de Maguelone VINCENT I, qui fut contemporain de St. Firmin, evêque d'Ufez, environ l'an 550. Il eft fait mention de lui dans l'hiftoire des archevêques d'Arles, car on lui attribuë ces paroles de Saxius, qui a compofé cette hiftoire : *De Meffano presbitero eft elegans epiftola in noftro codice, de confecratione ecclefiæ D. Hermetis ad Vincentium epifcopum.*

VIATOR foufcrivit, comme evêque de Maguelone, au concile de Prague tenu en l'année 557, comme il confte par les chroniques d'Efpagne, d'Ambroife Moralez, & plus encore par l'édition des conciles imprimée à Cologne en 1552, veritablement Gariel fe fait fur cela diverfes difficultez, mais il n'eft pas fuivi par Mrs de Ste Marthe, qui comprennent Viator parmi les evêques de Maguelone.

Chap. 62.

BOETIUS fut du nombre des evêques du royaume des Vifigots, que le roy Recarede, après fa converfion à la religion chrétienne, invita de fe trouver au IIIe concile de Tolede, qu'il fit affembler en 589. L'evêque de Maguelone, ne pouvant y affifter en perfonne, y envoya fon archidiacre Genefius, qui foufcrivit pour lui en ces termes : *Ego Genefius in Chrifti nomine, archidiaconus ecclefiæ Magalonenfis, vicem gerens domini Boetii epifcopi, fubfcripfi.*

Sur la fin de la même année, le roy Recarede ayant fait tenir un concile provincial à Narbonne pour y faire recevoir les decrets du concile de Tolede, Boëtius fut en état de s'y rendre en personne; & c'est au bas de la souscription des evêques qui y assisterent qu'on voit la sienne en ces termes : *Boetius, in Christi nomine ecclesiæ Magalonensis episcopus, in has constitutiones interfui & subscripsi.*

On ajoûte que le roy Recarede étant venu à Gironne, où il mit sa couronne royale sur le tombeau de St Felix, Boëtius s'y rendit, & assista à cette pieuse cérémonie.

GENESIUS qui, en qualité d'archidiacre, avait signé pour Boëtius, son evêque, au IIIe concile de Tolede, lui succeda dans le siége de Maguelone. Il est connu par la souscription de son archidiacre Estienne, qui assista pour lui en 633 au IVe concile de Toledé, auquel présidoit St. Isidore, evêque de Seville.

Quelques auteurs ont voulu lui donner pour successeur un Eumenius, qui se trouve signé au Ve concile de Tolede en 652, mais cet Eumenius est visiblement un abbé qui avoit assisté à ce concile.

GUIMILUS a flétri sa mémoire par la conspiration où il entra contre son souverain, & par les troubles qu'il causa dans le Languedoc.

Rerum Hispan. scriptores.

Nous en aprenons l'origine, & la suite des historiens espagnols, qui nous marquent que le roy Vamba, l'un des princes visigots les plus religieux, ayant ordonné aux juifs de sortir de ses états, plusieurs de cette nation s'arrêterent dans le Languedoc, où ils gagnerent par leurs présens Ilderic, comte de Nîmes, Guimilus, evêque de Maguelone, & un abbé nommé Raminir ou Ramir. Ces trois personnes ayant pris les juifs sous leur protection, voulurent entraîner dans leur parti Aregius, evêque de Nîmes; mais l'ayant trouvé toûjours inflexible, ils le firent charger de chaînes, le priverent de son evêché, & mirent à sa place l'abbé Ramir, qui se fit sacrer par deux evêques étrangers, sans confirmation du prince, ni du métropolitain.

PAGE 5.

Le roy Vamba, averti de ces desordres, envoya des troupes sous la conduite * du comte Paul, grec de nation; mais cet infidéle, s'étant joint aux revoltez, ne songea qu'à se rendre maître de tout le pays. Après s'être assûré de Nîmes & de Maguelone, il surprit Agde & Beziers, d'où il alla se presenter devant Narbonne. Agebalus, qui en étoit archevêque, tâcha de lui en faire fermer les portes; mais le comte Paul, l'ayant prévenu, y mit une forte garnison, & fit entendre au peuple qu'il ne devoit plus reconnoître le roy Vamba, dont il décria beaucoup le gouvernement. A quoi le duc Renoscinde ajoûta qu'on ne pouvoit mieux faire que de choisir le comte Paul lui-même, ce qui fut agréé & suivi par tout le peuple. Le comte ayant donc accepté fa nomination, il fe fit prêter ferment de fidelité, & pour fe maintenir dans fon ufurpation, il fe menagea le fecours des François & des Efpagnols de la province de Tarragone.

Cette revolte, qui devenoit très-ferieufe pour le roy Vamba, l'obligea de compofer avec les peuples de la Bifcaye aufquels il faifoit actuellement la guerre, & faifant marcher fon armée vers le Languedoc, il la divifa en trois corps, l'un defquels avoit ordre de paffer à la vûë de Maguelone.

Le roy, qui fuivoit de près, vint fe prefenter devant les murailles de Narbonne. A fon arrivée, le comte Paul prit la fuite, fe contentant de laiffer la garde de cette place au duc Renofcinde, qui fit une longue & belle refiftance. Le roy n'ayant jamais voulu lever le fiége, obligea enfin la ville de fe rendre. Après quoi il conduifit fon armée à Beziers & Agde; ce qui donna (dit l'hiftorien) bien de l'épouvante à Guimilus, evêque de Maguelone, qui, voyant les préparatifs qu'on faifoit déja pour venir l'affieger par eau & par terre, prit auffitôt la fuite, & fe rendit par des chemins écartez dans la ville de Nîmes où le comte Paul s'étoit refugié.

Les revoltez vinrent fe prefenter devant l'armée du roy pour lui difputer les aproches de Nîmes; mais la partie n'étant pas égale, le comte jugea plus à propos de faire retirer fes troupes dans la ville, & d'en foûtenir le fiége. Il fe défendit fi bien contre les premieres attaques, qu'il fit fouvent douter du fuccès de cette guerre; mais les affaillans ayant redoublé leurs efforts, & étant prêts de forcer les murailles, le comte commença de perdre courage & s'enfuit dans le château des Arenes, qui eft l'amphiteâtre de la ville. Cette démarche acheva d'ôter le cœur à ceux qui combattoient pour lui. Les foldats du roy entrerent dans la ville, la mirent au pillage, & y firent un fi grand carnage que les ruës étoient pleines de corps morts.

Le comte qui, du haut de l'amphiteâtre, voyoit une fi grande defolation, comprit qu'il ne reftoit d'autre reffource qu'en la clemence du roy. Il commença par quitter tous les ornemens royaux, en prefence de ceux qui l'avoient fuivi dans les Arenes, & pour fléchir le roy, s'il étoit poffible, il employa le même archevêque de Narbonne, dont nous avons parlé. Ce bon prélat, après avoir offert le facrifice, fortit de la ville revêtu des mêmes ornemens avec lefquels il avoit célébré; & auffitôt qu'il put être aperçu du roy, il defcendit de fon cheval, courut fe jetter à fes pieds, & les larmes aux yeux, il le conjura de vouloir épargner la vie de fes fujets, quoique coupables. Le roy lui répondit qu'il étoit las de répandre du fang, & qu'il vouloit bien épargner ceux qui avoient échapé du carnage; mais qu'une auffi grande faute que celle des revoltez demandoit un exemple. L'archevêque ayant voulu infifter, le roy n'en parut pas content, & marchant auffitôt vers la ville, il y entra avec le refte de fes troupes. Le comte Paul, frapé alors plus que jamais de l'horreur de fon crime & de la crainte des punitions qu'il meritoit, alla fe cacher dans une des caves de l'amphiteâtre, où deux officiers de l'armée de Vamba l'ayant découvert, ils l'en tirerent de force, & le traînant par les cheveux, ils l'amenerent au roy.

A peine ce traître eût aperçû fon maître, qu'il quitta fa ceinture & fe jetta à fes pieds. Le roy ayant fait figne qu'on l'ôtât de fa vûë, il le fit garder étroitement, jufqu'à ce qu'il eût deliberé avec fon confeil ce qu'il en devoit faire. Il congedia cependant les gentilshommes françois qui s'étoient trouvez avec * le comte Paul, leur permettant de fe retirer & de retourner dans leur maifon.

Trois jours après, les coupables furent conduits les fers aux pieds devant le roy pour entendre leur jugement. La forme qu'on obferva dans cette procedure nous a été confervée par Julien de Tolede; & peut-être que le lecteur ne defaprouvera pas que j'en raporte le détail, quand ce ne feroit que pour juger des mœurs et des manieres de ce tems-là. Le roy donc étant affis fur fon trône, au milieu de fon armée & des feigneurs de la cour, commanda au comte Paul & à fes complices de lui dire, fous le fceau du ferment, s'ils avoient jamais reçû aucun déplaifir de lui, qui eût pu les porter à prendre les armes contre fon fervice. A quoi le comte ayant répondu que, bien loin de là, il avoit reçû de lui plus de biens & de faveurs qu'il n'en meritoit. Pourquoi donc, repliqua le roy, vous êtes-vous revoltez? C'eft le diable qui nous l'a fait faire, dirent-ils tous comme de concert. Cette réponfe faite, on leur fit reconnoître leur feing dans le ferment de fidelité que toute la nation avoit prêté au roy Vamba; & la lecture en ayant été faite, on lut auffi le ferment que le comte Paul avoit exigé de ceux qu'il avoit entraîné dans fa revolte.

Le tout ayant été verifié, on fit lire les decrets des conciles de Tolede, confentis par toute la nation, contre ceux qui auroient troublé le repos de l'État, ou qui auroient attenté contre l'autorité du prince. On fit auffi la lecture des loix des Vifigots fur le même fujet, & le confeil étant venu aux avis, il fut décidé que, puifque les conciles avoient prononcé fentence d'excommunication contre l'ame de ceux qui auroient troublé l'État, il étoit hors de doute que la juftice du roy ne pût les punir en leur corps par une mort infame. Que fi pourtant le roy vouloit leur faire grace, ce ne devoit être que pour être enfermez pour toûjours dans une prifon, aprés avoir eu les yeux crevez & tous leurs biens confifquez, pour leur propre punition, & pour l'exemple des autres.

Ce jugement ainfi rendu, le roy refta dans fon camp, qu'il fit garder avec foin, en attendant de voir fi quelqu'un remueroit dans le pays; mais les partifans des rebelles étoient fi effrayez qu'ils difparurent par tout, excepté du côté de Beziers, où le duc Lupus fit quelque ravage. Le roy y accourut avec fes troupes; & au feul bruit de fa marche, Lupus, qui étoit à Afpiran, prit la fuite avec tant de précipitation, qu'il abandonna fes équipages.

Vamba, s'étant rendu à Narbonne, y congedia une partie de fes troupes. Il nomma de bons gouverneurs pour les places qu'il laiffoit dans le Languedoc, & renouvella fes ordonnances contre les juifs, qu'il chaffa de tout le pays. Puis, prenant la route d'Efpagne, il envoya devant lui fur des chariots les rebelles qu'il avoit vaincu & fait juger à Nîmes.

Julien de Tolede, qui nous a donné l'hiftoire de ce grand évenément, nous a confervé auffi le détail de cette trifte marche. Il raporte que ces miferables étoient fur leurs chariots vétus de méchans habits, tiffus de poil de chameau, la tête & la barbe rafe, & pieds nuds. Que le comte Paul, qui avoit pris les marques de la royauté, paroiffoit à leur tête, portant une couronne de cuir noircie avec de la poix, & qu'en cet état ils firent leur entrée dans la ville de Tolede, au mileu des huées d'un nombre infini de peuple.

Depuis ce tems, il n'eft plus parlé de Guimilus, evêque de Maguelone, qui, felon toutes les aparences, finit fes jours dans la prifon à laquelle il avoit été condamné.

Les chanoines de Maguelone demanderent alors au roy Vamba, Vincent II, qui fe trouve le fucceffeur immédiat de Guimilus. Ce fut de fon tems qu'on fit en Efpagne une divifion de toutes les metropoles du royaume, où l'on voit les limites des evêchez de leur fuffragance. J'ai crû devoir en extraire ce qui regarde le diocéfe de Maguelone & ceux qui lui font voifins, de la maniere que Duchefne le raporte : *Hift. franç., tom. prem., pag. 834.*

Narbonæ metropoli fubjaceant hæ fedes.

Beterris hæc teneat, de Staleth ufque Barcinona. De Macai ufque Ribafora. Agatha hæc teneat, de Nuza ufque Riberam. De Gallar ufque Mirlam. Magalona* hæc teneat, de Nuza ufque Angeram. De Caftello ufque Sambiam. Luteba hæc teneat, de Lambia ufque Rabaval. De Anges ufque ad Montem Rufum. Carcaffona hæc teneat, de Monte Rufo ufque Angeram. De Angera ufque Montana. Elna hæc teneat, de Angera ufque Rocinolam. De Laterofa ufque Lamufam. PAGE 7.

On trouve ce même partage dans l'hiftoire d'Efpagne de Lucas Tudenfis, avec une alteration peu confiderable de quelques-uns de ces noms. Mais ils nous font également inconnus, & il feroit bien difficile de regler aujourd'hui fur cet ancien partage les limites de nos diocéfes.

Peu de tems après qu'on eut fait ces reglemens, le roy Vamba fut dépoffedé par Ervige, qui cherchant, comme la plûpart des roys fes prédéceffeurs, à faire confirmer dans des conciles leur legitime élection, ou leur ufurpation violente, fit affembler le XIII° de Tolede, où Vincent II, evêque de Maguelone, fut apellé avec fes autres comprovinciaux. On voit leur feing dans les actes de ce concile, & l'on ajoûte que Vincent fut enfuite le trifte témoin des irruptions que les Sarrafins, maîtres de l'Afrique, commencerent de faire alors fur les côtes de l'Europe qui regardoient la Mediterranée. Leurs vaiffeaux ayant fouvent porté la defolation dans la Sicile & dans l'Italie, entrerent enfin dans le Languedoc par le Grau de Maguelone, d'où ils allerent ravager toutes les terres des environs. Il eft fort croyable (comme Gariel l'affûre) que Vincentius vivoit alors; mais il eft difficile à croire (comme il ajoûte) que ce même evêque fût encore en place en 737, qui eft l'année fatale du premier changement de fon fiége, puifqu'il lui auroit falu cinquante-quatre ans d'épifcopat, depuis l'année qu'il affita au concile de Tolede, jufqu'à la deftruction de Maguelone.

On fçait affez, par tout ce que j'en ai déjà dit, que les Sarrafins ayant pénetré en France, furent repouffez par Charles Martel jufques fur nos côtes, où il ordonna qu'on démolît toutes les villes qui pouvoient fervir de retraite à ces infidéles. Maguelone fut la premiere qui fe reffentit de cet ordre rigoureux : fes murailles furent entierement démolies, & fes habitans contrains d'aller chercher ailleurs une habitation. Cet événement célèbre donna lieu à l'établiffement de Montpellier, que plufieurs de ces fugitifs entreprirent de bâtir. Mais l'evêque & le clergé de Maguelone ayant befoin de trouver un lieu tout formé, crûrent ne pouvoir mieux faire que de choifir l'ancienne ville de Subftantion, connuë du tems des Romains fous le nom de Sextaftatio. Elle eft fur les bords de la riviere du Lez, au-deffus de Caftelnau, & du même côté en montant la riviere. C'eft là que les anciens comtes qu'il y avoit à Maguelone changerent leur demeure, de même que fon clergé, qui y refta trois cens ans, comme nous le dirons dans le livre fuivant.

HISTOIRE ECCLESIASTIQUE
DE MONTPELLIER

LIVRE SECOND

Contenant la suite des evêques qui résidérent à Subſtantion depuis 737 juſqu'au onziéme ſiécle

CHAPITRE PREMIER.

I. Raiſons du vuide qui ſe trouve dans l'hiſtoire des premiers evêques qui réſidérent à Subſtantion. II. Suite de ceux qui nous ſont connus. III. Premier et ſecond concile de Villa-Portus, dans le diocéſe de Maguelone.

A diſperſion des habitans de Maguelone, jointe aux troubles qui arriverent dans le pays ſous le regne du roy Pepin, & ſous une bonne partie de celui de Charlemagne, nous ont fait perdre les mémoires d'où nous aurions pû tirer la ſuite des premiers evêques qui reſiderent à Subſtantion. Nos regîtres publics ne montent pas ſi haut, & ce n'eſt que par l'hiſtoire génerale de l'Égliſe que nous connoiſſons :

Evêques à Subſ-tantion.

JEAN I, qui eſt ſigné dans les actes du concile de Narbonne tenu en 788, contre Felix d'Urgel ; d'où l'on doit inferer que cet evêque étoit contemporain de St. Benoît d'Aniane, qui eut beaucoup de part à la tenuë de ce concile.

I.

II.

La protection singuliere que les empereurs Charlemagne & Loüis le Débonnaire donnerent à cet illustre abbé, tourna beaucoup à l'avantage des églises de la province; car, outre les graces qu'il obtint pour elles de ces deux princes, il leur procura de dignes evêques, parmi lesquels on marque :

STABELLUS, qui succeda à Jean I dans le siége de Maguelone, dont il occupoit déja la place en 804, comme il conste par le nom des evêques qui assisterent cette même année à la dédicace de l'église de St.-Sauveur d'Aniane. Stabellus y est nommé *episcopus Magalonensis*; d'où l'on infere qu'il fut dans une grande liaison avec St. Benoît d'Aniane, dont la mort lui fut revelée après son decès, quoiqu'ils se trouvassent alors fort éloignez l'un de l'autre. *Ejus etiam obitus Stabello Magalonensi episcopo revelatus est*, dit l'auteur de la vie de ce saint.

RICUIN I est reconnu pour avoir tenu le siége de Maguelone durant cinq années, qui commencerent en 812 & finirent en 817. Ce fut de son tems que les comtes de Substantion ayant accordé leur protection aux fugitifs qui étoient venus se refugier à Montpellier, on fit le partage des deux districts de Montpellier & de Montpelieret. Alors l'evêque Ricuin, pour leur donner le moyen de * s'assembler pour l'exercice de leur religion, consacra une chapelle à l'honneur de la Ste Vierge, dans le même lieu où est aujourd'hui Nôtre-Dame des Tables.

Après sa mort, il y eut de grands troubles dans le pays pour lui donner un successeur. Bernard, duc de Septimanie, portoit un nommé Fulbold, homme riche & de grande naissance, mais de fort mauvaises mœurs. D'un autre côté, le clergé de Maguelone vouloit Fredol de Substantion, homme noble & recommandable par sa piété. Le duc en étant venu aux voyes de fait, le peuple & le clergé (au raport d'Aimon le moine) porterent leurs plaintes au roy Loüis le Débonnaire, qui, rejettant les deux concurrens, nomma un saint prêtre, qui fut

ARGEMIRE, connu dans nos archives par la protection & par les liberalitez qu'il reçut de l'empereur Loüis le Débonnaire. Car, outre les terres du Terrail, de Baillargues, de Vedas, de Montelz, de Chaulet & de Locon qu'il lui donna, comme nous l'aprenons de Verdale, nous voyons par un rescript de cet empereur, donné à Aix-la-Chapelle le jour des ides de mars & la sixiéme année de son empire, c'est-à-dire en 819, qu'il fit rendre à l'église de St. Pierre de Maguelone, *ubi Deo authore Argemirus præest*, le lieu de Villeneuve dans le terroir de Maguelone, de la maniere que le comte Robert l'avoit euë, *in beneficium*. Et par d'autres lettres que nous avons, de même date, il prend sous sa protection imperiale les biens & les personnes de l'églife de St. Pierre de Maguelone, *ubi venerabilis Argemirus epifcopus præeft*.

Une fi haute protection l'ayant mis à l'abri des troubles qu'il auroit pû recevoir des feigneurs de fon voifinage, il s'attacha à faire fleurir la religion dans Montpellier, qui devenoit la portion la plus confiderable de fon diocéfe. Il le partagea en deux paroiffes dont l'une, fous le nom de St.-Firmin, comprenoit les trois quarts de la ville, & l'autre, fous l'invocation de St.-Denis, étoit pour Montpelieret & pour fon fauxbourg. Mais pour exciter dans fon peuple une plus grande dévotion pour la Ste Vierge, à l'honneur de laquelle on avoit déjà dreffé une chapelle, il obtint du pape Gregoire IV une bulle, que l'on conferve dans les archives de l'hôtel de ville, dans laquelle le faint Pere accorde plufieurs graces fpirituelles à ceux qui contribueroient de leurs biens à l'édifice & à l'augmentation de cette églife.

ABBO, fon fucceffeur, continua cet ouvrage; & nos hiftoriens remarquent que le pape Jean VIII, ayant été contraint de quitter la ville de Rome pour venir fe refugier en France, il fut invité par Abbon, à fon paffage par Arles, de venir à Montpellier, pour voir la nouvelle églife qu'il y avoit bâti, & que Dieu avoit déja renduë célèbre par les guerifons miraculeufes qu'on y recevoit. Mais le pape s'étant excufé fur la neceffité d'aller joindre le roy qui l'attendoit, il engagea l'evêque Abbo de le fuivre au concile de Troyes qu'il devoit tenir. En effet, on trouve fa foufcription parmi celle des evêques qui affifterent à ce concile, & on la trouve de même à la fin des reglemens qui furent faits à Compiegne lors du couronnement de Loüis le Begue en 877, fignez en ces termes : *Abbo, epifcopus Magalonenfis, fubfcripfi*. *Balufe, Capitulaires, liv. 2, pag. 276.*

Mais nous trouvons deux occafions plus intereffantes pour notre diocéfe & pour la province de Narbonne, où ce prélat eut beaucoup de part. J'entends parler des deux conciles tenus de fon tems dans un petit lieu apellé Villa-Portus, aujourd'hui Nôtre-Dame des Ports, fur les limites des diocéfes de Nîmes & de Maguelone.

III.

La vie de St. Theodard, natif de Montauban, & archevêque de Narbonne, raportée par Catel dans fes memoires du Languedoc, nous aprend le nom des evêques qui affifterent à ces conciles, & le fujet qui les fit affembler. *Pag. 760.*

Un nommé Selva, foi-difant archevêque, avoit chaffé de Gironne Servus Dei, & mis à fa place Ermemirus, qui trouva le moyen de fe faire facrer par Frodon de Barcelone & par Godmar d'Aufone. Les plaintes en ayant été portées au pape Eftienne VI, il envoya fur les lieux pour en être mieux informé, & commit Theodard, archevêque de Narbonne, de qui les evêques de Catalogne reffortoient alors, parce que Tarragone leur metropole étoit occupée par les Maures. Le faint archevêque fit un voyage dans fa province, pour inviter tous les * evêques & leurs voifins même de venir au concile. Les archevêques d'Arles & d'Embrun, avec les evêques d'Apt, de Marfeille & quelques autres, lui promirent de s'y trouver. Cependant St. Theodard fit affembler tous les fuffragans, fçavoir : les evêques de Nîmes, Carcaffone, Alby, Ufez, Maguelone, Agde, Beziers, Elne, Aufone, Urgel, Gironne, Touloufe & Lodeve, & tous enfemble, avec ceux de la Provence, qui s'étoient déjà rendus à Villa-Portus, ils commencerent la tenuë du concile le xv. des kal. de decembre 886, felon Catel & le P. Sirmond.

Selva & Ermemirus y furent dépofez & reduits à la communion laïque. Mais Frodon & Godmar ayant imploré la mifericorde des peres du concile en fe jettant à leurs pieds, reçûrent le pardon de leur faute, fous certaines conditions qui ne font pas de nôtre hiftoire.

Le fecond concile tenu en ce même lieu en 897, ne fut pas fi nombreux en evêques que le premier, mais nous en avons les actes plus entiers, que nous devons aux foins de Mr Baluze, qui les ayant découverts dans les archives de Narbonne, les a donnez au public dans fon livre qui a pour titre : *Concilia ecclefiæ Narbonenfis*.

Ces actes nous aprenent que Abbo, evêque de Maguelone, en fit le principal fujet, puifque ce concile ne fut tenu que à l'occafion des plaintes que porta contre lui un prêtre nommé Adalphredus, chargé du foin de la paroiffe de St-Jean-de-Cocon (aujourd'hui le Mas-de-Manfe).

Il s'agiffoit des dîmes de cette paroiffe, dont une partie avoit été détournée en faveur de l'églife de St-Andoque, nouvellement bâtie dans la paroiffe de Cocon. Le prêtre Adalphredus difoit que fon églife avoit joüi des dîmes depuis près de cent ans, & que celle de St-Andoque ne les percevoit que que depuis fept années.

L'evêque Abbo foûtenoit le contraire, ce qui rendit les peres du concile fort incertains fur l'éclairciffement du fait. Alors tous d'un commun avis prierent Abbo de leur dire ce qu'il fçavoit de certain fur cette affaire. Et le prélat (comme difent les actes), aimant mieux déclarer la vérité que de la tenir cachée, dit, en préfence de tous les evêques, abbez & autres perfonnes qui compofoient l'affemblée, que le droit étoit plus canoniquement acquis à l'églife de St-Jean-de-Cocon.

CHAPITRE SECOND.

I. Concile de St.-Vincent de Jonquieres. II. Suite des evêques jufqu'à Arnaud premier. III. Qui forme le deffein de rétablir l'églife de Maguelone.

GONTIER, fucceffeur immédiat de l'evêque Abbo, affifta en 894 au concile de Maguelone, tenu cette même année à St. Vincent de Jonquieres, *apud Juncharias*.

GONTIER. 894.

C'eft une ancienne églife, tout auprès de Pouffan, à trois lieuës de Montpellier, fituée dans un fonds marécageux rempli de joncs, qui lui ont fait donner le nom de Jonquieres. L'églife portoit le nom de St. Vincent dans le tems que le concile y fut affemblé. Elle fut ruinée dans les premieres guerres des huguenots; mais on en voyoit encore de grands reftes dans le tems que Gariel compofoit fon hiftoire des evêques de Maguelone; car il dit qu'on pouvoit juger de la hauteur de la voute de cette églife, par la hauteur des fenêtres qui y reftoient, & par un grand efcalier en limaçon qui s'étoit confervé, d'où l'on pouvoit connoître que tout l'édifice avoit été conduit par quelque habile architecte. Cette églife fut donnée dans le douziéme fiécle aux Benedictins de la Chaize-Dieu (comme nous le verrons en fon lieu), & dans l'acte de donation, elle eft apellée St. Vincent de Jonquieres. Ce que je marque exprès pour éclaircir les differentes erreurs des copiftes, qui ont mis *apud Juniarias*, ou bien, * *apud Januarias*; ce qui a donné lieu à quelques auteurs de croire que ce concile avoit été tenu à Juvignac. Mais cette derniere paroiffe eft dédiée à St. Gervais, & celle de Jonquieres l'a été toûjours à St. Vincent.

PAGE 12.

Le fujet de ce concile fut une fuite du premier qu'on avoit tenu à Villa-Portus. Le comte Surianus ou Soarius, premier comte d'Urgel & fils de Guillaume le Chevelu, comme Baluze le croit dans fes notes fur ce concile, avoit été excommunié dans la concile de Troyes fous le pape Etienne VI, pour avoir foûtenu les entreprifes de Selva contre les evêques d'Urgel & de Girone. Quoique cette affaire eût été terminée de la maniere que nous avons dit, le comte avoit toûjours refté dans fon excommunication; mais étant enfin revenu à lui, il eut recours à fon metropolitain qui affembla fes fuffragans à Jonquieres, pour fa reconciliation. Delà vient, comme nous les voyons dans les actes, que les peres de ce concile prient l'archevêque de s'affûrer de la penitence du comte, & d'examiner tant lui que fes enfants,

Vita Sti Theo-
dardi apud Caf-
tellum, pag. 761.

leurs femmes & leurs vaſſaux, pour découvrir s'il ne leur reſte point dans l'ame quelque mauvaiſe volonté *ut in viſceribus eorum nulla machinamenta, nec ulla fallacia diaboli remaneat*. Et au cas qu'il conſte à l'archevêque de leur converſion ſincere, ils le chargent d'abſoudre le comte avec toute ſa famille, & de les combler des benedictions exprimées, dont on voit un grand détail dans les actes de concile.

<small>Baluze, Conc. prov. Narbon.</small>

Nous aprenons de Gariel, dans l'article de l'evêque Gontier, qu'il y eut de ſon tems de grands démêlez entre les habitants de Montpelier & de Montpelieret, pour attirer chez eux les chanoines de Subſtantion, qui ſe plaignants du mauvais air que leur cauſoient les broüillards de la riviere du Lez, ſouhaitoient de ſe changer à Montpellier, plûtôt que de ſuivre leur evêque à Villeneuve, où il ſe tenoit ordinairement. Les differents projets qu'on fit alors ayant agité quelque tems les eſprits, tomberent enfin d'eux-mêmes ; & ce ne fut qu'après bien des ſiécles que ce projet fut executé d'une maniere beaucoup plus avantageuſe qu'elle n'auroit été alors.

<small>937. VUIBALD.</small>

VUIBALD ou VUABALB, eſt connu par la conſecration faite, en 937, de l'abaye de St.-Pons de Tomieres, que Pons, comte de Touloufe, & ſa femme Garcinde, venoient de fonder à l'honneur de St. Pons, martyr. Vuibald eſt nommé comme evêque de Maguelone dans les actes de cette cérémonie, qui nous aprenent qu'elle fut faite par Aimery, archevêque de Narbonne, affiſté de Vuibald & des evêques de Carcaſſonne, de Beziers & de Lodeve.

RICUIN II nous eſt beaucoup plus connu que Vuibald, ſon predeceſſeur, tant à cauſe des choſes memorables qui ſe paſſerent durant ſon pontificat, que parceque nous en avons des mémoires plus particuliers, puiſque c'eſt à lui que commence l'hiſtoire que Verdale nous a donné des evêques de Maguelone.

Il eſt à obſerver que quelques écrivains étrangers ont confondu ſouvent les faits arrivez ſous Ricuin I & Ricuin II; mais nos auteurs modernes, par l'interêt qu'ils y avoient, ont examiné les choſes de plus près, & en comparant les faits particuliers avec l'hiſtoire générale, ils ont débroüillé la vérité obſcurcie par les opinions des écrivains qui regardoient les choſes de fort loin.

L'évenément le plus digne de remarque eſt la donation que les ſœurs de St. Fulcran firent à l'evêque Ricuin, de Montpellier & de Montpelieret, comme nous l'avons déjà dit au commencement de cet ouvrage. Et enſuite la ceſſion que Ricuin fit du diſtrict de Montpellier à Gui, qui fit la ſouche de nos Guillaumes.

Si l'on peut regarder cette donation comme un effet de la piété des perſonnes qui la firent, on peut auſſi en tirer des conſequences de l'eſtime & de la confiance qu'eurent les ſeigneurs du païs pour Ricuin, auquel ils reſtituerent les terres de l'églife qu'ils occupoient, & lui en donnerent gratuitement quelques autres.

Les plus remarquables font la reftitution du château de Gigean, que Berenger, comte de Melguëil, lui fit. La donation de Bernard, fon fils, des terres de Prunet, dans le diocéfe de Beziers. Celle de Xindrio, d'Arboras, de Murmuranegues, de Suffargues, de Novigens & de l'églife de St-Bauzeli dans le terroir d'Agonez.

Verdale nous marque encore que Gerard, homme noble, donna Vic avec toutes fes apartenances. Qu'un nommé Auftraldus, apellé homme illuftre, lui donna le lieu * de Virag, avec celui de Mafcalgo, & que Fredol, feigneur de La Verune, lui fit reconnoiffance de fon château, que fes fucceffeurs ont toûjours tenu depuis des evêques de Maguelone.

PAGE 13.

Pierre I eft celui de nos evêques dont le pontificat fut le plus long, puifqu'il le commença en 999 & ne le finit qu'en 1048.

Tout ce que Verdale nous aprend de lui, c'eft que de fon tems Bernard, comte de Melgueil, fit donation en 1013, & fous le regne du roy Robert, de l'églife de Ste. Croix, proche de Melgueil, au monaftere de Clufa, dans le Piémont.

999.

Nos autres hiftoriens, comme Gariel, & un vieux manufcrit de l'evêché, nous aprennent qu'il fit la confecration de l'églife des religieufes de St. Geniez, & que, dans les actes qui font confervez dans cette abbaye, Pierre y eft apellé patriarche.

On trouve auffi, dans les archives de l'hôtel de ville, un accord fait entre Pierre, evêque de Maguelone, & les habitans de Montpellier, qui a pour titre : *Concordia quam fecit Petrus epifcopus cum hominibus Montis-peffulani fuper leudas apud Narbonam.* Les habitans de Montpellier qui y font nommez font : Aimeric, Eftienne, Guillaume Arnal & Guillaume Aimon, avec lefquels Pierre, evêque de Maguelone, regle le droit de leude, que les habitans devroient payer pour les denrées qu'ils auroient fait venir de Narbonne, tant par eau que par terre.

On met de fon tems la mort d'un chanoine de Subftantion, dont l'épitaphe, qui s'eft trouvée depuis, eft d'un ftile tout-à-fait énigmatique, & qui eft expliquée au bas; je vais la raporter de la maniere que Gariel nous l'a donnée :

Sum. fui. non sum. non ero.

Et à quelques interlignes :

Sum in Cælo. Fui in corpore. Ero denuo cum illo. Non ero cum ejus
    fragilitate, gravitate, impotentia, rebellione.

CHAPITRE TROISIEME.

I. Paroles de Verdale sur le dessein projetté par l'evêque Arnaud. II. Bulle qu'il obtient pour cet effet du pape Jean XX. III. Observations sur Verdale. IV. Dédicace de l'église de Maguelone.

ARNAUD.

ARNAUD I, successeur de Ricuin II, est célèbre dans notre histoire par le projet qu'il forma, le premier, de ramener à Maguelone les chanoines qui étoient à Substantion depuis trois cens ans. Comme c'est une époque des plus remarquables pour l'église de Maguelone, j'ai crû devoir raporter mot à mot les paroles de Verdale, persuadé comme je le suis que la naïveté toute simple des anciens plaira beaucoup plus que ne feroit une narration étudiée. Je le fais avec d'autant plus de raison qu'on y pourra voir une confirmation de tout ce que j'ai déjà dit sur Maguelone.

I.
MAGUELONE.

« Pour l'intelligence (dit Verdale) de tout ce que j'ai à dire, il faut
« sçavoir que la cité de Maguelone, autrefois fameuse & abondante en
« richesses, étoit florissante du tems des anciens; car il y avoit là un port
« de mer apellé jusqu'à present le port Sarrasin, auquel les galeres de ces
« infidéles avoient un accés libre, en passant par le grau qui communique
« de la mer à l'étang.

« Les Sarrasins y faisoient souvent des descentes, & emportoient du
« continent tout ce qu'ils y trouvoient. Mais du tems du grand empereur
« Charles, la cité de Maguelone fut détruite par son ordre : non pas qu'il
« le fît en haine de l'Église, mais parce que les Sarrasins venoient s'y refu-
« gier en passant par le grau, & de là ils ravageoient les châteaux & les

PAGE 14.

« villes voisines, qui veritablement * n'étoient pas alors considerables,
« parce que Montpellier n'étoit pas encore bâti.

« Le renversement que Charles fit de la cité de Maguelone priva les
« habitans de leurs anciennes demeures, & les Sarrasins du lieu de retraite
« qu'ils y avoient. Mais, quoique cette ville perdît alors son ancien lustre,
« elle conserva néanmoins son nom, & ne cessa point d'être le siége de
« l'evêché; car les chanoines de Maguelone, qui étoient alors séculiers, &
« au nombre de douze, se retirerent à Substantion, cité assez forte & située
« auprés de Châteauneuf.

« Ils y demeurerent durant trois cens ans, avec un petit nombre de clercs
« ou de prêtres qui les aidoient à chanter, & ils faisoient tous ensemble

« leurs petits offices, *fua officiola celebrabant*, auprès des reliques précieufes
« des faints qui y étoient en grand nombre, & qu'on y a gardées foigneu-
« fement depuis ce tems-là jufqu'au tems prefent.

« Les evêques (durant ces trois cens ans) venoient rarement à Mague-
« lone. Ce qui fut une grande defolation qui dura pendant un grand nombre
« d'années & durant la vie de plufieurs evêques, fans que perfonne en fût
« touché; car tous ceux qui voyoient la trifteffe & la defolation de cette
« églife, paffoient fans lui donner aucun fecours, comme firent le prêtre
« & le levite dont il eft parlé dans l'Evangile, à l'occafion de cet homme
» qui étoit tombé entre les mains des voleurs.

« Dieu, enfin, touché de fon état, dit, comme nous lifons dans le fecond
« chapitre du livre des rois : Je me fufciterai un ferviteur fidéle qui agira
« felon mon efprit & mon cœur.... Ce prêtre fidéle fut le feigneur Arnaud,
« d'heureufe mémoire, premier de ce nom, evêque de Maguelone, de qui
« nous avons maintenant à parler.

« Ce digne prélat, confiderant dans le defert les triftes ruines de fon
« églife & l'impuiffance où il étoit de la relever, tant à caufe que fes
« revenus n'étoient pas fuffifans pour cela, que parce que les terres de fon
« evêché étoient detenuës par les nobles du pays ou par leurs vaffaux, il
« n'ofa point mettre la premiere main à fon entreprife; mais jettant toute
« fa confiance en Dieu, il prit la refolution d'aller trouver le très-faint
« Pere Jean XX pour lui expofer l'etat miferable de fon églife. Il fe mit
« donc en chemin où il eut à fouffrir beaucoup de peines d'efprit & de corps.
« Le faint Pere ayant confideré attentivement tout ce qu'il lui dit, lui donna
« les expediens qu'il put trouver, & le chargea d'une lettre adreffée au
« peuple du diocéfe de Maguelone & à leurs voifins, qu'il fit figner par
« tous les evêques de fa cour, dont voici les propres termes :

« Jean, evêque, ferviteur des ferviteurs de Dieu. A tous ceux qui feront
« du bien à l'églife de Maguelone, dédiée, & à dédier à l'honneur de
« St. Pierre, prince des apôtres, & de St. Paul, docteur des gentils, falut
« & benediction apoftolique. Nous avons apris que l'églife de Maguelone
« eft prefque reduite à rien, par l'effet ordinaire du peché; ce qui nous
« caufe d'autant plus d'affliction, que la defolation des églifes tourne toû-
« jours à la perte des fidéles. Pour cette raifon, nous avons crû devoir inf-
« pirer, tant aux fidéles de ce diocéfe qu'à tous ceux des environs, de
« travailler à la reftauration de cette églife, leur promettant par toute nôtre
« autorité apoftolique, qu'ils meriteront du jufte juge le pardon & la remif-
« fion de leurs pechez, s'ils contribuent à relever cette églife, en donnant
« de leurs propres biens, ou en reftituant ceux qu'ils détiennent. Car il y

« aura une recompenfe particuliere pour ceux qui donneront du leur, &
« pour ceux qui remettront dans la maffe commune les benefices ufurpez.
« Nous donnons egalement aux uns & aux autres notre benediction &
« abfolution apoftolique.

« Que fi quelque evêque ou autre perfonne conftituée en dignité, telle
« qu'elle foit, ofe aliener, vendre ou ufurper quelque chofe de ce qui aura
« été donné pour le rétabliffement de cette églife, qu'il foit frapé d'ana-
« thême, & retranché du corps des fidéles & du royaume de Dieu.

« Et pour donner plus de force à ces lettres, nous avons voulu les faire
« figner * par tous les evêques qui fe font trouvez auprès de nous, & qui
« en ont été priez par Arnaud, de même que par nous. »

PAGE 15.

Olderic, evêque de Verceil.	Eftienne, evêque d'Ancone.
Raynaud, evêque de Pavie.	Aribert, epifc. Lunenfis.
Pierre, evêque de Ste. Ruffine.	Alvicus, evêque d'Aft.
Olderic, ev. de l'églife d'Orleans.	Waudin, evêque de Turin.
Ofmido, archevêque d'Embrun.	Bernard, evêque d'Agen.
Raymond, evêque de Mende.	Deodat, evêque de Toulon.
Deodat, evêque de Cahors.	Pierre, evêque de Marfeille.

III. Avant que de continuer la narration de Verdale, je crois devoir faire une obfervation fur ces paroles qu'il dit au fujet de la deftruction de Maguelone. *Temporibus magni imperatoris Caroli, ipfo jubente, deftructa fuit;* ce qui donneroit lieu de penfer qu'elle arriva fous Charlemagne, & non fous Charles Martel. Mais, outre le témoignage d'un très-grand nombre d'hiftoriens, comme Vincent de Beauvais, Guillaume de Conchis, Bernard Guido, St. Antonin, Genebrard & M. de * Marca, qui mettent tous la deftruction de Maguelone à la premiere expedition de Charles Martel dans le Languedoc en l'année 737, il eft certain que le mot d'*imperator* ne défigne pas toûjours ce que nous entendons maintenant fous le nom d'empereur, mais qu'il eft fouvent donné à un général d'armée, tel que l'étoit Charles Martel; outre qu'il eft conftant que Charlemagne ne fut couronné empereur par le pape Leon III qu'en l'année 801, & que, depuis fon couronnement, nous n'avons aucune certitude qu'il foit venu dans le Languedoc, qui faifoit alors partie du royaume d'Aquitaine, qu'il avoit donné à fon fils Loüis le Débonnaire.

*Conc. facerd. & imp., cap. 3.

« L'evêque Arnaud (continuë Verdale), ayant cette lettre du pape entre
« les mains, partit de la ville de Rome, & voulant fuivre le confeil de
« l'apôtre, qui nous avertit de faire le bien tandis que nous en avons le
« tems, il mit auffi-tôt la main à l'œuvre, & ayant difpofé à grands frais
« & beaucoup de travaux tout ce qui étoit néceffaire pour la dédicace de
« fon églife, il fe mit en chemin pour aller inviter les archevêques & evê-
« ques fes voifins, & même plufieurs autres qui étoient beaucoup plus
« éloignez. Or, afin que l'on connoiffe mieux la folemnité avec laquelle IV.
« tout fe fit, nous allons raporter le nom, la ville, la province de tous les
« prélats qui y furent prefents, afin de donner du refpect & de la crainte
« aux efprits préfomptueux & fuperbes.... Voici donc le nom de ces evê-
« ques, de leur fiége & de leur province : »

Gifroid, archev. de Narbonne.	Bernard, evêque de Beziers.
Leger, archev. de Vienne.	Gontier, evêque d'Agde.
Rambaut, archev. d'Arles.	Roftang, evêque de Lodeve.
Guinervinarius, arch. d'Embrun.	Elephantus, evêque d'Apt.
Auftindus, archev. d'Auch.	Gilibert, ev. de Barcellone.
Hugues, evêque.	Arnauld, evêque d'Elne.
Froterius, evêque de Nîmes.	Wifred, ev. de Carcaffonne.

« Tous ces prélats étant affemblez, Arnaud leur prefenta la lettre du
« pape Jean qu'il avoit en main, & leur expofa les raifons qu'il avoit eu de
« les prier de venir à Maguelone. Alors, tous enfemble, ils confirmerent
« les decrets apoftoliques, * & pour ajoûter quelque chofe aux graces déjà   PAGE 16.
« accordées, ils donnerent un decret, portant :
« Que tout homme qui, durant fa vie, donneroit fon hérédité à la nou-
« velle églife, pour en être joüi par elle après fa mort, & qui choifiroit fa
« fepulture dans le cimetiere, recevroit abfolution de tous les pechez pour
« lefquels on lui auroit impofé penitence, & qu'il feroit fait participant de
« la vie éternelle & du royaume de Dieu.
« Que tous ceux (de quelque pays qu'ils foient) qui, venant affifter à la
« folemnité de la dedicace, qu'on renouvellera tous les ans, offriront à
« Dieu leur travail, ou quelque portion de leur bien, & confefferont leurs

« pechez dans l'efpace de huit jours, obtiendront une pareille abfolution
« pour tout le cours de cette année.

« Et fi un penitent, auquel l'entrée des églifes auroit été deffenduë, vient
« à celle de Maguelone, il pourra y entrer, & être admis au baifer de paix
« & aux autres communications des fideles, excepté à la participation de la
« fainte Euchariftie. »

On voit, dans ce dernier decret, des veftiges de la penitence publique qui fe pratiquoit autrefois, & qui dura encore long-tems après dans l'églife de Maguelone, comme nous le verrons dans la vie de Jean de Montlaur.

« Ces chofes faites (c'eft toûjours Verdale qui parle), l'evêque Arnaud,
« de fainte mémoire, concevant de plus grands deffeins, fe hâta, pour
« mettre Maguelone à l'abri des pirates, de fermer le grau qui communi-
« quoit de la mer à l'étang. Ce qu'il fit avec de grands quartiers de pierre,
« arrêtez par une groffe charpente. Et enfuite, pour faciliter l'entrée & la
« fortie de fon ifle, où auparavant on ne pouvoit aborder que par eau, il
« ramaffa des barques plates qu'on enfonça dans l'eau, pour fervir de fon-
« dement au pont qu'on bâtit dans l'étenduë de l'étang, depuis la terre
« ferme jufqu'à l'ifle, ce qui procura pour toûjours une grande commo-
« dité aux paffants, & a rendu fa mémoire éternelle.

« Ce travail étant achevé, il affembla fes diocéfains, & par les faintes
« exhortations qu'il leur fit de contribuer à rétablir l'églife, il les perfuada
« fi fort, que plufieurs donnerent pour la remiffion de leurs pechez, des
« vignes, des prez, des métairies, de l'argent comptant, & toute autre forte
« de biens, avec lefquels Arnaud fit conftruire fplendidement l'églife de
« Maguelone, les tours, les murailles, les lieux publics, les forts, tels que
« tout le monde qui vient à Maguelone les voit encore. »

Bernard de Treviers, chanoine de cette églife, qui vécut quelque tems après lui, & qui fe rendit célèbre par fes poéfies à la façon de ce tems-là, nous a laiffé en vers ce que Verdale nous dit en profe ; mais il range les évenemens dans un autre ordre que Verdale ne le fait, & il nous aprend même des chofes que Verdale ne nous dit point. Par exemple, après avoir dit qu'Arnaud fit fermer l'ancien grau pour fe garantir des pirates, il ajoûte qu'il en fit bâtir un autre, non loin de Maguelone ; qu'il reforma ce qu'il y avoit à reprendre dans la conduite des prêtres de fon diocéfe, & il nous donne lieu de penfer que la derniere action qu'il fit à Maguelone, fut la conftruction du pont dont il a été parlé, puifqu'il fait mention, d'abord après, du voyage d'Arnaud à la Terre Sainte, dont le retour fut bientôt fuivi de fa mort & de fa fepulture... Voici ces vers, où le poëte commence par parler de la ville de Maguelone & de sa desertion durant trois cens ans :

Inde manens annis urbs hæc deserta trecentis,

Tandem pontificem reperit artificem.

Præsulis Arnaldi sit semper subdita laudi,

Cujus nacta vicem, crevit in hunc apicem.

Hic muros jecit, hic turres undique fecit,

Clerum divinis contulit officiis.

* *Ipse gradum clausit quo sæpe piraticus hausit*   Page 17.

Sæpe latrociniis littora nostra suis.

Navibus introitus per eum gradus alter apertus,

Non procul a terris est Magalona tuis.

Illicitumque thorum dissolvit presbiterorum,

Pontem constituit, trans mare post abiit.

Ut rediit moritur, in sua sede sepelitur,

A se compositum servet ut illa locum.

Verdale parle avec plus de ménagement que le poëte du desordre des prêtres, & il se contente de raporter la maniére dont Arnaud s'y prit pour faire embrasser à ses chanoines la vie commune, & leur faire prendre l'habit régulier. Voici ses propres paroles :

« Enfin considerant que les douze chanoines & les douze prébendiers de
« son église, qui étoient tenus d'y résider, se regardoient comme releguez
« dans l'isle de Maguelone, il lui vint dans la pensée que les chanoines
« reguliers, qui par leur état sont plus apliquez à la contemplation & à la
« vie solitaire, se resoudroient plus volontiers à y demeurer, & rendroient
« plus de service à Dieu & à St. Pierre, il persuada aux chanoines séculiers
« qu'il avoit auprès de lui d'embrasser la regle de St. Augustin ; & sur ce
« qu'ils lui representerent que leurs revenus n'étoient pas suffisans pour
« suporter toutes les charges ausquelles ils seroient engagez, l'homme de
« Dieu leur répondit : Je vous promets que Dieu & moi pourvoirons si

« bien vôtre communauté, que vous & vos succeffeurs, aurez largement
« tout ce qui vous fera néceffaire. Et pour lors ayant acheté d'une comteffe
« de Melgueïl l'étang de Maguelone avec fa pêcherie, il la donna libe-
« ralement à la communauté de fes chanoines, avec le pré de Villeneuve,
« la condamine & le jardin contigu. De plus, il leur donna le moulin de
« Tetramendic, qui lui apartenoit en propre, & le planterium de Cocon.

« Les chofes étant en cet état, il ne lui reftoit que de faire un grand
« logement pour les chanoines & prébendiers qui devoient tous vivre en
« commun. Mais comme c'étoit un long ouvrage, il crut, tandis qu'on y
« travailloit, *dum communiam ipfam conftitueret ad regulares canonicos fuften-
« tandos*, pouvoir entreprendre de paffer la mer, pour avoir la confolation
« de vifiter le faint fepulcre de Notre Seigneur; ainfi ayant fait heureuse-
« ment le trajet de la Mediterranée, il fatisfit fa devotion. Mais à fon retour,
« il fut attaqué précifement à la vûë de Maguelone, d'une maladie qui
« l'obligea de s'arrêter à Villeneuve, où il finit fes jours, l'an 1078 & le
« IV des kalendes de juillet, ayant laiffé à fes fucceffeurs le foin de mettre
« la derniére main au grand deffein de la regularité. »

Le même chanoine, dont j'ai raporté les vers, en fit quelque tems après
pour être mis fur le tombeau du faint evêque, qui font comme la fuite de
ceux qu'on a déja vû. Ils duroient encore du tems de Verdale, & ils nous
aprenent que l'evêque Arnaud ayant été enfeveli fur la porte du cloître,
il fut transferé dans l'églife, par un avertiffement fecret qu'en eut Godefroy,
fon fucceffeur.

> *Hic jacet Arnaldus, fedis pater hujus & auctor,*
>
> *Annis triginta præditus officio.*
>
> *Qui poftquam Hierofolymam devotus adivit,*
>
> *Ut redit, in villa fertur obiffe nova.*
>
> * *Protinus hinc julias tranflatus quarto calendas,*
>
> *In foribus clauftri fub gradibus fitus eft.*
>
> *Nocte vero monitus præful junior Gotofredus,*
>
> *Ifluc condigno tranftulit obfequio.*

PAGE 18.

Tout ce que Verdale nous aprend de cet evêque, eft plus que fufifant
pour en donner beaucoup d'eftime. Mais il auroit été à fouhaiter que pour

la clarté de son histoire, Verdale nous eût marqué l'année ou se passerent les divers évenémens qu'il raconte. Pour y supléer en quelque façon, j'ajoûterai ici les conjectures qu'on peut tirer des actes autentiques que nous trouvons dans les archives de l'evêché & dans ceux de l'hôtel de ville.

On trouve son seing avec celui des evêques de Beziers, d'Agde, de Lodeve, de Nîmes, de Carcassonne, de Gironne & de Barcelonne, dans les actes du concile de Narbonne, tenu en 1050, par Guifroy, archevêque de cette ville. 1050.

Par un acte de 1055, sous le regne d'Henry Ier, Adelle, comtesse de Melguëil, Raymond, son fils, & Beatrix, sa belle-fille, donnerent à Dieu et à St. Pierre de Maguelone, *ad vitam usumque canonicorum qui in fraterna societate, Deo & beato Petro ibidem deservire videntur, eorumque successorum qui sub canonicali regula inibi habitare voluerint*, une partie de l'étang de Maguelone, qui est à droite depuis l'embouchure de la riviere de Lamousson, en droite ligne, jusqu'à la mer, avec tous les droits qui se levent dans cette étenduë. L'acte est signé par Arnaud evêque, Pons prévôt, & Dalmas archidiacre. 1055.

On peut inferer de cet acte que la vie reguliere étoit déjà commencée dès l'an 1055, & que les vingt-trois années d'épiscopat qui resterent encore à Arnaud furent employées à perfectionner ce grand ouvrage, autant que ses autres occupations pouvoient le lui permettre.

Nous trouvons qu'en l'année suivante 1056, Arnaud assista au concile de Toulouse, assemblé par ordre du pape Victor II, contre les simoniaques. Son nom se trouve avec celui des dix-huit evêques qui composoient ce concile, *Arnaldus Magalonensis*. 1056.

Nos auteurs, sur l'autorité des archives de l'hôtel de ville, nous aprennent qu'il ne borna point sa magnificence aux seuls ouvrages qu'il entreprit à Maguelone, mais qu'il les étendit encore à Montpellier, où il bâtit les églises de St. Paul, de St. Mathieu, de St. Thomas & de St. Nicolas (dont nous parlerons en détail dans leur article particulier); & pour entretenir la devotion des habitans de cette ville envers la Ste Vierge, il embellit & augmenta beaucoup l'église de Notre-Dame des Tables.

On trouve encore par des anciennes fondations qu'il établit dans le faubourg, près la chapelle de St. Cléophas, un grand cimetière qui fut apellé depuis St. Barthelemy, dans le même lieu où sont aujourd'hui les Carmes déchauffez. D'où l'on peut inferer que Montpellier étoit déjà bien grand, puisque ses fauxbourgs alloient de ce côté là aussi loin qu'ils vont maintenant.

CHAPITRE QUATRIÉME

I. Bertrand, evêque de Maguelone, est déposé comme simoniaque. II. Godefroy est mis à sa place. III. Il perfectionne la regularité déjà établie dans son chapitre. IV. Pierre, comte de Melgueïl, se rend feudataire du Saint Siége. V. Le seigneur de Montpellier rend hommage à Godefroy. VI. Qui assiste à plusieurs conciles.

I. La même année qui finit la vie du saint homme Arnaud, fut le commencement de l'épiscopat de Bertrand, qui donna dans son siécle une preuve convaincante que les successeurs des grands hommes ne leur sont pas toûjours semblables. Il trouva le moyen de se faire nommer à l'evêché de Maguelone; mais le mauvais usage qu'il fit des biens que son prédécesseur avoit acquis à son église, fit rechercher plus attentivement son ordination, qui, s'étant trouvée simoniaque, le fit déposer selon les dispositions toutes récentes du dernier concile de Toulouse, dont nous avons parlé.

Verdale a si fort marqué le peu d'estime que la posterité conserva pour lui, que je crois devoir raporter les propres paroles qu'il nous a laissées.

« Bertrand (dit-il) fut élû en 1078, mais il fut déposé de l'épiscopat à « cause du crime de simonie dont il fut convaincu. C'est pourquoi il ne « merite pas d'être nommé parmi les autres evéques, ni d'être compris « dans le present catalogue, & c'est la raison pour laquelle on ne dit pas « ordinairement qu'il ait été le successeur immédiat du seigneur Arnaud, « mais bien Godefroy. »

Son épiscopat, néanmoins, doit avoir duré plus de deux ans ; car, outre qu'il conste que Godefroy ne fut mis à sa place qu'en 1080, nous trouvons qu'il est reconnu pour evêque dans une donation faite par le comte Pierre de Melgueïl, en 1079, où il est dit que l'acte en fut passé en présence de l'evêque Bertrand, *coram Bertrando, Magalonensi episcopo, ipso præsulante.* Par cette donation, il engage pour mille sols à la communauté des chanoines de Maguelone, les navires qu'il avoit dans l'étang & dans la mer, & il veut que, s'il vient à mourir sans enfans legitimes, ces navires leur restent en propre. *Volens* (dit-il) *aliquid de honore meo ad altare Sancti Petri Magalonensis sedis & congregationem ejusdem loci dicare, &c.* Par où l'on peut se convaincre que, si la communauté des chanoines n'avoit pas encore toute la perfection qu'elle reçut sous Godefroy, elle étoit déjà commencée, & qu'on regardoit dès-lors les chanoines de Maguelone comme reguliers.

A peine l'evêque Bertrand eut été dépofé, que le comte de Melguëil mit II. Godefroy à fa place, felon le droit que fes prédéceffeurs avoient ufurpé, comme on peut l'inferer de la renonciation que ce même comte fit quelque tems après du droit prétendu de nommer à l'evêché de Maguelone. Le choix qu'il fit pour cette fois fut très-heureux ; car nous n'avons guéres d'evêques qui ayent fait paroître plus d'aplication à leurs devoirs, plus de zéle pour le bien de leur églife, & plus de fermeté à en foûtenir les droits.

Il monta fur le fiége de Maguelone l'an 1080, comme nous l'aprenons de Verdale, & dés la même année, il acheva le grand ouvrage de la reformation de fon clergé, en affermiffant pour toûjours dans fon chapitre la profeffion de la regle de St. Auguftin,

1080.

« Il faut fçavoir (je raporte les propres paroles de Verdale) qu'environ III.
« l'an 1080, l'evêque Godefroy, de bonne mémoire, acheva, avec le fecours
« de Dieu, ce qu'Arnaud, fon prédéceffeur, avoit commencé, pour l'établif-
« fement des chanoines reguliers dans Maguelone. La mort l'avoit empêché
« de finir ce grand ouvrage ; mais Godefroy y établit derechef les chanoines
« reguliers, & pour l'entretien de leur communauté, il leur donna le revenu
« d'un grand nombre d'églifes, dont voici les noms :

Toutes celles de Montpellier & de Montpelieret ; celle de Villeneuve, de Ste. * Eulalie & Leocadie du Val ; de Singrio, de Cocon, de Montelz, de Chaulet, de Prunet, de St. Côme & St. Damien ; de Juvignac, d'Autignargues, de Pignan, St. Jean de Vedes, St. George de Dorcas, St. Jean de Murviel, St. Etienne de Gineftet, St. Denis, St. Brez, St. Felix de Subftantion, de Caftelnau, de St. Seriez, de Clapiers, de St. Jean de Bueges, St. Barthelemy de Baillargues, St. André de Bueges, St. Vincentien, Ste. Marie du Garnier & l'églife de Calciat.

PAGE 20.

Ce grand ouvrage fini, Godefroy fe donna tout entier au bien général de fon églife et de fon diocéfe. Nous allons parcourir, felon l'ordre du tems, ce qu'il fit de plus utile pour l'un & pour l'autre ; car nous fommes affez heureux de trouver dans Verdale, ou dans les actes publics, le tems des principaux évenémens que nous allons raconter.

En 1082, le comte Pierre de Melguëil, touché de la bonne odeur que les chanoines reguliers de Maguelone répandoient dans tout le pays, leur abandonna les navires qu'ils avoient en engagement pour mille deux cens trente fols. Il leur fit un autre abandonnement de diverfes terres & poffeffions qu'il détenoit auprès du port des navires. Et enfin, trois ans après, c'eft-à-dire en 1085, il fe rendit, pour toute la comté de Melguëil et Subftantion, feudataire de St. Pierre, fous la redevance d'une once d'or, payable tous les ans au Saint Siége ; & il renonça en faveur du pape Gregoire VII,

1085.

qui vivoit alors, à la nomination de l'evêché de Maguelone, afin (dit-il)
IV. que, fous l'autorité du St. Pere, le clergé de cette église pût choifir à l'avenir une perfonne capable pour la gouverner, fans aucune contradiction de fa part ni de fes fucceffeurs, *per authoritatem fummi pontificis liceat Magalonenfi ecclefiæ idoneam perfonam in epifcopatu eligere, abfque ulla mei aut fuccefforum meorum contradictione.*

Cet acte, très-important pour l'églife de Maguelone, a été confervé foi-
* *Bofquet, Catel,* gneufement : on le voit tout au long dans prefque tous nos auteurs. * Et
Gariel, Cazeneuve. c'eft par les fignatures qui y font que nous aprenons qu'Almodis fut l'époufe du comte Pierre, & que Pons de Montlaur étoit prévôt de Maguelone, & Auger archidiacre. Sig. *Pontii de Montelauro Almodis comitiffa firmavit* Teftis *Augerius archidiaconus. Raymundus filius Petri firmavit.*

1085. Le pape Gregoire VII étant mort dans la même année que cette donation fut faite, & Victor III, qui lui fucceda, n'ayant rempli le St. Siége que fort peu de mois, Urbain II, dès qu'il eut été élû à fa place, ne differa point de confirmer cette donation, & il écrivit du 19ᵉ des kalendes de janvier, à Godefroy, de prendre un foin particulier de la comté de Subftantion (qui eft la même chofe que Melguëil). *Fraternitati tuæ, tuifque fuccefforibus prædicti Subftantionenfis comitatus curam injungimus.* Ce qui valut enfin aux evêques de Maguelone cette même comté, comme nous le verrons en parlant des albigeois.

Les affaires ainfi terminées à Maguelone & à Melguëil, Godefroy fongea à regler celles qu'il avoit avec les feigneurs de Montpellier. Nous avons vû
1090. dans la vie de Guillaume, fils d'Ermengarde, qu'en 1090 il rendit à Godefroy les églifes de Notre-Dame de Montpellier & celle de Montpeliret, dont il s'étoit emparé.

Peu après, il lui fit une reconnoiffance publique du fief de Montpellier, que lui & fes prédéceffeurs (dit l'acte) tenoient de l'evêque de Maguelone. Mais le cérémonial qui fut obfervé, en cette occafion, a quelque chofe de fi particulier, que je crois devoir le marquer ici, tel qu'on le voit dans les archives de l'hôtel de ville & de l'evêché.

Godefroy ayant cité Guillaume, fils d'Ermengarde, à une affemblée où fe trouverent Pierre, archevêque d'Aix, Hugues, evêque de Grenoble (fi connu par l'hiftoire des Chartreux); Didier, evêque de Cavaillon; Pons, prévôt de Maguelone, avec nombre de fes chanoines, Alquier, archidiacre de Lodeve, & plufieurs laïques; il leur expofa le fujet de fes plaintes contre Guillaume, fon vaffal, qui, bien loin de le deffendre, avoit ufurpé les biens de fon églife : à quoi Guillaume n'ayant rien à répliquer, il fut condamné à perdre le fief qu'il tenoit de l'evêque de Maguelone, *propter malefacta quæ epifcopo & clericis fecerat.*

Guillaume, voyant qu'il ne pouvoit fe maintenir dans la feigneurie de Montpellier qu'en gagnant les bonnes graces de fon evêque, le pria avec inftance* de lui rendre le fief, *quod ipfe & antecefJores fui tenuerant.* Et Godefroy, qui fongeoit moins à le dépouiller qu'à l'inftruire, exigea de lui une reconnoiffance que je ne puis mieux exprimer que par les propres paroles de l'acte.

PAGE 21.

« Reconnoiffez-vous (lui dit-il) que le fief que vous tenez de moi & de
« St. Pierre de Maguelone, eft meilleur qu'aucun autre fief que vous ayez ?
« Je fe reconnois, dit Guillaume.

« Reconnoiffez-vous qu'il vous eft plus avantageux d'être notre hom-
« mager que d'aucun autre ? Je le reconnois.

« Rendez-vous à Dieu, à St. Pierre & à moi, l'églife de Ste Marie de
« Montpellier avec tous fes clercs ? Je les rends.

« Renoncez-vous au tiers des dîmes que vous preniez fur tous les clercs
« de cette ville, & aux deux tiers que Pierre Ticas tenoit de St. Pierre au-
« delà des murailles & foffez de Montpellier ? *Quod eft infra vallatos & foris*
« *muros de Montpeflier ?* J'y renonce.

« Alors l'evêque lui donna en entier tout le fief de fes prédéceffeurs,
« excepté l'églife de Ste Marie de Montpellier, celle de Montpelieret, &
« toutes les autres églifes, fur lefquelles Guillaume ne pourroit plus
« exiger la dime, ni exercer aucune juridiction fur les clercs. »

Mais pour adoucir en quelque maniere la foûmiffion que Guillaume venoit de faire, Godefroy lui donna tout ce que Pierre Ticas poffedoit audelà des foffez de la ville, avec le tiers des maifons déja bâties & à bâtir à Montpelieret. *Tertiam partem novorum ædificiorum quæ facta funt vel erunt in Montepefleireto,* fauf toûjours les églifes, les cimetieres & leurs dépendances. Guillaume paya pour le tout trois cens fols melgoriens, & fit entre les mains de Godefroy le ferment de fidélité qui eft écrit dans nos archives, commençant par ces mots : *Audi tu, Gothofrede epifcope.*

Enfin, en 1093, & le 8 des kalendes de may, Guillaume lui rendit dans l'églife de St. Nicolas toutes les dîmes qu'il tenoit en fon propre nom, ou fous le nom d'autrui. Et cela (dit l'acte), *non coactus, fed fpontanea & fincera voluntate, & pro remiffione peccatorum.* D'où l'on peut inferer que Godefroy fçavoit mêler la perfuafion & la douceur avec la fermeté.

Cependant il ne fe refufoit point aux befoins généraux de l'Eglife; car nous trouvons que dans l'efpace de fix années, il affifta à quatre diferens conciles, foit dedans ou dehors du royaume.

Le premier fut celui de Narbonne, du 20 avril 1090, où l'archevêque d'Almace affembla les evêques de fa province, parmi lefquels on nomme Godefroy de Maguelone.

V.

Le fecond fut celui d'Autun dans la Bourgogne, convoqué en 1094 par Hugues, archevêque de Lyon, & legat du St. Siége, à l'occafion des grands démêlez qu'il y eut dans ce fiécle, entre Henry IV, empereur, & les papes Gregoire VII, Urbain II & Pafcal II, au fujet des inveftitures. L'empereur, qui avoit fait élire Guibert de Ravenne pour l'opofer à fes adverfaires, fut excommunié dans ce concile avec fon nouveau pape, qui avoit pris le nom de Clement III, & l'on y proceda contre le roi Philippe, qui, du vivant de Foulques, comte d'Anjou, avoit époufé Bertrade, fa femme.

Le troifiéme, encore plus celébre, fut celui de Plaifance en Italie, l'an 1095, où l'affemblée fut fi nombreufe, que le pape Urbain II, qui y préfidoit en perfonne, fut obligé de le tenir en pleine campagne. On y renouvella ce qui avoit été fait à celui d'Autun, & l'on y fit le premier projet des croifades. Godefroy, à fon retour, aporta une bulle du pape Urbain II, où après avoir loüé les chanoines de Maguelone de la vie reguliere qu'ils avoient embraffée, il les exhorte à y perféverer, & confirme en leur faveur la donation de toutes les églifes que Godefroy leur avoit faite.

CHAPITRE CINQUIÉME.

PAGE 22.

I. Regles principales des chanoines réguliers de Maguelone. II. Le pape Urbain II à Maguelone où il benit & confacra l'églife. III. Suite de la vie de l'evêque Godefroy. IV. Son voyage & fa mort dans la Palefline.

NOUS aprenons de la bulle que Godefroy aporta de Plaifance les regles fondamentales des chanoines reguliers établis à Maguelone.

I. Nul d'entre vous (dit le pape Urbain II), après s'être engagé à la vie reguliére, ne pourra la quitter, pas même fous prétexte d'embraffer une religion plus auftére, fans la permiffion du prévôt & de toute la communauté. *Sine præpofiti, totiufque congregationis permiffione.*

Bullaire du chapitre.

L'evêque ne pourra rien donner de ce qui appartient à l'églife cathédrale à aucun moine, ni à aucun chanoine, fans le confeil de la communauté. *Abfque veftro confilio. Aliter vero, acceptum irritum habeatur.*

La mort de l'evêque arrivant, les chanoines fe faifiront provifionnellement de tous les effets qu'il laiffera. *Quæcumque ejus funt, fub veftra provifione remaneant.*

Et, dans ce cas, l'élection de son successeur apartiendra aux seuls chanoines. *Quam subrogationem vestra potissimum volumus electione constitui.*

Le quatriéme concile où Godefroy se trouva fut celui de Clermont en Auvergne, où le pape Urbain II, en 1096, forma la premiere croisade, dans laquelle nous avons vû que Guillaume de Montpellier, fils d'Ermengarde, s'étoit engagé. Godefroy, son evêque, ne put le suivre pour cette fois dans ce pieux voyage; mais, dix ou douze ans après, il le fit de son chef, & y finit glorieusement ses jours, comme nous le verrons dans la suite.

1096.

Ce concile de Clermont avoit été précédé de l'arrivée du pape Urbain II à Maguelone, où Guillaume, fils d'Ermengarde, vint lui rendre ses honneurs avec toute la noblesse du pays. Mais je ne dois pas oublier ce que Godefroy fit de son côté, ni les graces que l'église de Maguelone obtint du pape Urbain qui, dès le lendemain de son arrivée, prêcha la veille de saint Pierre & de saint Paul à cette grande foule de monde que sa venuë y avoit attiré. Il le fit avec cette dignité que tous les historiens lui reconnoissent; & ayant pour ses assistans les archevêques de Pise & de Terragone, les evêques de Segni, d'Albano, de Nimes & de Maguelone; il benit solemnellement l'isle de Maguelone, & fit une absoute pour tous ceux qui y étoient enterrez, en accordant des indulgences à ceux qui y choisiroient leur sepulture. Il augmenta si fort les privileges de l'église, que Godefroy, pour en conserver la mémoire, ordonna qu'on fît tous les ans à pareil jour une procession générale autour de l'isle, & qu'on fournît largement la subsistance à douze pauvres passans.

II.

Verdala in Gothofredo.

Il fut obligé, durant la tenuë du concile de Clermont, de porter ses plaintes contre l'abbé & les religieux d'Aniane qui, au préjudice d'une bulle d'Alexandre II, donnée du tems d'Arnaud, son prédécesseur, prétendoient se souftraire à la juridiction de l'evêque de Maguelone, & recevoir ceux qu'il avoit excommuniez; de pouvoir aussi recourir à tout autre que lui pour les ordinations & pour la consecration de leur église; enfin, de donner chez eux sepulture aux étrangers sans la participation de leur evêque. Le pape & les peres du concile reprouverent ces abus, & obligerent l'abbé & les religieux de rendre à l'evêque de Maguelone l'obéissance qu'ils lui devoient, sans préjudice des autres privileges qu'ils pouvoient avoir.

III.

Peu de tems après, Godefroy se trouva engagé dans un autre different qui eut de plus longues suites. Pierre, comte de Melgueïl, étant venu à mourir, Raymond Bernard, son fils & son héritier, ne jugea point à propos de tenir tout ce que son pere avoit promis, & au lieu de laisser à l'église de Maguelone la * possession libre & entiere de son étang, il y établit un droit de naufrage, & se faisoit payer des albergues jusques dans Villeneuve.

Page 23.

Godefroy lui objecta la donation que fon pere avoit faite de tous fes droits fur l'étang de Maguelone, qu'il avoit confirmée lui-même; mais toutes ces bonnes raifons furent inutiles contre un jeune homme rempli des préventions où étoient les feigneurs de ce tems-là contre les gens d'église. Raymond continua d'employer les voyes de fait, & Godefroy n'ayant que les armes de l'églife à lui opofer, il fut enfin contraint, après plufieurs monitions, de le déclarer excommunié, comme il s'y étoit foûmis lui-même dans l'acte qu'il avoit figné. Alors le jeune feigneur prit le parti d'en apeller à Rome; mais Godefroy l'ayant prévenu, il fe rendit dans cette grande ville, où Raymond le fuivit pour plaider fa caufe. L'affaire y ayant été difcutée en prefence du pape & des cardinaux, Raymond reconnut fon tort. Il renonça aux albergues & aux nouveaux droits qu'il avoit établis dans les terres de St. Pierre de Maguelone; il fit hommage au pape de fa comté de Melguëil, qu'il reconnut tenir du St. Siége, & étant de retour, il ratifia tout ce qu'il avoit promis à Rome, en prefence d'Augerius, archidiacre, de Bernard Gaucelin, & de Pons Gaucelin, chanoines, promettant dans ce même acte que bien loin de s'oppofer à la communauté des chanoines de Maguelone, il la foûtiendroit contre tous. *Infuper quod nunquam communiam deftrueret, fed defenderet & juvaret contra omnes homines.*

On peut obferver par le nom des chanoines que je viens de raporter, la bonne idée qu'on avoit dans le pays de la communauté établie à Maguelone, puifque la feule maifon des Gaucelins, feigneurs de Lunel, lui avoit donné deux fujets.

Mais, ce qui n'eft peut-être pas moins digne de confideration, c'eft la bonne foi du comte Raymond qui, ayant reconnû le tort qu'il avoit, & cherchant à reparer le mauvais exemple qu'il avoit donné, entreprit le voyage de St. Jacques, par penitence, ayant rendu auparavant tout ce qu'il retenoit du bien de l'Eglife, & ayant auffi terminé un autre different qui étoit entre les moines d'Aniane & les chanoines de Maguelone, au fujet de l'églife de St. Côme, qu'il rendit à ces derniers, après avoir jetté au feu les papiers fur lefquels les moines d'Aniane fondoient leur procès. Il fit encore bien plus pour marquer fa parfaite reconciliation avec le clergé de Maguelone : car il fe donna lui-même à leur églife après fa mort, felon l'expreffion de l'acte qu'il en paffa. *Donavitque fe ibi ad fepeliendum, ficut & pater ejus fecerat.*

Godefroy, durant le voyage qu'il fit à Rome à l'ocafion de fon different avec le comte Raymond, affifta au concile que le pape Urbin y tint la derniere année de fa vie (1099), compofé de cent cinquante evêques, parmi lefquels étoit St. Anfelme, archevêque de Cantorbery. On y renouvella les canons du concile de Plaifance contre l'ordination des fimoniaques & des fchifmatiques, & l'on en fit quelques autres pour la difcipline ecclefiaftique.

Depuis fon retour dans fon diocéfe, il s'attacha d'y entretenir un bon accord parmi les fiens & parmi fes voifins. Chaque année du refte de fa vie eft marquée par quelque œuvre remarquable de liberalité ou de charité chrêtienne.

En 1100, il donna au monaftere de Gelon, aujourd'huy St. Guillem du Defert, le château de St. Martin de Londres, ne s'en refervant que quelques droits. La même année il fit donner par fes chanoines cent foixante-dix fols melgoriens à Pons Jourdan, qui, voulant faire le voyage de Jerufalem, leur engagea, felon l'ufage ordinaire de ce fiécle, les vignes, terres & jardins qu'il poffedoit, avec quelques chenevieres, * le tout à la charge de rachapt pendant fa vie.   *Canabafios.

En 1102, il unit à fa communauté les églifes de Caftelnau, de St. Martin du Crez, de Mirevaux, & celle de la Verune, dont il reçut l'hommage de Pierre, fils de Roftang, feigneur de ce lieu. Peu de tems après il confirma à l'abbé & aux moines de Pfalmodi, les églifes de Celaigo, de Ste. Colombe & de Mudaifon, dont il fe referva néanmoins le quart des fruits.

Toutes ces differentes donations de Godefroy, & celles que plufieurs feigneurs du voifinage firent à l'églife de Maguelone furent terminées par la difpofition * de Raymond, comte de Melgüeil, qui, fe preparant au   PAGE 24. voyage de la Terre Sainte, qui faifoit la grande devotion de ce tems-là, fit fon teftament en 1110, par lequel il donna à la communauté des chanoines, au cas qu'il vînt à mourir dans ce voyage lui & fon fils, fans héritiers, *unam mejanam*, dans les falines, avec le port des navires ou grau, par lequel les navires avoient un paffage libre, *per quem naves intrant & exeunt*, & tous les droits & ufages qu'il en percevoit, y compris la pêche de toute la partie de l'étang qui lui apartenoit : *Pulmentum pifcium quod de toto ftagno habeo ubicumque fit*. Il leur donne de plus tout ce qu'il avoit dans la terre de Lamouffon, auprès du moulin apellé de Tetramendic, ce qui eft defigné le long du chemin qui conduit à Vic du côté gauche, tant dans l'eau que fur la terre, excepté ce que fa fœur Adelle avoit dans la métairie de Pierre du Puy. Je marque cette circonftance parce qu'elle fert à nous faire connoître une de fes fœurs ; & un autre article qui précède, dans lequel il excepte ce que Pierre du Puy avoit eu de fa fœur, nous donneroit lieu de penfer que ce Pierre du Puy étoit le mari de fa fœur Adelle : *Excepto eo quod habet idem Petrus de Podio de Adella forore mea*.

Le voyage de Raymond à la Terre Sainte excita le courage de Godefroy.   IV.

Il se reprocha de ne pas faire ce qu'avoit fait Arnaud, son prédécesseur, & ce que faisoient le commun des fidéles, en ce tems-là, pour voir les lieux saints qui avoient été honorez de la présence de Jesus-Christ. Il entreprit ce voyage avec d'autant plus de facilité qu'il n'avoit qu'à passer la mer, de Maguelone à la Terre Sainte, dont les croisez s'étoient rendus les maîtres depuis peu d'années. Nous ne sçavons pas précisément le tems que Godefroy s'embarqua pour y aller; mais nous sçavons qu'après avoir satisfait sa dévotion, il y fut attaqué d'une grande maladie qui l'obligea de se retirer au château Pelerin, près de Tripoli de Syrie, que le comte Raymond de Touloufe & Guillaume de Montpellier avoient fait bâtir durant la premiere croisade. Ce fut de là que, sentant affoiblir ses forces, il écrivit une lettre pleine de tendresse à sa communauté, comme pour lui dire le dernier adieu. « Je ne vous donne point (leur dit-il) ma derniere benediction & à mon « cher troupeau de Maguelone, car je la reserve pour le tems où, ayant « achevé d'expier mes pechez par le secours de vos prieres, je prierai Dieu « moi-même qu'il répande les siennes plus abondamment sur vous. La « recompense que j'espere est la même qui attend chacun de vous, si vous « soûtenez avec courage la regularité que vous avez embrassée, & dont le « Sauveur vous adoucira les peines. Je vous embrasse tous dans les « entrailles de Jesus-Christ. »

Cette lettre, qui fut conservée cherement à Maguelone, s'est trouvée parmi les vieux manuscrits qui nous en restent. Et si elle sert à nous faire connoître l'affection de ce saint prélat pour son église, nous pouvons aussi juger de l'estime & de la vénération qu'on eut pour lui par l'éloge qu'en a laissé le chanoine de Maguelone dont j'ai déjà parlé. Il fait en vers son caractére tel qu'il resulte de tout ce que nous avons déjà raporté de sa vie, qui finit l'année 1108, & la vingtiéme de son episcopat.

* *Arnaud.*
† *Bertrand.*

Inde Deo fidus succeffit ei * *Gothofridus,*
 Ante simoniaco præsule † *depofito.*
Hic penitus munus virtutum contigit unus,
 Doctor veridicus pontificumque decus.
Nos in apostolicæ fundavit ordine vitæ,
 Et libertatem reddidit ecclefiæ.
Militibus tulit ecclefias, comitefque coegit
 Se verfis vicibus fubdere præfulibus.
Post mare transivit, loca contemplatus obivit,
 Conditus in gremio, mons Peregrine, tuo.

CHAPITRE SIXIÉME*. PAGE 25.

I. Gautier fuccede à Godefroy. II. Il fait plufieurs prefents à fon églife cathédrale & aux autres de fon diocéfe. III. Il y termine plufieurs differents. IV. Le pape Gelafe II à Maguelone, où l'abbé Suger va le vifiter de la part du roy Loüis le Gros. V. Suite de la vie de l'evêque Gautier. VI. Son voyage et fa mort dans la Paleftine.

APRÈS qu'on eût rendu à Maguelone les derniers devoirs à Gode- I. froy, les chanoines s'affemblerent pour lui donner un fucceffeur, felon le droit qu'ils avoient d'en faire le choix. Ils élûrent tous unanimément Gautier, que l'on affûre avoir été chanoine parmi eux & natif du pays, comme on peut l'inferer de ces deux vers qui fuivent ceux que j'ai raporté ci-devant de Godefroy :

Huic fuccedit Galterus filius ejus,

Filius obfequio, filius officio.

Il marcha conftamment fur les traces de fon prédéceffeur; car toute fa vie fut pleine d'actions utiles pour fa communauté, pour les monafteres voifins & pour le refte de fon diocéfe. Voici comment Verdale s'explique au fujet de l'églife de Maguelone :

« Gautier travailla beaucoup pour le culte divin, & à l'avantage des cha-
« noines de l'ordre de St. Auguftin établis à Maguelone. Il fit reparer la
« voûte de l'églife qui menaçoit ruïne, & pour la fortifier, il fit conftruire
« la tour du St. Sepulcre. Il bâtit jufqu'aux fondemens le cellier, le refec-
« toire & le dortoir, qu'il mit dans fa perfection. Il donna à fon églife un
« calice d'or pefant quatre marcs, & une croix d'or & d'argent, des chapes,
« des tuniques, des dalmatiques & des chafubles d'or & de foye; des livres
« & quantité d'autres ornemens précieux. A tous ces préfents, il ajoûta, en
« faveur de fa communauté, les églifes de St. Brez & de Lauret qu'il leur
« donna. »

Quant à fes liberalitez envers les monafteres voifins, nous les aprenons II. des archives même des maifons à qui elles furent faites.

Par un acte où il prend la qualité de *Magalonenfis ecclefiæ fervus & epifcopus*, il donna à l'abbé de la Caze-Dieu & à fes freres l'églife de St. Vincent de

Jonquieres, qu'ils aſſûroient tenir de l'evêque Godefroy, ſon prédéceſſeur, à laquelle il ajoûta l'égliſe de St. Pierre de Pouſſan & celle de Cocon, qu'il leur donna à perpetuité, avec toutes leurs apartenances, dîmes & ſepultures, à la charge par eux de payer tous les ans à ſon égliſe deux muids de froment et un troiſiéme d'orge, meſure de Monpellier, & d'aporter à la tenuë de chaque ſinode, dans ſon palais épiſcopal, cent fours d'oignons & dix-huit ſols melgoriens, ne ſe reſervant autre choſe de ces trois égliſes que le reſpect qui lui étoit dû comme evêque. Il déclare, dans l'acte de cette donation, qu'il l'a faite à la priere des evêques de Viviers & d'Avignon, & qu'elle a été paſſée en preſence de Godefroy, ſon archidiacre, de Guillaume de Limoges, Guillaume de Dia, Arnaud Aurad & Hugues de Caſtelnau, tous pris du corps de ſon clergé. Fait à Nîmes, le 6ᵉ de juin 1116.

1116.

Par autre acte, qui eſt conſervé dans les archives de St. Guillem du Deſert, il confirma à ce monaſtere la donation faite par Godefroy de l'égliſe de St. Martin de Londres, ſe reſervant néanmoins le quart des dîmes, des offrandes & le reſpect qui lui étoit dû, & les chargeant de payer tous les ans à ſes chanoines reguliers de Maguelone douze ſols melgoriens, qui pourroient être compenſez par une vache.

III. Toutes ces actions de liberalité furent mêlées de pluſieurs accommodemens qui ne furent pas moins utiles pour le repos public. Le premier, ſelon l'ordre du tems, fut le ſien propre avec Guillaume, fils d'Ermengarde, qui ſe preſſant, * après ſon retour de la Terre Sainte, de ſe refaire des grandes dépenſes où ce voyage l'avoit engagé, fit pluſieurs entrepriſes ſur ſes voiſins, & particulierement ſur Montpelieret, qui apartenoit à l'evêque. Nous avons une longue liſte des griefs que Gautier avoit contre lui, ſous ce titre : *Querimoniæ quæ fuerunt inter Guillelmum, Montiſpeſſullani dominum, & Gualterum, Magalonenſem epiſcopum*, où l'on voit qu'outre le refus que Guillaume faiſoit de lui prêter hommage pour la ville de Montpellier & pour ce qu'il tenoit de lui à Lates, il empêchoit ſes vaſſaux, qui tenoient du bien de St. Pierre, de faire leur reconnoiſſance à l'evêque. Ces gens-là, abuſant de la protection que Guillaume leur donnoit, entreprenoient ſur les bois & ſur les maiſons de St. Pierre (car c'eſt ainſi qu'on apelloit l'égliſe de Maguelone); & comme ils ne pouvoient le faire ſans trouver quelquefois de la reſiſtance, ils en venoient à maltraiter les clercs & leurs valets qui s'y opoſoient; ce qui donnoit lieu à la ruïne des métairies & à la profanation des égliſes & de leurs cimetiéres. Mais une choſe qui peut ſervir à faire connoître l'ancien Montpellier, c'eſt que Gautier ſe plaint que Guillaume avoit fait faire les foſſez de la ville dans le fonds de l'evêque, ce qui lui avoit

Page 26.

fait perdre les cenſives qu'il en retiroit auparavant, & les habitans de Montpellier, non contents de détourner les eaux de la ville dans les maiſons & les jardins de l'evêque, faiſoient couler les eaux & les immondices de leurs toîts & de leurs terraſſes ſur les maiſons de Montpelieret : *pro fidelitate quam Guillelmus debet epiſcopo, debet facere juſtitiam de hominibus Montiſpeſſulani, qui canales in muris & ſolariis ſuis noviter conſtruxerunt, per quos aqua cum immunditiis ſuper domos epiſcopi defluit.* Cela nous donne lieu de penſer que Montpellier & Montpelieret étoient déjà contigus, puiſqu'on ne peut entendre par ces mots, *domus epiſcopi*, que celles de Montpelieret, qui de tout tems avoient apartenu à l'evêque.

Tous ces griefs, & quelques autres que j'omets, furent apaiſez par la patience de Gautier qui, avec le tems, gagna ſi bien la confiance & l'amitié de Guillaume, que ce ſeigneur, en partant pour ſon expedition de Mayorque, en 1104, lui laiſſa la diſpoſition de pluſieurs de ſes terres, au cas qu'il vînt à perir dans cette guerre.

Le ſecond raccommodement que Gautier eut à faire, fut entre Bernard, comte de Melguëil, & Guillaume de Montpellier, au ſujet d'une digue ſur la riviere du Lez, dont j'ai déja parlé dans l'article de Guillaume, fils d'Ermengarde. Le nommé Bernard Galdemar avoit ſi fort broüillé ces deux ſeigneurs, qu'après pluſieurs hoſtilitez de part & d'autre, il falut en venir au jugement des experts qui auroient été nommez par l'evêque, *judicio eorum quos epiſcopus nominaverit*, qui les obligerent enfin d'en venir aux preuves nobles, & de s'en tenir, pour les griefs reciproques, au ſerment d'un nombre de chevaliers choiſis de part & d'autre.

La paix ainſi terminée, Gautier ſongea à la cimenter par le mariage de Bernard, comte de Melguëil, & Guillelme, fille du ſeigneur de Montpellier. Le contrat en fut paſſé le 11 janvier 1120. Mais ce qu'il y eut de plus ſingulier & qu'on regardoit ſans doute en ce tems-là comme quelque choſe de bien beau, c'eſt que le commencement du contrat eſt en proſe rimée, & qu'en parlant du ſacrement de mariage, on y remonte juſqu'à celui d'Adam & d'Eve.

Le troiſiéme raccommodement où Gautier eut à travailler, fut entre ſon chapitre & les moines d'Aniane, qui, en vertu de differentes bulles, diſputoient à l'égliſe de Maguelone pluſieurs benefices du diocéſe, & à l'evêque une partie de ſa juridiction. Gautier en écrivit au pape Honoré II, qui par une bulle que nous avons encore, nomme l'archidiacre & le précenteur d'Agde pour entendre les parties, avec pouvoir de les contraindre par cenſures, eux & leurs témoins s'il en étoit beſoin, & de prononcer définitivement ſur cette matiére, ſans apel.

L'affaire ayant été examinée, on reduifit le jugement à divers articles, qui furent jurez par les parties devant l'autel de St. Brez, en prefence de Guillaume de Montpellier, de Guillaume de Cornon, de Dalmas de Caftries, & quantité d'autres * feigneurs de la meilleure nobleffe du pays.

PAGE 27.

Dans les premiers articles, l'abbé promet obéïffance à l'evêque & à fes fucceffeurs, & lui remet les bulles qu'il avoit obtenuës du St. Siége, pour les benefices qu'il prétendoit lui avoir été accordez. Il convient enfuite :

« Que les chapelains établis par lui ou par fes religieux, pour le fervice
« des âmes dans les églifes de leur dépendance, feront tenus de fe préfenter
« à l'evêque ; & que fi les religieux defservoient eux-mêmes ces églifes, ils
« feroient tenus de venir au finode & de répondre à l'evêque du foin des
« âmes. » Voilà pour la juridiction.

Quant aux benefices en litige, on fit une efpece d'échange. L'abbé renonça à l'églife de la Verune, & remit la bulle de Pafcal II, qui la lui avoit accordée, & il reçut de Gautier celle de Roüet, avec fes droits & toute juftice.

L'abbé remit à l'evêque les églifes de St. Sebaftien de Marolio, de St. Felix de Murles, de St. Maur de Subftantion, de St. Paul de Frontignan, de St. Côme, de St. Eftienne de Nuntio, de St. Jean de Felines & de Ste Marie de Fabregues.

Et l'evêque lui donna les églifes de St. Martin d'Efcophiac, de Balanicis, de St. Clement de Fons, fituée près du château de Montferrand, de St. Sauveur du Pin, de St. Eftienne de Viols, de St. Silveftre de Brouffes, de St. Martin de Valleratenfi, avec leurs chapelles, dîmes & prémices, fous la referve néanmoins du quart de la dîme des grains pour l'églife de Maguelone.

IV. J'ay raconté tout de fuite ces differens évenémens, quoique dans les intervales il fe fût paffé bien des chofes remarquables, dont la plus confiderable eft l'arrivée à Maguelone, en 1118, du pape Gelafe II, qui, fuyant les perfecutions de l'empereur Henry V, quitta l'Italie pour venir implorer en France la protection du roy Loüis le Gros. L'abbé Suger, premier miniftre de ce prince, en nous donnant dans la vie de fon maître une relation du voyage du pape, nous décrit l'ifle de Maguelone où il vint aborder. *Applicuit Magalonam*, dit-il, *arctam in pelago infulam, cui fupereft folo epifcopo & clericis rara familia, contempta, fingularis & privata. Imo tamen, propter mare commeantium Sarracenorum impetus, munitiffima civitas.*

Chap. 21 dans Duchefne.

Gelafe s'arrêta quelques jours à Maguelone, durant lefquels il figna une bulle en faveur du monaftere de la Grace, qu'on y conferve encore, donnée à Maguelone le 2 des calendes de décembre 1118, & la première année de son pontificat. De là il passa à Melgüeil & à St. Gilles, où Pons, abbé de Cluny & frere du comte de Melguëil, le vint recevoir avec une nombreuse suite, & l'amena dans son abbaye. Ce bon pape, accablé des grandes fatigues de son voyage, y finit ses jours ; & aussitôt les cardinaux qui se trouverent auprès de lui élûrent d'une commune voix le cardinal Guy, archevêque de Vienne, proche parent du roy de France & de l'empereur, qui prit le nom de Calixte II, & fit confirmer son élection par les autres cardinaux qui étoient restés à Rome.

Le nouveau pape, touché des peines que l'empereur Henry avoit fait souffrir à Gelase, son predecesseur, l'excommunia dans un concile qu'il tint à Cluny avec les evêques qui s'étoient rendus auprès de lui, parmi lesquels on compte Gautier, evêque de Maguelone. Calixte en tint plusieurs autres en France, dont celui de Paris est le plus considerable, par les beaux réglemens qu'on y fit sur la discipline ecclesiastique. Et étant retourné à Rome, il termina enfin, après divers évenémens, la grande querelle des investitures.

Cependant Gautier remplissoit dans son diocése les devoirs d'un pasteur V. vigilant & actif. Ayant eu avis qu'un prêtre nommé Jean avoit bâti comme par miracle l'église de Murles (Verdale n'en dit pas la maniere), l'evêque de Maguelone se transporta sur les lieux; & ayant reconnu qu'il y avoit quelque chose de merveilleux, il aprouva tout ce qui avoit été fait, & ordonna qu'on fît tous les ans un anniversaire pour ce bon prêtre... L'année d'après il consacra l'église des templiers, comme nous l'avons vû dans la vie de Guillaume, fils de Sibille; mais nous ne sçavons pas précisément l'année où il se trouva à la consécration de l'église de Cassan, quoiqu'il conste qu'il fut assistant d'Antoine, * archevêque d'Arles, avec les evêques PAGE 28. de Carcassonne & de Nîmes.

Toutes ces actions differentes de charité chrétienne & de pieté furent en quelque façon recompensées dès ce monde par les restitutions & par les liberalitez que plusieurs seigneurs du pays firent à son église. Les archives de l'hôtel de ville & de l'evêché nous fournissent plusieurs actes que le lecteur me dispensera bien de raporter, à cause de leur prolixité; mais peut-être sera-t-il bien aise de sçavoir le nom des seigneurs de ce tems-là que ces actes nous ont conservé.

En 1111, Eleazar de Castries laissa à St. Pierre de Maguelone & à Gautier, son evêque, tous les biens de l'église de St. Martin de Crez avec ses revenus, c'est-à-dire les dîmes, le cimetiere, les offrandes, les maisons & toutes leurs apartenances. De plus, la troisiéme partie des dîmes de St. Sebastien de Meirargues, & la quatriéme partie des dîmes de St. Michel de Guzargues.

En 1112, Guillaume de Fabregues, Guimaude, sa mere, & Ermensende, sa femme, avec leurs fils & leurs filles, d'un commun consentement, donnerent à Gautier, evêque de Maguelone, & à ses chanoines reguliers, *omnibusque ibidem sæculo relicto servientibus*, le puech où est situé l'église de St. Bauzille, à la charge de n'y bâtir jamais ni forteresse ni ville. De plus ils donnerent tout ce qu'ils avoient dans la vallée apellée Carriere, à la charge que si celui qui viendra pour y servir Dieu vient à être fait chanoine, moine ou prêtre, il ne joüira point de cette donation. D'où l'on infere que c'étoit pour l'hermitage que l'on découvre de Montpellier, sur la petite montagne, à main gauche de Fabregues, où l'on voit sur le haut un logement tout propre pour un hermite. C'est là où le président Nicolas Boëri, l'un des plus grands ornemens de notre ville (& qui nous a laissé la position de cet hermitage), regrettoit si fort de n'avoir pû se retirer. *Proh dolor! quia si contigisset mihi aliquando mei juris esse, deliberaveram intrare erimitagium Sti. Bausilii supra quemdam montem in diocesi Magalonensi, prope villam novam & oppidum miræ vallis existens, & a quolibet per leucam distans*, dans son *Traité sur l'autorité du grand conseil*, page 860.

En 1114, Guillaume de Cornon, fils de Guillaume Raymond Gaucelin, voulant aller visiter le St. Sepulcre, engagea, pour subvenir aux frais de son voyage, la quatriéme partie du bois d'Aresquiez, aux chanoines de Maguelone, & s'étant établi avantageusement dans la Palestine, il écrivit de la ville d'Acre à Otton de Cornon, son cousin, de laisser joüir l'église de Maguelone de tout ce qu'il lui avoit engagé, à laquelle il transporte tout le droit qu'il pourroit y avoir.

Dans cette même lettre que nous avons, où il invite son cousin à faire le voyage de la Terre Sainte (en lui offrant, quand il y seroit, de lui faire part de sa bonne fortune), il fait mention de Guillaume de Montpellier, qu'il apelle son seigneur, & de Dalmas de Castries.

Raymond Pons & Geura, sa femme, avec leurs fils & leurs filles, d'un commun consentement, donnerent à Dieu & aux chanoines de Maguelone tout ce qu'ils avoient de dîmes dans le prieuré & cimetiere de Pignan, & ils en firent la délivrance à Gautier, qui fut confirmée par les freres, les neveus & les parens de Raymond Pons.

Le grand abus où les laïques étoient alors de s'aproprier les revenus ecclesiastiques (comme on le voit par les canons si souvent réïterez dans les conciles de ce tems-là), porterent Gautier à leur representer l'injustice de l'usurpation qu'eux ou leurs peres avoient faite d'un bien qui n'avoit été donné que pour l'entretien des pauvres & des ministres de l'Eglise. Plusieurs, pour la décharge de leur conscience, les remirent gratuitement, &

quelques autres ne voulurent les rendre que moyenant une fomme qu'il falut leur payer. L'evêque de Maguelone ne refufa pas fouvent ce moyen ; car nous trouvons que pour cinquante fols melgoriens qu'il donna à Elzear, fils de Bertrand de Montredon, il en retira toutes les dîmes qu'Elzear tenoit fous fon nom ou fous le nom d'autrui, à St Giles du Fefc. Il retira de même, pour quatre livres de deniers *(fic)*, un fief tenu dans le terroir de Gigean par Pierre de Salfas, Ermengarde, fa femme, & Raymond, leur fils.

* Le comte R. Bernard de Melguëil, & Guillelme, fa femme, lui rendirent un cimetiere & un flare attenant l'églife de St Romain de Melguëil, & Ademar de Montarnaud lui délaiffa l'églife de Murviel & celle de Centrairargues. PAGE 29.

Enfin, ce faint prélat qui avoit fi bien marché fur les traces de Godefroy, fon prédéceffeur, voulut l'imiter dans le voyage qu'il avoit fait à la Terre Sainte, où il finit fes jours comme lui, dans la vingt-unième année de fon pontificat. Il fut inhumé au mont Pelerin, auprès du tombeau de Godefroy, ce que Bernard de Treviez, chanoine de Maguelone, & auteur des vers que nous avons dejà raportez, a renfermé dans ceux-ci, où il fait l'éloge du zele, de la douceur & de l'habileté de Gautier, à maintenir le bon ordre dans fon diocéfe & dans fa communauté de Maguelone. VI.

> *Doctus & aftutus, percomis, clarus, acutus.*
> *Magnus confilio, magnus & eloquio.*
> *Corpore fincerus, & religione feverus.*
> *Impatiens fceleris, compatiens miferis.*
> *Formæ cultores, & noftros auxit honores ;*
> *Crevit thefaurus, fabrica, fama, domus.*
> *Inde, fequens trifti veftigia forte magiftri,*
> *Interiit, pofitus quo pater ante fuus.*

Feu Jean de Rignac, confeiller en la cour des aydes, dans les mémoires qu'il nous a laiffé fur l'hiftoire de Montpellier, raporte une differtation de Bruno, evêque de Segni, adreffée à Gautier, evêque de Maguelone, fur les habits facerdotaux de l'ancienne & de la nouvelle loi. Par où l'on peut juger avantageufement de la fcience de ces deux evêques, & aprendre en même tems que Gautier fit un voyage à Rome, dont fes autres hiftoriens n'ont pas parlé. Mff. d'Aubaïs.

Vetera analecta, pag. 461.

Le P. Mabillon, dans ses *Analectes*, raporte une lettre qui a pour titre : *Galteri episcopi Magalonensis, ad Robertum præpositum insulanum, de Floribus sanctorum a Lietberto collectis.* Et dans les notes que ce sçavant critique a fait sur cette lettre, il fait observer que Gautier, evêque de Maguelone, avoit exercé les fonctions de legat apostolique, ce qui n'avoit pas été marqué avant lui. Il met sa mort en 1129, & son entrée dans l'episcopat en 1103.

CHAPITRE SEPTIÉME.

I. Raymond Ier fait plusieurs reparations à Maguelone. II. S'attire la confiance de Bernard, comte de Melgueïl. III. Reçoit à Maguelone le pape Innocent II, refugié en France. IV. Doutes que l'on a s'il sçut se conserver les bonnes graces de ce pape. V. Ses démêlez avec les seigneurs de Montpellier. VI. Et avec son chapitre. VII. Il fait une donation à l'hôpital St Jean de Jerusalem. VIII. Reçoit des graces d'Anastase & d'Adrien quatriéme. IX. Et obtient du roy Loüis le Jeune la confirmation des privileges de son église. X. Fin de la vie de cet evêque.

Page 30.

I. L'ELECTION de Raymond Ier suivit de près la nouvelle qu'on reçut de la mort de Gautier; mais elle ne laissa pas d'être traversée par le comte Bernard de Melgueïl, qui voulant faire revivre l'ancien usage où sa famille avoit été de nommer à l'evêché de Maguelone, envoya des gens de guerre pour faire du dégât dans les terres de l'Eglise. Mais, malgré ces voyes de fait, Raymond * fut sacré par Arnaud, archevêque de Narbonne, & Bernard reconnut si bien le tort qu'il avoit eu dans cette occasion, qu'il en fit une reparation autentique, comme nous le verrons plus bas.

Gariel nous assûre qu'il étoit chanoine de Maguelone & doyen de Poiquieres (aujourd'hui Vauvert), quoique Verdale n'en parle pas. Mais on redresse Verdale pour l'année de son election qu'il met en 1133, sur ce que Raymond se trouve signé, en qualité d'evêque, dans le contrat de mariage de Guillaume de Montpellier avec Sibille, passé en 1129. D'où l'on conclut qu'il fut élû pour le moins cette même année, & que la faute qui se trouve dans Verdale vient de ses copistes.

Il nous aprend plus exactement ce que Raymond fit pour la décoration de son église & pour la commodité du logement des chanoines. « Il leur « fit bâtir (dit-il), un lieu destiné pour tenir le chapitre. Il leur donna une « grande cîterne, & il acheva tout ce qui restoit à faire à la tour du St Se-

« pulcre & à celle de St Côme. Il conftruifit depuis les fondemens la tour
« de la Cuifine, & fit élever dans l'églife l'autel de St Pierre, en plaçant
« derriére cet autel fa chaire pontificale. Il fit le lavoir du cloître fuperieur,
« le *corticale* & *portalia*. Il fit clorre le cimetiere des laïques & conftruire
« la maifon du moulin, celle où l'on enfermoit les bois des lits, celle des
« convers & le bâtiment qui, à l'avenuë du pont, fervoit à enfermer les
« chevaux de ceux qui arrivoient de la terre ferme. » Je raporte toutes
ces particularitez que Verdale nous a marqué, parce qu'elles ferviront à
connoître l'état où l'ifle de Maguelone fe trouvoit depuis la tranflation des
chanoines de Subftantion.

« De plus (c'eft toûjours Verdale qui parle), Raymond donna à fa com-
« munauté les églifes de St Drezery & de Molines, avec les terres qu'il
« avoit acquifes de Guillaume Helbrard de Coconet, & il enrichit fon églife
« de livres, de calices & de divers ornemens précieux. »

Ces liberalitez ne laifferent point de tourner à l'avantage temporel de celui II.
qui les faifoit. Car le comte Bernard, touché fans doute du bon ufage que
Raymond faifoit des revenus eccléfiaftiques, fe reprocha d'avoir troublé
fon élection; & pour reparer le dommage qu'il avoit caufé en cette occafion à l'églife de Maguelone, *pro emendatione damni* (dit-il dans l'acte) *quod
tempore electionis Raymundi epifcopi, injufte eidem ecclefiæ Magalonenfi intuli*, il
s'oblige & fes fucceffeurs de donner à chaque fête de Notre-Dame de la
mi-août un très-bon repas à tous ceux qui demeurent à Maguelone. *Optimum apparatum omnibus Magalonæ commorantibus*. Mais afin que fes prefents
euffent quelque chofe de plus ftable, il leur donna la pêche de l'étang,
depuis l'embouchure du vieux Lez jufqu'à celle de Lamouffon, & tout ce
dont lui & Pons d'Obillon s'étoient emparez, appartenant aux chanoines
de Maguelone, felon qu'il fera decidé par Pons de Montlaur, Roftang de
Arzas, Berenger Aymard, Bertrand le Moine, & quelques autres perfonnes
qui feront apellées pour cet effet. La comteffe Guillelme, fon époufe, figna
cette donation, & il eft ajoûté par apoftille que les limites de l'étang qu'il
donne font depuis le vieux Lez jufqu'à Folzerats.

L'année 1130 fut heureufe à Raymond & aux chanoines de Maguelone III.
par l'arrivée du pape Innocent II, qui vint y aborder, pour fuïr (comme
nous l'aprenons de l'abbé Suger) les perfécutions qu'il fouffroit à Rome. In vita Ludocraffi.
Pierre de Leon, fils d'un des plus riches citoyens romains, ayant eu le
crédit de fe faire élire par un petit nombre de cardinaux & de chaffer enfin
Innocent de Rome, ce pape prit la France pour fon refuge. Raymond eut
le bonheur de l'accueïllir à Maguelone avec Guillelme de Montpellier,
qui dans cette occafion donna au pape de fi grandes marques de refpect &

d'attachement, qu'il en obtint les trois brefs dont nous avons déjà parlé, dans lefquels Innocent le prend fous fa protection, lui & tous fes biens, fçavoir : Montpellier & le château de Lates, *amorem & fervitium quod B. Petro & nobis exhibere non ceffas, frequenter recolimus, &c.* Il le fuivit avec Raymond à St Gilles, au Puy, à Clermont & à Etampes, qui fut la route que le pape tint ; & fon election ayant été confirmée dans l'affemblée d'Etampes, où St Bernard foûtint vivement fa caufe, il fut reconnu * par la France, l'Angleterre & l'Allemagne, qui fe rangerent fous fa communion. Raymond eut l'avantage d'affifter à toutes les affemblées qui fe tinrent fur cette grande affaire, & de fe trouver au concile de Reims, où le roy de France fit facrer le roy Loüis le Jeune, fon fecond fils, après la perte qu'il venoit de faire de Philippe, fon aîné, qui malheureufement avoit peri dans les ruës de Paris d'une chûte de cheval.

IV. Depuis cette époque remarquable jufqu'en 1139, nous ne trouvons aucune mention de Raymond dans les actes publics, quoiqu'il fe fût paffé dans le pays bien de chofes remarquables. Par exemple, il n'eft rien dit de lui ni devant ni après le voyage que Guillaume de Montpellier entreprit en 1134 pour aller fecourir Alphonfe, roy de Caftille. On ne trouve non plus rien de lui dans le mariage de Beatrix, fille du comte Bernard de Melguëil, avec Berenger Raymond, frere du comte de Barcelonne, qui fe fit après la mort du comte Bernard, en 1140. On trouve, au contraire, une bulle du pape Innocent II, pour l'établiffement des moines de Cluny à Montpellier, adreffée à Guillaume, dans le tems du foûlevement de fes habitants contre lui, en 1141. Le pape qui ne donna jamais aucune commiffion à Raymond fur cette affaire, ayant marqué à Guillaume qu'il avoit écrit aux evêques de fes quartiers d'ordonner, fous peine d'excommunication, à Alphonfe, comte de Touloufe, d'abandonner le parti des féditieux, ajoûte ces paroles : Quant à votre evêque de Maguelone, vous aprendrez par le retour de votre envoyé ce qui en a été fait. *De epifcopo veftro Magalonenfi quid actum fit, per nuntium agnofcere poteris.* D'où l'on peut inferer tout au moins que le pape & le feigneur de Montpellier vécurent dans une affez grande indifference pour l'evêque Raymond. A quoi l'on pourroit ajoûter que Guillaume voulant, trois années après, faire bâtir la chapelle du château, il obtint du pape Celeftin II une commiffion pour l'abbé de St Gilles d'y mettre la premiere pierre, fans qu'il y foit fait aucune mention de l'evêque diocéfain..

V. Mais ce qui prouve plus pofitivement que Raymond eut plufieurs démêlez, foit avec Guillaume, fils d'Ermenfende, foit avec fon chapitre, c'eft que nous avons divers concordats paffez entre eux, & des lettres des papes écrites à ce fujet.

En 1139, il fut convenu que le château de Lates, auquel Guillaume faifoit faire de grandes reparations, lui apartiendroit en entier, mais qu'il en feroit reconnoiſſance à l'égliſe de Maguelone, *eccleſiæ Magalonenſi beneficiario jure mancipetur*; & que la chapelle qu'il avoit conſtruit au même lieu de Lates, feroit de la dépendance de l'evêque Raymond pour tout ce qui concerne le fervice divin. Que Guillaume payeroit la dîme de fes moulins, & qu'il ne porteroit aucun trouble à la levée des droits que l'evêque de Maguelone avoit fur le port de Lates.

Ce peu d'intelligence qu'il y avoit eu entre Raymond & Guillaume, fils d'Ermenfende, fut peut-être caufe des démêlez que le même Raymond eut peu de tems après avec fon fils; car nous trouvons que Guillaume de Sibille ayant fuccedé à fon pere en 1147, il menagea fi peu Raymond & l'égliſe de Maguelone, qu'il s'empara des égliſes de Ste Croix & de St Nicolas, & qu'il s'attribua l'inſtitution & la deſtitution des prêtres qui les deſſervoient, comme il refulte d'un bref que le pape Eugene III en écrivit à Guillaume, & que nous avons dans le bullaire de l'hôtel de ville. Le pape lui marque de rendre non-ſeulement ce qu'il détient, mais encore de faire reſtituer par les habitans de Montpellier tout ce qu'ils avoient pris de force à l'égliſe de Maguelone.

La chofe fut executée felon les ordres du pape, par la renonciation que fit Guillaume à tous fes droits prétendus, & par l'échange qu'il fit avec le prieur de S. Firmin, aux conditions que j'ai marquées dans la vie de Guillaume, fils de Sibille.

Mais ce démêlé fut à peine terminé qu'il en furvint un autre à Raymond avec fon chapitre, ce qu'on n'avoit pas encore vû. Car depuis près d'un fiécle que la regularité avoit été établie à Maguelone, l'union avoit été parfaite entre l'evêque & fes chanoines. Il n'apartient pas à un particulier comme moi, qui * écrit cinq ou fix cens ans après, de décider fur le tort d'une des deux parties; mais s'il eſt permis de regler fon jugement fur la fentence des arbitres qui furent nommez alors, il ne fera pas difficile de prononcer.

PAGE 32.

L'evêque Raymond s'aproprioit les dîmes de Notre-Dame de Montpellier, de Montpeliret, des moulins de Lates & de la paroiſſe de St Eſtienne de Villeneuve. Pierre, archevêque de Narbonne, & Pierre Raymond, evêque de Lodeve, furent choiſis pour juger leur different. Par leur fentence, l'eglife de Notre-Dame de Montpellier fut déclarée en faveur des chanoines, libre de toutes charges. *Statutum eſt ut eccleſiam ſanctæ Mariæ de Montepeſſulano liberam per omnia, ſalva reverentia epiſcopali Magalonenſi, canonici habeant*. Les dîmes de Montpeliret leur furent adjugées; mais à la charge de rendre à l'evêque mille fols qu'il avoit donné pour retirer lefdites dîmes de Bernard Aranfredy. Celles des moulins de Lates furent déclarées leur apartenir, felon l'article de la tranfaction paffée entre Guillaume d'Ermenfende, d'une part, & Raymond avec fes chanoines de l'autre. Enfin il fut reglé que les chanoines auroient la dîme du pain & du vin, que l'evêque prenoit dans la paroiffe de St Eftienne de Villeneuve. A quoi (dit l'acte) Raymond acquiefça, *quæ omnia fe obfervaturum promifit Raymundus, anno 1152.*

Cette fentence, après avoir été acceptée des parties, comme nous venons de le voir, paroît avoir remis entr'elles une parfaite intelligence. Car nous trouvons dans les archives de St Jean de Jerufalem de la ville d'Arles, que VII. l'evêque Raymond, du confentement de fes freres les chanoines, donna l'année fuivante (c'eft-à-dire 1153) à l'hôpital de la maifon de Jerufalem à Montpellier, fon jardin & une piece de terre fituée tout auprès, avec une rente de cinq fols, *& quinque folidos cenfuales.*

L'exaltation d'Anaftafe IV fur la chaire de St Pierre, parut à Raymond une occafion favorable de fe mettre dans l'efprit du nouveau pape mieux qu'il n'avoit été fous Eugene III, Lucius II & Celeftin II, fes predeceffeurs. Il profita pour lui écrire de la mort du comte de Melguëil, affaffiné, comme nous l'avons dit ailleurs, par les ordres du feigneur de Baux, au fujet de quoi il lui rapelle les droits que le St Siége avoit fur le comté de Melguëil, & lui demande fur cela fes ordres dans le pays. Ce qui lui attira une réponfe d'Anaftafe, qui le chargea, lui & fes fucceffeurs dans l'église de Maguelone, de difpofer de la comté de Melguëil au nom du St Siége, au cas qu'elle vînt à vacquer fans fucceffeurs legitimes. *Et fi ipfius comitatus hæredum fucceffio defecerit, noftra, noftrorumque fuccefforum vice, comitatum ipfum regendo difponatis.* Mais la précaution fut inutile pour cette fois, parce que Beatrix, veuve du comte Raymond, époufa en fecondes nôces Bernard Pelet, comte d'Anduze, de qui elle eut des enfans.

Dans cette même lettre Anaftafe prit fous fa protection (à l'exemple d'Urbain II) l'église de Maguelone, confirmant à l'evêque & à fa communauté tous les biens dont ils jouiffoient, & particulierement l'église de Montefevo, aujourd'hui Gigean.

In regiftro epifcopali.

Cependant la divifion qui avoit été entre l'evêque Raymond & fon chapitre recommença de nouveau, au fujet d'un droit de leude qu'on levoit à Villeneuve, & que l'evêque avoit inféodé à quelques particuliers. Le findic du chapitre reclama fes droits, & l'affaire auroit eu de plus longues fuites, fi quelques chanoines n'avoient traité amiablement avec Raymond, qui compofa avec eux.

Il fut plus heureux, comme les mêmes regîtres le marquent, avec Guillaume de Tortofe, frere du feigneur de Montpellier, dans l'acquifition qu'il fit, pour le prix de cent fols melgoriens, de divers pâturages que Tortofe avoit dans le terroir de St Martin du Crez.

Dans ce même tems il eut de nouvelles occupations qui lui vinrent de l'exaltation d'Adrien IV au fouverain pontificat. Ce pape, anglois de nation, & qui dans fa jeuneffe avoit été obligé de paffer en France pour y fubfifter, avoit été reçû parmi les clercs de St Jacques de Melgueil, d'où étant entré dans une abbaye de l'ordre de St Auguftin, il fut élevé par fon merite à la qualité d'abbé. *Quelques démêlez qu'il eut enfuite avec les religieux de fon ordre l'obligerent d'aller à Rome, où il fut connu & goûté du pape Eugene III, qui le retint auprès de lui & le fit cardinal evêque d'Albano. La mort d'Anaftafe, qui ne tint le fiége pas plus de deux ans, l'éleva auffitôt à la premiere place de l'Eglife. Et comme dans les plus grandes élévations, on n'oublie pas toûjours les lieux où l'on a paffé fa jeuneffe, Adrien conferva de l'affection pour le diocéfe de Maguelone & pour les perfonnes qu'il y avoit connu.

PAGE 33.

Guillaume de Montpellier fut des premiers qui lui ayant écrit une lettre de felicitation, s'attira un bref adreffé à l'archevêque de Narbonne, à fes fuffragans, à Raymond, evêque de Maguelone, au prieur, aux archidiacres & au peuple de cette églife, par lequel Adrien prend fous fa protection Guillaume de Montpellier avec tous les fiens, & nommément Tortofe, fon frere, avec fon château de Caftries ; voulant que fi quelqu'un attentoit contr'eux, il fût procedé envers l'agreffeur par excommunication & par interdit du lieu de fa demeure, excepté néanmoins les églifes de Notre-Dame & de St Firmin, qui ne pourroient être foumifes à l'interdit, n'étant pas jufte (ajoute le pape) qu'un auffi grand peuple que celui de Montpellier fût privé du culte divin par la faute d'un particulier. *Indignum enim eft ut tantus populus, ex culpa & maleficiis cujufcumque perfonæ, a divinis debeat officiis abftinere.*

Ce bref en faveur de Guillaume fit naître la penfée à Raymond d'en demander un femblable au pape Adrien pour la confirmation de toutes les poffeffions & droits acquis par lui ou par fon chapitre. Ce qu'il obtint par un bref du mois d'avril 1155. Mais pour lui donner plus de force par le fecours de la puiffance royale, Raymond demanda la même grace au roy Loüis le Jeune, comme au feigneur dominant de tout le pays. Nous avons les lettres de ce prince, où il prend le titre d'empereur des François & d'augufte. Et ce font les premieres lettres que nous ayons de nos rois, depuis celles de Loüis le Débonnaire, dont j'ai parlé ci-devant dans la vie d'Argemire, evêque de Maguelone.

1155.

Le roy, qui adreffa fa lettre à Raymond & à fa communauté, *Raymundo epifcopo Magalonenfi, & ejufdem ecclefiæ facro conventui*, marque à Raymond : que fur la priere qu'il lui en a faite, il prend fous fa protection, à l'exemple du roi Loüis, fon prédéceffeur, tous les biens acquis & à acquerir par l'églife de Maguelone. Et entrant dans un plus grand détail, il fpecifie l'ifle de Maguelone, où l'églife eft fituée, avec toutes fes appartenances, foit dans la mer, foit dans l'étang. C'eft-à-dire pour la mer (ajoûte le roy), *hoc eft in mari pifcationes fuas; & ubicumque in Subftantionenfi comitatu, portus, qui dicitur gradus, aperiatur*, les droits de pêche & le port apellé Grau, quelque part qu'il vienne à s'ouvrir dans la comté de Subftantion. De toutes les rentes qui en proviendront, l'églife en aura la moitié, *de omnibus reditibus qui inde provenient, medietatem*. Et dans l'étang, elle aura la pêche & tout le poiffon, *et in ftagno pifcationes fuas, & pulmentum*.

Outre cet article, le roy accorde, *concedimus*, à l'églife de Maguelone & à Raymond, les châteaux de Villeneuve & de Gigean, avec toutes leurs apartenances; les lieux de Baillargues, du Terrail, de Montpelieret, de Guzargues, de Ganges & de Vic; tout le château de la Verune, avec fes apartenances; tout le fief que tient Guillaume de Montpellier, fçavoir : Montpellier & le château de Lates, avec deffenfe à tout comte & à tout prince d'établir ou exiger des albergues ou des quêtes dans tous ces lieux, & nommément dans ceux de St Denis, de St Brez, de Pinet, diocéfe de Beziers, & dans la terre de Roüet, fituée dans le terroir de Subftantion, où il ne fera permis à autre qu'à l'evêque Raymond d'exercer la juftice & d'établir des impôts. *Et nulli unquam homini liceat in his locis, five in alio Sancti-Petri de Magalona, honores, juftitias, vel alias exactiones exigere, nifi tibi & fuccefforibus tuis*.

Enfin le roy, fous titre de donation, comprend dans fes lettres-patentes les lieux de Xindrio, Lamouffon, Maurin & Cocon. *Adhuc etiam donamus vobis villam de Xindrio, de Amanfione, villam de Maurino, de Cocone, cum omnibus pertinentiis fuis, ficut funt de terminio caftri de Villanova*.

Depuis ce tems-là, chaque année eft remarquable par quelque action où l'evêque Raymond prit quelque part.

* Sur la fin de cette même année 1155, il fit la vifite de fon diocéfe, durant laquelle il publia fes ordonnances finodales, & il fepara les deux églifes de Ganges & de la Roque-Ainier, en établiffant un vicaire dans chacune de ces églifes, & en leur donnant des fonts baptifmaux & un cimetiere particulier.

En 1157, il fut prefent avec Jean, prieur de St Firmin, au teftament d'Ermenfende, fille de Dalmas de Caftries, & femme de Guillaume de Tortofe, qui fe fentant en danger de mourir de fes couches (comme elle fit en effet) donna tous fes biens à fon mari, pour en difpofer à fa volonté.

Cette même année, les habitans de Montpellier voulant agrandir & orner l'églife de Notre-Dame des Tables, qui devenoit tous les jours plus célèbre par les miracles que Dieu y operoit, obtinrent une bulle d'Adrien IV, qui leur eft adreffée, & à Guillaume, leur feigneur, par laquelle il leur permet, du confentement du prieur de Notre-Dame, d'employer pour l'ornement de cette églife les offrandes qui feroient faites durant cinq ans à l'autel de St Sauveur; mais à la charge que le prieur rentreroit dans la joüiffance defd. offrandes après les cinq années révoluës.

L'année d'après 1158, le pape donna avis à Raymond de la grace qu'il venoit d'accorder à Guillaume de Montpellier & aux habitans; & prefqu'en même tems il fut obligé de lui écrire un peu fortement fur les plaintes que fes chanoines portoient contre lui.

Par le bref donné au palais de Latran le 6 des kal. de novembre dans la quatriéme année d'Adrien, c'eft-à-dire 1158, il paroît que Raymond n'avoit pas executé la fentence de l'archevêque de Narbonne & de l'evêque de Lodeve, touchant les dîmes de Montpelieret, dont il a été parlé ci-devant. On l'accufoit auffi de vouloir difpofer à fon gré du bien de fon églife. C'eft pourquoi le pape lui enjoint de n'en faire aucune difpofition, fans le confentement de fes archidiacres & de la plus faine partie de fon chapitre. Il lui ordonne de rendre en entier ce qu'il a pris & de laiffer joüir les chanoines de la dîme de Montpelieret, fupofé qu'il eût été déjà payé de ce qu'il avoit avancé pour la retirer. Le furplus de la lettre du pape Adrien eft un avertiffement qu'il fait à Raymond de ne pas donner à fes clercs de nouveaux fujets de murmure, pour ne pas le mettre dans la néceffité de lui écrire plus durement.

C'eft la derniere piece que nous ayons touchant la vie de cet evêque, qui felon toutes les apparences mourut cette même année; car nous trouvons que fon fucceffeur rempliffoit le fiége de Maguelone fur la fin de 1158.

1158.

Il ne me refte qu'à faire mention d'un article qui a échapé à Gariel. C'eft que dans le fecond livre des Decretales il y a un refcript du pape Eugene III, adreffé à l'evêque de Maguelone (qui étoit alors le même Raymond dont nous parlons) conjointement avec l'evêque de Nîmes, aufquels le pape mande qu'il a déchargé un abbé de l'ordre de Clairvaux avec fes religieux de prêter le ferment de calomnie, qui étoit alors en ufage au commencement des procès; à l'occafion de quoi le pape ordonne qu'on établira déformais un économe, qui au nom de la communauté prêtera ce ferment, qui eft maintenant abrogé.

Titre 8. De juramento ecclesiæ.

CHAPITRE HUITIÉME.

I. Election de Jean de Montlaur à l'evêché de Maguelone. II. Il termine plufieurs grandes affaires dans fon diocéfe. III. Donne des marques de fon zéle pour la difcipline eccléfiaftique & pour fon chapitre. IV. Fait plufieurs reparations à fon églife. V. Obtient diverfes graces du roy Loüis le Jeune. VI. Affifte au concile général de Latran contre les Albigeois, dont il preferve fon diocéfe. VII. Actions particulieres de cet evêque avant fa mort.

I. RAYMOND Ier eut pour fucceffeur immédiat Jean de Montlaur, l'un de nos evêques qui ait foûtenu fa dignité avec plus d'éclat & de modération tout * enfemble. Il fut l'arbitre de plufieurs particuliers & des grands feigneurs de la province, qui de fon tems eurent de grands démêlez dans fon voifinage; & après avoir entretenu fon diocéfe & fa communauté dans une grande paix, il eut l'honneur d'affifter à un concile général, & termina glorieufement fon épifcopat, après vingt-neuf ans de fiége.

Tous nos auteurs conviennent qu'il étoit fort fçavant dans les faintes lettres, & l'éloquence naturelle qu'ils lui attribuent, jointe à fon ancienne nobleffe, lui concilierent facilement la confiance de tous ceux qui eurent à traiter avec lui.

Son pere étoit Pons de Montlaur, & fon ayeul Guillaume, frere de ce Bernard de Valhauquez, qui partit pour la premiere expedition de la Terre Sainte, avec Raymond, comte de Touloufe, & Guillaume de Montpellier, comme nous l'avons déja vû. Je crois pouvoir obferver, pour la fatisfaction du lecteur, que cette maifon eft celle qui vient de finir par la mort du dernier feigneur de Murles.

Jean étoit chanoine de Maguelone lorfqu'il fut élû pour en remplir le fiége. Mais, comme fi fon étoile eût été de trouver partout des obftacles pour avoir enfuite la gloire & le bonheur de les furmonter, fon élection fut fi fort traverfée, que Verdale n'a pû s'empêcher d'apeller fils de Belial ceux des chanoines qui lui furent contraires. Il eft vrai que leur opofition ne venoit d'aucun éloignement qu'ils euffent pour fa perfonne; mais feulement du prétexte qu'il falloit auparavant élire un prévôt : foit que les deux places vacaffent à la fois, foit qu'ils vouluffent fuprimer celle de prévôt, comme on pourroit l'inferer de ces paroles du même Verdale, *licet' duæ partes & amplius nollent præpofitum habere.* Cependant (ajoûte-t-il) le chapitre delibera (pour éviter le scandale) d'élire un nouveau prévôt, qui sans préjudice de la dignité de l'evêque & de celle du grand prieur, ne se mêleroit en aucune maniere du spirituel de la maison, mais seulement du temporel de la communauté & des procès qui pourroient lui survenir. Par cet expedient tous concoururent à l'élection de Montlaur, & ils nommerent ensuite Bernard pour prévôt.

Nous aprenons que ce Bernard étoit de la maison des Gaucelins, seigneurs de Lunel, par une permutation passée la veille du dimanche des Rameaux, où il est dit que l'evêque cede au chapitre les églises de Lunel Viel, de St Fructueux & de St Paul de Cabrieres, & Bernard Gaucelin, prévôt, en son nom & celui du chapitre, cede à l'evêché de Maguelone l'église de Gigean, avec toutes ses apartenances & quelques vignes situées dans le terroir de Montpellier.

Fulcran, qui succeda cette même année à Bernard dans la prevôté, remit à l'evêque, par ordre du chapitre, six cens soixante sols melgoriens, que Raymond, son prédécesseur, leur devoit. Le chapitre lui abandonna aussi plusieurs choses, *pleraque alia Joanni episcopo dereliquit* (dit l'acte). Et pour lui donner de plus grandes marques d'attachement pour sa famille, il fut pris déliberation que l'on feroit tous les ans dans l'église de Maguelone un service solemnel, *honeste & honorifice*, pour l'âme de tous les parens & proches de Jean de Montlaur.

L'année d'après 1161, il fut décidé en chapitre, l'evêque present, que ce seroit au prévôt à établir le celerier de Maguelone, pour prendre soin de la table commune, comme aussi de nommer un garde meuble de tous ceux qui viendroient à mourir; & de prendre soin des églises apartenantes à la communauté, pendant la vacance des titulaires, jusqu'à ce qu'il y fût pourvû en plein chapitre, l'evêque & le prévôt présents.

En 1163, il fut permis à l'evêque de prendre des livres des armoires de la communauté, & il fut convenu qu'il auroit toute la justice à Villeneuve; mais que le prévôt pourroit, dans ce même lieu, exiger les censives qui lui seroient dûës, & terminer les procès civils de ses vassaux.

Ces manieres reciproques de confiance & de ménagement formerent entre lui & sa communauté une liaison qui dura toute sa vie, & qui lui laissa plus de loisir pour vacquer aux grandes affaires de dehors, qui exercerent ses grands talents.

Les premieres, selon l'ordre du tems, furent la pacification des troubles causez* par le demêlé qu'il y eut entre Bernard Pelet, comte de Melgueil, & Guillaume de Montpellier, l'arbitrage du procès entre ce dernier & Guy son frere, pour la succession de leur autre frere Tortose, enfin l'arrivée & le

II.

Page 36.

retour du pape Alexandre III à Maguelone, qui font trois évenémens où Jean de Montlaur eut la principale part, & que je ne retouche point, parce que j'en ai parlé affez au long dans la vie de Guillaume fils de Sibille. J'ajoûterai feulement que le pape Alexandre III, étant à Montpellier, y confirma la regle des religieux hofpitaliers d'Aubrac dans le Roüergue; ce qui leur valut dans le XIVe fiécle la confervation de leur ordre, qu'on vouloit fuprimer, fous le pretexte qu'ils n'étoient point religieux.

Ordres religieux, tome 3, page 172.

Deux ou trois autres affaires plus ou moins confidérables furent: 1° l'hommage qu'il fe fit rendre par Guillaume de Montpellier, & que ce feigneur (comme dit l'acte), rendit, non par contrainte, à l'exemple de fes prédéceffeurs, mais par eftime & par reconnoiffance pour Jean de Montlaur. Il donna une grande marque de tous ces fentimens lorfque, faifant fon teftament en 1172 il fit l'evêque de Maguelone tuteur & adminiftrateur des biens de fon fils & voulut mourir entre fes mains; 2° une grande querelle entre deux dames, l'une appelée Alexie Roftang & l'autre Beatrix Jacou; qui pour apuyer leurs differentes prétentions fur la metairie de Maureillan, mirent en armes tous les parens que l'une & l'autre avoient dans le pays. Ils en étoient dejà venus aux voyes de fait, lorfque l'evêque de Maguelone pacifia tout, en reglant (comme nous le voyons dans les regîtres du chapitre) que ladite Roftang payeroit à Beatrix, pendant fa vie, la quatriême partie des revenus de Maureillan, avec une albergue de deux chevaliers & neuf fols de cenfive; 3° la protection qu'il donna aux vaffaux du comte de Melgüeïl, que ce feigneur accabloit de nouveaux impôts. Jean de Montlaur n'ayant pû rien gagner fur lui en écrivit au pape, comme feigneur dominant de cette comté. Sa lettre en attira une d'Alexandre III à Bernard Pelet, où il ne lui donna pas feulement le falut, *fcripta noftra Bernardo comiti, fine ulla tamen falutatione direximus;* & une commiffion qu'il adreffe à l'archevêque de Narbonne & aux evêques de Nîmes, d'Ufez & de Maguelone, pour interdire la ville d'Alais, apartenante à ce comte, & faire ceffer le fervice divin dans les lieux où il fe trouveroit.

Il ne paroît pas que ces ordres menaçans euffent eu grand effet, peut-être parce que le comte Bernard Pelet mourut bien tôt après. Mais fa mort caufa de fi grands troubles dans le pays, que l'evêque de Maguelone eut une belle occafion d'exercer fon habileté pour les accommodemens. Nous avons vû dans la vie de Guillaume, fils de Sibille, les differens partis que prirent Bertrand & Ermenfende, feuls enfans de Bernard Pèlet & de Beatrix, fon époufe. Ils fe livrerent l'un à la maifon d'Arragon & l'autre à celle de Touloufe. Ildefonce d'Arragon vint à Melgüeïl & étoit prêt d'en venir aux mains avec Guillaume de Montpellier, lorfque Jean de Montlaur menagea leurs differens interêts, & pourvut (comme nous l'avons vü) à la fûreté des deux pupilles. Quelques années après, la jeune Ermenfende époufa Raymond, comte de Touloufe, & l'evêque de Maguelone fut employé comme pere commun.

Il fut exercé dans ce même temps par les ravages que les Genois firent fur nos côtes & aux environs de Montpellier (comme nous l'avons vû ci-deffus). Ses repréfentations au peuple de Gennes ayant été inutiles, & les lettres que le pape écrivit à fa priere ayant été fans effet, il employa, de concert avec Guillaume, le fecours du roy d'Arragon, qui donna de la crainte aux Genois & les difpofa mieux à goûter les bonnes raifons que Jean & Guillaume leur firent dire par Hildebrand, conful des Pifans à Montpellier.

Nous aprenons par une lettre qu'André Duchefne a inféré dans fes preuves de l'Hiftoire de France, qu'environ ce tems, Jean de Montlaur s'intereffa beaucoup pour Ermengarde, vicomteffe de Narbonne, contre les ufurpations de plufieurs de fes voifins. Il écrivit au roy Loüis le Jeune que Berenger de Puyferguier, ayant établi de nouveaux péages fur les chemins de Narbonne à Beziers, dans les terres de la vicomteffe, fa majefté lui en avoit fait deffenfe; mais que * lorfqu'elle lui fut fignifiée en prefence de l'evêque de Nîmes, de l'abbé de St. Gilles et de la fienne, Berenger n'avoit pas daigné la regarder, & qu'il l'avoit jettée à terre, quoique le fceau royal (ajoûte-t-il) y fût attaché. Nous ne fçavons pas l'effet que produifit la lettre de Montlaur; mais elle peut fervir à nous faire connoître la nobleffe de fes fentimens, fon amour pour la juftice & fon attachement au fervice du roy. PAGE 37.

Toutes ces occupations au dehors n'empêcherent point l'evêque de Maguelone de veiller au bien fpirituel de fon diocéfe. On verra des preuves de fon zéle pour l'ancienne difcipline de l'églife, dans la vie du B. Bernard, furnommé le Penitent, que je donnerai fur la fin de cet ouvrage. On troüve auffi une marque de fon attention pour le bon ordre de fa communauté dans une déliberation qu'il fit prendre en plein chapitre, lui prefent, où il eft dit « que dans les differentes congregations qu'il y a de chanoines « reguliers, les unes ont certains ufages que les autres n'ont pas : ce qui « pourroit faire craindre qu'une trop grande frequentation avec toute forte « de chanoines ne caufât de la confufion parmi ceux de Maguelone, fur-« tout entre les plus jeunes; c'eft pourquoi les anciens evêques Godefroy, « Gautier & Raymond auroient deffendu, fous peine d'excommunication, « d'admettre aucun chanoine étranger au fecret du chapitre, à l'étude du « cloître & au repos du dortoir. » III.

IV. Jean de Montlaur confirma ce reglement & déclara que les feuls chanoines étrangers qui ne feroient pas compris dans la deffenfe étoient ceux de St. Ruf, de Caffan, de Mende & d'Ufez, qui feroient admis partout avec ceux de Maguelone... Fait l'an 1169, du confentement de tout le chapitre, le jour de St. Pierre & de St. Paul. Préfident, Jean de Montlaur, evêque; Fulcran, prévôt; Guillaume de Camps, prieur, & Pierre Bertold; Guillaume de Roveret & Guillaume de Sobeyran, archidiacres.

Peu de tems après, l'evêque de Maguelone fit plufieurs décorations à fon églife. Il bâtit la grande tribune qui eft fur la principale entrée de fon églife, où les chanoines pouvoient venir du cloître fuperieur, fans fe mêler jamais avec les laïques. En même tems, il fit conftruire la façade, telle que nous la voyons aujourd'hui, & la porte de marbre blanc, qui eft ornée de diverfes figures, dans le meilleur goût qu'on eût en ce tems-là. Tout l'ouvrage fut achevé en 1178, comme il paroît par le millefime que Bernard de Treviez fit graver au bas des quatre vers fuivans, qui font fur la porte:

1178.

Ad fontem vitæ fitientes quique venite;

Has intrando fores, veftros componite mores.

Hûc intrans, ora, femper tua crimina plora,

Quidquid peccatur, lacrymarum fonte lavatur.

B. DE III. VIIS M. C. LXXVIII.

V. Cette même année, Jean de Montlaur fut obligé d'écrire à Loüis le Jeune une lettre, qui eft raportée dans les preuves d'André Duchefne fur fon Hiftoire de France. Le prélat en chargea l'archidiacre de Maguelone, le facriftain & le prieur de Lunel, qui avoient à demander de fa part quelque grace à ce prince. Montlaur, en les recommandant au roy, le remercie du bon accueil qu'il avoit déjà fait à fes autres envoyez. Ce qui a augmenté (ajoûte-t-il) le dévoûment & la fidelité qu'il avoit pour fon fervice.

1179.

Le roy lui fit expedier des lettres-patentes données l'an 1179, à Neuville, dans le diocéfe de Beauvais, par lefquelles il permet à l'evêque Jean de Montlaur & à fes fucceffeurs de faire tenir des foires & des marchez publics dans les lieux qu'ils tiennent du roy, & d'établir fur lefdites foires & marchez les droits que les autres feigneurs ont coûtume d'en retirer. Or (ajoûtent ces lettres), les lieux que l'evêque tient du roy font les châteaux de

PAGE 38.

Villeneuve & de * Gigean, où nous voulons qu'il exerce la juftice en entier: *Juftitias cum integritate habeant & exerceant.* Et parce que tous ceux qui ont du bien à Villeneuve le tiennent auffi de nous, nous leur ordonnons d'obéir à l'evêque & de lui être fidéles.

Ces lettres ne trouverent point Jean de Montlaur dans fon diocéfe, parce qu'il étoit déjà parti pour fe rendre au troifiéme concile général de Latran, que le pape Alexandre III célébra cette même année 1179. Une des principales affaires qu'on y traita fut la condamnation des Vaudois & des Albigeois, qui menaçoient déjà le Languedoc. Montlaur connut fi bien leur pernicieufe doctrine, qu'il n'eft pas de foin qu'il n'employât pour en preferver fes diocéfains; il en infpira de l'horreur dans tous fes fermons, et fes fucceffeurs, qui fuivirent fes traces, foûtenus par les feigneurs de Montpellier, preferverent heureufement la ville & le diocéfe de la contagion de leurs voifins, malgré toutes les tentatives que ces hérétiques firent pour s'y gliffer.

VI.

A fon retour de Rome, il termina avec Gaucelin, evêque de Lodeve, les démêlez qui étoient entre Guillaume, fils de Mathilde, et les habitans de Montpellier.

En 1180, il porta le même Guillaume à donner, en faveur de l'école de medecine, la declaration dont nous parlerons dans l'article de cette faculté. Il reçut en même tems de lui un pareil hommage qu'il avoit reçu de Guillaume, fils de Sibille, fon pere, pour la ville de Montpellier & pour la feigneurie de Lates.

1180.

Le refte de la vie de Jean de Montlaur eft marqué, année par année, dans nos actes publics, qui prouvent évidemment qu'il vécut jufqu'en 1190, ce qui redreffe Verdale, ou l'erreur de fes copiftes, qui ont inféré entre lui & Guillaume Raymond, fon fucceffeur, un Raymond Gaucelin, qu'ils fupofent avoir rempli le fiége de Maguelone durant neuf ans, quoiqu'ils avoüent n'avoir pû trouver aucune action de fa vie, *quamvis aliqua gefta fua non potuerimus reperire*.

VII.

En 1181, Amedée, abbé de Valmagne, lui paya, à la perfuafion de Bertrand, evêque de Beziers, la dîme des terres que fon abbaye poffedoit dans le diocéfe de Maguelone, & fpecialement auprès de Montpellier... Cette même année, Pierre de la Verune fit ceffion (dit l'acte) à Jean de Montlaur, evêque de Maguelone, de quelques falines qu'il avoit dans les confins de Villeneuve et de Ste-Marie-Magdelaine de Xindrio. * ... Raymond & Jean de Fleix lui firent reconnoiffance d'autres falines qu'ils tenoient à Camponovo... Cette même année, il fit l'ouverture du teftament d'Othon de Cornon, par lequel il cedoit une maifon à l'églife de Montbazen, & dans un vieux manufcrit de Maguelone il eft dit que Jean de Montlaur y fit faire un fervice folemnel & magnifique pour l'âme du pape Alexandre III, décedé cette même année.

* *Métairie, dite de la Magdelaine.*

1182.

En 1182, il fit une permutation avec Bernard, abbé d'Aniane, de l'églife de St-Paul de Merojol, avec celle de St-Martin d'Efcofiat.

Cette même année, il y eut trois fondations confiderables dans l'églife de Maguelone, qui toutes furent reçûës & approuvées par Jean de Montlaur.

La premiere fut d'un anniverfaire pour le feu evêque Raymond, fondé par fon neveu Bertrand, facriftain de Maguelone, & pour lequel il donna quatre fétiers de froment et autant de fétiers de vin pur. Et, pour rendre le fervice plus folennel, il ajoûta douze autres fétiers de vin & de bled.

La feconde fut de Pierre Ruffi, qui, voulant être enterré dans le cimetiere des chanoines, leur donna par fon teftament cinq cens fols melgoriens, & chargea fon héritier de donner tous les ans, à fon anniverfaire, quatre fétiers de bled purgé, autant de vin & une fomme de vingt fols, payable tous les ans, le jour de fon décès, & après la mort de fa femme, il donne à la communauté des chanoines tout le bien qu'il avoit dans le terroir de Aufanicis.

La troifiéme fut une donation de Guillaume Bedoc, qui, venant à fe faire chanoine de Maguelone, donna à la communauté tout le bien qu'il avoit dans la paroiffe de Baillargues & de Prades.

1184.

P4GE 39.

Mais ce qui prouve plus autentiquement que Jean de Montlaur vécut durant toutes ces dernieres années que je viens de dire, c'eft la lettre que le pape Lucius III lui adreffa nommément le ixᵉ des calendes de février 1184, par lefquelles il lui confirme les églifes de St-Geniez, de St-André de Cuculles, de St-Michel de Mujolan, avec celles de Cazillac & de St-Pierre de Ganges.

La fin de fa vie fut occupée a remedier aux defordres qui fuivirent le divorce de Guillaume de Montpellier avec Eudoxie. Il confola de tout fon pouvoir cette princeffe affligée, & il écrivit pour elle à Rome, d'où il obtint des ordres qui lui furent adreffez, conjointement avec l'archevêque de Narbonne. Mais tous fes foins ne pûrent jamais furmonter l'afcendant qu'Agnés avoit pris fur l'efprit de Guillaume, fils de Mathilde.

CHAPITRE NEUVIÉME.

I. Guillaume Raymond, abbé d'Aniane, fuccede à Jean de Montlaur. II. Il fait plufieurs traitez avec fon chapitre. III. Reçoit les reconnoiffances de divers feigneurs de fon diocéfe. IV. Preuves qui nous reflent de la fcience & de la piété de ce prélat.

LA mort de Jean de Montlaur fut bientôt fuivie de l'élection de Guil- I. laume Raymond, chanoine de Maguelone & abbé d'Aniane. Verdale nous marque qu'il étoit d'une maifon illuftre, & Gariel ajoûte qu'il étoit oncle d'un de nos Guillaumes, dont il donne pour preuve les armoiries qu'on voyoit dans la fale de l'evêque, & le fceau qui refte encore dans plufieurs actes de fon tems, où l'on voit Guillaume Raymond, affis en habits pontificaux, la main levée comme pour donner la benediction, & à fes pieds un écu chargé d'un bezan ou tourteau, qui de tout tems a fait les armoiries des Guillaumes & de la ville de Montpellier. Il eft vrai qu'on y voit encore un croiffant & deux étoiles, qui font prifes comme des brifûres que prennent ordinairement les cadets des maifons illuftres.

Guillaume Raymond monta fur le fiége de Maguelone en 1190, fous le pontificat de Clement III & le regne de Philippe Augufte. Il le tint (felon Verdale) fix années quatre mois & douze jours, durant lefquelles il ne paroît pas qu'il ait eu grande part aux affaires publiques; d'autant plus que la molleffe où Guillaume, fils de Mathilde, paffa les dernieres années de fa vie, ne fit naître dans le pays aucun événement remarquable. Mais dans les regîtres, tant de l'evêché que du chapitre, il eft fait mention de lui par les differens actes qu'il paffa durant fon épifcopat.

1190.

Le plus remarquable eft une tranfaction entre lui & le prévôt de fon II. églife, qui peut fervir à l'hiftoire de Villeneuve-lez-Maguelone : voici les paroles de Verdale :

« Dans le mois de novembre, Guillaume Raymond compromit pour
« diverfes chofes avec Guy, prevôt de l'églife de Maguelone : 1º fur la
« conftruction des murailles de deffenfe que l'on fit autour de la châte-
« lainie de Maguelone; 2º fur la conduite du vieux gazillan dudit lieu,
« apellé autrement cloaque; 3º fur l'efpace qu'on devoit laiffer entre les
« murailles de la ville & les maifons des particuliers. »

Tout ce détail, qui marque un deffein formé de rendre Villeneuve fûre & habitable, me doneroit lieu de penfer que l'enceinte de cette place, telle que nous la voyons aujourd'hui, fut faite alors ; d'autant plus que les chanoines de Maguelone, devenus plus riches & plus commodes, étoient bien aifes de pouvoir quitter quelquefois leur ifle & d'avoir une retraite fûre dans le lieu qu'on apelle encore le Capitoul ; 4° (ce font encore les paroles de Verdale); « il compromit, avec le même prévôt, fur la dîme du bêtail, « des jardins, des vignes & des métairies qui apartenoient à l'evêque dans « la dîmerie de Villeneuve. Sur la juridiction dudit lieu, fur la pêche, les « falines & autres droits de l'evêque* qui furent tous reduits en articles, fur « lefquels il y eut un jugement d'arbitres, qui fut confirmé par le pape « Celeftin III, en 1197.

Quelques années auparavant, il avoit paffé plufieurs autres actes qui fervent à nous faire connoître divers feigneurs de ce tems-là.

III. En 1191, il donna à Pons Godefroy cinq pieces de vigne fituées dans la paroiffe de St-Denis de Montpellier, fous l'albergue de deux fétiers d'orge. Il reçut de Raymond de Cornom la reconnoiffance de tout ce qu'il poffedoit dans le terroir de Lates. Et peu de tems après, le même Raymond de Cornom & autre Raymond Berenger de Gigean lui reconnurent tout ce qu'ils avoient audit lieu de Gigean. Mais l'acte le plus mémorable en ce genre, fut le ferment de fidelité que Guillaume de Montpellier, fon neveu, lui prêta dans la chapelle de St Nicolas, en prefence du cardinal George de St Ange, de l'archevêque de Narbonne & de Gimond de Larida; ce que Pierre de la Verune fit auffitôt après pour fa feigneurie.

En 1193, il donna (comme Verdale le raporte) fix pieces de vigne & fix autres de terre labourable à Bernard de la Lauze, fous la redevance de vingt-trois fétiers d'orge. Et dans la même année, Raymond de Cornom lui fit hommage d'une partie de la feigneurie de Gigean qu'il avoit acquife depuis peu; & Berenger de Gigean lui prêta ferment pour l'autre partie, fous la redevance de trois chevaliers par an.

Enfin, l'an 1195 & au mois d'août, Guillaume de Montferrier donna à l'églife de Maguelone généralement tout ce qu'il avoit dans la paroiffe de St André de Maurin, confiftant en terres, hommes, femmes, quarte part & ufages; n'en exceptant que deux pieces de terre, qu'il donna l'une à l'evêque Guillaume, & l'autre à l'aumônerie de Maguelone, où il fonda un anniverfaire, pour lequel il ceda tous les ufages & autres droits qu'il avoit au terroir de Villeneuve.

IV. Guillaume Raymond mourut en 1196, vers le mois de juillet, à en juger par les fix ans quatre mois d'epifcopat que Verdale lui donne. On le loüe comme un prélat pieux et fçavant; pour preuve de quoi on cite quelques homélies fur le tems du Carême qu'on lui attribuë, auffi bien que des vers léonins, sur la maniere de chanter l'office, que nos evêques ont fait mettre, depuis, à la tête du directoire qu'ils font imprimer tous les ans, & qui commencent par ce vers :

Clerice, pausando dic horas, & non properando, etc.

Mais la prose suivante, dont Gariel assûre que Guillaume Raymond fut auteur, serviroit encore plus à nous faire connoître combien ce prélat entroit dans l'esprit de l'églife, puisqu'il marque si bien les devoirs ecclésiastiques, en rapellant les principaux motifs que l'évangile leur propose. J'ai crû que cette piece pouvoit trouver ici sa place, tant comme un monument de la pieté de nos anciens que comme une des meilleures pieces en ce genre, par la simplicité, l'exactitude & la cadence du stile.

ANTIQUA ADMONITIO AD CLERUM.

I

Venerabiles sacerdotes Dei,
Præcones altissimi, lucerna diei,
Charitatis radio fulgentes & spei,
Auribus percipite verba oris mei.

II

Vos in sanctuario Dei deservitis,
Vos vocavit palmites Christus vera vitis :
Cavete ne steriles aut inanes sitis,
Si cum vero stipite vivere velitis.

III

Vos estis catholicæ legis protectores,
Muri domus Israël, morum correctores,
Sal terræ, lux hominum, ovium pastores,
Judices ecclesiæ, gentium doctores.

IV

Si cadit protectio legis, lex labetur ;
Si sal evanuerit, in quo salietur ?
Si lux non appareat, via nescietur ;
Si pastor non vigilat, ovile frangetur.

V

* Vos cœpistis vineam Dei procurare,
Quam doctrinæ rivulis debetis rigare,
Spinas atque tribulos procul extirpare,
Ut radices fidei possint germinare.

VI

Vos estis in area boves triturantes,
Prudenter a palea grana separantes,
Vos habent pro speculo legem ignorantes
Laïci, qui fragiles sunt & inconstantes.

VII

Quidquid vident laici vobis displicere,
Dicunt, procul dubio, sibi non licere ;
Quidquid vos in opere vident adimplere,
Credunt esse licitum & culpa carere.

VIII

Cum pastores ovium sitis constituti,
Non estote desides, sicut canes muti ;
Vobis non deficiant latratus acuti,
Lupus rapax invidet ovium saluti.

IX

Grex fidelis triplici cibo sustinetur :
Corpore dominico, quo salus augetur ;
Sermonis compendio, quod discrete detur ;
Mundano cibario, ne periclitetur.

X

Omnibus tenemini vestris prædicare;
Sed quid ? quibus ? qualiter ? ubi ? quando ?
  quare ?
Debetis sollicite præconsiderare,
Ne quis in officio dicat vos errare.

XI

Spectat ad officium vestræ dignitatis,
Gratiæ, petentibus, dare dona gratis,
Sed, si umquam fidei munera vendatis,
Incursuros Giezi lepram vos sciatis.

XII

Gratis Eucharistiam plebi ministrate,
Gratis confitemini, gratis baptizate,
Secundum apostolum cuncta gratis date,
Solum id quod fuerit vestrum, conservate.

XIII

Vestra conversatio sit religiosa,
Munda conscientia, vita virtuosa,
Regularis habitus, mensque gratiosa,
Nulla vos coinquinet labes criminosa.

XIV

Nullus fastus deprimat signum vestræ vestis,
Gravis in intuitu habitus sit testis,
Nihil vos illaqueet curis inhonestis,
Quibus claves traditæ regni sunt cœlestis.

XV

Estote breviloqui, ne vos ad reatum
Protrahat loquacitas, nutrix vanitatum,
Verbum quod apponitis sit abbreviatum,
Nam in multiloquio non deest peccatum.

XVI

Estote linguæ providi, sobrii, prudentes,
Justi, casti, simplices, pii, patientes,
Hospitales, humiles, subditos docentes,
Consolantes miseros, pravos corrigentes.

XVII

Utinam sic gerere curam pastoralem
Velitis, & gerere vitam spiritalem,
Ut cum exueritis clamydem carnalem,
Induat vos Dominus stolam æternalem.
  Amen.

CHAPITRE DIXIÉME.

PAGE 42.

I. L'élection de Guillaume de Fleix est confirmée par le pape Celestin III. II. Un different arrivé dans son chapitre donne lieu à la decretale Cum olim. *III. Transactions entre le prévôt de Maguelone & quelques seigneurs de son voisinage. IV. Consecration de l'église de Ste-Croix à Montpellier. V. Soins de l'evêque pour garantir son diocése de l'heresie des Albigeois. VI. Et pour en entretenir les hôpitaux. VII. Il est dépositaire du testament du dernier des Guillaumes, seigneurs de Montpellier.*

I. GUILLAUME de Fleix, chanoine de Maguelone, fut élû par son chapitre après la mort de Guillaume Raymond, & son élection fut si agréable au pape Celestin III, qu'il l'approuva & la confirma avec éloge l'année suivante 1197.

Lib. 2, chap. 12.

A peine fut-il en place, qu'il arriva dans son chapitre une grande dispute, qui fait la matiere de la décretale *Cum olim. De sententia, & re judicata,* & qui nous donne lieu de connoître plufieurs particuliers qui compofoient alors le chapitre. Voici le fait :

Un des archidiaconez étant venu à vacquer, l'evêque y nomma Pierre de Caftelnau, du confentement de Pierre d'Aigrefeüille, autre archidiacre, de Bernard, prieur clauftral. Guy de Ventadour, alors prévôt, prétendant avoir double voix en chapitre, s'opofa à cette nomination, & en releva apel au St. Siége. L'evêque lui niant toûjours cette double voix, & lui foûtenant que la collation de cet archidiaconé & de la facriftie lui apartenoit, inveftit Pierre de Caftelnau par la tradition de fon anneau paftoral. Ce qui, ayant irrité davantage le prévôt, il nomma un autre fujet à cet archidiaconé; de forte que lui & Pierre de Caftelnau furent obligez d'aller fe prefenter au pape Celeftin, qui ayant caffé tout ce qui avoit été fait de part & d'autre, écrivit fur les lieux d'avertir charitablement les parties de s'accorder, & qu'à leur refus on pourvût à cet archidiaconé. Après quoi, Celeftin, furpris par les intrigues du prévôt, confera, à l'infçû de l'evêque, ce même benefice à Gerald Joannin, qui précifément, étoit le même fujet que le prévôt avoit nommé, quoiqu'il ne fût point encore promû à l'ordre du diaconat.

Voilà ce qui fait le fujet de la décretale que j'ai déjà citée. Et ce procès n'ayant pû être terminé fous le pontificat du pape Celeftin, parce qu'il mourut en 1198, il fut porté à Innocent III, fon fucceffeur, qui décida qu'il y avoit dans cette affaire une fubreption manifefte, & qu'il falloit reformer la fentence de fon pédéceffeur. En confequence de quoi il annulla le titre obtenu par Gerald Joannin, quoique, pour fortifier fon droit & pour éluder la grace du St. Siége, il eût eu recours à l'evêque, & pris de lui un nouveau titre. Sur quoi, Innocent III, impofant fur le paffé un perpetuel filence, ordonne que tous ceux qui fe trouveront dans l'églife de Maguelone s'affembleront dans un mois pour proceder à une nouvelle nomination ; ce qui n'ayant pas été fait dans le terme, l'archevêque d'Arles inveftit Pierre de Caftelnau, comme nous l'aprenons de la lettre que le pape lui en écrivit.

Nous trouvons, dans les regîtres du chapitre, que ce nouvel archidiacre ne tarda point d'agir en cette nouvelle qualité; car, fur la fin de 1199, il fut arbitre d'un grand different qui furvint entre divers feigneurs qui étoient en pariage de la feigneurie de Vic d'une part, & le prévôt de Maguelone de l'autre. Ces feigneurs étoient Guillaume de Cornon, Ricarde, veuve de Bertrand de Montlaur, & Pierre Bernard de Montagnac, qui, ne pouvant s'accorder avec le prévôt Guy de Ventadour fur leurs differentes prétentions au fujet de cette terre, compromirent entre les mains de Raymond de Caftries, chevalier, de Pierre de Caftelnau & de Pierre d'Aigre-

II.

1198.

III.

1199.

feüille, archidiacres, avec gages & ferment qu'ils s'en tiendroient à leur décifion.

PAGE 43. *Par la fentence des arbitres, il fut arrêté que les feigneurs de Vic auroient à perpetuité la moitié de la pêche; que le prévôt & l'églife de Maguelone auroient, pour toûjours, toute celle qui va de la mer à l'étang, avec les ufages; que la partie du marais qui eft au nord de l'étang feroit aux feigneurs de Vic, & que, de tout le refte du marais, on en feroit deux portions, dont l'une appartiendroit aux confeigneurs de Vic & l'autre au prévôt & à fon églife, à laquelle on adjugea encore le marais fuperieur, apellé l'étang de Maureillan. Il fut auffi arrêté que l'églife de Maguelone auroit en alleu fept portions du bois d'Arefquiez, & les confeigneurs de Vic la huitiéme, qu'ils tiendroient à fief de l'églife St-Pierre de Maguelone.

IV. Dans le mois de novembre 1200, pour profiter de la prefence du cardinal de St. Prifque, legat du pape contre les Albigeois, le feigneur de Montpellier, voulant faire confacrer folemnellement l'églife de Ste-Croix fondée par fes ancêtres, au lieu apellé aujourd'hui la Canourgue, l'archevêque d'Arles, Imbert de Aquaria, en fit la cérémonie, ayant pour affiftans les evêques de Maguelone, d'Agde, de Beziers et d'Ufez. Le fait refulte d'une infcription en lettre gotique qu'on y fit mettre, & qui s'eft confervée en fon entier dans la facriftie des penitens, où on la voit encore. Je la raporterai dans l'article de l'églife Ste-Croix.

V. Le refte de la vie de Guillaume de Fleix fut occupé du foin de feconder les legats du pape contre les Albigeois, & à entretenir les bonnes difpofitions du feigneur de Montpellier contre ces hérétiques. Ils travaillerent enfemble fi heureufement, que tout le diocéfe de Maguelone en fut garanti; & notre evêque eut encore le loifir d'entrer dans beaucoup de bonnes œuvres en faveur de trois differens hôpitaux dont nos regîtres nous ont confervé la mémoire.

Au commencement de l'an 1202, non feulement il confirma la donation d'un jardin qui avoit été faite à l'hôpital du St. Efprit par fon prédéceffeur, mais encore il y en ajoûta un autre qui lui apartenoit en propre.

Il confirma de même un accord paffé entre Guy de Ventadour, au nom du chapitre de Maguelone, & l'hôpital de St. Jean de Jerufalem, au fujet de l'étang de Cuculles & la métairie de Grenoüilleres, que les Templiers avoient acquis auparavant du prévôt Fulcrand, comme il eft porté dans une lettre du pape Innocent III, de la collection de Baluze.

Epift. 506, liv. 1. Selon les mémoires qui m'ont été envoyez de la ville d'Arles, cette acquifition avoit été faite par les Templiers dans le mois de fevrier 1175, où les chevaliers du Temple (qui n'épargnoient aucun travail pour bonifier leurs terres) firent faire les canaux foûterrains qu'on y voit encore, pour deffecher toutes les eaux qui étoient auprès du château de Launac, lequel eft paffé depuis (fans que l'on fçache comment) aux chevaliers de Malthe, qui l'ont attribué à la commanderie de Montpellier.

Guillaume de Fleix termina auffi dans ce même tems un procès commencé entre le commandeur de St. Antoine de Cadoule & Guy de Ventadour, prévôt du chapitre. Il fut convenu que l'églife de Maguelone cederoit au commandeur tout le droit qu'elle avoit fur l'hôpital St. Antoine, à la charge que le commandeur & fes religieux payeroient tous les ans un écu d'or.

La derniere chofe que Verdale nous marque de cet evêque eft la confirmation qu'il donna à l'acte de donation que fon prédéceffeur avoit faite de la métairie de la Lauze *ad acapitum*. Mais nous aprenons par le teftament du dernier de nos Guillaumes, & par l'ouverture de ce même acte, que Guillaume de Fleix fut non feulement un de ceux à qui il recommanda fes enfans, mais encore qu'il fut comme le dépofitaire de fon teftament; car il eft marqué qu'il en fit la publication, & qu'il en donna fa déclaration fignée de lui & fcellée de fon fceau.

C'eft là proprement la derniere action de fa vie; car il eft marqué qu'il mourut bientôt après, en forte que les deux puiffances, fçavoir la temporelle & la fpirituelle, manquerent prefqu'en même tems à Montpellier. La feigneurie de cette ville, avec toutes fes dépendances, paffa dans la maifon d'Arragon, où elle refta jufqu'en 1349, que Philippe de Valois en fit l'acquifition. Nous allons voir dans le livre fuivant la vie des evêques de Maguelone qui occuperent ce fiége pendant le regne des princes de cette maifon. Mais, auparavant, je crois ne *devoir pas oublier l'épitaphe que Gariel nous affûre avoir été mife fur le tombeau de Guillaume de Fleix :   PAGE 44.

Hic requiefcit Guillelmus de Flexio, patria Monfpelienfis, epifcopus Magalonenfis,
qui, de religione & de republica bene meritus, obiit idibus decemb.
1203, vixit in epifcopatu annos VII, *fedentibus Romæ*
Celeftino III & Innocentio III, regnante
in Gallia Philippo, a Deo dato...

HISTOIRE
DE MONTPELLIER

LIVRE SECOND

Contenant la vie des evêques de Maguelone qui tinrent
le fiége de cette ville fous la domination des
rois d'Aragon & de Mayorque.

CHAPITRE PREMIER

I. Guillaume d'Altiniac, evêque de Maguelone. II. Sauvegarde du pape Innocent III, pour les habitans de Montpellier, durant la guerre des Albigeois. III. Canons du concile de Montpellier en 1215. IV. Union de la comté de Melguëil à l'evêché de Maguelone. V. Vente des bois. VI. Acquifitions faites par le chapitre. VII. Erection de N.-Dame des Tables en paroiffe.

NOUS avons remarqué, en finiffant le dernier livre, que les deux I.
puiffances temporelle & fpirituelle manquerent prefqu'en
même tems dans Montpellier par la mort de Guillaume de
Fleix, evêque de Maguelone, qui ne furvécut que de quelques
mois à Guillaume fils de Mathilde. Auffitôt après fa mort
les chanoines de Maguelone élûrent (felon le droit qu'ils en avoient) un
de leurs confreres qui avoit paffé par tous les degrez de la clericature. Ce

fut Guillaume d'Altiniac, d'une famille illuftre, dans le diocéfe de Lodeve, & proche parent de Berenger Gaucelin, archevêque de Narbonne, qui le facra en 1203, affifté des evêques Raymond d'Agde, Pierre de Lodeve & Raymond d'Ufez.

Son entrée dans l'épifcopat fut beaucoup exercée par les mouvemens que l'artificieufe Agnez excita dans Montpellier, & par les troubles que les Albigeois cauferent dans le Languedoc.

PAGE 46.

Il reçut (comme nous l'avons déjà dit dans le premier tome de cette hiftoire) l'hommage qu'Agnez fe preffa de lui faire rendre par fon fils, qui vouloit fe * maintenir dans la feigneurie de Montpellier, contre le bon droit de Marie, fa fœur, & après le mariage de cette princeffe avec Pierre, roy d'Aragon, l'evêque de Maguelone fut pris pour médiateur dans la plûpart des affaires qui arriverent alors. La plus confiderable de toutes eft l'accommodement important qui fut fait entre le roy & les habitans de Montpellier, par l'entremife de Pierre de Caftelnau & des autres evêques dont j'ai parlé, parmi lefquels on ne doit pas omettre Guillaume d'Altiniac, puifque l'accommodement fut dreffé à fon nom.

Les affaires des Albigeois lui donnerent beaucoup plus d'exercice, parce que tous les évenémens qui arriverent jufqu'à la mort de Pierre, roy d'Aragon, fe pafferent de fon tems. Il reçut à Montpellier, en 1208, Diego de Azebes, evêque d'Ofma, qui s'arrêta en cette ville avec St. Dominique, alors chanoine regulier de fa cathedrale. En 1207, il eut le déplaifir d'aprendre le meurtre du B. Pierre de Caftelnau, arrivé à St-Gilles, prefqu'à fa fortie de Montpellier, & en 1209, il affifta à la mort le legat Milon, qui mourut en cette ville fur la fin de la même année.

II. Environ ce tems, l'armée des croifez devant entrer dans le Languedoc, Guillaume d'Altiniac, qui vouloit garantir fon diocéfe des défordres qui fuivent d'ordinaire la marche des armées, demanda au pape Innocent III une fauvegarde pour les habitans de Montpellier & pour leurs biens de la campagne. Le pape la donna en forme de lettre adreffée à fes legats, dans laquelle

De Valenc.

il dit « que les habitans de Montpellier ayant toûjours rejetté les Albigeois
« & donné des marques de leur attachement au St. Siége, il leur mande
« de ne pas permettre qu'ils foient moleftez en aucune maniere par l'armée
« des croifez, mais qu'ils foient regardez comme bons catholiques & affec-
« tionnez à l'églife romaine : *tanquam viros catholicos, & ecclefiæ romanæ*
« *devotos, in quibus expedit confovendo, non permittatis a fideli exercitu fignatorum*
« *in aliquo moleftari.* »

En 1212, Guillaume d'Altiniac fut compris dans une affaire particuliere qui intereffe l'hiftoire de notre province; car nous aprenons d'un acte raporté par M. Jean Plantavit de la Paufe, evêque de Lodeve, que Simon, comte de Montfort, après avoir obtenu la feigneurie des terres conquifes par les croifez, voulut contraindre Aimery, vicomte de Narbonne, de lui faire l'hommage qu'il avoit rendu auparavant en préfence de l'evêque de Maguelone, à Arnaud, fon archevêque, duquel on voit une lettre remplie de plaintes contre Simon de Montfort, adreffée au college des cardinaux. Nous aprenons, de cette même lettre, que ce fut par les inftances réiterées du comte, que le roy Loüis VIII ordonna la démolition des murailles de Narbonne ; & les infcriptions, qu'on y voit encore de nos jours, nous aprenent qu'elles fûrent bientôt rétablies par les foins & aux fraix des fuffragans de cet archevêché : *ab hinc ufque huc epifcopus Biterrenfis ædificavit hanc civitatem*, & ainfi des autres.

Chronol. præful. Lodov., pag. 114.

Ibid.

En 1214, et aux fêtes de Noël, on ouvrit le concile de Montpellier, dont nous avons déjà parlé, durant lequel le comte Simon de Montfort, qui n'ofoit entrer dans la ville, fe tint au château du Terrail, apartenant à l'evêque de Maguelone. J'ai dit à ce fujet tout ce qui fut arrêté dans ce concile pour le gouvernement politique, & j'ai remis à raporter les canons qui y fûrent faits pour la difcipline ecclefiaftique & monaftique, dont je crois que c'eft ici la place naturelle. Ils ferviront à nous faire connoître les mœurs de ce tems-là, & à nous aprendre les précautions qui parurent alors les plus propres pour arrêter le progrés de l'héréfie.

III.

« Les archevêques & evêques porteront l'habit long & le rochet, lorf-
« qu'ils fortiront à pied de chez eux, & même dans leur maifon, lorfqu'ils
« donneront audience à des étrangers. Ils n'auront pas des oifeaux de
« chaffe dans leur maifon, & ne les porteront pas fur le poing lorfqu'ils
« fortiront avec des laïques pour aller chaffer, ce qui doit arriver rare-
« ment.

Tom. XI, Conc., pag. 103.

« Ils donneront gratuitement les benefices. Ils n'admettront point à
« leur table des excommuniez. Ils auront auprès d'eux des clercs fans
« reproche, & s'ils ne vifitent pas leurs églifes, ils n'en prendront pas le
« droit de vifite.

« Ils ne donneront point des cures à des jeunes garçons, ou à des clercs
« qui n'ont que les ordres mineurs.

* « Les chanoines porteront toûjours le furplis, & quand ils iront à
« cheval, ils auront un manteau noir fermé, fans fourrure. Ils n'auront ni
« éperons dorez, ni bride dorée, & ne frequenteront point les femmes,
« *quod domejare vulgo appellatur*. Leur chauffure ne fera ni de rouge ni de
« verd, & leurs habits, qui doivent être de laine ou de lin, feront fermez
« par devant & par derriere. Ils porteront de grandes couronnes, & celles

PAGE 47.

« des moines feront très-grandes, enforte que le tour de cheveux qu'ils
« auront à la tête ne foit que de deux ou trois doigts au plus.

« Nul moine ou chanoine regulier n'aura rien en propre, le fuperieur
« même ne pourra leur en donner la licence. Ils ne recevront point de
« l'argent pour leur veftiaire; mais, dans chaque monaftere, on mettra une
« fomme entre les mains d'un particulier d'entr'eux, qui fournira des
« habits à fes autres freres, afin qu'ils puiffent y obferver la regularité. Les
« fuperieurs, foit evêque, prieur ou prévôt, felon qu'il les concerne, uni-
« ront deux ou trois eglifes à un prieuré, & le prieur, à qui ces églifes
« unies repondront, les fera fervir par des chapelains feculiers. »

Voilà pour le bon ordre & pour la reformation du clergé & des moines. Après quoi le concile, s'attachant aux moyens de prévenir les troubles qui pouvoient favorifer le progrès des hérétiques, fit une confederation pour l'obfervation d'un ferment qu'on avoit déjà exigé depuis trois ans dans tous les lieux catholiques de la province.

Ce ferment, que les confuls de Montpellier fignerent en 1209, portoit en fubftance « qu'ils n'auroient aucune communication avec le comte de Tou-
« loufe, tant qu'il feroit rebelle à l'Eglife. Qu'ils veilleroient à la fûreté des
« chemins dans tout le diocéfe de Maguelone. Qu'ils n'y établiroient
« aucun nouveau péage, ou autres droits. Qu'ils conferveroient aux églifes
« toutes leurs immunitez. Qu'ils feroient obferver la paix dans leur diocéfe.
« Qu'ils pourfuivroient les hérétiques & leurs croyans, qui feroient
« dénoncez par l'evêque ou autres perfonnes eccléfiaftiques. Qu'ils ne fe
« ferviroient des juifs pour aucun ufage prohibé par les loix. Qu'ils feroient
« payer cent fols melgoriens à tout excommunié qui n'auroit pas fatisfait
« dans le mois, & s'il n'étoit pas en état de payer, ils le mettroient au ban.
« Qu'ils feront tous les ans prêter le même ferment aux confuls qui leur
« fuccederont, & que, fur leur refus, ils les tiendront pour hérétiques. »

Ce même ferment fut comme la bafe des ftatuts que fit le concile pour la confédération de la paix. On établit des commiffaires qui furent nommez paciaires, *paciarii*, dont la fonction étoit d'exiger d'un chacun le ferment ci-deffus, & de prononcer fur tous les cas qui arriveroient au fujet de la paix. Pour quel effet, il leur étoit ordonné de s'affembler tous les ans pour en connoître, & de fe regler dans leurs jugemens fur les décrets fuivans :

« Tout homme qui méprifera les paciaires fera excommunié par l'evêque
« & fa terre mife à l'interdit.

« Celui qui aura violé la paix ne fera point admis à un nouveau ferment,
« qu'il n'ait donné des gages au gré des paciaires.

« Ils admonefteront les vaffaux revoltez contre leur feigneur, & fi leurs
« avis ne font pas fuivis, la confédération de la paix affiftera le feigneur
« contre fes vaffaux. Ceux qui recevront un violateur de la paix feront tenus
« aux mêmes peines que lui, et un pere, dans ce cas, répondra pour fon
« fils, s'il l'a en fa puiffance.

« Lorfque l'armée des croifez marchera contre les violateurs de la paix,
« on leur fera payer le dommage que les terres auront fouffert à leur occa-
« fion, & tous les foirs le fon des cloches avertira de l'excommunication
« qu'ils auront encouruë.

« Sous peine d'anathême, on n'établira point de nouveaux péages, on
« n'augmentera point les anciens, & on ne changera point le lieu où on
« a coûtume de les payer.

« Les barons et les feigneurs qui ont des péages établis feront garder les
« chemins * publics, & fi les marchands ou les voyageurs fouffrent quelque   PAGE 48.
« dommage dans leurs diftricts, le feigneur du péage fera tenu de les
« indemnifer.

« Le finode profcrit toute nouvelle confraternité, fans la permiffion des
« feigneurs du lieu & de l'evêque diocéfain. Mais quant à celles qui font
« déjà établies, il fe referve le jugement des plaintes qu'on en fera.

« En renouvellant les décrets du concile d'Avignon, il eft ordonné que
« les evêques choifiront dans chaque ville un prêtre, ou trois laïques de
« bonne reputation, pour veiller fur les hérétiques & pour les déferer aux
« puiffances ecclefiaftiques & féculieres, afin qu'ils foient punis fuivant les
« peines canoniques. »

La célébration de ce concile fut bientôt fuivie d'un évenément fort IV.
remarquable dans le pays, qui fut l'union de la comté de Melgueïl à l'evêché
de Maguelone. Mais avant que de raconter la maniere dont le pape Innocent III la donna à Guillaume d'Altiniac, il eft bon de fe fouvenir que le
comte Pierre, en 1085, en avoit fait donation à l'églife romaine, pour la
tenir d'elle en fief, & qu'en vertu de cette donation, les papes exercerent les
droits de feigneurs fur cette comté. Ainfi, nous avons vû qu'en 1190,
Urbain II obligea Raymond de Melgueïl, fils du comte Pierre, de lui en
faire hommage. Que le pape Anaftafe IV commit Raymond, evêque de
Maguelone, à la regie de cette comté, lors de la viduité de Beatrix, &
qu'après que cette même Beatrix eut époufé en fecondes nôces Bernard
Pelet, Alexandre III écrivit à ce feigneur, comme à fon vaffal, de foulager
fes fujets d'une partie des impôts dont il les chargeoit. Leur fille Ermenfende ayant depuis porté cette comté à Raymond, comte de Touloufe, ce
feigneur en fit hommage au St. Siége, & confentit, lors de fon abfolution à

St. Gilles, que la comté de Melguëil fut perduë pour lui fans retour, s'il manquoit jamais aux paroles folemnelles qu'il avoit données. La chofe n'étant que trop fouvent arrivée, les terres furent données à Simon de Montfort, comme nous l'avons vû, & la comté de Melguëil ayant été exceptée de cette donation, on la referva au St. Siége, comme lui appartenant.

Alors les peuples de Melguëil, fe felicitant d'être revenus fous la puiffance du pape, écrivirent à Innocent III pour le prier de ne pas les foûmettre à d'autre juridiction que la fienne. Ce qui leur attira la lettre que nous voyons dans la collection de Baluze, où le pape les exhorte de perfeverer dans la fidelité qu'ils lui doivent, & il leur donne, fur le refte de leur demande, de très-bonnes efperances.

Epift. 103, l. 20.

Cependant, l'evêque de Maguelone, connoiffant parfaitement tous les avantages qui lui reviendroient de cette acquifition, fit reprefenter au pape Innocent III qu'il en coûteroit beaucoup à la cour romaine pour le feul entretien des officiers qu'elle feroit obligée de tenir à Melguëil, & il offrit de prendre cette comté à fief, pour la tenir de l'églife romaine, fous une redevance dont on pourroit convenir. La propofition en fut faite en 1213, par Conftantin, frere convers des Chartreux, comme nous l'aprenons de la lettre qui eft dans la collection de Bofquet. Et le pape ayant commis Pierre Marc correcteur de fes lettres, pour traiter de cette affaire avec l'evêque de Maguelone, Guillaume d'Altiniac prit le parti d'envoyer à Rome des deputez pour en preffer la conclufion.

Epift. 153, l. 3.

Ces deputez, après un fejour confiderable, obtinrent enfin une bulle d'Innocent III, du 13 avril 1215, par laquelle il donne à l'evêque de Maguelone & à fes fucceffeurs la comté de Melguëil avec toutes fes appartenances, fous une redevance annuelle de vingt marcs d'argent, fans préjudice d'autre cenfive qui lui étoit dûë par l'églife de Maguelone, à la charge de foy & hommage, de guerre & de paix, & de n'aliener jamais les châteaux de Melguëil & de Montferrand, qui étoient les chefs-lieux de la comté. Et pour avoir égard aux prières des habitans de Melguëil, il ajoûta que l'evêque ne pourroit infeoder aucune terre de la dependance de Melguëil, qu'aux feuls habitans de Montpellier.

Cette union fut fouvent difputée aux evêques de Maguelone, comme nous le verrons dans la fuite : enforte qu'Arnaud de Verdale, pour faire voir qu'elle étoit à titre onereux pour fon églife, nous a tranfmis un compte de ce qu'il en avoit coûté à fes predeceffeurs. Je le raporte tel qu'il le donne, pour la fatisfaction des curieux.

PAGE 49.

*Or, dit-il, afin que la poftérité fache tout ce qu'il en a coûté à l'evêque

Guillaume pour l'acquifition de Melguëil, on doit fçavoir que, felon nos archives qui font très-dignes de foy, il fut donné au pape Innocent, mille deux cens vingt marcs fterlings d'argent.

« Aux feigneurs cardinaux, cinq cens livres de provifions.

« Au camerier du pape, trois cens vingt livres de provifions, valant cent « marcs fterling.

« Un rouffin et une mulle qui coûterent trente-cinq livres.

« Aux chapelains, notaires, officiers & autres domeftiques du pape, cinq « cens livres.

« Pour écrire & buller les lettres, cinq livres.

« Pour la dépenfe des procureurs, negociateurs, à aller, féjourner & « revenir, trois cens livres.

« Pour les échanges & remife des efpéces, deux mille cinq cens fols.

« Revenant le tout, quant à la cour romaine, à fix mille fix cens livres « melgoriennes, fans conter ce qu'il en coûta enfuite fur les lieux pour « recouvrer les biens alienez, & pour foûtenir les procez qui furent intentez « à ce fujet. »

Gariel nous aprend qu'on trouva, dans les archives du domaine, à Nîmes, une obligation de trente-quatre mille fols que fit Guillaume d'Altiniac, pour refte de ce traité, à Jean Bocados, qu'il avoit envoyé à Rome pour négocier cette affaire.

V. De fi grandes fommes pour ce tems-là ne pouvoient être prifes fur les feuls revenus de l'evêque de Maguelone. Il fut obligé de chercher quelque expedient pour fatisfaire aux emprunts qu'il avoit fait, & il n'en trouva point d'autre que de vendre à la communauté de Montpellier le bois de Valene, pour fervir au chaufage des habitans de la ville. L'acte en fut paffé peu de tems après l'expedition de la bulle d'Innocent III. D'où nous pouvons inferer que c'étoit un deffein déjà projetté, & d'autant plus avantageux pour la ville de Montpellier, qu'ayant avec abondance dans fon terroir tous les befoins de la vie, elle ne manquoit pas de bois à brûler, qu'elle tire encore de nos jours de la forêt de Valene. Par ce même acte que l'on conferve foigneufement dans nos archives, la ville acquit de Guillaume d'Altiniac deux deniers, de douze que les comtes avoient coûtume de prendre fur la monnoye de Melguëil, & elle lui paya vingt-cinq mille fols. L'evêque, dans ces aliénations, n'impofa à la ville que dix chevaliers d'albergue, avec défenfe d'exiger rien au-delà des anciens péages, conformement aux decrets du dernier concile de Montpellier.

VI. Le chapitre de Maguelone, fuivant l'exemple de fon evêque, donna quinze cens fols, pour la feigneurie de Prades & de Barbeirargues, qu'il acquit en

76 *Histoire de la ville de Montpellier*

Registrum epis- ce tems-là de Marie, fille de feu Bertrand de Montmirac, par l'intervention
copale. d'Ermengaud, doyen du monastere de St. Gilles, soit qu'il fût parent de la
demoiselle, ou que cette terre dependît de son église.

 Nous trouvons aussi que le même chapitre acquit, pour cinq mille sols, de Pierre de Tropassens, les moulins des Chazaut & de Linfernet, avec leurs dependances, sur la riviere de Lamousson, & qu'il fit juger en sa faveur les differens qu'il avoit avec les habitans de Villeneuve, au sujet des bords de la riviere de Lamousson, du côté de la garrigue du pont. De plus, que, par un échange entre Pierre de Cornon & Bernard de St. Gervais, chanoine de Maguelone, le chapitre acquit tout ce que Pierre avoit au bois d'Aresquiez & de Salzeiret, moyennant une censive de treize setiers & demi d'orge & un denier que le prévôt avoit à Cornon-Terrail.

 Guillaume d'Altiniac intervint dans toutes ces acquisitions, comme il étoit intervenu, à son entrée dans l'épiscopat, à une convention entre Guy de Ventadour, alors prévôt de son église, & Bernard de la Treille, sacristain, ce que je marque pour servir à la suite de nos prévôts. Il ratifia dans ce même tems un autre accord entre ce même Guy de Ventadour & le maître de la milice de la maison de St. Gilles, au sujet des églises de leurs dépendances. Il obtint du roy Philippe-Auguste la confirmation des privileges de Maguelone, avec une concession de quelques pieces de terre sur le
PAGE 50. chemin de Maurin, pour Guillaume du * Mas de Dieu & pour sa femme.
Il acheta de Pierre de Monteleon la moitié de la viguierie de Montpellier, pour cinq cens sols melgoriens, & il accorda à l'église de St. Martin de Londres & à Fredol de la Roquette, moine & prieur de cette église, les dîmes que Raymond Guerre y possedoit, ne retenant pour soi que cinq setiers de bled & autant d'avoine.

 VII. La derniere action de sa vie est remarquable, pour la ville de Montpellier, par l'érection de l'église de Notre-Dame des Tables en paroisse. A quoi les consuls avoient donné occasion, en representant au pape Innocent III que la seule paroisse de St. Firmin ne pouvoit suffire à toute la ville; à raison de quoi ils le prioient de vouloir bien marquer quatre ou cinq églises dans Montpellier, auxquelles on pût recourir pour les sacremens. Le pape, sur leur demande, écrivit à l'evêque de Maguelone d'y pourvoir. Et en consequence, Guillaume d'Altiniac se rendit à Notre-Dame des Tables le 29 may 1216, où en presence des prêtres de cette église, sçavoir : P. Garcin, archidiacre de Maguelone & prieur de cette église, Guillaume de Montauberon, chapelain, Raymond Girard, archiprêtre, & Géraud de Fornoles, sacristain, avec grand nombre d'autres personnes, dont le lieu étoit plein, il érigea en paroisse l'église de Ste-Marie auprès des tables des changeurs, *juxta tabulas cambiatorum*, comme porte l'acte que les confuls firent inferer dans leurs regîtres, où on le voit encore, avec la preftation du ferment des nouveaux prêtres qui y furent établis.

Fort peu après, Guillaume d'Altiniac laiffa fon fiége vacant, après l'avoir tenu (felon Verdale) douze ans & quatre mois. Il fut enfeveli à Maguelone, comme nous l'aprenons des livres de cette églife & de ceux de l'hôtel de ville de Montpellier.

Tal., fol. 9 & 10.

CHAPITRE SECOND.

I. Commencemens de Bernard de Mezoa, evéque de Maguelone. II. Protection du pape Honoré III pour la ville de Montpellier. III. Fondations qui y furent faites de plufieurs maifons religieufes. IV. Reglemens pour l'école de medecine. V. Temporel de l'evêché.

BERNARD de Mezoa, natif de Montpellier, fucceda à Guillaume d'Altiniac, après avoir paffé par les dégrez de chanoine & de prévôt de l'églife de Maguelone, où il avoit été élevé dès fa premiere jeuneffe. Il fut facré par Amalric, archevêque de Narbonne, & auffitôt après, il eut à regler les differens qui furvinrent à l'occafion de la nouvelle paroiffe de Notre-Dame des Tables, & de l'acquifition de Melguëil que fon prédéceffeur avoit faite.

I.

On pourra juger, par les reglemens qui furent faits en faveur du prieur de St-Firmin, que celui de Notre-Dame lui donnoit de la jaloufie; mais on verra auffi l'attention qu'on avoit en ce tems-là de ne donner aucune atteinte aux anciens droits dont les églifes étoient en poffeffion. Voici un précis de la fentence qui fut donnée à ce fujet, & que l'on fit autorifer du feing & du fceau du cardinal Preneftin :

« L'églife de Notre-Dame fera fujette à celle de St-Firmin.

« Il n'y aura que deux prêtres pour oüir les confeffions & pour adminif-
« trer les facremens.

« Le prieur ne pourra rien demander des droits funeraires, mais celui de
« St-Firmin en prendra tout le produit.

« Il n'accordera à perfonne le droit de fepulture dans fon églife, fans la
« permiffion de celui de St-Firmin & par grace fpeciale de lui.

« Le prieur & les chapelains feront tenus de venir à toutes les proceffions
« de St-Firmin, & la croix de St-Firmin paffera toûjours & par tout la
« premiere.

« Les cloches de St-Firmin doivent fonner aux feftivitez avant celles de « Notre-Dame. * S'il arrive qu'un legat, ou autre perfonne de la premiere « diftinction vienne à Montpellier, & qu'il veüille être reçû dans l'églife « Notre-Dame des Tables, ce fera au prieur de St-Firmin de le recevoir.

« Le jour des Rameaux la feule églife de St-Firmin a droit de faire la « benediction & enfuite la proceffion folemnelle qui fe fait après la bene- « diction des rameaux. Auquel jour l'églife de Notre-Dame (de même que « toutes les autres églifes qui font dans la paroiffe de St-Firmin) doit « faire ceffer l'office pour fe trouver à la proceffion.

« Elle ne doit pas avoir de fermon ce jour-là, puifque tous les paroiffiens « de St. Firmin font tenus d'affifter à la benediction des rameaux & à la « proceffion générale, &c. »

L'affaire de Melgueil n'étoit pas moins importante que celle de la paroiffe Notre-Dame, puifqu'il s'agiffoit de réunir les habitans de cette comté avec ceux de Montpellier, qui avoient toûjours eu de grands differens, comme on a pû l'obferver dans le cours de cette hiftoire. Ceux de Montpellier aprehendoient que lorfque l'evêque auroit fait cette acquifition, leurs anciennes diffentions ne continueroient pas moins.

Pour prevenir tous leurs fujets de crainte, Bernard de Mezoa paffa un acte à Montpellier, en 1216, dans la fale de l'evêque, par lequel il promit aux confuls, pour lui & pour fes fucceffeurs, de n'aliener jamais les châteaux de Melgueil & de Montferrand, & de n'en bâtir aucun nouveau dans toute la comté de Melgueil, à plus près que de deux lieües de Montpellier, fans la permiffion des confuls. Et en même tems, pour intereffer dans fa caufe la cour de Montpellier, il lui atribua les apellations qu'on auroit portées devers lui de toute la comté de Melgueil.

Mais, comme il lui étoit encore plus important de mettre dans fes inte- rêts les roys d'Aragon, feigneurs de Montpellier, il difpofa avec les officiers du jeune roy Jacques I un traité qui fut conclu deux ans après, c'eft-à-dire en 1218, par lequel l'evêque de Maguelone ceda au roy quatre deniers pour livre fur la monoye de Melgueil, avec tous les droits qu'il avoit fur les châteaux de Pignan & de Pouffan. Par ce même traité, il remit au roy l'hommage d'un marabotin d'or qu'il lui devoit pour les châteaux de Frontignan, de Caftelnau & de Centreirargues, ne fe refervant qu'une legere fomme d'argent dont ils convinrent, avec le droit de retour au cas que ces terres fuffent demembrées du domaine de Montpellier.

II. Dans ces entrefaites, Honoré III, de la maifon de Savelli, ayant fuccedé au pape Innocent III, mort en 1216, les confuls de Montpellier eurent recours à fa protection pour mettre leur territoire à l'abri des domages que les croifez pouvoient leur faire. Ils en obtinrent une bulle qu'ils confervent dans leurs archives, par laquelle nous aprenons qu'ils avoient offert au St. Siége une redevance annuelle de deux marcs d'or, évaluez chacun à cent mazumetins : *duas marchas auri, centum mazumetinis computandis pro marcha, quas fedi apoftolicæ obtuliftis, nobis & fucefforibus noftris, fingulis annis in fefto refurectionis dominicæ perfolvetis.*

Ils ne tarderent pas de reffentir les bons effets de cette protection ; car le jeune Amaury, comte de Montfort, ayant fur le cœur ce que l'on avoit fait contre fon pere & contre lui durant la tenuë du concile, vint fur la fin de 1218 faire du ravage aux environs de la ville, où après avoir brûlé Boifferon & quelques autres lieux, il fut obligé de retirer fes troupes, fur les ordres qu'il en reçut du pape Honoré III, à qui il ne pouvoit rien refufer, après les obligations que fon pere et lui avoient au St. Siége.

L'evêque de Maguelone eut recours à la même protection dans une affaire qui lui furvint en ce même tems avec Guillaume d'Altiniac, abbé d'Aniane. Cet abbé, nouvellement élû, vint demander à Bernard de Mezoa la confirmation de fon élection, qu'il lui accorda. Mais l'evêque ayant indit un finode, l'abbé refufa d'y venir, & fur les plaintes qui en furent portées à Rome, Honoré III commit l'archidiacre & le precenteur d'Agde pour juger deffinitivement & fans apel de cette affaire, avec pouvoir de contraindre les parties par les cenfures de l'Eglife * à l'obfervation de ce qu'ils auroient décidé. Par leur fentence, l'abbé d'Aniane & fes fuccefleurs furent tenus de fe rendre aux finodes que l'evêque de Maguelone, leur diocéfain, auroit convoqué.

PAGE 52.

Sous ce même pape, Bernard de Mezoa vit établir à Montpellier un grand nombre de religieux, dont les ordres venoient d'être aprouvez ou confirmez par le pape Honoré III. Quoiqu'on ne fache pas bien précifément l'année de la fondation d'un chacun en cette ville, on peut juger, par la confecration de leurs églifes, qui fut faite par Bernard de Mezoa, & par les lettres que le pape écrivit en leur faveur, qu'ils furent établis à Montpellier à peu de diftance les uns des autres.

III.

Nous avons une lettre du pape Honoré III, adreffée aux confuls & au peuple de Montpellier, du 6 avril 1216, par laquelle il les prie, les avertit & les exhorte à proteger la maifon & les biens des freres de la Ste Trinité des Captifs de Montpellier. *Pro dilectis filiis magiftro & fratribus Sanctæ Trinitatis Captivorum Montifpeffulani, veftram univerfitatem rogamus, monemus, & exhortamur, quatenus,* &c.

1216.

Les freres prêcheurs qui avoient pris origine dans le pays par les travaux de St. Dominique, leur fondateur, furent reçûs à Montpellier avec l'aplau-

1220.

diffement de toute la ville, en 1220, felon Malvenda, leur hiftorien. Et la chofe eft affez probable, puifque nous trouvons dans notre petit Talamus que Bernard de Mezoa confacra leur églife en 1225, avec celle de Grandmont, dont j'ai déjà parlé dans la vie du dernier de nos Guillaumes.

Ad ann. 1225.

Les freres mineurs, que St. François venoit d'établir, furent introduits à Montpellier quelques années après par le roy Jacques I, qui fit commencer en 1230 le grand & fpacieux couvent qu'ils avoient en cette ville, comme nous le dirons en parlant de chaque couvent en particulier.

Le zéle des habitans parut encore, fous le même evêque, par la fondation de quelques hôpitaux & par le rétabliffement d'autres maifons de charité.

L'hôpital St-Jacques avoit été établi un peu auparavant les freres Mineurs par les liberalitez de Guillaume Perefixe, habitant de Montpellier, qui, étant de retour de St-Jacques de Compoftelle, donna tous fes biens en faveur des pauvres pelerins, pour être reçûs dans cet hôpital, fains & malades. Le roy Jacques I, voulant entrer dans cette bonne œuvre, céda toutes les redevances qu'il avoit fur les maifons qu'on avoit prifes pour cet établiffement, dont on voit encore les marques auprès du jardin du roy.

Un nommé Pierre Lauri fuivit l'exemple de Guillaume de Perefixe, en leguant tous fes biens à l'églife de Notre-Dame; mais l'execution de fon teftament donna bien de l'exercice à l'evêque de Maguelone, qui, en étant enfin venu à bout, fit faire avec les confuls de Montpellier des reparations fi confiderables à cette églife, qu'on crut en devoir faire une nouvelle confecration. Pour la rendre plus folemnelle, ils s'adrefferent au pape Gregoire IX, fucceffeur d'Honoré III, qui écrivit aux archevêques de Narbonne, d'Arles & d'Aix, de fe trouver à cette fête avec leurs fuffragants, & d'accorder au peuple de Montpellier quelques relaxations des peines canoniques. On remarque, à cette occafion, que les evêques de Marfeille & de Riez, n'ayant pû s'y rendre qu'après la folemnité, ils ne laifferent pas d'accorder au peuple des indulgences, dont ils donnerent leurs lettres, que nos confuls prirent foin de faire enregîtrer dans les archives de la ville, avec les autres piéces concernant cette cérémonie.

Nous trouvons, dans les mêmes archives, que l'hôpital de Notre-Dame des Tables, près la porte d'Obilion (aujourd'hui la porte de Lates), s'enrichit par la donation que lui fit Eleazare de Caftries & Roftang de Pofquieres, fon mary, de tous les biens qu'il avoit à Meirargues & à Veirargues, & qu'en même tems Guy de Beaulieu & Petronille, fa femme, s'étant obligez par vœu de garder la chafteté & de fervir les pauvres, donnerent tous leurs biens à cet hôpital, ne fe refervant que trois cens fols melgoriens pour leur fepulture à Maguelone.

Les mêmes archives nous ont confervé la lettre que le pape Honoré III addreffa au bailli, confuls & peuple de Montpellier, en faveur de l'hôpital du * St-Efprit de cette ville. Elle eft de la premiere année de fon pontificat, c'eft-à-dire de 1227.

1227.

PAGE 53.

On trouve auffi que l'evêque de Maguelone confirma Pierre de St. Gervais dans la charge de preceptor ou commandeur de l'hôpital de Salaifon, où il avoit été nommé par tous les freres & fœurs de cette maifon.

Mais une chofe des plus remarquables où Bernard de Mezoa eut beaucoup de part, eft la nouvelle forme que reçut alors l'école de medecine de Montpellier, par les réglemens que lui donna le cardinal Conrad Eginon d'Urach, legat du faint-fiége contre les Albigeois. Ce feigneur, qui étoit fils du comte de Scinex en Allemagne & neveu de Bertold duc de Turinge, ayant tout quitté pour fe faire religieux de Cîteaux, fut fait cardinal évêque de Porto par Honoré III, qui l'envoya legat dans le Languedoc, pour s'opofer aux entreprifes du comte de Toulouze; & étant arrivé à Montpellier, en 1220, il fut prié par les evêques de Maguelone, de Lodeve, d'Agde & d'Avignon, de donner des reglemens à l'école de medecine, pour foûtenir la grande reputation qu'elle avoit déjà. Il le fit avec tant de fageffe, que le principal reglement qui fut fait alors a fervi de baze aux érections des univerfitez qui furent faites depuis. Il porte qu'aucun ne fera reçû comme maître dans cette fcience, qu'il n'en aye donné des preuves par quelque exercice public, en préfence de l'evêque & des profeffeurs en medecine. Les lettres qu'il en fit expedier (& que je raporte dans l'article de cette faculté) font dattées de Montpellier du premier feptembre 1227.

IV.

1227.

Les autres actions de Bernard de Mezoa regardent le temporel de fon églife, dont Verdale nous donne un affez long détail.

V.

Il marque une ceffion que fit cet evêque aux habitans de Villeneuve, & à Bernard Ouvrier de Maguelone, des ufages qu'il avoit fur une partie des vignobles de ce lieu, moyennant neuf cens fols melgoriens. Deux autres ceffions faites à Jean de Montlaur, prévôt de Maguelone, l'une de certaines poffeffions fituées à Maurin, fous albergue, & l'autre de la maifon du Château de Londres, fous foy & hommage.

Un partage des pâturages de Montauberon fait à égales parts entre lui & Roftang de Montauberon.

Un échange de quelques métairies qui lui reftoient à Pignan. Autre échange des ufages qu'il prenoit fur une metairie de Gontard de Montpellier, dans la dîmerie de St. Denis, contre d'autres ufages que le même Gontard avoit à Montauberon.

Les hommages qu'il reçut des confeigneurs d'Affas pour leur châtelenie,

& du feigneur de Ganges, avec Raymond de Roquefeüil, chacun pour une moitié du château de Briffac. La foûmiffion que lui fit Lechas, prieur de l'églife de Cluzenet, fituée entre la ville de Montpellier & la riviere de Lez, lequel reconnut à l'evêque de Maguelone le droit qu'il avoit de vifite & de nomination à fon églife.

Enfin, deux recouvremens qu'il fit, l'un de la baillie de Melgüeil, des mains de Raymond de St. Firmin, à qui fon predeceffeur l'avoit engagée pour douze fols de rente. Et l'autre, beaucoup plus confiderable, fut celui du château de Balaruc, qui lui fut adjugé par fentence de l'archevêque de Narbonne, commis par le pape pour juger entre lui & Guy Cap de Porc qui s'en étoit emparé de force.

En 1232, Bernard de Mezoa ayant voulu faire un voyage à Rome pour des affaires que nos hiftoriens ne nous marquent pas, mourut en chemin cette même année, après avoir tenu le fiége de Maguelone quatorze ans, cinq mois & quatorze jours.

CHAPITRE TROISIÉME.

I. Fondation des religieufes de St. Leon, par Jean de Montlaur. II. Commencements de cet evêque. III. Hugues de Miramar. IV. Abbaye de St. Geniez. V. Brefs du pape Gregoire IX pour Montpellier. VI. Broüillerie entre le roy Jacques I & l'evêque de Maguelone. VII. Faculté des arts. VIII. Premier concile de Lyon.

I. LA mort de Bernard de Mezoa laiffa un intervalle de plus d'une année dans le fiége de Maguelone; car nous aprenons de Verdale que Jean de Montlaur, fon fucceffeur, ne fut facré qu'en 1234, par Pierre Almaric, fon métropolitain. Il étoit de la même maifon que cet autre Jean du Montlaur, dont nous avons parlé ci-devant, dans le fecond livre, & foit qu'il eût été nommé grand vicaire par fon predeceffeur, lorfqu'il partit pour Rome, ou qu'il ne le fût qu'après la vacance du fiége, il eft certain qu'étant grand vicaire, il établit un monaftére fous le nom de St. Leon, fur une colline près de Montlaur, pour dix-fept filles ou veuves, qui, fans diftinction, pouvoient y être reçûës. Il lui unit, étant evêque, l'églife de St-Germain de Forneil, avec l'hôpital de Selve Gautier, fous diverfes referves pour l'evêque de Maguelone, pour le prévôt & pour les chanoines. Nous verrons que, par fucceffion de tems, elles furent unies au prieuré de St-Felix de Monfau, près de Gigean.

La premiere action que nous trouvions de Jean de Montlaur, après fon II. facre, eft un mandement raporté au long par Gariel, en faveur des pauvres lepreux de Caftelnau, qu'il recommande aux charitez de fes diocéfains, du 23 mars 1234, dans laquelle année il eut l'honneur de recevoir, dans l'églife de Notre-Dame des Tables, Marguerite de Provence, époufe du roy St. Loüis, laquelle fut invitée, par le roy Jacques I, de paffer à Montpellier avant que de fe rendre à Sens, où fon mariage fut celebré, vers la fin du mois de may, par l'evêque de cette ville.

Ces deux actions furent bientôt fuivies d'une grande broüillerie qui furvint entre l'evêque de Maguelone & fon propre frere, Roftang de Montlaur, lequel, après lui avoir fait hommage de fa terre, alla, fur quelque démêlé qu'ils eurent enfemble, la reconnoître du roy Jacques I, qui refufa de fon côté, à l'evêque de Maguelone, l'hommage que les feigneurs de Montpellier, fes predeceffeurs, avoient prêté pour ladite ville & pour le château de Lates. Les plaintes en ayant été portées à Rome, Gregoire IX en écrivit à l'archevêque de Narbonne, pour exhorter le roy à rendre ce qui étoit dû à l'evêque de Maguelone, & lui manda de le proteger, lui & fon églife, contre tous ceux qui voudroient leur caufer du trouble. En confequence, le roy Jacques prêta fon ferment, où l'on voit l'ancienne formule que fuivoient nos Guillaumes, moitié latin, moitié patois. *Et fi in illo honore quem tu poffides, & canonici Magalonenfes habent, ego tollerem; ou rendray, ou emendaray.* L'acte eft du 26 decembre 1235.

1235.

Cette affaire, qui paroiffoit finie, eut des fuites bien plus fâcheufes, III. comme nous le verrons bientôt; mais, pour garder l'ordre du tems, je crois devoir faire ici mention d'un archidiacre de Maguelone, à l'honneur duquel le chapitre fit graver de beaux vers à la façon de ce tems-là. C'étoit Hugues de Miramar, homme pieux et fçavant, qui compofa plufieurs traitez qu'il écrivit fur du beau velin, tels qu'on les voit encore dans la Chartreufe de Montrieu, diocéfe de Marfeille, où il fe retira fur la fin de fes jours. En quittant fon archidiaconé, il fit préfent à l'églife de Maguelone de treize grands livres de chant, dont le chapitre voulant témoigner fa reconnoiffance, fit graver les vers fuivans, qu'on voyoit à Maguelone avant les troubles de la religion, & qui nous aprenent que ce préfent fut fait en 1236, & que le chapitre prit toutes les précautions qu'il put pour conferver ces livres, même en employant la voye d'excommunication.

Anno milleno, ter deno cumque duceno
Sexto; juconda feptembris luce fecunda;
Libros divinos denos dedit utique trinos

PAGE 55.

1236.

Illos, totales fuerint vel particulares.
Hæc a paſtore ſententia fertur, ab ore
Papæ firmata : tua ſint Hugo dona beata.
Egregiæ vitæ, venerabilis archilevitæ,
Perpetuo donis domus hæc lætetur Hugonis.

IV. Environ ce tems, Jean de Montlaur, qui n'étant que grand-vicaire de Maguelone avoit fondé les religieuſes de St. Leon, voulut, pendant ſon epiſcopat, faire reconnoître ſes droits en qualité de comte de Melguëil ſur l'abbaye de St. Geniés, qui ſans contredit étoit le plus ancien monaſtére des filles de tout ſon diocéſe. Nous avons la reconnoiſſance qui lui en fut faite par l'abeſſe Ermeniarde de Montdidier, où elle dit que, ſuivant ſes propres connoiſſances & celles de ſes anciennes, ſuivant le témoignage des perſonnes les plus âgées, tant du clergé que des laïques, & conformément à la voix publique & aux titres qu'elle a trouvé dans ſes archives, leur monaſtere a été bâti dans un fonds qui leur avoit été cedé par les anciens comtes de Melguëil, avec toute juriſdiction mere & mixte. Et parce qu'elle reçut alors de l'evêque de Maguelone le terroir de Meſſanergue avec la paroiſſe de Sainte-Colombe, elle obligea ſon monaſtere à payer cinquante ſols melgoriens à chaque mutation d'abeſſe ou d'evêque.

V. Le pape Gregoire IX fit expedier dans l'année ſuivante 1237 trois brefs pour Montpellier, que nos conſuls prirent grand ſoin de faire inſerer dans leurs regîtres. Par le premier, du 17 mars, adreſſé au prieur de Notre-Dame des Tables, il accorde une indulgence de vingt jours à ceux qui, dans un eſprit de contrition & d'humilité, viſiteront cette égliſe, dans laquelle (ſuivant l'expoſé que les conſuls lui ont fait) Dieu opere pluſieurs miracles. Par le ſecond, adreſſé aux conſuls & au chapitre, il blâme l'exaction que faiſoient les clercs pour la ſonnerie & pour le portement de la croix aux enterremens, exhortant néanmoins les fidéles de garder ſur cela les loüables coûtumes. Par le troiſiéme bref, il mande à l'evêque de voir ce qu'il conviendra faire ſur la demande des conſuls & du peuple de Montpellier, pour obtenir la permiſſion à l'égliſe de Notre-Dame de faire la proceſſion des Rameaux & des Rogations. Mais nous ne trouvons pas qu'il fût rien ordonné pour lors ſur cet article.

1237.

Le roy Jacques, dans ce même tems, voulant gratifier ſa cour de juſtice de Montpellier, donna une declaration du 4 fevrier 1237, que nos anciens ont pris grand ſoin de conſerver, où il eſt dit qu'à l'excluſion de toute cour civile & eccleſiaſtique, le roy veut que les procés de tous ſes ſujets ſoient portez à la cour de Montpellier : *Ut nullus audeat de cætero, coram aliquibus judicibus seu curia civili vel ecclesiastica, alium convenire, aut aliquatenus de cætero litigare, præterquam in prædicta nostra Montifpessulani curia, quæ inter alias* (ajoûte-t-il) *circa juris & causarum examinationem dici potest merito præfulgere.* Et au cas que quelqu'un ofât aller contre fa deffenfe, il le déclare déchû de toutes fes demandes en juftice, fans aucun efpoir.

Je ne fçai fi cette déclaration ne fut pas donnée en partie pour faire de la peine à l'evêque de Maguelone, ou fi ce prélat ne fe crut pas bien offenfé de l'exclufion qui étoit portée contre fa cour ecclefiaftique : il eft toûjours certain qu'il ne tarda pas de faire un coup des plus éclatans, qui fut de déclarer le roy Jacques Ier coupable de felonie & déchû de tous fes droits fur la feigneurie de Montpellier. En confequence, Montlaur fe rendit à Milhau dans le Roüergue, apartenant au comte de Touloufe, & là, dans le tems que le roy Jacques arrivoit à Montpellier, * il fit tranfport au comte de Touloufe de tous les droits que le roy Jacques avoit fur cette ville, & le comte, de fon côté, s'obligea envers lui & l'églife de Maguelone à diverfes chofes contenuës dans l'acte dont voici le précis : PAGE 56.

« Jean, par la grace de Dieu, evêque de Maguelone, fçachant que le roy
« d'Aragon eft tombé dans le cas d'être privé de la feigneurie de Mont-
« pellier & de celle de Lates, qu'il tient de nous & de notre églife, & vou-
« lant la pourvoir & nous auffi d'un feudataire utile, nous donnons à
« vous Raymond, par la grace de Dieu, comte de Touloufe, cette partie
« de Montpellier & le château de Lates, qui fut jadis à Guillaume, fei-
« gneur de Montpellier & de Lates, avec tous leurs droits, pour en joüir
« vous & vos fucceffeurs comme de votre chofe propre ; renonçant à toute
« loi contraire, & vous permettant d'aliener le tout ou en partie.

« Et moi, Raymond, par la grace de Dieu, comte de Touloufe & mar-
« quis de Provence, en recevant le prefent que vous nous faites, nous pro-
« mettons de vous conferver la partie que vous avez dans Montpellier
« exempte de toute vexation & exaction ; de ne rien exiger, tant pour le
« civil que pour le criminel, dans l'étenduë de votre juridiction ; au con-
« traire, nous vous remettons & à vos fucceffeurs les droits que Guillaume
« de Montpellier avoit dans Montpelieret, dans le bourg apellé Villefranche
« & dans le champt d'Atbrand.

« Nous promettons de vous faire foi & hommage pour la ville de
« Montpellier, lorfque nous en aurons acquis la poffeffion ; de conferver
« les libertez de l'églife de Maguelone, avec les biens & perfonnes des
« habitans de Montpellier... De vous remettre les châteaux de Mireval,
« Frontignan & Balaruc. Mais fi après votre mort nous voulons reprendre

« Balaruc, nous affignerons à celui qui vous fuccedera dans l'evêché de
« Maguelone une rente de cent livres melgoriennes, en tel lieu que
« l'evêque d'Agde les reglera.

« Nous vous accordons une porte & avant-porte à Montpelieret, dont
« vous aurez les clefs pour entrer & fortir, vous & les vôtres, quand vous
« voudrez; & vous pourrez encore exercer la juftice fur les gens con-
« damnez par votre cour, & paffer par le lieu apellé la Pierre jufqu'à la
« porte d'Obilion & au-delà.

1238.
« Nous vous accordons de plus les alleux qui furent jadis de Bonet
« d'Avignon, fur la riviere du Lez, au-deffous du pont de Caftelnau. Fait
« à Milhau, le 28 août 1238, en préfence de Berenger Arnaud, chanoine
« de Maguelone, de B. Long, de Montpellier, &c. L'evêque jurant fur les
« faints évangiles, & pour lui, Bernard de Fefc, fon notaire; Raymond
« Gaucelin, feigneur de Lunel, pour les deux parties; & pour le comte de
« Touloufe, R. de Beaux, prince d'Orange, & Roftang de Montpezat. »

Les fuites firent voir que Jean de Montlaur n'avoit fait que donner des
marques de fa mauvaife volonté; car le comte de Touloufe n'étoit pas alors
en état de faire valoir la donation qui venoit de lui être faite; & il parut
même y compter fi peu, qu'il ne tarda pas de venir trouver le roy Jacques,
qui arriva dans ce même tems à Montpellier, où il entra avec lui dans les
traitez dont nous avons parlé dans le premier tome de cette hiftoire. Le
roy, de fon côté, qui fit durant ce voyage un long féjour à Montpellier,
porta un coup à l'authorité des evêques de Maguelone dont ils ne font plus
1239. revenus; car, par fes lettres du 17 octobre 1239, il les exclut de l'affiftance
qu'ils avoient par eux-mêmes ou par d'autres à l'élection des confuls; & il
ordonna que ni les confuls qui étoient actuellement en charge, ni leurs
fucceffeurs, ne prêteroient jamais ferment, à raifon de leur office, entre les
mains de l'evêque ou de fon député : *Nullo deinceps tempore, præfentes vel
futuri confules jurent in manu epifcopi, vel alterius pro ipfo, nec juramentum præf-
tent, quod ratione officii præftare tenentur.*

Cette deffenfe donna occafion au reglement qui fut fait pour l'élection
des confuls, telle que je l'ai raportée dans mon premier tome, fous le regne
de Philippe de Valois.

Nous ne voyons point que Jean de Montlaur eût rien fait directement
contre l'exclufion que le roy venoit de lui donner. Mais nous trouvons
qu'il lâcha une fentence d'excommunication contre les feigneurs de Montpellier qui avoient compris quelques clercs dans les impôts publics. Nos
PAGE 57. archives confervent encore l'abfolution* que l'evêque leur en donna, après
avoir rendu à fes clercs ce qu'ils en avoient déjà pris.

Tout ce que je viens de raporter de lui nous fait entendre que, bien qu'il fût de la même famille & du même nom que cet autre Jean de Montlaur, evêque de Maguelone, qui fut de fon tems l'arbitre des plus grandes affaires, il ne le prit pas néanmoins pour fon modéle dans cet efprit de ménagement & de douceur qui eft fi convenable dans les hautes places.

Dans le cours des broüilleries entre le roy d'Aragon & Jean de Mont- VI.
laur, le roy ne laiffa point de donner des marques de bienveillance au corps epifcopal, en accordant à l'evêque d'Agde un fief dans la ville de Montpellier, apellé de fon nom le Plan d'Agde, & par corruption le Plan d'Atte.

Les lettres qu'en donna ce prince font des ides d'octobre 1239, portant amortiffement des maifons que l'evêque voudroit acquerir dans Montpellier, fans payer aucun droit de lods ni confeil, avec injonction & défenfe au gouverneur de Montpellier, préfent & à venir, de rien prendre ni exiger à cet effet dudit feigneur evêque.

Bernard I, en faveur de qui je crois que ces lettres furent données, joüit toute fa vie de la grace accordée; fes fucceffeurs en joüirent de même, & ce ne fut qu'en 1476 que, le procureur du roy ayant voulu difputer ce droit à l'evêque d'Agde, il y fut maintenu par fentence du gouverneur de la même année.

Mais une chofe qui a rendu Jean de Montlaur célébre dans notre univer- VII.
fité, c'eft le bon ordre qu'il tâcha d'y établir par les reglemens qu'il fit pour la faculté des arts, du confentement des maîtres & écoliers, comme il eft marqué par exprés dans le mandement qu'il leur adreffe en ces termes : *Dilectis filiis magiftris & fcholaribus in grammatica & logica apud Montempeffulanum, vel Montempeffulanulum ftudentibus.* Je raporterai au long ces reglemens dans l'article de la faculté des arts, fur la fin de ce dernier tome, auquel je prie le lecteur d'avoir recours.

Cependant les affaires fe broüilloient plus que jamais entre l'empereur Frederic & le pape Innocent IV, qui, étant obligé de quitter l'Italie, fongea de fe refugier en France & de s'y établir pour un long tems, comme il le fit propofer à faint Loüis dans un chapitre général de Citeaux, où ce prince s'étoit voulu trouver. Il chercha le même refuge dans les états des rois d'Aragon & d'Angleterre; mais leur confeil n'ayant pas jugé expedient de l'y recevoir, il fe détermina de s'arrêter à Lyon, ville neutre, apartenante alors à fon archevêque, d'où il écrivit des lettres circulaires pour la convo- VIII.
cation d'un concile général, qui ne put être tenu en cette ville qu'en 1245. 1245.
Jean de Montlaur reçut fa lettre comme les autres evêques, & il fe rendit au concile qui fut ouvert le 28 juin, & où dans les trois feffions qu'on y

tint, il fut refolu de fecourir la Terre Sainte & Baudoüin, empereur de Conftantinople, & enfin on y proceda à l'excommunication de Frederic.

Le concile ayant été ainfi terminé, Innocent IV, qui n'avoit point d'autre refuge, s'arrêta à Lyon, où il fut bien aife, pour groffir fa cour, d'attirer tout autant d'evêques qu'il pourroit. Celui de Maguelone fut du nombre de ceux qui fe rendirent des plus affidus auprès de lui. Mais dans un voyage qu'il fit à Lyon, au commencement de 1247, il y mourut, ayant tenu le fiége de fon églife quatorze ans & neuf mois.

On met fous fon épifcopat l'établiffement des religieux de la Mercy à Montpellier, que le roy Jacques, feigneur de cette ville, avoit fondé en 1218, & qu'il fit confirmer enfuite par Gregoire IX, en 1230. Il ne tarda point de les établir à Montpellier, comme il avoit déjà fait à Barcelone, car nous aprenons de l'hiftoire que Vargas a donné de fon ordre, que leur maifon de Montpellier commença en 1239, qui eft le tems où Jean de Montlaur occupoit le fiége de Maguelone.

Les autres actions de cet evêque ne nous font connuës que par les archives de l'evêché, citées en partie par Verdale.

En 1238, il reçut l'hommage pour la terre de Briffac, qui lui fut rendu par Hugues, comte de Rodez, mari d'Elizabeth de Roquefeüil, fille & héritière de Raymond.

* Le dixiéme du mois de may fuivant, Pierre & Pons de Figuieres, enfans de Guillaume, reconnurent tenir de lui, fous l'albergue de deux chevaliers, le lieu de Figuieres, dans la paroiffe de Violz.

En 1239, Roftang d'Affas lui fit hommage pour fon château.

En 1245, il donna à Pierre de Monteilz, en nouvel achapt, le lieu de la Lauze & celui de Noalz, & il accorda aux confeigneurs de Montferrier la permiffion de faire du bois à Valene, fous l'albergue de deux chevaliers.

En 1246, Guillaume de Montarnaud reconnut tenir en fief de l'églife de Maguelone la terre de St. Martin de Londres, faifant pour lui fes tuteurs, qui étoient Bernard Ademar & Berenger Dalmas fon frere, qui, les mains jointes, en firent hommage à Jean de Montlaur dans fon château du Terrail.

Enfin, en 1247, & au commencement de cette année, les confuls de la communauté de Lates, fçavoir Guiraud de Melgueil avec dame Guillelme, femme de Bertrand Blandiac, confeigneurs par indevis de l'eftang de Melgueil, reconnurent au procureur de Jean de Montlaur, dans l'églife de St. Marcel, le droit qu'ils prenoient des habitans de Lates fur la pêche du poiffon.

CHAPITRE QUATRIÉME.

I. Reinier, evêque de Maguelone. II. Defcription des anciens bâtimens de cette églife. III. Maniere de vivre des anciens chanoines. IV. Le prévôt eft fubftitué au pouvoir du prieur majeur pour le fpirituel. V. Differens entre le prévôt & l'evêque. VI. Collation des benefices. VII. Prieurés de la campagne. VIII. Dépendance de tous les membres du chapitre. IX. Dignitez & offices clauftraux. X. Mort de l'evêque Reinier.

LA mort de Jean de Montlaur, arrivée à Lyon dans le tems que le pape Innocent IV s'y trouvoit actuellement, donna lieu à une innovation bien confiderable pour l'églife de Maguelone, dont le fiége avoit toûjours été rempli par quelqu'un de fes chanoines. Le pape voulut en difpofer dans cette occafion, comme d'un benefice qui vaquoit *in curia*, & il nomma pour le remplir un religieux de l'ordre des frères Prêcheurs, nommé Reynier, qui avoit été vice-chancelier de Grégoire IX, & dont on voit un éloge dans Tritheme, qui nous aprend qu'il étoit de Pize, & qu'il avoit compofé une Somme de cas de confcience en deux grands volumes, difpofez par ordre alphabetique.

Son entrée dans Maguelone ne fouffrit aucune difficulté de la part du chapitre; mais il ne tarda point d'y faire une fin très-funefte (comme nous le dirons dans la fuite). Nous trouvons que dans les dix-huit mois qu'il remplit ce fiége, il fit une acquifition fort convenable à fa nouvelle feigneurie de Melguëil, en acquerant du chapitre l'églife paroiffiale dudit lieu, qu'il unit à fa manfe épifcopale, & par ce moyen il devint prieur & feigneur du chef-lieu de fa comté. Mais en dédommagement il donna au chapitre les églifes de Cornon, de Cazevielle, de Caftries & de Veirargues.

L'acte en fut paffé le 17 mars 1247, & cette même année il fit dans le chapitre l'augmentation d'une place beneficiale, en érigeant l'office du veftiaire en benefice, avec le confentement de Bernard de Murviel, alors prévôt, & de toute la communauté. Dans le titre de cette érection, il affigne au nouveau beneficier les églifes de Grabelz & de Juvignac, avec tous les droits que le prieur de St. Firmin prenoit dans l'archidiaconé de Maguelone; un cellier dans Montpellier, qu'il défigne entre la maifon canonicale de St.-Firmin & le cellier du prévôt; moyenant quoi le veftiaire feroit tenu d'habiller tous les chanoines & les convers, excepté les prieurs de la campagne, qui devoient eux-mêmes donner tous les ans au veftiaire quarante

PAGE 59. sols melgoriens, payables moitié à la St.-Luc, & * moitié à Pâques. Il fut établi en même tems que le vestiaire fourniroit des habits aux chanoines étudians, lorsqu'ils seroient sortis de Maguelone avec la permission de l'evêque & du prévôt. Bien entendu que dans le lieu de leurs études, ils porteroient l'habit de leur regle & non autrement.

II. Ce petit détail de la vie reguliere de nos anciens chanoines m'engage d'en donner ici une connoissance plus étenduë, & pour rendre plus sensible tout ce que j'en aurai à dire, je prie le lecteur de se rapeller tout ce que j'ai déjà dit en divers endroits de cet ouvrage du local de Maguelone, & des bâtimens qui y furent faits par les premiers evêques qui s'attacherent à y maintenir la regularité.

Nous avons vû que, dans le circuit d'environ deux mille pas qui enferment l'isle de Maguelone, l'evêque Arnaud repara (dans le onziéme siécle) l'église qui avoit été abandonnée dans le huitiéme, sous Charles Martel. Je dis qu'il repara, parce qu'au sentiment des plus habiles connoisseurs, le chevet de cette église est d'une structure beaucoup plus ancienne que les autres bâtimens qui furent faits depuis. Je me contente de citer pour cela Mr de Vair, sacristain de Cluny, connu par la reformation du breviaire de son ordre, qui, ayant visité Maguelone, porta ce jugement sur le chevet de l'église, & sur une tour dont on voit encore de grands restes au côté droit en entrant.

Verdale dit que Gautier repara la voûte de l'église; ce qui peut faire penser que Arnaud & Godefroy, ses prédécesseurs, n'avoient pas eu besoin d'y toucher, & que l'église resta en l'état où Gautier la mit ensuite, jusqu'au tems de Jean de Montlaur I, qui fit bâtir la façade de l'entrée, & par-dessus, dans l'interieur de l'église, le chœur des chanoines.

Les evêques qui précéderent Jean de Montlaur avoient fait les bâtimens du dehors de l'église, qui étoient fort considerables. Gautier commença une grande tour, qu'on apelloit du Sepulcre, soit qu'elle dût servir pour enfermer les titres & les meubles les plus précieux, soit qu'elle fût regardée comme le donjon de toute l'isle. Il fit depuis construire le dortoir, le refectoire & le cellier. Son successeur, Raymond I, acheva la tour du Sepulcre, bâtit une autre tour, apellée de Ste-Marie, & celle de la cuisine (car Verdale lui donne ce nom, *turrim culinæ*), & il est vrai qu'à en juger par ce qui nous en reste, elle pouvoit porter ce nom, puisque le seul tuyau qui sort d'une large & très-solide cheminée, qui subsiste encore, alloit se perdre dans les nuës, en forme de tour ronde, dans laquelle deux ou trois hommes pouvoient passer.

Le même evêque fit une grande & profonde citerne au milieu du grand cloître. Il fit un lavoir dans cet autre petit cloître, dont on voit encore un côté attenant à l'église, & qui eſt apellé par Verdale cloître ſuperieur, ſans doute à cauſe de ſon élevation ſur l'autre cloître, qui étoit plus bas. Il bâtit un grand logement pour les convers, un autre pour ceux qui avoient ſoin du moulin. Il fit clorre le cimetiere des laïques, bâtit un grand garde-meuble & fit conſtruire de grandes écuries au bout de la chauſſée, qui traverſoit l'étang du côté de Villeneuve.

Tous ces bâtimens furent clos par l'evêque Raymond de fortes murailles, garnies de bonnes portes de défenſe : *cortinale & portalitia fecit.* Mais ce qui relevoit le prix de tous ces ouvrages eſt le bon choix qu'on faiſoit des matériaux, & l'adreſſe avec laquelle on les mit en œuvre ; car nous voyons encore les pierres de l'égliſe ſi bien liées enſemble, que lorſque le vent du nord y pouſſe la pluye, on la voit couler ſur la muraille comme ſur une glace. Les pierres en ſont vives & luiſantes comme du caillou poli, & tout l'ouvrage du dehors de l'égliſe étoit de la même ſtructure, comme je l'ai vû, & mille autres perſonnes avec moi, dans les debris affreux qui resterent longtems ſur la place, après que le roy Loüis XIII eut fait miner & petarder ce grand édifice. On voyoit alors de grands quartiers de muraille, d'une ou deux toiſes de longueur & de cinq à ſix pieds d'épaiſſeur, qui avoient cédé à l'effort de la poudre, ſans que les pierres de ces gros quartiers ſe fuſſent ébranlées. On les a dépuis rompuës & emportées dans l'étang, pour y former ce canal qui donne aujourd'hui paſſage aux barques, qui vont depuis le port de * Cete juſqu'à l'embouchure de notre riviere. Ainſi, nos ſucceſſeurs ne verront autour de l'égliſe de Maguelone qu'une place déferte, que nous avons vûë remplie de grandes ruines, & où nos dévanciers avoient vû de grands bâtimens, qui portoient à juſte titre le nom de forterefſe, dont le roy Loüis XIII prit ombrage, & les fit démolir, crainte d'une deſcente en tems de guerre.

PAGE 60.

Je ne dois pas oublier deux canaux ſoûterrains & bien mûrés, qui vont d'une pointe de l'iſle à l'autre, du levant au couchant. Ils partent tous deux du lieu où étoient les logemens dont je viens de parler. L'un ſervoit d'égout pour les immondices de la maiſon, qu'il portoit dans les eaux de l'eſtang, du côté de l'occident, & l'autre ſervoit (comme il ſert encore) d'acqueduc à une fontaine qui ſort à la pointe de l'iſle, du côté du levant, & que l'on croit ſortir du milieu de l'iſle, de cette profonde cîterne dont j'ai déjà parlé, où les eaux de l'eſtang filtrées dans le ſable forment un refervoir d'eau douce qui s'écoule par la fontaine.

C'eſt dans ce lieu (tel que je viens de le décrire) que vecûrent les ſucceffeurs des douze chanoines qui étoient venus de Subſtantion pour s'y établir avec l'evêque Arnaud. Leur nombre augmenta fi fort, foit par l'union qu'on fit de plufieurs églifes à leur manfe, foit par les épargnes qu'ils firent eux-mêmes, en mettant tous leurs biens en commun, que je ne ferois pas difficulté de croire, comme beaucoup de gens éclairez me l'ont dit, qu'ils étoient plus de cent au fervice de leur églife. La chofe me paroît d'autant plus croyable que, dans une tranfaction raportée dans une bulle d'Alexandre III, trente-trois chanoines s'y trouvent nommez & les autres compris dans ces termes généraux : *& multorum aliorum canonicorum ;* ce qui marque un plus grand nombre & un nombre confiderable. Or, en y ajoùtant les étudians, & ceux qu'on envoyoit fervir les églifes de la campagne, il eft facile de comprendre qu'avec les convers, ils devoient aller tout au moins au nombre que j'ai dit.

III. Nous n'avons point de recüeil particulier des regles fous lefquelles ils vivoient, à moins qu'on ne veüille dire (ce qui eft fort croyable) que celles qui font encore entre les mains des autres chanoines reguliers de St. Auguftin leur étoient communes. Mais ce défaut eft avantageufement reparé par un bullaire qu'ils avoient autrefois, & qui nous refte encore, écrit fur du velin en lettre gothique. Il contient quatre-vingt-dix bulles pleines des conceffions ou reglemens faits par les papes fur differens points de leur difcipline. On lui a donné le nom de *privilegia ecclefiæ Magalonenfis,* quoique ces bulles contiennent beaucoup plus de reglemens que de privileges ; car elles ne font, la plûpart, que des refcripts des fouverains pontifes fur les cas qui leur étoient propofez, & des décifions fur les differens qui furvenoient entre les particuliers du corps, qui recouroient aux papes dans les affaires même temporelles, comme nous recourons au parlement ; ces refcripts n'étant pas moins efficaces que les arrêts d'aujourd'hui, à caufe des cenfures qui leur étoient attachées le plus fouvent.

Nous aprenons de la bulle d'Urbain II, dont j'ai déjà parlé, donnée en 1095, la regle fondamentale qui les attachoit à la maifon de Maguelone pour toute la vie, après y avoir fait profeffion. Elle leur deffendoit de la quitter, même fous prétexte d'entrer dans un ordre plus auftere, à moins que le prévôt & la communauté n'y donnât un confentement exprès.

Bulle 57. Ils ne pouvoient avoir rien en propre. Que fi quelque frere (ce que Dieu veüille détourner, dit Alexandre III) fe trouve avoir quelque chofe, elle retourneroit au commun, ou bien à l'evêque, fi elle lui appartenoit.

Outre la dépendance où ils vivoient de leur evêque, ils avoient pour le fpirituel, dans l'interieur de la maifon, un fuperieur particulier, qu'on apelloit prieur majeur, qui eut le foin des âmes, dans la communauté de Maguelone, jufques fur la fin du douzième fiécle, où le prévôt Fulcrand (qui fut depuis evêque de Touloufe) obtint une conceffion de l'evêque (confirmée depuis par le pape) pour exercer dans la communauté les pouvoirs qu'avoit eu le prieur majeur.

Nous aprenons toutes ces particularitez d'une bulle de Celeftin III, en 1194, adreffée au prévôt & au chapitre : *Priorem majorem ex antiqua inftitutione in ecclefia* * *Magalonenfi fuiffe, qui curam animarum a prædeceffioribus noftris & a vobis habens, exceffus capituli regulariter corrigebat, & primum locum, poft epifcopum, in capitulo, circa fpiritualium correctionem habeat.* PAGE 61. Bulle 47.

Le pape ajoûte enfuite, pour raporter les raifons du prévôt moderne, à qui l'on objectoit cet ufage : *Quod licet prior major, quondam in ecclefia Magalonenfi, quæ prædicta funt obtinuerit, tamen præpofitus, ex communi epifcopi & fratrum affenfu electus, omnia hæc debebat habere fecundum fancti Auguftini regulam, præfertim cum Fulcrandus prædeceffor tuus (qui nunc epifcopus eft Tolofanus) ex epifcopi conceffione ac domini papæ confirmatione illa obtinuiffet.*

En confequence, le pape Celeftin prononce, dans cette même bulle, que l'evêque de Maguelone doit avoir une autorité fuperieure fur tous les membres du corps. Qu'il peut lier & délier, corriger les fautes, & que tous, tant les dignitez que les fimples chanoines, lui doivent obéïffance dans le fpirituel, comme à leur pafteur, qui eft chargé du foin de leurs ames. *Statuimus quod epifcopo Magalonenfi, ut patri & domino, tam prælati quam fimplices ejufdem ecclefiæ canonici abfque rebellione fubditi effe debent : fuper toto capitulo Magalonenfi fpiritualem habeat authoritatem tam folvendi atque ligandi, & corrigendi exceffus atque errata; fibique omnes obediant ficut paftori, qui fuperiorem fuper eos curam obtineat animarum.*

Mais, parce qu'il n'étoit pas poffible à l'evêque d'être toûjours réfident à Maguelone, le pape ordonna qu'en fon abfence, le prévôt auroit l'authorité fpirituelle fur fes freres, pour l'obfervation des régles & pour la correction des fautes. *Poft epifcopum vero, præpofitus Magalonenfis curam animarum ab epifcopo, & fpiritualem inter fratres obtineat authoritatem circa obfervantiam ordinis & erratorum correctionem.* IV.

Le prieur majeur étant privé, par cette derniere difpofition, de l'autorité qu'il avoit euë jufqu'alors, il fut ordonné, par cette même bulle, que fa place feroit fuprimée. *Prior major in ecclefia Magalonenfi non inftituatur;* de peur que, fi le fpirituel & le temporel étoit divifé entre lui & le prévôt, il n'arrivât quelque fujet de fcandale & de difcorde. *Ne fi forte alter fpiritualibus, alter temporalibus præeffet, fcandali & difcordiæ occafionem & materiam præftaret.*

Par ce furcroît d'autorité, le prévôt devint bientôt le maître des affaires; car l'evêque de Maguelone, n'y étant que fort rarement, le prévôt avoit un champ libre pour faire prendre au chapitre les déliberations qu'il jugeoit à propos. Ce qui lui étoit d'autant plus facile que les particuliers avoient journellement befoin de lui dans tous les petits détails de la maifon.

V. Il paroît que les evêques prirent fouvent jaloufie de cette autorité du prévôt, & qu'ils chercherent à le traverfer, en procedant même par les voyes canoniques. Mais le prévôt, en mettant le chapitre de fon côté, trouvoit de la protection auprès du St Siége, qui le mit enfin à couvert des pourfuites de l'evêque. Ainfi nous voyons que, par les bulles d'Alexandre IV & de Clement IV, en conformité de celles de Celeftin & d'Alexandre III, il eft défendu à l'evêque de Maguelone de donner aucune fentence d'interdit ou d'excommunication contre le prévôt, ni contre ceux dont il fe serviroit pour les affaires de l'églife, fans le confentement de la plus faine partie du chapitre. Par une autre bulle d'Alexandre III, les caufes civiles contre le prévôt font dévoluës à l'evêque fuivant l'ufage; mais, dans les criminelles, l'evêque ne peut rien faire que conjointement avec le chapitre.

Bulle 65.

Et parce que les evêques, fous prétexte qu'on prenoit des déliberations à leur infçû, crûrent devoir fe rendre maîtres du fceau du chapitre, il fut ordonné, par deux bulles d'Alexandre III, que le fceau refteroit entre les mains du prieur clauftral, ou de telle autre perfonne qui refideroit toûjours à Maguelone, & non entre les mains de l'evêque, qui n'étoit cenfé préfent que lorfqu'il demeuroit dans le cloître, dans l'ifle ou dans Villeneuve, aufquels cas il devoit être toûjours apellé aux deliberations.

VI. Toutes ces difpofitions regloient affez ce qu'il y avoit à obferver dans l'interieur du cloître; mais il reftoit pour le dehors un article fort important, qui étoit la collation des benefices & la nomination des offices clauftraux. Il paroit que les * evêques auroient voulu s'en rendre les maîtres; car nous avons une bulle de Calixte III, qui revoque un indult déjà obtenu par l'evêque, pour conferer les archidiaconez & la facriftie, attendu (dit le pape) que cet indult étoit au préjudice du prévôt & de la communauté. Il dit, dans une bulle fuivante, que, puifque les biens & poffeffions de la facriftie apartiennent au prévôt & au chapitre, ce doit être à eux à difpofer de la place lorfqu'elle viendra à vaquer, avec le confeil de l'evêque, & à la pluralité des voix. Quant à la nomination des archidiaconez, Clement III avoit ordonné, avec Celeftin, que l'evêque en difpoferoit, du confentement du prévôt, de l'archidiacre vivant, des prieurs majeur & mineur & du facriftain, & que, s'ils ne pouvoient convenir, l'affaire feroit portée en plein chapitre, où l'on en décideroit à la pluralité des voix.

Page 62.
Bulle 4.

5ᵉ.

22ᵉ. Par une bulle d'Alexandre III, donnée à Sens, le prévôt devoit être élû de l'autorité du St Siége, & toute oppofition ceffant, par la partie la plus faine du chapitre, foit que fa place vaquât par mort, par entrée en religion ou autrement.

Il avoit le pouvoir d'inftituer le dépenfier de Maguelone, le procureur de la table commune, le gardien des lits & draps des morts, & il obtint du pape Celeftin III la permiffion d'établir un precenteur, & de le placer après les archidiacres & le facriftain, tant dans le chœur que dans le chapitre, pourvû qu'il pût fe fuftenter honnêtement des biens à lui baillez par le prévôt & dépendans de lui.   57e. 60e.

Dans la vacance des benefices dépendans de la communauté, c'étoit au prévôt d'en prendre les clefs & de les garder jufqu'à ce qu'il y fût pourvû par le confeil de l'evêque & par la plus faine partie du chapitre, lui apellé.

En ce cas, le chapitre étoit obligé de préfenter à l'evêque le chanoine qui devoit fervir dans ces benefices vacans, pour recevoir de l'evêque l'inftitution & la cure des ames. Mais le chapitre étoit toûjours le maître de deftituer ces chanoines nommez pour les églifes de la campagne. C'eft un des articles des mieux établis dans le bullaire, d'où j'ai tiré tout ce que je viens de dire & ce qui me refte encore à y ajoûter.   57e.

Pour mieux éclaircir ce point de difcipline domeftique, il eft à obferver que, de ce grand nombre de chanoines qui étoient à Maguelone, on en prenoit tout autant qu'il en faloit pour le foin des ames & pour adminiftrer les biens temporels du chapitre dans les benefices de fa dépendance. Ils étoient apellez prieurs, & ces prieurs étoient fouvent négligens à rendre compte de leur adminiftration, & de porter à Maguelone leur quotité des fommes qu'ils devoient fournir tous les mois pour l'entretien de la maifon de Maguelone. Le chapitre, ne pouvant pas toûjours s'en faire faire raifon, prit fouvent le parti de les deftituer, felon le pouvoir exprès que toutes les bulles lui en donnoient. Mais les prieurs, de leur côté, prétendirent qu'ils n'étoient pas obligez de déferer aux actes qui les deftituoient, & ils firent fi fouvent revivre leurs prétentions fur cet article, qu'il fallut dans le douziéme fiécle plus de vingt bulles de papes pour les y foûmettre. On en voit de Pafcal II, d'Urbain, Clement & Celeftin troifiémes, qui exhortent & menacent les chanoines commis à l'adminiftration des églifes du chapitre, s'ils ne rendent leurs comptes. Alexandre III, en entrant dans les raifons qu'ils alleguoient fouvent, veut que fi par fterilité ou guerre qui feroit dans le pays, ils ne pouvoient payer les procurations qu'ils doivent tous les mois, le prévôt y fupléé. Enfin, leur negligence & leur mauvaife volonté n'ayant que trop paru, Clement, Urbain & Honoré III, Gregoire IX & Alexandre IV leur deffendirent de rien entreprendre au préjudice de leur   VII.

Bulle 32.

Bulles 28, 30, 37.

Bulles 9, 10, 12, 43, 59.

deftitution, & voulurent que le prévôt les contraignît par excommunication, tout apel ceffant.

VIII. Selon cette même regle, le prévôt, qui par une bulle d'Alexandre III, donnée à Montpellier, avoit au dedans & au dehors de Maguelone l'adminiftration de tous les effets de la communauté, devoit en rendre compte au chapitre une ou deux fois l'année, & ne pouvoit de fon chef aliener aucun immeuble de la communauté; & au cas qu'il le fît, l'evêque & le chapitre avoient droit de revoquer ce qu'il avoit fait. Le chapitre, par une bulle d'Alexandre III, devoit aider le prévôt * dans fon adminiftration; mais l'un & l'autre étoient difpenfez par une autre bulle de Celeftin III d'obéïr à l'evêque dans ce qui étoit contraire aux accords paffez entr'eux, & confirmez par des lettres apoftoliques. L'evêque avoit droit de prendre fa portion du veftiaire commun; mais il lui étoit deffendu d'augmenter ce droit au-delà de ce qui étoit déjà établi. Car nous avons une bulle qui lui deffend de prendre plus que fes prédéceffeurs avoient coûtume de faire, & de fe fervir de chapelains féculiers dans fon églife de Maguelone.

Bulle 54.
Bulle 36.
Page 63.
Bulle 8.

Tout ce que nous venons de dire fait voir que pour entretenir une plus grande liaifon entre le chef & les membres de la communauté, on s'étoit attaché à les rendre dependans les uns des autres, par les bornes que l'on donnoit aux pouvoirs d'un chacun. Ainfi Alexandre III fait inhibitions de recevoir aucun chanoine que du confentement de tous les freres ou de la plus faine partie, quelque inftance qui pût être faite de la part de qui que ce fût. Ainfi le prévôt, avec toute cette grande autorité qu'il avoit, étoit obligé de confulter la communauté dans le choix des prieurs, des dignitez & des perfonats de l'églife.

Bulle 53. Les dignitez & perfonats confiftoient, felon une tranfaction confirmée par une bulle d'Alexandre III au prévôt, aux deux archidiacres, au facriftain & à l'archiprêtre, qui y eft nommé avec le procureur de la table commune; aufquels on peut ajoûter le precenteur, le prieur clauftral, qui prit ce nom après la fupreffion du prieur majeur, & le veftiaire, dont la charge fut erigée en benefice par l'evêque Reynier, comme nous l'avons vû.

Il eft tems de raconter la fin malheureufe de cet evêque, telle que Verdale nous l'aprend. Voici fes propres paroles, qui auront plus d'énergie que tout ce que j'en pourrois dire. « Nous avons oüi dire (dit cet auteur) que
« plufieurs de nos anciens dignes de foi, & qui ont affûré avec ferment
« l'avoir apris de leurs peres, que cet evêque fut empoifonné avec une
« hoftie confacrée. Ce qui donna occafion d'établir dans l'églife de Maguelone que le diacre & le fous-diacre qui affifteroient le prêtre au grand

« autel de St. Pierre, communieroient avec lui, de la même hoftie & du
« même calice. »

Gariel ajoûte que le chapitre, pour enfevelir, s'il étoit poffible, le fouvenir d'une action fi horrible, delibera de n'en faire point de perquifition ; mais que fi le tems ou quelque accident en faifoit découvrir les auteurs, on en feroit la pourfuite aux frais du chapitre, & qu'aucun de la famille des coupables ne pourroit, jufqu'à la quatriéme génération, poffeder aucun benefice dans le diocéfe.

Je finis ce chapitre, où j'aurois pû ajoûter quelques autres remarques fur la communauté de Maguelone. Mais, pour éviter la longueur, je les referve pour une autre place auffi convenable que celle-ci.

CHAPITRE CINQUIÉME.

I. Election de Pierre de Conchis. II. Religieufes du Vignogoul & du Paradis. III. Reglemens d'Alexandre quatriéme pour le chapitre de Maguelone. IV. Affaires particulieres de l'evêché & du chapitre. V. Reconnoiffance faite par l'evêque au roy St. Loüis. VI. Guillaume Criftophle fuccede à Pierre de Conchis. VII. Son accommodement avec le roy d'Aragon. VIII. Il eft protegé auprès du roy St. Loüis par Clement IV. IX. Lettre du pape fur la monnoye de Melgüeil.

APRÈS la mort de l'evêque Reynier, arrivée fur la fin de 1248, I. Pierre de Conchis, chanoine de Maguelone, fut élû pour remplir fa place. Il étoit d'une famille de Montpellier connuë dans nos archives par un grand nombre de fujets qui en avoient été tirez pour remplir les premieres charges municipales. On remarque même qu'un Thomas de Conchis fe trouva premier conful lorfque cet evêque mourut, fept ou huit ans après.

La premiere action que notre hiftoire nous marque de lui eft un voyage
* qu'il fit à Lyon en 1248, auprès du pape Innocent IV, pour fe plaindre de l'evêque d'Avignon, fon vice-legat dans la province de Narbonne, qui pour fubvenir aux befoins de la cour de Rome refidente alors à Lyon, avoit recours à ces expedients odieux dont l'hiftoire ecclefiaftique fait mention & qu'il faifoit valoir par les excommunications & les interdits qu'il lâchoit contre les pafteurs & contre leurs églifes. Pierre de Conchis revint de fon voyage avec un indult d'Innocent IV, portant qu'aucun député du St. Siége

PAGE 64.

Fleury, Histoire eccl., L. 82, n. 28.

ne pourroit porter contre sa personne aucune sentence d'excommunication, de suspense & d'interdit, sans un mandat special du St. Siége, où il seroit fait mention du présent indult.

En 1249, on parla de terminer les differens qui étoient depuis long-tems entre le roy Jacques Ier & les evêques de Maguelone. Le roy accepta la médiation de Guillaume de Broa, archevêque de Narbonne, qu'il fit proposer à l'evêque & au chapitre par le jurisconsulte Guy Cap de Porc, duquel nous avons la lettre de créance que le roy lui donna, exprimée en ces termes : Nous vous prions d'ajoûter foy à tout ce que vous dira de notre part notre bien aimé Guy Cap de Porc. Donné à Montpellier, le 27 février 1249. Mais nous ne trouvons pas quel fut alors l'effet de cette négotiation, dont le succès ne parut que sous le successeur de Pierre de Conchis, & par un autre médiateur que Guillaume de Broa.

II. On commence à connoître dès ce tems-là l'abbaye du Vignogoul par une transaction qui fut passée entre Pierre de Conchis & l'abesse de ce monastére, à l'occasion d'une portion du terroir de la Serre, sur les confins de la terre de la Verune, qui fut adjugée à l'evêque.

Nous connoissons aussi par le même moyen l'abbaye de Sainte Claire, que Pierre de Conchis déclara, par acte de 1254, exempte de tout droit episcopal, tant dans le temporel que dans le spirituel, ne se reservant pour le temporel qu'une livre de cire tous les ans, & pour le spirituel la benediction de l'abesse, la consecration des religieuses, la dedicace de l'eglise & des autels, avec l'administration des sacremens lorsqu'il en sera requis par elles. Autrement, il leur permet de s'adresser à tout autre evêque catholique ayant la communion du St. Siége.

Le pape Alexandre IV confirma tous ces priviléges par une bulle du 5 mars 1254, dans laquelle il rapelle les exemptions accordées à ce monastére par Pierre de Conchis.

III. Le même pape lui envoya l'année suivante 1255, une bulle contre ceux de ses chanoines qui vouloient se soustraire à la jurisdiction correctionale, sous pretexte des bulles de Celestin & d'Alexandre III, suivant lesquelles l'evêque ne pouvoit employer contre eux les peines canoniques sans le consentement du chapitre. Alexandre IV, pour remedier à cet abus sans donner atteinte aux indults accordez par ses predecesseurs, écrivit à l'evêque de fixer un tems au chapitre, durant lequel il eût à corriger les abus dont on se plaignoit : après quoi, si le chapitre manquoit à y remedier, l'evêque pourroit user selon Dieu des censures ecclesiastiques contre les coupables, nonobstant tous indults & coûtumes contraires.

Par la même voye, Pierre de Conchis arrêta quelques chanoines que l'amour du plaifir & de la liberté tenoit, hors de leur cloître, à la pourfuite des affaires feculieres. Il fit renouveller par ce pape les peines portées par fes predeceffeurs contre ceux *qui ad leges, ad nundina fordida, ad fecularia negotia fe prefumptuofe transferunt, ut ibi libentius poffint voluptatibus defervire* : ce qui peut nous faire entendre que le relâchement commençoit à s'introduire dans Maguelone, à la faveur des troubles que les Albigeois avoient caufé dans la province. Mais je ne fçay fi on ne peut point tirer une conjecture plus certaine du derangement qui étoit alors dans les affaires temporelles du chapitre. Car nous trouvons dans le bullaire dont j'ay déjà parlé, cinq bulles du feul pape Innocent IV, qui vont toutes à obliger les chanoines à payer leurs dettes, ou à prendre des expediens pour y fatisfaire, tantôt par la médiation de l'archevêque de Narbonne, tantôt par celle du prévôt de Nîmes, qui y eft propofée. Clément IV, peu de tems après, ayant fçû que les chanoines qui s'étoient fait nommer aux prieurez de la campagne negligeoient non-feulement d'y refider, mais encore de prendre les ordres facrez que leur benefice exigeoit, ordonna au prévôt de Maguelone d'employer les cenfures, * pour les y contraindre à la premiere admonition, tout apel ceffant.

Bulles 68, 71, 72, 73.

PAGE 65.

Nous aprenons quel étoit le droit de l'evêque fur le veftiaire de Maguelone, par une tranfaction paffée en 1250, par Pierre de Conchis avec Guillaume Chriftophle & Jean le Blanc, chargez de la procuration de Raymond de la Roche, veftiaire & étudiant alors à Paris; par laquelle ils cederent à l'evêque les albergues que le veftiaire tiroit de Pons de Valhauquez, à condition que Pierre de Conchis renonceroit à vingt fols melgoriens qu'il prenoit annuellement du veftiaire en qualité d'evêque.

IV.

Nous avons plufieurs autres actes de cet evêque fur des fujets particuliers qui ne font pas indifferens à notre hiftoire. Mais pour éviter la longueur, je me contente de les indiquer à ceux qui voudront les voir plus au long dans Gariel.

En 1251, il recouvra la juridiction temporelle de Murviel, que le prieur de ce lieu avoit auparavant. Il changea avec les hofpitaliers de St. Jean la redevance de deux livres de poivre & d'une livre de cire, que leur maifon faifoit à l'evêque pour le jardin de St. Jean, & quelques pieces de terre fituées dans les fauxbourgs de Montpellier, contre quatre fétiers de grain & deux deniers de monnoye, que Guillaume, precepteur de St. Jean, affigna dans le tenement de Laiguelongue.

Series, page 262.

En 1252, il reçut l'hommage des propriétaires de Maureillan. Et le prévôt de fon églife acheta de Pierre de Soregue la garrigue del Romant pour le prix de cent fols.

Series, page 263.

Le même prévôt, avec Berenger de Fabregues, déterminerent les confronts de la garrigue del Chazaut; & peu après, on termina le procés entre le prieur d'Aires & le précepteur de St. Jean de Jerufalem d'Alais, au fujet de la dîme d'une métairie entre Aires & Lanuejols, qui fut adjugée au prieur.

En 1253, le fénéchal de Beaucaire confirma par fentence, à l'evêque de Maguelone, le droit de déport, *jus portorii*, qui lui avoit été établi par des lettres du roy Philippe, & il fixa les lieux de Reftincliere & de Ste. Croix, pour la perception de ce droit.

En 1254, Pierre de Conchis fit vente à Geraud Gautier, de Lyon & à Marquette, fa femme, d'un fol ou place dans Montpelieret, avec la faculté d'en donner une partie en emphitéofe, afin (dit l'acte) que Montpelieret fe peuplât davantage & que la jurifdiction de l'evêque augmentât en habitants.

En 1255, Bernard de Murviel, prévôt de Maguelone, acheta, pour le prix de dix livres, cinq fols melgoriens, un ufage de cent deniers fur les biens que Gaucelin de Montpeiroux avoit par indivis avec Raymond Bernard, fon oncle, dans la paroiffe de Vic.

Enfuite, Bernard de Bruguieres, prieur de St. Martin de Londres, fit reconnoiffance à Pierre de Conchis de tous les biens qu'il avoit acquis de Bernard Guillaume, écuyer, pour lequel il fe foûmit à une albergue de dix chevaliers.

V. Mais de tous les actes qui furent paffez fous cet evêque, nul n'eft plus digne de remarque que la reconnoiffance qu'il fit au roy St. Loüis du lieu & diftrict de Montpelieret & de toutes fes dépendances : ce qu'on peut regarder comme la premiere démarche qui fut faite alors pour faciliter un jour à la maifon de France l'acquifition de Montpellier. Afin de mettre le lecteur plus en état de juger de cette affaire, je le prie de fe fouvenir qu'en 1229, le comte Raymond de Touloufe avoit fait une ceffion de fes états en faveur du mariage de fa fille Jeanne, qui fut accompli en 1241, avec Alphonfe, frère du roi St. Loüis ; & qu'après la mort du comte Raymond, arrivée en 1249, Alphonfe fut maître de tous les états de fon beau-pere : enforte que dans tout le Languedoc, dont il acquit la propriété, la feule ville de Montpellier fe trouvoit fous une domination étrangère. Dans ces conjonctures, les bons ferviteurs de la reine Blanche firent leur poffible pour procurer un jour à fes enfans l'acquifition de cette ville. Un particulier fe chargea de cette négociation ; & l'heureux fuccès qu'il eut, non-feulement dans cette affaire, mais encore dans plufieurs autres où il fut conftamment employé, l'éleverent par degrez à la premiere dignité de l'églife. Ce particulier eft Guy (dit le Gros), fils de Fulcodi, natif de la ville de St. Gilles, qui après avoir été homme de guerre, s'appliqua à l'étude des loix & devint fi habile qu'il fut confeiller * du roy st. Loüis, enfuite evêque du Puy, & fucceffivement archevêque de Narbonne, cardinal & enfin pape, fous le nom de Clement IV. Il difpofa fi bien l'efprit de l'evêque de Maguelone, qu'il lui fit prêter ferment pour toute la ville de Montpellier, entre les mains de la reine Blanche, comme il paroît par l'acte qui en fut dreffé le 14 d'avril 1255. Trois ans après la mort de cette illuftre reine, Guy Fulcodi fut chargé de la procuration du roy st. Loüis, & il reçut avec le fénéchal de Beaucaire la reconnoiffance que leur fit Pierre de Conchis, dont voici le précis tiré des originaux qui font dans la chambre du domaine.

PAGE 66.

1255.

« Sçachent tous, prefens & à venir, que nous Pierre, par la mifericorde
« de Dieu, evêque de Maguelone, comme certains du droit & du fait, *de jure*
« *& facto certiorati,* reconnoiffons à vous Guillaume de Anthomne, fénéchal
« de Beaucaire & de Nîmes, & à vous Guy Fulcodi, nommez à cet effet par
« le fereniffime roy de France, que toute la ville de Montpeliret avec fes
« apartenances, eft & a été depuis un tems dont on n'a point de fouve-
« nance, un fief de la couronne, que nous tenons, & que nos prédéceffeurs
« ont tenu des rois de France; & que l'autre partie de la ville, avec le
« château de Lates, que tient de nous, en fief, l'illuftre roy d'Aragon, non
« comme roy, mais comme feigneur de Montpellier (dont il a fait hom-
« mage à Jean de Montlaur notre prédéceffeur), eft du même domaine.

Gariel, Series, page 169.

« Nous reconnoiffons donc au roy de France tant ce que nous tenons à
« Montpellier que ce que le roy d'Aragon y tient de nous, dont nous
« prêtâmes ci-devant ferment de fidelité à madame Blanche, mère du roy.
« Ce que nos fucceffeurs feront tenus de faire comme nous.

« Nous vous reconnoiffons auffi toutes les terres contenuës dans les
« lettres des privileges accordez par le roy Philippe, defquels nous vous
« remettons une copie autentique, fignez, l'evêque, le fénéchal & Fulcodi.
« A Sommieres, le 14 avril 1255, temoins, Michel de Moreze, archidiacre;
« Berenger Arnaud, Fredol de la Verune, prieur de Caftries, & plufieurs
« autres chanoines de Maguelone, qui fans préjudice des libertez, ufages &
« coûtumes de leur églife, ont aprouvé le préfent acte lû en plein chapitre,
« le 28 avril de la même année 1255. »

Cet evêque ne furvécut guéres à la paffation de cet acte, car il mourut au commencement de l'année fuivante 1256, après avoir tenu le fiége de Maguelone environ fept ans. Auffitôt on élut à fa place Guillaume Chrif- tophle, archidiacre de fon églife, avec lequel nous avons vû qu'il tranfigea au fujet du veftiaire.

1256.

GUILLAUME CHRISTOPHLE

Les principaux évenémens arrivez fous Guillaume Chriftophle, font:

1258.

1258.

1258.

PAGE 67.

Hift. Eccl., Liv.
84, n. 50.

1259.

1260.

1° la tenuë d'un concile provincial affemblé à Montpellier, le 6 de feptembre 1258, par Jacques, archevêque de Narbonne, fucceffeur immédiat de Guillaume de la Broüe. Nulle affaire politique ne donna lieu à ce concile, comme il étoit arrivé dans les deux de 1114 & 1124, mais on s'y borna à faire les reglemens fuivans pour les mœurs des eccleſiaſtiques & pour la confervation des biens de l'églife.

« Dans le premier article, le concile déclare excommuniez par le feul fait
« ceux qui ufurpent les biens de l'églife, entreprennent fur fes droits &
« fes libertez, ou infultent aux perfonnes eccleſiaſtiques. Sur la requifition
« de l'evêque lezé, l'excommunication fera dénoncée dans tous les diocéfes
« de la province; & ce ftatut fera publié tous les dimanches dans toutes
« les paroiffes.

« Celui qui prononce quelque cenfure en qualité de commiffaire du
« pape, ou de fubdelegué, doit montrer fa commiffion.

« L'evêque, en donnant la tonfure, prendra garde principalement que
« celui qui la demande foit âgé de vingt ans, & qu'il fe préfente par devo-
« tion & non par fraude.

« Les clercs qui tiennent boutique, qui trafiquent publiquement, qui
« exercent les arts mécaniques, travaillent à la journée, ou ne portent point
« l'habit clérical, ne joüiront ni de l'exemption des tailles, ni des autres
« privileges de la clericature.

« * On n'adjugera point en juftice les ufures aux juifs.

« On permet au fénéchal de Beaucaire d'arrêter les clercs pris en flagrant
« délit pour rapt, homicide, incendie & crimes femblables, à la charge de
« les remettre à la cour de l'evêque. En quoi, dit M. Fleury, qui raporte
« tous ces décrets, je crois voir le commencement du cas privilegié. »

Ce dernier réglement fert à nous faire connoître l'état où les troubles des Albigeois avoient réduit le clergé, fi l'on veut en juger fuivant la régle fi fouvent établie par l'abbé Fleury, que les conciles, en faifant des loix pour la difcipline, fe régloient ordinairement par les abus qui regnoient de leur tems.

Le fecond évenément arrivé fous Guillaume Chriftophle eft la pefte violente qui ravagea le Languedoc en 1259, & qui donna beaucoup d'exercice au zéle de notre prélat. Enfin on compte pour le troifiéme évenément, la fin des broüilleries commencées fous Jean de Montlaur, entre le roy Jacques d'Aragon, feigneur de Montpellier & les evêques de Maguelone, qui furent terminées en 1260, par la médiation de Guy Fulcodi, alors evêque du Puy.

Cet homme illuftre, qui fut promû cette même année à l'archevêché de

Narbonne, regla tous les points qui avoient divifé durant plus de vingt ans, à Montpellier, le facerdoce & l'empire.

« Par le premier article on reconoît que l'evêque a pleine jurifdiction
« dans la partie epifcopale pour le criminel, & qu'il peut y faire faifir les
« coupables, leur faire le procès & les condamner.

« 2° Si toute fois (ajoute l'acte), le crime eft d'une nature à mériter la
« mort ou la mutilation des membres, le bailly royal fera apellé à l'in-
« ftruction du procès & au jugement, & envoyera, pour la punition, le cri-
« minel à la cour du roy, qui pourra changer la fentence de la cour de
« l'evêque.

« 3° Le crime d'héresie regardant en feul la cour de l'evêque, elle ne
« renvoyera le criminel à la cour du roy que lors qu'il devra être puni de
« mort; mais s'il n'eft condamné qu'à la prifon ou autre moindre peine, la
« cour de l'evêque en difpofera. Que s'il eft condamné à une confifcation
« de biens, qui fe trouveront dans la dépendance du roy, les biens apar-
« tiendront au roy, & ceux qui feront dans les terres de l'evêque appar-
« tiendront à l'evêque.

« 4° Le roy et l'evêque fourniront au prorata la nourriture des héréti-
« ques emprifonnez. »

« 5° Le champ d'Atbrand & l'ifle que l'evêque a dans Montpelieret lui
« font adjugez & à fes fucceffeurs, de même que tout ce qui eft depuis la
« porte d'Obilion jufqu'à la maifon qui fut jadis à R. Lambert.

« 6° Convenu que les habitans de la partie epifcopale prefens & à venir,
« feront tenus de jurer fidelité au roy & a fes héritiers dans la feigneurie
« de Montpellier, fans leur faire fervice de guerre, comme les autres habi-
« tans de la partie royale.

« 7° Il fera permis à l'evêque d'ouvrir les murs de la ville auprez de fa
« maifon & d'y faire une porte de ville pour fa commodité & pour celle
« des habitans de fa partie epifcopale, dont les clefs feront gardées par ceux
« qui ont coûtume de garder les clefs des autres portes de la ville.

« 8° Il ne fera point permis à l'evêque de faire dans fa partie une poif-
« fonerie ou une teinturerie d'ecarlate, fans le confentement du roy, ou de
« ceux qui lui fuccederont dans la feigneurie de Montpellier.

« 9° Item, le feigneur roy donnant les mains à ce qui a été réglé par
« Guy Fulcodi, a reconnu pour lui & pour fes fucceffeurs, qu'il tient de
« l'evêque & de l'eglife de Maguelone, tout ce qu'il a, ou qu'il doit avoir
« dans Montpellier & dans le château de Lates, pour lefquels il fit autre-
« fois hommage les mains jointes *& dato ofculo* à l'evêque.

« Fait à Montpellier, dans le palais du roy, l'an 1260, en préfence de

« Hugues, comte de Rodez, de Raymond Gaucelin, feigneur de Lu-
« nel, &c. »

Les affaires ayant été terminées de la forte entre l'evêque de Maguelone & le roy d'Aragon, il en furvint une nouvelle à ce prélat avec le roy de France à qui l'on fit entendre que la comté de Melguëil n'étoit pas poffedée à jufte titre par les evêques de Maguelone. Le roy saint Loüis qui gouvernoit alors fon royaume *, & qui n'étoit pas moins jaloux de la juftice qu'il devoit aux autres que des droits de fa couronne, ne voulut rien entreprendre fans avoir confulté Guy Fulcodi, à qui il avoit donné fa confiance depuis longtems & qui étant du païs, pouvoit fçavoir mieux qu'un autre la vérité des chofes. Il venoit d'être élu pape fous le nom de Clement IV & fa nouvelle dignité ne pouvoit le rendre fufpect au roy, qui le connoiffoit pour un homme d'un fi grand défintéreffement, qu'étant devenu pape, il ne voulut jamais agrandir fa famille. Il répondit au roy qu'après avoir confulté les archives de l'églife romaine, il paroiffoit conftant par des titres fort anciens que la comté de Melguëil étoit un fief cenfuel du ft. fiege, poffedé juftement durant quelque tems par Bernard Pelet, un des ancêtres de Pierre Pelet, maintenant comte d'Alais, & vaffal du roy. Mais qu'après Bernard, la comté de Melguëil étoit tombée entre les mains du comte de Touloufe, qui la tint juftement ou injuftement, felon differens avis; & qu'après que le pere du dernier comte de Touloufe eût été, avec juftice, privé de fes terres par Innocent III, Pierre de Benevent, alors legat du ft. fiege dans le Languedoc, réünit à l'églife romaine la comté de Melguëil, que le même pape Innocent III, donna en fief à l'evêque de Maguelone & à fes fucceffeurs, fous une redevance annuelle. C'eft pourquoi (ajoûte le pape en s'adreffant au roy) « vous ne devez pas, très-cher fils,
« vous laiffer perfuader qu'on vous ait caufé aucun préjudice dans toute
« cette affaire. »

J'ai à faire obferver ici que cette réponfe du pape Clement IV eft une confirmation de tout ce que j'ai dit ci-devant au fujet de la comté de Melguëil, & je crois devoir ajoûter, pour éclairciffement à ce qui eft dit de la maifon de Pelet que ce Pierre, comte d'Alais, dont il eft fait mention, étoit (felon la genealogie qui m'a été remife de cette maifon), l'arrière petit-fils de ce Bertrand Pelet, dont j'ai parlé dans la vie de nos Guillaumes, qui ayant revendiqué inutilement fur le comte de Touloufe, fon beau-frère, la comté de Melguëil, qu'il avoit eû en époufant fa fœur Ermenfende, tranfmit fes droits à fes defcendans, qui ne furent pas plus heureux que lui contre une auffi forte partie que les comtes de Touloufe. Mais la feigneurie ayant été confifquée fur eux & donnée aux evêques de Maguelone, Pierre

Pelet crut alors que l'occasion étoit devenuë favorable pour faire revivre ses droits, en implorant la justice & la protection du roy saint Loüis.

Le pape, qui venoit d'écrire au roy de la maniere que nous venons de dire, crut devoir en donner avis à l'evêque, afin qu'il n'ignorât pas la mauvaise intention de ses ennemis : *Irritatus à susurronibus* (lui dit-il) *carissimus in Christo filius noster Ludovicus rex Francorum illustris, super Melgorii comitatu, quem in ejus præjudicium & injuriam à te possideri dicebat, prudenter nos consuluit.* Il ajoute qu'il a exposé au roy toute la vérité du fait dont il croit qu'il sera content, & il exhorte l'evêque de ne pas s'allarmer des menaces qu'on lui pourroit faire, parce que ceux qui vous toucheront (lui dit-il) toucheront à la prunelle de notre œil, puisqu'il s'agit de notre propre affaire.

Ensuite il touche un article qui me paroît très-remarquable pour la monnoye de Melguëil, dont nous aurons assez souvent à parler, car il paroît par cette lettre qu'il est hors de doute que les evêques de Maguelone faisoient battre la monnoye à Melguëil, puisque le pape blâme beaucoup celui-ci de la faire battre au coin de Mahomet, c'est-à-dire en faisant des marabotins qui portoient l'empreinte de Mahomet, & que les Maures d'Espagne avoient introduit en Europe. *Quis enim catholicus* (lui dit-il) *monetam debet cudere cum titulo Mahometi ?* Mais il paroît aussi que le pape n'étoit pas convaincu du droit de l'evêque de Maguelone, car il lui fait encore cette demande : « A qui est-ce qu'il est permis de battre la monnoye d'un
« autre ? Personne ne le pouvant même dans son propre pays sans la per-
« mission des papes ou des rois. Si vous alleguez la coûtume, vous vous
« accusez vous & vos prédécesseurs, puisque les mauvaises coûtumes sont
« toujours des abus condamnables ; & si vous n'avez ni la coûtume ni le
« droit, c'est donc pour l'amour du gain que vous le faites : ce qui est
« d'autant plus blâmable dans un evêque qu'il est condamné dans les
« simples clercs. De là vient, très-cher frere, que nous * vous mandons   PAGE 69.
« d'obéïr aux défenses du roy, si c'est dans ses terres que vous faites battre
« la monnoye & si c'est hors de sa dépendance, gardez-vous de continuer,
« puisque ce que vous faites est désagréable à Dieu, & mal séant à votre
« état. Donné à Viterbe, le 17 de septembre, & la seconde année de notre
« pontificat, c'est-à-dire 1266. »   1266.

Cette date d'une lettre du pape Clement IV adressée à Guillaume, evêque de Maguelone, me fait soupçonner quelque erreur dans les copistes de Verdale, qui mettent la mort de Guillaume Christophle tantôt en 1262, tantôt en 1265. Il faut nécessairement qu'il ait vécu jusqu'en 1266, qui est precisément la seconde année du pontificat de Clement IV, puisque cette lettre qu'il adreffa à un Guillaume, evêque de Maguelone, ne peut convenir à Berenger, fon fucceffeur.

CHAPITRE SIXIEME.

I. Berenger de Fredol, evêque de Maguelone. II. Affaires temporelles qu'il eut dans fon diocéfe. III. Autres affaires avec les reguliers. IV. Autres avec le roy d'Aragon au fujet de l'univerfité. V. Bulle du pape Nicolas IV. VI. Differens entre les officiers du roy & ceux de l'evêque. VII. Qui finiffent par un interdit géneral.

I.
BERENGER
DE FREDOL

LE fiége epifcopal, après la mort de Guillaume Chriftophle, fut rempli par Berenger de Fredol, chanoine de Maguelone, d'une famille illuftre dans le pays, qui poffedoit depuis longtemps la terre de la Verune, & qui donna dans ce même fiécle à l'églife de Beziers deux evêques qui furent enfuite cardinaux; un fecond evêque à l'eglife de Maguelone, & un autre à celle d'Huefca en Aragon. Ils étoient tous proches parens des comtes d'Alais Pelet, & le frere de celui dont nous parlons, appellé Pierre, feigneur de la Verune, prenoit le titre de damoifeau & de chevalier.

Le nouvel evêque, pour rendre fon élection plus authentique, voulut fe faire reconnoître dans un finode. Car il eft marqué qu'il affembla tous les prêtres de fon diocéfe, pour donner leur approbation aux fuffrages qu'il avoit déja reçû des chanoines.

Comme fon epifcopat fut des plus longs & qu'il fe paffa pendant ce tems beaucoup de chofes plus ou moins remarquables, je crois, pour les rendre plus fenfibles, devoir les ranger fous une même matiére. Ainfi, après avoir parlé des affaires temporelles qu'il eut pour fon eglife, je parlerai de celles qu'il eut avec les reguliers, avec les confuls, avec les roys d'Aragon, de Mayorque & de France, qui font tous des évenémens remarquables pour notre hiftoire.

II. Il paroît d'abord que la lettre du pape Clement IV au fujet de la monoye de Melguëil dont nous avons parlé dans le chapitre précédent, n'arrêta point les prétentions des evêques de Maguelone fur le droit qu'ils croyoient avoir de faire battre la monoye. Car nous trouvons une commiffion que Berenger donna au commencement de fon pontificat aux nommez Jean de Ripa, Giles Jean & Giraud Gros, habitans de Montpellier, de fabriquer des millarez qui étoient une autre forte de monoye de ce tems-là. Je ne repete point ici tout ce que j'ai déjà dit à cette occafion dans le premier tome de cette hiftoire, à l'article de l'hôtel des monoyes de cette ville. *Pag.* 570.

Berenger, dans le cours de fon epifcopat, reçut l'hommage de plufieurs feigneurs du païs pour les terres qui relevoient de lui en qualité de comte de Melguëil & de Montferrand. Henry de Roquefeüil, fils de Raymond, le lui prêta en 1266, pour fon château de Briffac, & vingt-cinq ans après, c'eft-à-dire en 1291, le même Henry, qui prend dans l'acte la qualité de comte de Rodez, lui en renouvella le ferment en préfence de Pons de Canillac, abbé d'Aniane, & de Pierre Pelet, feigneur d'Alais. Je trouve que Berenger voulut dans ce même tems lui acheter cette terre; car nous avons l'acte d'une vente qu'il fit à Ademar de Cabreroles, alors prévôt de Maguelone de la Montagne, de Saint-Bauzile de Montfeau, & de la garrigue de Noals, pour faire les trois mille livres qu'il devoit donner pour l'achat du château de Briffac. *Mfs. de Rignac.* PAGE 70.

Il avoit reçû, en 1268, l'hommage des confeigneurs de Vic, qui étoient alors Raymond Vaffadel, Raymond de Montlaur, damoifeau, & Raymond de Bociacis, prévôt de Maguelone. Plufieurs années après il reçut celui que lui prêta à genoux & les mains jointes Bernard Gauldemar, chevalier, pour tout ce qu'il avoit à Affas. 1268.

Les acquifitions particulieres que Berenger fit étant evêque nous font connoître divers particuliers de fon tems. Il acquit dans fes premieres années toutes les cenfives & droits que Boniface Guy Cap de Porc avoit dans les paroiffes de Juvignac, Grabels, Subftantion, Murles & Montarnaud. Il acheta au nom de fon église, pour la fomme de quinze cens livres melgoriénes, tous les droits utiles & honorables que Michel de Montpeiroux avoit dans les paroiffes de Sainte-Eulalie & Leocadie, c'eft-à-dire Vic & Mirevaux. Il acquit en 1268, pour cent livres melgoriénes, le four de Balaruc, de Dieudonné Dupuy, & les leudes de Gigean, de Bernard de Grafilargues, pour onze livres.

Nous aprenons que Bertrand Durfort étoit veftiaire de Maguelone, par une tranfaction qu'il paffa cette année avec Bertrand de Valhauquez, damoifeau, fur la baffe jurifdiction de Grabels, qui fut confirmée par l'evêque Berenger, qui ratifia de même un échange que Raymond de Bociacis fit avec Bernard de St. Juft, damoifeau de Montferrier, au fujet de la métairie de Verreriis, & qui acquit du même prévôt le moulin de Raftagnal & tout ce qu'il avoit fur les rives du Lez, dans la paroiffe de Saint-Jacques de Prades.

Au commencement de fon épifcopat, Berenger avoit voulu revenir fur la vente du bois de Valene, qu'il prétendoit n'avoir pû être démembré de la comté de Montferrand. Mais les consuls lui ayant objecté l'acte qu'ils avoient passé avec son predecesseur, & l'affaire ayant été remise à des arbitres, la ville fut maintenuë dans sa possession, & la haute justice de Valene fut adjugée à l'evêque.

1268.   Il ressentit, en 1268 le bon effet qu'avoit eu la réponse du pape Clement IV au roy saint Loüis sur le sujet de la comté de Melguëil, car ce prince écrivit par deux fois au sénéchal de Beaucaire de défendre l'evêque de Maguelone contre les violences qu'on pourroit lui faire dans les fiefs qu'il tenoit de la couronne, ou dans les biens qu'il tenoit en propre.

III.   Les religieux mandians qui avoient été fondez au commencement de ce siécle & qui avoient des maisons à Montpellier, y furent traitez avec plus de douceur que dans d'autres diocéses, où les evêques vouloient exercer sur eux & sur leurs biens un pouvoir absolu. Il fut necessaire de faire limiter ce pouvoir des evêques par diverses bulles des papes, & enfin par la disposition du concile général de Vienne.

Nimis iniqua, 16. De excess. prælatorum.

L'evêque de Maguelone y avoit déjà pourvû, comme nous le voyons par une transaction passée en 1266 avec les freres prêcheurs, par laquelle on peut juger d'une partie des articles qui leur étoient disputez ailleurs. Cet acte qui les régle avec l'evêque & le chapitre, fut passé entre Berenger, evêque, Jean Atbrand, alors prévôt, Pons Sorege, sacristain, Raymond de Bociacis, chanoine & prieur de St. Firmin, d'une part, & frere Guiraud, prieur du couvent des freres prêcheurs de Montpellier, d'autre, avec toute sa communauté; qui conviennent que l'evêque, du commun consentement du chapitre de Maguelone, permet aux freres prêcheurs d'agrandir leur cimetiere, d'augmenter le nombre des autels de leur église, & de prêcher avec toute permission, à moins (dit l'acte) que quelqu'un de MM. les chanoines se trouvant prêt de prêcher, ne voulût le faire.

Il leur remet la dîme des jardins, terres & vignes renfermées dans le clos de leur couvent, de même que les droits de sepulture, lits funeraires, offrandes, legs pies & donation en cas de mort.

Mais les freres dudit couvent, pour reconnoître l'evêque & l'église de Maguelone, seront tenus de donner tous les ans dans l'octave de St. Pierre & de St. Paul un marabotin à l'evêque, un autre au prévôt, & un autre au sacristain; & deux freres seront obligez, le jour de la fête de St. Firmin, de suivre la procession de la paroisse.

PAGE 71.   * Ces bons traitemens & quantité d'autres marques de distinction accordées aux religieux de St. Dominique & de St. François, causerent une si grande jalousie entre ces deux ordres, qu'elle éclata sans ménagement en

Allemagne, en Angleterre & en France. On s'en reffentit à Montpellier, où le pape Clement IV, n'étant encore qu'archevêque de Narbonne, avoit pû en être temoin lui-même. Comme il aimoit les freres Mineurs de cette ville, dont on marque qu'il avoit confacré l'églife en 1264, n'étant encore que cardinal, il voulut, étant devenu pape, arrêter le fcandale que cette mefintelligence caufoit dans nos provinces, &, pour cet effet, il écrivit une lettre que nous avons encore, adreffée aux prieur & lecteur des freres Prêcheurs, & aux cuftode & lecteur des freres Mineurs de Montpellier.

Rading ad ann. 1237. Ray. old. n. 60.

Fleury. Hift. eccl. Liv. 81, n. 3.

« Après leur avoir marqué le déplaifir qu'il a eu d'aprendre l'aigreur
« avec laquelle ils fe traitent reciproquement dans les difcours particuliers
« & dans les fermons qu'ils font au peuple, il leur ordonne que fi quel-
« qu'un de leurs freres, dans toute l'étenduë des fénéchauffées de Carcaf-
« fonne & de Beaucaire, dans la Provence, comté de Forcalquier & pro-
« vince d'Arles, vient à offenfer de parole ou d'action quelqu'un des freres
« de l'ordre oppofé, ils l'obligent à en faire fatisfaction de la maniere qui
« leur paroîtra la plus convenable ; & que s'il refufe d'obéïr, ils ayent à le
« contraindre par les cenfures ecclefiaftiques, nonobftant tous privileges de
« leur ordre. Donné à Viterbe, le 23 juin, & la feconde année de fon pon-
« tificat, c'eft-à-dire 1256. »

L'année fuivante il fut obligé de leur écrire fur les plaintes qu'on lui porta de la conduite qu'ils tenoient envers les jeunes perfonnes qu'ils engageoient dans leur ordre ; & il leur ordonne d'obferver à peu près les regles que l'églife a prefcrites depuis. Sa lettre eft adreffée aux abbez, abbeffes, prieurs & gardiens des freres Prêcheurs & Mineurs, & autres religieux de Montpellier ou de fes fauxbourgs, & à tous autres, de quelque ordre qu'ils foient, Cîteaux ou Prémontré, dans le diocéfe de Maguelone.

« Il leur dit qu'ayant apris qu'ils attiroient à leur religion des jeunes
« garçons & de jeunes filles en confideration des biens qu'ils auroient eu
« en reftant dans le monde, il leur fait deffenfe de donner leur habit à
« aucun enfant de famille avant l'âge de puberté, fans le confentement de
« leur pere ou de leur tuteur, pour ne donner (ajoûte-t-il) aucun fujet de
« reprehenfion. Donné à Viterbe, le 26 avril, & la troifiéme année de fon
« pontificat. »

Les filles dont il parle dans fa lettre étoient les religieufes de Ste Claire, gouvernées par les freres Mineurs, & celles de Proüille ou de St. Dominique, établies depuis peu à Montpellier par les freres Prêcheurs, comme je le dirai plus amplement dans l'article de ces deux communautez.

Une chofe que je crois ne pas devoir omettre (parce qu'elle fert à juftifier que les Trinitaires étoient déjà établis à Montpellier) eft un acte que nous avons, passé en 1275, entre Berenger, evêque de Maguelone, & frere Nicolas, ministre de la Ste Trinité, *prope villam Montispessulani*, par lequel l'evêque lui remet l'usage, le lods & le domaine de cinq sols melgoriens, qu'il prenoit sur une piece de terre contiguë à la maison de la Ste Trinité, & le ministre cede à l'evêque pareille somme qu'il prenoit ailleurs.

Le dernier article concernant les maisons regulieres dont j'aye à faire mention, est la transaction des religieuses de St. Leon de Montlaur, à St. Felix de Montesevo, près de Gigean, pour l'entretien desquelles Berenger de Fredol assigna les revenus de l'église de St. Bauzile de Montmel, à la charge de pourvoir au service de cette église & de conserver l'hospitalité qu'on y exerçoit auparavant. La chose fut aprouvée par deliberation du chapitre, le 28 decembre 1291, signée par Ademar de Cabreroles, alors prévôt.

Nous trouvons aussi que le même evêque fit une échange avec la prieure de ces religieuses, de l'église de St. Michel *de villa Paterna* près de Gigean, contre l'église paroissiale de Ste Cristine de Melgueïl, que ces religieuses lui cederent.

IV. L'accord dont nous avons parlé dans le chapitre précédent entre l'evêque de * Maguelone & le roy Jacques d'Aragon, n'avoit pas si bien réglé tous les articles qu'il ne survînt encore un nouveau sujet de dispute à l'occasion de l'université, dont il n'avoit été fait aucune mention. Le roy, en 1268, crut pouvoir disposer des places de professeur, & il en favorisa un nommé Surgerius, qui, sur les provisions du roy, fit ses leçons publiques de droit civil. L'evêque de Maguelone, qui ne pouvoit s'oposer à cette innovation, employa les armes de l'église & prononça une sentence d'excommunication contre le professeur & contre ceux qui assisteroient à ses leçons. Les plaintes en furent aussitôt portées au roy, qui s'en plaignit lui-même au pape. C'étoit précisément le même qui avoit réglé l'accord fait en 1260. Clement IV, dans une ample réponse qu'il lui fit, cite le canon d'un concile du pape Eugene, qui charge les evêques du soin d'établir les maîtres & les docteurs qui devoient enseigner. Et quant à l'objection que faisoit le roy Jacques, que si l'evêque avoit donné la licence dans les autres facultez, il ne l'avoit pas donnée dans celle du droit, le pape lui répond que cela pouvoit être arrivé parce qu'on ne l'avoit pas demandée à l'evêque, ou que l'occasion ne s'en étoit pas presentée, mais que le droit ne lui en étoit pas moins acquis. Il ajoûte que lui-même, avant que d'être pape, avoit donné la licence dans la salle de l'evêque de Maguelone, par ordre exprès d'Urbain IV, son prédecesseur immédiat. *Nos cum minori officio fungeremur, de Felicis memoriæ Urbani papæ predecessoris nostri speciali mandato, in aulâ episcopi Magalo-*

nenfis, doctorum & fcolarium multitudine convocata, dedimus licentiam, & librum tradidimus, folita folemnitate fervata.

Nous ne trouvons point que Berenger de Fredol ni fes fucceffeurs ayent été inquietez depuis fur cet article; au contraire, il fut encore mieux établi dans fes droits fur l'univerfité par une bulle remarquable du pape Nicolas IV, qui fut donnée deux ans après. Elle a été regardée comme le titre d'erection de notre univerfité par ceux qui n'avoient point connoiffance des études déjà établies à Montpellier. Je raporterai tout au long cette bulle dans l'article que je deftine pour notre univerfité, & je me borne pour le prefent à donner fur cette queftion les paroles décifives du pape Nicolas IV : *Statuentes ut quoties aliqui ad magifterium fuerint promovendi, præfententur epifcopo Magalonenfi, loci diocefano, vel ei quem ad hoc idem epifcopus duxerit deputandum.* V.

Il eft tems que je revienne maintenant aux differens que les officiers du roy d'Aragon prirent foin de fomenter entre lui & l'evêque, en pretendant que l'accord de 1260 ayant réglé tout ce qui concernoit les deux juridictions dans Montpellier, il n'avoit point parlé des terres du dehors, où les deux puiffances avoient de differens droits. Le roy Jacques qui étoit alors fur la fin de fa vie, & occupé en Efpagne à de plus grandes affaires, jugea à propos de faire regler celle-ci fur les lieux par des arbitres. Il nomma les deux jurifconfultes, Jean Brunenchi & Arnaud de Peirelade pour prononcer fur la jurifdiction de Cornon, fur la leude dite Stachas, que le bailly & les commis aux droits de leude pretendoient à Lates, à raifon du paffage de la mer, de la plage & des graux. Ils ajoûtèrent quelques articles fur les délits qui fe commettoient dans les deux parties royale & épifcopale, quoique l'affaire eût été fuffifamment reglée par l'accord de 1260. VI.

Tout cela me perfuade que les officiers du roy, profitant de fon grand âge & des troubles qu'ils fçavoient être dans la famille royale, étoient bien aife de broüiller les affaires à Montpellier ; & ce qui me détermine le plus à le croire, c'eft que peu d'années après ils eurent befoin de lettres de remiffion, que Berenger de Fredol leur obtint du nouveau roy Jacques de Mayorque, données à Elne au commencement de fon regne.

Mais, malgré tous fes bons offices, ils ne laifferent pas de fufciter les confuls contre lui & contre fon clergé : ce qui finit par un interdit géneral. Nous en aprenons le fujet d'une lettre que le pape Clement IV leur avoit écrit en 1267, dans laquelle il les blâme des entreprifes qu'ils faifoient fur les biens de l'églife de Maguelone : *Quod clericos Magalonenfis ecclefiæ angariis, perangariis & aliis exactionibus indebitis aggravatis.* Et non contens d'exiger des clercs qui defservoient cette églife, * ils avoient étendu leur jurifdiction fur leurs perfonnes, jufqu'à les faire emprifonner & les condamner à mort : PAGE 73.

Interdum quoque ipsos non sine sacrilegio ausu capere, & quandoque insuper (quod est gravius) ad mortem non veremini condemnare.

 Cet avertissement de la part d'un pape très-considéré du roy saint Loüis, & connu particulierement dans notre province (dont il étoit natif) fit suspendre pendant quelques années les exactions qu'avoient fait les consuls de Montpellier. Mais ceux-cy ayant renouvellé depuis ces mêmes exactions, malgré toutes les représentations qui leur avoient été faites, on en vint enfin à la sentence d'excommunication que le vicaire général fulmina contre eux dans la sale de l'evêque, le 19 juillet 1291.

1291.
 Elle commence par cette priere redoutable : *Exsurgat Deus & dissipentur inimici ejus.* Et après avoir exposé les attentats contre les libertez de l'église, commis par les consuls & par les officiers des tribunaux majeur & mineur, qui s'étant efforcez (dit la sentence) « de soûmettre les églises & leurs rec-
« teurs à toutes les taxes des laïques, les ont chassez de leurs maisons,
« qu'ils ont ensuite fait servir aux usages les plus abjets ; & qui, malgré
« tous les avertissemens charitables, n'ont pas laissé de proceder à une élec-
« tion, nommement à celle de Guillaume de Verteil, auteur de tout le mal,
« en la place de bailly ; lequel, nonobstant l'excommunication qu'il avoit
« encouruë, s'est encore choisi d'autres officiers curiaux, ses complices ;
« sçavoir, Jean Barthelemi, pour vice-bailly, & Jean de Trontin, pour
« vicaire. Ce qui ne pouvant être regardé que comme un mépris formel
« des clefs (chefs ?) de l'église, il ne reste d'autre moyen pour les faire
« rentrer en eux-mêmes que de proceder à l'interdit.

 « Pour raison de quoi, nous Bertrand Matthæi, chanoine de Viviers &
« official de Maguelone, avec l'assistance & consentement d'Ademar de
« Cabreroles, prévôt, de Jean de Montlaur, archidiacre, Bernard de Vissec,
« archidiacre, Raymond Albert, aussi archidiacre, Berenger d'Omelas,
« sacristain, & autres, en grand nombre, prieurs & chanoines de Mague-
« lone, soûmettons par le présent acte, toute la ville de Montpellier avec les
« fauxbourgs à l'interdit général ; faisant défense que dans le cours de cet
« interdit on y célèbre l'office divin, & qu'on n'y administre les sacremens
« que de la maniere qui est marquée dans les saints canons pour ces sortes
« de cas. Publié dans la cour episcopale, le 19 juillet 1291. Regnant, Phi-
« lipe, roy des François. Berenger étant evêque de Maguelone. En présence
« de discretes personnes, Etienne Ortouls, prieur de l'église de Montfer-
« rier ; Aymeric Madalon, prieur de St. Guillem de Montpellier, & autres,
« tant laïques que clercs, avec Bernard de Ferrariis, notaire du seigneur
« evêque. »

 Ce coup excita un grand mouvement parmi ceux qui n'avoient eu aucune part au sujet du trouble. Ils coururent à Narbonne implorer la médiation de Gilles Ancelin, archevêque de cette ville, qui étant venu à Montpellier y radoucit beaucoup les esprits, & fit diminuer confiderablement le terme de sept mois que l'official avoit marqué pour l'interdit.

Cependant l'evêque de Maguelone, fatigué de tous les mauvais cas qu'on n'avoit cessé de lui faire durant près de trente ans d'épiscopat, & voyant qu'on usurpoit toûjours sur son authorité, se determina à une chose qui est devenuë une époque des plus remarquables de notre histoire : ce fut de ceder au roy de France tous les droits qu'il avoit sur Montpellier en qualité d'evêque de Maguelone, afin de se delivrer par ce moyen des persecutions que lui & ses prédecesseurs y avoient souffertes, & en satisfaisant son inclination pour la maison de France, opposer à ses ennemis une autorité incomparablement plus forte que la sienne.

1292.

Cette affaire après avoir traîné quelque tems, fut enfin terminée en 1292, de la maniere que je l'ai raconté dans la premiere partie de cette histoire, où j'ai donné le précis de tous les actes qui furent passez à ce sujet, entre les deleguez de Philipe le Bel & les députez de l'église de Maguelone. Ces derniers, en vertu de leur procuration, cederent au roy la partie episcopale de Montpellier, avec tous ses droits ; & ils reçûrent en dédommagement la baillie de Sauve,* les terres de Durfort, de Pontanés & la portion de Pouffan qui apartenoit au roy.

PAGE 74.

On marque la mort de Berenger de Fredol quatre années après cet échange, c'est-à-dire en 1296. Il fut enterré à Maguelone à côté du grand autel, dans le tombeau qu'il s'étoit preparé lui-même.

1296.

HISTOIRE
DE MONTPELLIER

LIVRE TROISIÉME PAGE 75.

Evêques de Maguelone depuis l'acquifition de Montpelieret par le roy Philipe le Bel, jufqu'à l'acquifition de Montpellier par Philipe de Valois.

CHAPITRE PREMIER.

I. Gaucelin de la Garde eft transferé de Lodéve à Maguelone. II. Il travaille à pacifier fon chapitre. III. Il eft protegé par Boniface VIII au fujet de la comté de Melguëil. IV. Il reçoit plufieurs reconnoiffances des feigneurs de fon diocéfe. V. Il prend part aux demélez entre Boniface VIII & Philipe le Bel. VI. Il meurt en 1303.

DANS le tems de la mort de Berenger de Fredol, Jacques, fecond roy de Mayorque & feigneur de Montpellier, étoit dans le fort de fes peines pour le recouvrement de fon royaume que les Aragonois lui detenoient. Tous les efprits n'étoient occupés d'autre chofe à Montpellier, où l'attente de l'événement tenoit les habitants dans une agitation qui parut s'être communiquée à Maguelone pour l'élection d'un evêque. Tout y fut en divifion, parce qu'un parti ayant nommé Bernard de Viffec, chanoine de Maguelone

GAUCELIN
DE LA
GARDE

Voyez Tom. prem., page 100.

I.

& prieur de St. Firmin, l'autre parti s'y oppofa fortement fous pretexte de l'incapacité du fujet. Le nouvel élû fut obligé, avec fes partifans, de fe prefenter au pape Boniface VIII pour faire confirmer fon élection. Mais l'examen ne lui ayant pas été favorable, il fut renvoyé avec fes partifans à Maguelone, pour y proceder à l'élection de quelqu'autre de leur corps qui eût les qualitez requifes. On s'y affembla de nouveau ; mais aucun des deux partis ne voulant relâcher de fes premieres vûës, il fallut avoir recours à quelqu'autre expedient extraordinaire. On n'en trouva point d'autre que de chercher hors de Maguelone ce qu'on ne vouloit pas * trouver dans le chapitre. Et chacun des particuliers qui le compofoient ayant mieux aimé un étranger, ils refolurent de faire au pape Boniface VIII la poftulation de Gaucelin de la Garde, evêque de Lodéve, pour être transferé de fon fiége à celui de Maguelone.

PAGE 76.
1296.

Le pape ayant aprouvé leurs vûës, fit cette tranflation, par une bulle donnée à Anagnie, le 10 d'août, dans laquelle il loüe la fcience, les mœurs & l'experience du nouvel evêque. Il étoit de la maifon de la Garde, dans le diocéfe de Mende, & fut (comme le remarque Verdale) le premier evêque qui eût été pris du corps féculier, depuis que la regularité avoit été introduite à Maguelone : *Erat clericus fecularis, domus de Gardia, mimatenfis diæcefis.* Ainfi la divifion des chanoines caufa cette premiere innovation, qui accoûtuma infenfiblement les papes à leur donner des evêques étrangers, qui n'ayant jamais profeffé la vie reguliere, eurent moins de zéle pour maintenir à Maguelone les anciens ufages.

In bullario epifcopali.

II. Gaucelin de la Garde ne laiffa pas d'y donner fes premiers foins, en faifant confirmer dans un chapitre général les reglemens que Berenger, fon prédeceffeur, avoit faits fur la dépoüille des chanoines, lorfqu'ils venoient à mourir dans leurs prieurez ou dans le cloître de Maguelone. Ils font diftinguez par ces mots : *Canonici priores, canonici clauftrales.* Et cette diftinction nous donne lieu d'aprendre la differente dénomination de chanoines prieurs & de chanoines clauftraux. Le reglement portoit que tous les effets que les uns & les autres auroient laiffé en mourant ne pourroient tourner au profit d'aucun particulier ; mais qu'ils feroient remis entre les mains de celui qui en auroit charge du chapitre, pour fervir à payer les dettes du défunt, ou être apliquez au bien de la communauté. A ce reglement on en ajoûta un autre, qui regloit ce que chaque recteur, prieur ou chanoine pouvoit emporter lorfqu'il étoit transferé d'une place en une autre, & en même tems ce qu'il devoit y laiffer.

Series, pag. 300.

Mais ce qui prouve mieux la divifion qui regnoit alors dans le chapitre, & la confiance qu'ils eurent en même tems pour leur evêque, c'eft que, ne

II. Partie. Livre fecond.

pouvant s'accorder fur la collation des benefices, ils pafferent un acte par lequel ils le firent arbitre de tous leurs differents, & lui tranfporterent pour cinq ans tout le droit qu'ils avoient de pourvoir aux dignitez, perfonats, églifes, prieurez & benefices, tant de la collation du prévôt que du chapitre, avec la précaution néanmoins que l'evêque feroit fa déclaration comme il n'agiffoit en cela qu'au nom & à la place du chapitre. Cet acte, figné par Ademar de Cabreroles, prévôt, Jean de Montlaur & Jean de Chambron, archidiacres, Berenger d'Omelas, facriftain, & autres prieurs & chanoines de Maguelone, fut paffé au mois de décembre 1296, qui étoit la même année que Gaucelin de la Garde fut transferé à Maguelone : d'où nous pouvons inferer qu'il ne tarda pas de travailler utilement pour l'union des efprits dans fon chapitre.

Nous avons plufieurs reconnoiffances qui lui furent faites environ ce même tems & qui fervent à nous faire connoître plufieurs feigneurs de fon diocéfe.

En 1297, Pons de Petra, feigneur de Gange, lui fit hommage pour le château de Briffac, dont il étoit confeigneur.

Environ ce tems, Gaucelin de la Garde reçut une marque finguliere de la confiance du pape Boniface VIII, qui le fit juge des plaintes reciproques des chevaliers de St Jean de Jerufalem & des religieux hofpitaliers d'Aubrac dans le Roüergue. Ceux-ci, pour faire revoquer une bulle qui adjugeoit leurs biens à l'ordre de Rhodes, fur le prétexte qu'ils n'étoient point religieux, juftifierent que leur régle avoit été aprouvée par Alexandre III, à fon paffage par Montpellier. Sur quoi, Boniface ayant commis fur les lieux l'evêque de Maguelone, il revoqua en 1247, fur fon raport, la bulle fubreptice qu'on avoit obtenuë de lui.

1297.

Ordres religieux. Tom. 3, pag. 171.

En 1299, Guillaume de Fabregues, feigneur partiaire de ce lieu, reconnut à Gaucelin, evêque de Maguelone, en qualité de comte de Melgueïl & de Montferrand, toute la tour Magne de Fabregues, par indivis. Pierre de Cornon, feigneur de Cornon-Terrail, lui fit hommage pour la moitié de fon château, avec toutes fes dépendances. Raymond Atbrand, feigneur de Sauffan & de Pegueirolles, lui reconnut* une condamine fize dans le terroir de Sauffan, & la reconnoiffance que Guillaume de Fabregues lui avoit déjà faite de la tour Magne lui attira une autre reconnoiffance des autres confeigneurs de cette terre, fçavoir : Pierre de Fredol, pour une portion, Pierre le Moine pour une autre, & Guillaume de Fabregues pour le refte.

PAGE 77.

L'an 1300 fut une année des plus critiques pour Gaucelin de la Garde, III. parce que les officiers de Philipe le Bel, voulant renouveller les anciennes querelles qu'on avoit fait aux evêques de Maguelone fur la comté de Mel-

1300.

guëil, firent entendre au roy leur maître que Gaucelin poffedoit cette terre à fon préjudice & en confequence ils inquieterent beaucoup l'evêque & fes vaffaux de Melguëil. Boniface VIII, qui n'étoit pas encore broüillié avec Philipe le Bel, lui écrivit une lettre que nous avons donnée à Anagnie le 18 juillet 1300, dans laquelle il rapelle toute la conduite du roy ft. Loüis font ayeul fur cette même affaire & lui certifie (comme avoit fait le pape Clement IV) que cette comté avoit été anciennement un fief du St. fiége, & il prie le roy d'ordonner à fon fénéchal & à fon bailly de ne pas troubler l'evêque de Maguelone, ni le chapitre dans la poffeffion où ils étoient.

Series, pag. 220.

IV. En 1302, Guy de la Roche fit reconnoiffance à Gaucelin du château de Pouffan; & la même année le roy Philipe le Bel étant venu à Montpellier avec la reine Jeanne de Navarre fon époufe, il fut reçû par les confuls fous un riche daix & conduit à l'églife Notre-Dame, où Gaucelin l'attendoit avec fon clergé, & d'où, après le *Te Deum* chanté en mufique il fuivit le roy à la fale de l'evêque qui lui avoit été préparée pour fon logement. Ce fut alors que Philipe le Bel, pour donner à Gaucelin une marque de fa confiance, le nomma avec l'evêque de Soiffons pour terminer quelques differens qu'il eut avec Jacques roy d'Aragon, comme nous l'aprenons d'une charte du tréfor royal de Paris, citée par Mrs de Ste Marthe.

1302.

Petit Talam., ad an. 1302.

L'année fuivante 1303, Gaucelin & Raymond evêque d'Agde reglerent les limites de leurs diocefes en fixant des bornes dans l'étang de Tau pour en faire la féparation de ce côté-là. Mais le déperiffement de ces bornes, ou le changement du nom qu'on leur avoit donné, a caufé depuis, entre les fucceffeurs de ces deux evêques, une difpute qui n'a pû encore être terminée.

In Gallia chriftiana.

1303.

Raymond Ademar, damoifeau, reconnut en ce même tems la moitié par indivis du fief de Carefcaufes dans la dîmerie de Juviniac, fous l'albergue d'un chevalier par an. Et Bernard du Puy, chanoine de Maguelone & prieur de Grabels, fit en public fon hommage pour cette terre, à genoux & les mains jointes.

V. Ce fut en cette année qu'éclata le fameux démêlé de Boniface VIII & de Philipe le Bel, qui pour prévenir les menaces que le pape lui faifoit de l'excommunier, d'interdire fon royaume & de difpenfer fes fujets du ferment de fidélité, fit affembler, le 10 d'avril 1303, dans l'églife N.-Dame de Paris, les feigneurs & prélats de fon royaume, qui refolurent que les evêques de France n'iroient point à Rome où ils étoient citez par le pape. Cette premiere affemblée fut fuivie d'une feconde, tenüe au Louvre, le 13 mars 1303, avant Paques, dans laquelle Guillaume de Nogaret accufa Boniface de plufieurs crimes qu'il offrit de prouver dans un concile général dont il requit la convocation. Ce qui ayant été approuvé de tous les affiftans, le roy envoya dans toutes les provinces pour engager les corps & communautez de fon royaume à adhérer aux refolutions prifes dans la derniere affemblée de Paris.

Les agents qui furent envoyez dans le Languedoc étoient Amalric, vicomte de Narbonne, & Denis de Sens, clerc du palais du roy; lefquels, après avoir parcouru les villes, bourgs & communautez de la fénéchauffée de Carcaffone, vinrent à Montpellier où la nobleffe de la fénéchauffée de Beaucaire s'affembla dans le couvent des frères Mineurs de cette ville. Les feigneurs qui compofoient cette affemblée, après avoir protefté de leur attachement & fidélité pour le fervice du roy, adhererent aux réfolutions prifes à Paris.

Dans l'acte de leur adhefion, qui eft inféré dans l'hiftoire de ce grand different rapportée par Mrs Dupuy, on voit le nom des gentilshommes qui affiftèrent * à cette affemblée, fçavoir : Guillaume de Randon, pour lui & pour le feigneur de Braconet ; Marc de Canillac, pour lui & pour Raymond de Roquefeüil, chevalier; Raymond Pelet, feigneur d'Alais & de Chaumont; Guerin de Tournel, Decan de Bellegarde, Pons de Gaudet de Anatico, Guy de Senaret, fils de Guibert de Senaret, comte de Montferrand; Bernard de Languiffel d'Aubais, Guillaume de Brinhon, Arnaud de Becorton de Beauchâtel, Arnaud, vicomte de Polignac; Guillaume de Château-Neuf St. Remezi, Bernard de Barre, pour lui & pour autre Bernard fon fils, chargé auffi de la procuration de Pierre de Barre, chevalier ; Aftorg de Peire, Guerin d'Acher, Raymond d'Anduze de Florac, Pons Bremond du Chailar, Guichard de Pierre Serriete, Bremond de Pierre-Fort, feigneur de Ganges & de Sanfuhac, Gontrand Amic de Rochefort, Guïot de Tournon, Gibert de Solempniac, Gui, procureur de Brulhon de Serriete, Bremond de Vignorio, pour lui & pour Raymond de la Voute; feigneur de Bidage, Pons de Mirabel, Guillaume de Montrodat, Arnaud de Monterenc, Guillaume de Baladun, Pierre de Montlaur, damoifeau, pour lui & pour tous fes vaffaux de la fénéchauffée de Beaucaire.

Page 141.

PAGE 78.

1303.

Acta funt hæc in Montepeffulano, in domo fratrum Minorum, anno dominicæ Incarnationis 1303. VI kal. augufti. En préfence de noble & puiffant homme Jean de Varenes fénéchal de Beaucaire, & autres témoins.

Les freres Prêcheurs, de Montpellier firent beaucoup plus de difficultez que n'avoient fait les gentilshommes de la fénéchauffée. Car ayant été fommez par les agents du roy d'adherer à ce qui avoit été fait contre le pape Boniface, ils répondirent qu'ils ne le pouvoient fans un ordre exprès du prieur général qui étoit à Paris. Les agents du roy, peu contens de cette reponfe, dirent qu'ils vouloient fçavoir l'intention d'un chacun en particulier, & en fecret. Et les religieux ayant perfifté dans leur refus, les agents leur enjoignirent de fortir du royaume dans trois mois, leur déclarant qu'ils n'étoient plus fous la protection du roy. Dont ils drefferent leur verbal, qui eft raporté par Mrs Dupuy dans l'hiftoire de ce grand démêlé.

Pendant que toutes ces affaires fe traitoient à Montpellier, l'evêque de Maguelone étoit dans fon ancien diocéfe de Lodéve, où il s'étoit fait porter pour rétablir fa fanté. Les agents du roy ne laifferent pas de le faire folliciter à l'adhefion; ce qu'il fit, en fignant un acte raporté au même lieu, dans lequel il dit : qu'étant obligé de défendre le roy, fon état, fes droits & libertez contre qui que ce foit, même contre le pape Boniface, il déclare qu'il adhere à tout ce que le roy a réfolu contre ledit Boniface, & qu'il ne fe fervira d'aucuns indults du pape, ni d'aucune décharge du ferment de fidelité; à la charge néanmoins que le roy ne prétendra point, pour ce fait, acquérir aucuns droits fur fon églife. *Actum & datum apud Ripam Lodovenfis diocezis ubi* (ajoûte-t-il) *fumus debiles exiftentes. 13. kal. feptembris, anno Domini 1303.*

VI. Gaucelin ne furvécut pas beaucoup à cette derniere action; car on marque fa mort au onziéme du mois de mars, qui finiffoit l'année 1303. Il mourut dans fon château du Terrail où il s'étoit fait tranfporter, affifté des evêques de Beziers, d'Agde, de Lodéve, & des abbez d'Aniane, de Valmagne & de St. Gilles. Son corps fut porté en grande cérémonie à Maguelone, où il fut inhumé devant le grand autel, après avoir tenu le fiege de cette églife huit ans fix mois & trois jours.

CHAPITRE SECOND.

I. Troubles dans le chapitre pour donner un fucceffeur à Gaucelin de la Garde. II. Le pape nomme à fa place Pierre de Levis, qu'il transfere enfuite à Cambray. III. Jean de Cominges lui fuccede. IV. Grande féchereffe à Montpellier. V. Jean de Cominges eft fait premier archevêque de Touloufe.

I. LA mort de Gaucelin fit éclater la divifion qui continuoit toûjours dans le chapitre de Maguelone. Les factions y devinrent fi animées qu'on aima mieux laiffer le fiége vacant plus d'une année que de s'accorder. On en vint même à des fcandales publics, que je n'oferois croire, fi nos archives ne les avoient très-bien circonftanciez, & je ne me refous à les raporter que dans la perfuafion où je fuis qu'un abus exceffif fert fouvent à confirmer dans le bien par l'horreur du mal qu'il infpire.

1304.

Voici donc les propres paroles de nos mémoires : « Gaucelin étant « mort, Pons de Lunel, facriftain, & Jean Atbrand, avec quelques autres « chanoines de Maguelone, leurs complices, s'éleverent contre le chapitre « & contre l'églife de Maguelone, leur mere, en traduifant le chapitre « devant le vice-legat d'Avignon, qui affigna le procureur du chapitre en la « ville de Salon en Provence, où perfonne n'ofoit aprocher fans danger de « perdre la vie. Car il arriva que le procureur du chapitre ayant voulu fe « rendre au lieu affigné, quelques foldats vinrent en armes s'opofer à fon « paffage, en forte qu'il fut obligé, lui & fes compagnons, de fe refugier « dans une forterefle apellée St. Martin. Or, un mardi avant la fête de St. « Michel, dans le tems qu'on tenoit à Maguelone le chapitre général, où le « plus grand nombre travailloit de toutes fes forces à la reformation de « l'ordre & de la difcipline reguliere, les fufdits Pons & Atbrand, avec leurs « complices, ne voulant point fe trouver au chapitre, refterent à Montpel- « lier, où s'étant affociez de certains laïques excommuniez, ils s'emparerent « des plus grandes & meilleures églifes du chapitre ; où, étant les maîtres, « ils fe faifirent des maifons, granges & biens qui en dépendoient, qu'ils « employerent à toute forte de mauvais ufages ; & ayant donné la garde « de ces églifes, granges & maifons aux laïques excommuniez qu'ils « avoient avec eux, il arriva que ces hommes, ennemis capitaux du cha- « pitre, ne les quitterent point qu'ils n'euffent confumé le bled, le vin & « autres provifions qu'il y avoit. Ils en emporterent auffi les livres : & ce « qui eft plus horrible à dire, ils rompirent la caiffe où le corps de Jefus- « Chrift étoit gardé, en forte qu'il tomba par terre. Après quoi, courant en « armes dans les ruës de Montpellier, fuivis de plufieurs foldats qui mar- « choient à enfeigne déployée, ils prenoient les prêtres, diacres & clercs de « Maguelone qu'ils rencontroient, bleffoient les uns & mettoient en prifon « les autres. »

Mff. de Rignac.

Tous ces defordres engagerent l'archidiacre Jean de Montlaur, vicaire géneral dans la vacance du fiége, de courir à Lyon auprés du pape Clement V, qui avoit arrêté fon féjour en cette ville depuis le premier paffage qu'il avoit fait à Montpellier. Il lui expofa la trifte fituation où étoit l'églife de Maguelone ; & le pape ayant bien compris que les chanoines ne recevroient jamais pour évêque aucun de leur corps, il leur envoya Pierre de Levis qui n'étoit point chanoine parmi eux.

II.

PIERRE DE LEVIS.

Il étoit petit-fils de ce Guy de Levis, qui, par fes grands fervices durant la guerre des Albigeois, avoit acquis la terre de Mirepoix & le titre de maréchal de la foy. Sa mere étoit Elizabeth de Marliac, alliée à la maiſon de Montmorency. Ce nouvel evêque s'employa beaucoup à pacifier ſon chapitre ; mais nous ne trouvons point quel en fut le ſuccès. On s'eſt contenté de nous marquer qu'en 1307 il obligea Jean Marc, juriſconſulte, de lui faire hommage pour la ſeigneurie * de Boutonnet, & que dans la même année il reçut celui que Pons de Petra lui rendit pour la terre de Ganges ; & que, pour remedier aux conteſtations que lui faiſoient les officiers du roy pour la terre de Melguëil, il fit regler les limites qui devoient la ſeparer des terres de Lunel.

1307.
Page 80.

Dans le cours de cette année, Pierre de Levis eut le plaiſir de voir à Montpellier le pape Clement V, ſon bienfacteur, qui vint en cette ville pour la ſeconde fois, & logea dans la maiſon des Templiers, dans le tems qu'il ſe preparoit à ſuprimer entierement leur ordre.

1309. III.
JEAN DE COMINGES

En 1309, il fut transferé au ſiége de Cambray par le pape Clement V, qui nomma auſſitôt Jean de Cominges, depuis cardinal, pour remplir le ſiége de Maguelone. Nous trouvons, en effet, que Jean de Cominges occupoit cette place en 1309, puiſque dans cette même année Clement V lui adreſſa un bref, conjointement avec l'evêque de Mayorque, en faveur d'un hermite appellé Jacques de Rome, qui s'étoit devoüé à l'éducation des pauvres enfans orphelins des dioceſes de Montpellier & de Mayorque. Cette lettre, qui eſt du 23 juin, fut donnée à Avignon, la quatriéme année du pontificat de Clement V & dans l'année ſuivante, qui eſt expreſſement marquée en 1310. Jean de Cominges donna des lettres de recommandation, par leſquelles nous aprenons que Jacques Rome avoit déjà commencé ſes écoles ou hôpital appellé *della Miſericordia*, & que ceux qui alloient recüeillir pour lui les aumônes des fidelles avoient permiſſion de porter les clefs de Saint-Pierre, avec la figure des deux orphelins & une clochette, en ſigne d'hoſpitalité : *Ut claves ſancti Petri, cum effigiebus duorum orphanorum, cum campanella, in ſignum hoſpitalitatis prædictæ, authoritate noſtra portare valeant, licentiam impertimur.*

Series, pag. 321.

1310.

Datum apud Murum Veterem 4 kal. februarii. An. 1310.

Cette date me donne occaſion de faire connoître Murviel, l'un des plus anciens lieux du dioceſe. Il eſt à deux lieües de Montpellier, du côté du couchant. Les evêques de Maguelone y avoient un ancien château, que l'on voit encore, avec des fenêtres à la gothique. Les murailles ſe ſoûtiennent par la bonté de leur maçonnerie, malgré les crevaſſes qu'il y a en pluſieurs endroits. On voit au bas de la colline où Murviel eſt ſitué les veſtiges du grand chemin que les Romains firent dans toute la longueur de la Gaule Narbonoiſe. Et tout auprès il y a une fontaine très-abondante, entourée d'un ancien bâtiment avec cette infcription latine : *Nebruf. Sump.*, ce qui veut dire *Nebrufii fumptibus*. La bonne eau que ce riche romain procura aux habitans de Murviel feroit digne d'envie dans des villes beaucoup plus confiderables. On voyoit ailleurs dans ce même lieu un pied d'eftail en forme d'autel, qui depuis peu a été porté à Montpellier dans le jardin du prefident d'Aigrefeüille, où ces lettres font gravées :

D. M.

* P. ANTHEMII LOG. F.

PATRIS SACRORUM.

CORNELIA LUCII FIL.

D. S. P.

Ce qu'on explique ainfi : *Diis manibus Publii Anthemii Logiftæ filii, patris facrorum. Cornelia Lucii filia de fuo pofuit.*

Dans le tems que Jean de Cominges aprouvoit à Murviel l'établiffement de charité qui a donné lieu à la petite digreffion que je viens de faire, un autre hermite apellé Gautier, fonda dans les fauxbourgs de Montpellier un hôpital pour les * étrangers & pour les malades dont nos archives font mention. J'en parlerai dans l'article des hôpitaux de cette ville. PAGE 81.

Cependant l'évêque de Maguelone fut tiré de Murviel pour fe rendre au concile général de Vienne en Dauphiné, où il foufcrivit à tous les décrets qui y furent faits en 1311. Il y étoit encore lorfqu'il aprit la mort de Jacques II, roi de Mayorque, & l'avenement du roy Sanche à cette couronne & à la feigneurie de Montpellier. 1311.

Le retour de Jean de Cominges en cette ville eft marqué dans les regitres du chapitre, par un accord très-important qu'il fit en 1312, entre Raymond de Beaupry, prévôt de Maguelone, & la communauté de Villeneuve, au fujet de l'eftang qui les fepare. L'affaire ayant été remife à l'évêque, il finit le procès qui étoit entre eux en reglant la maniere & le tems que les habitans de Villeneuve pouvoient pêcher & chaffer dans l'eftang. 1312.

L'année 1313 lui donna une plus grande occafion d'exercer fon zéle iV. durant une fechereffe de fept mois qui affligea le païs. On eut recours aux 1313.

---

* *Logifta*, dans le calepin de la Cerda, eft pris pour receveur, pag. 983.
Et Grævius, fur le nom de *curator*, ajoûte : *qui Græco vocabulo logifta nuncupatur.* T. VIII, p. 163.
Pontifex veftræ, idem, *pater facrorum, Achaiæ nominatur*, dit Grævius. T. V, p. 15.

prieres publiques, que l'on reïtera jufqu'a faire quatre proceffions générales où tous les religieux affifterent en portant la Ste épine des freres Mineurs & toutes les faintes reliques qui étoient à Montpellier. Mais pour cela (dit notre petit Talamus) Dieu ne voulut pas nous entendre, parce qu'il ne fembloit pas qu'on y fût venu en dévotion. Les paroles originales du Talamus s'en exprimeront mieux que moi, & je crois pouvoir ici les rapporter, quand ce ne feroit que pour faire connoître aux curieux de notre langage, le changement qui y étoit déja arrivé.

Ad an. 1313.

L'an 1313, fou tan moult grand fecada, que ben eftet fept mezes que non ploou, en tal maniera que fou tan grand fec, que lous blati comenfavan à fecar avant que foffen efpigats. En guifa que an fach proceffion per quatre vegadas am tots los Religiosos, & portavan la fanta efpigna de los frares Menors, & todas las fantas reliquias que eron à Monpelier. Et per tout aco noftre fignor no volguet auzir, car no femblava que hom y vengués am devotion.

« Dans cette affliction générale, on eut recours à une forte de penitence
« que les Flagellans venoient d'introduire en Italie dans ce même fiécle.
« Plus de mille perfonnes tant hommes que femmes s'affemblerent, à
« Montpellier, & courant toute la nuit, il fe flagelloient jufqu'au fang, &
« venoient à Nôtre-Dame des Tables la prier (dit notre petit Talamus),
« d'interceder auprès de fon cher Fils pour qu'il leur accordât de la pluye.
« Ils portoient des torches & des chandelles qui brûloient jour & nuit à
« Notre-Dame ; & après avoir continué cet exercice pendant quatre nuits,
« Notre-Dame leur obtint une pluye qui reftaura tous les bleds qui étoient
« perdus. » *

1314.

L'année 1314, fut encore trifte pour Jean de Cominges par la mort du pape Clement V, fon bienfacteur, qui mourut cette année à Roquemaure, près d'Avignon, & laiffa le St. fiége vacant durant deux ans, trois mois & dix-fept jours. Dans cet intervalle l'evêque de Maguelone fut exercé à Montpellier par une calamité publique toute differente de celle que nous venons de raconter. Car en 1315, il tomba une fi grande abondance de pluye, que

1315.

* *Una nioch que feron ben may de millo, que hommes que femnas, que anavon tota nuech, & batien fe tang que fang venié. Et en grand lacrymas & en grands plours venien à noftra Dona de las Taulas, & aqui pregon Noftra Dona quelle pregueffo fon car Filh qu'el tramefeffa pleya. Et portavan l'y torcas & candelas que cremeron nueich & jour devan Noftra Dona. En tal guifa que quand ou agueron tengut per quatre nueichs, Noftra Dona nous tranfmefe la fiena gratia de plueya. En tal guifa que tots los blads n'en foron reftaurats. Liquels eron perdus.*

les herbages & toutes les productions de la terre en furent corompuës ; de forte que les beftiaux périrent & que la pefte fut à Montpellier durant fix mois. Après quoi le ruiffeau du Merdanfon, qui coule auprès des murs de la ville, venant à groffir par les eaux de la montagne, renverfa tous les ponts & toutes les maifons qui fe trouverent fur fon paffage, entra dans la ville & fe repandant dans la campagne y fit des ravages qu'on auroit peine à croire, fi l'experience que nous en avons fait * de nos jours ne nous avoit apris que fes inondations font très-violentes. Jean de Cominges fit paroître en cette occafion fon défintereffement & fa charité envers les pauvres, car il eft marqué qu'il vendit pour les fecourir fes chevaux et fa vaiffelle.

PAGE 82.

Cependant le comte de Poitiers, connu depuis fous le nom de Philipe le Long, roy de France, trouva le moyen d'affembler à Lyon les cardinaux divifez en deux puiffantes factions d'Italiens & de François. Car les ayant fait venir dans le couvent des freres Prêcheurs de cette ville, il leur déclara qu'ils n'en fortiroient point qu'ils n'euffent élû un pape, ce qu'ils firent le 7 août 1316, en élifant le cardinal Jacques d'Offa ou d'Eufe, natif de Cahors, qui prit le nom de Jean XXII.

V. 1316.

Ce nouveau pape étant parti pour Avignon où il vouloit tenir fa cour, y fit le 17 décembre de cette même année 1316, une promotion de cardinaux, dont le premier fut Bernard de Caftanet, natif de Montpellier, & le cinquième Bertrand de Montfavet, grand jurifconfulte, qui avoit longtems enfeigné le droit en l'univerfité de cette ville. Il établit au commencement de fon pontificat l'ufage, qui a continué depuis dans l'églife, de faire fonner l'*Angelus*. Ce que nos confuls (dit notre chronique) ordonnerent d'obferver foigneufement dans Montpellier; & l'evêque de Maguelone ayant confirmé leur ordonnance, attacha des indulgences à cette pieufe pratique. Jean de Cominges fe rendit en 1317 à Avignon, où il affifta à la canonization de s.t Loüis, evêque de Touloufe, que Jean XXII fit le jeudy de la femaine de Pâques, 7 avril ; & dans ce voyage le pape lui déclara les vûes qu'il avoit fur fa perfonne pour un grand changement qu'il projettoit de faire dans les églifes du Languedoc.

Fleury, Hift., Liv. 92, n. 23.

Pet. Tal., ad an. 1316.

1317.

Ce changement étoit de démembrer les diocéfes de Narbonne & de Touloufe, pour y créer de nouveaux evêchez. En effet cette même année il érigea St. Pons & Aleth en evêchez, dont il prit les diocéfes de celui de Narbonne. Il exempta pour toûjours de la jurifdiction de cette ancienne metropole l'evêque de Touloufe, qui jufqu'alors avoit été de fa fuffragance ; & il érigea fon fiège en archevêché. Mais, comme il falloit lui donner des fuffragants, il retrancha de fon diocéfe tout ce qu'il falut pour former ceux de Montauban, de St-Papoul, de Rieux & de Lombez, où il nomma des

1317.

evêques qu'il rendit fuffragants de Touloufe, avec Pamiers érigé déjà en evêché par le pape Boniface VIII. Il divifa en même tems le diocéfe d'Alby, & en forma celui de Caftres. Je ne raporte point les autres érections qu'il fit hors de notre province, non plus que le nom des premiers evêques qu'il créa dans la nôtre. Mais je ne puis omettre celui du premier archevêque de Touloufe, puifque ce fut le même Jean de Cominges que nous avions pour evêque à Maguelone. Il confentit fans peine à la deftination que le pape avoit fait de lui ; & il eut le plaifir d'avoir pour fuffragant à Lombez, Arnaud Roger de Cominges, fon frère, premier evêque de cette ville. A toutes ces graces, le pape ajoûta celle de nommer pour fon fucceffeur, à Maguelone, Simon de Cominges, fon autre frere. Mais fa mort arrivée avant qu'il fût facré, a été caufe qu'on ne l'a pas mis dans le catalogue de nos evêques.

Je ne dois pas oublier que Jean de Cominges, avant que de nous quitter, obtint du roy Philipe le Long, un ordre au garde du petit fceau de Montpellier, en faveur des ecclefiaftiques, par lequel il lui étoit défendu de capturer les prêtres, clercs, ou autres perfonnes conftituées dans les ordres facrez, quand même ils fe feroient foûmis aux rigueurs du petit fceau. *Ne cuftos hujufmodi capiat presbiteros, aut clericos, aut alios in facris ordinibus conftitutos, et fi obligatos viribus parvi figilli : quod fi ipfos ceperit, epifcopo Magalonenfi, aut ejus vicario, requifitus, reftituat.*

PAGE 83.

CHAPITRE TROISIÉME.

I. Gaillard de Saumate, evêque de Maguelone, transferé à Arles. II. André de Fredol lui fuccede. III. Affaire qu'il eut avec fon chapitre & avec les feigneurs de fon diocéfe. IV. Mort de faint Roch fuivie de celle d'André de Fredol. V. Jean de Viffec, evêque de Maguelone. VI. Chapitre général des chevaliers de Rhodes tenu à Montpellier. VII. Grands reglemens faits par les chanoines de Maguelone.

I.
GAILLARD
DE SAUMATE.

LA mort prematurée de Simon de Cominges procura le fiége de Maguelone à Gaillard de Saumate, qui étoit particulierement connu du pape Jean XXII & eftimé de lui par une réputation des mieux établies. Il étoit de Villeneuve, dans le diocéfe de Riez, felon les regîtres du Vatican, citez par MM. de Sainte-Marthe, & non du diocéfe de Rodez, comme les copiftes de Verdale l'ont inferé dans fon catalogue des evêques de Maguelone.

Gallia Chriftiana.

Le pape Jean XXII le nomma dans le mois de novembre 1317, mais il le retint en même tems auprès de fa perfonne, & Gaillard fut obligé d'envoyer à Maguelone Olderic Saumate, fon oncle, pour regir en fon nom ce diocéfe.

Tout ce que nous trouvons de la regie qu'il en fit durant neuf mois qu'elle dura, eft un differend qu'il eut avec Raymond de Conches, qui ne vouloit point reconnoître tenir de lui la metairie de Deux Cafes, fituée dans la paroiffe de Saint-Vincent. Ce refus obligea Olderic de prendre cette metairie *in commiffum*. Mais à la priere de Pierre d'Offa, frere du pape Jean XXII, de qui (comme dit Verdale) Raymond de Conches fe difoit parent, Olderic lui donna cette metairie en nouvel accapt.

Sa regie finit au mois d'août fuivant 1318, où Gaillard, fon neveu, fut transferé à l'archevêché d'Arles par Jean XXII, qui voulant pourvoir à la difcipline reguliere qui s'étoit fort relâchée à Maguelone fous le gouvernement des evêques pris du corps feculier, voulut y envoyer un homme élevé dans l'efprit de la régle qu'on y profeffoit. Pour cet effet, il choifit André II. de Fredol qui avoit été tiré du chapitre de Maguelone pour être evêque d'Ufez, & il le transfera de cet evêché à celui de Maguelone, comme étant plus propre à remettre le bon ordre dans la communauté des chanoines. Ils aprirent tous avec joye qu'ils avoient un evêque de leur corps & de leur pays ; & pour lui en donner des marques, ils fûrent le recevoir à Lunelviel, où ils lui aprirent la grande diffipation qui avoit été faite des biens du chapitre par la negligence ou la foibleffe de leur prévôt. Il forma le deffein d'y remédier, & il le leur promit. Mais, comme les plus grands abus ont toûjours leurs partifans, il trouva de fi grandes opofitions, qu'il fut obligé d'être lui-même fur la défenfive, par les procès que Guillaume de la Tour, prévôt de Maguelone, lui intenta.

1317.

ANDRÉ DE FREDOL

« Il difputoit à l'evêque le droit & la jurifdiction de la Peirade, ou jettée III.
« de pierres qui alloit le long du pont de Maguelone jufqu'à Villeneuve :
« *Suborta contentio de jure & omnimoda jurifdictione peiratæ Pontis Magalonæ*
« *verfus Villanovam.* Par où nous voyons clairement qu'il y avoit un pont
« & une chauffée de Villeneuve à Maguelone, comme je l'ai déjà dit, &
« comme on le verra dans la fuite d'une maniere plus convaincante.

« Il prétendoit que le droit de péage ou de leude, pour le bois de char-
« pente qui entroit dans l'eftang de Maguelone par celui qu'il apelle d'Al-
« bian, n'apartenoit pas à l'evêque.

« Que le prévôt avoit en feul le droit de faire élever des fourches fur le
« pont de la Mouffon.

« Que l'evêque n'avoit pas droit d'inftituer des vicaires dans les bene-

« fices dépendants de la prévôté, & que le prévôt n'étoit pas tenu de luy
« prefenter ceux qu'il avoit choifi. »

* Toutes ces conteftations qui commencerent en 1319, fufpendirent l'effet des bonnes intentions du nouvel evêque. Il fut reduit à attendre une difpofition plus favorable dans les fujets fur qui il avoit à travailler; & cependant, pour terminer tous ces procès qu'on lui intentoit, il s'en remit à la décifion de Jean de Montlaur, prieur de St. Firmin, & de Berenger de Fabregues, prieur de ce même lieu.

Environ ce tems, le roy Sanche qui avoit la feigneurie de Montpellier, y établit l'hôpital St. Antoine, & le roy Philipe le Long, qui étoit maître de Montpelieret, voulant faire ceffer les tracafferies que fes officiers fufcitoient fans ceffe à l'evêque, leur ordonna d'ajoûter au ferment qu'ils prêtoient en entrant dans leur charge, qu'ils conferveroient les droits de l'evêque & ceux du chapitre. En confequence, Hugues de Carfan, recteur de la Part-Antique, prêta ferment en ces termes : *Juro ego Hugo de Carfano miles, rector regius Montifpeffulani, quod jura domini epifcopi & capituli Magalonæ, pro poffe meo, quamdiu ero rector regius Montifpeffulani, fervabo illæfa. Sic me Deus adjuvet.*

L'efprit d'independance qui regnoit à Maguelone parut s'être répandu dans le refte du diocéfe, où les feigneurs particuliers qui devoient leur reconnoiffance à l'evêque la lui refuferent. Le premier qu'André de Fredol eut à reduire fut Raymond de la Roche, moine de St. Guillem du Defert, prieur de Saint-Martin de Londres & feigneur d'Affas. Bertrand de Villeneuve, comme veftiaire de Maguelone, fe foûmit en 1321, pour Grabels ; & Guillaume de Vallauquez, pour Montredon. Son propre oncle, Pierre de Fredol, abbé de Franquevaux, luy fit hommage, & les feigneurs de Fabregues, d'Aifiniers & Rotilens, fe foûmirent à leur tour en 1322.

Sur la fin de cette année André de Fredol alla à Touloufe pour fe trouver à l'arrivée du roy Charles le Bel, qui vint en cette ville comme nous l'avons dit dans l'article du roy Sanche. Peu de tems aprez fon retour en France, il fit expedier à l'evêque de Maguelone des lettres de protection & de fauvegarde données à St. Germain en Laye au mois de may 1323, dans lefquelles le roy dit que fes predeceffeurs font les fondateurs & bienfacteurs de l'églife de Maguelone, *quæ a noftris prædecefforibus fundata exiftit & dotata, ob fuæ devotionis exigentiam.* Et quoique l'evêque & le chapitre foient depuis longtems (ajoûte le roy) fous notre garde royale, *& licet in eadem gardia regia fuerint ab antiquo,* il les y reçoit de nouveau, & il ordonne au fénéchal de Beaucaire & à fes autres officiers de la fénéchauffée de maintenir l'evêque & le chapitre de Maguelone dans tous leurs droits, ufages, libertez & franchifes.

La fechereffe qui étoit alors dans le bas Languedoc & qui empêcha le roy Charles le Bel (comme nous l'avons dit) de prendre fa route par Montpellier, donna bien de l'exercice à l'evêque lorfqu'il y fut revenu. Il trouva que des rhûmes violents, caufez par des chaleurs exceffives, y faifoient de grands ravages. A caufe de quoy (dit notre chronique) fut faite proceffion & predication, & le même jour fe mit à pleuvoir.

Tom. pr., pag. III.

Pet. Tal. ad an. 1323.

En 1324, les religieux Auguftins tinrent à Montpellier un chapitre général de leur ordre, comme on le verra plus au long dans l'article qui les regarde. L'evêque de Maguelone fit en même tems ordonner par le pape Jean XXII qu'aucun chanoine de fon églife ne pourroit exercer la charge de juge apoftolique qu'il ne fût en dignité, ou dans les premieres places du chapitre. C'étoit fans doute pour limiter fes emplois à un petit nombre, afin de retenir à Maguelone ceux que l'ambition ou l'amour de l'independance portoient à briguer ces fortes de commiffions, comme il ne fut que trop ordinaire dans le tems que les papes fe tenoient à Avignon.

1324.

Le roy Sanche étant venu à mourir dans ce tems-là, André de Fredol luy fit faire de magnifiques obfeques à Maguelone, & les confuls de Montpellier lui en firent faire pareillement dans l'églife de Nôtre-Dame des Tables.

Nôtre petit Talamus a crû devoir marquer un prefent confiderable qui fut fait à cette églife peu de tems aprez celui dont nous venons de parler. C'étoit une grande ftatuë de la fainte Vierge, tenant fon fils entre les bras, qu'un * orfevre de la ville, nommé Raymond Cogat, avoit travaillé luimême avec beaucoup de foin, & dont il fit préfent à l'églife de Nôtre-Dame des Tables, en reconnoiffance de la fanté qu'il avoit recouvré par l'interceffion de la Vierge. Nous verrons dans la fuite qu'on avoit coûtume de porter cette ftatuë dans les proceffions générales qui devinrent fort fréquentes à Montpellier.

Page 85.

L'année 1326 eft marquée dans les archives de l'evêché par l'union que Fredol obtint du pape Jean XXII, de l'eglife de Ganges à la manfe epifcopale. Mais un événement infiniment plus intereffant pour notre ville eft la mort de st Roch, qui arriva l'année fuivante 1327. Ce faint, qui étoit de la famille de Roch, très confiderable dans Montpellier, comme on a pû l'obferver dans le cours de cette hiftoire, fe voyant fans pere ni mere, quitta fon pays & paffa fa jeuneffe dans des pelerinages en Italie, qui étoit alors afligée de la pefte. Il y fervit les peftiferez, & fut attaqué lui même de ce mal. Après en avoir été guéri comme par miracle, il voulut revenir à Montpellier. Mais ayant été arrêté aux approches de cette ville par les foldats qu'on fut obligé d'y entretenir dans le tems que les Aragonois com-

1326.

IV.

1327.

mençoient à inquieter le roy Jacques III, s^t Roch fut pris comme espion & conduit dans les prisons de Montpellier, où n'ayant jamais voulu se faire connoître, il y mourût le 16 du mois d'août 1327, comme nous l'aprenons du martirologe romain. Un événement si interessant pour notre ville mérite sans doute un plus grand détail que celuy que je viens de donner : c'est pourquoi je reserve d'en parler plus au long dans un article separé, lorsqu'à la fin de cet ouvrage je traiterai des personnes de Montpellier distinguées par leur sainteté.

La mort du grand maître de Rhodes, Foulques de Villaret, qui arriva cette même année, eut beaucoup plus d'éclat aux yeux des hommes. Il avoit été demis de sa charge par les chevaliers, mécontents de son gouvernement ; & étant venu à Avignon pour se justifier devant le pape Jean XXII, il avoit été rétabli. Mais, soit qu'il voulût se procurer du repos, ou qu'il y eût une convention secrete, il donna volontairement sa démission après avoir été rétabli & vint passer les quatre dernieres années de sa vie au château de Teyran, qui n'est qu'à une lieüe de Montpellier, & qui apartenoit alors à une de ses sœurs. Il mourut le premier du mois de septembre 1327, comme nous l'aprenons de son epitaphe qui étoit au grand St Jean où il fût inhumé, et que je raporterai en son lieu.

Hist. de Malthe, liv. 3, chap. 2 & 3.

1328. V. L'an 1328 donna un sujet particulier de joye à la ville de Montpellier par la promotion au cardinalat de Jean de Cominges, ancien evêque de Maguelone, & celle d'Imbert Dupuy, natif de cette ville & parent du pape Jean XXII. Mais la mort d'André de Fredol, qui arriva sur la fin de cette même année, inspira des sentimens bien differens. Il mourut à Avignon après dix ans & vingt & trois jours d'episcopat, le dernier fevrier 1328, qui finissoit alors à Pâques. Son corps, porté d'Avignon à Maguelone, y fut enseveli auprez des autres evêques ses prédecesseurs.

1328.

JEAN DE VISSEC

Jean de Vissec fut choisi pour remplir sa place par le pape Jean XXII qui voulut continuer de donner aux chanoines de Maguelone un evêque qui eût professé la vie réguliere parmi eux. On marque en effet que Jean de Vissec, de la noble famille de ce nom, dans le diocése de Lodeve, avoit été élevé fort jeune à Maguelone, où ayant fait ses études sous les maîtres établis par le chapitre, il passa docteur en droit canon & parvint à la prévôté de cette église, d'où ayant été attiré auprès du pape Jean XXII pour être son auditeur de rote, il fut enfin nommé à la place d'André de Fredol. Le séjour qu'il fut obligé de faire à Avignon, durant quelques mois après sa nomination, retarda d'autant le serment de fidélité qu'il devoit au roy de France ; d'où le sénêchal de Beaucaire prenant occasion de marquer son zéle pour les intérêts du roy son maître, fit saisir les revenus du nouvel evêque, qui en ayant écrit au roy Philipe de Valois, & reprefenté les befoins que fes fujets avoient encore de lui à Avignon, obtint non-feulement un furfis pour la preftation du ferment, mais encore la main-levée de la faifie.

Durant fon abfence, Raymond de Canillac, fon vicaire général & prieur de St. * Firmin, autorifa la fondation de l'hôpital de la Magdeleine, avec une chapelle qu'un citoyen de Montpellier, nommé Pierre Caufiti, venoit d'y fonder dans le faux-bourg de la Saunerie le long de la dougue, ou contrefcarpe, qui conduit à la porte de St. Guillem. Mais l'action la plus éclatante que fit en ce même tems ce grand-vicaire fut l'interdit des peres Carmes, qui par pitié ou autrement, recevoient indifféremment tous ceux qui étoient pourfuivis en juftice, & prétendirent dans les fuites avoir un droit d'azile établi chez eux. La chofe parut d'autant plus importante, que ces religieux ayant tout ce grand efpace qu'occupe aujourd'hui l'hôpital géneral, pouvoient aifément, par les différentes portes qui étoient dans leur enclos, donner entrée à ceux qui venoient s'y réfugier, & faciliter enfuite leur évafion. Comme c'étoit un ufage nouveau pour la France, où les aziles n'ont point lieu, les magiftrats fe plaignirent; & le grand-vicaire n'ayant pas crû pouvoir réfufer fon autorité, proceda par un interdit auquel ces peres defererent, & ainfi les chofes furent remifes en l'état qu'elles étoient auparavant.

PAGE 86.

Voyez l'art. des Hôpitaux.

L'an 1330 fut remarquable par l'arrivée de Jean de Viflec à Montpellier & par le fynode qu'il y tint. Mais ce qui caufa le plus de mouvement en cette ville fut le chapitre général que le grand maître de Rhodes y vint tenir cette année Ce fait eft d'autant plus remarquable, que Montpellier eft peut-être la feule ville de France qui ait été honorée d'une affemblée fi illuftre, & que les réglemens qui y furent faits ont fervi depuis comme de baze & de fondement au gouvernement de tout l'ordre.

1330.

VI.

Pour mettre le lecteur plus au fait de tout ce qui donna occafion à cette affemblée, je dirai qu'après la démiffion de Foulques de Villaret, dont j'ai dejà parlé, Elion de Villeneuve, grand-prieur de St Gilles, fut élû à Avignon par les chevaliers provinciaux qui s'y trouverent; & que le bruit ayant couru en même tems que les Turcs menaçoient l'ifle de Rhodes, il reçut ordre du pape de partir inceffamment. Mais avant que de fe mettre en chemin il voulut prendre les mefures néceffaires pour le bon gouvernement de l'ordre dont il étoit chargé. Dans cette vuë il convoqua un chapitre général à Montpellier, comme nous l'apprenons de l'hiftoire de Malthe.

On créa les baillifs conventuels pour chefs de chaque langue, pour former le confeil du grand maître, & porter les grandes croix. Les officiers créez alors furent Pierre de Plancy, prieur de l'églife; Guillaume de Relavie, grand commandeur; Giraud de Montaigu, hofpitalier; Federic de Faugerolles, maréchal; Emmanuel de Carrête, amiral; Jean de Buiboux, turcopolier; Arnaud d'Olives, drapier, & Atin d'Aire, tréforier. On fit en même tems d'autres prieurs & baillifs qu'on appelloit de deçà la mer, & qui ne pouvoient être changez que par le chapitre général.

On permit à chaque grand prieur de difpofer des commanderies vacantes dans fon prieuré, à la referve de deux que le grand maître fe referva dans chaque prieuré, pour les conferer en dix ans à ceux qu'il lui plairoit des refidents au couvent. Il obtint qu'il pourvoiroit de grand-croix les commandeurs d'Armenie, de Naples & d'Athenes; les prieurs de Hongrie, de Caftille & de Catalogne; la châtellenie d'Empofte & la comté d'Alife. Enfin pour acquiter les dettes de l'ordre, il impofa quatorze mille florins payables toutes les années en parcelles, afin d'achever en dix ans le payement de tous les créanciers.

Ce bon ordre établi dans un corps religieux des plus confidérables de la chrêtienté, fous les yeux (pour ainfi dire) de Jean de Viffec, evêque de Maguelone, l'animerent, felon toutes les apparences, à travailler pour fon chapitre de la maniere que le grand maître de Rhodes venoit de faire pour fon ordre. Il n'ignoroit point les divifions qu'il y avoit depuis longtems à Maguelone, & les prétentions de chaque particulier dans leurs differens emplois, qui étoient capables d'y entretenir le trouble. Pour y remedier il prit des mefures avec Raymond de Canillac, prevôt de fon églife, & l'un des plus dignes hommes de fon temps, pour regler fi bien le détail économique de cette maifon, qu'il n'y eût plus à craindre les diffentions qu'il y avoit eu. Il écouta pour cet effet les plaintes d'un chacun; il examina les differents droits des officiers de cette grande communauté; * & après avoir pris les moyens les plus convenables pour concilier tous les efprits, il les fit confentir à la publication des ftatuts qu'ils avoient dreffé avec les plus capables de leur corps. Cette publication fut faite dans un chapitre général qu'il tint à Maguelone le quatre & le cinq de novembre 1331, & dans lequel il entre dans un très grand detail des fonctions de tous les officiers.

J'ai eu le bonheur de trouver ces ftatuts dans les archives de l'évêché fans lefquels nous ne connoîtrions gueres le gouvernement économique de cette ancienne maifon, non plus que la diftribution de fes grands bâtimens. J'ai devoré avec plaifir toute la peine que j'ai eu à déchifrer ce long & vieux acte qui contient cinquante-deux pages in-folio; & quoiqu'il foit défectueux en quelques endroits, j'ai pû en tirer fufifamment de quoi nous donner une idée jufte & certaine des obfervances fous lefquelles vecûrent plus de quatre cens ans tant des perfonnages diftinguez qui fortirent de cette maifon.

« Je dirai donc que Jean de Viffec, qui prend à la tête de ces ftatuts la
« qualité de réfident & de préfident au chapitre général, avoüe d'abord que
« le culte divin, le bon ordre dans les aumônes & l'hofpitalité qu'on avoit
« exercé de tout tems à Maguelone avec liberalité & profufion, avoient fouf-
« fert du relâchement par l'amour propre des particuliers, qui s'étoient
« cherchez eux-mêmes, plûtôt que l'honneur & l'avantage de leur maifon.
« Ce qui l'ayant porté à examiner avec tous les membres du chapitre les
« juftes devoirs des officiers & de tous les particuliers, il règle pour toû-
« jours l'étendüe & les bornes des obligations d'un chacun, en préfence
« de Raymond de Canillac, prévôt; de Hugues d'Affinel, prieur clauftral;
« Guillaume de Laudun, veftiaire; Geoffroy de Villeneuve, prieur de St.
« Firmin, & autres prieurs ou chanoines clauftraux, au nombre de plus de
« foixante. »

Il nous fait entendre d'abord que le prévôt avoit l'adminiftration générale du temporel de la maifon, quoiqu'il eût fous lui plufieurs officiers pour le foulager dans ce grand détail & suppléer pour lui dans fon abfence.

Mais ce qui le regardoit en propre, étoit la provifion du pain & du vin qu'il devoit fournir abondamment aux chanoines & à leurs valets, *canonicorum fcutiferis & famulis;* aux hôtes qui venoient par dévotion ou par curiofité à Maguelone; aux amis & parents des chanoines & à toute leur fuite; aux étrangers qui y tomboient malades, & à toutes les bonnes gens (ce font fes termes) qui vouloient y venir, lefquels devoient être pourvûs de pain, de vin & de bons lits aux dépens du prévôt, felon la qualité & condition d'un chacun, fauf aux autres officiers de les pourvoir du refte.

Page 2.

Le pain qu'il étoit obligé de donner devoit être de pur froment & fans aucun mélange d'orge. Son vin devoit être pur, loyal, fain & fans aigreur, *merum francum, purum, fanum & non acetofum.* Il pouvoit feulement, à la table de la grande fale apellée la fale des hôtes, faire fervir du vin honnêtement trempé, *de bono vino, fed fufficienter limphato.*

Page 3.

Cette diftribution nous aprend qu'il y avoit à Maguelone des convers qui portoient la foutane & des donats qui ne la portoient pas : *converfi qui appellantur de foquania, alii donati conventus fine foquania.* Les uns & les autres devoient avoir du même pain & du même vin que les chanoines. Et par un article feparé, il eft permis aux donats de prendre la foutane les jours de fête, comme on voit chez les Chartreux les donats, qui font habillez de brun pendant la femaine, prendre l'habit blanc les jours de dimanche.

1331.

Dans l'hofpice du couvent de Villeneuve, le prévôt devoit faire fes honneurs comme dans Maguelone, & y défrayer les chanoines qui y venoient avec leur équipage & leur compagnie, sans recevoir d'eux ni argent ni quoi que ce fût. On entre sur cela jusqu'au détail de l'avoine qu'il faudroit donner à leurs chevaux.

Cet article me conduit insensiblement aux autres régles qui sont prescrites pour l'hospitalité qu'on devoit exercer à Maguelone & à Villeneuve. Je vais les raporter dans le chapitre suivant.

CHAPITRE QUATRIÉME.

I. Hospitalité exercée à Maguelone. II. Mandat quotidien. III. Celerier, refectorier, nourriture des chanoines. IV. Vestiaire, infirmier. V. Fonds pour l'entretien de tous les officiers.

I. IL paroît que l'hospitalité étoit exercée à Maguelone à peu près sur le modelle de celle qu'on voit encore de nos jours dans les grandes maisons des Chartreux, des Benedictins & des Bernardins, dont les ordres avoient déjà commencé lorsque la régularité fut introduite à Maguelone. Les riches y étoient reçûs sous le nom d'hospitalité, & les pauvres sous le nom d'aumône. Les uns & les autres avoient des officiers pour prendre soin d'eux, & le prévôt, qui avoit une intendance générale sur les officiers, devoit entretenir les meubles & les gens necessaires à leurs offices.

Ainsi, dans la maison de l'aumônerie, il devoit fournir trente lits de sangle, avec des matelats remplis de bonne laine, un drap & une couverture pour les pauvres clercs qui venoient à Maguelone. A la cuisine, il devoit entretenir & payer les valets, leur fournir abondamment toute la batterie de cuisine qui est marquée dans un grand détail, jusqu'à une pierre à aiguiser les couteaux. Au four, il devoit tenir tous les ustensiles necessaires, qui par leurs termes latinisés nous font connoître qu'on leur donnoit dès ce tems-là les mêmes noms que le vulgaire leur donne encore parmi nous : *cassas, pilas, peirols, semalas, scobas, palas, plumals pro scopandis tabulis, &c.*

La paneterie, qui étoit un office separé du four où l'on conservoit le pain qui étoit déjà fait, avec la farine qui servoit à le faire, le prévôt devoit y entretenir de grands coffres pour y serrer l'un & l'autre, de même que le son qu'il appelle *furfur* seu *bren*. Fournir des *barutelles* des *espals*, & pourvoir des bons *fourniers*, *barutelliers*, auxquels il devoit entretenir un logement qui étoit auprès du four, avec le puits qui y servoit.

Les provisions faisoient le premier fonds de la dépence qu'on devoit faire pour les pauvres venans, en quelque tems qu'ils se presentassent, & en quelque nombre qu'ils fussent. *Pauperibus quotidie & quotidie venientibus, quantumcumque sint.* Les pauvres clercs étoient reçûs à souper & à coucher, & le lendemain on leur donnoit abondamment à manger; mais les mêmes ne devoient pas revenir de huit jours, & cette même régle devoit être observée par les pauvres lepreux, qui dans ce siecle (comme tout le monde sçait) étoient en fort grand nombre, & qui pour dissiper leur ennuy passoient souvent leur vie à voyager d'une maison de charité à l'autre. Ils étoient reçûs au bout du pont, dans un portique bâti exprès pour eux, où ils recevoient une grosse livre de pain & une mesure de vin qu'on appelloit livrale.

1331.

Le tems du séjour des pauvres clercs étoit prolongé aux plus grandes fêtes. Car il est dit que, soit qu'ils viennent pour chanter, ou seulement pour assister aux fêtes de Noël, de Pâques & de la Pentecôte, & à celle de St. Pierre & de St. Paul, il doivent rester les deux jours suivants & être traités comme la communauté.

Mais ce qui marque encore mieux l'esprit d'hospitalité qui regnoit dans cette maison, c'est le soin qu'on exigeoit de celui qui étoit chargé de la table des hôtes. On veut que s'il trouve quelque étranger dans la cour, il l'invite à entrer dans la sale; qu'il lui tienne compagnie à table, & que par son entretien & par ses bonnes manières, il rende ses hôtes persuadez de la joye qu'on a de les avoir. *Debet se exhibere verbo & opere bonæ affectionis & voluntatis, cum multa hilaritate & affabilitate honesta, &c.* Les Juifs & les Sarazins ne devoient pas être exclus de cet hospice; car il est dit que par humanité & par esperance de leur * conversion, il faut les recevoir quand ils voudront venir dans l'isle & manger dans la maison.

Page 89.

Tous les jours on lavoit les pieds à quelques pauvres: ce qu'ils appelloient mandat quotidien. La cérémonie s'en faisoit dans le cloître, où les pauvres étoient assis sur des bancs de noyer qui regnoient tout à l'entour, avec leur dossier de même. Chaque pauvre devoit avoir un tapis sous ses pieds, afin que les chanoines pussent s'y agenoüiller. On leur donnoit à manger sur le lieu même, & l'aumônier étoit chargé de tenir un parevent devant leur table pour les garantir du vent & de la pluye. Cette même cérémonie se faisoit avec plus de solemnité le samedi de Rameaux: car alors ils passoient du cloître au refectoire, où l'evêque (& à sa place le plus éminent du chapitre) benissoit la table, baisoit la main à chaque pauvre & lui donnoit un denier qui devoit être fourni par le prévôt. Le nombre des pauvres étoit alors proportionné à celui des chanoines présents; & si l'evêque y assistoit en personne, il y avoit six pauvres pour lui et quatre pour le

II.

prévôt, s'il y étoit préfent. Cette forte de mandat ou lavement de pieds étoit fi fort en ufage, que les chanoines le pratiquoient entre eux, foit par propreté, foit par religion, ou par l'un & l'autre motif : *item quia canonici faciunt fibi ipfis, præpofitus mandatum tenetur habere garciferos qui canonicorum abluant pedes.*

Je crois avoir trouvé dans les régles particulieres de l'aumônier le nombre des pauvres qu'on employoit dans le mandat quotidien : car il eft dit que lui ou fon lieutenant pourvoiront de trois pauvres clercs pour le mandat quotidien, ou de trois pauvres laïques, s'il ne fe trouve point de clercs. Lorfque l'evêque ou quelques autres prélats venoient pour faire le mandat, l'aumônier devoit preparer un agenoüilloir avec fon carreau & du beau linge, ouvrage de France, *de opere Franciæ.* Mais au mandat des chanoines c'étoit au maître des aimoires à fournir le linge & à l'aumônier à fournir l'eau chaude. Une autre ancienne coûtume étoit de donner à chaque pauvre du mandat une paire de chauffons de laine, depuis la fête de tous les faints jufqu'à Pâques. L'obfervation en eft fort recommandée à l'aumônier; & afin qu'il fçût où prendre leur nourriture, on marque que fon lieutenant ira prendre du celerier le pain & le vin néceffaire, & du cuifinier une portion de chanoine, pour chaque pauvre. Et pour nourrir les pauvres qui n'étoient pas du mandat, il alloit partager avec le celerier tout ce qui reftoit du repas des chanoines.

III. Le celerier, qui neceffairement devoit être du corps des chanoines de Maguelone, étoit proprement le fubftitut du prévôt dans l'intendance de la maifon. Il fuppleoit pour lui dans tout le détail ; mais il étoit chargé en fon propre de recevoir tous les venants à titre d'hôtes, comme l'aumônier étoit chargé de ceux qui venoient à titre de pauvres. Il lui eft fort recommandé de leur faire bon vifage, *debet cellerarius hofpites recipere cum læta facie.* Et pour l'aider à fe mieux acquiter des devoirs de l'hofpitalité, on luy laiffoit le choix de telle perfonne de la maifon qu'il voudroit pour prendre foin de la fale des hôtes. Ce fecond officier, à qui l'on donne le nom de *falarius*, avoit encore fous luy un chambrier ou camerier pour tenir toutes les chambres en état ; & le prévôt devoit le pourvoir abondamment de tout ce qu'on peut entendre fous le nom de *rauba*, pour l'ufage de ceux qu'il recevoit, afin (dit l'acte) que les bonnes gens qui auront été reçûs s'en aillent contens.

Un autre des principaux foins du celerier, étoit l'infpection générale de tous les domeftiques de la maifon, qui étoient en très-grand nombre. Il avoit fur eux droit de correction, & il n'en devoit fouffrir aucun qui eût offenfé quelque chanoine, à moins qu'il ne lui eût fait une fatisfaction convenable.

Après avoir parlé des officiers destinez à l'hospitalité, je crois devoir dire quelque chose des offices qui étoient communs aux hôtes & à la communauté; j'entends la cuisine & le refectoire, d'où l'on tiroit la nourriture des uns & des autres. Nous trouvons d'abord un intendant de cuisine apellé *coquinarius,* que je ne puis mieux exprimer en langage du tems que par le titre de maître d'hôtel. Il avoit plusieurs personnes sous lui, ausquelles il se contentoit de donner ses * ordres pour les choses de son ressort. Le premier étoit le cuisinier apellé *coquus,* qui devoit prêter serment en chapitre de ne recevoir ni préparer aucune viande gâtée, & de faire les portions comme de coûtume. Il avoit deux aides de cuisine & deux marmitons, *quatuor famulos, quorum alter sit subcoquus, alius centrellarius, & alii sint solhardi.*

PAGE 90.

Le refectorier étoit du corps des chanoines, & choisi par le celerier, qui le présentoit au prieur claustral, des mains duquel il recevoit les clefs de son office. Il avoit sous lui un convers pour préparer les tables & pour veiller à la netteté du réfectoire. Ce convers assistoit en soutane à tous les repas; & dans les differentes saisons il pourvoyoit aux commoditez qu'on pouvoit procurer dans le refectoire. Les deux qui m'ont paru les plus remarquables, sont une feüillée au-dessus des fenêtres, & un grand éventail fait avec des feüilles de palmier pour chasser les mouches durant l'été, *ad deffendendum muscas in æstate, qui debent esse de palmis.*

1331.

Le soin de pourvoir au dessert regardoit aussi le refectorier, qui devoit aller lui-même dans le tems de Pâques à la grange du prévôt (désignée au-dessus du pont de la Mousson) & y faire traire le lait des chevres du prévôt, pour avoir suffisamment du caillé pour toute la communauté. Et dans le tems des figues & des raisins, il passoit à Villeneuve pour en prendre dans les vignes du prévôt & dans les jardins de l'intendant de la cuisine.

On aura peut-être la curiosité de sçavoir quelle chere on faisoit dans cette maison: A quoi je puis répondre, que si je raportois tout le long détail qu'on en fait dans l'acte, dont je donne ici le précis, j'ennuyerois assurément mon lecteur. Je me contenterai donc de dire qu'on y faisoit un gros ordinaire, puisqu'il est dit que tous devoient être servis abondamment & que leurs restes devoient être partagez entre le celerier & l'aumônier, pour servir aux valets de la table des hôtes & aux pauvres du dehors. Deux occasions particulieres nous feront connoître la grande consommation qui se faisoit dans cette maison. La premiere est tirée des jours qu'ils appelloient de misericorde, c'est-à-dire d'obit ou d'anniversaire; car alors l'officier qui faisoit faire la misericorde donnoit à la cuisine six moutons, six chevreaux, & deux jambons pesant au moins six livres chacun. La seconde est tirée des jours d'extraordinaire, qui étoient affez frequens, & où le prévôt faifoit ce qu'ils apelloient *convivium generale*. Il étoit obligé de leur donner au dîné, outre le pain de touzelle & le bon vin clairet (dont il eft fait une expreffe mention) une purée avec du petit falé, une bonne piece de bœuf *cum piperato*, des lapins au civet, des baignets abondamment, du fromage & des crefpets, avec de l'hypocras. Au foupé je trouve des coutelletes de porc falé, du fromage, des pommes, des dates, figues, noix, avelanes, nefles & hypocras, le tout abondamment, tant pour les chanoines que pour les hôtes.

Aux jours maigres le prévôt donnoit pour la dépenfe de la cuifine quarante fols, avec lefquels on achetoit de trois fortes de poiffon pour chacun de ceux qui mangeoient à la table commune. Ceux qui ne vouloient pas de quelque plat pouvoient l'échanger contre cinq œufs; & ces fortes d'échanges devoient être fort ordinaires, puifqu'on entre fur cela dans un fort grand détail. J'ajoûte qu'il y eft fouvent parlé de langue de bœuf, de fouques ou macreufes, & des anguilles falées, & qu'on y ordonne pour tous les jours maigres, depuis la St Michel, jufqu'à Pâques, une fauce au poivre, *cum piperato*; & depuis Pâques jufqu'à la St Michel, du verjus, apellé dans cet acte comme nous faifons en patois, *agreftum* ou *agras*. D'où l'on peut conclure qu'à Maguelone on s'accommodoit fort du haut goût. On a regardé dans ces derniers tems comme un préjugé de la bonne chere qu'on faifoit autrefois à Maguelone la découverte qui y fut faite (après la tranflation du chapitre à Montpellier) du traité d'Apicius *De re culinaria*, comme on peut voir dans le dictionaire de Bayle fur le mot *Apicius*, & dans la préface du traité de ce fameux gourmand, qui a été donné au public.

J'efpère que le lecteur voudra bien me fouffrir ce petit détail en faveur d'une maifon qui fut fi refpectacle à nos peres, & d'où la compagnie dont j'ai l'honneur d'être tire fon origine. On ne peut juger plus fûrement de l'efprit qui * y regnoit, que par les régles que tous avoient embraffées; & un peu de détail fur cela nous mettra plus au fait de tout ce qu'on pourroit nous dire d'une maniere vague & générale. Ainfi je ne ferai pas difficulté de raporter encore comment on pourvoyoit aux autres befoins des chanoines, foit dans la fanté ou dans la maladie.

IV. Le veftiaire, qui devoit être pris du corps du chapitre, pourvoyoit aux habits de tous ceux de fes confreres qui réfidoient à Maguelone. Les deux termes qu'il avoit pour leur en donner de neufs étoient Pâques & la Touffains. Son lieutenant devoit aller prendre tous les quinze jours dans le dortoir ce que chacun avoit de fale & de découfu; & le famedy fuivant il alloit remettre le tout bien lavé & bien rétabli fur le lit de chaque chanoine.

Pour cet effet, le vestiaire devoit entretenir dans l'isle un bon tailleur & un bon cordonnier, avec son garçon chacun, qui ne devoient rien prendre des chanoines. Pour la même raison, il étoit chargé du soin de la lavanderie, où nous aprenons qu'il y avoit un gros canal de plomb pour y conduire l'eau du puits dans la grande chaudiere.

Par succession de tems le vestiaire fit abonner le prix de chaque habit; d'où vient qu'il est marqué qu'il donnera aux convers pour toute l'année cinquante sols de monnoye courante; &, à chaque chanoine, quarante sols au chapitre de Pâques, & des habits en espèce à celui de la St. Luc, pour le montant de pareille somme. Sur quoi je laisse faire les réflexions qui viennent naturellement sur la valeur de l'argent en ce tems-là.

L'infirmier faisoit soigner les malades tant les novices que les chanoines claustraux. Il devoit leur fournir toutes sortes de remedes, & les pourvoir d'un bon medecin, qui de son côté prêtoit serment au chapitre qu'il n'agiroit point par des affections particulieres dans la cure de ses malades. Il est fort recommandé à l'infirmier de leur procurer toutes les commoditez qu'on pourra imaginer, d'être bien pourvû d'huile, de roses & de violettes, de sirop d'Alexandrie, &c. Pour cette raison, on lui affectoit toutes les roses, les mûres & les amandes qui croissoient dans l'enceinte de l'isle. Les convers, les religieux étrangers ou moines ayant confraternité avec Maguelone y devoient être soignez, de même que les prieurs & leurs vicaires qui tomboient malades dans l'isle. Mais, comme ceux-cy avoient de bons revenus, ils devoient ensuite rembourser l'infirmier.

1331.

On lui donnoit pour aide un homme apellé le bayle de l'infirmerie, *bajulus infirmariæ*, qui devoit, sous ses ordres, prendre soin de toutes choses, tenir un inventaire des meubles de son office, manger avec les malades quand ils étoient seuls, & s'apliquer à bien faire les distillations de l'eau rose & autres semblables. Il avoit de plus un cuisinier particulier & un valet sous lui pour faire les lits de l'infirmerie, & lorsqu'il en falloit davantage, le prévôt étoit obligé d'en fournir à ses depens. Un autre de ses soins étoit de faire bonne provision de volaille; car lorsque les malades étoient en état d'en manger, ils devoient avoir deux poules de trois en trois; & cet usage s'observoit pendant trois jours pour les chanoines qui venoient par précaution à l'infirmerie, comme pour se faire seigner ou pour autres petits remedes. Alors le prévôt en devoit faire la dépense; mais lorsqu'ils étoient effectivement malades, l'infirmier payoit tout.

Page 3.

On me demandera peut-être quels fonds avoient tous ces officiers pour fournir à la dépense qu'ils étoient obligez de faire ? A quoi je repondrai qu'ils avoient chacun une ou plusieurs églises de la manse capitulaire,

V.

dont les revenus etoient affectez à leur office. Ainfi le veftiaire (comme on a pû l'obferver cy-devant) retiroit tous les fruits des prieurez de Grabels & de Juviniac, & il avoit à Montpellier une grande maifon, dont le puits attenant portoit un revenu fort confiderable pour ce tems-là. Le facriftain avoit le benefice de Montels. L'aumônier faifoit cultiver à fon profit de grandes pieces de terre à Villeneuve & à St. André de Maurin, dont (par exprés) il étoit exempt de payer la dîme au prévôt.

Je ne parle point du celerier qui étant le vicaire & le fubftitut du prévôt, avoit l'adminiftration de fes grands revenus & prenoit par fes mains ce qui étoit neceffaire aux chofes de fon office, fauf à en rendre compte. Ce que je dis de *ceux-cy peut être apliqué aux autres officiers; & fi l'on veut ajoûter que le prévôt (comme je l'ai déjà obfervé) leur fourniffoit les meubles & les gens qui leur étoient neceffaires, & qu'il donnoit tout le pain & tout le vin qui fe confommoit dans l'ifle, on comprendra aifément qu'ils étoient fort foulagez; fans parler de plufieurs provifions qu'il donnoit en efpece, par exemple, deux mille anguilles à l'aumônier pour les jours maigres, & quantité d'autres femblables chofes que je ne raporte point, pour ne pas trop infifter fur ce detail. Ce que je dois le moins oublier, c'eft que fi par fterilité, par cherté ou contagion, l'aumônier ne pouvoit pas fournir aux fonctions de fon office, le prévôt y devoit fuppléer pour l'amour de Dieu, comme il y étoit obligé par acte public.

Mais ce qui augmentoit confiderablement le revenu de tous ces officiers, étoit une penfion que les prieurs de la manfe du chapitre leur devoient payer en argent ou en denrées à tous les chapitres généraux, ou à certains autres jours de l'année. Cette penfion pouvoit bien être ce qui eft appellé procuration dans les bulles des papes dont j'ai parlé ci-devant. Mais dans les ftatuts dont je donne icy le précis, c'eft une taxe où tous les prieurs font compris, les uns envers chaque officier de Maguelone, les autres envers quelque officier feulement. On y entre dans un fort grand detail, qu'il ne convient pas que je raporte icy au long; mais on en jugera fuffifamment par la taxe établie pour l'intendant de la cuifine.

A CHAQUE SINODE.

Le prieur de Montauberon,	XV livres.
Le prieur de Frontignan,	X livres.
Le prieur de Notre-Dame des Tables,	C fols.
Celui de Ozorio,	C fols.

II. Partie. Livre troisiéme.

Le prieur de St. Jean de Buëges,	L fols.
Le prieur de la Verune,	L fols.

Et ainfi des autres prieurs de la manfe capitulaire.

JOURS PARTICULIERS.

Le prévôt, à la veille de tous les Saints,	XVI livres.
Le prieur de Caftelnau, la veille de Noël,	XX livres.
Le prieur de Lunel, la veille de St. Jean l'Evangélifte,	XVI livres.
Le prieur de St. Denis de Montpellier, le jour des Rois,	XVI livres.
Le prieur de Montauberon, le mardi gras,	XXX livres.
Le prieur de St. Denis de Gineftet, à la veille de Pâques,	XX livres.

De cette maniére, l'intendant de la cuifine faifoit une groffe collecte à tous les chapitres généraux; & l'on peut obferver l'attention particuliere que l'on avoit eu de luy ménager fes payemens aux jours où il étoit obligé de renforcer l'ordinaire de la communauté. Par cette même regle, le veftiaire, l'infirmier, l'aumônier, l'ouvrier, le facriftain & le pontaudier, recevoient en differens tems de quoi fournir aux charges de leur office; & ces mêmes officiers fe devoient reciproquement l'un à l'autre une penfion, felon le befoin qu'ils avoient les uns des autres: par exemple, le veftiaire & le facriftain payoient une penfion à l'ouvrier, parce qu'il prenoit foin des bâtimens de leur office, & l'ouvrier avec les autres en payoient une au pontaudier, parce qu'il entretenoit la communication de Villeneuve à Maguelone, par le moyen du pont dont il étoit chargé.

CHAPITRE CINQUIÉME.

I. Vie privée des chanoines. II. Office de l'église. III. Sacriftain & fes fonctions. IV. Bâtimens de l'ifle. V. Pont de Maguelone. VI. Droit d'entrée des chanoines.

I. DE tout ce que j'ay déjà dit, on peut inferer que l'efprit de ceux qui drefferent les réglemens du chapitre de Maguelone avoit été de tenir les chanoines dans une efpéce de dépendance les uns des autres pour y entretenir l'union. Ainfi les chanoines clauftraux voyageans dans le diocéfe devoient être reçus chez les prieurs comme dans leur propre maifon. Les prieurs, de leur côté, étoient fervis à Maguelone fains & malades. S'ils mouroient oberez, fans pouvoir être fecourus des biens de leur pere ou de leur mere, le prévôt, en prenant d'ailleurs toutes les précautions poffibles, devoit rendre les créanciers taifans. Lors qu'étant à Montpellier avec permiffion des fupérieurs, ils venoient à y tomber malades, l'infirmier de Maguelone devoit fournir à leurs befoins; mais il faloit être forti de Maguelone avec permiffion, pour joüir de tous ces avantages; & il eft dit expreffement que fi l'infirmier lui-même, étant hors de l'ifle, rencontroit le prieur clauftral, il doit lui dire qu'il eft forti pour les affaires de fon office, & lui demander la permiffion de refter déhors, ce que l'autre ne refufera point.

On donnoit d'ailleurs aux chanoines clauftraux toutes les douceurs qu'ils pouvoient raifonnablement exiger. S'ils vouloient aller voir leurs amis ou parens & fe promener avec eux fur l'étang, ou fe divertir au bord de la mer, on leur donnoit des bateaux pour les y conduire, & à leur retour on devoit les regaler eux & leur compagnie. Si quelqu'un vouloit quitter Maguelone pour aller fervir dans une paroiffe du chapitre, il n'avoit qu'à fe faire demander par le prieur chez qui il vouloit aller : alors le prévôt ne pouvoit refufer. Mais fi deux prieurs concouroient en même tems à demander le même fujet, c'étoit au chanoine clauftral à dire chez lequel des deux prieurs il vouloit aller. D'un autre côté, les prieurs, qui étoient tenus d'avoir un compagnon ou affocié avec eux, devoient le demander au prévôt dans l'efpace de huit jours, ce qu'ils appelloient prefenter; mais s'ils laiffoient paffer ce terme, le prévôt de plein droit pouvoit y nommer.

Je ne fçai fi j'ajouteray encore, pour faire voir dans quel détail on defcendoit en faveur des chanoines, qu'afin de leur diverfifier le poiffon de mer qu'on leur fervoit à table, on ordonnoit à l'intendant de la cuifine d'acheter à certains jours des esturgeons lorsqu'il s'en trouveroit à Montpellier & de leur en donner outre la portion ordinaire. *Tenetur coquinarius dare conventui, si possit reperiri in Montepessulano, de pisce dicto esturjon, simul cum alio generali piscium.* On veut que si le pain ordinaire n'est pas trouvé assez bon, on en achete d'autre ; & afin qu'ils eussent lieu d'être contens du vin qu'on devoit leur servir, on préscrit des formalitez remarquables pour proceder à l'ouverture d'un nouveau muid. *Statuimus quod cellarius, aut ejus locum tenens, non audeat vinum pro conventu doziare, nisi vocato priore claustrali : qui prior debet vocare secum tres vel quatuor claustrales canonicos bonos viros, ut videant si vinum sufficiens fuerit pro conventu.*

Page 24

Page 18.

Tout ce qu'on exigeoit des chanoines claustraux étoit l'étude & le service du chœur. Ils avoient un maître d'étude pour la jeunesse & un quartier pour les étudians. Tous pouvoient aller étudier à la bibliotéque, où les livres étoient attachez avec des petites chaines de fer sur des pupitres, selon l'usage de ce tems là. Les livres dont on faisoit le plus de cas étoient ceux de théologie qui étoient gardez dans des grandes armoires par un officier appelé armoirier, *armarius*. Il devoit pourvoir de livres la sacristie & le chœur ; & si les moyens venoient à lui manquer, il lui est ordonné de vendre les livres que les chanoines auroient laissé en mourant, excepté ceux de théologie, *exceptis theologis, qui nequaquam vendantur*, pour en employer le prix à acheter ceux qui lui manqueroient.

1331.

* Le service du chœur obligeoit d'assister à matines, à la grand'messe & à vêpres. Cette obligation étoit si étroite que l'infirmier même avoit besoin de la permission du prieur claustral pour s'en exempter. Toute la grâce qu'on lui faisoit étoit de l'assujettir à la grand'messe les jours communs ; mais aux jours de dimanche & à ceux qu'ils apelloient de deux, trois & quatre chapes, il étoit tenu d'assister à matines & à vêpres. Ce nombre de chapes qu'on portoit à l'office en marquoit la solemnité. Le forestol au milieu du chœur étoit couvert d'un tapis, & les chantres y portoient des bourdons dont on nous donne un inventaire, sçavoir : six avec des pommes de cristal, deux d'ivoire & deux de bois peint pour les morts. Les meubles de l'autel étoient beaucoup plus riches, car dans les regles particulieres du sacristain, il est fait mention des croix, des encensoirs, des livres plaquez d'argent, des bassins, des burettes & des missarabes d'argent : *Bassinos, urceolos, & missaraba argentea ad usum altaris sancti Petri, &c.*

II. PAGE 94.

Ces dernieres paroles nous donneroient lieu de penser qu'on retenoit encore à Maguelone quelque chose du rit mosarabe établi dans le IIIe concile de Tolede & ordonné pour tous les diocéses de la domination des rois visigots. Il est vrai que les villes du bas Languedoc reconnurent ces princes jufqu'à la décadence de leur empire, & que les evêques de Maguelone étoient appellez aux conciles de Tolede; mais nous n'avons rien de certain pour le rit qu'on obfervoit dans leur églife, & il eft probable que le changement des chanoines de Maguelone à Subftantion caufa quelque alteration aux cérémonies exterieures du fervice divin, & que ce petit nombre de chanoines fe conforma infenfiblement à l'ufage des autres églifes de France. Il ne nous refte aucun vieux livre qui puiffe nous donner des éclairciffemens fur cet article; & nous n'avons conferve que l'office de plufieurs faints d'Efpagne, comme ft. Hermenegilde, fte Eulalie, fte Leocadie, fts Juft & Pafteur; les fts Acifcle & Victoire, martirs de Cordoüe, &c.

Ce que j'ai pû tirer de l'acte dont je donne ici le precis, c'eft que la fufpenfe du St Sacrement étoit en ufage à Maguelone: *tenetur facrifta facere funem ex qua pendet corpus Chrifti fuper altare, & caxulam in qua moratur*. L'autel devoit être garni *palliis, nappis & tapetis,* comme on fait encore dans plufieurs anciennes églifes. On tenoit au bas de l'autel deux grands chandeliers qui portoient deux cierges pefant vingt-cinq livres chacun, & qui n'étoient renouvellez qu'aux fêtes de Noël, de Pâques, de St Pierre et de la Touffaints. Depuis ces chandeliers jufqu'à l'autel, regnoient de grands rideaux courant fur des tringues de fer, pour couvrir le celebrant. Trois grandes lampes, qui devoient brûler nuit & jour, pendoient à une groffe poutre qui traverfoit le fanctuaire, avec cette difference que la lampe du milieu étoit garnie d'un cierge & les deux autres avec de l'huile. Le fanctuaire étoit fermé par des grilles de fer qu'il apelle *cledas ferreas,* fur lefquelles on mettoit un grand nombre de petits cierges à l'arrivée d'un evêque, d'un cardinal, ou d'un archevêque. Du milieu de cette grille fortoit un grand bouquet de pointes de fer qu'ils apelloient l'arbre, & qu'on rempliffoit de petits cierges pour brûler, jufqu'à ce que la priere du prélat fût finie, *ita ut tota arbor plena cereis ardentibus & munita exiftat.*

III. Le facriftain, qui devoit être conftitué dans l'ordre de prêtrife, étoit chargé de tout ce foin. Il avoit en garde le tréfor de la facriftie, & pour le foulager dans cet emploi, on lui laiffoit le choix d'un fous-facriftain, & à celui-ci un lieutenant pris du corps du chapitre. Ils travailloient tous enfemble aux devoirs de leur charge, & principalement à la fabrique des chandelles & des cierges dont on faifoit une grande confommation à Maguelone. Le tems d'y travailler étoit aux approches des quatre grandes fêtes de l'année, & alors il fe faifoit aider par les deux clercs de la facriftie, par les quêteurs que le facriftain avoit droit de tenir au-dedans & au-dehors de l'églife, & par les deux fonneurs des cloches, apellez efcaboliers, qui étoient fous fes ordres. Les efcaboliers devoient porter la foutane, & il leur étoit defendu de paroître dans le chœur, ou en préfence de la communauté affemblée, fans avoir leurs fouliers aux pieds.

La façon & la diftribution des chandelles étoit la charge la plus penible & la plus difpendieufe pour le facriftain; car il devoit généralement fournir tout * le luminaire qui fe brûloit dans l'ifle. On entre fur cela dans un fort grand détail, & l'on marque ce qu'il devoit donner pour la chambre de l'evêque & pour celle du prévôt; aux officiers de la maifon, pour eux & pour leurs offices; aux chanoines clauftraux, foit qu'ils dormiffent dans le dortoir, ou dans l'apartement bas; à leur paffage pour aller de nuit à matines, & en hyver à complies. Je paffe tout le refte de ce détail qui pourroit être ennuyeux, pour dire les moyens qu'on lui donnoit de fournir à cette dépenfe. Nous trouvons pour cela une taxe confidérable établie en fa faveur fur divers prieurs du diocéfe, qui la payoient en argent ou en denrées. Mais il y a cette différence pour les denrées, que le bled étoit portable à Montpellier dans la maifon qu'il y avoit, & le vin dans fon cellier, à Montelz. Quant à l'huile que le prieur de Frontignan lui devoit pour le St Crême, le facriftain étoit obligé de l'envoyer querir le jour des Rameaux.

PAGE 95.

Une autre charge de fon office étoit de pourvoir aux funérailles, felon le cérémonial particulier qu'on obfervoit à Maguelone. La régle vouloit que fi le chanoine étoit mort dans quelque benefice, le prieur & ceux du paffage devoient nourrir fept pauvres pour le falut de fon âme, & fournir le luminaire & les voitures pour porter fon corps à Villeneuve, où le prévôt envoyoit le prendre. Si le chanoine étoit mort à Montpellier, le prévôt faifoit accompagner le corps avec fix flambeaux de cire de cinq livres chacun jufqu'à un certain arbre qui étoit fur le chemin de Maguelone, où le facriftain devoit tenir toutes chofes prêtes pour le recevoir, en jettant fur le corps un drap d'or, qui devoit être (comme dit l'acte) bon & fuffifant: *Debet etiam facrifta ponere fuper corpus hujufmodi defuncti canonici unum pannum aureum bonum & fufficientem.* Je trouve que dans l'églife on mettoit quatre cierges autour du corps, deux à la tête & deux aux pieds. On étaloit en même tems fur la biere les marques diftinctives des chanoines, qui étoient l'aumuffe avec le furplis; & parce qu'ils vivoient fous la régle de St. Auguftin, on y ajoûtoit le fcapulaire & le capuce qu'ils portoient en hyver; un couteau, du fil & une aiguille, dont je ne trouve d'autre origine que l'ufage des autres religieux fondez avant eux.

1331.

Toutes les dépoüilles des morts étoient partagées entre l'infirmier & le veftiaire par le prieur clauftral, qui prenoit deux prêtres avec lui pour faire ce partage. Mais ce qui eft réglé pour les étrangers eft beaucoup plus remarquable. « Si quelque baron ou chevalier (dit le règlement) fe fait porter à

Page 17.

« Maguelone après fa mort avec fa banniere, fon écû, fa lance, fon cheval,
« & autres armes, fon écû fera apendu dans le cloître, fa banniere dans
« l'églife, les autres armes données en garde au celerier, & le cheval refervé
« pour le prévôt. » Il eft encore à obferver que lorfqu'un étranger choifif-
foit fa fepulture à Maguelone (ce qui étoit fort ordinaire aux gens des environs), on portoit avec fon corps tout ce que le défunt avoit legué à l'églife
en argent ou en denrées; & alors fi la fomme ne paffoit pas dix fols, elle
étoit toute pour le procureur des morts, qui étoit un officier de la maifon
commis à l'enterrement des étrangers. Si elle alloit jufqu'à cinquante, il
tiroit d'abord fes dix fols, & le refte étoit partagé entre le prévôt & lui; que
fi la fomme paffoit cinquante, elle étoit toute pour le prévôt. Sur cette
même régle on évaluoit les denrées qui étoient portées en efpèce, & ils fe
les partageoient entre eux dans la même proportion.

Tom. 2.

Les miféricordes ou anniverfaires dont j'ai déjà parlé, qui étoient célé-
brez au refectoire après l'avoir été à l'églife, nous font connoître plufieurs
anciens bienfacteurs de Maguelone. Il eft fait mention de Bernard de
Mezoa, de Guillaume Gaucelin, de Jean de Montlaur de Murles, *pro anima
Joannis de Montelauro de Murlis,* tous evêques de Maguelone; de Fredol de
St. Bonnet, evêque du Puy, jadis chanoine de Maguelone; d'Hugues de
Miremaix, dont j'ai parlé ci-devant; de Guillaume Beffede, Guiraud Mercadier, N. Gaillard, Pierre d'Almeras, Pierre Albon, & dame Ermenfende,
qui avoit donné au chapitre le maifonage de Pechabon, & quantité d'autres perfonnes moins connuës. Mais la plus remarquable de toutes ces
mifericordes eft celle dont le veftiaire étoit chargé pour le jour des faints

1331.

Gervais & Protais, où l'on devoit donner pour le refectoire fept moutons,
fept chevreaux, dix-huit livres de petit falé, deux quintaux & demi de

Page '96.

farine, quatre mefures de vin; &, * pour toute cette dépenfe, on affecte le
revenu du puits qui eft à Montpellier auprès de la maifon du veftiaire, *pro
qua mifericordia facienda funt reditus putei pofiti juxta hofpitium veftiariæ obli-
gati*. Je doute fort que ce ne foit le puits que nous apellons aujourd'hui de
las efquilles, qui n'eft feparé que par la ruë de la maifon du préfident Belleval, qui conftamment étoit autrefois la maifon du veftiaire.

IV. Il eft tems que je parle des bâtimens de Maguelone, dont j'ai déjà touché
quelque chofe dans le cours de cette hiftoire, & fur lefquels nous pouvons
tirer de plus grands éclairciffemens de l'acte dont je continuë le précis. Il
eft dit dans les régles particulieres de l'ouvrier « qu'il eft obligé, par les
« devoirs de fon office, d'entretenir le toit de l'églife St. Pierre, de St.
« Auguftin & de St. Pancrace, la tour de Ste Marie & celle de St. Jacques,
« & généralement tous les ouvrages en pierre du chapitre, du dortoir, du

« cloître, du fort, avec les autres édifices qui font entre les portes de fer. » D'où nous devons naturellement conclurre que toutes les pieces que nous venons de nommer étoient dans l'enceinte des portes de fer qu'on fermoit à certaine heure tous les foirs, & qu'on n'ouvroit plus de toute la nuit d'abord que les ponts étoient levez.

L'églife de St. Pierre étoit la même que nous voyons à prefent : longue de 23 cannes 6 pieds dans œuvre, large de 13 dans la nef, & de 16 dans la profondeur des deux chapelles qui forment la croix. La chapelle du côté de l'évangile où le peuple dit qu'étoit le tombeau de la belle Maguelone & de Pierre de Provence, étoit appellée du St. Sepulcre, & on y dreffa depuis un grand mauzolée au cardinal de Canillac, qui fit donner fon nom à cette chapelle. L'autre, qui étoit du côté de l'epître, portoit le nom de Ste Marie, de même que la grande tour qui étoit au-deffus.

L'entrée de l'églife étoit à niveau du dehors, fur lequel on marchoit fept ou huit pas, après lefquels on defcendoit quatre marches pour trouver le plein pied de la nef, & au-deffus de l'entrée, en dedans l'églife, étoit en forme de tribune le chœur des chanoines, que je ne puis mieux comparer qu'à celui de la Daurade, qu'on dit être la plus ancienne églife de Touloufe.

L'églife ou chapelle de St. Auguftin ne m'eft pas connuë, mais celle de St. Pancrace fubfifte encore dans fon entier. Elle eft au-deffus de la chapelle de Canillac, & à niveau des apartemens hauts de la maifon. Sa voûte eft fort exhaucée, & l'on y voit de beaux bancs de pierre tout autour. C'eft une petite églife interieure, ou fi l'on veut, une grande chapelle domeftique, à portée du logement des chanoines, comme on voit à l'archevêché de Paris & au palais des vice-legats d'Avignon, des chapelles domeftiques à niveau des apartemens hauts.

Les tours de Ste Marie & de St. Jacques ne fubfiftent plus. Il ne refte aucun veftige du chapitre ni du dortoir apellé *dormitorium,* où dans une longue fale, coupée à droite & à gauche par plufieurs petites cellules, ils dormoient tous enfemble, & étoient éclairez en cas de befoin par des lampes qui brûloient toute la nuit dans l'allée du milieu.

Le petit cloître & la cuifine fe font connoître encore par les arceaux qui regnent le long de l'églife en dehors, & par la grande cheminée qui eft terminée en forme de tour ronde. Elle eft apellée dans cet acte *turris culinæ,* comme dans Verdale.

1331.

Le fort dont il eft fait mention fe reffentit le premier de la démolition qui fut ordonnée en 1632 par le roy Loüis XIII, de forte qu'on n'en peut rien dire pour l'avoir vû. Mais nous aprenons de l'acte fur lequel j'écris que le prévôt de Maguelone étoit obligé d'entretenir dans ce fort une sentinelle pour faire la ronde & pour sonner du cor aux heures de la nuit : *debet præpositus in fortalitio tenere unum hominem qui vocatur bada, bonum & sufficientem, qui debet buccinare horas noctis. Et ille homo debet habere unum namphile ad buccinandum dictas horas, & dicta gacha tenetur facere falsas.* Il ajoûte que lorsqu'il sera nécessaire d'avoir un plus grand nombre de gens pour faire les veilles de la nuit, le prévôt en fournira. Et comme la guerite où la sentinelle se tenoit étoit plus élevée que le reste du bâtiment, le reglement veut que le prévôt lui fasse donner une bonne échelle pour y * monter, avec des paniers ou corbeilles pour tirer à soi les vivres qu'on lui portera : *Item tenetur providere de scala ad ascendendum super dictam turrim, & de bono paniero vel cophino quibus ascendant victualia necessaria eidem badæ.*

Tous ces bâtimens & plusieurs autres que nous ne sçavons pas, étoient entourez de hautes murailles qui formoient une enceinte, où l'on ne pouvoit entrer que par les portes de fer qui étoient fermées selon les saisons à differentes heures du jour. L'on haussoit le pont-levis, après quoi les chanoines qui arrivoient dans l'isle, *post ascensionem arcubii,* ne pouvoient être reçûs dans l'enceinte dont nous venons de parler ; mais ils alloient se retirer dans l'aumônerie, où on leur donnoit à souper, & on les faisoit coucher dans la chambre des quatre lits. L'aumônerie, l'infirmerie & autres offices étoient hors de cette enceinte, & l'ouvrier qui devoit en entretenir les bâtimens jusqu'à faire arracher les herbes & les racines qui naîtroient aux murailles entre les portes de fer, n'étoit aucunement chargé des bâtimens du dehors. L'aumônier, l'infirmier, le vestiaire & autres, pourvoyoient, chacun à leurs dépens, aux reparations des lieux qui leur étoient propres, avec le droit seulement de prendre gratuitement du celerier & du cuisinier les alimens nécessaires aux ouvriers qu'ils employoient.

L'église de St. Blaise, qui étoit hors de cette enceinte, servoit de paroisse à toute la famille de Maguelone. L'aumônier qui en étoit chargé tenoit un prêtre pour y dire la messe tous les jours, & pour chanter une messe haute tous les dimanches & fêtes en faveur des pauvres clercs qui s'y assembloient. Il leur annonçoit, & à toute la famille de Maguelone, aux jours de dimanche, les jeûnes & fêtes de la semaine, & y entretenoit aux dépens de l'aumônier une lampe bien garnie d'huile pour brûler toute la nuit, & fournissoit des torches à l'élevation du corps de Jesus-Christ. Lorsqu'on aportoit de nuit quelque mort pour être enseveli dans St. Pierre, on le mettoit par entrepôt dans l'église de St. Blaise ; & lorsqu'un chanoine étant mort à l'infirmerie ne pouvoit être porté à St. Pierre à heure convenable, on le mettoit en dépôt dans la même église à la chapelle de St. Jean.

II. Partie. Livre troisiéme.

Il ne me reste qu'à parler du pont de Maguelone qui communiquoit à Villeneuve. Cette communication a paru surprenante à diverses personnes. Mais outre les vestiges qui nous en restent, on ne peut pas raisonablement s'opposer à l'autorité des actes publics. J'ai dit que l'on voit encore dans le trajet de Villeneuve à Maguelone des piliers ronds de distance en distance, élevez considerablement sur l'eau, épais de cinq à six pieds de diametre, sur lesquels étoient de grosses pièces de bois en travers pour porter avec les arcboutans qui étoient par dessous, les poutres qui joignoient un pilier à l'autre. Ces poutres étoient couvertes de grosses planches qui formoient un pont de bois fort long & étroit, pour les gens à pied, tandis que les grosses voitures passoient sur une jettée de pierres apellée Peirade, pour laquelle nous avons vû qu'il y avoit eu du differend entre l'evêque & le prévôt.

V.

1331.

La nouvelle peirade qu'on a fait de nos jours sur le même estang pour passer au port de Cette, peut servir à nous donner une idée de celle qu'il y avoit autrefois à Maguelone; les restes qu'on en voit encore mettent la chose hors de doute. Mais ce qui est plus convainquant, est l'établissement d'un officier particulier pour l'entretien de ce pont, & la contribution imposée en sa faveur sur tous les prieurs de la manse capitulaire. Il étoit apellé pontaudier, *pontauderius*, & il étoit chargé, suivant les termes de l'acte que je transcris, de faire & de reparer à perpetuité le pont de Maguelone, avec la maison qui étoit au bout du pont, & le portique tout joignant cette maison, pour y mettre à couvert les pauvres. Dans le tems qu'il y faisoit travailler, il tiroit du celerier la nourriture de ses ouvriers, qu'il payoit lui-même de son argent, & pour cela on lui avoit établi un droit sur chaque prieuré dépendant de l'église de Maguelone, qui est aprochant de celui dont j'ai parlé en faveur de l'intendant de la cuisine.

Je crois, avant de finir ce chapitre, devoir raporter deux articles importans qui nous aprenent le droit d'entrée que chaque chanoine devoit payer lorsqu'il étoit reçû à Maguelone: le premier regardoit les meubles qu'il devoit porter pour son * propre usage: le second, les présens qu'il devoit faire à la sacristie.

VI.

PAGE 98.

Dans le premier il est dit que chaque nouveau chanoine portera, en entrant & à ses dépens, trois surplis. *superpellicia tres camisias, tria femoralia;* trois paires de souliers, deux paires de ce qu'il entend sous le nom de *raubas*, une chape, *unum supertunicale cum pellibus;* un couteau, un peigne avec son étui, des aiguilles & du fil.

Le second article porte qu'il donnera à son entrée une pièce de drap d'or, de la valeur de cent vingt tournois d'argent de bon aloy & de bon poids, pour faire des chapes & des ornemens à l'église de Maguelone, & que le tout fera remis entre les mains de celui qui en eft chargé. D'où l'on peut inferer qu'attendu le grand nombre de chanoines qu'il y avoit, la facriftie devoit être abondamment pourvûë de riches ornemens.

1331. L'acte d'où j'ai tiré tout ce que je viens de dire dans ces deux derniers chapitres eft dans les archives de l'evêché, fur la fin du regître B, commençant par ce mot *falvator*, où l'on peut voir dans un grand détail tout ce que j'ai dit en abrégé. Mais il eft tems de reprendre la vie de Jean de Viffec, qui fut le principal moteur de tous ces réglemens.

CHAPITRE SIXIEME.

I. Dernieres actions de Jean de Viffec. II. Pictavin de Montefquiou lui fuccede. III. Ses differends avec les confuls & les Auguftins. IV. Chapelle de l'hôtel de ville. V. Dernieres actions de Pictavin avant fa tranflation à Alby.

I. LA premiere action de l'evêque de Maguelone après le chapitre général dont nous venons de parler, fut la reconciliation des habitans & des confuls de Montpellier, dont la divifion caufa cette même année de grands troubles dans la ville. Le peuple s'y plaignoit de diverfes impofitions que les confuls avoient faites fans en connoître l'emploi. Il publioit que fes magiftrats regardoient les deniers de la ville dont ils avoient l'adminiftration comme une fontaine publique, où chacun d'eux croyoit avoir droit de puifer felon fes befoins. Les confuls, d'autre côté, regardant cette plainte comme une infulte, firent arrêter ceux qui leur parurent les plus mutins; en forte que les plaintes du peuple ayant caufé une grande émotion, il falut recourir à l'evêque & au fénéchal de Beaucaire qui gouvernoit alors à Montpelieret pour le roy de France. L'evêque employa les armes de l'églife pour arrêter les entreprifes de part & d'autre, & ayant conféré avec Roger de Roveirac qui rempliffoit alors cette place de fénéchal, ils apaiferent toute l'émeute.

Cet accord plût fi fort à nos ancêtres, qu'ils crûrent devoir en conferver la memoire à la poftérité; & pour marquer leur reconnoiffance à Jean de Viffec, qui en fut le principal auteur, ils le reprefenterent dans le Talamus, où on le voit encore dans fa chaire pontificale, levant la main pour bénir ou pour abfoudre deux confuls qui font à fes genoux, avec cette parole qu'il font fortir de la bouche de l'evêque: *abfolutio*. Veritablement les figures en

II. Partie. Livre troisième. 151

font mal deſſignées, ſelon le goût du tems, mais cela ſert toujours à nous faire connoître l'évenément dont nous parlons, & la reconnoiſſance de nos peres pour leur evêque.

On remarque qu'une inondation extraordinaire du Lez, arrivée en ce même tems, ſervit beaucoup à faire revenir les eſprits. Car, quoique le tems eût été fort ſerein depuis pluſieurs jours, la riviere enfla tout à coup ſi violemment, qu'elle abbatit le pont de Caſtelnau & le pont Juvenal. Cette perte, avec les autres ravages qu'elle fit à la campagne, fut regardée comme une punition du ciel pour tous les excès où l'on s'étoit porté dans la derniere émeute ; tant il eſt vrai qu'un mal ſubit & inopiné ſert quelque fois à faire rentrer en ſoi-même.

Les regîtres de l'evêché nous font connoître pour l'année 1332 quelques ſeigneurs * du diocéſe qui firent hommage à Jean de Viſſec. De ce nombre eſt un ſeigneur du Caila qui lui reconnut la ſeigneurie de Montlaur ; un autre de Cornon qui fit ſon hommage pour la terre de Cornon-Terrail dont il étoit conſeigneur. L'evêque de Maguelone voulant prevenir les diſputes qui pouvoient naître entre ſes officiers de Melgueil & ceux du roy de France, maître de Montpelieret, fit regler les limites qui devoient ſeparer le territoire de Melgueil d'avec celui de la partie royale de Montpelieret, échangé (dit l'acte) avec le ſeigneur roy de France. Les mêmes actes nous aprenent ce que valoit alors la pêche de l'eſtang de Villeneuve, car ils marquent que le procureur de Raymond de Canillac, prévôt de Maguelone, afferma cette pêche, en 1333, pour le prix de cent ſoixante livres, payables tous les ans.

1332.
Page 99.

1333.

L'année ſuivante, 1334, termina les jours de Jean de Viſſec, à qui l'hiſtoire donne une place parmi les plus ſaints evêques qui ayent ſiegé à Maguelone. Ce bon prélat, ayant reçû au commencement de cette année une lettre du pape Jean XXII en faveur des moines de la Chaize-Dieu, leur confirma la poſſeſſion où ils étoient du prieuré de Pouſſan, dans ſon diocéſe ; & aprés cet acte de juſtice & de charité, il tomba malade au château du Terrail, où il mourut le 28 du mois d'août, aprés avoir recommandé à ſon chapitre, qui accourut auprés de lui, la paix & l'union qu'il avoit tâché de leur inſpirer pendant ſa vie. Il occupa ſon ſiége durant ſix ans ſix mois & douze jours, laiſſant aprés ſa mort une grande odeur de ſainteté.

Ses obſeques ayant été faites à Maguelone, où il voulut être inhumé, les chanoines, qui depuis le ſéjour des papes à Avignon, avoient reçû leur evêque de la main du ſt. ſiege, voulurent ſe faire un merite auprés du pape Jean XXII, en lui demandant un ſucceſſeur au prélat qu'ils venoient de

II.

PICTAVIN DE MONTESQUIOU.

perdre. Le pape, qui mourut lui-même trois mois après, leur nomma Pictavin de Montefquiou, docteur en droit, de l'illuftre maifon de ce nom dans le diocéfe d'Auch. Il étoit evêque de Bazas lorfqu'il fut transferé à Maguelone. Et quoique Gariel, ni Mrs de Ste-Marthe, ne nous ayent pas marqué cette circonftance, on n'en peut guéres douter, après les preuves que Baluze nous en donne dans fes notes fur la Vie des papes d'Avignon.

Tom. 2, pag. 547.

Les officiers du nouvel evêque, attentifs à fes droits, lui attirerent au commencement de fon epifcopat deux reconnoiffances que nous ne trouvons pas avoir été faites auparavant ; l'une d'un hôpital apellé de St. Simon & de St. Martial, qu'un prêtre nommé René lui fit pour la maifon, l'églife & le verger des pauvres qui y logeoient ; l'autre par les péres Auguftins, pour l'emplacement de leur couvent fur le chemin de Caftelnau. Mais cette reconnoiffance fut bientôt fuivie d'une action d'éclat, qui donna occafion à Pictavin de faire paroître fa modération & fa bonté. Les actes portent que fes officiers ayant donné une fentence contre quelques perfonnes qui avoient trouvé le moyen de fe réfugier chez les Auguftins, ils furent maltraitez à la porte du couvent lorfqu'ils allèrent reclamer leurs criminels. Ce qui les ayant obligez de revenir avec main-forte, ils fe faifirent de quatre religieux dont ils avoient le plus de fujet de fe plaindre, & ils les traduifirent dans la prifon de l'evêque. L'affaire étoit dans cet état, lorfque le prieur ayant fait à Pictavin des fatisfactions convenables, il lui relâcha fes religieux pour les juger lui-même, & les punir felon la difcipline de leur maifon.

III.

1334.
Gariel, pag. 342.

On a mis fous le pontificat de cet evêque une lettre de Philipe de Valois au fénechal de Beaucaire, en faveur des evêques de Maguelone, pour la confervation de la juftice haute, moyenne & baffe, dans les lieux où ils fe trouveront l'avoir déjà. Mais je foupçonne fort qu'elle n'ait été expédiée fous Jean de Viffec, quoiqu'elle n'eût été rendue qu'à Pictavin, qui parvint trois mois après au fiége de Maguelone. Ma raifon eft que cette lettre eft datée de Paris, le 8 mai 1334, où Jean de Viffec vivoit encore. Et ce qui peut fortifier ma penfée, c'eft qu'aucun des deux prélats n'eft nommé dans cette lettre, où le roy parle en general des evêques de Maguelone.

1335.
Pet. Talam., fol. 89
PAGE 100.

Pictavin eut l'honneur, l'année fuivante, 1335, de recevoir dans fa maifon epifcopale, à Montpellier, le roy Philipe, qui arriva en cette ville au commencement * du carême, & y féjourna huit jours avec la reine fon époufe, le duc Jean fon fils aîné, & un grand nombre de feigneurs qui étoient à fa fuite. Le roy confirma les privileges de la ville, comme il eft marqué dans le Talamus. Et dans cette même année Pictavin tranfigea avec les habitants d'Aiguemorte fur les droits qu'ils devoient payer au paffage de Carnon, qui eft entre la mer & l'étang. Je ne dis rien du détail de cette tranfaction, parce que je n'ai pû la trouver. Mais je puis parler plus au long de l'établiffement que les confuls de Montpellier firent cette même année de la chapelle de l'hôtel de ville.

Les actes en font raportez fort au long dans le grand Talamus, où l'on voit par les procedures qui y font marquées que l'étude du droit avoit déjà aguerri nos ancêtres; & qu'à force de précautions, on donnoit plus de matière aux procès. Il y eft dit que le 28 décembre 1336, vénérables & religieux hommes, Guillaume Fulci, prieur de Montauberon, & Bernard de Texeri, prieur de Frontignan, chanoines de Maguelone & vicaires généraux dans le fpirituel & temporel de reverend pere en Dieu Pictavin, evêque de Maguelone, alors abfent, *in remotis agente*, avoient remis aux confuls une lettre qui leur étoit adreffée de fa part, portant en fubftance que, « fur « les demandes qu'ils lui en avoient faites, il leur permettoit de fonder « dans l'enceinte de leur maifon confulaire (& non ailleurs) un oratoire « ou chapelle à l'honneur de la Vierge, qu'ils feroient tenus de doter des « biens de la ville. Que cette chapelle ne pourroit avoir qu'un feul autel, « & n'auroit point de cloches pour apeller les gens du dehors. Qu'elle « feroit deffervie par un prêtre, pour y célébrer chaque jour la meffe à voix « baffe (tout jufte empêchement ceffant) qui feroit actuellement dans l'or- « dre de prêtrife lorfque les confuls en feroient la préfentation, qui ne « pourroit entendre les confeffions ni adminiftrer les facremens, & qui « feroit foûmis à toutes les loix du diocèfe. » On fait enfuite de grandes referves fur les droits de l'evêque, & du prieur de St. Firmin, dans la paroiffe duquel la maifon confulaire étoit fituée. Donné à Avignon, le 12 décembre 1336, & la feconde année du pontificat de Benoît XII.

IV.

1336.

Avec cette lettre les vicaires généraux préfentèrent auffi celle qu'ils avoient reçû eux-mêmes, dans laquelle l'evêque leur donnoit pouvoir de recevoir l'offre des confuls, & d'établir le prêtre qu'ils lui prefenteroient, à la charge qu'ils s'obligeroient par ferment de ne recourir ni au pape ni au roy pour déroger aux conditions dont ils feroient convenus, & qu'ils donneroient au moins vingt livres tous les ans au prêtre chapelain.

1336.

Après la lecture de ces deux lettres, qui fut faite dans la fale de l'evêque, en préfence de Bertrand de Villeneuve, prieur de St. Firmin, fix des douze confuls, d'une part, fçavoir: Durand de Peirolis, Guillaume Peregrin, Philipe de Crozols, Pierre Teyferi, Dieu-Donné Boüis & Jean Claparede, requirent les grands-vicaires, tant pour eux que pour leurs collegues abfents, de procéder au contenu des lettres de l'evêque de Maguelone. Les confuls abfents étoient Pierre Aycard, Bernard d'Aigrefeüille, Guillaume André,

Jean Joannin, Pierre Salas & Raymond Dieu-Donné, qui firent faire leur requifition par Bernard de Peirofo, findic de la ville.

Le prieur de St. Firmin commença les difficultez en objectant les droits de fon églife, & prétendant que l'inftitution du chapelain devoit lui appartenir. Sur quoi il fit les proteftations, dont il demanda acte, & qu'il en fût fait mention dans tous les écrits qu'on pafferoit à ce fujet ; enforte (difoit-il) que tout ce qu'il figneroit à l'avenir ne pût jamais déroger à fa proteftation. Les vicaires généraux, d'autre part, foutenoient fortement les droits de l'evêque, ce qui faillit à faire rompre l'affaire, lorfqu'on prit le parti de donner au prieur de St. Firmin acte de fa proteftation, & de lui paffer toutes les conditions qu'il voudroit ajoûter à celles qui étoient portées dans les lettres de l'evêque. Il exigea :

« Que le chapelain porteroit au prieur toutes les offrandes qui feroient
« faites à la chapelle du confulat.

[PAGE 101.] « Qu'il feroit tenu d'affifter, en habit d'églife, aux proceffions de St. Fir-
« min, comme les autres prêtres ou recteurs des autres chapelles de Mont-
« pellier, qui* étoient foûmifes à l'églife de St. Firmin. D'où nous pou-
« vons inferer que St. Firmin avoit déjà plufieurs annexes : *Teneatur adeffe*
« *indutus veftibus facerdotalibus in proceffionibus Sti. Firmini ut alii facerdotes feu*
« *rectores aliarum capellarum Montifpeffulani fubjectarum ecclefiæ Sti. Firmini.* »

« Qu'il ne pourra faire supléer pour lui au fervice de fa chapelle au-delà
« d'un mois, fans l'agrément de l'evêque, du prieur & des confuls.

« Que s'il vient à acquérir des terres dans la dîmerie de St. Firmin, il
« fera fujet à en payer la dîme.

« Qu'il payera à l'evêque deux tournois d'argent en figne de foûmiffion,
« & vingt le jour de St. Firmin, au prieur. »

Je ne raporte point plufieurs autres petites charges que l'on mit fur le nouveau chapelain, & qui font voir l'attention infinie que chacun avoit alors pour fes intérêts. Mais ce qui le prouve encore mieux, c'eft que les confuls ayant préfenté le nommé Berenger Palifla de Montarnaud, les vicaires généraux foupçonnerent auffitôt quelque collufion, parce que le préfenté fe trouvoit actuellement logé dans la maifon du prieur de St. Firmin ; ils en firent grand bruit, & proteftèrent contre l'acte que le prieur venoit de leur faire, comme pouvant nuire un jour aux droits de l'evêque.

1336. Mais dans le fonds tous ayant envie de finir cette affaire, ils prirent le parti de s'en remettre au ferment du préfenté, auquel ils firent mille queftions, en le menaçant de la rigueur des prifons de l'evêque, établies alors au château de Montferrand ; *fub pænâ carceris Montisferrandi dicti dni epifcopi.*

Berenger Paliffa satisfit à tous les articles fur lefquels ils exigerent fon ferment; & ayant confenti à toutes les obligations qu'on voulut lui impoſer, Bernard d'Aigrefeüille & Pierre Teyferi, au nom de tous leurs collegues, requirent les deux vicaires généraux de l'inſtaler dans la nouvelle chapelle, ce qui fut fait le même jour en préſence des parties.

Le roy Philipe de Valois accorda cette même année des lettres de ſauvegarde à Piĉtavin nommément, & à ſon chapitre ; ce qui me fortifie dans la penſée de ce que j'ai déjà dit au ſujet des lettres qui furent expédiées en 1334, & ce qui me fait croire que nos evêques prenoient la précaution d'en demander de ſemblables une fois en leur vie.

V.

Piĉtavin ayant établi en ce même tems une taxe ſur les barques d'Aiguemortes, au paſſage de Carnon, ſes chanoines en prirent ombrage à cauſe de la pêche de l'eſtang qui leur apartenoit; ils demanderent une portion de cette taxe, & l'affaire ayant été miſe en arbitrage, on partagea le different en adjugeant la moitié de ce droit à l'evêque, & l'autre moitié au chapitre.

Series, pag. 341.

L'evêque de Maguelone obtint preſqu'en même tems des immunitez confiderables pour les ouvriers employez à la monnoye de Montpellier ; car il eſt dit que le nommé Guillaume Holans, ſon agent auprès du roi Philipe, lui aporta des lettres-patentes qui exemptoient les ouvriers de la monnoye des charges publiques, & d'être citez pour crimes ailleurs que par-devant les juges royaux, ſauf les cas de rapt, d'homicide & de larcin.

Ibidem.

1337.

Ses chanoines reſſentirent, en 1338, les bons effets de ſa protection auprès du roy, car le prévôt ayant négligé de payer les droits royaux pour la portion du chapitre ſur la terre de Vic, les officiers du roy la firent ſaifir; & il fallut que Piĉtavin écrivît à Philipe de Valois pour obtenir (comme il fit) la main levée de la ſaifie.

1338.

Ce bon office n'empêcha pas que le chapitre ne revendiquât ſur lui les droits qu'ils avoient ſur les Graux depuis Frontignan juſqu'à Melgueil. Mais le même eſprit qui avoit porté Piĉtavin à terminer toutes ſes affaires à l'amiable, le porta à choiſir des arbitres pour finir celle-ci.

La plus confiderable de toutes celles qu'il eut pendant ſon epifcopat, eſt un fameux different qu'il fut obligé d'avoir avec la faculté du droit de Montpellier, qui produifit enfin ſous Arnaud de Verdale, ſon ſuccefſeur immédiat, les ſtatuts ſous leſquels elle a vecu depuis. Nous aprenons de la bulle de Benoît XII, qu'on avoit obtenu au commencement de ces ſtatuts, que le rectreur d'alors ayant* voulu faire de ſon chef quelques nouveaux reglemens, il y indifpoſa non-ſeulement les docteurs, les bacheliers & les étudiants, mais encore l'evêque de Maguelone, aux droits duquel il donnoit atteinte. Cette entrepriſe attira ſur le corps de la faculté une ſentence d'excomunication que l'evêque fit publier par ſes grands-vicaires; & le recteur en ayant relevé

Livre du recteur de l'Univerſité.

PAGE 102.

1338.

apel à la metropole de Narbonne, l'evêque fit autorifer fa fentence par des lettres apoftoliques. Toutes ces procédures, qui ne pûrent être faites fans caufer du trouble & du fcandale (comme dit le Pape Benoît XII), porterent les parties à recourir au pape, qui commit le cardinal Guillaume Daura, abbé de Montolieu, diocéfe de Carcaffonne, pour prendre connoiffance de cette affaire, & pour la terminer. Dans ces entrefaites Piêtavin de Montefquiou fut transféré à Alby par le pape Benoît XII, où ayant été fait cardinal du titre des douze apôtres, en 1350, il mourut en 1356.

CHAPITRE SEPTIÉME.

I. Arnaud de Verdale, evêque de Maguelone, auteur de l'Hifloire des evêques fes prédeceffeurs. II. Commencement de fon epifcopat. III. Sinode qu'il tient pour fon diocefe. IV. Ses foins pour l'univerfité. V. Affaires particulieres qu'il eut. VI. Sa mort & fon éloge.

I.

1339.

Gall. chriftiana, epifc. Magal.

Balufe, Pap. aven., tom. 2, pag. 740.

LA tranflation de Piêtavin de Montefquiou fut bientôt fuivie de la nomination d'Arnaud de Verdale à l'evêché de Maguelone, qui fut faite le 20 avril 1339, comme nous l'aprenons des aêtes du Vatican, citez par Ste. Marthe. Il étoit natif de Carcaffone, & (felon le même auteur) de l'illuftre maifon de cette ville qui donna dans le xvime fiecle un grand-maître à l'ordre de Malte, Hugues de Loubens de Verdale, depuis cardinal du titre de St. Marie, *in porticu.*

Nous trouvons, à n'en pouvoir douter, qu'Arnaud commença fes emplois dans l'églife par être chanoine & official de Mirepoix, où fon evêque Raymond Athonis (qu'on croit avoir été de la même maifon que lui) le fit inquifiteur de la foy pour purger fon diocéfe de quelques reftes qu'il y avoit encore d'albigeois & de beguins. Il y fut connu de Benoît XII, qui fous le nom de Jacques Fournier, avoit été le fucceffeur immédiat de Raymond Athonis avant que d'être fait cardinal & depuis pape. Auffitôt après fon exaltation il apella auprès de fa perfonne Arnaud de Verdale, qu'il employa dès le commencement de fon pontificat à vifiter (avec Hedofe, prieur de St. Paul de Fenoüilledes) les provinces de Narbonne & d'Arles, pour la réforme qu'il projetta dès lors des églifes cathédrales & des monafteres. Arnaud de Verdale étant de retour à Avignon, obtint une chaire de profeffeur à Montpellier & fut choifi enfuite pour remplir le fiége de Maguelone.

II. Partie. Livre troifiéme.

Sa promotion fait une époque pour notre hiftoire, parce que c'eft précifément à ce tems-là qu'il compofa lui-même l'hiftoire de fes prédeceffeurs fur les actes & la tradition de fon églife. Cet ouvrage, qui eft cité par tous nos auteurs, a refté en manufcrit durant plufieurs fiécles, jufqu'à ce que le pere Labbe en fit imprimer une partie dans le premier tome de fa biblioteque. Les alterations que les copiftes y avoient faites, foit pour le nom particulier des lieux & des perfonnes du pays qui n'étoient point connües du pere Labbe, arrêterent ce fçavant homme, & il laiffa (comme il le dit lui-même) à quelqu'un du pays le foin de rectifier les copiftes; pour moi qui dans tout ce que j'ai déjà écrit ay été obligé d'avoir toujours Verdale devant les yeux, & de le comparer fouvent avec nos actes particuliers, ou avec l'hiftoire générale, j'ai eu occafion de corriger plufieurs fautes, & pour encourager ceux qui viendront après moi à faire encore mieux, j'ai projetté de la donner en entier à la fin de ce deuxième tome, pour ne pas laiffer perdre un fi beau monument de notre hiftoire, qui eft reçû dans nos cours de juftice & dans le parlement même pour la juftification des faits dont * les preuves peuvent êtres tirées de Verdale.

II.

Tom. premier, pag. 60.

1339.

PAGE 103.

Il eft tems de parler du gouvernement de fon églife, où il paroît qu'il tarda quelques mois de fe rendre. Car nous trouvons qu'avant fon arrivée à Montpellier, fes deux grands vicaires, Jean de Verniole & Paul des deux Vierges, fe firent rendre hommage à Jacques Marc pour la feigneurie de Boutonnet; mais il faut que ce retardement ne fût pas bien confiderable, puifqu'avant le 20 octobre de cette même année 1339, il affembla fon finode. Nous trouvons auffi qu'il finit alors l'ancien procès que les confuls avoient eu avec fes prédeceffeurs pour le bois de Valene & pour la feigneurie de Carabettes, ce qui fut fuivi de la permiffion qu'il leur donna d'avoir une cloche à leur chapelle, pour fonner à l'élevation du St. Sacrement. Il fit convenir Guillaume de Landorre, abbé d'Aniane, que les evêques de Maguelone avoient droit de faire élever des fourches à Piechagur, que l'on défigne entre le Terrail, la Verune & Fabregues. Il reçut de Guillaume de Laudun, veftiaire de Maguelone, fon hommage pour Grabels, & la reconnoiffance de Guillaume de Montlaur, fous l'albergue de cinq chevaliers, pour tout ce qu'il poffedoit à Gigean.

Mais l'action la plus remarquable de toute cette année eft la tenuë de fon finode diocefain, dont les ftatuts ne ferviront pas peu à faire connoître les mœurs de fes chanoines & de fes autres ecclefiaftiques. Il en fit la cérémonie dans l'églife de St. Denis de Montpelieret, en prefence des prieurs, recteurs, vicaires, chapelains & autres clercs de fon diocéfe, où il fit publier les ftatuts fuivans, divifés par articles :

III.

1° Que le nombre des chanoines soit rempli, de peur que le culte divin & que l'obfervance reguliere n'en souffrent; sur quoy, rapellant un statut déjà fait par le pape, qui ordonnoit d'y proceder dans un mois, il déclare qu'il le fera lui même s'ils y manquent.

2° Que les chanoines, de quelque condition qu'ils foient, qui n'auront pas fait leur profeffion, ayent à la faire dans deux mois; à laquelle il promet de les admettre fans difficulté, autant que la raifon le voudra.

3° Il leur ordonne, en vertu de la fainte obéïffance, de fe rendre en perfonne aux chapitres annuels que s'ils font legitimement empechez, qu'ils envoyent leur procuration à quelqu'un qui foit au fait des affaires du chapitre pour rendre compte de leur adminiftration.

4° Il protefte qu'il eft prêt (comme il eft de fon devoir) de leur choifir un maître qui leur enfeigne les fciences à Maguelone, & parce que le retardement feroit nuifible, il les exhorte de concourir avec lui dans ce choix, principalement ceux qui veulent s'addoner à la vertu, c'eft-à-dire aux fciences.

5° Et parce que, felon l'ufage de cette églife, conformément aux mandats du pape, il doit y avoir quarante moines toûjours réfidens à Maguelone, dont on en prendra un de chaque vingtaine pour aller étudier dans les univerfitez, il ftatuë qu'on y en envoyera deux tous les ans, dont il reglera la penfion avec les anciens du chapitre.

6° Il ordonne la refidence des prieurs dans leur benefice, & parce que l'evêque doit lui donner des compagnons avec le confeil du chapitre, il requiert le chapitre d'y concourir dans l'intervale d'un chapitre général à un autre, faute de quoi il protefte qu'il le fera lui-même.

7° Il exhorte & commande en vertu de la fainte obéïffance à l'infirmier de Maguelone de prendre foin des malades, comme les ftatuts de l'églife, les devoirs de fa charge & la charité le demandent.

8° Il avertit les chanoines qui ont l'âge d'être promus aux ordres de fe faire ordonner avant le chapitre général.

9° Il veut que tous les chanoines, de quelque condition qu'ils foient, à l'avenir ne portent que des habits décents.

10° Qu'ils ne prennent les intérêts que fur le pied qui aura été réglé dans le chapitre général : *Ne mutua accipiant, nifi fecundum quantitatem quæ fuerit in generali capitulo ordinata.*

11° Que les procureurs de la communauté n'arrentent point les prieurez, * & autres revenus du chapitre fans obferver les folemnités requifes.

12° Que tous obfervent les conftitutions apoftoliques, & particulierement ce qu'elles ordonnent pour les regîtres, les inventaires, les privileges de la maison & la célébration des messes. Qu'ils évitent d'encourir les peines portées contre les chasseurs, contre le port des armes, contre les délateurs & ceux qui font des conspirations; ceux qui ont quelque chose en propre, ou qui se mêlent de negoce. A ce sujet, il ordonne, sous peine d'excommunication *ipso facto*, à tous ceux qui auront connoissance d'une conspiration de la reveler; & parce qu'il lui est revenu que quelques chanoines de Maguelone s'adonoient à des études contraires à leurs statuts & aux saints canons, il déclare qu'ils ont encouru l'excommunication.

Publié le 20 octobre 1339. Indiction septiéme.

De tous ces statuts, nous pouvons inferer que le nombre des chanoines residens à Maguelone, appellez ci-devant claustraux, étoit alors fixé au nombre de quarante, où l'on ne doit pas comprendre les prieurs ni leurs compagnons, à qui la résidence dans leur benefice étoit ordonnée; & si l'on veut faire attention à ce grand nombre de benefices qu'ils desservoient par eux-mêmes, on jugera aisément que le nombre des prieurs pris du corps de la communauté égaloit bien tout au moins celui des residens à Maguelone. Je ne sçai pourquoi Verdale les apelle moines *monachi* (ce que je trouve pour la premiere fois dans les actes publics), à moins qu'on ne veüille dire qu'on commença dans ce siecle de donner indistinctement ce nom à tous ceux qui professoient la vie reguliere. Les loix qu'il fit pour les ordres, pour la profession & pour les habits décents, regardoient sans doute la jeunesse du chapitre plus que tout le corps de la communauté, & celles qu'il fait pour les études sont conformes au goût qu'on avoit déjà pris pour les universitez depuis leur établissement. Mais les défenses qu'il ajoûte contre les études particulieres & curieuses nous donnent lieu de penser qu'on ne negligeoit point à Maguelone le secours des belles-lettres. Je serois plus en peine de dire ce qu'il entend sous le nom de conspiration, à moins qu'il ne veüille marquer les partis & les cabales qui sont presque inévitables dans les communautez.

1339.

Dans le même sinode où Arnaud de Verdale publia les statuts pour le chapitre de Maguelone, il en fit d'autres pour le reste de son clergé & pour tout son diocese. Nous y voyons, entre divers usages particuliers de ce tems-là, qu'on avoit grand goût pour les pieces de theatre, sur des sujets de pieté, & qu'elles étoient permises.

Dans le premier, second & troisiéme article, il revoque toutes les commissions déjà accordées pour la cure des ames, toutes les dispenses pour l'absolution des cas prohibez, *a jure vel ab homine*, toutes celles que les reguliers peuvent avoir obtenu de ne pas resider dans leur cloître ou dans leur benefice. Il veut fur cela que toutes ces difpenfes lui foient prefentées dans vingt jours pour en connoître lui-même.

IV. Il ordonne à tous les reguliers & feculiers de refider perfonnellement dans leurs benefices, à moins qu'ils n'ayent une difpenfe du pape ou de luy-même, pour jufte caufe.

V. Il valide & confirme les ftatuts faits par fes prédeceffeurs, qui refteront en vigueur jufqu'à ce qu'il en ait été ordonné autrement, par lui ou fes fucceffeurs, voulant que chaque curé en tienne un exemplaire complet.

VI. Il deffend qu'on enterre aucun corps dans l'églife fans fa permiffion ou celle de fon grand-vicaire.

VII. Il renouvelle l'ufage des prieres pour la paix, établies par le pape Jean XXII, qu'on devoit dire à la fin de la meffe, & il y attache des indulgences.

VIII. Il donne aux détenteurs des titres de l'églife dix jours pour les rendre, & autant à ceux qui en ont connoiffance pour les reveler, faute de quoi il les menace d'excommunication.

IX. Il deffend fous les mêmes peines, à tous feculiers & reguliers, d'employer dans les feftins, danfes ou jeux publics ou particuliers, les habits d'églife, comme furplis, aumuffes & autres ornemens, ni de les prêter ou confeiller de les emprunter.

PAGE 105.

X. * A moins (ajoûte-t-il) que ces jeux ne fuffent faits avec le confentement des fuperieurs pour l'honneur de Dieu & des faints, comme feroit la reprefentation de la paffion de Jefus-Chrift ou de quelqu'autre faint, la joye de la refurrection & la miffion du St. Efprit.

1339.

XI. Il deffend que dans les proceffions generales qu'on fera à Montpellier on y porte le furplis & le capuce tout enfemble.

XII. Ordre à tout prêtre beneficier & curé d'avoir dans un an le furplis, l'aumuffe & les habits facerdotaux avec lefquels il doit être enterré.

Publié le même jour que les ftatuts précédents.

IV. Les affaires du diocéfe ayant été reglées de la forte, Arnaud de Verdale étendit fes foins fur la faculté de droit, dont il ne pouvoit ignorer les troubles, ayant été lui-même membre de ce corps. Et il eft croyable qu'il eut beaucoup de part aux fages loix qui lui furent données alors. Mais il eft tems de reprendre cette affaire en l'état où je l'ai laiffée fous Pictavin.

Livre du Recteur, fol. 29 & feq.

Je dirai donc, comme nous l'aprenons des lettres qui font à la tête des ftatuts de cette faculté, qu'après que le cardinal Guillaume d'Aura, du titre de St. Etienne, *in Cælio monte*, eut pris la premiere connoiffance de cette affaire, le pape Benoît XII jugea à propos de la remettre entierement au cardinal Bertrand de Deuxio (du titre de St. Marc), archevêque d'Embrun. Ce cardinal, après avoir écouté (comme il le dit lui-même dans fes lettres) toutes les parties intereffées, & après avoir examiné avec foin les ftatuts qui avoient été faits par les recteurs précédens, il prit le parti de les fuprimer tous & d'en faire de nouveaux, où en entrant dans un fort grand détail, il regle les droits & les obligations de chaque membre du corps; & il donne des loix pour la difcipline academique & pour les mœurs des écoliers; mais parce que les grandes affaires où il fut employé en Italie, en Arragon & en France, ne lui permirent pas de venir en perfonne à Montpellier, il commit, felon le pouvoir fpecial qu'il en avoit du pape, fon neveu Paul de Deuxio, moine & camerier de St. Guillem-du-Defert, pour venir notifier aux membres de la faculté les nouveaux ftatuts qu'il avoit dreffé pour eux & qu'il avoit pris foin de faire aprouver au pape.

La chofe fut executée au commencement de 1340, fans aucune contradiction des parties. On leva l'excommunication prononcée du tems de Pictavin contre le recteur, les confeillers, docteurs & étudiants qui promirent tous d'obferver à perpetuité les nouveaux ftatuts, fous peine d'excommunication refervée à l'evêque de Maguelone & à fes fucceffeurs. Ces ftatuts ont été regardez depuis ce tems-là comme les loix fondamentales de la faculté; & fi l'evêque ou les recteurs en ont fait quelqu'un de nouveau, ce n'a été qu'en explication de ceux du cardinal Bertrand. Il femble que je devrois en donner ici un détail, mais comme ce chapitre eft déjà affez chargé de loix particulieres, je crois que dans l'article de la faculté du droit je leur trouverai une place auffi naturelle.

1340.

En confequence de ce qui venoit d'être réglé, Etienne Martinengue, nouveau recteur, fit confirmer fon élection par l'evêque de Maguelone, & lui prêta ferment comme chancelier de l'univerfité. En cette qualité, Arnaud de Verdale donna des lettres de docteur cette même année à Guillaume Colombari, & ayant réglé fon chapitre, fon diocéfe & l'école du droit de la maniere que nous venons de le voir, il fe donna tout entier au détail du gouvernement.

On marque pour cette année l'accord qu'il fit entre le prieur de Montbazen & fes paroiffiens pour le payement de la dîme; la permiffion qu'il donna aux habitans du lieu des Matelles, qui relevoient de la comté de Montferrand, de tenir marché une fois la femaine & d'avoir une foire deux fois l'année; l'hommage qu'il fe fit rendre par Berenger de Laftour & par Guillaume de Pignan pour les cenfives qu'ils lui devoient à Murviel, à St. Jean & à Pignan; la confecration qu'il fit de la chapelle de St. Blaife, dans

V.

le château de Combalioux, fondée par Jean de Viffec, avec fa nomination du premier prêtre qui la deffervoit. Tous ces actes qui font au long dans les regîtres de l'evêché n'ont befoin que d'être indiquez, & il n'eft pas befoin que je m'y arrête.

Mais deux autres affaires qu'on lui fit, l'une à la cour de France & l'autre à * la cour de Rome, méritent plus d'attention. Les officiers du roy, ignorant (fans doute) les précautions qu'Arnaud de Verdale avoit déjà pris, voulurent faifir fon temporel, faute par lui d'avoir prêté fon ferment de fidélité. Mais les lettres de furfeance qu'il avoit déjà obtenues du roy Philipe de Valois, arrêterent toutes les pourfuites de Hugues de Carfan, qui geroit les affaires du roy à Montpelieret. On voit ces lettres dans Gariel, données à Vincennes le 7 novembre 1339, ce qui donneroit lieu de croire qu'Arnaud de Verdale fe contenta de ne les montrer à Hugues de Carfan que lorfqu'il fut inquieté à ce fujet. Par la même protection, il mit à couvert les biens de l'églife de Maguelone, en opofant aux pourfuites du recteur de Montpelieret les lettres de fauvegarde qu'il avoit obtenue du roy pour fon chapitre. Ces mêmes officiers ayant voulu difputer à l'evêque le péage que fes prédeceffeurs avoient depuis longtems à Ste Croix, Verdale eut des lettres-patentes qui lui confirmerent ce droit, avec permiffion de faire dreffer un poteau dans le territoire de Ste Croix.

L'autre affaire qu'on lui fufcita n'étoit pas moins intereffante, puifqu'on lui demandoit quatre cens marcs d'argent pour les arrerages des cenfives que fon églife devoit au St. Siége depuis vingt ans, pour les comtez de Melgüeil & de Montferrand. Arnaud de Verdale s'en excufoit fur ce que André de Fredol, Jean de Viffec & Pictavin de Montefquiou, fes prédeceffeurs dans l'evêché de Maguelone, devoient en avoir payé les charges en leur tems, puifqu'ils en avoient perçû les fruits. Il reprefentoit qu'il n'étoit pas jufte qu'il fouffrît de l'indulgence que le faint fiége avoit eu pour eux, & il offroit à découvert les vingt marcs qu'il devoit de fon chef pour la premiere année de fon épifcopat qui étoit déjà échûë.

Nous ne fçavons pas s'il fut traité à la rigueur, & fi la charge étant réelle on n'exigea pas le tout de lui, fauf fon recours contre les héritiers de fes prédeceffeurs. Mais à en juger par la lettre que Benoît XII écrivit fur ce fujet à Pierre de la Taillade, chanoine de Chartres, fon chapelain & fon député pour la levée de fes deniers dans les diocéfes de Maguelone, d'Avignon & de Marfeille, il y a lieu de croire qu'il fut traité avec douceur; car Benoît XII, qui étoit d'ailleurs fort équitable & défintereffé, après avoir marqué à fon chapelain les raifons de l'evêque de Maguelone, il lui mande de s'informer de toutes chofes fans forme de procès & de rendre une entiere juſtice aux parties : *Quatenus vocatis vocandis hinc inde, pleniter & de plano, fine ſtrepitu ſtudeas exhibere ſupra prædiƈtis juſtitiæ complementum.*

Toutes ces tracaſſeries n'empêcherent pas l'evêque de Maguelone de s'apliquer au bien ſpirituel de ſon églife & particulierement de ſon chapitre, auquel il fit recevoir (dans l'intervale des deux affaires dont je viens de parler) la bulle de Benoît XII pour la reformation des églifes cathédrales. Ce pape qui en avoit déjà donné pluſieurs pour la reforme des ordres religieux, n'oublia point les chanoines reguliers, pour qui il en fit publier une en 1339. Verdale en avoit touché les principaux articles dans les ſtatuts dont j'ai déjà parlé, mais pour leur donner plus d'autorité, il voulut faire recevoir ſolemnellement par le chapitre cette même bulle qui ordonnoit tout ce qu'il leur avoit déja preſcrit. Je n'ai à ajoûter au contenu de cette bulle que l'abſtinence de la viande, qui y eſt ordonnée pour le tems de l'Avent, ſans prejudice de plus grandes, qui étoient uſitées dans quelques maiſons ; & à ce ſujet je crois devoir dire que par les ſtatuts de Maguelone faits ſous Jean de Viſſec, on y obſervoit non-ſeulement l'abſtinence de l'Avent, mais encore des mercredis, vendredis & ſamedis de l'année.

Les diviſions qui éclaterent en 1341 entre Pierre, roy d'Aragon, & Jacques, roy de Mayorque, donnerent un exercice particulier à Arnaud de Verdale par la défiance qu'en prit le roy de France. Il apréhenda qu'à l'occaſion de leur démêlé, la guerre ne fût portée dans le Languedoc, où le roy Jacques avoit la ſeigneurie de Montpellier. Et pour mettre à couvert cette province, il donna ordre à Guillaume d'Eſperiac, ſénéchal de Beaucaire, de viſiter toutes les côtes. En execution de cet ordre, le ſénéchal partit pour viſiter l'iſle de Maguelone par où les barques de Mayorque & de Catalogne pouvoient introduire des troupes dans le Languedoc. L'evêque & le ſénéchal ayant fait tous les deux enſemble leurs obſervations, * revinrent à Montpellier, où ils reglerent dans la ſale de l'evêque tout ce qu'il convenoit de faire pour mettre Maguelone en ſûreté.

1341.

PAGE 107.

Les ſoins qu'Arnaud s'étoit donné dans cette occaſion pour le ſervice du roy, furent recompenſez l'année ſuivante 1342, d'un ordre que Philipe de Valois envoya à ſon ſénéchal d'obliger Jean de Sauſſan de prêter l'hommage qu'il devoit à l'evêque de Maguelone pour Sauſſan & pour la Roque-Ainier ; ce qui fut executé par ſa veuve au nom de Guillaume ſon fils, alors en tutelle. Guillaume de Fredol en fit autant pour Fabregues, & l'année d'après Raymond de Mujolan, conſeigneur de Montarnaud, lui fit reconnoiſſance pour tout ce qu'il tenoit de lui à Pouſſan.

1342.

Le roy, voulant encore témoigner plus particulièrement à Verdale la ſatisfaƈtion qu'il avoit de ſes ſervices, lui envoya des lettres de ſauvegarde pour toutes ses terres & pour celles du chapitre, avec un ordre qu'il avoit demandé pour le sénéchal de Beaucaire, de maintenir les habitans de Montpellier dans la liberté de faire dépaître leurs troupeaux aux environs de la ville, tant du côté de Montpellier que de Montpelieret.

Mais tandis qu'Arnaud recevoit des marques de protection de la cour de France, il n'en étoit pas de même de celle d'Avignon, où Clement VI, * qui avoit été élû à la place de Benoît XII, le 7 may 1342, ouvrit la porte aux appellations qui attirerent à sa cour tous les mécontans de la jurisdiction des ordinaires. La chose ne tarda point de se faire voir dans le diocése de Maguelone, où plusieurs habitans de Villeneuve, ayant été excommuniez par Raymond Taixier, grand-vicaire de l'evêque, ils en apellerent au nouveau pape, qui envoya aussitôt sur les lieux son chapelain Amans Cassan, chanoine de Châlons, pour connoître de la sentence, & pour les en relever comme il fit. L'année d'après, deux seigneurs de la maison de Levis (Philipe & Bertrand) ayant voulut contester à Arnaud la justice haute & basse du lieu de Poussan, le pape lia les mains à l'evêque sous prétexte de faire terminer l'affaire par des arbitres.

* Pierre Roger, card. de St-Nerie.

1343.

Peut-être que l'espérance d'une semblable protection donna lieu à une entreprise que nos regîtres marquent de Raymond de Montiaur, qui peu de tems après, non content de faire dire la messe dans son château de Murles contre la volonté du prieur, voulut encore s'aproprier les offrandes qu'on faisoit au prêtre durant le service. Mais il faut que cette entreprise n'eût pas été soûtenuë à Avignon, parce que l'interdit que Arnaud de Verdale jetta sur son château de Murles subsista toujours, & que Raymond lui fit hommage pour Murles & pour Valhauquez.

1344.

Environ ce même-tems, Verdale fit à Maguelone un accord beaucoup plus remarquable par la qualité des personnes qui y entrerent, que par le sujet qui les mit en dispute. On s'y plaignoit de Guillaume de Laudun, neveu de l'archevêque de Toulouse (de ce même nom) & vestiaire de Maguelone, au sujet des vêtemens qu'il devoit fournir aux chanoines, & à cette occasion on lui fit saisir les fruits du prieuré de Grabels & de Juvignac, avec ceux de la chapelle de Ausanicis affectez à son office. L'affaire ayant traîné quelque tems, elle fut enfin terminée en 1345, par la médiation de Jean de Baux, archevêque d'Arles, de Raymond de Canillac, prévôt de Maguelone, & du cardinal Guillaume d'Aura, du titre de St. Etienne du mont Cœlius, parent du vestiaire. Il fut convenu que ses benefices lui seroient rendus à la charge de fournir les vêtemens aux chanoines & de payer à l'evêque ce qu'il avoit coûtume de recevoir.

1345.

Cette même année la guerre s'étant échauffée plus que jamais entre les roys de Mayorque & d'Aragon, Arnaud de Verdale acquit en fon privé nom la terre de St. Jean de Vedas, que le roy de Mayorque lui vendit pour le prix de mille trois cens livres. Dès lors ce prince commença de dépoüiller fa feigneurie de Montpellier de plufieurs de fes apartenances, & l'on remarque que les plus anciens titres des terres qui en furent démembrées font d'environ ce tems là.

1345.

Ce prince infortuné perdit, en 1346, la reine Conftance d'Aragon, fon epoufe, qui fut enfevelie dans l'églife des freres Mineurs, ce qui donna lieu à une confultation de nos profeffeurs en droit, d'autant plus remarquable qu'elle eft fignée par Guillaume Grimoard, depuis pape fous le nom d'Urbain V.

1346.

PAGE 108.

L'expofé qui fut fait au nom des confuls portoit que le jour des funerailles de la reine de Mayorque, quelques habitans de Montpellier, pour lui faire honneur, convinrent entr'eux d'accompagner le corps, qui devoit être enterré dans l'églife des freres Mineurs, & de porter chacun un grand cierge, avec les armes de fon office ou metier. Ils convinrent auffi avec les confuls, qu'ils raporteroient leur cierge à leur maifon, & qu'il fuffiroit au prieur de St. Firmin de retirer ceux qui lui auroient été offerts par les confuls; furquoi difpute ayant été émuë entre le prieur & ces particuliers, les confuls, qui prenoient leur fait & caufe, demanderent aux profeffeurs de l'univerfité leur avis fur le cas propofé: lefquels repondirent que le prieur n'avoit droit que fur ce qui lui étoit offert. Or ces cierges (difoient-ils) n'ont été portés que pour honorer la famille royale, d'où vient que l'on dit *Pompæ exequiarum magis funt vivorum folatia quam fubfidia mortuorum*: d'où ils concluent que le prieur de St. Firmin n'avoit aucun droit fur les cierges de ces particuliers.

Dico ego *Stephanus Martinenchas, alias Trocha, utriufque juris doctor.*

Dico ego *Guillelmus Grimoardi, doctor decretorum, decanus cluniacenfis.*

Dico ego *Guiraudus Pargez, legum doctor.*

Et ego *Guillelmus d'Efpinaffone, doctor decretorum.*

L'année 1347 fut remarquable à Montpellier par la mort du cardinal Imbert du Puy, natif de cette ville, qui mourut entre les bras de l'evêque de Maguelone, laiffant à executer la fondation qu'il avoit faite de l'églife collegiale de St. Sauveur, dont je parlerai plus au long dans un article feparé. Arnaud de Verdale, après lui avoir rendu les derniers devoirs, fe rendit à Avignon près du pape Clement VI, qui l'avoit invité, avec les evêques voifins, de venir affifter à la canonifation de St. Yves, qu'il fit le 16 juin de cette même année; mais la pefte générale qui commença de

1347.

ravager toute l'Europe, l'obligea bientôt de revenir à Montpellier, où l'on marque qu'elle fut si violente, qu'elle emporta tant les riches que les pauvres, & qu'elle rendit la ville presque toute deserte.

Ce triste évenément fut suivi en 1349 de la vente que fit le roy Jacques de la seigneurie de Montpellier, à laquelle Arnaud de Verdale survécût encore plus de deux ans. Pour finir son article, je diray qu'il est encore fait mention dans Gariel d'un acte où Raymond, damoiseau, vassal de l'evêque pour l'estang de Melguëil, est ajourné au mardi après la fête de Noël à lui payer une albergue de chevalier qu'il lui devoit; & faute par lui de l'avoir fait, il perdit son fief que l'evêque de Maguelone reprit en 1350.

Cette même année les peres Augustins firent une échange avec lui de quelques quarterées de terre qu'ils avoient loin de leur monastère, contre huit autres que l'evêque avoit tout joignant, qui étoient fort à leur bienséance pour l'agrandissement qu'ils vouloient faire à leur cloître & à leur dortoir ; l'acte est du 25 février, signé par Alphonse de Tolede, docteur en théologie, sindic de leur couvent, & par Pierre Guy leur prieur.

La derniere action que nous trouvons d'Arnaud de Verdale se passa au concile provincial que Pierre de la Jugée, archevêque de Narbonne, tint à Beziers, le 7 novembre 1351, avec grand nombre de suffragans, qui sont nommez en cet ordre : Arnaud de Maguelone, Jean de Blandiac, evêque de Nîmes, & depuis cardinal, Guillaume, evêque d'Alet, Elie de St. Yrier, evêque d'Usez, & depuis cardinal, Pierre Berrardi, de la maison de Cessac, dans le Quercy, evêque d'Agde, Girbert Dejan, evêque de Carcassonne, Hugues de la Jugée, frere de l'archevêque de Narbonne, evêque de Beziers. Dans ce concile, l'evêque de Carcassonne prétendit que le rang devoit être réglé entr'eux par l'ancienneté de leurs églises : surquoi y ayant eu quelque dispute, il fut prononcé par l'archevêque président, que l'evêque de Carcassonne ne seroit assis qu'après celui de Maguelone qui étoit son * ancien de promotion, sauf à lui à prouver dans l'année la prerogative particuliere de son église si elle en a : *Pro bono pacis duximus ordinandum quod dictus Carcassonensis episcopus sedeat post venerabilem fratrem nostrum Magalonensem episcopum qui antiquior est in promotione hoc salvo quod episcopo Carcassonensi nullum præjudicium generetur si probare possit infra annum se habere debere prærogativam prædictam.*

Arnaud survécut encore plus d'une année à la tenuë de ce concile ; car sa mort est marquée, dans notre petit Talamus, au troisiéme décembre de l'année suivante : Ledit jour qui étoit lundi, troisiéme décembre 1352, Arnaud de Verdale evêque de Maguelone trépassa, & fut porté audit Maguelone le lendemain qui étoit mardy.

HISTOIRE DE MONTPELLIER

LIVRE QUATRIÉME

Contenant la fuite des evêques, depuis Philipe de Valois, jufqu'à la fécularifation de Maguelone fous François Ier.

CHAPITRE PREMIER.

I. Audoüin, cardinal, nommé à l'evêché de Maguelone. II. Il fonda le college de ce nom dans la ville de Touloufe. III. Durand des Chapelles lui fuccede. IV. Qui prête ferment au roy. V. Et tranfige avec fes chanoines.

LA mort d'Arnaud de Verdale arrivée le 3 du mois de decembre 1353, fut bientôt fuivie de celle du pape Clement VI, qui mourut à Avignon le 6 de ce même mois. Il eut pour fucceffeur le cardinal Etienne Aubert, du lieu de Beiffac, au diocéfe de Limoges, qui fut élû à Avignon le huitième du mois de decembre, & prit le nom d'Innocent VI. Les cérémonies qui fuivirent fon exaltation l'empêcherent de pourvoir à l'églife de Maguelone

I.

AUDOUIN AUBERT.

avant le quinze de février, auquel jour ayant fait cardinal Audoüin Aubert, fon neveu, il le transfera d'Auxerre à Maguelone, afin qu'il en pût prendre le titre.

Liv. 96, n. 16.

Fleury, dans fon *Hiftoire ecclefiaftique*, nous en explique la raifon, en nous aprenant que l'ufage étoit alors de donner aux cardinaux le nom d'une églife qu'ils euffent gouverné. Mais comme Audoüin avoit été précédé à Auxerre par deux cardinaux qui vivoient encore, fçavoir Talerand de Perigord & Pierre Ductos, il ne pouvoit être apellé cardinal d'Auxerre, & il falloit lui donner un autre titre. Le pape, fon oncle, lui donna celui de Maguelone qui vaquoit alors, & parce qu'il ne paroît pas qu'il y foit jamais venu, quelques-uns ont oublié de le comprendre dans le catalogue des evêques de cette ville. Cependant il confte qu'il en conferva le titre après même qu'il eût été fait evêque d'Oftie, & qu'en cette qualité il fit la cérémonie du facre & du couronnement du pape Urbain V, *in palatio coronatus per dominum Magalonenfem qui tunc fuit Oftienfis epifcopus*. Mais la chofe paroît encore mieux par fon épitaphe, & par la fondation remarquable qu'il fit à Touloufe.

Urbani quinti vita, 2. Baluzii.

PAGE 112.

* L'épitaphe ou éloge funebre tel que Gariel l'a tiré du nécrologue de la Chartreufe de Villeneuve-lez-Avignon, porte : *Audoinus Alberti Lemovicenfis, fratris Innocentii VI, filius ex epifcopo Magalonenfi, presbiter cardinalis fanctorum Joannis & Pauli tit. Pammachii poftea epifcopus Oftienfis, confecravit Urbanum V, romanum pontificem. Vir doctrina & pietate infignis, animo nobili & fincero, moribus etiam honeftiffimis & gravibus, qui illum reddebant unicuique gratiffimum, ab omnibus diligebatur. Converfatione fe oftendit urbanum & civilem. Maximam devotionem in religionem Carthufianorum habuit, multa bona domui Carthufianorum vallis benedictionis donavit. Obiit fexto idus maii anno Chrifti 1363, Avenione in domo habitationis fuæ; fepultus eft in eodem cænobio Carthufianorum, in medio chori.*

Ste Marthe, Gall. chriftiana.

1353.

II. Cet éloge funebre nous aprend la douceur de fes mœurs & fon affection pour l'ordre des chartreux. Mais fon teftament nous fait mieux connoître fon efprit épifcopal qui le porta (felon le goût qui regna dans fon fiecle) à fonder un college pour des jeunes étudians. Il fe détermina de l'établir dans la ville de Touloufe, où fon oncle qui en avoit été juge-mage avant que d'entrer dans les ordres, avoit fondé le college de St. Martial. Celui du cardinal Audoüin conferve encore le nom de college de Maguelone, que l'on voit à droite en allant de l'églife du Taur à celle de S. Sernin. La fondation qu'il en fit par fon dernier teftament porte que fes executeurs teftamentaires établiront une bourfe d'écoliers de grammaire, de logique & autres arts liberaux, en auffi grand nombre que fes biens pourront le fuporter. Voulant que les prieres qu'ils feront tournent au foulagement de l'ame du roy de France, afin qu'il protege cette bonne œuvre & qu'il la recommande aux capitouls & à l'archevêque de Touloufe. Il fait ce college héritier univerfel de tous fes biens, meubles, immeubles & autres droits, quels qu'ils foient, qui lui pourront apartenir.

Catel nous aprend dans fes Mémoires du Languedoc que Jean, cardinal de St. Marc & puis de Ste Sabine, l'un de fes executeurs teftamentaires, obtint du roy Charles V les lettres d'amortiffement néceffaires pour cette fondation; & qu'en 1370, Gregoire XI, fucceffeur d'Urbain V, lui donna pouvoir de faire des ftatuts pour la direction de ce college. Il ajoûte que frere Dominique de Florence, archevêque de Touloufe, commis à cet effet par Martin V, regla que dorénavant, outre dix écoliers qu'il y avoit déjà dans le college de Maguelone, il y en auroit un onziéme qui feroit prêtre & pour toute fa vie, au lieu que les autres bourfiers ne pouvoient garder leur place que pendant fept ans. Par ces mêmes ftatuts la collation des places eft dévoluë aux executeurs teftamentaires du cardinal de Ste Sabine, & à leur défaut, abfence ou négligence, au chancelier & recteur de l'univerfité de Touloufe.

Le cardinal Audoüin (comme le remarque M. Fleury) avoit commencé par un canonicat de Ste Radegonde de Poitiers, que le pape Benoît XII lui donna avec l'expectative d'une prébende. Clément VI le fit evêque de Paris en 1349, après la mort de Foulques de Chanac, d'où il fut transferé à Auxerre en 1350, & enfin à Maguelone, comme nous l'avons vû. Il paroît par les regîtres du Vatican qu'il occupa cette derniere place jufqu'en 1354, où il eft dit expreffement que Durand lui fut fubrogé dans l'evêché de Maguelone; ce qui fait dire à Mrs de Ste Marthe que c'eft avec grande raifon que Gariel a compris le cardinal Audoüin parmi nos evêques, d'autant plus qu'il a de fon fentiment Onufre, Ciaconius, Bofquet & Colomby.

Durand, qui lui fucceda, a été furnommé des Chapelles, fans qu'on en fçache bien la raifon. On ignore même le lieu de fa naiffance, mais on a des preuves certaines qu'il occupa le fiége de Maguelone durant fix ou fept années.

Gariel nous aprend qu'ayant été nommé par le pape Innocent VI, fur la démiffion du cardinal Audoüin, il fut facré à Avignon, en préfence du pape & du facré college, & qu'étant venu à Maguelone pour s'y faire inftaler, il trouva une fi grande opofition de la part du plus grand nombre des chanoines, qu'on lui refufa jufqu'aux provifions du pain & du vin, qui ne devoient pas, felon leurs ftatuts, être refufées au moindre étranger : *Negata provifio* (dit l'acte) *panis & vini & victualium quæ, fecundum ftatuta & ordina-*

PAGE 113.   *tiones ecclefiæ, tenentur præftare etiam * judæis.* Cette dureté ne venoit d'aucun éloignement qu'on eût contre fa perfonne ; mais par un de ces orages qui s'élevent quelquefois dans les compagnies, furtout dans la perfuafion où ils étoient qu'ils ne pouvoient que par un grand éclat faire revivre leurs anciens droits fur l'élection de l'evêque.

Durand n'oppofa rien à cette réfiftance, car il prit le parti de fe retirer au château du Terrail, avec quelques donats & quelques convers qui voulurent le fuivre. Il y attendit patiemment que l'orage fût paffé, voyant bien que la conduite des chanoines ne feroit approuvée ni du pape, ni du roy. Cependant il fe hâta de rendre fon hommage pour les terres de l'evêché qui relevoient de la couronne. L'acte que nous en avons eft du 13 février 1353, c'eft-à-dire 1354.

IV.   « Moy, Durand, evêque de Maguelone, dit-il, je reconnois à vous, féné-
« chal de Beaucaire, commiffaire du roy, & nommé par luy à cet effet,
« tout ce que je tiens de lui en fief, à raifon de l'églife de Maguelone;
« excepté tout ce que le feigneur roy a acquis dans Montpellier, & au châ-
« teau de Lates de l'evêque de Maguelone, nôtre prédéceffeur, pour caufe
« de l'échange faite avec lui.

« Je reconnois tenir de lui, au nom de l'églife de Maguelone, tout ce
« que le feigneur roy a donné à mes prédéceffeurs à raifon de cet échange,
« dans la ville de Saure & dans les châteaux de Durfort, Pouffan & autres
« lieux, pour lefquels je dois & promets d'être fidéle au roy. Et en met-
« tant la main fur ma poitrine, j'en fais le ferment à vous, fénéchal, au nom
« du roy, promettant de faire tout ce que je fuis tenu de faire à fon égard
« lorfque j'en aurai eu connoiffance. »

L'orage qui avoit fait rétirer l'evêque de Maguelone au château du Terrail, paffa d'autant plus vîte qu'il avoit été plus violent. Les chanoines ne furent pas longtems à reconnoître l'inutilité de l'éclat qu'ils avoient fait, & Durand n'eut pas beaucoup de peine à ramener des efprits déjà ébranlez. Il y réüffit fi bien qu'il tint avec eux un chapitre général, digne de quelque remarque par les ftatuts fuivants :

I. Un chanoine ne pourra s'abfenter par mois au-delà de quatre jours, & fans avoir gagné auparavant dix jours de prefence dans lefquels les fêtes folemnelles ne feront point comprifes.

II. Nul n'aura voix en chapitre qu'il ne foit prêtre, ou du moins fous-diacre.

III. Défenfe à toute perfonne, fous peine d'anathême, d'engager ou détourner à fon profit les biens de l'églife, ni de les aliener pour toute autre caufe que pour un befoin preffant de l'églife, ou pour le foulagement des pauvres.

Cette bonne intelligence entre l'evêque & fon chapitre fut fuivie de l'hommage que tous les vaffaux de l'evêché firent à Durand, pour les terres qu'ils tenoient de lui. On trouve dans les archives de l'evêché le ferment de fidélité qui lui fut prêté par les feigneurs de Ganges, de Pouffan & de la Valette. Les archives de l'hôtel de ville raportent au long la réconnoiffance qui lui fut faite le 1er juillet 1354 par les confuls de Montpellier, pour les bois de Valene, où en rapellant toutes les tranfactions paffées fous Guillaume, evêque de Maguelone en 1215, & fous Berenger de Fredol en 1261, les confuls reconnoiffent lui devoir une albergue annuelle de deux chevaliers en étant requis. Plus trois chevaliers pour le mas de Caravetes, & l'ufage annuel de neuf fols pour le mas de la Boiffiere. Sur toutes lefquelles chofes l'evêque a droit de lods & de confeil avec la haute juftice & l'exécution de fang, & les confuls ont les autres juftices, jufques & non inclus l'effufion du fang.

1354.

Durand, après avoir établi de la forte le temporel de fon églife, s'appliqua entierement à profiter des occafions d'être utile à fon diocéfe. Il ne tarda point d'apprendre que depuis 1349 il avoit été fait une fondation avantageufe au public, en faveur des religieufes de St. Gilles, à qui un nommé Berenger Mairofe avoit legué trois mille cinq cens livres, & nommé pour fes exécuteurs les ouvriers de la commune clôture. Il arriva par la négligence inévitable dans les affaires qui dépendent de plufieurs differentes perfonnes, que ces religieufes, longtems après la fondation, n'étoient pas mieux pour le temporel ni pour le fpirituel. Durand en ayant été informé, mit en mouvement les ouvriers, & les ayant porté à mettre en état le logement de ces religieufes, il leur dreffa des reglemens particuliers, * du confentement, dit-il, du chapitre de Maguelone & du prieur de St. Denis, dans la paroiffe duquel leur nouveau monaftere étoit bâti.

Page 114.

L'acte le plus remarquable que nous ayons de fon épifcopat eft une tranfaction paffée entre lui & fon chapitre, par la médiation de deux chanoines de Lodeve, Pons de Lauziere, docteur en droit canon, & Berenger de Villeneuve, commis de part & d'autre. Ils prononcerent article par article fur tous les griefs réciproques; ce qui peut fervir à nous faire connoître le relâchement qui s'étoit introduit à Maguelone pendant la longue abfence de fes evêques, puifqu'on eft obligé de defcendre dans un affez grand détail des procédures criminelles contre les chanoines qui auroient donné lieu d'en faire. Les dix premiers articles regardent divers droits particuliers difputez entre l'evêque & le chapitre, comme les droits de fon entrée, les obfervances regulieres, la collation des bénéfices, &c.

V.

« 1º A la premiére entrée de l'evêque de Maguelone, le prévôt lui four-

« nira & à ſes gens le pain & le vin. Le ſacriſtain, le luminaire. Et le chef
« des cuiſines, la viande ou le poiſſon, ſelon le jour. Les autres officiers,
« ſelon leur charge, lui donneront ce qu'ils ont coûtume de donner à la
« communauté & aux chanoines réſidens. Le prévôt, dans ces occaſions,
« fournira aux gens de la ſuite de l'evêque le bois, verres, pots & autres
« uſtenciles qu'il reprendra lorſqu'ils ſe rétireront.

« 2° La correction ſera faite à Maguelone par le ſeul evêque, s'il eſt pre-
« ſent; à ſon abſence par le ſeul prevôt; & au deffaut de tous les deux,
« par le prieur clauſtral, auquel l'evêque & le prevôt doivent leur protec-
« tion.

« 3° Pour la collation des bénéfices hors de l'égliſe de Maguelone, on
« impoſe ſilence à l'evêque & à ſes ſucceſſeurs.

« 4° Le prevôt ne ſera point nommé dans les affaires criminelles.

« 5° Au ſujet de la plage qui eſt entre la mer & l'étang de Villeneuve,
« on gardera de point en point la tranſaction paſſée entre Guillaume de
« Laudun, veſtiaire de Maguelone, & Pictavin de Monteſquiou, dans le
« tems qu'il en étoit evêque.

« 6° On impoſe ſilence à l'evêque ſur ce qu'on diſoit lui être dû par le
« veſtiaire.

« 7° Le prevôt ne payera rien pour le droit du ſceau dans les procès
« qu'il aura; les parties des chanoines le payeront en entier ſi elles vien-
« nent à ſuccomber, & les chanoines ne payeront que les écritures.

« 8° Le prieur clauſtral pourra donner permiſſion aux chanoines de
« ſortir pour un mois hors de l'iſle, à moins que l'evêque ne juge à propos
« de révoquer expreſſément & nommément les lettres que le prieur auroit
« données.

« 9° Si l'evêque & le prevôt ſont dans le même lieu, le chanoine qui
« voudra ſortir hors de la province de Narbonne doit s'adreſſer à l'evêque
« ſeul. Mais s'ils ſont en des lieux ſeparez, le chanoine eſt maître de
« s'adreſſer à celui des deux qu'il voudra, & ayant obtenu la permiſſion de
« l'un d'eux, elle ne pourra être révoquée par l'autre. Mais tous les cha-
« noines ne pourront ſortir de la province que pour les affaires de leurs
« prieurez ou de leur adminiſtration.

« 10° L'evêque ne prendra qu'une fois l'année le droit de viſite des
« égliſes. »

Voilà pour divers points des obſervances domeſtiques; voici pour la
procedure qu'on devoit garder dans les affaires civiles des chanoines &
enſuite pour les criminelles, ce que nous ne voyons pas avoir été reglé juſqu'alors.

« 11º Les caufes civiles des chanoines, donats ou convers, ne feront
« point traitées dans l'audiance publique, mais dans la chambre de l'offi-
« cial ou du vicaire pour le fpirituel. »

Si le chanoine affigné refufe de comparoître en perfonne ou par procureur, il fera cité par trois fois, avec intervale de fix jours d'une citation à
l'autre; & s'il perfifte dans fa contumace, il lui fera fait commandement en
vertu de fainte obéïffance, de fatisfaire à fon ajournement. Mais afin que
fon obftination ne tourne pas à fon avantage, il eft ordonné que fi le défail-
lant poffede cent florins ou cent livres de rente, felon l'ancienne taxe des
décimes, il payera toutes les femaines, fans aucune rémiffion, deux florins
ou deux livres aux adminiftrateurs du cloître * qui feront chargez de le   PAGE 115.
nourrir. S'il a plus ou moins de revenu, il payera plus ou moins à proportion. Et fi le chanoine, le donat ou le convers n'a aucun revenu, qu'il foit
difcipliné en chapitre par ordre du prieur clauftral chaque jour, ou bien
deux ou trois fois par femaine, jufqu'à ce qu'il ait comparu en perfonne
ou par procureur, & qu'il ait obéï à fon ajournement ou fatisfait à fa
partie.

Quant aux caufes criminelles, elles feront jugées par l'evêque et par le
chapitre. Le chanoine, donat ou convers, contre qui il faudra procéder, fera
faifi par les gens de l'evêque, & traduit auffitôt à Maguelone, à moins qu'il
n'y eût à craindre qu'il ne fût enlevé en chemin; mais le peril venant à
ceffer, on le traduira à Maguelone pour y être puni.

On déclare excommuniez, *ipfo facto,* ceux qui tireront de prifon le coupable qui y aura été mis par fentence de l'official, & ils ne pourront être
relevez de l'excommunication que par le confentement exprés de l'evêque
& du chapitre.

« On donne pouvoir aux officiers de l'evêque de faire faifir & vendre les   1356.
« effets des chanoines, donats & convers, jufqu'à la concurrence des
« fommes qu'ils auront été condamnez de payer.

« Que fi les officiers de l'evêque étoient troublez dans ces fortes d'exé-
« cutions, il leur fera permis de récourir aux officiers du roy. A quoi les
« chanoines, donats & convers fe foûmettent par exprés dans le prefent écrit,
« en fe refervant néanmoins la voye d'apel, & de n'être pas tenus, s'ils
« veulent, au prefent réglement pour les affaires civiles commencées
« depuis dix ans paffez. »

Tout ce détail paroîtra peut-être à quelques-uns de mes lecteurs moins
gratieux que ne le feroit le récit d'un fait hiftorique, qui réjoüit l'efprit fans
l'appliquer; mais je les pric d'obferver qu'outre la variété que l'hiftoire
demande pour donner du plaifir, elle nous eft beaucoup plus utile par les

réflexions qu'elle nous donne occasion de faire, que par le simple récit d'un évenément. Ainsi je ne crains point de continuer le précis que j'ai déjà commencé, puisqu'il sert à connoître les abus qui se glissent insensiblement dans les communautez les mieux reglées, & en même tems le remede que les personnes bien intentionnées tâchent d'y aporter par de sages loix.

« 12° Afin que l'evêque ne gréve point la communauté de Maguelone
« par de trop fréquentes visites, on regle que le prevôt & les autres officiers
« lui fourniront les choses de leur office à certains jours marqués dans les
« anciennes coûtumes. Sçavoir : le jour des Cendres, le Mercredi-Saint &
« les cinq jours suivans. La veille de la Pentecôte & les deux jours sui-
« vans. La veille de Noël & les trois suivans. Enfin toutes les fois
« que les devoirs de sa charge, ou le besoin & l'utilité de son église deman-
« deront qu'il y vienne. Mais on remet le tout à sa conscience & à celle de
« ses successeurs.

« 13° On impose silence au chapitre, qui prétendoit que l'evêque ne
« pouvoit point procéder criminellement contre les clercs & laïques de son
« diocése, sans le consentement du prevôt & du chapitre. »

« 14° Dans la perception du droit de visite, l'evêque s'en tiendra à ce qui
« est prescrit par le droit.

« 15° Dans les permissions qu'on donnera aux laïques de se marier hors
« de leur paroisse, & d'y recevoir les sacrements de l'église, l'evêque & ses
« officiers sont exhortez de ne les accorder qu'avec modération, afin que
« les paroisses ne soient pas désertées. Sur quoi on s'en remet aux statuts
« déjà publiez.

« 16° L'evêque donnera les permissions d'aller aux ecoles publiques, en
« observant la forme du droit.

« 17° L'evêque & le chapitre se payeront reciproquement les censives &
« les lods pour les fiefs & arriere-fiefs qu'ils ont les uns des autres.

« 18° On impose silence aux chanoines & prieurs qui disoient que l'evê-
« que empêchoit les curez d'obliger par censures leurs paroissiens de payer
« la dîme.

« 19° Et sur la plainte qu'ils faisoient, que l'evêque ne s'en tenoit pas
« aux réglements déjà faits pour le droit de charnage, on dit qu'il les obser-
« vera inviolablement.

« 20° Sur la contestation entre l'evêque & le vestiaire de Maguelone,
« pour * une certaine piéce de terre, on renvoye l'affaire à celui qui a con-
« noissance des affaires temporelles du chapitre, ou à un accord amiable
« entre parties.

« 21° On ne permet qu'aux feuls chanoines de Maguelone, qui ont des
« benéfices dans Montpellier, d'y paffer les nuits.

« 22° Les arbitres remettent jufqu'à la fête de tous les Saints de décider
« fur le refus que faifoient certains prieurs de l'églife de Maguelone, de
« payer le droit de vifite. Et pour prévenir les difputes, les fraix, & les
« fcandales arrivez à l'occafion des articles ci-deffus reglés, on dit que les
« evêques à l'avenir, dans le premier mois de leur entrée, jureront à la
« réquifition du procureur du chapitre fur les faints Evangiles & la main
« fur la poitrine, de faire obferver le préfent réglement. Tous les prévôts
« à venir feront le même ferment en touchant de la main les mêmes faints
« Evangiles, lorfqu'ils en feront requis par l'evêque ou par le chapitre. Les
« officiers clauftraux de Maguelone, les bénéficiers & prieurs ne feront pas
« tenus de rendre obéïffance à l'evêque, ni de donner au prevôt les chofes
« de leur office, que l'un & l'autre n'ayent promis d'obferver le prefent
« reglement, par le moyen duquel les parties ont dit avoir la paix & con-
« corde. Signé par le feigneur Durand, evêque de Maguelone; Pons
« d'Olargues, prévôt, & plufieurs chanoines pour le chapitre, le 18 novem-
« bre 1356. »

Gariel nous aprend que le même evêque régla les limites de fon diocéfe, *Series, pag. 336.*
avec celui d'Agde; mais les changemens qui font arrivez à ces limites, terminez d'un côté par la mer, & de l'autre par l'eftang de Tau, laiffent encore
de nos jours la chofe indécife. Elle eft devenuë plus difficile à vuider depuis
les travaux qui ont été faits au pied de la montagne de Sette, pour la jonc-
tion de la mer & de l'étang, parce que le canal qu'on y a fait n'a pas fuivi
les anciennes limites des deux diocéfes; mais ils ont pris de l'un & de l'autre, felon la facilité du creufage.

On ne trouve autre chofe que ce que je viens de dire de cet evêque, qui 1359.
fiégea jufqu'en 1359, & on n'a aucune connoiffance certaine du tems de fa
mort. On fçait feulement que fon fiége vaquoit l'année fuivante 1360, où 1360.
les archives de l'hôtel de ville marquent que l'evêché de Maguelone étant
gouverné par un vicaire général, Bernard, evêque de Brixia, dans les etats
de Venife, & fuffragant de l'archevêché de Milan, fe trouvant malade à
Montpellier, laiffa par fon teftament trois mille quatre cens florins pour la
fondation d'un collége pour dix pauvres ecoliers, qui devoient étudier en
droit civil & canonique. Ce college par le malheur des tems ne fubfifte
plus, comme nous le dirons dans l'article qui le concerne, à la fin de l'article
de l'univerfité de Montpellier.

CHAPITRE SECOND.

I. La chapelle de l'hôtel de ville confacrée Jous Deodat, evêque de Maguelone. II. Création du pape Urbain V. III. Qui fonde le prieuré de St. Germain à Montpellier. IV. Son arrivée en cette ville. V. Il y fait la dédicace de l'autel de St. Germain. VI. Il nomme à l'evêché de Maguelone Gaucelin de Deux.

1361.

DEODAT fut fubrogé à la place de Durand des Chapelles environ l'an 1361, car on marque fa mort en 1366, enforte qu'il ne tint le fiége de Maguelone guère plus de quatre ans. L'acte le plus certain que nous ayons de lui eft une lettre du roy Jean, donnée près de Compiegne, le 9 du mois de juin 1362, par laquelle il ordonne au fénéchal de Beaucaire de rendre à Deodat, *nunc Magalonenfem epifcopum*, tout ce qui pourroit lui avoir été faifi à raifon du ferment de fidélité qu'il devoit au roy pour le temporel de fon evêché. Et par ces mêmes lettres il prolonge à l'evêque le terme d'un an, afin (dit le roy) de recevoir nous même fon ferment, au cas que nous allions en perfonne vers ces quartiers : *Si contingat infra dictum terminum nos ad eas partes accedere*. Le roy méditoit fans doute le voyage qu'il fit à Avignon, peu après la promotion d'Urbain V, * où, durant un féjour de plufieurs mois, il fe croifa (comme nous l'avons vû) pour la Terre-Sainte ; mais fort à contre-tems pour les affaires de fon royaume, qui étoient toûjours dans le trouble depuis fon retour d'Angleterre.

DEODAT.

PAGE 117.

I. Deodat, quoique nommé à l'evêché de Maguelone avoit féjourné à Avignon durant les dernieres années d'Innocent VI, fon protecteur, fuivant l'ufage affez ordinaire aux evêques de fon tems. Il y a même lieu de croire qu'il s'y arrêta durant toute la premiere année du pontificat d'Urbain V, car nos archives marquent que nos confuls voulant faire confacrer la chapelle de leur nouvelle maifon confulaire, ils s'adrefferent à Pons de la Garde, chanoine de Maguelone, prieur de St. Firmin & grand vicaire pour le fpirituel & pour le temporel de Deodat, evêque de Maguelone, abfent. Ils prierent en même tems Theobald (evêque de Coron dans la Morée) qui fe trouvoit alors à Montpellier, d'en faire la cérémonie; & toutes les permiffions en ayant été accordées par le vicaire général, l'evêque de Coron fit la confecration de la chapelle, le 25 du mois d'octobre 1363.

1363.

Urbain V, avoit été élevé fur la chaire de St. Pierre vers la fin de l'année précédente 1362, ce qui fait une époque des plus remarquables pour la ville de Montpellier, où ce pape avoit paffé une partie de fa jeuneffe, & à laquelle il ne ceffa de faire de très-grands biens durant fon pontificat. Je crois que la reconnoiffance exige que je n'omette point ici ce que nous trouvons de plus digne de remarque dans les auteurs contemporains qui en ont écrit, & dans nos archives, qui parlent fouvent de lui.

Guillaume Grimoard, du lieu de Grifac, diocéfe de Mende, étoit fils de II. Grimoard, chevalier, feigneur de Grifac, dans le Gevaudan, qui eut le bonheur de furvivre pendant quelques années à l'exaltation de fon fils. En fa premiere jeuneffe il embraffa la vie monaftique, & fut reçû dans le monaftere de Chiriac, au même diocéfe, dépendant de St. Victor, de Marfeille; d'où, après s'être inftruit des fciences regulieres, il vint étudier à Montpellier avec tant de fuccès, qu'il devint docteur fameux en droit civil & en droit canon, qu'il enfeigna plufieurs années, tant à Montpellier qu'à Avignon : *Rexitque multis annis tam in Montepeffulano quam in Avenione,* dit l'auteur de fa vie. Sa reputation le fit nommer à l'abbaye de St. Germain d'Auxerre, & enfuite à celle de St. Victor, de Marfeille.

1363.

Il occupoit cette derniere place, lorfqu'il fut choifi par le pape Innocent VI, pour aller à Naples, en qualité de legat, auprès de la reine Jeanne, qui venoit de perdre fon fecond mari, Loüis de Tarente ; mais il en fut rapellé après la mort d'Innocent VI, arrivée le 12 du mois de feptembre 1362. Car les cardinaux étant affemblez au conclave, après la mort du pape, ne pûrent jamais convenir du fucceffeur qu'ils devoient lui donner, quoiqu'il fe trouvât entr'eux plufieurs perfonnes de mérite. Ils fe déterminerent enfin à l'abbé de Marfeille, quoiqu'abfent, & quoiqu'il ne fût pas cardinal. Mais parce qu'ils doutoient s'il voudroit confentir à fon élection, ils l'envoyerent querir, fous prétexte de le confulter fur une affaire preffante ; & étant arrivé à Avignon, le 30 d'octobre, ils lui déclarerent l'election qu'ils faifoient de lui : & l'ayant fait couronner dans le palais même par le cardinal de Maguelone, qui étoit evêque d'Oftie, ils firent publier fon election fous le nom d'Urbain V.

Petrarque qui vivoit de fon tems, releve le choix qu'on fit de lui, comme l'ouvrage de Dieu feul, quoique tous les cardinaux lui euffent donné leur voix. « *Deus te profecto* (lui dit-il) *Deus, inquam, folus & nemo mortalium te ele-*
« *git, linguis licet illorum ufus, quas ad aliud difpofitas ad fuum vertit obfequium*
« *quodque ipfe volebat per nolentes fecit.* Certainement vous avez été élû de
« Dieu feul, & non pas d'aucun des mortels, quoique Dieu fe foit fervi de
« leur langue pour vous nommer ; ils les a faites fervir à fes deffeins, toutes
« difpofées qu'elles paroiffoient à autre chofe ; & il a fait ce qu'il vouloit
« par ceux-même qui lui étoient les plus contraires. » C'eft ainfi (par une

providence particuliere de Dieu) qu'aprés que les hommes ont exercé inutilement leurs paffions pour parvenir à leurs vûës les plus humaines, ils fe trouvent comme forcez de * revenir à la premiere vûë qu'ils auroient dû avoir.

PAGE 118.

La conduite qu'Urbain V garda durant fon pontificat juftifia pleinement la penfée de Petrarque; car il n'y a eu guéres de pape qui ait joint à une grande capacité plus de vertus convenables au bon gouvernement & à l'édification des fidéles. Il fut non-feulement irréprochable dans fes mœurs, mais d'une vie fi exemplaire, qu'on travailla aprés fa mort à fa canonifation. Il eut une aplication continuelle à pourvoir l'églife de bons fujets, & à connoître ceux qui fe formoient dans les univerfitez. Sa charité envers les pauvres, fon défintereffement pour fes parens, & fa magnificence pour le fervice divin, ont rendu fa mémoire pleine de bénédictions, depuis prés de quatre cens ans.

III. Parmi les fondations & les bâtiments fomptueux qu'il fit en divers lieux, comme à St. Victor de Marfeille, à Avignon, à Rome, & dans le diocéfe de fa naiffance, on marque le monaftère de St. Germain de Montpellier, comme un de fes plus beaux ouvrages. L'intérêt particulier que nous devons y prendre m'oblige d'en parler plus au long, & de raporter icy ce que nous trouvons dans nos archives. Elles nous aprennent que ce pape voulant faire un établiffement utile à la ville de Montpellier, & à l'ordre de St. Benoît, réfolut dés le commencement de fon pontificat de fonder une maifon pour un grand nombre de religieux dont une partie s'occuperoit pendant un certain tems à l'étude des fciences & l'autre feroit attachée pour toûjours au fervice divin. Dans cette vûë (comme il connoiffoit parfaitement la ville) il choifit un quartier retiré, regardant le nord & apellé par cette raifon Cofte-Frége, où il fit acheter les maifons qui lui étoient néceffaires, dont il demanda l'amortiffement des tailles au roy Charles-le-Sage, qui l'accorda par fes lettres-patentes, données dans le même tems qu'on fe difpofoit à mettre la premiere pierre à fa nouvelle églife.

1363.

1364.

La cérémonie en fut faite le premier du mois d'octobre 1364, où nos archives marquent que les confuls de la ville, les ouvriers et les confuls de mer partirent de l'hôtel de ville en proceffion, & fe rendirent à Cofte-Frége avec des cierges allumez & faifant porter fous un riche dais la tête de St. Blaife, qui étoit une ancienne relique de la ville. L'office fut célébré par Jean Gafc, abbé d'Aniane, & le fermon par Guy Tinel, gardien des freres Mineurs; après lequel le célébrant mit une premiere pierre au milieu du chevet de l'églife, les confuls une feconde au côté droit, fous laquelle on marque qu'ils jetterent une poignée d'argent monnoyé, & qu'ils donnerent

II. Partie. Livre quatrième.

pour étrenne fix taffes d'argent marquées aux armes de la ville & poinçon de la monnoye. Les officiers curiaux, Philipe de Antilla, recteur, & Jacques de la Mahania, bailly, mirent une troifiéme pierre du côté gauche; & la cérémonie ayant fini par la publication des indulgences accordées par le pape, on travailla dès le lendemain à avancer ce grand édifice.

Nous ne trouvons pas qu'il foit fait aucune mention de Deodat, evêque de Maguelone, durant toute cette cérémonie; ce qui nous donne lieu de croire qu'il étoit alors hors de fon diocéfe. Mais nos archives ne laiffent aucun lieu de douter qu'il n'y fût revenu l'année fuivante 1365, puifqu'elles marquent que le jour de la Nativité de la Vierge, il fut fait, de fon autorité, l'union des religieufes de Nôtre-Dame de la Rive, avec celles du fauxbourg St. Gilles, enforte (dit nôtre Talamus) que les religieufes blanches & noires habiterent enfemble. Nous dirons en fon lieu quelles étoient ces deux maifons; mais il nous fuffira pour le prefent de remarquer pour l'evêque Deodat qu'il n'eft plus parlé de lui dans nos archives, & que l'on croit qu'il mourut fur la fin de 1365, c'eft-à-dire, comme nous comptons à prefent au commencement de 1366.

Le fiege refta vacant tout le refte de cette année, durant laquelle on fit à Montpellier deux reparations bien remarquables, fçavoir, celle des murailles du Peirou, & celle de la paliffade qui clôturoit les fauxbourgs. Pour l'intelligence de ces deux articles, il eft à obferver que felon nôtre petit Talamus, le mur & la tour du palais étoient tombez le 12 février 1364 & felon le même témoignage, on les fit refaire au mois de may 1366, où l'on commença en même tems un mur de pierre pour fermer les fauxbourgs de la ville. Le motif preffant de ces reparations étoit les courfes des mauvaifes compagnies qui faifoient mille défordres aux environs * de Montpellier. Ce fait n'eft pas équivoque, comme nous l'avons affez dit dans le premier tome de cette hiftoire. Mais la difficulté (s'il y en a) eft de fçavoir à qui nous avons obligation des murailles du Peirou? Au pape Urbain ou au cardinal Pierre de Lune, comme une tradition populaire le porte. Pour moi qui n'ai trouvé rien de décifif fur cela dans nos archives, j'avoüe que je me déterminerois plus volontiers pour le pape Urbain: 1° parce que Pierre de Lune n'étoit point encore cardinal, puifqu'il ne le fut que neuf années aprés, c'eft-à-dire, à la promotion que Grégoire XI, fucceffeur d'Urbain V, fit à Avignon le 20 décembre 1375; 2° parce que je trouve en termes exprés dans le livre de Gariel qui pour titre: *Origine & changements de l'églife St. Pierre de Montpellier.* Le pape Urbain V fit ceindre de murailles une partie de la ville; & pour rendre l'ouvrage plus digne de fes foins & de fes dépenfes il l'embellit de belles tours; furquoi je ne puis

1365.

1366.

PAGE 119.

assez admirer l'affectation qu'on a eu à Montpellier depuis les deux derniers siécles, de faire honneur à cet antipape de plusieurs choses qui ne lui apartenoient pas.

Mais pour donner quelque connoissance de ce mur de pierre, que nôtre petit Talamus marque avoir été fait autour des fauxbourgs, je dirai que c'étoit une enceinte de murailles à hauteur d'homme, pour empêcher les coups de mains, dans un tems où l'usage de l'artillerie n'étoit point connu. Cette enceinte laissoit une entrée à l'avenuë des grands chemins qui aboutissoient à la ville, où l'on entroit par de grandes portes, telles qu'on voit encore sur le chemin de la Mousson, au lieu dit la Portaliere, & en un autre endroit plus bas vers le nord, où l'on voit une grande porte isolée, qui paroît avoir été liée par les côtés à une muraille jusqu'à une certaine hauteur.

Cependant l'édifice de St. Germain s'avançoit à Montpellier avec une extrême diligence; en sorte que le pape forma le dessein de le venir voir lui-même, mais il voulut auparavant faire précéder les riches présens qu'il lui destinoit. Nos archives pour faire honneur aux liberalitez du pape, nous marquent que l'abbé de Mont-Majour qui en étoit chargé, arriva en cette ville le vingt-neuviéme du mois de juillet 1366, & qu'il y fut reçû par une procession générale, après laquelle il remit les presens, qui consistoient en une precieuse relique de la tête de saint Germain, en une très-riche chasuble & un calice d'or.

La chasuble qui est encore fameuse parmi nous, étoit d'une grosse étoffe d'or semée de petites perles & bordée de plus grosses. On y avoit formé de gerbes de bled dont les tuyaux étoient d'argent fort relevé, & les épis de fil d'or chargez de perles ou de grains. La croix du milieu étoit d'une grosse broderie d'or & d'argent, mêlée de pierreries pour en relever l'éclat; & le tout étoit d'un si grand poids, que la chasuble étant dressée sur une table elle ne s'abatoit point, mais le prêtre passoit dessous pour la charger; & lorsqu'il étoit obligé de faire quelque mouvement dans le cours des cérémonies, il y avoit des gens pour la lui soûlever.

Le calice qui étoit grand & large, selon la mode de ce tems-là, étoit émaillé d'azur turquin par le dehors, & garni de pierreries tout autour de la poignée, & au pied du calice, mêlées des petites fleurs en émail. Environ ce même tems, Urbain envoya aux freres mineurs de Montpellier un bras de saint Loüis, evêque de Touloufe, dans un reliquaire d'argent garni de pierreries, qui leur fut aporté par Pierre d'Arragon, du même ordre, neveu du saint & oncle du roi d'Arragon.

Ces riches présens animérent les ouvriers de la bâtisse de St. Germain, qui fçavoient que le pape viendroit vifiter leur ouvrage; ils firent une fi grande diligence qu'après avoir commencé les fondemens de l'églife dans le mois d'octobre 1364, ils l'eurent mis en état de recevoir le pape en 1366. Il vint, en effet, comme il avoit fait efperer. Et c'eft au commencement de février 1367 que nos archives marquent fon arrivée en cette ville.

Tout le monde fortit à fa rencontre. L'archevêque de Narbonne, Pierre IV. de la Jugée, qui s'étoit rendu à Montpellier, conduifit le clergé & les religieux bien avant au-delà de Caftelnau. Les curiaux du roi de France pour la Part-Antique, & ceux du roi de Navarre pour Montpellier, venoient enfuite; les confuls, avec un * riche dais à huit bâtons, l'attendoient à Caftelnau. On marque que ce dais étoit garni de plufieurs écuffons aux armoiries du pape & à celles de la ville, avec vingt-quatre clochettes d'argent doré.

PAGE 120.

Le pape, fuivi des cardinaux de Boulogne, de Canillac, de Terragone & de Sarragoce, defcendit au monaftere des Auguftins, qui étoit fur fon chemin, pour y prendre les habits pontificaux avec lefquels il vouloit faire fon entrée. Après s'en être revêtu, il s'avança vers la ville, étant fous un dais porté par les confuls, & à la porte du Pile St. Gilles, il trouva le duc d'Anjou qui l'y attendoit pour le recevoir. Ce prince, à fon aproche, defcendit de cheval & l'accompagna à pied jufqu'à l'hôtel de ville, où l'on avoit préparé le logement du pape.

A peine y fut-il entré qu'il alla du même pas à Notre-Dame des Tables, & après y avoir fait fa priere, il revint à l'hôtel de ville, où il reçut les refpects & les foûmiffions des feigneurs de la province qui s'étoient rendus à Montpellier, & enfuite de tous les corps les plus confiderables de la ville.

Parmi ceux qu'il diftingua davantage, on marque le recteur de la Part-Antique, qui étoit un venerable vieillard avec qui Urbain avoit converfé familierement tandis qu'il enfeignoit le droit canon à Montpellier. Le pape l'embraffa fort tendrement, & il écouta avec bonté une longue harangue qu'il lui fit, où il tâcha de lui exprimer fa joïe particuliere & celle de toute la ville. Il ne manqua point de rapeller dans fon difcours le voïage des papes fes prédeceffeurs, qui avoient honoré Maguelone & Montpellier de leur préfence, fçavoir : Urbain II, Gelafe II, Calixte II, Alexandre III, Nicolas IV & Clement V; d'où il conclut que fi la ville avoit été alors fort honorée, elle l'étoit incomparablement plus, ayant l'honneur de recevoir un pape qui avoit été un de fes habitans, & qui ayant illuftré fon univerfité, vouloit bien encore l'honorer de fa vifite dans le changement le plus éclatant de fa fortune.

1366.

Toutes les harangues finies, le pape, après dîné, voulut aller vifiter l'églife de St. Germain. Il se fit revêtir de ses habits pontificaux, & monta à cheval, suivi des consuls qui marchoient à pied après ses gardes. Il trouva l'église comme elle l'est encore, longue de vingt-huit toises dans œuvre depuis la porte jusqu'au chevet, & large de quatorze depuis le fonds d'une chapelle à l'autre. La nef a neuf toises de largeur, qui avec les deux & demi que chaque chapelle a de profondeur, font les quatorze toises. Néanmoins le pape n'en parut pas content, & en s'adressant à l'architecte : J'avois mandé, dit-il, de bâtir une église, & vous n'avez fait qu'une chapelle. Puis, en examinant le dessin du cloître : Vous faites, ajoûta-t-il, la maison des serviteurs plus grande que celle du maître. Mais l'église étant trop avancée pour pouvoir y retoucher, on se contenta de la perfectionner & de la preparer pour la dedicace que le pape vouloit faire du grand'autel.

Tandis qu'on y travailloit avec une diligence incroyable, les consuls employoient les orfevres à un tabernacle d'argent, où ils firent enchasser une image de la Vierge d'argent doré, dont le pape leur avoit fait present avec beaucoup de pierreries pour orner tout l'ouvrage. Dès qu'il fut achevé, on le porta processionellement dans la nouvelle église le 30 janvier, où nos annales marquent que l'archevêque de Narbonne officia en presence de sa sainteté, par ordre duquel il donna des pardons fort amples à ceux qui étant contrits de leurs pechez prendroient une bonne résolution de mieux vivre.

V. Enfin le jour de la dédicace fut marqué au 14 de fevrier, où le pape s'étant rendu à la nouvelle église, consacra le grand autel à l'honneur de la vierge Marie, de Dieu & de saint Benoît. Il marqua celui de la droite pour saint Blaise, & celui de la gauche pour saint Germain ; après quoi il chanta la messe pontificalement & benit le peuple, en l'exhortant à la reconnoissance qu'ils devoient à Dieu pour les biens qu'ils en recevoient. Après midi on revint à l'église pour y chanter vêpres, après lesquelles l'archevêque de Narbonne monta en chaire & expliqua au peuple la ceremonie de la dedicace, qui dans l'esprit de l'église nous représente, dit-il, la joïe des saints à loüer Dieu dans le ciel. Il publia ensuite les indulgences accordées par le pape, par les cardinaux & par les evêques qui se trouvoient à Montpellier ; car il n'y en eut aucun qui ne voulût répandre en ce jour * de fête les graces spirituelles dont la disposition leur est commise.

Le lendemain 15 fevrier le pape donna des marques particulieres de son estime à la faculté de droit, en nommant un de ses docteurs regens à l'evêché de Cahors, qui venoit de vacquer par la mort de Bertrand de Cardaillac. Le nouvel evêque étoit apellé Bec de Castelnau, docteur en droit, & actuellement lisant en l'université de Montpellier, comme disent nos annales.

Il fut sacré le dimanche suivant, 21 du mois, avec quelques autres nouveaux evêques, dans l'église de St. Germain, par le cardinal de Canillac.

Pendant le sejour que le pape Urbain V continua de faire à Montpellier, il accorda aux consuls diverses bulles qu'on a pris grand soin d'inserer dans nos archives, où on les voit encore ; l'une est la confirmation de celle de Gregoire VIII, qui défendoit aux ecclesiastiques d'exiger de l'argent pour les mariages & pour les sepultures ; l'autre d'Honoré III, contre les exactions que l'on faisoit pour le droit de sepulture avant que d'ouvrir la terre. Par un bref particulier, le pape Urbain commua la censive que la ville de Montpellier faisoit au saint siége depuis longtems, en écus de monnoye courante ; & par une grace speciale pour les marchands de la ville, il leur permit d'équiper six navires chargez de leurs marchandises pour commercer dans les terres du soudan de Babylone, mais à la charge de ne pas lui aporter des armes prohibées, & de ne faire avec lui aucun traité qui pût nuire au passage des armées chrêtiennes ; voulant de plus qu'ils ne pussent transmettre à aucun autre le présent privilege.

On met en ce même tems les travaux de la palissade qu'il continua de faire construire autour des fauxbourgs ; ce qui a donné lieu à nos modernes de dire que le pape Urbain V avoit projetté d'agrandir la ville de Montpellier depuis la tour des Carmes jusqu'à celle de la Babotte, par un long circuit qui auroit pris les deux portalieres dont j'ai parlé ci-devant. Mais outre qu'on ne trouve rien de ce dessein dans nos archives, il n'y a pas aparence que le pape eût entrepris cet agrandissement dans le tems qu'il étoit le plus occupé du grand bâtiment de St. Germain, & que la seule palissade étoit suffisante pour garantir la ville de l'insulte des soldats qui couroient la campagne.

Je crois ne devoir pas oublier la cérémonie que le pape fit le jour de la Chandeleur, à l'église des Jacobins de cette ville, où la benediction des cierges ayant été faite pendant matines, dans le chapitre du couvent, par le cardinal Anglic, le pape s'y rendit pendant l'office de prime, y chanta solemnellement la messe, & distribua les cierges benits à douze cardinaux & à quantité d'autres prélats, qui s'étoient rendus à Montpellier depuis son sejour en cette ville.

Avant que de la quitter, le pape voulut pourvoir au siége de Maguelone, **VI.** qui vaquoit depuis près d'une année. Et par le choix qu'il fit de Gaucelin de Deucio, il nous donna une nouvelle marque de son affection ; car ce prélat (comme nous le verrons) étoit bien avant dans ses bonnes graces : 1367. il occupoit actuellement le siége de Nîmes, où il avoit eu trois prédécesseurs de son nom & de sa famille. Urbain V déclara le choix qu'il avoit fait

1367.

de lui pour Maguelone, le 5 du mois de mars 1367, & en même tems il nomma pour fon fucceffeur à Nîmes le même Jean Gafe, abbé d'Aniane, que nous avons vû avoir mis la premiere pierre à l'églife de St. Germain, dans laquelle il fut facré deux jours après par le cardinal de Canillac, evêque de Prenefte.

Enfin, le pape qui méditoit un plus grand voyage, partit de Montpellier le huitiéme de mars pour fe rendre à Avignon, jufques où nos confuls & les perfonnes les plus qualifiées de la ville allèrent l'accompagner. Nous verrons dans le chapitre fuivant les principaux évenémens de fon pontificat & la continuation de fes bienfaits pour Montpellier.

CHAPITRE TROISIEME.

I. Gaucelin dans les bonnes graces du pape. II. Urbain part de Marfeille pour Rome. III. Bulle de la fondation du prieuré St. Germain de Montpellier. IV. Naiffance de Charles, fils du roy de France. V. Fondation du college des douze médecins. VI. Retour du pape Urbain à Avignon, & fa mort. VII. Arrivé de Gaucelin à Montpellier, où il meurt.

I.

LE pape Urbain V étant parti de Montpellier le huitiéme de mars 1367 Gaucelin de Deucio ou de Deux, qu'il venoit de nommer à l'evêché de Maguelone, fit fon entrée à Montpellier le lendemain 9 de ce mois, comme nos archives le marquent expreffement. Je crois devoir dire à fon fujet que Bzovius l'apelle Gaucelin de Pradelles, qui eft un village dans le diocéfe d'Ufez, apartenant à la famille de Deucio, où Gaucelin pouvoit être né; mais tous nos auteurs, comme Ste Marthe, Catel, Gariel & Baluze lui confervent le nom de fa famille en l'apellant Gaucelin de Deux; & ils reconnoiffent qu'il avoit fuccedé dans l'evêché de Nîmes à Bertrand, Paul & Jacques de Deux, qui occuperent ce fiége l'un après l'autre; & que Gaucelin avec eux tous étoient de la même maifon que ce cardinal Bertrand de Deucio, archevêque d'Embrun, qui donna à la faculté de droit de Montpellier les règlemens dont j'ai parlé dans la vie d'Arnaud de Verdale.

Le grand voyage que le pape méditoit (comme nous l'avons dit) n'étoit autre que celui de Rome, d'où fes prédéceffeurs s'étoient abfentez depuis près de foixante ans. On donne pour conftant qu'il s'y détermina par des motifs de confcience; mais, comme tout eft fujet à differentes interpretations, on ajoûte auffi qu'il vouloit voir par lui-même les fuccés étonnans qu'avoit eu le cardinal Giles Alvares d'Albornos dans fon adminiftration du patrimoine de St. Pierre. Quoiqu'il en foit, Urbain partit d'Avignon le dernier d'avril 1367, pour aller s'embarquer à Marfeille, où il logea dans fon ancienne abaye de St. Victor, qu'il avoit fait reparer & fortifier confiderablement depuis fon exaltation.

Durant le féjour qu'il y fit, il envoya diferens brefs à Gaucelin, evêque de Maguelone, qui marquent l'eftime & la confiance toute finguliere qu'il avoit pour lui. « Les vertus dont il a plû à Dieu de vous orner (dit le pape « dans un de ces brefs) & les fervices que vous avez rendu au faint fiége « dans les charges de la tréforerie & autres commiffions qui vous ont été « données, *quibus te nobis & apoftolicæ fedi amabilem reddidifti, &c.*, nous por-« tent à vous relacher deux mille florins d'or qui nous font dûs par vôtre « églife, tant de votre chef que de la part de vos prédéceffeurs. » C'étoit pour les arrérages de la cenfive que les evêques de Maguelone faifoient au faint fiége depuis l'acquifition de la comté de Melguëil.

Par un autre du quinziéme du mois de may, il le charge de prendre foin pendant fon abfence du temporel de l'églife d'Avignon, & il lui permet de retenir tous les ans, avec les autres clercs de la chambre apoftolique, mille florins pour être employez par lui aux befoins de cette églife.

Dans un autre de la même date, il lui dit que la bienveillance qu'il a pour lui l'a porté à lui donner les moyens de fe faire aimer dans fon diocéfe; c'eft pourquoi (ajoûte le pape) je vous accorde le pouvoir de conférer tous les bénéfices du diocéfe de Maguelone, dont la collation pourra apartenir au faint fiége, pourvû que leur revenu n'excede point vingt livres petits tournois. La grace n'étoit point petite, fi l'on en juge par la valeur de l'argent en ce tems-là, comme nous le dirons plus bas.

1367.

Par divers autres brefs qui font dans les archives de l'evêché & datez du monaftere de Saint Victor de Marfeille, le pape lui donne pouvoir de procéder contre les détenteurs des debtes & deniers de la chambre apoftolique; d'abfoudre & de faire quelque grace à ceux qui fe mettront en état d'y fatisfaire; de proceder contre les abus qu'on aura fait des lettres apoftoliques; de corriger & de punir les religieux exempts, & d'empêcher que les chanoines de Maguelone n'habitent, à Montpellier, dans des maifons où il y aura des femmes.

PAGE 123.

Urbain (après avoir donné ordre aux affaires de France) partit de Marfeille le 19 mai 1367, fur une flote de vingt-trois galéres, que la reine Jeanne de Naples, les Vénitiens, les Genois & les Pifans lui avoient magnifiquement préparée. Il arriva le 23 de may à Gennes, où il féjourna cinq

II.

jours, durant lefquels il fut vifité par les perfonnes les plus éminentes des environs, au nombre defquelles nos annales marquent Izabelle, marquife de Montferrat, fille de Jacques III, roy de Mayorque, dont nous avons fouvent parlé.

De Gennes, le pape arriva le 28 de may à Portovenere, & le 3 de juin, à Corneto, qui eft dans l'etat ecclefiaftique. Nos annales qui marquent exactement toute fa route, n'ont pas oublié les tentes d'étoffes de foye, & les feüillées d'arbres que le cardinal Albornos avoit fait dreffer fur le rivage, pour le pape & pour toute fa fuite. Il reçut à Corneto les deputez des romains, qui vinrent lui offrir la feigneurie de leur ville & les clefs du château St. Ange, qu'ils tenoient auparavant; & étant parti de Corneto, il arriva le neuviéme de juin à Viterbe, où il demeura quatre mois.

Pendant le tems qu'il y refta, on fit à Montpellier l'élevation de deux grandes cloches, qu'il avoit ordonné pour fa nouvelle églife. Je raporte les propres paroles de nôtre Talamus : Le 20 août 1367, la groffe cloche de notre ft. pere le pape fut montée fur la groffe tour, proche le portail de l'églife, du côté des murs de la ville, laquelle cloche a nom Urbain; & le lundi après fut montée la feconde cloche en ladite tour, qui fut apellée Germain; d'où nous pouvons inférer que l'églife & les tours étoient déjà finies. Et l'on peut obferver que l'ufage étoit déjà établi de donner aux cloches d'une groffeur confidérable le nom de ceux qui les avoient fait faire, comme Cardaillac à Touloufe, & Amboife à Roüen. J'ajoûte que par la défignation du clocher où elles furent montées, ce devoit être le même clocher où eft aujourd'hui la cloche de St. Pierre, puifqu'il eft proche le portail de l'églife, & du côté des murs de la ville; mais il femble, par cette défignation expreffe, qu'il devoit y avoir un autre clocher de l'autre côté du portail (comme notre tradition le porte), parce qu'il auroit été inutile de le défigner de la forte, s'il n'y en avoit eu qu'un feul.

Peu de jours après, le pape reçut à Viterbe un grand fujet d'affliction par la mort du cardinal d'Albornos, arrivée le 24 août, dans le tems qu'il comptoit le plus fur les inftructions & les fervices de ce cardinal, qui dans l'efpace de quatorze ans qu'avoit duré fa légation en Italie, ramena plufieurs villes à l'obéiffance de l'églife, tant par la force des armes, que par des compofitions amiables. Sa perte fut d'autant plus fenfible, que le peuple de Viterbe ne tarda point de fe foulever; enforte que les cardinaux françois demeurerent enfermez chez le pape jufqu'à ce qu'on eût fait aprocher des troupes pour faire ceffer le tumulte.

Ce défordre ne fervit pas peu pour déterminer Urbain de fe rendre inceffamment à Rome, où il entra enfin le feiziéme du mois d'octobre 1367, précisément soixante-trois ans après que Benoît XI s'en étoit retiré: il y fut reçû des Romains avec grande joye; & après avoir fait sa priere dans l'église de St. Pierre, où il fut instalé, suivant la coûtume, dans sa chaire pontificale, il passa au palais du Vatican, qui tomboit de vieillesse, mais qu'il fit bientôt réparer.

Tandis qu'on y travailloit de son ordre, il pourvut aux affaires les plus pressantes d'Italie, en établissant son vicaire général pour le gouvernement de l'état ecclesiastique Anglic Grimoard, son frere, qu'il avoit déjà fait cardinal & evêque d'Albano; il envoya à Naples le cardinal Guillaume d'Aigrefeuille, l'ancien, à qui il donna le titre de Ste Sabine, vacant par la mort du cardinal d'Albornos.

Toutes ces affaires, si interessantes pour le repos de l'Italie, ne l'empécherent point de suivre l'établissement qu'il avoit commencé à Montpellier; il sçavoit que son église de St. Germain étoit achevée, & que le cloître pour les religieux qu'il vouloit y mettre s'avançoit toûjours; il crut qu'il étoit déjà tems de publier la bulle de sa fondation, ce qu'il fit le premier de février 1368.

III.

1368.

On voit tout au long cette bulle dans Gariel, qui la fit extraire de l'original * conservé à St. Victor de Marseille; je me contente d'en donner ici le précis, où j'ai tâché de ne rien omettre d'essentiel.

Series, pag. 1414.
PAGE 124.

« Après avoir marqué la distinction où est l'ordre de St. Benoît, dans
« l'église, il dit que pour la propagation de ce même ordre, dont il avoit
« embrassé la régle dès sa jeunesse, pour l'augmentation du culte divin &
« pour l'entretien des belles-lettres, il veut que l'église qu'il a déjà bâti &
« doté en partie dans la célèbre ville de Montpellier, où les études, surtout
« celles du droit, fleurissent depuis longtemps, *in qua generale studium,*
« *maxime in utriusque juris facultate, dudum floruit prout floret,* soit un prieuré
« de St. Benoît soûmis immédiatement au monastére de St. Victor de
« Marseille; qu'il y ait à perpétuité vingt moines conventuels, l'un desquels sera prieur annuel pour gouverner ledit prieuré & prendre soin du
« spirituel. Que pour l'augmentation du culte divin qui doit être abon-
« dant dans la maison du Seigneur, il y ait douze prêtres pour la célébration
« des messes, & pour assister aux offices du jour & de la nuit. Que pour
« l'illustration de l'ordre de St. Benoît, par les sciences divines & humaines,
« *sine quibus,* ajoûte-t-il, *mortalium non bene vita geritur,* il y ait à perpétuité
« seize moines profez de l'ordre, choisis par l'abbé de St. Victor, dans son
« propre monastére ou dans les prieurez & autres lieux de sa dépendance,
« qui viendront étudier en droit canon à Montpellier, & servir au culte
« divin selon les réglemens qui leur feront donnez. Nous voulons (ajoûte

1368.

« le pape) qu'il y ait quatre places parmi les clauftraux, et fix parmi les
« étudians, pour des moines natifs de la ville ou diocéfe de Mende, fi
« l'on en peut trouver affez pour remplir ce nombre. Ordonnons, de plus,
« que les perfonnes & lieux dépendans du nouveau prieuré joüiront de
« toutes les immunitez, libertez, exemptions & privileges dont joüit le
« monaftère de St. Victor. Donné à St. Pierre de Rome, le premier
« février 1368, & la fixieme année de nôtre pontificat. »

Le fecond jour de mars, le pape Urbain alla coucher à St. Jean de Latran, où il fit retirer de deffous l'autel les chefs de ft. Pierre & de ft. Paul, pour lefquels il fit faire deux riches buftes eftimez trente mille florins d'or, fur la poitrine defquels on voit encore une fleur de lys en pierreries, données par le roy de France Charles V; & au mois de may fuivant, les chaleurs commençant à fe faire fentir à Rome, le pape partit pour Montefiafcone, près de Viterbe, où il refta jufqu'au mois d'octobre. Pendant le féjour qu'il y fit, on rétablit, à fa prière, à Montpellier, l'églife des Carmes, qui avoit été détruite en 1361, à l'occafion des courfes des Anglois dans le Languedoc : nôtre Talamus en marque l'époque, & la nouvelle difpofition qu'on donna à cette églife. L'an 1368 & le 25 août, l'églife neuve des carmes de Montpellier fut commencée avec leur jardin à la tête du dortoir neuf : le grand autel eft vers l'eau, & l'églife s'étend vers le grand chemin qui conduit de la porte du Legados à l'églife de St. Cofme.

IV. Le même Talamus nous marque qu'on fit à Montpellier, fur la fin de cette année, une grande fête à l'occafion de la naiffance de Charles, fils aîné du roy de France, né à Paris le troifieme décembre; il nous apprend que les lettres qui en donnoient la nouvelle à nos confuls étoient écrites au nom de la reine, & que les confuls donnerent au porteur vingt-cinq francs d'or; mais le détail de la proceffion qu'ils firent à ce fujet peut mériter de trouver ici fa place. En icelle (dit-il) les curiaux de la ville, des cours fpirituelle & temporelle, & tous les officiers du confulat : tous les métiers de la ville, chacun fa chandelle allumée; les bannieres alloient devant, fçavoir, celle de France, puis celle du confulat, & après celle de St. Firmin; il y eut deux fermons de deux docteurs en théologie; le premier d'un frere prêcheur & l'autre d'un frere mineur; le premier fut dit à Notre-Dame des Tables, & le fecond devant l'hôtel de ville. Nous verrons dans la fuite de cette hiftoire que l'ufage s'introduifit alors de prêcher & de chanter la meffe dans les cérémonies publiques, fous les arceaux de la galerie qui eft à côté de la porte de l'hôtel de ville.

Un evêque de l'ordre des freres prêcheurs (ajoûte nôtre Talamus) fit la proceffion à caufe que l'evêque de Maguelone étoit à Avignon. Ce qui nous donne lieu de croire que les commiſſions, dont le pape avoit chargé Gaucelin de Deux, le * retenoient alors dans le comté Venaiſſin, & qu'il y reſta encore plus longtems, puiſque nous ne trouvons dans nos archives aucun acte de lui qu'après la mort d'Urbain V.

PAGE 125.

Cependant le pape vaquoit à Rome aux affaires de l'égliſe durant l'hyver, & à Montefiaſcone durant l'été. Il y fut viſité par l'empereur Charles IV & par l'imperatrice ſon épouſe, qu'il couronna dans l'égliſe de St. Pierre. La reine Jeanne de Naples, Pierre de Luſignan, roy de Chypre, & Jean Paleologue, empereur de Conſtantinople, vinrent lui parler de differentes affaires qui regardoient leurs états; mais toutes ces grandes occupations avec le ſoin général de l'égliſe ne l'empêcherent pas de penſer à la ville de Montpellier, qu'il honora toûjours de ſa bienveillance. Il ſe propoſa d'y faire un établiſſement pour l'école de médecine, comme il avoit déjà fait pour l'école de droit, & ayant fait acheter les maiſons qu'il lui falloit pour ce deſſein, il le rendit public par la bulle de fondation qu'il donna le 26 ſeptembre 1369. On verra par le précis que j'en vais donner, qu'en favoriſant la ville de Montpellier il n'oublia point le diocéſe où il avoit pris naiſſance.

V.

1369.

Après avoir parlé de l'utilité des ſciences & fait un grand éloge de l'école de médecine de Montpellier, que je raporterai dans l'article de cette faculté, il dit qu'il fonde à perpetuité un collége de douze étudians en médecine dans la ville de Montpellier & dans la maiſon qu'il a fait acheter dans la ruë de St. Mathieu, qu'il déſigne de la ſorte : confronte d'une part la maiſon de Jean Jacobi, maître en medecine, la ruë Entre-Deux qui deſcend à la Blanquerie. D'autre part, confronte la maiſon de Jean de Tournemire, profeſſeur en medecine, deux habitations entre deux. Et du côté de l'entrée confronte la ruë des Medecins, autrement dite la ruë de Saint-Mathieu. Il veut que le collége ſoit appellé le collége des Douze-Medecins; qu'ils ſoient tous de la ville ou du diocéſe de Mende; qu'ils faſſent leur demeure dans ce collège, en y étudiant & gardant les réglemens qui ſeront dreſſés par ſon ordre; mais parce qu'un pareil établiſſement ne pourroit ſubſiſter ſans dotation, nous nous propoſons (ajoûte le pape) de lui en aſſigner une bien ſuffiſante dans peu de tems. Donné à Viterbe, le 26 ſeptembre 1369.

Peu après l'expédition de cette bulle Urbain ſe rendit à Rome pour y paſſer tout l'hyver ſelon ſa coûtume; & en étant parti dans le mois d'avril 1370 pour Viterbe & pour Montefiaſcone, il déclara le deſſein qu'il avoit de retourner à Avignon pour ménager la paix entre la France & l'Angleterre; & afin que toute ſa cour pût ſe diſpoſer à ce voyage, il donna des vacations depuis le commencement de juin juſqu'au commencement d'octobre.

1370.

III.

Dans cet efpace de tems, fainte Brigitte de Suede, qui étoit pour lors à Rome, demanda au pape la confirmation de fa regle, pour un grand monaftére qu'elle avoit établi dans fon païs, ce qu'elle obtint; mais elle ne put lui cacher qu'elle avoit eu revelation que s'il retournoit à Avignon, il y mourroit auffitôt. Tous les auteurs de la vie de ce pape conviennent du fait; mais il faut qu'Urbain n'y ajoûtât pas une grande foy, puifqu'il partit le vingt-fixieme jour pour Corneto, où il s'embarqua le cinquiéme feptembre, & arriva à Marfeille le 16 du même mois, & enfin le 24 à Avignon, où il fut reçu avec grande joye.

Il réfolut auffitôt d'aller en perfonne négocier la paix entre Charles V, roy de France, & Edouard III, roy d'Angleterre : il fit quelques préparatifs pour ce voyage; mais il fut bientôt attaqué d'une maladie qui lui faifant connoître que fa fin étoit proche, il ne fongea qu'à ce qui régardoit fon falut. Dans cette maladie il donna des grandes marques de la foûmiffion qu'il devoit à l'églife, & de cette éminente piété que tous les hiftoriens lui reconnoiffent; il mourut le jeudi dix-neuvième de decembre 1370, après avoir tenu le St. Siege huit ans, un mois & dix-neuf jours.

Parmi les grandes vertus qu'il fit paroître durant fon pontificat, on marque fon défintereffement & fa modeftie : il ne voulut jamais permettre que fon pere acceptât une penfion que le roy de France lui faifoit offrir; & quoi qu'il donnât à fes parens de quoi s'entretenir felon leur état, il ne voulut jamais les élever. Le cardinal Anglic, fon frere, fut le feul de fa famille à qui il donna cette dignité, encore ne fut-ce qu'après de grandes inftances du facré college & à la fin de la quatriéme année de fon pontificat, *cum magna precum dominorum cardinalium inftantia fratrem fuum promovit ad fummum cardinalatus apicem, licet probatiffimus effet.* On marque encore Bernard de Caftelnau, du diocéfe d'Agde, fon parent, qu'il fit evêque de St. Papoul; mais ils furent les feuls, & je crois ne devoir pas oublier à ce fujet un article que je trouve dans fa vie, qui intereffe particuliérement la ville de Montpellier : c'eft qu'il ne voulut pas que le fils unique de fon frere cherchât une alliance relevée, & il fe contenta de lui faire époufer la fille d'un marchand de Montpellier, dont il connoiffoit la probité & la vertu; *Nepotem fuum unicum ad quem paterna hæreditas pertinere debebat, non cum altiori, imo nec cum æquali in genere voluit copulari; fufcepit enim fibi in uxorem filiam cujufdam mercatoris Montifpeffulani fatis, fimplicis fui generis refpectu.* On ne nous a point conferve le nom du marchand qui fut honoré de cette alliance; mais je trouve que fa fille s'apelloit Jaquette, comme il réfulte du teftament du cardinal Anglic, qui raporte une claufe du teftament de fon neveu, mort avant lui, *exceptis legatis per me factis quæ tangunt Jacobam uxorem meam & hæredis inflitutionem.*

La nouvelle de la mort d'Urbain V caufa dans Montpellier des regrets proportionnez à la grande eftime & à la reconnoiffance qu'on lui devoit. Nos confuls & les ouvriers lui firent faire un fervice folemnel, à Nôtre-Dame des Tables, la veille de Noël, où ils jetterent, felon l'expreffion de notre Talamus, un drap d'or, fil de Luques, bordé de vingt-quatre flambeaux, & les ouvriers y jetterent un autre drap d'or avec dix flambeaux; la meffe fut chantée par Berenger de Sauve, chanoine de Maguelone & prieur de Nôtre-Dame, en l'abfence de Gaucelin de Deux, qui refta à Avignon pour les obfeques de fon bon maître, qui furent faites à Nôtre-Dame de Dons, & enfuite à la tranflation de fon corps dans l'abbaye de St. Victor de Marfeille, où il fut porté le dernier du mois de may de l'année fuivante.

1371.

Durant ce tems, les cardinaux affemblez à Avignon élûrent par acclamation, le 29 décembre, le cardinal Pierre Roger, fils du comte de Beaufort, dans le Limoufin, qui fut facré le cinquiéme de Janvier 1371, & prit le nom de Gregoire XI. Nos confuls (comme nous l'aprenons du Talamus) affifterent à fon facre avec quelques autres habitans des plus qualifiez de la ville; & à leur retour ils firent monter la groffe cloche de Nôtre-Dame des Tables, qui fut benite par le prevôt de Maguelone, à l'abfence de l'evêque.

Ce prélat revint enfin après s'être acquitté de tout ce qu'il devoit à la mémoire d'Urbain V; mais à fon arrivée il eut une grande difcuffion avec nos confuls, qui avoient fait dreffer un pilory dans le terroir de Caravetes: l'evêque prétendit que ce droit n'apartenoit qu'à lui feul, en qualité de comte de Melgueil & de Montferrand, d'où Caravetes relevoit; & les confuls foûtenoient qu'ayant droit de peine afflictive contre les malfacteurs, ils pouvoient dreffer ce poteau pour les intimider. Dans ce different on convint de s'en remettre à Jean de Blandiac, cardinal de Nimes, qui confervoit le nom de cette ville, dont il avoit été evêque; mais dans le tems qu'il s'inftruifoit de l'affaire, Gaucelin eut recours aux voyes de fait, & fit enlever le pilory; d'où les confuls ayant pris occafion de fe plaindre au roy Charles V, il ordonna au fénéchal de Beaucaire de faire remettre ce poteau, fauf, en toutes chofes, les droits & l'autorité de l'evêque.

1372.

Depuis ce tems nous ne trouvons aucune mention de Gaucelin de Deux, & nos archives ne marquent pour le refte de fon pontificat qu'un feul événement, qui y eft raporté fort au long: c'eft une vifion qu'eut le miniftre des religieux de la Trinité, le onziéme may 1372, dans fon couvent de

Pet. Talam., ad ann. 1372.

St. Maur, fur le chemin de Caftelnau, où il vit un demon en figure humaine habillé de rouge, qui fe préfenta à lui en faifant mille grimaces, & qu'il chaffa avec de l'eau benite hors des fenêtres de fa chambre. A peine ce fpectre fut-il dehors qu'il quitta fa figure humaine, & il fe forma auffitôt un orage qui déracina les arbres, & emporta jufque dans la ville le linge qu'on avoit étendu fur les bords de la riviere du Lez. On ajoûte qu'il fut vû des feux fur le puy de St. Loup, que le foleil parut fanglant pendant deux heures, la terre trembla; & la foudre étant tombée fur l'églife St. Firmin abatit l'aiguille du clocher, qui en tombant enfonça les chambres des prêtres, & endommagea les maifons voifines.

Ces malheurs furent fuivis de la mort de Gaucelin de Deux, que l'on marque au dernier de mars 1373, comme il refulte de nos archives & de l'infcription qu'on a mis fur fon tombeau à Maguelone: *Hic jacet R. in Chrifto Pater D. D. Gaucelinus, primo venufini comitatus rector. Demum Magalonenfis epifcopus, qui obiit anno M. III. LXXIII. die ultima menfis Martii, cujus anima R. I. P. A.*

CHAPITRE QUATRIÉME.

I. Mort du cardinal de Canillac. II. Fondation de fon collége de la Trinité. III. Defcription de l'églife & monaftere de St. Germain.

L'Églife de Maguelone qui venoit de perdre fon evêque, ne tarda pas plus de trois mois à faire une autre grande perte en la perfonne du cardinal Raymond de Canillac, qui avoit été durant plufieurs années prévôt de Maguelone, où il travailla utilement pour fa communauté, fous trois evêques confecutifs, fçavoir: Jean de Viffec, Pictavin de Montefquiou, & Arnaud de Verdale, comme on a pû le voir dans tout ce que nous avons déjà dit. Il fut tiré de Maguelone en 1345, précifément dans le même tems que Guillaume, comte de Beaufort, frere du pape Clement VI, époufa en fecondes nôces Garcine de Canillac, niéce du prévôt de Maguelone & héritiére univerfelle de tous les biens de fa maifon. Le pape Clement VI ne voulut pas laiffer plus longtems à Maguelone l'oncle de fa belle-fœur, & il profita de la démiffion de Guillaume de Laudun, archevêque de Touloufe, qui étoit devenu aveugle, pour nommer à fa place Raymond de Canillac, qui fut facré la même année, felon les preuves qu'en raporte Baluze, il le fit enfuite cardinal en 1350, dans la même promotion où Pictavin de Montef- quiou & Guillaume d'Aigrefeuille, parent & camerier du pape, furent faits cardinaux.

Pap. Aven., tom. 1, pag. 832.

En 1361, le pape Innocent VI, fit evêque de Prenefte le cardinal de Canillac, qui eut onze voix pour la papauté dans le conclave d'Urbain V, comme nous l'aprenons de Ste-Marthe. Mais fous le pontificat de ce pape, il parut s'être retiré des affaires pour s'occuper plus particuliérement à l'étude & aux fonctions de fon état. Il ne fuivit point le pape Urbain dans fon voyage de Rome; mais il s'arrêta à Avignon, où il écrivit le traité que Ciaconius apelle *Librum Recollectorum,* qu'il dit avoir été dédié à un archevêque de Narbonne. Après la mort d'Urbain V, le cardinal de Canillac fe propofa de faire à Maguelone une fondation confidérable, pour laquelle il demanda les pouvoirs au pape Gregoire XI, qui étoit fils du premier lit du comte de Beaufort, fon beau-frere. Nous ne pouvons mieux juger de fon deffein que par la bulle que le pape lui fit expédier à Avignon, le 19 de mars 1372, où Grégoire lui dit :

Gallia chriftiana in Archiep. Tolofanis.

1373.

« Que fur l'expofé qu'il lui avoit fait, de vouloir fonder dans l'ifle de
« Maguelone une chapelle fous le nom de la Ste Trinité, avec clocher &
« cloches, maifons & autres piéces néceffaires à douze ou plus de chape-
« lains, fi Dieu lui en donnoit les moyens, pour réfider dans l'ifle, & y
« célébrer des meffes pour le repos de fon âme & celle de fes parens. Auf-
« quels chapelains le cardinal Raymond offroit de donner des revenus fuf-
« fifans, & de prefcrire les reglemens qu'ils devroient fuivre. Sur quoi,
« ajoûte le pape, vous demandez les pouvoirs néceffaires. Et nous, en
« aprouvant un deffein fi loüable, vous donnons plein pouvoir de faire par
« vous-même ou par autrui cette fondation dans l'ifle de Maguelone, de
« douze ou plus de chapelains, dont l'un fera doyen & chef de tous les
« autres, *aliis præfit;* & en leur affignant réellement & de fait une dot fuf-
« fifante : nous vous donnons pouvoir de leur dreffer des ftatuts, felon lef-
« quels ils feront tenus de vivre & de fe gouverner, fauf le droit de l'églife
« de Maguelone & de tout autre. Donné à Avignon, &c. »

En conféquence de ces pouvoirs, le cardinal de Canillac fit les amas néceffaires pour fa fondation; mais avant que de les avoir finis, il fut furpris de la mort à Avignon, en 1373 le 19 de juin, qui eft le jour où l'on célébre encore fon anniverfaire. Son corps fut mis en dépôt dans l'églife des freres Mineurs d'Avignon pour le refte du mois, d'où il fut transféré à Maguelone, le 4 de juillet, en préfence de Pierre de la Jugée, archevêque de Narbonne, de Jean, evêque de Nimes, d'Hugues, evêque d'Agde, neveu du cardinal de Mantaruco, de l'evêque d'Huefca, avec l'abbé de St. Guillem.

PAGE 128.

On le mit dans l'églife cathédrale dont il avoit été prévôt fi longtems, & on lui dreffa un tombeau magnifique, pour le goût de fon tems, dans la chapelle du côté de l'evangile, & qu'on apella depuis la chapelle de Canillac.

Ses executeurs teftamentaires travaillerent auffitôt à finir fon ouvrage. Ils firent bâtir du côté de la mer, hors l'enceinte du logement des chanoines de Maguelone, une chapelle de la Ste Trinité avec les autres bâtimens néceffaires; & ayant recouvré une partie des fonds affignez pour cette fondation, ils s'adrefferent au pape pour lever un obftacle qui ne peut être mieux expliqué que par la bulle qui fut donnée à ce fujet & qui rapelle toute l'affaire.

« Nous ayant été expofé autrefois (dit Gregoire XI), par Raymond, de
« bonne mémoire, evêque de Prenefte, qu'il vouloit fonder dans l'ifle de
« Maguelone une chapelle, fous le nom de la Sainte-Trinité, pour douze ou
« plus de chapelains, dont l'un feroit doyen ou chef de tous les autres, *qui*
« *aliis præeffet*, pour y célébrer des meffes & l'office canonial, Nous en
« aurions donné plein pouvoir au fufd. Raymond, evêque, comme il eft
« contenu dans les lettres données à cet effet.

1373.
« Mais nous ayant été reprefenté depuis par le cardinal Anglic, evêque
« d'Albano, par le cardinal Pierre de Montaruc, vice-chancelier & evêque
« de Pampelone, du titre de St. Anaftafe, & par maître Pons de la Garde,
« prieur de St. Firmin de Montpellier, de l'ordre de St. Auguftin, notre
« notaire & autres exécuteurs dudit Raymond, evêque de Prenefte, que
« ledit Raymond avoit affecté pour ladite fondation deux cens cinquante
« florins d'or de revenu annuel, pour en être faite la diftribution par fes
« executeurs teftamentaires; & que pour certaines caufes raifonnables, il
« auroit voulu que le doyen, qui doit avoir la préféance dans cette chapelle,
« fût un chanoine de l'églife de Maguelone; en confequence dequoi lefdits
« executeurs auroient fait bâtir, depuis la mort de Raymond, la chapelle
« avec cloches, clocher & autres édifices; & ayant acquis une grande
« partie des revenus affignez, ils nous auroient fupplié humblement que
« pour prévenir les diffentions qui pourroient naître entre le prévôt & le
« chapitre de Maguelone d'une part, & le doyen & les chapelains de l'autre,
« il nous plût ordonner, comme chofe très-expédiente, que le doyen de
« ladite chapelle fût un chanoine de Maguelone, auquel les autres chape-
« lains feront foûmis fuivant la difpofition defdits executeurs.

« Nous, à ces caufes, ayant en recommandation les vûës loüables de
« Raymond, ftatüons & ordonnons d'autorité apoftolique que celui qui
« préfidera à cette chapelle, & qui fera apellé doyen, doive à perpétuité être

« un des chanoines de Maguelone, auquel les autres chapelains feront foû-
« mis, felon les réglemens qui leur feront donnez par lefdits executeurs.
« Donné à Avignon le 25 d'octobre & de nôtre pontificat l'année qua-
« triéme. »

Les ftatuts qui furent donnez aux nouveaux chapelains ne le furent qu'en 1376, par le cardinal Anglic & par Pons de la Garde, ancien prieur de St. Firmin, devenu déjà evêque de Mende. Nous remettons à dire tout ce qui concerne cette fondation dans l'article des églifes collegiales, pour ne pas interrompre confiderablement le cours de cette hiftoire.

Cependant le cardinal Anglic n'étoit pas fi occupé de la fondation du II. cardinal de Canillac, qu'il ne fongeât à finir l'établiffement que fon frere avoit déjà commencé à Montpellier. Il y donna plus particulierement fes foins lorfqu'il fut revenu d'Italie après la mort d'Urbain V, enforte que tous les bâtimens étant finis en 1373, il choifit le onziéme de feptembre pour faire la confecration de la nef de l'églife dont le pape Urbain n'avoit confacré que le grand autel. Notre Talamus s'en exprime en ces termes.

PAGE 129.

Le onze de feptembre, le cardinal d'Albe, frere du pape Urbain, de fainte mémoire, facra l'eglife St. Germain & ordonna que la fête du facre fût célébrée le premier dimanche après la Nativité de Nôtre-Dame. Nous nous en tenons prefentement à la dedicace du grand autel qui avoit été faite le 14 fevrier 1367, par le pape Urbain V, & nous en faifons la fête ce jour-là. Mais il eft tems de parler dans quelque détail de ce grand bâtiment qui comprenoit l'églife & le monaftere qui lui étoit contigû.

L'églife dans toute fa dimenfion de vingt-huit toifes de longueur dans œuvre, a le fanctuaire au fonds qui fe prefente en entrant avec les deux chapelles qui font à côté & qui font face à la grande porte d'entrée; il y a cinq toifes de profondeur, & avec les chapelles il occupe la largeur de la nef. Cette nef eft élevée de quatorze toifes, voûtée en croifée d'ogive, avec des pilaftres, ornée de moulures gothiques qui portent les arcs doubleaux de la voûte; elle a fix chapelles de chaque côté à droite & à gauche, dont l'élévation va aux deux tiers de la voûte.

1373.

Le pape Urbain avoit confacré l'autel du fanctuaire & les deux autres qui font à côté, en les dédiant (comme je l'ai déjà dit) à St. Benoit, à St. Blaife, & à St. Germain; mais les chapelles des deux côtez de la nef n'étoient pas encore confacrées ni dédiées à aucun faint en particulier. Le cardinal Anglic en fit alors la cérémonie & les diftribua en cet ordre : à droite en entrant, Ste. Marie, St. Victor, Ste. Cecile, Ste. Urfule, St. Martin, Ste. Catherine; & fur la gauche toûjours en entrant, Ste. Marguerite, St. Loüis, Ste. Croix, Ste. Marie Magdelaine, St. Lazare, St. Michel.

La plus confiderable de toutes ces chapelles étoit celle de St. Loüis, qui eft la feconde à main gauche en entrant, où l'on voit encore à la clef de la voûte les armoiries de France. Elle fut fondée par le roi Charles V, dans le tems que le pape Urbain prit la réfolution de venir à Montpellier. Nous l'aprenons des lettres même du roi, où il dit qu'ayant apris que le pape avoit donné ordre de bâtir une magnifique églife à Montpellier, *ordinavit* *miro opere conftrui ecclefiam in villa Montifpeffulani.* Il s'eft propofé d'y fonder une chapelle à l'honneur de St. Loüis, pour laquelle il affigne aux chapelains qui la defferviroient quarante livres fur la communauté de St. Pons de Mauchiens, diocéfe de Beziers; plus une maifon que poffedoit Raymond Izalquier, chevalier dans le lieu de Magalas; cent foixante feftiers d'orge, une faumée de vin, trente-trois feftiers d'huile, trois fols tournois, & la tafque de trente feftiers d'orge dûë par divers particulier de Magalas, & celle de vingt-cinq feftiers d'orge avec huit fols tournois fur le territoire de Pechfalicon. Voulant (ajoûte le roi) que fi les chapelains viennent à aliener ou vendre quelqu'un de ces effets, ils ne foient pas tenus de nous en payer aucune finance. Donné à Vincennes, le 18 du mois d'octobre 1367.

Gariel, feries, page 423.

La grande porte de l'églife, telle qu'elle étoit alors, nous donneroit lieu à une belle defcription, fi les huguenots ne fe fuffent pas attachez, comme ils firent, à la détruire entierement. Gariel nous aprend qu'elle étoit à deux battans feparez par une colonne canelée, que l'huiferie étoit couverte de lames de fer, & tournoit fur des pivots de bronze, & qu'au deffus de la porte étoit une ftatuë de la Vierge portant fon fils entre fes bras au milieu des douze apôtres, chacun dans fa niche.

Changemens de l'églife St. Pierre, pages 78 & 79.

Mais une chofe qui a échapé aux fureurs des guerres paffées, eft le portique de l'églife formé par deux tours rondes & maffives de vingt-quatre pieds de diametre qui portent une voûte élevée jufqu'à la hauteur de l'eglife, & vont enfuite fe terminer en pointe comme l'aiguille d'un clocher. Ce morceau, qui fubfifte encore dans fon entier, n'eft pas un des moins confiderables de tout ce grand édifice.

Toute la maffe de l'églife étoit flanquée de quatre tours carrées, placées aux quatre coins de l'églife; celles qui étoient à côté de la grande porte d'entrée avoient vingt-quatre toifes de hauteur, & cinq de large fur chaque face: les deux autres qui portent fur les chapelles du côté du fanctuaire font un peu moins larges * & un peu moins hautes; mais elles fervoient également à marquer de loin un grand édifice; & les deux premieres étoient bonnes en tems de guerre pour placer de l'artillerie fur leur terraffe, comme on fit durant le fiége de Montpellier.

PAGE 130.

Le monaftere dont le plan avoit parû au pape Urbain V plus grand &

plus beau que celui de l'églife, devint en effet un des plus beaux monaftéres de France, à n'en juger que par les beaux reftes qui fubfiftent encore; il étoit à l'occident de l'églife, & formoit avec elle un quarré parfait. Ses murs, épais de plus de fix pieds, s'élevoient jufqu'à la hauteur de l'églife; ils étoient terminés, du côté de l'entrée qui regarde le midy, d'un entablement de pierre en forme de meurtrieres qui fubfiftent encore, & où les eaux du couvert venoient fe rendre dans un canal creufé tout au long, pour s'écouler par les tuyaux. J'obferverai en paffant que le couvert, porté fur une forte charpente, avoit plus de pente que n'en ont ordinairement les couverts en ce païs-ci, où l'on n'eft pas fujet, comme en France, au féjour & à l'abondance des neiges. Celui du monaftére de St. Germain aprochoit beaucoup des toits que nous apellons à la françoife, comme on peut le remarquer à la tour du grand clocher où le toit du corps de logis voifin venoit aboutir fous une chaîne de pierres taillées en pente pour le garantir des goutieres.

1373.

Ce grand quarré de bâtiment formoit dans fon milieu un cloître voûté en ogive dont il ne refte en fon entier que le feul côté qui apuye à l'églife. Il a huit arceaux larges dans œuvre de dix à treize pieds. Au-deffus de ce premier cloître il y en avoit un autre de la même cimetrie, qui régnoit autour du fecond étage; mais du côté de l'églife il ne communiquoit que par une terraffe ouverte pour ne pas boucher le jour des fenêtres de l'églife. Les voutes de ce fecond étage portoient une galerie ouverte qui régnoit autour du troifiéme étage; & afin qu'on y pût marcher à l'abri de la pluye, on y avoit fait un toit de charpente, dont on voit encore les trous des folives tout le long de ce grand bâtiment. Ce toit venoit repofer fur des pilliers de pierre, qui fortoient d'une baluftrade à hauteur d'apuy au-deffus des voûtes.

On ne montoit au quatrième étage que par divers petits dégrez difperfez dans l'intérieur des trois grands corps de logis dont j'ai parlé. Il feroit à fouhaiter de fçavoir la diftribution qu'on avoit fait des apartemens; mais la chofe paroît impoffible, furtout du côté du midy, où l'on a bâti depuis le palais epifcopal; on peut dire feulement, à en juger par les fenêtres anciennes qui reftent au-deffus de la bibliotéque de Mr. l'evêque, qu'il y avoit là des chambres de religieux ou d'etudians, car ces fenêtres ne peuvent convenir qu'à des celules.

On ne trouve rien d'affuré pour le côté qui regarde le couchant, mais vers celui du feptentrion, on trouve des marques de la cuifine qui ne font pas équivoques; car il y refte encore une vafte cheminée, dont le tuyau de maçonnerie a trois pieds de diametre, taillé en rond & va fe perdre dans les airs. La dépenfe étoit derriere cette cheminée, comme le défigne une ancienne porte qui est à côté. Le refectoire suivoit en deçà la cuisine & s'étendoit jusque vers l'église dans le lieu où est aujourd'hui la chambre capitulaire. Il est désigné dans le verbal de la secularisation en ces termes : *in clauſtro baſſo à parte ſeptentrionis*.

La bibliotéque étoit immédiatement sur la cuisine & sur le refectoire; elle étoit voûtée deſſus & deſſous, & prenoit jour par des fenêtres fort exaucées, qu'il y avoit des deux côtez. On y ménagea, pour étudier plus en repos, divers réduits dans l'épaiſſeur de la muraille, ou deux hommes pouvoient s'enfermer en prenant du jour d'une petite fenêtre qui paroît encore dans chaque réduit. J'en ai vû de ſemblables à Ste. Genevieve de Paris & aux petits Peres de la place des Victoires; mais les nôtres étoient plus ſolidement conſtruits, puiſqu'ils durent encore depuis plus de trois cens ans. Une choſe qui exerce ſouvent les curieux en cet endroit-là, c'eſt une traînée de trous quarrez d'un pouce & demi qui regnent tout le long des murailles de la bibliotéque, à la diſtance de deux pieds l'un de l'autre. Tous ces trous paroiſſent avoir été remplis de bonnes chevilles de bois, ſur quoi nos curieux font divers ſiſtêmes, dont le plus naturel & le plus ſimple eſt que toutes ces chevilles étoient pour recevoir les clous avec leſquels on attachoit des planches pour garantir les livres de l'humidité.

Le reſte du bâtiment de ce côté-là, tirant vers l'église, s'eſt mieux conſervé; car on y voit encore des chambres du ſecond, troiſiéme & quatriéme étage. Il y en a une grande occupée aujourd'hui par nôtre ſacriſtain, qui eſt adoſſée à une chapelle voûtée deſſus & deſſous, où l'on voit deux fenêtres longues à côté de l'autel, & une autre en rond par-deſſus. Je ſerois tenté de croire que l'infirmerie étoit en cet endroit, tant par le bon aſpect qu'on y avoit que par la commodité d'une grande tribune, ménagée dans la chapelle de St. Michel, d'où les convaleſcens pouvoient entendre le ſervice divin.

Je trouve dans nos vieux actes qu'il y avoit trois chapelles dans l'enclos du monaſtére, deux de la Vierge, & une troiſiéme dédiée à ſt. Sebaſtien, avec confrérie, qui pour cette raiſon auroit dû être dans le cloître bas; mais il eſt bien difficile d'en marquer la poſition.

Je ſuis dans la même peine pour placer la porte d'entrée de ce grand monaſtére, dont il ne reſte aucun veſtige depuis qu'on en a pris une partie pour y bâtir la maiſon epiſcopale. Gariel nous aprend qu'on y voyoit autrefois cette inſcription :

URBANUS V. PONT. MAX. MONASTERIUM ET COLLEGIUM HOC SCIENTIARUM SEMINARIUM, PRO SUA IN CHRISTIANAM RELIGIONEM ET ORDINEM S. BENEDICTI OBSERVANTIA EXTRUXIT ET DOTAVIT ANNO VIRGINEI PARTUS M. CCC. LXVI.

Il ne me reſte que de parler de ce grand vacant qu'il y avoit autrefois dépuis le chevet de l'ègliſe juſqu'à la ruë des Carmes, & qui eſt rempli maintenant par la maiſon curiale, par celle de la maîtriſe, par un jardin inféodé à un particulier, & par le cimetiere de la paroiſſe ; ſur quoy j'ay à faire obſerver, que par les fondemens qui reſtent autour de ce grand enclos, il paroît que toute la clôture étoit de la même pierre & de la même maçonnerie que tout le monaſtére, & qu'au bout de l'angle qui tourne vers les douze pans de la ville, on avoit écorné la pointe du coin pour donner plus de tournant aux charrettes qui y entroient par la porte de la menagerie, dont on y voit encore les marques.

Quant à la diſtribution de ce grand eſpace, je ne trouve rien de certain que pour l'emplacement de la maiſon curiale, qui ſervoit de cimetiere aux religieux de la maiſon, comme on le découvrit au commencement de ce ſiécle en remüant la terre pour l'agrandiſſement qu'on a fait à la maiſon curiale ; on y trouva pluſieurs bierres qui renfermoient des corps morts revêtus de dalmatiques & de chaſubles de prix ; car le fils de l'architecte, qui vit encore, m'a dit que ces habits d'égliſe étoient garnis de galons d'or & d'argent, dont la ſoye s'en alloit en pouſſiere à meſure qu'on les touchoit ; enſorte qu'il ne reſtoit que l'or & l'argent des galons, que les ouvriers ramaſſerent avec ſoin, & dont le fils de l'architecte me dit avoir fait pour ſa part dix ou douze écus.

Si ceux qui ont fait bâtir la maîtriſe, où il y a un puits fort large & fort ancien, avoient eu quelque attention ſur ce qu'ils trouvoient en foüillant la terre, nous aurions pû en tirer quelque éclairciſſement. J'en dis de même du jardin inféodé qui règne le long des douze pans, & qui eſt terminé vers le monaſtere par une ancienne muraille épaiſſe de cinq à ſix pieds. On y voit une naiſſance d'arceau, qui répond à une autre naiſſance du côté du monaſtere qui eſt vis-à-vis, d'où il ſemble que l'entre-deux devoit être rempli pour la commodité des offices, de pluſieurs bâtimens plus bas que le monaſtere ; comme on peut l'inferer des marques qui reſtent au petit logement du ſonneur, & ſur les hautes murailles de St. Germain qui répondent à cet endroit.

1373.

Je croirois volontiers qu'entre l'endroit dont je parle & le cimetiere des religieux, occupé aujourd'hui par la maiſon curiale, étoit le jardin du monaſtere, apellé dans quelques actes *Viridarium*, où l'on entroit de l'interieur de la maiſon par la ſeule porte qu'il y avoit de ce côté-là ; elle étoit ſurmontée * d'une meurtriere que l'on voit encore au-deſſus de la ſacriſtie, qui eſt garnie aujourd'hui d'armoires à droite & à gauche. Il eſt à croire que c'étoit un paſſage pour aller du cloître au jardin, comme on peut l'inferer

PAGE 132.

du grand arceau qui fepare le cloître de cette facriftie, où l'on a bâti depuis une legere muraille pour en faire la féparation.

Tout ce que je viens de dire pourra paroître ennuyeux aux étrangers, qui ne font pas obligez de prendre le même interêt que nous à tout ce détail. Mais, comme j'écris pour mes concitoyens, je prie les autres d'excufer, dans cette partie de mon ouvrage, les particularitez où je fuis obligé de décendre, en faveur de ceux à qui le détail de leurs affaires domeftiques fait toûjours plaifir. Mais avant que de finir ce chapitre, j'obferverai une chofe également curieufe pour mes compatriotes & pour les étrangers; c'eft que tout ce grand édifice, qu'on ne feroit pas maintenant (au dire des architectes) pour huit cens mille livres, ne coûta pas ce que nous employerions aujourd'hui à une fimple maifon bourgeoife. Car un des écrivains de la vie du pape Urbain V, voulant faire valoir les grandes dépenfes qu'il fit pour la conftruction de l'églife & du monaftere de St. Germain, prend à témoin les commiffaires députez à ce bâtiment, pour nous affurer qu'il y employa jufqu'à fept mille livres & au-delà, *& audivi ab his qui dicti operis faciendi erant commiffarii deputati quod in feptem millia francorum & ultra in opere illo expenfa fuerant, cum dependentibus fubfecutis.* J'avoüe qu'en lifant cet endroit, j'ai foupçonné de quelque erreur les copiftes de l'abbé de Moiffac, qui a écrit cette vie; mais j'ai été détrompé en trouvant dans nos archives une entiere conformité avec cet auteur; car on voit dans notre grand Talamus la décharge qui fût donnée à nos confuls par Pierre de Cros, archevêque d'Arles & camerier du pape, contenant ce qu'ils ont payé aux ouvriers des bâtimens que le pape Urbain V avoit fait faire à Montpellier, la fomme de fept mille fix cens quatre-vingt florins qui leur avoient été delivrez à cet effet. D'où l'on peut inferer que fur la fin du quatorzième fiécle, l'argent valoit cent fois plus qu'il ne vaut à prefent, puifqu'on fit avec fept mille livres ce qui en coûteroit maintenant fept cens mille.

1373.

CHAPITRE CINQUIÉME.

I. Nomination de Pierre de Vernobs à l'evêché de Maguelone. II. Lettres qu'on reçoit de lui à Montpellier. III. Gregoire XI transfere le St. Siege d'Avignon à Rome. IV. Il procure à l'univerſité de Montpellier une relique de St. Thomas d'Acquin. V. Il meurt à Rome, & Urbain VI eſt élû à ſa place. VI. Robert de Geneve diſpute la papauté à Urbain VI. VII. Le cardinal Anglic fonde à Montpellier le college de St. Ruf.

UN mois avant la conſecration de la nef de St. Germain par le cardinal Anglic, le pape Gregoire XI avoit nommé Pierre de Vernobs à l'evêché de Maguelone, qui vaquoit depuis trois mois. Notre Talamus s'en explique en ces termes :

Le 13 août 1373, le pape fit evêque de Maguelone Pierre de Vernobs de Murat, abbé d'Aniane, lequel vaquoit depuis la mort de Gaucelin de Deucio. Ce prélat étoit actuellement tréſorier du pape ; ce qui fut cauſe qu'il ſéjourna longtemps à Avignon, avant que de ſe rendre à ſon evêché.

On marque dans la premiere année qu'il eut été nommé, les honneurs funebres qui furent faits à Montpellier à la reine de Navarre, dont j'ai marqué le paſſage en cette ville dans le premier tome de cette hiſtoire. Nos archives entrent dans un détail de cette cérémonie, qu'il ne ſera peut-être pas indifferent de rapporter pour connoître les uſages particuliers de ce tems-là.

« Le ſix décembre, jour de St. Nicolas, le gouverneur de Montpellier &
« autres officiers de la ville firent faire un ſervice pour la reine de Navarre
« dans l'égliſe des freres Mineurs, & firent dreſſer dans le chœur un tom-
« beau avec chapiteaux. La meſſe fut célébrée par l'abbé de St. Iberi, & un
« docteur en théologie prêcha. Il y eut quatre draps d'or & environ cent
« flambeaux partout.

« Le lendemain la ville fit faire les honneurs à ladite reine aux freres
« Prêcheurs. Il y eut un tombeau avec chapiteau, & ſur le chapiteau quatre
« cens chandelles environ d'un quarteron chacune avec huit flambeaux,
« & autour du chœur en haut quatre-vingt flambeaux avec armoiries, &
« ſur le tombeau un drap bordé de noir, avec les armoiries du conſulat. »

« Les ouvriers y jetterent un drap d'or avec armoiries, & cent flambeaux.

« Les conſuls de mer un drap armorié & douze flambeaux auſſi armo-
« riez. »

« Quelques particuliers de la ville y jetterent cinq draps d'or avec
« foixante flambeaux ; & Bernard Alemannes, natif de Mende, doƈteur en
« decret de Montpellier, & evêque de Condom, y chanta la meſſe, & frere
« Jean Soquier, prieur, y fit le fermon.

« Le neuviéme decembre l'univerſité fit faire un autre fervice aux freres
« Prêcheurs, & y jetta vingt draps draps d'or avec vingt-quatre flambeaux,
« la meſſe ayant été chantée par ledit evêque de Condom. »

1374. L'année 1374 eſt mémorable par la peſte qui ravagea toute la France, &
durant laquelle on fit à Montpellier cette bougie dont j'ai parlé dans le premier tome de cette hiſtoire ; le mal dura encore bien avant dans l'année fuivante, ce qui donna lieu à divers petits établiſſemens de piété ; car les conſuls firent alors une confrerie de Nôtre-Dame de Bethléem dans leur chapelle de l'hôtel de ville, pour tous les officiers de cette maiſon. Ils en obtinrent la confirmation de l'evêque de Maguelone, & l'on marque que cette confrerie fubfiſta juſqu'aux premiers troubles de la religion, en 1559. Les mêmes conſuls firent benir de nouveau leur chapelle, après y avoir fait bâtir un clocher, dont la cloche leur devint ſi funeſte lors de la grande fédition de Montpellier, fous le duc d'Anjou. Ils firent auſſi monter la groſſe cloche de Notre-Dame pefant 88 quintaux, & la moyenne dite d'Eſquille, pefant fept quintaux.

Au milieu de toutes ces actions de piété, on en marque une de juſtice contre les banqueroutiers, dont le nombre avoit augmenté par les malheurs
1376. des tems. Nos archives raportent qu'un nommé Brunenc, faƈteur de Jean Colombier, voulant ſe dérober à la juſtice, alla ſe réfugier aux Auguſtins, où il ſe croyoit en ſûreté ; mais le bailly avec main forte alla le tirer de ce couvent, en vertu, difent nos annales, du privilege accordé à la ville par Alexandre IV, qu'on avoit pris foin de faire confirmer par Urbain V, contre
Grand Talam. le droit d'azile prétendu par les réguliers.

II. Environ ce même tems, on reçut à Montpellier trois lettres de Pierre de Vernobs, evêque de Maguelone, dattées d'Avignon, où il étoit arrêté par fes fonƈtions de tréforier du pape : dans la premiere, du onziéme de janvier 1376, adreſſée au clergé & au peuple, il les exhorte à faire des prieres pour le bon fuccès des conférences commencées entre le duc d'Anjou, le duc de Lancaſtre & les nonces du pape, pour moyenner la paix entre la France & l'Angleterre ; il accorde pour cet effet aux véritables pénitens qui feront les exercices de piété qu'il leur marque des indulgences qui devoient finir lorſque la paix feroit faite ; dans la feconde, du dix-fept de janvier, adreſſée à tous les fidelles de fon diocéfe, il les exhorte à la dévotion de la fainte Vierge, & leur récommande l'églife de Nôtre-Dame des Tables : enfin la troifiéme, du dix-neuf feptembre, adreffée aux confuls, eft un reproche charitable de ce qu'on a reçû à Montpellier les Florentins excommuniez par le pape.

Pour l'intelligence de ce fait, il eft à obferver que les Florentins ayant formé une ligue où ils engagerent prefque toutes les villes de l'état ecclefiaftique, tuërent ou chafferent honteufement les officiers du pape, & que pour animer les peuples dans leur revolte, ils prirent pour fignal un etendart où étoit écrit ce mot latin : *libertas*. Le pape proceda contre eux par les cenfures de l'églife, & deffendit à tous les fidéles de les recevoir & de leur donner aucun fecours, fous peine d'excommunication pour les perfonnes & d'interdit pour les villes. Malgré cette * défenfe ils furent reçûs à Montpellier, où ils avoient beaucoup de correfpondans à caufe de leur commerce de mer : c'eft ce que nous aprenons de la lettre de Pierre de Vernobs, où il dit aux confuls : *Nunc autem dolenter accepimus quod omnes Florentini illarum partium ad locum veftrum declinaverunt quod vix fufficimus admirari*. Il ajoûte qu'il n'a obtenu qu'après de grandes inftances l'abfolution des peines qu'ils avoient encouruës, & il les exhorte à éviter la récidive, qui n'eft pas (dit-il) un figne de pénitence, mais une marque de mépris.

PAGE 134.

1376.

Dans ces entrefaites, mourut à Montpellier Bernard de Caftelnau, que nous avons dit avoir été fait evêque de St. Papoul par Urbain V, de qui il étoit parent. Nos archives marquent qu'il fut enfeveli le lendemain de fa mort, arrivée le 7 de mars 1376, dans l'églife de St. Benoît, devant le grand autel, du côté de l'évangile.

Cependant Gregoire XI, perfuadé que le long féjour des papes à Avignon autorifoit la non-réfidence des evêques & autres bénéficiers, réfolut de s'en rétourner à Rome, & fit publier une conftitution du 29 de mars 1374 qui ordonnoit à tous les evêques, de quelque dignité qu'ils fuffent, aux abbez reguliers & aux chefs d'ordre de fe rendre dans un mois à leurs églifes.

III.

La guerre qui étoit alors échaufée entre la France & l'Angleterre fit fufpendre encore quelque tems fon départ ; mais ayant perdu l'efperance de procurer la paix de ces deux couronnes, il écrivit au commencement de l'année fuivante à tous les princes chrétiens pour leur faire part de fon deffein. Le roi Charles V fit partir auffitôt fon frere Loüis, duc d'Anjou, qui étoit à Touloufe, pour fe rendre à Avignon & tâcher de rompre le voyage du pape. Ce prince lui prédit tout ce qui arriveroit à Rome, s'il venoit à y mourir, comme il en étoit menacé ; mais le pape, plus touché des prédictions qu'il avoit oüi faire par Ste Brigitte au pape Urbain, fon prédéceffeur, & par tout ce que lui dit encore Ste Catherine de Sienne, que les Florentins venoient de lui envoyer pour faire leur paix avec lui, le rendit enfin aux follicitations des Romains qui firent partir Luc Savelli, pour lui repréfenter que fi le pape qui eft apellé par tous les chrétiens le pontife romain, ne revenoit pas à Rome, ils étoient refolus de fe pourvoir d'un pape qui y réfidât.

1376.
Tous ces motifs le déterminerent enfin de partir d'Avignon le 13 de feptembre 1376, y laiffant feulement fix cardinaux, du nombre defquels étoit Anglic Grimoard, evêque d'Albano. Il féjourna douze jours à Marfeille, où s'étant embarqué avec fa fuite, il arriva à Gênes le 18 octobre, & le 6 de novembre à Pife, où il féjourna plufieurs jours. Les capitulations qu'il fallut faire avec les Romains, pour la fûreté de fa perfonne, l'obligerent de s'arrêter cinq femaines à Cornetto, d'où s'étant rendu à Oftie, il entra dans
1377.
Rome le 17 janvier 1377, & y fut reçû avec toutes les démonftrations poffibles de joye.

IV. Peu après fon arrivée en cette grande ville, il voulut bien s'intereffer pour une grâce que l'univerfité de Montpellier demandoit avec inftance depuis longtems au général des Jacobins, à qui le pape Urbain avoit accordé depuis quelques années le corps de faint Thomas d'Aquin. On fit alors une diftribution de quelques parties de ce faint corps, & comme la ville de Montpellier eut le bonheur d'y participer, je crois devoir prendre ici la chofe de plus haut, mais avec beaucoup de précifion.

Ce faint docteur, ayant été apellé en 1274 au fecond concile de Lyon, mourut en chemin dans l'abbaye de Foffeneuve, ordre de Citeaux, diocéfe de Terracine. Les moines de cette abbaye conferverent foigneufement fon corps jufqu'en 1349, qu'il leur fut enlevé par Honorat, comte de Fondi, fuivant une prétenduë dévotion qui étoit fort ordinaire en ce tems-là; il le garda dix ans, au bout defquels il le rendit aux moines de Foffeneuve, par un fcrupule qu'on lui fit naître. Mais les Jacobins, qui fouhaittoient beaucoup d'avoir le corps de ce faint, l'un des plus grands ornemens de leur ordre, firent leur poffible pour porter le comte de Fondi à tâcher de le ravoir. Ce feigneur donc vint à l'abbaye, fous prétexte d'y chercher un réfuge contre des ennemis dont il difoit être pourfuivi, & pour plus grande fûreté, il demanda à loger dans une tour du clocher, où il fçavoit que les réliques du faint étoient enfermées dans la muraille; & afin que les moines

PAGE 135.
de * l'abbaye n'entendiffent point le bruit qu'il ne pourroit éviter de faire dans fon opération, il fuppofa que pour éloigner fes ennemis il falloit fonner toutes les cloches; & pendant qu'elles faifoient le plus de bruit, il fit ouvrir la muraille, enleva le corps & traita avec les Jacobins.

Cette affaire fit grand bruit en Italie, & donna lieu à plufieurs fentences d'excommunication, jufques-là, que frere Helie, général des Jacobins, s'étant préfenté en ce tems-là à Urbain V, dont il avoit été pénitencier, le pape ne put s'empêcher de lui dire: *Latro, bene veneris, furatus es fanctum Thomam*. Vous voilà donc arrivé, voleur qui avez dérobé le corps de faint Thomas? A quoi l'on marque que le général répondit par ces paroles des freres de Jofeph : *Caro* (fic) *& frater nofter eft*, pour faire entendre qu'il n'avoit pris que ce qui lui apartenoit.

Cependant les moines de Foffeneuve pourfuivirent avec chaleur la reftitution de ce vol. Urbain, pour fe conformer à l'ufage de la cour romaine, laiffa traîner l'affaire pendant un tems confiderable durant lequel les Jacobins firent dire dans tout leur ordre un très-grand nombre de meffes pour prier Dieu de leur rendre le pape favorable. Il parla enfin en leur faveur & leur fit expedier une bulle datée de Montefiafcone, le 18 juin 1368, par laquelle il deftine le corps de ce faint pour leur couvent de Touloufe, par la raifon (dit-il) *quia ibi eft univerfitas nova, quam volo fundare in doctrina folida atque firma, qualis eft doctrina iftius fancti*. Il régla en même tems qu'on donneroit au couvent de Paris, où ft Thomas avoit enfeigné, le bras droit de ce faint, & le refte du précieux dépôt fut porté à petit bruit, en paffant par Montpellier, jufqu'à Proulhe, d'où il fut conduit à Touloufe & reçu avec grande folennité par le duc d'Anjou & grand nombre de feigneurs de fa fuite, le 28 janvier 1369.

Le roi Charles V (dit le fage) reçut, cette même année, le bras droit qui étoit deftiné pour Paris ; & trois ans après on accorda au païs de la naiffance du faint un os entier de fon autre bras, qui fut porté au couvent des freres Prêcheurs de la ville de Naples.

Alors l'univerfité de Montpellier, fe confiant à la protection du pape Urbain V, lui fit de grandes inftances pour obtenir une pareille grâce, qu'elle réitéra fous Grégoire XI ; mais, foit que les préparatifs de ce pape pour fon voyage de Rome euffent arrêté l'effet des démandes de l'univerfité, foit qu'il y eût quelqu'autre raifon qu'on ne marque point, ce ne fut qu'après l'arrivée de Grégoire à Rome que le général des Jacobins vint lui-même à Montpellier pour y remettre la relique qui lui avoit été deftinée. On en dreffa un acte autentique qui eft dans nos archives, & raporté par Gariel & par le P. Jacques Percin dans les Monumens de fon couvent de Touloufe, où il a inféré l'hiftoire de la tranflation du corps de ft Thomas, que j'ai fuivi littéralement dans le narré que je viens de faire.

« L'acte qui eft dans nos archives porte qu'en l'année 1377, & le troi-
« fiéme decembre, indiction XV, en la feptiéme année du pontificat de
« Grégoire XI, & fous le règne de Charles, roy de France, le reverend frere

1377.

« Helie, général des freres Prêcheurs, apporta lui-même à la chapelle du
« confulat de Montpellier *quoddam os five nodum coftarum beati Thomæ in*
« *duobus fruftis de juxta renes, videlicet de illa parte corporis in qua per angelos*
« *Dei fuit cinctus cingulo caftitatis*, en affurant, foy de prêtre & avec ferment,
« qu'il avoit tiré lui-même cette rélique de la chaffe où étoit le corps de
« ft Thomas. Aprés quoi étant revêtu d'habits facerdotaux, il en fit la
« délivrance aux confuls & au recteur de l'univerfité, pour être portée à
« la chapelle de St. Thomas dans l'églife des freres Prêcheurs de cette
« ville.

« Les confuls anciens & modernes, qui étoient alors Jacques Guigues,
« Bernard Saporis, Dominique Pafcal, Hugues de Pertuis, Pierre Teule,
« Mathieu Solas, Raymond Lauthier, Raymond Martin, Pons de Cabanes,
« avec noble homme Philippe de Beaufort, bachelier ez loix, chanoine
« & chantre de l'églife St. Pierre de Troyes, & recteur général de l'univer-
« fité de Montpellier pour la nation de Bourgogne, reçûrent avec refpect
« lefdites réliques des mains du pere général, & les remirent auffitôt à
« vénérable réligieux homme Hugues de Nolhac, chanoine de Mague-
« lone * & prieur de St. Firmin de Montpellier, pour être portées par lui
« proceffionellement en la chapelle de St. Thomas.

« Le prieur de St. Firmin, ayant pris fes habits d'églife, reçut avec ref-
« pect les réliques, & étant affifté des confuls, du recteur de l'univerfité,
« des ordres mendians & du clergé féculier, il marcha vers le couvent des
« freres Prêcheurs, où il dépofa les réliques dans la chapelle du faint (fize
« dans le chapitre de ce couvent) pour être à la garde & au pouvoir des
« religieux de la maifon, de quoi il fut donné acte public au pere général
« comme il l'avoit demandé. »

Toutes ces chofes (continuë l'acte) fe pafferent fucceffivement dans les
lieux fus-mentionnez en préfence de reverend pere en Dieu Hugues de
Manhania, evêque de Segovie, des reverends freres Pierre Rives, de l'ordre
des freres Prêcheurs, Pierre Berton, prieur du couvent, vénérables & difcretes
perfonnes Berenger de Rovere, vicaire général & official de Maguelone,
de Jacques Maiffende, juge de la cour du palais de Montpellier, lieutenant
de noble & puiffant homme Berenger de Pavo, chevalier gouverneur de
ladite ville, & des docteurs ez loix Jacques Rebuffi, Laurens Paz, Guillaume Antoine & autres.

Cette fainte rélique, après avoir été obtenuë après tant d'inftances, fut
honorée à Montpellier jufqu'en 1562, où les prétendus réformez brûlérent
tout ce qui fervoit à nôtre culte, qu'ils traitoient d'idolâtrie. Le bruit courut qu'ils en avoient fait autant au refte du corps de ft. Thomas, lorfqu'ils

ſe rendirent maîtres de Touloufe, le onzième mai de cette même année; mais en ayant été chaffez ſix jours aprés, ils n'eurent pas le loiſir d'executer la choſe, comme il fut vérifié autentiquement le 13 janvier 1587.

Tout ce que les prétendus reformez continüerent de faire contre les réliques des ſaints contribüa dans la ſuite à augmenter le culte de St. Thomas d'Aquin, à Touloufe. Les religieux de ſon ordre firent élever à leur dépens, en 1628, le magnifique mauſolée qu'on y voit dans leur grande égliſe, & par les liberalitez du roy Loüis XIII, du duc de Montmorenci, gouverneur du Languedoc, de M. de Vervins, archevêque de Narbonne, du clergé de France, de la ville de Touloufe, de Mrs le Mazuyer et Caminade, premier & ſecond préſidens au parlement, on fit faire la chaſſe d'argent doré, qui renferme les oſſemens de ce ſaint, ſur laquelle on peut rèmarquer l'écuſſon des armoiries du pape Urbain V.

1377.

Grégoire XI ne ſurvécut pas de beaucoup à la grace qu'il avoit procuré à l'univerſité de Montpellier, car il mourut à Rome le 27 de mars de l'année ſuivante 1378, dans la quarante-ſeptiéme de ſon âge. Sa mort eut toutes les ſuites que le duc d'Anjou lui avoit predit à Avignon, car les Romains, perſuadés qu'ils n'auroient jamais une plus belle occaſion d'avoir un pape italien, firent pour cet effet de très-preſſantes rémontrances au ſacré college, & cette voye ne leur paroiſſant pas aſſez forte, ils en vinrent aux menaces du feu qu'ils croyoient les plus capables d'intimider les cardinaux. Eux de leur côté diviſez en trois fractions de françois, d'italiens & de limouſins, ne purent s'accorder qu'à choiſir un italien qui ne fût pas du collège des cardinaux, ils s'arrêtèrent à Barthelemi de Prignano, archevêque de Barri, qu'ils envoyerent querir ſous pretexte d'une autre affaire. On lui déclara ſon élection, on exigea ſon conſentement, on l'introniſa, & ayant ſçû de lui qu'il prenoit le nom d'Urbain VI, on le ſalüa ſous ce nom comme pape, & on publia ſon élection aux fenêtres du conclave, ſelon la coûtume.

V.

1378.

Le lendemain, dixième jour d'avril, il deſcendit avec les cardinaux dans l'égliſe de St. Pierre, où on le fit aſſeoir dans la chaire pontificale devant le grand autel; & aprés qu'il eut fait tout le ſervice de la ſemaine ſainte, il fut couronné ſolemnellement le jour de Pâques en préſence des ſeize cardinaux qui étoient alors à Rome, & qui continüerent pendant trois mois à lui rendre les devoirs accoutumez, & à vivre avec lui comme un vrai pape. Les ſix cardinaux qui étoient demeurez à Avignon ſuivirent l'exemple de ceux de Rome, lorſqu'ils eurent apris par leur lettre qu'ils avoient élû librement & unanimement le ſeigneur Barthelemi, archevêque de Barri, & qu'ils avoient déclaré ſon élection en préſence d'une grande multitude de peuple.

PAGE 137.   Ils y répondirent par une autre lettre dans laquelle * ils reconnoiſſoient Urbain pour pape ; & le cardinal d'Amiens, qui ſeul étoit abſent à cauſe de ſa légation de Toſcane, en étant revenu le 15 d'avril, fut réçû en conſiſtoire comme legat, & ſalüa Urbain comme pape. Ainſi il fut reconnu expreſſement par tous les vingt-trois cardinaux qui compoſoient alors le ſacré collége.

1378. « La nouvelle étant venüe à Montpellier, on y fit une publication ſolem-
« nelle (dit nôtre Talamus) de l'élection de l'archevêque de Barri ; &
« enſuite une grande fête le jour de St. Michel avec proceſſion générale &
« ſermon, qui fut dit à la place de l'Hôtel de Ville par F. Pierre Borron,
« maître en théologie, prieur des freres Prêcheurs ; préſens, Hugues de
« Manhania, evêque de Segovie, Raimond de Sala, hoſtalier d'Orilhac,
« vicaire de l'evêque de Maguelone, Raymond de Caſtellar, recteur de
« l'univerſité, & outre grand nombre de peuple. »

La ſurpriſe y fut bien grande quelques jours après, lorſqu'on apprit qu'il y avoit un ſecond pape, & qu'il avoit été élû preciſement lorſqu'on célébroit à Montpellier l'élection du premier. Tant il eſt vrai que les petits dépendent du mouvement qu'il plaît aux grands de ſe donner ; car les cardinaux qui étoient à Rome, fachez de pluſieurs mauvaiſes maniéres que le nouveau pape avoit eu avec eux, prirent le parti de ſe retirer à Anagni & de là à Fondi, où, en rapellant toutes les frayeurs que les Romains leur avoient donné avant l'élection d'Urbain VI, ils crurent pouvoir s'en ſervir pour la rompre, & ils élûrent en effet, le vingtiéme de ſeptembre, Robert, cardinal de Geneve, qui prit le nom de Clement VII.

VI. Urbain, pour remplacer les cardinaux qui l'avoient quitté, fit une nouvelle promotion, & Clement, pour groſſir ſon parti, en fit de même. Ils écrivirent l'un & l'autre aux princes chrêtiens & aux univerſitez pour ſoûtenir chacun ſon élection, & à force de multiplier leurs écrits, ils rendirent l'affaire plus difficile à débroüiller. Clement, qui n'avait que trente-ſix ans, entreprit le voyage de Naples pour mettre dans ſes interêts la reine Jeanne, dont il étoit parent ; mais les Napolitains qui vouloient Urbain, leur compatriote, aſſiegerent Clement dans le château de l'Œuf, & le reduiſirent à ſe jetter dans les premiers bâtimens qu'il trouva pour venir en France. Il

1379. arriva à Marſeille le dixiéme de juin 1379 ; & de là à Avignon, où il fut réçû avec grande joye, particuliérement des cardinaux qui y avoient reſté depuis le départ de Gregoire XI, & qui avoient déjà réſolu de reconnoître Clement pour legitime pape.

De ce nombre étoit le cardinal Anglic, qu'il envoya trois mois après à Montpellier, & qu'il eſt bien tems de faire connoître après tous les ſervices qu'il rendit à cette ville.

Anglic Grimoard, à qui les écrivains de la vie d'Urbain V donnent des grandes loüanges pour fes vertus chrétiennes & ecclefiaftiques, étoit entré dès fa jeuneffe dans l'ordre de St. Ruf, où il fut prieur de St. Pierre de Die dans le Dauphiné. Urbain, fon frere, l'en retira dès qu'il fut élevé fur la chaire de St. Pierre, & le nomma à l'archevêché d'Avignon, que fes prédeceffeurs Clement VI & Innocent VI avoient laiffé vacant. Il attendit néanmoins jufqu'à la quatrième année de fon pontificat à le faire cardinal; en forte que ce ne fut qu'au 18 feptembre 1366, c'eft-à-dire peu de mois avant le voyage du pape Urbain à Montpellier, qu'il fit fon frere cardinal du titre de St. Pierre aux Liens.

VII.

Le nouveau cardinal fuivit fon frere dans fon voyage d'Italie, où après la mort du cardinal d'Albornos, le pape ayant befoin d'un homme de confiance, le nomma à l'evêché d'Albano & à la legation de Boulogne pour y faire fa refidence. Pendant le fejour qu'il y fit, il executa le deffein qu'il avoit de faire à Montpellier une fondation pour l'ordre de St. Ruf, pareille à celle que fon frere y avoit déjà fait pour celui de St. Benoît; & comme fon frere y avoit établi un college ou feminaire pour des jeunes étudiants de fon ordre, le cardinal Anglic voulut en faire de même pour le fien. Il femble même qu'il ne voulut pas feparer de lieu les deux fondations, puifqu'il choifit un grand emplacement à Cofte Frege, vis-à-vis le college de St. Germain.

1379.

Nous en parlerons plus amplement dans l'article des colleges; mais je dois dire * ici pour la fuite de mon hiftoire que le cardinal Anglic ayant quitté Boulogne après la mort de fon frere, il revint à Avignon, où il s'apliqua fans relâche à preffer les bâtimens de S. Germain & de St. Ruf. Le féjour qu'il fut obligé de faire à Montpellier donna occafion aux habitans de cette ville de connoître fon heureux caractére, qu'il fit connoître parfaitement dans toute la conduite qu'il garda durant la fédition de Montpellier; auffi les habitans, de leur côté, firent bien paroître la confiance qu'ils avoient en lui, comme nous l'avons raconté dans le premier tome de cette hiftoire.

PAGE 138.

Je dirai à cette occafion que Noftradamus, dans fon *Hiftoire de Provence*, a jetté dans l'erreur tous les hiftoriens qui l'ont fuivi, & qui, fans examiner la fentence du duc d'Anjou (toute decifive qu'elle eft), non plus que les actes particuliers de ce tems-là, ont mis à Montpellier le cardinal Pierre de Lune, dans le tems qu'il étoit en Efpagne pour les interêts de Clement VII, comme Baluze l'a fort bien rémarqué dans fes notes fur la vie des papes d'Avignon.

Tom. 1, pag. 170 & fuiv.

Tom. 1, pag. 1192, in notis.

CHAPITRE SIXIÉME.

I. Suite de l'article de Pierre de Vernobs, evêque de Maguelone. II. Clement VII nomme à fa place Antoine de Lovier. III. Particularitez de la vie de cet evêque. IV. Pierre Ademar lui eft fubrogé après fa mort. V. L'empereur Sigifmond à Montpellier. VI. Paffage de St. Vincent Ferrier par cette ville.

I.
PIERRE DE VERNOBS.
1380.

LES changemens que nous venons de voir arrivez à la cour du pape déterminerent Pierre de Vernobs à quitter Avignon pour venir dans fon evêché, où nous trouvons qu'il étoit déjà en 1380, lors du paffage par Montpellier de Yoland, comteffe de Bar, qui alloit époufer à Perpignan Jean, comte de Gironne, fils de Pierre le Cérémonieux, roy d'Aragon. L'evêque de Maguelone eut l'honneur d'accompagner cette princeffe; & l'on marque qu'à fon retour il fit, dans l'églife de Nôtre-Dame des Tables, l'oraifon funebre du roy Charles le Sage, mort au château de Beaute, le 16 feptembre de la même année.

On marque auffi qu'il donna dès-lors fon confentement à la tranfaction qui fut faite quelques années après des religieufes de St. Dominique dans le faubourg St. Guillem, où elles font encore à prefent. J'en raporterai le procès-verbal dans l'article qui les concerne, où l'on pourra obferver qu'elles s'engagent expreffement à faire des prieres pour Pierre de Vernobs, evêque de Maguelone.

Peu de tems après, il tint à Maguelone un chapitre général, remarquable par l'établiffement qu'on y fit de cinq commiffaires pour la régie du temporel du chapitre, deux defquels devoient être nommez par l'evêque, un par le prevôt, & les deux autres par toute la communauté. Ce fut en cette même affemblée que le chapitre, pour reconnoître les bons offices qu'ils avoient reçû de leur evêque auprès des papes d'Avignon, délibera de fonder à perpetuité, dans l'églife de Maguelone, trois chapellenies qui feroient deffervies par trois chanoines, pour dire tous les jours trois meffes, l'une en plain-chant, & les autres à la volonté du célébrant, pour l'ame de tous les parens de Pierre de Vernobs, & particulierement pour Gregoire XI, fon infigne bienfaiteur; il fut encore délibéré qu'à chaque mois de l'année, & au jour qui feroit marqué par le prieur clauftral, on feroit un obit pour lui, de la maniere qui fe pratiquoit pour les autres evêques, fes prédéceffeurs; ce qui fit tant de plaifir à Pierre de Vernobs, qu'il donna au chapitre une

maniguiere avec tous fes revenus, droits & dépendances, & deux mille flo- *Series, pag. 441.*
rins, dont les cinq (comme dit l'acte) faifoient quatre francs.

Ste Marthe, dans l'article de cet evêque, nous aprend qu'il fut permis de *Gallia chriftiana,*
fon tems aux juifs de Montpellier de bâtir une finagogue, & qu'ils furent *tom. 3, pag. 810.*
condamnez à une amande de quatre cens tournois toutes les fois qu'ils
auroient manqué de fe lever par refpect au paffage de leur evêque.

*Il obtint cette même année de Clement VII l'union du bénéfice de Lunel PAGE 139.
à la dignité de prévôt de Maguelone, & il fit enfermer dans la maifon des
filles pénitentes de la Magdeleine quelques réligieufes, qui étant forties de
leur couvent, avoient mené une vie déreglée.

Enfin, Pierre de Vernobs étant tombé malade à Montpellier fur la fin de 1389.
feptembre 1389, mourut dans fon palais épifcopal (dit la fale de l'evêque)
le 3 d'octobre de la même année. Son corps fut mis en dépôt dans l'églife
des freres Mineurs, où un réligieux de l'ordre fit fon oraifon funebre, &
après les obfeques qui lui furent faites, il fut tranfporté à Maguelone, où il
eft enfeveli.

Clement VII, qui agiffoit à Avignon en véritable pape, ne laiffa pas vaquer II.
plus long-temps l'evêché de Maguelone. Il y nomma, dès le 18 octobre de
la même année, Antoine de Lovier, fon tréforier, natif de Revel, diocéfe de ANTOINE
Vienne en Dauphiné. Son habileté dans le droit canon l'ayant élevé à la DE LOUVIER.
dignité de doyen de la métropole de Vienne, il paffa à la cour d'Avignon,
où fon mérite le fit connoître du pape Clement VII, qui le fit fon tréforier.
La chofe paroît par un mandement, de la fomme de quarante mille francs
d'or, que Clement lui ordonnoit de compter à Loüis, duc de Bourbon, envoyé par le roy de France au fecours de Loüis, roy de Sicile.

Pendant le féjour que fa charge de tréforier l'obligea de faire à Avignon, III.
il nomma pour fon grand-vicaire à Maguelone Barthelemi Barrière, du
diocéfe de Caftres & archiprêtre de Montardier. Cependant, pour fermer la
regale, il fe hâta de rendre fon hommage pour les châteaux de Lates, de Durfort & de Pouffan, ce qu'il fit en perfonne entre les mains du fénéchal de
Beaucaire, comme il paroît par les regîtres du domaine de Nîmes. Peu de
tems après il fonda dans l'églife de Vienne une chapelle dite de Maguelone,
où l'on continüe encore de célébrer un obit pour lui tous les mois de
l'année.

Le voyage que le roy Charles VI fit en Languedoc, en 1389, engagea IV.
l'évêque de Maguelone de venir à Montpellier, où il eut l'honneur de recevoir le roy à l'entrée de la porte de Nôtre-Dame des Tables. Il eut encore
celui de le loger dans la fale de l'evêque, dont le roy fe fouvint quelques
années après en lui accordant fa protection contre quelques feigneurs de

son diocése, qui, pour se souftraire à sa juridiction, avoient pris des officiers du roy des lettres de sauvegarde en vertu desquelles ils arboroient sur leurs châteaux les pennons du roy exclusivement à ceux de l'église de Maguelone. Surquoi, Charles VI fit expédier des lettres qui sont raportées tout au long dans Ste. Marthe, où il mande au sénéchal de Beaucaire, au recteur de la Part-Antique, au châtelain de Somiéres, & à ses autres officiers, d'examiner les plaintes de l'evêque, « & que s'il leur paroît que les lettres de « sauvegarde obtenües par ces particuliers soient au préjudice de l'evêque, « ils ayent à les révoquer, casser & annuler, leur récommandant expresse-« ment d'empêcher que l'evêque dorénavant soit troublé pour le même « sujet, mais qu'au contraire ils donnent tous leurs soins à remettre les « choses en l'état qu'elles étoient avant cette querelle. Donné à Paris, le 5 « septembre 1396. »

Gallia christiana.

1396.

Ces lettres produisirent un si bon effet, qu'on compte depuis ce tems-là plusieurs hommages qui furent faits à Antoine de Lovier, dont les plus remarquables sont : 1° celui de Bertrand de Pierre pour la seigneurie de Ganges & pour le château de Brissac; 2° celui de Guillaume de Fredol pour le château de la Verune, qu'il rendit selon les termes de l'acte, *clavium traditione, vexilli erectione, buccinatione præconis.*

1405.

On met la mort de cet evêque en 1405, & l'on ajoûte que son corps ayant resté pendant trois jours dans l'église des Augustins, sur le chemin de Castelnau, fut transporté de là à Vienne en Dauphiné, où il avoit élû sa sepulture dans la chapelle de Maguelone.

.V Le fameux Pierre de Lune, qui avait été élû à Avignon après la mort de Clement VII, sous le nom de Benoît XIII, nomma aussi-tôt à l'evêché de Maguelone Pierre Ademar, chanoine infirmier de cette église, & ancien professeur en l'université de Montpellier, qu'il avoit connu autrefois en cette ville dans * le tems qu'il y enseignoit lui-même le droit canon.

PIERRE ADEMAR.

PAGE 140.

1408.

On trouve qu'en 1408, les habitans de Montpéllier & de Villeneuve lui jurerent foy & hommage pour les terres qu'ils avoient dans le comté de Melgüeil, & que ceux de Montferrand lui payerent les cinquante livres qu'ils devoient à leur seigneur à sa prise de possession.

Environ ce tems, on eut le bonheur à Montpellier d'entendre pendant huit jours st Vincent Ferrier, le plus celebre prédicateur de son siécle, dont les sermons firent tant d'impression sur l'esprit de nos ancêtres, qu'ils jugerent à propos de transmettre à la posterité le texte & le sujet de ses prédications. Voici comme on les voit encore dans le petit Talamus.

« Le jeudi 29 novembre 1408, le reverend frere Vincent, de l'ordre des « Prêcheurs, entra dans la présente ville de Montpellier; & le lendemain,

« jour & fête de S. André, il prêcha dans le cloître du couvent de fon ordre,
« où l'on fouloit prêcher avant la grande mortalité qui dépeupla Mont-
« pellier en 1348, il fit fon fermon fur ſt André, & prit pour texte : *Dives*
« *in omnes qui invocant eum.* Le famedi fuivant fur l'Avent : *Ecce dies Domini*
« *veniunt.* Le dimanche fur la venüe de J. C. au jugement univerfel : *Bene-*
« *dictus qui venit in nomine Domini.* Et le lundi d'après sur l'avenement de
« l'antechriſt, en expliquant comment il attireroit à lui tant de monde, ce
« qui lui fit repeter fouvent ces paroles qu'il avoit pris pour texte : *Indui-*
« *mini arma lucis.* Dans la prédication fuivante qu'il fit le mardi d'après[*],
« il dit que l'antechriſt étoit déjà venu, et même déjà né depuis cinq ans,
« fuivant quelques révelations : *Reminifcamini quia ego dixi vobis.* Le mecredi
« d'après, qui étoit le jour de St. Nicolas, il prêcha fur ce saint, prenant
« ces paroles pour texte : *Dilectus Deo & hominibus*; & le jour de la Concep-
« tion de la Vierge : *Ego jam concepta eram.* Après quoi il partit à pied l'après-
« midi du même jour, accompagné d'un maître en théologie de fon ordre,
« & d'un frere qui lui fervoit de compagnon, & alla coucher à Fabre-
« gues, où le lendemain matin il prêcha fur l'aproche de la fin du monde,
« prenant pour texte : *Erunt figna in fole & lunâ, &c.*

« Le grand nombre de perfonnes qui l'avoient fuivi de Montpellier à
« à Fabregues, le fuivit encore jufqu'à Loupian, où il prêcha fur l'état des
« ames en paradis, dans le purgatoire & en enfer ; en forte que fes paroles
« (ajoûte le Talamus) fembloient plus des paroles divines que des paroles
« humaines, *femblavan mais paraulas divinas que humanas.* »

Il eſt obſervé (dans le même livre) que pendant fon féjour à Montpellier il alla prêcher aux trois monaſtéres de filles qu'il y avoit alors, c'eſt-à-dire aux Proüillanes, à celles de St. Giles, & aux Minorettes, mais il ne voulut jamais permettre qu'aucun étranger affiſtât aux exhortations qu'il leur fit.

L'evenement le plus remarquable de la vie de Pierre Ademar eſt l'arrivée de l'empereur Sigifmond à Montpellier, qu'il eut l'honneur de recevoir à la porte du pila St. Gilles pour le conduire à l'église de Nôtre-Dame des Tables, où il le harangua à la tête de fon clergé. Ste. Marthe raporte cette circon-ftance qui a été oubliée dans le petit Talamus, où l'on trouve feulement
« que le mardi 13 août 1415 arriva à Montpellier l'empereur Sigifmond,
« roi de Hongrie, qui étoit parti de la ville de Conſtance, où l'on tenoit
« actuellement un concile général pour l'union de nôtre mere ſte églife ;
« & que l'empereur avoit déjà tant fait que d'obtenir la rénonciation à la

1415.

---

[*] Il expliqua pourquoi Dieu permettroit tous les maux que devoit faire l'antechriſt : *Scitote quia Dominus his opus habes.*

« papauté de Jean XXIII & Grégoire X ; mais comme il manquoit encore
« celle de Benoît XIII, autre concurrent, l'empereur alloit à Perpignan pour
« conferer avec le roy d'Aragon & avec Benoît, afin de le porter à donner
« une cession de ses droits pour procurer la paix de l'église. Il y est marqué
« que ce prince étoit accompagné de l'archevêque de Reims, ambassadeur
« de France au concile de Constance, d'un grand seigneur des plus consi-
« derables de son royaume de Hongrie, d'un bacha de Turquie, son pri-
« sonnier qu'il menoit avec lui, & plus de * cent allemans ou Hongrois
« qui étoient suivis de plus de mille chevaux. Pierre de Lune prit avantage
« de la renonciation de ses deux concurrens, pour tâcher de persuader à
« Sigismond qu'il étoit seul & veritable pape. » Alors tous les royaumes
d'Espagne s'étant séparez de son obédience, par le conseil de st Vincent
Ferrier, l'empereur ne douta point que Benoît ne se réduisît bien-tôt ; d'où
vient qu'étant revenu à Montpellier dans le mois de decembre, il dit aux
consuls qu'on pouvoit tenir pour certaine la réünion de l'église.

Et al 18 decembre tornet à Montpeller lodig segnor emperador & certificet los cossols de bocca que l'on avia la union tota entiera.

Le même Talamus a marqué sous Pierre Ademar le premier acte d'inquisition que nous trouvions avoir été fait à Montpellier depuis l'établissement des inquisiteurs de la foy ; car il y est dit qu'en 1417 l'evêque de
Maguelone, avec le lieutenant du gouverneur & le recteur de l'université,
assisterent à l'execution de la sentence prononcée par Raymond Cabasse,
vicaire de l'inquisiteur de la foy, contre Catherine Sauve, recluse de la
porte de Lates, qui s'étant échauffée le cerveau dans sa retraite, débitoit à
ceux qui venoient la voir plusieurs erreurs, dont voici les principales :

« Que les enfans qui mouroient après le baptême, avant l'usage de la
« raison, ne pouvoient être sauvez, puisqu'ils ne croyoient pas.

« Qu'il n'y avoit eu de vrai pape, d'evêque, ni de prêtre, depuis que
« l'election des papes se faisoit sans miracle.

« Que l'église catholique consiste seulement dans les hommes & les
« femmes qui menent la vie des apôtres & qui aiment mieux mourir
« qu'offenser Dieu ; tous les autres étant hors de l'église.

« Que le baptême, reçû d'un mauvais prêtre, ne sert de rien pour le
« salut.

« Que les mauvais prêtres ne sçauroient consacrer le corps de Jésus-
« Christ, quoiqu'ils proferent les paroles sacramentelles.

« Qu'elle ne pouvoit adorer une hostie consacrée, puisqu'elle ne voyoit
« pas que le corps de Jesus-Christ y fût.

« Qu'il ne falloit pas se confesser à un prêtre, mais seulement à Dieu ;

« & qu'elle aimeroit mieux fe confeffer à un prud'homme laïque qu'à un
« prêtre.

« Qu'un mari & une femme ne peuvent fans peché fe rendre le devoir
« conjugal.

« Qu'après la mort il n'y aura point de purgatoire, parce qu'il faut le
« faire dès cette vie. »

Pour toutes ces erreurs, qui reviennent à celles des anabaptiftes & des facramentaires, elle fut condamnée au feu, qu'elle fouffrit à la Portaliere, auprès du couvent des freres Prêcheurs; & l'ufage s'étant introduit de punir en ce même lieu les perfonnes accufées de fortilege, le peuple s'accoûtuma de l'apeller le portail *de las Mafques,* qui en langage du pays veut dire forcieres.

J'obferverai à l'occafion de l'inquifiteur de Montpellier que fa charge n'étoit qu'une fimple délégation de l'inquifiteur général du royaume, lequel donnoit des lettres de vicariat à qui il jugeoit à propos dans certains diocéfes. Ainfi, nous voyons encore dans les regîtres de la fénêchauffée de Carcaffonne des lettres de vicariat, données en 1428, par Raymond Dutil, inquifiteur de la foi dans tout le royaume de France, & d'autres en 1450, par Jean Vinet, procedant en la même qualité.

Nous ne trouvons plus aucune autre particularité de la vie de Pierre Ademar, qu'on croit être mort en 1421, puifqu'on affure que Loüis Aleman, fon fucceffeur, fut nommé cette même année à l'evêché de Maguelone.

CHAPITRE SEPTIEME. Page 142.

I. Aggrégation de l'ecole de théologie au corps de l'univerfité par Loüis Aleman, evêque de Maguelone. II. Qui eft transferé à l'archevêché d'Arles. III. Guillaume le Roy lui fuccede à Maguelone. IV. Puis Leger Saporis. V. Bertrand. VI. Et Robert de Rouvres.

LOUIS Aleman, de l'illuftre maifon de ce nom, dans le pays du Bugey, étoit chanoine & comte de St. Jean de Lyon, lorfqu'il fut nommé à l'evêché de Maguelone par le crédit de François de Conzié, fon oncle, qui étoit legat à Avignon.

LOUIS ALEMAN
I.

Le nouveau prelat fignala fon entrée dans fon diocéfe par l'union des écoles de théologie de Montpellier au corps de l'univerfité de cette ville. Il obtint pour cet effet une bulle du pape Martin V (que je raporterai dans l'article de la faculté de théologie) dans laquelle ce pape fait une mention expreffe de Loüis Aleman : *Sicut exhibitum nobis eft ex parte venerabilis fratris noftri Ludovici epifcopi Magalonenfis.*

1422.   Peu de tems après, le roi Charles VII lui fit expedier des lettres à Touloufe, pour être payé par fes emphitéotes de Sauve, Durfort, Ste Croix & Fontanez, des ufages, cenfives & autres droits qu'ils lui devoient, comme à leur feigneur, le 22 fevrier 1422.

Nous trouvons dans les regîtres de la fénêchauffée de Carcaffonne, que le chapitre de Maguelone eut de fon tems un procès criminel, dont on ne peut mieux juger que par les plaintes de fes findics, Jean de Gozon, prieur de Fabregues, & Jean Dupuy, prieur de Notre-Dame des Tables, tous deux chanoines & findics du chapitre, lefquels expofent « que le nommé Vitalis
« & autres, fes complices, du lieu de Villeneuve, s'étant faifis d'un bat-
« teau chargé de vivres pour les chanoines de Maguelone, avoient enlevé
« les provifions, percé le batteau & rempli de pierres pour le faire couler
« à fond; afin (dit l'acte) que les chanoines périffent tous de faim, *ut*
« *omnes famé perirent.* Après quoi ces mêmes gens étant entrez dans le
« *capitou* de Villeneuve, y auroient pris & brûlé tous les harnois du labou-
« rage, & bleffé grièvement les valets du chapitre. Mais afin de couvrir
« leurs violences, ils avoient porté leurs plaintes au juge du fenéchal de
« Nîmes, qui avoit ajourné les findics du chapitre; à raifon de quoi ils en
« apellerent au parlement de Touloufe, qui par fes lettres du 18 decembre
« évoqua à foi cette affaire. »

1423.   L'année d'après 1423, Loüis Aleman qui n'avoit pas encore rendu hommage pour les terres de fon evêché, obtint du roy Charles VII un délai de
II. deux ans; mais avant que ce terme eût fini, il fut transferé à l'archevêché d'Arles par le pape Martin V, qui bientôt après le fit cardinal du titre de Ste Cecile.

Je n'entrerai point dans le détail de tout ce qu'il fit après fa tranflation; il me fuffira de dire qu'ayant été nommé par le même pape legat à Boulogne, & l'un des préfidens du concile de Bafle, il concourut à l'élection d'Eugene IV, après la mort de Martin V, decedé pendant la tenuë de ce concile, que le nouveau pape voulut changer en Italie, fous prétexte qu'on y feroit plus commodement pour traiter de l'union des Grecs avec l'églife romaine. Ce deffein indifpofa fi fort contre lui les peres de Bafle, qu'ils le dépoferent & élûrent à fa place Amedée, duc de Savoye, qui prit le nom de Felix IV.

On marque que le grand attachement qu'avoit Loüis Aleman pour la difcipline ecclefiaftique lui fit fouvent blâmer la facilité qu'avoit le pape à en accorder des difpenfes, & le porta enfin à fe joindre à fes adverfaires. Cette démarche lui attira l'indignation d'Eugene IV, qui le priva du nom & dignité de * cardinal. Mais Nicolas IV ne tarda point de le rétablir; il le fit même fon legat en Allemagne, où il eut beaucoup à fouffrir pour procurer la paix de l'églife.

PAGE 143.

Après fon retour dans fon diocéfe, il ne s'occupa que des devoirs de fon état. Ses aumônes, fon efprit de priere & fes foins pour la décoration des autels, le mirent en fi grande vénération, qu'auffitôt après fa mort arrivée en 1450, il fut invoqué comme un faint; fon corps fut porté de Salon en Provence (où il étoit mort) dans fa metropole d'Arles, où les guerifons miraculeufes qui furent faites à fon tombeau porterent enfin le pape Clement VII (de la maifon de Medicis) à permettre aux chanoines de la ville d'Arles d'en faire l'office femi-double, comme d'un confeffeur pontife.

Dans l'efpace de vingt-fix ou vingt-fept ans, qui s'écoulerent depuis la tranflation du bienheureux Aleman, il y eut quatre evêques qui remplirent fon fiege de Maguelone, le premier defquels eft :

III.

Guillaume le Roy, abbé de Compiegne, qui fit fon entrée à Montpellier en 1424. Nos regîtres marquent qu'il fut reçû à la porte de la Saunerie par le clergé feculier & regulier, par toute la nobleffe de fon diocéfe & par les magiftrats royaux qui le conduifirent à Notre-Dame des Tables & l'accompagnerent de là jufqu'à la fale de l'evêque.

GUILLAUME LE ROY

1424.

Pour reconnoître en quelque maniere ce bon accüeil, Guillaume le Roy entreprit le voyage de Paris, pour délivrer (s'il étoit poffible) fon diocéfe & la ville de Montpellier des foldats qui couroient la province fous le régne de Charles VII. Il en confera avec le duc de Foix, nouveau gouverneur du Languedoc & de la Guienne, qui lui donna des lettres de fauvegarde, avec lefquelles l'evêque revint à Montpellier. Cette même année, le duc de Foix étant venu dans fon gouvernement, Guillaume le Roy obtint de lui une remife de la portion que la ville devoit contribuer pour la fomme de foixante-huit mille livres qui lui avoit été accordée par la province.

On voit encore dans les regîtres de l'evêché une quittance des lods qu'il donna pour la vente de quelques vieilles boutiques fervant à la débite du fel, dans le faubourg de Lates. Et l'on met de fon tems le célébre Caftiglione Brando, depuis cardinal, qui étant alors veftiaire & vicaire général de Maguelone, fit titre du prieuré de Beaulieu, diocéfe de Maguelone, à Antoine Audibert, prêtre.

Gariel, feries, pag. 469.

Mais l'évenément le plus remarquable qui foit arrivé fous Guillaume le Roy, eft la confommation de l'ordonnance qui avoit été faite pour l'union de la faculté de théologie avec celle du droit. Cette affaire qui avoit fouffert beaucoup de difficultez, fut enfin terminée en 1427, après que l'evêque eut chargé Robert Pinchon, recteur de l'univerſité, de dreſſer des réglemens pour cette union. Les membres des deux facultez s'y ſoûmirent de bonne grace, & Guillaume le Roy les confirma par des lettres que je raporterai dans l'article de la faculté de theologie.

Depuis ce tems il n'eſt plus fait mention de lui dans nos archives, ce qui donne lieu de croire qu'il ne paſſa point l'année 1429, où l'on trouve, pour evêque de Maguelone, Leger Saporis, natif de Montpellier, & d'une ancienne famille de cette ville; puiſque nous avons vû qu'un de ſes auteurs fut fait chevalier par le roi Jacques Ier. Son habileté dans les matieres de droit le rendit ſi utile à ſon prédéceſſeur, que quelques uns ont crû qu'il l'avoit demandé pour ſon coadjuteur.

Nos archives de la ville marquent expreſſement de lui qu'il fit la bénédiction de la chapelle de Nôtre-Dame de Bonnes-Nouvelles, fondée & bâtie par les habitans de Montpellier lorſqu'ils eurent apris la levée du ſiége d'Orléans par les Anglois, & le ſacre du roy Charles VII en la ville de Reims.

On trouve dans les regîtres de l'evêché qu'il reçut en 1429 le ferment de fidelité de Guerin Thauleri, commandeur de l'hôpital du St. Eſprit, & l'hommage qu'Antoine de Murviel, chevalier du diocéſe de Beziers, lui prêta à genoux & les mains jointes pour la terre de Pouſſan.

Nous avons de lui une procuration qu'il donna à Pierre Andrieu, prieur de St. Mathieu de Montpellier, pour recevoir les réconnoiſſances qui lui étoient dûës par ſes emphitéotes de Murviel & de Cazillac, & le titre qu'il fit à un prêtre nommé Pierre Gauffelin, d'une chapelle fondée dans la principale égliſe de Ganges par Eleazar de Palma.

Il faut qu'il n'ait tenu l'evêché de Maguelone gueres plus de deux ans, puiſqu'on trouve encore dans les regîtres du domaine le ferment que Bertrand, ſon ſucceſſeur, prêta au ſénéchal de Nîmes, en 1431. Il étoit, ſelon Catel, préſident en la cour des aydes de Paris, lorſqu'il fut nommé evêque de Maguelone; & l'on aſſure qu'il eut beaucoup de part à la confiance du pape Eugene IV, qui l'employa avec l'archevêque de Tarragone à la tranflation du concile de Baſle en la ville de Ferrare; ce qui l'empêcha de venir dans ſon diocéſe, où l'on ne trouve aucun acte de lui, étant mort en 1433.

Robert de Rouvres, ſon ſucceſſeur dans l'evêché de Maguelone, fut employé comme lui dans les affaires politiques, ayant toûjours reſté auprès du roy Charles VII durant les troubles qui agiterent la France pendant ſon regne. Nous n'avons de lui que le mandement qu'il fit pour nommer des grands-vicaires en ſon abſence.

« Robert, par la grace de Dieu & du faint-fiége apoftolique, evêque de *Series, pag. 476.*
« Maguelone, à tous ceux qui ces préfentes lettres verront, falut & éter-
« nelle félicité. L'impoffibilité où nous fommes de nous rendre dans nôtre
« diocéfe, tant à caufe des grandes affaires dont nous fommes chargez par
« le roy de France, nôtre feigneur, qu'à caufe de la difficulté des chemins
« qui augmente tous les jours dans ces tems fâcheux, nous font fouhaiter
« de tout nôtre cœur de pourvoir aux befoins fpirituels & temporels du
« troupeau qui nous eft commis, par les foins des perfonnes habiles &
« récommandables par leur bonnes vie, mœurs & capacité. Auquel effet
« connoiffant, comme nous faifons, les grands talens de reverend pere en
« Dieu Guillaume, evêque de Laon, & de Fabri de Actiles, prévôt de
« nôtre églife de Maguelone, des vénérables & difcretes perfonnes Me Jean
« Henri, chanoine de l'églife de Turin, & de Guillaume de Valois, bache-
« lier en droit canon & chanoine de l'églife d'Orleans, dans l'efperance que
« leur préfence fupléera à nôtre abfence : nous les nommons, par ces pré-
« fentes, nos vicaires generaux dans le fpirituel & temporel, leur donnant
« nant plein pouvoir de régir, régler & gouverner les églifes de nôtre dio-
« céfe. »

En vertu de ces pouvoirs, fes vicaires-generaux firent hommage pour lui au fénéchal de Beaucaire, des terres de l'evêché de Maguelone, & ils reçû- rent celui qui leur fut rendu par Guillaume Pelet, pour la terre de la *Archives de Nîmes.* Verune; & pour celle de Fabregues, par Charles de Frontignan.

On trouve dans les regîtres du chapitre qu'en l'année 1439, Guillaume de Valois, l'un de fes grands-vicaires, donna à nouvel achapt certaine pièce de terre dans la dîmerie de Montauberon, qui avoit été réprife par Pierre Lyfippi, chanoine & facriftain de Maguelone, à qui elle apartenoit; & qu'en 1440, le même grand-vicaire donna en nouvel achapt à Triftan de Mont- laur, feigneur de Murles, une contenance de terre énoncée dans l'acte.

On met la mort de cet evêque en 1445, durant la maladie contagieufe 1445. qui courut toute la France, & qui enleva Robert de Rouvres le feizième juin de cette même année; il eft compris parmi les gardes des fceaux de France, & il exerça quelques mois la charge de chancelier, felon ces paroles de le Feron, dans fon *Hiftoire des grands officiers de la couronne* : « Robert de Rou-
« vres, evêque de Maguelone, tint le fceau, vacant par la mort de Renaud
« de Chartres, arrivée le 4 avril 1445; & la chancellerie fut pour lors
« exercée par ledit evêque de Maguelone jufqu'au 16 juin dudit an, que
« fut pourvû Guillaume Juvenal des Urfins. »

Maur de Valeville, chanoine de Maguelone, fut nommé pour fucceder à MAUR DE Robert de Rouvres; mais on n'en fçait pas bien exactement le tems; car on VALEVILLE.

ne trouve fon facre qu'en l'année 1450, par Jean de Harcour, archevêque de Narbonne, affifté de Guillaume de Montjoye, evêque de Beziers, & Etienne de Cambray, evêque d'Agde. Il commença fon épifcopat par la célébration du jubilé accordé à Rome cette même année, durant laquelle on marque qu'il donna le baptême à plufieurs Maures, qui fe trouvant à Montpellier voulurent * embraffer la réligion chrétienne ; il fit cependant vifiter fon diocéfe par fon vicaire général, Jacques Vivens, de qui l'on a le procès-verbal de la vifite qu'il fit à Maguelone, où il eft parlé des chapelles de St. Nicolas & de St. Auguftin qu'il y avoit dans cette églife.

Le même grand-vicaire fit la benediction d'une nouvelle cloche des freres Mineurs, fur laquelle on fit graver les vers fuivans, que Gariel nous a confervez.

LAUDO DEUM VERUM, POPULUM VOCO, CONGREGO CLERUM.
DEFUNCTOS PLORO, PESTEM FUGO, FESTA DECORO,
HÆC VOX CUNCTORUM SIT TERROR DÆMONIORUM.

En 1456, Maur de Valeville acquit de l'abbé d'Aniane le terroir dit de l'Emperi, qu'il joignit à fon château du Terrail, & en reconnoiffance de la ceffion qui lui en fut faite, il relâcha à cet abbé le prieuré de Valflaunez.

En 1459, il obtint du pape Pie II l'union du prieuré de St. Paul de Frontignan au chapitre de Maguelone ; & peu après il confera par droit de patronage ceux de St. Saturnin d'Agonez & de Ste Foy.

Je ne fçai à quelle occafion les confuls de Montpellier lui démanderent la déclaration fuivante fur le bois de Valene & fur le mas de Caravettes.

« A tous ceux qui ces préfentes verront, falut. Maur, par la mifericorde
« de Dieu, evêque de Maguelone, comte de Melguëil & de Montferrand,
« feigneur de Durfort de la Marquerofe & de Briffac ; nous déclarons,
« qu'ayant fait faire à la requifition des confuls de Montpellier (dans nôtre
« diocéfe) une exacte récherche dans nos archives & dans celles de nôtre
« églife, nous y avons trouvé la bulle du pape Innocent III, d'heureufe
« mémoire, du 18 des kalendes de janvier, dans la 18e de fon pontificat,
« contenant l'inféodation des comtez de Melguëil & de Montferrand, par
« lui faite à Guillaume d'Altiniac, evêque de Maguelone, l'un de nos pré-
« deceffeurs, fous certaine cenfive, payable tous les ans à l'églife romaine,
« au jour de la Refurrection de Nôtre-Seigneur. Lefquelles comtez de Mel-
« guëil & de Montferrand avoient été tenuës par noble Raymond, comte
« de Touloufe, qui les perdit pour crime notoire d'héréfie, à raifon de

« laquelle lefdites comtez furent reprifes par l'églife romaine. De plus, nous
« avons trouvé dans les mêmes archives l'inféodation du bois de Valene &
« du mas de Caravettes, faite par le fufdit evêque Guillaume aux confuls
« de Montpellier, pour les tenir de nous, fous l'albergue de dix chevaliers
« & neuf fols melgoriens, tous les ans, lorfque nous les demanderions; ce
« qui fut reconnu dans le tems de cette inféodation par les confuls de
« Montpellier à Guillaume d'Altiniac, & depuis renouvellé par eux à
« Berenger de Fredol, Gaucelin de Deux & Antoine de Louvier, nos pré-
« déceffeurs, à raifon de quoi ils nous ont fait la même réconnoiffance,
« comme leur feigneur fuzerain, & nous, de nôtre côté, conformément à
« tous les titres que nous en avons, nous réconnoiffons tenir ces comtez
« de nôtre faint pere le pape & de l'églife romaine, de la maniere que nos
« prédéceffeurs l'ont tenuë. Donné dans nôtre château du Terrail, le
« 1er décembre 1464. »

1464.

Dans un chapitre tenu à Maguelone en 1465, l'evêque préfident, il eft dit
que le chanoine, ouvrier de cette églife, donna en emphitéofe à André de
Mirevaux, cent quarterées de terre, dans la paroiffe de Ste Magdeleine de
Zindrio, dans le lieu dit Larzac, jurifdiction de Villeneuve; ce que je
marque pour faire connoître cette ancienne paroiffe, qui ne fubfifte plus,
quoiqu'il en foit fouvent parlé dans nos vieux actes : ce n'eft maintenant
qu'une groffe metairie dite la Magdeleine, apartenante à MM. Duché.

1465.

On trouve que Maur de Valeville, en 1471, conféra les deux chapelles
de St. Jean-Baptifte & de St. Jean l'Evangelifte, fondées dans l'églife de
St. Firmin par Jean Dumas.

1471.

L'année fuivante fut la derniere de fa vie, étant mort, felon un vieux
necrologue de Maguelone, le 28 février 1472, auquel jour le chapitre étoit
tenu de faire un fervice pour lui, en réconnoiffance du legs qu'il leur avoit
fait de fa bibliotéque * & de fa chapelle, confiftant en un calice & un
cibotre d'argent, avec deux cens écus d'or & vingt fols melgoriens pour
fon anniverfaire.

1472.

PAGE 146.

Après le décès de Maur de Valeville, le chapitre étant rentré en vertu de
la pragmatique fanction de Charles VII dans fon ancien droit d'élire fon
evêque, choifit Jean Bonail, chanoine, veftiaire de Maguelone, & grand-
vicaire du diocéfe, qui s'étoit rendu récommandable dans fa compagnie par
fon efprit de paix, par fon fçavoir & par fa charité envers les pauvres. Il
étoit natif de Ganges, diocéfe de Maguelone, & eut pour pere Barthelemi
Bonail, feigneur du Fefquet & de la Baume. On marque que le fiége de
Narbonne fe trouvant vaquer dans le tems de fon élection, il eut recours à
Bernard de Rofegio, archevêque de Touloufe, pour être facré evêque ; &

JEAN
BONAIL.

qu'auſſitôt après il s'apliqua à pourvoir ſon diocéſe de bons ſujets & à réprimer les fréquentes abſences des chanoines de Maguelone.

1476. En 1476, le chapitre lui donna le droit de nomination d'un canonicat de ſon égliſe; & l'on marque qu'en 1479 il fit la conſecration du grand autel de Nôtre-Dame des Tables, & de celle de Nôtre-Dame du Charnier, dans le cimetiere de St. Barthelemi.

1482. En 1482, il autoriſa la fondation de trois chapelles faite dans l'égliſe de St. Guillem, par un bourgeois nommé Antoine Châlon, & il en conſacra les autels, dont l'un étoit dedié à la Vierge, l'autre à St. Antoine, & le troiſiéme à St. Cleophas.

1487. Enfin, après ſeize ans d'épiſcopat, il mourut à Montpellier, dans la ſale de l'evêque, le 15 d'août 1487, ayant laiſſé ſa bibliotéque & ſa chapelle à ſon chapitre; il fut enſeveli à Maguelone, dans le tombeau qu'il avoit fait dreſſer pendant ſa vie auprès du grand autel, où l'on voit encore ces paroles autour de ſa répreſentation : *Joannes Bonail Magalonenſis epiſcopus comes Melgorii & Montisferrandi.*

Quelque tems après, ſes amis jugerent à propos de faire graver ſur un marbre noir les vers ſuivans, qui ne donnent pas une grande idée de l'habileté du poëte.

Hic jacet Joannes, præſul quondam Magalonenſis,

Clarus honore ſimul, ſimul & ingenio.

Maxime devotus, civis bonus, urbis amator,

Principi amabilis, refugiumque bonis.

Si quis in hoc ſaxo ſuum legis advena nomen,

Non dedigneris dicere bene vale.

IZARN DE BARRIERE

Izarn de Barriere, d'une famille de Montpellier, qui avoit eu la ſeigneurie de Pouſſan, fut élû après la mort de Bonail par le crédit de François de Hallé, archevêque de Narbonne, & de Jean de Coſta, prévôt de Maguelone, qui diſſiperent un parti formé contre Barriere par un nommé Loüis, ſon concurrent. On aſſure qu'il s'excuſa ſur ſon âge, & que pour éviter ſon election il s'enfuït ſecretement à Villeneuve ; mais qu'ayant été découvert par le bruit des cloches qui ſonnerent d'elles-mêmes, il ſe laiſſa conduire à Beziers, où il fut ſacré par l'archevêque de Narbonne, aſſiſté des evêques d'Agde, de Beziers & de Nîmes.

Après avoir fermé la regale, en prétant ſon ſerment de fidélité entre les mains du fénéchal de Beaucaire qui en avoit une commiffion fpeciale du roy Loüis XII, le nouvel evêque donna tous fes foins à l'entretien de la religion & de la paix dans fon diocéfe.

On a des lettres de lui par lefquelles il accorde plufieurs indulgences en faveur de Nôtre-Dame du Charnier, dans le cimetiere de St. Barthelemi, & de celle de Ste Croix, dans la ville. *Series, pag. 500.*

Il pacifia les diffentions qui étoient entre les profeffeurs de l'univerfité & les chanoines de Maguelone, en donnant aux profeffeurs les metairies de Lefcarrie & de Mefclas, fous la redevance de fix livres tournois pour l'evêque de Maguelone *, & de quatre autres pour le chapitre. 1487. Page 147.

L'année fuivante 1488, il fe régla lui-même avec fes chanoines pour la collation des benefices de fon diocéfe, dont il fut dreffé un acte qui eft digne de remarque. 1488.

« Il y eft dit qu'en 1488, le lendemain de la fête de tous les faints, après
« midi, le chapitre de Maguelone s'étant affemblé au fon de la cloche,
« Me Jean de Cofta, docteur en decret & prévôt du chapitre, tant en fon
« propre nom qu'en celui du facriftain, du prieur clauftral, & autres prieurs
« ou chanoines clauftraux, prefenta requête à reverend pere en Chrift, Izarn,
« evêque de Maguelone, préfident de l'affemblée, difant qu'on ne pouvoit
« ignorer qu'il n'y eût dans leur églife plufieurs dignitez, perfonats &
« prieurez, qui joüiffoient par les anciens réglemens & coûtumes, de
« plufieurs prérogatives & prééminences, particulièrement de la collation
« de divers benefices, dont le premier étoit la dignité du prévôt, l'office
« du facriftain, le prieuré de St-Firmin, l'office du veftiaire & autres divers
« prieurez; mais que nonobftant leurs privileges, feu Jean Bonail, dernier
« evêque, avoit conferé la vicairie de Perols (dont la collation appartenoit
« notoirement au prévôt), fous prétexte que par le droit commun l'evêque
« conferoit les bénéfices de fon diocéfe, ce qui eft vifiblement contraire
« aux anciens reglemens & privilèges. De plus, qu'arrivant la vacance du
« prieuré de St-Maurice de Sauret, dont la collation appartenoit au prieur
« de St. Firmin, le même evêque y avoit nommé en l'abfence des cardi-
« naux qui jouiffoient du prieuré de St. Firmin, & durant celle des autres
« commandataires feculiers qui ont joüi de ce prieuré pendant plus de
« cent ans, comme ils en joüiffent encore, lefquels fe contentent d'en reti-
« rer les fruits, fans s'intereffer à la confervation des droits de leur
« églife.

« Toutes lefquelles chofes il a crû devoir reprefenter à l'affemblée, tant
« afin que les prieurs de St. Firmin & autres du diocéfe qui ont la colla-
« tion de divers benefices ne foient pas privez de leur droits, qu'afin de

« prévenir les domages & les fcandales qui en arriveront fi l'affemblée n'y
« apporte quelque remede; c'eft pourquoi il les requiert de régler le droit
« de patronage des benefices du diocéfe, pour terminer les procez déjà mûs
« & à mouvoir, pour conferver à chacun fon droit, & donner la paix à
« leurs églifes.

« Alors le feigneur evêque, oüie la repréfentation du fieur prevôt, &
« fçachant qu'il ne faut jamais rejetter les demandes qui font juftes, prit les
« avis de l'affemblée, & s'étant fait reprefenter les titres & documens de
« l'églife de Maguelone, donna la déclaration fuivante :

« Nous, Izarn, par la mifericorde de Dieu, evêque de Maguelone, ayant
« oüi les plaintes qui nous ont été faites de vive voix, & par écrit,
« par honorables & religieufes perfonnes, le prévôt & prieurs de nôtre
« églife de Maguelone, difant qu'au préjudice de leurs prédeceffeurs qui
« avoient le patronage de plufieurs benefices, il avoit été néanmoins difpofé
« par les evêques qui nous ont precedé, de plufieurs prieurez, vicairies per-
« petuelles & chapellenies, en l'abfence des patrons legitimes, ce qui au-
« roit donné lieu à plufieurs procès qui fubfiftent encore. Nous, à ces caufes,
« ne voulant ufurper le droit de perfonne, encore moins donner atteinte
1488. « aux libertez & privileges du chapitre, par le confeil des perfonnes les
« plus éclairées fur cette matiere, tant dans nôtre diocéfe que du chapitre de
« Maguelone, reconnoiffons & déclarons à perpetuité que la collation des
« benefices fuivans appartient aux dignitez & perfonats de nôtre églife de
« la maniere que nous allons énoncer :

« 1º Au prévôt de nôtre églife, la provifion & totale difpofition de
« l'office d'aumônier qui a coûtume d'être exercé par un chanoine de nôtre
« églife.

« 2º Audit prévôt, conjointement avec le chapitre, le prieuré de notre-
« Dame d'Adau, diocéfe d'Arles, qui eft auffi gouverné par les chanoines
« de Maguelone, & dont la collation appartient au chapitre.

« 3º Audit prévôt, les prieurez de Baillarguet, de Jacou, de St. Brez, de
« Lauret, de St. Jacques de Prades; la vicairie de Villeneuve, de Courbeffac
« & de Perols, dont la préfentation appartient au prévôt & à nous l'in-
« ftitution.

PAGE 148. « *4º Au même fr prévôt, conjointement avec le prieur clauftral & le prieur
« de St. Firmin, le doyenné du collége de la Ste. Trinité de Maguelone, qui
« en ont la collation & préfentation; mais à nous appartient l'inftitution,
« fi nous jugeons digne le fujet qu'ils nous ont préfenté; quant à l'inftitu-
« tion des collegiez dud. chapitre, nous reconnoiffons qu'elle appartient au

« prévôt et au prieur de St-Firmin de la maniere qu'il eſt marqué dans
« l'acte de fondation dud. chapitre.

« 5° Au même prévôt, la collation de la chapelle de St. Thomas de
« Montpellier, dans la paroiſſe de St. Firmin, & celle de St. Simeon, dans
« la paroiſſe de St. Denis.

« 6° Au veſtiaire de Maguelone, la collation & totale difpofition de la
« chapelle de Ste. Marie d'Olivet, près de Villeneuve, fauf nôtre droit de
« fuperiorité.

« 7° Au ſr veſtiaire de Maguelone, la préfentation aux vicariats de
« Juvignac & de Grabels, fauf toûjours nôtre droit de fuperiorité, au cas
« qu'il préfentât un fujet indigne ou moins propre.

« 8° Au prieur de St. Firmin de Montpellier, l'office de facriſtain de
« fon églife (qui a coûtume d'être exercé par un chanoine de Maguelone),
« lequel office eſt conferé de plein droit par led. prieur, de même que le
« prieuré de St. Sebaſtien de Caſſanhac, la vicairie de St. Martin de Prunet
« & de Ste-Cecile de trois Loups, pour lefquelles il nous prefente un fujet
« qui reçoit de nous le foin et l'adminiſtration des ames.

« 9° Nous déclarons auſſi que la collation des chapellenies de St. Paul,
« de la Magdeleine, de St. Acace de Boutonet & de St. Cofme, appartient
« au prieur de St. Firmin, de même que la prefentation des curez de St.
« Mathieu, de St. Thomas & de St. Guillem de Montpellier.

« 10° Au prieur de la Verune, la préfentation de la vicairie de Sauffan,
« qui eſt unie à fa paroiſſe, & eſt deſſervie par un prêtre feculier, fauf nôtre
« droit de collation et d'inſtitution.

« 11° Au prieur de notre-Dame des Tables, la collation & totale difpo-
« fition de l'office de facriſtain de fon églife, qui a coutûme d'être exercé par
« un chanoine de Maguelone.

« Item, la collation de la chapelle de Ste. Foy de la ville de Montpellier,
« deſſervie ordinairement par un prêtre feculier, de même que la chapelle
« de St-Jean dans l'églife de nôtre-Dame des Tables, qu'il a droit de con-
« ferer conjointement avec l'official de Maguelone.

« Tous lefquels ufages & privileges, nous ratifions par cette prefente
« conſtitution, pour obvier à tous les procés qui pourroient naître à ce fujet,
« & pour être obſervée à l'avenir, tant par nous que par nos fucceſſeurs, &
« par les dignitez, perfonats & prieurs de notre églife, fauf toujours le droit
« de recours & de fuperiorité qui nous appartient, & tout autre qui pour-
« roit nous appartenir. Signé Izarn, evêque de Maguelone. »

1488.

En 1496, Izarn de Barriere fit des reglemens pour l'élection du recteur
de l'univerſité, que l'on voit dans le livre appelé le livre du recteur. Et dans

1496.

la même année il confirma la fondation du college de Ste. Anne, dont il fut dreffé un procés-verbal que je raporterai dans l'article de cette églife collegiale.

On marque que le roy Charles VIII, ayant accordé environ ce tems-là cinq fols fur chaque minot de fel pour la reparation des murailles & églifes de Montpellier, il commit fpecialement Izarn de Barriere au bon emploi de l'argent qui en proviendroit. Il procura à l'ecole de medecine de Montpellier la confirmation de tous fes privileges, dans laquelle Charles VIII ordonne : 1° qu'aucune perfonne n'entreprenne d'exercer dans la ville qu'aprés avoir fubi l'examen, fous peine de deux marcs d'argent, aplicables l'un au fifc, & l'autre à l'univerfité ; 2° que le chancelier de medecine faffe tous les ans la vifite des drogues qui feront employées par les apoticaires ; 3° que les chirurgiens ne puiffent exercer fans l'approbation des docteurs en medecine.

1498. Enfin, après onze ans d'epifcopat, Izarn de Barriere mourut le 19 avril 1498, & fut enfeveli à Maguelone, où l'on voit fur fon tombeau les vers qu'un de fes freres, nommé Albert, y fit graver.

PAGE 149.

Ille ego qui quondam Magalonæ præful Izarnus,

Quem genuit miro Monfpeffulanus honore.

Cujus in hac tenerum corpus circumdedit urnâ,

Barriere Albertus, fratris non immemor hujus.

Sufcipe, fancte parens, precibus fi flecteris ullis,

Hanc animam, æthereo fedeatque repofta cubili.

Obiit anno 1498, die vero 19 aprilis.

GUILLAUME PELISSIER. Premier.

Guillaume Peliffier, chanoine & celerier de Maguelone, fut élû par fes confreres peu de jours après la mort d'Izarn de Barriere. Il étoit natif de Melgueïl & fort verfé dans les matieres de théologie.

Dans la premiere année de fon epifcopat, qui fut auffi la premiere du régne de Loüis XII, il reçut des lettres de ce prince, pour l'établiffement de quatre profeffeurs royaux, de la maniere que j'expliquérai dans l'article de cette faculté.

Series, pag. 511.

On raporte pour preuve de fon bon cœur & de fa reconnoiffance la remife qu'il fit d'une grande partie des lods de la feigneurie de Pouffan, acquife de François de Cruffol par Marguerite Bucelli, veuve de Jean de

Narbonne, en reconnoiſſance des ſervices que ſon frere Tannequin de Bucelli, chevalier de St. Jean de Jeruſalem, & commandeur de Montpellier, lui avoit rendu à Rome pour l'expedition de ſes bulles, & en conſideration de ſon autre frere, Jacques de Bucelli, habitant de Montpellier, qui l'avoit prié de confirmer cette vente & d'accorder une remiſe des lods.

La peſte qui fut portée à Montpellier par les ſoldats de l'armée de Catalogne & qui donna lieu aux proceſſions qui furent faites en cette ville, en 1505, donna auſſi beaucoup d'exercice à l'evêque de Maguelone, qui remplit dans cette triſte occaſion tous les devoirs d'un paſteur charitable. 1505.

Son zele pour la diſcipline reguliere ne parut pas moins dans tout ce qu'il fit pour ſeconder le général des freres Prêcheurs, qui vint à Montpellier pour viſiter le couvent de ſon ordre & pour y mettre la réforme.

Cependant les démêlez qui ſurvinrent entre Jules II & le roy Loüis XII, donnerent lieu au concile national tenu en la ville de Tours, où Guillaume Peliſſier fut apellé avec les autres evêques de France, & y ſouſcrivit à la convocation d'un concile général à Piſe, où l'on marque qu'il aſſiſta aux premieres ſeſſions avec Guillaume Briçonet, evêque de Lodeve.

Pendant ſon abſence, ſon vicaire-général fit prendre au conſeil de ville une déliberation remarquable pour les écoles de grammaire. Elle portoit qu'on en ôteroit la regie aux etudians en droit & en medecine, pour la donner à des perſonnes mûres & capables d'élever la jeuneſſe dans les bonnes mœurs & dans la religion chrétienne. 1514.

Après ſon retour dans ſon diocéſe, Guillaume Peliſſier permit, à la priere de Bernard de Boſc, chanoine de Maguelone & prieur de St. Denis de Gineſtet, l'établiſſement dans le même lieu d'une confrerie de St. Denis, qui ſubſiſta juſqu'aux premiers troubles des huguenots. Il aprouva les ſtatuts qui furent dreſſez pour cette confrérie; & en 1518 il confirma une fondation faite à St. George de Dourgues par le nommé Jean Pertuis, habitant de Montpellier. 1518.

Dans ce même tems, fut tenuë en cette ville la célébre conference entre Guillaume de Chievres & Artus de Gouffier Boiſſy, pour concilier les interêts de leur maîtres, l'empereur Charles Quint & le roy François Ier; mais on perdit tout le fruit qu'on attendoit de la concertation de ces deux grands miniſtres, par la mort prématurée d'Artus de Gouffier, qui fut aſſiſté dans ſa maladie par l'evêque de Maguelone.

On lui attribuë la reformation qui fut faite alors des livres d'égliſe à l'uſage de ſon diocéſe, conſiſtant en meſſel, breviaire & rituel. On voit deux de ces meſſels, l'un dans la bibliotéque de l'evêché, & l'autre dans la ſacriſtie de l'œuvre de Frontignan, écrits à la main ſur du velin, en lettre gothique. Page 150.

Quant au breviaire, je n'en ai pû voir aucun exemplaire, quoiqu'ils fuffent affez communs du tems de Gariel ; mais, pour le rituel, j'en ai vû un exemplaire qui eft au pouvoir de M. Pouget, chanoine de la cathédrale, imprimé à Lyon, en lettres gothiques, en l'année 1533.

Peu d'années auparavant, ce prélat, refpectable par fon fçavoir & fon grand âge, fe démît de fon evêché en faveur de Guillaume, fon neveu, qui donnoit déjà de grandes efperances pour fon heureux genie pour les fciences.

GUILLAUME PELISSIER II.

Guillaume Peliffier, fecond du nom, n'étoit pas encore dans les ordres facrez lorfqu'il fut nommé coadjuteur de Maguelone. On marque pour la premiere fonction de fon épifcopat la tranflation, qu'il fit conjointement avec le vice-legat d'Avignon, des religieufes de Ste Claire de Montpellier dans le couvent de la Petite Obfervance.

Ste Marthe, Gal. Chriftiana.

Les grandes difpofitions qu'on lui reconnut pour les belles lettres lui acquirent bientôt l'eftime générale des fçavans de l'Europe, & le firent connoître au roy François Ier, qui lui trouvant encore plus de genie pour les affaires, le nomma parmi les feigneurs qui accompagnerent la ducheffe d'Angoulême, fa mere, au traité de Cambray.

En 1532, il eut l'honneur de recevoir & de haranguer le prince à la porte de Nôtre-Dame des Tables, lors de fon paffage par Montpellier. Ce fut pendant fon féjour en cette ville que, le roy ayant voulu vifiter l'ifle de Maguelone, Peliffier prit occafion de lui reprefenter les convenances qu'il y avoit de transferer le fiége épifcopal en la ville de Montpellier ; ce qu'il fit apuyer par une requête dreffée au nom des chanoines de Maguelone & des habitans de Montpellier. Elle fut reçûë fi favorablement, que le roy promit dès-lors de donner ordre à l'evêque de Chalon, fon ambaffadeur à Rome, de folliciter auprès du pape la tranflation du fiége à Montpellier. Mais pour lever toutes les difficultez qu'on prévoyoit dans cette affaire, on crut que perfonne ne feroit plus propre que l'evêque de Maguelone lui-même. Ainfi, Guillaume Peliffier, profitant du voyage que le roy alloit faire à Marfeille, il eut l'honneur de le fuivre & d'affifter au mariage du fecond fils du roy avec Catherine de Medicis. Il partit de là pour Rome, où, après trois années de féjour, il obtint enfin une bulle pour la fécularifation de fon chapitre & la tranflation de fon fiége à Montpellier.

Comme cet évenément eft une époque des plus remarquables de nôtre hiftoire, j'ai crû devoir donner un peu plus d'étendue à la narration que j'en vais faire dans le livre fuivant.

HISTOIRE DE MONTPELLIER

LIVRE CINQUIÉME

Depuis la fécularifation du chapitre de Maguelone, jufqu'au rétabliffement de la religion catholique dans Montpellier fous le roy Loüis XIII.

CHAPITRE PREMIER.

I. Premier motif de la tranflation de l'evêché de Maguelone. II. Difficulté qu'on y trouve. III. Expediens qu'on prend pour les furmonter. IV. Bulle du pape Paul troifiéme pour cet effet. V. Il fuprime les deux églifes de Maguelone & de St. Germain pour en former celle de Montpellier. VI. Il décore cette ville du titre de cité. VII. Partage des bénéfices entre l'evêque, les dignitez, perfonats & chanoines du nouveau chapitre. VIII. Noms de tous les particuliers. IX. Leur rang & leur place dans le chœur & ailleurs.

PAGE 151.

BULLE DE SECULARISA-TION.

'ANNÉE 1536 fera toûjours mémorable dans ce diocéfe par la tranflation qui fut faite du fiége de Maguelone à Montpellier. Elle avoit été réfolüe auparavant entre le pape Clement VII & le roy François Ier, à la follicitation de Guillaume Peliffier (dernier de ce nom), evêque de Maguelone, & du chapitre de fon églife.

I. Les motifs qui les firent tous agir, & qui font raportez dans la bulle de cette tranflation, furent qu'il ne reftoit prefque plus de marque de cité dans l'ifle de Maguelone; *& inibi fere nulla civitatis veftigia fint*, parce que l'air y étant devenu fort mauvais, il n'y avoit d'autres habitans que les feuls miniftres de l'églife cathédrale & ceux de l'églife collégiale de la Trinité; encore étoient-ils en fi petit nombre, qu'ils avoient prefque tous des maifons dans Montpellier, où ils faifoient la plûpart leur réfidence ordinaire. *Ut in ea nulli habitatores fint, paucis exceptis prædictæ ecclefiæ miniftris, & unius collegiatæ inibi exiftentis, & epifcopus * & fere omnes ipfius ecclefiæ Magalonenfis officiales & miniftri domos & habitationes fuas in oppido Montifpeffulani habeant.*

La dificulté qu'on avoit de trouver des fujets qui vouluffent aller à Maguelone pour y profeffer la vie reguliere fervit à faire mieux goûter au pape & au roy les avantages qui reviendroient de cette tranflation à tout le clergé; car les études floriffant beaucoup à Montpellier, les miniftres de l'églife auroient beaucoup plus de fecours pour fe rendre habiles, & les peuples du diocéfe qui venoient journellement à la ville pour leurs affaires, pourroient plus commodement communiquer avec leur evêque.

II. Toutes ces raifons étoient de puiffans motifs pour l'exécution du projet; mais il y avoit auparavant bien de dificultez à prévoir & à furmonter. Il falloit dans Montpellier une églife aux chanoines de Maguelone qui quitteroient la leur, & il convenoit d'en augmenter le nombre, afin qu'ils fuffent plus en état de faire le fervice avec décence dans la grande ville où on vouloit les changer.

Pour cet effet, on projetta de les unir avec les religieux de St. Benoît, du prieuré de St. Germain, fondé dans Montpellier par le pape Urbain V, environ cent foixante-dix ans auparavant. Par ce moyen, on leur procuroit (dit le pape) une églife plus convenable au fiége d'une cathedrale qu'à l'habitation de fimples religieux. *Cujus ecclefia cum illo adjacente clauftro miris conftat ædificiis, quæ magis fpeciem cathedralis habent quam habitationi monachorum congruant*; & les places de ces religieux étant unies à celles des chanoines de Maguelone, on trouvoit le moyen d'augmenter confiderablement leur nombre.

Mais pour en venir là, il y avoit mille differens intérêts à ménager; car le prieuré de St. Germain étant de la dépendance de l'abbaye de St. Victor de Marfeille, il faloit, dans l'union projettée, faire trouver quelque avantage, tant aux religieux de cette abbaye qu'à leur abbé commandataire. D'ailleurs les religieux de St. Germain ayant pour la plûpart des benefices attachez à leurs offices clauftraux ou à leurs portions monachales, il ne paroiffoit pas jufte de les en dépoüiller en les incorporant à la manfe commune.

L'expedient qu'on prit fut de donner à l'abbé de St. Victor & à ses suc- III. cesseurs la nomination à un canonicat de la nouvelle église avec d'autres distinctions honorables, que l'on verra dans la bulle; & pour les bénéfices possedez par les particuliers du prieuré de St. Germain, on projetta de leur en laisser la joüissance leur vie durant, à la charge qu'ils seroient reünis après leur mort à la manse capitulaire.

Cet obstacle levé, on poursuivit à Rome l'exécution du projet au nom du roy de France, & du consentement de toutes les parties interessées. L'affaire fut discutée assés longtems en présence du pape Paul III, qui venoit de succeder à Clement VII. Il donna enfin sa bulle du 6 des calendes d'août 1536, par laquelle il suprime d'abord, tant l'église de Maguelone, ordre de St. Augustin, que le prieuré de St. Germain de Montpellier, ordre de St. Benoît; &, cette supression faite, il érigea une église cathédrale de chanoines séculiers dans le prieuré de St. Germain, qui sera (dit-il) apellée St. Pierre, pour être desservie par vingt-quatre chanoines majeurs, dont quatre auront le rang & le titre de dignitez, quatre autres seront apellez personats, & les seize restans seront simples chanoines majeurs.

Le pape créa ensuite un grand nombre de chanoines mineurs pour contenter sans doute les particuliers qui étoient attachez aux deux maisons supprimées, ausquels il vouloit faire trouver quelque avantage dans cette nouvelle érection; car, dans la même bulle, il marque qu'après leur mort, leurs places avec le nom de chanoines mineurs seront supprimées, & que le chapitre fera faire leur service par des prêtres à gages.

Il fait un partage des bénéfices de deux anciennes manses, tant à l'evêque qu'aux dignitez, personats & chanoines. Il régle le droit & la maniére de les conferer, la place que chacun doit tenir dans le chœur, & la maniére du service que le chapitre sera tenu de faire continuer dans l'église de Maguelone.

Comme toutes ces differentes dispositions sont contenuës bien au long dans la bulle * qui sera toûjours un titre des plus importans pour l'église & PAGE 153. pour la ville de Montpellier, j'ai crû en devoir donner le texte au bas de cette page, & continuer cependant le précis que j'ai commencé, afin de soulager les personnes qui seroient obligées de la lire dans le texte. Car cette bulle étant très-longue & pleine de repetitions dans le stile de ces sortes de piéces, il n'est pas possible qu'on ne se lasse en la lisant; & pour faciliter à ceux qui chercheroient quelque article & le moyen de le trouver, je les marquerai rélativement sous un même chifre, dans le texte & dans le précis que je vais continuer.

Paul III, après avoir marqué au commencement de sa bulle le besoin & IV.

l'utilité de cette tranflation, avec les inftances réïterées que François I lui en avoit fait par fon ambaffadeur à Rome (Charles Emard, evêque de Châlon, dépuis transféré à Amiens, & enfin cardinal fous le même pape) *(a)* il expofe l'état de l'églife de Maguelone & du prieuré de St. Germain, tel à-peu-près que nous l'avons raporté ci-devant. Et entrant dans un fort grand détail des places & des bénéfices attachez à chacune des deux manfes, il nous apprend le nom de tous les fujets qui les rempliffoient & des bénéfices dont ils joüiffoient.

Il veut que la jufte valeur des bénéfices qu'on eft obligé d'exprimer dans les unions, foit cenfée avoir été faite en cette occafion. Il commence par exempter le monaftère de St. Benoît de toute dépendance de St. Victor de Marfeille, et cela du confentement exprès du cardinal Auguste Trivulce qui en étoit abbé commandataire.

V. Il fuprime à Maguelone le nom & titre d'églife cathédrale avec toutes les dignitez & offices qui y étoient, de même dans le prieuré de St. Benoît, le nom & titre de monaftére avec tout ce qui en dépendoit. Et parce que felon la difpofition des canons, on ne doit établir de fiége epifcopal que dans une cité, il en donne le nom & le titre à la ville de Montpellier. *Nec*

VI. *PAULUS episcopus, servus servorum Dei, ad perpetuam rei memoriam. In eminenti militantis ecclesiæ specula, (licet immeriti) divina dispositione constituti, & in cunctas orbis ecclesias, terræque amplitudinem, præcipuum facultatis obtinentes principatum, ex incumbentis nobis apoftolicæ folicitudinis officio debito, circa ecclesiarum præfertim cathedralium & monafteriorum quorumlibet, ac in eis altiffimo famulantium perfonarum potiffime religionis titulo infignitarum ftatum profpere & falubriter dirigendum, ac concedente Domino in melius commutandum, circumfpectæ confiderationis intuitum libenter dirigimus, & illorum profectibus confulte fatagentes, ftatum ipfum & cum fpecialis honoris prærogativa interdum inmutamus & alteramus, ac defuper difponimus, pro ut falus animarum exigit, piaque catholicorum regum vota expofcunt, & rationabiles caufæ perfuadent, nec non locorum & temporum qualitatibus & conditionibus diligenter confideratis, pro ecclefiarum & monafteriorum ac perfonarum earumdem felici fucceffu ac decore & venuftate, divinique cultus augmento confpicimus in domino falubriter expedire, & ad illos dexteram noftræ liberalitatis extendimus, quos ad id propria virtutum merita multipliciter recommendant.*

Sane cum à tempore cujus initii hominum memoria non exiftit, in infula maris Mediterranei, partium regni Franciæ & provinciæ Narbonenfis (a) *Magalonenfis nuncupata, ad litus ipfius maris, & certo loco paluftri, una civitas quæ Magalonenfis nuncuparetur, ac inibi una cathedralis ecclefia ordinis fancti Auguf-*

non oppidum Montifpeffulani civitatis titulo infignimus, cum juribus & pertinentiis quibus aliæ civitates gaudent.

VII.
PAGE 154.

* Cette fupreffion & extinction des deux manfes une fois faite, le pape érige une églife cathédrale fous l'invocation de St. Pierre, dans le monaftére jadis de St. Benoît, voulant que l'evêque Guillaume, ci-devant evêque de Maguelone, porte le nom d'evêque de Montpellier, fans aucune nouvelle provifion, qu'il ait généralement tous les droits dont il joüiffoit comme evêque de Maguelone, & qu'on lui rende dans l'églife nouvellement érigée les mêmes fervices qu'on lui rendoit à Maguelone.

La premiere dignité de cette nouvelle églife, après celle de l'evêque, fera la grande prévôté ; *præpofituram majorem poft pontificalem.*

La feconde, le grand archidiaconné, apellé auffi *Majorem*, comme la prévôté. Mais les deux autres archidiaconnez, l'un apellé de Valence & l'autre de Caftries, font déclarés *non majores poft pontificalem dignitates.*

La chantrerie, la facriftie, l'aumônerie & l'ouvrerie, ne font que des perfonats : *Perfonatus inibi.*

Quant à la diftribution des bénéfices, le pape dit que pour aider l'evêque à foûtenir fes nouvelles charges & pour exercer l'hofpitalité, on lui donne,

tini, fub invocatione beati Petri apoftoli, pro uno epifcopo Magalonenfi nuncupando qui eidem ecclefiæ præeffet, pro ut ex tunc præfuit, certo territorio feu diftrictu eidem civitati pro illius diæcefi affignato, apoftolica authoritate erectæ fuerint, ac fucceffu temporis, caufantibus orthodoxæ fidei hoftium infultibus, qui infulæ & civitatis prædictarum incolas infeftarunt, ac morbis quibus incolæ ipfi ob ejufdem paluftris loci corruptum aerem frequenter laborabant : infula & civitas prædictæ adeo defertæ & habitatoribus vacuæ effectæ extiterunt, ut inibi fere nulla civitatis veftigia, imo nec ulli (paucis prædictæ & unius collegiatæ inibi confiftentis ecclefiarum miniftris exceptis) habitatores exiftant, & venerabilis frater nofter Gulielmus modernus, ac pro tempore exiftens epifcopus Magalonenfis, & fere omnes ipfius ecclefiæ Magalonenfis officiales ac miniftri, domos & habitationes fuas in oppido Montifpeffulanenfi Magalonenfis diæcefis habeant : & canonici ejufdem, infulam & ecclefiam Magalonenfem prædictas deferentes (paucis in eadem ecclefia Magalonenfi ad divinum cultum peragendum remanentibus) in ipfo oppido habitant : quo fit ut dictus epifcopus ecclefiæ fuæ, & populo fibi commiffo fimul adeffe & populum ipfum docere nequeat, & iis potiffimum temporibus quibus in infulis dura eft congregatio.

Et ne dum merita, fed etiam corporum mortalium vires adeo defecerunt ut admodum pauci regularis vitæ aufteritatem & facrorum canonum rigorem perferre velint & poffint, de facili non reperiantur viri litterarum fcientia & nobili-

outre le canonicat & la prébende, qui fera unie à fa place epifcopale, les bénéfices fuivans :

 St. Bauzile de Putois.
 St. Jean de Cuculles.
 St. Etienne de Cazevieille.
 St. Saturnin d'Agonez.
 St. Nazaire & Celfe de Briffac.

PAGE 155. * A la prévôté nouvelle on unit les bénéfices de Lunel & de St. Drezeri, comme ils l'étoient auparavant, & au lieu de celui de St. Denis de Gineftet qui lui étoit uni autrefois, on lui donne celui de St. André de Molines.

Au grand archidiaconné, Ste Sigalene de Grave avec l'église de Cortade qui lui étoit annexée dans le diocéfe d'Albi.

A l'archidiaconné de Valence, Ste Marie de Valence & St. Amans de Cambous, dans le même diocéfe d'Alby, avec St. Jean de Nods, diocéfe de Rhodez.

tate clari qui in ipfa ecclefia Magalonenfi ordinem ipfum profiteri, ac inibi refidere velint; ac oppidum prædictum infigne & unum ex principalibus dictæ provinciæ Narbonenfis oppidis & multa nobilium & plebeiorum generofitate refertum fit, & ad illud (in quo etiam peculiari privilegio divinarum & humanarum legum, ac artium liberalium & medicinæ generalia ftudia vigent) officiales prædicti, canonici præfati, ac totius prædictæ diæcefis Magalonenfis populus, pro iis quæ ad divinum cultum & fidei catholicæ confervationem ac caufarum decifionem attinent confluant.

Et in eodem oppido fit unum notabile monafterium ordinis fancti Benedicti, fub invocatione ejufdem fancti, per priorem annalem clauftralem nuncupatum gubernari folitum à monafterio fancti Victoris Maffilienfis dicti ordinis (quod dilectus filius nofter Auguftinus, fancti Adriani diaconus cardinalis de Trivultiis nuncupatus, ex conceffione apoftolica in commendam obtinet) dependens & olim per felicis recordationis Urbanum papam quintum prædeceforem noftrum fundatum, conftructum & dotatum, in quo ex ipfius Urbani fundatoris decreto, viginti religiofi ad divinum cultum in illius ecclefia peragendum, & duodecim ad ftudendum in jure canonico ad decennium, ac quatuor ad ftudendum in grammaticalibus, ad quadriennium conftituti fuerint. Et cujus ecclefia cum illo adjacente clauftro miris conftet ædificiis, quæ magis fpeciem ecclefiæ cathedralis habent, quam habitationi monachorum congruant, & chariffimus in Chrifto filius nofter Francifcus Francorum rex chriftianiffimus

II. Partie. Livre cinquième. 235

A celui de Caſtries, le bénéfice de St. Etienne de Caſtries.

A la chantrerie, St. Gilles du Feſc de Fiſco.

A la ſacriſtie, St. André de Bueges de Bodia, diocéſe de Maguelone.

A l'aumônerie, St. Sauveur de Montils près Lunel, & St. André de Verargues, *ad collationem ipſius epiſcopi ſpectantes.*

A l'ouvrerie, St. Pierre de Blagnaux, diocéſe , & St. Andrien d'Adiſſan, diocéſe de Beziers.

Tous les bénéfices qui ont apartenu ci-devant aux deux manſes de Maguelone & de St. Benoît, ſont généralement unis au nouveau chapitre avec tous leurs droits & dépendances, ſpecialement le prieuré de St. Denis de Gineſtet, ci-devant uni à la prévôté de Maguelone; & toutes les dignitez & perſonats à qui des bénéfices viennent d'être affectez, en joüiront paiſiblement, à la charge d'y faire faire le ſervice comme auparavant. Ils préſenteront des ſujets à l'evêque pour les bénéfices qui ſeront à charge d'ames. *Per eumdem epiſcopum ad ipſorum præſentantium nutum deputandos.*

Ceux qui joüiſſent actuellement des bénéfices ſuprimez continueront d'en joüir pendant leur vie. Mais en attendant que les bénéfices ſoient unis

qui nuper cum ejus regnum prædictum & dictam provinciam Narbonenſem, perſonaliter viſitaſſet, inſulam & eccleſiam Magalonenſem & oppidum hujuſmodi adiit & viſa dicta inſulæ ſolitudine, conſiderans quantum illa eſſet orthodoxæ fidei hoſtium incurſibus hujuſmodi expoſita, ac quod epiſcopi non in caſtellis aut villis, ſed in civitatibus majoribus & frequentioribus populis conſtitui debent, & quod ſi dictum monaſterium ſancti Benedicti, in quo unus prioratus clauſtralis, pro uno priore annali, & una præpoſitura quæ dignitas reputatur ac unus præcentoriatus pro uno præcentore ad nutum amovili, nec non una celeraria, & una ſacriſtia, ac una pitanciaria, & una cameraria, cui ſancti Petri de Blannavis, & ſancti Adriani de Adiſſano, uticenſis & biterrenſis dioceſis, ejuſdem ordinis

ſancti Benedicti prioratus, perpetuo annexi exiſtunt, nec non una infirmaria quæ inibi officia clauſtralia exiſtunt: & à quo ſancti Martini de Areis & beatæ Mariæ de Ambileto, ejuſdem ordinis Nemauſenſis & Albienſis diœceſis prioratus, in quibus videlicet de Areis una cameraria & una ſacriſtia, ac beatæ Mariæ prioratibus hujuſmodi una ſacriſtia, ſimiliter officia clauſtralia fore noſcuntur dependent.

Nec non in quo ac eiſdem dependentibus prioratibus alia loca & monachales portiones, ad litterarum ſtudia aut alias fundata & inſtituta fore noſcuntur à dependentia monaſterii ſancti Victoris, hujuſmodi perpetuo ſegregaretur & ſepararetur, ac in dicta eccleſia Magalonenſi in qua ſimiliter una præpoſitura quæ inibi dignitas poſt pontificalem major exiſtit;

à la manse capitulaire, les titulaires payeront au chapitre, pour l'aider à en suporter les charges, une cotte part exprimée dans la bulle.

Qu'il soit permis (dit le pape Paul III) à ceux qui voudront se servir du bréviaire * romain de le dire hors du chœur & en particulier : *Qui voluerit extra chorum horas canonicas diurnas, pariter & noɡurnas, ac alia divina officia secundum usum Romanæ ecclesiæ, etiam noviter editum, absque alia concessione dicere & recitare valeant*; ce qui est regardé comme une preuve que l'église de Maguelone avoit un bréviaire particulier, qu'elle garda même après la sécularisation, puisque les particuliers n'auroient pas eu besoin de dispense pour pouvoir dire le romain.

Ensuite le pape permet à l'evêque & aux nouveaux chanoines de tester, ce qu'ils ne pouvoient faire auparavant, étant réguliers. Il interdit au chapitre & à tous autres le droit de dépoüille, voulant que les biens des chanoines morts, *ab intestat*, aillent à leurs plus proches parens, sauf les maisons & jardins qu'ils auroient possedé dans l'enceinte du cloître de ladite église, qui de plein droit doivent revenir au chapitre après leur mort, & que le chapitre pourra vendre, loüer & donner en emphiteose à celui des chanoines ou autres ministres de l'église qui en offriront davantage, pour en

& cui sanɡi Dionysii prope & extra muros diɡi oppidi ac ejusdem beatæ Mariæ Lunelli novi, ac sanɡi Desiderii ordinis sanɡi Augustini & diœcesis Magalonensis prædiɡorum prioratus ab eadem ecclesia Magalonensi dependentes perpetuo annexi existant; & unus prioratus claustralis pro uno priore annali. Ac una sacristia quæ inibi dignitas non major post pontificalem, seu officium reputatur, & una vestiaria, ac una eleemosinaria, nec non infirmaria & una operaria; quæ ac forsan prioratus & sacristia prædiɡi, officia claustralia inibi existunt, ac certa loca & canonicales portiones fore noscuntur. Et à qua etiam sanɡarum ecclesiæ de miris Vallibus & Leocadiæ de Vico, invicem unitæ, sanɡi Firmini de Montepessulano, ac ejusdem beatæ Mariæ de Tabulis, in quibus videlicet sanɡi Firmini una, & beatæ Mariæ, aliæ sacristiæ officia claustralia existunt, & sanɡi Georgii de Dorgues, sanɡi Marcelli de Fraires sive de Frejorgues, sanɡi Joannis de Bodia, sanɡi Jacobi de Fabricis, sanɡi Ægidii de Fisco, sanɡi Andreæ de Bodia, ejusdem sanɡi Dionysii de Ginesteto. Sanɡorum Juliani & Basilissæ de Balhanicis, ac ejusdem Beatæ Mariæ de Aquis, de Claperiis, sanɡi Theodoriti de Vendranicis, sanɡi Stephani de Castriis, ac ejusdem beatæ Mariæ de Latis, ac ipsius beatæ Mariæ de Londris, sanɡi Vincentii de Lunello veteri, sanɡi Hilarii de Santeiranicis, ejusdem sanɡi Andreæ de Novis gentibus, sanɡi Stephani de Soregio, ejusdem beatæ Mariæ de Gornerio, sanɡi Vincentiani, sanɡi Brissii, ejusdem sanɡi Andreæ de Mollinis, sanɡi Petri de Veruna, ejusdem beatæ Mariæ de

joüir durant leur vie, avec droit de retour pour le chapitre, qui en mettra le prix dans le trésor de l'église.

Les chanoines pourront posseder des bénéfices en titre ou en commande, comme s'ils n'avoient jamais été réguliers. Ils pourront les ceder & établir des pensions annuelles, & être élevez à toutes dignitez ecclesiastiques, même à la chaire episcopale.

Ils conserveront tous les priviléges, libertez & immunitez qu'ils avoient étant réguliers, comme s'ils l'étoient encore. Ils ne seront soûmis qu'à la seule jurisdiction de l'evêque de Montpellier, quand même ces privileges n'auroient été accordez que pour autant de tems qu'ils professeroient la vie régulière. Ils joüiront, tant conjointement que séparement, de toutes les graces accordées à l'église de Maguelone & au monastere de S. Benoît; & toutes les places, bénéfices, pensions qui avoient été supprimées, sont rétablies par cette nouvelle érection, comme si elles n'avoient pas été supprimées.

Quant à la distribution des bénéfices de la nouvelle manse, le pape laisse :

A Guillaume Pelissier, evêque, tout ce qu'il a déjà.

A Jean de Sarrat, qui étoit prévôt de Maguelone, la nouvelle prévôté.

PAGE 157.

Castellonovo, sanctæ Crucis de Cornonc-Terralio, dictæ Magalonensis, ejusdem beatæ Mariæ de Adano Arelatensis diœcesis, sanctæ Catharinæ prope & extra muros Massiliæ, prioratus, seu ecclesiæ forsan parrochiales dependentes, & per illius regulares canonicos, obtineri consueverunt : nomen & titulus cathedralis ecclesiæ, ac in monasterio sancti Benedicti hujusmodi, nomen & titulus monasterii, ac invocatio, & in eisdem ecclesia & monasterio nec non ab eisdem dependentibus prioratibus & membris, & per illorum canonicos & monachos respective obtineri solitis, ecclesiis & ecclesiasticis beneficiis, ordines prædicti, & dependentiæ omnes que status regulares, nec non omnia & singula utriusque ipsorum ecclesiæ Magalonensis, & monasterii sancti Benedicti præpositura, ac aliæ dignitates, prioratus claustrales, personatus, administrationes, officia, beneficia nec non loca & canonicales ac monachales portiones, nec non una sancti Stephani de Villanova, & alii sancti Xisti de Perolis, & alia beatæ Mariæ de Pignano, & alia sancti Michaelis de Montilis, & alia sancti Martini de Pruneto, & alia sancti Jacobi de Pradis, & alia de Grabellis, & alia de Juvigniaco dictæ Magalonensis diœcesis, parrochialium ecclesiarum quæ inter alia de mensa capitulari ipsius ecclesiæ Magalonensis : aut ab eadem mediate vel immediate dependentes existunt perpetuæ vicariæ, seu prioratus, per clericos sæculares teneri solitos, seu soliti penitus supprimerentur & extinguerentur, ac Magalonensis & monasterii sancti Benedicti hujusmodi ecclesiæ, ad statum sæcularem reducerentur & oppidum Montispessula-

III.

A Pierre Nougarede, ci-devant celerier du monaſtére St. Benoît, le grand archidiaconné.

A Jean de Lauzelergues, auparavant ſacriſtain, l'archidiaconné de Valence.

A Bernardin de Ranco, auparavant veſtiaire de Maguelone, l'archidiaconné de Caſtries.

A Guillaume Pelet, prieur de St. Vincent de Lunel-Viel, la chantrerie.

A Jean de Blandiac, prieur de St. Jacques de Fabregues, la ſacriſtie.

A Jean de Saurin, auparavant pitancier, l'aumônerie.

A Antoine Albi ou le Blanc, camerier du monaſtére St. Benoît, l'ouvrerie.

Quant aux chanoines majeurs formez reſpectivement de l'égliſe de Maguelone & du monaſtére de St. Benoît, il leur laiſſe auſſi les bénéfices qu'ils pouvoient avoir, & il les nomme en cet ordre ·

IX.   Guillaume de Peliſſier, evêque.
        Guillaume Cambais l'ancien, apellé Senior.
        Ange Compaigne.

nenſe, in civitatem, nec non eccleſia monaſterii ſancti Benedicti hujuſmodi, in cathedralem eccleſiam erigerentur & inſtituerentur, ac titulus, & ſedens epiſcopalis Magalonenſis, cum illius juribus, ad eccleſiam erigendam hujuſmodi transferrentur, nec non omnes & ſinguli fructus, reditus & proventus, ſupprimendorum dignitatum, & perſonatuum, prioratuum clauſtralium, officiorum & beneficiorum ac locorum canonicalium, ac monachalium portionum, & vicariarum, hujuſmodi capitulari menſæ ipſius erigendæ, eccleſiæ perpetuo applicarentur, & appropriarentur. Et tam canonici eccleſiæ quam monachi monaſterii prædictorum, cum non conveniat religioſæ diverſæ profeſſionis & diverſi habitus in eodem loco reſidere, poſt hac ſæculares & ab obſervantia regularium conſtitutionum dictorum ordinum liberi eſſent, ac unum capitulum conſtituerent : profecto divini cultus augmento, & animarum ſaluti populi dictæ diœceſis, ac ipſius, orthodoxæ fidei conſervationi, & ſtabilimento, nec non pauperum Chriſti ad idem oppidum confluentium alimoniæ, & aliorum piorum operum exercitio plurimum conſuleretur : faciliuſque viri moribus & ſcientia præditi, qui dictæ eccleſiæ deſervire, & illius dignitates, ac canonicatus & præbendas, ac officia & beneficia obtinere vellent, reperirentur. Habita ſuper iis per ipſum regem, cum prælatis & proceribus dicti regni ſui, matura deliberatione ſummopere deſideret, ſtatum ipſius eccleſiæ Magalonenſis, pro feliciori illius & perſonarum ejuſdem, nec non cleri ac univerſorum incolarum & habitatorum oppidi & diœceſis Magalonenſis hujuſ-

II. Partie. Livre cinquième.

Bernard de Solaiges.
Guillaume de Claret.
Jean Sarnelli.
Guillaume d'André.
Aimeric de Cofta.
Guillaume Inguimbert.
Bertrand Etienne.
Jean Pelegrin.
Secundin Bonal.
Gaillard Coftanni.
Pierre Manni.
Antoine de Montlaur.
Jacques de Manfo.

*Qui tous feize, avec les huit dignitez & perfonats marquez ci-devant, faifoient le nombre de vingt-quatre. Il confirme à plufieurs autres particuliers qu'il nomme (& qui ne font pas compris dans le nombre des chanoines) la poffeffion des bénéfices qu'ils avoient déjà, & au corps du chapitre, prévôt & archidiacres, les prééminences, prérogatives & autorité qu'ils avoient par

PAGE 158.

modi fucceffu tuitione & tranquillitate, ut præfertur immutari.

Nos qui dudum inter alia voluimus, quod petentes beneficia ecclefiaftica, aliis uniri, tenerentur exprimere verum annuum valorem, fecundum communem æftimationem tam beneficii uniendi, quam illius cui uniri peterentur, alioquin unio non valeret, & femper in unionibus commiffio fieret ad partes, vocatis quorum intereffet, ac omnes canonicatus & præbendas ac dignitates, perfonatus, adminiftrationes & officia, necnon prioratus, cæteraque beneficia ecclefiaftica cum cura, & fine cura, apud fedem apoftolicam tunc vacantia, & in antea vacatura, collationi & difpofitioni noftræ refervamus: decernentes ex tunc irritum & inane, fi fecus fuper iis à quoquam quavis authoritate fcienter vel ignoranter contigerit attentari: quique ecclefiarum & monafteriorum quorumlibet, ac perfonarum eorum decorem & venuftatem, ac in melius directionem nec non in illis divini cultus augmentum & animarum falutem, noftris potiffimum temporibus, finceris defideramus affectibus, cupientes quantum cum Deo poffumus, præfatorum ecclefiæ Magalonenfis, monafterii fancti Benedicti, ac illarum perfonarum profectui, & directioni, in præmiffis, falubriter confulere.

Ac præfatum Guillelmum epifcopum, nec non dilectos filios capitulum ecclefiæ Magalonenfis, & modernum priorem, ac conventum monafterii fancti Benedicti prædictorum & eorum ac illorum infrafcriptorum fingulis à quibufvis excommunicatione, fufpenfione, & interdicti, aliifque ecclefiafticis fententiis, cenfuris &

les statuts de leur église. Mais il leur ôte toute jurisdiction contentieuse dans l'église nouvellement érigée, de même qu'en aucune partie de la cité ou diocése de Montpellier.

X.	*Places & rang des chanoines dans le chœur.*

Le prévôt, au premier siége du chœur, du côté gauche en entrant. *In prima cathedra à parte sinistra.*

Le grand archidiacre, au premier siége, du côté de l'evêque. *In prima cathedra post cathedram episcopalem in parte dextra.*

L'archidiacre de Valence, à côté du prévôt. *In prima cathedra post cathedram præpositi.*

L'archidiacre de Castries, à côté du grand archidiacre. *Post cathedram majoris archidiaconi à parte dextra.*

Le chantre aura son rang après l'archidiacre de Castries, & sera placé dans le chœur, à la premiere place à droite en y entrant. *In suprema cathedra juxta portam sive ingressum chori à parte dextra.*

Le sacristain, à la premiere place, à gauche de l'entrée du chœur. *In suprema cathedra juxta portam sive ingressum chori à parte sinistra.*

pœnis, à jure vel ab homine quavis occasione vel causa latis, à quibus quomodolibet innodati existant, ad effectum præsentium duntaxat consequendum, harum serie absolventes, & absolutos fore censentes, nec non episcopalis & capitularis mensarum ac singulorum canonicalium & monachalium portionum nec non dignitatum, personatuum, administrationum, officiorum, prioratuum, ecclesiarum, vicariarum, membrorum & omnium beneficiorum ecclesiasticorum prædictorum, ac hujusmodi & aliorum illis respective annexorum fructuum, redituum, & proventuum, veros annuos valores præsentibus pro expressis habentes.

Habita desuper cum venerabilibus fratribus nostris, sanctæ Romanæ ecclesiæ cardinalibus matura deliberatione, ac de illorum consilio, & apostolica potestatis plenitudine, Guillelmi episcopi, & capituli, ac moderni prioris & conventus respective majorum partium, ad hoc expresso accedente consensu, & ab eodem Francisco rege, nobis super hoc, tam per suas litteras, quam per venerabilem fratrem nostrum Carolum, episcopum Matisconensem ejus, apud nos & sedem prædictam oratorem humiliter supplicantem, authoritate apostolica, tenore præsentium ad omnipotentis Dei laudem & gloriam, ac militantis ecclesiæ exaltationem, nec non ecclesiæ Magalonensis, & monasterii sancti Benedicti prædictorum, feliciorem & tranquilliorem statum, & successum, dictum monasterium sancti Benedicti, una cum omnibus & singulis illius membris, dependentiis, juribus, & pertinentiis, tam in dicta diœcesi Magalonensi quam alibi consistentibus, ab omni præfati monaste-

II. Partie. Livre cinquième. 241

L'aumônier, à la premiere place à côté du chantre du côté droit. *Poſt cathedram cantoris à parte dextra.*

L'ouvrier, à la premiere place après celle du ſacriſtain, au côté gauche. *In prima cathedra poſt cathedram ſacriſtæ à parte ſiniſtra.*

Le tems de la reception réglera les places des autres chanoines dans le chœur, dans les marches & dans l'ordre d'opiner. Mais les chanoines majeurs précederont les mineurs; & on n'aura pas égard aux ordres ſacrez dans le rang, dans la ſéance, ou dans la marche, ni à aucun grade ou dignité, ſauf celles de l'égliſe, mais ſeulement à l'ordre de la reception.

CHAPITRE SECOND. PAGE 159.

I. Privileges accordez aux nouveaux chanoines. II. Droits de l'evêque. III. Droits du prévôt. IV. Reduction de pluſieurs places après la mort des titulaires. V. Collation des dignitez & canonicats du chapitre. VI. Maniere de les conferer. VII. Droit d'entrée de chacun du chapitre. VIII. Etabliſſement d'un théologal. IX. Service de l'ancienne égliſe de Maguelone.

LES chanoines majeurs conſtitueront le chapitre ſéculier de ladite I. égliſe ſans les mineurs ou autres miniſtres inferieurs. Ils auront toutes les prérogatives, prééminences & autorité des autres chapitres cathédraux des égliſes ſéculieres de la province, avec pouvoir d'établir

rii ſancti Victoris dependentia ac ipſius Auguſtini cardinalis & commendatarii & pro tempore exiſtentis illius abbatis ſeu commendatarii juriſdictione, ſubjectione & ſuperioritate (ejuſdem Auguſtini cardinalis & commendatarii ad hoc expreſſo accedente conſenſu), perpetuo ſegregamus, & diſmembramus, & eximimus.

Ac in eccleſia Magalonenſi, nomen & titulum cathedralis eccleſiæ, necnon in monaſterio ſancti Benedicti hujuſmodi, ſimiliter nomen & titulum monaſterii ac etiam invocationem ſancti Benedicti, nec non in ejuſdem eccleſiæ & monaſterio ac omnibus & ſingulis eorum membris, &

illis annexis, necnon prædictis & aliis ab eis dependentibus prioratibus, ac ſupradictis cæteriſque quibuſcumque per illorum canonicos & monachos reſpective obtineri ſolitis eccleſiis, & eccleſiaſticis beneficiis. Ita ut de cætero prioratus eccleſiæ & beneficia ſæcularia exiſtant. Ordines prædictos, & omnem dependentiam, ad ſtatum regularem, ipſorumque eccleſiæ Magalonenſis, & monaſterii ſancti Benedicti, prioratuumque prædictorum, præpoſituras prioratus clauſtrales, ſacriſtias, infirmarias, veſtiariam, & eleemoſynariam, operariam, celerariam, pittanciariam, camerarias, & alia quæcumque ſi quæ ſint dignitates, perſonatus, adminiſtrationes,

III.

des miniftres à gages & pour le tems qu'ils voudront, *conduaitios & temporales*, foit pour le gouvernement des biens de la manfe, foit pour le culte divin. Ils pourront ftatuer fur la 'diftribution des prébendes, en les faifant égales ou inégales. Sur les cérémonies dans le chœur & pour le culte divin; fur l'abfence ou la préfence des miniftres, avec pouvoir de réfoudre tous les doutes qui pourroient furvenir à l'occafion des préfentes, *ac declarandi quæcumque dubia circa contenta in præfentibus occurrentia*; & de faire toutes autres chofes qui font de la competence des chapitres cathédraux des églifes féculieres.

II. L'evêque percevra les fruits de deux prébendes, *quamdiu præfens fuerit in civitate Montifpeffulani*. Mais s'il en eft abfent, il ne les percevra que d'une feule. En quoi n'eft pas compris le tems qu'il employe aux vifites de fon diocéfe, & autres fonctions des devoirs de fa charge dans ladite enceinte. Car durant ce tems, il percevra les fruits de deux prébendes.

Il préfidera dans les chapitres toutes les fois qu'il y fera préfent. Il opinera le premier, il recueillera les voix & conclura à la pluralité. *Emittatque vocem, five * votum primo loco*. Mais lorfque le nombre des voix fera égal, la partie des opinans qui aura l'evêque avec foi fera regardée comme la plus grande, & felon elle on devra conclure.

officia, & alia ecclefiaftica beneficia, nec non omnia & fingula loca, & canonicales & monachales portiones, necnon vicarias perpetuas hujufmodi, ac omnium illorum qualitates & denominationes, fic quod de cætero, præpofituræ, prioratus, facriftiæ, infirmariæ, veftiaria, eleemofynaria, operaria, celeraria, pittanciaria, cameraria, dignitates, perfonatus, adminiftrationes, officia ecclefiaftica, beneficia, loca & canonicales feu monachales portiones & vicariæ perpetuæ dici, nommari & cenferi non poffint : penitus & omnino, perpetuo fupprimimus & extinguimus; ac Magalonenfem de cætero ecclefiam fancti Petri infulæ Magalonenfis, nuncupandam, & monafterium fancti Benedicti, ecclefias hujufmodi ad ftatum fæcularem reducimus, nec non oppidum Montifpeffulanum prædictum civitatis titulo infignimus, illudque in civitatemque Montifpeffulanenfis nuncupetur, cum juribus & præeminentiis quibus aliæ civitates partium earumdem utuntur, potiuntur & gaudent, ac potiri, uti & gaudere poterunt quomodolibet in futurum.

Ac ecclefiam monafterii fancti Benedicti hujufmodi in cathedralem ecclefiam fæcularem, fub invocatione ejufdem beati Petri apoftoli, cum infigniis & jurifdictionibus epifcopalibus, ad inftar aliarum circumvicinarum fæcularium dictæ provinciæ cathedralium ecclefiarum, ita ut idem Guillelmus epifcopus, pro ut hactenus dictæ ecclefiæ Magalonenfi præfuit, eidem erigendæ ecclefiæ, vigore præfentium litterarum abfque alia provifione de

Le prévôt aura les fruits d'une prébende entiére & la moitié d'une autre, qu'il gagnera en affiftant tous les jours à une des heures principales, qui font matines, la meffe & vêpres.

Les autres chanoines majeurs gagneront leurs prébendes en affiftant tous les jours à une des heures principales & à une des moindres.

Le nombre des chanoines majeurs fera réduit à vingt-cinq, compris le canonicat & la prébende unic à la manfe épifcopale. Et, pour cet effet, lorfque quelqu'un de ceux qui ont été pourvûs cette premiere fois viendra à quitter fon canonicat par mort ou autrement, ou qu'il fera promû à une dignité ou perfonat, dès-lors la prébende & le canonicat dont il joüiffoit fera fuprimé, & nul ne pourra lui fuccéder en cette place jufqu'à ce que le nombre des canonicats & prébendes (y compris celles qui font annexées à la manfe épifcopale, aux dignitez & aux perfonats) foient réduites au nombre (*fic*) de vingt-cinq.

Selon la même règle, le nombre des canonicats & prébendes mineures fera réduit à trente-deux; en forte que quelqu'un de ceux qui les occupent actuellement venant à les quitter par mort, ou par promotion à un canonicat majeur, fa place fera éteinte & nul ne pourra y être nommé jufqu'à ce que le nombre foit réduit à trente-deux.

III.

IV.

perfona fua illi facienda, in omnibus & per omnia, præfit, & illius verus præful exiftat, ipfeque Guillelmus & pro tempore exiftens ejufdem ecclefiæ præful de cætero epifcopus Montifpeffulanenfis, & dicta diæcefis Magalonenfis nuncuparetur.

Ac idem epifcopus Montifpeffulanenfis eifdem privilegiis, facultatibus, juribus, præeminentiis, libertatibus, honoribus, indultis apoftolicis, regiis, & aliis quibus tanquam epifcopus Magalonenfis, hactenus apoftolica, regia, delegata, vel ordinaria authoritatibus, ufus eft, perinde ac fi epifcopus Magalonenfis adhuc nuncuparetur & effet, utatur, potiatur & gaudeat. Necnon ecclefia & diæcefis Montifpeffulanenfis, ac corumdem civitatis & diæcefis clerus, & populus, curæ & jurifdictioni dicti epifcopi Montifpeffulanenfis pro tempore exiftentis, prout epifcopo Magalonenfi, pro tempore exiftenti, refpective fuberant, fubfint & fubeffe cenfeantur, & dictæ erigendæ ecclefiæ, per perfonas & miniftros qui nunc in Magalonenfi & monafterii fancti Benedicti ecclefiis, hujufmodi inftituti exiftunt, juxta providam ordinationem dictorum capituli defuper faciendam, in divinis laudabiliter deferviatur.

Necnon in ipfa ecclefia erigenda unam præpofituram majorem, poft pontificalem, pro uno præpofito. Ac unum majorem, pro uno majore. Et alium de Valentia pro alio de Valentia. Et alium archidiaconatus de Caftriis, nuncupandos non majores poft pontificalem, dignitates, pro alio de Caftriis nuncupandos archidiaconatus.

Et par une plus grande réduction, à mesure que ces trente-deux canonicats viendront à vacquer par mort, ou par quelqu'autre maniere que ce soit, ces sortes de places seront dès-lors éteintes & suprimées, sans qu'elles puissent déformais être régardées ni apellées canonicats ou prébendes. Mais qu'à la place de ces trente-deux chanoines mineurs le corps du chapitre établisse six hebdomadiers pour les grandes messes & pour matines, avec vingt-six autres sujets qui seront apellez vicaires des chanoines majeurs.

Lorsque la place d'un des six hebdomadiers vacquera, l'evêque en aura la libre & pleine institution & destitution, de sorte que leur place soit amovible au choix de l'evêque; mais ils ne pourront être reçûs qu'ils ne soient dans l'ordre de prêtrise * & trouvez capables par les députez du chapitre, qui les examineront sur le chant, sur la lecture & sur les autres dispositions & bienséances du corps.

PAGE 161.

Lorsqu'un hebdomadier aura servi pendant cinq ans, il ne pourra être destitué par l'evêque dont il auroit reçû l'institution, ni par ses successeurs, sans l'avis & le consentement du chapitre.

De cette sorte l'evêque aura deux vicaires pour lui, & chaque dignité ou chanoine aura le sien ; chacun d'eux pourra les instituer & destituer, ces places devant être toûjours amovibles. Ils ne pourront les faire recevoir

Necnon unam cantoriam pro uno cantore. Et aliam sacristiam, pro uno sacrista. Ac unam eleemosynariam, pro uno eleemosynario. Ac unam operariam, personatus inibi, pro uno operario.

Ac triginta duos majores : & sexaginta quatuor alios minores nuncupandos canonicatus & præbendas erigimus & instituimus : necnon ecclesiam Sti. Petri, insulæ Magalonæ, prædictam, cum omnibus juribus & pertinentiis, dictæ mensæ capitulari, necnon mensæ episcopali, ac præposituræ & singulis archidiaconatibus, ac singulis ex cantoria, sacristia, eleemosynaria, & operaria, personatibus prædictis, unum & unam ex triginta duobus canonicatibus, & totidem præbendis erectio hujusmodi. Ita quod ille de qua ecclesiæ Montispessulanensi, & aliis personis, quibus de præpositura, & archidiaconatibus ac cantoria, sacristia, eleemosynaria & operaria prædictis: pro tempore providebitur, etiam de canonicatu & de præbenda ejusdem ecclesiæ, tamquam mensæ ac dignitatibus & personatibus hujusmodi annexis, provisum, & quicumque, aliquam ex pontificali, & aliis dignitatibus & personatibus ecclesiæ Montispessulanensis canonicus assequetur, ejusdem ecclesiæ Montispessulanensis canonicus actu & præbendatus, eo ipso sit & esse : ac dum provisio ecclesiæ Montispessulanensis de persona jam canonici aut dignitatibus vel personatibus hujusmodi jam canonico fiet, canonicatus & præbenda per eum prius obtenti vacare censeantur.

Et ultra canonicatus & præbendas uniendos prædictos mensæ episcopali, sans être presentez au chapitre, qui les fera examiner sur le chant & ordre de prêtrise qu'ils doivent avoir, & autres capacitez.

Les deux vicaires de l'evêque seront exempts de l'examen du chapitre; mais aucun des hebdomadiers ou vicaires qui seront de la sorte établis, ne pourront être apellez chanoines, ni regardez comme titulaires, encore moins faire chapitre ou communauté, *universitatem*.

Les chanoines mineurs qui se trouveront établis à la nouvelle érection de l'église de Montpellier auront durant leur vie les trois quarts d'une prébende canonicale; & lorsque leur place aura été suprimée, les hebdomadiers n'auront d'autre portion que celle que le chapitre voudra leur faire, laquelle il pourra augmenter ou diminuer selon l'occurrence du tems. Mais outre cette portion, ils auront chacun tous les ans vingt-cinq livres tournois.

La collation de la prévôté apartiendra de plein droit au chapitre, dans le V. cas de vacance; en sorte que celui que le plus grand nombre aura élû, sera censé en avoir les provisions. Et après avoir prêté le serment accoûtumé entre les mains de l'evêque, & à son refus, entre les mains du plus ancien, ou de celui que le chapitre aura nommé à cet effet, il sera instalé, mis en possession réelle & regardé comme prévôt.

cum facta translatione sedis episcopalis ab insula ad civitatem Montempessulanensem, hujusmodi ipsius erectæ ecclesiæ præsul, majora, onera, pro hospitalitate servanda, restaurandis domibus & prædiis, quorum maxima pars, causantibus bellis, & aliis sinistris eventibus, qui partes illas diutius afflixerunt & devastarunt, & quarum aliqua in eremum reducta, subiturus sit. Eidem mensæ episcopali, ultra alia beneficia, & redditus illi unita, & applicatos, sancti Baudilii de Peducio, sancti Joannis de Cucullis, & sancti Stephani de Casaveteri, & sancti Saturnini de Agonesio, & sancti Nazarii & Celsi de Brixiaco.

Nec non præposituræ erectæ, beatæ Mariæ Lunelli novi, & sancti Desiderii, suppressæ præposituræ, ante illius suppressionem hujusmodi ut præfertur, perpetuo unitos, illorum unione, per suppressionem eandem dissoluta, per dissolutionem hujusmodi, apud sedem prædictam vacantia, ac loco prædicti prioratus sancti Dionysii, similiter ante suppressionem hujusmodi suppressæ præpositurræ ecclesiæ Magalonensis prædictæ, ut præfertur, perpetuo annexi, sancti Andreæ de Molinis.

Ac majori, sanctæ Sigolenæ de Grava cum illis annexa ecclesia, dictæ Albiensis diœcesis.

Nec non de Valentia, beatæ Mariæ de Valentia, sancti Amantii de Cambous, ejusdem Albiensis diœcesis, ac sancti Joannis de Nodo, Ruthenensis diocesis.

Nec non de Castriis archidiaconatibus, dignitatibus, sancti Stephani de Castriis.

La collation du grand archidiaconné & de la chantrerie apartiendra à l'evêque, dans le cas de vacance, de même que l'aumônerie, avec les canonicats & prebendes qui leur font annexées. De plus, il aura le pouvoir de conferer à tel clerc féculier qu'il jugera à propos, la chapelle des onze mille vierges, fituée dans le cloître de Maguelone, qui auparavant n'étoit conferée par l'evêque qu'aux feuls chanoines de ladite églife.

* L'evêque aura auffi le pouvoir d'établir & députer un docteur en théologie, pour lire & pour prêcher (felon qu'il fera reglé par les ftatuts que l'on dreffera à cet effet) dans l'églife nouvellement érigée. Ledit théologal percevra les fruits d'une prébende canonicale fans le titre ni le droit de chanoine. Il fera inquifiteur de la foy dans le diocéfe de Maguelone, par excluſion à tout autre, & il joüira de tous les droits que le faint fiége a accordé aufdits inquifiteurs. Mais Guillaume Peliffier (actuellement evêque), ni fes fucceffeurs, ne pourront établir ledit théologal qu'il n'ait été examiné & admis par le prévôt & par les archidiacres.

Le prévôt aura la collation de tous les benefices aufquels il nommoit comme prévôt de Maguelone, excepté l'aumônerie & les prieurez reguliers dépendans de ladite églife, avec les autres paroiffes dont l'union a été faite à la manfe du chapitre, & qui feront defservies par des prêtres gagez : *Per*

Ac cantoriæ, fancti Ægidii de Fifco. Et facriftiæ fancti Andreæ de Bodia Magalonenfis prædictæ.

Nec non eleemofynariæ, fancti Salvatoris de Montilis & fancti Andreæ de Veranicis, Magalonenfis diœcefis, ad collationem ipfius epifcopi fpectantes.

Ac operariæ, perfonatibus, illorum unionibus, per fuppreffionem camerariæ, monafterii fancti Benedicti, cui ut præfertur, uniti erant, fancti Petri de Blanaris, & fancti Adriani de Adiffano.

Nec non menfæ capitulari præfatis fimiliter illius unione per fuppreffionem præpofituræ ecclefiæ Magalonenfis, hujufmodi refpective diffolutos, per diffolutionem eamdem, apud fedem prædictam vacantem, fancti Dionyfii prioratus prædictos, eidem menfæ capitulari, ultra alia beneficia & reditus ecclefiafticos, eidem jam pridem unita & applicatos omnes & fingulos fupradictos & dependentes prioratus, & fupradicta, & alia quæcumque cum cura, vel fine cura, per canonicos, vel monachos præfatos, obtinere folita, ecclefias & beneficea cum omnibus juribus & pertinentiis fuis, ac omnia, & fingula, fructus, reditus, & proventus, jura & obventiones, & emolumenta præpofiturarum, dignitatum, perfonatuum, prioratuum adminiftrationum, officiorum, beneficiorum ecclefiafticorum, & locorum ac canonicatuum & monachalium portionum, ac vicariarum perpetuarum; fuppreforum prædictorum, perpetuo unimus, connectimus & incorporamus.

Itaque liceat præpofito, beatæ Mariæ

presbiteros conductitios in divinis deserviantur ; & lorſque le prieuré de St. Firmin aura été uni à la manſe capitulaire, le nouveau prévôt aura la collation des prieurez ou égliſes de St. Paul, de St. Mathieu, St. Nicolas, Ste Croix et St. Thomas de Montpellier, qui dépendent de St. Firmin.

Le grand archidiacre preſentera aux rectories & autres benefices dépendans du prieuré d'Ambialet, dans le diocéſe d'Alby, & il joüira des mêmes droits qu'avoit ci-devant le celerier, à qui ce benefice étoit venu, & auquel le grand archidiacre eſt ſubrogé.

Mais il ne nommera pas à la vicairie perpetuelle de Nôtre-Dame de Valence, comme faiſoit ci-devant le celerier ; ce benefice étant affecté à l'archidiacre de Valence qui en aura la collation, avec celle de la chapelle d'Olivet, près de Villeneuve, diocéſe de Maguelone.

Le canonicat & la prebende qui ont été déjà conferez à Sebaſtien, ci-devant mentionné, ſera dorénavant à la collation du cardinal Auguſtin Trivulce, abbé commandataire de St. Victor, qui y nommera durant ſa vie, & après lui, ſes ſucceſſeurs en ladite abbaye.

Tous les autres benefices de l'égliſe nouvellement érigée, tant dignitez, canonicats, perſonats, que prebendes & paroiſſes qui ne ſont pas affectées à l'evêque ou aux dignitez & perſonats, ni aux abbez de St. Victor, feront à la collation du chapitre.

* Quant à la maniere de les conferer : la voici. Dès le jour de la publi- PAGE 163.

Lunelli novi & ſancti Deſiderii, ac operario ſancti Petri de Blanaris, & ſancti Adriani de Adiſſano. Nec non capitulo, præfatis ſancti Dionyſii prioratuum prædictorum ex tunc. Nec non eiſdem epiſcopo, præpoſito, archidiaconis, cantori, ſacriſtæ, & eleemoſynario, reſpective cedentibus, vel decedentibus, ſimul vel ſucceſſive, alios prioratus & eccleſias & beneficia unita hujuſmodi, nunc in titulum vel commendam aut alias obtinentibus, ſeu illa alias quomodolibet tàm ſimpliciter quam ex cauſa permutatione, etiam in manibus noſtris, ſeu pro tempore exiſtentis romani pontificis, dimittentibus, & illis quibuſvis modis, ſimul vel ſucceſſive vacantibus etiam apud ſedem antedictam, per ſe vel alium ſeu alios, corporalem poſſeſſionem prioratuum, eccleſiarum, ac beneficiorum unitorum, juriumque præeminentiarum, prædictorum propriâ authoritate libere apprehendere, & perpetuo retinere, illorumque fructus & reditus & proventus, in menſarum, & præpoſituræ, nec non archidiaconatuum, & perſonatuum unitorum ac prioratuum, eccleſiarum, & beneficiorum, hujuſmodi uſus & utilitatem reſpective convertere.

Nec non præpoſito, archidiaconis, cantori, ſacriſtæ, eleemoſynario, operario, & capitulo, prioratuum dignitatibus & perſonatibus, ac menſæ capitulari prædictis unitorum.

cation de la préfente bulle, on commencera un tour de femaines, à compter d'un famedi à l'autre au foleil couchant. L'evêque commencera le tour, & enfuite chaque dignité, perfonat ou chanoine, felon fon rang, entrera en femaine, pour conférer les bénéfices qui viendront à vacquer, & qui ne feront pas compris dans les refervations dejà faites.

Il eft à obferver que l'evêque aura deux femaines au commencement de chaque tour, de forte que le prévôt qui devoit entrer en femaine immédiatement après l'evêque, n'entrera que dans la troifième femaine de chaque tour : après quoi tous & chacun des dignitez, perfonats & chanoines auront leur femaine, & lorfque tous auront paffé, le premier tour aura fini.

Dans le nouveau tour qu'il faudra recommencer (ce qui eft appelé fecond tour), on fait un changement remarquable en faveur de l'evêque & du prévôt. Car il eft dit que l'evêque qui commencera ce fecond tour par une double femaine, comme il avoit fait dans le premier, aura encore une femaine fimple au milieu de ce fecond tour, & le prévôt après lui en aura un autre. C'eft-à-dire (ajoûte la bulle) que la quinziéme femaine de ce fecond tour étant affectée à l'evêque, & la feiziéme au prévôt, le tour des chanoines fuivans eft fufpendu & n'eft repris qu'à la dix-feptiéme femaine.

Mais il eft à remarquer que les chanoines nouvellement reçûs n'entrent jamais en femaine dans le tour dejà commencé lors de leur réception, & il faut, pour y entrer, qu'ils attendent le tour fuivant commencé par l'evêque.

Nec non fupradictis eidem menfæ capitulari unitis ecclefiis & beneficiis, per prefbiteros, & alios miniftros idoneos, conductitios in numero confueto, in dignitatibus videlicet & perfonatibus, per dignitates & perfonatus ipfos pro tempore obtinentes in aliis vero menfæ capitulari unitorum prioratuum, & aliis unitis ecclefiis & beneficiis hujufmodi, per eofdem capitulum fi curam habeant animarum dicto capitulo præfentandos, & per eundem epifcopum ad ipforum præfentantium nutum deputandos.

Si vero curati non fuerint, ad eorum dignitates & perfonatus obtinentium ac capituli prædictorum nutum, refpective ponendos & amovendos, in divinis deferviri facere.

Ipfifque capitulo, fimiliter cedentibus, vel decedentibus, dignitates, perfonatus, officia, beneficia, loca & portiones, fic fuppreffa, hujufmodi nunc obtinentes, qui quo ad vixerint illorum fructus, reditus, & proventus (confuetis aut aliis eorum loco per eofdem capitulum eis imponendis oneribus fupportatis) percipiant & percipere poffint feu illa alias fimpliciter vel ex caufa permutationis, etiam in eifdem manibus noftris, feu pro tempore exiftentis romani pontificis, dimittentes, & illis quibufvis modis vacantibus, & apud fedem apoftolicam, per fe, vel alium feu

Tous & chacun des dignitez, perfonats & chanoines ne peuvent faire ces collations que par eux-mêmes, ou par leurs procureurs pris du corps du chapitre.

Si le collateur vient à mourir dans fa femaine, le prévôt nomme à la place qu'il laiffe vacante par fa mort & aux bénéfices que le défunt avoit droit de conferer, fans que cela puiffe être compté fur fon tour.

Durant la vacance du fiége, le chanoine qui eft en femaine nomme à tous les bénéfices qui appartiennent à l'evêque & au chapitre, tant conjointement que féparément, la feule prévôté exceptée.

* Les abbez de St. Victor, lorfqu'ils viendront à Montpellier & qu'ils voudront affifter au chœur, ou le fuivre, auront la premiere place après l'evêque; mais ils ne joüiront de ce privilege, non plus que de la collation du canonicat qui leur eft affecté, qu'ils n'ayent donné leur confentement, eux & les religieux de St. Victor par un acte capitulairement pris, aux exemptions, fupreffions & érections faites par cette bulle, en tant qu'il les concerne. PAGE 164.

Aucun ne pourra être promû à aucune dignité ou perfonat de l'églife nouvellement érigée, qu'il ne foit actuellement chanoine majeur & du nombre defdits chanoines; & lorfqu'un fimple canonicat majeur viendra à vacquer, il fera conferé, préferablement à tout autre, à un des chanoines mineurs, tout le tems qu'il y en aura.

alios corporalem poffeffionem illorum bonorum, ac jurium pertinentiarum omnium eorundem propriâ authoritate libere apprehendere & perpetuo retinere, illorumque fructus, reditus & proventus, jura & obventiones & emolumenta prædicta quæ ex tunc menfæ capitulari prædictæ perpetuo applicata fint & effe cenfeantur: percipere, & in fuos & prædictæ menfæ ufus & utilitatem convertere. (Diœcefanorum locorum aut quorumvis aliorum licentiâ fuper iis minime requifitâ) fic quod inter in quamdiu qui nunc dignitates, prioratus, officia, & beneficia, loca, & portiones fuppreffa prædicta obtinent, ea obtinebunt feu fructus illorum percipiant; & donec fructus ipfi, eidem capitulari menfæ realiter & cum effectu applicati fuerint: pro oneribus in dicta ecclefia magalonenfi fupportari folitis.

De Valentia qui in locum facriftæ magalonenfis, ducentas, & de Caftriis archidiaconi qui in locum veftiarii ecclefiæ Magalonenfi hujufmodi furrogantur, trecentas & triginta libras turonenfes. Ac infirmarius qui ulterius ab eifdem capitulis alimenta fuorum fervitiorum percipi folita, & archidiaconatûs de Valentia prædicti oblationes in dictis magalonenfis aut fancti Benedicti in cathedralem erecta ecclefiis, faciendas, non percipiant, triginta fex fextaria bladi thofellæ, & duo modia vini puri.

Et archidiaconatus major pro omnibu

Les provisions obtenuës contre ces régles seront nulles & dévoluës à l'evêque, & de lui au pape.

En cas de litige pour le petitoire ou pour le possessoire de quelque bénéfice de ladite église, soit des majeurs ou des mineurs, aucun des collitigans ne percevra aucun fruit jusqu'à ce qu'il n'en ait eu la recréance.

Les fruits d'un bénéfice en litige tourneront au profit du chapitre, ou seront remis dans le trésor de l'église. Mais aussi, afin que le service divin n'en souffre point, le chapitre fera faire le service par une personne idoine qu'il choisira pour cet effet, & à qui l'on donnera ce qu'on jugera raisonnable.

VII. Comme il est necessaire que l'église soit pourvûë de livres & d'ornemens pour le service, chaque recipiendaire fera une offrande à sa reception. L'evêque donnera cinquante écus d'or du soleil & en or, les dignitez & personats quarante écus semblables, & les simples chanoines trente. Aucun ne percevra les fruits de son bénéfice qu'il n'ait payé cette somme, & jusqu'à ce qu'il l'ait fait, les fruits retourneront au profit de l'église. Mais l'evêque n'y sera tenu qu'après un an & un jour de sa reception dans la prébende qui lui est attachée. Que s'il y avoit contestation entre deux elûs à la chaire episcopale, les fruits que l'église percevra durant le litige tiendront lieu de cette somme, lorsqu'ils seront parvenus à sa valeur.

L'évêque sera tenu de choisir un sujet du corps du chapitre actuellement chanoine * pour connoître des causes tant civiles que criminelles des digni-

oneribus erectæ ecclesiæ prædictæ, ratione mercedum sindici, medici chirurgici, fornerii, capellani, capellæ sancti Martini deservientis, ac pensiones annuæ eidem ecclesiæ sancti Petri magalonensis pro prioratu sancti Petri de monte albedone solvi solitæ, & aliorum, per celerarium ejusdem monasterii pro tempore existentem in cujus celerarii locum, idem archidiaconus major surrogatur, solvi consuetis, debite supportandis, ducentas libras similes, ac quadringenta & quinquaginta novem sextaria bladi thosellæ, & quinquaginta quatuor modia vini, cum dimidio alterius similis modii.

Sacrista vero monasterii ejusdem, quandiu fructus sacristæ illius percipiet, quadraginta libras similes. Et infirmarius dicti monasterii qui nunc sunt, quandiu fructus officii infirmariæ illius percipiet, triginta libras similes, nec ulterius aliquas oblationes in ecclesia erecta hujusmodi, quoquomodo faciendas aut ipse vel infirmarius hujusmodi pro dictis officiis sacristiæ & infirmariæ, alimenta suorum servitiorum percipiant.

Modernus vero pittanciarius dicti monasterii quandiu fructus dictæ pittanciariæ illius percipiet, quadringentas & decem libras : nec ulterius sal de mirsi, vallibus percipiet.

Camerarius vero ipsius monasterii,

tez, perſonats, chanoines, hebdomadiers, vicaires des chanoines, & autres miniſtres de l'égliſe. Lequel ſera tenu de les oüir, & terminer leurs affaires dans un lieu ſeparé du peuple, & non dans l'officialité : il ne pourra donner contr'eux aucune ſentence par autrui, ni mettre moins de ſix jours d'intervale, *niſi quatuor edictis per ſex dierum, inter ſingula edicta intervella præcedentibus.*

Si le vicaire de l'évêque a une dignité, ou perſonat, il gardera ſa place dans le chœur & ſon rang dans les proceſſions ; mais s'il n'eſt que ſimple chanoine, il n'opinera qu'immédiatement après l'ouvrier, marchera d'abord après lui, & ſera aſſis dans le chœur du côté gauche auprès de l'archidiacre de Valence. Cette prérogative lui ſera conſervée tout le tems de ſon vicariat.

Le chapitre pour l'entretien du ſervice dans l'égliſe de l'iſle de Maguelone, nommera un chanoine majeur avec ſon vicaire, & ſix autres prêtres à gages *conductitios*, pour y réſider durant ſix mois à commencer du premier lundy après la fête de St. Luc (auquel jour on tient un chapitre général) juſqu'au chapitre général du lundi du dimanche où l'on chante l'évangile *Ego ſum paſtor bonus*, auquel jour on nommera un autre chanoine majeur pour recteur de l'égliſe St. Pierre de l'iſle de Maguelone, pour s'y rendre avec ſon vicaire & ſix autres prêtres que le chapitre lui aura donnés pour y réſider & faire le ſervice juſqu'à la fête de St. Luc d'après. Bien entendu que durant le tems de leur ſervice, ils ſeront cenſez préſens dans l'égliſe de Montpellier, & les fruits de leur prébende qu'ils gagneront en entier leur tiendront lieu de paye : *Stipendia.*

IX.

Que ſi le chanoine majeur qui a été nommé, ou quelqu'un de ceux qui doivent le ſuivre à Maguelone, refuſent d'y aller, ils ſeront punis par le retranchement de tout ce qu'ils auroient gagné durant ſix mois ; & on nommera un autre chanoine à la place du premier, auquel le chapitre donnera vingt-cinq livres tournois pour la célébration des meſſes & des heures canoniales, qui ſe fera de la manière que le chapitre le réglera dans la ſuite.

Et pour la garde de l'iſle on députera un capitaine avec deux ſoldats, &

quandiu fructus camerariæ percipiet, centum & ſexaginta tres libras ſimiles capitulo dictæ eccleſiæ erectæ hujuſmodi reſpective ſolvere teneatur, jure epiſcopi alias in omnibus ſemper ſalvo.

Et inſuper ſedem epiſcopalem magalonenſem, nec non epiſcopalem & capitula-rem menſas, ipuſis eccleſiæ magalonenſis cum honoribus, præeminentiis, prærogativis, fructibus, reditibus, proventibus, obventionibus, legatis, juribus, & bonis univerſis ad eaſdem eccleſiam & menſas quomodo libet ſpectantibus ad dictam erectam eccleſiam transferimus.

trois hommes de fervice, fçavoir un boulanger, un cuifinier & un batelier, qui feront tous nourris et gagez par le chapitre. Le chanoine-recteur de l'ifle pourra prendre avec lui un feul valet, qui fera nourri aux dépens du chapitre, mais * s'il en amenoit davantage il pourvoira du fien à leur entretien.

Cette manière, prefcrite pour le gouvernement de l'ifle, ne pourra être changée fans le confentement exprés de l'evêque, quand même tout le Chapitre unanimèment l'auroit refolu.

Et pour donner plus de force à la prefente bulle, le pape veut qu'elle ait toute celle qu'auroit un contrat, tranfaction ou concordat entre le roy & le fiége apoftolique, en faveur de l'érection de cette églife; en forte que la bulle foit mife au rang des priviléges du royaume, & que les unions qui y font faites ne foient jamais comprifes dans aucunes revocations, fufpenfions ou dérogations faites ou à faire à l'avenir par le pape ou par le faint fiége. En confequence de quoi Paul III nomme les evêques de Cazerte dans le royaume de Naples, & de Vabres, dans le Roüergue, avec l'official de Nimes, pour l'exécution des prefentes; & donne pouvoir à eux tous, & à chacun d'eux de la publier à la première requifition d'une des parties; de faire les fupreffions, érections, unions, &c., qui y font portées, & de mettre en place chacun des particuliers déjà nommés pour remplir les canonicats; dérogeant de nouveau, dans un fort grand détail exprimé dans la bulle, à tous les priviléges accordez à l'ordre de St. Benoît, aux claufes de fondation qui pourroient être contraires à la prefente difpofition, & géneralement à toutes autres claufes qui pouroient être alleguées contre. Voulant que dans & hors de jugement, entiere foi foit ajoûtée aux copies de cette bulle, fignée & fcellée par un notaire public. Donné à Rome, *apud S. Petrum*, l'an de l'Incarnation de Notre-Seigneur, 1536, le fecond de fon pontificat, & le 6 des kalendes d'avril.

CHAPITRE TROISIÉME.

Page 167.

I. Formalités obfervées pour la publication de la Bulle. II. Signification qui en fut faite à Montpellier. III. Inftallation des nouveaux chanoines. IV. Continuation de l'evêque Peliffier. V. Renverfement de la religion catholique à Montpellier.

LE dix-huit du mois d'avril fuivant, Pierre Lambert, l'un des dix fecretaires du pape, correcteur des lettres apoftoliques, evêque de Cazerte & referendaire du pape, fit à Rome la promulgation de la bulle & en dreffa l'acte, où il dit, qu'à la requifition du feigneur Guillaume, evêque de Montpellier, & du chapitre, & des chanoines nommez dans la bulle, procedant à l'exécution des pouvoirs qui lui font donnez par le faint fiége, il leur intime à eux tous & à chacun d'eux, tant conjointement que féparément, les lettres apoftoliques, & leur enjoint de s'y conformer dans tous les chefs qu'il rapelle dans un grand détail; mais ne pouvant (ajoûte-t-il) fe rendre fur les lieux pour proceder par lui-même à l'exécution de la bulle, il en donne la commiffion à tous & chacun des ecclefiaftiques & notaires publics qui en feront requis. Donné & fait à Rome, le 18 du mois de juin 1536, & la feconde année du pontificat de notre faint pere Paul III.

I.

Præfentibus domino Sebaftiano Galtero, archidiacono, de numero participantium acholito, &c. Signé *Alfonfe de Caftellanes, archivi Romanæ curiæ fcriptor.*

Guillaume Peliffier ayant reçû la bulle de la part de l'evêque de Cazerte, la fit fignifier au chapitre, qui s'étant affemblé dans le réfectoire ou grande falle du monaftére de St. Benoît & St. Germain, *exiftentem in clauftris baffis collegii à parte feptentrionis*, comparurent à Montpellier par devant vénérable & circonfpecte perfonne Pierre Trial, maître bachelier en droit canon, prieur de St. Jean de la Roque-Ainier, diocéfe de Maguelone, collegier de l'église feculiere & collegiale de Ste Anne du même diocéfe, les vénérables & fcientifiques perfonnes Jean Martin, doyen du chapitre de Maguelone, avec Claude Deveze, licentié en droit & findic du college de St. Benoît & St. Germain, lefquels affiftez de Jean de Lauffelergues, facriftain, licentié en droit, Bernardin Duranc, veftiaire, Aimeri de Cofta, bachelier en droit & prieur de Baillargues, Secondin Bonal, prieur de Ste Marie de Londres, Antoine Durantin, prieur de Vendargues, Antoine de Montlaur, prieur de Novigens, Jean de Brignac, bachelier en droit, prieur de St. Brez, Pierre Doumergue, prieur de Gornier, Girard Chamdori, Antoine Raymundi, dit

II.

de Brignon, Olivier Perinel, Raymond Engaran, Pierre Trincaire, Jean de la Sale, Pierre Malipelli, Pierre Manni, Pierre Baftier, Marcellin Blanchon, François Cailar, tous chanoines réguliers de l'églife cathédrale de Maguelone.

Et reverend Pons de Raneo, chanoine régulier de l'églife cathédrale de Nîmes, abbé de Franquevaux, François Peliffier, clerc de Melgüeil, Jean Saurin, pitancier, Guillaume Inguimbert, infirmier, Galhard Coftanni, Jacques de Manfo, bachelier en droit, Pierre Talaifac, Vincent de Rocheblanc, vicaire de Lanuejols, diocéfe de Nîmes, Etienne Bonet, Pierre de Ratte, Guillaume Caniboici, profeffeur en droit canon, Barthelemi Martin, Jacques Calvin, Pierre de la Sale, Firmin Blanchon, Arnal Arnaudi, Pierre Solier, Hugues Clauzel, Jean Ferrand, Antoine Barthelemi, Jean Pinel, tous moines du monaftére St. Germain.

Lefquels dirent que notre faint pere Paul III, pour la gloire de Dieu, pour la devotion du peuple, pour l'augmentation du culte divin & pour l'ornement de la ville de Montpellier qui eft fort peuplée, *quæ multum extitit populata*, & pour autres caufes qui font inférées dans les lettres qu'il en a données, a éteint & fuprimé dans l'églife de Maguelone le nom & titre d'églife cathédrale, & dans le prefent monaftére de St. Benoît il a éteint & fuprimé le nom de * monaftére, qu'il a illuftré du nom de cité la ville de Montpellier, & érigé l'églife de St. Benoît en églife cathédrale féculiere, fous l'invocation de St. Pierre, avec tous les honneurs & jurifdiction épifcopale, de la même maniére que les autres églifes épifcopales de la province de Narbonne.

De toutes lefquelles chofes il a été expedié des lettres qui ont été fulminées par le reverendiffime pere en Dieu, Mᵉ Pierre Lambert, légat du faint fiége en France, *per eamdem fanctam fedem apoftolicam legatum in Francia*.

Les findics & autres fufnommez remirent ces dernieres avec la bulle du pape au fieur Trial, & le requirent de proceder à l'exécution defdites lettres en inftallant les prefens, & en leur perfonne les abfens, tant de l'églife de Maguelone que du monaftére de St. Benoît, dans les places qui leur font affignées dans l'églife nouvellement érigée; la teneur de la lettre de l'evêque de Cazerte étoit telle.

A l'archevêque de Narbonne ou à fon vicaire général, au vénerable abbé & religieux de St. Victor de Marfeille. A tous abbés, prieurs, ecclefiaftiques, notaires, tabellions, citoyens & habitans de la cité & diocéfe de Montpellier, ci-devant appellé de Maguelone. A tous ceux qui pourront y prendre interêt, fous quelque pretexte que ce foit, & au clerc qui fera fur ce requis.

« Nous Pierre Lambert, evêque de Cazerte, referandaire du pape, &c.,
« conjointement avec nos autres collégues députés à cet effet, avec la
« claufe *quatenus ipfe vel duo illorum*, vous certifions de la vérité de la bulle
« de notre faint père le pape Paul III, dont la teneur s'enfuit. Laquelle
« nous avons reçûë avec le refpect qui lui eft dû, fcellée d'un fceau en
« plomb, pendant à un cordon de foye rouge & jaune, felon l'ufage de la
« cour de Rome.

« Nous vous l'adreffons en bon état & en fon entier, faine, non vitiée
« & nullement fufpecte d'erreur dans aucune de fes parties, comme il
« vous paroîtra du premier afpect, afin qu'elle ferve à Guillaume, evêque
« de Montpellier, jadis evêque de Maguelone, au chapitre & chanoines de
« Montpellier, ci-devant chanoines de l'églife cathédrale de Maguelone,
« ordre de St. Auguftin, & aux moines du monaftére de St. Benoît, gou-
« verné par un prieur, pour être mife par vous en execution, felon que vous
« en ferez requis.

« Le fieur Pierre Trial, à qui l'on s'étoit adreffé, reçut avec honneur III.
« cette commiffion; & commençant à faire fes fonctions de fubdelegué, il
« ordonna en vertu de fainte obédiance à tous les chanoines de Mague-
« lone & aux moines de St. Benoît de fe conformer pour l'habit & pour
« les autres marques exterieures aux chanoines feculiers des églifes cathé-
« drales voifines.

« Lefquels ayant obéi à fes ordres (continuë le procès-verbal) fe dépoüil-
« lerent des habits reguliers qu'ils avoient coûtume de porter, & ayant pris
« des furplis blancs à la façon des prêtres feculiers, ils marcherent deux à
« deux jufqu'au cimetiere, & de là ils vinrent à la principale porte de
« l'églife, où les findics renouvellerent leur requifition au fieur Trial, com-
« miffaire fubdelegué, lequel s'avançant à la tête de tous, entra dans
« l'églife & leur donna de l'eau bénite; puis les conduifant au grand-autel
« il le leur fit baifer & leur donna le meffel à ouvrir; après quoi les faifant
« marcher dans le même ordre vers le chapitre, il les fit affeoir dans le
« rang affecté aux dignitez, perfonats & chanoines, d'où les ayant ramenez
« dans le chœur de l'églife il les inftalla chacun à fa place; ce qui fut fuivi
« du *Te Deum* chanté par la mufique & d'une meffe du St. Efprit, & cele-
« brée avec folemnité. »

Après les avoir inftalé de la forte, tant les prefens que les abfens, il les
déclara tous fecularifez felon l'efprit & la teneur de la bulle, dont acte fut
dreffé par Jorymar, ci-devant notaire du chapitre de Maguelone, & maintenant fecretaire de l'églife cathédrale de Montpellier, en préfence de Jacques Calmez, prieur de Villegly, diocéfe de Carcaffone, Pierre Anglade,

prêtre, & Jean Ranchin, licentié en droit, avec un grand nombre d'autres perfonnes accouruës à cette ceremonie.

IV. Tandis qu'on fe donnoit tous ces foins à Montpellier pour l'execution de la bulle, Guillaume Peliffier qui avoit toûjours refté à Rome pendant le cours * de cette affaire, reçut ordre du roy François Ier d'aller à Venife pour y acheter tout ce qu'il pourroit trouver des rares manufcrits que les Grecs fugitifs de Conftantinople aportoient à Venife. La parfaite connoiffance qu'il avoit des langues grecque, hébraïque & firiaque, lui en fit recouvrer un très-grand nombre qu'il corrigea en partie, ou qu'il rétablit fur les meilleurs exemplaires, comme il le marque lui-même dans fa lettre au roi François Ier, du 29 août 1540, qui eft rapportée par Gariel. Ainfi cet evêque a été un des premiers à former la bibliotheque du Louvre, qui a été augmentée depuis par les fçavans hommes à qui nos rois ont commis la garde de ce précieux dépôt.

La mort de François Ier arrivée en 1547, fit revenir l'evêque de Montpellier dans fon diocéfe, où il eut deux occafions remarquables d'exercer le talent particulier qu'il avoit pour la réconciliation des efprits. La premiere lui vint des chanoines de fa cathédrale, diftinguez, fuivant l'efprit de la bulle, en chanoines majeurs & en chanoines mineurs. Ces derniers fe plaignirent hautement de cette diftinction & de l'inégalité de leurs revenus, dont ils porterent des plaintes au parlement de Touloufe, au confeil du roi & à la cour de Rome, d'où ils furent renvoyez à leur evêque. Alors Peliffier les ayant oüis, crut devoir ceder au tems pour conferver la difpofition de la bulle dont il étoit lui même le principal auteur. Il les remit tous dans l'égalité pour le refte de leur vie; à la charge toûjours que les mineurs venant à mourir, leur place feroit fuprimée, & leurs bénéfices réünis au corps du chapitre. La feconde occafion lui vint des confuls de Montpellier qui demandoient dans l'églife de St. Pierre la place qu'ils y avoient avant fon érection en cathédrale. L'evêque jugea à propos de leur accorder leur demande, malgré les findics du chapitre qui s'y opofoient de toutes leurs forces.

V. Le bonheur de ce prélat auroit été digne d'envie s'il eût travaillé auffi heureufement à prévenir les nouveautez en matiere de religion qui fe gliferent alors dans Montpellier, & qui y cauferent le renverfement que nous avons vû dans le premier tome de cette hiftoire. Il fut témoin des affemblées fecretes qu'on y tint & du mépris du peuple pour les puiffances legitimes, qui produifit enfin la demolition de toutes les églifes. Malheureufement pour la mémoire de cet evêque, il fut foupçonné violemment de favorifer le parti des novateurs, & fa conduite (comme il refulte des regîtres de la cour des aydes) ne prouva que trop la conformité de fes fentimens avec les leurs fur le celibat des prêtres. La chofe éclata fi fort, que le comte de Villars, légitimé de Savoye, lieutenant genéral de la province, fe crut obligé de le faire enlever & de l'enfermer dans le château de Beaucaire; d'où il ne fortit que par les fortes follicitations du chapitre de Narbonne, fans qu'il parût que le fien fe fût donné aucun mouvement pour le fortir de prifon. Il eft à croire que les mauvaifes difpofitions de la plûpart de fes chanoines furent caufe de cette indifference pour lui; car on ne peut pas préfumer qu'ils euffent pour fa perfonne plus de zéle que pour leur religion, qu'ils abandonnerent honteufement par libertinage ou par intérêt, lorfqu'ils virent que les nouveaux religionnaires s'étoient emparez de tous les biens ecclefiaftiques du diocéfe. Nous aprenons des regîtres du confiftoire l'hiftoire de leur apoftafie, où il eft dit qu'au mois de may 1563, tels & tels exprimez par leur nom, furnom & âge, tous chanoines de St. Pierre, au nombre de dix-fept, vinrent fe prefenter à l'affemblée, & la requirent, qu'attendu qu'ils vouloient vivre & mourir dans la religion réformée, fans plus participer à la romaine, il plût à l'affemblée les pourvoir de penfions convenables fur les revenus de leurs benefices qui étoient au pouvoir de la religion réformée. Leur mauvais exemple entraîna un chanoine de la Trinité, deux de St. Sauveur, un de Ste Anne & fix collegiez de St. Ruf, qui tous vinrent faire la même demande, & aufquels on affigna une penfion modique, payable par le confiftoire de trois en trois mois. J'ai crû que la verité de l'hiftoire ne me permettoit pas de fuprimer ce fait perfonnel, qui (tout déplorable qu'il eft) ne peut réjaillir fur le refte de leurs confreres, lefquels donnerent dans toutes les occafions des preuves autentiques de leur religion & de leurs bonnes * mœurs. Ils le firent bien paroître à la défenfe de l'églife de St. Pierre, où l'un d'eux perdit la vie; & lorfqu'ils eurent été contraints de ceder à la force & de quitter la ville, ils fe retirerent à Frontignan jufqu'à l'arrivée de M. d'Ampville, gouverneur de la province, qui fit fon entrée à Montpellier au mois de novembre 1563. Ils vinrent de Frontignan pour fe trouver à fon entrée, & ils eurent le courage de fe montrer en furplis pour preceder fa marche & le conduire à Nôtre-Dame des Tables, où ils chanterent le *Te Deum*.

Cette action de la part du chapitre, jointe à la confideration de M. le gouverneur, firent revenir à Montpellier Guillaume Peliffier, qui s'en étoit abfenté depuis le commencement des troubles. Il y refta pendant le féjour de M. d'Ampville, mais ce feigneur en étant parti pour aller vifiter fon gouvernement, Peliffier fe retira au château de Montferrand, où il fe tint à l'abri des troubles qui recommencerent de plus fort dans Montpellier. Ce

1563.

PAGE 170.

1568.

fut là que cet infortuné prélat fut atteint d'un ulcére qui lui rongea les entrailles, caufé par l'ignorance ou la malice d'un apoticaire qui lui donna des pilules de coloquinte mal broyée. Il y mourut le 25 janvier 1568, laiffant une reputation fort équivoque de fa catholicité, quoique les fçavans de fon fiécle euffent fait des grands éloges de fon érudition, comme on le voit dans l'hiftoire de M. de Thou, dans Scevole de Ste Marthe, dans Cujas, Turnebe, Sylvius, & plufieurs autres grands genies de fon tems. Il fut porté à Maguelone le lendemain de fa mort, fans aucune pompe ; & par une fuite du dérangement de fes affaires, fa riche bibliotéque fut mife au pillage avec fes *Commentaires fur Pline* & fes autres ouvrages fur plufieurs auteurs anciens.

Auffitôt après fa mort, M. Dampville fit nommer à fa place Pierre de la Rouille, abbé de   , qui en eut le brévet du roy, mais il n'en reçut jamais les bulles de Rome, ce qui a été caufe que Gariel ne l'a pas compris dans la Suite des evêques de Montpellier. Il paroît à la vérité qu'il gera par procureur durant trois ou quatre ans le temporel de fon evêché, puifque pendant cet efpace de tems la feigneurie de Beaulieu fut infeodée à MM. de Rabin; mais il eft certain que perfonne n'adminiftra à fon nom le fpirituel de fon diocéfe, qui fut gouverné comme dans une vacance par Leonard d'Aiguillon, prévôt du chapitre, & après la mort de celui-ci par Guillaume Pelet, fon fucceffeur dans la prévôté.

Je ne fçai fi la crainte des troubles qui regnoient alors dans Montpellier lui fit négliger de pourfuivre l'expedition de fes bulles, mais, quoiqu'il en foit, le roy Charles IX connoiffant le befoin qu'avoit cette ville d'un evêque qui y réfidât, nomma à fa place.

CHAPITRE QUATRIÉME.

I. Antoine Subjet eft nommé par le roy Charles IX à l'evêché de Montpellier. II. Il eut beaucoup à jouffrir durant fon epifcopat. III. Qu'il le foûtint avec beaucoup de courage & par une vie fort exemplaire. IV. Guitard de Ratte eft nommé à fa place par le roy Henry IV. V. Il fait fon entrée publique à Montpellier. VI. Prête ferment au chapitre. VII. Il rétablit le culte dû aux faintes reliques. VIII. Vifite fon diocéfe. IX. Et meurt en allant à Touloufe.

ANTOINE SUBJET.

ANTOINE SUBJET, doyen de Tarafcon, qui compofa avec Pierre de la Roüille. On marque fon arrivée à Montpellier au commencement de 1572, précifement dans le tems que le maréchal Dampville fongeoit à s'unir avec les huguenots ; & l'on ajoûte que fa premiere fonction en cette ville fut d'officier publiquement à une procession où le maréchal voulut assister pour rassurer les catholiques.

L'evêque profita de cette occasion pour faire entrer dans Montpellier quelques * religieux qu'il nourrit à ses dépens dans des maisons particuliéres, & dont il se servit utilement dans une maladie épidémique durant laquelle il s'exposa lui-même pour le service des pauvres. Mais le maréchal s'étant broüillé de nouveau avec les huguenots, l'evêque fut chassé de la ville & contraint de se retirer à Frontignan avec ses chanoines.

PAGE 171.

Le séjour que la reine Catherine de Medicis fit à la Verune, à son passage par le Languedoc en 1579, ayant valu aux catholiques la liberté de rentrer dans la ville, Antoine Subjet y ramena son chapitre, qu'il plaça dans la même maison du vestiaire de Maguelone (dite la Canourgue). Et ayant voulu, en vertu des derniers édits de pacification, mettre en état l'église de Nôtre-Dame pour y faire le service, il arriva la guerison miraculeuse d'un enfant muet qui travaillant à en ôter les ruines, découvrit sur les murailles une image de la Vierge qu'il se sentit fortement sollicité d'invoquer; & sa priere ayant été faite, il recouvra l'usage de la langue, ce qui remplit d'admiration tous les assistans. Ce fait, qui est raporté par Ste Marthe & par Gariel, m'a paru ne devoir pas être oublié ici.

1579.

Page 609.

Les huguenots rendirent inutiles tous les travaux de l'evêque, en faisant saper le clocher qui subsistoit encore dans cette église du côté de l'hôtel-de-ville. Ainsi le chapitre fut réduit à se contenter de faire l'office à la Canourgue, jusqu'à ce que la peste qui survint en 1580, l'obligea de se refugier à Villeneuve-lez-Maguelone.

1580.

En même tems la disette de bons sujets porta l'evêque de Montpellier à se servir des religieux pour les bénéfices de la campagne, d'où vient le titre que Gariel nous a conservé du prieuré de St. Just qu'il confera au pere Phiolon, religieux carme, homme sçavant & bon prédicateur, qu'il fit aussi son vicaire forain dans ce quartier.

Series, pag. 609.

On a de lui deux ordonnances remarquables : l'une concernant ses chanoines, qu'il astraint sous diverses peines à prendre l'ordre de prêtrise ; l'autre pour régler le service de son église cathédrale, voulant qu'aux jours solemnels l'evêque étant empêché, une des dignités ou personats fasse l'office & que les chanoines lui servent d'assistant, de diacre & de soûdiacre, ce qui s'observe encore depuis l'établissement qu'il en fit.

Page 612.

On trouve dans son testament une fondation qui n'est pas moins remarquable : ce fut l'augmentation de deux enfans de chœur, outre les six que le chapitre avoit déjà ; voulant que ces nouveaux enfans fussent appellés les petits sujets, & que la messe qu'on dit après matines pour les enfans de chœur, ces deux petits sujets vinsent avec un grand flambeau allumé à l'élevation du saint sacrement, & qu'au *memento* pour les morts ils se leveroient & approcheroient du prêtre sacrifiant (ce sont les propres paroles) & lui diroient en grande reverence & humilité, à voix mediocre & bonne prononciation, afin que le peuple les pût oüir & entendre : *Sacerdos Dei memento etiam animæ reverendi SUBJECTI præsulis nostri defuncti.* Cette cérémonie, que des personnes encore vivantes se souviennent d'avoir vû, n'a plus été continuée, & l'on se contente de faire dire après matines une messe basse où les enfans de chœur assistent au nombre de six.

1596.
Ce digne prelat après avoir travaillé sans rélache pour son diocése durant vingt-quatre ans des plus difficiles, mourut accablé de fatigues en 1596, & l'on mit autour de son tombeau à Maguelone : *Hic ossa reverendi Antonii Subjecti, primi post secularisationem episcopi, qui in Domino obdormivit anno Domini 1596, vj. idus novembris, & sacramentis omnibus ut viator munitus, in cœlum ut pastor christianissimus evolavit.*

Nous aprenons plusieurs particularitez de sa vie, d'un eloge funèbre que son neveu, le sieur Honoré Hugues, docteur en droit, prieur de Grammont, chanoine & chantre de l'église de Montpellier, fit graver à côté de son tombeau, où il dit que son oncle avoit commencé par être enfant de chœur à St. Simphorien d'Avignon, d'où étant parti pour le pelerinage de la Terre Sainte & de St. Jacques, il revint en France & fut choisi à cause de la beauté

PAGE 172.
de sa voix * pour la chapelle des roys François Ier & Henry II, qui lui donnerent successivement l'archidiaconné de Notre-Dame des Dons à Avignon, & ensuite l'abbaye de Tiron, dans le diocése de Chartres. Le bon usage qu'il fit de ses revenus & la pieté constante qu'il fit paroître dans toute sa conduite, lui attirerent la bienveillance du roy Charles IX, qui voulant (après la mort de Pelissier) donner au diocése de Montpellier un prélat exemplaire, le nomma à cette place, avec l'aplaudissement de tous les bons cátholiques. Il travailla sans relâche à la conservation de son troupeau, & s'attira l'estime des ennemis même de la religion, par la pureté de ses mœurs, par sa sobrieté & par sa charité envers tous. Il finit ses jours en répetant ces paroles de St. Paul : Je souhaite de mourir pour être plutôt avec Jesus-Christ.

IV. On voit dans les lettres du cardinal d'Ossat, chargé à Rome des affaires de France, qu'Antoine de Subjet, sur la fin de ses jours, donna la demission de son evêché en faveur de Guitard de Ratte, archidiacre de son église & son

1598.
grand-vicaire. Mais sa mort étant arrivée avant que sa démission eût été admise, ce cardinal écrivit au roy de nommer à l'evêché de Montpellier, comme vacant par mort, ce qui ayant été fait, il sollicita les bulles pour

GUITARD DE RATTE, natif de Montpellier, & d'une famille de robe, qui a donné des officiers de merite à toutes les cours de juſtice de cette ville. Comme il étoit lui-même conſeiller d'égliſe au parlement de Touloufe, il y contracta une grande liaiſon avec Jean-Etienne Duranti, premier préſident, & Jacques Dafis, avocat general. Ces trois magiſtrats s'étant déclarez fortement pour les interêts du roy contre le parti de la Ligue, Ratte fut envoyé à Paris pour informer Henry III de l'état de ſes affaires, ce qui heureuſement lui ſauva la vie; car, à peine étoit-il en chemin, que le premier préſident & l'avocat général furent arrêtez & mis à mort par les ligueurs, qui ayant couru à la maiſon de Ratte & voyant qu'il leur avoit échapé, pillerent ſes meubles & livres, & lui firent faire ſon procès par le parlement, qui le condamna par contumace à avoir la tête tranchée.

Dans ces conjonctures, le roy Henry IV étant parvenu à la couronne, donna pluſieurs marques de ſon affection à Guitard de Ratte, qu'il indemniſa des pertes qu'il avoit faites à Touloufe par une penſion de douze mille livres ſa vie durant, & lui donna enſuite les abbayes de St. Sauveur de Lodeve, & de St. Chinian, dioceſe de St. Pons. Mais pour lui marquer encore mieux ſa confiance, il le chargea d'aller traiter en Normandie avec Gaſpard de Pelet, ſon parent, qui étoit lieutenant de roi de cette province, & gouverneur du château de Caën, afin qu'il lui conſervât cette place, & qu'il entretînt la nobleſſe du pays dans la fidelité à ſon ſervice. Cette négociation ayant réüſſi ſelon les deſirs du roy, Ratte eut le malheur, en revenant, de tomber entre les mains des ligueurs, dont il fut retiré par Henry IV, qui le fit reclamer de ſa part, & lui donna l'abbaye de Valricher, dioceſe de Bayeux.

Environ ce tems, Antoine de Subjet lui ayant reſigné l'evêché de Montpellier, il en obtint les bulles par les bons offices du cardinal d'Oſſat, de la maniere que j'ai dit ci-devant. J'obſerverai à cette occaſion que dans la lettre de ce cardinal, Guitard de Ratte y eſt apellé aumônier du roy; ce qui nous donne lieu d'inferer que le roy Henry IV avoit voulu l'attacher plus particulierement auprès de ſa perſonne.

Dès qu'il eut reçû ſes bulles, il ſe fit ſacrer par le cardinal Pierre de Gondi, evêque de Paris, & partit pour Montpellier, où il fit ſon entrée le cinquiéme novembre 1597.

La rélation que nous en avons porte qu'étant ſorti du château du Terrail, il s'arrêta dans une maiſon du fauxbourg de la Saunerie pour y prendre ſes habits pontificaux, & qu'étant deſcendu dans la ruë, il s'y tint aſſis ſur un banc couvert de tapis, où les chanoines de ſon égliſe, le juge-mage & les officiers du gouverneur, le recteur de l'univerſité avec les profeſſeurs &

autres personnes de distinction lui vinrent baiser la main. Après quelques prieres, le chapitre précedé de ses muficiens, commença la marche pour entrer dans la ville. Il n'y avoit point de religieux (dit la rélation), parce que les huguenots, maîtres de la * ville, n'y en vouloient point souffrir, mais immédiatement après le chapitre, venoit un dais, porté à vuide par quatre gentilshommes, & ensuite le porte-crosse, & deux ecclesiastiques tenant un espéce de devant d'autel appellé *pallium,* devant M. de Ratte, qui portoit une mitre de drap d'or enrichie de pierreries, & une chasuble de velours cramoisi, suivi de ses officiers & d'une infinité de peuple de tout âge & de tout sexe. En cet état, il fut conduit le long des ruës de la Saunerie, de l'Argenterie, de l'Hôtel de Ville, du Puits du Fer & de St. Firmin jusqu'à la Canourgue, qui servoit de cathédrale, parce que toutes les autres églises (ajoûte la rélation) étoient démolies. Il fit quelques prieres à la porte de l'église de la Canourgue & au pied de l'autel, où ayant donné la bénédiction à toute l'assemblée, il quitta ses habits pontificaux & se retira à la sale de l'evêque, où les consuls qui n'avoient pas voulu se trouver à son entrée, parce qu'ils étoient huguenots, ne laisserent pas de venir le jour même le saluer en chaperon & sans robe.

On marque dans la même rélation que le recteur de l'université avec les professeurs ne l'accompagnerent pas dans sa marche, à cause des disputes qui survinrent pour la préséance entr'eux & le juge-mage, comme il n'est que trop ordinaire en ces sortes d'occasions.

VI.   Après la prise de possession du nouvel evêque, il fit entre les mains du chapitre le serment que Gariel raporte en ces termes : « Moi, Guitard de « Ratte, par la grâce de Dieu & du saint siége apostolique, evêque de Mont- « pellier, je jure en présence de Dieu & de ses anges, & promets à vous « mes chers freres, les chanoines & chapitre de l'église cathédrale, que je « garderai les statuts de ladite église, que j'en conserverai les biens & que « dans tout ce qui regardera son gouvernement, je ne ferai rien sans votre « conseil. J'aprouve de plus le tour de cheville & tout ce qui a été fait jus- « qu'à ce jour par le chapitre. Ainsi Dieu m'aide. G. evêque de Montpel- « lier. »

Guitard de Ratte voulant réveiller le zéle des catholiques pour le culte des saints, fit expoſer à leur vénération plusieurs reliques autrefois enlevées à son église, qui furent récouvrées alors par l'occasion que je vais dire.

VII.   Dans le tems que l'église de St. Pierre fut assiégée de la maniere qu'on a pû le voir dans le premier tome de cette histoire, un de ses chanoines, nommé Mathe, natif de Martégue dans la Provence, cherchant à garantir les précieuses reliques de son église, prit soin d'en ramasser tout autant qu'il put & de les aporter dans le lieu de sa naissance, où il les consigna en mourant entre les mains des consuls de Martégue, qui les remirent dans leur église paroissialle. Or dans le tems de la nomination de Guitard de Ratte, un chanoine de Montpellier ayant été prêcher à Marseille, passa par Martégue, où il aprit que dans l'église du lieu il y avoit une grande vénération pour certaines reliques qui apartenoient originairement au chapitre de Montpellier; il eut la curiosité de les aller voir & de demander le verbal qui en avoit été dressé. Le fait lui paroissant fort clair & bien circonstantié, il en donna avis au chapitre de Montpellier qui de son côté lui envoya les mémoires qu'il avoit sur cette affaire & le chargea de poursuivre en son nom la restitution de ces reliques. Le prieur & les consuls de Martégue qui sçavoient la vérité du fait, crûrent ne pouvoir pas lui refuser & à son chapitre ce qu'ils demandoient, & ils lui remirent quatre petits paquets envelopez dans du tafetas rouge, chacun avec son écriteau en parchemin : le tout enfermé dans une boëtte de plomb, dont il est dit qu'il donna sa décharge aux prieurs & consuls, qu'il fit ratifier ensuite par le chapitre.

Cette boëtte ayant été ouverte par l'evêque & par le chapitre, ils trouverent qu'elle contenoit des ossemens dans chaque paquet : l'un de St. Germain, l'autre de St. Maur, le troisième de St. Cristophle, & le quatrième de St. Lazare, que l'evêque de Ratte fit enfermer dans un reliquaire & exposer à la vénération des catholiques qui leur rendirent le culte permis par l'église, jusqu'aux nouveaux troubles survenus à Montpellier, pendant lesquels ces reliques furent brûlées & les cendres jettées au vent.

Les annales de Toulouse nous aprennent qu'en ce même tems le parlement de * cette ville, par arrêt du 20 août 1598, donné à la requête du procureur général, ordonna que l'arrêt de prise de corps & celui de condamnation de mort contre M. de Ratte seroit tiré du regître, & les procedures sur lesquelles ces arrêts avoient été rendus, biffées & lacerées.

Page 174.
1598.
Tome 2, pag. 519.

Dans ce même tems cent cinquante ministres du Languedoc s'étant assemblez à Montpellier sous prétexte d'y tenir un sinode, Guitard de Ratte leur fit proposer quelques points de controverse pour en conferer avec eux ; mais, soit par un dédain affecté de leur part, ou par la crainte de se commettre avec lui, aucun d'eux ne voulut accepter ce parti. Et les suites ayant fait voir clairement qu'ils n'étoient assemblez que pour prendre des mesures entr'eux sur les affaires présentes du royaume, l'evêque de Montpellier en donna avis au roy Henry IV, qui dissipa cette assemblée.

Leur mauvaise disposition parut aussitôt après l'édit de Nantes, qui leur permettoit l'exercice libre de leur religion, mais qui rétablissoit aussi les catholiques dans leurs droits ; car alors les religionnaires de Montpellier firent leur possible pour empêcher que le chapitre ne trouvât des fermiers. Et lorsqu'ils ne pouvoient les détourner par persuasion, il les accabloient de tailles & autres impositions qu'ils regloient eux-mêmes à l'hôtel-de-ville.

VIII. Guitard de Ratte les mit à la raison par son crédit & par sa fermeté; mais, voulant tâcher de les gagner par des voyes plus douces, il entreprit une visite générale de son diocése, où il se fit accompagner par des prédicateurs capables de toucher & d'instruire. Ce fut dans le cours de cette visite qu'en consequence des édits, il ordonna le rétablissement des églises de Mirevaux, de Pignan & de Cornon-Terrail; mais l'obstination de ses adversaires fut si grande qu'ils détruisoient toutes les nuits ce qu'il avoit bâti pendant le jour. En sorte qu'il fut obligé de ceder au tems & de se contenter de faire faire le service dans des maisons particulieres, où les catholiques s'assembloient pour la célébration de la messe & pour les instructions chrétiennes qu'il prenoit soin qu'on leur fît.

IX. Mais lorsqu'il fallut executer les ordres qu'il obtint du roy pour la restitution de l'église de Nôtre-Dame, il fit voir (comme je l'ai raporté ailleurs) l'intrepidité dont est capable un esprit naturellement courageux lorsqu'il est animé par un motif de religion. Sa fermeté en cette occasion mérita l'éloge qu'en fit publiquement le roy Henry IV, lequel, voulant être obéi au sujet de cette église, prit de nouvelles mesures pour la faire rendre aux catholiques. Ce fut en ôtant les ruines dont elle étoit remplie, qu'on découvrit la chapelle soûterraine de la Magdeleine, qui fut trouvée dans son entier, telle qu'on la voit encore aujourd'hui. M. de Ratte la fit nettoyer & y célébra les saints miftéres, pendant lesquels il confera les ordres à quelques jeunes ecclesiastiques, parmi lesquels Pierre Gariel dit avoir été du nombre.

1602. Tandis qu'on esperoit le plus du zéle, du crédit & de la fermeté de cet evêque, on eut le malheur de le perdre dans un voyage qu'il fit à Toulouse pour les affaires de son église; car on raporte qu'aux aproches de cette ville, son cheval épouvanté par trois dogues qui le vinrent assaillir, lui fit faire une chûte si malheureuse qu'il fallut le porter à Toulouse, où il mourut le 5 juillet 1602. Son corps raporté à Maguelone y fut mis dans un tombeau, où l'on voit autour cette inscription : *Guitardus de Ratte, Monspeliensis episcopus, obiit Tolofæ* VII. *Julii anno Domini* M. DC. II. *Ætatis quinquagesimo, episcopatus* VI. *R.I.P.A.*

Son neveu, Pierre de Ratte, conseiller en la cour des aydes de Montpellier, fit ajoûter à cette inscription les vers suivans, qui nous aprennent la famille de sa mere, d'une des plus illustres maisons du pays:

* *De Cambous materna dedit de Ratte Paterna,*
   Stemmata, fed virtus nobiliora dedit.
Ob decus ingenii fummo fplendore Tolofa,
   Inter facratos vidit honore Patres.
Hic meritis majora dedit rex figna favoris,
   Cum Magalonenfes pafcere juffit oves.
Cum lupus arma parat, rapuit te paftor olimpi,
   Tutus ut in cœlo pafcua tuta petas.

On peut juger de l'amour de cet evêque pour les fciences & pour les belles lettres par la dédicace que plufieurs ecrivains de fon tems lui firent de leurs ouvrages, comme Theodore Marfille de fes notes fur la loy des douze tables, Clovius sur Sidonius Appollinaris; & le pere Sebaftien Michaëlis de l'ordre des freres prêcheurs, de fon Traité de controverfe fur l'Euchariftie, qui parlent tous de lui comme du plus grand ornement de fa patrie & du plus fort foûtien de la religion.

CHAPITRE CINQUIÉME.

I. Jean Garnier fuccede à Guitard de Ratte. II. Il travaille efficacement pour fon diocèfe. III. Rétablit l'églife N. Dame des Tables. IV. Reprime les ministres prétendus réformés. V. Va à Toulouse & en revient avec la maladie dont il mourut. VI. M. de Fenoüillet lui fuccède. VII. Naiffance de cet evêque & fes progrès. VIII. Il affifte au concile de Narbonne. IX. Introduit les capucins à Montpellier. X. Il fait l'oraifon funèbre du roi Henry IV. XI. Affifte aux etats généraux tenus à Paris. XII. Exhorte le roy Loüis XIII d'entreprendre le fiége de Montpellier. XIII. Après lequel il apelle dans la ville tous les religieux qui en avoient été chaffez. Fait donner le collége de la ville aux jefuîtes. Fonde le monaftère de la Vifitation & de Ste Urfule. Entreprend de bâtir une cathédrale.

JEAN GARNIER fut nommé par Henri IV à l'evêché de Montpellier, dans la même année qu'il eut affifté à la mort le maréchal duc de Biron, c'eft-à-dire en 1602. Il étoit docteur de Sorbonne, religieux benedictin, curé de St. Albin de Châlons fur Marne, & prédicateur renommé de fon tems. On marque qu'après avoir été facré à Paris, il fe rendit à Avignon jufques où les députez de fon chapitre vinrent à fa rencontre, & qu'à son entrée dans Montpellier il jura l'observation des statuts du chapitre, qui lui furent présentez par l'archidiacre de Valence.

Un de ses premiers soins fut de pourvoir au service que le Chapitre étoit tenu de faire faire à Maguelone, & de rebâtir à Montpellier l'église de Notre-Dame des Tables, pour laquelle il employa sept mille écus d'or, qu'il tira de la vente de quelques biens de son église, qu'il fit du consentement du chapitre. En ce même tems les ministres de la religion protestante, ayant fait mettre sur la porte de leur temple cette inscription : *Veræ religioni sacrum*, comme si leur religion était la seule véritable, l'evêque en porta ses plaintes à Henri IV, qui donna ordre de la faire ôter. Mais les ministres substituerent à sa place ce mot grec, *Trisagio*, pour signifier la sainteté de Dieu & la trinité des personnes.

PAGE 176.
1607.

* En 1607, Jean Garnier étant en procés avec ses chanoines pour les ornemens de l'église de Notre-Dame des Tables, entreprit un voyage à Toulouse pour y faire juger cette affaire; il en revint avec une longue maladie durant laquelle il lui arriva un accident extraordinaire qui fit grand bruit dans Montpellier, & que Gariel raporte en ces termes.

« Depuis son retour de Toulouse, il fut retenu au lit d'une hidropisie,
« mais il n'étoit pas si bas encore que son esprit ne fût assez fort & son
« entretien agréable. Or un soir qu'on aportoit de la lumière dans sa cham-
« bre, on le vit tout-à-coup se lever & s'asseoir sur son lit en criant: sortés
« Mr. le president Robin, je ne puis plus avoir de commerce avec vous; on
« le prie de se remettre, en lui protestant que le president Robin n'étoit
« point là, qu'il ne pouvoit même y être, étant actuellement malade dans
« sa maison aussi bien que lui. Non, non, replique l'evêque, je ne rêve point,
« étant, graces à Dieu, dans mon bon sens, mes yeux ni ma memoire ne
« me trompant point; je viens de voir le president Robin qui a été de mes
« particuliers amis avec sa robe rouge, & qui me tendant la main, m'invi-
« toit à faire le même voyage que lui. On envoye à la maison de ce prési-
« dent, & l'on trouve qu'il avoit rendu l'âme en même tems que ce prélat
« avoit jetté ce grand cry; surquoi il eut la force de faire quelques belles
« remarques sur l'immortalité de l'âme, & dit qu'il avoit autrefois com-
« posé un traité des esprits où il disputoit de la nature de celui qui parut à
« Saül par le moyen de la Pythonisse.

On marque sa mort au 15 de septembre de la même année, & qu'il fut enseveli dans l'église de Notre-Dame des Tables qu'il avoit fait reparer. On voyoit sur son tombeau cette epitaphe que Gariel nous à conservée.

Sifte viator. Offa quæ calcas rogant,

Somnum fupremum dormit hic GARNERIUS.

Negotiofus femper in vitâ fuit,

Tandem quiefcit mortuus. Primos deo

Dicavit annos, & juventutem abditam,

Sacro in receffu, miffa cœlo oracula,

Et fanctiorum difciplinarum chorum,

Non indifcretâ mifcuit facundiâ.

Illi Magiftra texuit lauro piam

Sorbona frontem, differenti regias,

Henricus aures præbuit ; tandem infulis,

Quas non patebat auctus, hanc ædem facram,

Quam reftituerat virgini tumulo occupat.

Ejufque tabulis voluit infcribi cinis,

Ut inferatur animus albo cœlitum.

PIERRE DE FENOUILLET, natif d'Annecy dans la Savoye, étoit compatriote & contemporain de St. François de Sales, qui écrivit en fa faveur au pape Clement VIII, lorfque Henry IV l'eut nommé à l'evêché de Montpellier, aprés la mort de Jean Garnier.

Le faint prélat parle de Mr. Fenoüillet comme d'un homme fort exercé dans le miniftére de la prédication, & qui avoit prêché avec fuccès dans fon diocéfe & dans l'églife de Gap, où il fut fait théologal. Ses talens pour la chaire * l'ayant attiré à Paris pour y prêcher le carême, il fut choifi par Henri IV pour fon prédicateur ordinaire, & aprés l'oraifon funèbre du chancelier Pompone de Belliévre qu'il fit en 1607 il fut nommé à l'evêché de Montpellier, ce qui donna tant de joye aux catholiques de cette ville, qu'ils firent (comme nous l'aprenons encore de St. François de Sales) une députation folennelle à Henry IV pour le remercier du digne prélat qu'il leur avoit donné. Dans cet intervale il fut chargé de l'oraifon funebre de François de Bourbon, duc de Montpenfier, qui augmenta beaucoup fa réputation. Enfin, après avoir reçû fes bulles, il fe fit facrer à Paris. Il partit pour fon diocéfe & fit fon entrée à Montpellier au commencement de 1608 avec

PIERRE DE FENOUILLET.

Œuvres de faint François de Sales, épit. VI.

1607.

PAGE 177.

Ibidem.

1608.

les cérémonies accoutumées. On marque qu'il fut harangué en latin par Loüis de Claret, prévôt du chapitre (depuis évêque de St. Papoul) & en françois par Mr. Joly, avocat général en la cour des aydes.

1609. En 1609, il affifta au concile provincial de Narbonne, convoqué par Loüis de Vervins, archevêque de cette ville, & figna tous les décrets de ce concile avec fes comprovinciaux, qui y font marqués en cet ordre : Chriftophle de Leftang, evêque de Carcaffonne; Bernard Dupuy, evêque d'Agde; Pierre de Fleires, evêque de St. Pons; Pierre de Valernod, evêque de Nîmes; Loüis de Vigne, evêque d'Ufez; Etienne Pulveret, evêque d'Aleth; Pierre Fenoüillet, evêque de Montpellier; Fulcrand Barrez, grand-vicaire de Jean de Bonzi, evêque de Beziers; François Federic de Charpenne, provincial des Auguftins & grand-vicaire de Geraud de Robin, evêque de Lodeve, chargé de fa procuration.

On marque que pendant le féjour de M. de Fenoüillet à Narbonne, il commit Pierre d'Arles, fon vicaire général à Montpellier, pour faire la bénédiction d'une chapelle que la confrérie des pénitens de cette ville fit bâtir fur les ruïnes de l'ancienne églife de Ste Croix à la Canourgue, ce qui fut fait dans la femaine fainte 1609.

Dans cette même année il obtint du roy Henry IV la permiffion d'établir à Montpellier les peres Capucins, pour lefquels il acheta près la porte des Carmes un grand fol qu'on apelloit alors le Grand Jardin, occupé maintenant par MM. Défaut & Paquier; mais lorfqu'il fallut les y établir, il trouva les mêmes oppofitions qu'avoit eu Guitard de Ratte, fon prédéceffeur, au fujet de l'églife de Nôtre-Dame des Tables, & il s'en fallut peu qu'il n'arrivât une pareille fédition; car les confuls de la ville qui étoient tous de la réligion, refuferent de confentir à cet établiffement, tant à caufe

1610. que les Capucins n'avoient jamais eu de domicile dans la ville, que parce que le lieu où on vouloit les mettre étoit trop proche des murailles de la ville. L'evêque leur répondit que pour leur donner le tems de faire entendre leurs raifons au roy, il fe contenteroit d'élever une croix dans le Grand-Jardin, & qu'il attendroit que le roy eût déclaré plus expreffement fa volonté.

Après cette conteftation, les confuls avec ceux de leur parti allerent s'affembler chez le préfident d'Airebaudoufe, & les catholiques à l'églife de la Canourgue, où ils firent la bénédiction de la croix; & après avoir oüi la prédication du pere Archange, provincial des Capucins, ils marcherent en proceffion au nombre de quatre ou cinq mille catholiques vers le lieu où la croix devoit être plantée. Les foldats huguenots qui bordoient les ruës les laifferent paffer librement, mais lorfque la proceffion fut arrivée au coin de la ruë du Grand-Jardin, ils la trouverent barricadée avec des tonneaux, & les foldats qui la gardoient ménacerent de tirer fur eux s'ils ne fe retiroient; mais l'evêque, accompagné du marquis d'Oraifon, du comte de Rieux, du chevalier de Montmorency, de MM. de St. Auban, de Piétor, de Murles, de Treffan, du chevalier de Montpezat & autres gentilshommes de diftinction, avec quelques magiftrats, enfonça la barricade & paffa avec tout le peuple.

Alors les huguenots voyant la barricade forcée, crûrent leur faire peur en déchargeant leurs moufquets qui n'étoient point chargez à bale; mais l'evêque, élevant fa voix, en fe tournant vers les gentilshommes qui l'accompagnoient : Courage, Meffieurs, on faluë la croix. Vive Jéfus! Ils parvinrent enfin au Grand-Jardin * où ils arborerent la croix à la vûë de la tour des Carmes, d'où les confuls firent rétirer leurs troupes & tournerent en plaifanterie tout ce que les catholiques venoient de faire, en difant que la croix étoit efpagnole, parce qu'elle étoit teinte en rouge & qu'elle préfageoit quelque grand malheur.

PAGE 178.

Cependant, malgré toutes les affemblées qu'ils tinrent encore à ce fujet, la croix refta en place jufqu'en 1617, par les ordres exprès qu'en donna Henry IV.

Malheureufement pour la France ce grand prince ne dura guéres plus longtems, puifqu'il perit (comme tout le monde fçait) au mois de may 1610. Alors l'evêque de Montpellier, prévoyant les funeftes fuites que cette grande perte devoit avoir pour la rélígion, ordonna des priéres publiques à tous les bons catholiques, & pour marquer fa réconnoiffance particuliére, il fit l'oraifon funebre d'Henry IV avec l'éloquence qui lui étoit ordinaire.

Peu de tems après, le connétable Henry de Montmorency étant venu à Montpellier chargé des ordres de la reine-mere, M. de Fenoüillet vint le faluer à la tête de fon clergé & prêta entre fes mains le ferment de fidelité qu'il devoit au roy Loüis XIII.

1611.

Cependant la reine, craignant avec raifon les troubles dont elle étoit menacée au commencement de fa regence, convoqua les états généraux du royaume en la ville de Paris, où les députez de Montpellier fe trouverent, ayant à leur tête M. de Fenoüillet, qui fut beaucoup employé dans cette affemblée pour conferer avec le tiers-état fur les articles qui divifoient les chambres. On prit foin d'entretenir cette divifion; en forte que les députez s'étant féparez fans avoir eu aucune réponfe à leur cayer, l'evêque de Montpellier revint dans fon diocéfe où, pour rétablir les exercices de la faculté de théologie, il admit aux actes publics un religieux Auguftin du couvent de Beziers, auquel il conféra le degré de docteur.

Procès-verbal des états généraux.

1612.

1617.

1618.

PAGE 179.

Mercure françois.

Peu de tems après, la reine ayant assigné une assemblée de notables en la ville de Roüen pour y répondre aux cayers des états-généraux, M. de Fenoüillet obtint un arrêt du conseil, confirmé par lettres-patentes, qui enjoignoit aux gouverneur & consuls de Montpellier de donner une entrée libre aux prédicateurs qu'il envoyeroit pour l'instruction de ses diocésains; mais la sedition survenuë en cette ville en 1617, empêcha l'effet de ces belles dispositions & réduisit l'evêque durant quelque tems de se tenir sur la deffensive.

Néanmoins, malgré toutes les traverses qu'il eut, il fit valoir hautement les droits de ses prédecesseurs dans l'université de médecine; car deux professeurs étant morts en 1618, il fit disputer leur chaire selon l'usage, & les conféra à deux catholiques qui furent maintenus par arrêt du parlement de Toulouse.

On marque pour ce même tems une célebre dispute de controverse, à laquelle il eut beaucoup de part: elle commença entre dix habitans de la ville de Gignac, dont cinq étoient catholiques & les cinq autres calvinistes, qui convinrent par écrit d'embrasser celle des deux religions qui se trouveroit la plus conforme aux quatre premiers siécles de l'église. Les calvinistes furent blâmez par leurs confreres d'avoir compromis leur cause avec précipitation, & les catholiques prierent un pere Recollet de leur ville de ramasser toutes les auteritez des quatre premiers siécles qui paroîtroient decisives pour leur different. Ce qui étant venu à la connoissance de M. de Fenoüillet, il offrit de se rendre sur les lieux & de donner dans une conference reglée les éclaircissemens qu'on demandoit. On prit jour de part & d'autre, mais M. de Fenoüillet s'étant rendu à l'assignation, se trouva tout seul, & trois jours après on vit venir de Montpellier le ministre Faucher, qui intima à tous ses collegues un ordre du consistoire de ne pas se commettre avec l'evêque de Montpellier.

Cette conduite déplut si fort à M. de Ranchin & aux cinq calvinistes qui avoient occasionné la dispute, qu'ils se plaignirent hautement de la mauvaise foi de leurs ministres, & qu'ayant oüi les éclaircissemens que M. de Fenoüillet leur donna, ils le priérent de recevoir leur abjuration qu'ils firent entre ses mains, dans l'église de Gignac.

*Cependant les religionnaires de Montpellier se dédommagerent du mauvais succès de cette conference par les voyes de fait où ils se porterent depuis 1619 jusqu'au siége de leur ville en 1622. Ce fut alors que M. de Fenoüillet quitta le château de Montferrand, où il s'étoit retiré à cause des troubles, pour venir haranguer le roy Loüis XIII au château de la Verune, où il fit un discours qui est raporté dans les mémoires du tems, pour

II. Partie. Livre cinquième.

exhorter fa majefté de réduire fes fujets rebelles & délivrer la réligion oprimée. Le fiége ayant été refolu & la ville reduite, M. de Fenoüillet fe trouva à l'entrée du roy dans Montpellier ; il prêcha devant fa majefté dans l'églife de la Loge, le jour de la proceffion où Loüis XIII fuivit le faint facrement qui fut porté par la ville.

Alors la religion catholique commençant à prendre l'afcendant, l'evêque de Montpellier publia un mandement pour exhorter tous les religieux qui en avoient été chaffés de profiter de la protection du roy pour y revenir. Les Capucins y rentrerent en 1623 & furent établis dans le même lieu où ils font aujourd'hui. En même tems il fit donner aux Trinitaires l'ancienne églife de St. Paul, & les Jacobins s'étant préfentés en 1626, il les fit rentrer dans celle de St. Mathieu qu'ils avoient occupé avant le fiége. Les Auguftins & les Carmes abandonnerent leur ancien emplacement hors la ville, pour fe loger dedans ; mais les Cordeliers, plus attachés à leur ancienne demeure, y jetterent les fondemens du beau couvent qu'ils ont aujourd'huy.

Après ces établiffemens particuliers, il ne reftoit à l'evêque de Montpellier que de rétablir fa cathédrale, que les troubles paffés avoient mis hors d'état de pouvoir fervir ; mais comme il n'avoit que des idées grandes, il fe propofa de la bâtir dans un endroit plus élevé qu'elle n'étoit & plus à portée de tout le monde. Pour cet effet, il obtint du roy Loüis XIII une augmentation fur chaque minot de fel, qui lui fervit à jetter les beaux & magnifiques fondemens qu'on voit encore autour de la Canourgue ; fon bâtiment, dont on conferve le modelle dans les archives de St. Pierre, auroit renfermé les maifons qui font à l'entrée de la Canourgue, & donnoient une églife baffe au-deffous de la grande, qui étoit à niveau de la ruë qui vient du palais. Les ornemens dans le goût moderne n'y étoient point épargnés, & tout l'ouvrage devoit être terminé par un grand dôme qui auroit dominé fur toute la ville & fur la campagne.

Les ennemis fecrets de l'evêque firent ceffer ce travail, en infinuant au cardinal de Richelieu qu'il détournoit à d'autres bâtimens les fonds deftinez à celui de la Canourgue. Ce miniftre voulant s'en inftruire par lui-même, vint à Montpellier après le fiége de Privas en 1629, & ayant été vifiter les travaux de la Canourgue, d'où il découvrit les mafures de St. Pierre, il demanda fi on ne pourroit pas les réparer, & ayant appris qu'il n'y avoit qu'à en tirer les décombres & rebâtir un coin de l'églife qui devoit porter deux croifées de la voûte, il en donna le foin au prefident Baudan, chez qui fon eminence étoit logée.

Pour faire mieux goûter au public ce nouveau projet, on répandit un écrit (dont j'ai une copie) où l'on agitoit la queſtion ſi le chapitre feroit mieux à St. Pierre qu'à la Canourgue, & parmi les raiſons pour l'affirmative, on diſoit que les chanoines y feroient plus récüeillis pour le ſervice, & que le ſéjour qu'ils feroient obligés de faire dans ce quartier le rendroit beaucoup plus fréquenté.

C'eſt ainſi que l'inquiétude de quelques particuliers priva la ville de Montpellier d'une des plus belles cathédrales qu'il y auroit eu dans le royaume, ſi on avoit laiſſé continuer M. de Fenoüillet; mais ce prélat cherchant à ſe rendre utile au public par quelqu'autre endroit, fit donner par le roy Loüis XIII, aux peres Jeſuites, le college que les religionnaires avoient à Montpellier; & pour les y mettre plus au large, il leur donna l'iſle voiſine qui lui appartenoit (dite la ſale de l'evêque) où nous avons vû ces peres avant qu'ils fiſſent le nouveau bâtiment qu'ils ont aujourd'huy.

1629.

En ce même tems la ville de Montpellier ayant été affligée d'une grande & longue peſte, ſon evêque prit ſoin des malades avec un zéle, une attention & une activité admirable; & lorſqu'il vit la contagion ceſſée, il attira à Montpellier les dames de la Viſitation, que la mémoire de St. François de Sales lui * rendoit très-cheres. Il acheta pour elles un grand nombre de maiſons à la Blanquerie, & leur fit bâtir avec les materiaux qui lui reſtoient de la Canourgue un grand & beau monaſtere qu'on dit être ſur le modelle de celui d'Annecy.

1630.
PAGE 180.

Les troubles qui ſurvinrent dans le Languedoc en 1632 & qui mirent à l'épreuve la fidélité de pluſieurs evêques de la province, ne pûrent jamais ébranler celle de M. de Fenoüillet, qui fut toûjours inflexible pour ce qui regardoit le ſervice du roy; mais il ne put garantir Maguelone des démolitions qui furent ordonnées dans le Languedoc en 1633, car il vint une commiſſion à Jean-Jacques de Plantade, conſeiller à la cour des comptes, aydes & finances, de faire pétarder tous les bâtimens de Maguelone qui pourroient ſervir de rétraite aux ennemis de l'état. En conſéquence il fit abattre les murailles, les tours & les grands bâtimens du château de Maguelone, en ſorte qu'il ne reſte que l'égliſe & une ſeule maiſon pour le fermier que le chapitre tient dans cette iſle.

1632.

1633.

En cette même année il fut fait un changement remarquable dans la maniére de conferer les dignitez ou perſonats vacans : j'explique le fait.

Selon l'ancien uſage de Maguelone, conſervé à Montpellier depuis la tranſlation du chapitre, lorſqu'un chanoine étoit nommé à une dignité, il quittoit ſa prébende pour prendre celle qui étoit annexée à la dignité vacante; mais il arrivoit quelquefois que la dignité lui étant diſputée par les graduez, expectans ou autres, il se trouvoit dépoüillé de sa premiere prebende sans avoir celle qui étoit annexée à la dignité.

Pour obvier à cet inconvénient, M. de Fenoüillet fit prendre une déliberation où il assista lui-même, le 12 avril 1633, par laquelle il fut resolu que sous le bon plaisir du pape, le collateur en semaine confereroit les dignitez ou personats vacans à un chanoine actuellement en place, lequel conserveroit son premier canonicat avec sa nouvelle dignité ou personat, & que le collateur disposeroit de la prébende annexée à la dignité en faveur de qui il voudroit.

En consequence on poursuivit à Rome une signature où l'on exposa simplement le fait, à laquelle il fut répondu, *fiat ut petitur;* & pour lui donner plus de force, le chapitre poursuivit des lettres-patentes du roy qui furent enregîtrées au grand conseil & homologuées au parlement de Toulouse.

Depuis ce tems, on desunit dans les collations des dignitez ou personats les prébendes qui leur étoient annexées; en sorte que le nouveau pourvû possede la dignité avec le canonicat qu'il avoit déjà, & le collateur confere à qui il veut le canonicat annexé à ladite dignité.

Cette signature a conservé le nom de la clause *perinde valere*, qui y est aposée, & on ne la nomme pas autrement, toutes les fois qu'on en parle.

En 1635, M. de Fenoüillet fut apellé à l'assemblée générale du clergé de France, tenuë à Paris cette même année, & on le trouve signé dans la déliberation qui y fut prise au sujet du mariage de Monsieur Gaston de France. Le cardinal de Richelieu voulut absolument que l'evêque de Montpellier fût député à Rome pour y poursuivre la confirmation de la délibération du clergé, mais la chose souffrit les difficultez qu'on peut voir dans les mémoires de M. de Montchal, archevêque de Toulouse.

1635.

Page 36.

A son retour de Rome, M. de Fenoüillet arriva à Montpellier le 20 septembre 1636, où il est marqué que le chapitre alla le complimenter. Ce fut alors qu'il commença dans le jardin de M. de St. Romans, son neveu, ce grand & beau bâtiment que nous avons vû sur pied jusqu'à la fin du dernier siécle qu'il fut entierement démoli, & les pierres employées à bâtir les maisons des sieurs Delfau & Senar.

1636.

En 1638, le roy Loüis XIII ayant mis sa personne & ses états sous la protection de la Ste Vierge, ordonna par ses lettres-patentes du 10 de février qu'il y auroit dans toutes les églises cathédrales un autel assigné pour le vœu de sa majesté; en conséquence de quoi M. de Fenoüillet marqua la premiere chapelle du côté de l'épître dans l'église St. Pierre, où l'on voit encore le roy Loüis XIII & la reine Anne d'Autriche aux pieds de la Ste Vierge, qui lui présentent leur sceptre & leur couronne.

1638.

1641.

En 1641, ce même prélat fit à Montpellier l'établiffement des religieufes de Ste Urfule, & le roy Loüis XIII étant mort environ deux ans après, M. de Fenoüillet, quoique fort âgé, eut le courage de faire fon oraifon funèbre, comme il avoit fait celle du roy Henry IV trente-trois ans auparavant.

Sa vieilleffe, néanmoins, fut violemment exercée par un grand nombre de procès civils & criminels, à l'occafion de plufieurs voyes de fait où il s'étoit porté avec fes parties, felon le goût qui regnoit de fon tems. Enfin après avoir terminé ceux qu'il avoit avec fon chapitre, il entreprit le voyage de Paris, où il mourut le 23 novembre 1652. Son corps fut inhumé à St. Euftache & fon cœur porté à Montpellier, dans l'églife des dames de la Vifitation, où l'on voit l'infcription fuivante que fes neveux firent graver quelques années après :

Hic Petri Fenollieti cor jacet

Tenues magni præfulis Monfpelienfis reliquiæ,

Cui pro meritis laudando impar ftilus omnis,

Quia parem eloquentia vix habuit.

Ita difciplinis omnibus excelluit

Ut fingularis videretur in fingulis.

Paftoralium virtutum numeros implevit

Afflictis folatium,

Pauperibus victum,

Religiofis familiis annonam largiter fuppeditavit.

Omnibus divini verbi pabulum facundus difpenfavit.

Œconomus

Quin & præter opes profuse fparfas, femetipfum

Lue contactis, bonus paftor impendit

Regibus noftris

Præfertim Henrico IV unice carus,

Omnibus demum amabilis

Unis exosus hereticis

Quos verbi doctrinæque gladio scitè perdomuit.

Qui tantis in gregem suum

Cœlestis amoris flammis exarsit

Nil mirum

Si cor in cineres defluat, vere beatos

Cum divini quo semper flagravit

Incendii sint partus. R. I. P. A.

Mœsti posuere nepotes anno 1658.

RENAUD, cardinal d'Este, de l'illustre maison de Ferrare & de Modene, étoit protecteur des affaires de France à la cour de Rome, lorsqu'il fut nommé par le roy Loüis XIV à l'evêché de Montpellier, après la mort de M. de Fenoüillet. On marque qu'il étoit fils d'Alfonce, duc de Ferrare, & d'Elisabeth de Savoye; qu'il fut fait cardinal le 16 septembre 1641, par le pape Urbain VIII, & qu'après avoir assisté à l'élection d'Innocent X, il reçut de ses mains le chapeau de cardinal. Il étoit evêque de Regio lorsqu'il fut nommé à Montpellier; mais on n'eut jamais le bonheur de le voir dans cette ville pendant les deux années & demi qui s'écoulerent depuis sa nomination jusqu'à la démission qu'il donna de cet evêché en faveur de M. Bosquet, evêque de Lodeve.

PAGE 182.

CHAPITRE SIXIÉME.

I. François Bosquet succede à M. de Fenoüillet. II. Il se rend recommandable par son grand sçavoir & par une vie episcopale. III. Son neveu, Charles de Pradel, est son coadjuteur, dont la vie fut toute employée au soin de son diocèse. IV. Charles-Joachim Colbert gouverne après lui l'église de Montpellier & tint le siége durant quarante-deux ans. V. Le roi nomme à sa place George-Lazare Berger de Charenci.

FRANÇOIS BOSQUET.

FRANÇOIS BOSQUET, l'un des plus sçavans hommes & des plus illustres prélats de son siécle, naquit à Narbonne en 1605, & fit ses études à Touloufe dans le college de Foix, en même tems que M. de Marca, Baluze & Plantavit de la Pauze, avec lesquels il conserva depuis une étroite liaison. Les progrès qu'il fit dans la connoissance du droit & dans l'histoire ecclesiastique furent si grands, qu'il donna divers ouvrages au public avant même qu'il eut atteint sa vingtiéme année.

Le premier de tous est un *Abregé de Jurisprudence*, que Psellus avoit composé en vers grecs, pour l'empereur Michel Ducas, duquel il étoit précepteur dans le onziéme siécle. Non-seulement M. Bosquet le traduisit en latin, mais il y ajoûta des notes, qui marquent les sources où Psellus avoit puisé & expliquant les passages les plus difficiles de cet auteur.

Sa famille l'ayant attiré alors à Narbonne pour lui faire prendre la charge de juge royal, il donna sous cette qualité au public la *Vie des papes françois qui siegerent en France*, & qu'il dédia au sçavant Henry Sponde, evêque de Pamiers, en 1632.

L'année suivante 1633, il fit imprimer à Paris, chez Jean Camusat, l'*Histoire de l'Eglise de France*, depuis que la religion chrétienne eut été reçûë dans les Gaules jusqu'au regne de Constantin.

Enfin, en 1635, il fit imprimer à Toulouse, par la societé des libraires, un gros in-folio des *Epitres du pape Innocent III*, qu'il a éclairé de notes fort recherchées.

Tous ces ouvrages lui acquirent l'estime des plus sçavans hommes du royaume : en sorte qu'ayant été obligé d'aller à Paris pour un procès contre le viguier de Narbonne, M. le président Henry de Même se déclara son protecteur, & le fit connoître à M. le chancelier Seguier, qui étant envoyé dans la Normandie en 1639, pour y apaiser la sédition dite des pieds-nuds, prit avec soy François Bosquet & le fit procureur général après l'interdiction du parlement de Roüen ; il le fit ensuite nommer à l'intendance de Guienne

& enfin à celle du Languedoc, qu'il exerça dans le tems de la fédition des partifans, dont j'ai parlé, en l'année 1645.

On admira dans ces occafions délicates le zéle de M. Bofquet pour les interêts du roy & fon attention pour le foulagement du peuple, auquel on marque qu'il donnoit un accés très-facile & qu'il avoit le fecret de renvoyer toûjours * content. Le roy recompenfa fes fervices d'une charge de confeiller d'état, & peu de tems après, fa majefté agréa la démiffion que Mre Jean Plantavit de la Paufe, evêque de Lodeve, donna de fon evêché en faveur de M. Bofquet, fon ancien ami.

Page 183.

Il en prit poffeffion dans le tems qu'on agitoit avec plus de chaleur les fameufes difputes fur les cinq propofitions de Janfenius, & cette affaire ayant été portée à Rome, le clergé de France y députa M. Bofquet, que le roy chargea auffi des affaires de France. Il reçut dans ce voyage des marques finguliéres de l'eftime & de la confiance du pape Innocent X & de tout le facré collége; mais celui des cardinaux qui lui en donna des marques plus effentielles fut le cardinal d'Efte, qui, voulant opter l'evêché de Regio préférablement à celui de Montpellier auquel il avoit été nommé, en donna fa démiffion en faveur de M. Bofquet.

Il vint prendre poffeffion de ce nouvel evêché après fon retour de Rome, c'eft-à-dire en 1657, & on ne tarda point à Montpellier de reconnoître en lui les grandes vertus qu'on lui avoit vû pratiquer dans fes emplois précédens, furtout beaucoup d'humanité envers tous & encore plus de charité pour les miferables. On fe fouvient encore de l'embarras où il jetta fon maître d'hôtel, pour un flambeau d'argent qu'il avoit donné à fon infçû à une perfonne qui lui vint reprefenter fa mifere. La frugalité de fa table fut toûjours exemplaire, & l'on marque qu'il ne mangea jamais hors de chez lui. Il ne paroiffoit dans les ruës qu'en camail & rochet, par où il s'attira une vénération extraordinaire du peuple & des huguenots même, quoiqu'il eût obtenu contr'eux la démolition de plufieurs de leurs temples, comme celui de Montpellier apellé le petit Temple, celui de Melguëil, & de ceux de Pouffan, Pignan & Cornon-Terrail. Son domeftique étoit reglé comme une maifon religieufe, & il pratiquoit lui-même plufieurs aufteritez des plus faints pénitens. On parle encore d'un lit dérobé, fort dur & incommode, où il alloit coucher la veille des jours qu'il devoit officier. Il aimoit fi fort fes fonctions, qu'il reftoit fouvent dans le cours de fes vifites trois heures fur pied; & une fois qu'on voulut lui dire qu'il en faifoit trop, il répondit que ce feroit peut-être la derniere action de fa vie.

1657.

Ce fut lui qui diftribua la ville en trois paroiffes qui fubfiftent encore : fçavoir celles de Notre-Dame, de St. Pierre & de Ste Anne, dans chacune desquelles il établit une confrérie du St. Sacrement, pour accompagner le bon Dieu lorsqu'on le porte aux malades; dans la paroisse de St. Pierre, il établit la confrérie de l'Ange-Gardien, & dans celle de Notre-Dame, celle de St. Roch.

Comme il ne trouva en arrivant à Montpellier aucune maison pour les evêques ni à la ville, ni à la campagne, il demanda au chapitre une partie des masures du cloître de St. Pierre, où il fit bâtir un palais épiscopal qui a servi depuis à ses successeurs; &, pour se loger à la campagne, il fit reparer le château du Terrail & celui de Gigean, que les troubles avoient renversés.

1670. En 1670, ayant été apellé à l'assemblée générale du clergé de France, il y parut comme un des plus sçavans evêques du royaume. Mais rien ne fut plus glorieux pour lui que la marque d'estime que le roy lui donna, en lui accordant pour coadjuteur l'abbé de Pradel, son neveu. Sa majesté même eut la bonté de dire qu'elle n'avoit pû resister à un prélat si vertueux & si illustre; & quand M. le coadjuteur vint l'en remercier, elle lui fit l'honneur de lui dire qu'il n'avoit qu'à imiter son oncle & qu'elle seroit toûjours contente de lui.

1676. M. Bosquet n'eut pas la satisfaction de voir longtems son neveu en place, car il fut attaqué d'une appoplexie qui l'enleva le 24 juillet 1676.

Après sa mort on trouva quelques écrits de sa main, sur des questions concernant les libertez de l'église de France, qui avoient été agitées de son tems; ce qui donna lieu à l'auteur de la *République des Lettres* d'annoncer au public un traité sur cette matiere, que les neveux de ce prélat devoient bientôt faire paroître. Mais j'ai apris d'un homme très-digne de foi, qui étoit tout de sa maison, que M. de Pradel ayant remis les écrits de son oncle entre les mains de M. de St. Michel, son grand-vicaire, cet homme très-capable d'en juger, répondit * qu'il n'étoit pas possible de faire de ces écrits un corps d'ouvrage. Ainsi on ne peut mettre parmi les œuvres de M. Bosquet ce *Traité des libertez de l'Eglise gallicane*.

Il fut enseveli dans sa cathédrale, à la chapelle de l'Ange-Gardien, où depuis quelques années on lui a dressé un mausolée, avec cette inscription :

D. O. M.

Francifcus Bofquet,
Vir fumma eruditione ac pietate inclytus.
Qui è patria Narbonenfi ad aulam vocatus,
Comes confiftorianus ante annos XXXVI.
Aquitaniæ, dein Occitaniæ præfectus.

ANNOS VI.

Singulari religione ac diligentia,
Populorum pacem, regis obfequium promovit.
Mox ad omnia factus ut omnibus proficeret,
Ad Innotentium X à rege miffus.
Regni, religionis, cleri gallicani,
Solus Romæ negotia fuftinuit.
Tandem epifcopus Lodovenfis, ac brevi poft Monfpelienfis.
Difperfas oves revocavit,
Profana templa diruit,
Sacra reftauravit,
Gregem verbo & exemplo fedulo pavit.
Largus erga pauperes, fibi parciffimus,
Omnibus benignus,
Plenus operibus, obiit anno repar. falutis M. DC. LXXVI.
Ætatis fuæ LXXI, pont. XXI.

Avunculo fuo pofuit Joan. Franc. de Negre de Sacan. archidia major.

CHARLES DE PRADEL, pour marcher fur les traces de fon oncle, profita de toutes les conjonctures du tems pour exercer fa charité envers les pauvres & fon zèle pour la réligion.

Au commencement de fon epifcopat, le roy Loüis XIV lui ayant écrit pour l'établiffement d'un hôpital général à Montpellier, il fit preparer le logis du Cheval-Vert, dans le faubourg de la Saunerie, pour y recevoir les orphelins & les invalides, en attendant qu'on pût les loger dans un lieu plus fpacieux & plus commode.

La chofe ne put être exécutée qu'en 1680, où l'evêque de Montpellier ayant fait acheter l'ancien clos des peres Carmes hors la porte de la ville, il y jetta la * premiere pierre du grand bâtiment qu'on y a élevé depuis.

Dans cet intervale il fit l'établiffement des religieufes du Refuge, & donna fon mandement du 12 fevrier 1677, que je raporterai dans l'article de cette maifon.

En 1682, les contraventions des religionnaires aux édits & déclarations du roy, ayant donné lieu de demander la démolition du feul temple qui leur reftoit à Montpellier, il fit un voyage à Touloufe, d'où il revint avec un arrêt du parlement, qui ordonnoit de le faire abatre; & la chofe ayant été exécutée par M. le duc de Noailles, commandant de la province, M. Pradel fit la benediction d'une grande croix de pierre, qu'on éleva au milieu de la place, où il eut la confolation de recevoir l'abjuration de trentedeux perfonnes de diftinction : leur exemple fut fuivi de fix mille habitans de Montpellier, qui allerent faire enregiftrer leur abjuration à l'hôtel-de-ville; mais M. l'evêque prévoyant bien que leur converfion ne feroit pas durable fi on ne prenoit foin de les inftruire, établit des conferences publiques & des inftructions fur la foy catholique, qu'on faifoit tous les jours de la femaine dans l'églife de Notre-Dame des Tables, & le dimanche dans celle des Jacobins.

Toutes ces converfions difpoferent infenfiblement les efprits au grand coup que le roy frapa dans le mois d'octobre, par la révocation de l'édit de Nantes. Le pere Bourdaloüe fut envoyé par le roy pour venir feconder le zèle de M. de Pradel; il prêcha le carême de 1686 avec une affluence extraordinaire & fit tous les après-midi des conférences de controverfe dans l'églife des jefuites, où tous les nouveaux convertis avoient la liberté de propofer leurs difficultez.

Mais avec toutes ces voyes de douceur & de perfuafion, on ne put jamais bien effacer en eux les préjugez de l'éducation & de l'enfance. Plufieurs chercherent à fortir du royaume malgré la rigueur des loix, ce qui fit juger à M. de Pradel qu'il travailleroit plus utilement fur les enfans que fur les perfonnes âgées; pour cet effet, il établit des écoles royales, dont il commit le foin pour les garçons, à des maîtres éprouvés, & pour les filles, à des demoifelles venuës de Paris, qui font devoüées à l'éducation des perfonnes de leur fexe : & pour affermir ces jeunes plantes dans les bonnes impreffions qu'on leur avoit donné, il leur confera le facrement de la confirmation, au nombre de cinq à fix cens, & fit faire leur première communion aux fêtes de Pâques de 1687, avec la folemnité que j'ai racontée dans le premier tome de cette hiftoire. *Page 2.*

Son zéle ne fe bornant point aux nouveaux convertis, il fit faire par le P. Honoré de Cannes une grande miffion, qui eft devenuë célébre par les reftitutions & les reconciliations éclatantes qu'elle produifit. Mais pour entretenir ces bons fentimens, l'evêque de Montpellier eut une attention particuliere de pourvoir fa cathedrale d'excellens prédicateurs pendant le carême; tels que furent le P. de la Ruë deux diverfes fois, le P. Patoüillet & le P. de la Ferté.

On marque pendant fa vie plufieurs reparations confiderables faites aux églifes de la ville, dont il fit la bénédiction par lui-même ou par fes grands vicaires. En 1684, il facra l'églife de Notre-Dame, qui venoit d'être mife dans fa perfection; en 1687, celle des Auguftins, qu'on avoit augmentée confiderablement, & en 1689, celle des Recolets qui avoit été bâtie de fonds. Il changea fon feminaire pour le mettre dans le lieu où il eft aujourd'hui, & en fit bénir la chapelle en 1690, dans la même année qu'on bénit celle du palais, que MM. de la cour des aydes avoient fait mettre en l'état qu'on la voit. Il favorifa la tranflation des religieufes du Vignogoul à Montpellier, & il attira en cette ville les Urfulines de Lunel, qu'il plaça près de St. Pierre, fous le nom de St. Charles, fon patron.

On convient que fon diocéfe fut un des mieux réglés du royaume, foit à caufe de l'attention qu'il eut d'y entretenir les conferences ecclefiaftiques que fon oncle avoit établies, & aufquelles il préfidoit lui-même dans la ville, foit par le choix qu'il fit des plus diftinguez de fon clergé pour l'aider dans le gouvernement * de fon diocéfe, ce qui lui procura avec le tems un bon nombre d'excellens fujets; il aprouva une confraternité de curez & d'eccléfiaftiques qui fubfifte encore, pour s'entraider dans leurs maladies & pour fe fecourir après la mort par un grand nombre de meffes; il les affembloit tous les ans dans fon feminaire, où il faifoit une retraite de huit jours avec eux & s'informoit dans le plus grand détail du befoin des paroiffes, auquel il rémédioit fur le champ, ou dans le cours de fes vifites qu'il faifoit dans toutes les faifons de l'année, fans diftinction de l'hyver ni de l'été; il établit un fi bel ordre pour les églifes de la manfe capitulaire, qu'avec une fomme médiocre que le chapitre donne tous les ans, elles font toutes pourvûës de vafes facrés & d'ornemens fort honêtes; il mit le fanctuaire de fa cathédrale dans l'état où on le voit aujourd'huy, & fit faire à fes dépens la chaire pontificale, qui marque, comme tous fes autres ouvrages, le bon

PAGE 186.

goût qu'il avoit dans tous les defseins; le palais épifcopal s'en refsent, par le jardin en terrafse qu'il fit faire le long des murailles de la ville, & par le grand vaifseau qui renferme la bibliotéque de fon oncle, augmentée de celle de M. Plantavit de la Paufe, evêque de Lodeve.

Peu d'années avant fa mort, ayant obtenu permifsion d'aliener la baronnie de Sauve, dans les Cevenes, il en employa le produit à acheter la terre de la Verune près de Montpellier, qui eft devenuë la plus belle maifon de campagne qui foit aux environs de cette ville.

C'eft là qu'on découvrit le mal qu'il avoit pris dans la derniere vifite de fon diocéfe, pendant les plus grandes chaleurs de l'été; l'épuifement qu'elle lui caufa joint à la malignité de la fiévre qui le prit, l'obligerent de fe faire porter à Montpellier, où il fit fon teftament en faveur des pauvres de l'hôpital général, au milieu defquels il voulut être enfeveli; on voit fon tombeau au pied de l'autel, avec cette infcription que les directeurs de cette maifon y firent graver:

1696.

Æternæ memoriæ
Caroli de Pradel epifcopi Montifpefsulani
Qui quas error diftraxerat
In ovile reduxit oves.
Qui totum gregem ingenti cura pavit
Fovitque.
Nec annis confectus
Sed minifterii laboribus fractus
Occubuit.
Qui tot largitionibus
Subftantiam pauperibus profudit
Ut vix fuperfuerit quod moriens largiretur.
Quod tamen fuperfuit
Eorum juris fecit.
Nec quia facere fatis paternæ caritati vifum eft
feipfum

Deum inter & pauperes
Divifit.
Corpus pauperibus dedit   PAGE 187.
Animam Deo tradidit
XVII feptembris, ætatis LII.
Æræ Chrifti M. DC. LXXXXVI.
Lugentes pauperes pofuerunt.

CHARLES-JOACHIM COLBERT, fils de meffire Charles Colbert, CHARLES-JOACHIM COLBERT. marquis de Croiffy, & fecretaire d'état, & de Françoife Beraud, fille unique de Joachim Beraud, grand audiencier de France, étant actuellement agent général du clergé, fut nommé à l'evêché de Montpellier le 1ᵉʳ novembre 1696, peu de tems après la mort de M. Charles de Pradel, fon prédeceffeur immédiat. Il fut facré à Paris, le 10 mars de l'année fuivante, dans l'églife des Fëuillans de la rue St. Honoré, par meffire Jean-Baptifte Colbert, archevéque de Roüen, affifté de MM. Colbert, evêque d'Auxerre, & François Chevalier de Sault, premier evêque d'Alais. L'affembléc fut une des plus illuftres par le grand nombre de cardinaux, d'evêques & de cordons bleus qui s'y trouverent avec le nonce du pape, & tout ce qu'il y avoit de plus diftingué à la cour & à la ville.   1696.

Auffitôt après fon facre le nouvel evêque partit pour fon diocéfe, où il arriva le 21 du mois de may 1697, & donna beaucoup de marques de ferveur & de zéle : il projetta dés-lors de faire dreffer, pour l'inftruction des anciens & nouveaux catholiques, un grand catéchifme, pour expliquer par l'écriture fainte, par la tradition & par l'hiftoire de l'églife, les dogmes de la foy, la morale chrêtienne, les facremens, les prieres, les cérémonies & les ufages de l'églife.   1697.

Cet ouvrage commença de paroître en 1701, & perfonne n'ignore le bon accüeil qu'il reçut du public.   1701.

En ce même tems, M. de Montpellier voulant pourvoir au fervice des fauxbourgs de la ville, réfolut d'ériger dans celui de la Saunerie une nouvelle paroiffe fous le nom de St. Denis, pour fervir à ce faubourg & aux deux voifins, qui font ceux de Lates & de St. Guillem. Il obtint du chapitre & de la ville les fommes neceffaires pour la conftruction de cette églife paroiffiale, dont il chargea le célébre architecte Auguftin d'Aviler, qui s'en acquitta fi bien que fon ouvrage eft regardé par tous les bons connoiffeurs comme un des plus beaux & de meilleur goût qui foit dans Montpellier. L'infcription fuivante, qu'on y voit gravée à un coin de l'églife, marque le tems où l'on commença de la bâtir.

Regnante Ludovico magno triumphatore
Semper augufto.
Antiftite Carolo-Joachimo Colbert
Hoc facrum curiale conftructum eft
Ad majorem Dei gloriam
Et ad utilitatem fuburbanorum.
Confulibus & tribunis Montifpeffulani Stephano Seguin copiarum pedeftrium Præfecto primo confule, Bernardo Delfau, Jofepho Pavon, Joanne Guyot, Stephano Ferriere, Petro Chevalier, & Joanne Bonnier, fcriba.

ANNO REPARATÆ SALUTIS M. DCC. I.

PAGE 188.

* Le tems qu'il fallut pour achever cet ouvrage donna le loifir de difpofer toutes chofes pour l'union de cette paroiffe avec l'oratoire, & les difficultez qui fe préfenterent ayant été levées, M. l'evêque fit faire par fon grand-vicaire la bénédiction de cette églife, le trentiéme du mois d'octobre 1707.

1707.

Peu de jours auparavant, M. de Montpellier avoit facré lui-même l'églife des Carmes déchauffez, & mis dans le mois de juin la première pierre à celle des Jéfuites.

Il a fait au château de la Verune une magnifique chapelle, incruftée de marbre & ornée de bronze doré ; mais fa magnificence paroît encore plus dans fes ornemens d'églife, qui font des plus riches & des plus recherchez. Sa bibliotéque eft eftimée la plus nombreufe de toutes celles de la province, car outre les livres de M. Plantavit de la Pauze, evêque de Lodeve, qu'il acquit au commencement de fon épifcopat, avec ceux de M. Bofquet, l'un de fes prédeceffeurs à Montpellier, M. Colbert les a augmenté du double, en y ajoûtant tout ce qui a paru dans l'Europe des meilleurs auteurs depuis quarante-deux années d'épifcopat. Il les finit aux fêtes de Pâques

1738.

mil fept cent trente-huit, d'une inflammation au bas-ventre, qui l'enleva après fept à huit jours de maladie ; il a voulu être enterré à l'hôpital général, auprès de M. Charles de Pradel, fon prédeceffeur immédiat, & a laiffé les pauvres de l'hôpital fes héritiers ; défendant qu'on lui fit aucune epitaphe, voulant feulement qu'on mit fur fon tombeau fon nom, les années de fon épifcopat & le jour de fa mort.

HISTOIRE
DE L'ÉGLISE
DE MONTPELLIER

LIVRE SIXIÉME

Contenant le nom de plufieurs autres evêques, pris du clergé de ce diocéfe.

CHAPITRE PREMIER.

I. Evêques pris de la maifon des Guillaumes, feigneurs de Montpellier. II. Quelques autres des maifons confiderables du diocéfe. III. Ceux que la feule maifon de Fredol a donné.

'IL eft heureux pour une églife particuliere d'avoir eu de grands evêques, il n'eft pas moins glorieux pour elle d'en avoir donné aux autres églifes. Comme celle de Montpellier joüit de ce double avantage, j'ai crû que les prélats qui ont été pris de fon clergé entroient naturellement dans fon hiftoire, & qu'après avoir parlé de ceux qui l'ont gouvernée, je ne devois pas oublier ceux qu'elle a donné aux autres églifes de la chrétienté. Je m'y fuis porté d'autant plus volontiers qu'on trouve dans nos archives des particularitez remarquables, qui n'ont pas été connuës des auteurs du *Gallia chriftiana*. Ainfi j'efpere que cet article fera également bien reçû des étrangers & de mes concitoyens.

St. Fulcran, evêque de Lodeve, dans le neuvième fiécle, eft le premier que nous trouvions avoir été pris du clergé de Maguelone, où il étoit archidiacre, comme Verdale le dit expreffement. Il étoit auffi natif du diocéfe, étant de la maifon des comtes de Subftantion, alors maîtres du lieu où Montpellier eft bâti. Je donnerai à la fin de cet ouvrage un article particulier fur ce grand faint, dans le livre que je referve pour les perfonnes du I. diocéfe diftinguées par leur fainteté.

PAGE 190.

*Raymond Guillaume, evêque de Nîmes, commença, felon Ste Marthe, en 1098 & finit en 1112. Il étoit de la branche des vicaires de Montpellier, & coufin-germain de Guillaume, fils d'Ermengarde, feigneur de cette ville,

Page 13.

auquel il ceda (comme nous l'avons vû dans le premier tome de cette hiftoire) tout ce qu'il avoit reçû de lui en engagement, lorfqu'il partit pour la premiere croifade. L'acte de cette ceffion a pour titre : *Refignatio quam fecit domino Montifpeffulani Raymundus Guillelmus, epifcopus Nemaufenfis, & Bernardus frater ejus, poftquam Guillelmus de Montepeffulano ivit in Jerufalem.*

Raymond Guillaume, dit de Pofquieres, evêque de Maguelone en 1129, étoit de la maifon des feigneurs de Montpellier, comme Ste Marthe le dit expreffement, *e nobili Guillelmorum toparcharum fanguine natus*. Il retint le nom de Pofquieres (aujourd'hui Vauvert) parce qu'il en étoit doyen lorfqu'il fut fait evêque de Maguelone. Ce fut de fon tems que Bernard, comte de Melguëil, renonça au droit qu'il prétendoit avoir de nommer à l'evêché de Maguelone.

Guillaume II, evêque de Beziers, en 1150. On marque de lui que les Juifs s'étant fort multipliez à Beziers, les chrétiens de cette ville s'accoûtumerent à les infulter dans la femaine fainte, ce qu'ils regarderent dans la fuite comme un droit acquis. De quoi leur evêque ayant été touché, il permit aux Juifs de fe redimer de cette vexation, moyenant fix cens fols melgoriens, qu'ils donnerent à l'églife de St. Nazaire, & autre quatre livres qu'ils s'obligerent de payer tous les jours de Rameaux pour les ornemens de cette églife.

Il étoit evêque dans le tems qu'Alexandre III vint aborder à Maguelone; car il eft dit qu'il alla trouver le pape à St. Gilles & lui porta plainte de certains abus qui s'introduifoient dans fon diocéfe, pour lefquels il demanda un legat apoftolique.

Cronolog. epifcoporum Lodovenf.

Raymond Guillaume, evêque de Lodeve, fut élevé à cette place en 1187 & mourut en 1207. Il eft apellé Guillaume de Madieres par M. Plantavit de la Paufe, qui dit expreffement qu'il étoit frere du feigneur de Montpellier, auquel appartenoit la terre de Madieres, comme nous l'avons vû cy-

Tome 1, page 53.

devant. Le feigneur de Montpellier dont il étoit frere, étoit Guillaume, fils de Sibille; ce qui est démontré par la remise que cet evêque fit à Guillaume, fils de Sibille, son neveu, du prix de certains fonds qu'il avoit acquis dans le diocése de Lodeve, *libero & absolvo Guillelmum dominum Montispessulani nepotem meum in perpetuum, absque ulla retentione*. Il acquit toute la comté de Montbrun, qui est encore la plus belle seigneurie de son evêché, pour laquelle & pour quelques autres moins considérables, il paya soixante mille sols melgoriens, qui valoient vingt-quatre mille livres tournois, suivant la supputation de M. Plantavit; car, ajoûte-t-il, un sol melgorien valoit huit sols monnoye de France, *valebat enim asses octo gallicos hodierni temporis solidus unus melgoriensis*. *Cronol. ep. Lod., pag. 96.*

Guillaume Raymond, evêque de Maguelone, que Ste Marthe apelle Guillaume de Montpellier, parvint à ce siége après la mort de Jean de Montlaur en 1189; c'est de lui que nous avons la prose rimée, que j'ai raportée ci-devant, sur les devoirs des ecclesiastiques. Il avoit été chanoine de Maguelone & abbé d'Aniane avant son épiscopat, durant lequel il reçut le serment de fidélité de Guillaume, seigneur de Montpellier, son neveu, comme Ste Marthe le dit en propres termes : *Guillelmus, Montispessulani dominus episcopi nepos, fidei sacramentum patruo juravit in aula Sti. Nicolai Magalonæ.*

Raymond Guillaume, evêque d'Agde en 1170, étoit neveu de R. Guillaume, dit de Madieres, evêque de Lodeve, & par consequent frere de Guillaume fils de Mathilde, seigneur de Montpellier; ce qui conste par un article du testament de ce seigneur, où il dit qu'il laissa sa seigneurie & ses vassaux sous la garde, protection & défense de Raymond, son frere, evêque d'Agde : *Terram & homines meos relinquo sub gardia & defensione Raymundi fratris mei Agathensis episcopi.*

On marque qu'il reduisit ses chanoines au nombre de douze, ausquels il legua sa bibliothéque, & qu'il fit présent à l'abbaye de Valmagne d'un psautier qu'il avoit fait lui-même à l'honneur de la vierge.

* Renaud de Montpellier, evêque de Beziers en 1209, étoit neveu de Guillaume, dit de Madieres, avec lequel il assista à la translation des réliques de St. Fulcran en 1197. On ajoûte qu'il n'étoit alors que simple chanoine de Beziers, n'ayant été élû evêque de cette ville qu'en 1209. Il est célébre dans l'histoire des Albigeois par les soins & les peines qu'il prit pour ramener ceux de Beziers, & garantir leur ville du pillage de l'armée des croizés. Pierre de Valsernay a fait un chapitre entier à l'honneur de cet evêque; mais il faut qu'il fût alors avancé en âge, puisque cet auteur parle de lui comme d'un prélat vénérable par ses années, par son sçavoir & par l'integrité de ses mœurs. *Page 191. Ste. Marthe, p.409. Chronol. Lodov. Chap. 18, Hist. Albig.*

Après que la maifon des Guillaumes de Montpellier eut fini (comme nous l'avons vû au commencement du treiziéme fiécle) on prit dans les familles confidérables du diocéfe quelques evêques pour les villes voifines. Le premier que nous trouvons eft :

II. Raymond de Vaillauquez, de la maifon des feigneurs de Murles, qui fut fait evêque de Beziers en 1242. On marque qu'il affifta avec les evêques d'Agde & de Maguelone au facre de Guillaume de Cazouls, evêque de Lodeve, & qu'il fut préfent à la ceffion que Trincavel, vicomte de Beziers, fit au roy St. Loüis de tous les droits qu'il avoit fur les villes de Carcaffonne & de Beziers, le 6 avril 1249, devant la grande porte de l'églife de St. Felix de cette ville. Il fut médiateur avec Guy Fulcodi (depuis pape fous le nom de Clement IV) des differens entre Guillaume de Broa, archevêque de Narbonne, & Amalric, vicomte de cette ville. Il eft fait mention de lui dans un recuëil des finodes de Beziers, confervé en manufcrit dans les archives de cet evêché; & l'on ajoûte que dans un concile provincial tenu à Beziers en 1254, il prend la qualité de premier fuffragant de l'archevêché de Narbonne. Il mourut le fixième juin 1261.

Pons de St. Juft, fils de Bertrand, feigneur de St. Juft près de Lunel, & d'Aigline de Caftries, fucceda dans le fiége de Beziers à Raymond de Vaillauquez, fon proche parent, qui l'avoit fait chanoine de fa cathédrale, puis camerier & enfuite grand archidiacre. Il eut au commencement de fon épifcopat de grands differens avec les chanoines de St. Aphrodife pour l'élection de leur abbé, qui furent terminez à l'avantage de l'evêque. On marque qu'il bâtit deux hôpitaux à Beziers : l'un au bout du pont au-delà de la riviére, pour les lepreux, & l'autre dans la ville, à la défcente du pont, où il établit trente religieufes & trois chapellains; ce qu'il fit confirmer par le pape Boniface VIII & par le roy Philipe le Hardy. Il fit auffi plufieurs fondations avantageufes pour le fervice divin dans fa cathédrale.

En 1276, il affifta au concile de Beziers tenu par le cardinal de Ste Cecile, legat du faint-fiége.

En 1283, à l'élection de Pierre de Montbrun, archevêque de Narbonne, où fe trouverent avec lui Berenger de Fredol, evêque de Maguelone, & fes autres comprovinciaux; qui tous enfemble écrivirent au roy Philippe pour l'affûrer que l'archevêque qu'ils venoient d'élire lui feroit fidéle, & pour le prier d'en agréer l'élection.

Deux ans après, ce même roy ayant porté fes armes dans la Catalogne, où il prit Gironne & Figeres, mourut à Perpignan le 6 d'octobre 1285, & fon corps ayant été porté à Narbonne, Pons de St. Juft fe trouva aux honneurs funébres qu'on lui rendit, & à l'inhumation de fes entrailles dans un tombeau relevé, qui eſt dans le chœur de l'églife métropolitaine.

Il mourut lui-même quelque tems après, & l'on obferve que peu avant fon decès il fit faire cent calices & cent ciboires d'argent, qu'il diſtribua aux paroiſſes de fon diocéfe qui en avoient le plus de befoin.

Tous ces evêques, dont je viens de parler, eurent pour contemporains pluſieurs evêques de Maguelone qui furent pris du corps du chapitre pendant le tems des élections. On aura pû les remarquer dans la fuite que j'ai déjà donné des evêques de cette églife; mais pour répreſenter fous un même œil ceux qui étoient natifs du diocéfe, j'en vais raporter les noms, avec l'action de leur vie qui peut les caractérifer davantage.

Gautier, evêque de Maguelone, au commencement du douziéme fiécle, fe rendit recommandable * par toutes fortes de vertus, & finit fa vie au Mont-Pelerin dans la Terre-Sainte, en 1129. PAGE 192.

Jean de Montlaur, premier du nom, acquit une confiance fi générale dans le pays, qu'il fut l'arbitre de tous les feigneurs de fon voifinage & des particuliers de fon diocéfe. Il mourut en 1195.

Guillaume de Fleix donna tous fes foins pour garantir fon diocéfe de la doctrine des Albigeois. Il affifta au teſtament du dernier de nos Guillaumes, & mourut lui-même peu de tems après, en 1203.

Bernard de Mefoa, natif de Montpellier, fut élevé dans fa jeuneſſe à Maguelone, où il fut chanoine, prévôt du chapitre, & parvint au fiége de cette églife en 1215. On marque de fon tems l'établiſſement des religieux mandians à Montpellier, & les premiers réglemens qui furent faits pour l'ecole de medecine de cette ville par le cardinal Eginon.

Jean de Montlaur, fecond du nom, fe rendit célébre par les démêlez qu'il eut avec Jacques Ier, roy d'Aragon & de Mayorque, & par les réglemens qu'il fit pour l'école des arts.

Pierre de Conches, d'une famille confiderable de Montpellier, qui donna pluſieurs officiers aux charges municipales de cette ville, fut pris du chapitre de Maguelone pour remplir le fiége de cette églife. Une action des plus remarquables de fa vie eſt la reconnoiſſance qu'il fit au roy St. Loüis de Montpellier & de Montpellieret, ce qui facilita avec le tems aux rois de France l'acquifition de cette ville.

Guillaume Chriſtophle, archidiacre de Maguelone, fous qui fut tenu le concile provincial de Montpellier en 1256. Il termina heureuſement par la médiation de Guy Fulcodi (depuis pape fous le nom de Clement IV) les differens que fes prédéceſſeurs avoient eu avec Jacques Ier, roy d'Aragon;

mais il en eut perfonnellement avec les officiers de ce prince, qui le porterent à mettre Montpellier en interdit.

III. Berenger de Fredol, evêque de Maguelone en 1267, fit échange de Montpellieret avec le roy Philippe le Bel, qui lui donna la baronie de Sauve avec quelques autres terres. Il étoit de l'illuftre maifon de Fredol, qui poffeda longtems la feigneurie de la Verune, à une lieüe de Montpellier. Sa famille donna deux cardinaux à l'églife romaine & plufieurs evêques à diverfes églifes.

Le cardinal Berenger de Fredol, dit l'Ancien, l'un des compilateurs du Sexte, nâquit environ 1250, au château de la Verune.

Sa vie eft marquée par tous les progrès qu'un particulier peut faire, & par les emplois les plus diftinguez où un homme de mérite peut être employé.

Dés fa premiere jeuneffe il fut chanoine de Beziers, enfuite fuccenteur, abbé de St. Aphrodife, & enfin evêque de cette ville en 1298.

Il en étoit déja evêque lorfque Boniface VIII le choifit avec Guillaume de Mandagot, archevêque d'Embrun, & Richard de Sienne, pour la compilation des décrétales du Sexte. La bulle qui eft à la tête de ce livre le marque pofitivement en ces termes : *Nos pro utilitate publica, per venerabiles fratres noftros Guillelmum archiepifcopum Ebredunenfem, & Berengarium epifcopum Bitterenfem, & dilectum filium Ricardum de Senis decretales hujufmodi diligentius fecimus recenferi.*

Clement V ayant été fait pape en 1305, huit ou neuf mois après la mort de Boniface, fit auffitôt cardinal Berenger de Fredol, dans la premiere promotion qu'il fit à Lyon cette même année.

Dès-lors il l'employa conftamment dans toutes les grandes affaires qui l'occuperent fon pontificat, telles que le procés contre les Templiers, le concile de Vienne, les difputes des freres Mineurs, & quantité d'autres que je vais rapporter dans l'ordre que M. Baluze nous a tracé dans la *Vie des papes d'Avignon.*

En 1306, il fut envoyé avec le cardinal Etienne de Sufiac au roy Philippe le Bel, pour ménager une entrevûë de ce prince avec le pape. Sa lettre de créance, rapportée par Baluze, fait voir l'eftime générale qu'on avoit de lui.

L'entrévûë s'étant faite à Poitiers, l'année fuivante 1307, il fut refolu entre Philippe & Clement, que l'on feroit des informations contre les Templiers. Auffitôt le roy * ayant donné des ordres très-fecrets, les fit arrêter par toute la France en un même jour; & cent quarante de ces chevaliers ayant fubi l'interrogatoire dans la maifon du Temple à Paris, & ayant confeffé les crimes dont on les accufoit, ils furent gardez par ordre du roy dans une étroite prifon, de même que ceux qu'on aménoit journellement de toutes les provinces de France.

Alors le pape, craignant qu'on fût allé trop vite, & fe plaignant que le roy eût entrepris fur la jurifdiction ecclefiaftique, lui envoya le cardinal Berenger de Fredol avec le cardinal de Sufiac, afin qu'il remît entre leurs mains les perfonnes & les biens des templiers. Le roy leur remit les perfonnes, & fit garder les biens; mais pour avancer cette affaire, il eut une nouvelle conference avec le pape, en 1308, à Poitiers, où ils firent conduire un grand nombre de templiers pour leur faire entendre leurs volontez.

Le grand-maître de l'Ordre, le commandeur de Chypre, le vifiteur de France, avec les commandeurs d'Aquitaine & de Normandie, étant reftez malades à Chinon en Touraine, le pape y envoya, pour les examiner, Berenger de Fredol, Etienne de Sufiac & Landolphe Brancacio, tous cardinaux, qui, après avoir reçu la confeffion des accufez, la redigerent en forme authentique & l'envoyerent à Poitiers, où il fut refolu entre le pape & le roy qu'on affembleroit un concile général.

Le pape y fit expedier la bulle de convocation qui fut adreffée à tous les archevêques pour envoyer chacun trois députez de leur province. Ceux de Narbonne, furent les évêques de Touloufe, de Maguelone & de Beziers; & dans les commiffions qui furent envoyées en même tems dans les provinces pour informer contre les templiers par des commiffaires differens, on compte parmi ceux de la province de Sens, l'archevêque de Narbonne, & Jean de Montlaur, archidiacre de Maguelone.

Comme par la bulle, le concile ne devoit fe tenir que deux années après fa convocation; le pape quitta Poitiers & parcourut les provinces de France, d'où il ne fortit jamais durant fon pontificat. Fredol le fuivit à Bourdeaux, à Touloufe & à Saint-Bertrand-de-Comenges, où il affifta à la rélevation des reliques de ce faint, que le pape y fit avec beaucoup de folemnité; & quelques mois après, le cardinal Bucamat ayant laiffé vacante par fa mort l'églife de Tufculum, Clement la confera à Berenger Fredol, qui, depuis, fut appelé le cardinal Tufculan & devint bientôt enfuite grand penitencier du pape.

Cependant les grandes difputes qui durèrent durant tout ce fiécle entre les freres Mineurs, fur l'obfervation de leur règle, s'étant échauffées de plus fort en 1310, Clement V commit Berenger de Fredol, évêque de Tufculum, Guillaume Arrufat & Thomas Jorzi, cardinaux, pour entendre les deux partis, dont l'un fe nommoit des fpirituels & l'autre des freres de la communauté. L'animofité qui étoit entr'eux rendit inutiles tous les foins des commiffaires, & leurs démêlez ayant continué fous le pontificat de plusieurs autres papes, l'événément en devint funeste à quatre freres mineurs qui furent brûlés à Marseille & à frere Bernard de Montpellier, surnommé Delicieux, qui périt dans les prisons de Carcassonne.

En même tems, le roy Philippe-le-Bel ayant renouvellé les instances auprès du pape pour la condamnation de la mémoire de Boniface VIII, avec qui, de son vivant, il avoit eu de si grands démelez, Clement V, pour faire oüir la foule de témoins que le roy produisoit, commit Berenger de Fredol, évêque de Tusculum, & Nicolas de Freauville du titre de Saint-Eusebe; & les auditions ayant été faites & poursuivies durant quelques mois avec beaucoup de chaleur & de chicane, l'affaire finit par la révocation que fit le pape de tout ce que Boniface avoit fait au préjudice du roy de France & par le désistement que Philippe donna de toutes ses poursuites.

Enfin, vers la mi-septembre de 1311 Clement fit l'ouverture du concile géneral de Vienne qui finit dans le mois de may de l'année suivante. On y suprima l'ordre des templiers; on y fit des constitutions pour les freres mineurs & pour les réguliers; on rétablit la mémoire de Boniface, en déchargeant le roy * de tout ce qu'il avoit fait contre lui, ce qui nous donne lieu de croire que le cardinal Tusculan, qui assistoit à ce concile, eut beaucoup de part aux décrets qui y furent faits puisqu'il en avoit tant eu aux affaires qui l'avoient fait assembler.

PAGE 194.

Avant que les peres se separassent, il obtint du roy, qui étoit present au concile, la permission de donner cent livres tournois de revenu au monastere des chanoinesses qu'il avoit fondé à Beziers & qu'on appelle aujourd'huy l'abbaye du Saint-Esprit. Peu de tems après, ayant suivi le pape à Avignon, il y consacra Adulphe de la Mark, évêque de Liege, qui, le jour precedent, avoit été fait prêtre par le cardinal de Mandagot.

Clement V étant mort en 1314, & les cardinaux, partie italiens, partie françois, ayant été deux ans & trois mois sans pouvoir s'accorder pour l'élection d'un pape, le roy Philippe-le-Bel, dans cet intervale, écrivit à Fredol les lettres que nous avons encore; & son fils, Philippe-le-Long, ayant trouvé le moyen d'enfermer les cardinaux à Lyon, dans la maison des freres prêcheurs, ils élûrent Jean XXII durant l'absence de Fredol, * qui, au raport de Villani, passoit dans le public pour devoir être fait pape.

Lib. 9., cap. 79, Jean André.

Clementine ac Romani,

L'année d'après, qui fut 1317, Jean XXII ayant fait faire le procès à Hugues Geraud, évêque de Cahors, Fredol eut la triste commission de le dégrader en public avec toutes les cérémonies usitées en ce tems-là.

Il continua d'être employé par le même pape dans des affaires particulières qui demandoient un homme des plus versez dans le droit canon; mais comme elles n'interessent pas beaucoup l'histoire, je les passe sous silence, en ayant déjà affez dit pour faire connoître l'eftime générale que le cardinal Berenger de Fredol reçût de fon tems.

Il mourut en 1323, comme il paroît par le necrologue de l'églife de Narbonne, qui nous apprend en même tems qu'il avoit été archidiacre de Corbiéres & chanoine de cette églife avant que d'être fait evêque de Beziers. *Anno M. CCC. XXIII. idus junii, obiit reverendiffimus in Chrifto pater dominus Berengarius Fredoli, qui fuit archidiaconus Corbarienfis & canonicus in ecclefia Narbonenfi. Poftea vero fuit epifcopus Biterrenfis, deinde epifcopus Tufculanus & S. R. E. cardinalis.*

Il compofa divers ouvrages que l'on voit encore dans la bibliotéque de Colbert & dont Mr Baluze nous a laiffé le détail, fçavoir : un Traité de l'excommunication qu'il compofa étant évêque de Beziers ; *Inventarium juris canonici; Inventarium fpeculi judicialis*, & d'autres écrits fur la Somme du cardinal d'Oftie.

CHAPITRE SECOND

I. *Le cardinal de Caftanet.* II. *Suite des evêques de la maifon de Fredol.*
III. *Le cardinal Imbert Dupuy.*

J'interromps la fuite des évêques de la maifon de Fredol pour placer, felon l'ordre du tems, le cardinal Caftanet, leur compatriote & leur contemporain, qui fit honneur à fa patrie par toutes les qualitez d'un pieux & fçavant evêque.

BERNARD DE CASTANET, natif de Montpellier, prit naiffance dans cette ville environ l'année 1230; il y fit toutes fes études & y prit le bonnet de docteur en l'un & l'autre droit. La grande habileté qu'il y acquit le fit employer dans la cour de Rome fous differens papes.

I.

Duchefne, Vie des cardinaux françois.

Clement IV, dont il étoit chapelain en 1268, l'envoya legat en Allemagne & lui donna l'adminiftration de l'églife de Treves, après la dépofition d'Henry, qui s'en prétendoit archevêque; la chofe paroît par une lettre du pape au roy faint Loüis, rapportée par Baluze, page 1418. *Et nunc maxime per dilectum filium magiftrum Bernardum de Caftaneto, capellanum & fubdiaconum noftrum, per quem etiam noffe* potefquare* (fic) *legatio in Teutoniam tantum fuerit prorogata.*

Pap. Avenion., tom. I.

PAGE 195.

Il fut auditeur du facré palais fous Gregoire X, qu'il fuivit au fecond concile de Lyon en 1271.

Innocent V, fous qui il exerça la même charge, lui donna l'evêché d'Alby en 1276, comme nous l'aprenons de Bernard Guido, evêque de Lodeve, qui dit dans fa chronique d'Innocent V : *Hic præfecit epifcopum ecclefiæ Albienfi venerabilem virum dominum Bernardum de Caftaneto, de Montepeffulano, hunc facri palatii auditorem pontificatus fui anno primo.*

Tom. I, pag. 21. La charte de l'èglife d'Alby, raportée dans le *Gallia chriftiana* des peres benediétins, dit la même chofe : *Innocentius V de ipfo domino Bernardo, qui à Magalonenfi diœcefi & villa Montipeffulani traxit originem ecclefiæ Albienfi in urbe Romana providit.*

La mort d'Innocent V & celle d'Adrien V, qui arriverent toutes deux dans la même année, retarderent la prife de poffeffion de Bernard Caftanet, qui ne vint dans fon èglife que fous le pontificat de Jean XXI, où, à peine fut-il arrivé, qu'il travailla à rèunir fon chapitre entierement divifé & à commencer la conftruétion de la belle èglife de Sainte-Cécile qu'on y voit encore.

Il donna, pour cet effet, la vingtiéme partie de fes revenus & porta fes chanoines à en faire de même durant vingt ans. Il deftina de leur confentement à cet ouvrage les revenus des èglifes vacantes, tant de fa collation que de celles du chapitre.

Les fondemens en furent jettez dans un lieu plus éminent que ne l'étoit l'ancienne èglife, fituée fur les rives du Tarn; fes fucceffeurs en continüerent le bâtiment durant plus de deux cens ans, & ce ne fut que fous Loüis d'Amboife, évêque d'Alby, qu'elle fut confacrée, en 1480, après que ce digne prélat, frere du cardinal George d'Amboife, eut fait conftruire ce beau chœur de pierre percée à jour qu'on y voit encore & qui eft fans contredit un des plus beaux du royaume.

Cependant Caftanet, pour contenter fes chanoines & pour fe fervir d'un remede que l'èglife a fouvent employé utilement, pourfuivit la fécularifation de fon chapitre qui vivoit fous la regle de faint Auguftin, & ayant obtenu en 1278 une bulle du pape Nicolas III, qui commettoit les evêques de Rhodez & de Mende pour inftruire cette affaire, elle fut exécutée fous le pontificat de Boniface VIII.

Caftanet paffa trente-deux ans dans cet evêché, toujours occupé de fes fonétions. On le trouve figné au concile de la province de Bourges, tenu à Aurillac cette même année, 1278, à celui de 1286 tenu à Bourges, & aux autres finodes provinciaux des années 1290 & 1291.

En 1293, il mit la première pierre au couvent des freres prêcheurs de la ville d'Alby, où ce même Bernard Guido, dépuis evêque de Lodeve, que j'ay déjà cité, lui fervoit de diacre durant cette cérémonie, comme il le dit lui-même dans le cathalogue des prieurs de ce couvent.

Peu de tems auparavant, le pape Nicolas IV l'avoit commis pour informer dans le diocéfe de Lodeve contre les ufurpateurs des biens ecclefiaftiques, & enfuite le roy Philipe-le-Bel le chargea de folliciter avec Guillaume de Flavacourt, archevêque de Roüen, la canonifation du roy faint Loüis, dont le pape Boniface VIII publia lui-même la bulle.

Sa vertu fut long tems exercée à Alby, à l'occafion des fameufes difputes des freres Mineurs. Frere Bernard de Montpellier, furnommé Délicieux, l'un des plus zelez & des plus ardens, foûleva les habitans de cette ville & de celle de Carcaffonne contre les inquifiteurs qu'il en fit chaffer; il fongea même à faire livrer ces deux villes à Ferdinand, fils du roy de Mayorque, qu'il alla trouver lui-même au nom des confuls de Carcaffonne. Cela caufa la mort de plufieurs perfonnes, qui perirent entre les mains de la juftice. Mais, comme l'évêque d'Alby voulut interpofer fon autorité pour calmer ces troubles, frere Bernard fe déchaîna contre lui & blâma hautement les fentences qu'il avoit porté contre quelques hérétiques. Il ne fut puni de tous ces excès qu'après la mort de Caftanet. Cependant * ce bon prélat, ami de la paix & de la tranquilité, fongea dés lors à fe la procurer en changeant d'évêché, ce qu'il n'exécuta pourtant qu'en 1308. *Fleury, l. 92, p. 49.*

PAGE 196.

Toutes ces traverfes ne l'empêcherent pas de donner des marques fignalées de fon zéle au roy Philipe-le-Bel durant les guerres qu'il eut en Flandres, ce qui lui attira & à fon églife les beaux priviléges que ce roy leur accorda en 1304, comme on peut les voir dans l'acte raporté dans le *Gallia chriftiana* des bénédictins. *Tom. 1, pag. 11, aux preuves.*

Enfin il fut transferé, en 1308, à l'évêché du Puy, beaucoup moins riche que celui d'Alby, & il difoit à ce fujet qu'il compenfoit les grands revenus qu'il avoit quitté par la protection de la Sainte-Vierge, à qui fon églife du Puy étoit plus particuliérement dévoüée : *ficque videamur* (ajoûte-t-il) *in hoc portionem acquirere magis uberem quam derelictam.*

On marque qu'il fit recevoir en cette ville la régle de faint Auguftin aux religieufes du monaftere de Valz, qui auparavant étoient pénitentes.

Il fut fait cardinal à la première promotion que fit Jean XXII aux ides de décembre 1316, & en même tems le pape lui donna l'évêché de Porto avec la faculté de garder en commande celui du Puy; mais il ne joüit pas long tems de toutes ces graces, car il mourut huit mois après à Avignon, en 1317, dans une grande vieilleffe, & il fut enterré dans la cathédrale de la même ville.

Tous les auteurs qui ont parlé de lui, & qui font en grand nombre, en font de grands éloges. Ughel, dans fon hiftoire des évêques de Porto, dit de luy : *Antiquæ probitatis ac dignitatis, deque Chrifti ecclefia optime meritus præful.*

Quelques-uns ont altéré fon nom, comme il arrive à tous les noms latinifez; ils l'ont appellé de *Caftineto,* de *Caftanieto,* que Morery a traduit Chatanier. Mais je m'arrête, pour le latin, au nom que les papes & les auteurs contemporains lui donnent; & pour le françois, à celui de Caftanet, comme a fait Mr Fleury dans fon Hiftoire ecclefiaftique.

II. LE CARDINAL BERENGER DE FREDOL (dit le Jeune), neveu de l'ancien, étoit chanoine & camérier de Saint-Nazaire lorfqu'il fut élevé, en 1309, fur la chaire de Beziers. Le pape Clement V le fit cardinal du titre de Saint-Nerée & Achilée à la feconde promotion qu'il fit à Avignon.

Les ftatuts de fon églife lui donnent le titre de Saint-Nerée en parlant de la fondation qu'il fit de fix chapelains appelez du Saint-Efprit. *Anno 1317. D. Berengarius cardinalis tituli fanctorum Nerei & Achillæi inftituit fex capellanos in honorem Dei Patris & Filii & Spiritus Sancti, & præcipue in honorem fti. Spiritus, in capella fti. Spiritus, ecclefiæ ff. Nazarii & Celfi, pro fua falute & profperitate perpetua & temporali. Nec non Clementis V qui ipfum cardinalem creaverat, & propinquorum, &c.*

En 1318, le pape Jean XXII lui donna l'évêché de Porto après la mort du cardinal Caftanet, ce qui le fit appeller le refte de fa vie *Berengarius cardinalis Portuenfis,* pour le diftinguer du cardinal fon oncle, qu'on apelloit *Berengarius epifcopus Tufculanus.* Il faut, felon les notes de Mr Baluze, qu'il ne foit mort qu'en 1323, comme il le démonftre en réfutant M^r d'Efte, qui avoit mis la mort de ce cardinal en 1316.

GUILLAUME DE FREDOL, frere du dernier cardinal de ce nom, lui fucceda dans l'évêché de Beziers en 1318, lorfque fon frere eut été nommé à l'évêché de Porto. On marque qu'il fonda un anniverfaire pour l'âme de fon pere, Pierre de Fredol, feigneur de la Verune; qu'il convoqua un finode le 17 avril 1320, dans lequel il fit plufieurs décrets contre les juifs, & qu'en 1342 il tint un chapitre général où furent dreffez les ftatuts du chapitre de Saint-Nazaire. Sa mort arriva le 23 décembre 1349.

ANDRÉ DE FREDOL, fon autre frere, qui avoit été tiré de Maguelone en 1308 pour être évêque d'Ufez, fut transferé à Maguelone dix ans après par le pape Jean XXII, qui le crut plus propre que tout autre pour entretenir à Maguelone la régle de faint Auguftin qu'il avoit embraffé dès fa jeuneffe. On met fous fon épifcopat la mort de faint Roch, & la fienne en 1388.

JEAN DE VISSEC, fon fucceffeur dans l'évêché de Maguelone, fut pris comme * lui, par le pape Jean XXII, du chapitre de Maguelone pour en remplir le fiége; & fes deux prédeceffeurs immédiats, Pierre de Levis & Jean de Cominges, avoient été tirez du fiége de Maguelone, le premier pour l'archevêché de Cambray, & le fecond pour premier archevêque de Touloufe lorfque cette églife eut été érigée en archevêché, de la maniére qui a été dit dans l'article de ces deux prélats. Ils eurent pour contemporain :

Le cardinal Imbert Dupuy, natif de Montpellier, fut élevé à cette dignité par le pape Jean XXII en 1327. Bernard Guido, dans la vie de ce pape, fait mention de ce cardinal en ces termes : *Imbertum de Puteo de Montepeffulano.*

Il étoit de la maifon des Caturce, établie à Montpellier depuis plus d'un fiécle, ce qui a donné occafion à Villani de dire que le cardinal Imbert étoit de Cahors, d'où le pape Jean XXII étoit lui-même; mais Mr Baluze, qui raporte une réconnoiffance faite au roy faint Loüis en 1261 par les enfans de Raymond Caturce, bourgeois de Montpellier *(burgenfis Montifpeffulani)*, concilie les fentimens de Bernard Guido & de Villani fur la naiffance du cardinal Imbert, & il établit fans en laiffer aucun doute qu'il étoit de Montpellier.

Sa nouvelle dignité ne changea rien à la vie retirée qu'il avoit mené jufqu'alors; car on ne trouve, ni avant ni après fa promotion, qu'il ait été employé dans la cour romaine aux légations & autres grandes affaires qui occupoient alors la plûpart des cardinaux, quoiqu'il ait joüi de cette dignité durant plus de vingt ans.

La chofe qui a rendu parmi nous fa mémoire plus recommandable eft la fondation de l'églife collegiale de Saint-Sauveur, dont je raporterai le détail dans un article particulier fur cette églife.

Il fit, pour cela, diverfes acquifitions; car, outre l'emplacement qu'il acheta des chevaliers teutons établis déjà à Montpellier, il profita du dérangement des affaires du roy de Mayorque, Jacques III, pour acquérir de lui, en 1343, la prairie de Lates avec deux moulins qui ont fait long tems le principal revenu de l'églife de Saint-Sauveur. On trouve dans Baluze la confirmation de cette vente par le roy Philipe-de-Valois, du 9 juin de cette même année, & il raporte en même tems les lettres d'amortiffement que ce prince donna l'année fuivante pour cent livres de terres acquifes pour cette fondation par le cardinal Imbert.

Nous aprenons des lettres de Clement VI, de l'an 1342, raportées par le même auteur, que ce cardinal, felon l'ufage fort ordinaire de fon tems, ne dédaigna point, tout cardinal qu'il étoit, la cure de Frontignan : *Quod*

Page 197.

III.
B. Guido, in vita Joan. XXII.

Pap. Avenion., tom. 1, pag. 768.

Ibid., pag. 769.

dilectus filius noster Imbertus duodecim apostolorum presbiter cardinalis parrochialem ecclesiam Sti Pauli de Frontiniano Magalonensis diœcesis, tunc vacantem, per nos in supportationem onerum & expensarum eidem incumbentium sibi collatam, est canonice assecutus, & ipsius pacificam possessionem adeptus.

Il mourut à Montpellier le 26 mai 1348, entre les mains d'Arnaud de Verdale, évêque de Maguelone, laissant imparfaite sa fondation de l'église de Saint-Sauveur, qui ne fut achevée qu'après sa mort par ses executeurs testamentaires, comme nous le dirons dans l'article de cette église.

Le cardinal Pictavin de Montesquiou, après avoir tenu le siége de Maguelone durant quatre ou cinq années, fut transferé à Alby par le pape Benoît XII, qui le fit cardinal du titre des Douze-Apôtres après la mort du cardinal Imbert qui avoit eu ce même titre.

Le cardinal Raymond de Canillac, ayant servi très-utilement l'église de Maguelone dont il avoit été prévôt durant plusieurs années, fut fait archevêque de Toulouse par le pape Clement VI, qui le fit aussi cardinal du titre de Sainte-Croix-en-Jerusalem; il fut depuis evêque de Preneste & voulut être enseveli à Maguelone, où l'on voit encore son tombeau.

Il fonda, dans cette isle, l'église collegiale de la Sainte-Trinité, dont j'ai donné un article séparé.

Pons de Garde ou de la Garde, chanoine de Maguelone & prieur de Saint-Firmin de Montpellier, fut fait evêque de Mende en 1375.

Page 198. Il est beaucoup parlé de lui dans la fondation du college de la Sainte-Trinité de * Maguelone par le cardinal Raymond de Canillac, qui le nomma pour adjoint aux cardinaux Anglic Grimoard & Pierre de Montaruc, ses executeurs testamentaires. Il est à croire que Pons de la Garde, étant sur les lieux, eut beaucoup de part à cet établissement & qu'il fournit aux deux cardinaux les mémoires sur lesquels ils agirent auprès du pape pour lever tous les obstacles qui survinrent à l'execution de cette fondation. Voyez l'article de l'église collegiale de la Sainte-Trinité.

Les papes qui résidoient à Avignon continuérent, pendant le séjour qu'ils y firent, de donner des evêques à plusieurs villes de France, parmi lesquels on compte :

Gariel. Ste Marthe. Pierre Ademar, pris du chapitre de Maguelone, où il étoit chanoine infirmier, pour être évêque de Lescar; mais Benoît XIII, connu sous le nom de Pierre de Lune, qui l'avoit connu à Montpellier dans le tems qu'ils enseignoient ensemble dans l'université de cette ville, le tira de Lescar pour le rendre à Maguelone. C'est ce qui paroit par la lettre qu'il écrivit au roy Charles VI sur cette translation, où il marque au roy que l'église de Lescar, étant sous la régle de saint Augustin, il a crû que Pierre

Ademar feroit plus en état de travailler utilement pour celle de Maguelone, qui étoit fous la même régle. *Attendentes quod idem Petrus qui Lafcarienfis ecclefiæ regimini præfuit, prædiâam ecclefiam Magalonenfem fciet & poterit regere & feliciter gubernare.*

Le B. Louis Aleman fut nommé en 1421 pour fucceffeur de Pierre Ademar dans l'évêché de Maguelone; mais le pape Martin V le tira de ce fiége peu d'années après pour le faire archevêque d'Arles & enfuite cardinal du titre de Sainte-Cecile. Je ne repeterai point ici ce que j'ai déjà dit de lui dans la fuite des évêques de Maguelone.

Leger Saporis occupoit la chaire de Maguelone en 1429, c'eft-à-dire fix ans après la tranflation de Loüis Aleman. Il eft célébre dans les archives de la ville par la bénédiction qu'il fit de la chapelle de Notre-Dame-de-Bonnes-Nouvelles, bâtie par les habitans de Montpellier en action de graces de la levée du fiége d'Orleans & du couronnement du roy Charles VII en la ville de Reims.

La pragmatique fanction que ce prince fit publier en 1438 ayant rendu aux chapitres la liberté des élections, celui de Maguelone choifit en 1472 :

Jean Bonail, natif du diocéfe & chanoine-veftiaire de leur églife. Son gouvernement fut doux & paifible, & après fon décès, arrivé en 1487, le chapitre élut :

Izarn de Barriere, d'une famille de Montpellier, qui avoit eu la feigneurie de Pouffan; il gouverna fon diocéfe durant douze ans avec beaucoup de fageffe & de bonté, & étant mort en 1498, le chapitre nomma à fa place :

Guillaume Pelissier (dit l'Ancien), chanoine & celerier de Maguelone, natif de Melguëil dans le même diocéfe.

François de Faucon, qui fut fucceffivement évêque de Tulles, d'Orleans, de Meaux & de Carcaffone, étoit né à Montpellier fur la fin du quinziéme fiécle, d'une famille originaire de Tofcane qui, ayant fuivi en France le roy Charles VIII, s'établit à Montpellier, où elle exerça differentes charges dans le feiziéme fiécle, comme on a pû le voir dans le premier tome de cette hiftoire, où il eft marqué qu'elle logeoit dans la maifon de faint Roch.

Cette famille, ayant quitté Montpellier pour fe changer à Paris dans le fiécle fuivant, donna deux premiers préfidens au parlement de Normandie & un autre au parlement de Bretagne, fous le nom de Faucon de Ris, qui y eft devenu illuftre.

L'evêque qui donne lieu à cet article mourut dans fon evêché à Carcaffonne, le 22 feptembre 1565, en réputation d'homme des plus fçavansde fon tems.

GUILLAUME PELISSIER (fecond du nom) fucceda à fon oncle fur la démiffion qu'il donna de fon évêché en fa faveur; il fe rendit recommandable par fon grand fçavoir & par la tranflation du fiége de Maguelone à Montpellier, qu'il obtint du pape Paul III à la recommandation du roy François Ier.

PAGE 199. Depuis le concordat que ce prince fit avec le pape Leon X en 1515, la nomination * aux évêchez de France fut dévoluë à nos rois, qui prirent quelque fois des fujets du diocéfe de Montpellier pour l'évêché de cette ville & pour quelques autres du royaume. Le premier de tous eft :

GUITARD DE RATTE, nommé par le roy Henry IV à l'évêché de Montpellier en 1596. J'ai donné un article fur ce digne prélat, où je crois pouvoir renvoyer le lecteur.

LOUIS DE CLARET, d'une ancienne maifon qui eft fonduë dans celles de Toiras & de Montpeirous, étoit prévôt de l'églife cathédrale de Montpellier, confeiller au parlement de Touloufe & grand-vicaire du cardinal de la Valette, archevêque de cette ville, lorfqu'il fut nommé en 1626, par le roy Loüis XIII, à l'évêché de Saint-Papoul. Il fut facré l'année fuivante, dans l'églife métropolitaine de Touloufe, par Bernard Dafis, évêque de Lombez, Jean-Loüis de Bertier, évêque de Rieux, & Jean-Jacques de Fleyres, coadjuteur de Saint-Pons. Il affifta, en 1627, à l'affemblée générale du clergé tenuë à Poitiers & mourut durant celle des états du Languedoc en 1636.

ARMAND-BAZIN DE BESONS nâquit à Montpellier en 1654, Mr de Befons, fon père, confeiller d'état ordinaire, étant alors intendant de la province du Languedoc. Il fut tenu, en cette ville, fur les fonts baptifmaux, par fon alteffe Monfeigneur Armand de Bourbon, prince de Conty, gouverneur de la province, & dame Elifabeth de Bonzi, marquife de Caftries.

Après avoir fait fes études à Paris, il prit le bonnet de docteur & fut reçu de la maifon & fociété de Sorbonne.

En 1680, il fut agent général du clergé de France par la nomination de la province de Narbonne.

En 1685, le 15 du mois d'août, le roy le nomma à l'évêché d'Aire. Son facre fut différé, comme tous ceux qui furent nommez dans cet intervale, à caufe des differens furvenus entre la cour de Rome, à l'occafion de la régale, & de ce qui s'étoit paffé dans l'affemblée de 1682, le pape ayant refufé d'accorder des bulles jufqu'en 1693, que l'accomodement fut fait. Alors Armand de Befons fut facré le 12 d'octobre par Mgr l'archevêque de Reims, affifté des évêques de Tarbe & de Bazas, dans l'églife des réligieufes de Ville-l'Evêque, à Paris.

En 1695, il fut député par la province d'Auch à l'affemblée générale qui fe tint à Saint-Germain-en-Laye.

II. Partie. Livre fixiême.

En 1698, il fut transferé de l'evêché d'Aire à l'archevêché de Bordeaux. Etant archevêque de Bordeaux, il affifta à l'affemblée du clergé de France en 1700, à l'affemblée de 1705, à l'affemblée extraordinaire de 1707, à celles de 1710, de 1711, à celles de 1713 & 1714, & à celle de 1715.

Après la mort de Loüis XIV, monfeigneur le duc d'Orleans, regent, ayant établi plufieurs confeils pour le gouvernement du royaume, monfeigneur de Befons fut fait du confeil de confcience, dont il alloit raporter les affaires une fois la femaine au confeil fuprême de régence.

En 1716, il fut chargé de la direction générale de l'économat des églifes de France.

En 1718, il fut fait du confeil fuprême de régence, & la même année, au mois d'avril, il fut transferé de l'archevêché de Bordeaux à celui de Roüen, qu'il conferva jufqu'au 8 octobre 1721, que ce prélat mourut dans le château de Gaillon, maifon dépendante de l'archevêché de Roüen. Son corps fut porté à Paris & enterré dans l'églife de Saint-Côme, où eft le tombeau de fa famille.

Tout le monde fçait avec quel zéle, quelle capacité & quelle fageffe ce prélat a gouverné les differentes églifes aufquelles la providence l'avoit apellé; les régrets que ces églifes firent paroître quand elles l'eurent perdu font une preuve qui ne peut être équivoque.

La réputation qu'il s'étoit acquife dans les differens emplois dont il avoit été chargé, & principalement dans les affemblées du clergé, où il étoit toûjours fouhaité, n'eft ignorée de perfonne.

Le cardinal ANDRÉ-HERCULE DE FLEURY, que l'églife de Montpellier a eu l'honneur de compter parmi fes chanoines depuis 1668, qu'il * fut inftallé, jufqu'en 1694, qu'il réfigna fon canonicat en faveur de Jean-Loüis de Roffet de Roquezel, fon proche parent.

PAGE 200.

Dans cet intervale, il prit fes dégrez de Sorbonne, fut aumônier de la reine Marie-Therefe d'Autriche & enfuite du roy Loüis XIV.

Ce grand prince l'ayant nommé à l'évêché de Frejus en 1698, il fut facré le premier novembre, dans l'églife des Fueillants, par monfeigneur le cardinal de Noailles, affifté des evêques d'Amiens & de Langres.

En 1715, le feu roy lui fit l'honneur fingulier de le nommer dans fon teftament pour précepteur du jeune roy Loüis XV, fon arriére-petit-fils. Ainfi, la France doit aux foins de ce grand prélat l'éducation chrétienne du prince réligieux qui la gouverne.

En 1726, fur la fin de juillet, le roy Loüis XV le fit fon premier miniftre, & peu de mois après le pape Benoît XIII le fit cardinal.

Toute la France connoît dépuis long tems la douceur de fes mœurs, sa modestie & la bonté qui le fait descendre souvent jusqu'aux bésoins des simples particuliers. L'histoire du royaume transmettra à la postérité quel fut son désinteressement dans la premiére place de l'état, son zéle pour la gloire du roy, son maître, sa fermeté à soûtenir dans un âge avancé le poids de la derniére guerre & l'heureuse paix dont le ciel a béni ses travaux, tandis que l'histoire de l'église publiera la modération de son gouvernement & les sages ménagemens qu'il prit pour calmer les troubles qui agiterent l'église de France.

Celle de Montpellier ne cessera de faire des vœux pour sa conservation, après avoir ressenti souvent des marques essentielles de son illustre protection.

ARMAND-PIERRE DE LA CROIX DE CASTRIES, fils de messire René-Gaspard de la Croix, marquis de Castries, baron de Gordiéges & de Castelnau, lieutenant-général des armées du roy, l'un de ses lieutenans-généraux en Languedoc, chevalier de ses ordres, gouverneur de Sommieres & de Montpellier, & de dame Elisabeth de Bonzi, sœur de son éminence monseigneur le cardinal Pierre de Bonzi, nâquit à Montpellier en 1664, & fut tenu sur les fonts de baptême par M^r le prince de Conty, de qui il reçut le nom d'Armand, auquel on ajoûta celui de Pierre, à l'honneur du cardinal, son oncle.

Après avoir commencé ses études à Montpellier, il alla les continuer à Paris, où il prit le bonnet de docteur en Sorbonne, & revint en province pour être vicaire-général de monseigneur le cardinal de Bonzi, archevêque de Narbonne.

En 1596, il fut fait aumônier ordinaire de madame la Dauphine, mére du roy Loüis XV, & peu de tems après prémier aumônier de madame fille de France, duchesse de Berry.

Le 29 janvier 1717, il fut nommé archevêque de Tours & honoré la même année d'une place au conseil de conscience.

Enfin, il a été transferé en 1719 à l'archevêché d'Alby & rendu à sa province, dont il soûtient les interêts dans l'assemblée des états avec un zéle & une éloquence dignes de lui & de ses ancêtres.

FRANÇOIS DE BOUCAUT, d'une noble & ancienne famille de robe de Montpellier, étoit déjà docteur de Sorbonne lorsqu'il fut nommé par le chapitre de cette ville pour remplir un canonicat électif de sa collation. Il fut durant plusieurs années grand-vicaire de messire Jean-François-Gabriël de Henin Lietard, évêque d'Alais, & nommé le 16 octobre 1723 à l'évêché d'Aleth. Son sacre fut fait le onze du mois de juin 1724, dans la chapelle interieure de Saint-Sulpice, à Paris, par messire René-François de Beauveau, archevêque de Narbonne, affifté de meffeigneurs les evêques de Vabres & de Sarlat.

En 1728, il fut député pour porter au roy le cayer des états de la province du Languedoc, & dans la préfente année 1735, il affifte pour la province de Narbonne à l'affemblée générale du clergé.

CHAPITRE TROISIÉME

Page 201.

Suite des prévôts du chapitre de Montpellier.

LES auteurs du *Gallia chriftiana* s'étant fait une efpece de loi de donner après les evêques de chaque diocéfe une fuite des chefs de leur chapitre, tous les différens noms de doyen, prévôt ou grand archidiacre, j'ai crû ne devoir pas omettre ici la fuite de nos prévôts qui tiennent la premiere place dans l'églife cathédrale de Montpellier. Je l'ai tirée en partie des vieux actes de l'evêché ou du chapitre, du catalogue d'Arnaud de Verdale, ancien evêque de Maguelone, des Mrs de Sainte-Marthe & des regîtres du chapitre Saint-Pierre de Montpellier, où l'on trouve le jour de leur inftallation & titres fur lefquels ils font entrez dans cette place.

Il eft à obferver que le chapitre de Maguelone, avant que d'être féculariſé, fut toûjours en droit d'élire fes prévôts fans que ceux-ci pûffent tranfmettre ou réfigner leur place. Mais par la bulle de fécularifation, les prévôts peuvent réfigner, comme on le verra dans les derniers tems de ceux que je vais nommer.

PONS DE MONTLAUR, felon Mrs de Sainte-Marthe, eft le même qui fe trouve figné dans la donation que Pierre, comte de Subftantion, fit à l'églife de Maguelone en 1079, & dans celle que l'évêque Arnaud avoit fait à fon chapitre en 1055 d'une partie de l'étang. *Gallia chriftiana.*

Præpofiti Magalonenfes.

Il eft auffi nommé prévôt du chapitre dans un acte original qui eft dans les archives de l'évêché, contenant l'hommage que Guillaume fils d'Ermengarde rendit à l'évêque Godefroy.

BERNARD GAUCELIN affifta comme prévôt, en 1161, au ferment que Guillaume fils de Sibille, feigneur de Montpellier, prêta à Jean de Montlaur, évêque de Maguelone : *In præfentia Raymundi de Caffaniaco prioris, & Bernardi Gaucelini præpofiti.*

On ne doute point que ce prévôt ne fût de la maison des Gaucelin, seigneurs de Lunel, suivant les preuves que j'en ai raporté dans l'article de Jean de Montlaur.

Fulcrand est remarquable dans notre histoire par le récit que fait Verdale des troubles qu'il y eut à son élection pendant la vacance du siége de Maguelone; car il dit que les chanoines n'étant pas d'accord sur l'étenduë du pouvoir que devoit avoir le prévôt, il fut deliberé qu'il seroit borné au temporel du chapitre, sans préjudice de l'autorité de l'évêque & du prieur claustral pour le spirituel.

Il est fait mention de lui dans plusieurs actes du douziéme siécle. En 1169, il assista à la donation que l'évêque Jean de Montlaur fit au chapitre de Maguelone des églises de Lunel-Viel & de Sauffan. Il signa, cette même année, un acte de conféderation entre l'église de Mende & celle de Maguelone.

Sur la fin de sa vie, il eut quelque different avec son evêque sur la provision des benefices desservis par le chapitre de Maguelone, qu'il fit décider en sa faveur par le pape Alexandre III & confirmer depuis par le pape Celestin en 1180.

Mrs de Sainte-Marthe remarquent que dans le contrat de mariage entre Bernard, comte de Cominges, & Marie de Montpellier, R., évêque d'Agde, est pris pour témoin avec un Helie, frere de Fulcrand, prévôt de Maguelone : *Helias frater Fulcrandi præpositi*. Il assista aussi à la cession qu'on fit faire à Marie de tous ses droits paternels.

Guy de Ventadour, en 1199, transigea, comme prévôt du chapitre, avec le commandeur de l'hôpital Saint-Jean de Jerusalem, de la maison de Montpellier, au sujet de l'estang de Cuculles & de la metairie de Grenouilleres. On trouve* aussi une concession qu'il fit à Guillaume de la Treille, sacristain de Maguelone, d'une portion de terre auprès des fauxbourgs de Villeneuve pour en joüir sa vie durant.

Bernard de Mesoa étoit prévôt de Maguelone lorsqu'il fut élevé au siége de cette église en 1216. Voyez son article parmi les évêques.

Jean de Montlaur. Il est fait mention de lui dans Verdale sous l'article de Bernard de Mesoa, où il est dit qu'en 1225 cet evêque ceda, *Joanni de Montelauro præposito certas possessiones apud Coconum & Maurinum*, sous certaine censive, & qu'il lui donna le domaine du château de Londres, sous foy & hommage.

Ce même prévôt en 1228 obtint du pape Gregoire X la confirmation des priviléges de Maguelone.

Bernard de Murviel, de l'ancienne maison de ce nom, étoit prévôt de Maguelone, lorsque l'evêque Reynier acquit l'églife de Nôtre-Dame de Melguëil, pour laquelle il ceda au chapitre de Maguelone les églifes de Cocon, de Cazevieille, de Caftries & de Veirargues.

De fon tems, l'office de veftiaire de Maguelone fut erigé en titre de bénéfice aux charges que j'ai dites dans l'article de l'evêque Reynier.

GAUDALRIC, felon Mrs de Ste Marthe, étoit prévôt dans le tems de l'épifcopat de Guillaume IV, qui l'aida beaucoup à maintenir les immunités du chapitre.

PONS II. Prévôt de Maguelone, eft nommé en cette qualité comme témoin avec l'archevêque de Narbonne & les evêques du Puy, de Barcelone, d'Elne, de Rhodez & de Maguelone, dans des lettres patentes données par Jacques premier, roy d'Aragon, le 4 des ides de décembre 1258.

JEAN ATBRAND, d'une ancienne famille de Montpellier, eft nommé comme prévôt dans la tranfaction que Berenger de Frédol, evêque de Maguelone, Pons de Sorege, facriftain, & Raymond de Bociacis, prieur de St. Firmin de Montpellier, pafferent avec les frères Prêcheurs de cette ville, en 1263.

RAYMOND DE BOSSAGE étoit prieur de St. Firmin lorfqu'il fut élû prévôt de Maguelone après la mort d'Atbrand, fon prédéceffeur immédiat. On a confervé, dans les articles du chapitre, une tranfaction qu'il paffa avec Berenger de Frédol, fon evêque, pour certains ufages qu'il avoit à Villeneuve, & un échange qu'il fit avec Bernard de St. Juft, damoifeau de Montferrier, de quelque redevance en pain & en vin, avec quelques fols melgoriens qu'il lui devoit contre les droits honorifiques que Bernard avoit fur la métairie de Verrieres. Il eft fait mention de lui comme prévôt dans les lettres patentes du roy Jacques le Conquerant, fur la monnoye de Montpellier & de Melguëil. Voyez dans le premier tome l'article de l'hôtel des monnoyes.

ADEMAR DE CABREROLES acheta de Berenger de Fredol, fon evêque, la montagne de St. Bauzile de Montefevo & la garrigue de Noals. Il fut préfent à l'interdit prononcé contre la ville de Montpellier, en 1291, par Bertrand Mathæi, official de Maguelone. Il confentit à la donation qui fut faite aux réligieufes de St. Leon de l'églife St. Bauzile de Montmel; & il intervint au nom de l'evêque & du chapitre à l'échange de Montpelieret, qui fut fait avec le roy Philipe le Bel, contre le baillie de Sauve & autres terres.

RAYMOND DE BEAUPUY. Il compromit en fon nom & à celui du chapitre au fujet de la pêche de l'étang entre les mains de fon evêque, qui régla la manière dont les habitans de Villeneuve pourroient faire cette pêche.

GUILLAUME DE LA TOUR. J'ai raconté dans l'article d'André de Fredol, fon evêque, les differens qu'il eut avec lui au fujet de la peirade de Maguelone, & pour la préfentation aux bénéfices dependans de la prévôté. Ce different & un autre qu'il eut pour les fourches du pont de Villeneuve, furent terminez par la médiation de Jean de Montlaur, prieur de St. Firmin, & de Berenger de Fabregues, prieur dudit lieu, tous chanoines de Maguelone.

JEAN DE VISSEC, fut transferé de la prévôté de Maguelone au fiége de cette églife en 1328. Voyez fon article parmi les evêques.

PAGE 203. *RAYMOND DE CANILLAC, dont il a été fouvent parlé dans le cours de cette hiftoire, tranfigea avec Piétavin de Montefquiou, evêque de Maguelone, fur la propriété de l'étang depuis Frontignan jufqu'à Melguëil; il fut arbitre du different entre le veftiaire & les chanoines de Maguelone. Il obtint du roy Philipe le Long la confirmation des priviléges du chapitre; il mourut cardinal & archevêque de Touloufe en 1373.

PONS D'OLARGUES eft figné comme prévôt dans les réglemens qui furent faits pour terminer les differens du chapitre avec Durand des Chapelles, evêque de Maguelone en 1356. J'ai raporté ces réglemens dans l'article de cet evêque.

ASTORG DE GOZON. Ste Marthe dit de lui qu'il termina, conjointement avec l'abbé de Pfalmodi & autres arbitres, quelques conteftations entre le chapitre de Maguelone & Antoine de Louvier, leur evêque.

FABER DACTILES eft nommé prévôt de Maguelone dans les lettres de grand vicariat que Robert de Rouvres donna dans le tems que cet evêque étoit retenu auprés du roy Charles VII. Voyez l'article de Robert de Rouvres.

SECUNDIN DE SARRAT étoit prieur de St. Firmin, en 1493, lorfqu'il tranfigea avec les confuls de Montpellier fur la dîme des olives dans l'étenduë de fa paroiffe (comme il a été dit dans le chapitre 2 du livre 12 de ce volume), il fut fait enfuite prévôt de Maguelone, & l'on conjeéture qu'il étoit d'une famille de robe qui donna des officiers à la cour des aydes en 1462 & 1467. On a pû voir dans l'article de Jean Granier, evêque de Maguelone, que ce même prévôt ayant nommé au prieuré vacant de St. Maurice de Sauret, il eut un grand démêlé avec Jean Bonail, fon evêque, qui ne put être terminé que fous la vie des fucceffeurs de l'un & de l'autre. On marque auffi qu'il obtint l'alternative avec Charles de Beaufort marquis de Canillac, de la nomination aux bénéfices de la collégiale de la Ste Trinité.

JEAN DE COSTA, étant prévôt, contribua beaucoup avec François de

Halé, archevêque de Narbonne, à faire élire Izarn de Barriere, evêque de Maguelone. Il obtint de ce prélat les réglemens qui furent faits le 2 de novembre 1496 pour la collation des bénéfices du diocéfe entre l'evêque & le chapitre. On le trouve auſſi nommé comme prévôt dans l'érection de l'églife de Ste Anne en collégiale; mais l'on ne ſçait s'il étoit de la même famille que quelques officiers de la cour des aydes, qui portoient alors le même nom que lui.

Michel de Sarrat eſt nommé dans la bulle de ſécularifation du chapitre de Maguelone, comme premier prévôt commandataire du chapitre de Montpellier. On le croit de la même famille que Secundin de Sarrat, dont il a été parlé ci-devant. 1536.

Léonard d'Aiguillon, prévôt de Montpellier, étoit en même tems officier de la cour des aydes, ce qui le fit employer ſouvent dans les conſeils politiques de la ville pendant les troubles des religionnaires, comme on le voit dans les mémoires de Philippy.

Le chapitre l'élut vicaire général après la mort de Guillaume Pelicier ſecond de ce nom, & pendant l'abſence de Pierre de la Roüille, qui fut nommé à l'evêché de Montpellier par le crédit du connétable Henry de Montmorency. 1568.

Il exerça juſqu'en 1572 le grand vicariat, qui fut donné après ſa mort, avec ſa prévôté, à :

Guillaume Pelet, de l'ancienne maiſon de ce nom. Il continua d'être grand vicaire pendant la vie d'Antoine de Subjet, ſucceſſeur de Guillaume Pelicier; & après la mort de cet evêque, il le fut encore pendant la vacance du ſiége. 1572.
1596.

Louis de Claret, proche parent de la maiſon de Toiras fut reçu prévôt de Montpellier le 15 juillet 1600, ſur la réſignation en cour de Rome de Guillaume Pelet; il fut enſuite evêque de St. Papoul, & mourut en 1636. 1600.

Claude de St. Bonnet de Toiras, ayant perdu ſon evêché de Nîmes de la maniere que nous avons dit ci-devant, fut élû par le chapitre de Montpellier en la dignité de prévôt, après la mort de Loüis de Claret. 1636.

* Charles-Raymond de Brignon fut pourvû en la cour de Rome le 4 août 1651 par la réſignation de meſſire Claude de St. Bonnet de Toiras, ancien evêque de Nîmes. Sa mémoire eſt encore en ſinguliere vénération par la vie très-exemplaire qu'il mena toûjours, par ſa charité envers les pauvres & par ſon zéle pour la décoration des autels. Page 204.
1651.

François de Beauxhostes Sr. de Roanel, d'une ancienne maiſon de Montpellier, qui a donné des premiers préſidens à la cour des comptes, aydes & finances, fut élû prévôt de la cathédrale le 12 avril 1660. 1660.

1667.
JEAN-ANTOINE DE BEAUXHOSTES, Sr. DE STE. COLOMBE, frere de François, fon prédéceffeur, fut reçû à la prévôté le 23 juin 1667 fur la réfignation de fon frere.

1683.
CLAUDE DE PRADEL, frere de meffire Charles de Pradel, evêque de Montpellier, fut élû à la prévôté vacante par la mort de Mr. de Ste Colombe, le 27 janvier 1683.

1688.
FRANÇOIS D'HAUDESSENS, fur la réfignation en cour de Rome de fon prédeceffeur, fut reçû prévôt le 8 janvier 1688.

1724.
PIERRE MAS, auparavant archidiacre de Caftries dans l'églife de Montpellier, obtint la prévôté dans une élection qui fut faite le 21 janvier 1724.

1726.
FRANÇOIS IGNACE DE BELLEVAL, d'une famille de Montpellier qui a déjà donné trois préfidens à la cour des comptes, aydes & finances, fut élû prévôt par le chapitre le 21 feptembre 1726.

CHAPITRE QUATRIÉME.

Perfonnes diftinguées par leur fainteté, de la ville ou diocéfe de Montpellier.

I. St Benoît d'Aniane. II. St. Fulcran, evêque de Lodeve. III. Frere Guillaume de Montpellier, religieux de Cîteaux. IV. Jean, dit le Penitent. V. Le B. Pierre de Caftelnau, martir. VI. Guy de Montpellier, fondateur des hofpitaliers du St. Efprit. VII. F. Guillaume Arnaud, inquifiteur de la foy & martir. VIII. Les deux jumeaux de Montpellier. IX. Guillaume de Bas, fecond général de la Mercy. X. Saint Roch. XI. Dominique Serano, onziéme général de la Mercy, cardinal. XII. Marie de Montpellier, reine d'Aragon.

François Ranchin, Traité de la pefte, ch. 23.

JE crois ne pouvoir mieux terminer cette hiftoire que par les perfonnes recommandables par leur pieté, natifs de la ville ou du diocéfe de Montpellier; perfuadé (comme le dit un de nos célèbres auteurs) que la plus grande gloire qu'une ville puiffe avoir, c'eft d'avoir produit un grand faint ou quelque grand perfonnage. Je vais donc commencer l'abrégé de leur vie, tant pour leur honneur particulier, que pour l'édification publique.

HISTOIRE DE MONTPELLIER

LIVRE SEPTIÉME
Des perſonnes diſtinguées par leur ſainteté dans le diocéſe de Montpellier.

SAINT BENOIT D'ANIANE
FONDATEUR DE L'ABAYE DE CE NOM.

AINT Benoît d'Aniane a été un des plus grands ornémens de nôtre patrie, par ſa naiſſance, par ſa pieté, par ſon zéle pour la réligion chrétienne & pour la perfection de la vie monaſtique, dont il fut le reſtaurateur en France & en Allemagne.

Il étoit fils d'Aigulfe, comte de Maguelone, dans le tems que Charles Martel ruïna cette iſle. Benoît ſon fils nâquit peu de tems après, &, ſoit néceſſité ou politique, il fut envoyé fort jeune à la cour du roy Pepin fils de Charles Martel, où il fut élevé parmi les jeunes ſeigneurs de la cour. Charlemagne ayant ſuccedé au roy Pepin ſon pere, Benoît, qui étoit déjà en âge de porter les armes, ſuivit ce grand prince dans ſes premieres expeditions avec un de fes freres, qui lui donna occafion d'executer le projet, qu'il méditoit depuis long-tems, de fe retirer du monde ; car on raconte que fon frere étant tombé dans le Téfin prés de Pavie, & Benoît voulant lui donner du fecours, il fut entraîné par les eaux, d'où s'étant heureufement échapé, il fit vœu d'accomplir fon premier deffein, & retourna dans le Languedoc fans en rien dire à fon pere. Après y avoir refté quelque temps, & s'y être fortifié dans fa réfolution, par les confeils d'un folitaire du pays à qui il fe confioit, * il quitta fes parens comme pour aller à Aix-la-Chapelle, où étoit la cour ; mais en chemin il s'arrêta au monaftére de St. Seine, à cinq lieuës de Dijon, où il embraffa la vie monaftique la même année que Charlemagne foûmit l'Italie, c'eft-à-dire en 774.

Il paffa cinq années à St. Seine dans la pratique la plus auftére de la vie religieufe ; & au bout de ces cinq ans, en ayant été élû abbé, il ne voulut point y refter, voyant trop de difference entre les mœurs de ces moines & les fiennes. Il retourna dans le diocéfe de Maguelone, & fe retira dans une terre de fon patrimoine, fur un ruiffeau nommé Annian, aujourd'hui Corbieres. Là, près d'une chapelle dédiée à St. Saturnin, il bâtit un petit monaftére, où il vécut durant deux ans, avec quelques autres folitaires, dans une très-grande pauvreté. On compte ce premier etabliffement vers l'an 780. Mais le nombre de fes difciples augmentant tous les jours, & le valon où il s'étoit d'abord établi étant fort étroit, il commença de bâtir au bout du même valon, & à l'entrée d'une belle & fertile plaine, qui eft arrofée de la riviére de l'Eraut. On marque ce fecond etabliffement en 782. Il dédia fon églife à St. Sauveur ; & elle fut fi fort enrichie par les liberalitez des ducs & des comtes, qu'il fut en état de l'orner magnifiquement, & d'établir dans fon monaftére des chantres, des lecteurs, des grammairiens & des théologiens, dont quelques-uns furent depuis evêques.

Sa réputation étant allée jufqu'à la cour, il fut apellé auprés du roy Charlemagne, qui lui donna de grandes immunitez pour fon monaftére d'Aniane, & lui fit prefent de quarante livres d'argent, qu'il diftribua aux autres monaftéres du pays : car il étoit le nourricier (difent les auteurs de fa vie) de tous ceux de Provence, de Gothie & de Novempopulanie, c'eft-à-dire du Languedoc & de la Gafcogne. Il gagna entierement la confiance de fes moines par fa charité, par fon bon exemple & par fa fage conduite. Leur nombre s'etant augmenté jufqu'à plus de trois cens, il fit un bâtiment long de trois cens coudées, & large de vingt, & il établit en plufieurs lieux des céllules ou petits monaftéres, aufquels il donna des fuperieurs particuliers, ce qu'on apella depuis des prieurez.

Sa maifon eut bien tôt la reputation qu'il s'étoit acquife lui-même. On lui demanda de toutes parts des religieux, pour établir ou pour reformer plufieurs monaftéres de France. Leidrade, archevêque de Lyon, lui en demanda vingt pour rétablir le monaftére de l'Ifle-Barbe. Alcüin, abbé de St. Martin de Tours, l'un des plus fçavans hommes de ce fiécle, en obtint autant pour l'abbaye de Cormery, qu'il fonda. Theodulfe, evêque d'Orleans, lui en prit quatre pour le monaftére de Micy, ou de St. Mefmin, que les guerres du roy Pepin contre Gaïfier, duc d'Aquitaine, avoient entierement ruïné.

Mais celui qui l'employa avec plus de fuccès fut Loüis, roy d'Aquitaine, quatriéme fils de Charlemagne, à qui fon pere, dès fon vivant, avoit donné ce royaume, qui comprenoit toutes nos provinces en deçà la Loire. Comme ce prince, qui étoit fort religieux, vouloit rétablir dans fes états la difcipline clericale & monaftique, il fe fervit de St. Benoît d'Aniane, qu'il avoit pris en affection : il lui demanda pour Menat ou Manlieu, en Auvergne, douze moines qui en attirerent bien tôt foixante ; vingt pour St. Savin, en Poitou, & quarante pour Maffiac ou Meffay, en Berry. Il l'établit fur tous les autres monaftéres qu'il fonda de nouveau ou qu'il repara dans fon royaume, dont les plus connus font St. Filbert, dans l'ifle d'Hero ou Noirmouftier, Charroux, St. Maixant, Noüaillé, tous quatre dans le diocéfe de Poitiers, & Ste. Radegonde, ou plûtôt Ste. Croix, dans la même ville ; Conques, dans le diocéfe de Rodez, Menat ou Manlieu, en Auvergne, Moiffac, en Quercy, St. Chaffre, dans le diocéfe du Puy, Solognac, près de Limoges, Ourbion ou la Grace, dans le diocéfe de Carcaffonne. Le roy Loüis donna tous ces monaftéres à Benoît pour foulager celui d'Aniane, qui fe trouvoit furchargé d'un trop grand nombre de religieux, trop nombreux pour fon étendüe, & Benoît mit en chacun d'eux un abbé, en fe refervant l'infpection fur tous.

Il eft à obferver que la plûpart de ces monaftéres reconnoiffent l'empereur Charlemagne pour leur fondateur, peut-être parce qu'ils furent établis de fon vivant, ou que le roy Louis ne faifoit rien fans l'ordre ou le confeil de fon pere ; mais * il eft conftant qu'ils font dans les états du royaume d'Aquitaine tel que l'avoit le roy Loüis, & qu'ils furent établis dans le tems qu'il en étoit en poffeffion.

Ces divers établiffemens furent mêlés du foin d'une plus grande affaire qui intereffoit toute l'églife, & pour laquelle on employa l'abbé d'Aniane. Felix, evêque d'Urgel dans le Rouffillon, qui étoit alors du royaume de France, y renouvelloit les erreurs de Neftorius, & foûtenoit que Jefus-Chrift en tant qu'homme, n'étoit fils de Dieu que par adoption, ou nuncupatif (comme il difoit) c'eft-à-dire de nom feulement.

Elipand, archevêque de Tolede, uni d'amitié avec lui, répandoit en Efpagne les mêmes erreurs que Felix dans le Languedoc. Pour remedier à ce mal, on cita Felix au concile de Ratisbonne, où, après avoir été ouï, il fut condamné & envoyé à Rome au pape Adrien, devant qui il fit une feconde abjuration; mais étant de retour à Urgel, il retomba dans fes erreurs ; ce qui ayant engagé Alcüin à lui écrire, l'engagea lui-même à lui répondre par un long écrit où il foûtenoit ouvertement fon héréfie. Alcüin & Paul, archevêque d'Aquilée, lui répliquerent, & tous ces differens écrits avec ceux de Felix ayant été portez au concile de Francfort, il y fut condamné de nouveau, & enfuite à Rome par le pape Léon III.

Dans ces conjonctures, le roy Charlemagne, qui cherchoit à le ramener, fit partir pour Urgel Leidrade, archevêque de Lyon, Nefridius, archevêque de Narbonne, & Benoît, abbé d'Aniane. Le fuccès de leur voyage fut que Felix, à leur perfuafion, vint à Aix-la-Chapelle, qu'il y reconnut fincerement fes erreurs, & donna fon abjuration par ecrit en forme de lettre adreffée à fon clergé & au peuple d'Urgel, où il donnoit des marques d'un véritable répentir. Néanmoins, à caufe de fes fréquentes rechûtes, il fut dépofé & relegué à Lyon ; & pour réparer les maux qu'il avoit fait dans fon diocéfe, les mêmes archevêques avec l'abbé d'Aniane y furent renvoyez en 800, pour achever d'y éteindre fon héréfie.

Cette affaire ayant été heureufement terminée, Benoît, revenu à Aniane, s'apliqua à la conduite fpirituelle d'un des plus grands feigneurs du royaume, qui s'étoit mis fous fa direction. Ce fut Guillaume, neveu de Charlemagne, que cet empereur avoit employé très-utilement contre les Sarrazins avec le titre de duc d'Aquitaine. Il avoit toutes les belles qualitez du corps & de l'ame qui pouvoient faire un feigneur accompli. Benoît en fit un parfait chrétien. Guillaume commençant à fe détacher du monde, choifit à une lieüe d'Aniane la valée de Gelone pour y bâtir un monaftère : c'eft ce qu'on appelle aujourd'hui St. Guillem du Défert, dans le diocéfe de Lodeve, & à mi-chemin de cette ville à Montpellier. Il y mit la premiere pierre en 804, & les bâtimens étant bien avancez, il obtint la permiffion de l'empereur, fon maître, de s'y retirer avec les moines qu'il avoit attiré d'Aniane. Il y prit l'habit de religieux en 806, et y mourut en odeur de fainteté le 8 may 812.

En janv. 814. Après fa mort & celle de Charlemagne qui arriva vingt mois après, le roy Loüis, qui lui fucceda à l'empire, appella auprès de foi l'abbé Benoît à Aix-la-Chapelle, où il faifoit fa réfidence ordinaire. Il lui donna en Alface le monaftère de Maur ou Mormonfter près de Saverne, où il mit plufieurs moines de fon obfervance tirez d'Aniane. Mais l'empereur le trouvant encore trop éloigné de lui, l'obligea de mettre un autre abbé dans ce monaſtére, & de ſe rendre auprés de ſa perſonne avec quelques-uns de ſes moines. Il lui fit bâtir à deux lieues d'Aix un monaſtére que l'on nomma Inde, d'un ruiſſeau qui y coule, & il voulut qu'il y eût trente moines que Benoît choſit en diverſes maiſons. « Il commença donc à frequenter le palais & à « recevoir les requêtes qu'on préſentoit au prince. De peur de les oublier, il « les mettoit dans ſes manches, ou dans les manipules que les prêtres por- « toient encore ordinairement à la main, & l'empereur le foüilloit ſou- « vent pour prendre ces papiers & les lire. Il conſultoit Benoît non-ſeule- « ment ſur les affaires particulieres, mais encore ſur le gouvernement de « l'Etat. » Il lui donna l'inſpection de tous les monaſtéres de ſon royaume, comme il la lui avoit donnée autrefois ſur ceux d'Aquitaine; & ce fut par ſon ordre qu'il travailla à la reforme qui en fut faite l'an 817. *Fleury, Hiſt. ecclef., liv. 46.*

Par cette réforme, qui a pour titre Règlemens d'Aix-la-Chapelle, on réduiſit * tous les moines à une diſcipline uniforme; « car encore qu'en la « plûpart des monaſteres on fît profeſſion de ſuivre la règle de Saint Benoît, « il y avoit bien de la variété dans la pratique de ce qui n'eſt pas écrit, d'où « il arrivoit que l'on faiſoit paſſer les rélachemens pour d'anciennes coû- « tumes autoriſées par le tems, & que les moines même voiſins étoient « étrangers les uns aux autres. » PAGE 208.

Ce réglement, diviſé en prés de quatre-vingt articles, marque les heures & la maniere de l'office, du travail, du jeûne, des habits, de la nourriture, du dormir, de l'épreuve des novices, du ſoin des écoles & de la punition des fautes. L'empereur, qui confirma ce réglement, le fit obſerver par ſon authorité.

Mais Benoît pour aider davantages ſes réligieux fit un recueil de toutes les règles monaſtiques, connu ſous le nom de Code des régles, & diviſé en trois tomes, dont le premier contient les régles des moines d'Orient. Le ſecond celle des moines d'Occident. Le troiſième celles des religieuſes, à la fin duquel on voit un récueil des homelies ou traitez des SS. Peres les plus utiles pour l'inſtruction des réligieux. Le ſçavant M. Holſtenius, bibliotécaire du Vatican, les a donné depuis au public en 1663, par où l'on voit l'aplication infatigable de ce ſaint abbé pour la perfection de ſon ordre.

Dans ce même tems de l'aſſemblée d'Aix-la-Chapelle, Benoît obtint de l'empereur un ſoulagement conſidérable pour les pauvres communautez qui étoient obligées à differentes charges envers le roy. Les prémieres devoient des gens de guerre, des préſens & des prières au roy. Les ſécondes ne devoient que des préſens & des prières. Les dernieres devoient ſeulement des prières pour la perſonne du roy. On en fit une liſte qui eſt encore parmi les capitulaires, & dans le rang des dernieres qui ne devoient que des prières, on trouve marqué nommement les monafteres de St. Gilles de Pfalmoid, d'Aniane, St. Tiberi, Villemagne, qui font tous dans nos cantons, d'où l'on peut conclure de leur ancienneté.

Parmi les autres ouvrages qu'il fit pour l'inftruction de fes religieux, on marque la concorde de la régle, que don Hugues Menard de la congrégation de St. Maur, a donné depuis au public, où le faint abbé montre le raport & les convenances de la régle de St Bénoît avec les autres régles monaftiques : il leur laiffa auffi un Penitentiel, qui fe trouve imprimé dans l'addition des capitulaires, & plufieurs lui attribuent l'ordre de la Converfation monaftique, qu'on croyoit auparavant être de St. Benoît du Mont-Caffin.

Tant de travaux de corps & d'efprit, joints à fes aufteritez, le rendirent infirme fur les dernieres années de fa vie, durant lefquelles il ne voulut jamais ufer de la permiffion que la régle donne aux malades de manger de la viande. Enfin fes maux ayant augmenté dans le tems qu'il étoit au palais, quatre jours avant fa mort, l'empereur le fit tranfporter dans fon monaftère d'Inde, où il finit fes jours dans l'exercice continuel de la priére. Sa mort arriva le onziéme de fevrier 821, & la 71e année de fon âge.

Il fut cheri de l'empereur fon maître, eftimé de tous les grands hommes de fon tems, & régardé par tous les moines de France & d'Allemagne, comme leur pere. Theodulfe, evêque d'Orleans, dit qu'il fut, en France & en Allemagne, ce que le patriarche St. Benoît avoit été en Italie ; & le fçavant Alcüin fe lia d'une fi étroite union avec lui, & lui écrivit tant de lettres, qu'on en fit un récueil particulier.

Son corps fut enterré dans le monaftere d'Inde, apellé depuis St. Corneille, pape & martyr, fous le nom duquel il en avoit fait dédier l'églife. On y conferve encore foigneufement fes réliques, & l'on y fait fa fête le 12 de février qui fut le jour de fes funerailles ; mais à Aniane on la célébre le onze, qui fut celui de fa mort.

Ardon Smaragde, fon difciple, écrivit fa vie, que Bollandus a inferée dans les actes de la vie des faints du mois de fevrier, pag. 610. Voyez l'hiftoire ecclefiaftique de Fleury, livres 44, 45 & 46.

SAINT FULCRAND

EVÊQUE DE LODEVE.

Q UOIQUE le diocéfe de Lodeve aye lieu de fe glorifier de la naiffance de ce faint prélat, Montpellier auffi peut s'en faire honneur, tant parce qu'il tiroit fon origine par fa mere des premiers feigneurs de cette ville, aufquels il fucceda lui-même, que parce qu'il occupoit une des premieres places dans le chapitre de Maguelone lorfqu'il fut promû à l'epifcopat.

Les écrivains de fa vie nous aprennent que fa mere s'apelloit Euftrogie, qu'elle étoit fille des comtes de Subftantion, alors feigneurs de Montpellier, & qu'ayant fuccedé à tous les biens de fon pere, elle en tranfmit la poffeffion à fon fils & à fes deux filles, qui font célebres dans notre ville par la donation qu'elles en firent à l'églife de Maguelone.

Verdale, qui nous a confervé l'hiftoire de cette donation, s'en explique en ces termes : *Beatus namque Fulcrandus à Subftantionenfium comitum ftemmate maternum fanguinem ducens, Magalonenfis archidiaconus, gloriofiffimus poftmodum Lodovenfis epifcopus, iftarum frater fuiffe comprobatur.* Il renonça en faveur de fes fœurs à fes droits fur Montpellier pour être plus libre de fuivre l'heureux penchant qui le portoit à la vertu. Il paffa toute fa jeuneffe dans l'application à l'étude, dans la fuite des occafions qui peuvent corrompre les bonnes mœurs, dans la pratique de la mortification, qui eft d'un fi grand fecours contre les attraits du plaifir. Par de fi faints moyens, il fe difpofa à recevoir tous les ordres, qu'il prit fucceffivement fous la conduite de Thierry, evêque de Lodeve, qui avoit pris dès fon enfance un foin particulier de lui.

Ces heureufes difpofitions, jointes à la confideration de fa naiffance, le firent recevoir avec aplaudiffement dans le chapitre de Maguelone ; & de la dignité d'archidiacre qu'il y occupa, il y auroit été vraifemblablement élevé à une plus grande, fi la mort de Thierry n'avoit donné occafion au clergé de Lodeve de choifir Fulcrand pour remplir fa place. Les regrets furent les mêmes, tant de la part du chapitre de Maguelone que de la fienne ; il prit la fuite pour fe cacher & pour fe dérober à la recherche du peuple & du clergé de Lodeve ; mais ayant été découvert, il fut enlevé de force, comme on en voit bien des exemples dans l'hiftoire de l'églife, furtout dans le tems des élections ; & ayant été conduit à Narbonne, il y fut facré evêque par Aimeric, fon metropolitain, l'an 949.

La grace de fa vocation fe fit fentir toute entiere dès le commencement de fon pontificat, & Dieu lui donna des occafions éclatantes d'exercer fa charité envers les miferables, fa fermeté pour l'extirpation du vice, & fon zéle pour la difcipline & pour l'augmentation du fervice divin.

La pefte & la famine ayant fucceffivement affligé fon diocéfe, il fervit lui-même les malades ; & après avoir confommé tous fes révenus & vendu fes meubles, il engagea fon fonds & fit de grands emprunts, dont il acheta des troupeaux & du bled, qu'il fit venir du Roüergue.

Les grands du pays menant une vie fcandaleufe & tirannifans le peuple, il leur réfifta de toutes fes forces, & Dieu bénit fi heureufement fes travaux, qu'il n'eut fouvent befoin que de la priere pour les reduire ; car on raconte que ces petits tirans s'étant rendus maîtres du château de Gibret, & d'où ils mettoient tout * le pays à contribution, il fit faire une proceffion autour du château, en invoquant le nom de Dieu ; & au troifième tour qu'il eut fait, les murailles, comme autrefois celles de Jerico, croulerent à terre, ce qui ayant réduit les affiégez à la difcrétion du faint prélat, il fe contenta de les obliger à reftituer les voleries qu'ils avoient faites, & les exhorta à mieux vivre ; après quoi il fe trouva fort peu de gens qui ofaffent lui refifter ouvertement.

PAGE 210.

Cet heureux calme lui donna le tems & le moyen de bâtir fa cathédrale, qui depuis long-tems menaçoit ruïne ; il la recommença dépuis les fondemens, & la rendit beaucoup plus grande & plus belle qu'elle n'étoit auparavant. Le vicomte de Lodeve ayant voulu s'oppofer avec violence à l'élevation d'une grande tour qu'il voulut y ajoûter, le faint evêque qui, par la conceffion de nos roys, avoit toute jurifdiction dans la ville, fçut le reprimer & l'obliger de reparer les maux qu'il avoit fait à cette occafion ; l'ouvrage étant heureufement achevé, il en fit la confecration l'an 975, en prefence d'Aymery, archevêque de Narbonne, de Ricuin, evêque de Maguelone, & de Dieu-Donné, de Rodez, qu'il avoit invité à cette ceremonie.

Son zéle pour la difcipline ecclefiaftique lui fit fouhaiter d'avoir dans fa ville un monaftére de religieux, dont le bon exemple pût animer fon clergé : il y appella des moines de St. Benoît, à qui il bâtit & dota le monaftére de St. Sauveur, qui eft tout près de la cathédrale ; & pour fe les attacher plus particuliérement, il fe referva à lui & à fes fucceffeurs toute autorité fur eux & fur leur abbé. Les evêques de Lodeve ont confervé cette autorité durant plufieurs fiécles ; mais les religieux de St. Sauveur, en s'uniffant à ceux de St. Victor de Marfeille, ont prétendu en avoir toutes les immunités.

Le même zéle lui fit entreprendre la reforme du monaftére de Jaucelz, dans le diocéfe de Beziers, à trois lieües de la ville de Lodeve. L'ignorance & le relâchement qui regnerent dans ce fiécle & dans le precedent y avoient introduit le defordre & caufé la ruïne des bâtimens du monaftére : St. Fulcrand en chaffa les moines incorrigibles, y mit des nouveaux fujets qui donnoient des bonnes efperances, & il leur donna pour les conduire l'abbé Etienne, qui fe trouva très-digne de fon choix ; il fe lia une fi grande amitié entr'eux, qu'elle produifit à ce monaftére des dons confiderables de la part du faint evêque.

Comme la pauvreté eft fouvent auffi dangereufe que les richeffes, il voulut affurer à fon chapitre un revenu honnête, afin que la crainte de manquer du néceffaire ne détournât point les miniftres du fervice de l'églife. Dans ce deffein, il ajoûta aux benefices qu'ils avoient déjà un droit fur les autres benefices du diocéfe qui dure encore, & qu'on appelle *tierces*; c'eft une quantité de grain & de vin que le chapitre leve, tant fur les benefices de la manfe epifcopale que fur les prieurs particuliers, même fur l'ordre de Malthe. Des perfonnes chargées de la levée de ce droit m'en ont fait voir un état qui monte à fept cens cinquante-fept fétiers & demi de grain, & vingt-un muids de vin. Mr. Plantavit de la Pauze, dans la vie qu'il a écrite de fes predeceffeurs, evêques de Lodeve, affure que St. Fulcrand établit ce droit, & qu'il a toûjours été payé, quoiqu'il aye été bien onereux à fes fucceffeurs.

Ces fonctions exterieures d'un fidelle économe & d'un prélat zélé, ne diminuerent rien de la régle auftére qu'il s'étoit faite pour fa conduite particuliére : toutes les fêtes de Notre-Seigneur, des Apôtres, & durant tout le carême, il fervoit douze pauvres à fa table, & leur lavoit les pieds : il eut une fi grande attention à conferver le précieux don de la chafteté, qu'il ne fe permit jamais la moindre licence, & qu'il la prévint par des mortifications fecrettes, dont il avoit commencé l'ufage dès fa premiere jeuneffe.

Une marque celebre de fa délicateffe de confcience, & qui eft atteftée par tous les auteurs de fa vie, c'eft qu'ayant un jour ouï dire qu'un evêque de fa connoiffance avoit embraffé le judaïfme, il dit, dans l'indignation que cette apoftafie lui caufa, qu'il mériteroit d'être brûlé ; & ayant apris enfuite que les diocéfains de cet evêque l'avoient fait perir par le feu, il craignit que ce qu'il avoit dit fans deffein ne fût caufe de fa mort : fon regret en fut fi grand, qu'il alla * à Rome pour en avoir l'abfolution ; & lorfqu'il fut aux portes de la ville, il fe ferra les côtez d'épines, & fe fit fuftiger le long des

PAGE 211.

ruës jufqu'à l'églife de St. Pierre ; fa crainte lui faifant encore regarder fa penitence comme infuffifante, il fit par trois fois le même voyage, où il ne ceffa de donner des nouvelles marques de penitence & de charité.

Dieu parut en être fatisfait par le don de miracles qu'il lui accorda, dont on peut voir le détail dans les ecrivains de fa vie ; un des plus fenfibles eft la confervation de fon corps que l'on trouva fix vingts ans apres fa mort, auffi entier que le jour où elle arriva ; il fe conferva toûjours au même état jufqu'en 1571, où les huguenots s'étant faifis de Lodeve, le retirerent de fa châffe & le jetterent au feu ; l'integrité de fon corps étoit fi fort reconnuë, qu'elle paffa en proverbe ; & dans ce pays où les comparaifons font fort ordinaires dans la bouche du peuple, on difoit en parlant d'un homme vivant : il eft en chair & en os comme St. Fulcrand de Lodeve. Il mourut le treizième de février l'an mille & fix dans la cinquante-feptiéme année de fon pontificat.

L'églife de Montpellier, qui eft la même que celle de Maguelone d'autrefois, en fait l'office double comme d'un faint qui lui eft propre, & celle de Lodeve chante des hymnes particuliers pour lui, où j'ay remarqué deux mots qui font l'éloge d'une perfonne conftituée en dignité, *& præfuit & profuit*. Il fut inhumé dans fon églife cathédrale qu'il avoit fait bâtir et confacrée en l'honneur de St. Geniez d'Arles, martyr, & qui depuis a été apellée de fon nom St. Fulcrand.

F. GUILLAUME DE MONTPELLIER
RELIGIEUX DE CITEAUX.

DANS l'abrégé que j'ai donné de la vie de Guillaume, fils d'Ermenfende, je me fuis réfervé à parler, fur la fin de cet ouvrage, des vertus qu'il pratiqua dans l'ordre de Cîteaux où il mourut en odeur de fainteté.

Vitæ fti Bernardi, liv. V.

Je commencerai de dire en me fervant des propres paroles de l'auteur de la vie de St. Bernard, que frere Guillaume ne fut pas moins illuftre dans le cloître qu'il l'avoit été dans le monde : *Frater Guillemus de Montepeffulano (cujus & fupra fecimus mentionem) magnificus in fæculo fuit, fed magnificentior in fæculi fuga.*

A peine eût-il quitté sa famille pour se retirer comme il fit en 1147 dans l'abbaye de Gransfelve, ordre de Cîteaux, diocése de Touloufe, qu'il s'attacha plus particuliérement à la pratique de la pauvreté & de l'humilité chrêtienne. Les personnes experimentées dans les voyes du salut sçavent combien ces deux vertus servent à nous détacher du monde & à nous rapprocher de Dieu. Le frere Guillaume y fit un si grand progrès, que l'auteur que j'ai déjà cité, & qui fut son contemporain, fait son caractére par ces deux vertus chrétiennes & religieufes. *Olim Montispessulani dominus, nunc verus Christi pauper & humilis degit in cœnobio quod Grandissilva vocatur.* Il s'y occupoit (comme avoit fait St. Guillaume, duc d'Aquitaine, dans St. Guillem du Défert) aux offices les plus bas de la maifon; & se bornant à la seule pratique de la vertu sans vouloir acquerir de plus grandes connoiffances, il se contenta (comme on le remarque) de sçavoir ces deux mots latins : *Ave Maria.* Guill. de Baldæ.

Sa candeur & fa simplicité chrétienne lui attirerent l'eftime & la confiance de tous les gentilshommes de son voifinage, & c'eft de l'un d'eux qu'il apprit un miracle fait en fa faveur par St. Bernard, de la maniére que l'auteur de fa vie le rapporte en ces termes : Liv. 8, qui eft 47, pag. 2010, cap. 1.

* « Je ne doute point, dit-il, qu'un grand nombre de personnes ne con- PAGE 212.
« noiffent la réputation du vénérable frere Guillaume qui, après avoir été
« feigneur de Montpellier, eft maintenant un veritable pauvre de J. C. dans
« le monaftere de Gransfelve.

« Il nous a raconté lui-même ce qu'il a appris de la propre bouche de
« celui à qui la chofe que nous allons raconter eft arrivée.

« Dans la ville d'Auch, metropole de la Gafcogne, il y avoit un homme
« de guerre qui étoit obligé de garder le lit à caufe d'une fi grande dou-
« leur qu'il fentoit de la ceinture en bas, qu'il étoit comme demi-mort de
« cette partie du corps; en cet état ayant penfé à fes pechez & prenant con-
« fiance en Dieu, il ordonna à fes gens de l'apporter à quelque prix que ce
« fût auprès de St. Bernard, dont la réputation étoit répanduë partout aux
« environs; il étoit déjà en marche depuis quelques jours, & il n'avoit
« pas moins avancé dans la foi & dans la dévotion, lorfque le bon Dieu,
« ayant pitié de lui, voulut le guerir de fon infirmité & lui épargner une
« plus grande fatigue, car un inconnu s'étant préfenté à lui dans fon che-
« min, & lui ayant demandé qui il étoit, où il alloit, & quel étoit le motif
« de fon voyage : Je vous ordonne, lui dit-il, de la part du faint que vous
« allez trouver de vous en retourner chez vous, fçachant certainement que
« vous ferez gueri dès que vous aurez mis le pied dans votre maifon.
« Alors Dieu, qui eft le maître de toutes chofes & de nos cœurs, perfuada

« au malade d'ajoûter foi aux paroles de cet homme. Il rebrouffa chemin, « & à mefure qu'il approchoit de fa maifon il fe fentoit foulagé, de forte « qu'à peine il y fut arrivé qu'il reçut une guerifon parfaite. »

On peut inferer d'un autre endroit du même auteur que frere Guillaume refta quelque tems avec St. Bernard, auprès duquel il fe fortifia dans la pratique de toutes les vertus dont ce faint fut fans contredit un des plus grands modéles de fon tems.

Vita fti Bernardi, pag. 1049, liv. 5.

« Le frere Guillaume de Montpellier s'étant fait moine dans l'abbaye de « Granfelve, alla vifiter par un grand fentiment de dévotion le St. pere Ber- « nard ; mais lorfqu'il fallut le quiter, il ne put s'empêcher de verfer des « larmes en fe plaignant tendrement de ce qu'il ne le verroit jamais plus ; « à quoi l'homme de Dieu, touché de fa plainte, lui répondit : ne craignez « point, je vous affûre que vous me verrez encore une fois. Confolé de « cette promeffe, il en attendoit les effets par tous les exercices d'une véri- « table dévotion, lorfque la même nuit que le bienheureux pére mourut à « Clairvaux, il apparut à frere Guillaume, & l'appellant par fon nom, il lui « commanda de le fuivre. Ravi de joye à cette voix fi refpeétable, il lui « fembla qu'ils s'en alloient tous deux vers une haute montagne, & que « lorfqu'ils furent au pied, le faint lui demanda s'il connoiffoit le lieu où « ils étoient arrivez ? Et comme il lui eut répondu qu'il n'en fçavoit rien, le « faint réprit : nous fommes au pied du mont Liban, arrêtez-vous y tandis « que je monterai au haut de la montagne. Et pourquoi (lui dit-il), mon « pere, voulez-vous y monter tout feul, & me laiffer privé de votre com- « pagnie ? C'eft pour apprendre, lui fut-il répondu. Pour apprendre, répar- « tit-il tout étonné, eh que voulez-vous apprendre, vous que tout le monde « dit n'être fecond à perfonne dans les fçiences ? Frere Guillaume (inter- « rompit le faint), il n'y a point ici bas de fcience, il n'y a point de con- « noiffance affûrée du vrai, mais la plenitude de la fçience, & la connoif- « fance certaine de la vérité font en haut. » En achevant ces paroles il s'éloigna de lui, & le frere Guillaume, en le fuivant des yeux, le vit élevé jufqu'au haut de la montagne ; alors il difparut à fes yeux, & frere Guillaume en fut fi affligé que la douleur qu'il en reffentit le fit éveiller. Et auffi-tôt la premiere penfée qui lui vînt fut cette parole que St. Jean oüit autrefois : Bienheureux les morts qui meurent dans le Seigneur.

Auffi-tôt qu'il pût parler le matin à fon abbé & à fes freres, il leur raconta fa vifion, & ne put s'empêcher de leur dire qu'il falloit que leur St. Pere fût mort. Ils attendirent des nouvelles plus certaines, & après les avoir reçûës, ils trouverent que les chofes étoient arrivées comme frere Guillaume leur avoit dit.

Le ménologe de l'ordre de Cîteaux met fa mort au neuvième d'avril fans en marquer l'année, & dit de lui : *Ita vitam inſtituit ut vivens egregiis vir-* PAGE 213. *tutibus, mortuus crebris miraculis clarus effulſerit.*

Le pere dom Chriſtophle Butkens, coadjuteur de St. Sauveur d'Anvers, a dreſſé une carte généalogique des descendans de ce ſaint homme, où l'on voit tous les roys d'Aragon venir de lui par la reine Marie de Montpellier, ſon arriere petite-fille, & les roys de France, par Iſabelle, fille de Jacques le Conquerant, & épouſe de Philippe le Hardy.

BERNARD LE PENITENT

LA vie de ce ſaint homme, qui renouvella de ſon tems les plus grandes auſteritez des anachoretes, a été écrite par un auteur contemporain, raportée au long dans Bollandus au ſecond tome du mois d'avril. On en voit encore un abrégé dans le ménologe de l'ordre de St. Benoît, écrit par Gabriël Bucelin, & augmenté enſuite par dom Hugues Menard.

Ils conviennent tous qu'il étoit né aux environs de Montpellier : *civis Magalonenſis e confinio Montiſpeſſulani ;* & la choſe paroît clairement par les lettres qu'il prit de ſon evêque avant que de commencer les longs pélerinages qu'il entreprit par un eſprit de pénitence.

Ces lettres, qui nous rapellent l'ancienne diſcipline de l'égliſe, ont été conſervées par l'hiſtorien de ſa vie ; & j'ai crû devoir ici les raporter au long, tant comme un monument reſpectable que comme un éclairciſſement pour la vie de ce ſaint.

Joannes Dei gratia Magalonenſis epiſcopus, omnibus eccleſiæ catholicæ rectoribus, ſubjectis æternam in Domino ſalutem. Notum ſit vobis omnibus, quod Bernardo præſentium litterarum latori talem pænitentiam pro peccatis ſuis horribilibus injunximus. Quod uſque ad ſeptem annos nudis pedibus incedat. Camiſiam non ferat omnibus diebus vitæ ſuæ. Quadraginta dies ante natale Domini in cibis quadrageſimalibus jejunet. Quarta feria à carne & ſanguine abſtineat. Sexta feria præter panem & vinum nihil comedat. In omni ſexta feria quadrageſimæ & quatuor temporum præter aquam nihil bibat. Omni ſabbato exceptis ſolemnibus diebus & niſi ægritudo interceſſerit a carne & ſaginine abſtineat. Quapropter clementiam veſtram ſupliciter exoramus quatenus pro remedio animarum veſtrarum præfatum pænitentem quia pauperrimus eſt in veſtibus & victualibus, miſericorditer ſuſtentetis. De pænitentia etiam fibi injuncta, fecundum quod ratio exigit benigne relaxetis. Anno ab incarnatione Domini, millefimo centefimo feptuagefimo. Ufque ad feptem annos tantùm valeat.

Il paroît par ces lettres qu'il fut obligé, par fa penitence, de marcher nudspieds durant fept ans ; de ne porter point du linge ; de faire un carême particulier de quarante jours avant les fêtes de Noël ; de s'abftenir tous les mercredis de chair & de graiffe ; de fe contenter tous les vendredis ordinaires du pain & du vin, mais de ne boire que de l'eau dans ceux du Carême & des Quatre-Tems. Quant aux famedis, fauf le cas de maladie & les fêtes folemnelles, on l'oblige, comme le mercredi, à fe priver de l'ufage de la viande.

L'hiftoire ne marque point quels furent les horribles pechez qui lui attirerent une fi rude penitence : l'auteur fe contente de dire qu'il avoit eu part au meurtre d'un feigneur de fon voifinage qui oprimoit fon peuple, & que du refte, il n'avoit commis aucun crime infamant. Cependant, comme tout véritable penitent augmente fes fautes plûtôt que de les diminuer, il voulut paffer pour avoir commis des pechez horribles, & être traité comme tel. Il reçut donc de fon evêque les lettres que j'ai raportées ; & étant parti de Maguelone l'an 1170, il commença de longs & grands pelerinages, felon le goût que les croifades avoient déjà introduit * parmi les chrétiens de l'Europe. On marque qu'il fut trois fois à Jerufalem, & qu'à la faveur des conquêtes que les croifez avoient faites dans la Mefopotamie jufqu'à Edeffe, il pouffa plus avant pour vifiter le tombeau de St. Thomas, apôtre. Après avoir employé plufieurs années à ces longs & rudes voyages, il vint (comme on croit), par Conftantinople & par l'Allemagne jufques en Flandres, où il s'arrêta à St. Omer auprès de l'abbaye de Saint Bertin, où un faint homme, nommé Guillaume, l'invita de paffer le refte de fes jours.

PAGE 214.

Bernard y augmenta fes aufteritez & fon affiduité à la prière, car fon hiftorien rapporte que, non content de jeûner trois fois la femaine au pain & à l'eau, & de faire quatre carêmes chaque année, de quarante jours chacun, il portoit fur fa chair nuë cinq petites chaînes de fer, & par-deffus un cilice couvert d'une cuiraffe ou côte de maille, à l'exemple de plufieurs autres faints penitens, dont l'hiftoire ecclefiaftique nous a confervé la mémoire. Tout fon tems étoit employé à la priere dans les églifes, où on ne le vit jamais s'affeoir, quoiqu'il s'y rendît le premier & qu'il en fortît prefque toujours le dernier ; encore s'arrêtoit-il à prier hors de la porte lorfqu'il étoit obligé d'en fortir : & pour fon délaffement, il nettoyoit les avenuës de l'églife & ramaffoit les cailloux qui s'y trouvoient pour les aller porter ailleurs.

Cette grande dureté pour fon corps lui fit rejetter les foulagemens qu'il auroit pu trouver dans le tems de la douleur, car fon hiftorien, qui fut té-

II. Partie. Livre septiéme.

moin oculaire de la plûpart de ses actions, raporte que ses vieux haillons, lui ayant causé de grandes pourritures, il n'en voulut jamais changer, & ses pieds s'étant fendus du froid pendant l'hyver, il y mit de la cire fonduë. Une autre fois, étant tombé dans la neige en allant visiter le reclus de St. Michel hors la porte de St. Omer, il revint sans sécoüer la neige dont ses habits étoient remplis, & la laissa fondre sur son corps. C'est ainsi qu'on remarque encore qu'en été il demeuroit dans les lieux les plus chauds, & en hyver dans les plus froids ; & pour rendre sa couchette moins commode, il la semoit de petites pierres sur lesquelles il prenoit son sommeil.

La sobrieté où ses jeûnes l'engagerent lui faisant trouver du superflû dans les aumônes qu'il recevoit, il alloit lui-même les distribuer aux pauvres ; & on marque qu'il ne s'en réserva que pour acheter un psautier, avec lequel il alloit aux écoles des clercs, où il aprenoit tous les jours à lire quelque chose, de sorte qu'il parvint bien-tôt à le lire tout entier.

Une vie si peu ordinaire ne pouvoit durer long-tems. Il eut un pressentiment comme certain qu'elle devoit finir bien tôt ; ce qui l'obligea d'aller dire adieu au reclus de St. Michel, avec qui il étoit uni d'une sainte amitié ; & étant venu au monastére de St. Bertin, il demanda de mourir dans l'habit réligieux, ce qu'on lui accorda ; en cet état, il rendit son âme à Dieu le 29 d'avril 1182, & le douziéme de sa pénitence.

L'odeur de sa sainteté se répandit si fort dans le pays, qu'il accourut d'abord à son tombeau une grande quantité de malades, & les guerisons miraculeuses qui s'y firent furent en si grand nombre, que l'abbé Simon, quatre mois après la mort du saint, fit rétirer son corps de la chapelle de Ste. Catherine, où il avoit été inhumé, pour le mettre dans un mausolée qu'il lui fit dresser dans l'église. Le concours du peuple augmenta si fort, & les graces que Dieu accordoit par son intercession furent si connuës, que les réligieux de l'abbaye crûrent devoir conserver à la postérité la mémoire de ce saint homme : ils chargerent un d'entr'eux d'écrire sa vie & de récueillir les miracles qui s'étoient faits à son tombeau ; il en raporte plus d'une quarantaine, dont quelques uns arriverent durant sa vie, & les auteurs qui ont écrit après lui n'ont pas hesité de lui donner le nom de saint & de bienheureux, comme on peut voir dans Molanus, Lemire, Rosveide, Ferrarius, Saussay, & dans es ménologes de l'ordre de St. Benoît.

LE B. PIERRE DE CASTELNAU
LEGAT DU SAINT SIEGE ET MARTYR A SAINT GILES.

L'HOMME apoſtolique dont j'ai à parler perit au commencement des troubles que les Albigeois cauſerent dans le Languedoc, peu avant que les croiſez entraſſent dans cette province, & ſa mort fut comme le ſignal qui y attira leurs armes.

Hiſt. eccl., l. 76, n. 12.

Nous apprenons de Bollandus, cité par Mr. Fleury, que Pierre de Caſtelnau avoit été cet archidiacre de Maguelone, qui donna ſujet à cette décretale dont j'ai parlé dans la vie de Guillaume de Fleix. Le voyage qu'il fit à Rome à cette occaſion le fit connoître au cardinal Lothaire, qui fut depuis Innocent III, car ce pape lui en rapelle le ſouvenir dans une lettre qu'il lui écrivit dès la première année de ſon pontificat, 1198. *Cujus facti nos in minori tunc officio conſtitutos habuiſtis in veſtris quæſtionibus auditores.* Pierre de Caſtelnau fut, quelque temps, après renvoyé à Rome pour les interêts de ſon evêque, comme la même lettre nous l'apprend *cum tunc apud ſedem : apoſtolicam pro epiſcopo morareris*, & étant revênu à Maguelone, il s'y employa durant toute l'année 1199 aux affaires de ſon égliſe, comme nous l'avons raporté dans le corps de cet ouvrage.

Bolland. V, mars, tom. 6, pag. 411.

La grande odeur de ſainteté que répandoit alors la réforme nouvellement établie par S. Bernard porta Pierre de Caſtelnau à l'embraſſer & à quitter Maguelone, pour ſe retirer dans l'abbaye de Fontfroide, diocéſe de Narbonne. Il y reſta quelque peu d'années, après leſquelles le pape Innocent III, qui avoit beſoin d'ouvriers evangeliques, le tira de ſa ſolitude pour l'opoſer aux progrès des Albigeois. Il lui donna en 1204, & à Raoul, moine de la même abbaye, l'autorité de ſes légats; & peu après il leur joignit Arnaud, abbé de Cîteaux. Ces nouveaux legats firent à Touloufe, à Narbonne & à Beziers ce que nous avons raconté dans le troiſième livre de cette hiſtoire, mais étant rebutez du peu de ſuccès de leur miſſion, ils étoient prêts à la quitter, lorſque l'evêque d'Oſma, Diego de Azebes, paſſant à Montpellier en 1206, les encouragea en s'offrant pour travailler avec eux. Ils le mirent à leur tête & partirent enſemble pour Carman ; c'eſt à l'occaſion de ce départ que l'ancien traducteur de Valſernay nous apprend le lieu de la naiſsance de Pierre de Castelnau. L'evêque Oxonien, dit-il, renvoya toute sa famille, ne se reservant qu'un seul compagnon (c'est St. Dominique) avec les deux moines souvent nommez Pierre de Castelnau & Raoul, enfans de Montpellier.   *Arnaud Sosbix, prieur de Montech, chap. V.*

Ils revinrent de Carman à Beziers ; & Pierre de Castelnau en étant parti pour Carcassonne avec F. Raoül, ils s'attirerent la haine des Albigeois après une conference publique qu'ils eurent à Montreal durant quinze jours, où ils confondirent ceux que ces herétiques apelloient leurs croyans ; la honte que ceux-ci en eurent, jointe à la protection qu'ils se sentoient de la part de Raymond, comte de Toulouse, & de Roger, comte de Foix, les porta à tout entreprendre contre les missionnaires. On craignit beaucoup pour Pierre de Castelnau à qui ils en vouloient le plus, ce qui fit qu'on lui conseilla de se retirer en Provence, pour y réünir la noblesse du pays, & avec le secours de ceux qui avoient juré la ligue, purger d'herétiques la province de Narbonne.

Le comte de Toulouse s'y oposa de toutes ses forces jusqu'à ce qu'il fut obligé d'accepter la paix, tant par les guerres que lui firent les nobles de Provence, que par la sentence d'excommunication que Pierre de Castelnau porta contre lui. Alors il jura la paix & la jura plusieurs fois, mais il ne l'observa pas ; de sorte que Pierre lui reprocha en face ses parjures avec un courage intrepide ; car, au lieu de craindre la mort, il disoit : « L'affaire de Jesus-Christ ne réüssira jamais en ce pays jusqu'à ce que quelqu'un de nous autres prédicateurs meure pour la défense de la foy, & Dieu veüille que je sois la première victime du persecuteur. »   *Page 216.*

Hist. des albigeois, chap. 64.

Enfin, le comte, usant de ses artifices ordinaires, apella les legats à St. Gilles, promettant de les satisfaire sur tous les chefs dont il étoit accusé ; il témoigna même vouloir bien recevoir leurs avis, mais peu après il les rejetta absolument, & sachant qu'ils vouloient se retirer de la ville, il les menaça publiquement de mort, disant que, quelque chemin qu'ils prissent par eau ou par terre, il les feroit épier soigneusement.

L'abbé de St. Gilles, les consuls & les bourgeois, n'ayant pû adoucir la fureur du comte, conduisirent malgré lui les legats au bord du Rhône, où ils coucherent à cause de la nuit, sans s'apercevoir qu'ils étoient suivis de deux hommes envoyez par le comte. Le lendemain matin, les legats ayant dit la messe à leur ordinaire se preparoient à passer la rivière, quand un de ces hommes donna un coup de lance à Pierre de Castelnau, au bas des côtes. Pierre le regarda & lui dit : « Dieu veüille vous le pardonner comme je vous le pardonne, » ce qu'il repeta plusieurs fois, & mourut peu après, priant toûjours avec ferveur.

Sa mort eut des fuites très-funeftes pour le comte de Touloufe que je ne dois pas raporter ici; mais je ne puis fuprimer l'éloge que fait le pape Innocent III de ce bienheureux martyr, comme il l'apelle lui-même dans une lettre circulaire qu'il écrivit aux archevêques & evêques des provinces d'Arles, d'Embrun, de Vienne, d'Aix & de Narbonne. Elle eft datée de Rome du 9 mars 1208, ce qui montre que le B. Pierre de Caftelnau devoit avoir été tué au plûtard dans le mois de fevrier, quoique l'églife honore fa mémoire le cinquième jour de mars.

<small>Epit. 26, liv. 11, collection de Baluze.</small>

Sane rem audivimus deteftabilem, & in communem luctum generalis ecclefiæ deducendam. Quod cum fanctæ memoriæ frater Petrus de Caftronovo, monachus & facerdos vir inter viros utique virtuofos, vita, fcientia & fama præclarus, ad evangelifandum pacem & aftruendam fidem in eamdem provinciam à nobis cum aliis deftinatus, in commiffo fibi minifterio laudabiliter profeciffet & proficere non ceffaret, quippe qui plene in fcola Chrifti didicerat quod doceret, & eum qui fecundum doctrinam & fidelem fermonem eft, in fana poterat exhortari doctrina, & contradicentes revincere. Paratus femper omni pofcenti reddere rationem, ut pote vir in fide catholicus, in lege peritus, & in fermone facundus concitavit adverfus eum diabolus miniftrum fuum comitem tolofanum qui, &c. Le Pape raconte enfuite tout ce que nous avons déjà dit de fa mort, & dans les mêmes circonftances.

<small>Hift. des albigeois, chap. 12.</small>

Valfernay ajoûte que le corps de Pierre de Caftelnau, qui avoit été mis dans l'églife baffe de St. Gilles, en ayant été tiré long-temps après pour être transféré dans la haute églife, il fut trouvé auffi fain & entier que s'il avoit été enterré le même jour, & qu'il fortit une odeur admirable de fon corps & de fes habits, *miri etiam odoris fragantia de corpore fancti & veftibus emanarit.*

<small>PAGE 217.</small>

GUY DE MONTPELLIER
FONDATEUR DES HOSPITALIERS DU S. ESPRIT.

JE commence cet article par le témoignage de l'auteur qui a le plus écrit contre l'hôpital du St. Efprit de Montpellier en faveur de celui de Rome, à l'occafion de la qualité de chef d'ordre, difputé dans le dernier fiécle entre les deux commandeurs de ces deux maifons : c'eft

F. Pierre Saulnier, profez de la maifon de Rome, dans fon livre *de Capite ordinis Sancti-Spiritus*, imprimé à Lyon en 1649, in-4°.

Il reconnoît dans tout fon ouvrage que Guy, de la maifon des feigneurs de Montpellier, a été le fondateur de fon ordre, & il nous le fait connoître par l'abregé de fa vie qu'il a mis à la tête des premiers maîtres du St. Efprit, dont il nous donne la lifte au chapitre fixième, §. 2.

Page 32.

« Le premier de tous (dit-il) eft Guy : françois de nation & natif de
« Montpellier, homme de noble extraction, & qui avoit le titre de comte.
« Il étoit fort riche des biens de la fortune, mais il devint plus illuftre par
« les dons de la fageffe chrêtienne. Rempli de foi & de charité, il cherit fi
« fort les pauvres qu'il les regarda comme fes feigneurs, les cultiva comme
« fes protecteurs, les aima comme fes freres, les foigna comme fes enfans,
« & les refpecta comme les images de Jefus-Chrift. Il érigea dans Mont-
« pellier, ville célèbre du Languedoc, un hôpital pour les pauvres, & il
« inftitua pour les fervir un ordre régulier fous l'invocation du St. Efprit. Il
« reçut tant de fecours d'une fi haute protection que plufieurs villes s'empref-
« ferent delui demander des enfans de fon ordre, qu'il envoya dans plufieurs
« endroits de la France, & jufques à Rome même, où Innocent III, l'un des
« plus dignes papes qui ayent porté ce nom, donna, dès la première année
« de fon pontificat, deux bulles en fa faveur. »

Dans la première, adreffée à tous les archevêques, evêques & prélats de l'églife, il dit qu'ayant apris par le témoignage certain de plufieurs perfonnes, que dans l'hôpital fondé à Montpellier par les foins de frere Guy,

Epit. 95, liv. 1, collection de Baluze.

« *hofpitale Sancti-Spiritûs quod apud Montepeffulanum dilecti filii fratris Guido-*
« *nis follicitudo fundavit,* on donne à manger à ceux qui ont faim, on vêtit
« les nuds, on foigne les malades, & l'on pourvoit aux indigens, de forte
« que le maître de l'hôpital avec fes freres ne font pas tant les intendans
« des pauvres que leurs propres ferviteurs. » Il prie les evêques de leur laiffer bâtir des maifons, des églifes & des cimetieres pour leur famille, & d'établir dans leurs oratoires des prêtres pour les fervir.

Par la feconde bulle du vingt-troifième avril de la même année 1198, adreffée à Guy & à fes frères, *Guidoni fundatori hofpitalis Sancti-Spiritûs ejuf- que fratribus tam præfentibus quam futuris regularem vitam profeffis in perpetuum,* il leur dit « qu'il prend fous la protection de St. Pierre & la fienne,

Epift. 97.

« l'hôpital du St. Efprit de Montpellier, où ils fe font dévoüez au fervice
« de Dieu, avec toutes fes dépendances, maifons, terres, vignes, jardins,
« *& omnia quæ in territorio Montifpeffulani & in locis circum adjacentibus pof-*
« *fidetis;* » fçavoir : la maifon que vous avez à Marfeille, à Milhau, au cap de Male-Vieille, au bourg St. Julien de Brioude, à Barjac, à Argentiere, en la

cité de Troyes, & à Rome, près Ste-Marie au-delà du Tybre, & à Ste. Agathe à l'entrée de la ville de Rome, avec toutes les dependances de ces maifons.

PAGE 218.
«*Voulant & ſtatuant que toutes les maiſons que vous avez maintenant, « & que vous pourrez acquerir, ſoient ſoumiſes pour toûjours à celle de « Montpellier & à vous frere Guy & à vos ſucceſſeurs. » *Prædicto hoſpitali Sti. Spiritus Montiſpeſſulani & procuratores eorum tibi fili Guido & ſucceſſoribus tuis perpetuo ſubjacere debeant & humiliter obedire, & correctionem tuam & ſucceſſorum tuorum recipere humiliter & ſervare.*

« Il leur donne permiſſion d'avoir un cimetiere pour leur famille du « conſentement des ordinaires.

« De bâtir des oratoires qui feront deſſervis par des prêtres inſtituables « ſur leur préſentation & deſtituables par les evêques des lieux.

« De recevoir les perſonnes qui, ſe retirant du ſiécle, voudront entrer « parmi eux, avec défenſe de les quitter à tout frére qui aura fait profeſſion « d'en ſortir.

« Il veut que le ſaint crême & les ſaintes huiles leur ſoient fournis gra- « tuitement par les evêques. Donné à St. Pierre le IX des kal. de may l'an « de l'Incarnation 1198 & le premier de ſon pontificat. »

Quatre ans après (je reprends les paroles de Saulnier) « le pape Innocent « III appela Guy à Rome avec pluſieurs de ſes freres pour prendre ſoin de « l'hôpital Ste Marie, *in Saxia*, qu'il avoit deſtiné pour les enfans trouvez & « pour les malades. Il fut ſi ſatisfait du bon ordre qu'ils établirent dans « cette maiſon, qu'il réſolut de l'unir à celle de Montpellier, ce qu'il fit par « une bulle de l'an 1204, adreſſée à frere Guy, à qui il donne le titre de

Page 23.
« maître des hôpitaux de Rome & de Montpellier : *Guidoni magiſtro hoſpi- « talium Stæ. Mariæ in Saxia & Sancti-Spiritus in Montiſpeſſulano*, où il lui dit « que, puiſque par la grace de Dieu l'hoſpitalité fleurit ſi fort dans l'hôpital « de Montpellier, il l'unit, du conſeil des cardinaux, à celui de Rome, *illud « iſti & iſtud illi de conſilio fratrum noſtrorum unimus*, afin que celui de Rome « ſerve à celui de Montpellier, par la proximité qu'il aura du pape, dont il « pourra lui ménager la protection. *Quanto vicinius nobis exiſtens defenſionem « noſtram illi facilius poterit implorare*. Et celui de Montpellier ſervira celui de « Rome par les bons miniſtres qu'il lui fournira, d'autant que les ſujets « qu'on y éleve ſont beaucoup plus propres aux fonctions de l'hoſpitalité, « *quanto perſonæ converſantes in illo, ad hoſpitalitatis ſunt officium aptiores.* »

Ces paroles d'un ſi grand pape font l'éloge de la maiſon du St. Eſprit de Montpellier & de Guy, ſon fondateur, qui gouverna les deux maiſons de Rome & de Montpellier juſqu'à ſa mort, arrivée à Rome l'an 1208. Nous

aprenons cette circonftance de la lettre qu'Innocent III adreffe aux freres
des hôpitaux du St. Efprit de Rome & de Montpellier, & qui commence :
Defuncto Romæ felicis memoriæ Guidoni qui veftrorum hofpitalium primus extitit *Epit. 104, liv. X,*
collection de Baluze.
inftitutor & rector. « Il leur dit que des freres de l'hôpital de Montpellier &
« de Rome l'étant venus trouver à Anagnie il a ftatué de leur confente-
« ment comme chofe trés-convenable, que le chef-lieu de leur ordre foit à
« perpetuité à Rome dans l'hôpital du St. Efprit *in Saxiâ*, de forte que le
« recteur de cette maifon foit le fuperieur de tous les freres de l'ordre tant
« préfens qu'à venir, & que tous foient tenus de lui rendre l'obéïffance & le
« refpect porté par leur régle.

« Et parce qu'il faudra procéder à l'élection d'un recteur de l'hôpital de
« Montpellier, on le fera dorénavant de l'avis & confentement de celui de
« Rome; c'eft pourquoi (ajoûte-t-il), en confequence de la préfente con-
« ftitution, nous avons fait élire pour grand recteur de l'hôpital du St.
« Efprit *in Saxiâ*, nôtre bien aimé fils frere Pierre de Granier par l'avis &
« confentement duquel on élira le recteur de l'hôpital du St. Efprit de
« Montpellier, & nous vous avertiffons par ces lettres apoftoliques de gar-
« der inviolablement, vous & vos fucceffeurs, ce que nous venons d'établir
« pour l'utilité de votre ordre : laiffant en leur vigueur les priviléges que
« nous avons déjà accordez à chacune des deux maifons. Donné à Anagnie
« le 8 de juin & l'an onziéme de nôtre pontificat, c'eft-à-dire 1208. »

Il faut que cette derniere bulle n'ait pas été connuë de frere Nicolas Gautier, qui écrivit en 1655 la défenfe du chef de l'ancien ordre des hofpitaliers
du St. Efprit de Montpellier contre frere Pierre Saulnier, qui avoit écrit en
1649 fon livre de *capite ordinis Sancti Spiritûs*, puifqu'ils ne font mention ni
l'un ni l'autre* de cette bulle de 1208 qui paroît decifive, & que frere Saul- Page 219.
nier, dans la lifte des chefs de fon ordre, a oublié ce Pierre de Granier
choifi par Innocent III pour fucceffeur immédiat de frere Guy de Montpellier.

Je diray dans l'article de l'hopital du St. Efprit de Montpellier ce que nous
avons de plus certain fur cette maifon, les difputes qui fe font élévées à ce
fujet dans le dernier fiécle. Mais il me refte, pour l'article préfent, à éclaircir
les qualitez de laïque & de comte qu'on donne à frere Guy, fon fondateur.

Quant à l'état de laïque qu'il voulut toûjours garder, la chofe n'eft pas
extraordinaire dans l'églife, puifque nous lifons la même chofe de St. Pa-
côme, de St. Benoît, de St. François & de Gafton de Vienne, qui ne voulurent jamais être promûs à l'ordre de prêtrife, quoiqu'ils fuffent fondateurs
de differens ordres religieux ; & on n'ignore point que les fept premiers
généraux de l'ordre de la Mercy furent pris d'entre les chevaliers laïques,
qui, avec les clers, formoient tout le corps de cet ordre.

La qualité de comte que M. l'abbé Fleury lui réconnoit, & que frere Saulnier a mis au bas de son portrait en ces termes : *Guido ex comitibus Montispessulani,* pourroit souffrir quelque difficulté, parce que les seigneurs de Montpellier n'ont jamais pris la qualité de comte ; & Gariel s'en fait une autre de ce qu'il ne trouve dans la famille des seigneurs de Montpellier aucun Guy qui aye pû fonder cet ordre en 1144, où le *Monasticon Sti. Augustini,* marque cette fondation ; mais, sans vouloir décrediter le *Monasticon,* qui pourroit bien s'être fait honneur de quelques ordres qui ne lui apartiendroient pas, je me contente de lui opposer la bulle d'Innocent III, adressée à Guy en 1204, qui ne peut pas laisser croire qu'il eût fondé son ordre soixante ans auparavant ; mais nos regîtres éclaircissent mieux la chose, en marquant, comme ils font, que Guillaume, evêque de Maguelone, & Guillaume, seigneur de Montpellier, concoururent tous deux à la fondation de frere Guy, en lui rêmettant tous les droits qu'ils avoient l'un & l'autre sur l'emplacement de son hôpital : par où l'on voit qu'il ne peut avoir fondé son ordre avant 1190, qui est l'année où Guillaume I monta sur le siége de Maguelone.

Series præsulum, pag. 178.

Cette époque de la fondation sert à nous faire connoître la personne du fondateur, que l'histoire des ordres monastiques dit avoir été le quatriéme fils de Guillaume fils de Sibille, seigneur de Montpellier, & véritablement tout convient à ce sistême, car le quatriéme fils de ce seigneur est nommé Guy dans le testament de son pere, fait en 1172, & avec l'âge qu'il avoit alors, il pouvoit bien, vingt ans après, s'être dévoüé au service des pauvres. Gariel se fait une objection de ce qu'il avoit été destiné, par le testament de son pere, à être chevalier du Temple ; mais on sçait bien que ces sortes de destinations n'avoient pas toûjours lieu, & particuliérement dans la maison des Guillaumes, où nous voyons que de six enfans du dernier, aucun ne suivit la destination de son pere.

Tome 2, pag. 210.

Quant à la qualité de comte, qu'il est certain que les seigneurs de Montpellier ne prenoient point, il est aussi certain que les étrangers la leur donnoient, & quelquefois même de plus grandes, comme celle de prince, qu'Alanus donne (à la tête de son livre contre les Vaudois) à Guillaume, fils de Mathilde : d'où il n'est pas surprenant que les Italiens ayent donné à Guy, qui étoit son frere, le titre de comte.

F. GUILLAUME ARNAULD

Page 220.

INQUISITEUR DE LA FOY, ET MARTIR.

NOUS devons au pere Percin, religieux dominicain, l'histoire la plus entiere que nous ayons du saint homme dont j'ai à parler. Il raporte dans son traité sur les martirs d'Avignon, & inseré dans son livre qui a pour titre *Monumenta conventus Tolosani FF. prædicatorum*, plusieurs actes concernans la vie & la mort de Guillaume Arnauld ; nous y voyons qu'il étoit de Montpellier, qu'il fut prieur du grand couvent de Touloufe, docteur de Paris, & l'un des premiers peres de son ordre, puisqu'il fut inquisiteur de la foy immédiatement après St. Dominique, avec Pierre Cellani, toulousain : *Petrus Cellani qui erat de Toloza, cum fratre Guillelmo Arnaldi qui erat de Montepessulano.*

Page 181.

Ils commencerent leurs fonctions dans la ville de Cahors, où ils firent le procès à plusieurs personnes déjà décédées, dont ils firent déterrer les corps, les traîner par les ruës & brûler dans la place publique, selon l'usage de l'inquisition. Je ne raporte point le nom de ces miserables, que l'historien a jugé à propos de nous conserver, & je me contente de dire que les inquisiteurs, après avoir exercé leur zèle à Cahors, furent le continuer à Moissac, où ils firent de pareilles exécutions.

Le pere Martene, dans ces anecdotes, raporte une piéce qui a pour titre : *Narratio Arnaldi inquisitoris*, d'où nous aprenons qu'Arnaud, ayant été envoyé à Alby par son provincial en 1234, pour y proceder en qualité d'inquisiteur, il ordonna qu'on déterrât le corps d'un nommé Besseire, condamné comme hérétique ; mais il y eut une si grande sédition, qu'il fut très-mal traité en sa personne, & qu'on l'auroit jeté dans le Tarn si des gens puissans n'eussent arrêté la fureur du peuple.

Tom. II, p. 180.

Ces rigueurs rendirent les freres prêcheurs si redoutables dans tout le pays, que les légats du pape crûrent devoir leur donner pour collègue dans l'inquisition un frere mineur, afin de tempérer leur séverité : *Quia prædicatores ut magis rigidiores timebant* (dit Guill. de Puy-Laurens), *de ordine FF. minorum collega additur qui videretur rigorem mansuetudine temperare.*

Chap. 43.

De là vient peut-être que dans la sentence raportée par le P. Percin contre les capitouls de Toulouse, le F. Etienne, de l'ordre des freres mineurs, est

Pag. 201, col. 2.

nommé avant F. Guillaume Arnauld, de l'ordre des freres prêcheurs. Par cette fentence, ils excommunioient les capitouls de Touloufe, nommez expreffement, avec quelques autres particuliers de la ville, comme atteints & convaincus d'héréfie, & ils firent publier leur fentence dans l'églife de St. Etienne.

Ce dernier coup irrita fi fort les Touloufains, qu'ils chercherent mille moyens pour fe défaire des inquifiteurs; ils réüffirent fi bien, que tous les freres prêcheurs furent contraints de fortir de Touloufe avec l'evêque de cette ville, parce qu'il étoit de leur ordre: *Cœperunt* (dit le même Guill. de de Puy-Laurens) *difficultates opponere quibus poffent inquifitionis officium impedire. Quod adeo profecit in pejus atque prævaluit, ut inquifitores villam exire, idemque epifcopus cogeretur & etiam totus conventus fratrum prædicatorum.*

Raymond avoit été leur provincial.

Chap. 43.

Gariel prétend que Guillaume Arnauld vint alors fe refugier à Montpellier, où il établit l'inquifition qu'on y exerça dépuis à la Portaliere, tout auprès de leur ancien couvent. Sur quoi le P. Percin opofe le filence des auteurs; mais fans entrer * maintenant dans leur difpute, il fuffira de dire qu'il eft certain par Guillaume de Puy-Laurens que l'inquifition demeura fufpenduë en vertu d'un refcript de Rome: *Donec per litteram de curia manfit diù inquifitio in fufpenfo.* On ne fçait pas précifement combien dura cette fufpenfe; mais il eft certain que les inquifiteurs étoient déjà rétablis en 1242, où les Albigeois, qui cherchoient à les perdre, trouverent enfin le moyen de les affembler & de les prendre tous comme d'un feul coup de filet. La chofe fut executée le 29 de may 1242, à Avignonet, petite ville du diocéfe de St. Papoul, & alors de celui de Touloufe, où le bailly du lieu, officier du comte de Touloufe, les affembla dans le château fans qu'on dife par quelle adreffe, & en ayant bien fait garder les avenuës, il introduifit ceux que ces hérétiques apelloient leurs croyans, qui fe mirent d'abord en état de faire main-baffe fur les inquifiteurs & fur toute leur fuite. Ils étoient onze en tout, fçavoir trois freres prêcheurs, Guillaume Arnauld, Bernard de Rochefort & Garcias Dauria; deux freres mineurs, Etienne de Narbonne & Raymond de Carbon. Le prieur d'Avignonet, moine de Cluze, Raymond, chanoine & archidiacre de Touloufe; Bernard, fon clerc; Pierre Arnaud, notaire; Fortanier & Ademar, clercs. Ces onze, voyant les épées nuës, entonnerent le *Te Deum*; & foit qu'on en voulût à Guillaume Arnauld plus qu'à tout autre (comme la chronique le marque), ou qu'il chantât avec plus d'ardeur, un des affaffins tira fon couteau & lui coupa la langue avant qu'on l'égorgeât.

PAGE 221.

Il périt dans cette occafion avec tous les autres que je viens de nommer; & les catholiques des environs en ayant eu le bruit, vinrent en armes pour enlever leurs corps, ce qui donna lieu à un combat dans l'église du lieu, qui resta interdite durant plusieurs années. Leurs corps furent portez à Toulouse dans les maisons de leur ordre : les trois freres prêcheurs à leur église, les deux freres mineurs à la grande observance, & celui de l'archidiacre à St. Etienne de Toulouse, où l'on voit encore dans le cloître son tombeau, que M. de Montchal fit relever en 1653. Les Jacobins ont travaillé à la canonisation de Guillaume Arnauld avec ses compagnons ; & l'on voit dans le Traité du P. Percin plusieurs miracles attribuez à ce saint homme, pour être employez dans le procés de sa canonisation.

Page 207.

Les cardinaux qui étoient à Rome pendant la vacance du St. Siége, ayant apris le genre de mort dont avoit péri Guillaume & ses compagnons, en écrivirent au provincial de Provence, au nom de tous leurs confreres, une lettre où ils qualifient de martirs ceux qui avoient perdu la vie en cette occasion, attendu la cause & les circonstances de leur mort, & le pape Innocent IV, qu'ils élûrent peu de tems après, écrivit au provincial & aux inquisiteurs du Languedoc qu'il ne doutoit pas qu'ils ne fussent déjà dans le ciel au nombre des martirs, après avoir répandu leur sang pour le nom de J.-C. *Quos fuso pro Christi nomine sanguine, firmiter credimus martirum collegio sociatos.*

Page 208.

LES DEUX B. JUMEAUX
DE MONTPELLIER.

NOUS venons de voir dans l'article précédent un grand exemple de zèle & de force dans ces saints missionnaires qui s'étoient dévoüez au service du prochain. Nous allons en voir un autre aussi admirable de la simplicité chrétienne & religieuse.

. Bzovius nous en a conservé l'histoire dans la vie d'Innocent III, où l'on peut * encore remarquer la simpathie que la nature met souvent entre les freres jumeaux. « L'année 1250, dit cet auteur, est remarquable par la « mort de quelques hommes illustres de l'ordre de St. Dominique, & sur- « tout de Pierre & Arnaud, freres jumeaux de Montpellier. Ils vinrent au « monde le même jour, ils furent ensemble à Paris pour y étudier, ils y « prirent les grades de philosophie le même jour, & se firent religieux de

PAGE 222.

Article VII.

« St. Dominique en même tems; enfin ils moururent dans des fentimens
« tous femblables, prefque à la même heure & dans la même maifon.
   « Lorfque Pierre, arrivé à la fin de fa courfe, eût reçu le viatique & l'ex-
« trême-onction, il demanda, tout ravi de confolation, à fon fuperieur qu'eft-
« ce qu'il lui plaifoit de lui ordonner, & où eft-ce qu'il lui commandoit
« d'aller : A Jefus-Chrift, que vous venez de recevoir, lui répondit le prieur.
« J'y irai certes, répliqua-t-il avec un air plein de joye, qui ne fentoit rien
« moins que les aproches de la mort. Oüi, j'irai à lui le plûtôt qu'il me fera
« poffible, puifqu'il m'a apellé; fon fang a lavé mes fautes, fon précieux
« corps élevera mon âme dans le ciel. Auffi-tôt il expira, & le prieur avec
« fa communauté étant allés à Arnaud, qui étoit malade, ils le trouverent
« rendant les derniers foûpirs. Un des freres nommé Vincent, plus faint &
« plus fervent que les autres, vit une troupe d'anges au millieu des rayons
« de lumière, & St. Dominique au milieu, qui recevoit l'âme de ces deux
« jumeaux, l'avertit lui-même de fe tenir prêt pour les fuivre, ce que l'éve-
« nément confirma bien tôt. »

GUILLAUME DE BAS

IIᵉ GENERAL DE LA MERCY.

LES hiftoriens de l'ordre de la Mercy nous font connoître ce général comme natif de Montpellier, & ils nous fervent en même tems à éclaircir la fucceffion du dernier de nos Guillaumes.

Tous conviennent que le roy Jacques, fils de Marie de Montpellier, ayant refolu, par le confeil de Raymond de Pennafort, fon confeffeur, de fonder un ordre pour la rédemption des captifs, Pierre Nolafque, gentilhomme d'auprès de Caftelnaudary, qui n'avoit jamais quitté le roy depuis fa prifon fous le comte Simon de Montfort, fut le premier à concourir à l'exécution de ce deffein; il fe fit revêtir du nouvel habit de l'ordre par Berenger, evê- que de Barcelone, & il le donna enfuite lui-même à treize gentishommes, dont le premier eft nommé Guillaume de Bas, feigneur de Montpellier.

Ordre monafti- que, tom. 3, p. 250.

Le pere Colombis le fait fils de Guillaume de Montpellier qui avoit époufé la fille de l'empereur de Conftantinople, dont il raconte le mariage dans les mêmes circonftances que nous avons raporté. Il prétend même fi

Pages 98 & 99.

positivement qu'il fut fils d'Agnez qu'en plusieurs endroits de la Vie de St. Pierre Nolasque, qu'il a composée en espagnol, il appelle Guillaume de Bas frère de la reine Marie, mère du roy Jacques; en d'autres endroits il l'appelle oncle du roy, & le pere Alfonce Remond, dans son Histoire générale de l'ordre de la Mercy, l'apelle parent du roy par la reine sa mere.

De cette maniere nous aprenons le sort de l'aîné des enfans mâles de Guillaume, fils de Mathilde & d'Agnez sa bien-aimée. Il suivit le roy Jacques, son neveu, dans ses états d'Espagne, comme firent ses autres freres, il donna dans la dévotion, & parce que l'ordre de la Mercy fut fondé d'abord comme un ordre militaire, il fut le premier à s'y engager en 1218.

*Il ne resteroit qu'à sçavoir d'où lui vint le nom de Bas, mais s'il est permis de juger des liberalitez que fit le roy Jacques à Bernard Guillem & à Tortozet, ses oncles, on pourra croire qu'il donna à celui-ci la vicomté de Bas, qui est sur les frontières de Catalogne, & que nous avons vû avoir été si soigneusement gardée par Pierre le Cérémonieux lorsqu'il voulut empêcher Jacques III, roi de Mayorque, de le venir trouver. PAGE 223.

Le nouveau chevalier se livra entièrement à la conduite de son général, Pierre de Nolasque, qui le mena avec lui à plusieurs rédemptions, & le fit son compagnon & son secretaire: *Frater Guillelmus de Bas, miles ordinis beatæ Mariæ de Mercede, socius & secretarius magistri generalis*, dit un vieux original.

Enfin St. Pierre Nolasque s'étant démis du généralat le 2 mai 1249. Guillaume de Bas fut nommé à sa place & confirmé par Innocent IV. Son ordre s'étendit beaucoup de son tems, disent les constitutions: *Tempore illius ordo multum fuit dilatatus.* Le roy son neveu (ajoûte Colombis) lui donna la baronie d'Algar pour lui & pour les autres généraux, ses successeurs, avec voix délibérative dans les etats du royaume; & pour l'avoir plus près de sa personne, il voulut qu'il prît un apartement dans son palais. Il l'envoya pour fixer les limites des royaumes de Murcie & de Valence entre lui & le roy de Castille. Il l'employa à la réconciliation de dom Alfonce, l'aîné de ses fils, qui s'étoit éloigné de la cour dans le tems des troubles que ses enfans de differens lits causerent en Espagne, comme nous l'avons raporté dans sa vie, & pour distinguer en la personne du général tout l'ordre de la Mercy, il lui permit & à ses religieux, par lettres-patentes, de porter l'écu d'Aragon sur leur scapulaire, ce qu'il n'avoit accordé que de vive voix à St. Pierre Nolasque. *Page 102.*

Toutes ses occupations auprès du roi son neveu ne l'empecherent point de vacquer au bon gouvernement de son ordre. On marque qu'il commença son généralat par visiter les maisons qu'il avoit en France où l'on comptoit dès lors Perpignan, Montpellier, Toulouse & St. Nicolas de Portel ; & voyant à Montpellier que les bâtimens n'y étoient pas achevez, il donna liberalement tout l'argent qu'il avoit, afin (dit Colombis) que les réligieux qu'il envoyeroit dans cette univerfité, alors très-célébre, fuffent commodement logés.

Il fit faire plufieurs rédemptions pendant fon généralat, & il alla lui même à Grenade, où pour délivrer un gentilhomme de la maifon de Lara que les Maures vouloient pervertir, il fe mit en ôtage pour lui jufqu'à ce qu'on eût payé une fomme exceffive qu'ils demandoient pour fa rançon, & que le roy Alfonce de Caftille paya pour tirer Guillaume de Bas de prifon.

En 1268 il voulut fuivre l'exemple de St. Pierre Nolafque, qui avoit donné fa démiffion avant fa mort. Il offrit la fienne dans un chapitre général qui ne voulut pas l'accepter ; mais il ne furvêcut pas de beaucoup à cette dernière action ; car on marque fa mort fur la fin de l'année fuivante 1269, laiffant après lui une grande odeur de fainteté, de forte que Vargas, hiftoriographe de l'ordre, dit que c'eft avec raifon qu'ils le mettent au rang des bienheureux : *Merito inter beatos noftri ordinis enumeratur.*

SAINT-ROCH

I. Natif de Montpellier. II. Ses pelerinages en Italie. III. Son retour & fa mort à Montpellier. IV. Réponfe aux objeƈtions.

I. IL eft conftant, par tout ce que nous avons raporté dans le cours de cet ouvrage, qu'il y avoit à Montpellier une famille de Roch très-confiderable dans les treize & quatorzièmè fiécles.

On trouve dans un aƈte de confederation entre les habitans de Montpellier & Amalric, vicomte de Narbonne de l'an 1254, Etienne Roch figné pour la ville avec Pierre de Murles.

Guillaume Roch fert de fecretaire au roy Jacques le Conquerant dans l'aƈte de prétation de ferment fait à ce prince par les confuls de Montpellier en 1258.

Jacques Roch, depuis evêque d'Hüefca eft appellé fon chancelier dans le teftament de ce prince fait en 1272.

Raymond Roch fut envoyé en 1341 au roy d'Aragon, Pierre le Ceremonieux, pour foûtenir les interêts de fon maître Jacques III, roy de Mayorque & feigneur de Montpellier, ce qu'il fit de la maniere genereufe que nous avons raconté dans le premier livre de cette hiftoire.

Page 119.

Nos tables confulaires marquent quatre ou cinq perfonnes de cette famille qui remplirent la place de conful dans les treize & quatorziéme fiécles. Quelques autres ont rempli celle de bailly ; & en 1371 Imbert Roch fut député de la ville au pape Grégoire XI, de qui il obtint des lettres de récommandation auprès du roy Charles V pour être foulagez des impôts dont le duc d'Anjou les chargeoit ; ce que je remarque (dit Mr Baluze) afin qu'on ajoûte plus de foi à ceux qui difent que St. Roch eft natif de Montpellier ; *quod hic annoto ut major fides eis adhibeatur qui aiunt fanctum Rochum è Montepeffulano ortum fuiffe.*

Pap. Avenion., tom. 1, pag. 1329.

C'eft donc de cette famille, au fentiment de Mr Baluze, que nâquit le faint dont nous parlons, car fa naiffance [eut lieu] en 1295, & fa mort en 1327, n'ayant vécu en tout que trente-deux ans. *Is patriam habuit Montempeffulanum, Narbonenfis provinciæ,* difent François Diedo & Louis Maldura, qui les premiers ont écrit la vie de ce faint. Pierre Dupin, Claude de la Roüe, Pierre de Natalibus, Krantzius dans fa metropole de Saxe, Vadingue, Catel, Mr. Baillet, & Mr Fleury, difent pofitivement qu'il étoit de Montpellier, & ils ne nous difputent point cet avantage.

Quant à fa mort, on ne peut raifonnablement douter qu'elle ne foit arrivée à Montpellier même, après l'autorité du martyrologe romain, qui marque pour le 16e jour d'août la mort de St. Roch. *In Gallia Narbonenfi apud Montempeffulanum depofitio fancti Rochi confefforis, qui multas Italiæ urbes à morbo epidimiæ figno crucis liberavit ; cujus corpus Venetias poftea tranflatum eft.*

Les principales actions de fa vie font qu'il nâquit vers les commencemens du regne de Philippe le Bel, fous lequel Jacques II, roy de Mayorque, étoit feigneur de Montpellier. Il vint au monde marqué d'une croix rouge fur l'eftomac, ce que fon pere & fa mére regarderent comme un heureux préfage. L'éducation chrétienne qu'ils lui donnerent lui fit prendre dès fa jeuneffe un attrait fingulier pour l'abftinence & pour la mortification. Ayant perdu fon pere & fa mere à l'âge de vingt ans, il voulut fuivre les confeils de l'evangile & embraffer la pauvreté de Jefus-Chrift. Il diftribua fecretement aux pauvres tout ce qu'il put retirer de fes biens ; mais, parce que les loix ne lui permettoient pas à fon âge de difpofer du fonds, il en laiffa l'adminiftration à fon oncle paternel, & s'étant dérobé de fon pays, il prit le chemin de Rome en habit de pelerin.

II.

*Etant arrivé à Aquapendente, ville de Tofcane, appartenante à l'etat

PAGE 225.

ecclefiaftique, il aprit que la pefte y étoit très-violente, & il alla auffi-tôt s'offrir à l'adminiftrateur de l'hôpital pour fervir les peftiferez. La bénédiction que Dieu donna à fa charité augmenta fon courage, & lui fit prendre la réfolution de fe confacrer à ce fervice fi rebutant. La pefte ayant ceffé à Aquapendente, il s'en alla à Cezene, ville de la Romagne, où il aprit qu'elle faifoit de grands ravages. Il paffa de là à Rimini, dans la même province, fur les côtes de la mer Adriatique, & partout où il alloit, il fembloit que le mal fuyoit devant lui.

Le défir qu'il avoit eu en partant de Montpellier d'aller à Rome fe reveilla à la nouvelle que cette grande ville étoit affligée de la contagion ; il y alla donc & y paffa trois années dans l'exercice des fonctions de charité qu'il avoit embraffée. Il revint enfuite dans cette partie de l'Italie qu'il avoit déjà parcourue, & après avoir paffé quelques années dans diverfes villes de la Lombardie, il fe rendit à Plaifance, où il aprit que regnoit l'épidemie, qui eft une forte de pefte populaire : c'eft là où Dieu, qui l'avoit fi long-temps préfervé du mal, voulut le lui faire éprouver pour recompenfe de fa charité ; il fe fentit attaqué d'une fiévre très-ardente & d'une douleur à la cuiffe gauche dont la violence étoit prefque infuportable. Les cris qu'elle l'obligeoit de pouffer lui firent craindre d'incommoder les autres malades de l'hôpital ; il voulut en fortir, & fe retira dans un bois voifin de la ville, où il trouva une petite hûte qui lui fervit de couvert. Dieu, qui vouloit feulement l'exercer pour le difpofer à d'autres chofes, le fit découvrir par un chien d'un homme de qualité nommé Gothard, qui avoit une maifon auprès de là. Ce feigneur, touché de pitié, lui donna du fecours, & Dieu bénit fi heureufement fes foins, que le malade recouvra la fanté, & que Gothard lui-même prit le parti de la retraite par les confeils & la direction du ferviteur de Dieu.

III. St. Roch, après avoir refté quelque temps avec fon bienfacteur, reprit le chemin de France, & lorfqu'il fut dans le Languedoc, il trouva les environs de Montpellier pleins d'hoftilitez, de foupçons & de perils, à l'occafion des prétentions de Jacques II, roy d'Aragon, fur la feigneurie de Montpellier, contre Jacques III, roy de Mayorque, apellé par le roy Sanche à fa fucceffion. La mine étrangere de Roch le fit arrêter comme un efpion : on le conduifit au juge de Montpellier, qui étoit fon propre oncle, & qui, fans le reconnoître, le fit renfermer dans une prifon. Le faint, accoûtumé, comme il étoit, à la fouffrance & aux humiliations, ne voulut rien dire, & ne donna aucun éclairciffement qui pût le faire connoître : il refta deux ou trois ans dans fa prifon, après lefquels il y termina fa vie l'an 1327, fans que perfonne eût jamais fongé à s'intereffer pour lui : mais Dieu ne tarda point à faire connoître fa fainteté ; & les marques en furent fi promptes & fi éclatantes, que Mr Baillet, l'un des plus habiles critiques fur la vie des faints, reconnoît qu'on ne peut guéres douter que la dévotion du peuple pour St. Roch n'ait commencé dés le jour de fa fepulture, & qu'elle n'ait été toûjours en augmentant.

On en peut juger par ce qui arriva dans le pays fur la fin du même fiécle où ce bienheureux étoit mort. L'hiftoire de la ville d'Arles, citée par François Ranchin, nous aprend que Geoffroy de Boucicaut (dit le Maingre), gouverneur du Dauphiné, ayant rendu de grands fervices au Languedoc durant les troubles qui l'avoient agité, ce feigneur ne demanda d'autres marques de gratitude qu'une partie du corps de St. Roch, qu'il fçavoit être à Montpellier. La chofe lui ayant été accordée, il en fit dépofer les reliques dans l'églife des Trinitaires de la ville d'Arles, d'où on en a fait depuis de grandes diftributions. Ce fait eft certifié par meffire Gafpard du Laurens, archevêque d'Arles, qui dit dans une lettre autentique qu'il donna fur ce fujet au mois de juillet 1617: *Memoriæ fiquidem traditum eft quod major pars corporis B. Rochi per illuftrem comitem Walfridum Mingrium Delphinatus gubernatorem fub Carolo fexto Francorum rege depofita fuerit in ecclefia conventus reformatæ congregationis fanctiffimæ Trinitatis redemptionis captivorum hujus civitatis Arelatenfis.*

1399.
Hift. de la pefte, pag. 142.

Mff. du château de Caftries, n. 1, pag. 28.

Mais ce qui contribua le plus à étendre fon culte dans toute la chrêtienté, c'eft le recours que les peres du concile de Conftance eurent à fon interceffion l'an 1414; car la pefte s'étant communiquée à cette ville, & les prélats étant déjà refolus * de s'en retirer, ils ordonnerent auparavant un jour de jeûne & une proceffion générale où l'on porta l'image de St. Roch, & où fon nom fut invoqué dans les litanies. Le cardinal Baronius, dans fes notes fur le martirologe romain, dit que la pefte ceffa auffi-tôt: *Solemni pompa ejus imaginem omni comitante populo per urbem detulerunt, quo facto, peftis mox evanuit.*

PAGE 226.

Dépuis ce tems-là, fon culte s'étendit dans la Soüabe, les Suiffes, la Lombardie, & dans les provinces voifines. Les villes d'Italie qui avoient été honorées de la vifite du faint durant fon vivant, furent les plus zélées. François Diedo, fenateur de Venife, étant gouverneur de la ville de Breffe, entreprit par devotion de compofer la vie du faint en 1477. Pierre Loüis Maldura la continua telle qu'on la trouve dans le recüeil de Surius, & elle ne contribua pas peu à faire encore plus connoître St. Roch ; mais elle fervit auffi à faire perdre à la ville de Montpellier ce qui lui reftoit de fes précieufes reliques, car les Venitiens, que leur commerce du Levant expofoit fouvent à la pefte, fouhaitant d'avoir St. Roch pour protecteur, confpirerent, par un de ces pieux larcins dont on voit plufieurs exemples dans l'histoire ecclesiastique, d'enlever à Montpellier ce qui y restoit des reliques de St. Roch. Ils y envoyerent quelques avanturiers en habit de pelerins qui, ayant fait leur expédition, emporterent à Venise, en 1485, le reste du corps de ce saint, qui y fut reçû du senat & du peuple avec une joie indicible. On y bâtit aussi-tôt une église magnifique en son honneur, où l'on déposa solemnellement ses reliques.

Venise les a conservées plus soigneusement que les Mathurins de la ville d'Arles, qui, en divers tems, en ont fait des distributions considerables qu'on peut voir dans Baillet, Vie de St. Roch.

IV. Ce que nous venons de dire suffit pour prouver quil étoit natif de Montpellier, qu'il y mourut, & que son culte commença dans le même siécle où il finit ses jours. Il reste à répondre à quelques objections que j'ai oüi faire à son sujet, car ce saint éprouve encore après sa mort cette parole de Notre-Seigneur : qu'un homme est rarement prophète dans son pays.

J'ai vû des gens vouloir laisser à douter si St. Roch a jamais existé, & s'il a été natif de Montpellier : non qu'ils disent rien de positif contre les autoritez que nous avons raportées ; mais, comme s'ils suposoient qu'on n'en a aucune preuve, ils demandent d'un grand air de confiance s'il y a eu un St. Roch, & s'il a été de Montpellier : sur quoi j'ai eu quelque fois occasion d'alleguer le concours des autheurs déja raportez & l'autorité du concile de Constance, qui ordonna des prieres publiques à l'honneur de ce saint ; mais je ne sçai si cette derniere raison étoit celle qu'ils attendoient, & si, au contraire, ils n'auroient pas voulu insinuer que ce concile avoit erré dans une question de fait. Mais sans entrer dans la queston (si l'église est faillible ou non dans les questions de fait), je me contenterai d'observer que l'evêque de Maguelone & les députez de l'université de Montpellier étoient actuellement au concile lorsque les peres de Constance décernerent à St. Roch le culte des saints, & qu'il est plus que croyable qu'ils ne le firent pas sans avoir pris d'eux tous les éclaircissemens & sûretez necessaires. Ainsi, pour révoquer en doute l'existence de St. Roch, il faudroit suposer que les peres du concile negligerent les sûretez que l'on prendroit dans les moindres affaires, ou que l'evêque de Maguelone, avec les députez de l'université de Montpellier, s'accorderent ensemble pour tromper grossiérement les peres du concile, ce qu'aucune personne raisonnable n'oseroit penser.

L'autre objection est de François Ranchin, dans son Traité de la peste, où, sans révoquer en doute le fait ci-dessus, il se plaint du silence de nos regîtres & de nos livres d'église sur St. Roch, d'où il prend occasion de blâmer Montpellier d'ingratitude, puisque (ajoûte-t-il), il n'est rien de plus glorieux à une cité que d'avoir produit un grand saint.

II. Partie. Livre septiéme.

J'avoüe qu'en lisant cet endroit de son ouvrage, j'ai été touché du reproche qu'il nous fait, parce que je suposois qu'il avoit parcouru nos anciens livres d'église & foüillé dans nos archives ; mais, en examinant de plus près la chose, j'ai vû avec étonnement que Ranchin n'ait pas observé l'interruption qui est* dans notre petit Talamus depuis 1428 jusqu'en 1502, & que le commencement de cet intervale étant précisément le tems où le culte de St. Roch fut établi, il n'est pas surprenant qu'on eût manqué de faire mention de ce saint dans les années suivantes.

PAGE 227.

Cependant, en cherchant dans les regîtres dont François de Ranchin se plaint, j'y ai trouvé des preuves qui ont échapé à ses récherches, & que je vais raporter pour détromper le lecteur de ce silence prétendu.

Dans un vieux livre en parchemin de la cour du petit sceau de cette ville, qui contient les anciennes ordonnances de nos rois sur sa jurisdiction, on voit à la tête un ancien calendrier des jours feriez, où on lit pour le seizième du mois d'août, en grosses lettres gothiques : *Sti. Roqui confessoris*, & en plus petit caractere & fort ancien : *oriundi de Montepessulano*. Il est à observer que la dernière ordonnance de nos rois raportée dans ce livre est du roy Charles VI, de l'année 1412 & la 32e de son regne, d'où l'on peut inferer que le calendrier qui est à la tête devoit avoir été mis auparavant, & par consequent être du quatorziéme siécle où St. Roch étoit mort.

Dans un missel de Maguelone, du quinsième siécle, écrit sur le vélin en lettres gothiques, qui est dans la bibliothèque de l'evêché, on lit pour le même jour seizième d'août : *Sti. Roqui*, & l'on y a ajoûté *martyris*, ce qu'on fit sans doute parce qu'on le regardoit comme martyr de la charité.

Dans la description que fait nôtre Talamus d'une procession pour la peste, faite au mois de mars 1505, il est dit que la procession alla aux freres prêcheurs hors la ville où étoit la chapelle de St. Roch. Or, si la chapelle étoit dédiée fort peu d'années auparavant, comme il est vraisemblable, elle étoit du quinzième siécle. On trouve dans un vieux manuscrit, apellé *Cérémonial de la ville de Montpellier* :

Archives du château de Cajlries, MSS. n. 1, pag. 19.

« Le seizième d'août est la fête de Monsieur St. Roch, enfant de Montpellier, & est fondée sa chapelle aux Jacobins, & les sieurs consuls vont ledit jour audit couvent, & ne y a qu'un seul pavillon, & sonne la cloche de Nôtre-Dame des Tables à l'honneur du saint; » ce qui est une preuve que le culte de St. Roch est beaucoup plus ancien dans Montpellier qu'on n'auroit voulu le faire entendre.

Dans un rituel de Maguelone en lettres gothiques, qui est au pouvoir de Mr. Pouget, chanoine de nôtre cathedrale, renouvellé en 1533, on y rapelle l'ancienne oraison de St. Roch, couchée en ces termes : *Deus, qui beato*

Rocho per angelum tuum tabulas eidem afferentem permisisti, ut qui ipsum invocaverit à nullo pestis cruciatu lederetur, præsta ut qui ejus memoriam agimus, meritis ipsius à mortifera peste corporis & animæ liberemur.

Et Catel, dans ses Memoires du Languedoc, ecrit que de son tems on montroit à Montpellier la maison de ce saint, comme nous la montrons encore attenant le bureau des trezoriers de France : par où l'on voit l'ancienne croyance de nos peres sur St. Roch, & qu'ils ne furent pas si nonchalans qu'on a prétendu l'insinuer sur le culte d'un saint, leur concitoyen. Je ne desespere pas qu'on ne trouve après moi dans nos archives quelque nouvelle preuve qui m'aura échapée.

Il ne reste qu'à répondre à l'étonnement que se fait Mr. Ranchin de ce que le pape Urbain V, qui fit présent de plusieurs réliques à l'église de St. Germain, n'y en eût pas mis de celles de St. Roch. Mais il n'y a qu'à concilier les tems ; St. Roch mourut en 1327, & le pape Urbain consacra l'église de St. Germain en 1367 ; ce n'étoit qu'une distance de quarante années. Or il ne convenoit pas que le pape le canonisât si tôt, comme il auroit fait en quelque sorte s'il l'avoit exposé de son autorité à la vénération publique.

Son culte fut interrompu, dans Montpellier, durant les soixante années que les prétendus réformez en furent les maîtres, mais on ne tarda pas de le renouveller après la réduction de cette ville sous les armes du roy Loüis XIII.

En 1629, dans le tems de la grande peste dont nous avons donné l'histoire, le conseil de ville fit vœu de faire bâtir une chapelle à son honneur.

En 1661, on érigea une confrérie de St. Roch dans l'église de N. Dame des Tables, dont Mr. le marquis de Castries fut le premier prieur, & Mr. de Boirargues soû-prieur.

PAGE 228.

*Enfin durant la peste qui de nos jours a affligé la Provence, la ville a recouru à ce saint comme à son concitoyen, & a fait mettre au bas du tableau des consuls qui est dans l'église Nôtre-Dame des Tables :

BEATO ROCHO

CONCIVI SANCTISSIMO

CIVIT. ET COSS. MONSPELL.

OPEM QUAM SÆPIUS EXPERTI SUNT

CONTRA IMPENDENTEM LUEM IMPLORANT.

Les frequentes alliances qu'il y eut entre les maifons de la Croix & celle de Roch, toutes deux des plus confiderables de Montpellier dans les XIII & XIV fiécles, ont donné lieu à l'ancienne tradition qui affûre que la maifon de la Croix eft la même que celle de St. Roch. Je n'oferois confondre ces deux maifons, mais il eft bien certain qu'il ne nous refte aucune maifon alliée de plus près à celle de St. Roch que celle de la Croix.

DOMINIQUE SERANO
XIe GENERAL DE L'ORDRE DE LA MERCY, ET CARDINAL.

LE livre qui a pour titre Hiftoire de l'ordre facré, royal & militaire de Notre-Dame de la Mercy, nous aprend que « Dominique Serano, « onziéme général de l'ordre, naquit à Montpellier, ville du bas « Languedoc, de parens originaires d'Avila en Efpagne, qui n'excelloient « pas moins en pieté qu'en nobleffe. » *Page 280.*

Il fut envoyé jeune à Paris pour y étudier la jurifprudence où il fe rendit fi habile, qu'il y enfeigna le droit à l'âge de vingt-quatre ans, & compofa deux fçavans livres, l'un *De fententia matura deliberatione danda*, & l'autre fut un commentaire *fuper legem Corneliam de Beneficiis*.

L'hiftorien de fa vie raporte qu'étant chargé d'examiner les prétendans aux grades, il refufa un jeune gentilhomme de Mallemont ou Maumont en Limofin, qu'il trouva fort foible, d'où il prit occafion de l'exhorter à mieux étudier, lui promettant de le recevoir lorfqu'il s'en feroit rendu capable. Le jeune homme entra dans l'ordre de St. Benoît en fuivant le confeil du docteur Serano, & il étudia fi bien qu'il fut nommé avec le tems evêque d'Arras, puis archevêque de Roüen, créé cardinal du titre des fts Achille & Nerée, & enfin pape, en 1342, fous le nom de Clement VI. *Page 281.*

Dominique Serano, touché de Dieu, quitta Paris & vint à Montpellier, d'où il fe rendit à Barcelone pour fe faire religieux de la Mercy. Il s'y diftingua par fon amour pour la retraite & par toutes les vertus de fon état. Il fut envoyé redempteur en Afrique, où il racheta fix vingt captifs; & deux ans après, il alla dans le royaume de Grenade, d'où il en ramena foixante.

* Il fut envoyé à Naples fur la demande qu'en fit le roy Robert, & l'auteur de cette hiftoire raporte plufieurs fages confeils qu'il lui donna. *Page 229.*

Revenu en Aragon, il eut occafion de découvrir au roy une confpiration faite contre fa perfonne : & Alphonfe, onzième roy de Caftille, l'engagea d'écrire un traité fur les levées d'argent que les princes peuvent faire fur leurs fujets.

Clement VI, devenu pape, voulut avoir fon fentiment par écrit fur des affaires d'état, & ayant été fort fatisfait de fes réponfes, il lui envoya un bref plein de témoignages d'amitié & d'eftime.

En 1345, il fut élû général de fon ordre : cette charge étant déjà fortie des mains des chevaliers laïques pour n'être conférée qu'aux religieux clercs, il eut le fuffrage de tous les vocaux, & il convoqua auffi tôt un chapitre général à Notre-Dame del Puch dans le royaume de Valence, où il fit de beaux réglemens pour la fûreté des aumônes deftinées à la redemption des captifs.

Sur la fin de cette année, il vint en France pour y foûtenir les droits que les papes & les rois avoient donné à ceux de fon ordre d'enfeigner publiquement dans les univerfitez.

L'an 1348, le pape Clement VI, qui l'avoit confirmé avec joye dans fon généralat, le fit cardinal-prêtre du titre de St-Calixte dans une troifième promotion faite extraordinairement pour lui & pour un fien neveu nommé Pierre Roger, fils du comte de Beaufort, qu'il fit cardinal-diacre du titre de Sainte-Marie la Neuve.

On compte, parmi les écoliers qu'il avoit à Paris, les ducs de Bourgogne, le comte d'Armagnac & celui d'Alençon, qui tous lui témoignèrent leur jòye de fa promotion, & le roy d'Aragon lui députa dom Alfonfe de Cabrera pour le feliciter de fa part à Montpellier, où il reçut la nouvelle de fa promotion.

Tandis qu'il fe difpofoit à fe rendre à Avignon auprès du pape Clement VI, la ville de Montpellier fe reffentit de la pefte générale, qui ayant commencé à Florence dans le mois d'avril, fe communiqua en France & en Efpagne, & de là dans tout le refte de l'Europe. Le nouveau cardinal, qui n'avoit pas encore quitté le généralat de fon ordre, ne voulut pas abandonner fes religieux dans des conjonctures fi intereffantes ; il fut attaqué lui-même du mal dont il mourut le 9 du mois de juillet 1348, un mois & fix jours après fa promotion. Il fut enfeveli dans fon couvent de Montpellier, où l'on voyoit fon tombeau avant les défordres de 1562. Vargas, en parlant de fon grand âge & des maladies que fon attachement à l'étude lui avoit caufé, dit qu'il voulut venir mourir à Montpellier, fa patrie : *Ob id citiffime in Guliam reverfus eft, ut in civitate Montifpeffulani, patria fua, animæ corporifque faluti confuleret, ne mors, ut ipfe dicebat, imparatum eum reperiret, &c.*

MARIE DE MONTPELLIER
REINE D'ARAGON.

JE ne rapelle point tout ce que j'ai déjà dit dans le premier tome de cet ouvrage qui peut servir à nous confirmer dans l'idée que les auteurs espagnols ont eu de cette reine, qu'ils apellent *la reyna sancta dona Mari i, que fo molt sancta & buena a Deus & al mond. Insignem pietate & probitate fœminam*, dit Zurita. Beuter. / Montaner.

La haine de sa marâtre & le mauvais traitement de ses differens maris sont assez marquez pour juger que Dieu voulut la sanctifier sur le trône par des croix domestiques qui sont ordinairement les plus sensibles. Dès l'âge de onze à douze ans, elle suivit aveuglement les volontez de son pere, qui la maria à Barral, vicomte de Marseille. Devenuë veuve à l'âge de quinze, elle fit, pour un * bien de paix, la renonciation que sa marâtre voulut; &, dépouillée de tous ses droits, elle fut livrée au comte de Cominges, qui étoit plongé dans la dissolution & dans l'hérésie. PAGE 230.

La patience & la vertu qu'elle fit paroître dans toutes ces épreuves interessa davantage pour elle les habitans de Montpellier après la mort de son pere. Ils soûtinrent constamment ses droits contre les brigues de sa marâtre: & devenue reine d'Aragon par son mariage avec le roy Pierre, elle paroissoit être à l'abri de toutes les agitations passées, lorsque les mépris du roy son époux la jetterent dans de nouveaux troubles. Il fallut une protection toute visible du ciel pour la rendre mere du roy Jacques, par ce pieux artifice que j'ai raconté dans le IVe livre. La naissance de ce jeune prince ne changea point les dispositions du roy son pere; il mit la reine dans l'obligation d'aller à Rome en personne pour s'opposer à la rupture de son mariage. Page 99 du 1er volume de la présente réimpression.

Ce fut alors que sa vertu parut comme sur un plus grand théâtre. Le pape Honoré III fit son éloge lorsqu'écrivant au roy pour lui persuader d'abandonner son dessein, il le prie de considerer la pieté de la reine & la bonté de ses mœurs : *præcipue cum sit mulier timens Deum, magna prædita honestate, & ex ea filium susceperis*; mais la passion du roy l'ayant emporté sur tous ces égards, il alla se jeter dans le parti des Albigeois, où il perit malheureusement à la bataille de Muret, l'an 1213.

La reine, son épouse, étoit morte quelques mois avant lui, quoiqu'on n'en sçache pas précisément le tems. Son dernier testament qu'elle fit à Rome est du 20 d'avril de la même année, c'est-à-dire qu'elle mourut entre ce jour & le treiziéme de septembre qui fut celui de la mort de son mari.

En aquest an 1213 (dit nôtre Talamus), *mori a Rome madona Maria, regina d'Arragon, & pueis à 13 septembre, mori à Muret Peyre, rei d'Arragon.*

Je ne rapelle point ici les observations que j'ai faites ailleurs sur la pensée de Zurita pour l'année de la mort de la reine ; je me contente de dire que, conformément à l'article de son testament, par lequel elle vouloit être enterrée dans l'église de St-Pierre de Rome, on l'inhuma, comme nous l'aprenons de Beuter, Rivarius & Zurita, auprès du tombeau de Ste. Petronille ; & Gariel nous aprend qu'on mit au bas de celui de la reine ces paroles, dont les prémieres font allusion à ces mots de Guillaume de Puy-Laurens qui, parlant du mariage que Pierre, roi d'Aragon, contracta avec elle, dit : *quod autem fecit rex ambitione dominandi per eam in Montepessulano.* Les paroles dont je parle sont :

> *Ambitio mihi regem virum dedit,*
>
> *Pia fraus filium regem maximum,*
>
> *Sancta mors cœleste regnum.*

Un des articles de son testament, des plus interessans pour notre diocése, est la donation qu'elle fit de son château de Mirevaux aux filles de St. Felix de Montseau, dites aujourd'hui de Gigean. Nous verrons dans l'article de ce monastère l'indemnité que donna le roy Jacques, son fils, pour rentrer dans cette terre, où la reine sa mere se plaisoit beaucoup à cause du voisinage de Maguelone & des religieuses de St. Felix.

HISTOIRE
DE MONTPELLIER

LIVRE HUITIÉME
DES EGLISES PARTICULIERES

CHAPITRE PREMIER.
DE L'EGLISE CATHEDRALE St PIERRE.

'EGLISE cathédrale a fuivi tous les changemens qui font arrivez au fiége de Maguelone, c'eft-à-dire qu'ayant commencé dans cette ifle environ le cinquiéme fiécle, elle fut changée à Subftantion dans le huitiéme, d'où l'evêque Arnaud la rétablit à Maguelone dans le onziéme, & fut enfin transferée à Montpellier fous le regne de François Ier.

On obferve que dans tous ces differens lieux elle a porté toûjours le nom de St. Pierre, comme il paroît (quant à fa premiere fondation) par ces paroles de Verdale au fujet de la donation que les fœurs de St. Fulcrand firent à l'églife & à l'evêque de Maguelone : *Hoc ergo votum perfolventes, has villas* (c'eft-à-dire Montpellier & Montpellieret) *Domino Deo, & beatis Petro & Paulo Magalonenfis fedis, & Ricuino, ejufdem fedis venerabili epifcopo, donatione in perpetuum valitura deftinaverunt.*

Le fait n'eft pas moins certain pour le tems que le fiége refta à Subftantion, car il n'eſt rien de plus ordinaire dans les actes de ce tems-là que de voir nommer l'égliſe cathédrale *eccleſiam Sti. Petri Subſtantionenſis.*

Il en fut de même lorſque l'evêque Arnaud eut ramené ſon chapitre à Maguelone, où la cathédrale fut toujours apellée St. Pierre de Maguelone, ce qui conſte plus particulierement par la bulle de ſa tranſlation à Montpellier, dans laquelle Paul III dit qu'il transfere l'égliſe cathédrale St. Pierre de Maguelone dans celle de St. Benoît & de St. Germain de Montpellier, voulant que le nom de *monaſtère & d'égliſe de St. Benoît reſte ſuprimé, & que la nouvelle égliſe conſerve toûjours le nom de St. Pierre qu'elle avoit à Maguelone. *In monaſterio Sti. Benedicti nomen & titulum monaſterii, ac etiam invocationem Sti. Benedicti extinguimus, ita ut de cætero eccleſia Sti. Petri Magalonenſis nuncupetur ſub invocatione ejuſdem B. Petri apoſtoli.*

<small>PAGE 232.</small>

On ne ſçait pas ſi poſitivement dans quelle forme l'égliſe cathédrale fut bâtie dans ces differens lieux, quoiqu'on aſſûre que dans le tems de ſa premiere fondation à Maguelone, elle fut à peu près comme elle eſt encore aujourd'hui, parce qu'au jugement des plus habiles antiquaires, le chevet de l'égliſe d'apréſent eſt beaucoup plus ancien que le reſte du bâtiment d'où l'on infere que l'evêque Arnaud, en la faiſant retablir, lui donna ſon ancienne dimenſion, & qu'il ſe contenta de lier les nouvelles murailles au chevet de cette égliſe, qui s'étoit mieux conſervé que tout le reſte du bâtiment.

Quant à la manière dont elle étoit bâtie à Subſtantion, on n'en peut mieux juger que par ſes vieilles maſures qui nous préſentent encore un eſpace de dix à douze toiſes de long ſur quatre ou cinq de large, enfermé entre quatre murailles, dont celle qui répond à la porte d'entrée eſt ſurmontée d'un fronton ouvert à jour pour trois cloches qu'on ſonnoit en branle.

On raconte que ces vieux reſtes ſouffrirent beaucoup ſur la fin du dernier ſiécle, à l'occaſion des réparations qu'on fut obligé de faire à l'égliſe de Caſtelnau qui eſt tout aupres, car les maçons qui en avoient le prix-fait, ayant obtenu du chapitre de Montpellier la permiſſion de prendre quelques pierres à Subſtantion, ils en laiſſerent emporter un grand nombre à quelques habitans de Caſtelnau qui les employerent dans leurs maiſons de campagne. De cette ſorte, la curioſité des voyageurs n'eſt pas fort ſatisfaite lorſqu'ils vont voir cette ancienne égliſe qu'on ſçait d'ailleurs n'avoir jamais été remarquable, ni par le nombre de ſes miniſtres ni par la ſolemnité du ſervice: *Ubi pauci clerici ſeu presbiteri qui cantandi habebant officium in eadem eccleſia, apud ſanctorum reliquias, quæ multæ atque pretioſiſſimæ, ibidem uſque hodie ſervatæ ſunt, ſua officiola celebrabant.*

<small>Verdala in Arnaluo.</small>

Je ne répeterai point ici tout ce que j'ai dit ailleurs des augmentations que les succefleurs de l'evêque Arnaud firent à l'église de St. Pierre de Maguelone, & je n'ajoûterai rien à la defcription que j'ai donnée des grands bâtimens de St. Pierre de Montpellier lorfque le chapitre y fut transferé, en 1537; il me fuffira de dire, pour la fuite de l'hiftoire, que le fervice y ayant été aboli en 1567, les chanoines fe réfugiérent tantôt à Frontignan, tantôt à Villeneuve, où ils firent le fervice jufqu'après le fiege de Montpellier, en 1622.

Ce fut alors que le roy Loüis XIII, voulant rétablir le culte catholique à Montpellier, affigna fur les gabelles des fonds fuffifans pour y bâtir une cathédrale. Mr. de Fenoüillet, qui en étoit evêque, en fit jetter les fondemens à la Canourgue; mais fes envieux le rendirent fufpect au cardinal de Richelieu, qui, étant venu à Montpellier après le fiége de Prīvas, ordonna qu'on fufpendît les travaux de la Canourgue & qu'on réparât l'églife de St. Pierre pour la mettre en état d'y faire le fervice.

Le foin en fut donné au préfident Baudan (chez qui fon éminence logeoit), lequel fit rebâtir l'angle de cette églife qui répond à la ruë publique; & ayant rétabli deux arceaux de la voûte qui y manquoient, il fit remettre cette églife aux chanoines pour y faire le fervice.

Il falut alors que le chapitre fît faire à fes dépens les réparations intérieures, comme il paroît par les régîtres de fes délibérations, où l'on trouve un bail paffé avec le nommé Maltois, fculpteur, pour les chaifes du chœur; un autre pour les vitres & pour le pavé de l'églife dans toute fon étenduë, où l'on peut obferver qu'on mit ce pavé au même niveau que l'ancien, comme il paroît par le focle des piliers de l'églife & par la hauteur des niches à la gothique qui font à côté de l'autel de chaque chapelle pour y fervir de crédence.

Reg. 40.

Le chapitre fit auffi réparer le clocher qui eft à côté de la grande porte de l'églife; & pour en augmenter la cloche, il délibera le 2 may 1633 de bailler au feigneur evêque le canon qu'on avoit trouvé à Maguelone lors de fa démolition, en 1632. Je ne fçai pourquoi cette délibération ne fut executée que vingt * ans après, comme nous l'aprenons de l'infcription qui eft autour de cette cloche, où il eft marqué qu'elle avoit été donnée à l'églife de Maguelone en 1518 par Antoine du Cailar de Montferrier, chanoine & facriftain de Maguelone, & qu'elle fut augmentée du double lorfque le chapitre de Montpellier la fit refondre, en 1653.

PAGE 233.

Cymbalum hoc à domino Antonio du Cailar de Monteferrario Magalonenfi facrifta anno Domini MDXVIII, dono datum, & injuria temporis effractum, Monfpelienfe capitulum refecit, & in duplum auxit anno domini MDCLIII. Ste Petre, ora pro nobis.

A côté, il y a deux médailles de St. Pierre & de St. Paul ; & au bas, on voit le nom du fondeur en ces termes : L. Bordes m'a faite.

J'entre dans tout ce détail pour faire voir le dénüement où se trouvoit cette église, & combien il falut du tems pour la mettre en état d'y pouvoir faire le service avec quelque décence.

On trouve, dans les délibérations du chap:tre, qu'il fit faire en 1634 une tapisserie de haute lice representant les principales actions de St. Pierre, pour parer le sanctuaire de son église ; mais depuis que feu Mr. de Pradel, evêque, y eut fait mettre les grands tableaux qu'on y voit, cette tapisserie sert autour du chœur par-dessus les chaises hautes des chanoines.

Peu de tems après, le chapitre fit faire les grandes orgues qui sont au fonds de l'église, au-dessus de la principale porte d'entrée ; & parce que, dans ces premiers commencemens, la sacristie manquoit de tout, quelques chanoines lui firent des présens qui n'ont pas été oubliez dans les regitres du chapitre. Le Sr. Mongranier y est compris pour un benitier d'argent, & Mr. Rebuffi, grand-vicaire, pour un ornement complet de velours. Mrs. de Brignon, prévôt, Bousquet de Montlaur, abbé de Franquevaux, & Ranchin, grand-vicaire, donnerent les vases sacrez & les ornemens qu'ils avoient à eux, & par les augmentations que ce chapitre y a fait, son argenterie aproche de vingt mille écus.

C'est ainsi qu'après deux cens ans, l'église de St. Pierre s'est un peu rélevée de ses anciennes pertes, par où l'on voit clairement qu'il faut souvent des siecles entiers pour réparer les désordres qu'une populace furieuse est capable de faire en un jour.

Avant de finir cet article, je ne dois pas oublier l'horloge qu'on a mis depuis peu sur le clocher de St. Pierre pour regler le service divin & pour l'utilité du public, qui l'entend de la plus grande partie de la ville & de toute la campagne voisine de St. Pierre ; mais ce qui la rend infiniment plus estimable, c'est de la tenir des liberalitez d'un grand cardinal, * premier ministre, que le chapitre ne peut assez se glorifier d'avoir eu l'honneur de posseder durant plusieurs années.

* *Msgr le cardinal de Fleury.*

Nos successeurs verront avec plaisir les reparations qu'on va faire au sanctuaire de cette église, où il doit y avoir un autel à la romaine du plus beau marbre d'Italie, orné de bronze doré, auquel le chapitre a fait servir le droit d'entrée qui lui revenoit de messire Charles Joachim Colbert, son evêque.

CHAPITRE SECOND

DES EGLISES COLLEGIALES

L'EGLISE COLLEGIALE DE NOTRE-DAME DU PALAIS
Dite du Château.

DURANT la fédition arrivée à Montpellier en 1141 contre Guillaume, fils d'Ermenfende, ce feigneur, qui s'étoit retiré à Lates, fit vœu de bâtir une chapelle à l'honneur de Nôtre-Dame, dans fon château de Montpellier, ce qui ne put être executé que par fon fuccefleur, Guillaume, fils de Sibille, comme il le dit lui-même dans l'acte de fondation de l'églife de Ste. Croix, où il fait certaines referves pour fervir un jour à la dotation de l'églife du château, qu'il devoit faire bâtir. *Retentis aliis ad opus capellæ, & ecclefiæ quam Deo authore fundaturus fum in caftello meo.*

* Nous trouvons dans les archives de l'evêché que Raymond I, evêque de Maguelone, fit la confecration de cette églife en 1156, & il faut qu'elle fût dans fa perfection en 1162, puifqu'Alexandre III, ayant été reçû à Montpellier cette même année, avec les honneurs que nous avons dit dans la vie de Guillaume, fils de Sibille, ce pape lui accorda un bref par lequel il exempte de tout interdit fa chapelle de Montpellier, *capellam quoque tuam in Montepeffulano nullus audeat interdicere, quominus tibi & familiæ tuæ exclufis excommunicatis & interdictis, divina officia celebrentur.* PAGE 234.

Guillaume, fils de Mathilde, par fon teftament de l'an 1202, ordonna qu'outre le chapelain majeur, le facriftain & les autres clercs qui y étoient du tems de fon pere, on y ajoûtât un autre chapelain, un diacre, un foûdiacre, un clerc & un efcapolier ou fonneur de cloche, *qui omnes decantent ecclefiam, & ferviant.* Spicilège de d'Achery, tom. 3, page 561.

Le roy Jacques le Conquerant, fuccefleur des biens & de la pieté de fes ayeuls maternels, agrandit cette églife, en lui donnant cinq cannes & demi de largeur fur quinze de longueur dans œuvre. *In latitudine quinque cannas & dimidiam, & in longitudine quindecim cannas, non comprehenfis in his parietibus ejufdem ecclefiæ.*

Elle étoit à côté de l'entrée du palais, comme il paroît par la naiflance de fon ancienne voûte, qu'on voit encore au-deflous de l'horloge, précifément au même lieu où Mrs. de la cour des aydes ont fait bâtir la grande fale qui leur fert de chapelle. Sa principale entrée étoit à côté de celle du palais, ensorte qu'il est dit dans une sentence criminelle que j'ai vû, qu'un homme condamné à faire amande honorable la fit devant la porte de cette église ; & ensuite, sans changer de lieu, devant celle du palais.

Pour illustrer cette église, le roy Jacques la fit ériger en collégiale, & l'honora des mêmes exemptions que le roy St. Loüis, son contemporain, avoit accordé à la Ste. Chapelle de Paris. *Concedimus Domino Deo beatæ genitrici & capellæ nostræ de Montepessulano omnia laudimia, accapta, sive consilia, sine omni retentione nostri vel nostrorum, mandantes, &c.* ; & pour la rendre plus vénérable, nos consuls y ramasserent un grand nombre de réliques, à l'exemple des saintes chapelles de Paris, de Vincennes, de Dijon, de Bourges & de Bourbon, où les princes qui les fonderent prirent soin d'y faire aporter plusieurs reliques des saints.

Nous avons un acte du 17 janvier 1365, dans lequel Pierre Garrigue, prêtre & prieur de l'église collégiale de Ste. Marie du Château, proche le palais du roy, avec les autres prêtres ses collegues, reconnoissent aux consuls de Montpellier qu'il a été de nouveau érigé en ladite église une confrérie en l'honneur de St. Onufre, dont ils avoient reçû les reliques, avec celles de St. Sebastien, des saints Sixte & Hippolite, martyrs, de St. Martin, confesseur, de Ste. Eulalie, vierge & martyre, du mont du Calvaire & du sepulcre de Notre-Seigneur. A raison de quoi ils s'obligent tous les ans, le 13 de juin, à un anniversaire pour l'âme des consuls décédez, & à une messe le jour du décès des consuls actuellement vivans, & à une messe du St. Esprit la veille de St. Onufre, pour la prosperité des consuls, leur accordant de faire graver leurs armes sur la châsse desdites reliques.

Series, page 313.

Le roy Loüis XII, dans ses lettres données au Plessis-lez-Tours, l'an 1510, fait mention d'une portion de la vraye croix & d'une épine de la couronne du Sauveur, donnée à cette église par Philippe le Bel ; puis, en rapellant les privileges accordez à cette église par ses prédécesseurs, les rois de Mayorque, de Navarre & de France, il veut (comme on le pratiquoit de leur tems), qu'il soit pris du trésor royal tout ce qui sera nécessaire pour le service & pour les réparations de cette église.

Cet usage est confirmé par un article des statuts dressez le 12 novembre 1410 par le gouverneur de Montpellier, où il est dit : *Item est de more & consuetudine quod omnes reparationes necessariæ in dicta capella regia, sicut in parietibus, in opertura, in cloquerio, in cimbalis, in indumentis sacerdotalibus, in calicibus, in libris, & aliis dictæ capellæ necessariis, fiant & fieri consueverunt per thesaurarium, sive receptorem receptæ ordinariæ regiæ Montispessulani, de pecunia dictæ suæ receptæ juxta ordinationem magistri operum regiorum, sive ejus locum tenentis de mandato dicti domini gubernatoris, patroni dicti collegii.*

*Le titre de patron de cette églife, que les lieutenans du roy prenent dans quelques actes, vient fans doute à caufe qu'elle étoit de la fondation de nos anciens feigneurs de Montpellier dont ils tenoient la place. C'eft pour cette raifon qu'ils y faifoient affembler tous les ans les perfonnes qui devoient proceder à l'élection du bailly (comme on a pû l'obferver dans l'article de la Bayllie), & que ces mêmes lieutenans ou gouverneurs mirent leur nom à la tête de divers règlemens qui furent faits pour le fervice de Notre-Dame du Palais.

PAGE 235.

Par ces mêmes ftatuts, les chapelains devoient dire fix meffes tous les jours & régler entr'eux le famedy avant vêpres celle que chacun devoit dire dans la femaine ; les deux premières étoient à voix baffe, la troifiéme eft apellée la meffe de paroiffe, avec chant ; la quatriéme fe difoit à voix baffe pendant la meffe de paroiffe, la cinquième après que la meffe paroiffiale étoit finie ; & enfin la dernière qui eft apellée la meffe majeure : *Singulis diebus fabbati ante vefperas eligi confueverunt fex prebifteri, qui in feptimana fequenti habent celebrare miffas. Videlicet unus primam, alter fecundam, alter miffam parochialem cum nota; alter aliam miffam baffam dum miffa parochialis dicitur, alter poft miffam parochialem, & alter miffam majorem.*

Il paroît par ces ftatuts & par les lettres de nos rois qu'on y chantoit les heures canoniales, *nocturnum officium pariter & diurnum.*

Pour donner le moyen à tous ces prêtres de vacquer plus librement au fervice de cette églife, on leur donna quelques bénéfices & des droits confiderables dans la ville & à la campagne, mais les grands renverfemens que les troubles de la religion cauferent dans cette province fe firent fentir à l'églife royale de Notre-Dame du Palais; elle ne fut pas plus refpectée que les autres de la ville ; les chapelains furent difperfez pendant foixante ans, après lefquels leurs places furent données à de nouveaux prêtres qui ramafferent les débris de leur ancienne dotation & rentrerent dans les bénéfices de St. Martin de Lairargues, diocéfe de Montpellier, & de Notre-Dame de Rouviege, diocéfe de Beziers. Ils ont recouvré, par les notes des notaires, quelqu'une des redevances qu'ils avoient à Montpellier, à Montel & à Celleneuve, mais ils n'ont pû encore faire le fervice en corps d'églife collégiale, tant à caufe de la modicité de leurs revenus que par le défaut d'une chapelle où ils pûffent s'affembler. Celle que la cour des comptes, aydes & finances a fait bâtir dans leur ancien fonds, eft deffervie par des religieux, & les prêtres de cette ancienne églife, réduits à fix, difent les meffes aufquelles ils font tenus dans la chapelle de la Providence.

L'EGLISE COLLEGIALE DE St. SAUVEUR.

LE cardinal Imbert Dupuy, d'une famille très-confiderable à Montpellier, pendant le treize & le quatorzième fiécle, ayant deffein de fonder une églife collégiale de prêtres pour vacquer aux fonctions de la priere & de l'hofpitalité tout enfemble, acheta dans le faubourg de la Saunerie l'ifle qu'on voit aujourd'hui vis-à-vis le logis du Cheval-Vert, où il y avoit un hôpital apellé Ste. Marie des Teutons. La maladie dont il mourut l'ayant empêché de finir fon deffein, il en chargea fes exécuteurs teftamentaires, qui étoient Bertrand, evêque d'Oftie, Guillaume de Texeriis, chanoine de Nimes, de l'ordre de St. Auguftin, François Bedoc, chanoine d'Aix, & Guillaume Dupuy, chevalier du diocéfe de Maguelone, lefquels demanderent au pape Clement VI les pouvoirs néceffaires pour exécuter cette fondation : il les leur accorda par une bulle donnée à Avignon le jour des kal. d'octobre 1349. Et en confequence ils drefferent les reglemens fuivans, où l'on voit le nombre des prêtres qui devoient remplir cette fondation, le fervice auquel ils étoient tenus, tant pour l'églife que pour l'hôpital, les biens qu'on leur laiffa pour leur entretien, & la diftribution qui en devoit être faite entr'eux, enfin leur habit d'églife & leur habitation.

PAGE 236.

Prieur & chapelains.

Nomination aux places.

* « Il eft dit d'abord qu'il y aura douze chapelains, dont l'un aura le
« titre de prieur, deux autres feront diacres & un autre facriftain.

« Le prieur aura la premiere voix en chapitre, & la premiere place dans
« le chœur fur la main droite.

« Le facriftain aura la premiere place du côté gauche, & la feconde voix
« en chapitre, mais les autres dix chapelains felon le rang de leur
« réception.

« Quant à la nomination des places, les rois de France à perpétuité au-
« ront la nomination d'une de ces chappellenies pour laquelle ils prefente-
« ront un fujet au prieur & au college.

« Le prieur fera pris du corps des chapelains qui auront droit de l'élire,
« mais il fera tenu de demander la confirmation à l'evêque de Maguelone.

« Quant à la provifion & collation des autres places de chapelains, du
« facriftain & du diacre (lorfqu'elles feront vacantes par mort ou par cef-
« fion), elle apartiendra au prieur conjointement avec la plus grande partie
« du college, enforte néanmoins que fi une prébende facerdotale vient à
« vacquer, on la conferera à l'un des diacres de cette églife, fi d'ailleurs on
« l'en juge digne.

« L'élection du prieur, les provisions & collations de la sacristie, des cha-
« pellenies & des diaconats doivent être faites par le college dans un mois,
« autrement elle appartiendra pour cette fois à l'evêque de Maguelone.

« Le prieur, le sacristain & les chapelains seront tenus d'être prêtres dans
« l'an, & les diacres de même pour leur ordre; s'ils y manquent (sans
« empêchement légitime), ils seront censez privez de leur benefice, & l'on
« en nommera d'autres à leur place.

« Chaque jour on celebrera deux grandes messes *cum nota* (c'est-à-dire Service de l'église.
« en plain-chant), l'une apellée prime & l'autre apellée tierce, & les autres
« chapelains qui n'auront pas été chargez de ces deux messes ne laisseront
« pas d'être tenus de la dire tous les jours, & s'ils y manquent sans cause
« legitime, le prieur a droit de correction & de punition.

« Vêpres, matines, prime, tierce, sexte, none & complies se diront en
« chantant, & les diacres serviront de leur office aux grandes messes, à l'or-
« dre & volonté du prieur, du sacristain & des chapelains qui devront la
« chanter.

« Les diacres seront tenus de sonner la cloche aux heures accoûtumées,
« de porter la croix & faire les autres services du culte divin, qui leur
« seront marquez par le prieur, sacristain & administrateurs du college, au-
« trement ils seront soûmis à la correction & punition du prieur ou du
« sacristain, en son absence.

« Le prieur, sacristain & chapelains, qui resideront dans l'église de St.
« Sauveur, seront par tour leur service des deux grandes messes & de
« l'office de la nuit & du jour, à moins que le prieur n'en voulût la pré-
« ference.

« Nous incorporons (disent les executeurs testamentaires) à l'église de Biens temporels du Collège.
« St-Sauveur tous les fruits & rentes qui ont appartenu à l'hôpital, maison
« & église que le cardinal Imbert acheta pendant sa vie des freres de l'or-
« dre de Ste. Marie des Teutons de la ville de Montpellier, soit que ces
« revenus soient en bled ou en argent, droit de lods, meubles ou immeu-
« bles, biens temporels ou spirituels, quelque part qu'ils soient, & par
« quelques personnes qu'ils soient dûs pour le present & pour l'avenir.

« Nous assignons & incorporons à ladite église & audit college, comme
« au veritable heritier du cardinal Imbert, toute la prairie du ténement de
« Lates, que ledit seigneur cardinal acheta de l'illustre roy de Mayorque,
« avec le sol, les herbes, les pascages, les eaux, les arbres, & le droit de
« donner l'eau, avec tous les autres droits qu'il y a acquis.

« Nous leur assignons deux moulins avec leurs quatre roües, maisons,
« isles, eaux, pascages, possessions, avec le droit de percevoir une certaine

« somme d'argent pour l'arrosage des prés voisins, & généralement tous
« les droits, priviléges & coûtumes dont joüissoit le roy de Mayorque, les-
« quels moulins sont hors du château de Lates & sur la rivière du Lez.

« Nous lui assignons en franc-alleu un four sis hors des murs de la ville
« de Montpellier, au Corral.

PAGE 237.

« *Item, une moitié d'un autre four situé à Montpellier, dans la ruë de
« St. Guillem, qui est commun avec Guillaume Causit, bourgeois de la
« ville, ensemble les bûchers, étables, couverts, & toutes ses autres appar-
« tenances.

« Et généralement tout ce qui a appartenu & se trouvera appartenir à la
« succession du cardinal Imbert, après avoir payé ses autres legs, constituant
« le prieur & collége des chapelains susnommez, les maîtres & successeurs
« dudit cardinal.

« Le prieur, avec les chapelains, pourra dresser des réglemens & statuts,
« ausquels tous ceux dudit collége seront tenus d'obéir.

« Nous ordonnons que le prieur & collége tiennent l'hôpital bien pourvû
« des meubles pour y recevoir les pauvres durant la nuit (comme il est de
« coûtume), & qu'ils établissent un hospitalier capable, qui des biens du
« collége fournisse en tout tems & d'une manière convenable les vivres &
« les autres choses necessaires aux pauvres ; & si l'on fait quelques legs à
« l'hôpital, que l'hospitalier le reçoive & qu'il en rende compte tous les ans
« au prieur & au collége.

Service de l'hôpital.

« Nous ordonnons que le prieur, avec le collége, tiendront tous les ans
« un chapitre général, dans l'octave de Pâques, où ils établiront deux pro-
« cureurs qui rendront un compte exact & loyal à la fin de l'année.

« Lorsque l'hospitalier viendra à mourir, que le prieur & le collége re-
« çoivent ce qu'il aura laissé, & qu'ils l'apliquent au profit & à l'amélioration
« de l'hôpital.

Honoraire des chapelains.

« Les charges spirituelles & toutes dettes déduites, on payera le prieur,
« le sacristain, les chapelains, les diacres & l'hospitalier en cette sorte :
« le prieur aura vingt-six deniers de monnoye courante à Montpellier ; le
« sacristain vingt, les chapelains seize, les diacres dix, pour leur distribution
« quotidienne. Quant à l'hospitalier, on lui donnera tous les ans quinze
« livres de pension.

« Mais aux fêtes solemnelles de Noël, de Pâques, de l'Ascension & de
« la Pentecôte, de même qu'aux quatre festivitez de la Vierge & aux jours
« de tous les Saints, de la Nativité de St. Jean & de la dédicace de l'église
« de St. Sauveur (où l'on doit faire l'office double), le prieur, le sacristain,
« les chapelains & les diacres recevront une double distribution, qui sera

« partagée en égales parts pour l'office de matines, pour celui de la grand'
« meffe & pour celui de vêpres ; mais pour y être cenfé préfent, il faut être
« à matines avant la fin de l'invitatoire, à la grand meffe avant le *Kyrie*
« *eleifon* commencé, & à vêpres avant la fin du premier pfeaume, où il fau-
« dra refter jufqu'à la fin, à moins que pour quelque grave neceffité il ne
« fallût fortir pour un moment & revenir auffitôt.

« Les abfens pour maladie ou pour les affaires de l'églife feront cenfez
« préfens ; mais les diftributions de ceux qui fe feront abfentez fans aucune
« de ces deux caufes feront partagées moitié aux préfens & moitié apliquées
« en livres, ornemens ou autres néceffitez de l'églife.

« Pour cet effet, le prieur & le collège nommeront un pointeur, qui
« marquera les abfens fans haine, affection ni crainte.

« Nous ordonnons de plus que le prieur, le facriftain, les chapelains & *Habit d'églife.*
« les diacres affifteront à matines, à la grand meffe, à vêpres & autres heures
« de la nuit & du jour avec des furplis honnêtes & à longues manches, tous
« uniformes, & qu'ils porteront des aumuffes de brunet ou autre étoffe
« noire, doublée s'ils veulent de peaux ; & s'ils manquent de paroître dans
« l'églife avec le furplis & l'aumuffe, qu'ils foient regardez comme abfens
« & punis au jugement du prieur.

« Les offrandes du pain & du vin, la cire, les étoffes ou l'argent, & autres
« chofes qui feront léguées fans une deftination marquée, feront communes
« & partagées entr'eux.

« Nous ordonnons que le prieur, facriftain, chapelains & diacres demeu- *Habitation com-*
« rent enfemble dans le même lieu, qu'ils y mangent & qu'ils y dorment *mune.*
« en commun, les exhortant au bon exemple qu'ils fe doivent les uns aux
« autres, & à gagner des ames à Dieu par leur fainte vie.

« Donné à Avignon, dans la maifon de Bertrand, evêque d'Oftie, le 28 PAGE 238.
« du mois de janvier, l'an de la Nativité de Notre-Seigneur 1349, indiction
« feconde, & la feptième année du pontificat de Clement VI. »

* Cette maifon avec fon hôpital fubfifterent jufqu'aux premiers troubles
de la religion. On acheva de les rafer lorfqu'on voulut fe préparer aux differens fiéges dont Montpellier fut menacé dans le cours de cette guerre :
alors on détruifit la paliffade du faubourg qui lui étoit contiguë, avec la
portaliere dite de St. Salvaire, de St. Sauvaire ou de St. Sauveur, par où
l'on entroit dans le faubourg de la Saunerie. On a pû remarquer ce que je
dis dans la defcription que j'ai donné de l'entrée de l'archiduc à Montpellier, en 1503, & l'on en trouve de plus grandes preuves dans les archives
de l'Hôtel-de-Ville & dans les regîtres de la Bourfe.

Les chapelains de cette églife ayant été difperfez pendant tout le tems

Etat présent du chap. de St. Sauveur.

des troubles, ils revinrent à Montpellier après le siége qu'en fit Loüis XIII ; alors ils rentrerent dans les possessions qui leur avoient apartenu ; & les places vacantes ayant été conferées à des nouveaux prêtres, ils s'unirent avec ceux de Ste. Anne & de la Trinité pour rebâtir l'église Ste. Anne & y faire tous ensemble l'office divin.

Nous les y avons vû jusqu'en 1687, que messire Charles de Pradel, evêque de cette ville, voulant augmenter le service de la cathédrale, y attira les collégiales qui étoient à Ste. Anne, comme nous l'avons dit dans l'article de cet evêque : ils ont place aux chaises hautes, & portent le nom de chanoine ; mais leur manse est entierement séparée, & ils n'ont rien de commun avec la cathédrale que leur assistance au chœur.

La modicité des revenus de leur église fit prendre la resolution, au commencement de ce dernier siécle, de réduire les douze places de leur fondation au nombre de six ; mais l'affaire ayant souffert plusieurs difficultez au parlement, où elle fut portée, le nombre des prêtres fondez par le cardinal Imbert a subsisté.

L'EGLISE COLLEGIALE DE SAINT RUF

CETTE église fut fondée en 1368 par le cardinal Anglic Grimoard, frere du pape Urbain V, en faveur des chanoines reguliers de St. Ruf, d'où il avoit été tiré par le pape, son frere, pour être archevêque d'Avignon, & ensuite cardinal du titre de St. Pierre aux Liens. Après avoir achevé les grands bâtimens que son frere l'avoit chargé de faire pour le monastere de St. Germain ou de St. Benoît (aujourd'hui St. Pierre), il voulut fonder lui-même une maison de St. Ruf, dont il fait la description en ces termes : *Ædificium quod à fundamentis, propriis sumptibus, ædificari & construi fecimus, infra villam Montispessulani, Magalonensis diœcesis, prope ecclesiam Sti. Benedicti ejusdem villæ, mediante platea & juxta vias publicas à duabus partibus.* La place dont il parle est celle qui est entre St. Pierre & St. Ruf, & les deux ruës sont celles de Côte-Frege & celle qui descend du palais à l'evêché.

Dans l'acte de fondation signé à Boulogne le 13 avril 1368, le cardinal Anglic dit qu'il fonde dix-huit places pour des jeunes chanoines de St. Ruf qui devoient faire le cours de leurs études à Montpellier, & aider en même tems au service de leur église.

Art. 1. Il veut qu'ils soient gouvernés par un prieur annuel, dont il se reserve la nomination pendant sa vie, voulant qu'après sa mort, l'abbé de St. Ruf en ait le choix avec son conseil.

Il ôte à l'abbé de St. Ruf toute jurisdiction sur les 18 chanoines qui seront à Montpellier, donnant au prieur de cette maison tout pouvoir sur eux, à moins qu'il ne s'agît d'un crime fort grave, dont la punition seroit dévoluë à l'abbé. *Art. 5. Art. 8.*

Il ordonne, pour le service de la chapelle, qu'on y dise autant de messes qu'il se pourra; & s'il arrivoit qu'il n'y eût pas dans la maison trois chanoines en état de la dire, il veut qu'on apelle un prêtre séculier, & qu'à toutes les messes on fasse commemoraison du fondateur, du pape Urbain V & des bienfacteurs de la maison. *Art. 13.*

*Aux fêtes solemnelles de Nôtre-Seigneur & de la Vierge, à celles de St. Jean-Baptiste, de St. Pierre & de St. Paul, de St. Ruf & de St. André, apôtre (dont il y avoit un autel dans leur chapelle), il ordonne qu'on s'assemble au son de la cloche pour dire toutes les heures de l'office divin à deux chœurs; mais aux jours ordinaires, il suffira qu'on dise le soir matines & laudes. Il y aura continuellement une lampe allumée devant le St. Sacrement, & tous ceux qui ne seront pas prêtres communieront de quinze en quinze jours. *PAGE 239. Art. 18.*

Les malades seront tenus de se confesser au deuxième jour de leur maladie, & le prieur n'épargnera rien pour leur guerison; il leur assignera un des valets de la maison pour les servir, & il les fera visiter par le medecin que la maison doit tenir à ses gages. Lorsqu'un malade sera décédé, la maison fera les frais de sa sepulture, à moins que les parens du deffunt ne voulussent les faire. *Art. 20.*

Quant à l'administration du temporel, le cardinal Anglic ordonne que tous les ans, après la fête de Pâques, on choisisse deux procureurs ou sindics, pour aller visiter tous les mois les prieurés & granges de la maison collégiale, dans laquelle ils feront porter toutes les denrées afin de les vendre après en avoir réservé leur provision; il veut que de l'argent qui en proviendra on fournisse au vestiaire des chanoines & du prieur, & qu'on enferme le reste de l'argent dans un cofre à deux serrûres, afin que si la somme devient considerable on l'employe à augmenter le nombre des places de la fondation.

Après avoir réglé qu'on fera une lecture pendant les repas, & qu'on tiendra tous les dimanches un chapitre particulier pour la correction des mœurs & pour le bon ordre de la maison, il ordonne qu'on fasse quatre exemplaires des presens statuts sur du parchemin, & qu'on en fasse la lecture tous les mois.

Datum & factum Bononiæ, in domo habitationis nostræ, anno à nativitate Domini 1368, mense aprili, die 13. Indictione sexta. Pontificatus S. D. N. papæ Urbani V anno sexto. Præsentibus Stephano, abbate Sti Victoris prope Massiliam, &c.

Le pape Urbain V confirma peu de tems après cette fondation par ses lettres données à Rome *apud Sanctum-Petrum*, le 5 des kal. de may, en la sixiéme année de son pontificat, par lesquelles il donne pouvoir à son frere de fonder telle maison de pieté qu'il voudra, & particulierement le college de St. Ruf: *In quo ordine*, ajoûte-t-il, *per triginta annos educatus extitisti*, ce qui nous aprend le long séjour que le cardinal Anglic avoit fait dans l'ordre de St. Ruf.

Nous avons vû au sujet de la sédition arrivée à Montpellier en 1379 que ce cardinal, voulant fléchir la colere du duc d'Anjou contre les habitans de cette ville, vint à Montpellier dans sa maison de St. Ruf, où il ménagea tous les esprits pour terminer cette importante affaire: depuis ce tems, il ne cessa de s'employer pour la ville & de faire du bien à sa maison de St. Ruf, qu'il établit son héritier universel: *Hæredem meum universalem facio, ac ore meo proprio nomino collegium Sti. Ruffi Montispessulani.*

Baluze, Pap. avenionensium, tom. 2, pag. 1021.

Dans ce testament, signé à Avignon le 16 avril 1388, il fait un très-grand nombre de legs considerables à diverses personnes & à plusieurs couvens ou paroisses; mais parmi ses legataires particuliers, il donne par préciput à sa maison de St. Ruf tout ce qui se trouveroit lui apartenir dans l'enceinte du college, soit en or, en argent ou en meubles, tous les droits par lui acquis dans le diocése de Maguelone & dans le château & terroir d'Armazan, diocése de Nîmes, deux maisons considerables à Avignon, dont il marque les confronts, & tous les bestiaux qu'il avoit à St. Gilles de Vauvert, autrement de *Posqueriis*, à Armazan, diocése de Nîmes, & à Melguëil, diocése de Maguelone.

Les liberalitez qu'il fit à l'église de St. Ruf sont remarquables: il lui donne une croix d'argent du poids de douze marcs, à la charge qu'elle ne pourroit jamais être venduë ni alienée; trois des meilleurs tapis qu'il se trouveroit avoir, au choix du prieur & du sacristain; trois pieces de tapisserie de laine ouvrage d'Angleterre où il y avoit des animaux & des arbres de differentes couleurs pour parer, dit-il, les murailles de l'église; une chapelle noire d'etoffe de Luques, qu'il avoit dans sa maison d'Avignon consistant en une chasuble, deux pluviaux, deux dalmatiques, deux tunicelles, & l'etoffe qu'on met autour de la chaire du prélat qui officie.

PAGE 240.

*Un parement de drap d'or, où il y avoit les images de la Vierge & autres saints, entourées, dit-il, de ses armoiries, *in cujus circuitu sunt arma mea.*

Un autre parement d'autel de même étoffe.

Deux autres paremens blancs d'étoffe de Luques qu'il avoit dans fa maifon d'Avignon.

Deux autres paremens rouges de même ouvrage.

Un frontal d'étoffe rouge où il y avoit des images en broderie d'or pour mettre fur l'autel.

Plus, cinq aubes avec leur amits, des plus belles qu'il fe trouvera avoir, au choix du prieur clauftral & du facriftain du college; toutes les napes d'autel qui lui apartiennent, & deux cens francs d'or pour achever les reparations qui reftent à faire.

On attribuë à fes liberalitez les benefices & les fonds de terre dont l'églife collégiale de St. Ruf joüit encore; fçavoir: le prieuré de St. Martin de Caveirac, prés de Melguëil; le prieuré de Gadagne dans le comtat d'Avignon; le benefice de Sarniac, diocéfe de Nîmes; celui de Villeneuve-la-Cremade, diocéfe de Beziers; & St. Martin d'Efcofiac, prés de Cornonfec. A tous ces benefices le cardinal Anglic ajoûta des prairies à Lates, des champs prés du grand St. Jean, au terroir de Tournemire; une vigne confidérable à Lantiflargue, dite la vigne des Larmes; la feigneurie directe fur toutes les maifons de la Barlerie, à main droite en venant de la place des Cevenols, & la confeigneurie de Caftelnau près de la riviere du Lez.

Avec tous ces fecours, la maifon de St. Ruf fe conferva jufqu'aux guerres de la religion, pendant lefquelles elle fubit le fort des églifes de Montpellier: les chanoines furent obligez de fe retirer ailleurs, & ce ne fut qu'après la réduction de cette ville qu'ils y revinrent en 1627.

Alors le Sr. Pierre Argoud, facriftain, fit clorre de murailles leur ancienne enceinte & bâtit le corps de logis qui fait face à leur jardin. Enfin, en 1645, le fieur Alexis Rochon, cloîtrier de cette maifon, fit le fecond corps de logis qui regarde l'églife de St. Pierre; mais les remüemens de terre qu'on fit à cette occafion acheverent d'effacer tous les veftiges de l'ancien bâtiment du cardinal Anglic dont il ne refte qu'une groffe muraille qui fert de foûtenement aux terres d'un jardin fuperieur.

Le fervice de l'églife n'eft fait à préfent que par un prieur triennal, par un facriftain à titre & par trois autres cloîtriers, le refte des étudians étant retenus à Valence par leur abbé général aux dépens de la maifon de Montpellier, qui fournit auffi à leur entretien dans les feminaires où on les envoye pour fe preparer aux ordres.

Cet ufage, qui s'eft introduit depuis le commencement de ce fiècle, a fait naître la penfée à meffire Loüis Pierre Chomeil, dernier abbé de St. Ruf, de faire attribüer à la maifon de Valence (qui eft le chef-lieu de fon ordre) tous les revenus de la maifon de Montpellier dont il a demandé la fuprefsion à la cour. Sur cette demande, le roy nomma dom Joseph d'Argenvilié, abbé de Septfons, ordre de Cîteaux, pour faire les informations préalables à un pareil changement. Son arrivée à Montpellier, sur la fin de l'année 1727, donna lieu à des opositions de la part de la ville, de l'université, de Mr. le procureur général au parlement de Toulouse, & de Mr. le comte de Roure, lieutenant général de la province, en qualité de chef de la maison de Grimoard, ce qui a fait suspendre l'execution de ce projet jusqu'à present.

L'EGLISE COLLEGIALE DE LA SAINTE TRINITÉ

Page 241.

Series præsulum de Gariel.

CETTE église a pour fondateur le cardinal Raymond de Canillac, qui avoit été auparavant prevôt de l'église de Maguelone. Nous aprenons par une bulle du pape Gregoire XI, donnée à Avignon le 19 de may 1372, que ce cardinal, lui ayant demandé les pouvoirs nécessaires pour faire cette fondation, il les lui accorda ; mais qu'ayant été prévenu par la mort, les exécuteurs testamentaires, sçavoir : Anglic Grimoard, cardinal-evêque d'Albano, Pierre de Montaruc, cardinal, vice-chancelier, evêque de Pampelune, & Pons de la Garde, prieur de Saint-Firmin de Montpellier, depuis evêque de Mende, s'adresserent au même pape pour lever plusieurs difficultés qu'ils trouvoient aux dernieres volontés du cardinal de Canillac.

Gregoire XI leur ayant donné plein pouvoir, ils firent bâtir dans l'îsle de Maguelone, à la distance d'environ cent pas de l'église cathédrale, du côté qu'elle regarde la mer, une église collégiale avec cloche, clocher, cimetière, & autres édifices pour douze chapelains.

Ils crûrent, afin d'interesser le chapitre de Maguelone dans cette fondation, devoir affecter à un de leur corps la premiere place de cette nouvelle église ; & en ayant obtenu du pape Gregoire XI un pouvoir spécial, ils firent les réglemens suivans, pour le temporel & pour le spirituel.

Art. premier.

« Nous érigeons (disent-ils), par l'autorité apostolique qui nous a été
« accordée à cet effet, la chapelle de la Ste. Trinité en collégiale & seculiere pour joüir de tous les droits & privileges des églises collégiales.

Dignités & offices de cette église.

« Le chef de tous les chapelains sera apellé doyen, & pris du corps des
« chanoines claustraux de l'église de Maguelone, sans qu'on en puisse choisir
« d'ailleurs, *quorum primus decanus, canonicus claustralis ecclesiæ Magalonensis*

« *esse debeat. Et ad quem decanatum nullus alius assumi debeat, nisi canonicus*
« *claustralis ecclesiæ Magalonensis* ; la seconde place sera pour le sacristain, &
« la troisiéme pour le précenteur ; & tous les autres prêtres séculiers seront
« appellés simplement chapelains de la chapelle de la Ste. Trinité de Ma-
« guelone : *Capellani capellæ Stæ Trinitatis Magalonæ nuncupentur* ; ensorte
« que le seul doyenné soit une dignité, & la sacristie avec la précentorie
« soient des offices : *Decanatus dignitas, sacristia vero & præcentoria officia*
« *existant*.

« Nous reglons & statuons (continuent les exécuteurs testamentaires) *Art. 2.*
« que, lorsque le doyenné viendra à vacquer, le prevôt de Maguelone, le
« prieur de St. Firmin & le prieur claustral choisiront dans tout le mois un *Collation du doyenné.*
« chanoine qui soit prêtre & profés de leur maison, ou qui puisse l'être dans
« un an, à compter du jour de ses provisions ; que s'ils concourent tous
« trois, ou deux pour le moins au même choix, ils seront tenus, dans les
« dix jours après l'élection, de presenter à l'évêque de Maguelone celui
« qu'ils auront choisi, pour en obtenir la confirmation & l'institution.

« Cette élection sera faite à Montpellier, dans la maison du prevôt de
« Maguelone, & en son absence, dans celle du prieur de St. Firmin ; que
« si elle n'est pas faite dans le premier mois de la vacance, elle sera dévoluë
« pour cette fois à l'évêque de Maguelone.

« Le prieur de St. Firmin & le baron de Canillac présenteront alterna- *Nomination ux chapellenies.*
« tivement aux chapellenies qui viendront à vacquer ; & s'ils laissent passer
« le premier mois, leur droit est dévolu au prévôt de Maguelone, qui en
« donnera l'institution. Quant aux offices de sacristain & de précenteur, le
« doyen, avec le chapitre de la Trinité, pourvoiront celui des chapelains
« qu'ils en estimeront le plus digne.

« Les chapelains, lorsqu'ils seront présentés, doivent être prêtres, ou du
« moins avoir atteint la vingt-cinquiéme année, pendant laquelle ils pour- *Art. 4.*
« ront obtenir l'ordre de prêtrise ; & s'ils y manquent, leur place vacquera
« du seul fait. Aucun d'entr'eux (pas même le sacristain ni le précenteur),
« ne pourront tenir aucun * benefice à charge d'âmes, ni aucun autre qui PAGE 242.
« oblige à résidence. *Art. 5.*

« Il est réglé que le doyen aura la premiere place dans l'église, & la pre- *Places & rangs dans le chœur & en*
« miere voix en chapitre, ensorte que sa voix vaille autant que deux autres : *chapitre.*
« *Primam vocem quæ pro duabus valeat ;* le sacristain opinera après lui, ensuite
« le précenteur, & puis les autres chapelains, selon l'ordre de leur recep-
« tion. La place du doyen dans le chœur sera à main droite en y entrant, *Art. 7.*
« celle du sacristain à main gauche de la même entrée, & le précenteur sera
« assis du côté du doyen, deux places entr'eux : *Duabus tantum sedibus mediis.* »

rt. 8.	Le doyen eft déclaré le chef de tous fes collégues, *caput fit & præfit omnibus, & fingulis perfonis diétæ capellæ & collegii*. On lui donne droit de correction & de punition pour tout ce qui regarde l'office divin, & pour les crimes commis par les collégues : *Corrigat & puniat tam circa divinum*
Art. 47.	*officium quam circa alia crimina per eofdem commiffa*. Cette punition eft reduite, dans un des derniers articles des ftatuts, à une penitence falutaire, en une amande envers ceux qu'ils auront offencé, ou à être deferé à l'official de Maguelone.
Art. 9.	C'eft au doyen à convoquer le chapitre tant qu'il eft prefent, &, à fon abfence, au facriftain ou précenteur, fi la place de ces premiers fe trouve vacante.
Art. 10.	Le devoir du facriftain eft de garder les livres, les calices, les croix, les habits facerdotaux & autres ornemens de l'églife. Celui du précenteur eft d'officier par lui-même, *officiare per fe* ; & s'il ne le peut pour caufe raifon-
Art. 12.	nable, de le faire faire par quelqu'un du corps, & non autre. Il réglera le chant des grandes meffes, celui des pfeaumes & antiennes qu'on chante alternativement des deux côtés du chœur ; tous devront lui obéir dans les proceffions & dans ce qui regarde le fervice de l'églife & du chœur.
Art. 54.	La loi de réfidence perfonnelle oblige également le doyen, le facriftain, le précenteur & les autres chapelains, qui ne peuvent s'abfenter fans caufe
Art. 25.	legitime. Aucun d'eux ne pourra permuter ou réfigner fon benefice fans une expreffe permiffion de tous les membres du chapitre, ce qu'ils promettront
Art. 17.	avec ferment lors de leur reception.
Service divin.	Quant au fervice divin (ajoutent les executeurs teftamentaires), nous ordonnons, par l'autorité apoftolique dont nous fommes revêtus, que dans
Art. 18.	la chapelle de la Ste. Trinité, on chante diftinctement & devotement les heures canoniales, felon le rit & coûtume de l'églife de Maguelone : *In quibus dicendis ufum & confuetudinem ecclefiæ Magalonæ volumus obfervari*. Et que tous les jours de dimanche & de fête, on y célébre, fur les * neuf heures, une meffe conventuelle, & qu'aux autres jours feriés, on pourra la dire aux heures qu'ils voudront, *quando eis videbitur,* afin que chacun ait le tems de vacquer à fes affaires ; mais en carême, en avent & aux jours de jeûne, qu'on dife deux meffes conventuelles : l'une après prime, & l'autre aux heures qu'on a coûtume de la dire dans l'églife de Maguelone. *Horis debitis, ut in ecclefia Magalonæ eft fieri confuetum.*

---

* Dans l'original il y a *hora tertia*, qui répond à neuf heures du matin, parce qu'on comptoit les heures à Maguelone comme on fait encore en Italie, où la premiere heure de la nuit commence à fix heures du foir, & la premiere heure du jour à fix heures du matin.

Aux fêtes folemnelles où l'office eſt double-majeur, & qui font affectées à l'evêque pour chanter la grande meſſe à Maguelone, le doyen de la Trinité dira dans ſa chapelle une meſſe conventuelle où il chantera lui-même l'évangile, aſſiſté d'un jeune prêtre du chapitre de la Trinité qui lui ſervira de diacre; le même doyen fera ce jour-là l'office à vêpres & à matines; mais, s'il eſt legitimement empêché, le ſacriſtain ſupléera pour lui; & au défaut du ſacriſtain, le précenteur; dans les autres meſſes conventuelles que le doyen n'eſt pas tenu de chanter, le ſacriſtain & le précenteur les diront par ſemaine tour à tour. Que s'il arrivoit que par maladie ou abſence légitime, on ne pût célébrer avec décence ces meſſes conventuelles, on les dira à voix baſſe aux heures accoûtumées, & tous ſeront tenus d'y aſſiſter, ſous peine de punition par le doyen. *Art. 19.*

L'anniverſaire du cardinal de Canillac ſera célébré le 19 de juin, qui fut le jour de ſa mort; ſon ſervice commencera la veille, après vêpres, où l'on dira tout l'office des morts; que ſi ce jour tomboit au dimanche, on remettra au lundy la * grande meſſe qu'on doit chanter pour le repos de ſon âme; on dira une pareille meſſe le quatrième de juillet, auquel jour il fut enterré à Maguelone, dans la chapelle du St. Sepulcre, & on y fera une abſoute ſur ſon tombeau. *Service pour le cardinal de Canillac.* *Art. 20.* Page 243.

Tous les jours libres on dira deux meſſes baſſes dans la chapelle du St. Sepulcre & dans celle de la Trinité; on chantera pour lui toutes les ſemaines une grande meſſe des morts, après laquelle on fera dans le chœur une abſoute pour lui & pour ſes parens défunts. *Art. 21.*

Tous les chapelains de la Ste. Trinité qui diront la meſſe dans l'enceinte de l'iſle de Maguelone aux jours non empechez, diront une collecte pour lui, pour ſes parens ou bienfacteurs, & après matines, le doyen & les chapelains de la Trinité diront tous les jours un *De profundis* avec l'oraiſon *Deus qui inter apoſtolicos*, ce qui ſera obſervé à l'action de graces après le repas & après complies; mais après la meſſe conventuelle qu'on diſe le répons *Libera me*, avec ſes verſets, & après vêpres le répons *Qui Lazarum, &c.* *Art. 22 & 23.*

Lorſque les chanoines de Maguelone viendront dans la chapelle de la Ste. Trinité (ce qu'ils peuvent faire quand ils voudront) le ſacriſtain leur fournira tout ce qui leur ſera neceſſaire. *Art. 24.*

L'habit de chœur pour le doyen & pour les chapelains dépuis la veille de Pâques juſqu'à la veille de tous les ſaints, conſiſte en un ſurplis & une aumuſſe qui ſera pour le doyen la même qu'on porte à Maguelone, & pour les autres une aumuſſe ſimple, doublée s'ils veulent de peaux d'agneau; mais dépuis la veille de tous les ſaints juſqu'à la veille de Pâques, ils porteront ſur le ſurplis une chape noire, ſelon l'uſage de l'égliſe de Maguelone. *Art. 25.* *Habit de chœur.*

Art. 27.   Lorfqu'ils viendront à l'églife pour y célébrer l'office divin, ils y entreront la tête découverte, ils s'inclineront dévotement devant le grand autel, & après que la cloche aura fini, ils attendront encore les abfens pendant l'efpace d'un *De profundis*.

Art. 29.   Il y aura au moins deux lampes dans l'églife qui brûleront pendant la meffe, pendant matines & à vêpres; hors ce tems il fuffira qu'il y en ait une qui brûle continuellement devant le St. Sacrement.

Art. 30.
Chapitres généraux.   Tous les mécredis après l'octave de Pâques, le doyen avec les autres chapelains tiendront le chapitre général qui pourra être continué pendant les deux jours fuivans, & davantage s'il eft neceffaire; on en fera de même le mécredi après la fête de tous les faints, & dans ces deux chapitres généraux il fera fait lecture des préfens ftatuts afin que perfonne ne puiffe s'excufer fous prétexte d'ignorance.

Art. 32 & 33.   Le procureur ou fíndic ne pourra aliener quoi que ce foit des biens apartenans à cette églife collégiale, fans la participation du chapitre à qui il rendra un compte exact de toute fon adminiftration.

Art. 42.
Sceau du chapitre.   Le fceau du chapitre fera dans une caffette à trois clefs, dont l'une reftera toûjours entre les mains du doyen, la feconde fera gardée pendant une année par le facriftain, & l'autre année par le précenteur, la troifième clef reftera au pouvoir d'un prêtre du chapitre qui fera choifi pour cet effet toutes les années.

Le doyen, le facriftain & le précenteur auront chacun une chambre affectée, mais lorfque les autres chambres des chapelains viendront à vacquer, elles feront à l'option du plus ancien.

Art. 39.
Table commune.   Le pain, le vin & la viande feront communs à tous, mais le doyen aura double portion. Il recevra quinze livres tournois à chaque chapitre général, & les autres n'en auront que le tiers; ils mangeront tous dans le même réfectoire, & pendant le répas on fera quelque lecture de piété.

Art. 45.   Tous les chapelains pourront tefter en laiffant un tiers de leur bien au chapitre, mais s'ils meurent *ab inteftat*, le chapitre leur fuccédera en entier.

Art. 36.   Ils font exhortez, vû la proximité où ils feront des chanoines de Maguelone, à leur marquer du refpect dans toutes les converfations qu'ils auront avec eux.

Acta & promulgata fuerunt fubfcripta omnia & fingula Avenione, in domo habitationis & camera fecreta domini cardinalis Albanenfis prædicti : fub anno à nativitate Domini milleſimo trecentefimo feptuagefimo fexto, indictione decima quarta, & die 2 menfis octobris pontificatus S. D. N. Gregorii papæ XI anno fexto.

PAGE 244.   * Il paroît par cette dernière date que l'établiffement du collége de la Trinité ne commença qu'environ 1376, puifque le cardinal Anglic qui dreffa les ſtatuts de cette maiſon, en parle toûjours au futur. Elle ſubſiſta à Maguelone après que le chapitre de la cathédrale eut été transferé à Montpellier en 1536, & lors des grandes démolitions qui furent faites en cette ville en 1562, l'égliſe de la Trinité ſe conſerva encore à Maguelone juſqu'à ce que les Huguenots ſe rendirent maîtres de cette iſle en 1568.

Depuis ce tems juſqu'après le ſiége de Montpellier par le roy Loüis XIII leur ſervice fut interrompu faute d'une égliſe à pouvoir s'aſſembler. Guillaume Pelliſſier, ſecond du nom, evêque de Montpellier, ſe fit nommer doyen de la Trinité pour conſerver les biens de cette égliſe; mais les chanoines de ſa cathédrale qui ſuccederent dans cette place firent des pertes conſiderables, tant à cauſe d'une aliénation de leur temporel qu'ils firent en 1590, que par la ſupreſſion qui fut faite des ſalines de Mirevaux & de Villeneuve, ſur leſquelles le collége de la Trinité avoit à prendre ſa proviſion de ſel. On trouve dans leurs anciens régîtres qu'ils avoient des fiefs à Meze, à Loupian & à Marſillan dans le dioceſe d'Agde, & un autre fief encore plus conſiderable dans la paroiſſe de Juvignac, qui comprenoit tout le devis comtal. Mais il ne reſte preſentement à cette égliſe que les prieurez d'Auroux & de St. Nazaire, dioceſe de Montpellier, avec celui de Servian, dioceſe de Beziers, & quelques uſages à Mirevaux & à Montpellier: la diminution de leurs rentes fit diminuer le nombre des chapelains, qu'on réduiſit à ſix, y compris le doyen qui eſt toujours un chanoine de la cathédrale. Je trouve qu'ils firent le ſervice dans l'égliſe de la Loge en 1643, & enſuite dans celle de Ste Anne qu'ils contribuerent à rébâtir; enfin Mr. de Pradel, evêque de Montpellier, les ayant attiré dans ſa cathédrale en 1687, ils y aſſiſtent à l'office avec les collégiaux de St. Sauveur & de Ste. Anne.

Etat preſent du chapitre de la Trinité.

Leur reduction au nombre de ſix leur avoit attiré en 1682 un grand procès au parlement de Touloufe, qui fut jugé en leur faveur contre les impetrans par arrêt du 19 juillet 1683. Depuis ce tems, il s'en eſt élevé un autre au ſujet de leur doyenné, qui ſe trouve avoir été conferé diverſement depuis la tranſlation de l'égliſe cathédrale de Maguelone à Montpellier. On vient de contranſiger que Mr. l'evêque en feroit titre ſur la preſentation du prévôt de St. Pierre & ſur celle du chanoine qui ſe trouveroit en tour de ſemaine comme repréſentant le prieur de St. Firmin dont le benefice eſt uni au chapitre; quant au prieur clauſtral de Maguelone, qui eſt nommé pour l'un des patrons dans la bulle de fondation, il n'en eſt fait aucune mention, ſa place ayant été ſupprimée.

L'EGLISE COLLEGIALE DE Ste. ANNE.

<small>Page 505.</small>

ON trouve dans le *Series* de Gariel le procés-verbal de l'érection de cette église avec le nom des perfonnes qui y concoururent, & les regles qu'on établit pour cette fondation.

<small>Fondation de cette église.</small>

Il y eft dit qu'en la quatrième année du pontificat du pape Alexandre VI, Pierre Arifteri, prieur de St. Martin de Suffargues, & titulaire de la chapelle de Ste. Anne dans la ville de Montpellier, fe préfenta à Maguelone le 2 de novembre 1496, pardevant reverend pere en Dieu Ifarn de Barriere, evêque, Jean de Cofta, prévôt du chapitre de Maguelone, affemblez capitulairement, & qu'il suplia l'evêque d'ériger en collégiale fa chapellenie de Ste. Anne, où il vouloit fonder quatre places dont la premiere feroit pour un prieur, la feconde pour un facriftain, & les deux autres pour deux chapelains: il demanda pour eux la permiffion de s'affembler & les autres privileges accordez de droit aux eglifes collégiales, priant l'evêque d'interpofer fon autorité pour cet établiffement, d'autant plus (ajoûta-t-il) qu'il avoit déjà le confentement du prieur de St. Firmin dans la paroiffe duquel fa chapelle de Ste. Anne étoit fituée. Il offrit en même tems de donner pour cette fondation,

<small>Page 245.</small>

non-feulement fon prieuré de * Suffargues, pour être uni à la nouvelle église collégiale, de l'autorité de l'evêque & du chapitre de Maguelone, mais encore certaines métairies où il y avoit des champs & des prés; fes livres de grammaire, de théologie, de droit canon & civil, & generalement tous fes biens, meubles & autres effets qu'il pouvoit avoir.

Il eft marqué que fa propofition fût bien reçûë de toute l'affemblée, & que l'evêque ayant pris confeil du prévôt, du facriftain & autres chanoines

<small>Le prieuré de Suffargues lui eft uni.</small>

de Maguelone, il fit l'union propofée en fe refervant la collation, provifion, & toute autre difpofition de la vicairie perpetuelle qui feroit établie à St. Martin de Suffargues, à condition que cette paroiffe ne foufriroit aucun préjudice de cette union, & que le vicaire feroit tenu d'y réfider en perfonne, d'y célébrer l'office divin, & d'adminiftrer les facremens aux paroiffiens, comme il avoit été fait auparavant.

<small>Art. 1.
Droits du vicaire qu'on établit dans ce prieuré.</small>

« Pour cet effet il ordonne que le vicaire auroit tous les émolumens de « l'église de Suffargues, c'eft-à-dire les offrandes, les droits de fepulture, « une partie de la maifon clauftrale & du verger; qu'il recevroit tous les ans « des prieurs, facriftains & collegiez de Ste. Anne, dix fétiers de froment,

<small>Art. 2.</small>

« deux muids de vin bon & pur, tel qu'il fort de la cuve, moyennant quoi « il fuporteroit les charges ordinaires du benefice, fur tout de l'hofpitalité.

« Quant aux charges extraordinaires, comme droits de finode, décimes
« & tous autres, quels qu'ils puiffent être, le prieur & les collegiez feront
« tenus de les payer, & lorfqu'à la célébration du finode, le prieur & le
« vicaire de Suffargues feront apellez, le prieur de Ste. Anne feroit tenu
« de répondre *adfum, domine*.

Art. 3.
Charge des giez de Ste pour l'églife de Suffargues.

« Si les collegiez fe trouvent à Suffargues le jour de la St. Martin, le
« vicaire cedera la premiere place au prieur & au facriftain, & il fournira les
« vivres aux collegiez pendant tout le jour, & le lendemain à diner.

Art. 4.

« Les autres émolumens du benefice de Suffargues tourneront au profit
« du prieur, facriftain & collegiez de Ste-Anne & feront partagez également
« entr'eux, après que le prieur aura pris pour lui un dixième, outre fa qua-
« trième portion de tous les revenus.

Art. 5.

« Les collegiez feront tenus de réfider à Ste. Anne, d'y célébrer tous les
« jours la meffe, d'en dire deux tous les dimanches & fêtes, l'une en plain-
« chant & l'autre à voix baffe, & de chanter vêpres le foir.

« Tous les lundis ils diront deux meffes, l'une pour les défunts parens
« de Pierre Arifteri, leur fondateur, & l'autre felon la dévotion de celui qui
« la dira. »

Art. 6.
Leur réfidence à Ste Anne, & le fervice qu'ils étoient tenus d'y faire.

« La collation du prieuré de la collegiale de Ste. Anne apartiendra au
« prieur de St. Firmin & à fes fucceffeurs; celle du facriftain & des autres
« collegiez à l'evêque de Maguelone, qui fe referve fur eux toute jurif-
« diction.

Collation des places.

Art. 7.

« Il leur permet de s'affembler au fon de la cloche le jour & le lende-
« main de la fête de St. Luc pour élire le findic qui doit prendre foin de
« leurs affaires & rendre compte à la fin de l'année de fon adminiftration,
« fous lefquelles conditions (ajoûte le procès-verbal) l'evêque, avec le
« confentement du chapitre de Maguelone, autorifa l'union du prieuré de
« St. Martin de Suffargues, & donna fon décret dont il fut expedié copie à
« Pierre Arifteri, qui l'avoit demandée, & en confequence les collegiez de
« Ste. Anne furent mis en poffeffion du benefice de Suffargues le 16 de
« novembre 1496. »

Art. 8.
Chapitre général.

Art. 9.

Depuis ce tems, ils firent leur fervice dans l'églife de Ste. Anne jufqu'à la ruine generale des églifes de Montpellier en 1562. Les troubles qui continuérent en cette ville durant près de foixante ans, les empêcherent de s'y affembler, & ce ne fut qu'après la reduction de Montpellier en 1622 qu'ils refolurent de rêbâtir l'églife Ste. Anne où ils firent l'office avec les collégiaux de St. Sauveur & de la Trinité jufqu'en 1687, qu'ils furent attirez dans la cathédrale pour y affifter aux offices, comm'ils font encore.

Etat préfent du chapitre collégial de Ste Anne.

L'EGLISE COLLEGIALE DE St. JEAN.

Par Mr. Raimbaud.
Page 246.

SELON les mémoires qui m'ont été envoyez du grand prieuré de St. Gilles, les chevaliers de St. Jean de Jerusalem furent établis dans l'enceinte de Montpellier, * dans le même siècle que les chevaliers du temple le furent hors du faubourg de la Saunerie. On donne pour preuve de ce fait deux actes du douzième siècle dans l'un desquels Raymond, evêque de Maguelone, confirme en 1145 la donation faite par Hugues Berenger aux chevaliers de St Jean, d'une maison & jardin attenant leur habitation dans la ville, ce qui fut accepté (dit l'acte) par Aymé, grand-prieur de St. Gilles.

L'autre acte est de l'année 1153, par lequel le même Raymond, evêque de Maguelone, confirme aux chevaliers de St. Jean toutes les donations qui leur avoient été faites dans l'étenduë de son diocése.

On raporte pour le siecle suivant une transaction passée en 1203 entre le chapitre de Maguelone & le commandeur de Montpellier au sujet des offrandes faites dans l'église de St. Jean, du droit de sepulture & autres articles qui furent terminez par la médiation de Guillaume, évêque de Nîmes, & de Guillaume, évêque d'Avignon.

Les chevaliers ayant acquis en 1311 la grande maison des Templiers, hors la porte de la Saunerie, ils y firent leur principale demeure, comm'il paroît par la tenuë du chapitre général de l'ordre, qui y fut faite en 1330, & par la sepulture que Foulques de Villaret, leur grand-maître, choisit à Ste. Marie de Lezes qui étoit l'ancienne église du Temple. Celle de St-Jean commença dès-lors à décheoir, & ce fut pour y rétablir le service que Merauld de Masses, grand-prieur de St. Gilles, y fonda par son testament du 26 décembre 1345 un collége composé de quatre prêtres & d'un clerc, y compris

Fondation des chapelains de St. Jean.

le sacristain du temple, c'est-à-dire du grand St. Jean qui seroit le chef de tous les autres. Il les oblige aux heures canoniales, sçavoir matines, tierce, sexte & none, à voix basse, après lesquelles ils devoient chanter la grand' messe, & le soir vêpres & complies à voix haute, suivant le chant qui est usité dans les églises de la religion de Malthe. Il laisse à la volonté du com-

Charges qui leur furent imposées.

mandeur de St. Jean le choix & la destitution de tous ces prêtres, voulant néanmoins que le sacristain ait la liberté de se choisir le clerc qui devoit les servir à l'église.

Renversement de leur église.

Douze ou quinze années après cet établissement, arriverent à Montpellier les premiers troubles de la religion qui causerent en cette ville la ruine de toutes les eglifes: celle de St. Jean y fut comprife comme les autres, & ce ne fut qu'aprés la réduction de Montpellier fous les armes de Loüis XIII que les chevaliers de Malthe firent bâtir la petite chapelle qu'on voit à un coin de leur ancien emplacement.

Alors les quatre prêtres fondez par le grand-prieur de Maffes furent rétablis au petit St. Jean, mais la diminution de leur revenus fit reduire le fervice à une meffe par jour qu'ils difent tour à tour l'un aprés l'autre. *Leur rétabliffement.*

Il paroît par le teftament de leur fondateur qu'il leur affigna fix mille livres fur les terres de la Palúlongue & de la Marquife dans l'ifle de la Camargue; mais ces terres ayant paffé au marquis de Calviffon, & de lui au fieur de Perrin, de la ville d'Arles, les chapelains furent quelque tems en fouffrance jufqu'à ce qu'aprés avoir retiré le capital avec les rentes arréragées, ils en ont fait un fonds qui doit être placé fur quelque communauté. *Fonds affigné pour leur entretien.*

L'ancien emplacement de la commanderie de St. Jean forme un triangle à la pointe de la feconde ifle, qu'on trouve à main droite en defcendant de l'églife St. Paul vers la porte de la Saunerie: les ruines de l'églife & du refte du bâtiment ont comblé tout cet emplacement qui forme de tous côtés une terraffe fort élevée fur la ruë; de cette forte il n'eft pas poffible de former aucun jugement affûré fur la diftribution des bâtimens qu'il y avoit autrefois: il refte feulement attenant la maifon du Sr. Gregoire, une ancienne porte gothique qui pouvoit être la porte de l'églife, & du côté opofé tout joignant la chapelle d'aujourd'hui il y a un grand puits, fort utile à tout le voifinage, qui fervoit (felon toutes les aparences) aux logemens qui étoient de ce côté-là. *Etat préfent de l'ancienne églife du petit St Jean.*

EGLISES PAROISSIALES

PAGE 247.

L'EGLISE PAROISSIALE DE SAINT FIRMIN

MONTPELLIER & Montpelieret ayant toûjours été fous differens feigneurs, jufqu'à la réünion qu'en fit le roy Philippe de Valois, il paroiffoit neceffaire qu'il y eût deux differentes paroiffes pour adminiftrer les facremens aux habitans de ces deux differentes feigneuries. De là vient qu'en remontant jufqu'au commencement de nos archives, on trouve qu'il y eft fait toûjours mention de l'églife de St. Firmin comme de la feule paroiffe de Montpellier, & de celle de St. Denis comme l'unique paroiffe de Montpelieret. Tous les nouveaux établiffemens qui furent faits dans la fuite ne le furent qu'avec le confentement des prieurs de ces deux églifes, qui eurent une grande attention (comme nous le verrons) à charger de quelque rédevance les nouvelles fondations qui fe faifoient en figne de leur fuperiorité.

Gariel met la fondation de St. Firmin fous Argemire, evêque de Maguelone, dans le IXe fiécle ; mais la négligence qui regna dans ce fiécle & dans le fuivant nous a privé des actes qui auroient pû nous donner des connoiffances plus claires.

Le teftament de Guillaume, fils d'Ermengarde, fait en 1114, nous aprend, à n'en pouvoir pas douter, que les deux paroiffes de St. Firmin & de St. Denis exiftoient longtems avant lui : *dono totum illud quod habeo in parochia Sti. Firmini & Sti. Dionifii.*

Guillaume, fils d'Ermenfende, fit tranfiger fon fils aîné avec le prieur de St. Firmin pour avoir un logement auprès de fon églife.

Guillaume, fils de Sibille, fe maria dans St. Firmin avec Mathilde de Bourgogne ; & le fils aîné qui vint de leur mariage (dit Guillaume fils de Mathilde), donna par fon teftament, fait en 1202, un calice d'argent à cette églife.

Le prieur de St. Firmin étoit pris du corps des chanoines de Maguelone ; ce qui donna lieu au nom de chanoinie, que nos anciens titres donnent à la maifon prieurale, *canonicam domum Sti. Firmini.* Cette maifon étoit auprès de l'églife, d'où vient qu'il eft raporté dans nôtre Talamus que l'aiguille du clocher ayant été abatuë par la foudre, la maifon des prêtres & quelques autres voifines furent fort endommagées. Cette églife eft encore apellée plebeïenne dans plufieurs actes, parce qu'elle étoit la feule églife paroiffiale dans cette partie de Montpellier qui apartenoit aux Guillaumes.

Je ne fçai fi ce n'étoit point de ce côté-là qu'étoit le fameux verroüil de St. Firmin, fi rédoutable aux banqueroutiers ; car on donne encore pour conftant à Montpellier qu'ils y étoient attachez, *detractis braccis & fuper caput pofitis,* conformément à un ancien ftatut fait par nos confuls en 1213, où tous leurs créanciers avoient droit de leur aller frapper fur le dos, expofé à nud ; après quoi le juge les leur livroit pour les détenir en prifon jufqu'à l'entier payement de leurs dettes. De cette forte, le verroüil de St. Firmin étoit fort femblable à cette pierre appelée *Lapis Vituperii,* fur laquelle on faifoit affeoir les banqueroutiers à Padoüe, comme le raporte * Miffon dans fon voyage d'Italie.

---

* Dans la maifon de ville de Padoüe, il y a une pierre fur laquelle font gravez ces mots : *Lapis Vituperii,* parce que tout débiteur eft entierement délivré de la pourfuite de fes créanciers lorfqu'ayant été affis trois

L'étenduë de la paroisse de St. Firmin en dehors de la ville comprenoit Villefranche, Boutonet, le faubourg St. Jacques, celui de St. Guillem & celui de Villeneuve, dit maintenant la Saunerie, avec le faubourg de Lates jusqu'à la ruë des Cordeliers & dans la ville ; elle étoit divisée de la paroisse de St. Denis par la ruë qui va droit de la porte de Lates jusqu'au bout de la sale de l'Evêque, en passant devant Ste. Foy, sous l'arc de Mandronet & les jésuites. Tout ce que je viens de marquer étoit de la paroisse de St. Firmin ; & quand on étoit au bout de la sale de * l'Evêque, il falloit tourner à main gauche vers la *Capelle Nove ;* & passant devant Ste. Ursule, on sortoit par la porte de la Blanquerie ; alors tout ce qui étoit à main gauche étoit de St. Firmin, & la droite de St. Denis.

PAGE 248.

Ce grand espace demandoit sans doute le secours de plus d'une église pour l'administration des sacremens ; c'est pourquoi on marque dans la ville, pour annexes de St. Firmin, les églises de St. Paul & de St. Mathieu ; & dans les faubourgs, celles de St. Thomas & de St. Guillem. *Sunt quatuor capellæ quæ habent curam ministrandi sacramenta, sunt autem istæ capellæ sanctorum Pauli, Mathæi, Thomæ & Guillelmi.*

Les prêtres qui avoient l'administration des sacremens dans ces quatre annexes recevoient au sinode l'institution de l'evêque de Maguelone, conjointement avec le prieur de St. Firmin, & ils prêtoient serment entre les mains du grand-vicaire de Maguelone & entre les mains du prieur.

Les autres prêtres des églises ou chapelles qui étoient dans la paroisse de St. Firmin ne pouvoient administrer aucun sacrement sans la permission du prieur : ils lui devoient obéïssance & fidélité (comme dit le texte), & ils lui promettoient de garder exactement les droits, prééminences & loüables coûtumes de son église.

Ces églises ou chapelles particulieres étoient en grand nombre, comme on le verra dans la suite ; mais pour le présent, je me contente de marquer celles dont la provision, collation & entiere disposition apartenoient au prieur de St. Firmin. Ces églises, selon l'ordre qu'elles sont marquées dans le livre déjà cité, étoient : St. Mathieu, Sts Cosme & Damien, St. Acace, St. Maurice, Ste. Croix, Ste. Anne, St. Paul, Ste. Marie-Magdeleine, la vicairie de St. Martin de Prunet, Ste. Cecile des trois Loups, avec l'église paroissiale de St. Sebastien du Triadou, la chapelle de St Jacques, l'institution du commandeur dudit hôpital, & la collation du chapelain de celui de St. Eloy.

---

fois les fesses nuës par les sergens, la hâle bien pleine de monde, il déclare avec serment qu'il n'a pas la valeur de cinq sols. Il y a vingt-quatre ans que cela ne s'est pratiqué.
Supplement du Voyage d'Italie de Misson, par Adisson, page 47.

Tous lefdits prêtres étoient tenus de venir aux proceffions de St. Firmin, d'affifter en furplis & aumufle à la grande meffe, de n'en fortir qu'après qu'elle feroit achevée, afin que le fervice fe fît honorablement ; & fi, pour caufe legitime, ils ne pouvoient venir, ils devoient envoyer un autre prêtre pour tenir leur place, excepté aux grandes fêtes & celle de leur églife particuliére.

« On ne doit (continuë le texte), faire proceffion ni dedans ni dehors « lefdites chapelles particulieres fans la permiffion du prieur, & nonobftant « les priviléges dont joüit Notre-Dame-des-Tables. La proceffion de cette « églife ne peut fortir dans la paroiffe de St. Firmin que le feul jour des « miracles de Notre-Dame-des-Tables.

« Les cloches ne doivent pas fonner pour matines, vêpres, ou l'*Ave* « *Maria* avant celles de St. Firmin, fauf le jour de la fête titulaire defdites « chapelles, ou pour caufe de neceffité, comme pour le feu ou autre acci- « dent funefte.

« Ils obéiront tous aux lettres de la cour de St. Firmin, fuivant l'ancienne « coûtume ; promettront avec ferment d'obferver lefdites chofes, fe foû- « mettant, s'ils contreviennent, à la difcretion du prieur ou de fon vicaire. « Acte paffé le 28 novembre 1403. »

Le vicaire (dont il eft parlé dans cet acte), avoit été inftitué en 1304, au mois d'août : il avoit les prémices de la paroiffe de St. Martin de Prunet, les oblations, vigiles & autres émolumens de cette églife, excepté les droits de funerailles, qui étoient en entier pour le prieur de St. Firmin ; la maifon & verger attenant ladite églife de St. Martin apartenoit audit vicaire, qui d'ailleurs avoit fa dépenfe canonique à la table de la communauté des prêtres & clercs de St. Firmin. Sa place dans le chœur & aux affemblées eft marquée après le facriftain, fi ce facriftain fe trouvoit être chanoine de Maguelone ; & pour marque de la foûmiffion qu'il devoit à fon prieur, il eft marqué que le vicaire lui payera dix fols le jour de la fête de St. Firmin.

Le facriftain, qui avoit la garde des meubles facrés de l'églife, étoit tenu de réfider en perfonne & affifter aux heures canoniales, à moins qu'il en fût difpenfé par le prieur à raifon de fes études. Il étoit obligé, s'il étoit prêtre, de dire les meffes folemnelles aufquelles le prieur étoit tenu, fçavoir : la Noël, St. Etienne, St. Jean, la Circoncifion, l'Epiphanie, la Purification, * l'Annonciation, & la Confecration de l'églife de St. Firmin, le jour de tous les Saints & de St. André ; il devoit affifter aux proceffions, dire la meffe dans l'églife les jours de fête & de l'Avent ; & pour fes émolumens, le prieur devoit lui payer au finode de St. Luc fix livres & autant à celui de Pâques.

La cour de St. Firmin, que j'ai déjà mentionnée, étoit une cour spirituelle des causes pies, dont le prieur & ses officiers prenoient connoissance pendant six mois de l'année : la chose conste par une bulle du pape Boniface VIII citée dans le livre des privileges, qui ajoûte que cela avoit été observé de tout tems. Il raporte une transaction passée entre l'evêque de Maguelone & le prieur de St. Firmin, par laquelle il est convenu que dans les mois de fevrier, avril, juin, août, octobre & decembre, le prieur a la faculté de connaître des legats funebres, circonstances & dépendances, & des legs pies délaissez par testament, dont ledit prieur a jurisdiction & censure ecclesiastique ; & quant aux mois de janvier, mars, may, juillet, septembre & novembre, l'evêque de Maguelone en a la jurisdiction, & pour fortifier cette convention il est ajouté expressément.

« Que si un paroissien de St. Firmin, pour les susdites matiéres, portoit
« sa cause à la cour du prieur dans le tems destiné à celle de l'evêque, ou
« au contraire s'il la portoit à la cour de l'evêque dans le tems destiné à
« celle du prieur, la cause sera renvoyée à la cour de celui à qui elle apar-
« tiendra ; & au cas que la cour à qui le paroissien s'adresseroit attentoit au-
« delà de sa competence (même du consentement des parties), tout ce
« qu'elle ordonnera sera de nul effet & passera pour non-avenu. »

Il y a plusieurs autres conventions particulieres avec les consuls, avec les religieux mendians & autres maisons ecclesiastiques, situées dans la paroisse de St. Firmin, que je renvoye à l'article d'un chacun pour ne pas trop charger celui-ci, mais je ne dois pas omettre ce que nous trouvons dans nos vieux actes du local & de la disposition de cette ancienne église qui fut détruite en 1562, & il n'y reste présentement que la moitié de la grosse tour du clocher vers la maison de Mr. de St. Felix : les murs de l'église de ce côté-là avançoient beaucoup dans la ruë, comme on l'a reconnu en pavant ladite ruë, où l'on a trouvé au-delà du ruisseau les anciens fondemens de l'église : elle avoit plusieurs chapelles, dont la plus remarquable dans l'histoire de la faculté du droit est celle de la Trinité. J'en trouve dix autres dans le livre des privileges de St. Firmin, dont la collation apartenoit au prieur, sçavoir :

La chapellenie de St. Antoine, fondée par Jean Trial, marchand de soye.

De St. Etienne, fondée par demoiselle Marie Bezasse.

De la Charité, fondée par Guillaume Rostang, docteur ès loix.

De St. Blaise, fondée par Pierre de Rodes, marchand pelletier.

De St. Hilaire, fondée par Hugues Hilaire, mercier.

De St. Luc, fondée par Pierre de Almaric, bourgeois.

De N. Dame, fondée par Gaudiaufe, fille de Bernard de Florenfac.

Autre de Notre-Dame, fondée par Bernard Cabanier, prieur de Teiran.

De St. Gregoire, fondée par Pierre & Jean Lautier, freres.

De St. Michel, ayant feulement deux carterées pré au terroir de Lates, lieu appelé Bojay.

On voit chez M. de St. Veran un vieux livre écrit en lettres gotiques fur du velin, contenant les ftatuts d'une confrerie de St. Firmin dans la même églife. Ils font de l'année 1499, aprouvez par tous les confreres, & par Moffen de Villeneuve, prieur de St. Firmin.

Ces ftatuts marquent les prieres que les confreres de l'un & de l'autre fexe devoient dire tous les jours; l'affiftance où ils étoient tenus au convoi des confreres & confrereffes décedez, & à la meffe qu'on faifoit chanter pour eux par les prêtres de la paroiffe.

PAGE 250.

St. PAUL ANNEXE DE St. FIRMIN, DANS LA VILLE.

QUOIQUE nous n'ayons point l'acte de fondation de cette églife, il est très-croyable qu'elle fut bâtie à méfure que Montpellier s'étendit vers la Valfere, à qui St. Paul fervoit de paroiffe, & pour le plûtard dans le tems qu'on eut achevé de clorre Montpellier de murailles, c'eft-à-dire dans le dix ou onziéme fiécle. On applique à ce fujet les paroles de Verdale, qui en parlant des églifes que Godefroy, evêque de Maguelonne, unit à fon chapitre en 1080, dit qu'il donna à la communauté des chanoines de Maguelone l'églife de Montpelieret, *communiæ dedit ecclefiam de Montepeffulaneto*, au fingulier, c'eft-à-dire St. Denis qui étoit la feule paroiffe qui fût alors dans Montpelieret; mais en parlant de Montpellier, il dit *ecclefias de Montepeffulano* au pluriel, ce qu'on ne peut entendre que de St. Firmin & de fes annexes St. Paul & St. Mathieu, qui fans contredit font plus anciennes qu'aucune autre de celles qui furent bâties dans la paroiffe St. Firmin.

On ne fçait autre chofe du onziéme & du douziéme fiécle, où la négligence des écrivains fut très-grande, mais dans le treiziéme on trouve un autel de St. Jean l'evangelifte fondé dans l'églife de St. Paul, & nous avons un acte du 14 fevrier 1397 par lequel Guillaume Cavalier, qui prend le titre de prieur de St. Paul de Montpellier, donne à la chapelle de Ste. Catherine, dans l'églife N.-Dame des Tables trois maifons fituées dans le faubourg St. Jacques.

J'ai dit dans le corps de cet ouvrage comment la plûpart des vicaires amovibles eurent le credit, pendant le fejour que les papes firent à Avignon, de fe rendre titulaires de leur églife : Guillaume Cavalier l'étoit déjà lorfqu'il fit fa donation, & tous fes fuccefleurs conferverent le titre de prieur, quoiqu'ils fuffent fubordonnés au prieur de St. Firmin, qui avoit la collation de leur bénéfice.

De là vient qu'aprés les révolutions qui arriverent à Montpellier dans le feziéme fiécle lorfqu'on voulut y rétablir les religieux qui en avoient été chaffés, Mr. de Fenoüillet fit intervenir le prévôt comme patron, & le Sr. Pouderoux comme prieur titulaire de St. Paul pour y établir les peres trinitaires qui y font à préfent depuis plus d'un fiécle.

On verra dans l'article de l'obfervance de St. François que l'eglife de St. Paul fut affignée aux réligieux de cet ordre pour s'y retirer aprés les prémiers troubles de 1562, mais ils en furent chaffés cinq années après. Cette églife n'a plus fervi depuis qu'aux PP. Trinitaires.

St. MATHIEU ANNEXE DE St. FIRMIN, DANS LA VILLE.

TOUT ce que je viens de dire de la fondation de l'églife de St. Paul peut fervir à celle de St. Mathieu, qui eft marquée dans tous nos titres comme la feconde annexe de St. Firmin dans l'enceinte de la ville. Je n'ai trouvé pourtant aucun acte particulier qui concerne cette églife avant le 14. fiecle où Bernard Giniens, habitant de Montpellier, fonda dans l'eglife de St. Mathieu une chapelle dédiée à St. Suffre, autrement St. Suffrede, evêque de Carpentras. Jeanne, femme de Raymond Blancher, et héritiére de Pierre Fabre dit Piquet, y fonda la chapelle des onze-mille vierges, & dans le fiécle fuivant Michel Simeonis, licencié és loix, y fit une fondation remarquable qui intereffe plufieurs de nos églifes particulieres.

Je rapporte les articles de fon teftament qui en ont fait mention, afin que cela ferve de preuve à tout ce que j'aurai à dire de nos hôpitaux. Il dit vouloir être * enterré dans l'églife de St. Mathieu & dans le même tombeau où fa mere avoit été enterrée, *ubi domina mater ejus fepulta fuit*. Il donne une livre tournois à chacun des quatre ordres mendians, autant à chaque hôpital de Montpellier, fçavoir de St. Guillem, du St. Efprit, de St. Jacques & de Ste. Marthe, autant aux fœurs chanoineffes de St. Gilles, autrement dites de Ste. Catherine.

PAGE 251.

Il donne à l'œuvre de St. Mathieu les sept ducats d'or qu'il avoit prêté au premier ouvrier pour faire dorer la croix d'argent de cette église, & fait héritiére Bellete, sa femme, après la mort de laquelle il veut que, des biens qu'il a à Montpellier, Florensac, Agde & Bessan, on en fonde une chapellenie dans l'église de St. Mathieu, pour être desservie par deux prêtres, qui y chanteront une messe chaque jour de la semaine au grand autel. Fait & passé à Montpellier le 6 du mois de février 1456, régnant Charles, roy de France ; & pour ses executeurs testamentaires, il nomme Albert Pomesii, maître général de la monnoye, & Arnaud de Strella, curé de l'église Nôtre-Dame des Tables.

Cette fondation subsiste encore ; mais on n'y a attaché que les biens de Florensac, dont joüissent à présent Mrs de la Croix & Bonnafous, titulaires de cette chapelle.

L'église de St. Mathieu eut le malheur d'être la premiere de celles dont les réligionnaires s'emparerent à Montpellier. J'ai raconté, sous le régne de François II, comme ils partirent de l'école-mage au nombre de douze cens pour aller se saisir de l'église St. Mathieu, où ils firent prêcher publiquement leur nouvelle doctrine ; depuis cette entreprise, qui arriva en 1559, les catholiques ne pûrent plus y rentrer ; les huguenots la démolirent quelques années après, & l'on ne songea qu'en 1617 à y rétablir le service divin, en y logeant les PP. Jacobins, qui en furent encore chassés lorsqu'on voulut se preparer au siége. Enfin, en 1626, ils y furent rétablis de la maniére que nous le dirons dans l'article des Freres Prêcheurs.

St. THOMAS, ANNEXE DE St. FIRMIN, DANS LES FAUXBOURGS

DEPUIS qu'on a rétabli la porte de la Saunerie comme elle étoit avant les troubles de la religion, on n'est plus en état de juger de l'ancien emplacement de St. Thomas.

Cette église faisoit le premier bâtiment qu'on trouvoit à main gauche en sortant de la ville ; & selon un acte que je raporterai plus bas, on prit une partie de son bâtiment lorsqu'on voulut, en 1621, se préparer au siége de Montpellier. Le boulevard que nous avons vû de nos jours devant la porte de la Saunerie occupoit une partie de cette église & de la maison claustrale, comme on en peut juger par les puits domestiques qu'on y a trouvé en transportant les terres du boulevard.

Le reste de l'église avançoit dans le faubourg le long de la grande ruë ; & dans la profondeur du bâtiment, il y avoit un jardin ou cimetiere : la chose conste par l'inféodation qui fut faite de ce local en 1637 par Me. Jean Boyer, prêtre & prieur du prieuré St. Thomas, aux nommez Nicolas Valenot, Pierre Fourillet, Loüis Bedoc & Antoine Bouisson, habitans de Montpellier, sous l'albergue de quatre livres de cire blanche, payables tous les ans le jour de St. Thomas.

On trouve dans l'expositif de cet acte tout ce que je viens de raporter ; & il est dit que dans le tems de cette inféodation, faite de l'autorité de l'official, il ne restoit qu'une partie du jardin fait en triangle, & contenant, selon la vérification des experts, vingt-six cannes ou environ. On voit, au bas de l'acte, une note qui marque que lorsque Valenot & ses consors creuserent la terre, ils y trouverent une grande quantité d'ossemens. Maintenant, il n'y a aucun vestige d'église dans tout ce local ; mais, par nos anciens titres, on a des preuves certaines de son ancienneté.

Dans un accord fait le 15 de juin 1273 entre les collecteurs du pape & les consuls de Montpellier, au sujet de la censive papale dont j'ai parlé dans le premier tome de cette histoire, il est dit que les parties s'assemblerent dans l'église * de S. Thomas de Montpellier & au logis du prévôt de Maguelone où l'on régla le prix de chaque marabotin de censive que la ville devoit au pape, à raison de cinq sols monnoye de Melguëil.

PAGE 252.

Dans le siècle suivant, on trouve la fondation d'une chapelle de St. Jean l'évangeliste faite dans l'église de St. Thomas, par Guillaume Caton.

Jacques Barthelemy, prieur de St. Thomas, est mentionné dans un acte que j'ai vû, du 15 octobre 1427 & dans l'établissement des peres de l'observance fait à Montpellier en 1438. Leur nouveau couvent est désigné vis-à-vis la porte de l'église de St. Thomas, dans le faubourg de Villeneuve ou de la Saunerie, *in loco qui dicitur Villanova, ante foras ecclesiæ Sti. Thomæ.*

St. GUILLEM, ANNEXE DE St. FIRMIN, DANS LES FAUXBOURGS.

NOUS sçavons, à n'en pouvoir douter, que cette église fut bâtie dans le douzième siècle par les Guillaumes, seigneurs de Montpellier, pour servir à un hôpital qu'ils firent construire dans le faubourg de ce nom ; mais on ignore précisément le tems où elle fut érigée en paroisse, car on ne trouve pas qu'elle ait porté ce nom avant le XIIIe siècle, où le roy Jacques I donna les biens de cet hôpital aux religieufes de St. Felix de Monceau, en échange de la feigneurie de Mirevaux que la reine fa mère leur avoit leguée; il eft à croire que l'hofpitalité étant déchûë à St. Guillem, le prieur de St. Firmin, qui étoit adminiftrateur de cet hôpital, demanda que la chapelle lui fervît d'églife fuccurfale pour tout le faubourg.

Il eft certain qu'elle continua de l'être dans le xive fiècle, lors qu'on donna l'emplacement de cet hôpital aux filles de St. Dominique, autrement dites les Provillanes, comme on poura le voir dans l'article de ces religieufes, à qui cette églife fervoit conjointement avec le curé.

On a encore des preuves à n'en pouvoir douter qu'il y avoit un curé à St. Guillem en 1446, puifqu'il eft marqué pour témoin dans une tranfaction importante qui fut paffée cette même année entre les Provillanes & les religieufes {du Vignogoul, *præfentibus Jacobo Maillaco prebiftero curato Sti. Guillelmi.*

Cette paroiffe fut abolie avec l'exercice de la religion catholique dans Montpellier, c'eft-à-dire au commencement des troubles de la religion; on n'a plus fongé à rétablir la paroiffe ni l'hôpital, mais on a laiffé le grand emplacement aux religieufes de St. Dominique qui y font logées prefentement.

St. DENIS, PAROISSE DE MONTPELLIERET.

L'ANCIENNETÉ de cette églife paroît par la donation que Godefroy, evêque de Maguelone, fit à fon chapitre, en 1080, lors qu'il voulut y introduire la reforme. *Communiæ dedit ecclefiam de Montepeffulaneto,* c'eft-à-dire St. Denis, qui étoit l'unique paroiffe de Montpellier, & Guillaume, fils d'Ermengarde, en fait une mention plus expreffe dans fon teftament de l'année 1114, où il dit, qu'il difpofe de tous les biens qu'il avoit dans la paroiffe de St. Firmin & dans celle de St. Denis, *totum illud quod habeo in parochia Sti. Firmini & Sti. Dionifii.*

Elle étoit fituée dans le même lieu où eft aujourd'huy le baftion de la citadelle, qui regarde le faubourg du Pile St. Giles. La chofe confte par l'Hiftoire du fiége de Montpellier, où l'on voit que les religionnaires s'étant retranchez dans les mafures de cette ancienne églife, donnerent lieu au combat de St. Denis, qui fut fi funefte aux troupes du roi Louis XIII. On y découvrit, il y a peu d'années, les anciennes caves de l'églife, en foüillant

II. Partie. Livre huitiéme.

dans la gorge du Baftion, pour en tirer la terre qu'on vouloit employer à terraffer le rempart. Je fus invité par l'entrepreneur* à venir voir la découverte qu'il avoit faite, & j'y trouvai des caves, d'une très-bonne maçonnerie, remplies d'offemens qui tomboient en pouffiere.

PAGE 253.

L'étenduë de cette paroiffe étoit très-confiderable, car, outre le faubourg du Pile St. Giles & celui de Montpellicret (aujourd'hui l'Efplanade), elle comprenoit dans la ville tout ce qui y porte le nom de Montpelliret, c'eft-à-dire depuis la porte de Lates jufqu'à la rüe du Pile St. Giles par le droit chemin, à quoi il faut ajoûter tout ce qu'on trouve à main droite en paffant à la Capelle nove, & devant Ste. Urfule jufqu'à la porte de la Blanquerie. La chofe confte par la fondation des religieufes de Ste. Catherine & St. Giles que je raporterai dans l'article de ce monaftere.

Le prieur de St. Denis étoit pris du corps du chapitre de Maguelone; de là vient que dans les impofitions faites fur les beneficiers du chapitre, il eft dit que le prieur de St. Denis de Montpellieret payera tous les jours des roys, à la manfe capitulaire, feize livres.

J'ai vû le teftament d'un Guillaume Bon, fils de Jean, du 4 juin 1348, qui dit vouloir être enterré dans l'églife St. Denis, à la chapelle de St. Jean. Environ ce tems, Jean Caturce, d'une famille confiderable à Montpellier, dans le XIII & XIV fiécle, fonda dans l'églife St-Denis une chapelle à l'honneur de St. Fronton. La nommée Florence Raymond y fonda celle de Notre-Dame, & dans l'acte de fondation de la chapelle St. René dans la même églife, il eft dit qu'elle fut faite par Guillaume Mounier, prêtre de Montpellier en l'églife paroiffiale de St. Denis, hors les murs.

Les biens confiderables qui apartenoient à l'œuvre de cette églife ont été unis à celle de N. Dame des Tables, où parmi les titres qui m'en ont été communiquez, j'ai trouvé plufieurs reconnoiffances faites en 1506 & en 1524 avec celle de M. le préfident Bocaud pour la Petite-Maifon affujettie à ladite œuvre par le teftament de Jacques de Bocaud en 1544.

L'action la plus remarquable qui fe foit paffée dans cette églife eft la tenuë du finode général qu'Arnaud de Verdale, évêque de Maguelone, y fit dans le mois d'octobre 1339. On a pû voir, dans l'article de cet evêque, les beaux réglemens qu'il publia pour le chapitre de Maguelone & pour les autres prêtres de fon diocéfe.

Ste. FOY, ANNEXE DE St. DENIS, DANS LA VILLE.

CETTE église fut anciennement établie pour le service des paroissiens de St. Denis qui logeoient dans l'enceinte de Montpellier, en cette partie de la ville qui est appellée Montpelieret. Le besoin qu'ils pouvoient avoir des sacremens pendant la nuit sembloit demander qu'ils eussent à leur portée une église où ils pussent avoir recours. Ste. Foy leur servit à cet effet jusqu'après l'érection de N. Dame des Tables en paroisse dans le XIII siécle où nous voyons que Grégoire IX unit à Notre-Dame quelques chapelles avec leurs dépendances, au nombre desquelles Ste. Foy se trouve comprise; la chose conste par un ancien extrait d'une bulle de ce pape, qui est dans les archives du domaine, & que l'auteur dont j'ay tiré ce fait doit avoir vû lui-même.

Quelque précise que fût cette disposition de Gregoire IX, elle ne put avoir lieu que dans le siécle suivant où nous trouvons que Guillaume Halene, recteur de l'église & prieuré de Ste. Foy de Montpellier, résigna & unit son prieuré à celui de Notre-Dame des Tables de la même ville entre les mains de Hugues de Combret, chanoine de Maguelone, & prieur de Pignan, comme procureur de Berenger, chanoine de Maguelone, prieur de Notre-Dame des Tables, ce qui fut fait à genoux de la part de Halene entre les mains de Combret, avec tous & chacun les droits apartenans au prieuré de Ste. Foy, dont le contract fut reçû par Jean Holanic, notaire de Montpellier, dans la maison de la Canourgue de Nôtre-Dame des Tables le 30 juin 1342.

PAGE 254.

* Depuis cette union, l'église de Ste. Foy n'eut plus le titre de prieuré, & elle resta comme une simple chapelle qui n'avoit aucunes fonctions au déhors, ce qui donna lieu trente ou quarante ans après aux consuls de Montpellier de se servir de cette église pour les quatre chapelains que le duc d'Anjou les avoit obligez de doter & d'entretenir en mémoire de leur rebellion.

Ces quatre chapelains y firent leur service jusqu'à la démolition des églises de Montpellier au commencement des troubles de la religion, & depuis que Ste. Foy a été donnée à la confrérie des penitens, ces mêmes chapelains y continüent leur service.

Le frontispice de cette église, qui est du X ou XI siécle, nous en fait connoître l'ancienneté; nous en devons la conservation à Mrs. les tréforiers de

France, qui dans le temps de la démolition générale de nos églifes, obtinrent des réligionnaires qu'on épargneroit ce frontifpice, parce qu'il fert de butte à l'arceau qui part du bureau des finances & va s'appuyer fur la muraille de Ste. Foy.

NOTRE-DAME DES TABLES ERIGE'E EN PAROISSE
dans le XIII fiécle.

LE plus ancien titre que nous ayons de cette églife eft une tranfaction du onziéme fiécle entre Godefroy, evêque de Maguelone, & Guillaume fils d'Ermengarde, qui rendit, en 1190, l'églife de Notre-Dame de Montpellier dont il s'étoit emparé, *Guerpivit Guillelmus ad Gotofredum, ecclefiam Stæ Mariæ de Montpeller.*

L'acte de fa fondation n'eft pas venu jufqu'à nous; mais notre tradition conftante porte qu'elle commença par une petite chapelle que nos premiers habitans drefferent à l'honneur de N. Dame, dans le tems qu'ils travailloient à l'aggrandiffement de Montpellier.

A mefure que la ville fe perfectionna, la chapelle s'agrandit, & il faut qu'elle fût déjà ancienne, en 1143, lorfque Guillaume fils d'Ermenfende voyant qu'elle menaçoit ruïne, refolut de la réparer, & acheta pour cet effet les maifons de quelques particuliers qui lui étoient contiguës, afin (dit l'acte) que la proceffion pût faire le tour de l'églife.

Il eft marqué qu'il travailla en même tems aux tables des changeurs, qui font vis-à-vis cette églife, d'où plufieurs ont crû que lui étoit venu le nom de N. Dame des Tables, *Stæ Mariæ juxta tabulas cambiatorum.* Quelques autres ont atribué ce nom au grand nombre de tableaux qu'on y voyoit en reconnoiffance des guerifons qu'on y avoit reçûës.

Il eft vrai que nous n'avons rien de plus conftant que les guerifons furprenantes qui s'y faifoient; jufque-là que les médecins en prirent une efpece de jaloufie, puisqu'au raport de Cezaire, moine d'Heifterbac, qui écrivoit au commencement du 13ᵉ fiécle, ils renvoyoient les malades défefperez, en leurs difant, allez à N. Dame de Montpellier. Jacques I, roy d'Aragon, reconnut lui devoir la guerifon de la grande maladie qu'il eut en 1272, en faifant mettre dans cette églife un grand tableau pour en conferver la mémoire. Loüis de Sancere, maréchal de France, y fit une fondation en reconnoiffance des grâces qu'il y avoit reçû : elles devinrent fi journalieres que nos ancêtres crûrent en devoir tenir un régître autentique : ce régître eſt ainſi déſigné dans un vieux inventaire des titres & documens de la maiſon conſulaire, au chapitre de la claverie.

« Item, un livre couvert de bois, écrit ſur parchemin, avec cinq clous « de leton ſur chaque couverture, contenant les miracles de N. Dame des « Tables. »

Ce livre fut enlevé dans le tems que les P. Réformez étoient maîtres de l'hôtel de ville; mais ils ne ſuprimerent point l'ancien cérémonial des conſuls où l'on voit encore, dans le cinquantiéme article, tout ce qu'on obſervoit anciennement pour célébrer la fête des miracles de N. Dame des Tables. Il eſt dit que « les conſuls* majeurs alloient faire vigile à N. Dame « des Tables (ce qu'on apelloit vigeolar) accompagnez des ouvriers de « la commune clôture, des conſuls de mer, ſindics & autres officiers, avec « leurs meneſtriers ſonans & chantans; & lorſqu'ils étoient arrivez à l'en- « trée de la porte qui eſt du côté de la loge, un des conſuls diſtribuoit des « cierges pour la proceſſion ſolemnelle, où les ouvriers portoient ſous un « dais l'ancienne image de la Ste Vierge, qui y eſt apellée, la majeſté anti- « que de Notre-Dame des Tables. »

Pour donner le tems à tous les corps de la ville d'aſſiſter tour à tour à cette fête, on la ſolemniſoit durant huit jours, pendant leſquels tous y venoient en l'ordre marqué dans une ordonnance qui eſt apellée des vejolades.

« Le 31 août, jour de la fête, les peletiers feront leur vejolade avec flam- « beaux allumez, comme eſt la coûtume.

« Le 1 ſeptembre ſera la fête des poivriers ou épiciers.

« Le 2, des marchands canabaſſiers.

« Le 3, des travailleurs en ſoye, apellez ſediés.

« Le 4, des poiſſonniers.

« Le 5, des mazeliers ou bouchers de mouton, bœuf & cochon, comme « dit l'acte.

« Le 6, les métiers de l'aiguillerie.

« Le 7, qui eſt la vigile de la joyeuſe fête de la nativité de Notre-Dame, « viendront les drapiers de la draperie rouge de St. Firmin.

« Et le 8, jour de la fête, les cambiadours ou changeurs. »

La grande vénération qu'on avoit pour cette égliſe, la fit choiſir pour diverſes actions très-remarquables dans notre hiſtoire.

En 1204, Pierre, roy d'Aragon, y jura l'obſervation des ſtatuts de Montpellier.

Les deux conciles qui furent tenus en cette ville au ſujet des Albigeois, en 1214 & 1224, ſe tinrent dans l'égliſe de Notre-Dame des Tables.

Pierre, infant d'Aragon & fils aîné du roy Jacques I, y célébra fon mariage avec Conftance, fille de Mainfroy, roy de Sicile, en 1262, & l'on a pû obferver dans le cours de cette Hiftoire, que nos rois, en faifant leur entrée dans Montpellier, venoient defcendre à la porte de Notre-Dame des Tables, où, après avoir fait leur prière, ils alloient au logis qui leur étoit préparé.

Toutes ces confidérations porterent les confuls de Montpellier à reprefenter au pape Innocent III que le petit nombre de prêtres que le prieur de St. Firmin tenoit à Nôtre-Dame, ne pouvoit fuffire au fervice de l'églife; ce qui donna lieu au refcript dont j'ai parlé dans la vie de Guillaume d'Altiniac, en conféquence duquel cet evêque étant venû, le 29 may 1216, en l'églife Nôtre-Dame, l'érigea en paroiffe, & Bernard de Mefoa, fon fucceffeur immédiat, ayant fait tranfiger le nouveau curé avec le prieur de St. Firmin, fit travailler aux réparations de cette églife, qui étant enfin achevées, en 1230, il en fit la confecration dans la même année, étant confuls Pierre Bonifaci, Guillaume de Montlaur & autres.

Le nouveau curé de Nôtre-Dame fut pris du corps des chanoines de Maguelone; ce qui continua jufqu'au tems de la féculariſation du chapitre. Il prit la qualité de prieur de Nôtre-Dame, parceque chaque chanoine prenoit fur les benefices de la manfe qui lui étoient conferez, les mêmes qualités qu'avoit le chapitre: ainfi nous voyons prieur de Montauberon, prieur de St. Jean de Bueges & autres, dont j'ai affez parlé dans les réglemens particuliers des chanoines de Maguelone.

Quelque bonne intelligence qu'il dût y avoir entre les chanoines d'un même corps, le prieur de Nôtre-Dame ne laiffa pas de fe fouftraire tant qu'il pût à la jurifdiction du prieur de St. Firmin; de là viennent tant de nouveaux accords que nous trouvons pour modifier les premières conventions paffées entr'eux, fous Bernard de Mefoa.

La grande dévotion des peuples pour Nôtre-Dame & la protection des confuls qui régardoient cette églife comme l'églife du confulat, faciliterent aux prieurs l'obtention de plufieurs bulles & lettres-patentes qui font dans les archives de la ville, tantôt pour exciter la charité des fidelles par les indulgences que les papes y attachoient, tantôt par les immunitez & fecours d'argent qu'on * obtenoit de nos rois pour les réparations & embeliffemens de cette églife.

Page 256.

De là vint auffi cette grande quantité d'argenterie & autres ornemens prétieux que l'on voit dans les inventaires qui en furent faits en 1475 & continués dans le refte de ce fiécle. J'aurois été tenté d'en donner ici une copie fi je n'avois craint la longueur de ces vieux actes qui font écrits en catalan; je me contente de dire que j'y ai trouvé plus de 250 marcs d'argent en croix & calices, ciboires, chandeliers, encenfoirs ou réliquaires, fans parler des croix de jafpe & de criftal, des perles & des pierreries dont il y eft fait mention.

Les principaux réliquaires étoient le chef de St. Marcel avec fon diadême de vermeil pefant 23 marcs deux onces; un bras de la Magdeleine d'argent pefant 4 marcs 21 onces; une tête & un bras des Innocens en deux réliquaires féparés péfant en tout 4 marcs 7 onces; deux anges d'argent doré portant chacun un chandelier de même, pefant en tout 33 marcs fept onces 13 deniers, au bas defquels étoient les armes de Pierre Briffonet, général des finances en Languedoc, qui en fit don à cette églife le 22 mars 1496; mais la plus riche de toutes les pièces étoit l'image de la Ste. Vierge tenant fon fils entre fes bras & pofée fur le grand autel; elle ne pefoit en tout que vingt-deux marcs 3 onces, mais elle étoit chargée de quantité de pierres précieufes, garnies en or, & d'une perle pefant 7 carrats.

Je ne parle point des chapes avec des agrafes d'or, des chafubles, dais, robe de Nôtre-Dame & autres ornemens dont l'inventaire remplit cinq ou fix pages; il me fuffit de dire qu'ils étoient des plus riches étofes d'or, d'argent & de foye, & quelques-uns même brodés de perles. Il y eft fait mention d'un ornement pour les proceffions que le roy Charles VIII donna le cinq novembre 1488 avec plufieurs joyaux, & j'obferverai pour nôtre ancienne liturgie que les aubes étoient alors garnies par en bas & aux manches, de ces tiffus d'or & de foye dont on conferve encore l'ufage dans l'églife de Narbonne.

Les P. Réformés profiterent de ces riches dépoüilles lorfqu'ils en chafferent les catholiques en 1561; mais, comme fi les murailles de cette églife dûffent leur reprocher le vol immenfe qu'ils avoient fait, ils prirent la réfolution de les abatre, en confervant néanmoins la façade du côté de la loge, à caufe de la tour de l'horloge qui étoit au-deffus. Ils abbatirent donc l'églife depuis fon chevet qui regarde l'hôtel de ville jufqu'aux arcboutans qui foûtiennent la tour de l'horloge, & ils laifferent fur pied les deux portes qui font au flanc de l'églife, de peur qu'en les abbatant on n'affoiblît les fondemens de l'horloge.

C'eft de ces vieux reftes que nous pouvons tirer quelques conjectures de l'ancienne conftruction de l'églife Nôtre-Dame. Gariel prétend qu'elle avoit un rang de pilliers qui laiffoient la liberté d'en faire le tour en dedans; mais en ce cas il faut que les chapelles n'euffent pas alors la profondeur qu'elles ont aujourd'hui, parce que la nef auroit eu trop peu de largeur; il eft toujours certain que la voûte étoit plus exaucée qu'elle n'eft maintenant, puisqu'on voit encore la liaison qu'elle avoit anciennement avec la tour de l'horloge qui est marquée sept ou huit pieds au-dessus de la voûte d'aujourd'hui : les fenêtres en étoient petites & à plein cintre, comme il paroît par celles qui ont resté au bas de la tour de l'horloge, les portes étoient de même à plein cintre avec des moûlures antiques, portées sur des colonnes de marbre qui subsistent encore à la porte du côté de l'hôtel de ville & à celle de la principale entrée. La façade s'en est conservée dans son entier; on voit sur la porte une grande tribune dont la balustrade de pierre est percée à jour par des fleurs de lys; à chaque côté il y a un grand lyon de St. Marc qui donne de l'exercice à nos sçavans, & à l'extrémité sur la gauche un écusson tout simple chargé de trois fleurs de lys dont on ne sçait pas le temps; au plus haut de cette façade, & à la naissance de la tour de l'horloge on découvre sous une corniche des gros caractères gothiques, d'un grand pied de hauteur, relevés en bosse, dont le tems en a mangé une partie, je n'ai pû en déchiffrer que ces lettres :

Ave Maria grat. . . . . . nos omni horâ.

Les ruines qui y furent causées par la démolition de 1561 y resterent jusqu'en 1602, où Guitard de Ratte, evêque de Montpellier, ayant obtenu du roi Henry * IV qu'on détruiroit le ravelin ou corps-de-garde, que les religionnaires y avoient fait, on commença d'en enlever les terres, & ce fut alors qu'on découvrit la chapelle soûterraine de la Magdeleine. Garriel qui étoit présent lorsqu'on fit cette découverte, nous dit qu'elle fut trouvée dans son entier, & qu'il y reçut les quatre mineurs de son evêque qui y dit la messe le 27 de mars 1602. Cette chapelle est une preuve visible de l'ancienneté de l'église, tant par la figure de ses pilastres & chapiteaux antiques que par le dessein de sa construction qui est incontestablement dans le goût des anciennes basiliques.

PAGE 257.

On travailla à réparer l'église qui ne pût être prête pour le service divin qu'en 1608. Le clergé s'y rendit en procession la veille de Notre-Dame d'août de cette même année, & il continua le service jusqu'à ce qu'elle fut démolie de nouveau par ordonnance du cercle en 1621. Je ne trouve point en quel état elle étoit lors de cette seconde démolition, & il est à croire (vû les circonstances du tems) qu'on n'avoit pû la réparer aussi bien qu'elle étoit auparavant, ni comme elle l'a été depuis.

Ce ne fut qu'en 1650 qu'on y travailla sérieusement, & la justice que l'histoire doit aux bons citoyens, ne me permet pas d'oublier ici ce que fit en cette occasion Mr. de la Forest de Toiras, sénéchal de Montpellier. Il leva toutes les difficultez qu'avoient fait naître les differens corps qui devoient y contribuer : il régla le prix-fait à quarante-neuf mille livres avec

XI.

Jean Cafenove, Pierre Gendron & Guillaume Roux, qui en furent les entrepreneurs.

Dans le tems qu'ils alloient finir ce grand édifice, Mr. de la Foreft reçut une marque fignalée de la protection de la Ste. Vierge, dont il voulut conferver la mémoire à la poftérité en faifant mettre dans fa chapelle un tableau où il eft repréfenté enfeveli dans un tas de bois & de pierres d'où la Ste. Vierge le retire en lui tendant la main. On voit au bas de ce tableau l'infcription fuivante écrite en lettres d'or.

L'an M. DC. LIV & le 10 de feptembre, meffire Simon de St. Bonnet, feigneur de la Forêt-Toiras, baron de Caftelnau & autres places, confeiller du roy en fes confeils d'état, marêchal de camp de fes armées, fénéchal, gouverneur de Montpellier, âgé pour lors de LXXVI ans, faifant rébâtir la prefente églife de Notre-Dame des Tables, & regardant le travail des ouvriers, chût d'un échafaut élevé au plus haut d'icelle, à la voûte de laquelle on mettoit la clef qui fondit fous lui, & quoiqu'enfeveli parmi tant de ruïnes, il fut toutefois confervé fain & fauf, fans bleffure, par la providence de Dieu & la protection fpéciale de la fainte Vierge mère, à laquelle, en reconnoiffance de cette grace, il a dédié & orné cette chapelle dans laquelle il a élû fa fepulture.

Il eft à obferver que ce fait ne fut jamais contefté par les religionnaires qui faifoient alors le plus grand nombre des habitans, & que nos peres nous ont raconté la chofe de la maniere que M. de la Foreft l'expofe luimême. On voit au bas de cette infcription les vers fuivants :

VIRGINI DEIPARÆ SERVATRICI.

Iftas dum reparat lapfas Foreftius ædes,

Lapfum fervafti nempe Maria tibi.

Hæretico credas iterum jacuiffe furore,

Ut fic nobilius furgeret & iftud opus.

Aft femper tecum & per te fervetur olimpi,

Sedibus, has fecum nunc tibi Virgo dicat.

Posuit an. Dni. M. DC. LXIII.

* Cette marque extraordinaire de la protection de la Ste. Vierge anima davantage Mr. de la Foreft à achever fon ouvrage & à le mettre dans fa perfection pour pouvoir y faire le fervice. Il entreprit l'enlevement des terres qui rempliſſoient l'égliſe, & il ſçut inſpirer une ſi ſainte émulation aux catholiques, que les pauvres gens, au retour de leur journée, venoient y donner quelques heures, & que les riches y mirent eux-mêmes la main avec tant de zéle, qu'ils acheverent en 36 jours un travail qu'on avoit crû devoir durer plus de trois mois.

Enfin les maçons ayant fini en 1655, on prit jour au dimanche des Rameaux pour la benediction de la nouvelle égliſe. La cérémonie en fut faite par Mr. de Guilhermin, archidiacre, qui y dit la premiere meſſe en preſence des députez des compagnies, de Mr. le ſénéchal, des conſuls en robes rouges, & d'un concours incroyable de monde. A l'élevation du St. Sacrement, les ſizains firent leur décharge, à laquelle les canons de la citadelle répondirent, & le lundi de Pâques ſuivant, la premiere prédication y fut faite par un aumônier de Mr. le prince de Conty, qui voulut y être preſent.

Trois ans après (c'eſt-à-dire en 1658), Mr. de Fenoüillet, par une or- XII. donnance du 7 avril, déclara l'égliſe de Notre-Dame des Tables être paroiſſiale, au lieu & place de St. Firmin & autres ſuccurſales qui étoient dans la ville & dans les fauxbourgs : en conſéquence, il unit à ſa fabrique celles de St. Firmin, St. Denis, St. Thomas, St. Mathieu & St. Paul. Le recouvrement des titres qu'en ont fait Mrs. les marguilliers, m'a beaucoup ſervi à connoître ces anciennes égliſes ; mais ceux qui ſont particuliers à N.-Dame m'ont apris pluſieurs fondations & pluſieurs chapelles qui y étoient avant la première démolition.

J'y trouve la chapelle de St. Sauveur où Loüis de Sancerre, maréchal de France, fit une fondation de deux meſſes par ſemaine le 12 ſeptembre 1397.

J'y trouve une chapelle de St. Suffre, fondée par acte du 4 octobre 1343 XIII. par meſſire Jacques Suffredi, chanoine celérier, de Beziers.

Celle des SS. Innocens, chargée d'une fondation faite le 5 août 1344 par Agnés de Broa, veuve de Rigaud de Broa, marchand, & fille du Sr. Fubfiſart, docteur en droit canon de Maguelone, *doctoris juris canonici Magalonenſis*.

D'une autre par André Turculhas Piſtor en 1405. Et d'une troiſième par Gaudiauſe, veuve de Pierre l'Eſtang en 1447, & où, depuis, noble Godefroy de la Croix, tréſorier des guerres, en fonda une perpétuelle par ſon teſtament du 14 mars 1514.

De Ste. Catherine, fondée par Barthelemy Alemandi le 29 octobre 1374 & chargée depuis de deux autres fondations, l'une de Raymond Terier par acte du 21 juin 1411 & l'autre de Raymond Bedoc.

De Bethléem, où les femmes qui fortoient de couches alloient faire leur relevailles, ce qui la fit appeller par le peuple Notre-Dame qui Chay ou qui Gift.

De St. Blaife, chargée des fondations faites par Pierre Soquier, bourgeois, en 1393, & depuis par Pierre Canet, marchand.

Celle de St. Martin, fondée par Mathieu de Mafet, prêtre, prieur de Suffargues, dont la première collation eft de 1406.

Celle de St. Jean-Baptifte fondée par Etienne Roch en 1441.

Celle de l'Annonciade, avec fondation de Raymond Dupuy, ecuyer: le plus ancien acte qu'on en aye n'eft que de 1458.

De St. Pierre de la Tribune, qui devoit être une chapelle élevée au-deffus de quelqu'une des portes, femblable à celle qui eft à St. Pierre au-deffus de la porte du cloître.

Celle de l'Affomption, fondée par Guillaume Dupuy, chevalier, dont on n'a les reconnoiffances que depuis 1505.

De toutes les anciennes fondations de cette églife, la plus remarquable eft celle du luminaire qu'ils appelloient Raifen, je ne fçai pourquoi. Martial de Broa, par fon teftament de 1348, donne cinq francs pour une chandelle de cire de demi carteron pour brûler toutes les nuits devant l'autel de Nôtre-Dame des Tables; Guillaume Bon, dans la même année, affigne pour l'entretien de cette chandelle un champ fitué fur le chemin qui conduifoit des Minoretes au portail St. Sauveur; & par acte du * 25 avril 1432, Braidette Palmiere, femme du noble Izarn Teinturier, prend la qualité de gouvernante & directrice du Raifen de Nôtre-Dame des Tables; & Michel Teinturier qui étoit peut-être le fils de cette Braidette, déclare dans fon teftament du 15 janvier 1485 que depuis deux cens ans fes auteurs ont gouverné une chandelle qui brûle nuit & jour dans l'églife de Nôtre-Dame des Tables qu'on appelle Raifen; il donne pour fon entretien quelques ufages qu'il avoit acquis dans le terroir de la Lauze; il veut que fa femme, gouvernante de ladite chandelle, & après elle la femme du plus ancien de fes heritiers, faffent avertir pour le lundi avant la fête de l'Annonciation toutes les femmes des plus notables maifons de Montpellier de fe trouver à l'églife de Notre-Dame des Tables pour aller faire la quête par toute la ville pour la confection du Raifen, comme il eft accoûtumé de tout tems.

Et parce que la fomme qu'on y met tous les ans monte ordinairement à celle de trente livres, il veut que fi la quête & les ufages qu'il a donné nétoient pas fuffifans, les héritiers & fucceffeurs à perpétuité fourniffent le refte, afin, dit-il, que la glorieufe vierge les illumine de fa grace & les faffe vivre en paix & en profperité. Tels étoient les fentimens de nos ancêtres pour le culte de la mere de Dieu.

Mr. Bofquet, evêque de Montpellier, étant parvenu à cette place en 1651, voulut remplacer en quelque maniére les reliques des faints que les huguenots avoient enlevé de l'églife de Notre-Dame des Tables ; il lui deftina une partie de celles qu'il venoit de recevoir de notre faint père le pape qu'il avoit fait enchaffer dans quatre buftes dorés. A cette occafion il renouvella dans Montpellier une cérémonie qu'on n'y avoit pas vû depuis prés de cent ans : ce fut de les porter à Notre-Dame en proceffion folemnelle ; les ruës étoient tapiffées, tous les prêtres du finode qui fe tenoit alors marchoient deux à deux ; Mr. l'evêque & Mr. de Brignon, prévôt de la cathédrale, portoient fur leurs épaules un de ces buftes pofé fur un brancart & furmonté d'un pavillon ; fix prieurs du diocéfe portoient les trois autres ; & la proceffion, fuivie des tréforiers de France, du préfidial & des confuls, étant arrivée dans l'églife, on y dépofa les faintes reliques. M. de Bofquet fit à ce fujet une de ces prédications inftructives qu'il fçavoit fi bien faire, & ayant laiffé à Notre-Dame les reliques de St. Fauftinien & de Ste Agnes, il raporta dans le même ordre à St. Pierre celles de St. Lucius & de Ste. Silvie qu'il avoit deftiné pour fa cathédrale.

Les fommes que Mrs. les marguilliers avoient retirés des fonds unis à leur fabrique, les mirent en état d'entreprendre en 1670 la conftruction du rétable de pierre de perne d'Avignon qu'on y voit prefentement. Toutes les années fuivantes furent marquées de quelque nouvelle décoration : en 1671 ils firent faire le chœur avec fon baluftre. En 1672, le banc & la tribune de l'œuvre ; l'année fuivante, ils firent le tabernacle ; & en 1674, ils commencerent la tribune des orgues qui ne furent achevés que deux années après, & dans cet intervale on fit orner la chaire du prédicateur de la manière qu'on la voit à prefent.

XIV.

Enfin l'églife fe trouvant dans fa perfection, elle fut facrée en 1684, comme on le voit par cette infcription gravée fur une ardoife en lettres d'or, qui eft au milieu de l'églife fur la droite en entrant :

Monfeigneur Charles de Pradel, evêque de Montpellier, a facré cette églife le dimanche quatorziéme de may mille fix cens huitante-quatre, à la requifition de Mrs les confuls, des marguilliers & ouvriers de l'églife.

EGLISES PARTICULIÉRES.

St. COSME ET St. DAMIEN.

PAGE 260.

IL eſt fait mention de l'égliſe de Saint Coſme dans l'acte de fondation de l'égliſe de Sainte Croix faite en 1144 par Guillaume, fils d'Ermenfende, qui donne à la nouvelle égliſe le jardin qu'il avoit auprés de Saint Coſme, *totum meum hortum qui eſt in via qua itur ad eccleſiam Sti. Coſmæ :* ce qui prouve que ſa fondation eſt anterieure à celle de Sainte-Croix, & qu'on pourroit bien lui donner la même ancienneté qu'à l'école de médecine de Montpellier.

Elle ſervoit en effet aux Mes. chirurgiens de cette ville, qui ſont apellés dans tous nos vieux titres chirurgiens de St. Coſme; ils étoient tenus de s'y rendre la veille de St. Coſme & de St. Damien pour aſſiſter aux vigiles & le lendemain à la proceſſion, après laquelle ils nommoient les conſuls & les prévôts de la confrérie, comme il conſte par leurs anciens ſtatuts en datte du 5 octobre 1418, qui m'ont été communiqués par Mr. de Maſſillan, juge-mage.

Je trouve dans ces mêmes ſtatuts que les conſuls & prévôts de St. Coſme étoient chargés de faire faire le pain de *las caritats*, que la ville avoit coûtume de diſtribuer le jour de l'Aſcenſion, comme on le verra plus au long dans l'article des hôpitaux.

Il eſt dit dans notre petit Talamus, pour l'année 1361, qu'un parti des Anglois qui couroient le royaume après la priſe du roy Jean, étant venus juſqu'aux murailles de Montpellier, prirent dans l'égliſe de St. Coſme quelques hommes & femmes de la ville qui s'y étoient réfugiés.

L'article 58 du cérémonial de l'hôtel de ville marque pour l'année 1400 que le cardinal de Veniſe fit à l'égliſe de St. Coſme de Montpellier un préſent conſidérable, à la prière de ſon neveu qui étoit prieur de cette égliſe ; c'étoit un os de la tête de St. Coſme que nos conſuls firent enchaſſer dans un beau reliquaire d'argent. Antoine de Louviers, evêque de Maguelone, le porta ſolemnellement en l'égliſe de St. Coſme, & de là ſur quelque diſpute qui s'émut entre les conſuls & le prieur, il les rapota à l'hôtel de ville où, pour régler leurs conteſtations, il ordonna que ce reliquaire, dont les conſuls avoient fourni l'argent, reſteroit dans leur chapelle, & que lorſque le prieur de St. Coſme voudroit l'avoir aux jours de fête, il viendroit le leur demander, ce qu'on lui accorderoit gratieufement fous l'affurance de le rendre le même jour. Le nom du cardinal eft exprimé de la forte dans l'acte. *Joannes miferatione divina tituli Sti. Ciriaci in termis, fanctæ romanæ ecclefiæ cardinalis vulgariter cardinalis Venetiarum nuncupatus.* Et en parlant du prieur de St. Cofme, fon neveu, il eft dit: *Pium hoc pignus ad ecclefiam fanctorum Cofmæ & Damiani transferri juffit, rogatu Helifæi nepotis fui.*

Cette église étoit fituée vis-à-vis de Lavanet, fur une pointe de terre qui fait le partage du chemin qui conduit aux moulins à vent, & de celui qui conduit au pont de St. Cofme, à qui cette église a donné fon nom. On y a vû de nos jours un grand nombre de pierres fepulcrales que le titulaire de cette ancienne église a fait enlever pour faire cultiver ce fonds où l'on a planté des oliviers.

SAINT NICOLAS.

TOUT ce que j'ai dit dans l'article de Guillaume, fils d'Ermengarde, au fujet des vicaires de Montpellier, nous prouve l'ancienneté de la chapelle de St. Nicolas, qui traverfoit la rue de l'Aiguillerie, & laiffoit un paffage fous un arceau qui partoit de la maifon de Planque & alloit aboutir à celle de Veiffiere. Le fait eft démontré par nos anciens confrons & par la naiffance du fondement de cet arceau qui fubfifte encore à la maifon de Planque; il en eft fait mention dans la defcription de l'entrée du roy Charles IX dans Montpellier, en 1564.

Mais la preuve la plus ancienne que nous en ayons vient des actes que j'ai raportés pour les années 1103, 1118, 1139 & 1150. *Caftellum quod eft fitum juxta portam Sti. Nicolai.... Totum quantum habeo fubtus ecclefiam Sti. Nicolai.... Caftellum quod eft fitum juxta portam Sti. Nicolai, ficut eft claufum cum turribus & muris.... Totum quantum habebat pater meus fubtus ecclefiam Sti. Nicolai.*

Cette église, durant quelque tems, donna fon nom à la ruë de l'Aiguillerie, dont les marchands font apellez, dans quelques vieux actes, les merciers de St. Nicolas. Il y avoit un prêtre qui portoit le nom de prieur, & qui étoit fubordonné à celui de St. Firmin; il avoit la directe fur quelques maifons voifines, & entr'autres fur celle de Planque, qui lui fait encore une rédevance annuelle de dix écus. Les nouveaux titulaires, dépuis l'entiére démolition de St. Nicolas, ont coûtume d'aller prendre poffeffion dans la cour de la maifon de Montferrier, qui y eft attenante.

SAINTE CROIX.

CETTE ancienne église, qui ne subsiste plus, mais qui donne encore son nom à un de nos sizains, fut bâtie dans le douzième siècle par Guillaume, fils d'Ermensende, à son retour de Jerusalem (comme il le dit lui-même dans son testament, fait en 1146), *hanc ecclesiam quam ego, Hierosolymis rediens, in honorem Stæ. Crucis juxta domum meam ædificavi.* Il y mit une portion de la vraïe croix de Notre-Seigneur & plusieurs autres reliques qu'il avoit aportées de la Terre Sainte, *& vere dominicum lignum cum pluribus aliis reliquiis ibi attuli.* Il nous aprend qu'il avoit un logement attenant cette église, composé d'une chambre, d'une sale, & d'un avant-chambre qu'il apelle portique. *Cameram scilicet meam quæ est propé ipsam ecclesiam, & porticum qui est ante ipsam cameram,* renfermez (dit-il) entre le pilier de l'église & les murailles de la sale & de la chambre, *sicut determinatum est à pilari usque ad parietem salæ & usque ad parietem cameræ.* Il nous aprend encore que cette église avoit un portique à son entrée & un petit jardin à son chevet, *quamdam pessiam horti qui est ad caput ecclesiæ, & totum illum porticum qui est ante ecclesiam.*

Cette indication n'est faite dans son testament que pour faire mieux entendre ce qu'il donne pour le logement du chapelain qu'il y avoit établi avec un clerc, auxquels il assigne pour leur entretien un jardin entier qu'il avoit sur le chemin de St. Cosme, confrontant d'un côté la rive du Merdanson, *totum meum hortum qui est in via qua itur ad ecclesiam Sti. Cosmæ, qui hortus confrontatur ex una parte cum ripa Merdansionis.* Il ajoûte à cette donation sept quarterées de vignes au terroir de Maranegues, pour le luminaire de l'église & pour le vestiaire du chapelain & de son clerc, *septem carteiratas vineæ in vineto quod vocatur de Maranegues, pro luminaribus ecclesiæ & pro vestitu capellani & clerici sui.* De plus, il veut qu'ils ayent l'un & l'autre leur nourriture dans sa maison : *Insuper dono in perpetuum victum in domo mea capellano ipsius ecclesiæ, cum clerico suo.*

Cette donation eut le sort de la plûpart de celles qui sont à charge aux héritiers. Guillaume, son fils aîné, fit naître des obstacles à l'execution de cet article ; il la differa même jusqu'en 1151, où son pere, étant venu à Montpellier avec le prieur de Gransfelve, son superieur, ils finirent cette affaire en convenant que le prieur de St. Firmin, dans la paroisse duquel étoit l'église de Ste. Croix, en auroit la possession ; mais qu'il donneroit au seigneur de Montpellier un logement auprès de son église de St. Firmin, avec trois mille fols melgoriens, en dédommagement des frais que Guillaume, dit fils de Sibille, venoit de faire dans fon expedition en Efpagne contre les Maures.

Quoique, par cette tranfaction, les feigneurs de Montpellier fe fuffent dépoüillez * du droit qu'ils avoient fur cette églife, ils ne laifferent pas de s'en régarder comme les protecteurs, ce qui porta Guillaume, fils de Mathilde, de démander au pape Innocent III qu'elle fût folemnellement confacrée, dans le tems que le cardinal de St. Prifque vint en Languedoc comme legat du pape contre les Albigeois. La chofe fut executée le 5 de novembre 1200, comme il paroît par un ancien marbre qui fut alors attaché aux murailles de l'églife de Ste. Croix, & qui, après fa démolition, fut porté dans le jardin du préfident de la Roche, qui en fit préfent à la confrérie des pénitens, où l'on le voit encore dans leur facriftie, avec cette infcription en lettres gothiques.

PAGE 262

Anno dominicæ incarnationis M. CC.   non. novemb., præfidente romanæ ecclefiæ domino papa Innocentio III pontificatus fui anno 3, confecrata eft ifta ecclefia, mandato & authoritate ejufdem domini papæ, præfente & mandante domino Joanne de Sto. Paulo tituli Stæ. Prifcæ presbitero cardinali, apoftolicæ fedis legato, à domino Imberto (1). Arelatis epifcopo, in honorem fanctæ & gloriofæ virginis Mariæ & vivificæ crucis, & omnium fanctorum aftantibus & cooperantibus præfato cardinali & domino G. Magalonenfi (2). R. Agathenfi (3). Domino G. Biterrenfi (4). Domino Artaldo (5). Elnenfi, & domino G. Uticenfi (6). Epifcopis, & conftitutum eft confenfu ejufdem domini cardinalis, & omnium prædictorum, ut quicumque in anniverfario ejufdem confecrationis devote convenientes, de injuncta fibi pænitentia, duodecim dierum veniam confequantur.

Cette églife refta depuis fous la dépendance du prieur de St. Firmin, qui en eut toûjours la collation : le chapelain lui devoit obéïffance (comme difent les anciens titres). Il faifoit ferment de garder les droits, prééminences & loüables coûtumes de St. Firmin, & de ne point adminiftrer les facremens dans la paroiffe de St. Firmin, fans la permiffion du prieur.

On vêcut fous ces loix jufques bien avant dans le xvie fiécle, où le renverfement général qu'on fit à Montpellier de toutes les églifes entraîna celle de Ste. Croix. Elle refta démolie jufqu'en 1607, que la confrerie des peni-

---

(1) Imbert de Aquaria.
(2) Guillaume de Fleix.
(3) Raymond Guillaume de Montpellier.
(4) Guillaume de Roquefel.
(5) Artaud.
(6) Guillaume de Venejan.

tens entreprit de la rétablir, pendant un de ces bons intervales que les catholiques avoient quelquefois. Ils en obtinrent la permission de Mr. Granier, alors evêque de Montpellier, & ils presserent si fort l'ouvrage, qu'ils en firent faire la bénédiction dans la Semaine-Sainte de 1609 par Mr. d'Arles, vicaire-général de Mr. de Fenoüillet, qui venoit de succeder à Mr. Granier.

Ils continüerent de faire leurs exercices dans cette nouvelle église jusqu'en 1621, où les révoltez, se préparant à soûtenir le siége de Montpellier, firent harlan (comme ils disoient eux-mêmes) sur tout ce qui apartenoit aux églises. Celle de Ste. Croix fut traitée comme les autres ; mais on rémarque qu'après le pillage des ornemens, un nommé St. Roman, le fils du sergent Roman, qui demeuroit près la porte du Peirou, s'étant aperçû qu'il restoit une croix au haut du clocher de cette église, voulut y monter pour arracher cette croix ; mais une grande pierre du clocher sur laquelle il avoit le pied s'étant détachée, il fut entraîné à terre, où il s'écrasa en tombant. Serre dit que son nom fut envoyé à Geneve, où il fut mis au nom de leurs martyrs.

Depuis la réduction de Montpellier sous les armes du roy Loüis XIII, on ne songea point à rebâtir cette église, comme quantité d'autres, parce que son emplacement fut compris dans le grand dessein qu'eut Mr. de Fenoüillet de bâtir sa cathédrale à la Canourgue. Les grands fondemens qu'il y jetta, & qui subsistent encore, ont changé la disposition de l'ancien terrain, & l'on ne peut en tirer aucune conjecture pour marquer l'ancienne situation de l'église de Ste. Croix : tout ce qu'on peut observer, c'est que dans ces dernières années, où l'on changea la croix de la Canourgue, on trouva à l'endroit où elle est à présent, vers Mr. de Cambaceres, de grandes pierres sepulcrales qui nous font entendre que le cimetière de cette église devoit être de ce côté-là.

SAINT PIERRE DE LA SALE.

PAGE 263.

CETTE église servoit anciennement aux officiers que l'evêque de Maguelone tenoit à Montpelieret dans son palais apellé la sale de l'evêque, qui contenoit toute l'isle depuis les jesuites jusqu'à la ruē qui monte à la maison du président Bocaud.

Gariel nous assûre que Ricuin la fit bâtir lorsqu'il infeoda Montpellier au premier de nos Guillaumes, en se reservant Montpelieret, où il voulut avoir un logement pour lui & pour ses officiers. La chose est d'autant plus croyable, que l'evêque de Maguelone ne pouvoit fe difpenfer de venir fouvent à Montpellier, encore moins d'avoir une chapelle dans fon palais. Il eft certain que fon official tenoit la juftice ecclefiaftique dans la fale de l'evêque, & que le juge de la temporalité y avoit fon auditoire. On verra dans l'article de l'univerfité qu'on fit fouvent à la fale de l'evêque des actes publics concernant les études, & l'on a pû obferver dans le cours de cette hiftoire qu'un grand nombre de princes, à leur paffage par Montpellier, furent logez à la fale de l'evêque.

Tous ces faits fervent à apuyer le fentiment de Gariel fur la fondation de cette chapelle, qui, à l'exemple de l'églife cathédrale de Maguelone, portoit le nom de St. Pierre. Après avoir duré plus de quatre cens ans, elle fubit le fort des autres églifes qui furent démolies durant la fureur des troubles de la religion. La fale de l'evêque, avec toutes fes apartenances, refta inhabitée durant plus de foixante ans, pendant lefquels quelques particuliers s'emparerent d'une partie du local, & ce ne fut qu'en 1629 que Mr. de Fenoüillet, ayant fait donner aux jefuites le collége que les réligionnaires avoient à Montpellier, il augmenta leur emplacement de tout celui qui reftoit de la fale de l'evêque; ces peres jetterent un pont de bois fur la ruë qui fépare le collége d'avec cette ancienne fale, où ils bâtirent un corps de logis que nous avons vû avec un grand jardin. Mais le roy Loüis XIV, en 1680, ayant accordé le fiége du petit fceau avec la ruë de Montpeliret pour bâtir le grand & beau logement que les jéfuites ont fur l'Efplanade, ces peres abandonnerent l'ancienne fale de l'evêque, & ils en vendirent le fol à Mr. de Vignes, procureur général en la cour des comptes, aydes & finances, qui y fit bâtir la grande maifon qu'occupe aujourd'hui le marquis de Grave.

On fe fouvient encore qu'avant tous ces changemens, on voyoit plufieurs anciennes portes le long de la muraille du jardin de Mr. de Grave, ce qui fait croire qu'elles fervoient, l'une à la chapelle, l'autre à l'official de l'evêque, & la troifiéme à l'auditoire du juge de Montpeliret. Il y a toûjours un prêtre titulaire de St. Pierre de la Sale, qui eft à la nomination de l'evêque.

SAINTE MARIE DE LEZES.

CETTE église fervoit autrefois aux templiers dans le lieu que nous apellons aujourd'hui le grand St. Jean, hors la porte de la Saunerie : la chofe confte par divers actes de l'hôtel de ville, par des tranfactions paffées avec le chapitre de Maguelone, & particulierement par celle dont j'ai parlé dans le premier tome de cette hiftoire, en l'année 1162, où il eft dit : *Hæc compofitio facta eft in domo militiæ templi, in horto juxta ecclefiam Stæ. Mariæ de Lefis.* Je ne fçai d'où lui vint ce furnom de Lefis, mais nous trouvons que Gautier, evêque de Maguelone, avoit confacré cette église au commencement du douziéme fiécle.

Il eft à croire qu'elle répondoit à la beauté des autres bâtimens de la maifon du temple de Montpellier, qui fervit de retraite & de fûreté à Simon de * Montfort pendant que les peres du concile, affemblez en 1214 dans l'église de Notre-Dame des Tables, déliberoient fur le choix du feigneur à qui ils devoient confier les places conquifes fur le comte de Touloufe.

Nos annales marquent que le pape Clement V, dans le fecond voyage qu'il fit à Montpellier en 1307, prit fon logement dans la maifon des templiers, peu avant qu'il fit travailler à leur procès & à la fupreffion de leur ordre.

Cette fupreffion, qui fut faite dans le concile de Vienne en 1311, valut aux chevaliers de St. Jean de Jerufalem de Montpellier la maifon du temple & la terre de Launac, que les templiers avoient deffeché avec beaucoup de foin, comm'il paroît par les aqueducs foûterrains qui fubfiftent encore.

Les nouveaux maîtres de cette grande maifon y prirent leur logement, & la firent nommer le grand St. Jean, pour la diftinguer d'une autre maifon qu'ils avoient déjà dans la ville, & qui porte encore le nom de petit St. Jean. Leur grand-maître, Foulques de Villaret, étant venu en France pour les raifons que nous avons dit ci-devant, choifit fa fepulture dans l'églife de Ste. Marie de Lezes, comm'on le découvrit il y a quelques années, lorfqu'un procureur de l'ordre, faifant foüiller dans les mazures de cette églife, il trouva un tombeau où il y avoit par-deffus la figure d'un homme armé, à qui l'on avoit coupé les bras & la tête ; l'infcription, qui n'étoit pas fi maltraitée, portoit :

Anno domini 1327, die fcilicet prima feptembris obiit nobiliffimus dominus frater

Folquetus de Villareto, magister magni hospitalis sacræ domus Sti. Joannis-Baptistæ Hierosolimitani, cujus anima requiescat in pace, amen.

On y trouva quantité d'autres monumens, qui avoient été tronquez dans le tems de la démolition des églises, & dont on ne put déchifrer en entier toutes les inscriptions.

Il y a grande aparence que parmi tous ces tombeaux, on trouva (fans le connoître), celui de Raymond Gaucelin, feigneur de Lunel, neveu de Guillaume, fils de Malthide, & connétable du comte de Touloufe, qui élut pour fa fepulture l'églife des Templiers, & lui legua, par fon teftament, fait en 1215, mille fols melgoriens avec fes armes.

Peu de tems après la mort du grand-maître de Villaret, le plus grand nombre des chevaliers qui étoient en France tinrent, au grand St. Jean & dans l'églife de Ste. Marie de Lezes, le chapitre général de l'ordre dont j'ai parlé dans le fecond tome de cette hiftoire, en l'année 1330. On y fit plufieurs beaux reglemens, qui fervent encore de loi fondamentale à tout l'ordre.

Depuis ce tems jufqu'en 1562, les chevaliers de St. Jean joüirent paifiblement des terres & de la grande maifon qu'ils avoient acquis des templiers ; mais, dans les premiers troubles que le changement de religion caufa à Montpellier, les grands bâtimens qu'ils avoient à la porte de la Saunerie furent renverfez avec l'églife de Ste. Marie de Lezes : il ne refte qu'une partie de fes fondemens, bâtis de pierre vive & d'un demi-pied en quarré, qu'on peut voir dans la maifon du fermier ; le refte de ce grand emplacement, après avoir été en friche pendant longtems, eft labouré maintenant, & l'on y paffe la charruë.

SAINT MARTIN DE PRUNET.

LE plus ancien titre que nous ayons de cette églife eft le teftament que Guillaume, fils d'Ermenfende, fit en 1196, dans lequel il prie fa mere de faire rendre à l'églife de St. Martin de Prunet & à quelques autres églifes le bois de charpente qu'il y avoit pris pendant le fiege qu'il avoit été obligé de mettre devant Montpellier : *Domina mater mea emendet illam fuftam quam habui de ecclefiis Sti. Martini de Pruneto, & aliis cum eram in obfidione Montifpeffulani.*

Elle étoit fituée au midi de Montpellier, fur l'élévation la plus avantageufe des environs, pour découvrir la ville, qui fe prefente en amphithéâtre

PAGE 265. de ce côté-là : * « Tout auprès (dit Philippy), étoit une fontaine dite com-
« munément la font de las Donfeilhas, où il y avoit deux ou trois cham-
« bres voûtées & bâties dans la terre, environnée de bancs & fiéges de
« pierre, que le peuple croit fabuleufement avoir été le domicile de quelque
« fée, ce qui lui a attiré, en langage du pays, le nom de font de las Fades ;
« mais il eft à préfumer qu'elle fervoit de lavoir public au donfeilles ou
« demoifelles de la ville pendant les chaleurs de l'été. » Nous avons vû
encore de nos jours les veftiges de cette fontaine, qui a été depuis comblée
de terre, & dont l'eau a été détournée pour l'ufage d'un jardin voifin, apellé
le jardin Degrefeüille.

Il eft hors de doute que l'églife de St. Martin de Prunet fut bâtie pour la
commodité des métairies voifines, quoiqu'elle n'eût point le titre de paroiffe ; on voit feulement que le prieur de St. Firmin, ayant inftitué, en
1304, un vicaire pour fon églife, il lui affigna les prémices, les oblations &
autres émolumens de l'églife de St. Martin de Prunet, excepté les droits de
funérailles ; il eft dit, dans le même livre, que la maifon & le verger attenant l'églife de St. Martin apartenoient audit vicaire, qui avoit d'ailleurs fa
dépenfe canonique à la table de la communauté des prêtres & clercs de
St. Firmin.

On vécut fous cette loi jufqu'au commencement des troubles de la réligion, où les feditieux de Montpellier fe hâterent de démolir St. Martin de
Prunet, à caufe qu'il dominoit fur la ville & fur la plaine voifine. L'amiral
de Châtillon, dans cette longue marche qu'il fit en 1570, après la bataille
de Moncontour, s'arrêta à St. Martin de Prunet pour fe faire mieux voir
aux habitans de Montpellier ; mais la bonne contenance des catholiques,
qui étoient alors maîtres de la ville, l'obligea de fe rétirer & de prendre la
route dont j'ai parlé dans le premier tome de cette hiftoire.

Il paroît, par les anciens régîtres du chapitre, que St. Martin fervoit d'entrepôt aux funérailles des chanoines de Maguelone lorfqu'ils étoient morts
à Montpellier & qu'on devoit les tranfporter à Maguelone. L'évêque Gaucelin de la Garde, décédé au château du Terrail en 1303, fut porté à Montpellier, dans l'églife de St. Firmin, & de là conduit en grand convoy à
St. Martin de Prunet, où il fut mis fur un brancart jufqu'à Villeneuve &
Maguelone.

Après la reduction de Montpellier en 1622, les vieilles mazures de
St. Martin fervirent à conftruire les bâtimens que le chapitre de la cathédrale y a fait pour l'ufage de fes fermiers ; ils y ont de grandes écuries,
des gréniers & un puits fort profond pour les gens qu'ils emploient à la
levée du benéfice de la Canourgue : le refte du terrain fert à dépiquer

le bled, & c'eſt tout ce qui nous reſte de l'ancienne égliſe de St. Martin de Prunet.

SAINT ARNAUD, AUJOURD'HUY SAINTE ANNE.

CETTE égliſe donnoit autrefois le nom au fizain St. Arnaud, comme Ste. Anne le lui donne aujourd'hui. Elle étoit ſituée devant une petite place apellée le plan de l'Huile, où, ſelon un mémoire que j'ai, il y avoit une fontaine qui paſſoit pour une rareté en cette partie de la ville. *Mſſ. de Serres.*

Il eſt parlé, dans un acte du XIVe ſiécle, d'un Dominique de Sala, comme inſigne bienfacteur de cette égliſe avant qu'elle changeât de nom, c'eſt-à-dire avant 1496, où Pierre Ariſteri, prieur de Suſſargues & chapelain de la chapelle de Ste. Anne dans l'égliſe de St. Arnaud, obtint d'Izarn de Barriére, evêque de Maguelone, les pouvoirs néceſſaires pour fonder un collége de quatre prêtres dans ſa chapelle de Ste. Anne, qui devint plus conſidérable par cette fondation. On s'accoutûma inſenſiblement à donner la dénomination de Ste. Anne à l'égliſe de St. Arnaud, ce qui dura juſqu'aux premiers troubles de la réligion. Nous voyons, par la délibération qui fut priſe à Montpellier en 1596 pour ſubvenir aux beſoins des pauvres catholiques, que le fizain St. Arnaud portoit déjà le nom de fizain Ste. * Anne; & cette égliſe, ayant été rétablie après le ſiége de Montpellier par les collégiez de la Trinité, conjointement avec ceux de St. Sauveur & de Ste. Anne, ils y firent leur ſervice pendant pluſieurs années. Enfin Mr. de Boſquet, evêque de Montpellier, érigea Ste. Anne en égliſe paroiſſiale par ſon ordonnance du 3 de novembre 1665, & l'on y établit un curé avec deux ſecondaires, pour adminiſtrer les ſacremens à cette partie de la ville, qui étoit autrefois de St. Paul, en qualité d'annexe de St. Firmin.

Gariel, Egliſes de Montpellier, p. 71.

Voyez l'article de l'hôpital de la Charité.

PAGE 266.

LA CHAPELLE DU CONSULAT.

L'ACTE de fondation de cette chapelle nous apprend que les conſuls de Montpellier, ayant acquis en 1358 la grande maiſon de Pierre Bonami pour ſervir d'hôtel de ville, au lieu de celui qu'ils avoient eu juſqu'alors dans la place de l'Herberie, ils projetterent auſſi-tôt d'y conſtruire une chapelle qu'ils firent confacrer le 5 octobre 1363 par frere Thibaut, de l'ordre des freres mineurs, evêque de Coron, dans la Morée.

Cette chapelle refta en fon entier durant tout le tems que les réligionnaires furent maîtres de la ville, parce qu'ils n'auroient pû la démolir fans faire croûler les bâtimens de l'hôtel de ville, qui font au-deffus ; ils fe contenterent de la faire fervir à d'autres ufages qu'à la célébration de la meffe, qu'ils avoient fupprimée, & ce ne fut qu'après le fiége de Montpellier que le baron de Caftries, étant premier conful en 1623, fit rétablir le fervice dans cette chapelle. On y voit encore fon portrait à genoux dans le tableau de l'autel, avec celui des deux autres confuls catholiques, qui n'étoient alors qu'au nombre de trois, parce que le confulat étoit mi-parti. Gabriël de Graffet, procureur général en la chambre des comptes & premier conful en 1624, fit mettre le fien avec celui de fes collegues catholiques fur les crédences de l'autel, où on les voit encore ; & Pierre Degrefeüille, tréforier de France, premier conful en 1628, fe fit peindre à côté de l'autel avec tous fes collègues, qui commencerent à être pris du corps des catholiques.

L'ufage a ceffé depuis de peindre les confuls dans cette chapelle ; on a placé leurs tableaux dans les fales hautes de l'hôtel-de-ville, où ils font plus en évidence que dans la chapelle, qui eft obfcure ; elle étoit féparée de l'ancienne claverie (aujourd'hui corps-de-garde), par une grande cloifon de menuiferie, où l'on voit encore ces deux vers en lettres d'or au bas d'un crucifix qu'il y avoit :

Difce tui pretium, cum fis hoc ære redemptus

Quifquis ades, turpique cave vilefcere culpa.

Ce qui veut dire : *Connoiffez ce que vous valés, par ce qu'il en a coûté pour vôtre rachapt ; & prenés garde de vous ravilir par quelque faute honteufe.*

Le fervice de cette chapelle eft réduit aujourd'hui à une meffe tous les dimanches & fêtes, qui eft dite par un chapelain aux gages & à la nomination des confuls.

NOTRE-DAME DE BONNES-NOUVELLES.

J'AY raconté, dans le premier tome de cette hiftoire, ce qui donna lieu à la fondation de cette églife. Le roy Charles VII, qui, pendant fon féjour en Languedoc, avoit donné beaucoup de marques de bonté à la ville de Montpellier, fit l'honneur à nos confuls de leur dépêcher un courier avec une lettre du mois de juillet 1429, qui eft confervée prétieufement dans nos archives, par laquelle il leur fait fçavoir « qu'avec la grace de Dieu, « il avoit fait lever aux Anglois * le fiége d'Orléans, ruïné leurs fortifica- « tions, baftilles & forterefles, & emporté fur eux une victoire où huit « mille Anglois étoient demeurés fur la place, & plus de deux cens faits « prifonniers ; de quoi il a voulu les avertir pour en faire rendre publique- « ment des actions de grâces à Dieu, & il leur demande en même tems un « fecours d'hommes & d'argent. »

<small>PAGE 267.</small>

Malheureufement le courier qui étoit arrivé de nuit ne put entrer dans la ville à caufe des précautions qu'on y prenoit dans ce tems de trouble ; il s'arrêta dans une maifon du faubourg de Montpelieret pour y attendre le jour, & le lendemain ayant remis la lettre du roy aux confuls, ils eurent tant de joye de cet heureux événément qu'ils firent délibérer en confeil de ville qu'on bâtiroit une chapelle dans le lieu où le courrier s'étoit arrêté, en mémoire de la bonne nouvelle qu'il avoit aporté. Leger Saporis, évêque de Maguelone, fit la confecration de cette petite églife qui fubfifta jufqu'à la demolition de celle de St. Denis, dans la paroiffe duquel étoit Notre-Dame de Bonnes Nouvelles.

L'emplacement de cette églife eft défigné dans la relation d'une proceffion qui fut faite en 1446 où il eft dit « qu'elle paffa à la dougue de « la porte de Montpelieret, vers la porte de l'evêque, en cotoyant à droite « la chapelle de Notre-Dame de Bonnes Nouvelles. »

La chofe eft moins douteufe depuis les derniers travaux qu'on a faits à l'Efplanade, où l'on découvrit près de la croix qui y eft plantée les fondemens d'une vieille chapelle, avec quelques fragmens de colomnes gothiques & de vieux chapiteaux, qui refterent long-tems expofés à la vûë du public. Il eft difficile, après toutes ces défignations, de mettre ailleurs la chapelle de Notre-Dame de Bonnes Nouvelles, ce que j'obferve pour répondre à ceux qui ont voulu faire entendre qu'elle étoit dans le même lieu où eft aujourd'huy Notre-Dame de Celleneuve.

<small>Le P. Gozel. Gariel, Idée.</small>

LA CHAPELLE NEUVE.

TOUS nos écrivains font mention de cette chapelle. Le prefident Philippy la comprend nommément dans la lifte des églifes qui furent démolies à Montpellier pendant les troubles de la religion. Mr. Vignes en parle dans le manufcrit qu'il nous a laiffé, & Gariel en fait l'article onzième dans son traité sur les anciennes églises de Montpellier, mais aucun d'eux ne nous marque précisement le tems où la chapelle Neuve fut bâtie.

Il est certain qu'elle étoit vis-à-vis le college du Verger apellé aujourd'hui le collége du Droit, & l'on sçait à n'en pouvoir douter qu'après que Jean Brugerie, médecin ordinaire du roy Loüis XI, eut établi à Montpellier deux places pour deux écoliers en médecine, Jean du Verger, président au parlement de Touloufe, baron d'Alais & seigneur de Montlaur, sonda presqu'en même tems deux autres places pour deux étudians en droit, ausquels il donna sa maison qui subsiste encore, pour servir au logement de ces quatre boursiers.

On fit pour eux en 1468 des statuts que je raporterai dans l'article de ce collége, où l'on verra que les commissaires nommez par le roy Loüis XI donnerent pouvoir à celui qui auroit la protection de ce collége de construire une chapelle dans l'enclos ou attenant ledit collége, & que les boursiers qui seroient prêtres seroient tenus d'y dire la messe une fois la semaine.

Pour cet effet, Jean du Verger, qui étoit l'un des commissaires, unit à cette fondation la chapelle dite de Broca qu'il avoit déjà fondée & dotée dans l'église de Notre-Dame des Tables à l'autel de St. Jean. Les chapelains y firent le service jusqu'à ce qu'on eût bâti la chapelle Neuve, dans la place qui conserve encore son nom. Elle eut le sort des autres églises de Montpellier qui furent démolies en 1562, mais elle ne fut point retablie comme bien d'autres, & le chapelain qui porte aujourd'hui le nom de prieur, fait le service dans une chambre basse du college qui sert de chapelle depuis que le culte de la religion catholique a été remis en cette ville.

L'EGLISE DU SEMINAIRE.

PAGE 268.

MR. Bosquet, evêque de Montpellier, ayant donné en 1665 son seminaire aux peres de l'Oratoire, ils se logerent dans une maison occupée aujourd'hui par Mr. Cauffe, professeur en droit, dans l'isle apellée la sale de l'evêque. Après y avoir resté environ une quinzaine d'années, ils acheterent la maison de Mr. Planque de la Valette, conseiller au présidial, attenant l'ancienne église de Ste-Foy (aujourd'hui la chapelle des penitens) où ils ont la vûë de l'efplanade, de la citadelle & de la campagne jufqu'à la mer.

Les difficultez qu'ils ont trouvé jufqu'à préfent à pouvoir s'élargir d'un côté ou d'autre, les a reduits à faire une églife de deux fales baffes de leur maifon, où ils eurent l'honneur de recevoir Mrs les princes à leur paffage par Montpellier, en 1700. Cette petite églife eft fort frequentée, & la manière édifiante avec laquelle on y fait le fervice y attire dans les occafions, un grand nombre de perfonnes de tous les quartiers de la ville.

ANCIENNES CONFRERIES [DE PIETÉ.

QUOIQUE les confréries de piété intéreffent beaucoup l'hiftoire ecclefiaftique, je n'ai pas crû devoir donner un article particulier de tous celles qui ont été fupprimées à Montpellier, ni de quelques autres qui lui font communes avec la plûpart des églifes du royaume; telles que font : la confrérie du St. Sacrement, pour accompagner le bon Dieu lorfqu'on le porte aux malades, celle des morts pour faire prier Dieu pour les trépaffez, & plufieurs autres qui font affectées aux ordres religieux & aux corps des métiers qui s'affemblent tous les dimanches pour affifter à la meffe & pour régler enfemble les devoirs de charité qu'ils pratiquent envers leurs confrères malades. J'indiquerai feulement, comme particuliere à Montpellier, l'archiconfrérie de St. Roch, érigée à l'honneur de ce faint dans l'églife de Nôtre-Dame des Tables, qui a pour perpetuel prieur Mr. le marquis de Caftries, comme iffû de la famille de faint Roch; celle de l'Ange gardien, établie dans la cathédrale St.-Pierre par feu Mr. de Bofquet, evêque de cette ville; mais je ne puis me difpenfer de parler dans un plus grand détail des confréries de la vraye Croix, de St-Claude & des Pénitens, à caufe que cette derniere eft compofée de prefque toutes les familles de Montpellier, & que les deux prémieres font fort anciennes & qu'elles intereffent le temporel de la ville par les redevances qu'elles ont fur plufieurs pieces de terre aux environs.

LA CONFRERIE DE LA VRAYE CROIX

CETTE confrérie n'eſt compoſée que d'artifans & de travailleurs de terre, néantmoins elle eſt la plus ancienne de la ville, & ſes regîtres ſe ſont conſervés beaucoup mieux qu'aucun autre que j'aye vû.

Ils contiennent les ſtatuts que les confréres & confréreſſes doivent obſerver dans leurs pratiques de dévotion, au bas deſquels on voit ces paroles : « Cette confrérie a été faite à l'honneur de Dieu Nôtre Seigneur & de Nôtre Dame Sainte Marie & de la ſainte vraye croix & de toute la cour celeſtielle, en conſervant & gardant les droits de nôtre ſeigneur le roy de Mayorque & des conſuls de Montpellier & de monſeigneur l'evêque de Maguelonne. »

PAGE 269. Cette mention expreſſe des rois de Mayorque prouve évidemment qu'elle ſubſiſtòit dans le treizième ſiècle ; je ſoupçonnerois même qu'elle fut établie dans le XIIe ſiècle lorſque Guillaume, fils d'Ermenſende, fonda l'églife de Ste. Croix où il mit, comme il s'en explique lui-même, du bois de la vraye croix, *& ibi vere dominicum lignum poſui*. Cette expreſſion *vere dominicum lignum*, avec la dénomination des confréres de la vraye croix, fortifie d'autant plus ma penſée qu'il eſt conſtant par la reconnoiſſance que fit Jean de Galiac en 1398 que les confréres faiſoient leurs exercices dans l'églife de Ste. Croix.

Dans le même acte, on voit que la confrérie de St. Suffren lui étoit unie, & dans une autre reconnoiſſance qui leur fut faite en 1472 par Bertrand Roy, il eſt fait mention des confréries de Ste. Marie de Bethléem, de Ste. Catherine, de Ste. Croix & de St. Suffren, unies enſemble dans l'églife Ste. Croix de Montpellier.

Je ne ſçay s'ils ne changerent point de place à l'occaſion d'une fondation qui fut faite en 1518 dans l'églife de St. Germain (aujourd'huy St. Pierre) par Guigonne de Sernel, de noble extraction, qui du conſentement de Jean de Malrive, ſon mary, donna une grande maiſon qu'elle avoit à Aiguemortes, avec dix carterées de terre & une grande contenance de prés au lieu de St. Laurens de Pſalmodi, pour faire chaque jour le ſervice divin dans la chapelle de Ste. Croix en l'églife de St. Germain. Les religieux de ce prieuré en étoient chargez ; mais après leur ſéculariſation en 1536, je ne ſçai que devint cette fondation ; il eſt certain que tout exercice de religion fut ſuprimé en 1562, lorſque les huguenots s'emparerent de l'églife de St. Pierre, & ce ne fut qu'en 1661 que la confrérie de la vraïe croix y fut rétablie dans la premiere chapelle qu'on trouve en entrant fur la main droite : on la changea quelque tems après dans la feconde chapelle du côté gauche, mais depuis on l'a remife dans fa premiere place, près des fonts baptifmaux. C'eft là que tous les confrères & confrèreffes affiftent tous les dimanches & fêtes à la meffe qu'ils y font dire, & qu'ils partent de là pour les proceffions qu'ils ont à faire, ou pour les enterremens de leurs confrères aufquels ils affiftent avec un cierge à la main dans un grand ordre.

CONFRERIE DE St. CLAUDE.

IL paroît par tous les titres que nous avons de cette confrérie, qu'elle a toûjours été apellée St. Claude du Charnier, à caufe du cimetière St. Barthelemy, & que l'efprit de fa fondation étoit de faire prier Dieu pour l'âme de ceux qui y étoient inhumez. La chofe paroît par les frequens articles de leurs ftatuts qui font de l'an 1483, où il eft fouvent parlé des abfoutes que leurs chapelains devoient faire dans le cimetiere de St. Barthelemy, & du nombre des meffes des morts qu'ils devoient chanter à Nôtre-Dame du Charnier ou à l'autel St. Claude. Ils ne laiffoient pas néanmoins de faire l'office canonial le jour de St. Claude, & à toutes les fêtes de Notre-Seigneur & de Notre-Dame, aufquels jours les confrères faifoient avec leurs chapelains les proceffions dont il eft parlé en divers articles de leurs ftatuts.

Ils étoient gouvernez par quatre prévôts qu'on élifoit tous les ans, & qui avoient beaucoup d'autorité fur les confrères, fur les chapelains & fur le bedeau, pour le fervice de l'églife. Ce fut à leur priere que Jean de Bonail, evêque de Maguelone, fit au mois de may 1481 la confecration de Nôtre-Dame du Charnier & de l'autel St. Claude, où les confrères continüerent leurs exercices jufqu'au commencement des troubles du fiécle fuivant, qui cauferent à Montpellier le renverfement total du culte catholique.

On voit dans leurs archives que Guitard de Ratte, evêque de Montpellier, leur permit par une ordonnance du 20 feptembre 1601 de s'affembler dans l'églife de la Canourgue qui fervoit alors de retraite à tous les catholiques refugiez; mais après que l'églife de St. Paul eut été donnée en 1611 aux peres de la Trinité, les confreres de St. Claude pafferent avec eux un contract en date* du 24 may 1612 par lequel on leur accorda la premiere chapelle de l'eglife de St. Paul du côté de l'évangile. Ils en joüirent jufqu'au tems du fiége qu'ils en furent chaffez, mais après la reduction de la ville, les peres

PAGE 260.

trinitaires étant rentrez dans la poffeffion de leur églife, les confrères de St. Claude rentrerent auffi dans la poffeffion de leur chapelle.

En 1663, les carmes déchauffez voulant s'établir dans le cimetiere St. Barthelemy, on fit intervenir dans la donation qui leur en fut faite le corps de ville, le chapitre de la cathédrale & les confrères de St-Claude, pour le droit qu'ils avoient refpectivement les uns & les autres fur ce fonds. Enfin les carmes déchauffez ayant achevé en 1704 la belle églife qu'ils ont à préfent, ils cederent aux confrères de St. Claude, à l'entrée de leur cloître, la sale voûtée qui leur avoit fervi de chapelle jufqu'alors : ainfi cette confrérie eft revenüe dans le lieu où elle étoit originairement depuis plus de deux cens cinquante ans ; elle a des redevances à Montarnaud & dans le terroir de Montpellier, qui lui donnent le moyen de faire avec décence le fervice de leur chapelle.

CONFRERIE DES PENITENS BLANCS.

Le sr. Serres.

L'HISTORIEN de cette confrérie nous apprend qu'au commencement du cérémonial qui eft à la fin des heures dont les confrères fe fervent, il eft dit que leur établiffement fut fait du tems de St. François & de St. Dominique, mais il rejette ce fentiment comme entierement contraire à la vérité de l'hiftoire.

Il ajoûte qu'à la tête du premier regître de cette confrérie, on voit ces paroles : «Catalogue des freres de la devote compagnie des penitens blancs de la ville de Montpellier, établie en 1517, & entretenüe fans chapelle jufqu'en l'année 1602. »

Sur quoi il marque que, ni le *Talamus* de la ville, ni les regîtres de la confrérie, ne difent rien de certain fur le tems de fon établiffement, & il conclut (comme tout le monde fçait) que les confréries de penitens ne prirent commencement en France que fous le roy Henry III.

Il eft à croire néanmoins que celle de Montpellier eft une des plus anciennes du royaume, puifque le préfident Philippy remarque pour l'année 1584 que les religionnaires de Montpellier eurent le credit de faire interdire la compagnie des penitens blancs & des penitens gris, fous prétexte que dans leurs affemblées ils pourroient tramer quelque chofe contre le bien public & contre le fervice du roy.

Le calme que le regne de Henri IV procura à fon royaume au commencement du dernier siècle porta Guitard de Ratte, évêque de Montpellier, d'assigner aux penitens dans la maison du vestiaire de Maguelone (aujourd'hui la maison de Belleval) une chambre voûtée pour leur servir de chapelle, qu'il bénit lui-même au mois de may 1602. Et dans l'année suivante, les penitens d'Aiguemortes ayant obtenu de la cour la permission d'exercer publiquement leur religion, ceux de Montpellier démanderent la même grace qu'ils obtinrent à la recommandation de Jean Garnier, qui venoit de succéder à Guitard de Ratte.

Ils demanderent alors au nouveau prélat l'église ruinée de Ste. Croix, qui leur fut inféodée par Louis de Claret, prévôt de la cathédrale, sous le bon plaisir de l'evêque ; ils entreprirent de la rebâtir, & l'ouvrage étant fini en 1608, ils y tinrent leur première assemblée le 18 janvier de la même année, & firent bénir leur chapelle dans la semaine sainte de 1609 par Guillaume d'Arles, vicaire général de Mr. de Fenoüillet, nouvel evêque.

Les troubles qui survinrent à la minorité du roy Loüis XIII leur attirerent de la part des religionnaires de nouvelles tracasseries : on raconte qu'en 1612 la sécheresse étant si grande à Montpellier qu'on avoit été neuf ou dix mois sans avoir de la pluye, les pénitens résolurent de faire une procession à Notre-Dame du Grau ; *mais n'ayant pas la liberté de paroître dans la ville avec leurs sacs de penitent, ils s'assemblerent au couvent de l'Observance hors la porte de Lates, d'où ils partirent pour la procession : à leur retour les huguenots leur firent fermer les portes & à tous ceux qui les avoient suivi, en sorte qu'après bien des allées & des venuës auprès des consuls huguenots, on ne leur permit d'entrer qu'après avoir quitté leur sac & voilé le crucifix.

PAGE 271.

Ces troubles augmenterent jusqu'en 1621, où les églises furent d'abord interdites, & ensuite renversées de l'autorité du cercle : alors les penitens perdirent leur église de Ste. Croix, & resterent sans aucun exercice jusqu'après le siége, où le connétable de Lesdiguieres ordonna que les religieux dont on avoit démoli les couvens seroient logez dans des maisons particulières aux dépens de la ville, jusqu'à ce que leurs églises fussent rétablies. Les penitens, en vertu de cette ordonnance, s'assemblerent chez le général de Grilhe, leur prieur cette année-là, & suplierent Mrs. de la cour des aydes de leur permettre de faire l'office dans la sale basse du palais, en attendant qu'ils eussent une église.

La chose leur ayant été accordée, ils partirent en procession le 24 fevrier 1623, de l'hospice des Capucins, qui étoit à la *Capelle nove*, pour venir commencer leurs exercices dans la chapelle du palais ; cette même année, ils firent, dans l'octave de la Fête-Dieu, la procession du St. Sacrement, dont le dais fut porté par les trois confuls catholiques & par le juge de l'ordinaire, au milieu des régimens de Picardie & de Normandie qui bordoient les rues.

Leurs regîtres marquent que frere Nicolas Rebuffi, ayant été affaffiné près de Caftelnau en allant à Baillargues (fans qu'on eût jamais fçû par qui), fon corps fut porté à Montpellier & enterré dans fon tombeau en l'églife ruinée de Ste. Croix, & ce fut (ajoûtent leurs régîtres), le premier enterrement que les penitens firent publiquement en cette ville, dépuis la reduction de Montpellier.

Enfin, Mr. de Fenoüillet leur affûra un lieu fixe, en leur permettant de rétablir l'églife ruïnée de Ste. Foy, dont il leur fit donation pure & irrévocable. Ils en prirent poffeffion en y faifant planter une grande croix peinte en rouge qui fubfifte encore ; & l'on marque que Mr. de Ventadour, lieutenant général dans cette province, avec Mr. de Valancé, gouverneur de la ville, voulurent honorer de leur préfence cette cérémonie.

Les réparations de l'églife de Ste. Foy ayant été données à prix-fait, au commencement de 1624, l'ouvrage fut conduit avec tant de diligence qu'avant la fin de cette même année, Pierre Rebuffi, grand-vicaire de Mr. de Fenoüillet, en fit la bénédiction, ce qui donna lieu à la remarque de leur hiftorien, qui obferve que l'églife Ste. Foy avoit été la première réparée de toutes celles que les réligionnaires avoient démoli. Mr. de Valancé leur donna huit quintaux de métail pour ajoûter à la cloche qu'ils firent réfondre ; & par reconnoiffance, ils y mirent les armes de ce feigneur, avec cette infcription : *Caritate & liberalitate magnificentiffimi comitis de Valance.*

En 1632, ils acquirent ce que nous apellons les douze pans, tant au dedans qu'au déhors de la ville, l'inféodation leur en ayant été faite par les ouvriers de la commune clôture, fous l'albergue d'une paire de gans payables tous les ans.

Leurs régîtres n'ont point oublié l'honneur qu'ils eurent de recevoir cette même année le roy Loüis XIII & la reine, fon époufe, qui choifirent, pendant le féjour que leurs Majeftés firent à Montpellier, la chapelle des pénitens pour y entendre la meffe & pour y faire leur communion le prémier dimanche de feptembre.

Dépuis ce tems-là, ils ont fait à cette chapelle tous les embelliffemens dont elle étoit fufceptible ; le lambris & les murailles font toutes couvertes de tableaux de la vie de Nôtre-Seigneur & de la Ste. Vierge, difpofez avec beaucoup d'art & de fimetrie, le rétable, la chaire du prédicateur, & les jaloufies des tribunes font dorées à plein, & depuis peu, ils ont fait leur autel à tombeau de marbre.

II. Partie. Livre huitième.

Les états de la province en 1683 s'affemblerent dans cette chapelle pour le convoi funebre de reine *Marie Thereffe d'Autriche,* & Mrs. de l'Académie royale des fciences l'ont choifie pour y célébrer tous les ans la fête de St. Loüis : le concours y eft extraordinaire pendant toute l'octave de la Pentecôte, que l'on célébre avec * beaucoup de fplendeur. Tous les jours il y a fermon ; & parmi les prédicateurs les plus diftinguez, leurs régîtres marquent, en 1625, le pere Regourd, jefuite, qui prêcha avec tant de fruit, que le Sr. Rudavel & trois autres miniftres, avec bon nombre de laïques, abjurerent l'herefie de Calvin. Mr. Joly, depuis evêque d'Agen, y prêcha pendant le carême de 1645, & le célébre pere le Jeune, prêtre de l'oratoire, en 1652.

PAGE 256.

Tous les dimanches & fêtes de l'année, les confrères s'affemblent le matin pour chanter le petit office de la Vierge & pour affifter à la meffe de communauté. Ils chantent vêpres l'après-midi ; & felon l'occurence des affaires, ils s'affemblent en bureau pour affifter les confreres néceffiteux, aufquels ils affignent des penfions, afin qu'aucun d'eux ne foit reduit au pain de l'hôpital.

Ils nomment des députés pour vifiter les confreres malades & pour ne les quitter ni jour ni nuit, ce qui eft pratiqué avec beaucoup d'édification pour le public, & fouvent avec beaucoup de fruit pour les malades.

Comme cette confrérie eft trés-nombreufe & compofée de tous les corps de la ville, on choifit des gens habiles dans les affaires pour terminer les procés qui furviennent entre les confrères : nos plus dignes magiftrats ne fe refufent point à cette bonne œuvre ; & l'on trouve dans leurs régîtres qu'ils ont rayé fouvent du catalogue ceux qui n'avoient pas voulu accepter cette voye de médiation.

Leur compagnie s'eft renduë récommandable par le bon ordre qu'elle obferve dans les cérémonies publiques & par le zéle qu'elle a toûjours fait paroître pour la profperité de l'état & de la maifon royale : non-feulement ils ont donné des marques fignalées de joye à la naiffance & au rétabliffement de la fanté de nos princes, mais encore ils leur ont fait des obfeques magnifiques lorfqu'il a plû à Dieu de nous les ravir, comme ils firent en 1711 pour monfeigneur le Dauphin, & en 1716 pour le roy, fon pere.

HISTOIRE DE MONTPELLIER

LIVRE NEUVIÉME

Des monaſtères anciens & modernes de la ville de Montpellier.

CHAPITRE PREMIER.

LES RELIGIEUX DE CLUNY, PRÈS DE SAURET.

E plus ancien monaſtère de religieux que nous trouvions avoir été fondé par les ſeigneurs de Montpellier eſt le monaſtére de Cluny, près de Sauret, à une portée de canon de la ville. L'acte de cette fondation nous aprend à quelles conditions Guillaume, fils d'Ermenſende, donna aux moines de Cluny, vers le milieu du douziéme ſiécle, l'emplacement qu'ils eurent près de Sauret, ſur la riviere du Lez. « Il exige qu'ils ne feront bâtir aucune for-
« tereſſe dans le lieu qu'il leur donne ; qu'ils n'y formeront aucun village ;
« qu'ils n'y établiront aucune foire, & qu'on n'y fera d'autre habitation que
« celle des moines & de leurs domeſtiques.

« Il leur défend de retirer dans leur monaſtére les marchandiſes qui
« pourroient monter par la riviere du Lez, pour ne pas fruſtrer le ſeigneur
« de Montpellier & les marchands de la ville des droits qui leur en
« revenoient.

« Il veut que leur maiſon ne puiſſe ſervir de réfuge aux valets ou ſer-
« vantes affranchis ou affranchies, qui voudroient fuïr la maiſon de leur
« maître, non plus qu'aux perſonnes qui chercheroient à ſe ſouſtraire à la
« juſtice de la cour ou à la puiſſance du ſeigneur de Montpellier.

« Ils ne pourront faire aucune acquiſition de terre qui relevât du ſeigneur
« de Montpellier, ſans ſon exprés conſentement.

« Que ſi l'evêque de Maguelone (ajoûte-t-il), ou le chapitre de cette
« égliſe me cauſoient de l'inquiétude au ſujet de la preſente donation, vous
« Pierre, abbé de Cluny, me donnerez main-forte... Ainſi promis par
« l'abbé de Cluny. »

PAGE 274. * Le contenu de cet acte mettra mieux au fait de toutes ces conventions:
In nomine Domini Jeſu-Chriſti. Ego Guillelmus Montiſpeſſulani dominus, & ego Ermenſendis mater ejus, & ego Sibilia prædicti domini Guillelmi uxor. Authoritate & præcepto domini papæ Innocentii donamus, & cum hac præſenti carta perpetuo jure, donamus, tradimus, domino Deo, & beatis apoſtolis Petro & Paulo, & monaſterio Cluniacenſi, ac monachis tam præſentibus quam futuris, in manu domini Petri ejuſdem monaſterii religioſiſſimi abbatis, pro redemptione animarum noſtrarum, & parentum totius noſtri generis, videlicet locum quemdam prope ſalſetum ſupra ripam fluminis Lezis, ad ſtruendum inibi monaſterium cum cimæterio. Hanc tamen donationem (tali tenore & pacto facimus) ut nullæ fiant in prædicto loco, nec in omnibus ad prædictum locum pertinentibus, munitiones, ſeu forciæ, nec villa, nec publicum mercatum, neque fiat ibi habitatio aliquorum hominum, niſi tantum monachorum ibidem Deo famulantium : & propriæ ipſorum familiæ. Negotiatores vero, cauſa negotii nec merces eorum ibi nullo modo recipiantur, nec fiat ibi aliquid quod leſdæ domini vel dominæ Montiſpeſſulani, vel utilitas hominum Montiſpeſſulani in aliquo minuantur. Receptio quoque ſeu defenſio vel refugium ſervorum, ancillarum, liberto-rum ſeu libertarum, dominos ſeu patronos fugientium ; vel alicujus ſeu aliquorum hominum vel fœminarum fugitivorum, captorum, condemnatorum, quolibet modo ſubtrahentium ſe à juſtitia, vel curia ſeu poteſtate domini, vel dominæ Montiſpeſſulani, tam præſentium quam futurorum, in præſenti loco vel ejus appendiciis nullo modo fiat. Præterea, non liceat monachis Cluniacenſibus præſentibus nec futuris honores vel poſſeſſiones ad dominium vel jus domini Montiſpeſſulani præſentium vel futurorum, vel ad dominium ſuorum pertinentes, emere vel donare, vel permutare, vel ullo modo acquirere, vel retinere, niſi legitimo conſenſu, & voluntate mei ipſius Guillelmi prædicti, vel ſucceſſorum meorum, qui fuerit dominus vel dominæ Montiſ-

peſſulani. Si vero occaſione hujus donationis epiſcopus Magalonenſis vel ejuſdem loci canonici, vel aliqua alia perſona, moleſtiam ſive aliquam inquietudinem mihi prædicto Guillelmo vel ſucceſſoribus meis, vel ex hominibus Montiſpeſſulani quolibet modo vel quacumque machinatione intulerint, tu Petre abbas Cluniacenſis & ſucceſſores tui, & Cluniacenſe capitulum eritis tam mihi quam ſucceſſoribus meis fideles adjutores, & interceſſores apud ſanctam romanam eccleſiam, donec prædicta moleſtia ſeu inquietudo penitus conquieſcat, & pax priſtina nobis reſtituatur... Et ego prædictus Petrus Dei gratiâ Cluniacenſis monaſterii abbas prædicti loci, donationem cum prædicto tenore de pactionibus ad honorem Dei omnipotentis, & beatorum Petri & Pauli & monaſterii Cluniacenſis, & monachorum tam præſentium quam futurorum ſuſcipimus, & nos & Cluniacenſe capitulum promittimus per ſtipulationem tibi Guillelmo Montiſpeſſulani domino, Ermenſendis filio, & ſucceſſoribus tuis, & hominibus Montiſpeſſulani, quod in prædicto monaſterio vel ejus appendiciis non fiant munitiones, etc. En répetant mot à mot les conditions de la donation ci-deſſus exprimées.

Il paroît que cette fondation ne tarda point d'être exécutée, puiſqu'en 1163, il fallut que le concile de Tours, tenu ſous le pape Alexandre III, prononçat ſur les differens qui ſurvinrent entre les moines de Cluny, près de Sauret, & le chapitre de Maguelone.

La charte que nous en avons eſt adreſſée à Jean, evêque de Maguelone, & à ſon chapitre, à Etienne, abbé de Cluny, & à tous ceux du couvent près de Sauret. Elle porte :

Baluſii Miscellaneæ, tom. 7, page 87.

« Que ſur les controverſes agitées entr'eux, il eſt décidé que les moines
« de Cluny ne recevront pas les excommuniez du diocéſe de Maguelone
« ni ceux qui auront été interdits.

« Qu'ils ne donneront point la pénitence dans la ville de Montpellier,
« ni autres lieux du diocéſe de Maguelone.

« Qu'ils n'iront point aux malades ſans être apellez.

« Que ſi les malades choiſiſſent leur ſepulture chez eux, ils auront la
« faculté de la leur donner.

« Que les chanoines agiront humainement avec eux lorſqu'ils iront
« accompagner des corps à Maguelone ; mais qu'alors ils payeront aux
« chanoines le tiers de ce que les malades leur auront donné, à moins que
« le mort, avant mourir, * n'eût pris chez eux l'habit de convers, ou que
« l'èglise de Maguelone n'eût aucun droit ſur eux.

PAGE 275.

« Si le mort legue une partie aux moines, & l'autre partie aux chanoi-
« nes, les chanoines auront l'option.

« Les moines ne chanteront point les meſſes des épouſailles & ne rece-

« vront point à la penitence les paroiffiens de Maguelone, qui, dans les
« grandes feftivitez, voudroient fe fouftraire à leur églife.

« Ils ne prendront point les dîmes apartenantes à l'églife de Maguelone,
« mais ils les lui payeront de toutes les terres qu'ils poffedent dans ce dio-
« céfe, & qu'ils pourront acquerir à l'avenir, excepté de tout ce qu'ils ont
« actuellement autour de leur monaftére jufqu'à la rivière. *Sine interpofitione*
« *fluminis.*

« Que s'ils venoient à bâtir un village *(villam)* autour de leur monaftére,
« l'églife de Maguelone y auroit le droit de paroiffe, & les moines le droit
« de choifir un prêtre & de le prefenter à l'evêque.

« Ce préfenté recevra des mains de l'evêque la cure des ames, à moins
« qu'une caufe évidente & raifonnable ne s'y opofe.

« Il ne fera point permis aux moines de Cluny d'être au-delà de deux
« moines dans ce prieuré, ni d'y établir un abbé, ou de bâtir une autre
« églife dans ce diocéfe fans le confentement de l'evêque & du chapitre. »

Ils obtinrent peu de tems après la permiffion de bâtir à l'extrémité de
leur terrain, & tout joignant le chemin de Caftelnau, un oratoire ou chapelle à l'honneur de St. Maur qui fervit de rétraite aux peres trinitaires lorfqu'ils vinrent s'établir à Montpellier en 1218.

Nous aprenons cette circonftance des annales de l'ordre de la Ste. Trinité. *Ipfum autem facellum, five oratorium Sti. Mauri (vulgo St. Mos) pertinebat
ad monachos Sti. Benedicti qui patribus trinitariis illud donaverunt.*

Ad annum 1216, § 3.

On peut inferer auffi des mêmes annales que le monaftere de Sauret ceffa
d'être habité par les moines de Cluny vers l'an 1367, lorfque le pape
Urbain V eut fait bâtir pour eux dans Montpellier le grand & beau monaftére de St. Germain: il les engagea pour lors de céder aux trinitaires tous
les droits & dépendances de cette chapelle de St. Maur, dont ils joüiffent
encore. *Donaverunt cum omnibus juribus & appendicibus hujus facelli ad inftan-
tiam Urbani papæ V qui intuitu hujus donationis, eis ædificari fecit apud Montempeffulanum, templum fancti Germani cum ingenti clauftro, quod hodie eft cathedrale ejufdem Urbis fub titulo Sti. Petri.*

L'auteur de ces annales, nommé Barthelemi Baro, les fit imprimer à
Rome l'an 1684, c'eft-à-dire long-tems après l'érection de St-Germain en
églife cathédrale.

CHAPITRE SECOND.

LES RELIGIEUX DE GRAMMONT.

CET ordre qui avoit été fondé dans le onziéme fiécle par Etienne, fils d'un autre Etienne, comte de Thiers, fut établi au voifinage de Montpellier dans le fiécle fuivant, comme il paroît évidemment par l'acte de donation que Guillaume, fils de Mathilde, fit à ce monaftère dans le mois de juillet 1190. Il y parle de ces réligieux comme déjà établis dans la paroiffe de Montauberon, tout joignant Montpellier. *Videns* (dit-il) *& cognofcens expenfas plurimas, quas dicta domus grandis-montis de monte Arbedone fecit, & quotidie facit, in ædificiis & variis modis, & quod dicta domus non habeat proprias facultates unde fibi & fratribus providere valeat.* Il leur donne dans la ville de Montpellier le four dit du Peirou ou del Caftel, fur lequel il fe referve le droit de faire cuire tout le pain néceffaire à fon château de Montpellier : *cocto tamen in ipfo furno toto pane caftelli mei Montifpeffulani, & facto fervitio iftius caftelli in ifto furno, de iis quæ ad convivium caftelli pertinent.*

* Pierre, roy d'Aragon, & Marie de Montpellier, fon époufe, confirmerent cette donation par acte du mois de janvier 1204, que nous comptons 1205, où il eft à obferver qu'ils font la même referve & dans les mêmes termes qu'avoit employé Guillaume, fils de Mathilde, pere de la reine.

PAGE 276.

Ce four étoit alors où eft aujourd'hui l'églife des peres Carmes, dont l'ifle eft encore apellée l'ifle du four du Caftel. On a changé depuis ce four dans le voifinage pour faire place à l'églife des Carmes qui tient toute la longueur de cette ifle.

Par les deux actes dont j'ai parlé nous aprenons le nom de deux réligieux de Grammont qui reçûrent au nom de leur maifon la donation qui leur fut faite : *hoc donum & laudationem* (eft-il dit) dans la donation de Guillaume, fils de Mathilde, *recepit Joannes de Charrot à domino Guillelmo Montifpeffulani nomine domus grandis-montis ; in viridario quod eft juxta ecclefiam caftelli, VI kal. Augufti, in præfentia Petri de conchis, Petri Trepaffen & aliorum multorum,* & dans la confirmation du roy, Pierre d'Aragon, Bertrand Barach eft nommé comme procureur de la maifon de Grammont.

Cette maifon fut gouvernée jufqu'en 1317 par des fuperieurs appellés correcteur ou curieux, comme nous l'aprenons de la bulle du pape

Annales de l'ordre par F. Malede.

Jean XXII donnée à Avignon le xv des kal. de decembre, dans la deuxiéme année de son pontificat, par laquelle il érigea en abbaye le monaſtère de Grammont en Limouſin, qui étoit le chef-lieu de l'ordre; il ſuprima les ſuperieurs appelés *Correctores ſeu Curioſos omnium domorum ſeu cellarum*, & reduiſit tous les prieurés de l'ordre au nombre de trente-neuf, auſquels il unit pluſieurs des autres monaſtères.

Celui de Montauberon fut conſervé par le pape Jean XXII, avec union des trois autres, qui ſont exprimés en ces termes. *Prioratui de Monte-Herbone Magalonenſis diæceſis, domos de Salvatico*[1] *ruthenenſis diæceſis, de Pelroſo*[2] *Caturcenſis, de montibus*[3] *Evanicis avenionenſis diæceſis, in quo ſunt ſeptemdecim fratres.*

[1] Du Sauvage.
[2] Du Pelrou.
[3] De Montezergue.

Cette augmentation de revenus rendit plus conſiderable le monaſtère de Montauberon, qui ſe ſoûtint dans le xive ſiécle, mais dans le ſuivant il commença de décheoir, comme il reſulte de l'acte d'infeodation du moulin del Roc, que les religieux firent le 22 janvier 1518 à noble Pierre de Gaudette, où ils diſent « que ce moulin, qui étoit de leur ancien patrimoine avoit été « ruiné depuis plus de cent ans, & qu'ils avoient toûjours été, comme ils « le ſont encore, dans l'impoſſibilité de le rétablir : *præ nimia pauperte, quæ dictum monaſterium propter guerras & gentes armorum tempeſtates, & raritatem fructuum, ac etiam perſecutionem diverſorum proceſſuum in diverſis curiis motorum, & ſolutionem diverſarum decimarum papalium, fuit detentum & oppreſſum.*

Ce qui prouve encore la décadence de cette maiſon, & le petit nombre de religieux qu'il y avoit en 1518, c'eſt que dans le dénombrement des religieux capitulairement aſſemblés pour faire cette inféodation, il n'en eſt nommé que quatre, y compris le prieur.

Parmi les raiſons qu'ils aportent de la préference qu'avoit eu noble Pierre de Gaudette, ils diſent qu'après pluſieurs proclamations & perquiſitions, il avoit fait la condition meilleure à cauſe de la commodité quil auroit d'y veiller ayant déjà à lui le moulin voiſin.

Depuis ce tems juſqu'aux premiers troubles de la religion en 1562, je n'ay trouvé aucun mémoire ſur cette maiſon, qui déperit entièrement par le ſéjour des troupes que les catholiques & les huguenots y amenoient pendant les guerres de ce tems-là.

Meſſire Antoine de Subjet, evêque de Montpellier, demanda ce prieuré en commande en 1580. Quelques autres lui ſuccederent dans cette même qualité, & l'on voit que Me. Jean de Trinquere en fut pourvû par brevet du 28 juin 1657, le Sr. Eſtival en obtint un autre du 17 août 1668. Enfin le roy Loüis XIV unit & incorpora ce prieuré au ſeminaire de Montpellier par un brevet du 8 juillet 1701 ſous la reſerve que ſa majeſté nommeroit à perpétuité un jeune homme capable pour être reçu & entretenu gratuitement dans le feminaire.

Ce prieuré, qui est situé sur un monticule au midi de Montpellier, se trouve * au milieu d'un bois de quatre cens féterées nobles ; son église s'est conservée par la solidité de son bâtiment, mais l'ancien cloître a été démoli, & il sert de demeure aux metayers de ce benefice.

Page 277.

CHAPITRE TROISIÈME.

LES TRINITAIRES.

APRÈS les religieux de Cluny & de Grammont, fondés à Montpellier dans le tems de nos Guillaumes, je n'en trouve pas de plus anciens que les trinitaires à en juger par la bulle d'Honoré III, que j'ay citée dans la vie de Bernard de Mezoa adreſſée aux conſuls & à la communauté de Montpellier : *Pro dilectis filiis, ministro & fratribus Stæ Trinitatis Captivorum Montipeſſulani, univerſitatem veſtram rogamus, monemus, & exhortamur attente, quatenus ipſos & domum ſuam habentes propenſius commendatos, jure eorum manutenere, ac defendere procuretis. Datum Laterani 8, id. April. Pont. an. 1.*

Page 52.

On voit par cette bulle qu'ils avoient déjà une maison à Montpellier, *domum ſuam*, ce qui est d'autant plus vraisemblable que leur ordre avoit déja été aprouvé par Innocent III, depuis le 2 février 1199.

Il paroît par tous nos vieux titres que leur couvent étoit hors la ville dans le tenement de St. Maur, sur le grand chemin de Castelnau, hors la porte du Pile St. Gilles, comme disent les annales de leur ordre : *Conventus PP. Trinitariorum Sti. Mauri cum ſuo etiam cæmeterio extructus fuit, extra urbis mænia, in ſuburbio portæ quæ ducit ad Fanctum Egidium via regia.*

Ad annum 1226. § 3.

En 1225, ils transigerent avec le prieur de St. Denis, dans la paroisse duquel ils étoient situés, & il étoit dans l'acte qu'ils ne pourront avoir qu'un oratoire contigu à leur maison & desservi par un religieux du même ordre, comme aussi qu'ils payeront à l'église de Maguelone la dîme de tout les fruits des prairies & vignes, que la maison de la Trinité avec son hôpital possèdent & possedront à l'avenir dans la dimerie de la paroisse.

Annales ordinis, pag. 128, ad annum 1226.

Je m'arrête un moment à ces mots, avec son hôpital, pour faire observer que selon le premier esprit de leur régle, on faisoit trois portions des biens de leurs maisons, dont l'une étoit pour l'entretien de l'hôpital, l'autre pour celui des religieux, & l'autre pour le rachapt des captifs : de là vient que leurs annales, en parlant de leur maison de Montpellier, font mention de l'hôpital en ces termes : *Primus conventus quem patres in illa urbe habuerunt, cum annexo zenodochio & cæmetorio, sub titulo Sti. Mauri fuit extructus ad annum 1218.*

Ibidem. Leurs annales font encore mention d'un échange que fit Nicolas, leur ministre, en 1279, avec Berenger de Fredol, evêque de Maguelone, de quelques piéces de terre qu'ils avoient loin de leur maison contre quelques autres qui leur étoient contiguës, & qui apartenoient à l'evêque. Leur maison y est désignée hors de la ville, *cum Nicolao, ministro Sanctæ-Trinitatis prope villam Montispessulani.*

J'ai déjà dit dans l'article des moines de Cluny que le pape Urbain V, en apellant les religieux de St. Benoît dans le monastère de St. Germain de Montpellier, exigea d'eux qu'ils cedassent aux peres trinitaires ce qu'ils avoient dans le reste du tenement de St. Maur, & véritablement ils y possedent encore un fonds considerable qui en conserve le nom, & qui est de l'autre côté de l'ancien clos des Augustins, le grand chemin entre deux.

Ces religieux, après y avoir resté pendant près de 350 ans, en furent chassez en l'année 1562, qui fut si funeste à toutes les autres maisons religieuses de Montpellier; leurs annales marquent qu'ils perdirent vingt religieux dans cette occasion, *denique viginti ipsorum ab hæreticis Hugonotis crudeliter occisi sunt.*

PAGE 278. Enfin, après le siège de Montpellier, Mr. de Fenoüillet qui en étoit evêque, ayant invité à revenir dans cette ville tous les religieux qui y étoient établis avant les* troubles, les peres trinitaires furent les premiers à suivre la voix de leur pasteur qui leur fit donner l'emplacement de l'ancienne église de St. Paul, par M. de Clavet, à qui la collation en apartenoit comme prévôt de St. Pierre, & par M. Poudcroux, qui en étoit prieur titulaire. Ils en prirent possession en 1623 sous le consulat de Mr. le baron de Castries, & ils ont déjà près des trois quarts de leur cloître achevez, un logement fort honête, & leur église voûtée en ogive, avec ses chapelles de même, sur les deux ailes.

CHAPITRE QUATRIÈME.

LES FRÈRES MINEURS CONVENTUELS.

LE couvent des freres mineurs de Montpellier eft une des plus anciennes fondations de l'ordre, puifqu'il fut commencé du vivant de St. François.

On raporte même que ce faint, revenant du voyage qu'il fit en Efpagne l'an 1213, en paflant par Montpellier, où il logea dans un hôpital bâti près la porte de Lates, dit par un efprit prophétique que fes freres feroient un jour établis tout joignant cet hôpital, où il avoit été reçu. *Vading., ad. an. 1214.*

La chofe arriva fept années après, lorfque Jacques I, roy d'Aragon, commença en l'année 1220 le magnifique couvent que les religieux de St. François eurent à la porte de Lates, & qui ne put être achevé qu'en 1230.

Durant cet intervale, St. Antoine de Padoüe, qui fut envoyé en France pour l'établiffement des maifons de fon ordre, vint à celle de Montpellier, où il expliqua quelque tems les faintes lettres, ce qui ne contribua pas peu à donner une grande réputation à ce couvent. *Idem. Eodem, anno, nº 33.*

Le roy Jacques, qui fut magnifique dans tous fes établiffemens, fit de grandes dépenfes pour celui-ci. L'hiftoire de l'ordre, écrite par François Gonfague, marque que ce couvent donna un nouveau luftre à la ville de Montpellier, tant par l'étendüe que par la beauté de fon bâtiment : *Mirabilis ftructuræ conventus urbem omnino celebrem reddebat, propter ingentem ejus molem atque venuftatem.* *Idem. pag. 819.*

Il fut affez grand pour contenir tous les vocaux de l'ordre qui, en 1287, y tinrent le chapitre général dans lequel Mathieu de Aquafparfa fut élu miniftre général de l'ordre de St. François, & créé deux ans après cardinal par Nicolas IV. *Ibidem.*

Neuf années enfuite, les religieux de ce monaftère eurent le bonheur d'y recevoir St. Loüis, dépuis evêque de Touloufe, & petit neveu du roy ft. Loüis, qui étant forti de fa prifon de Barcelone (où le roy d'Aragon l'avoit retenu en ôtage pour la liberté de fon père) vint à Montpellier où il voulut accomplir le vœu qu'il avoit fait de quitter le monde & de prendre l'habit de St. François; mais les religieux de ce couvent n'ofant le lui donner par la crainte de déplaire au roy fon pere* qui étoit préfent, le faint fe contenta de réïterer folemnellement fon vœu qu'il accomplit enfuite à Rome fous le pontificat de Boniface VIII. Il fut déclaré evêque de Touloufe le jour même *En 1296.*

Charles le Boiteux, roy de Naples.

de sa profession, & étant venu prendre possession de son evêché, il donna de grandes marques de son affection au couvent de Montpellier.

Les religieux s'y rendirent célèbres par leur doctrine & par leur piété, de sorte qu'ils eurent bonne part, dans le siècle suivant, aux faveurs que le pape Urbain V fit aux gens de lettres dans la ville de Montpellier. Ils donnerent au diocése & à l'université de bons prédicateurs & de sçavans théologiens, comme nous le verrons dans l'article de l'université de cette ville; mais le relâchement qui étoit devenu presque général dans le royaume vers le regne de François Ier, obligea ce grand prince de faire sortir du couvent de Montpellier les conventuels qui y avoient été jusqu'alors, & d'y mettre à leur place les religieux de l'observance, qui y sont depuis. La chose se fit de l'autorité du roy & du pape Clement VII, dont Vadingue raporte la bulle donnée pour cet effet l'an 1525. On y voit que les peres Jean Morlin & Alexandre Rosset furent chargez de cette commission, & * que l'affaire avança beaucoup par les instances de la duchesse d'Angoulesme, regente du royaume sous François I, & de la duchesse d'Alençon, sœur du roy.

Page 193. Reg. Pontific.

PAGE 262.

Avant ce changément, il se passa dans le couvent des freres mineurs plusieurs faits remarquables pour notre histoire.

En 1292, l'echange de Monpelieret entre le roy Philippe le Bel & Berenger de Fredol, evêque de Maguelone, fut notifiée au peuple de Montpellier, assemblé dans le couvent des freres mineurs.

Tom. 1 de cette Histoire, liv. 6, chap. 2.

En 1358, & le jour de St. Michel (comme porte nôtre Talamus), Isabelle de Mayorque, fille de Jacques III, allant épouser le marquis de Montferrat, passa à Montpellier où elle s'arrêta trois jours, & fut aux freres mineurs faire chanter une grand'messe pour sa mere qui y étoit enterrée, & ensuite elle alla aux freres prêcheurs en faire chanter une autre pour Ferdinand, son frere, qui y étoit enseveli.

En 1346, Marie, fille de Charles le Boîteux, roy de Naples, & veuve de Sanche, roy de Mayorque, étant venuë à Montpellier, y mourut cette même année, & son corps, mis dans une bierre de plomb, fut enseveli au couvent des freres mineurs où on lui éleva un fort beau mausolée. Il est marqué que Jacques de Manhania, chargé comme bailly de la ville, & chargé de faire la levée des droits du roy de Mayorque, seigneur de Montpellier, rendit son compte, & fit voir qu'il avoit employé jusqu'à soixante-quatre livres quatorze sols pour tous les frais de l'enterrement de la reine.

Petit Talamus, ad an 1346.

En 1366, Urbain V fit présent à l'église des freres mineurs du bras droit de st. Loüis de Marseille, dans une chasse d'argent qui y fut aportée par Pierre d'Aragon, frere mineur, neveu de ce saint & oncle du roy d'Aragon.

Nôtre Talamus marque qu'en 1372 la cloche des freres mineurs ayant été bénite & montée fur le clocher, le gouverneur de la ville, Legier Dorgier, qui en fut parrain, lui donna le nom de Claire.

En 1379, la fameufe fentence du duc d'Anjou contre les habitans de Montpellier fut expediée dans le chapitre des freres mineurs : *In ſtatione fratrum minorum quæ vulgariter capitulum nuncupatur.*

Le même Talamus marque que le roy de Navarre, dépoüillé de la feigneurie de Montpellier, paſſant par cette ville en 1341, ne voulut point y entrer, mais qu'il prit fon logement dans le couvent des freres mineurs.

Enfin, en 1391, le chapitre général de l'ordre fut ténu dans ce meme couvent. On peut regarder comme une continuation de l'hiſtoire des freres conventuels ce que je dirai des freres de l'obfervance dans le chapitre IX ci-après.

CHAPITRE CINQUIÉME.

LES FRERES PRECHEURS.

UN excellent manufcrit que nous avons de 1625, écrit par feu Mr. Vignes, grand pere du dernier procureur general de ce nom, parle dans ces termes de l'ancien couvent des freres prêcheurs.

« Le couvent des freres prêcheurs, apellez vulgairement Preficadous, au
« chemin de Celleneuve, étoit un édifice excellent & capable de loger un
« roy, & l'églife grande & très-bien bâtie, avec fon clos de grande étenduë,
« & belle fontaine en forme de griffon dans les cloîtres, qui traverfoit tous
« les offices dudit couvent où étoit cette fontaine, la même qui fe voit à
« prefent au jardin de Burgues, qui par des grands aqueducs bien bâtis &
« voûtez (dont partie demeure encore) étoit conduit dans ledit couvent,
« l'enceinte duquel, y compris le clos, étoit eftimée auſſi grandeque la
« vieille enceinte de Pefenas, & maintenant font tous champs labourables. »

Celui qui parloit de la forte en 1625, & dans un âge fort avancé, pouvoit * avoir vû lui-même, 63 ans auparavant, le couvent dont il nous donne la defcription.

On ne fçait par aucun acte pofitif l'année de fa fondation, quoique les auteurs de l'ordre la comptent en 1220, c'eft-à-dire du vivant de ſt. Dominique, leur fondateur, & dans la quatrième année de la confirmation de fon ordre par Honoré III. La chofe paroît très-probable, parce que notre

PAGE 280.

Annales ordinis prædicatorum, par Thomas Malvenda, pag. 322.

Talamus marque positivement que Bernard de Mesoa, evêque de Maguelone fit la consecration de leur église en 1225.

J'ai oüi dire vaguement que ce couvent étoit de fondation royale, mais on ne voit pas quel est le roy qui peut en être le fondateur, car le jeune roy d'Aragon, seigneur de Montpellier, n'avoit alors que douze ans, & il étoit d'ailleurs bien traversé dans les états d'Espagne. Il est vrai que Charles VIII, roy de France, donnant aux freres prêcheurs de Montpellier des lettres d'amortissement de leurs prairies de lates en 1487, s'exprime en ces termes : Considerant que icelle église & couvent est, comme l'on dit, la premiere fondée dudit ordre par monsieur saint Dominique en notre royaume, &c., d'où l'on peut inferer que ceux qui lui exposerent que le couvent de Montpellier étoit le premier de cet ordre dans son royaume, lui auroient bien représenté qu'il avoit été fondé par les rois, ses prédecesseurs, dans le royaume de France ou dans la seigneurie de Montpellier, si on avoit crû la chose en ce tems-là. Mais ce doute est encore fortifié par ce que dit Humbert, historien de l'ordre, d'un bourgeois de Montpellier, qui étant à l'extrémité de sa vie, vit dans son jardin situé hors des murailles de la ville, une procession de gens habillez de blanc, & dit hautement à ceux qui étoient présens, qu'ils se gardassent bien de les en chasser, après quoi, dit Humbert, *Page 322, col. 2, apud Malvendam.* les freres prêcheurs occuperent ce jardin : *Post mortem autem ejus, fratres prædicatores illum locum habitaverunt*, ce qui peut marquer une donation faite par le malade ou reputée telle par ses heritiers.

Tome 4. Quoi qu'il en soit, il est certain que ce monastere fut en état de recevoir dans le treizième siécle tous les vocaux de cinq chapitres generaux qui furent tenus, comme nous l'aprenons des annales du pere Martene.

Page 1692. Celui de 1247 marque dans le troisiéme article la conduite que les religieux doivent tenir après la déposition de l'empereur Federic par le pape.

Page 1740. Dans celui de 1265, on défend par l'article huitiéme des reglemens qui furent faits de recevoir des novices avant l'âge de quinze ans.

Page 1750. Le chapitre général tenu à Montpellier en 1271 ordonne dans le quatorzième article des prieres pour l'élection du pape & pour l'âme du roy st. Loüis, qui étoit mort le lendemain de la St. Barthelemy.

Page 1810. A la fin des statuts qui furent faits dans le chapitre général tenu à Montpellier en 1283, il y a une note que dans l'année suivante 1284 il n'y eut point de chapitre général parce que le maître général de l'ordre, Jean de Verceil, étoit mort cette année à Montpellier, *in conventu Montispessulani*, après avoir gouverné son ordre dix-neuf ans & demy.

Un chapitre général tenu à Lisle en 1293, dit *sequens capitulum assignamus apud Montempessulanum in provincia*.

Par ce chapitre général tenu à Montpellier en 1294, on voit que les freres prêcheurs ne mangeoient point de viande, puisqu'il leur eſt défendu d'en manger chez les princes & les prélats qui les inviteroient à leur table. Dans le ſeizième article, on y ordonne des priéres pour le cardinal Chaulet, pour le cardinal Imbert & pour le cardinal Jordan. Dans le dix-ſept on dépoſe leur provincial d'Eſpagne, parce qu'il avoit permis à deux de ſes réligieux d'accepter les evêchez de Valence & d'Urgel. *Page 1856.*

La diſpoſition du chapitre général ténu à Beſançon en 1303 eſt rémarquable pour Montpellier. *Volumus* (eſt-t-il dit dans l'article vingt-ſept) *& ordinamus quod ſtudia generalia remaneant in conventibus Bononienſi, Colonienſi, Barchinonenſi & Montiſpeſſulani.* *Page 1950.*

Enfin, dans le chapitre général ténu à Montpellier en 1316, on fit des réglémens rémarquables pour l'établiſſement des études dans chaque province. *Page 1960.*

* On compte pour le premier prieur de Montpellier frere Raymond de Falgario, compagnon de St. Dominique & puis evêque de Touloufe, où il tira les freres prêcheurs de la petite égliſe de St. Rome pour les mettre dans le quartier où ils ſont aujourd'hui beaucoup plus au large qu'ils n'étoient auparavant. Son tombeau, qu'on y voit encore, fait mention de ſa charge de prieur à Montpellier, *Monſpeſſulanus ipſum de fratre priorat.* PAGE 281.

Il donna une groſſe ſomme pour la conſtruction de la nouvelle égliſe des freres prêcheurs de Touloufe qui ne fut bâtie qu'après celle de Montpellier, ce qui avoit donné occaſion à l'expoſé qui fut fait à Charles VIII, quoique d'ailleurs il ſoit très-conſtant que les Jacobins furent établis à Touloufe plutôt qu'à Montpellier.

Le couvent de Touloufe a été toûjours régardé comme le premier de ſa province, & celui de Montpellier a conſervé ce rang dans la province de Provence juſqu'à la dernière réforme qui y fut introduite dans le dernier ſiécle.

Le nombre des religieux de l'ancien monaſtère de Montpellier fut ſi conſiderable qu'on voit dans les actes d'un de leurs chapitres généraux, conſervez dans le couvent de Carcaſſonne, qu'on aſſigna au couvent de Montpellier vingt-quatre freres convers de differentes nations, comme allemans, italiens, eſpagnols, polonois & françois, pour y aprendre la pharmacie, d'où l'on peut juger du nombre des autres religieux. *Mss. duP. Gonne:*

Cependant le crédit que l'ordre s'étoit attiré par la protection des papes excita la jalouſie des evêques, & donna lieu au canon du concile général de Vienne : *nimis iniqua de exceſſibus prælatorum.* Mais à Montpellier ils n'eurent pas beſoin de recourir aux diſpoſitions de ce concile, parce que Berenger de Fredol, evêque de Maguelone, y avoit déja pourvû dès l'année 1263 en tranfigeant avec frere Guiraud, leur prieur, à qui il rélâcha tous les droits utiles, ne fe refervant qu'une rédevance de quelques marabotins, & l'affiftance de deux de fes religieux aux proceffions de St. Firmin.

. Il eft fait mention de ce couvent dans les lettres d'amniftie que le roy Jacques I donna en 1258 aux habitans de Montpellier, car il eft dit qu'il affembla le peuple au-devant de la maifon des freres prêcheurs : *actum in plano quod eft juxta domum fratrum prædicatorum de Montepeffulano, ubi populus ad mandatum domini regis ad publicum convenerat parlamentum.*

Le roy Jean, en 1350, voulut y prendre fon logement lorfqu'il vint voir la nouvelle acquifition que le roy Philippe de Valois, fon pere, avoit fait de toute la ville de Montpellier. On dit à ce fujet, & la tradition en eft conftante, que le roy avec fa maifon fut logé dans ce couvent, fans que les religieux quittaffent leur cellule.

Le pape Urbain V étant venu à Montpellier en 1367 tint chapelle dans leur églife le jour de la Chandeleur, & dix ans après on y aporta la relique de St. Thomas d'Acquin de la manière que je l'ai décrit dans le corps de cette hiftoire, ce qui donna occafion à l'établiffement d'un fermon le jour de fa fête où l'univerfité étoit tenuë de fe trouver : *In fefto fancti Thomæ de Aquino fermo ad prædicatores,* dit l'ancien kalendrier.

En 1418, le roy Charles de Navarre, paffant par Montpellier, & ne voulant point entrer dans la ville, logea aux freres prêcheurs où il arriva le 3 feptembre & en partit le 5.

Nous trouvons dans le livre du recteur que l'univerfité y tenoit fouvent fes affemblées avant la conftruction de la tour de Ste. Eulalie. Un ftatut fait en 1413, à l'occafion de la pefte qui ravagea toute l'Europe, établit une proceffion folemnelle le jour de St. Sebaftien où les freres prêcheurs, chez qui on s'étoit affemblé, s'obligerent à un fermon *ad clerum* qui feroit fait par leur prieur ou par un de leurs docteurs en théologie.

Par un autre ftatut on indique leur couvent pour les affemblées publiques, & leur facriftie pour y garder la capfe de l'univerfité, fi le recteur le juge à propos. On veut encore que tous les dimanches, dépuis la St. Luc jufqu'à Pâques, les membres de l'univerfité s'y affemblent pour affifter à la meffe & au fermon, fous peine pour le recteur d'être pointé cinq fols, les docteurs deux fols, & les bacheliers douze deniers.

* Mais les ftatuts pour deux autres meffes qui devoient être dites chez eux font plus remarquables : l'une pour le lendemain de la St. Luc, où l'on difoit une grande meffe pour les morts de l'univerfité, *in qua debent portare domini rector, epifcopi, nobiles, fi fint doctores, licentiati intorftitias in elevatione*

corporis Christi, in eadem missa, & eas tenere usque in finem communionis & similiter omnes studentes debent ire ad offertorium post evangelium cum uno pane, &c...
L'autre est pour l'octave de l'Epiphanie, où tous les membres de l'université se rendoient aux freres precheurs pour le même sujet. Il est marqué qu'il y aura dix torches pour servir à l'élévation, un drap d'or *unus pannus aureus*, & cinquante sols de monnoye courante, pour servir à la pitance des freres précheurs.

Ils nous donnerent souvent des prédicateurs dans les occasions extraordinaires, comme on a pû le rémarquer dans le cours de cette histoire ; mais celui dont la mémoire s'est mieux conservée parmi nous, est st. Vincent Ferrier, qui durant l'avent de 1408 prêcha neuf sermons dans le cimetière de leur couvent. Je ne repete point ce qu'en j'en ai déjà dit, non plus que ce qui regarde le pere inquisiteur qu'ils eurent à Montpellier.

Tous ces avantages leur donnerent beaucoup de credit dans la ville, mais ils produisirent enfin un si grand relâchement qu'il fallut que leur général, maître Vincent de Châteauneuf, vînt en personne à Montpellier pour y mettre ordre. Nos annales marquent qu'il y arriva l'an 1503 étant consuls nobles & honorablés hommes, sires, Jacques Buccelli, Pierre de Leuse, Loüis Pance, Jean Senilhac, Antoine Magat, & Antoine Blaquiere, lesquels, avec plusieurs bourgeois & autres gens de bien de la ville, firent au maître général grand honneur & reverance telle que lui appartenoit... Et icelui réverend maître général bien & duëment informé de ce que dit est... réforma ledit couvent des freres précheurs bien & honnêtement, selon la régle de Mr. st. Dominique, & y mit des freres réformés en bonne quantité, tellement que là où il y avoit dix ou douze freres qui avoient encore peine à vivre... d'à-présent il y en a bien cinquante qui vivent bien & opulemment. Il paroît par le détail du reste de cet acte, que les religieux regardoient leurs places comme des prebendes, ayant chacun son appartement & son jardin, car il y est dit que ledit père général en l'aide de la ville, & autres habitans d'icelle, fit faire & reparer les chambres du dormitoire, & fit en façon que chacun dort seul en sa chambre, là où auparavant ils dormoient en belles chambres, ayant chacun son jardin ; & de cinq ou six jardins, ledit pere général, en l'aide & secours desdits seigneurs consuls, n'en fit faire qu'un jardin commun & général pour tous lesdits freres.

Les autres chefs de réforme furent d'ouvrir la grande & belle porte du couvent qu'on tenoit fermée, & de fermer une petite porte qu'on avoit ouvert du côté de l'abreuvoir ; de mettre une cloche à la grande porte, afin que personne ne pût entrer ni sortir sans qu'on le sçût, de faire

428   *Hiſtoire de Montpellier*

un chœur fermé dans l'églife afin que de la nef nul ne pût voir lesdits freres entrer, faillir & chanter.

Cette réforme fubfifta jufqu'en 1562 où ce magnifique couvent fut entièrement détruit. Les réligieux ne pûrent jamais plus s'y rétablir; mais étant venus à Montpellier dans les intervales paifibles que les huguenots laiſſoient quelquefois aux catholiques, ils fe logerent dans la maifon du veftiaire, qui fervit de refuge à plufieurs communautés lorfqu'elles révinrent en cette ville. Ils y refterent jufqu'en 1617, où Mr. Loüis de Claret, confeiller-clerc au parlement & prévôt de l'églife cathédrale de Montpellier, leur fit donation du fol de l'églife de St. Mathieu dont il étoit prieur. Ils s'y logerent avec le fecours des aumônes que les catholiques leur firent, mais lorfqu'on commença à Montpellier de fe préparer au fiege, ils furent chaffez une feconde fois; & ce ne fut qu'en 1626 qu'ils y rentrerent, fur un ordre qu'en donna Mr. le connétable de Lefdiguiéres, en réconnoiffance du fervice qu'ils avoient rendu à l'armée du roy durant le fiege. Pour ce même motif ils obtinrent la confifcation des biens de quelques-uns des rebelles, avec quoi ils bâtirent à St. Mathieu l'églife qu'ils y ont aujourd'hui, où le pere le Pul, qui fut prieur de cette maifon trois diferentes fois, fit faire le dortoir que l'on voit fur le fronton des chapelles.

CHAPITRE SIXIÈME.

LES RELIGIEUX DE LA MERCY.

PAGE 283.

ON fçait, à n'en pouvoir douter, que ces réligieux furent établis à Montpellier fous le regne de Jacques le Conquerant, qui étoit un des fondateurs de leur ordre, & en même tems feigneur de Montpellier; mais on ne fçait fi leur maifon fut bâtie dans l'intervale de l'inftitution de l'ordre de la Mercy en 1218 & de fa confirmation en 1230, par Gregoire IX. Les archives de cette maifon ne peuvent nous donner fur cela aucun éclairciffement, parce que tout y périt lorfque les huguenots s'en rendirent les maîtres en 1562. Ainfi nous fommes obligez d'avoir recours à l'hiftoire générale de l'ordre pour connoître le commencement & le progrès de leur maifon de Montpellier.

Elle marque que ft. Pierre Nolafque fe rendit à Montpellier auprès du roy Jacques en 1240, mais elle n'ajoûte rien fur l'établiffement de fes réligieux en cette ville.

Ce que l'on trouve dans la vie de Guillaume de Bas, leur second général, est plus positif, puisqu'il est marqué qu'il commença son généralat en 1249 par la visite des maisons de son ordre dans le royaume de France, & qu'ayant trouvé que les bâtimens de leur couvent de Montpellier n'étoient que commencés, il donna tout l'argent qu'il avoit pour les achever.

Depuis ce tems-là, nous trouvons des preuves autentiques dans les bulles de trois papes, données dans ce même siécle, en confirmation de l'ordre & de ses maisons particulières : *Ecclesiam Stæ. Eulaliæ*, dit Urbain IV dans sa bulle de 1261, *sitam in Montepessulano, in loco qui Purgariel vulgariter appellatur. Cum domibus, terris, vineis, possessionibus & pertinentiis suis.* Clement IV, en 1267, & Nicolas IV, en 1291, se servent dans leurs bulles des mêmes paroles d'Urbain IV pour désigner la maison de Montpellier. *Bullarium ordinis, page 14, 18 & 28.*

Le livre qui a pour titre : Histoire de l'ordre sacré et royal de la Mercy, fait mention de la visite que frere Bernard de St. Romain, troisième général de l'ordre, fit de sa maison de Montpellier; mais ce qui est marqué de son successeur immédiat, frere Pierre Aymeri, est plus remarquable; car il y est dit que ce général établit quatre études generales dans quatre couvens des plus accommodés, qui furent, celui de Montpellier pour la France, de Barcelone pour la Catalogne, de Huesca & de Valence pour l'Aragon, auxquels il fit des belles ordonnances pour regler les droits des regens, l'obligation des ecoliers, & le tems d'étude, ne voulant point (ajoûte-t-il) que les classes se fissent dans les heures destinées au culte divin.

Les études reüssirent si bien dans le couvent de Montpellier qu'il donna de sçavans docteurs à tout l'ordre & à l'université de Montpellier. Le plus ancien & le plus remarquable est Dominique Serano, dont j'aurai lieu de parler, & qu'un historien de son ordre appelle *insignis accademiæ Parisiensis & Montispessulanæ juris utriusque doctor & cathedrarius*. Le second est Jerôme Dumont, qui se rendit célébre à Montpellier où il étoit docteur en théologie & en droit sous Jean XXII. Le troisième est Nicolas Perez XIII, général de l'ordre, qui avoit été professeur en droit dans l'université de Montpellier, & ne cessa depuis de rendre des services très considerables à l'église durant le schisme qui la divisa par l'ambition des antipapes. *J. Lincas.*

La maison de Montpellier fut toûjours appellée de Ste. Eulalie, comme celle de Barcelone qui avoit pris son nom de la chapelle du roy à Barcelone, dédiée à cette sainte patrone de la ville. La faculté du droit de Montpellier choisit cette maison pour y tenir ses ecoles, & il n'est rien de plus ordinaire dans ses livres que la mention qu'on y fait de la tour de Ste. Eulalie, où les professeurs faisoient leurs leçons. Le jour de St. Yves, le recteur alloit avec toute sa suite dans* l'église de Ste. Eulalie pour y assister à la messe & au ser- *Page 284.*

mon. *In festo Sancti Yvonis sermo in ecclesia Sanctæ Eulaliæ, & missa cum eadem,* dit l'ancien kalendrier; et dans un statut fait en 1433, on y trouve nommé parmi les conseillers de la faculté un Martin Cerrarius, commandeur de Ste. Eulalie de Montpellier, bachelier *in sacra pagina.*

Les etudes publiques y continuerent jusqu'au commencement des troubles des huguenots où la tour & l'ecole furent renversées de la maniére qu'on le voit dans la préface d'Etienne Ranchin. Soixante-neuf religieux qui composoient alors la communauté perirent dans cette occasion, selon le raport d'un de leurs auteurs. *Insuper Montempessulanum cœnobium illustribus fabrica, reditibus, possessionibus, celebre primum evertentes, sexaginta-novem fratres conventuales, processionaliter obviam procedentes, quibus commendator venerabilis frater Ludovicus Puell crucem in manu gestans, præibat fidem exaltans crudeliter occiderunt.* Nous ne trouvons néanmoins dans nos archives, ni dans nos mémoires particuliers, aucun vestige de ce grand carnage.

Del Coral, pag. 24.

Ils resterent quatre-vingt-dix ans hors de Montpellier, & ce ne fut qu'en 1651 que le pere Rigaudon ayant été nommé dans un chapitre provincial tenu à Bourdeaux, commandeur titulaire de leur ancien couvent de Montpellier, il vint en cette ville avec le pere Nolasque Tillhol, son provincial, où ils obtinrent des chefs de toutes les compagnies de la ville les pouvoirs nécessaires pour s'y rétablir, Mr. de Fenoüillet, evêque. Mr. d'Aubijoux, gouverneur de la ville & de la citadelle, Mr. de Thoiras, sénéchal, Crouzet, juge-mage, Sengla & Rouviere, prémier & second consuls, se trouvent nommés dans la permission qui leur en fut donnée.

La chose néanmoins ne fut exécutée que dans l'année suivante, où durant la vacance du siège par la mort de Mr. de Fenoüillet, Mrs. du chapitre conduisirent les peres de la Mercy dans une maison qu'ils avoient loüé de madame de l'Epine, où ils resterent dix à onze ans, tandis qu'on bâtissoit sur les ruïnes de leur ancienne maison. Ils y entrerent enfin le 8 decembre 1663, & ils ont fait depuis un second côté de cloître très-solidement bâti, & dans le lieu de la ville qui, sans contredit, a le meilleur air & la plus belle vûë.

J'ai oüi revoquer en doute, s'ils ont aujourd'hui tout l'emplacement qu'ils avoient autrefois, auquel sujet je crois devoir dire que j'ai vû la requête qu'ils présenterent à M. de Baville le 19 avril 1690 lorsqu'on travailloit à la promenade du Peirou, dans laquelle ils exposoient qu'on leur avoit pris une partie du fonds où étoit jadis l'église de Ste. Eulalie; & sur la rélation des experts qui trouverent les fondemens de cette église, il fut ordonné qu'on leur donneroit une indemnité, que la ville leur a payé depuis: d'où l'on peut inferer que leur ancien couvent avançoit beaucoup plus dans la place du Peirou, où l'on ne peut maintenant trouver aucun vestige, depuis que les chemins qui traversoient cette place ont été aplanis.

CHAPITRE SEPTIÉME.
LES RELIGIEUX CARMES.

DE tous les titres qu'avoient autrefois les peres carmes dans leur ancien couvent de Montpellier, ils n'ont pû sauver du pillage qu'en firent les huguenots en 1562 qu'un exemplaire de leurs constitutions écrit sur le velin depuis plus de trois cens ans, à la fin duquel on trouve le nom, le tems, & l'élection de tous les généraux de leur ordre jusqu'en 1412 que ce livre fut écrit; & ensuite on y voit une histoire fort précise de tous les chapitres généraux qui avoient été tenus jusqu'à ce tems, où l'on trouve le lieu & l'année * de leur tenuë, avec plusieurs évenemens qui interessent l'ordre des Carmes.

PAGE 285.

J'ai tiré de ce livre & des archives de notre maison consulaire tout ce que j'ai à dire sur leur couvent de Montpellier, & quoiqu'on ne puisse pas marquer précisément l'année de leur établissement dans cette ville, on ne peut douter que le couvent qu'ils y avoient ne fût très-considerable dans le treizième siécle, puisqu'on y tint deux chapitres généraux de l'ordre, l'un en 1277, & l'autre en 1287.

Le premier est prouvé par le livre dont je viens de parler, qui marque qu'il fut tenu dans le couvent de Montpellier par leur général, frere Pierre de Milhau, *anno domino M. CC. LXXVII in festo Pentecostes in conventu Montispessulani provinciæ Marbonæ, frater Petrus de Amiliavo tenuit capitulum generale.*

Le second est encore plus marqué par le changement qu'on y fit à l'habit des Carmes qui portoient auparavant des chapes bigarrées de blanc & de brun.

Anno domini M. CC. LXXXVII in festo beatæ Mariæ Magdalenæ in Montepessulano. Et in isto capitulo assumpserunt capas albas dimissis barratis, ad procurationem dicti fratris Petri de Amiliavo. Ce changement parut si remarquable à nos ancieus, qu'ils crûrent devoir le marquer dans l'histoire de leur ville, d'autant plus qu'il y avoit pris son commencement. *Aquest an 1287*, dit notre petit Talamus, *en Pentecosta freres Menors, & à la Madelena Carmes farun capitouls generales, & adonc los Carmes que portavan capas barratas de brun & de blanc, fagueron capas blancas.*

Gariel remarque qu'ils ne firent alors que reprendre les chapes blanches qu'ils portoient originairement dans la Paleftine, où les princes Sarrazins qui en étoient les maîtres, obligerent les hermites du Montcarmel de quitter le blanc, parce que cette couleur étoit affectée aux princes de leur maifon, comme elle l'eft encore parmi les Turcs à ceux qui fe prétendent defcendus de leur prophête Mahomet.

Quoiqu'il en foit de fon fentiment, nous n'avons rien de bien conftant fur l'origine des Carmes avant les croifades, durant lefquelles Albert, patriarche de Jerufalem, donna une regle aux hermites qui habitoient le Montcarmel, & dont St. Loüis amena quelques-uns en France à fon retour de la Terre fainte, l'an 1238.

Ils bâtirent alors leur premier couvent près de Marfeille (comme dit notre livre) dans un lieu apellé les Aigalades. *Primum conventum dicti fratres fecerunt juxta Marciliam in Aquilatis*; & de là ils fe répandirent en plufieurs villes de France, fous le généralat du bienheureux Simon Stoc, qui mourut dans leur couvent de Bourdeaux en 1250.

Idée, page 116.

Gariel croit que quelques hermites de cet ordre vinrent alors s'établir à Montpellier, & qu'ils firent leur premiere demeure à Boutonet, où ils bâtirent une chapelle à l'honneur de la Ste. Vierge, qui conferva le nom de vieux Carme, après que ces religieux fe furent approchez de la ville. Il fonde fa conjecture fur une fondation dont il dit avoir l'extrait, & qui porte : *In ecclefia beatæ Mariæ de Botoneto quæ communiter appellatur vetus Carmen vulgariter.*

Page 114.

La fondation dont il parle eft de 1275, d'où l'on doit inferer que, puifque leur premiere églife de Boutonet avoit alors le nom de vieux Carme, il falloit qu'ils l'euffent déja quittée, & par conféquent que la conftruction de leur grand couvent fût déjà faite. Pour cette raifon, & pour ce que j'ai déja dit du chapitre général qui y fut tenu deux ans après, c'eft-à-dire en 1277, je me déterminerois à la fondation de leur grand couvent, plufieurs années avant 1275, quoique faute de titres on n'en puiffe pas fixer le tems ; mais ce fera toûjours entre 1238 qu'ils furent amenez en France par le roy St. Loüis, & 1260, car je mets au moins feize ou 17 ans pour mettre leur grand couvent en état de recevoir un chapitre général.

Selon cette conjecture, on peut affûrer que le grand couvent des Carmes fut bâti fous Jacques I, roy d'Aragon, alors feigneur de Montpellier, puifqu'il ne mourut qu'en 1276. Peut-être même que ce prince, qui bâtit en cette ville les magnifiques couvens des freres Mineurs & de la Mercy, voulut auffi être le fondateur des Carmes. Ma conjecture eft affés probable, après tout ce que j'ai dit des églifes que ce prince avoit fait bâtir.

II. Partie. Livre neuvième.

* Celle des Carmes de Montpellier étoit à la fortie de la porte de l'Egaffieu, dite aujourd'hui la porte des Carmes. Sa muraille touchoit le grand chemin qui conduit à l'église St. Cofme, & fon grand-autel étoit du côté de l'eau; le cloître & le dortoir contingus à l'église étoient plus avant, & l'on peut juger de leur grandeur & de l'étenduë de fes jardins par le grand efpace qu'occupe aujourd'hui l'hôpital général, dont l'emplacement autrefois faifoit l'enceinte de l'ancien couvent des Carmes.

PAGE 286.

En 1321, on y tint un troifième chapitre général où l'on élut (quoiqu'abfent) pour général de l'ordre, frere Jean de Alexio, qui fe trouvoit actuellement à Paris; ce fut pour fucceder à frere Guy de Perpignan, qui venoit d'être nommé à l'évêché de Mayorque. *Anno domini M. CCC. XXI. in fefto Pentecoftæ in Montepeffulano, frater Joannes de Alexio electus abfens, exiftens parifiis, Guido factus epifcopus Majoricarum.*

Je trouve dans le même livre par une note fur ce chapitre général de 1321, qu'on fit alors la divifion des provinces de Narbonne et de Provence, *nota quod anno Domini M. CCC. XXI, fuit divifa tota provincia Narbonæ à provincia Provinciæ in capitulo generali celebrato in conventu Montifpeffulani.*

Les Carmes refterent paifibles dans leur grande & belle habitation jufqu'aux troubles qui arriverent en France après la prife du roy Jean par les Anglois, qui étant maîtres de la Guienne, firent plufieurs irruptions dans le Languedoc, où ils brûlerent Narbonne, & vinrent fe montrer aux environs de Montpellier: alors les habitans de cette ville voulant fe mettre en état de défenfe, prirent la réfolution d'abattre leurs faubourgs, & parce que l'église des Carmes étoit plus haute que leurs murailles, qui n'en étoient féparées que par le grand foffé de la ville, ils prirent la réfolution d'abattre cette église avec fon clocher d'où on auroit pû tirer fur eux.

Notre petit Talamus met cet événement en 1361, & ce ne fut que fix ans après qu'on obtint la permiffion de la rétablir; car la crainte des Anglois ayant ceffé, & le pape Urbain V étant venu à Montpellier en 1367 pour y confacrer, comme il fit, l'église de St. Germain, il s'intereffa beaucoup pour les peres Carmes, & demanda pour eux aux habitans de Montpellier (qui n'avoient rien à lui réfufer) qu'ils pûffent rélever les anciens fondemens de leur église, mais en la laiffant moins élevée qu'elle n'étoit auparavant.

Fol. 103.

La chofe fut exécutée par les liberalités de ce grand pape avec tant de diligence, que les Carmes furent en état, aux fêtes de la Pentecôte 1369, de tenir chez eux un autre chapitre général qui eft fort rémarquable, parce qu'on y publia un nouveau recueil de leurs conftitutions qui fut diftribué à tous les provinciaux qui compofoient le chapitre. *Anno Domini M. CCC.*

LXIX in feſto Pentecoſtes, fuit celebratum capitulum generale in conventu Montif-peſſulani, & ibidem fuerunt datæ provincialibus conſtitutiones correctæ, congregatæ & reductæ per reverendum magiſtrum Johannem Balliſtarii priorem generalem ordinis, ipſo exiſtente & præſidente in eodem capitulo generali.

<small>Gariel. Idée.</small>

Sous l'autorité du même pape, ils furent unis à l'univerſité de Montpellier, où ils eurent juſqu'à ſix regens, comme il conſte par un acte de 1428. On dit que leur ecole étoit dans la grande tour apellée des Carmes, où l'on voit encore au deſſus de la fontaine les débris d'une grande & magnifique ſale qui leur ſervoit à cet effet : leur maiſon eſt encore apellée dans les regîtres de l'hôtel de ville Collége des Carmes, & il y avoit un ſi grand nombre d'étudians, qu'on lui donnoit le nom du couvent des cent freres, *conventum centum fratrum.*

<small>Ms. Delort.</small>

<small>* Par l'Enfant, liv. 14, page 311.</small>

L'hiſtoire du concile de Conſtance * fait mention d'un Carme, profeſſeur en théologie à Montpellier, nommé Bertrand Vacher, qui prononça devant tout le concile le lendemain de la dix-huitième ſeſſion, un diſcours fort véhément pour la réformation des gens d'églife, & finit par un grand éloge de l'empereur Sigiſmond.

Un réligieux du même ordre avoit prêché le carême à Montpellier en 1410 avec tant de ſuccès, que notre petit Talamus le compare à St. Vincent-Ferrier, qui avoit prêché auparavant en cette ville.

<small>Page 287.</small>

* En 1562, leur maiſon fut renverſée avec leur église, où parmi les tombeaux remarquables qui y étoient, on voyoit ceux de deux généraux de leur ordre ; l'un de frere Pierre de Milhau, mort en 1284, & l'autre de frere Pierre Raymond de Graſſe, mort en 1357.

<small>3. Trithème. De viris illuſt. Carmel.</small>

Après cette perte, les Carmes reſterent 65 ans ſans rentrer dans Montpellier, & ils n'y revinrent qu'en 1627; encore furent-ils obligez de loger dans des maiſons d'emprunt juſqu'en 1639. C'eſt alors qu'ils acquirent dans une petite iſle proche du Peirou, apellée l'iſle du Four du Caſtel une maiſon qui apartenoit au tréſorier Demanſe, où ils dreſſerent une chapelle, dont madame la maréchale d'Alüin de Schomberg mit la première pierre qui avoit été bénie par Mr. Faucher, chanoine & vicaire-général. La vente qu'ils firent dépuis de leur ancien clos à l'hôpital général, leur donna le moyen d'acheter toute la petite iſle du Four du Caſtel, où ils ont bâti une jolie égliſe avec des dortoirs fort commodes pour quinze ou vingt religieux.

CHAPITRE HUITIÉME.
LES RELIGIEUX AUGUSTINS.

NOUS avons plufieurs preuves, dans les archives de l'hôtel de ville & de l'evêché de Montpellier, que l'ancien couvent des Auguftins de cette ville étoit fort confiderable dans le quatorziéme fiécle, mais nous n'y trouvons pas qu'il en foit fait aucune mention avant ce tems-là.

Les hiftoriens de leur ordre nous aprennent que quelques Florentins chaffez de leur pays vinrent fe refugier à Montpellier, & qu'y étant devenus riches par le moyen du commerce, ils firent bâtir dans les fauxbourgs de la ville, & fur le chemin qui va à Nîmes, un grand & beau couvent que ces religieux occuperent jufques bien avant dans le feiziéme fiécle.

Il feroit à fouhaiter qu'on nous eût marqué le tems où vécurent ces Florentins, pour fixer l'époque de la fondation qu'ils firent à Montpellier. Le feul Hierome Romain, qui en 1572 fit imprimer à Alcala l'hiftoire de fon ordre qu'il a écrite en efpagnol, nous dit pofitivement que leur couvent de Montpellier fut bâti en 1120, & il en porte pour preuve une infcription qu'il dit avoir vû lui-même dans la chapelle de Ste. Juliene qui étoit dans leur églife de Montpellier. *Una imagen de Santa Juliana, en a ultima Capilla del lado del evangelio en la paret, de la qual dife que fue edificada en los annos mil ciento & viente.* Il s'attache enfuite à prouver que les religieux de St. Dominique étoient moins anciens dans Montpellier que ceux de fon ordre, mais fans entrer dans cette difpute de prefféance, je laiffe au lecteur à juger fi cette feule infcription, de la manière qu'elle eft raportée, fuffit pour détruire la preuve négative que nous tirons du filence de nos archives, où l'on ne trouve aucune mention de ce couvent, ni pour le douziéme, ni pour le 13e fiécle. *Chap. 16, fol. 337.*

La grande raifon de douter eft qu'il eft certain par tous les auteurs de l'hiftoire ecclefiaftique que le pape Alexandre IV, voulant réünir un trés-grand nombre d'hermites qui étoient difperfez dans tous les états chrétiens, fous différentes regles & fous différens habits, forma de tous ces hermites une regle & un habit uniforme en 1236 fous le nom d'hermites de St. Auguftin. Ce nouvel ordre commença dés lors à joüir des privileges des religieux mandians, & fut reçu à Paris trois années après, c'eft-à-dire en 1259, fous Lanfranc, leur général. De cette manière on peut voir le jugement qu'il faut porter fur l'infcription citée par cet auteur efpagnol, & *Fleury, liv. 84, no 63.* *Ibidem.*

encore plus fur ce qui eft dit dans un livre imprimé à Cologne en 1627, fous le titre de *Primas Auguftinianœus*, où l'on met la fondation des Auguftins de Montpellier en l'année 900, c'eft-à-dire trois* ou quatre fiécles avant qu'on eût fondé la congrégation des Auguftins, & dans un tems où Montpellier commençoit à fe former.

Les autres particularitez que nous trouvons dans les écrivains de leur ordre, font beaucoup plus croyables & pofitives : elles nous aprenent qu'en l'année 1324 il y fut tenu un chapitre general où on élut frere Alexandre de St. Elpide pour cinquième général de l'ordre, d'où l'on peut inferer que ce couvent pouvoit bien avoir pris fon commencement fur la fin du treizième fiécle, puifqu'il falloit bien une vingtaine d'années pour le mettre en état de recevoir un chapitre général.

Les mêmes ecrivains ajoûtent qu'en 1357 il y fut tenu un autre chapitre général où l'on élut frere Gregoire de Arimini. *Gregorius de Arimino doctor fubtiliffimus provinciæ Romandiolæ, fub quo in Montepeffulano, generale capitulum anno 1357, ubi generalis creatus eft, cum anteà vicarius extitiffet.*

Le livre que j'ai déjà cité, imprimé à Cologne en 1627, fait mention de ces deux chapitres generaux, & d'un troifième en 1430 qui fut tenu à Montpellier fous B. Auguftin Romain, alors général. *Anno 1430. Capitulum in Montepeffulano, generalis B. Auguftinus Romanus.*

Nous trouvons dans les archives de l'evêché qu'en 1350 Arnaud de Verdale, alors evêque de Maguelone, fit un échange de huit carterées de terre qu'il avoit contiguës au clos des Auguftins contre feize autre carterées que ces religieux avoient d'ailleurs, ftipulant pour eux frere Alfonfe de Toledo, docteur en théologie & findic du même couvent, avec frere Pierre Guy, qui en étoit prieur.

Quinze ou feize années aprés, c'eft-à-dire en 1366, le Pape Urbain V, voulant venir à Montpellier, choifit le couvent des Auguftins pour s'y répofer : avant que de faire fon entrée dans la ville, il s'y revêtit de fes habits pontificaux, & y fut reçu par les confuls, fuivis de tous les corps de la ville, qui vinrent à fa rencontre.

Nous trouvons dans l'hiftoire de nos evêques qu'Antoine de Lovier, evêque de Maguelone, étant mort à Montpellier en 1405, fut mis en dépôt dans l'églife des Auguftins, & de là transféré à Vienne, fa patrie, où il devoit être inhumé.

Ces religieux vécurent paifiblement dans leur monaftère jufques bien avant dans le feizième fiécle, où les malheurs du temps ayant caufé les troubles qui agiterent fi long-tems la France, ils furent envelopez dans la

II. Partie. Livre neuvième.

démolition générale qu'on fit à Montpellier des églifes & des maifons religieufes. On peut même dire qu'ils furent des premiers à s'en reffentir, car il paroît par un verbal que les confuls huguenots firent dreffer que la nuit du 21 au 22 octobre 1561, un grand nombre de gens armez entrerent dans leur couvent & y briferent tous les coffres, armoires & images, ce qui ayant obligé ces religieux de fe difperfer, une partie gagna le chemin de Nîmes avec ce qu'ils pûrent emporter de l'argenterie de leur églife. Ils furent fuivis le lendemain par des gens de condition de la religion proteftante, dont je fuprime les noms, qui les joignirent auprès du lieu de Veftric, d'où ils les ramenerent pour les mettre dans les prifons de la ville. Leur argenterie fut enfermée dans le tréfor public, fauf une patene de calice qu'ils dirent avoir donnée au nommé Planaftel pour les avoir fervis dans cette expédition.

Il paroît par ce verbal qu'il y avoit un grand nombre de chapelles dans leur églife, car il eft fait mention de celle de Nôtre-Dame de Grace, de celle de St. Jean apartenant à Mr. de Sarret, Sr. de St. Jean de Vedas, d'une autre fous le nom de St. Etienne apartenant au prefident Cefelly, & de celle qui eft apellée la chapelle de Griffy. Les autres font de St. Jacques, de Ste. Barbe, de St. Fiacre, des Trois-Rois, des Cinq-Playes, de Ste. Julienne, une fous les dégrez des orgues, & une autre entre la facriftie & le grand autel. Il y eft auffi fait mention de la chapelle dite de Boutonet, qui étoit dans le chapitre, d'un grand & d'un petit refectoire, & d'une chambre apellée de la Régence, qui aparemment fervoit d'école au docteur regent qu'ils avoient dans leur maifon pour leurs jeunes étudians.

Depuis ce tems-là, leur monaftere refta expofé au pillage de ceux qui voulurent en enlever les pierres. Mr. de Chatillon acheva de le ruiner entierement lorfqu'il voulut fe préparer au fiege, car il en fit prendre tous les matériaux * pour la conftruction de deux demi-lunes qu'il fit faire à la porte de la Blanquerie & à celle des Carmes.   PAGE 289.

Enfin après le fiége & la réduction de Montpellier fous les armes du roy Loüis XIII, tous les réligieux qui y avoient eu des maifons, ayant été invités d'y révenir, les Auguftins furent des prémiers, & ayant pris des confuls catholiques un certificat qu'ils ont encore de leur ancienne poffeffion, ils furent reçûs dans la ville en 1624, où ils fe logerent dans la maifon de Sarre Mejean joignant l'autel de la Monnoye en attendant qu'ils puffent s'établir au même lieu où ils étoient auparavant, c'eft-à-dire auprès du clos d'Aiguillon, fur le chemin allant à Nîmes: ils travaillerent en effet à y bâtir un cloître dont on voit encore un côté d'achevé; mais, foit que le gouverneur de la citadelle s'y oppofât (comme on l'a publié), foit que ces réligieux fe voyant des plus éloignés de la ville, & fur un grand paffage, crai-

III.   55

gniffent d'y être moins en fûreté, ils acheterent dans la ville, au-devant de la place de la Monnoye, les maifons de Rignac & de Clair avec une autre, où ils ont bâti deux ailes de leur couvent & une églife qui fut pouffée en 1680 fur les anciens fondemens des murailles de la ville par la permiffion que Mr. le cardinal de Bonfi leur en obtint du roy Loüis XIV.

CHAPITRE NEUVIÉME.

LES RELIGIEUX DE L'OBSERVANCE.

LES peres de l'étroite obfervance de St. François furent introduits à Montpellier du vivant de St. Bernardin de Sienne, qui eft regardé comme l'auteur de leur réforme. L'acte que je vais raporter marque fi bien toutes les circonftances de leur établiffement en cette ville, que je crois devoir le donner au lecteur tel qu'il fe trouve dans les archives des Récolets, qui l'ont tiré de l'ancien manufcrit qui a pour titre : *Privilegia Sancti Firmini,* où l'on trouve cet acte couché en ces termes:

Diebus noftris, circa horam nonam, anno fcilicet incarnationis 1438 die decima menfis Januarii, venerunt fratres de obfervantia fancti Francifci, in Montepeffulano, qui rogantes ad requeftam gubernatoris, concilium fuit eis dare domum extra muros, in loco qui dicitur Villanova, ante Sanctum Thomam, inter primam infulam carreriæ ante fores ecclefiæ & Sancti Thomæ, & tertiam infulam fubfequentem dictæ carreriæ Villænovæ, in qua infula ut poffint ædificare capellam cum uno altari, & cum una campana autoritate prioris Sancti Firmini fuit eis data licentia : in qua etiam capella poteft effe domus pro ipfis & cœmeterium tantum. Item de proventibus & oblationibus & obventionibus venientium in dicta capella, five oratorio, debet dari quarta pars Sancto Firmino, & non totum pro fe ipfis, feu ad ufus fuos totaliter retinere, feu appropriare, neque dictum monafterium ampliare, nifi quantum ipfa infula continet tantum.

On voit par cet acte qu'ils furent reçûs à Montpellier à la priere du gouverneur de cette ville, Thierry, le comte feigneur d'Arreblay, & que le confeil de ville leur donna dans le faubourg de Villeneuve (c'eft-à-dire la Saunerie) un emplacement qui eft défigné entre la première & la feconde ifle de ce faubourg, en fortant de la ville, vis-à-vis l'églife de St. Thomas, la grande ruë de ce faubourg entre deux. On leur donna permiffion de l'autorité du prieur de St. Firmin d'y dreffer une chapelle & un autel, d'y avoir une cloche, un cimetiere pour eux, & de s'élargir dans toute l'étenduë de l'ifle & non au-delà.

Ils resterent dans ce couvent jusqu'en 1525 ou 1526, qui fut le tems où le pape Clement VII, à la priere d'Aloïse, duchesse d'Angoulême, mere de François I & de Marguerite d'Alençon, sœur du même roy, donna la bulle qui est raportée dans Vadingue, par laquelle il attribua aux réligieux de l'observance les couvens de Narbonne, de Beziers, de Montpellier, Limoux, Nimes & Lunel, qui avoient été occupez jusqu'alors par les conventuels.

Tome 8, page 193

* Dans cette bulle, le pape nomme pour ses commissaires l'archevêque de Sens & les evêques de Leytoure, de Condom, de Perigueux & de Maguelone, avec pouvoir à chacun d'eux d'agir au défaut l'un de l'autre.

PAGE 290.

Il est à présumer que Guillaume Pelissier, alors evêque de Maguelone, ne trouva pas de grands obstacles de la part des conventuels de Montpellier, puisqu'il n'en est fait aucune mention dans nos archives, ni dans celles de leur ordre, & qu'au contraire il est certain que ce même prélat fit peu de tems après la translation des filles de Ste. Claire dans le couvent que les religieux de l'observance venoient de quitter dans le faubourg de la Saunerie, comme on le verra dans l'article des religieuses de Ste. Claire.

Je trouve dans Gonzaga que leur province changea alors de nom, car au lieu de celui de Provence qu'elle avoit porté jusqu'au tems de Clement VII & de François I, on la nomma pour lors la province de St. Loüis, à l'honneur du st. evêque de Toulouse. Elle s'étend dépuis Antibes dans le fonds de la Provence jusqu'aux extrémitez du Roussillon, & elle comprend toutes les maisons que les religieux de l'Obsèrvance ont au nombre de trente-six, dans la Provence, le comtat Venaissin & le Languedoc jusqu'à Carcassone inclusivement.

Page 817.

Ces nouveaux réligieux vécurent paisiblement dans le couvent de Montpellier jusqu'aux commencemens des troubles que les calvinistes causerent dans cette province. Le seigneur Dacier (frere du comte de Crussol & d'Uzès), qui tenoit pour eux dans Montpellier, voulant se précautionner contre Mr. de Joyeuse qui s'étoit campé avec l'armée du roy dans le clos de Lates, résolut d'abatre tous les dehors de la ville, & pour lors le couvent des peres de l'Observance eut le sort de tant d'autres qui furent démolis jusqu'aux fondemens l'an 1562.

Je trouve dans Gonzaga que plusieurs de ces réligieux se retirerent dans la ville & logerent dans l'église de St. Paul jusqu'en 1567, où les troubles étant devenus plus forts dans Montpellier, tous les religieux & les chanoines de St. Pierre en furent chassez. Le père Nicolas Bermond, alors gardien, fut conduit en plein consistoire, où ayant disputé contre les ministres avec avantage, il eut beaucoup de peine à se sauver de leurs mains, ce qu'il

Page 821.

ne fit qu'après avoir vû tuer le frere André Robert, fon compagnon, d'un coup de piftolet que ce bon frere reçut en difant *Jefus Maria.*

Livre 15, chap. 1. Nous avons vû dans le premier tome de cette hiftoire que le pere François Berald, leur gardien, fut du nombre de ceux qu'on mit à mort dans l'églife de St. Pierre en 1561, en haine de ce qu'il avoit prêché dans l'églife de St. Firmin contre les nouveaux fectaires.

Depuis ce tems jufqu'à la réduction de Montpellier fous les armes du roy Loüis le Jufte, ces réligieux firent plufieurs tentatives pour entrer dans leur ancienne habitation, mais elles ne leur réüffirent bien qu'en 1631 que *Mff. de Delort.* le pere Antoine Chrétien fit pofer la première pierre de leur nouveau cloître, foixante-neuf ans après la démolition de l'ancien. On trouve que celui d'aujourd'hui eft trop enfoncé, & que les bâtimens en font fort bas, ce qu'on dit avoir été fait pour ne pas donner de l'ombrage à la citadelle, qui n'en eft pas loin; mais, malgré ce défaut, ce couvent paffe pour le plus gracieux de leur province, comme il en eft le premier par l'ancienneté de fa fondation. Le public a obligation du bon état où il eft aujourd'hui au feu pere Antoine Trinquaire de la Greffe d'une des plus anciennes & des plus diftinguées maifons de la ville, & dont la mémoire eft encore très-chere à ceux qui l'ont connu. Les vûës qu'il a ménagées au cloître d'en haut, & les embeliffemens qu'il y a ajoûtez, font une preuve de fon bon goût & de l'affection qu'il avoit pour cette maifon.

CHAPITRE DIXIÉME.

LES PERES CAPUCINS.

CES peres ont été introduits dans Montpellier à trois differentes fois la première fut en 1609, où Mr. de Fenoüillet ayant acheté un enclos apellé le Grand-Jardin, près la porte des Carmes dans la ville, voulut y placer les RR. peres capucins; mais ce ne fut point fans de grandes contradictions, car les confuls huguenots y firent leur opofition, tant parce qu'il n'y avoit jamais eu (difoient-ils) à Montpellier des gens de cet ordre, que parce que le lieu où on vouloit les placer étoit trop près des murailles de la ville, faifant entendre qu'ils ne répondoient pas d'une fédition fi l'on paffoit outre, fans que le roy Henry IV, qui regnoit alors, eut entendu leurs raifons.

Quelques années après la mort du roy Henry IV, les huguenots étant devenus plus abfolus dans Montpellier, firent quitter aux peres capucins le lieu où la croix étoit élevée, fous prétexte qu'ils étoient trop près des murailles de la ville. Alors Mr. de Fenoüillet les plaça à la Capelle Nove, & leur ayant fait donner deux mille livres pour les dédommager des fraix qu'ils avoient déjà faits, ils en acheterent une maifon à l'endroit où ils font préfentement.

On chercha à leur donner mille inquiétudes, & parce que leur petit logement étoit fur le derriére du temple des huguenots, on débita qu'ils avoient fait une mine pour faire fauter tous les réligionnaires lorfqu'ils y feroient affemblez; fur quoi vérification ayant été faite, & la chofe s'étant trouvée fans fondement, on fe contenta de leur mettre les enfans après, qui leur difoient mille injures, & leur tiroient des coups de fufil en l'air pour les intimider & les obliger de quitter la ville.

Ils en fortirent enfin lorfque les révoltez de Montpellier fe préparerent à foûtenir un fiége contre Loüis XIII, mais après la réduction de la ville les capucins y revinrent des premiers, & ils fe logerent au Campnau dans la derniére maifon qu'ils avoient quitté. Ils en acheterent trois autres en 1624, fçavoir celle de M. le baron de Caftries, celle du préfident Boufquet & celle du tréforier Galieres, là où ils firent bâtir une églife, & commencerent en 1624 à former leur cloître. Leur églife étant achevée fur la fin de l'année fuivante, Mr. de Fenoüillet la facra le premier dimanche de l'Avent qui tomboit au dernier de novembre.

Quelques années après ils acquirent la maifon de Duché avec une rüe qui partoit de là, & alloit fondre à la maifon de Montlaur. La ville leur inféoda auffi une autre rüe dite de l'Orangerie, qui commençoit devant la maifon de Farlet & alloit aboutir au jardin de l'Intendance d'aujourd'hui; enfin ils acquirent la maifon de Montfaucon dite alors la maifon du miniftre, parce que le Sr. du Bourgdieu y logeoit, dont ce miniftre fut fi fâché, qu'il en fit faire des reproches par le confiftoire au fr. de Faucard & aux autres héritiers de Mr. de Montfaucon, à quoi ils répondirent qu'ils n'avoient jamais fçu que cette maifon dût être pour les capucins.

Ces peres ont difpofé fi bien tout cet emplacement qu'ils fe font ménagés un grand jardin d'autant plus eftimable qu'il eft au cœur de la ville. Ils ont une églife trés-commode pour le public & des mieux ornées fuivant leur ufage; leur bâtiment eft trés confiderable, & on a lieu de penfer en l'examinant que les communautez religieufes peuvent tout efperer lorfqu'elles ont gagné l'eftime & l'affection du public.

CHAPITRE ONZIÉME.

LES RECOLLETS.

CES réligieux, qui commencerent à être connus en France en 1602, parurent pour la première fois à Montpellier pendant le fiege que le roy Loüis le Jufte mit devant cette ville en 1622. Ils fervirent d'aumôniers à fon armée, & ils fuivirent Sa Majefté lorfqu'elle fit fon entrée dans Montpellier, où il eft marqué qu'ils affifterent à la proceffion générale dont nous avons parlé au XVIII livre de cette hiftoire. Il eft dit dans leur régître que le roy Loüis XIII leur donna des lettres pour s'établir à Montpellier, mais la chofe n'eut fon effet que long-tems après.

En 1633, ils furent reçus à la citadelle de cette ville pour y fervir d'aumôniers : le pere Fulgence de la Barthe, qui en fut fuperieur, prit grand foin d'orner la chapelle & la mit en grande réputation.

Voyez l'article de Sainte Claire. Dés-lors ils travaillerent à s'établir dans la ville, & parmi les moyens qu'ils employerent ils fe firent fubroger à la place des filles de St. Claire, qui logeoient avant les troubles de la religion dans le faubourg de la Saunerie, au lieu dit la petite Obfervance. Mais ce moyen leur ayant manqué, meffire Jean de Sartre, confeiller en la cour des comptes, aydes et finances de Montpellier, leur offrit en 1663 un jardin d'environ dix-fept féterées au tenement dit Villefranche, hors de la porte de la Blanquerie, & fon offre ayant été acceptée, Mr. de Bofquet, evêque de Montpellier prit jour au 10 de mars 1664 pour y élever une croix en figne de prife de poffeffion, ce qui fut fait en préfence de madame la marquife de Caftries, de M. le fénéchal, des confuls en robes rouges, & d'une grande affluence de catholiques.

Cependant les réligieux qui devoient former la nouvelle communauté, prirent leur logement dans la petite maifon du Sr. Fefquet, à la Blanquerie, & avec les fecours qu'ils reçurent de toutes les compagnies de la ville & des feigneurs des états affemblez à Beziers, ils firent bâtir un corps de logis le long du grand chemin qui conduifoit alors de la porte de la Blanquerie à Caftelnau.

Tout étant prêt en 1666 pour les y recevoir, ils partirent proceffionnellement de la maifon du Sr. Fefquet le 3 du mois d'octobre, étant conduits par Mr. de Befons, intendant de la province, par Mr. Sartre, leur fondateur, par Mr. le fénéchal, & par les confuls en robes rouges, qui y trouverent Mr. l'evêque avec fon chapitre pour faire la bénédiction de leur chapelle;

ils la placerent en attendant dans une grande fale-baffe qui fert aujourd'hui de refectoire.

La joye de leur établiffement fut un peu troublée par une déclaration de cette même année 1666 qui ordonnoit la fupreffion des communautez réligieufes, qui fe trouveroient établies fans lettres-patentes. Alors les recollets de Montpellier firent une fommaire-prife des plus anciens habitans de la ville qui les avoient vûs affifter à la proceffion du roy Loüis XIII en 1622; & fur les certificats qu'en donna Mr. de Bofquet, evêque de Montpellier, & Mr. le marquis de Caftries, gouverneur de la ville, ils obtinrent des lettres-patentes du mois de février 1669, par lefquelles le roy déclare que leur établiffement dans la ville de Montpellier doit être compté dès l'année 1622 qu'ils y entrerent publiquement en proceffion générale par ordre du roy Loüis XIII, & à cette fin (dit le roy Loüis XIV): « les avons « confirmez & confirmons dans l'établiffement où ils font à préfent dans « les fauxbourgs de cette ville, comme s'il avoit été fait en 1622, & en « outre les maintenons feuls aumôniers de notre citadelle de Montpellier, « & amortiffons la maifon & l'enclos dudit couvent comme dédiez à Dieu « & à fon fervice. »

Cette déclaration leur donna le courage d'entreprendre le corps de logis de leur * couvent qui fait face à la ville, & le 5 juin 1679 ils firent mettre la premiere pierre à la belle églife qu'ils ont maintenant le long du nouveau chemin de la porte des Carmes, à Caftelnau.

PAGE 293.

Le pere Seraphin Touzart, un de leurs provinciaux, natif de Montpellier, a rendu ce couvent le plus achevé de tous ceux de la ville; il a fait bâtir le chœur & le clocher de l'églife, le corps de logis double qui regarde leur enclos, le grand efcalier avec la facriftie, il a fini le cloître d'en bas & le dortoir d'en haut, qui eft terminé aux quatre coins par des vûes très-diverfifiées. Cette maifon peut loger un grand nombre de religieux, & elle attire par fa fituation avantageufe & par la commodité de fes jardins, les perfonnes qui cherchent les promenades retirées & en bon air.

CHAPITRE DOUZIÉME.
LES CARMES DECHAUSSEZ.

ON voit dans les regîtres de cette maifon que Mr. de Bofquet, evêque de Montpellier, étant à Paris en 1662, y trouva le pere Dominique de la très-fainte Trinité, général des Carmes Déchauffez, qu'il avoit connu particulierement à Rome, avec qui il fit le projet d'établir à Montpellier les religieux de son ordre; & pour les faire connoître dans cette ville, il donna le carême de sa cathédrale au pere Paul du St-Sacrement, l'un des meilleurs prédicateurs qu'ils eussent.

Ce pere ayant été fort goûté durant son carême de l'année 1663, on prit une deliberation au conseil de ville de recevoir les Carmes Déchauffez dans Montpellier, & en consequence on leur assigna un petit logement aux Etuves, derrière la maison de Fourques, où Mr. de Bosquet, en présence du marquis de Castries, gouverneur de la ville, de M. de la Forêt, sénéchal, des consuls & autres personnes distinguées, fit la benediction de leur petite chapelle le 6 may de la même année, & fit un discours en chape & en mitre sur ces paroles de St. Paul: *Multa mihi fiducia apud vos, multa mihi gloriatio pro vobis.*

Peu de mois aprés on songea à leur donner un emplacement convenable à l'esprit de leur état, & l'on n'en trouva point de plus propre que l'ancien cimetiere de St. Barthelemy qui étoit éloigné du bruit de la ville & contenoit un grand espace de 75 cannes de long sur 61 de large. Mrs. les consuls, Mrs. du chapitre, & Mrs. de St. Claude, intervinrent dans cette donation selon leurs differens droits; & les peres Carmes, comme pour en prendre possession, y firent planter une grande croix le 28 du mois de septembre, en attendant qu'on pût commencer leur bâtiment. La premiere pierre en fut mise le 30 novembre 1663 par Mr. le marquis de Castries, revêtu du collier de l'ordre du St. Esprit. On marque que cette première pierre avoit quatre pans & demi en quarré, qu'elle étoit toute azurée, & qu'on y grava en lettres d'or l'inscription suivante.

D. O. M.

Regn. Lud. XIV in Gall. sedente illu^{mo}, & rev^{mo} D. D. Franc. de Bosquet in sede episc. Monspel. Alt. & Pot. D. D. Ren. Gasp. de la Croix March. de Castries, Baro de Guard, &c. Cent. Cataphr. Milit. Trib. Regi à Consi. & exercitibus utriusque regii ordinis Eques Torq. Urb. & Art. Monsp. Guber. Carm. Excalc. hunc primum ecclesiæ S. Joseph & Covent. Lap. posuit.

Ann. Dni M. DC. LXIII. Die xxx. Novemb.

* Le pere Paul du St. Sacrement qui avoit prêché le carême à la cathédrale cette même année, fit un discours où, en parlant des changemens arrivés dans le lieu où il préchoit, il dit avec esprit que l'hérésie pouvoit être comparée à un torrent qui ravage toutes les terres où il passe, mais qu'il n'en ôte pas le fonds aux propriétaires.

Le grand-vicaire, accompagné du chapitre & de la mufique, fit la benediction durant laquelle on fit une décharge génerale du canon de la citadelle. Depuis ce tems, on y a bâti deux ailes du cloître & fait en haut des dortoirs qui font blanchis avec du blanc des Carmes. L'églife qui eft entierement achevée, & la plus belle, fans contredit, de toutes les maifons religieufes de cette ville, eft d'un ordre corinthien dans tout le pourtour, ayant un portail d'ordre dorique qui en porte un fecond de l'ordre ionique; elle fut facrée le 23 du mois d'octobre 1707 par meffire Charles-Joachim Colbert, evêque de Montpellier.

On marque parmi les religieux les plus diftinguez qui font fortis de cette maifon le pere Martial de St. Paulin, premier fuperieur de ce couvent, qui fut enfuite général de l'ordre. Le pere Eugene, frere du pere Martial, qui avoit été conventuel à Montpellier, fut auffi général. Enfin le pere Ambroife, qui avoit prêché l'Avent & le Carême à St. Pierre, leur fuccéda dans cette premiére place.

HISTOIRE DE MONTPELLIER

LIVRE DIXIÉME
Des monaftéres de filles dans le diocéfe de Montpellier.

CHAPITRE PREMIER
ABBAYE DE SAINT GENIEZ.

'ACTE de fondation que je raporterai plus bas nous aprend que cette abbaye fut fondée dans le commencement de l'onziéme fiécle, par Godranou Gondran, qui ne prend d'autre qualité que celle de pere d'Eleafar & de Berenger, fes enfans. Il donne pour cette fondation une églife qui étoit déjà bâtie en l'honneur de St. Geniez, martyr, & qu'il avoit auparavant donnée à fa fille Judith en la mariant, ce qui étoit fort en ufage dans le dixiéme fiécle, où les feigneurs temporels s'emparoient des églifes & les confondoient dans leur patrimoine.

Sa fille Judith, qu'il apelle dans l'acte de fondation *Deo devota*, eft regardée par nos écrivains comme une jeune veuve qui voulut donner pour cet établiffement les biens qu'elle avoit eu de fon pere dans fon contrat de mariage, *per confentaneam ejus voluntatem*, & qui finit enfuite fes jours parmi les réligieufes qu'elle avoit aidé à s'établir.

Le lieu qu'elle leur donna dans le comté de Subftantion étoit apellé autrefois *de Marcianicis*, & dépuis la fondation Cherlieu. Il y eft dit qu'elles fuivront la règle de St. Benoît, fous la direction de l'abbé de Pfalmodi, & qu'elles auront la liberté de choifir leur fuperieure.

L'acte eft du 8 juillet 1019, indiction deuxième, fous le règne du roy Robert. Signé Pierre, evêque de Maguelone, Bernard, comte de Subftantion, Geraud, evêque de Nîmes, Varnier, abbé de Pfalmodi, pour toute fa congrégation, Bernard avec fes fils, Pierre avec ses fils, Odon avec fes fils, Bego avec fes freres, Elfred, moine écrivain. Voici la teneur de cet acte :

Fundatio monafterii Sti. Genefii diæcefis Magalon. Per D. Godranum.

* *Sacra æditio atque divina eft inftitutio timoris, amorifque divini ut quifquis homo dum poffibilitas, fpatium oportunitafque conceditur ei vivendi, excogitare debeat, qualiter evadere fupplicium gehennæ pœnafque Averni, quæ ab antiquo prædoni funt impendendæ, & ideo verbis evangelicis Domini, cæterifque patribus fanctis, follicite intentis auribus in aliquantulum præfto funt, ut ipfe Dominus dicit, date eleemofinam & ecce omnia munda funt vobis. Facite facculos qui non veterafcunt, & thefaurum non deficientem in cælis, quo fur non appropiat, nec tinea corrumpit. Seminate minima ut metatis immenfa, & iterum redemptio animæ viri, divitiæ fuæ. His fermonibus iifdemque confolationibus mens mea confolidata. Propterea ego nomine Godranus filiique mei nomine Elifarius, Berengariufque, cupimus atque volumus fieri monafterium ad laudes Domino proferendas, fanctisque omnibus memoriam faciendam, pro redimendo mea facinora, prolifque meæ tam virilis feminis quam fœminei, omniumque catholicorum vivorum defunctorumque, maxime filiæ meæ Deo devotæ nomine Judita in comitatu Subftantionenfe, in locum qui vocatur Marcianicus, atque alio vocabulo imponitur ei nomen Charus-Locus, & eft ibi ecclefia quæ eft conftructa atque Domino dicata in honorem Sti. Genefii, prætiofiffimi martyris. Illam ecclefiam eamdemque villam quam fuperius jam taxavimus, & dedi ad filiam meam jam nominatam, in die qua tradita eft conjunctio maritalis per confentaneam ejus voluntatem fic dono atque trado tam ego quam filii in domino Deo meo Jefu-Chrifto, cum omnibus adjacentiis, terminationibufque fuis cultis & incultis, arboribus pomiferis & impomiferis tam acquifitis quam acquirendis ; in tali vero ratione atque ftabilitate, ut cunctis diebus vitæ hujus fæculi habitatio fit fanctimonalium atque Deo devotarum fæminarum fub regulari vita degentium, fine ulla blanditione atque admiratione habeant, teneant & poffideant tam præfentes quam adventuræ, & quamcumque illæ ipfæ inter fe elegerint five voluerint, in regendo præeffe licentiam habeant fecundum præcepta beati patris noftri Benedicti, vel providentia abbatis cænobii Sti. Petri Pfalmodienfis congregationis fuæ tam prefentis quam fecuturæ, &*

si aliqua causa murmurationis orta fuerit inter illas, contumeliaque à perversis hominibus illata, consolationibus illorum consolentur & adjutorio adjuventur. Quod si quis in supradictam donationem atque scriptionem aut ego, aut aliquis ex hæredibus meis, nec non vivens homo sive aliqua persona fœminea insurgere vel inquietare atque ad aliquod munus inquirendum, ad irrumpendum dissipandumque venerit, in duplo restituat & insuper his maledictionibus atque confusionibus quibus Judas Iscariotes cæterique nequissimi operis, destructores fiant maledicti atque excommunicati, & à communione sanctæ Dei ecclesiæ vel consortio omnium christianorum sequestrati, & in inferno inferiori cum Datan & Abiron sint submersi. Hæc actio atque scriptio exarata atque tradita est anno incarnationis Domini Jesu. M. XIX, indictione II, XV calend. August. disponente, largissima benegnitate Dei regnum sapiente à rege Roberto regente, & bene vivendo ad perpetua felicitatis gaudia merendo pervenire. Signavit Godranus, filiique sui Elisiaris, & Berengarius, qui hanc scriptionem atque donationem scribere postulaverunt, & manibus suis firmiter firmaverunt; in tali vero ratione atque convenientia ut si aliqua perversitas à perversis hominibus fuerit illata, filius meus Elisiaris unusque filius suus cui ille permiserit, vel cui Deus in hoc sæculo majorem prosperitatem dederit pro Dei amore defendendi tuendique potestatem habeat. Signavit Petrus, episcopus Magalonensis, signavit Bernardus, comes Substantionensis, signavit Giraldus, episcopus Nemausensis, signavit Varnerius, abbas cum cuncta congregatione, signavit Bernardus cum filiis suis, signavit Gaucelinus cum filiis suis, signavit Petrus cum filio suo, signavit Vuillelmus sive alius Vuillelmus qui vocatur Bernardus, signavit Nicetius, signavit Dalmatius, signavit Bremundus cum filiis suis, signavit Petrus cum filiis suis, signavit Odo cum filiis suis, signaait Begone cum fratribus suis. Eldefredus & si indignus Monachus scripsit.

Il est à croire qu'après l'acte de cette fondation, il falut quelque tems pour achever la construction de ce nouveau monastére ; après quoi, comme nous le trouvons dans un vieux livre de l'Abbaye, toutes les filles de noble extraction qui composoient la communauté, élûrent d'un commun consentement pour leur abbesse Alimburge, d'illustre famille, doüée de toutes sortes de vertus, dans la même année que leur monastere fut achevé d'être bâti, & elle reçut, comme porte le manuscrit, la bénédiction du pontife de Maguelone.

On conserve plusieurs ordonnances que les evêques, ses successeurs donnerent* pour le bon ordre de cette maison ; mais la plus remarquable est celle du treize avril 1308, donnée du consentement du chapitre de Maguelone, & portant que le nombre des religieuses de cette maison ne pourroit passer celui de cinquante, à moins que le revenu n'en fût augmenté, ce qui dépendra du jugement de l'abbesse, après en avoir obtenu la permission de

PAGE 297.

l'evêque. Il leur eſt ordonné de manger en commun, de ne ſortir point du couvent & de n'admettre dans leurs chambres ni jeunes enfans ni jeunes filles, &c.

On trouve qu'elles payoient deux marabotins de redevance à l'égliſe de Maguelone, dont elles ont encore les quittances : chaque marabotin évalué à ſeize ſols trois deniers.

Leur revenu ne conſiſta d'abord que dans la ſeigneurie des terres & carrieres de St. Geniez avec la juſtice haute, moyenne & baſſe, mais elles acquirent en 1254 la chapelle de Nôtre-Dame du Pont-Ambroix, diocéſe de Nîmes, qui fut unie à leur monaſtére du conſentement de l'evêque de Nîmes, à la charge que quatre réligieuſes y feroient leur réſidence. Elles ont eu depuis le prieuré de Ste. Colombe, qui après une infinité d'incidens, ayant été conféré à feu Mr. le cardinal de Bonſi, fut cedé par cette eminence au monaſtere de St. Geniez & uni en 1674 par feu M. de Pradel, evêque de Montpellier.

Les actes de cette maiſon nous font connoître le plus grand nombre des abbeſſes qui y ont été, ſçavoir :

    Alimburge. . . . . vers l'année 1020.
    Etiennette. . ſans datte du tems qu'elle gouverna.
    Bonafuce. . item.
    Galliciane. . . . . en 1130.
    Guillaumette de Pardelles, nommée dans des contrats de vente
     de 1153, 1157, 1160 & 1168.
    Ermengarde, fille de Roſtang. . . . . en 1174.
    Ermeniarde de St. Didier. . . . . . . en 1235.
    Burgonde de St. Jean. . . . . en 1262.
    Florence Arufat. . . . . en 1288.
    Adelaïs Coronate. . . . . en 1308 & 1321.
    Ermeſende de Loziere . . . . en 1328.
    Florence Arufat. . depuis 1353 juſqu'à 1389.
    Jeanne de Bias. . . . . en 1390.
    Marguerite de Gama, depuis 1455 juſqu'à 1480.
    Catherine de Molette . . . . 1489.
    Maragde de Malbeſc. . . . . 1530.
    Anne de Molette 1555, par bulle de Paul IV.
    Anne de Malbeſc . . . . 1582.
    Anne de Briges. . . . . meurt en 1596.
    Antoinette de Bertrand nommée en 1600 par Henry IV.

Gabrielle de Bertrand de Fayet eft aprouvéé pour fa coadjutrice, par lettres du roy Loüis XIII en 1638, vivoit encore en 1667.
Loüife-Therefe de la Croix de Caftries, 1684.
Renée-Angelique de la Croix de Caftries, 1723.

CHAPITRE SECOND.

ABBAYE DE St. FELIX DE MONTSEAU, DE MONTESEVO, OU LES RELIGIEUSES DE GIGEAN.

PAGE 298.

NOUS aprenons par une bulle du pape Alexandre III que ce monaftére fut fondé dans le douzième fiècle par un evêque de Beziers, nommé Bermond de Levefone, qui commença d'être evêque en 1128 & mourut en 1150. La bulle dont je parle eft du 22 juin 1162, dans laquelle Alexandre III prend fous fa protection cette maifon, déjà fondée quelque tems auparavant : *Ecclefiam quam venerabilis frater nofter bonæ memoriæ Bermundus quondam biterrenfis epifcopus ad perpetuam ibi religionem obfervandam nobis pia devotione nofcitur contuliffet.* Il ordonna que les fœurs religieufes de St. Félix, qui y font déjà établies fous la règle de St. Benoît, continueront de la fuivre : *Statuentes ut ordo monafticus qui fecundùm Deum, & beati Benedicti regulam & inftitutionem fororum Sti. Felicis in eodem loco nofcitur inftitutus, perpetuis ibidem temporibus inviolabiliter obfervetur.*

Cette maifon, dès le tems de fon établiffement, reçut plufieurs liberalitez des fidéles, car on trouve dans fes archives une donation faite en 1149 par Flandrine, du confentement de Pons de Murs, fon mary, en faveur de Rifcende, fa mere, qui demeuroit au monaftère de St. Felix de Montfeau. Adelaïs, veuve de Guillaume de Salaifon, fe faifant religieufe en 1178 dans le monaftère de Montfeau, lui donna cinq pièces de terre; & Huguette, veuve d'Othon de Cornon, fe faifant religieufe comme elle en 1188, donna un bien confiderable pour entretenir un prêtre qui chanteroit tous les jours à perpetuité une meffe des morts pour la dame de Cornon & pour fon mari, à quoi il eft dit que la fuperieure donna fon confentement.

Mais la plus belle des donations qui leur furent faites eft celle du château de Mirevaux que la reine Marie de Montpellier leur legua par fon teftament du mois d'avril 1213. On voit l'acte de cette donation dans les archives du monaftère, avec une lettre que Grégoire IX écrivit en 1227 à l'archevêque de Narbonne pour faire lever tous les obftacles que les officiers du jeune roy Jacques I firent naître pour l'exécution du teftament de la reine. L'affaire traîna plufieurs années jufqu'à ce que le roy leur donna en échange toutes les dépendances de l'hôpital St. Guillem & retint pour lui le château de Mirevaux.

Elles reçurent le ferment des freres & fœurs de cet hôpital & de celui de l'hôpital-Robert à la porte d'Obilion, qui étoit une dépendance de celui de St. Guillem, à l'occafion de quoi il eft marqué que le prieur de St. Firmin, qui avoit droit d'élire l'adminiftrateur de l'hôpital-Robert, renonça à fon droit en faveur de cette union, tant qu'elle fubfifteroit. Tous ces actes font du mois d'octobre 1238.

Cette acquifition valut aux réligieufes de St. Félix plufieurs droits fur diverses maifons de Montpellier, & un moulin auprès du pont Juvenal, apellé dépuis le moulin de St. Felix de Montfeau. De là vient que le pape Innocent IV, en les prenant elles & leurs biens fous fa protection, fait mention dans fa bulle de l'an 1253 de la paroiffe de Ste. Chriftine de Melguëil qui leur apartenoit, de diverfes poffeffions, maifons & moulins qu'elles avoient aux environs de Montpellier, de la métairie de Farlet & autres biens à Melguëil. Mais cette même bulle nous fait entendre qu'elles avoient quitté dés-lors la règle de St. Benoît pour prendre celle de St. Bernard, car le pape, dans cette bulle, défend aux evêques d'empêcher l'élection de leur abbeffe ou de celle qui fera inftituée ou deftituée contre les ftatuts de l'ordre de Citeaux. Il donne enfuite commiffion à l'abbé de Valmagne, ordre de Citeaux, de vifiter & réformer le monaftère de St. Félix, & par une autre bulle adreffée à l'abbé de Fontfroide du même ordre, il le charge de faire * revoquer les aliénations déjà faites des biens de ce monaftère.

On peut inferer avec raifon qu'elles fuivirent long-tems la règle de St. Bernard, parce que dans le quinzième fiécle les religieux de Citeaux reclamerent leurs droits fur ce monaftère; jufques-là, que le vicaire de l'abbé de Citeaux fe préfenta pour les vifiter, & fur le refus des religieufes il porta une fentence d'excommunication dont elles interjetteront apel au St. Siége en 1496.

Dix ou douze ans après, c'eft-à-dire en 1507, le vicaire-général de l'abbé d'Eunnes *(sic)* du même ordre, prétendant encore avoir droit de vifite, elles furent obligées de recourir au parlement, qui décida en leur faveur & les maintint fous la jurifdiction de l'evêque de Maguelone. Les raifons qu'elles aportoient pour cela étoient que par la bulle d'Alexandre III elles étoient foûmifes à la jurifdiction de l'evêque, *falva fedis apoftolicæ authoritate & epifcopi diæcefani canonica juftitia*, & pour prouver la poffeffion où étoit l'evêque de Maguelone, elles raportoient plufieurs de fes ordonnances, & particuliérement une de 1332 portant que les religieufes n'iroient pas aux folemnités de noces & ne refteroient point hors du monaftére pour les affaires du couvent au-dela d'un mois, fans cause legitime & fans le confentement de la prieure.

Cette queftion fur la jurifdiction fut agitée précifement dans le tems qu'on fit une union confiderable au monaftère de St. Felix. C'étoit l'union d'un autre monaftère dit de St. Leon que nous avons vû établi en 1223 par Jean de Montlaur, depuis evêque de Maguelone. L'abbé de St. Sauveur d'Aniane, commiffaire député par Martin V, fit cette union le 11 juin 1429, en conféquence de la démiffion que Ricarde Raymonde, prieure de St. Felix, avoit donné en faveur de Jeanne de Montlaur, qui par ce moyen réünit les deux monaftéres & les deux fuperioritez en fa perfonne.

Il y a aparence que cette nouvelle fuperieure ayant été à St. Leon fous la jurifdiction de l'évêque, elle ne fut pas fâchée de s'y conferver à St. Felix, & qu'elle apuya les raifons qu'on fit valoir pour cela. On conferve l'aprobation de Leger, evêque de Maguelone, datée du même jour que l'union fut faite, et, parce que le pontificat de Martin V fouffrit les contradictions que nous avons vû dans le IVe livre de cette Hiftoire, on prit foin fous fon fucceffeur Eugene IV de renouveller tous les actes déjà faits fous Martin V. De là vient qu'on trouve dans les archives de cette maifon les mêmes procédures pour le même fujet fous ces deux papes avec cette feule difference que les unes font de l'année 1429, fous Martin V, & les autres de 1432 fous Eugene. Il eft encore à obferver que dans tous les actes concernant cette union, il eft toûjours fait mention des prieurés de St. Bauzile de Montmel & de celui de St. Germain de Fournez, parce qu'ils étoient déjà unis depuis long-tems à celui de St. Leon, & qu'on croyoit devoir les énoncer expreffement afin de faire voir que le monaftère de St. Leon étoit uni à celui de St. Felix avec toutes fes dépendances.

Les religieufes de St. Felix avoient alors leur monaftère fur la haute colline que l'on trouve à main gauche aux aproches de Gigean en venant de Montpellier. On y voit encore des reftes du grand bâtiment qui faifoit leur ancienne demeure; mais le goût ayant changé dans le feizième fiécle, on crut qu'elles feroient beaucoup mieux dans Gigean même qu'au milieu de la campagne où elles avoient été jufqu'alors, & l'on obtint du pape Leon X une bulle du 8 decembre 1514 qui leur permit de fe transferer dans le nouveau monaftère qu'on leur avoit bâti à Gigean, avec la confervation de tous les priviléges qu'elles avoient eu auparavant.

Elles y font encore, depuis plus de deux cens ans, fous la conduite d'une superieure perpétuelle que les anciens actes appellent prieure, & qu'on nomme maintenant abbeffe.

Celles dont j'ay trouvé le nom dans leur vieux titres font :

  Guillaumette de Suriech. . en 1270.
  Cecile de Loziere. . . . en 1339.
  Ricarde Raymonde, qui fe démit en 1429.
  Jeanne de Montlaur qui lui fucceda la même année.
  Marie Defports en 1457, & l'étoit encore en 1472.
  Jeanne Garfabalde l'étoit au commencement de 1500.
  Anne Garfabalde confirmée par le grand vicaire de Maguelone le 11 may 1517.
  Marie Garfabalde l'étoit encore en 1548.
  Jeanne de Carcaffonne de Soubez prêta ferment au pape Clement VII au commencement de 1600.
  Marie Bournet de Marignac. . . . . vers 1630.
  Jeanne de Fabre. . . . . en 1656.
  Catherine de Joly . . . . en 1677.
  Renée-Angelique de la Croix de Caftries en 1693.
  Anne de la Farre . . . . en 1723.

CHAPITRE TROISIÉME.

L'ABBAYE DE BONLIEU OU DU VIGNOGOUL.

JE n'ay trouvé dans les archives du Vignogoul qui m'ont été ouvertes, aucun titre qui pût fixer l'époque de la fondation de cette abbaye, mais il n'y a pas lieu de douter qu'elle ne fût déjà fondée dans le douzième fiécle puifqu'on a encore les actes de plufieurs donations qui furent faites à ce monaftère pour la dot des premieres filles qui s'y firent religieufes.

Telle eft la donation de huit féterées de terre que Guillaume de Pignan fit à l'églife de Bonlieu en 1150, celle de Bernard Arnail du mois d'avril 1153, & quantité d'autres des années fuivantes 1162, 1163, 1172, 1173, &c, où il eft à obferver que les abbeffes prennent fouvent la fimple qualité de prieure.

Le nombre des religieufes fe trouvant augmenté confiderablement en 1178, le pape Alexandre III les prit fous fa protection; & dans le fiécle fuivant Jacques I, roy d'Aragon & feigneur de Montpellier, leur donna des lettres-patentes de l'année 1231 par lesquelles il les met sous sa sauvegarde.

Peu d'années après, on fut obligé de restraindre le nombre des filles qui demandoient à entrer dans cette maison, comme il paroît clairement par les lettres d'Innocent IV données à Lyon la seconde année de son pontificat, c'est-à-dire en 1243, par lesquelles il ordonne qu'on ne reçoive dans le monastére de Bonlieu, appellé communément le Vignogoul, au-delà de quarante religieuses. En même tems il adressa un mandat apostolique à l'abbé de Valmagne, ordre de Citeaux, pour se transporter audit monastère, & y instruire les religieuses des regles de leur état avec ordre audit abbé de leur administrer les sacremens de l'église.

Ce pape donna des nouvelles marques de son affection pour ce monastére dans une bulle de l'an 1245 adressée aux religieuses & à l'abbesse du Vignogoul, par laquelle il les prend sous sa protection, & confirme pour toûjours leur établissement : *Dilectis filiabus & abbatissæ monasterii de Bonoloco seu de Vignovolo Magalonensis diæcesis in quo estis mancipatæ divino obsequio, sub nostra protectione suscipimus.... Statuentes ut ordo monasticus qui secundum Deum & Sti.* Benedicti regulam atque institutionem Cisterciensium fratrum à vobis ante concilium generale susceptum in eodem monasterio institutus esse dignoscitur perpetuis ibidem temporibus inviolabiliter observetur.* PAGE 301.

Dans cette même bulle Innocent IV leur confirme, selon l'usage de ce tems-là, les possessions qu'elles avoient déjà qui sont énoncées en ces termes : *Possessiones quas habetis in territorio de Malveiranegues, de Palas, de Cumbas, de Prosa, de Fenolleta, de Galsa, de Popiano, de Giniaco.... in territoriis Sti. Stephani de Piniano, Sti. Martini de Vignogou, Sti. Stephani Disensac, &c.*

Toutes ces possessions, avec la protection que ces religieuses eurent de la part des souverains pontifes & des seigneurs de Montpellier, les mirent en état de bonifier considerablement les environs de leur monastere, en entreprenant des travaux qui subsistent encore sur la petite rivière de Gadiran, qui coule entre le lieu de St. George & le château de St. Martin, dans une agreable plaine où l'abbaye du Vignogoul se trouve située. Elles entreprirent d'y faire des digues & des moulins dont elles demanderent la permission à Jacques II, roy de Mayorque & seigneur de Montpellier, qui la leur accorda par ses lettres-patentes données à Perpignan le 20 d'octobre 1299 qui sont exprimées en ces termes :

Noverint universi quod nos Jacobus, Dei gratia rex Majoricarum, comes Rossilionis & Ceritaniæ, ac dominus Montispessulani per nos & nostros de gratia speciali concedimus & damus licentiam venerabili abbatissæ monasterii de Vignovolo, & eidem monasterio & conventui & monialibus dicti monasterii præsentibus & futuris in perpetuum quod possint & liceat authoritate nostra facere pixeriam sive pefqueriam in rivo de Gadirano, qui difcurrit & eft inter caftrum de Sancto-Georgio & dictum monafterium. Et aquam dicti rivi accipere & derivare & conducere infra poffeffiones dicti monafterii, & ibi facere molendinum five molendina in quibus poffint molere feu moli facere blada fua & aliarum perfonarum pro ut eis vifum fuerit expedire, & aquis dicti rivi uti, & eum expletare pro ut utilitati & neceffitati dicti monafterii viderint expedire quam conceffionem facimus & intendimus facere fine præjudicio eorum qui circa dictum rivum habent poffeffiones. Et falvo dare in omnibus, mandamus nostrum locum tenenti in Montepeffulano & cæteris officialibus noftris præfentibus & futuris quod hanc præfentem conceffionem nostram obfervent, & eam faciant inviolabiliter perpetuo obfervare in cujus rei teftimonium & ad majorem firmitatem prædictæ conceffionis noftræ, præfens inftrumentum figillo noftro pendenti juffimus communiri. Datum ad Perpinianum, 12 kal. novembris anno Dni 1299.

L'exemption du payement des dîmes que le IV. concile de Latran avoit accordé à tout l'ordre de Cîteaux attira dans ce même tems aux religieufes du Vignogoul un grand procès qui leur fut intenté par les prieurs de Montarnaud & de Valhauquez, qui prétendirent qu'elles leur devoient la dîme pour les métairies de Fenoullette & pour Puy-Maurin. L'affaire ayant été portée à Gaucelin de la Garde, evêque de Maguelone, il commit le facriftain de fon églife nommé Berenger d'Omelas pour en connoître; mais celui-ci ayant été prévénu par la mort, Gaucelin, par des nouvelles lettres données à Murviel le 12 janvier 1300, nomma Jean de Montlaur archidiacre de Maguelone, qui jugea en faveur des réligieufes du Vignogoul, & donna fes lettres adreffées aux recteurs des églifes Ste Marie de Montarnaud & St. Saturnin de Valhauquez, portant qu'attendu qu'elles avoient acquis ces metairies long-tems avant le concile général tenu à Latran fous Innocent III, elles devoient être exemtes du payement des dîmes. *Acta fuerunt hæc in Montepeffulano in canonica ecclefiæ beati Firmini. Anno dominicæ incarnationis 1301 non. Junii.* Signifié aufdits recteurs des églifes de Montarnaud & de Valhauquez par Pierre Cota, avocat de Montpellier & sindic du monaftere du Vignogoul : *per exibitionem litterarum etiam lingua laïca factam.*

Il paroît, par la décifion de Jean de Montlaur, que l'acquifition des métairies de la Fenoullette & Puy-Maurin avoit été faite par les réligieufes du Vignogoul long-tems avant le quatrieme concile de Latran, c'eft-à-dire avant 1215, qui fut l'année de la tenuë de ce concile, d'où l'on peut tirer une nouvelle preuve de l'établiffement de cette maifon dans le douzieme fiecle, comme nous l'avons dit au commencement de cet article ; mais je ne fçai fi le même Jean de Montlaur n'avoit point alors une fœur ou une niéce dans ce monastere; car je trouve dans * les archives de l'abbaye une Marguerite de Montlaur qui fut abesse en 1327.

 Elle conduisit sa communauté avec la prudence & l'habileté qui fut propre à ceux de sa maison qui occuperent le siege de Maguelone, & les premieres dignitez de cette église ; mais après son administration, les choses changerent beaucoup dans le gouvernement du Vignogoul; car une des abesses qui lui succederent ayant voulu, par je ne sçai quel raison, unir sa communauté avec celle des Proüillanes de Montpellier, elle donna lieu à un grand procés qui traîna long-tems à la cour du gouverneur de Montpellier, puis au conseil du roy à Paris, & enfin à la cour du pape à Avignon, où l'affaire étoit pendante lorsqu'il fut transigé entre les deux communautez pour se régler ensemble.

 Cette transaction, que j'ai eu entre les mains, marque seulement les conventions passées entre elles ; mais on en peut tirer quelque connoissance sur le fonds de leur different. « Il y est dit d'abord que les sœurs du monas-
« tére de Proüillan, sçavoir Catherine de Clapiers, l'ancienne & prieure du
« couvent, les sœurs Gausette & Colombiere, autre Catherine de Clapiers
« dite la jeune, Sibille Guiramende, Gaudiose Roquette, Ginette de
« Cadoule, Ermensende Jacob, Senezone Alemande, Guillelme de
« St. Quentin, Eleonor Bosquete, & Asturge de Bosc, autorisées par
« maître Pierre-Ranchin, provincial des freres précheurs de Provence, &
« frere Guillaume Finard, du même ordre, supérieur dudit couvent,
« conviennent de transiger avec Jean Garnier, prieur de Cardonet, diocese
« de Beziers, procureur fondé de la dame abbesse du Vignogoul & des
« sœurs dudit monastere, avec Jean, abbé de Valmagne, visiteur du mo-
« nastere du Vignogoul, noble & puissant-homme Philippe de Pannat sei-
« gneur d'Alest, tant pour lui que pour son frere Loüis de Pannat.

 « Lesquelles parties convinrent toutes que les religieuses de Proüillan
« renonceroient à l'union qui avoit donné lieu au procés, à condition
« qu'elles auroient tous les biens immeubles qui avoient apartenu au
« Vignogoul, en maisons, jardins, prez & champs en censives & usages
« dans Montpellier : Castelnau & Lates, excepté la maison à trois étages,
« qui est désignée prés de saint Jean, & dans la ruë dite St. Jean qui devoit
« rester au Vignogoul, que les dépens seroient compensés entre les parties,
« que les fruits du passé resteroient entre les mains de celles qui les
« auroient reçûs ; mais qu'à l'avenir, ceux qui seroient à recevoir apartien-
« droient au Vignogoul.

 « Les Proüillanes rendront les biens, meubles, comme sont les calices,
« le bras de saint Martin & autres ornemens d'église, avec les papiers qui

« appartiennent au Vignogoul; elles garderont les papiers qui concernent
« les effets qui leur ont été cedés, & celles du Vignogoul leur remettront
« de bonne foy ceux qu'elles pourront trouver.

« Convenu qu'on feroit ratifier la prefente tranfaction par l'abbé de Bon-
« neval, fuperieur immédiat de l'abbaye de Valmagne & du monaftére du
« Vignogoul... & d'autre part, que les Proüillanes la feroient ratifier par le
« géneral de leur ordre. Fait & paffé à Montpellier le 30 feptembre 1466,
« prefent Jacques Malhac, prêtre curé de Saint Guilhem.

« Et le même jour Marguerite d'Aramont abbeffe du Vignogoul, &
« Marguerite de Rochefort, avec toutes les autres religieufes dudit monaf-
« tére, ratifiérent le tout en prefence de l'abbé de Valmagne leur protec-
« teur & vifiteur, & noble Arnaud Dupuy, confeigneur du lieu de Puy-
« voifin : & le famedi fuivant, le prefent acte a été expedié par ordre
« d'excellent homme Jean Angeli, profeffeur ès loix & juge de la cour
« royale du bailly. »

Ratifié & aprouvé le même jour à Montpellier, par frere Martial Auribel
d'Avignon, géneral de l'ordre des freres prêcheurs.

Les conditions de ce traité diminuérent confiderablement les revenus
de l'abbaye du Vignogoul : dès-lors le nombre des religieufes fut beaucoup
moindre qu'il n'avoit été auparavant ; & les troubles de la réligion qui furvinrent dans le fiécle fuivant acheverent de reduire cette communauté à la
feule abbeffe avec quatre ou cinq religieufes. Elles pafferent tout le refte du
feiziéme fiécle, & le commencement du dix-fept dans les craintes & les
frayeurs où fe trouvoient expofées des filles qui habitoient au milieu de la
campagne. Ce ne fut qu'après le fiége de Montpellier qu'elles joüirent de
quelques repos ; mais le ravage qui avoit été * fait à leurs terres, & le peu
de difpofition qu'on trouva dans les filles du pays pour venir fe confiner
à la campagne, fit naître la penfée d'attirer à Montpellier les religieufes du
Vignogoul. L'affaire traîna durant quelques années, & les permiffions neceffaires ayant été obtenuës du roy, du général de leur ordre, de la ville &
de l'evêque de Montpellier, elles acheterent la maifon du fieur de Rignac,
près des Auguftins, où elles dresferent une chapelle qui fut benite, le 30 du
mois de juin 1683, par meffire Charles de Pradel, evêque de Montpellier.

Leur ancienne églife du Vignogoul fubfifte encore en fon entier, au milieu des bâtimens qui formoient autrefois le monaftére des religieufes :
elles y envoyent tous les dimanches & fêtes un prêtre de Montpellier pour
y dire la meffe, depuis la démolition de l'églife paroiffiale de Saint Martin
du Vignogoul, dont on voit les ruines entre le château de Saint-Martin &
l'abbaye dudit Vignogoul.

Voici le nom des abbeſſes que j'ay trouvé dans les titres de cette maiſon.
    Bernarde . . . . en 1174.
    Ermengarde . . . en 1181 & 1191.
    Beatrix. . . . . en 1239.
    Gaudioſe de Avena. . . . en 1300.
    Marguerite de Montlaur. . en 1327.
    Marguerite d'Aramon ſigna, en 1446, la tranſaction paſſée entre ſa communauté & celle des Proüillanes.
    Marguerite de Pannat ſucceda immédiatement à Marguerite d'Aramon.
    Marguerite Almande prit poſſeſſion en 1504.
    Jeanne Azemar ſe démit en 1585 en faveur de Jeanne de Claret de S. Felix.
    Jeanne de Montenard, reçuë coadjutrice en 1610.
    Claudine de St. Bonet de Toiras. . . en 1622.
    Tifene-Françoiſe de Nogaret de Calviſſon en 1664.
    Loüiſe-Angelique de Berard de Bernis. en 1713.
    Eliſabeth-Gabrielle de Bernis, ſœur de Loüiſe, en 1724.
    Marie de Berard de Veſtric de Montalet en 1737.

CHAPITRE QUATRIÉME.

L'ABBAYE DE Ste CLAIRE, DITE DU PARADIS ET DE St. DAMIEN.

CE monaſtére fut établi dans le XIII. ſiécle à l'extremité du fauxbourg de la Saunerie, dans un champ qui apartient aujourd'huy au ſieur Julien, entre les Carmes Déchauſſés & le grand Saint-Jean. Je ne trouve point d'où lui vint le ſurnom de Paradis; mais on remarque qu'il prit celui de St. Damien de l'égliſe de St. Damien à Aſſiſe, où ſainte-claire avoit fondé la premiere maiſon de ſon ordre : on ajoûte qu'après la canoniſation de cette ſainte, on donna ſon nom au monaſtére de Montpellier, qui fut toûjours depuis apellé de Sainte-Claire.

Les premieres religieuſes de ſon ordre qui s'établirent en cette ville ſont apellées *moniales beatæ Mariæ de Paradiſo, ordinis Sti. Damiani apud Montempeſſulanum in ſuburbiis,* comme on le voit dans les lettres que Pierre de Conchis, evêque de Maguelone, leur donna en 1254, par leſquelles il les déclare exemptes de tout droit epiſcopal dans le temporel & dans le ſpirituel; ne se reservant pour le temporel qu'une livre de cire tous les ans, & pour le spirituel la bénédiction de l'abbesse, la consecration des religieuses, la dédicace de l'église & des autels, avec l'administration des sacremens lorsqu'il en seroit requis par elles.

Le pape Alexandre IV confirma ce privilege par une bulle du 5 mars 1255 * dans laquelle il rapelle tout au long les lettres que l'evêque de Maguelone leur avoit déjà donné. Il les nomme sœurs de Notre-Dame du Paradis, recluses de St. Damien, sous la règle de St. Benoît ; & il nous aprend que Gregoire IX, avant que d'être pape, leur avoit donné leur règle. Alexandre IV, après avoir pris sous sa protection les religieuses de ce monastére avec tous leurs biens, leur donne pouvoir de recevoir les personnes libres qui voudront embrasser leur règle, avec défense à celles qui auront fait profession de sortir jamais de leur monastère. Il les exempte de rien donner pour les saintes huiles, & pour l'administration des sacremens, que l'evêque diocésain leur donnera gratis, autrement il leur permet d'avoir recours à tout autre evêque catholique ; & dans la vacance du siége de Maguelone, vous pourés (leur dit-il) « recevoir sans contradiction les « sacremens de tout evêque catholique, sans néanmoins que cela puisse « tirer à aucune consequence contre le nouvel evêque qui sera elû. »

Ensuite il leur permet qu'après la mort de leur abbesse, toutes les sœurs assemblées puissent en choisir une à la pluralité de voix, & qu'au temps d'un interdit général (auquel elles n'auroient pas donné lieu), elles puissent faire l'office à huis clos, annullant toute sentence d'interdit, ou de suspense, qui seroit portée contr'elles par les evêques ou recteurs des lieux, préjudice des indultz accordez par le St. Siége.

Le pape Clement IV, natif du bas Languedoc, donna un bref raporté dans les Analectes du P. Mabillon, par lequel il accorde quarante jours d'indulgence à tous ceux qui, étant contrits & confessés, visiteroient l'église de St. Damien de Montpellier. Donné à Viterbe le 28 avril 1267 et adressé aux religieuses de ce monastere en ces termes : *Dilectis in Christo filiabus abbatissæ & conventui monasterii Sti. Damiani de Montepessulano, ordinis Stæ. Claræ Magalonensis diœcesis.*

Ces religieuses, à qui nos archives de l'Hôtel de Ville donnent souvent le nom de Minoretes, après avoir demeuré environ deux cens soixante-six ans dans leur premier monastére, resolurent de s'aprocher de la ville & de se changer dans le faubourg de la Saunerie, au couvent que les religieux de l'Observance venoient de quitter, pour prendre celui des conventuels, où ils furent introduits par le credit de la duchesse d'Angoulême, mére du roy François I.

La tranflation des Minorctes fut faite en 1527, fur la fin de l'épifcopat de Guillaume Peliffier, qui avoit déjà fon neveu pour coadjuteur dans le fiége de Maguelone. Nous aprenons cette circonftance de Gariel dans la Suite des evêques de Maguelone. *Hic juniore nepote, defignato præfule facris nondum initiato, cum avenionenfi legato, divæ Claræ moniales in Obfervantiæ minores, uti vocant cœnobium, tranftulit.*

Elles y refterent jufqu'en 1562, qui fut l'année des premiers troubles que les calviniftes excitercnt à Montpellier. La plûpart des religieufes de Ste Claire fe retirerent au monaftere de leur ordre, en la ville de Beziers, comme il eft dit dans un acte que je raporterai plus bas ; & depuis ce temslà elles ne pûrent plus revenir à Montpellier.

J'ai trouvé dans les archives des peres Recollets de cette ville que les affaires étant devenües plus tranquilles en 1592, les peres Cordeliers de Montpellier eurent la liberté d'y revenir, & que le pere Simon Pibris, leur gardien, fut chargé de la procuration de dame Ifabeau de Pradines, abbeffe du couvent de Ste. Claire de Montpellier, pour vendre & aliener le fol de fon monaftere : en conféquence, ledit Simon Pibris fit vente au Sr. Pierre Hermet, apoticaire de Montpellier, d'une partie de l'emplacement du couvent de Ste. Claire, qui eft défigné de la forte.

« Etant ladite place fituée hors les murs de Montpellier, & près la porte
« de la Saunerie, qui confronte avec le tripot appellé de Miron, rüe au mi-
« lieu : d'autre côté confronte avec la rüe par laquelle on va à la dougue
« & au portail du Peirou, & avec une maifon de feu Guigon Bedos, &
« fes confrontations plus vrayes fi point en y a, dans laquelle on y a fait
« plufieurs creux remplis de fumier : tellement que icelle place ne fert plus
« d'aucune chofe que de chemin ordinaire à un chacun, étant icelle de
« tout démolie, ayant été emporté toute la pierre jufqu'aux fonde-
« mens, &c. »

* Et par autre acte du même jour le pere Simon Pibris, au même nom de procureur de ladite abbeffe Ifabeau de Pradines, fait vente à Pierre Boiffon, maréchal de Montpellier, « d'un petit cafal avec un petit pâtus hors les
« murs de Montpellier, & au faubourg de la Saunerie, joignant la place
« où autrefois a été le couvent des réligieufes de Ste Claire, qui confronte
« avec autre maifon de Pierre Boiffon, maréchal, & avec une autre maifon
« de Jean Fourelhet, rhodier ; ledit pâtus au milieu avec la rüe qui eft entre
« l'églife de St. Thomas & ledit couvent, &c. »

Les troubles n'ayant ceffé à Montpellier qu'après le fiége de 1622, les religieufes de Ste Claire furent invitées avec toutes les autres communautés de revenir à Montpellier; mais aucunes d'elles n'ayant paru, peut-être à

PAGE 505.

cause de leur mort, les biens qui leur avoient apartenu furent apliquez à la dotation des filles de la Visitation, que Mr. de Fenoüillet établit en cette ville en 1630, on leur attribua la métairie dite de las Mourgues, au-delà de St. Martin de Prunet, comme abandonnée par les filles de Ste Claire ; & depuis ce tems-là je ne trouve d'autre mention de leur monastère que dans les archives des Récollets de Montpellier, où l'on voit un acte passé par-devant Baissiere, notaire de Beziers, le 4 janvier 1654, où les religieuses disent, que « celles du monastère de Ste Claire de Montpellier ayant été « contraintes, pendant le trouble des guerres, de quitter leur monastère de « Montpellier, & de s'unir à celui de Beziers, où elles ont fini leurs jours, « il est notoire que le couvent de Ste. Claire de Montpellier apartient aux « religieuses de Ste. Claire de Beziers. A raison de quoi les déliberantes « sçachant que le pere Isidore de l'Eute, récollet de la citadelle de Mont- « pellier, travaille à établir ceux de son ordre audit Montpellier, elles su- « brogent en leur lieu & place lesdits récollets, pour retirer des mains des « usurpateurs le sol où étoit le couvent des religieuses de Ste. Claire de « Montpellier. »

La bonne volonté de ces religieuses pour les récollets n'eut aucun effet, parce que les particuliers qui avoient acquis une partie de l'emplacement produisirent leurs titres, en vertu desquels ils furent maintenus dans leur possession, & d'autres personnes charitables, dont il a été déjà parlé dans l'article des récollets, leur donnerent le moyen de s'établir ailleurs plus avantageusement. Ainsi les choses cédées resterent en l'état où elles étoient, les acquereurs conserverent l'emplacement qu'ils avoient acquis, & qu'ils ont encore dans la grande ruë du faubourg de la Saunerie ; mais le derriere de leurs maisons qui consiste en un grand jardin potager, sous le nom de la petite Observance, retourna aux cordeliers, qui en joüissent présentement.

Je n'ai trouvé dans les titres de cette maison d'autre nom de leurs abbesses que celui d'Isabeau Pradines, qui donna en 1592 sa procuration au pere Pibris, pour aliener les effets que ses religieuses avoient quitté.

CHAPITRE CINQUIÉME.

LES RELIGIEUSES DE St. DOMINIQUE, DITES LES PROUILLANES.

L'Histoire de l'ordre de St. Dominique nous aprend que le chapitre pro-vincial tenu à Avignon en 1294, commit & députa le pere Bernard Grandis, pour faire à Montpellier la fondation d'un monastère de filles de leur ordre, auxquelles on donnoit alors le nom de Proüillanes, à caufe du monaftére de Proüille, dans le diocéfe de St. Papoul, fondé du vivant de faint Dominique.

La même hiftoire ajoûte qu'on donna pour adjoins au pere Grandis deux autres religieux natifs de Montpellier, l'un apellé Dieudonné Fabri, & l'autre Gautier Aiguillon, lefquels choifirent un emplacement fur le chemin de Celleneuve au-deffus du couvent que les religieux de leur ordre avoient déjà à la Portaliere. On marque que c'eft tout joignant le lieu dit aujourd'hui la métairie de Burgues, * dans une enceinte de murailles apellée le clos d'Arnail, & que Berenger de Fredol, evêque de Maguelone, y confacra leur églife. La premiere religieufe qui y prit le voile eft nommée la vénérable mere Preftendine, qui fut fuivie de dix autres, & bientôt elles augmenterent jufqu'au nombre de trente-quatre.

PAGE 306.

Jacques II, roy de Mayorque, qui étoit alors feigneur de Montpellier, voulant favorifer leur établiffement, leur permit d'acquerir des ter res jufqu'à la concurrence de deux cens cinquante livres melgoriennes de revenu, qui étoit une fomme confiderable pour ce tems-là, comme on a pû le voir dans cette hiftoire, à l'occafion de l'échange de Montpelieret avec la baronie de Sauve. Nous avons les lettres que Jacques II. leur fit expedier à Perpignan le cinq de janvier 1296, dont voici la teneur.

Noverint univerfi quod nos Jacobus, Dei gratia rex Majoricarum, comes Roffilionis & Ceritaniæ, & dominus Montifpeffulani, cum hoc noftro inftrumento damus & concedimus licentiam & poteftatem, priorifæ & conventui fororum monafterii Pruliani, noviter conftituti in Montepeffulano, emendi feu alio titulo acquirendi in Montepeffulano, & dominatione noftra, & baronia ac diftrictu ejufdem, fcilicet de allodiis & malodiis tantum poffefsiones & reditus, five jura allodialia quæ communi æftimatione afcendant feu valeant ducentas libras Melgorienfes in reditibus. Et in hac conceffione jurium & valoris dictarum ducentarum librarum intendimus, & volumus effe inclufa bona immobilia five jura allodialia quæ jam feu acquifiverunt infra terram & jurifdictionem noftram Montifpeffulani, excepto loco in quo jam ædificaverunt vel ædificare intendunt monafterium, & horto ejufdem, quem locum ultra conceffionem noftram prædictam dictæ priorifæ ac conventus ejufdem effe volumus affignatum pro dicto monafterio ibidem conftruendo, & horto ibidem neceffario ad ufus fuos tantum, ita quod dicta priorifa & conventus ejufdem poffint emere & acquirere dicta jura & poffefsiones allodiales ufque ad dictam quantitatem fine impedimento noftro & noftrorum, ut fuperius continetur. Mandantes tenenti locum noftrum & procuratoriis noftris in Montepeffulano & univerfis aliis officialibus noftris præfentibus & futuris, quod prædictorum conceffionem noftram firmam habeant & obfervent, & ne contra veniant nec aliquem contra venire permittant aliqua ratione, & ad majorem firmitatem omnium prædictorum præfens inftrumentum sigillo nostro pendente jussimus communiri, datum Perpiniani idibus januarii, anno Domini millesimo ducentesimo nonagesimo sexto.

Dans le mois d'août suivant, le roy Philippe le Bel, qui depuis peu d'années avoit acquis Montpellieret, voulut suivre l'exemple du roy de Mayorque en faveur de ces religieuses, en leur permettant d'acquerir dans le district qui lui apartenoit jusqu'à deux cens cinquante livres tournois de rente. Ses lettres sont datées de Paris, du mois d'août, l'an de l'incarnation 1296.

Philippus, Dei gratia Francorum rex illustris, notum facimus universis, tam præsentibus quam futuris, quod cum magnificus princeps carissimus avunculus & fidelis noster Jacobus, Dei gratia Majoricarum rex illustris, religiosis mulieribus, sororibus beati Dominici de Pruliano duxerit concedendum : quod ipsæ apud Montempessulanum construere sibi possint monasterium & possessiones seu allodia ad opus monasterii supradicti. Nos cupientes cultum augeri divinum, consilium hujusmodi laudamus, approbamus & tenore præsentium confirmamus, addentes & eisdem sororibus divini amoris intuitu concedentes, quod ipsæ usque ad summam ducentarum librarum turonensium annui & perpetui reditus, quæ sint tamen allodia ad ipsius opus monasterii acquirere cum sibi viderint, expedire valeant, easque perpetuo possidere pacifice & quiete, absque coactione vendendi, vel extra manum suam ponendi, salvo in aliis jure nostro & quolibet alieno. Quod ut ratum & stabile permaneat in futurum, præsentibus litteris nostrum fecimus apponi sigillum. Actum Parisiis, anno incarnationis dominicæ millesimo ducentesimo nonagesimo sexto, mense Augusti.

Nous avons dans les archives de la ville le visa de ces deux lettres-patentes, expedié par Deodat Ambrosi, bailly royal de Montpellier, le 21 de janvier 1406.

Cependant les religieuses de St. Dominique se trouvant plus exposées qu'aucune autre communauté au ravage que les troupes congediées firent dans le pays, après la prise du roy Jean, elles résolurent de changer de lieu ; & pour le faire* avec avantage, elles firent agir l'abbesse de Proüille auprés du cardinal Anglic Grimoard son proche parent, à qui les consuls de Montpellier n'avoient rien à refuser, depuis les services essentiels qu'il avoit rendu à la ville pendant la sédition arrivée tout recemment sous le duc d'Anjou. Ce cardinal employa si heureusement son crédit, qu'il fit prendre une délibération dans le conseil de ville, de donner aux religieuses de Proüillan l'hôpital de St. Guillem, dans le faubourg du même nom, fondé autrefois par Guillaume, fils d'Ermensende.

Le verbal qui en fut dressé contient plusieurs circonstances curieuses pour notre histoire, que j'ai crû devoir raporter ici. Il y est dit que «le 4 de-« cembre 1381, les consuls de Montpellier, sçavoir : Jacques de Manhania, « Pons Sabran, Pierre Seguier, &c. patrons de l'hôpital St. Guillaume,

II. Partie. Livre dixième.

« expoferent à Bernard Texier, bailly royal de Montpellier, que les reli-
« gieufes de N. Dame de Proüillan étant expofées dans le lieu où elles
« font, aux courfes des voleurs qui ravagent actuellement le pays : *Præ-*
« *fentem patriam hoftiliter deprædantium.* Le cardinal Anglic auroit induit les
« confuls, par fes inftantes prieres, de leur donner l'hôpital St. Guillem, ce
« qu'ils auroient fait, après avoir affemblé un confeil général de deux cens
« vingt hommes de Montpellier, pris *de majoribus, de mediocribus* & *de mino-*
« *ribus villæ,* qui y ont confenti : par quoi ils requierent le bailly de ratifier
« cette donation ; ce qu'il a fait (dit l'acte) comme chofe raifonnable,
parce que la vie contemplative (ajoutent-ils) vaut bien les fonctions labo-
rieufes de Marthe. En confequence de quoi ils mettent en poffeffion pour
lefdites religieufes, frere Pierre Montanier leur fuperieur, de tous les droits &
apartenances dudit hôpital, à la charge qu'elles feront chanter tous les ans
une meffe folennelle le jour de Ste. Catherine pour les morts, & tous les
jours de l'année de dire à la meffe une oraifon pour l'âme des fondateurs,
& de prier pour la profperité de la ville . . . . . . , en foûmettant le tout
aux rigueurs du petit sceau royal de Montpellier.

Le lendemain 5 décembre, leur fuperieur frere Montanier & Agnes de
Auffac, prieure, Saure *(sic)* de Heufiere, foû-prieure, & 41 réligieufes affemblées
en chapitre, au fon de la cloche, accepterent le tout aux conditions portées,
difant que n'ayant, comme difoit faint Pierre, ni or, ni argent, pour leur
rendre, elles offroient leurs prieres, qui étoient les feules chofes qu'elles
avoient à leur difpofition, ce qu'elles promettent de faire pour la profperité
du St. pere Clement VI, du cardinal Anglic, de R. Pere en Chrift Pierre de
Vernobs, evêque de Maguelone, & de vénérable homme Me. Jean de Tournemire, médecin du pape, qui s'étoit fort intereffé pour elles, & pour toute
la communauté de Montpellier.

Parmi les quarante-une réligieufes fignées dans cet acte, comme faifant
la plus faine et la plus grande partie de la communauté, les noms les plus
connus outre Saure d'Heufiere, foû-prieure, font : Martine-Portale, Gaudiofe
de Cazes, Beatrix de Quarante, Raymonde Bonami, Françoife de Vernet,
Ricarde Trinquere, Marguerite Caufide, Florence Ricarde, Aigline d'Aigrefeüille, Sibille Texier, Rique Vidal, Marthe Boiffiere, Caufide de Caftanis,
Catherine de Clapiers.

« Et incontinent les fufdits confuls, comme patrons dudit hôpital, y
« conduifirent le pere Montanier, qu'ils firent entrer par la principale porte,
« promener dans la maifon, fermer & ouvrir les portes, & faire (dit l'acte)
« tout ce qui eft neceffaire pour une prife de poffeffion. »

Tout ce que je viens de raporter eft écrit tout au long dans la bulle de confirmation que le pape Clement VI donna à Avignon le 12 des kal. de juin l'an quatrieme de son pontificat, c'est-à-dire 1346, où il fait mention des insultes & des dangers auſquels ces religieuſes ſe trouvoient expoſées dans leur premiere maiſon. Il leur ordonne qu'en abandonnant ce monaſtére, elles ne le laiſſent point ſervir à des uſages prophanes ; mais qu'un prêtre capable y aille faire le ſervice : *quoddam hospitale pauperum*, dit le pape, *quod eſt ſitum juxta ecclefiam Sti. Guillelmi.*

Il paroît par ces derniers mots de la bulle de Clement VI qu'elles joüirent de l'hôpital et de l'égliſe de St. Guillem ; mais il faut qu'il leur manquât un refectoire convenable, puiſqu'on trouve dans leurs archives que Dominique de Florence, evêque de St. Pons, qui avoit été de leur ordre, mit en 1382, la premiére pierre au refectoire de leur nouveau couvent.

PAGE 308.   * Elles y étoient encore logées dans le tems du grand procès qu'elles eurent en 1446, & qui leur valut l'acquiſition des droits que les religieuſes du Vignogoul avoient dans Montpellier. J'en ai parlé ſuffiſamment dans l'article de cette abbaïe ; mais je ne puis omettre que dans le ſiécle ſuivant, elles furent chaſſées de cette maiſon par les huguenots, & qu'elles ne purent y revenir qu'après le ſiége de Montpellier.

Ce fut en 1635 que Madame de la Chaiſe (tante du pere de la Chaiſe, confeſſeur du roy Loüis XIV) partit de la ville du Puy avec quelques religieuſes de ſon ordre, pour rétablir leur maiſon de Montpellier. Elles ſe logerent aux environs dans le jardin de Mr. de Trinquere, juge-mage ; mais ſuivant le goût où étoient alors la plûpart des communautés, de s'établir dans la ville plûtôt que dans les faubourgs, elles choïſirent au milieu de la ville la maiſon de Mr. Duché, près des Capucins. Le voiſinage de ces bons peres leur faiſant connoître que les deux maiſons ſe nuiroient l'une à l'autre, elles allerent à la Blanquerie dans une maiſon de Mr. du Robin ; enfin, après avoir levé tous les obſtacles qu'on leur faiſoit pour rentrer dans leur ancien emplacement, elles s'y logerent avec le ſecours que M. Sartre, conſeiller en la cour des comptes, aydes & finances de Montpellier, & madame d'Eſtoubleau ſa fille, donnerent à ces bonnes religieuſes.

Leur maiſon, qui eſt la plus auſtere de tous les couvens des filles de Montpellier, a augmenté conſiderablement par les agrandiſſemens qu'elles y ont fait, & par le nombre des religieuſes qu'elles ont reçû.

CHAPITRE SIXIÉME.

LES RELIGIEUSES DE Ste. CATHERINE ET DE St. GILLES.

CES réligieufes, qui avoient leur monaftere dans le faubourg du Pile St. Gilles, près des murailles de la ville, ne nous font bien connües que par leur tranflation dans l'enceinte de Montpellier, qui fût faite en 1337, par Durand des Chapelles, evêque de Maguelone.

Nous aprenons des réglemens que cet evêque leur donna, qu'elles portoient autrefois le manteau blanc, & qu'après leur tranflation, il fut réglé qu'elles le porteroient noir. *Licet dominæ moniales & earum prædeceffores ufæ fuiffent portare mantellum album, propter commutationem tamen & apparentiam majoris devotionis & religionis, ædem dominæ moniales & earum fucceffores portare poterunt, & debebunt in antea mantellum nigrum ex ordinatione & ftatuto per dictum dominum epifcopum jam factis.* Les ouvriers de la commune clôture intervinrent dans l'acte de leur tranflation, avec le chapitre de Maguelone & Guillaume de Vefenobre, prieur de St. Denis, dans la paroiffe duquel elles étoient établies.

Ce qui donna lieu à cette tranflation, fut le teftament d'un nommé Berenger Meyrofe, riche bourgeois de cette ville, qui legua, par acte du 23 avril 1348, trois mille cinq cens livres, pour être employées en bonnes œuvres, & particulierement à l'établiffement d'un couvent de réligieux où de réligieufes. Il fubrogeoit aux quatre executeurs qui font nommés dans fon teftament les ouvriers de la commune clôture, lefquels voyant que depuis neuf ans les executeurs teftamentaires n'avoient rien fait, ils s'adrefferent à Durand, evêque de Maguelone, avec lequel ils projetterent de mettre dans la ville les filles de St-Gilles, dont le monaftere, fitué dans le faubourg de ce nom, avoit été détruit. *Attendentes quod nuper quoddam monaflerium vocatum religiofarum dominarum monialium Sancti Egidii, juxta muros communis claufuræ Montifpeffulani, & prope portale vocatum Sancti Egidii fituatum, propter præfentium guerrarum difcrimina, penitus ac funditus fuerit dirutum, deftructum & inhabitabile.*

Pour cet effet, ils acheterent plufieurs maifons attenantes à la chapelle de Ste. Catherine, qui étoit fituée dans l'efpace qui fait aujourd'hui le jardin de Ste Urfule, * ils y établirent les réligieufes de St. Gilles, qui, après la perte de leur monaftere, fe trouvoient réduites à la derniére pauvreté: *dominæ moniales virgines, quæ in dicto monaflerio exiflebant, totaliter erant miferabiles factæ.*

PAGE 309.

Leur nombre étoit réduit à fix, qui font ainfi nommées dans l'acte fur lequel j'écris : Raymonde Gafque, prieure ; Jeanne Poffel, Marthe Domenge, Marguerite de Briffac, Agnes du Crez, Jacquette Bourges. On leur bâtit un logement convenable auprès de Sainte Catherine, & l'evêque ayant fait la benediction de leur autel, leur donna des réglemens par lefquels, outre le changement de leur habit, que j'ay déjà marqué, il régle qu'elles ne pouront paffer le nombre de vingt religieufes de chœur, & de quatre converfes qu'il appelle Donates. Il veut qu'elles foient toutes de la ville de Montpellier ou des faubourgs, nées de légitime mariage, & vraifemblablement vierges. Il les foûmet à fa jurifdiction immédiate, & leur prefcrit de garder la régle de faint Auguftin, qu'on obfervoit à Maguelone, & qu'elles avoient profeffé auparavant. *Perpetuo fervabunt regulam fancti Auguftini, fecundum ufum ecclefiæ Magalonæ, pro ut per ipfas promiffum erat retroactis temporibus.* Il ordonne qu'elles feront appelées à l'avenir les réligieufes de N. Dame & de St. Gilles ; qu'elles garderont une clôture perpétuelle, parce (ajoute-t-il) que le cloître eft pour les perfonnes confacrées à Dieu, ce que l'eau eft aux poiffons. *Quia ficut pifcis fine aqua, fic nec monachus feu monaca fine clauftro vivere poteft.*

Leur prieure perpétuelle fera élûë par les religieufes, toutes les fois que le cas en échéra, & confirmée enfuite par l'evêque, qui aura droit de la fufpendre & de la deftituer.

Elle ne pourra donner l'habit à aucune fille fans le confentement des ouvriers de la commune clôture. Chaque fille qui voudra être reçûë pour religieufe portera dix marcs d'argent, bon & fin, pour fubvenir aux befoins du monaftére, & les parents feront tenus de lui affurer une penfion de dix livres tournois, payables tous les ans, pour lui fournir des voiles, des habits, des fouliers & autres neceffités ; elle portera à fon entrée un coffre fuffifamment garni de tout le linge qui devra fervir à fon ufage.

L'argent que les filles porteront à leur entrée, & les autres dons qui feront faits au monaftére, feront gardés dans un coffre à trois clefs, dont l'une reftera entre les mains de la prieure, l'autre entre les mains de l'official de Maguelone, & la troifiéme fera remife aux ouvriers de la commune clôture, qui auront auffi un inventaire de tous les biens de la maifon ; mais fi les dons qui feront faits au monaftére n'excédent pas la fomme de vingt-cinq livres, la prieure pourra s'en fervir pour l'entretien de fa communauté.

Par une autre difpofition de ces réglemens, il paroît évidemment, que la chapelle de Ste. Catherine étoit de la paroiffe de Montpelieret, & comme nous l'avons obfervé dans l'article de l'églife de Saint Denis. *Quia vero* (dit l'evêque de Maguelone), *prædictum monafterium, de novo infra dictam parro-*

chiam Sti. Dionifii fundatur & inftituitur, prout superius eft expreffum, ut inde ipfa parrochialis ecclefia debitam honorificentiam confequatur.

Il ordonne que les prieures du nouveau monaftére payeront à l'avenir tous les ans, au prieur de Saint Denis, la fomme de quatre livres tournois en monnoye courante, dans laquelle fomme feront compris les cinquante fols tournois qu'elles lui payoient auparavant pour leur ancien monaftére du faubourg Saint Gilles.

Il finit ces réglemens, en leur permettant d'avoir un cimetiére dans le cloître ou dans le chœur, pour les religieufes & pour les converfes. Il charge de leur fepulture le prêtre qui devoit leur adminiftrer les facremens de la penitence, de l'euchariftie & de l'extrême onction, & qui devoit lui être préfenté tous les ans, ou à fon grand-vicaire, par les ouvriers de la commune clôture, dans le tems du finode de la Saint Luc. Ce prêtre étoit auffi tenu d'affifter aux proceffions de Saint Denis, comme il étoit d'ufage, & de dire toutes les femaines une meffe des morts pour l'ame de Berenger de Meyrofe, fondateur de la maifon, après que les religieufes auroient dit pour lui l'office des morts.

*Tout ce que je viens de dire eft tiré de l'acte de fondation, qui m'a été communiqué par les dames de Sainte Urfule, comme propriétaires du fonds qui apartenoit autrefois aux religieufes de Sainte Catherine. PAGE 310.

Leur ancien emplacement eft défigné de la forte dans les reconnoiffances faites en 1386 & 1467. La première au nom de Jean de Codo, leur prêtre fondé de procuration, donne pour confronts de ce monaftére : la ruë de la Blanquerie d'un côté, celle de Sainte Catherine de l'autre, par derrière les douze pans de la ville, & du côté du levant une petite traverfe qui fervoit à aller de la ruë de Sainte Catherine aux douze pans. La feconde reconnoiffance, faite le 2 juin 1467 par Jean Andrieu, leur prêtre & leur procureur, donne les mêmes confronts; & ce n'eft que dépuis les acquifitions faites par les religieufes de Sainte Urfule, que cet emplacement va au delà de la traverfe, qui eft mentionée dans les deux reconnoiffances.

La chapelle de Sainte Catherine, donna le nom aux religieufes de cette maifon, quoiqu'il eût été reglé par l'evêque de Maguelone qu'elles feroient appellées de Notre Dame, & de Saint Gilles. Elles furent difperfées comme les autres communautés de la ville, dans la premiere fureur des troubles de la religion ; & tous leurs biens ayant été unis après le fiége de Montpellier aux dames de la Vifitation, les religieufes de Sainte Urfule acheterent cet ancien emplacement, qu'elles ont fort augmenté.

CHAPITRE SEPTIÉME.

LES RELIGIEUSES DE LA VISITATION

LA grande veneration que Mr. de Fenoüillet avoit confervé pour la mémoire de faint François de Sales, fon ancien evêque, le porta fept ou huit ans aprés la mort de ce faint, & autant aprés le fiége de Montpellier, à attirer en cette ville les filles qu'il avoit établi fous le nom de la Vifitation de Ste. Marie. Il communiqua fon deffein à Jean-François de Sales, frere & fucceffeur du faint evêque de Geneve, qui fit partir, au mois de may 1631, fix religieufes de la maifon d'Annecy, premiére maifon de l'ordre, pour venir fonder celle de Montpellier.

Le nom de ces premiéres fondatrices, qu'on a confervé avec foin, à caufe de leur éminente vertu, font:

Loüife-Dorothée de Marigny, parente de faint François de Sales, & qui avoit reçû le voile de fes mains, aprés fix ans de fupériorité à Montpellier, elle en fut tirée pour être fuperieure au Puy & à Billom en Auvergne.

Gafparde-Angelique Brunier, de Moular en Savoye, avoit auffi reçû le voile des mains de leur faint fondateur; & aprés avoir été envoyée aux fondations du Bellay & de Chambery, elle vint à Montpellier, où elle finit fes jours en 1660.

Marie-Renée Faber, de la ville de Chambery, fut reçûë par la mere de Chantal, fuperieure génerale de l'ordre, & nommée par elle pour la fondation de Montpellier, d'où elle alla faire celle de Touloufe, & y fut fuperieure durant fix ans.

Marie-Jacqueline Grafcy vêcut à Montpellier quatorze ans, & y mourut en 1645, âgée de 36 ans.

Marie-Marguerite de Vallon, d'une noble & ancienne famille du Châblias, mourut à Montpellier en 1688.

Marie-Eleonor des Nouvelles, du duché de Savoye, accompagna la mere de Faber à la fondation de Touloufe, où elle fut affiftante, & y mourut âgée de 68 ans.

Toutes ces dames etant parties d'Annecy, fe rendirent à Avignon par le Rhône, pour venir à Aiguefmortes, d'où elles pafferent à Perols, où Mr. de Fenoüillet les envoya prendre, & les fit loger chés le Sr. Bofanquet, en attendant qu'on leur eût bâti un monaftère.

* Pendant le fejour qu'elles firent durant cinq ans chés le Sr. Bofanquet, Mr. de Fenoüillet obtint pour elles, du roy, l'union de l'ancienne abbaye de Ste. Claire & du prieuré des réligieuses dites de Ste. Catherine & de St. Gilles. On projetta dès-lors de prendre pour les loger l'emplacement de ce dernier monastere; mais Mr. de Fenoüillet ayant formé un plus grand dessein, il fit construire à ses dépens le beau bâtiment qu'elles ont à la ruë de la Blanquerie.

Dans cet intervale, leur nombre augmenta considerablement, en sorte qu'elles se trouverent au nombre de plus de vingt réligieuses lorsqu'il fallut aller prendre possession de leur nouveau monastére. On prit jour au 25 de juin 1636, qu'elles partirent processionnellement de chés le Sr. Bosanquet, pour aller habiter dans leur nouvelle maison. Madame la duchesse d'Alüin, gouvernante de la province, voulut bien les y conduire, suivie des principales dames de la ville. Le chapitre de la cathedrale, en l'absence de son evêque (qui étoit pour lors à Rome), assista à leur procession avec la musique de St. Pierre, & tous les habitans, pour solemniser la fête, tapisserent les ruës par où elles devoient passer.

En cette même année, elles eurent la consolation de récevoir la mere de Chantal, leur superieure generale, qui revenant de Paris, séjourna cinq jours avec elles à Montpellier. On marque qu'après avoir visité toute leur maison, elle leur dit qu'elle y trouvoit une entiere conformité avec leur premier monastere d'Annecy.

L'églife dont elles manquoient ne put être commencée qu'environ dix ans après. Je trouve dans leurs mémoires qu'on grava sur la premiere pierre cette inscription :

HIC LAPIS FUNDAMENTO ECCLESIÆ VISITATIONIS BEATÆ MARIÆ POSITUS EST. INNOC. X. S. PONT. LUD. XIV. GAL. ET NAV. REG. DIE XXII FEB. M. DC. XLVI.

Cette même église n'a pû être achevée qu'en 1655, elle fut sacrée le jour de St. Mathias, 24 fevrier, par Mr. de Comenges, frere de M. le marechal du Plessis-Pralin.

Cet édifice, qui dans son genre est un des plus beaux de la ville, se trouva en état de récevoir la reine Anne d'Autriche, qui vint y faire ses dévotions lors du passage du roy Loüis XIV, son fils en 1660. On raporte que cette pieuse reine voulut voir leur monastere; & que s'étant aperçuë que les religieuses, par modestie, ne la regardoient pas, elle le leur commanda.

Leur communauté s'est renduë considerable par le nombre & la qualité des sujets. Elle a fourni des religieuses pour les fondations de Toulouse &

de Nîmes; & l'interieur de leur maifon a reçû plufieurs embelliffemens par les foins & le crédit de Madame Henriette de la Croix de Caftries, qui en a été fuperieure.

CHAPITRE HUITIÉME.

LES RELIGIEUSES DE SAINTE URSULE

L'Education des pauvres filles, dont les parens n'avoient pas le moyen d'y pourvoir, fit naître la penfée à Mr. de Fenoüillet d'attirer à Montpellier les réligieufes de Ste. Urfule, qui par leur état font confacrées à cette bonne œuvre. Il obtint de meffire Fulcrand de Barrés, evêque d'Agde, fix réligieufes du monaftere de Pefenas, qui arriverent à Montpellier le 17 avril 1641, pour y établir la premiére maifon de leur ordre 1641.

Nous aprenons le nom de ces premieres fondatrices, par les lettres que leur donna l'evêque d'Agde pour venir à Montpellier : Marie de Martin, y eft * nommée comme fuperieure, & Françoife de Treffan comme affiftante; les autres font Anne de Boufigues, Marie de Fontés, Jeanne de Gardés, & Marie de Reilhac.

Ces dames, par une efpece de pronoftic du lieu qu'elles devoient habiter un jour, vinrent fe loger tout joignant la porte de la Blanquerie, dans quelques petites maifons qui apartenoient autrefois au monaftère de Ste. Catherine & de St. Gilles. Le peu de commodité qu'elles y trouverent les empêcha de pouvoir y ouvrir leurs écoles, d'où quelques perfonnes, qui leur étoient contraires, prirent occafion de les décrier dans l'efprit du public & dans celui de leur evêque.

Les chroniques de leur ordre marquent que le P. Bourgoin, général de l'Oratoire, étant venu à Montpellier dans ces conjonctures, il les anima beaucoup par fes exhortations, & leur rendit de bons offices auprès de Mr. de Fenoüillet, qui voyant par lui-même l'impoffibilité qu'il y avoit d'affembler les filles de la ville dans un lieu fi étroit & fi éloigné, prit le parti de loüer à fes dépens la maifon de Manny, auprès de N. Dame des Tables, où il les logea.

La fituation de cette maifon, au milieu de la ville, leur facilita le moyen d'avoir des penfionnaires & d'ouvrir leurs claffes, où l'on accourut de tous les quartiers de la ville. Après y avoir exercé leur zèle pendant quatre ans, elles fe raprocherent de l'ancien monaftère des filles de Ste Catherine, en achetant au bout de la ruë de Capelle Nove la maifon du Sr. Barthelemy. En même-tems elles traiterent avec les dames de la Visitation pour l'achapt de l'ancien emplacement de Ste. Catherine; & le contrat leur en ayant été passé, Mr. de Fenoüillet, qui l'aprouva, fit commencer le grand & beau cloitre qu'elles ont aujourd'hui.

Malheureusement pour elles, la mort de ce prélat, arrivée en 1652, arrêta tous les travaux commencés. Il fallut qu'elles cherchassent du fonds dans leurs épargnes pour continuer leur bâtiment ; & l'histoire de leur ordre marque que, n'ayant souvent ni de quoi payer les ouvriers, ni de quoi s'entretenir elles-mêmes, il leur vint des secours imprévus, & que les réligionnaires même, touchés de leur état, fournirent souvent à leur subsistance.

Leurs moyens ayant augmenté dans la suite, par le grand nombre de filles qu'elles reçûrent, l'emplacement de leur monastere s'élargit beaucoup par l'inféodation des douze pans & de la petite ruëlle qui y conduisoit, ce qui leur a donné, avec le tems, presque tout l'espace qui est entre la ruë de la Blanquerie & celle de la Capelle Nove.

Je crois ne devoir pas oublier l'éloge qu'on voit dans leurs chroniques, de leurs premieres fondatrices, qui se distinguerent par leur amour pour la retraite, & par le grand éloignement du monde où elles vécurent.

CHAPITRE NEUVIÉME.

SECOND MONASTERE DE Ste. URSULE, DIT St. CHARLES.

LE même motif qui avoit porté Mr. de Fonoüillet à attirer à Montpellier les religieuses de Ste. Ursule, porta messire François de Bosquet, son successeur, à faire un pareil établissement dans la ville de Lunel, qui est la seconde de son diocése, & où le grand nombre de nouveaux catholiques qu'il y avoit, sembloit demander une plus grande attention pour l'instruction des jeunes filles.

La proposition en ayant été faite au conseil de ville de Lunel, le Sr. de Cunny, premier consul, vint à Montpellier pour en faire la demande à Mr. de Bosquet au nom de toute sa communauté. Ce prélat, qui n'attendoit que leur derniere resolution, jetta les yeux sur les ursulines de Lodeve, pour faire l'établissement de Lunel : il en écrivit à messire Roger de Harlay, son successeur en l'evêché de Lodeve, pour lui demander quatre religieuses, qu'il lui envoya, sçavoir: la mere de la Treille pour superieure, la mere de Pradel pour assistante ; & pour compagnes*, la sœur de la Treille, sœur de la superieure, avec la sœur de la Tude, & la demoiselle de Vailier, native de Gignac, qui vouloit contribuer à cette fondation par une fomme affez confiderable dont elle avoit à difposer.

Elles arriverent à Lunel le 5 decembre 1664, où elles furent reçûës à la porte de la ville par Mrs les confuls, qui les conduifirent à la grande églife, & de là dans la maifon qui leur étoit preparée. La bénédiction que Dieu répandit fur leurs travaux leur attira plufieurs bons fujets, qui formeront bien-tôt une communauté affez nombreufe ; mais les maladies dont elles furent affligées, & le trouble que le paffage des troupes leur caufoit fouvent à Lunel, toucha M. de Pradel, neveu & fucceffeur de Mr. de Bofquet, qui forma le deffein de les transferer à Montpellier, où elles pouvoient travailler plus utilement à l'inftruction des nouvelles catholiques.

Dans cette vûë, il leur deftina une maifon dite la Providence, que Mr. de Bofquet fon oncle avoit établi pour ce deffein, dans la rue de la Blanquerie, vis-à-vis le monaftere de la Vifitation. Après avoir obtenu le confentement de la ville, il les fit venir dans le mois de juin 1679, c'eft-à-dire quinze ans après leur établiffement à Lunel. Elles pafferent une année entiere dans la maifon de la Providence, en attendant qu'elles puffent fe loger auprès de St. Pierre, dans une grande maifon qu'elles acheterent de M. de Briffac, à qui on donna le nom de St. Charles, pour les diftinguer du premier monaftere de leur ordre, qui étoit déjà dans Montpellier. Tout y étant prêt pour les recevoir, elles en prirent poffeffion le 28 juin 1680, & commencérent dès le lendemain toutes les fonctions de leur inftitut. Leurs claffes furent bien-tôt remplies, & le nombre des penfionnaires augmenta fi fort, que dès la première année il y en eut jufqu'à huit qui demandèrent le voile. Le bon ordre & l'union qui regnent dans cette communauté l'ont augmentée confiderablement. Elles vont tour à tour exercer leur zèle dans la maifon de la Providence, où l'on envoye à chaque trienne de fuperiorité trois religieufes de la maifon de St. Charles.

La maifon de la Providence, qui eft fous leur direction dépuis leur établiffement à Montpellier, eft deftinée à l'inftruction des nouvelles catholiques, comme je l'ai déjà dit. Elle a changé diverfes fois pour la plus grande commodité du logement ; car en la tirant de la ruë de la Blanquerie, où elle eut fon premier établiffement, on la mit prés de St. Pierre vis-à-vis la porte de l'églife de St. Charles ; mais dépuis 1704 on l'a transferée dans la maifon du feu abbé de Franquevaux, où la bonté de l'air, l'étendue du bâtiment & l'agrément du jardin, contribuent à rendre le féjour plus fain & plus agréable.

CHAPITRE DIXIÉME.
NOTRE-DAME DU REFUGE.

Es lettres de meffire Charles de Pradel, evêque de Montpellier, du 12 fevrier 1677, nous aprennent les circonftances de l'établiffement du refuge avec tant de netteté, que j'ai crû devoir les mettre à la tête de cet article.

« Charles de Pradel, par la grace de Dieu & du faint fiége apoftolique,
« evêque de Montpellier, comte de Melguëil, & de Montferrant, marquis de
« la Marquerofe, baron de Sauve, confeiller du roy en fes confeils : ma-
« dame la ducheffe de Vernëuil nous ayant fait connoitre le défir qu'elle a
« d'établir dans la préfente ville une maifon de refuge fous la conduite
« des dames réligieufes de Notre-Dame du Refuge, & fous notre jurifdic-
« tion; & qu'à ces fins il y a environ un an que par l'aprobation de feu
« notre très-honoré oncle meffire François Bofquet, evêque de Montpel-
« lier, & du contentement de la communauté de ladite ville, en attendant
« qu'elle eût la permiffion du roy, elle fit * venir des réligieufes dudit or- PAGE 316.
« dre pour commencer ledit établiffement, lequel auroit eu déjà tant de bé-
« nédiction, que dans la maifon où l'on a logé lefdites réligieufes, il y a
« une vingtaine de femmes, qui ayant quitté leur mauvaife vie, donnent
« des marques d'une vraye pénitence. Nous, défirant contribuer à une œu-
« vre fi fainte & fi neceffaire, attendant qu'il ait plû au roy d'accorder des
« lettres-patentes pour ladite fondation, permettons, fous le bon plaifir de
« Sa Majefté, aufdites réligieufes du Refuge, de refter dans fadite maifon,
« ou de fe loger en telle autre de ladite ville qu'elles jugeront commode,
« pour y vivre en communauté & en clôture, fuivant leurs régles & confti-
« tutions, pour y recuëillir & gouverner tant les femmes qui s'étant reti-
« rées de leur mauvaife vie, font déjà enfermées dans ladite maifon par
« notre permiffion, que celles qui étant de même condition y feront remi-
« fes à l'avenir. » Fait à Montpellier dans notre palais epifcopal, le douzième de fevrier mil fix cens foixante dix-fept.

On voit dans ces lettres que madame la ducheffe de Vernëuil, gouvernante du Languedoc, forma le premier deffein de cet établiffement, que la ville y donna fon confentement, & que l'ouvrage ayant commencé fous meffire François Bofquet, fut heureufement achevé fous Charles de Pradel, fon neveu, & fon fucceffeur dans cet evêché.

Les mémoires particuliers de cette maifon, nous aprennent que madame la ducheffe de Vernëuil s'étant adreffée à Mr. d'Olivier, confeiller au parlement, & fondateur de la maison du refuge à Toulouse, ce magistrat dévoüé à toutes les bonnes œuvres qui se préfentoient, lui destina pour Montpellier sa propre niéce Angelique de Catalan, avec une ancienne & une converse.

Elles arriverent à Montpellier le 13 fevrier 1676, & furent reçûës au couvent de la Visitation, où elles demeurerent pendant trois mois, en attendant que leur logement fût prêt à la maison qui sert aujourd'hui aux demoifelles de Colomby, dans la ruë de Mr. de Murles : alors la ville leur établit une pension, & Mr. l'evêque leur donna les lettres que nous venons de voir ; enfin elles reçurent, en 1680, les lettres-patentes qui rendoient leur établissement stable, & pour lors les dames de la Miséricorde, qui avoient partagé le détail du soin de leur maison, s'en déchargerent entierement sur elles.

- L'attribution que les lettres-patentes du roy faisoient à leur maison, de tout ce qui avoit apartenu autrefois aux Repenties, leur donna lieu de demander la maison de la Providence dans la ruë de la Blanquerie, qui servoit alors à un autre usage ; Mr. de Pradel finit toutes les discussions qu'il y eut à ce sujet, en obligeant les dames de St. Charles (à qui il avoit donné le soin de la Providence) de céder cette maison aux dames du Refuge, moyennant une indemnité pour les réparations qu'elles y avoient déjà faites.

Tandis qu'elles travailloient à mettre en état cette nouvelle maison, elles perdirent leur grande protectrice Madame la conseillere du Bousquet, & la mere de Catalan leur superieure. Ces deux pertes furent suivies du départ de Madame la duchesse de Verneüil, qui les jetta dans des grandes inquiétudes ; mais le bon Dieu leur suscita madame la prémière présidente Marie de Sartre, qui leur fournit plusieurs moyens pour entretenir leur maison, & pour l'agrandir par l'acquisition de quelques autres du voisinage.

Avec son secours, & celui de quelques personnes charitables, elles commencerent un bâtiment assez spacieux, qui contient le quartier des dames réligieuses, & celui des filles penitentes, volontaires ou forcées. Ces penitentes sont sous la conduite des réligieuses, & des plus anciennes des penitentes, dont la conversion & la capacité ont été éprouvées.

L'utilité que la ville reçoit de cet établissement, a porté plusieurs habitans à fonder diverses places pour les filles qu'on y reçoit, parmi lesquels je crois ne devoir pas oublier Me Charles Bravard, prêtre chanoine de la cathédrale, qui nomma la maison du Refuge pour son héritier, à la charge d'y recevoir un certain nombre de penitentes, dont il laissa le choix à ses executeurs testamentaires.

CHAPITRE ONZIÉME.

LE BON-PASTEUR.

LE même esprit qui fit faire à Montpellier l'établissement du Refuge donna commencement à celui du Bon-Pasteur. On l'attribûë au zèle des dames de la Misericorde, & particuliérement à celui de la présidente de Croufet, qui fut fort zelée toute sa vie pour le salut des pauvres filles engagées dans le vice.

On les enferma d'abord dans un quartier de l'Hôpital General, de même qu'elles le sont à Touloufe dans l'hôpital de la Grave ; mais l'expérience ayant fait connoître qu'il convenoit de les tenir plus resserrées, on choisit dans la ruë de Mr. de Murles la maison du Sr. Fontanon, où il y avoit un grand espace qui servoit de manége. Le conseil de ville ayant résolu par délibération de 1696, de faire cette acquisition, on jeta les yeux sur les demoiselles de Colomby pour prendre soin de la conduite & du détail de ce nouvel établissement.

Ces demoiselles, qui depuis dix à douze ans avoient été assemblées dans le voisinage par mademoiselle de Colomby, sœur & heritière d'un conseiller en la cour des aydes, n'étoient occupées que de l'instruction des jeunes filles, lorsqu'on jugea à propos de les charger de la maison du Bon-Pasteur ; la proximité qu'il y a d'un lieu à l'autre les détermina à accepter cette charge ; elles n'ont en effet qu'à traverser la ruë pour être dans la maison du Bon-Pasteur, où quatre d'entre elles se devoüent au service des pauvres filles qui y sont renfermées. On y a bâti par leurs soins une fort belle chapelle : on a mis le logement en très-bon état, & on y tient une quarantaine de filles qui sont occupées toute la journée à des exercices de réligion & au travail des mains, d'où elles tirent de là une partie de leur nourriture ; la ville fournissant au reste : ce qui donne droit à Mrs. les consuls d'y envoyer les personnes qu'ils jugent à propos. Elles y restent jusqu'à ce qu'on aye des marques certaines de leur amendement ; & il arrive même que quelques unes préferent l'état de penitence où elles vivent à la liberté qu'elles auroient d'en sortir.

HISTOIRE DE MONTPELLIER

LIVRE ONZIÈME

Hôpitaux anciens & modernes de la ville de Montpellier.

'Etablissement des hôpitaux n'intereſſe pas moins la police que la réligion, puiſque dans l'ordre naturel, toutes les parties d'un corps doivent s'entre-ſecourir. De là vient que les deux puiſſances, temporelle & ſpirituelle, ont toûjours concouru à l'entretien des hôpitaux, & que les communautez entiéres ont ſouvent adopté, pour le bon ordre du gouvernement, les fondations que les ſimples particuliers avoient entrepris par un motif de réligion.

La choſe paroît dans l'hiſtoire particuliére des établiſſemens de charité qui ont été faits à Montpellier dépuis le commencement de cette ville, où l'on vit dans chaque ſiécle quelque nouvel hôpital, qui enfin ont tous été réünis à celui de St. Eloy ou à l'hôpital général, pour être entretenus aux dépens de la ville, & par les libéralités des particuliers qui paſſent ſouvent les fonds de ces deux maiſons.

A peine Montpellier commença de devenir conſidérable, qu'on fit près du pont de Caſtelnau un établiſſement pour les lepreux, qui étoient alors fort communs en France.

Nos Guillaumes fonderent en même-temps l'hôpital St. Guillem pour les malades; & dans le douziéme fiécle on établit l'hôpital du St. Efprit, pour les enfans trouvés & pour les invalides.

Les hôpitaux de Notre-Dame à la porte de Lates, de St. Barthelemy, & des Teutons (qui font auffi anciens que celui du St. Efprit) étoient particuliérement pour les pauvres paffans, qu'on y récevoit fains ou malades; ce qui donna lieu dans le treiziéme fiécle à un habitant de Montpellier qui revenoit de St. Jacques, de fonder l'hôpital de ce nom en faveur des pelerins.

En 1310, un hermite, nommé frere Gautier Compaigne, fonda un hôpital pour les pauvres paffans etrangers, malades ou bleffés : *in fuburbiis Montifpeffulani extra portale prædicatorum, de eleemofinis hominum Montifpeffulani, & confulatus ejufdem.*

La même année Jacques Bona en fonda un autre pour les pauvres orphelins & enfans expofez, comme il confte par un refcript du pape Clement V en faveur de ces deux dernières fondations.

Le roy Sanche, feigneur de Montpellier, établit en 1320 l'hôpital St. Antoine, & peu de tems après, un particulier de la ville fonda celui de Ste. Marthe pour les pauvres femmes.

PAGE 318.   * Environ ce tems, quelques dames des plus charitables de Montpellier formerent une confrerie à peu près comme celle de la Mifericorde d'aujourd'huy, pour aller vifiter tous les mecredis de la femaine les pauvres malades, qui reftoient dans leur maifon fans fe faire porter aux hôpitaux. Ce jour qu'elles avoient choifi pour leurs principales fonctions, les fit appeler en langue vulgaire, les Dames du Dimecre, comme on le voit dans nos vieux titres. Elles continuerent leurs exercices de charité jufqu'aux premiers troubles de la religion P. R., & dans cet intervale elles firent diverfes acquifitions, dont il eft parlé dans les regîtres de l'Hôtel-de-Ville, & dans ceux de l'églife Notre-Dame des Tables.

Je crois pouvoir mettre au rang de ces fortes d'établiffemens un ufage fi ancien dans Montpellier, qu'il eft dit dans l'acte fur lequel j'écris, qu'il n'y avoit point de mémoire de fon commencement. Il confiftoit en une aumône generale qu'on faifoit en pain le jour de l'Afcenfion; ce qui fit appeler ce jour, le jour de la Caritats (comme on l'appelle encore à Beziers). On y diftribuoit aux etrangers & à ceux de la ville une grande quantité de pain, *quamdam generalem caritatem, feu eleemofinam panis caritativam*, où tout le monde y avoit part, excepté cinq à fix mille perfonnes qui n'en prenoient point : *ultra quinque aut fex millia perfonarum.* La benediction en étoit faite folemnellement dans l'églife de St. Firmin ; & après une grande proceffion, où ce pain étoit porté, on en faifoit la diftribution.

II. Partie. Livre onziéme.

Nous aprenons toutes ces circonstances d'une requête présentée par nos consuls en 1464, au cardinal Pierre de Foix, vicaire-général à Avignon pour le spirituel & temporel du pape, & son légat à latere dans les provinces d'Arles, d'Embrun, Vienne, Narbonne & Touloufe. Nos consuls lui exposent tout ce que je viens de marquer, & prient le légat de commettre quelque personne pour faire la benediction du pain de la charité, que le prieur de St. Firmin avoit refusé (pour certaines raisons) de faire, comme il avoit accoûtumé : sur quoi le cardinal commit, pour cette fois seulement, l'abbé de Valmagne & le prieur de l'église collégiale de St. Sauveur dans les faubourgs de Montpellier, pour faire l'un pour l'autre au refus du prieur de St. Firmin, la bénédiction accoûtumée du pain de la charité. Donné à Avignon le 8 du mois de may 1464, & le 2 du pontificat de Pie II.

Cet usage finit à Montpellier avec l'exercice de la religion catholique. Le fonds destiné à cette aumône fut détourné ailleurs par les religionnaires, qui se saisirent aussi de la plûpart des terres qui avoient apartenu aux hôpitaux démolis, dans les fauxbourgs de la ville : ils se contenterent alors de conserver pour les malades de Montpellier l'hôpital St. Eloy, qu'ils transfererent de la porte de Lates où il étoit, à la ruë de l'Aiguillerie, & de là dans celle de la Blanquerie, où il est encore aujourd'hui.

Enfin, après le siége de Montpellier, l'experience faisant voir que les enfans & les personnes décrepites ne pouvoient se passer d'une maison de retraite, on en établit une pour eux dans le faubourg du pile St. Gille, sous le nom d'Hôpital de la Charité, qui a subsisté jusqu'à l'établissement de l'Hôpital Géneral en 1680.

Aprés cette idée generale des maisons de charité qu'on établit en differens siécles dans la ville de Montpellier, je crois devoir les faire connoître plus en détail, pour conserver à la posterité ces anciens monumens de la piété de nos peres.

CHAPITRE PREMIER.
LA MALADERIE DE CASTELNAU.

Plusieurs particuliers, qui ont laissé des manuscrits sur notre histoire, disent que la maladrerie de Castelnau est aussi ancienne que la ville de Montpellier, & qu'elle commença sous les comtes de Substantion, d'où vient (ajoûtent-ils) que les comtes de Melguëil se regarderent toûjours comme les protecteurs de cet hôpital, aussi bien que les seigneurs de Montpellier.

Il est constant qu'il étoit déjà établi dans le XII. siécle, & peut-être même dans le onziéme, puisque nous avons des réglemens faits pour la reformation de cette maison en 1153, ce qui suppose qu'elle existoit longtems auparavant.

On trouve que les comtes de Melguëil & les premiers seigneurs de Montpellier firent diverses aumônes à cette maison, tantôt en pain, vin ou viande, tantôt en linge ou en habits : nous en avons la donation que Guillaume, fils d'Ermensende, fit en 1143 à l'hôpital de St. Lazare, proche le pont de Castelnau, d'un champ qui joignoit la métairie d'un nommé Pierre Donat.

Le même seigneur, par son testament du 2 décembre 1146, donna aux pauvres malades du pont de Castelnau le moulin qui est auprès de leur maison, avec sept carterées de vignes dans le terroir de Sausset, dont la dame Ermensende sa mere avoit la joüissance pendant sa vie. *Infirmis qui morantur prope pontem de Lezio dono & concedo, ac de meo jure in eorum jus transfero in perpetuum illum molendinum qui est juxta domum ipsorum infirmorum, illum videlicet quem mater mea tenet ac possidet, & dono similiter septem carteiratas de vineis in terminio de Salseto, quas habet domina mea mater, & possidet in vita sua.*

Guillaume, fils de Malthide, leur legua dans son testament du 4 novembre 1202, une somme d'argent, qui étoit considerable en ce tems-là ; & la reine Marie, sa fille, ne les oublia pas non plus dans le testament qu'elle fit à Montpellier, avant que de partir pour Rome.

On peut juger du premier esprit de cet établissement par les réglemens dont j'ay déjà parlé, qui ont pour titre: Decret du venerable Raymond, evêque de Maguelone, de Jean, archiprêtre de Saint-Firmin, du seigneur Guillaume de Montpellier, & de dame Ermensende son ayeule, pour être observé à perpetuité dans la maison des pauvres infirmes du pont de Castelnau ; le voici mot à mot :

« Si quelque lépreux se présente pour être reçû dans la maison, il doit
« promettre de se donner à Dieu, de le servir, & de rendre l'obéïssance qu'il
« doit aux administrateurs de l'hôpital.

« S'il refuse de le promettre, il ne doit pas être reçû ; mais s'il le promet,
« qu'il aye remis aux administrateurs l'argent qu'il portoit avec lui, on le
« gardera pendant neuf jours, & au dixième on le fera venir devant tous
« les freres, en présence desquels on lui demandera si la règle de la maison
« lui convient : s'il répond qu'elle lui plaît, qu'il demeure dans la maison
« jusqu'à sa mort : mais s'il dit qu'elle ne lui convient pas, qu'on lui rende
« son argent & qu'il se retire.

« Mes freres ne foyés point fornicateurs, ni quereleux, ni voleurs, ni mé-
« difans, ni flateurs, & n'ayez point de difcorde entre vous : voici ce que
« vous devez obferver pour le fervice de l'églife. »

« Lorfque les freres ou les fœurs entendront le fon de la cloche, ils fe
« leveront auffi-tôt, & fe rendront à l'églife, en gardant toûjours le filence,
« foit en allant ou en revenant. Vous devez, étant à l'églife, rendre graces
« à Dieu de tous fes bienfaits, & prier affidûment pour vos bienfacteurs,
« afin qu'ils obtiennent le pardon de leurs pechez. »

« La meffe étant finie, chacun doit fe retirer en bon ordre dans fa cellule ;
« mais fi la maladie empêche quelqu'un de venir à l'églife, qu'il s'acquite
« de la penitence* que le prêtre lui aura impofé : il dira à la mort de ceux   PAGE 320.
« qui lui auront donné l'aumône treize fois le *Pater*, & les fept pfeaumes
« penitentiaux ; mais à la mort de quelqu'un des freres de la maifon, il lira
« le pfeautier.

«Aprés la refection, tous doivent aller à l'églife pour y rendre graces à Dieu,
« & enfuite (fi c'eft en été) ils iront faire la méridiane, aprés laquelle ils de-
« manderont à Dieu de paffer le refte de la journée fans pécher.

« Mes très-chers freres, fi vous gardez de bonne foy tous ces reglemens,
« vous obtiendrez de Jefus-Chrift la remiffion de vos pechez, & la vie éter-
« nelle, avec une furabondance des biens de ce monde, & l'affection de
« toutes les perfonnes qui fçauront votre bonne conduite. »

Il eft à croire que ce bon ordre fubfifta longtems dans la maladerie de Caftelnau, puifqu'elle s'eft confervée jufques vers la fin du dernier fiécle, c'eft-à-dire durant plus de quatre cens ans, depuis que ces reglemens furent faits.

Des perfonnes vivantes fe fouviennent d'avoir vû cette maifon en bon état : on y alloit par dévotion le cinquiéme vendredy du carême, où on lit l'evangile de la refurrection du Lazare ; & on y affiftoit à vêpres & à la prédication. Nous avons vû pendant la femaine fainte, les pauvres de cette maifon fe tenir dans les carrefours de Montpellier pour y amaffer des aumônes ; mais ce qui les rendoit plus remarquables, étoit les cliquettes qu'ils étoient obligez de porter, pour avertir le monde de ne pas les aprocher, de crainte de prendre du mauvais air.

L'union qui fut faite en 1672 des maladeries du royaume à l'ordre militaire de St. Lazare, fit tomber peu à peu la maladerie de Montpellier ; dèslors il n'y eut plus de pauvres, les bâtimens tomberent en ruine, la cloche fut emportée, les vignes & les terres voifines devinrent incultes, & l'on fut obligé de murer la porte de l'églife, afin qu'elle ne fervît pas de rétraite aux vagabonds, qui paffent continuellement fur le pont de Caftelnau, qui lui eft voifin.

Enfin le roy Loüis XIV, par arrêt du confeil d'etat du 10 juin 1695, confirmé par lettres-patentes du mois de novembre 1696, unit à l'hôpital general de Montpellier tous les biens & revenus de l'ordre de St. Lazare ; & parce que certains particuliers qui devoient des penfions annuelles à la maladerie de Caftelnau, refuferent de les payer, fous prétexte qu'elle n'étoit point énoncée dans l'arrêt, ni dans les lettres-patentes, le roy, par nouvel arrêt du 31 juillet 1713, déclara qu'elle demeureroit comprife dans l'union, & ordonna que tous ceux qui devoient des penfions ou autres droits à la maladerie de Caftelnau, feroient contrains de les payer à l'hôpital general.

CHAPITRE SECOND.

HOPITAL DE St. GUILLEM.

IL eft conftant par nos vieux titres que cet hôpital étoit de la fondation des premiers feigneurs de Montpellier. Guillaume fils d'Ermenfende, à fon retour d'Efpagne en 1136, le dota de cent fols de cenfives : il étoit conftruit dans le lieu qui eft occupé aujourd'hui par les religieufes de Ste. Catherine de Sienne, & il donna fon nom au faubourg St. Guillem, & à la porte de la ville qui lui eft la plus voifine.

L'hofpitalité y fut exercée jufqu'au tems de Jacques I, roy d'Aragon, feigneur de Montpellier, qui voulant retirer le château de Mirevaux que la reine fa mere avoit legué dans fon teftament aux réligieufes de Gigean, leur donna en échange toutes les dépendances de l'hôpital St. Guillem, tant dedans que dehors la ville.

Il eft a préfumer que l'hofpitalité étoit déjà diminuée à St. Guillem, fur tout dépuis que les hôpitaux du St. Efprit & celui de St. Eloy près la porte de Lates, étoient devenus beaucoup plus confiderables; ce qui, peut-être, fit naître la penfée* au prieur de St-Firmin qui avoit l'adminiftration des hôpitaux de St. Guillem & de celui de Lates, de faire de l'églife de St. Guillem une églife fuccurfale pour fa paroiffe, comme on voit qu'elle le fut en ce tems-là.

Les chofes changerent de face dans le 14. fiécle, lorfque le cardinal Anglic eut obtenu l'hôpital St. Guillem pour les réligieufes Proüillanes, *hofpitale quoddam pauperum, quod eft fitum juxta ecclefiam Sti. Guillelmi*, dit le pape Clement VII dans la bulle qu'il donna en confirmation de cette tranflation. Alors l'églife fut unie à leur monaftére, comme nous l'aprenons du livre qui a pour titre : *Privilegia Sti. Firmini*, où il eft dit en parlant de ces réligieufes, *monaflerium habent fatis amplum, & capellam Sti. Guillelmi quæ unita fuit dicto monaflerio.*

Cette églife, à qui le prieur de St. Firmin donne le nom de chapelle, devint commune aux réligieufes & au curé, qui continua d'y faire fes fonctions, comme il eft en ufage dans plufieurs villes d'Italie & de France, où les églifes des réligieufes fervent quelquefois d'églife paroiffiale. Celle de St. Guillem avoit encore fon curé en 1466, c'eft-à-dire, quatre-vingts ans après l'union qui en fut faite du monaftére des Proüillanes : ce fait confte par la tranfaction qu'elles pafferent avec les réligieufes du Vignogoul, où il eft dit qu'elles tranfigerent en préfence de Jacques Malhiac, prêtre-curé de St. Guillem, *præfentibus Jacobo, Maillaco presbitero curato Sti. Guillelmi, &c.*

Les troubles arrivez à Montpellier en 1562 cauferent le renverfement entier de l'hôpital St. Guillem & de fa paroiffe, dont il n'eft plus fait mention dans nos archives.

CHAPITRE TROISIÉME.

HOPITAL DU St. ESPRIT, CHEF-LIEU DE L'ORDRE.

CEt hôpital, qui dépuis plus d'un fiécle donne matiére à de grands procés, étoit fitué dans le faubourg du Pile St. Gilles, prés du pont des Auguftins. Il étoit borné au levant & au nord par le ruiffeau du Merdanfon, au midi par le grand chemin qui traverfe le faubourg, & au couchant par la ruë qui va du grand chemin à la fontaine du Pile St. Gilles. Il fut fondé dans le xiie fiécle par frere Guy, quatriéme fils de Guillaume fils de Sibille, feigneur de Montpellier, comme on a pû le voir plus amplement dans un article féparé que j'ai donné en parlant des perfonnes de Montpellier diftinguées par leur fainteté.

L'emplacement de cette maifon fut donné à Guy fon fondateur, par Bertrand de Montlaur & Marie de Fabregues fon époufe, qui font mention, dans l'acte de leur donation, d'un jardin & d'un logement qu'ils y avoient. Guillaume de Ganges lui donna plufieurs arbres pour la charpente de fon bâtiment, & Guillaume, evêque de Maguelone, oncle de Guy, avec Guillaume, fils de Mathilde fon frere, cederent, en faveur de fa fondation, tous les droits feigneuriaux qu'ils avoient l'un & l'autre fur ce local.

Guy donna le nom du St. Efprit à fon hôpital, où il établit un fi bon ordre, qu'il s'attira bien-tôt un grand nombre de freres qui fe dévoüerent, comme luy, au fervice des pauvres, & qui allerent dans plufieurs villes du royaume faire des pareils établiffemens : la chofe confte par les lettres d'Innocent III, de l'année 1198, où il eft dit qu'il y avoit déjà à Marfeille, à Milhau, à Brioude, à Barjac, à l'Argentiére & à Troyes, des hôpitaux établis par les freres de l'hôpital de Montpellier. Innocent voulut en avoir à Rome pour les hôpitaux de Ste. Marie au-delà du Tibre, & à Ste. Agathe à l'entrée de Rome; enfin ce même pape, ayant cormnfié leur inftitut, déclara la maifon de Montpellier chef-lieu de l'ordre, & voulut que toutes les maifons déjà établies ou à établir réconnuffent à perpetuité frere Guy & fes fucceffeurs, pour fuperieurs generaux. *Prædiɛ̃to hofpitali Sti. Spiritus Montifpeffulani & procuratores eorum, tibi fili Guido & fucceffioribus* tuis perpetuo fubjacere debeant & humiliter obedire, & correɛ̃tionem tuam & fucceffiorum tuorum recipere humiliter & fervare.*

En 1202, frere Guy partit pour Rome, pour y prendre foin de l'hôpital de Ste. Marie, *in Saxia* que le pape unit à celui de Montpellier, par un bref de l'année 1204, adreffé à frere Guy avec ce titre : *Guidoni magiftro hofpitalium Stæ. Mariæ in Saxia, Sti. Spiritus Montifpeffulani.*

Voilà les premiers titres fur lefquels on a établi la qualité de chef-lieu pour l'hôpital de Montpellier, & celle de grand-maître de l'ordre pour les commandeurs de cette maifon : il eft vrai que frere Guy exerça la charge de grand-maître jufqu'à fa mort, arrivée en 1208; mais alors Innocent III lui fit nommer un fucceffeur dans la commanderie de Rome, à qui il parut affeɛ̃ter la grande maîtrife, en ordonnant que l'éleɛ̃tion du fuperieur de Montpellier feroit faite du confentement de celui de Rome.

Les papes fes fucceffeurs firent à ce fujet des difpofitions différentes, d'où on a tiré des induɛ̃tions toutes contraires : j'ai crû devoir les marquer en abrégé, afin que le leɛ̃teur foit mieux au fait des grands procès qui fe font émûs à cette occafion.

Honoré III, fucceffeur immédiat d'Innocent III, défunit les deux hôpitaux de Montpellier & de Rome, & en fe fervant des paroles de fon prédeceffeur, il dit: *Statuentes, ut nec iftud illi, nec illud ifti, in aliquo teneatur, nec vobis & illis aliquid fit commune, nonobftante privilegio diɛ̃ti prædecefforis noftri.* Par cette bulle de l'année 1225, il foûmet à l'hôpital de Montpellier tous les hôpitaux de la chrétienté, excepté ceux d'Italie, de Sicile, de Hongrie & d'Angleterre, c'eft-à-dire qu'il réduifoit fa jurifdiɛ̃tion aux hôpitaux de France, d'Efpagne & d'Allemagne.

Grégoire X lui ôta cette jurifdiɛ̃tion & voulut que l'hôpital du St. Efprit de Montpellier obéît à celui de Rome.

Nicolas IV, dans une bulle de l'an 1291, dit que le maître de Montpellier s'étoit foûmis volontairement, & il ordonne qu'il payera tous les ans à celui de Rome trois florins d'or.

Sixte IV fe plaint de ce qu'il y avoit en deçà les monts des perfonnes qui prenoient la qualité de general, & il les foûmet au maître de Rome, comme feul general de l'ordre.

Paul V et Grégoire XV rendirent le généralat au commandeur de Montpellier, à condition qu'il dépendroit de celui de Rome.

Enfin Urbain VIII lui accorda cette dignité fans aucune dépendance.

Voilà les differens titres fur lefquels on a fondé les difputes qui s'éleverent au commencement du dernier fiècle fur la qualité de chef d'ordre des hofpitaliers du St. Efprit.

Comme la plûpart des contendans affectèrent le titre de commandeur de Montpellier, je crois devoir donner un peu plus d'étenduë au récit de cette affaire, qui nous intéreffe plus particulièrement.

Le nommé Antoine Pons, qui prenoit la qualité de procureur general de l'ordre du St. Efprit, obtint des lettres du roy Henry IV en 1608, & de Loüis XIII en 1610, pour rentrer dans les biens ufurpez de fon ordre; mais, non content de ces pouvoirs, il s'avifa de falfifier les bulles des papes, & de fupofer des indulgences en faveur de ceux qui voudroient contribuer à fon rétabliffement. La chofe devint fi publique, qu'il fut décreté de prife de corps en 1612, par fentence du fénéchal de Moiffac, confirmée au parlement de Touloufe.

Olivier de la Trau, Sr. de la Terrade, parut quelque tems après lui. Il obtint en 1619 & 1621, des papes Paul V & Grégoire XV, la qualité de general aux conditions que j'ai déjà dit, & en cette qualité, regardant fon ordre comme un ordre militaire, il créa des chevaliers purement laïques, & même engagez dans le mariage.

D'autre part, on vit un nouveau prétendant à la commanderie generale de Montpellier, qui faifoit des chevaliers pour lefquels tout le monde prit un merveilleux goût. Ce prétendant étoit Nicolas Gautier, que la Terrade fit déclarer apoftat de l'ordre des capucins, & enfermer dans les prifons de l'officialité, où il fut lui-même à fon tour.

* Après leur mort, Jean-Alexandre des Efcures, comte de Lyon, prit la qualité de vicaire general, & fit des chevaliers auffi bien que plufieurs autres qui fe difoient officiers de l'ordre. Alors le roy, par arrêt du confeil 1655, commit l'official de Paris avec quatre docteurs, pour examiner les pouvoirs de ces prétendus officiers, & par fentence de l'année fuivante, il fut fait défenfe à des Efcures de prendre aucune qualité de l'ordre du St. Efprit, d'en porter les marques, & d'en faire aucune fonction, à peine d'excommunication *ipfo facto*.

PAGE 323.

Nonobftant cette fentence, des Efcures obtint, deux ans après, un arrêt du grand confeil, du 3 feptembre 1658, par lequel il lui fut permis de prendre poffeffion de la commanderie de Montpellier, à condition d'obtenir des bulles dans fix mois : il les obtint en effet du pape Alexandre VII, & prit poffeffion de cette commanderie en 1659, avec la qualité de grand-maître de l'ordre.

J'ai en original une commiffion fignée de fa main & fcellée du petit fceau de fon office, où il prend ce titre : Jean-Alexandre des Efcures, par la grace de Dieu & du St. Siége commandeur du facré apoftolique archi-hôpital du St. Efprit de Montpellier, chef general, grand-maître de tout l'ordre & milice des hofpitaliers du St. Efprit, colloque fous la régle & entre les chanoines reguliers de St. Auguftin, archi-hofpitalier de toute la chrétienté, protonotaire de l'églife romaine & du St. Siége, du nombre des participans, confeiller du roy en fes confeils, & comme tel le plus humble ferviteur des pauvres de Dieu, nos perpetuels feigneurs. A tous ceux qui ces prefentes lettres verront, falut, &c.

Je ne fçay quel ufage on fit de ces commiffions, qui étoient données en blanc à qui en vouloit pour amaffer des aumônes fous ces magnifiques titres; mais je trouve que par fentence du Châtelet de Paris, du 29 août 1667, ce grand archi-hofpitalier fut mandé, blâmé, nüe tête & à genoux, avec défenfes de prendre la qualité de general, & par arrêt du parlement, du 29 mai 1668, il fut banni pour neuf ans.

En confequence, le roy, par fon brevet du 21 feptembre de la même année, donna la commanderie de Montpellier à Mgr Rouffeau de Baroche, evêque de Cezarée, confeiller au parlement de Paris, & fur les oppofitions qu'y formerent le Sr. Campan, qui fe prétendoit pourvû de cette commanderie, & Mr. des Efcures, qui foûtenoit toûjours fes prétentions, il intervint un arrêt du confeil d'état du 9 feptembre 1669, par lequel l'evêque de Cezarée fut maintenu dans cette commanderie, contre Campan & des Efcures.

Ce nouveau commandeur ne put jamais obtenir des bulles à Rome, & étant mort en 1671, Mr. Morin du Colombier, aumônier du roy, fe fit pourvoir par un bref du pape Clement X, du mois de fevrier 1672, de la commanderie de Montpellier, vacante (difoit-il) depuis quarante ans.

Son nouveau titre ne fervit qu'à lui attirer des nouvelles conteftations de la part de plufieurs autres, qui fe prétendoient officiers ou fuperieurs de l'ordre : de forte que le roy, fatigué de toutes ces divifions, & informé des abus qu'on faifoit en recevant chevaliers ceux qui donnoient le plus d'argent, donna fon edit du mois de decembre 1672, par lequel il met l'ordre du St. Esprit de Montpellier au nombre de ceux qui étoient déclarez éteints de fait, & suprimez de droit, & il en réünit tous les biens à l'ordre des chevaliers de St. Lazare, dont Mr. de Louvois fut fait grand-maître, sous le nom de vicaire general.

Cet edit souffrit d'abord deux opositions, l'une de la part de Mr. du Colombier, qui eut recours à Rome, & obtint au mois de janvier 1673 des lettres de François-Marie Phœbus, archevêque de Tarse, commandeur de l'hôpital de Rome & general de l'ordre du St. Esprit, par lesquelles il l'établissoit son vicaire général & visiteur en France & dans les provinces adjacentes; ce qui lui procura un séjour de huit années à la Bastille.

L'autre oposition vint de la part de ce grand nombre de chevaliers, qui avoient été faits par les prétendus officiers de l'ordre : ils continuérent à s'assembler & même à recevoir des chevaliers. Le Sr. de la Coste se dit alors grand-maître, comme ayant été canoniquement élû par les chevaliers; mais le roy, par deux arrêts du conseil d'état, de 1689 & de 1690, fit deffense à * ce grand-maître de prendre cette qualité à l'avenir, ni de porter la croix & l'épée lui & les siens, & déclara toutes les receptions & prétenduës lettres de provision par eux expediées nulles & de nul effet, &, sans avoir égard à leurs opositions, ordonna que son edit seroit executé.

<small>PAGE 324.</small>

L'affaire parut alors entierement finie; mais la mort de Mr. de Louvois, arrivée le 16 juillet 1690, fit réünir les religieux profés & les chevaliers qui avoient été toûjours en division. Les chevaliers offrirent au roy de lever & d'entretenir à leurs dépens un regiment pour agir contre les ennemis de l'état, & les religieux profés, pour éluder les motifs & l'execution de l'edit, dirent qu'ils n'avoient point discontinué de recevoir les enfans exposez dans les maisons conventuelles dont ils restoient en possession, & qu'ils n'avoient jamais dépendu de l'hôpital de Montpellier; que par ainsi le roy n'avoit pas eu dessein de donner atteinte à leurs droits, puisqu'il n'avoit prononcé que sur la supression d'un ordre qu'il avoit crû éteint de fait, & qui étoit sous le titre de Montpellier.

Ils furent favorablement écoutez. Le roy accepta, en 1692, le regiment offert par les chevaliers, & en 1693, il revoqua son édit de 1672, rétablit l'ordre, lui rendit tout ce qui avoit été uni à celui de St. Lazare, & nomma pour grand-maître Mr. l'abbé de Luxembourg, Pierre-Henry Thibaut de Montmorency.

On vit alors des chevaliers de grace, des chevaliers d'obédience, des chevaliers servants, & de grands & de petits officiers, en si grand nombre, qu'ils réveillerent la jalousie des religieux profés. Ceux-ci crûrent n'avoir pas de meilleur parti à prendre que de réclamer la maison de Montpellier, qu'ils avoient défavoüée, & ils foûtinrent que l'ordre du St. Efprit étoit purement régulier, & que la milice étoit une nouveauté du fiécle, qui ne s'étoit ingerée que par ufurpation dans l'adminiftration des biens de l'ordre.

Sur cette conteftation, le roy nomma des commiffaires. Les chevaliers faifoient valoir leur antiquité prétenduë, qu'ils faifoient remonter jufqu'à fainte Marthe; & ils raportoient un prétendu chapitre general tenu à Montpellier en 1032, plus de cent cinquante ans avant que Guy, leur fondateur, eût établi fon ordre.

Enfin le roy décida, le 10 may 1700, en faveur des religieux. L'ordre du
« St. Efprit fut déclaré purement régulier & hofpitalier par arrêt du confeil
« d'etat; & Sa Majefté fit défenfe à tous ceux qui avoient pris les qualitez
« de fuperieurs, officiers & chevaliers de l'ordre militaire du St. Efprit de
« Montpellier, de prendre à l'avenir ces qualitez, ni de porter aucune mar-
« que de cette prétenduë chevalerie; de plus, que le brevet de grand-maître,
« accordé à Mr. l'abbé de Luxembourg, feroit raporté comme nul & de nul
« effet, & qu'il feroit furfis à faire droit aux demandes des religieux, pour
« être remis en poffeffion des maifons & biens de cet ordre, qui avoient
« été unis à celui de St. Lazare, jufqu'à ce que Sa Majefté eût pourvû au
« rétabliffement de cet ordre, & de la grande maîtrife reguliere du St. Ef-
« prit de Montpellier. »

En confequence de cet arrêt, M. l'abbé de Luxembourg remit entre les mains du roy fon brevet de grand-maître; & étant mort quelque temps après, les chevaliers ne fe tinrent pas pour vaincus, car ils firent de nouvelles tentatives, qui porterent le roy à nommer, par arrêt du confeil d'état du 16 janvier 1701, M. le cardinal de Noailles, M. Boffuet, evêque de Meaux, le pere de la Chaife, Mrs. l'abbé Bignon, de Pomereu, de la Reynie, de Maillac & d'Agueffeau, pour examiner tous les titres concernant cet ordre, & voir s'il étoit poffible de rétablir la commanderie generale du St. Efprit de Montpellier; & par deux autres arrêts confecutifs, le roy nomma pour raporteur M. l'Augeois d'Imbercout, maître des requêtes.

L'affaire traîna jufqu'en 1707, où M. le duc de Châtillon, Paul Sigifmond de Montmorency, demanda au roy la grande maîtrife de cet ordre; il lui fut permis d'en faire connoître le veritable caractere & la milice: fur quoi ayant affemblé plufieurs docteurs de Sorbonne & neuf célèbres avocats, il en eut une décifion favorable à fon deffein, & il obtint même le confentement des religieux profés. Tout paroiffoit difpofé à l'effet de fa demande, lorfque le roy, par arrêts du confeil d'état du 4 janvier 1708, confirma celui de 1700, & ordonna que * l'hofpitalité feroit rétablie & obfervée dans la commanderie générale, grande maîtrife régulière de l'ordre du St. Efprit de Montpellier, par le commandeur general grand-maître régulier qui y feroit inceffamment rétabli.

Je m'arrête à cette dernière époque, & je me borne, pour le préfent, à donner quelque idée de l'état de la maifon de Montpellier, qui depuis fa démolition en 1562, ne commença d'être rébâtie qu'environ 1660. M. Campan en prit le foin, dans le tems qu'il joüit de fa commanderie fous Mr. des Efcures; il jetta les fondemens d'une grande chapelle du côté du levant, le long de la grande ruë, qu'on voit encore fept ou huit pieds hors de terre; il bâtit un corps de logis ifolé du côté du midi, du couchant & du nord, & qui tenoit du levant à la chapelle par un grand efcalier furmonté d'un pavillon quarré, que j'ai vû autrefois en fort bon état; mais, tandis que Mr. Campan alloit finir fon ouvrage, il perdit fon procés contre M. Rouffeau de la Bafoche, & tout refta imparfait. Dépuis ce tems-là, les differens arrêts qui font intervenus fur l'ordre du St. Efprit de Montpellier ont arrêté le bâtiment & tout exercice d'hofpitalité en cette ville. Les revenus en font levez par un fequeftre, & les biens dépériffent tous les jours, de même que le bâtiment : je ne connois pour le préfent de tous les grands biens qu'il y a eu autrefois, qu'un domaine à St. Onés, qu'une redevance de quarante écus fur le fief de Ferrieres, & quelques autres qu'on tire des maifons qui ont été bâties dans l'enclos de cet hôpital.

Cet ordre, qui s'eft confervé en Pologne, fleurit encore en Italie, & principalement à Rome, dans le magnifique hôpital du St. Efprit *in Saxia*, qui a plus de cinq cent mille livres de revenu, & qui dans fon enceinte, forme une petite ville, divifée en differens logemens, pour le fpirituel & le temporel. Les malades y font reçus, quelque maladie qu'ils ayent, enfans & filles, phrenetiques & infirmes, qui font fervis en vaiffelle d'argent : un cardinal eft toûjours commandeur de cette maifon, où il a un palais pour lui; les réligieux qui y font en grand nombre, & les officiers de la maifon, ont leur quartier féparé des malades: tous les pelerins y font reçus, de quelque nation qu'ils foyent, & traitez magnifiquement durant cinq jours.

En France, les principales maifons de cet ordre font à Dijon, Befançon, Poligni, Bar-fur-Aube, Sainte Phanfel en Alface. Les réligieux font habillez comme les ecclefiaftiques, & portent feulement une croix de toile blanche à douze pointes fur le côté gauche de leur foutane & de leur manteau. Ils ont dans l'églife une aumuffe de drap noir doublée & bordée d'une fourure noire.

L'ordre du St. Efprit a pour armes de fable, à une croix d'argent à douze pointes; & en chef un faint Efprit d'argent en champ d'or dans une nuée d'azur.

CHAPITRE QUATRIÉME.

HOPITAL DE LA PORTE D'OBILION OU DE LATES
Dit aujourd'hui l'hôpital St. Eloy.

CET hôpital, qui eſt aujourd'hui très-conſiderable dans la ville, ſous le nom de Saint-Eloy, commença dans le faubourg de *Lates* en 1183, il eut pour fondateur Robert Pellier, qui l'établit pour y recevoir les malades & les pauvres paſſans. Vadingue raporte que st. François d'Aſſiſe, revenant d'Eſpagne en 1213, y fut reçu, & qu'il dit, par un eſprit prophetique, que ſes enfans habiteroient un jour tout joignant cet hôpital. Il étoit en effet ſitué dans le jardin (dit aujourd'hui de Perier) qui n'eſt ſéparé du clos des Cordeliers, que par une ruë du faubourg.

Il fut agrandi conſiderablement en 1228 par les libéralités de Roſtaing Poſcher, & d'Aigline ſa femme, qui lui donnerent toutes les terres qu'ils avoient à* Meirargues & à Veiras. Peu de tems après, Guy de Baulieu & Petronille ſa femme ſuivirent leur exemple, en donnant tout leur bien à cette maiſon, où ils ſe conſacrerent au ſervice des pauvres, entre les mains de Guiraud de Benevent, qui eſt nommé (dans l'acte) preceptor de cet hôpital.

Il eſt apellé dans quelques vieux titres, l'hôpital Robert, du nom de ſon fondateur, & en d'autres l'hôpital de Notre-Dame des Tables, à cauſe de la chapelle Notre-Dame qui étoit tout joignant, comme nous l'aprenons du livre qui a pour titre: *Privilegia Sti. Firmini. Item procurator hoſpitalis Sti. Eligii ſolvet pro capella beatæ Mariæ juxta dictum hoſpitale XV ſolidos.*

Le prieur de St. Firmin étoit adminiſtrateur né de cet hôpital, & on devoit lui en remettre les clefs à la mort de chaque directeur, qui étoit obligé, avant que d'en prendre poſſeſſion, de jurer obéiſſance entre les mains de l'evêque de Maguelone & du prieur de St. Firmin.

Ce fut à leur ſollicitation que la reine Jeanne de France, épouſe de Charles roy de Navarre, alors ſeigneur de Montpellier, écrivit une lettre, qui eſt dans les archives de l'hôtel-de-ville, donnée à Evreux le 14 ſeptembre 1373, par laquelle elle ordonne au bailly de Montpellier & à ſes autres officiers de faire payer tout ce qui ſe trouveroit dû aux pauvres de l'hôpital Notre-Dame dans le faubourg, & aux autres hôpitaux de la ville : *Ad ſupplicationem pauperum hoſpitalis beatæ Mariæ in ſuburbiis Montiſpeſſulani, & aliorum hoſpitalium dictæ villæ, &c.*

Ce nom d'hôpital Nôtre-Dame fut changé quelque tems après en celui de St. Eloy, dont la chapelle étoit en grande vénération : il portoit déjà ce nom dans le xve siécle, comme il paroît par ce que j'ai raporté du livre des priviléges de St. Firmin ; & il le conserva dans le siécle suivant, lorsqu'il fut transferé dans la ruë de l'Aiguillerie, à cause des differens siéges dont on fut alors menacé. On marque que ce fut dans la maison de Jean Christol (maintenant de Verchant), mais l'incommodité que les voisins en recevoient, & les dificultés qu'on trouvoit à pouvoir s'y élargir, firent chercher un lieu plus spacieux à quelque extremité de la ville. On prit pour cet effet l'école Mage (qui fut transferée ailleurs), & l'on y commença les bâtimens qui ont été continués depuis pour le service des pauvres malades. La chose conste par l'inscription de 1600, qui est sur la porte de l'hôpital St. Eloy

Tous ces changemens ayant été faits dans le grand effort des troubles de la religion, nos consuls, qui agissoient au nom de la ville, prirent pour l'entretien de St. Eloy le revenu des hôpitaux particuliers qui avoient été démolis dans les fauxbourgs ; de ce nombre furent l'hôpital St. Jacques, celui de Tournefort, & tout ce qui avoit apartenu à la confrérie des dames du Dimecre, dont l'hôpital St. Eloy joüit encore : nos consuls en furent les seuls administrateurs jusqu'après le siége de Montpellier, qu'on jugea à propos de leur donner pour adjoints quelques habitans de la ville ; mais on a donné depuis une nouvelle forme au gouvernement de cette maison, par la création qui fut faite en 1694, d'un bureau de direction, composé de Mr. l'evêque ou de son vicaire-general, des maire & consuls de la ville, n'ayant tous qu'une seule voix, de quatre intendans pris indifferemment de tous les corps de compagnies, & de quatre sindics perpetuels, qui sont pris aussi sans distinction du corps des compagnies, des marchands, bourgeois & procureurs.

Par arrêt du mois d'octobre 1694.

On n'y reçoit que les pauvres malades, à l'entretien desquels la ville suplée, lorsque les fonds de la maison ne se trouvent pas suffisans.

CHAPITRE CINQUIÉME.

PAGE 327.

HOPITAL ET CIMETIERE SAINT BARTHELEMY.

CET ancien hôpital, avec son cimetiére, contenoit autrefois tout l'espace qui est occupé aujourd'huy par les peres carmes déchaussés ; il y avoit une église dediée à saint Barthelemy, où les consuls & le clergé de St. Firmin portoient en procession le corps de saint

Cleophas tous les jours de Pâques, & alloient le reprendre le lendemain en grande folemnité, pour le remettre à St. Firmin.

Il paroît auffi qu'attenant cette églife, il y avoit un hôpital dont il eft fait mention dans nos vieux actes ; & il eft marqué dans le petit Talamus que la reine de Navarre, venant à Montpellier en 1373, s'arrêta devant l'hôpital de St. Barthelemy, où elle entra pour accommoder fes habits, avant que de faire fon entrée publique dans la ville.

Il eft conftant que ce cimetiere fervoit déjà dans le douziéme fiécle, puifque Placentin y fut enterré en 1192, & on y a trouvé dans ces derniers tems le tombeau d'un Pifan avec cette infcription : *Hic requiefcit Raynerius Galdi Pifanus, qui obiit in Domino anno Domini* 1167. Les regîtres des carmes déchauffés parlent d'un tombeau qu'ils trouverent d'un chanoine de Maguelone avec fon habit de St. Auguftin, & d'un autre dont la couverture étoit d'une feule pierre femée de fleurs de lys ; mais l'infcription en étoit fi effacée, qu'ils ne purent jamais la déchiffrer, d'où l'on peut préfumer que ce cimetiere fervoit long-tems avant 1167.

Dans le xve fiécle on fit bâtir à l'extremité de ce grand cimetiére, vers le Nord, une chapelle de la Vierge, qui fut appellée Notre-Dame du Charnier. Jean Bonal, evêque de Maguelone en fit la confecration en 1481, où il eft dit que ce fut à la prière des confrères de St. Barthelemy & de St. Claude : la premiere de ces deux confréries ne fubfifte plus, mais celle de St. Claude continuë toûjours ; il paroît même, par fes vieux titres, qu'elle étoit déjà établie long-tems avant la confecration de Notre-Dame du Charnier : alors les confrères avoient leur chapelle féparée de l'églife de St. Barthelemy, mais maintenant elle eft dans le corps du bâtiment des carmes déchauffés, à l'entrée du cloître. Ils ont des redevances fur plufieurs pièces de terre aux environs de Montpellier : & en qualité de propriétaires d'une partie du fonds de St. Barthelemy, ils intervinrent, en 1663, dans les conceffions qui en furent faites aux carmes déchauffés par la ville & par le chapitre : il eft dit dans la conceffion que firent les confrères de St. Claude qu'ils permettent aux carmes de bâtir leur églife & leur couvent dans le fonds de l'églife de St. Claude, & de prendre la pierre qui s'y trouvera des anciennes ruines, fondemens & voûtes de leur églife.

Les carmes remüerent fi bien toutes ces terres, qu'ils y trouvèrent (fuivant leurs mémoires) cent cinquante toifes de pierre de taille, ou de moëlon, avec une mine abondante de fable, & un grand puits tout formé, rempli d'une eau excellente. Ils ont clos de murailles tout ce grand cimetiére qui étoit coupé (lorfqu'ils le prirent) par plufieurs chemins, que les voifins y avoient faits pour aller plus commodément à leurs terres ; il n'eft rempli maintenant que des bâtimens du monaſtére & des arbres que les religieux y ont planté.

CHAPITRE SIXIÉME.

HOPITAL DES TEUTONS.

Nous ne connoiſſons cet ancien hôpital que par l'acquiſition qu'en fit le cardinal Imbert Dupuy, lorſqu'il fonda l'égliſe collégiale de St. Sauveur. *Hoſpitale quod dominus quondam Imbertus cardinalis emit tempore quo vivebat, à fratribus Sanctæ Mariæ Teutonicorum dicti loci de Montepeſſulano*, dit la bulle de fondation de St. Sauveur.

Il étoit ſitué dans le faubourg de la Saunerie, vis-à-vis du logis du Cheval-Vert, & occupoit toute l'iſle qui eſt au-devant. Nous ne ſçavons pas préciſement le temps où cet hôpital des Teutons fut fondé à Montpellier, mais il eſt à croire que ce fut dans le xiii⁰ ſiécle, parce que l'ordre des chevaliers teutoniques, qui avoit été confirmé en 1193 par le pape Celeſtin III, commença dans le xiii⁰ ſiécle de ſe rendre ſi puiſſant en Allemagne, qu'il acquit en ſouveraineté la Pruſſe royale & ducale, la Livonie, les duchés de Courlande & de Semigale, qui ſont des provinces d'une vaſte étendue.

Il eſt très-vraiſemblable que ces chevaliers, voulant faciliter à ceux de leur nation le pelerinage de St. Jacques, pour lequel on a une grande dévotion en Allemagne, ils firent à Montpellier l'établiſſement d'un hôpital, où les pelerins allemans ſeroient reçûs & ſervis, s'ils venoient à y tomber malades.

La bulle qui marque l'acquiſition qu'en fit le cardinal Imbert ne raporte aucune circonſtance d'où l'on puiſſe tirer quelque éclairciſſement pour l'hôpital des Teutons ; mais il paroît par cette même bulle que l'hoſpitalité ne ceſſa point dans cette maiſon, puiſque les executeurs teſtamentaires du cardinal Imbert chargerent le prieur & le chapelain de St. Sauveur d'entretenir cet hôpital, pour lequel ils firent les réglemens que nous avons vû dans l'article de St. Sauveur.

CHAPITRE SEPTIÉME.

HOPITAL SAINT MAUR, OU DES TRINITAIRES.

IL paroît par la tranfaction dont j'ai parlé dans l'article des peres trinitaires, qu'ils eurent à Montpellier, dans le tems de leur établiffement en cette ville, un hôpital contigu à leur maifon, *cum annexo xenodochio & cæmeterio*, conformément au premier efprit de leur ordre, qui vouloit qu'ils fiffent trois portions de leurs biens, la premiere pour l'entretien de l'hôpital, la feconde pour eux, & la troifiéme pour la redemption des captifs.

Les annales de leur ordre font une mention expreffe de cet hôpital, comm'on a pu le voir dans ce même article : & il eft conftant par le livre que j'ai fouvent cité, des privileges de St. Firmin, que cet hôpital exiftoit encore dans le quinziéme fiécle, puifqu'on y trouve un article des hôpitaux du St. Efprit, de la Trinité, & de St. Antoine, qui reftraint l'ufage de leur cimetiere aux feuls pauvres & aux religieux de la maifon.

CHAPITRE HUITIÉME.

HOPITAL SAINT JACQUES.

UN habitant de Montpellier, nommé Guillaume de Pierrefixe, étant de retour de St. Jacques de Compoftelle, fonda cet hôpital en 1220, en faveur des pauvres qui entreprendroient ce pelerinage. Il le fit bâtir hors des murailles de la ville, entre les portes du Peirou & des carmes, à peu prés dans la place où l'on voit encore les fondemens d'une chapelle, que la confrerie des pelerins de St. Jacques fit élever en 1650.

Les liberalitez de Jacques I, roy d'Aragon, rendirent cet hôpital fi confiderable, qu'il donna fon nom à tout le faubourg, où il acquit beaucoup de cenfives, particulierement fur les maifons qui rempliffoient le grand efpace qu'occupe aujourd'huy le jardin du roy.

Pour aller plus commodément à cet hôpital, on ouvrit les murailles de la ville pour y faire une porte, qui fut appellée de St. Jacques, dont on voit encore l'embrafure dans le petit jardin du premier préfident. On y venoit de la ville par une ruë droite qui commençoit devant la maifon de Sarret, & traverfoit à côté de celle de Fermaud, pour fe joindre à la ruë qui paffe devant le logis de la Souche.

Les anciens regîtres de St. Firmin marquent que le premier directeur de cet hôpital fut un nommé Brugier, à qui Guillaume Criftophle, prieur de St. Firmin, donna permiffion d'avoir deux cloches à fa chapelle, & d'y tenir un prêtre pour y dire la meffe, fous l'obligation d'affifter aux proceffions de St. Firmin & de prêter le ferment accoûtumé par les chapelains des autres églifes.

On donnoit alors le nom de chapelle à toutes les églifes particulieres qui n'avoient aucune fonction au dehors ; mais on ne laiffoit pas d'y dreffer plufieurs autels qui étoient deffervis par des chapelains à titre. Ainfi l'on trouve une chapelle de Notre-Dame de Pegairolles, fondée en l'églife St. Jacques de Montpellier, qui avoit une directe à Pignan, évaluée foixante livres, & diverfes rédevances dont on a les reconnoiffances.

Cet hôpital eut le fort des autres bâtimens des fauxbourgs, qui furent démolis pendant les troubles de Montpellier, depuis 1560 jufqu'en 1622, & ce ne fut qu'après le fiége de cette ville que, l'exercice de la réligion catholique ayant été rétabli, les pelerins de St. Jacques formerent une confrerie qui affiftoit aux proceffions générales ; nous les y avons vû paroître avec le bourdon, le rochet & le chapeau garni de coquilles, faifant porter devant eux une croix de criftal, d'où pendoit une écharpe rouge frangée d'or. Ils voulurent avoir une chapelle qu'ils commencerent de faire bâtir environ l'an 1650, fur les anciennes ruines de l'hôpital St. Jacques ; mais le nombre des pelerins ayant diminué confiderablement dans la fuite, l'ouvrage a refté imparfait, & la confrérie s'eft entièrement diffipée.

Les biens de cet hôpital ont été unis à celui de St. Eloy, & il ne refte que quelques titulaires des chapelles qui y étoient anciennement.

CHAPITRE NEUVIÉME.

PAGE 330.

HOPITAL, OU COMMANDERIE DE St. ANTOINE.

J'Ai raporté dans le premier tome de cette hiftoire l'acte de fondation de cette maifon, qui fut faite en 1320 par le roy Sanche, feigneur de Montpellier ; il fe priva du logement & des beaux jardins qu'il avoit au faubourg de Villefranche, en faveur des pauvres malades du feu facré qu'on apelloit alors le mal St. Antoine.

Dans cette fondation, le roy exige que l'abbé de St. Antoine y tienne à perpetuité un prêtre, comme on l'y entretenoit auparavant; & il se reserve la directe & quarante sols de censive à chaque mutation d'abbé, sur la maison de Villefranche, qu'il dota de cent cinquante livres petits tournois.

J'ai marqué dans la vie de ce roy la situation de cette commanderie, qui étoit précisement dans le lieu dit aujourd'hui l'Aire de Brun, acquise depuis par Mr. Jausseran, conseiller au présidial: les confrons, qui sont marquez dans l'acte de fondation, servent de preuve que le faubourg de Villefranche avoit sa palissade, comme les autres faubourgs de la ville, & qu'il y avoit une portaliere d'où on alloit par le grand chemin jusqu'à la porte du Pile St. Gilles.

Du levant (dit l'acte) confronte avec un jardin de noble Deodat de Boussagues, seigneur de Puy-Selicon, muraille mitoyenne.

Du midi, où est la rive du Ribanson, autrement Merdanson, avec le verger de Pierre de Ferrieres, & celui de Jean Domenge.

Du couchant, avec le jardin d'honorable homme de Albia, docteur en droit, muraille mitoyenne.

Et du nord vers Castelnau, confronte avec le chemin qui conduit à la portalière de Villefranche, d'où l'on va vers la maison du St. Esprit.

Les réligieux de St. Antoine de Vienne, qui avoient la conduite de cette maison, en furent chassez dans les premiers troubles de réligion en 1560. Il ne paroît point qu'après le siége de Montpellier ils fissent aucune démarche pour rentrer dans leur ancienne possession, comme firent alors tous les autres réligieux. Leurs titres resterent entre les mains de ceux qui s'en étoient emparez; & il ne nous reste que le seul acte de leur fondation, qui fut faite à Perpignan par le roy Sanche. Il résulte d'une désignation qui est faite dans un acte particulier, que le clocher de leur église étoit en forme de piramide à quatre angles, & nous trouvons dans le livre des privileges de St. Firmin, que leur cimetiere ne devoit servir que pour leurs malades, ou pour les réligieux de la maison, & qu'ils ne pouvoient passer processionnellement dans la paroisse de St. Firmin, sans la permission du prieur.

Quoique leur ancien emplacement soit réduit maintenant à des terres labourables, on ne laisse point de connoître que ce fonds étoit autrefois un lieu habité, à cause des puits domestiques qu'on y voit en grand nombre; ce qui fait une espece de démonstration en ce genre.

CHAPITRE DIXIÉME.

HOPITAL DE LA MAGDELEINE.

UN particulier de Montpellier, nommé Pierre Caufiti, d'une famille qui fut confiderable en cette ville durant le xiv. & xv. fiécle, fit cet établiffement en 1328. Nous avons un acte dans lequel il expofe à Raymond de Canillac, prieur de St. Firmin, qu'ayant déjà établi un hôpital à l'honneur de fainte Marie-Magdeleine dans le faubourg près de St. Barthelemy, il auroit intention d'y fonder & bâtir un oratoire ou chapelle tout joignant, à laquelle il vouloit faire mettre deux cloches, *fignificavit quod propè Sanctum-Bartholomæum extra muros communis claufuræ juxta hofpitale fuum beatæ Mariæ Magdalenæ in fuburbiis, vult fundare, ædificare & erigi facere unum oratorium, five capellam, cum duabus campanis.*

Sur quoi le prieur ordonne qu'il y aura deux cloches & un prêtre pour y celebrer les divins offices, lequel feroit préfenté audit prieur pour y être inftitué, après avoir prêté entre fes mains le ferment accoûtumé par les autres prêtres des chapelles qui font fujettes à St. Firmin. Il exige enfuite.

« Qu'aucun chapelain ne pourra impetrer aucun privilége au préjudice
« de fon ferment & des droits de l'églife paroiffiale; qu'il affiftera aux pro-
« ceffions, vêtu comme les autres chapelains; qu'il obëïra aux lettres de la
« cour de l'evêque de Maguelone & de St. Firmin; qu'il promettra de
« n'aliéner jamais le bien de ladite chapelle; qu'il payera la dime & les pre-
« mices des poffeffions en terres, jardins ou beftiaux qui lui apartiendront,
« & qu'à perpetuité il fera tenu, en figne de fubjection, de payer au prieur
« de St. Firmin un florin d'or évalué vingt fols. »

En confequence, Pierre Caufiti ayant acquiefcé à toutes ces conditions, préfenta un prêtre qui fut inftitué le 4 novembre 1330, comme il apert de l'acte paffé chez Etienne Clary, notaire.

L'emplacement de cet hôpital étoit dans la traverfe qui va aujourd'hui de la dougue entre St. Guillem & la Saunerie vers le Cours, tel qu'il eft défigné dans le plan que j'ai donné de la ville de Montpellier avant les guerres de la réligion P. R.

Gariel nous aprend dans le traité qu'il a mis à la fin de fon Idée de Montpellier, des églifes, couvens & hôpitaux de cette ville, que l'églife & la maifon de Ste. Magdeleine fut deftinée quelque tems après pour les filles pénitentes ou répenties qui vouloient fe retirer du vice.

CHAPITRE ONZIÉME.

HOPITAL SAINTE MARTHE.

CEt hôpital étoit dans le faubourg de la Saunerie, vis-à-vis l'églife de St. Sauveur, à peu près où eft aujourd'hui le logis du Tapis-Vert. Il fut fondé dans le xive fiécle par un habitant de Montpellier nommé Pierre Gras, dont nous avons le teftament du 23 juillet 1370. Il y ordonne qu'il fera fait un hôpital dans fa maifon fituée en la ruë des Vieilles-Etuves; & pour cet effet, il donne une autre maifon contiguë à celle-là, qu'il dit avoir été acquife par feu fon pere d'un marchand de Montpellier nommé Pierre Rhodes : à ces deux donations il * ajoûta quelques ufages énoncés dans fon teftament, pour fervir à l'entretien d'un chapelain qui feroit tenu de dire à perpetuité une meffe tous les jours, & qui devoit être nommé par fes executeurs teftamentaires, & après eux par les ouvriers & directeurs dudit hôpital.

Les officiers du roy Charles V, alors feigneur de Montpellier, s'opoferent à cet établiffement dans la ruë des Etuves, par la règle qu'on avoit obfervé jufqu'alors de ne laiffer établir dans l'enceinte de la ville aucun hôpital ni aucune communauté réligieufe. Cette oppofition obligea les executeurs teftamentaires de Pierre Gras à chercher dans le faubourg voifin ce qu'ils ne pouvoient avoir dans la ville. Ils choifirent, pour cèt effet, l'emplacement qui eft défigné de la forte : Un tenement de maifon avec traverfe, & moitié d'un puits devant l'églife de St. Sauveur de Montpellier, au dedans de la paliffade, dans lequel tenement il y a deux maifons du côté de la ruë droite, & quatre du côté de la traverfe, & d'autre part la maifon de Guillaume Hôte dans la ruë publique.

Le Sr. Jean de Villaret, qui ne prend d'autre qualité que celle de prêtre de Montpellier, les aida beaucoup dans l'execution de leur projet : non feulement il prévit (comme dit l'acte) que les officiers du feigneur de Montpellier ne permettroient pas que l'hôpital fût établi dans la maifon de Pierre Gras, mais il leur donna, par acte du 2 octobre 1375, une maifon qu'il avoit près de l'églife de St. Paul, avec une autre dans la ruë des Vieilles-Etuves, pour fervir à la fondation de l'hôpital Ste. Marthe.

Cet hôpital eft apellé dans les mémoires de Philippy & dans le manufcrit de Mr. Vignes, hôpital des femmes, fans expliquer s'il étoit pour les femmes malades ou décrépites ; mais Gariel, dans fon Idée de Montpellier, nous fait entendre qu'il étoit destiné à l'éducation & à la sûreté des filles, jusqu'à ce que l'on trouvât à les établir.

Les calvinistes épargnerent cette maison, de même que les autres hôpitaux de la ville, lorsqu'ils firent à Montpellier les démolitions que nous avons vû en 1562, mais dans le reste de ce siécle, ils l'abatirent entierement lorsqu'ils voulurent se prémunir contre les differens siéges dont ils furent ménacés.

Le titre du chapelain de Ste. Marthe subsistoit encore en 1612, comme il paroît par diverses reconnoissances de cette même année, & particuliérement une du dernier mars 1612, faite par Daniel Bouques, d'une maison sise dans la ruë des Etuves, sisain Ste Foy.

Il faut aussi que dans l'église de St. Sauveur il y eût une chapelle de Ste. Marthe, puisqu'il est dit dans un acte de 1547, retenu par Lambert, notaire, que le chapelain de Ste. Marthe, en St. Sauveur, doit payer une pension annuelle de quatre livres à l'hôpital Ste. Marthe.

CHAPITRE DOUZIÉME.

SAINT JULIEN DE TOURNEFORT.

CEt hôpital portoit le nom d'un marchand de Montpellier, nommé Guillaume Tournefort, qui le fonda en 1360, comme il paroît par les lettres d'amortissement du roy Charles VI, du mois d'avril 1434. Il étoit situé à l'entrée du cours du côté de la Saunerie, & il donnoit son nom à toute l'isle où il étoit bâti. Ce fait conste par un acte de 1465, tiré des regîtres de la Bourse, où il est dit, en parlant d'un grenier à foin qu donnoit matiére de contestation, *unum paillarium situm in palissatis, in insula hospitalis Sancti Juliani de Tournefort.* On voit plus bas, dans le même acte, qu'il étoit entre la portaliere de St. Sauveur & celle des freres prêcheurs, *inter portale Sancti Salvatoris & portale prædicatorum,* ce qui fait précisement toute l'étenduë du cours : mais ce qui prouve qu'il étoit plus près de St. Sauveur que des freres prêcheurs, est un acte du même regître, fol. 283, *où l'isle de l'hôpital de Tournefort est désignée vis-à-vis le collége de St. Sauveur, regardant par la façade du devant la muraille de la palissade, & du derriére, l'hôpital de Ste. Marthe. Situm in insula existente ante ecclesiam & collegium Sancti Salvatoris vocata vulgariter l'isla de l'hespital de Tournefort,* con-

Fol. 357.

Page 333.

frontant, *à parte ante cum pariete paliſſatarum præſentis villæ, & à parte retro cum hoſpitali Sanctæ Marthæ.*

Nous avons jusqu'en l'année 1556, des reconnoiſſances féodales, conſenties au profit des hôpitaux de St. Jacques & de St. Julien ; mais depuis ce tems-là, qui fut bientôt ſuivi des troubles de la religion à Montpellier, on ne trouve plus de reconnoiſſance conſentie à leur profit : elles ſont toutes au nom de l'hôpital de St. Eloy, où il eſt dit que les hôpitaux de St. Jacques & de Tournefort lui avoient été unis.

CHAPITRE TREIZIÉME.
L'HOPITAL DE LA CHARITÉ.

Dans les premieres années de tranquilité que le régne du roy Henry IV procura aux villes de ſon royaume, les catholiques de Montpellier, voulant pourvoir aux beſoins des pauvres de leur religion, tinrent une aſſemblée le 17 avril 1596, où aſſiſterent Antoine de Subjet, evêque de Montpellier, avec les députez du chapitre de l'égliſe cathédrale St. Pierre, Pierre de Roſel, premier préſident en la cour des aydes, avec pluſieurs généraux de ladite cour, le préſident d'Aiguillon, avec d'autres officiers de la chambre des comptes, & bon nombre des principaux catholiques de la ville, qui délibererent tous de choiſir chaque année ſix bons habitans, ſous le nom de procureurs des pauvres, pour quêter dans la ville & aux portes des égliſes en faveur des pauvres catholiques.

Il fut réglé en même tems qu'un des ſix ſeroit receveur de toutes les aumônes, qu'un autre en ſeroit le controlleur, & qu'ils s'aſſembleroient tous ſix deux fois la ſemaine, pour conferer enſemble ſur les beſoins des familles néceſſiteuſes : Voilà les premiers commencemens de l'hôpital de la Charité.

Mais, pour conſerver le nom des citoyens charitables qui ſe dévoüérent les premiers à cette bonne œuvre, je crois devoir les marquer ici, comme je les trouve dans les regîtres qui m'ont été communiquez par Mrs. de l'hôpital general.

    Pour le ſiſain Ste Foy, Mr. des Champs.
    Pour le ſiſain Ste. Anne, Sr. Raymond Trial.
    Pour le ſiſain St. Firmin, ſire Rafineſque.
    Pour le ſiſain St. Paul, Sr. Hilaire Gentil.
    Pour celui de Ste Croix, Sr. Henry Aulagne.
    Pour celui de St. Mathieu, Sr. Simon Gouſe.

Mr. l'evêque se taxa tous les mois en faveur de cette bonne œuvre ; le chapitre de sa cathédrale suivit son exemple, & ensuite les églises collégiales en cet ordre : St. Ruf, Notre-Dame du Palais, Ste. Anne, St. Sauveur & la Trinité ; & plusieurs d'entre les catholiques augmenterent les fonds du bureau de charité par les legs qu'ils lui firent. Les plus remarquables sont : Mrs. Remisse, Valcourtois, Rochemore, lieutenant principal, le président d'Aiguillon, Mr. Fabre, chanoine de la cathédrale, le président de Chef-de-Bien, le président de Ratte*, les sieurs Verchant, Andrieu, lieutenant ordinaire, & Madame d'Aumelas.

Page 334.

On garda cet ordre jusqu'au siége de Montpellier en 1622, où les quêtes furent interrompuës ; mais après la réduction de la ville, les catholiques ayant pris l'ascendant, ils délibererent, le 30 avril 1627, d'augmenter le nombre des procureurs des pauvres, & d'en mettre deux dans chaque sisain, au lieu d'un seul qu'il y avoit eu auparavant.

Dès lors le produit de la quête augmenta considerablement, & les catholiques à l'envi léguerent quelques sommes au bureau de la charité. On trouve dans les regîtres de ce tems-là, parmi les bienfacteurs de cette maison, Mr. du Bousquet, abbé de Franquevaux, quatre chanoines de la cathédrale, sçavoir : Mrs. Hugues Gramon, Enguerran & Vidal, David Varanda, professeur ès loix, Samüel Trinquere, juge-mage, Mademoiselle de Beauxhostes, & Marguerite de Tusani, veuve d'Antoine de Grille, général des aydes. Mais l'aumône la plus considerable qui soit marquée dans leurs regîtres est celle du duc d'Ossone, qui passant à Montpellier, donna au bassin des pauvres cent pistoles d'Espagne, évaluées dans le compté de la recette à quatorze cens soixante-dix livres.

Ces secours, qui devinrent assez ordinaires, mirent le bureau en état d'entreprendre quelque chose de plus pour le soulagement des pauvres. On crut qu'il ne suffisoit pas de secourir les familles nécessiteuses, mais qu'il falloit encore retirer les orphelins & les invalides : pour cet effet, pendant le séjour que le cardinal de Richelieu fit à Montpellier en 1629, on projetta d'acquérir à l'extrémité du faubourg du Pile St. Gilles plusieurs maisons, qu'on apelloit, dans le tems de la grande peste, l'hôpital des Trois-Couronnes (François Ranchin nous aprend cette circonstance dans son histoire de la grande peste de Montpellier) & tout ayant concouru pour faciliter cet établissement, on commença d'assembler les orphelins & les invalides dans l'hôpital des Trois-Couronnes, qu'on apella depuis l'hôpital de la Charité. On se souvient encore d'y avoir vû les vieilles femmes occupées à filer, les enfans à faire des épingles & les hommes à faire des futaines, ou s'employer aux travaux de la maison, selon leurs forces.

Alors on déchargea les procureurs des pauvres du foin de la quête, qu'ils avoient accoûtumé de faire aux portes des églifes, & l'on y envoya les enfans bleus de la Charité, avec des troncs portatifs, où les perfonnes charitables jettoient leurs aumônes. On n'a pas oublié la formule dont ces enfans fe fervoient pour exciter la charité des fidéles; ils la difoient en chantant, & ils la recommençoient tour à tour.

Leur nombre ayant augmenté confiderablement par le furcroit des enfans trouvez, dont on chargea l'hôpital de la Charité, on crut, en 1652, devoir augmenter le nombre des adminiftrateurs de cette maifon, & pour intereffer davantage toutes les compagnies à la proteger, on forma un bureau compofé de quatre intendans pris tous les ans des officiers de juftice & du chapitre de la cathédrale; de douze recteurs tirez d'entre les bourgeois, dont la moitié ne devoit être changée que de deux en deux ans, & de quatre findics perpetuels.

Cet ordre parut fi bon, que le roy Loüis XIV, en établiffant à Montpellier un hôpital general en 1678, ordonna que le même ordre qu'on gardoit à la charité feroit fuivi à l'hôpital general, comme nous allons le voir dans l'article fuivant.

CHAPITRE QUATORZIÉME.

L'HOPITAL GENERAL.

LA déclaration que le roy Loüis XIV avoit donnée, en 1662, pour l'établiffement d'un hôpital général dans les villes & gros bourgs de fon royaume, ne commença d'avoir lieu à Montpellier qu'en 1676, où Sa Majefté écrivit à Mr. de Pradel, évêque de cette ville, & à Mr. d'Agueffeau, intendant de la province, * pour leur faire fçavoir fes intentions, & pour leur dire de donner leur avis fur tous les obftacles qu'ils pourroient prévoir à l'établiffement d'un hôpital general à Montpellier, avec les mefures qu'ils croiroient pouvoir être prifes pour les faire ceffer.

Ces meffieurs, pour obéir aux ordres du roy, dresferent un mémoire où, après avoir expofé la maniére dont on pourvoyoit aux befoins des pauvres dans l'hôpital de la charité, ils marquerent au roy les obftacles & les facilitez qu'ils prévoyoient à l'établiffement d'un hôpital general : fur quoi Loüis XIV fit expedier des lettres-patentes, données au camp de Vetere, au mois de may 1678, par lefquelles il ordonna qu'on établît à Montpellier un hôpital general, auquel il unit pour toûjours la maison de la charité avec les autres hôpitaux du diocése, excepté celui de St. Eloy, qui fervoit aux pauvres malades.

On mit auffitôt la main à l'œuvre, & parce qu'on n'avoit pas de maison pour tous les invalides qui fe préfenteroient, on prit l'ifle du Cheval-Vert dans le faubourg de la Saunerie, où l'on dreffa une chapelle, deux réfectoires, l'un pour les hommes, l'autre pour les femmes, de grandes chambres à coucher, & d'autres chambres de travail.

Cependant on jetta les yeux fur quelque grand emplacement, où l'on pût, avec le tems, faire les bâtimens néceffaires au grand nombre des pauvres qu'on fe propofoit d'y recevoir. On ne trouva pas de lieu plus convenable que l'ancien clos des peres carmes, qui s'étoient logés dans la ville, & qui ne fongeoient plus à bâtir fur les anciennes ruines de leur monaftère hors la porte des carmes Le marché fait avec eux, Mr. de Pradel y mit en 1680 la prémiere pierre, & l'on creufa les fondemens de deux grands bâtimens quarrés, qui forment aujourd'hui l'hôpital general, et qui fervent, l'un aux hommes, & l'autre aux femmes.

Tout le rez-de-chauffée eft occupé par l'églife, la fale du bureau, les chambres du travail, l'apoticairerie, les réfectoires, les cuifines, les prifons & le lieu où l'on diftribuë journellement du pain aux pauvres familles de la ville. Le premier étage fert au logement des prêtres, des officiers de la maifon, des fœurs qui prennent foin des jeunes garçons & des jeunes filles, à la draperie, à la lingerie & aux fales à coucher pour les vieillards & pour les vieilles femmes : au plus haut couchent les jeunes garçons dans de longues fales, & dans l'autre quarré les jeunes filles ; & les grands pavillons qui font aux quatre coins du bâtiment fervent à faire fécher le linge dans le mauvais tems. On a ménagé à l'entrée de la maifon une cours très-fpacieufe pour le divertiffement des enfans, & au-delà du bâtiment, il y a des jardins potagers d'une très grande étenduë.

On reçoit dans cette maifon les pauvres vieillards & les vieilles femmes, les enfans expofés & orphelins, quelquefois des perfonnes de bonne famille que le befoin reduit à l'hôpital. On compte prés de fix cens bouches dans cette maifon, fans parler d'un plus grand nombre de familles neceffiteufes de la ville, à qui l'hôpital donne tous les jours une certaine quantité de pain : il tient en nourrice les enfans trouvés, il les entretient & les fait élever jufqu'à l'âge de feize ans, auquel tems il donne un métier aux garçons, & un mariage aux filles.

Il feroit impoffible de foûtenir cette maifon, fans le bon ordre qui y regne. Le roy Loüis XIV, fatisfait de celui qu'on gardoit à la charité, ordonna, par le deuxiéme article des réglemens qu'il fit en 1678, que l'hôpital general feroit regi ainfi que la maifon de la charité l'avoit été cy-devant, c'eft-à-dire par l'evêque de Montpellier, par quatre intendans qui feroient tirés de la cour des comptes, aydes & finances, du bureau des tréforiers de France, du préfidial & du chapitre de l'églife cathédrale, tour à tour & fucceffivement.

En 1694, le nombre des intendans & des findics fut augmenté par arrêt du confeil du 4 octobre, qui fixe les uns & les autres au nombre de fix ; de cette forte tout le bureau eft compofé de vingt-fix perfonnes, fçavoir : de l'evêque quand il peut s'y trouver, de fix intendans qui changent tous les ans, de douze recteurs pris du corps des bourgeois, pour ne changer que par moitié de deux en deux ans, de fix findics perpetuels, & d'un tréforier annuel, qui par arrêt du confeil de 1711 eft qualifié d'intendant-tréforier, & que le bureau* peut choifir dans tous les ordres de la ville fans exception. Il reçoit tous les revenus de l'hôpital & fait toutes les avances neceffaires pour l'entretien de la maifon, qui lui font rembourfées par fon fucceffeur, à quelque fomme qu'elles puiffent exceder la recette.

Les privileges que le roy accorda à l'hôpital general, dans le tems de fon étabiiffement, font une partie de fes revenus & diminüent confidérablement fes charges : telle eft l'exemtion des fubfides, impofitions, charges ordinaires & extraordinaires, pour la clôture de l'hôpital general, jufqu'à la concurrence de trente céterées, la permiffion de prendre à perpetuité chaque jour, depuis le premier octobre jufqu'au premier de mars, deux charges de mule ou de mulet de bon bois au bois de Valene, apartenant aux confuls & habitans de Montpellier ; & depuis le premier avril jufqu'au dernier feptembre, une charge par jour, fans en payer aucun droit apartenant à la ville ; l'union à l'hôpital general de toutes les aumônes de fondation en grain ou en argent, dont fe trouveront chargez les abbez, prieurs, communautez féculiéres & régulières, même les particuliers, habitans de la ville & du diocéfe ;

Obligation aux notaires d'envoyer gratuitement des extraits des teftamens qu'ils auront reçû, & autres actes faits au profit de l'hôpital general;

Pareille obligation aux corps des métiers, de donner un ou deux compagnons, pour inftruire les enfans de la maifon, felon l'inclination qu'on pourra reconnoître en eux, avec faculté aufdits compagnons, après avoir fidélement fervi pendant fix années de pouvoir tenir boutique ;

La même grâce eft accordée aux compagnons chirurgiens ou apothicaires qui auront fervi l'hôpital le même efpace de tems ;

Permission aux administrateurs d'y établir toutes les manufactures qu'ils jugeront utiles audit hôpital, & de faire quêter privativement à tous autres, dans tous les lieux où l'on peut être excité à faire l'aumône;

Attribution audit hôpital de toutes les aumônes ordonnées par la cour des comptes, aydes & finances, & par les officiers du présidial, en procédant à l'entérinement des lettres de grace, remission & abolition; & en outre, sur toutes les lettres de légitimation & naturalité, dons & autres grâces adressées à la cour des comptes, aydes & finances, sur lesquelles il sera mis telle aumône que les officiers jugeront en faveur de l'hôpital.

Mais pour assûrer à cette maison quelque revenu plus fixe, le roy permit au diocése d'imposer annuellement & à perpétuité quinze cens livres au profit des pauvres, & à la ville de Montpellier deux deniers sur chaque livre de viande qui seroit venduë à Montpellier, Boutonnet & Castelnau, ce qui produit une somme très-considérable.

Néanmoins, avec tous ces secours & avec les constitutions de rente que l'hôpital a acquis, ses revenus fixes seroient insuffisans de moitié, s'ils n'avoient les revenus fortuits qui lui viennent de la charité des fidèles; l'usage s'est heureusement introduit, que toutes les personnes aisées léguent quelque somme à l'hôpital; & il arrive souvent que des particuliers, surtout les ecclesiastiques, font héritier l'hôpital general: c'est avec ce secours qu'on a fait depuis quinze ans un quartier pour les incurables, qu'on y reçoit en très-grand nombre.

Il y a tout lieu d'espérer du bon gouvernement qui s'observe dans cette maison, que Dieu fera continuer les bonnes œuvres qu'on y exerce déjà depuis cinquante ans.

CHAPITRE QUINZIÉME.

L'HOPITAL DES PETITES MAISONS.

EN l'année 1716, le conseil de ville ayant jugé à propos d'enfermer, à l'exemple de Paris & autres villes du royaume, les insensez qui couroient la ville, & qui y causoient souvent du désordre, fit proposer à Mrs. du bureau de l'hôpital St. Eloy de vouloir se charger de ces pauvres insensez, moyennant deux cens livres que la ville leur donneroit tous les ans, pour chacun de ceux qui leur seroient envoyez par Mrs. les consuls, avec offre, de la part de la ville, de contribuer à la construction des loges qui seroient nécessaires pour les tenir enfermez.

La propofition ayant été acceptée par Mrs. du bureau, ils deftinerent à cet établiffement le jardin qu'ils venoient d'acquerir de Mr. de la Greffe, doyen de la cour des comptes, aydes & finances, qui n'étant féparé de l'hôpital St. Eloy que par une ruë fur laquelle on a jeté un arceau, femble être contigu à l'hôpital St. Eloy.

En même-tems, le diocéfe de Montpellier fit un pareil traité avec les directeurs de l'hôpital, en confequence duquel, ces Mrs. firent conftruire, moyennant les fommes dont la ville convint, treize loges ou petites maifons, pour y recevoir les infenfez de la ville & du diocéfe. Quoique ces petites maifons ne foient pas ordinairement toutes remplies, le public a la fatisfaction de ne pas voir dans les ruës ces triftes objets, & d'être à l'abri des attaques de ces pauvres infenfez, qui font foignez dans leurs loges par des fœurs de la charité, avec la patience & l'exactitude qui eft ordinaire à ces charitables filles.

HISTOIRE DE MONTPELLIER

PAGE 339.

LIVRE DOUZIÉME

Des anciennes écoles de Montpellier & de son Université d'aujourd'huy.

QUOIQUE les écoles publiques n'ayent pris le nom d'université qu'au commencement du treiziéme siécle, comme l'a remarqué Mr. de Fleury dans son cinquiéme discours sur l'histoire ecclesiastique, il n'est pas moins certain, selon ce même auteur, que les études fleurissoient, longtems auparavant, dans plusieurs villes de l'Europe & de la France, parmi lesquelles Montpellier étoit celébre pour la science du droit, que Placentin & Azoy enseignerent dans le douziéme siécle, & par les écoles de medecine, que les disciples d'Averroës & d'Avicenne y avoient déjà établi.

Tome 17.

Les réglemens faits en 1220 par le cardinal Conrad Eginon, servent de témoignage public en faveur de l'école de medecine de Montpellier, qui, selon les paroles de ce même cardinal, s'étoit rendue illustre depuis longtems & avoit produit des fruits trés-utiles dans plusieurs parties du monde : *Sane cum dudum medicinalis professio sub gloriosis titulis in Montepessulano claruerit, floruerit & fructum fecerit multipliciter in diversis mundi partibus salubrem, &c.*

Voyez l'article de la médecine.

La reputation de Placentin & d'Azo, qui les premiers enseignérent le droit à Montpellier, rendit leur école l'une des plus célèbres de l'Europe, comme on pourra le voir plus au long dans l'article particulier que j'en donnerai.

Enfin les réglemens que Jean de Montlaur, évêque de Maguelone, fit en 1242 pour l'école des arts, prouve que cette science fleurissoit à Montpellier de son tems.

Toutes ces considerations porterent le pape Nicolas IV, sur la fin du treiziéme siécle, à ériger les écoles de Montpellier en étude générale, ou université, dans laquelle les maîtres pourroient enseigner & les écoliers s'instruire dans toutes les *sciences permises, afin (dit le pape) qu'après avoir fait le cours de leurs études, ils puissent recevoir la licence ou permission d'enseigner les autres : *Authoritate præsentium indulgemus ut in dicto loco sit deinceps studium generale in quo magistri doceant, & scholares libere audiant in quavis licita facultate. Et si qui processu temporis in eodem studio fuerint, qui scientiæ bravio assecuto, sibi docendi licentiam, ut alios libentius erudire valeant, petierint, impertiri.*

On pourra observer dans la bulle du pape Nicolas IV, que je raporte au bas de cette page, qu'il fait une mention expresse du droit canon & civil, de

PAGE 340.

Series præsul. Magal., pag. 294.

NICOLAUS, episcopus, servus servorum Dei, filiis doctoribus & scholaribus universitatis apud Montempessulanum commorantibus, salutem & apostolicam benedictionem. Desiderabiliter affectamus quod litterarum studia in quibus pretiosa reperitur à sedulo quærentibus margarita, multiplicentur ubique, maxime in illis locis quæ ad grana multiplicanda doctrinæ, ad producenda salutaria germina disciplinæ, idonea existere dignoscuntur. Cum autem LOCUS MONTISPESSULANI, celebris plurimum & famosus, aptus valde pro studio consideratis diligenter ejus conditionibus dignoscatur. Nos utilitati publicæ expedire credentes ut, in loco ipso cultores sapientiæ inseran- tur, fructum desideratum largiente scientiarum Domino in tempore producturi, authoritate præsentium indulgemus ut in dicto loco sic deinceps STUDIUM GENERALE in quo magistri doceant, & scolares libere studeant & audiant in quavis licita facultate. Et si processu temporis in eodem studio fuerint, qui scientiæ bravio assecuto, sibi docendi licentiam, ut alios libentius erudire valeant petierint, impertiri. Præcipimus ut in JURE CANONICO & CIVILI, necnon & in MEDICINA & ARTIBUS examinari possint ibidem, & in eisdem facultatibus DUMTAXAT titulo magisterii decorari. STATUENTES ut quoties aliqui ad magisterium fuerint promovendi, præsententur EPISCOPO MA-

II. Partie. Livre douzième.

la médecine & des arts, sans y nommer la théologie, qui ne commença d'être enseignée à Montpellier que dans les couvens des religieux mandians nouvellement établis; mais le pape Martin V, en 1420, la comprit parmi les autres facultés * de l'université de Montpellier & il l'unit à celle du droit canon & civil, pour ne faire qu'un même corps avec elle, comme nous le dirons dans l'article de la théologie.

PAGE 341.

Dans ces premiers commencemens, les papes & les rois de France accorderent à l'envi plusieurs beaux privileges à l'université de Montpellier. Martin V, par une bulle expresse, lui donne pour conservateurs l'archevêque de Narbonne, l'abbé d'Aniane & le prévôt de Maguelone. Par une autre bulle il exemta les professeurs & les étudians d'être cités hors la ville pour quelque

Livre du recteur, page 194.

Ibidem, pag. 197.

GALONENSI loci diœcesano, qui pro tempore fuerit, vel ei quem ad hoc idem episcopus duxerit deputandum, qui magistris facultatis illius in qua examinatio facienda fuerit, de universitate vestra in eodem studio præsentibus convocatis, eos gratis & difficultate quacumque sublata, de scientiæ facundia, de modo legendi & de aliis quæ in promovendis ad doctoratus officium requiruntur, examinare studeant diligenter & illos quos idoneos repererint, & petito secreto eorumdem magistrorum consilio (quod consilium in ipsorum consulentium dispendium vel jacturam revelari quomodolibet sub divinæ maledictionis interminatione districtissime prohibemus), approbent & admittant, eisque licentiam largiantur; alios minus idoneos repellendo, postpositis omnino gratiis, odio vel favore. Cæterum ne vacante ecclesia Magalonensi contingat promoveri volentes ad magisterium impediri, volumus ut cum ipsa ecclesia tres etiam archidiaconi assumantur, archidiacono majori præsente, vel eo in remotis agente, aut etiam impedito secundo; vel illis præpeditis, tertio: promovendi hujusmodi vacationis tempore præsententur, qui eos examinent, & examinatores approbent vel reprobent secundum modum in episcopo prænotatum. Illi autem qui in loco præfato examinati & approbati fuerint, ac docendi licentiam obtinuerint, ut est dictum, tunc absque examinatione, vel approbatione alia, legendi ac docendi ubique plenam & liberam habeant facultatem, nec à quopiam valeant prohiberi. Sané ut in præfatis examinationibus rite procedatur, præcipimus ut magistri legere in eodem studio cupientes, antequam incipiant, præstent publice juramentum quod ipsi vocati ad examinationes easdem venient, nisi fuerint legitime impediti, ac gratis, sine difficultate, odio vel favore postpositis, dabunt examinatori fidele consilium, qui de examinatis vel ut digni approbari debent, vel ut indigni merito reprobari. Nulli ergo hominum liceat paginam hanc, &c. Datum apud Sanctam Mariam-Majorem vij. Kal. novembris, pontificatus nostri anno secundo. (C'est-à-dire en 1289, ce pape ayant été élu le 15 fevrier 1288, selon Mr. Fleury, liv. 88.)

affaire que ce fût. Nos rois leur accorderent l'immunité & l'exemtion des tailles qui a été depuis convertie en une indemnité en argent; ils furent aussi exemtés de toutes les charges municipales; mais ce dernier privilége commença de recevoir quelque atteinte en 1355, lorsque les consuls de Montpellier ayant nommé les officiers de la monnoye & les supôts de l'université pour monter la garde dans la ville, pendant la guerre des Anglois contre le roy Jean, le comte d'Armagnac, gouverneur de la province, y contraignit les uns & les autres par provision. Alors les professeurs suspendirent pour quelque tems leurs leçons; ce qui est marqué dans l'histoire de ce tems, comme la premiere interruption arrivée aux études de l'université de Montpellier: *Anno 1355, rex Angliæ graviter impugnare cœpit regnum Franciæ, ita quod studium in Montepessulano suspensum fuerit ad tempus,* dit l'auteur de la vie d'Innocent VI, raportée dans Baluze.

La seconde interruption arriva lors de la fameuse sédition de Montpellier sous le duc d'Anjou en 1379, durant laquelle les écoliers abandonnerent Montpellier & donnerent lieu à l'établissement de l'université d'Orange, comme il est raporté dans l'histoire de cette principauté.

Mais à cette occasion, on peut remarquer l'estime que le duc d'Anjou conservoit toûjours pour l'université de Montpellier, puisque dans la mitigation de sa sentence, il fait une expresse mention des études de Montpellier, en faveur desquelles il dit avoir adouci les peines portées contre la ville.

La troisiéme interruption fut au commencement des troubles de la réligion, qui causerent en 1562 la ruine de plusieurs édifices publics & particuliérement celle de la tour de Ste Eulalie, qui servoit aux exercices de la faculté du droit. Etienne Ranchin, dans la préface de ses Décisions, dit en déplorant ces troubles: *Domi latitabamus, à negotiis publicis & forensibus, & à nostris publicis lectionibus prohibiti.*

Cette interruption continua par intervales, durant les troubles de la réligion, où l'on quittoit le soin des études, à mesure qu'on reprenoit les armes. De cette sorte les exercices publics ne devinrent bien stables à Montpellier qu'après la reduction de la ville sous les armes du roy Loüis XIII, car alors chaque faculté reprit ses leçons ordinaires; mais celle de droit, autrefois si célèbre, se ressentit beaucoup des interruptions précedentes, & celles de théologie & des arts souffrirent les changemens que nous dirons dans l'article de chaque faculté. Celle de médecine se soûtint mieux que les autres, parce que dans ce tems de mouvement & de guerre, on ne pouvoit se passer de médecins.

Toutes ces quatre facultez reconnoissent l'evêque de Montpellier pour leur chancelier, c'eſt-à-dire, que les lettres de tous les gradués ſont expediées à ſon nom, après avoir été examinez devant lui, ou par ſon délegué. Ce droit étoit acquis aux evêques de Maguelone avant l'érection des univerſités, comme il paroit par le démêlé qu'il y eut à ce ſujet, entre Jacques le Conquerant & Berenger de Fredol, evêque de Maguelone. Toutes les bulles qui ont été données depuis confirment ce droit à l'evêque : *qui promovendi fuerint præſententur epiſcopo Magalonenſi,* dit Nicolas IV dans la bulle d'érection de cette univerſité ; & Martin V, en lui donnant des conſervateurs, donne le nom de chancelier à l'evêque de Maguelone : *pro parte venerabilis fratris noſtri Ludovici, epiſcopi Magalonenſis, cancellarii,* ce qui a été ſuivi ſans interruption dans les autres bulles des papes, dans les lettres-patentes de nos rois, dans les réglemens faits pour l'univerſité & dans l'expedition des lettres des graduez. On verra une confirmation de tout ce que je viens de dire dans le détail de chaque faculté.

Mém. du clergé, tome 2, part. 1, pag. 105 & ſuivantes.

CHAPITRE PREMIER.

DE LA FACULTE DE MEDECINE

PAG. 312.

L'ECOLE de médecine de Montpellier peut être miſe au rang de ces anciens établiſſemens qui n'ont point d'époque certaine, & dont l'origine ſe perd dans les ſiécles paſſez : ceux qui l'ont fondée n'ont laiſſé aucun mémoire qui puiſſe nous éclaircir ſur le tems qu'elle commença ; mais à leur défaut, nous tirons des livres publics des preuves certaines que l'école de médecine étoit déjà célebre à Montpellier dans le douzième ſiécle.

La première preuve eſt tirée d'une lettre de ſaint Bernard, qui dit en parlant d'un archevêque de Lyon, que ce prélat étant tombé malade en allant à Rome, ſe détourna de ſon chemin pour venir à Montpellier, où durant ſon ſéjour il dépenſa auprès des médecins tout ce qu'il avoit & ce qu'il n'avoit pas. *Cumque infirmaretur, pertranſiit uſque ad Montempeſſulanum, ubi aliquamdiù commoratus, cum medicis expendit & quod habebat & quod non habebat.* Cette lettre eſt pour le plus tard de l'année 1153, qui fut celle de la mort de St. Bernard, d'où l'on infere qu'il avoit fallu un tems conſidérable aux médecins de Montpellier pour ſe mettre en réputation, & que nos marchands, qui frequenterent beaucoup l'Egypte & la Paleſtine depuis la première croiſade,

Lettre 307.

Apollinare sacrum de F. Ranchin.

avoient amené d'Alexandrie quelques disciples d'Avicenne qui fleurissoit dans le onzième siécle.

Quoi qu'il en soit de ce sentiment, il est certain que les disciples d'Averroës, qui vécut à Cordoüe dans le siécle suivant, vinrent à Montpellier pour y exercer la médecine, & que les médecins qui y étoient déjà établis, s'oposerent de toute leur force à leur établissement; ce qui donna lieu à Guillaume fils de Mathilde, seigneur de Montpellier, de donner une déclaration de l'année 1180 par laquelle il défend à qui que ce soit de s'arroger en seul le droit d'enseigner la médecine à Montpellier, voulant & ordonnant qu'à perpetuité, tout homme quel qu'il fût & de quelque pays qu'il vînt, pût tenir école de médecine à Montpellier. *Mando, volo, laudo atque concedo in perpetuum, quod omnes homines quicumque sint, vel undecumque sint, sine aliqua contradictione regant scolas de phisica in Montepessulano.*

En vertu de cette déclaration, les disciples d'Averroës furent reçûs à Montpellier, où ils travaillerent avec ceux d'Avicenne à se faire des écoliers sans être liez par aucun statut ou réglement particulier, qui soit venu jusqu'à nous.

Fleury, Histoire eccl., liv. 78.

Les plus anciens réglemens que nous ayons furent faits par le cardinal Conrad, que le pape Honoré III envoya legat en France contre les Albigeois en 1220. Ce prélat, qui étoit fils d'Epignon d'Urach, comte de Scinen & neveu de Bertold, duc de Turinge, fut à peine arrivé à Montpellier, que tous les evêques des environs * le prierent de régler la discipline qu'on devoit observer dans les écoles de médecine : il le fit après avoir pris leur avis (comme il le dit lui-même), & il nous aprend l'origine du nom de

PAGE 343.

Series præf. Magal., pag., 155.

IN nomine Domini Nostri Jesu Christi, anno ab Incarnatione 1180, mense januario. Ego Guillelmus Dei gratia Montispessulani dominus, filius Mathildis ducissæ, ad communem utilitatem Montispess. & universæ terræ meæ, dono & firmitate perpetua concedo Domino Deo & probis viris Montispessulani præsentibus & futuris & universo populo, quod ego de cætero, prece aliqua vel pretio, vel sollicitatione alicujus personæ, non dabo concessionem seu prærogativam aliquam alicui personæ, quod unus solus tantummodo legat seu regat in Montepessulano scholas in facultate phisicæ disciplinæ; quia acerbum est nimium & contra fas uni soli dare monopolium in tam excellenti scientia & quia hoc fieri æquitas prohibet, & justitia, uni soli in posterum nullatenus dabo & ideo mando & volo, laudo atque concedo in perpetuum, quod omnes homines quicumque sint, vel undecumque sint, sine aliqua interpellatione regant scholas de phisica in Montepessulano. Et injungo omni successori meo quod contra hoc non audeat venire.

chancelier de médecine, & les loix que les étudians, les docteurs & les professeurs devoient suivre.

« Nul (dit-il) ne pourra enseigner à Montpellier qu'il ne soit aprouvé par
« l'evêque de Maguelone & par les régens que ce prélat voudra s'associer.

« Chaque étudiant s'attachera à un professeur déterminé.

« L'evêque de Maguelone, avec le plus ancien professeur & deux autres
« des plus capables, choisira un d'entr'eux trois, ou des autres du corps,
« pour rendre justice à ceux qui porteront des plaintes contre quelqu'un
« des membres de l'université.

« Ce qui est entendu (ajoûte-t-il) seulement des causes civiles ; parce que
« dans les criminelles on doit recourir à l'evêque de Maguelone.

« Celui qui aura été choisi pour connoître de ces causes civiles pourra
« être apellé chancelier de l'université.

« Mais l'evêque de Maguelone doit aider, s'il est necessaire, par censures
« ecclesiastiques, l'execution des sentences dudit chancelier.

« Que si le siége de Maguelone vient à vacquer, le prieur de St. Firmin
« fera ce qu'auroit dû faire l'evêque.

« Aucun maître ou écolier ne sera reçu dans aucune assemblée publique,
« qu'il ne porte la tonsure clericale, supposé qu'il joüisse de quelque béné-
« fice, ou qu'il soit dans les ordres sacrés ; par la même régle aucun régu-
« lier ne pourra paroître sans l'habit de son ordre. »

Il résulte de cet article que dans le treiziéme siécle, les ecclesiastiques étudioient & pratiquoient la médecine. Nous en avons une autre preuve pour le siécle suivant, tirée de la bulle que le pape Clement V donna à Avignon le 6 des ides de septembre 1308, où ce pape dit qu'il a déliberé sur les réglemens qu'il ordonna dans cette bulle avec Jean de Alesto, son chapelain, qui avoit longtems regi l'école de medecine de Montpellier : *Cum dilecto filio Joanne de Alesto, capellano nostro, qui diu rexit in prælibato studio* ; à quoi l'on pourra ajoûter, pour les réligieux, la disposition du chapitre général des freres prêcheurs (dont j'ai parlé cy-devant) qui ordonne que l'ordre tiendra dans le couvent de Montpellier vingt-quatre freres convers de differentes nations, comme Allemans, Italiens, Espagnols, Polonois & François, pour aprendre la pharmacie.

Avant que d'entrer plus avant dans les réglemens du cardinal Conrad, je crois devoir faire deux observations sur ces paroles : « Celui qui aura été

CONRADUS *miseratione divina, Portuensis & Sanctæ Rufinæ episcopus, apostolicæ sedis legatus, universis sanctæ matris ecclesiæ filiis, salutem in Christo Jesu.*

Ideo legum & constitutionum vigor in

choisi pour connoître des causes civiles pourra être apellé chancelier de l'université; » par où il ne faut pas entendre que ce cardinal voulût donner quelque atteinte à l'autorité de l'evêque de Maguelone sur toutes les facultez qui compofoient l'Université; mais * feulement dire que celui qui feroit choifi pour connoître des caufes civiles pourroit être apellé chancelier, c'eft-à-dire juge, felon Mr. du Cange, fur le mot de chancelier.

Au refte, ce mot d'université, qui y eft ajoûté, ne peut défigner que la faculté de médecine avec fes fupôts, de même qu'il eft pris en ce fens dans les ftatus de la faculté du droit, qui y eft fouvent apellée univerfité.

« Lorfqu'un profeffeur (continuë le cardinal Conrad) fera obligé d'inten-
« ter procès, pour quelque injure reçûë par lui ou par les fiens, tous les maî-
« tres & écoliers (en étant avertis) doivent l'aider de leurs confeils & de
« leur fecours, avec modération néanmoins, pour ne pas fe deshonorer ou
« fe porter préjudice.

« Si un profeffeur a difpute avec quelqu'un de fes difciples, à raifon de
« fon falaire ou de quelque autre chofe, nul autre profeffeur, en étant averti,
« ne doit recevoir ce difciple avant qu'il n'aye fatisfait à fon premier
« maître.

« Qu'aucun d'eux n'attire fciemment le difciple d'un autre, foit par
« priere, par préfent, ou d'autre manière, par foi ou par autrui.

medium à fanctis patribus ecclefiæ moderatoribus productus eft, ut humana exerceatur temeritas, tutaque fit inter improbos innocentia & in ipfis improbis formidato fupplicio refrenetur nocendi facultas, cum tefte apoftolo, lex data fit propter tranfgreffores.

Sane, cum dudum MEDICINALIS *fcientiæ profeffio fub gloriofis titulis in* MONTEPESSULANO *claruerit, floruerit & fructum fecerit multipliciter in diverfis mundi partibus falubrem. Tanto ad confervationem medicinalis ftudii duximus ftudendum & ejus occurrendum difpendiis (communi utilitate & fingulorum in hac facultate ftudentium penfata) quanto ipfius exercitium rerum familiare naturis, difcretiores fuos reddit opifices & humanæ infirmitatis inftaurationi gratius adminiculatur. Nimirum hanc fcientiam fapientis fententia fuadet venerari, teftans quia Altiffimus creavit de terra medicinam & homo prudens non abhorrebit eam.*

Ut igitur impedimentis hujus ftudii prudenter ocurramus, ne recidiva (quod abfit) inania prævaleant, fed potius valida validentur confervatione & liberiore multiplicentur incremento : de communi confenfu & confilio venerabilium fratrum noftrorum Magalonenfis(1), Agatenfis (2), Ludovenfis (3), & Ave-

(1) Bernard de Mezoa, evêque de Maguelone.
(2) Tedivius, evêque d'Agde.
(3) Pierre IV du nom, dit de Lodeve, dont il étoit evêque.

« Tous respecteront leurs anciens & leur cederont le pas & la préséance,
« en sorte qu'on défére les honneurs à ceux qui auront travaillé dépuis
« plus longtems.

« Pour cette raison, le plus ancien fera sçavoir aux autres les jours fé-
« riés, tant pour lui que pour eux.

« Tous, tant les maîtres que les écoliers, assisteront exactement & avec
« modestie à l'enterrement de leurs confrères.

« Lorsqu'un étudiant reviendra des lieux où il aura pratiqué, il pourra
« choisir le régent qu'il voudra, pourvû qu'il ne doive rien au premier qu'il
« avoit, soit pour son salaire ou pour autre chose.

« Généralement parlant, tout écolier doit oüir le même maître sous le-
« quel il aura commencé d'étudier pendant un mois.

* « Nous ordonnons (continuë le cardinal Conrad) qu'on fasse lecture PAGE 345.
« des presens réglemens à toutes les premieres ouvertures des classes, &
« qu'on ne reçoive aucun docteur sans faire une pareille lecture en presence
« des maîtres & des écoliers assemblés ; on en fera aussi jurer l'observa-
« tion sur les saints évangiles à tout nouveau professeur qui voudra com-
« mencer ses leçons. Il sera fait trois exemplaires de ces reglemens, dont
« l'un sera gardé par l'evêque de Maguelone, l'autre par le prieur de St. Fir-

nionensis (1), *episcoporum & aliorum prælatorum, necnon universitatis medicorum, tam doctorum quam discipulorum Montipessulani, perpetua constitutione ordinamus, promulgamus & statuimus, subsequentia irrefragabiliter observanda, authoritate legationis qua fungimur.*

Nullus qui antea non rexit in Montepessulano de cætero publice regat, nisi prius examinatus fuerit & approbatus ab episcopo Magalonensi & quibusdam regentibus bona fide sibi adjunctis, juxta suæ arbitrium discretionis.

Nullus sit in Montepessulano nomine scholaris, nisi certi magistri sit addictus regimini.

(1) Pierre de Corbaria, evêque d'Avignon.

Episcopus Magalonensis adjuncto antiquiori magistro & post eum aliis duobus eis adjunctis magistris discretioribus & laudabilioribus, juxta testimonium extrinsecus & secundum conscientiam propriam eliget cum prædictis sibi adjunctis, unum de magistris suis sive de illis tribus, sive de aliis, qui justitiam exhibeat magistris, scholaribus, vel aliis contra magistros vel scholares agentibus, querimonia apud eum deposita.

Quod si fuerit appellandum, ad episcopum Magalonensem appelletur, salva sedis apostolicæ in omnibus authoritate.

Hæc autem dicimus in causa civili tantum, nam causa criminalis ad prædictum Magalonensem deferatur tractanda, cujus erit de ea cognoscere.

Ille autem magister electus ad cognos-

« min & le troisiéme par le chancelier de l'université, afin que chacun « d'eux qui en seroit requis puisse exhiber son exemplaire, bien entendu « qu'on le leur rendra fort exactement.

« Donné à Montpellier, l'an de Notre Seigneur mil deux cens vingt & le « xvi des kalendes de fevrier. »

Le bon ordre que ces reglemens produisirent dans l'école de medecine de Montpellier la rendirent bientôt célebre dans toute l'Europe, selon divers témoignages que nous en avons de ce même siécle.

Le premier est de Cesaire, prieur d'Heisterbach, ordre de Cîteaux en Allemagne, qui parle de Montpellier, comme de la source de medecine, *in Montepessulano, ubi fons est artis phisicæ*. On sçait que le mot de phisique & de médecine a été pris souvent pour la même chose.

Le second est de Mathieu Paris, qui prend occasion de l'arrivée du roy St. Loüis à Marseille, en 1254, à son retour de la Terre Sainte, pour parler de l'école medecine de Montpellier : *In partibus Massiliæ, quæ non multum distat à Montepessulano, ubi floret phisica*.

Le troisiéme est du même auteur, sur l'année 1267, où il dit, en parlant de l'evêque d'Erfort, que le bruit couroit en Angleterre que ce prélat étoit allé à Montpellier pour guérir de sa maladie : *Dicebatur tamen ab aliquibus quod ad Montempessulanum curreret ab infirmitate qua laborabat sanandus.*

cendum de causis civilibus (ut prædictum est) appellari potest Cancellarius *universitatis.*

Episcopus vero Magalonensis juvet & promoveat sententiam dicti cancellarii ad exequendum per ecclesiam districtionem.

Quod si pro tempore sedes Magalonensis vacaverit, interim præpositus Sti. Firmini ad episcopum pertinentia exequatur, ut superius est ordinatum.

Nullus magister vel scholaris, inter magistros, vel inter scholares alicubi in conventibus, incœptionibus, vel in scholis recipiatur nisi deferat tonsuram clericalem ecclesiasticum beneficium fuerit assecutus, vel in sacris ordinibus constitutus, similiter vel aliquis regularis nisi habitum deferat regularem, juxta ritum suæ professionis.

Si magister prosequatur suam vel suorum injuriam contra aliquem qui non fuerit scholaris, omnes magistri vel scholares ad hoc commoniti juvent illum consilio vel auxilio, ratione tamen prævia, ne per hoc inhonorentur, vel damnificentur.

Si magister habeat causam adversus discipulum super salario, vel super alia re, nullus alius magistrorum illum recipiat (postquam commonitus fuerit) in scholis suis, donec discipulus ille certa caverit cautione magistro conquerenti, qui vel satisfaciet ei, vel qui juri parebit.

Nullus magistrorum scholarem alterius scienter alliciat, vel sollicitet preci-

Le quatrième témoignage est tiré des lettres-patentes de Jacques II, roy de Mayorque, qui, après avoir fait mention des priviléges accordez à l'école de medecine* de Montpellier par le roy son pere, ajoûte ces paroles dignes de remarque : *Nos volentes dicti domini patris nostris vestigiis inhærere, & considerantes quod medicinale studium nunc longe lateque per vastam mundi solitudinem extensis fructuosis propaginibus dilatatum fuerit, &c.*

PAGE 346.

Ces lettres qui sont de l'année 1281 furent bientôt suivies de l'érection des écoles de Montpellier en université, faite par le pape Nicolas IV, en 1289, ce qui donna un nouvel éclat à la faculté de medecine.

Sa réputation attira à Montpellier, dans le XIV. siécle, Jean, roy de Bohëme, pere de l'empereur Charles IV, qui dit, dans l'histoire de sa vie, que le roy son pere, ayant déjà perdu un œil & craignant pour l'autre, il alla incognito trouver les medecins de Montpellier, pour tacher de guerir de son infirmité : *Illis diebus cum pater meus unum oculum perdidisset, in altero incipiens infirmari, transivit in Montempessulanum secreto, ad medicos si posset curari.*

Baluze, Pap. avenion., tom. 1, pag. 1053.

Je me contente de ces témoignages, pour les treizième & quatorzième siécles, parce qu'on trouvera suffisamment des preuves pour les siécles suivans dans les divers traités que les medecins de Montpellier donnérent dès ce tems-là ; leurs écrits furent conservés avec soin dans les bibliothéques,

bus, pretio, aut quocumque modo, ad hoc ut eum subtrahat magistro suo, per se vel per alium.

Debitus honor exhibeatur antiquioribus magistris in sedibus & in incessu, ut is alios antecedat reverentiæ scholasticæ exhibitione, quem labor prolixior docendi fecerit anteire.

Ideo is qui plus & prius magistraverit denuntiari faciat aliis quibus diebus & quantum fuerit à lectionibus & disputationibus cessandum & quantum & quando ipse cessaverit & alii cesserint, nisi familiaris necessitas, ut puta infirmitas eum compulerit ad cessandum.

Omnes tam magistri quam scholares diligenter & devote prosequantur exequia mortuorum.

Quando scholaris redit de locis in qui-

bus practicaverit, libere sibi abdicat quemcumque magistrum, dum tamen priori magistro suo non teneatur ratione salarii vel alterius alicujus rei.

Scholaris sub eo incipiat magistro, cujus continuo ante incæptionem suam fuerit scholaris ad minus per unum mensem.

Præcipimus quod tota præsens pagina in singulorum magistrorum incæptionibus publice recitetur. Nec celebretur incæptio alicujus magistri, nisi præsens pagina tota magistrorum & scholarium conventu attendenter & audienter in audientia prius recitetur communi.

Nec etiam pro magistro habeatur incæpturus nisi prius in medio juret supra sancta Dei evangelia se observaturum ea omnia quæ in præsenti carta continentur.

jufqu'à ce que l'imprimerie ayant été trouvée dans le quinziéme fiécle, on commença de les donner au public.

De ce nombre étoient les commentaires de Jean de Tornamire, doyen de cette faculté, fur Galien, fur Rafes & fur Almanfor, dont il eft dit que le pape Urbain V fit préfent à fon collége des Douze-Medecins; les commentaires d'Armengaud Blafius de Montepeffulano fur Avicenne & Averroës, avec un traité de la theriaque, qu'il avoit traduit de l'arabe en latin : ce célébre médecin vivoit en 1300.

Vander, pag. 55.

Le gros volume intitulé *Lilium Medicinæ*, de Jean Gordon, médecin de la faculté de Montpellier, qui vivoit en 1305.

In codice, 3088. Le traité d'anatomie de Guy de Chauliac, qui eft gardé dans la bibliothéque de Colbert fous ce titre : *Incipit inventorium feu collectorium in parte chirurgicali feu medicinæ, compilatum & completum anno Domini 1367 per Guidonem de Cauliaco chirurgum & magiftrum in medicina in præclaro ftudio Montifpeffulani.*

Un autre volume, fous le nom de Philon, compofé par Valefcus de Tarenta, qui exerçoit la médecine à Montpellier en l'année 1382.

Ces livres & quantité d'autres donnerent entrée aux medecins de Montpellier dans la cour des papes & des rois, qui en rétinrent plufieurs auprès de leur perfonne. Clement V (comme nous l'avons déjà vû) prit pour fon medecin Jean de Alefto, qui avoit été chancelier de cette faculté : il apella enfuite Arnaud de Villeneuve & il fe fervit beaucoup des confeils de Guillaume de Mazères, qui avoit longtems regi les écoles de Montpellier. Ur-

Tria autem inftrumenta eumdem tenorem continentia, ad cautelam fieri præcipimus: quorum unum præcipimus cuftodiri ab epifcopo Magalonenfi, reliquum à priore Sti. Firmini, & tertium à cancellario univerfitatis, ita ut, à quocumque requifitus fuerit aliquis eorum à cancellario, vel a magiftro antiquiori five ab univerfitate magiftrorum, five à duobus magiftris faciat inftrumenti penes fe exiftentis copiam.

Debitum erit fine difficultate illud reftituere, nec differat is cui facta fuerit ejus copia.

Si quis autem huic noftræ conftitutioni vel his noftris conftitutionibus aufu temerario contra ierit, vel obviare præfumpferit, authoritate Dei omnipotentis & noftræ noverit fe anathematis mucrone percelli & à fanctæ matris ecclefiæ gremio fequeftratum.

Obfervatores autem præfentium benedictione æterna & noftra gratulari mereantur.

Ut autem perpetuo robore prædicta firmentur, figillum noftrum præfentibus fecimus appendi. Datum apud Montempeffulanum, anno Domini milleſimo ducentifimo vigefimo, XVI Kalendas februarii.

bain V prit pour son médecin Guy de Chauliac & le roy Charles VI. Valefcus de Tarenta, auteur du livre intitulé Philon. Adam Fumée, docteur de Montpellier, fut premier medecin du roy Charles VII & Dieu-Donné Baffole, fon medecin ordinaire : ils continuerent* l'un & l'autre à fervir en cette qualité fous Loüis XI, qui commit Adam Fumée à la garde des fceaux de France, en 1479. Charles VIII prit dans la faculté de Montpellier Jean Martini & Jacques Ponceau pour fes premiers medecins : il eut encore Jean Graffin, pour fon medecin ordinaire, avec Jean Troffellery qui eut l'honneur d'acompagner le roy dans fon voyage d'Italie.

Page 347.
Le Faron, Hift.
des chanceliers de
France, page 50.

Honoré Piquet fervit auprés de Loüis XII en qualité de premier medecin. Antoine Tremolet fous François I. qui lui donna des lettres de nobleffe en 1525. Honoré Caftellan, fous les rois Henry II., François II. & Charles IX. Le roy Henri IV fit expedier au camp de St. Clou des lettres de premier medecin à Nicolas d'Orthoman, confeiller profeffeur ftipendié en l'univerfité de Montpellier, datées du 3 août 1589. Ces lettres (que j'ai vû) marquent qu'il étoit auparavant médecin ordinaire de Sa Majefté, & après fa mort, qui arriva en 1603, le roy Henry IV donna fa place au celebre André du Laurens, chancelier en la même faculté.

L'affection de nos princes pour les medecins de Montpellier parut avoir diminué fous le regne de Loüis XIII, durant lequel les medecins de Paris obtinrent l'exclufion de tous les medecins étrangers, pour pouvoir pratiquer à Paris. Cette défenfe ne put être faite fans caufer beaucoup d'animofité entre les facultés de Paris & de Montpellier. Michel de la Vigne, de Vernon en Normandie, & medecin de Paris, fit imprimer, en 1644, deux difcours contre Theofrafte Renaudot, medecin de Montpellier & contre tous les medecins étrangers. La difpute s'échauffa davantage en 1650, entre Charles Guillemeau, medecin de Paris & Jean Cortaud, medecin de Montpellier, fur la préexcellence de leurs écoles. Ils foûtinrent leur querelle par des écrits trés-violens (comme on en peut juger par le feul titre des livres de Guillemeau) qui font raportez dans Van der Linden. Malgré tous les efforts des medecins de Montpellier, l'exclufion fubfifta toûjours & pour fi habile que fût un médecin étranger, il falut qu'il récommençât à Paris le cours de fes études, avant que de pouvoir y exercer la medecine. Cette défenfe néanmoins n'a pas regardé les medecins étrangers qui font auprés de nos princes & des grands feigneurs de la cour. De ce nombre a été Pierre Chirac, profeffeur de Montpellier, qui après avoir été medecin de feu M. le regent, eft mort premier medecin du roy Loüis XV, heureufement régnant, qui vient de donner cette place à François Chicoyneau, chancelier de l'univerfité de Montpellier, où il étoit depuis longtems récomman-

Guy Patin, lettre 84.

Page 107.

dable par sa charité envers les pauvres, par sa politeſſe & par sa longue experience.

Aprés tout ce que nous venons de dire, il n'eſt pas ſurprenant que les papes & les rois qui ſe ſervirent des medecins de Montpellier, ayent accordé à leur priere pluſieurs graces à cette faculté. Gregoire IX, Alexandre IV, Jean XXII & Clement VI donnerent diverſes bulles, pour autoriſer le bon ordre de leurs écoles & l'élection de leur chancelier. Urbain V fit bâtir dans le xiv. ſiecle le collége apellé des Douze-Medecins. Le roy Charles VIII, en 1490, fonda deux nouvelles chaires de profeſſeurs, qui, avec le chancelier & le doyen, furent apellés tous quatre profeſſeurs ſtipendiés du roy : il leur permit de porter la robe rouge & de ſe faire précéder par un bedeau portant une maſſe d'argent & parce qu'ils n'avoient eu juſqu'alors d'autres émolumens que ceux qu'ils tiroient des écoliers, ce même roy leur aſſigna cinq cens francs de gages, à ſe partager entre eux, ce qui étoit pour ce tems-là une ſomme conſiderable.

Charles IX, en 1564, augmenta leur gages de 300 liv. chacun & le roy Henry IV créa deux nouvelles chaires de profeſſeurs, qui furent données l'une de botanique & d'anatomie à André Laurens, & l'autre de chirurgie & de pharmacie, à François Ranchin.

Par cette augmentation, il y eut ſix chaires de profeſſeur, auſquelles il en fut ajoûté deux autres, ſous le roy Loüis XIV, avec confirmation de leur franc ſalé & autres priviléges.

Ces huit profeſſeurs avec deux agregez, les docteurs & les étudians, forment une univerſité particuliere & diſtincte pour le gouvernement, des autres facultez de theologie, du droit & des arts.

PAGE 348. * Le chancelier eſt juge & recteur diſtinct de celui que les autres facultés reconnoiſſent.

Le doyen eſt le maître des écoles.

Les agregés doivent ſupléer pour les profeſſeurs, en qualité de conſeillers procureurs de l'univerſité : ils ont voix délibérative dans les aſſemblées ordinaires.

Les ſimples docteurs ne ſont apellés que dans les aſſemblées extraordinaires.

Les étudians ont leurs conſeillers particuliers, pris tous les ans du corps des bacheliers, au nombre de quatre. Leur charge eſt de procurer à ceuxci tout ce qui peut leur être utile pour les études, comme de les conduire au jardin des plantes & au théatre d'anatomie, de propoſer aux profeſſeurs les traitez les plus convenables pour leurs préleçons & d'atteſter enſuite par ferment, devant le préfidial, qu'ils fe font acquittez de leur charge, comme il eft réglé par arrêt du parlement de Touloufe.

L'evêque & le gouverneur de Montpellier ont le titre de confervateurs de la faculté de médecine; mais l'autorité de l'evêque eft plus confidérable, tant à caufe qu'il confere la licence fur le témoignage du chancelier, que parce qu'il préfide à l'élection des profeffeurs & qu'il peut même faire de nouveaux ftatuts.

Je crois qu'après tout ce que nous venons de dire, le lecteur verra avec quelque plaifir la fuite des chanceliers de médecine, dont j'ai tiré la plus grande partie de l'*Apollinare facrum* de François Ranchin, & rectifié le refte, pour la cronologie, fur les titres & memoires qui m'ont été communiquez par les familles de ceux qui fubfiftent encore à Montpellier.

En 1239, Henry de Guintonia.

En 1260, Pierre Guazanhaire.

En 1303, Jean de Alefto, qui fut dépuis médecin du pape Clement V.

En 1319, Guillaume de Beziers.

En 1321, Guillaume Galberti.

En 1328, Jacques Ægidii, ou Gilles.

En 1334, Jacques de Marcillia.

En 1338, Raymond de Moteriis.

En 1360, Bernard de Colonis.

En 1364, Jean Jacobus, fon élection ayant été conteftée par apellation au St. Siége, comme faite contre les régles par le vicaire de Maguelone, le pape Urbain V nomma pour fon commiffaire le cardinal de St. Marc, qui déclara cette élection nulle & invalide. Mais, touché enfuite par la foûmiffion & les priéres de Jacobus, il lui confera d'autorité apoftolique la dignité de chancelier, *per annuli traditionem*, comme portent les lettres qu'il en fit expedier à Avignon le 17 octobre 1364, fans prétendre (ajoûtet-il), augmenter par là l'autorité du St. Siége, *neque intendere per hoc poteftatem fanctæ fedis ampliare*.

En 1380, Jean de Pifis.

Page 412. En 1400, Jean de Tournemire, qui laiſſa des manuſcrits ſur Almanzor & ſur le texte de Razes, avec un traité des fièvres, qu'on imprima depuis à Lyon in-folio, en 1501 & à Veniſe en 1507.

En 1439, Jean Angelis.

Page 213. En 1450, Gerald de Solo (dit l'expoſiteur), dont les ouvrages furent imprimez à Veniſe, en 1505 & 1520.

PAGE 349. *En 1455, Guillaume Mervén. Il laiſſa poſterité à Montpellier, qui donna des officiers à la cour des aydes & un premier conſul à la ville en 1500.

En 1470, Martial de Genoüillac ne tint cette place que peu d'années.

En 1475, Dieu-Donné Baſſole, n'étant plus au ſervice du roy Loüis XI, il revint à Montpellier, où il fut fait chancelier de médecine en 1475 & mourut à Beziers en 1484.

En 1484, Jean Troſſellery, natif du Gevaudan, étoit chancelier lorſqu'il fut tiré de cette place, pour être médecin du roy Charles VIII, qu'il eut l'honneur de ſuivre dans ſon expedition de Naples.

En 1496, Jean Corandius & en François Cabride.

En 1504, Honoré Piquet fut tiré de cette place pour être premier médecin du roy Loüis XII.

En 1505, Jean Graffin, après avoir été medecin ordinaire du roy Charles VIII, ſucceda à Honoré Piquet dans la charge de chancelier.

En 1524, Gilbert Gryphius, ou Griffy, a laiſſé une poſterité qui ſubſiſte encore à Montpellier & qui donna en 1617 un préſident à la cour des aydes, dit le préſident St. George.

Page 404. En 1536, Jean Schyron, dont les ouvrages furent imprimez après ſa mort, à Genève, chez François Choüet, en 1608, & puis à Montpellier en 1609.

En 1555, Guillaume Rondelet, natif de Montpellier, duquel je donnerai un article ſeparé.

En 1566, Antoine Saporta, fils de Loüis Saporta, profeſſeur en medecine.

Nous avons de lui un traité *De tumoribus præter naturam*, avec un autre traité *De lue venerea* de Jean Saporta fon fils, qui furent imprimez dans un même tome, à Lyon, chez Jean Ravaud, en 1624, par les foins de Henry Gras, medecin de Montpellier. La famille de Saporta, après avoir donné des officiers au prefidial, au bureau des finances & à la chambre des comptes, eft tombée maintenant dans celle de Veiffiere.

En 1573, Laurent Joubert, de Valence en Dauphiné. Il a laiffé à Montpellier une pofterité qui a donné des officiers de merite au prefidial de cette ville & trois fyndics generaux à la province, de pere en fils. Nous aprenons de l'éloge des hommes fçavans, tiré de l'hiftoire de Mr. de Thou, que Laurent Joubert, ayant été mandé par Marguerite, femme du roy de Navarre, vint à Paris, où il fit imprimer fon livre des Erreurs populaires, qui lui acquit une grande reputation. Ses autres ouvrages font en fi grand nombre que leur catalogue tient deux pages entieres dans le livre de Vander-Linden, *De fcriptis medicorum*. *Page 572.* *Page 134.*

En 1582, Jean Hucher, de Beauvais en Picardie, après avoir fait fes études à Montpellier, fut profeffeur en 1570, chancelier, en 1582 & medecin ordinaire du roy Henry IV en 1598. Nous avons de lui un gros in-douze, de *De fterilitate utriufque fexus*, imprimé à Lyon, chez Jean de Harfy en 1601, & à Genève en 1609; mais celui de tous fes écrits qui intereffe le plus l'école de Montpellier eft un difcours qu'il fit en 1567, imprimé depuis dans le premier tome des œuvres de Laurent Joubert, qui a pour titre : *Oratio pro philofophica Monfpelienfis academiæ libertate, ad ejufdem principes, doctores & medicos, habita X. kal. Martii an.* 1567. Il laiffa une pofterité à Montpellier, qui a donné des officiers à la cour des comptes, aydes & finances. *Page 370.*

En 1603, André du Laurens, de la ville d'Arles, fucceda à Jean Hucher. Son Hiftoire de l'anatomie du corps humain fervit beaucoup à l'élever à cette dignité; * mais il ne l'exerça pas longtems à Montpellier, parce qu'il fut bientôt apellé par la reine Marie de Medicis. Le roy Henry IV le fit enfuite fon premier medecin, après la mort de Nicolas d'Ortoman. PAGE 350.

En 1609, François Ranchin, natif de Montpellier, duquel je donnerai un article feparé.

En 1640, Martin Richer de Belleval, dans le Blaifois. Il acquit en 1652 un office de confeiller en la cour des comptes, aydes & finances de Montpellier. Ses defcendans de pere en fils ont donné trois préfidens à la même cour.

En 1665, Michel Chicoyneau fut pourvû, par un brevet du roy, de la charge de chancelier de medecine, que Martin Richer de Belleval fon oncle avoit laiffé vacante dès l'année précédente. Il exerça cette charge avec beaucoup de diftinction, & il eut le bonheur, avant fa mort, de pouvoir tranfmettre fa place à trois de fes enfans qui fuivent.

En 1689, Michel-Amé-Chicoyneau fucceda à fon pere en la charge de chancelier, dont il ne joüit pas longtems, car il eut le malheur de fe noyer en herborifant dans notre riviere.

Gafpard Chicoyneau fucceda à fon frere en 1691, & celui-ci, venant encore à mourir, il laiffa fa place à

François Chicoyneau, fon autre frere, en 1693. Il fut nommé medecin de noffeigneurs les enfans de France, & enfin, en 1732, le roy Loüis XV le prit pour fon premier medecin.

En 1723, François Chicoyneau, fils du premier medecin du roy, avoit été reçû en furvivance de fon pere en la charge de chancelier & lui a fuccédé en celle de confeiller en la cour des comptes, aydes & finances.

La plûpart de tous ces chanceliers ont donné au public plufieurs traitez de medecine que je ne raporte point en détail, pour ne pas groffir cet article ; mais le lecteur curieux pourra les voir plus au long dans l'Hiftoire des medecins, qui nous a été donnée par Volfgang Juftus *in Chronologia medicorum*, dans les Vies des illuftres medecins de Pierre Caftellan, profeffeur de Louvain, dans Jean-Antonide Vander-Linden, *De fcriptis medicorum*, & dans le livre de Jean Sambuc, qui a pour titre : *Icones feu imagines medicorum veterum & recentiorum*.

Vander-Linden, page 407.

Jean-Etienne Strobelberger, medecin allemand, qui avoit pris le bonnet de docteur à Montpellier, fit imprimer en 1630, à Nuremberg, un in-douze avec ce titre : *Prælectiones monfpelienfes*, où il parle de l'établiffement de l'école de Montpellier, des loix & des ufages qui lui font propres, des fçavans hommes qu'elle a produit, non feulement pour la France, mais encore pour les royaumes du nord, dont il nous donne le catalogue. J'ai crû devoir me borner ici aux feuls auteurs natifs de cette ville, en exceptant de cette règle le feul Rabelais, qui eft encore auffi célebre à Montpellier que s'il y avoit pris naiffance.

Tout le monde fçait que François Rabelais étoit natif de Chinon, dans la Touraine, & qu'après tous les changemens qui font marquez dans fa vie, il vint étudier la medecine à Montpellier, où il prit les degrez de doƈteur & où il fit imprimer les aphorifmes d'Hipocrate en latin. On dit que le chancelier Duprat ayant donné atteinte aux privileges de la faculté de medecine de Montpellier, Rabelais eut l'adreffe de les faire rétablir ; mais l'expedient qu'il prit pour avoir audience eft plus digne de remarque, car on ajoûte que s'étant adreffé au fuiffe de ce chancelier, il lui parla latin, & celui-ci ayant fait venir un homme qui fçavoit cette langue, Rabelais lui parla grec ; un autre qui entendoit le grec ayant paru, il lui parla hébreu ; par hazard un profeffeur en langue hébraïque s'étant trouvé là, Rabelais lui parla en arabe, & à un autre encore en fyriaque ; de forte qu'un tel homme ayant quelque chofe de prodigieux, on courut en avertir le chancelier, qui charmé de la harangue qu'il lui fit & de la fcience qu'il fit paroître, rétablit, à fa confidération, les privileges de l'univerfité de Montpellier. En réconnoiffance de ce fervice, on mit fon portrait dans la grande fale des écoles, où on le voit encore avec ceux des plus illuftres medecins de cette faculté ; & l'on fait porter à tous ceux qui font reçûs doƈteurs en medecine une vieille robe qu'on dit être celle de Rabelais.

* Les autres doƈteurs natifs de cette ville qui ont compofé des livres de medecine font :

Denis Fontanon, qui vivoit, fuivant la chronologie de Juftus, en 1532. Il laiffa plufieurs oùvrages qui furent imprimez diverfes fois à Lyon & enfuite à Francfort. Sa pofterité a donné des officiers à la chambre des comptes en 1582 & 1608, & un premier conful à la ville en 1686.

Honoré Caftelan, profeffeur à Montpellier, fut pris par la reine Catherine de Medicis pour fon medecin. On a de lui un difcours imprimé chez Vafcofan, en 1555, avec ce titre : *Oratio qua futuro medico neceffaria explicantur*. Ce difcours fut réimprimé à Strasbourg, en 1607, avec des notes d'un medecin de cette ville.

Jean Bocaldus ou Bocaudius. On a de lui un in-folio, avec ce titre : *Tabulæ curationum & indicationum ex prolixa Galeni methodo in fumma rerum capita contraƈta*, à Lyon, chez Frelloni en 1554.

Guillaume Rondelet nâquit à Montpellier en 1506. Son pere, qui étoit un riche marchand épicier de cette ville, l'appliqua dès fa jeuneffe aux belles-lettres, & pour l'y perfeƈtionner davantage, il l'envoya à Paris à l'âge de dix-neuf ans, d'où il revint pour étudier la medecine à Montpellier. Les grands progrès qu'il y fit en peu de tems le mirent en état d'aller exercer fes talens dans la Provence & en Auvergne, où il acquit de la reputation.

PAGE 351.

Vander-Linden page 152.

Idem, page 285.

Idem, page 335.

A fon retour, il paffa doéteur à Montpellier en 1537, & pour donner de l'exercice à fon efprit vif & penetrant, il alla à Anvers, à Bourdeaux & à Bayonne, pour y faire des obfervations fur les poiffons & principalement fur les baleines. Son habileté & fa converfation pleine de gayeté & de politeffe lui gagnerent les bonnes graces du cardinal de Tournon, qui le prit avec lui dans les voyages qu'il fit en Allemagne, en Italie & dans la haute Allemagne, pour le fervice de nos rois.

Rondelet, dans tous ces voyages, fe perfeétionna dans la connoiffance des poiffons, qu'il avoit à cœur. Il profita beaucoup auprès des curieux de Rome & de Venife & avec les profeffeurs des univerfitez de Pife, de Boulogne, de Ferrare & de Pavie qu'il vifita. Son ouvrage fur les poiffons étant déjà prêt, il vint à Montpellier en 1550, pour le retoucher à loifir. Il y employa quelques années avec beaucoup de foins & de fraix, pour en faire graver les planches & pour en revoir l'impreffion qui ne commença de paroître qu'en 1554, c'eft un gros in-folio, où il traite de la nature & des proprietez de poiffons, dont il donne les figures. Il le dédia à fon proteéteur le cardinal de Tournon, & c'eft dans l'epître dédicatoire qu'il reconnoît avoir acquis la plûpart de fes connoiffances fur cette matiére, dans les voyages qu'il eut l'honneur de faire à fa fuite.

Cet ouvrage lui acquit beaucoup de réputation chez les étrangers & parmi fes concitoyens ; en forte que la charge de chancelier étant venuë à vacquer en 1555 par la mort de Jean Schyron, il y fut nommé cette même année, & Rondelet, pour faire honneur au choix qu'on avoit fait de fa perfonne, n'épargna depuis ni fes travaux, ni fa plume, ni fon crédit pour la gloire de l'univerfité.

Il obtint du roy les fommes neceffaires pour bâtir à Montpellier un théâtre d'anatomie, & il fut fi laborieux (quoiqu'avec une fanté affez foible) qu'il faifoit trois ou quatre préleçons par jour, qu'il n'interrompit pas même les jours feriez. Il fit un amas de la plûpart des poiffons dont il avoit parlé dans fon livre ; &, pour en laiffer à la pofterité une image plus vive, il les deffecha avec tant d'adreffe, qu'on les voyoit encore foixante ans après dans le jardin royal de médecine, au raport de Strobelberger, qui paffa doéteur en 1615.

Strobelberger, in ejus cloquio.

Une des chofes qui doit rendre plus précieufe au public la mémoire de Rondelet, c'eft la découverte qu'il fit des eaux minerales de Balaruc, fi peu connuës avant lui, que le chapitre de Maguelone (à qui elles apartenoient) en fit vente à des particuliers pour une fomme très-modique. Les habitans de Montpellier, qui dans leurs maladies avoient recours aux étuves publiques qui étoient anciénement dans leur ville, commencerent à les abandonner, dépuis que Rondelet eut mis en réputation les eaux de Balaruc. Nous aprenons cette circonftance de François Ranchin, dans fon Traité de la pefte.

En 1561, Rondelet fit imprimer à Lyon un Traité des poids & des mefures, & *cinq ans après il finit fes jours à Realmont en Albigeois, d'une diffenterie qu'il prit pour avoir mangé des figues avec excez. On raconte de lui qu'étant, dans fa jeuneffe, à la métairie dite de Rondelet, apartenante à fa famille, il y prit cette forte inclination qu'il eut toute fa vie, pour connoître la nature & la propriété des poiffons, en voyant les chaffe-marées s'arrêter fouvent dans cette métairie, où ils étoient obligez de faire alte en portant leur poiffon à Montpellier.

PAGE 352.

Strobelberg Ibidem.

Ifaac Joubert, fils de Laurent. On a de lui un in-8° fur la chirurgie de Guy de Chauliac, où il donne la figure des inftrumens dont on fe fervoit de fon tems pour les differentes operations qu'il traite. Ce livre fut imprimé à Lyon en 1585.

Vander-Linden, page 124.

Jean Varanda, fut un des medecins de Montpellier que Guy Patin eftimoit le plus : *In primis colo* (dit-il dans fa dixième lettre à Mr. Falconet) *Joubertum, Varandæum & Ranchinum.* Il donna au public divers ouvrages dont on voit le catalogue dans Vander-Linden. La famille de Varanda, maintenant éteinte, a donné des profeffeurs à l'école de droit, des officiers au préfidial.

Page 412.

Nicolas d'Ortoman, profeffeur en medecine à Montpellier & depuis premier medecin du roy Henry IV, fit imprimer à Lyon, chez Charles Pefnot, en 1579, un traité *De caufis & effectibus thermarum Bellilucanarum,* c'eft-à-dire des bains de Balaruc, où il marque le bon & le mauvais ufage qu'on peut faire de ces bains. Il confirme ce que nous avons dit ailleurs, que Rondelet mit ces eaux en réputation après avoir vû les bons effets qu'elles avoient produit fur fon bon ami Guillaume de Chaume, feigneur de Fouffan.

Il eut pour fucceffeur, dans fa chaire de profeffeur, Pierre d'Ortoman, fon fils, dont la famille fubfifte encore à Montpellier.

François Ranchin nâquit à Montpellier vers l'année 1560, & prit dans fa jeuneffe le parti de l'églife, comme il paroît par les lettres de doctorat qu'il donna en 1615, à Jean Etienne Strobelberger, où il prend le titre de prieur de St. Martin de Florac, de St. Etienne de Montaut & de St. Pierre de Vebron. Il conferva ces trois benefices pendant qu'il fit fes études de medecine & même après le mariage qu'il contracta avec Marguerite de Carlencas, comme il étoit affez ordinaire en ce tems de trouble.

Il fut fait chancelier après la mort d'André du Laurens, arrivée en 1609,

& durant plus de trente ans qu'il posseda cette charge, il travailla sans relâche pour l'honneur de sa faculté, tant par les réparations qu'il fit faire aux colléges de medecine, que par les sçavans traitez qu'il donna au public. En l'année 1620, il fit établir à ses dépens le théâtre d'anatomie, comme on voit par l'inscription qui y reste encore.

Q. F. F. S.

Theatrum hocce anatomicum olim à majoribus construũum, injuria temporum collapsum, F. RANCHINUS, cancellarius & judex universitatis, in gratiam patriæ & posteritatis gloriam, ornamentumque academiæ, perpetuamque memoriam, propriis sumptibus restauravit & magnifice exornavit. Anno . DC. XX.

La même année il repara le collége des Douze-Medecins, autrement apellé le collége de Mende, où il fit sa demeure. On y voit encore son buste du côté du jardin, avec les armoiries des Ranchins au bas; & sur la porte de l'entrée de ce collége, on lit cette inscription gravée sur une pierre de marbre. *Collegium hocce duodecim medicorum ab Urbano V. pont. max. fundatum, vetustate corruptum, & ruinam minitans, reparavit & ad meliorem faciem formamque reduxit F. Ranchinus, canc. universitatis medicinæ Monspeliensis, anno M. DC. XX.*

En 1627, il fit imprimer à Lyon, chez Pierre Ravaud, un in-quarto en latin, intitulé *Opuscula medica*, qui comprend un traité general sur toutes les maladies & plusieurs autres sur certaines maladies en particulier. C'est au commencement de ce livre que l'on trouve une histoire abrégée de la faculté de medecine de Montpellier, dans un discours qu'il avoit fait autrefois à l'ouverture du collége qui a pour titre *Sacrum Apollinare*. On voit dans cet ouvrage, comme dans tous les autres de François Ranchin, beaucoup d'esprit & de vivacité, sur tout dans sa préface sur le ferment d'Hipocrate,

* Le bonheur de la ville voulut qu'il se trouvât premier consul en 1629, lorsque la peste s'y fit sentir; car il travailla sans rélache à la conservation de ses compatriotes; &, comme s'il n'avoit pas voulu borner ses services aux personnes de son tems, il écrivit pour la posterité un Traité de la peste, où il donne une histoire détaillée de celle qui venoit d'affliger Montpellier : il y marque les précautions qui sont à prendre pour preserver les villes de la contagion, la maniére de se conduire quand le mal y est entré, & comment il faut les désinfecter après que la peste a cessé. Cet ouvrage est compris dans le livre qui a pour titre : Opuscules ou traitez curieux en médecine, de François Ranchin, chancelier de l'université de Montpellier, à Lyon, chez

Pierre Ravaud, en 1640. Il mourut cette même année & laiſſa un fils qui ſucceda à tous ſes bénéfices, avec une fille qui épouſa M. de la Baume, lieutenant de roy de la ville ; il legua ſa bibliothéque aux capucins, où l'on en voit encore les débris, avec ſon portrait en grand.

Lazare Riviere, fils & petit-fils d'Alexandre & Martin Riviere, auditeurs en la chambre des comptes, nâquit à Montpellier en 1590. Son penchant pour la medecine le porta, dés ſa jeuneſſe, à l'étude de cette ſcience, dans laquelle il ſe rendit ſi célébre, que ſes écrits ont été traduits en pluſieurs langues étrangeres.

Son premier livre eſt un in-4° qui a pour titre *Inſtitutiones medicæ*, où il met toutes les queſtions en forme de théſe, dont il donne les preuves avec la réponſe aux objections qu'on pouvoit y faire. Cette maniére parut ſi commode pour la diſpute des écoles, qu'on fut obligé d'en faire pluſieurs éditions. On l'eſtima beaucoup en Angleterre, où le célébre Willis donnoit à l'auteur le nom d'homme divin, *divus Riverius*.

Son ſecond ouvrage eſt un autre in-4°, ſous le titre d'*Obſervationes medicæ*, où il raporte l'épreuve que lui & pluſieurs autres medecins de ſon tems avoient fait de certains remédes ſur divers malades qu'il nomme, avec le lieu, le tems & les ſymptômes de leurs maladies : ce qui fut d'autant mieux reçû du public, que cette maniére d'écrire, en forme d'hiſtoire, intereſſoit plus particuliérement le lecteur.

Son troiſiéme ouvrage eſt la Pratique de la médecine jointe à la théorie, en deux gros in-douze, qui fut imprimé diverſes fois à Paris, à Lyon, à Leipſic, à la Haye, à Londres, à Gouda dans la Hollande.

Lazare Riviere eſt regardé comme un des plus grands praticiens qu'il y ait eu. Il mourut doyen des profeſſeurs de Montpellier & laiſſa un fils tréſorier de France, de qui la poſtérité ſubſiſte encore.

A tous ces auteurs natifs de Montpellier on peut ajoûter, ſelon l'ordre du tems, Samuël Formi & Denis Pomaret, célébres chirurgiens, dont les obſervations de médecine ſont imprimées avec celles de Lazare Riviere.

Pierre Magnol s'eſt rendu (dès nos jours) recommandable par divers traitez de botanique qu'il a donné au public : il nâquit à Montpellier en 1638 & prit le bonnet de docteur en 1659.

Le roy l'honora, en 1663, de la charge d'un de ſes medecins ordinaires ; & il auroit reçû de plus grandes graces ſi la religion proteſtante, qu'il profeſſoit, n'y eût mis obſtacle ; mais après la révocation de l'edit de Nantes, qui entraîna ſa converſion, il fut pourvû d'une charge de profeſſeur & en mémetems de directeur, pour trois années, du jardin royal des plantes de Montpellier.

Ce terme étant expiré, il obtint un brevet à vie & fut nommé, en 1690, académicien pour la botanique de la société royale des sciences de Montpellier. La mort de Monsieur Tournefort, academicien pensionnaire de celle de Paris, le fit choisir pour remplir sa place, en sorte que Magnol succeda à Paris à celui qui avoit été son éleve à Montpellier.

Ses differens emplois le mirent en grand commerce avec les sçavans de l'Europe pour la botanique, sur laquelle il écrivit plusieurs livres.

Le premier est *Botanicum Monspeliense*, où il explique la nature & la propriété des plantes qui naissent aux environs de cette ville, imprimé à Montpellier en 1686, & ensuite à Lyon.

Le second *Prodromus historiæ generalis plantarum, in quo familiæ plantarum per tabulas disponuntur*, à Montpellier en 1689.

PAGE 354.   Le troisiéme, *Hortus regius Monspeliensis*, où il donne le catalogue des plantes dont on fait la démonstration dans ce jardin, imprimé à Montpellier en 1697.

Le quatrième est *Novus caracter plantarum, &c.*, imprimé à Montpellier en 1720, par les soins de son fils, qui est professeur comme lui dans l'université de Montpellier.

Il mourut le 21 may 1715, quelques mois avant la mort de Loüis-le-Grand, son bienfacteur.

Antoine Deidier, natif de Montpellier & professeur en cette ville, a donné au public plusieurs traités de médecine.

En 1715, il fit imprimer à Lyon la Chimie raisonnée.

En 1716, *Institutiones medicinæ theoricæ, phisiologiam & patologiam complectentes*, imprimé à Montpellier.

En 1722, deux dissertations medicinales & chirurgicales, l'une en latin sur les maladies veneriennes, imprimé à Londres en 1722, & l'autre sur les tumeurs, traduite en françois par un chirurgien de Paris, qui l'a faite imprimer à Paris en 1725.

En 1732, on a imprimé de lui, à Paris, un nouveau Traité des tumeurs avec une dissertation préliminaire sur la chirurgie pratique & des observations chirurgicales.

J'ay raconté, dans le cours de cette histoire, comment il fut honoré de la croix de l'ordre de St. Michel, en récompense des services qu'il rendit à la Provence durant la peste de 1722. Sa majesté l'a dépuis apellé à Marseille pour y être medecin des galeres de France.

CHAPITRE SECOND.

DE LA FACULTÉ DU DROIT.

NOUS aprenons l'origine des écoles du droit & particuliérement de celle de Montpellier, de l'Hiftoire du droit françois, compofée par Mr. l'abbé Fleury. Il dit que les loix romaines ayant été redigées vers le milieu du fixiéme fiécle, par ordre de l'empereur Juftinien, elles ne pûrent être obfervées en Italie, à caufe de l'irruption des Gots & des Lombards, qui fe fuivirent de près, ce qui fit perdre la plûpart des exemplaires qu'on en avoit; en forte que l'empereur Charlemagne, après avoir chaffé les Lombards de l'Italie, ne put y rétablir le droit romain (comme il en avoit le deffein), parce que fes jurifconfultes ne pûrent recouvrer les livres de Juftinien.

§ XIX.

Ce ne fut qu'en 1137 que l'empereur Lothaire & le pape Innocent II, faifant la guerre à Roger, roy de Sicile & de Naples, trouverent à Almaphi dans la Poüille, un exemplaire du Digefte, que les Grecs, anciens habitans de cette province, y avoient confervé.

Après cette découverte, l'empereur ordonna qu'on enfeignât le droit romain dans les écoles publiques & qu'on jugeât les procès felon ces mêmes loix. En confequence de cet ordre, Irnerius commença à Bologne en 1150, de faire des leçons publiques fur les livres de Juftinien; ce qui lui attira de toute l'Europe un grand nombre d'auditeurs.

Placentin, qui vivoit à Montpellier dans ce même tems, alla étudier fous Irnerius à Boulogne, d'où, après s'être perfectionné dans la connoiffance du droit, il vint l'enfeigner publiquement à Montpellier, comme tous les écrivains fur cette matiére le réconnoiffent, & particuliérement Mr. Catel dans fes Mémoires du Languedoc.

Pancirole, Fleury, Ficher, Paquier, page 293.

Etienne Ranchin, dans la préface de fes Décifions, fixe l'époque de cet établiffement en 1160, *anno millefimo centefimo circa fexagefimum, fcholæ illæ erectæ fuere;* & le préfident Philipi ne s'écarte pas beaucoup de fon fentiment en les faifant commencer en 1162; mais, quoi qu'il en foit de cette petite diference, il eft certain que cette école devint bientôt célebre, puifque Azo, furnommé le maitre du droit & la fource des loix, quitta Bologne fur la fin de ce même fiécle pour venir enfeigner à Montpellier, où il fut fi bien accüeilli par les feigneurs de cette ville, qu'il y continua fes leçons durant dix années,

PAGE 355.

Catel, Ibidem.

La reputation que lui & Placentin avoient attiré à cette école porta le roy ſt. Loüis à faire le premier règlement que nous ayons pour l'école du droit. Il ordonna par ſes lettres du mois de juin 1230, que l'evêque de Maguelone & ſes ſucceſſeurs recevroient le ſerment de tous ceux qui voudroient enſeigner à Montpellier : *Recipiendi juramentum à licentiandis ſeu doctorandis in facultate canonica ſeu civili, in ſtudio villæ Montiſpeſſulani.* Ces dernieres paroles du roy St. Loüis prouvent que le droit canon étoit déjà enſeigné à Montpellier ; & le pape Nicolas IV n'en laiſſe aucun doute dans la bulle qu'il donna ſur la fin de ce même ſiècle, pour l'érection des écoles de Montpellier en univerſité.

<small>Baluze, Paparum avenion, tom. 1, page 976.</small>

Dans le tems de cette érection, le fameux Guillaume de Nogaret, ſi connu par les differens du roy Philippe le Bel & de Boniface VIII, étoit profeſſeur ès loix, comme dit Mr. Fleury dans ſon Hiſtoire eccleſiaſtique. Nos actes l'apellent ſimplement docteur ès loix, ſelon le ſtile de ce tems là ; mais ils ne laiſſent aucun doute qu'il ne fût alors réſident à Montpellier avec toute ſa famille.

La premiere preuve eſt tirée d'un acte d'achat fait, au mois de juin 1291, par Guillaume de Nogaret, docteur ès-loix, d'une maiſon ſituée à Montpellier proche l'égliſe de St. Firmin & à lui vendue par Bernard & Bertrand Catalan.

La ſeconde preuve vient d'un acte paſſé en 1293 entre Gaucelin, ſeigneur de Lunel, & Guillaume de Nogaret, qui prend la qualité de tuteur des enfans de Mongros le vieux, habitant de Montpellier : ce qui prouve qu'il y habitoit lui-même.

La troiſième preuve vient d'un acte de 1302, dans lequel le notaire du roy de Mayorque, qui le dreſſa, dit qu'il l'a fait à la requiſition du ſuſdit Guillaume de Nogaret, maintenant (ajoûte-t-il), chevalier du roy de France : *Per prædictum dominum Guillelmum de Nogareto, nunc militem regis Francorum.*

Il eſt vrai que Guillaume de Nogaret étoit alors dans les bonnes graces du roy Philippe le Bel, qui lui donna la garde de ſon ſceau en 1303 & le fit chancelier de France en 1308. Cette grande élevation lui facilita l'échange qu'il fit, en 1310, de ſa maiſon de Montpellier près de St. Firmin, avec la terre de Liviere, qui apartenoit aux chevaliers de Rôdes & qui convenoit parfaitement à celle de Maſſillargues, qu'il tenoit des liberalitez du roy Philippe le Bel.

Il eſt à obſerver que dans l'acte de 1302, il eſt fait mention d'un Mathieu de Nogaret comme témoin de cet acte ; ce qui prouveroit que Guillaume n'étoit pas le ſeul de ſa famille qui réſidât à Montpellier. Il y eſt auſſi parlé trois ou quatre fois d'un Pierre Roch, comme locataire d'une partie de la maifon que Guillaume de Nogaret avoit acheté près de St. Firmin.

Tous ces actes m'ont été communiquez par M. le marquis de Calviffon & certifiez de fa propre main.

Après cette petite digreffion, qui m'a paru néceffaire pour revendiquer à Montpellier un citoyen illuftre que les villes de Nîmes & de Touloufe ont voulu lui difputer, je reprends l'hiftoire de la faculté du droit.

L'érection que le pape Nicolas IV avoit fait de nos écoles en univerfité, fit établir un cérémonial tout nouveau pour la reception des docteurs, qu'on commença d'exercer, en 1293, en faveur de Guy de St. Amans, auquel on donna publiquement le bonnet de docteur. *Petit Talamus, ad ann. 1295.*

Depuis ce tems, l'école du droit alla toûjours en augmentant, foit par le merite des profeffeurs, foit par la qualité des étudians. Le célèbre Pierre Bertrand, depuis cardinal d'Autun, y profeffa l'un & l'autre droit, comme il le dit lui-même dans la préface de fon livre *Scrinium juris*, qui eft raporté dans les preuves de l'hiftoire des cardinaux François. Berenger de Fredol l'un des compilateurs du Sexte & depuis cardinal, y faifoit alors fes études. Pierre Dejean & Barthelemy Clufel, docteurs ès loix à Montpellier, font mentionnez dans l'hiftoire des * differens entre Boniface VIII & Philippe le Bel pour l'année 1303. Pierre de Leftang eft connû pour l'année 1308, par une harangue qu'il fit à Montpellier, lorfque Berenger de Landorre, depuis général des Jacobins & archevêque de Compoftelle, y prit la licence. Cette harangue eft parmi les manufcrits de la bibliothèque de Colbert avec ce titre : *Arenga quam fecit & dixit dominus Petrus de Stagno, quando Berengarius de Landorra fuit licentiatus in Montepeffulano.* Dominique Serano, depuis general de l'ordre de la Mercy & cardinal du titre de St. Calixte, profeffoit environ ce tems-là à Montpellier; un hiftorien de fon ordre l'apelle *Infignis academiæ Parifienfis & Montifpeffulanæ, juris utriufque doctor & cathedrarius.* *Page 326.* *PAGE 356.* *Baluze, tom. 1. Pap. avenion., pag. 694.* *S. Linac.*

En 1311, Pierre Jacobi, natif d'Orléans, enfeignoit auffi à Montpellier, où il dictoit à fes écoliers fon livre intitulé : *Aurea practica libellorum*, qui fut imprimé dépuis à Cologne en 1575, in-4°. On lit dans le frontifpice de ce livre, qu'au jugement des plus grands jurifconfultes, cet ouvrage eft autant neceffaire à ceux qui profeffent les loix que le bréviaire l'eft aux prêtres. *Opus tam utile ac neceffarium, ut magni nominis jurifconfulti cenfuerint, non minus jurifconfultum hoc volumine quam facerdotem breviario, inftructum effe oportere.*

Peu de tems après, c'eft-à-dire en 1317, le fameux Petrarque vint étudier le droit civil à Montpellier, comme il le dit lui-même dans fes epitres familières: *Ego quidem puer deftinatus à patre, vix duodecimum ætatis annum fu-* *Lettre 4, liv. 20.*

pergreſſus, ad Montempeſſulanum primo, inde Bononiam tranſmiſſus, ſeptennium integrum in ſtudio legum aſſumpſi. Il étoit né le 13 août 1304 & par conséquent il avoit paſſé ſa douziéme année en 1317.

Son ſéjour à Montpellier fut de quatre ans, comme il le dit dans l'hiſtoire de ſa vie ; & nous aprenons de Philippe Thomaſſin, dans ſon éloge des hommes ſçavans, que Petrarque eut pour profeſſeurs à Montpellier, Jean André, & Cinus Sigiſbuld de Piſtoye. *In Montepeſſulano audivit Joannem Andream & Cinum Sigisbuldum Piſtorienſem.*

On compte parmi les profeſſeurs illuſtres de ce tems-là, Jean Faber, qui dictoit à Montpellier ſes commentaires ſur les Inſtitutes, qu'on vit imprimer depuis ; & l'on ajoûte que ce grand juriſconſulte fut élevé en 1323 à la charge de chancelier de France, comme on le peut voir dans le Feron.

Page 82 & 163

En ce même tems, Arnaud de Verdale (qui fut dépuis evêque de Maguelone) profeſſoit le droit canon à Montpellier, où il fut témoin des grands differens qui s'éleverent entre le recteur de la faculté du droit & Pictavin de Monteſquiou, alors evêque de Maguelone. Nous aprenons de la bulle du pape Benoît XII, donnée à ce ſujet, le commencement & le progrés de cette grande affaire. Elle porte que le recteur de la faculté ayant fait de ſon chef certains ſtatuts, pour obliger les docteurs, les bacheliers & les étudians, à lui prêter ſerment au préjudice de l'evêque de Maguelone, ce prélat fit publier une ſentence d'excommunication contre le recteur, qui en reléva appel à la métropole de Narbonne ; mais l'evêque ayant fait autoriſer ſa ſentence par des lettres apoſtoliques, le recteur eut recours au pape, qui nomma ſur les lieux le cardinal Guillaume d'Aura, du titre de St. Etienne *in Cælio-Monte*, abbé commandataire de Montolieu, diocéſe de Carcaſſonne, pour terminer cette grande affaire ; & ce cardinal en ayant pris la premiere connoiſſance, pria Benoît XII de la remettre au cardinal Bertrand de Deucio du titre de St. Marc, archevêque d'Embrun, lequel, après avoir écouté toutes les parties intereſſées & examiné les ſtatuts faits par le recteur, prit le parti de les caſſer & d'en dreſſer des nouveaux où, en entrant dans un fort grand détail, il régle les droits & les obligations de chaque membre du corps & donne des loix pour la diſcipline academique.

Livre du recteur, fol. 26.

Ibidem, fol. 29 & ſeq.

Ces ſtatuts ont été régardez depuis comme les loix fondamentales de la faculté du droit ; & ſi l'evêque & le recteur firent dans la ſuite quelques réglemens particuliers, ce ne fut qu'en explication des ſtatuts du cardinal Bertrand, dont voici les articles les plus conſidérables que j'ai tiré du livre du recteur.

« La faculté du droit ſera compoſée du recteur, de douze conſeillers & « des étudians, diviſez en trois nations differentes, ſçavoir : des provinciaux,

Page 33.

« des Bourguignons * & des Catalans. Le recteur sera pris tour à tour de
« ces trois nations ; il entrera en charge le jour de la purification & l'exer-
« cera pendant un an : lui & ses conseillers doivent être clercs, nés de lé-
« gitime mariage & gens prévoyans, pacifiques & mûrs, qui se fassent distin-
« guer plus par leur probité que par leur naissance : le premier des douze
« conseillers sera un chanoine de Maguelone, le second de la ville de Mont-
« pellier & les autres du corps des trois nations dont il a été parlé. Leur
« pouvoir commencera & finira comme celui du recteur, c'est-à-dire, du
« jour de la purification en un an. Ils doivent tous avoir passé l'âge de
« vingt-cinq ans lorsqu'ils seront élûs ; & quand on voudra faire leur élec-
« tion, le recteur en charge convoquera sur la mi-janvier les conseillers
« dans la maison des freres prêcheurs, ou tel autre lieu convenable qu'il
« voudra ; & après la proposition faite, il recueillera les voix & vuidera le
« partage s'il y échoit, ou bien il remettra l'élection à un autre jour.

« L'élection convenuë, on la publiera au son de la cloche de l'université la
« veille de la purification ; & le nouveau recteur & conseillers l'ayant
« acceptée, les anciens en poursuivront la confirmation auprès de l'evêque
« de Maguelone, qui sera tenu de la donner gratis : mais jusqu'à ce qu'ils
« l'ayent reçûë, les anciens recteur & conseillers resteront en exercice.

« Celui qui ayant été élû pour recteur ou conseiller, refusera d'accepter
« son élection, sera privé pour toûjours des honneurs, privileges & utilitez
« de l'etude, à moins que l'evêque du conseil de la plus grande partie des
« conseillers, ne voulût l'en dispenser pour cette année ; cependant l'ancien
« recteur & conseillers procederont à une nouvelle élection.

« Et si le recteur en place vient à mourir dans le cours de son année
« avant la St. Jean, on choisira un autre recteur de la même nation que lui ;
« mais s'il meurt après la St. Jean, on se contentera de nommer un vice-
« gérant de la même nation, qui sera confirmé par l'evêque. Le même s'ob-
« servera si le recteur venoit à quitter l'étude dans l'année de son rectorat ;
« & ce que l'on dit du recteur s'observera pour les conseillers.

« Les nouveaux recteur & conseillers prêteront serment entre les mains
« de l'evêque, selon la forme ordinaire ; mais s'ils étoient chanoines de Ma-
« guelone, ils le prêteront suivant l'usage particulier de leur église.

« Dans toutes les assemblées & actes publics, le recteur doit précéder
« tous docteurs, bacheliers & écoliers, de quelque grande condition & état
« qu'ils soient & après être sorti de place, les écoliers doivent toûjours lui
« déferer dans les écoles.

« Les docteurs précederont les bacheliers dans tous les actes : les docteurs
« *in utroque,* précederont ceux qui ne le font que dans un seul des deux

« droits, civil ou canonique. Les plus anciens auront le pas fur les plus
« jeunes, & celui qui eſt *actu legens decretum* fur ceux qui ne font pas en
« exercice, quoique docteurs *in utroque*. »

Après ces premiers réglements qui régardent les principaux membres de la faculté, le cardinal Bertrand deſcend dans un plus grand détail, pour le culte divin & pour la décence des habits : ce qui peut ſervir à connoître les mœurs & la manière de ſon ſiécle.

« Les recteur, docteurs & bacheliers (dit-il) & tous autres du corps
« aſſiſteront tous les dimanches à la meſſe, qui ſera célébrée ſolemnelle-
« ment dans l'égliſe des freres prêcheurs, après le ſermon qui ſera fait *ad*
« *clerum*, & ceux qui y manqueront ſeront pointez ; ſçavoir, le recteur à
« à cinq ſols, les docteurs & les conſeillers à deux ſols & les bacheliers à
« douze deniers.

« Tous les ans on dira une meſſe ſolemnelle dans la ſuſdite egliſe pour
« les morts de l'univerſité pendant l'octave de l'epiphanie. Il y aura dix tor-
« ches à l'élevation & un drap d'or ſur la repréſentation. *Et unus pannus*
« *aureus*. On donnera aux freres prêcheurs pour la pitance, cinquante ſols
« de monnoye courante.

« Les écoles vacqueront tout le tems qu'on fera les funerailles de
« quelqu'un du corps de la faculté : ceux qui manqueront de s'y trouver
« feront pointez ; ſçavoir : le recteur à dix ſols, les docteurs *actu legentes*
« à cinq, les bacheliers à * deux & les écoliers à ſix deniers : que ſi le
« défunt eſt pauvre, les fraix des funerailles ſeront faits aux dépens de
« l'univerſité.

« Quant à la décenſe des habits, il ordonne que les écoliers hors de leur
« maiſon ne porteront que des habits honnêtes, ſur-tout ceux que l'on
« porte par-deſſus *Vestes honestas præsertim superiores*. Ils ne feront ni trop
« étroits, ni trop courts, ni trop longs. *Non autem strictas, nec nimia brevitate,*
« *nec longitudine, notandas*. Leurs couvre chefs & caleçons ou haut-de-chauſ-
« ſes, ne doivent être ni trop ouverts, ni trop ferrez : *neque capitias, neque ca-*
« *neſonas nimis apertas vel ligatas* ; mais que leurs habits ſupericurs ſoient
« conformes à l'ancien uſage, *sed juxta morem antiquum vestes superiores de-*
« *ferant ordinatas*.

« On peut connoître ces anciennes manières de s'habiller, par les vieilles
« gravures que nous avons de ce tems-là.

« De plus (ajoûte le cardinal Bertrand) qu'aucun n'oſe porter des ha-
« bits dont la canne coûte plus de vingt-cinq ſols de monnoye courante &
« qu'aucun, pas même le recteur ou les docteurs, fuſſent-ils de maiſon
« royale ou de celle du duc, prince & comte, n'oſent porter dans les écoles

« des fourrures de vair, à la réferve feulement, que les nobles & les digni-
« tez des églifes cathédrales ou collégiales, pourront porter à leur capuces
« une fourrure de vair, mais non pas dans le refte de leurs habits.

« Les docteurs ou licentiés *legentes*, s'ils font réligieux, auront toûjours
« la chape fermée & les féculiers la chape ronde, lorfqu'ils feront leurs
« leçons, lorfqu'ils paroîtront dans l'églife ou qu'ils marcheront par la
« ville.

« Les docteurs féculiers qui enfeignent le droit canon, feront tenus de
« lire avec la chape rouge.

« Il eft défendu fous peine d'excommunication, qu'aucun écolier faffe
« carillon dans la ville, ou qu'il aille par les ruës en danfant : *neque trepudiet,*
« *neque corizet.*

« Les jeux des dez & de hazard leur font défendus ; & fi pour fe défen-
« nuyer dans leur maifon ils joüent entr'eux, que ce ne foit pas jufqu'à per-
« dre au-delà de deux fols de monnoye courante.

« Les docteurs, bacheliers ou écoliers, ne pourront, fous peine d'excom-
« munication *ipfo facto*, fe faire un compere ou une commere & les écoliers
« éviteront avec foin les folies du carnaval, où l'on a coûtume de fe jeter
« des pailles, des pierres ou autres chofes & de fe voler réciproquement les
« viandes aprêtées.

« Aucun ne portera des armes offenfives, à moins qu'il n'en eût la per-
« miffion de l'evêque pour fe défendre en cas d'infulte ; ce qui néanmoins
« doit être accordé rarement.

« Il eft défendu auffi à toute perfonne de Montpellier de loüer ou prêter
« des armes aux écoliers, lorfqu'elle fçaura qu'ils ont quelque démêlé
« entr'eux. »

On attribuë ces deux derniers articles à un évenément célèbre, qu'on raconte encore à Montpellier comme une chofe très-certaine. On dit que les
étudians ayant fait du défordre dans les fauxbourgs du Peirou & de
St. Guillem, où ils avoient bleffé quelques habitans du quartier, ceux-ci
vinrent les attendre lorfqu'ils revenoient fur le tard de Ste. Eulalie ; & pour
diftinguer les étrangers, à qui ils en vouloient plus qu'à ceux du pays, ils
obligeoient tous les paffans de leur dire en patois, *Dieu vous don bonne*
nioch ; ce que les étrangers avoient beaucoup de peine à prononcer. Sur
cette marque ils en tuerent grand nombre & jetterent leurs corps dans les
puits du voifinage.

Cet évenément, quelque bizarre & funefte qu'il fût, m'a paru digne d'ê- *Livre des juges,*
tre marqué dans cette hiftoire, depuis que j'ai vû dans l'ancien teftament, *chap. 12.*
que les troupes de Jephté fe fervirent d'un pareil ftratagéme, pour recon-

noître au paffage du Jourdain les Ephraïmites, en les obligeant de dire le mot de Schibboleth, qu'ils ne fçavoient pas prononcer, fur quoi ils furent poignardez & jettez dans la riviere.

Le nom de *Dieu vous don bonne nioch*, refta à la ruë où l'action s'étoit paffée, qui va du Peirou à St. Guillem, en paffant au jardin de Trincaire. J'ai vérifié la chofe dans les archives de la ville & mieux encore dans celles du bureau des * tréforiers de France, où l'on voit l'inféodation qui fut faite de cette ruë à André de Trincaire, juge-mage, le 13 février 1620. Il eft marqué dans l'acte que cette ruë avoit 123 cannes & demi de longueur & 12 pans de largeur; ce qui donne lieu de croire qu'elle eft enclavée dans toute la longueur du jardin de Trincaire.

Les articles fuivans regardent l'heure des études publiques & les traitez qui devoient être enfeignez dans le cours de chaque année. Le cardinal Bertrand entre fur cela dans un fort long détail, où il fait entrer tous les livres du droit civil & du droit canon. Je crois qu'il me fuffira de dire ici, qu'on faifoit quatre leçons par jour : les deux premieres à fept & dix heures du matin & les deux autres à trois & cinq heures du foir. Il eft fouvent fait mention de ceux qu'on apelloit *Legentes ordinarie* & de ceux qu'on nommoit *extraordinarie Legentes*; ce qui donne lieu de penfer qu'il y avoit pour le droit civil & pour le droit canon, des docteurs fixes pour enfeigner l'ordinaire ; & lorfqu'un docteur étranger & même un fimple bachelier, demandoit à faire des leçons publiques, on le lui permettoit à certaines conditions, dont l'une étoit, qu'il ne concourroit jamais pour l'heure avec les docteurs qui enfeignoient l'ordinaire. Pour cet effet on affigne à ces docteurs de l'extraordinaire les heures du foir, laiffant aux autres celles du matin. Ils devoient commencer les uns & les autres le fecond jour après la St. Luc & finir leurs leçons la veille de la nativité de la Vierge.

« Tout écolier (continuë le cardinal Bertrand) qui veut devenir bache« lier doit avoir étudié fix ans avant que de commencer à lire.

« Le bachelier qui veut devenir docteur, doit avoir lû cinq ans dans l'é« tude de Montpellier ou dans quelque autre étude générale, à moins que « l'évêque avec le confeil des docteurs, ne le difpenfe d'une partie de ce « tems.

« Les lectures finies, il fera préfenté aux prieurs des docteurs, qui fera une « information fommaire de fes vie, mœurs & naiffance, & étant jugé ca« pable, il fera préfenté à l'évêque de Maguelone ou à fon député ; & au « cas que le fiége fût vacquant, on le préfentera à quelqu'un des trois ar« chidiacres felon leur rang, & à leur défaut à l'official de l'evêché, qui fur « le raport du prieur, des docteurs ou de fon fubftitut, donnera jour au ba-

« chelier pour l'examen, dont il donnera les points dans l'église de St. Fir-
« min. Le bachelier fe rendra, fur le foir du jour qui lui aura été affigné, à
« la maifon de l'evêque, où il fubira l'examen & fur le fuffrage des exami-
« nateurs il fera admis ou réfufé.

« Une fois qu'il fera admis, il pourra prendre le bonnet quand il voudra,
« foit dans l'univerfité de Montpellier, ou dans toute autre ; mais felon la
« conftitution du pape Clement V, on déclare que les frais du doctorat ne
« peuvent paffer la fomme de trois cens tournois d'argent, fous quelque
« prétexte que ce foit.

« Le jour pris pour le doctorat, on fonnera la cloche de l'univerfité vers
« les dix heures, & celui qui doit prendre le bonnet fe rendra à l'églife de
« N.-Dame des Tables, accompagné de toutes les perfonnes qui voudront
« lui faire honneur, & des écoliers qui, dans cette occafion, doivent fe
« montrer diligens ; il y fera fait lecture d'une loy ou d'un décret, qu'il ex-
« pliquera briévement : & après quelques argumens qui dureront autant
« qu'il plaira à l'evêque ou au préfident, il fera conduit à l'autel, où le pré-
« fident ayant interrogé de nouveau les docteurs fur la capacité du pré-
« fenté, il lui fera prêter ferment & il lui donnera pouvoir d'enfeigner par
« tout ; après quoi le docteur qu'il a choifi pour parrain lui donnera les
« marques du doctorat, fçavoir : la chaire, le livre, le bonnet, le baifer & la
« bénédiction. »

Pour fournir aux frais communs de l'univerfité & particuliérement pour les meffes & pour les funérailles, le cardinal Bertrand ordonne que tous les bacheliers qui commenceront à lire payeront quatre fols de monnoye courante ; les écoliers qui ont des bénéfices deux fols, & les autres douze deniers, qui devoient être levés & gardés par des écoliers choifis par le recteur pour en rendre compte.

La capfe ou l'on enfermoit cet argent devoit être tenüe dans la facriftie des freres prêcheurs ou ailleurs, fi le recteur le jugeoit à propos. Elle de-voit être * féparée en deux parties, dans l'une defquelles on devoit tenir le fceau de l'univerfité, avec l'original des préfens ftatuts, dans l'autre l'argent de la capfe qui devoit être fermée à trois clefs, dont le recteur en avoit une & les deux autres devoient être gardées par deux confeillers de deux nations autres que celle du recteur.

PAGE 360.

La collecte qu'on faifoit pour les docteurs qui lifoient l'ordinaire devoit être faite entre la St. André & Noël ; celle qu'on faifoit pour les bancs, dé-puis Noël jufqu'à la fin du carnaval. La taxe de chaque écolier pour la taille de fon docteur étoit de dix fols monnoye de cours, & pour les bancs cinq fols.

Il est déclaré que les écoliers ne payeroient rien aux docteurs qui lisent le Digeste vieux, l'Infortiat, les trois livres du Code, les Authentiques, l'usage des fiefs ou le livre des Institutes, à moins qu'ils n'eussent fait une convention particuliére du salaire qu'ils devoient donner à leur docteur; & pour lors ce salaire ne devoit pas exceder la somme de huit sols monnoye courante.

« Ceux qui liront le soir pour l'extraordinaire du decret n'exigeront
« rien de leurs écoliers, à moins que les écoliers, à cause de la science émi-
« nente de leurs docteurs, ne se fussent obligés à un certain salaire.

« Il y aura (continuë toûjours le cardinal Bertrand) un bedeau général
« de l'université qui sera perpetuel, à moins que pour cause raisonnable il
« fût déposé par le recteur & par ses conseillers, ausquels il apartient de le
« choisir. Il ne pourra point exercer qu'il n'ait prêté serment & qu'il n'ait
« été confirmé par l'evêque de Maguelone; ce qui sera fait simplement
« sans autre cérémonie.

« Son office est de faire sonner la cloche aux heures accoûtumées, & de
« garder la clef du clocher; il fera en personne dans les écoles, les dénon-
« ciations nécessaires, comme celles des jours de fêtes & des actes qui de-
« vront être faits : il portera les ordres du recteur, & donnera caution que
« dans trois ans, du jour de sa réception, il aura tous les livres qui doivent
« être lûs dans les écoles, sçavoir : pour les deux premiéres années, le texte
« du droit civil & canon, avec leurs gloses & pour la troisiéme année, la
« somme d'*Hostiensis*, l'apparat d'Innocent & de Jean-André, *in sexto libro*
« *Decretalium & Clementinis;* pour chacun desquels livres, on lui payera une
« taxe, *pecias taxatas*.

Il est à observer, pour l'intelligence de cet article, que l'imprimerie n'étant pas encore en usage, on se servoit de manuscrits, dont le bedeau faisoit provision, pour les loüer ensuite aux écoliers; de là vient, qu'on lui faisoit promettre d'en ramasser une certaine quantité & de donner caution qu'il les auroit dans un certain tems : pour cette raison, on taxoit en sa faveur chaque exemplaire qui devoit être revû auparavant par le recteur.

Ce bedeau étoit tenu de dénoncer les leçons qui devoient être faites par des docteurs étrangers, d'avoir un calendrier des jours feriés & une copie des presens statuts; on l'obligeoit, pour être mieux connu des écoliers, à ne sortir jamais de sa maison sans porter sa baguette verte, *virgam viridis coloris,* & on lui permettoit d'exiger pour son salaire deux sols de chaque bachelier & douze deniers tout au moins de chaque écolier.

Un autre sorte d'office dans les écoles du droit, étoit celui des banquiers apellés *Bancarii*, à cause du soin qu'ils avoient des bancs de l'école : ils servoient les docteurs qui lisoient actuellement; en sorte que chaque docteur avoit un banquier pour l'accompagner à l'école, pour garder ses livres & ceux de ses écoliers. Il étoit permis à ces banquiers d'avoir des livres à eux pour les loüer ou les vendre aux écoliers, après avoir été revûs par le recteur, qui avoit droit de les confisquer ou de les faire brûler, s'ils n'étoient pas conditionnés. On leur permettoit de porter des baguettes sans couleur *sine aliqua pictura,* & d'exiger douze deniers de chaque écolier du docteur qu'ils servoient, payables dans le tems qu'on feroit la collecte de leur docteur; mais, ce docteur venant à finir, l'office du banquier venoit à cesser, à moins qu'un autre docteur ne voulût le reprendre.

« Il est défendu à tous les membres de l'université, sous peine d'excom-
« munication, de se débaucher les écoliers; autre défense, sous peine d'ex-
« communication *ipso facto*, de se supplanter directement ni indirectement,
« dans le loyer des * maisons, & d'abuser du privilége qu'ils avoient de
« faire entrer du vin dans Montpellier. »

Page 361.

Il est à observer que pour procureur aux membres de l'université la facilité de se loger dans la ville, on établit trois taxateurs, dont l'un étoit nommé par le recteur & par ses conseillers; l'autre, qui ne pouvoit être ni du corps de l'université, ni de la ville de Montpellier, étoit nommé par l'évêque de Maguelone, & le troisiéme choisi par les consuls, pour régler entre eux le prix du loyer.

Après toutes ces dispositions particuliéres, les statuts finissent par la forme du serment que chacun des membres devoit prêter.

« Le recteur, en demandant sa confirmation à l'evêque, devoit jurer sur
« les saints Evangiles qu'il procureroit de tout son pouvoir le progrès de
« l'étude de Montpellier; qu'il seroit fidelle à l'evêque & à l'église de Ma-
« guelone; qu'il ne feroit aucun statut qui pût préjudicier à l'un ni à l'au-
« tre; qu'il ne feroit point vacquer les écoles au-delà de huit jours, sans le
« consentement de l'evêque ou de son vicaire; & qu'il ne prêteroit serment
« à qui que ce fût au préjudice de la supériorité de l'evêque sur les
« écoles, &c. »

Les conseillers nouvellement élûs juroient entre les mains du recteur de l'aider de leurs conseils aussi tôt qu'ils seroient apellés & de procurer l'observation des statuts.

Les docteurs & bacheliers, avant que de commencer à lire l'ordinaire ou l'extraordinaire, promettoient entre les mains du recteur de lire, aux heures prescrites par les statuts, les livres qui leur étoient marqués.

Celui qui devoit récévoir le bonnet de docteur juroit fidelité à l'evêque & à l'église de Maguelone & promettoit de leur donner fidel conseil toutes les fois qu'il en feroit réquis, de ne rien faire fciemment contre leurs intérêts & de garder les ftatuts particuliers qui regardent les docteurs.

Le ferment des écoliers entre les mains du recteur portoit en particulier que, bien loin de fomenter les rixes qui s'éléveroient entre les membre du corps, ils feroient leur poffible pour entretenir la paix.

Le bedeau promettoit obéiffance au recteur & aux confeillers de garder le fecret dans les affaires qui lui feroient commifes, & de n'ôter directement ni indirectement les écoliers aux docteurs; quant aux banquiers, on leur faifoit promettre en général de fe bien acquitter de leur devoir tant qu'on les laifferoit en place.

« Fait & publié à Avignon dans la maifon du cardinal Bertrand, du titre
« de St. Marc, en fa prefence & de fon ordre, témoins : Hugues de Manda-
« got, prévôt d'Embrun, Pierre Gafton, chanoine d'Alby, docteur ès loix,
« Raynaud, chanoine de Cavaillon & Jean de Montfleur, bachelier & fyn-
« dic de l'univerfité de droit de Montpellier, le 20 juillet 1339. Signé &
« fcellé du fceau du cardinal. »

Ces ftatuts ayant été dreffez de la forte, on les fit aprouver par le pape, après quoi le cardinal Bertrand commit fon neveu Paul de Deuxio, moine & camerier de St.-Guillem-du-Défert, pour les notifier à tous les membres de la faculté. La chofe fut exécutée au commencement de 1340, fans aucune contradiction des parties. On leva l'excommunication prononcée jadis par l'evêque Pictavin contre le recteur & fes adherans, qui promirent tous d'obferver ces ftatuts fous peine d'excommunication, refervée à l'evêque de Maguelone & à fes fucceffeurs.

En conféquence, Eftienne Martinengue, nouveau recteur, fit confirmer fon élection par Arnaud de Verdale, qui rempliffoit alors le fiége de Maguelone. Il lui prêta ferment comme chancelier de l'univerfité, & en cette qualité, Verdale donna cette même année des lettres de docteur à Guillaume Colombani.

Le bon ordre que ces ftatuts établirent dans la faculté du droit la rendirent plus floriffante qu'elle n'avoit encore été. Le célèbre Jacques Rebuffi commença peu d'années après d'enfeigner le droit civil à Montpellier, où il dicta fes commentaires fur les trois livres du Code, qui ont été imprimés depuis Guillaume Grimoard, connu fous le nom du pape Urbain V, enfeignoit alors le droit canon, *comme on a pû l'obferver dans les confultations que j'ai raportées de lui, pour les confuls de Montpellier. Ce pape, étant venu à Montpellier en 1367, tira de la charge de profeffeur Bernard de Caftelnau, pour le faire evêque de Cahors, & le fit facrer à Montpellier par le cardinal de Canillac. En ce meme-tems, le cardinal Pierre de la Vergne paffa docteur en decret en cette ville; & le pape Gregoire, fucceffeur immédiat d'Urbain V, fit cardinal le fameux Pierre de Lune, connu fous le nom de Benoît XIII, lorfqu'il enfeignoit actuellement le droit canon à Montpellier, *in gimnafio Monfpelienfi*, où il eut pour auditeur le célèbre Pierre de Nieme *(fic)*, qui le témoigne lui-même dans fon livre du Schifme.

On compte, dans le cours de ce fiécle, parmi les illuftres écoliers de cette faculté, trois jeunes feigneurs de la maifon de la Mark, qui pafferent à Liége en 1350, pour venir à Avignon vifiter la cour romaine, & de là fe rendre à Montpellier pour y étudier en droit: *Tres domicelli de Marca, fratres comitis Engelberti, videlicet Adolphus, Theodoricus, & Everardus, in die SS. Marci & Marcelliani, venerunt Leodium & mecum manferunt ibidem, donec ipfos ad curiam romanam & ad Montempeffulanum procuravi tranfmitti*. De ces trois freres, Thierry fut celui qui fe rendit le plus recommandable par fes études, comme nous l'aprenons de la Chronique de evêques d'Ofnabruc.

Le nombre & la diftinction des étudians fe foûtint jufqu'à la fameufe fédition arrivée fous le duc d'Anjou en 1379. Elle les difperfa tous, & les obligea de fe retirer pour la plûpart à Orange, où (felon l'hiftoire de cette ville) ils donnerent lieu à l'établiffement d'une univerfité. Mais le calme ayant été rendu à Montpellier, ils y revinrent bien tôt, & le nombre y fut auffi grand qu'auparavant.

La chofe confte par un ftatut du 25 fevrier 1399, dans lequel Antoine de Louviers, evêque de Maguelone, régle le pas & la féance entre les membres de la faculté. Il y ordonne qu'on fe rangera dans les écoles à mefure qu'on y entrera. Qu'il n'y aura de la diftinction que pour les dignitez pontificales, pour les fils des empereurs, ducs & comtes; pour les abbés qui ont reçû la benediction, & pour les docteurs, qui à caufe de leur grade, doivent précéder les étudians. Et parce (ajoûte-t-il) que les chanoines de Maguelone ont les prérogatives d'honneur dans cette école, on décerne au prévôt de cette églife (s'il eft étudiant) le pas fur les autres nobles. Fait à Montpellier, dans la chapelle de la maifon épifcopale, où s'étoient rendus les membres de la faculté, en fi grand nombre (dit l'acte) qu'ils ne pouvoient pas y contenir.

Le grand fchifme qui furvint dans l'églife à l'occafion des divers concurrens à la papauté, fit partir l'evêque de Maguelone avec plufieurs docteurs de l'univerfité de Montpellier, pour affifter aux affemblées de l'églife de France, qui furent tenuës à Paris, par ordre du roy Charles VI. Il eft fait mention de ces députez dans les actes de ces affemblées & dans ceux du concile de Conftance, qui fut ouvert le 16 novembre 1414. Martin V, qui fut élû pape dans ce concile, conferva tant de bienveillance pour l'univerfité de Montpellier, qu'il la combla, pour ainfi dire, de fes graces.

On a dix ou douze bulles de lui, tant pour la confervation que pour l'extenfion des privileges de l'univerfité; dans l'une il les exempte d'être citez à Rome, tandis que Loüis Lallemant, evêque de Maguelone, & François de Soconeio, archevêque de Narbonne, feront fur les lieux, pour leur rendre juftice; dans l'autre, il les exempte des tailles, gabelles & autres fubventions des villes, conformement aux lettres du roy Jean, du mois de may 1351, *nullatenus in futurum compellantur ad contribuendum exactionibus, talliis, vel fubfidiis, pro quacumque ratione, five caufa faciendis in dicta villa Montifpeffulani.* Le pape leur accorde toutes les graces & privileges dont joüiffent les études d'Orléans & de Touloufe, quels qu'ils puiffent être, *quæ habentur pro expreffis.* Puis, defcendant dans un plus grand détail en faveur des etudians, il leur permet (quelques bénéfices ou dignitez qu'ils ayent) d'étudier durant dix ans dans l'univerfité, & d'y prendre des grades, nonobftant les conftitutions d'Honoré III, & les coûtumes de leur églife.

PAGE 363.   * Par une autre bulle, il veut que tous les étudians, docteurs, & autres membres de l'univerfité perçoivent tous les fruits de leurs bénéfices, excepté les diftributions quotidiennes, foient que lefdits bénéfices foient à charge d'âme, ou non; voulant feulement que le fervice des paroiffes n'en fouffre point, & qu'on y faffe pourvoir par d'autres miniftres.

Il difpenfe ceux qui font déjà foûdiacres de fe faire promouvoir durant le *feptennium* au diaconat ou à la prêtrife, quelque obligation qu'ils en euffent, par la nature de leurs bénéfices, & nonobftant les difpofitions des conciles de Latran, & de Lyon, à quoi le pape déroge; voulant feulement qu'il foit pourvû de bons vicaires aux bénéfices à charge d'ame.

Et pour l'execution de toutes ces bulles, il nomme l'abbé de St. Sauveur d'Aniane, & le prévôt de Maguelone. Donné le 17 des kal. de janvier, dans la cinquieme année de fon pontificat, c'eft-à-dire 1420.

Je ne fçai fi ces nouveaux priviléges ne donnerent pas lieu au grand procès qu'il y eut peu de tems après entre le bailly de la ville & le recteur de l'univerfité, à l'occafion du défordre que les écoliers firent dans la maifon d'une veuve qui demeuroit près de l'églife de St. Jean. Le bailly en ayant fait arrêter deux des plus coupables, les autres écoliers furent l'infulter dans l'églife de St. Firmin, où il entendoit la meffe; & le recteur non content de réclamer fes prifonniers, pour être traduits dans les prifons de l'evêque, priva l'affeffeur du bailly de tous les droits de l'univerfité, dont il étoit membre, & fit publier l'acte de dégradation par le prieur de St. Mathieu. Cette affaire ayant traîné longtems & caufé beaucoup de trouble à Montpellier, fut portée à Poitiers, où la plus grande partie du parlement de Paris avoit fuivi le roy Charles VII, & par la médiation de très-redoutable feigneur *metuendiffimo Domino* Jean de Bailly, confeiller du roy, & préfident de la vénérable cour du parlement de Poitiers, il fut réglé :

Que les priviléges de l'univerfité refteroient dans leur entier, & que le cas arrivé feroit regardé comme non avenu, fans qu'on en pût tirer aucun préjugé contre lefdits priviléges, ni établir aucun nouveau droit au bailly de la ville ;

Que les injures dites ou faites, de part & d'autre, feroient oubliées ;

Que l'affeffeur du bailly feroit rétabli dans fes droits de l'univerfité, & qu'il défifteroit de l'apel qu'il avoit rélevé par devant l'evêque de Maguelone.

« Fait & tranfigé à Montpellier, le 23 janvier 1428, entre Robert Pinchon,
« prieur de Burjet, recteur de l'Univerfité, Jean Rebuffi, licentié, Jean Vil-
« laris, moine, Aimar Sengla, bachelier, confeillers du recteur, d'une part ;
« Et Jean Auriol, bailly de Montpellier, Philibert de Neves, foû-bailly,
« Firmin Capvillers, vicaire, & autres officiers royaux de la cour ordinaire
« de la ville de Montpellier, d'autre. »

L'arrivée du roy Charles VII à Montpellier, en 1437, parut au recteur & aux confeillers de l'univerfité une occafion favorable pour obtenir la confirmation de tous leurs priviléges, & particuliérement de l'immunité des tailles. Ils travaillerent fi heureufement pendant le féjour du roy, qu'ils obtinrent enfin des lettres-patentes dans lesquelles le roy Charles VII fait un grand éloge de leur faculté, & leur accorde plufieurs graces : *Attendentes* (dit-il) *quod ab ipfo famofo ftudio tanta manaverint falutiferæ fluenta doctrinæ ;* il leur confirme les libertez, prérogatives, immunités, exemptions, franchifes & priviléges accordez par fes prédéceffeurs, Charles le Bel en 1326, & le roy Jean en 1350. Il exempte tous les membres de cette univerfité *ab omnibus impofitionibus, gabellis, quarta aut octava parte vini & aliorum fructuum excretorum tam in fuis prædiis patrimonialibus quam aliis, ratione beneficiorum ecclefiafticorum fibi competentibus & pertinentibus, etiam & à talliis perfonalibus, vectigalibus, pedagiis, angariis & perangariis ; fint & remaneant in perpetuum quieti, liberi, franchi, immunes, pariter & exempti.*

Il leur permet d'apeller à Montpellier, par devant les confervateurs de l'étude, toutes leurs parties qui n'en feront pas éloignées plus de cinq journées de chemin, même dans les diocéfes de Rhodés & de Vabres.

Item, que les officiers de la cour du roy dans Montpellier ne puiffent entrer ou vifiter leurs maifons fous quelque prétexte que ce foit, mais feulement de la* maniere qui a été reglée par les tranfactions paffées.

Item, qu'ils ne pourront être cités ou ajournés hors la ville par quelque juge que ce foit en matiere civile ou criminelle. Donné à Pézenas au mois de may 1437.

Quelques députez de l'univerfité de Montpellier étoient alors au concile de Bafle, où Eugene IV fut donné pour fucceffeur à Martin V, qui étoit mort au commencement de ce concile. Eugene le continua jufqu'en 1443, & Nicolas V lui ayant fuccédé trois années après, le recteur & confeillers de la faculté du droit furent obligez de lui porter plainte contre les confervateurs apoftoliques: ils expoferent au pape que l'archevêque de Narbonne, l'abbé d'Aniane & le prevôt de Maguelone, nommez dans les bulles de fes prédeceffeurs pour confervateurs de leurs ftatuts & priviléges, fe contentoient de fubdéleguer une ou plufieurs perfonnes qui par leur négligence ou leur incapacité portoient plus de préjudice que d'avantage à la faculté. Sur quoi Nicolas V ordonna que les confervateurs ne pourroient fubdéleguer qu'une feule perfonne, au gré du recteur & de fes confeillers, qui feroit préfentée par eux aux confervateurs; il voulut encore que les confervateurs eux-même ou leur fubdélegué fuffent tenus de faire tous actes judiciaires de leur charge dans l'églife du prieuré de St. Firmin, ordre de St. Auguftin ou tel autre lieu convenable que le recteur & confeillers jugeroient à propos, *nonobftantibus, &c.* Donné le 13 des kal. de fevrier, dans la troifiéme année de fon pontificat.

Cette décifion, felon toutes les aparences, ne fatisfit pas longtems le corps de la faculté, puifque nous trouvons qu'ils renouvellerent leurs plaintes au pape Alexandre VI, environ cinquante ans après, fur le prétexte (puifqu'il faut le dire) qu'il étoit rare de trouver dans le clergé de Montpellier des fujets capables de cette fonction, *cum in dicta villa, paucæ perfonæ in dignitate ecclefiæ conftitutæ jurifdictionis capaces reperiantur.* Sur cette raifon, le pape leur permit de choifir pour fubdélegué un docteur d'entr'eux ou licentié *in utroque*, un chanoine de Maguelone ou d'une autre cathédrale, quand même il n'auroit pas d'autre dignité, pourvû d'ailleurs qu'il fût idoine & d'une litterature fuffifante, auquel cas le pape veut qu'ils puiffent le préfenter aux confervateurs pour récevoir d'eux la fubdélégation qu'il exercera, dit-il, avec les mêmes pouvoirs que les confervateurs eux-mêmes, *nonobftantibus,* &c. Donné la veille des ides de juin, en la 6e année de fon pontificat, c'eft-à-dire 1498.

La connexité de ces deux faits, que j'ai crû ne devoir pas féparer, m'a empêché de marquer fuivant l'ordre des tems l'affemblée d'Orleans, convoquée en 1478 par le roy Loüis XI, durant les differens qu'il eut avec Sixte IV. La chronique fcandaleufe de fon régne parle fi avantageufement des docteurs de Montpellier qui furent apellés à cette assemblée, qu'il m'a paru ne pouvoir mieux faire que d'en raporter ici les propres termes.

« En 1478 le roy fit faire grande assemblée de prélats, gens d'église, de « grands clercs, tant des universités de Paris, Montpellier, que d'autres « lieux, pour eux s'assembler en la ville d'Orleans pour trouver moyen de « r'avoir la pragmatique, & que l'argent des vacans bénéfices ne fût plus « porté à Rome ni tiré hors de ce royaume, & pour cette cause se tint ladite « assemblée à Orleans, où présidoit pour le roy monseigneur de Beaujeu, « monseigneur le chancelier & autres du conseil du roy, lequel monsei-« gneur le chancelier dit & déclara les causes pourquoi ladite assemblée « étoit ainsi faite audit Orleans, à laquelle proposition fut répondu par « Me Jean Huë, doyen de la faculté de théologie en l'université de Paris, & « aussi y parla pour l'université de Montpellier un autre grand clerc qui « aussi parla moult bien. »

Nous ne savons pas le nom de cet habile docteur, encore moins s'il étoit de la faculté de théologie ou de celle du droit canon. Quoi qu'il en soit, la vérité de l'histoire ne me permet pas de dissimuler que depuis ce tems-là le relâchement parut s'être introduit dans nos écoles, & qu'on s'y prépara insensiblement aux erreurs & aux désordres du XVIe siécle.

Les preuves que j'en ai sont tirées des statuts faits en ce même tems par le recteur de l'université. Le premier est de 1472, où Mathieu Graverol, de la ville * de Montpellier, & recteur pour la nation des provinciaux, dit, en déplorant le passé : *In memoriam repetentes rectores olim nostræ almæ universitatis, summis præmiis summoque honore ornatos fuisse, nunc vero perpaucis, uti commodis*, &c.

PAGE 365.

Le second est de Vital Gachon, recteur pour la nation de Bourgogne, qui dit dans un réglement fait en 1485 : *Attendentes quod nonnulli scolares jurati & suppositi nostræ universitatis, tam religiosi ecclesiæ Magalonæ collegiorum sanctorum Benedicti, Germani & Rusi, quam etiam sæculares ætate ac scientia juvenes, nescientes in semitis rationis dirigere gressus suos, &c.*

Le troisiéme est de Jean Griffi, prieur de l'église collégiale de Ste. Anne, recteur pour la nation des Provençaux en 1502, qui déclare privez de leurs fonctions les officiers de l'université qui s'absenteroient au-delà d'un mois.

Enfin les choses vinrent en un état qu'il falut que les consuls de Montpellier passassent une transaction avec le corps de l'Université pour le tems & la forme de leurs leçons, moyennant deux cens livres tournois que la ville leur donneroit tous les ans. Cette transaction porte que le recteur & ses conseillers nommeront chaque année, dans l'église des saints Benoît

& Germain, quatre docteurs des deux facultés, c'est-à-dire deux du droit civil & deux du droit canon, pour enseigner personnellement, depuis la Saint-Luc jusqu'à la Saint-Jean, avec permission à eux de faire supléer par quelqu'autre depuis la Saint-Jean jusqu'à la mi-septembre.

Fait & aprouvé par Bernardin de Ranco, recteur pour la nation des Catalans. Pierre Lumbard, sacristain de Saint-Germain. Borrut, chanoine de Maguelone. Ademard Ysard, sacristain de Saint-Ruf, Jean Textoris jeune, conseillers du recteur & autres.

Quoique tous ces témoignages servent de preuve du rélachement qui s'étoit glissé dans les exercices scolastiques, il faut néanmoins avoüer que la faculté de droit n'eut gueres jamais de plus illustres ecrivains. De ce nombre est Nicolas Boëri, connu par le livre qui a pour titre *Decisiones Burdegalenses*; Pierre Rebuffi, qui est au rang des plus grands canonistes; Jean Philippy, également récommandable par ses charges, par ses écrits & par ses emplois; Etienne Ranchin, professeur en droit & son historien en quelque manière, par la vive peinture qu'il nous a laissé des troubles qui affligerent Montpellier en 1562 & qui désolerent l'université de cette ville.

« Tout y étoit dans le trouble & dans le désordre pour les disputes sur la
« réligion, & plût à Dieu (ajoûte-t-il) qu'on se fût arrêté aux seules con-
« troverses; mais les ennemis de la paix prenant occasion de ces disputes
« pour tout oser & pour tout entreprendre, susciterent le peuple, qui
« devint enfin le maître des loix. Les magistrats étoient obligés de lui
« obëir, & de récevoir chés eux les gens de guerre que le peuple leur en-
« voyoit en garnison. Ils voyoient, sans oser se plaindre, ruiner les maisons,
« les temples, les monasteres & les edifices publics, parmi lesquels nos
« ecoles qui étoient hors la ville furent entiérement détruites, & en même
« tems la tour de l'université; l'un des plus beaux ouvrages qu'il y eût
« pour la grandeur & la solidité du bâtiment, la cloche & le clocher furent
« renversés, en sorte qu'il n'y reste plus que des masures. »

Ces dernieres paroles d'Etienne Ranchin nous font voir clairement que les ecoles du droit furent jusqu'à ce tems-là hors la porte du Peirou, dans le lieu apellé la tour de l'Université ou de Ste. Eulalie, à cause du voisinage de l'église des réligieux de la Mercy, apellés communément les réligieux de Ste. Eulalie, pour les raisons que nous en avons dit ci-devant.

Il paroît par les suites de la préface de Ranchin, qui n'imprima son livre qu'en 1580 que les choses resterent par raport aux écoles dans le même état qu'il les avoit décrites pour l'année 1562, puisqu'il finit par des vœux & des prières pour le rétablissement des ecoles de droit, qui ne furent rétablies enfin que fous le regne de Henri IV. Les profeffeurs allerent pour lors faire leurs leçons prés de l'églife de Ste. Anne, où le concours des étudians ne fut pas à la vérité fi grand qu'autrefois, mais on ne laiffa point d'y remarquer des fujets qui fe rendirent très-illuftres. De ce nombre fut le célébre Nicolas-Claude Peirefc, l'un des plus beaux * génies de fon tems, qui vint étudier à Montpellier en 1602 & prendre fes grades fous Julius Pacius.

PAGE 366.
Gaffendi, *Vita Claudii Peirefc.*

Ce célébre jurifconfulte avoit été attiré d'Italie par le roy Henry IV, comme il le dit lui-même dans fon epître dédicatoire au cardinal Barberin : *Beneficio chriftianorum principum illectus, ab Italia domicilium tranftuli.* Il étoit profeffeur à Montpellier au commencement du dernier fiécle, & fit imprimer en 1606 un in-folio fur les Conftitutions imperiales, fur les Pandectes, fur le Code & fur les Décretales, qu'il dédia à Pierre de Bocaud, premier préfident en la cour des aydes. En 1631, il donna au public un gros in-12 fous le titre *Legum conciliatarum centuriæ decem,* qu'il dédia au cardinal Barberin, legat en France. Il laiffa une bibliothéque choifie qui fut augmentée par fon fils Laurens Pacius, héritier de fes biens & de fon fçavoir. Ils ont laiffé à Montpellier une pofterité qui fubfifte encore.

Nous aprenons des préfaces qui font à la tête des ouvrages de Pacius que le fiége de Montpellier en 1622 interrompit l'exercice des écoles, & que la pefte de 1629, durant laquelle les profeffeurs étoient obligez de veiller aux portes de la ville, l'empêcha de travailler à l'impreffion de fon dernier livre. On compte parmi fes collegues dans la chaire de profeffeurs Jean de Solas, confeiller au préfidial; Guillaume Ranchin, avocat général en la cour des aydes; Gafpard Perdrix & Jean André de la Croix, officiers du préfidial. La cour des comptes, aydes & finances, a vû depuis parmi fes officiers trois profeffeurs en droit, fçavoir : Pierre de Solas dans le tems de l'union de ces deux compagnies; Loüis Vignes, confeiller en cette cour & puis procureur général; enfin Philippe de Perdrix, mort en 1709.

Parmi les profeffeurs de mérite qu'il y a toûjours eu dans cette faculté, le public conferve avec plus de vénération la mémoire d'Antoine Cauffe, autant eftimable par fon fçavoir & fon élégance, que par fa modeftie & par fa piété. On difoit de lui que fi les livres des loix venaient à fe perdre, il auroit été capable de les dicter par cœur, tant il les poffedoit exactement. Sa belle latinité lui attiroit dans les actes publics grand nombre d'auditeurs, qui n'admiroient pas moins la jufteffe de fes expreffions, que la politeffe & la modeftie qui accompagnoient tous fes difcours. Ceux qui ont pris des grades fous lui dans l'efpace de trente ans qu'il a profeffé, s'aplaudiffent encore d'avoir étudié fous un fi grand maître, & ils n'ont pas oublié tout ce qu'il leur dit d'obligeant à leur réception, tant il avoit l'art de dire des choses propres à un chacun, sans aucun mélange de flaterie.

L'exacte pieté dans laquelle il vécut toute sa vie ne lui fit connoître d'autre plaisir que celui de l'étude, du culte de sa réligion & du soin de sa famille. L'aîné de ses enfans est professeur comme lui dans l'ecole du droit, & le second (qui a pris l'état ecclesiastique) est agrégé de la même faculté. Il étoit né à Meirargues, à deux lieuës de Montpellier, le 28 may 1651, & mourut regreté de tous les honnêtes gens le 20 may 1717.

Je crois ne pouvoir mieux finir l'article de cette faculté que par un abregé de la vie des grands jurisconsultes qu'elle a produit, & qui après avoir pris naissance à Montpellier ont illustré leur patrie par leurs sçavans écrits. Le premier est :

Pierre Placentin, qui est reconnu par divers auteurs pour être né à Montpellier, *in Montepessulano, ubi docuit & originem traxit* (dit Pancirole), *defunctus est*. Denis Simon, dans sa Bibliothèque des auteurs du droit, dit de lui en propres termes, qu'il est le premier qui vint enseigner en France à Montpellier, d'où il étoit. Son penchant pour l'étude des loix romaines lui fit quitter sa patrie pour aller étudier à Bologne sous Irnerius, comme nous l'aprenons de Mrs. Dupuy dans leur Catalogue de la bibliothèque de Thou. Le séjour considerable qu'il fit en Italie donna lieu à Etienne Pacquier de le confondre avec les autres docteurs qui enseignerent à Bologne. Placentin (dit-il dans ses recherches) est le premier docteur italien qui vint enseigner en France, par où il ne faut pas entendre que l'Italie lui eût donné naissance, mais seulement qu'il en étoit docteur, comme nous apellons docteurs de Paris, mille étrangers qui en reviennent après y avoir pris leurs grades.

PAGE 367.

Les seigneurs de Montpellier, qui profitoient de tout ce qui pouvoit contribuer * à l'illustration de leur ville, revirent Placentin avec joye & le protegèrent dans tout ce qui pouvoit aider l'établissement de son école ; ils l'employerent utilement dans leur conseil, & leur estime pour lui fut si constante que Guillaume, fils de Mathilde, voulut honorer de sa presence ses funerailles. Il fut enterré dans le grand cimetiere de St. Barthelemy, qui étoit hors la ville, où nos annales marquent qu'il n'y avoit aucun docteur ou écolier étranger qui, en passant à Montpellier, n'allât visiter son tombeau.

Cette marque de vénération continua jusqu'en 1562, où les troubles de la religion protestante faillirent à causer la ruine entiere de Montpellier. Le tombeau de Placentin fut renversé & enseveli sous les ruines de l'église de St. Barthelemy, où il resta caché jusqu'en 1663 qu'il fut découvert par les peres Carmes Déchauflez, qui travailloient à bâtir leur couvent dans le cimetiere de St. Barthelemy qu'on leur avoit donné : ils trouverent fur une table de marbre l'inscription fuivante, telle que Catel l'a raportée dans les mémoires du Languedoc.

PETRA PLACENTINI CORPUS TENET HIC TUMULATUM
SED PETRA QUÆ CHRISTUS EST ANIMAM TENET IN PARADISO
IN FESTO EULALIÆ VIR NOBIS TOLLITUR ISTE
ANNO MILLENO DUCENTENO MINUS OCTO.

Jacques Rebuffi, fils d'Audemar, nâquit à Montpellier vers le milieu du xive fiécle; il y enfeigna les loix durant plus de trente ans avec tant d'aplaudiffement que l'école de droit de cette ville l'a mis en quelque maniere au rang de fes fondateurs, en faifant porter fur les maffes d'argent de fes bedeaux l'éfigie dorée de Jacques Rebuffi avec celles de Placentin & d'Azo, qui deux cens ans auparavant avoient donné commencement à leur ecole.

En 1395, le roy Charles VI lui donna des lettres de nobleffe dans lefquelles il eft dit qu'il avoit déjà profeffé le droit à Montpellier depuis plus de vingt ans, qu'il avoit exercé la charge d'avocat du roy dans la fénechauffée de Beaucaire, & celle de juge du palais à Montpellier. Ce fut en cette qualité qu'il mit, à l'abfence du gouverneur, une des premieres pierres au monaftere des religieufes de St. Gilles & de Ste. Catherine, comme il eft raporté dans notre Talamus pour l'année 1388.

Il eft fait mention de lui dans la plûpart des actes importans que la ville paffa de fon tems, & on lui attribuë le bon ordre qui eft dans nos regîtres publics depuis les rois d'Arragon jufqu'à lui. J'ai remarqué ailleurs que fa mort caufa l'interruption qui fe trouve dans le petit Talamus depuis 1428 qu'elle arriva jufqu'en 1502.

Il fut enterré dans l'èglife de Maguelone, derriere la grande porte à main gauche en entrant. On y voyoit encore fon tombeau avant la derniere révolution de cette ifle. Il y étoit reprefenté à genoux devant une image de la Ste. Vierge, avec cette infcription latine.

Orate pro domino Jacobo Rebuffi, legum comite, cujus anima in Domino requiefcat, qui obiit anno ab incarnatione Domini 1428 & die 21 Martii.

Ses ouvrages font les commentaires fur les trois livres du code.

Nicolas Boëri, que quelques récens ont apellé Boyer, eft un de ceux qui ont fait le plus d'honneur à la faculté de droit de Montpellier & à cette ville dont il étoit natif.

Sa profonde érudition & sa probité, l'éleverent de la chaire du droit à la charge de conseiller d'état & à celle de président au parlement de Bourdeaux où il acquit la reputation d'un parfait magistrat.

Mr. Dalesme, conseiller en ce parlement, a écrit sa vie que l'on peut voir au commencement des œuvres de Boërius.

PAGE 368.
Il nous aprend qu'il nâquit à Montpellier environ l'an 1468, de Vincent Boëri *, du pays d'Auvergne, qui étant venu à Montpellier, s'y établit & épousa Jeanne Fournier, fille de la ville, dont il eut un grand nombre d'enfans. Nicolas fut celui qui se distingua le plus, quoiqu'il eût eu le malheur de perdre son pere à l'âge de quatre ans. Son heureux naturel lui servit de guide ; il devora les premiers élemens des belles-lettres, & s'étant adonné à l'étude du droit, il y fit de si grands progrès qu'il fut en état environ l'âge de trente ans de remplir à Bourges une chaire de professeur qu'on lui défera d'une commune voix.

A ses leçons publiques, il ajoûta divers traitez particuliers qui sont *De ordine graduum utriusque fori, De custodia civitatum, De seditiosis*, & des additions au traité de Dynus, *De regulis juris*, que Mr. Dalesme estime encore plus que le traité même.

Tous ces ouvrages lui acquirent une estime si generale que l'archevêque de Bourges, Guillaume de Cambray, lui donna sa petite niéce, nommée Marie Boursier, qu'il épousa en 1499.

Cette alliance l'attacha encore plus particuliérement au Berry, & pour se rendre plus utile à ce pays, il en redigea toutes les coûtumes & les éclaircit de si belles notes que plusieurs autres pays de coutume firent travailler à de semblables ouvrages pour l'éclaircissement de leurs loix.

Sa réputation étant allée jusqu'à la cour, le roy Loüis XII l'y attira par une charge de conseiller d'état qu'il lui donna : Boëri quitta Bourges sept ans après son mariage, & il vécut à la cour dans la même application qu'il avoit toûjours fait paroître pour l'étude & pour ses devoirs.

Environ douze ans après, le roy François premier ayant apris qu'une charge de president au parlement de Bourdeaux venoit de vacquer, il en gratifia Boëri qui vecut encore plus de vingt ans dans cette place où il se distingua par toutes les vertus d'un digne magistrat & d'un parfait chrêtien.

L'auteur de sa vie loüe beaucoup son integrité, sa modération & sa charité envers les pauvres, il fit bâtir durant sa vie à Bourdeaux l'hôpital des malades, & après sa mort il fit les pauvres ses héritiers & voulut être enterré parmi eux dans le cimetière public.

Outre les legs considerables qu'il fit aux filles de l'Annonciation et aux filles penitentes de Bourdeaux, il donna ſes livres & ſes écrits au parlement de cette ville qui fit ranger ſes livres dans une bibliothéque qu'il augmenta depuis conſiderablement; il envoya les écrits de Boëri à Lyon pour y être imprimés, dont le principal eſt ſous le titre de *Deciſiones burdegalenſes*, où dans trois cens ſoixante-ſix déciſions, il traite avec beaucoup d'érudition & de méthode les points du droit qui ſont en uſage. L'impreſſion la plus ancienne que j'en ay vûë fut faite à Francfort en 1574, & depuis on les a réimprimées à Cologne en 1614, avec pluſieurs autres traités particuliers, comme : *De ſtatu & vita heremitica, De ſeditioſis, De cuſtodia clavium portarum civitatis, & additionibus in tractatum Joannis Montani de authoritate magni conſilii*.

Il mourut en 1539, aprés avoir nommé pour exécuteur de ſon teſtament Mr. d'Aigremont, archevêque de Bourdeaux, avec pluſieurs officiers de ce parlement.

L'auteur de ſa vie, qui eſt écrite en latin, finit par ces mots : *Gratulemur Boërium Montipeſſulano dulciſſimæ patriæ, gratulemur Biturigibus, gratulemur Aulicis, gratulemur ſenatui Burdigalenſi, gratulemur univerſæ Gallorum reipublicæ, hominem doctum pium, &, ut tandem finiam, virum omnibus numeris abſolutiſſimum.*

Pierre Rebuffi, arriére-petit-neveu de Jacques, ne ſe rendit pas moins recommandable que ſon grand-oncle dans toutes les fonctions de juriſconſulte qu'il exerça & par les ſçavans traitez qu'il nous a laiſſez.

Il nâquit en 1500 à Baillargues, à deux lieuës de Montpellier, dans une maiſon qui étoit dépuis longtemps à ſa famille, & qu'elle conſerve encore de nos jours. Son pere étoit Jean Rebuffi & ſa mere Magdeleine Declary. Aprés avoir fait à Montpellier ſes premiéres études & donné de lui de grandes eſperances, il fut recherché par les univerſitez du royaume les plus célébres pour le droit. De Touloufe où il fut apellé, il alla à Cahors, où il enſeigna durant cinq ans; de * Cahors à Bourges, où il eut pour collegue le fameux André Alciat, que les liberalitez du roy François I avoient attiré d'Italie; de Bourges, il fut apellé à Paris par ce même prince pour y enſeigner le droit canon; c'eſt là qu'il acheva ſon *Praxis beneficiorum*, qui eſt entre les mains de tout le monde, & où il explique avec beaucoup de méthode les diſpoſitions qu'il faut avoir pour parvenir aux bénéfices, ce qu'il faut faire pour les conſerver & la maniére dant on peut les perdre.

Page 369.

En 1537, il fit ſon traité ſur la fameuſe bulle *in cœna Domini*, de Paul III, qu'il dédia au même pape.

En 1539, il préſenta au roy François I ſon travail ſur le concordat entre Leon X & ce prince.

En 1540, il publia ses annotations sur les régles de la chancellerie.

Par tous ces differens traitez, ausquels les canonistes ont encore recours dans les questions les plus difficiles, on peut aisément juger qu'il mérita beaucoup du pape, du roy & du clergé : aussi en reçut-il souvent des offres très-avantageuses ; mais, content du plaisir que les sçavans trouvent dans l'étude & dans la satisfaction d'être utiles au public, il se borna aux fonctions de professeur & d'avocat qu'il exerça à Paris, où il plaida & consulta jusqu'à sa mort.

On peut voir une partie des circonstances que je viens de raporter dans une epître de François Floret qui est au commencement du traité de Rebuffi sur le concordat & qui font voir l'estime générale où il étoit.

Je sçai que dans les dialogues des avocats, que l'on trouve dans les opuscules de Loysel, il n'est pas parlé de Pierre Rebuffi comme d'un homme fort employé pour la plaidoirie, mais dans cette même piéce (qui est une espéce de satyre) l'auteur ne peut s'empêcher de lui donner des loüanges pour son travail sur le droit canon ; voici ses propres paroles :

Maintenant la science du droit canon est quasi éteinte au palais, & n'y a gueres qu'au grand conseil qu'on s'y étudie, & n'eût été que maître Pierre Rebuffe en a écrit plusieurs traitez, qui sont encore plus estimez en Italie qu'en France, la science en seroit quasi perduë, qui est cause qu'il ne doit être oublié entre nos avocats.

Il mourut à Paris d'une fiévre quarte en 1557 & laissa héritier de tous ses biens Audemar Rebuffi, son neveu, qui prit soin de la révision des ouvrages de son oncle, & à qui nous devons les collections des édits & ordonnances de nos rois depuis St. Loüis en 1226 jusqu'en 1559 qu'elle fut imprimée à Lyon.

Il fit ensuite imprimer des commentaires que son oncle avoit écrit en latin sur ces mêmes ordonnances, qui ont pour titre : *Commentaria in constitutiones seu ordinationes regias auth. D. Petro Rebuffo, Montepessulano jurium doct. ac comite juris pontificii ord. prof. parisi. & ibidem in supremo senatu causarum patrono, cura & diligentia D. Audomari Rebuffi, jurium doct. ejus. nepotis. Lugd. sub scuto veneto 1599, in-folio.*

Etienne Ranchin, originaire d'Uzés, nâquit au commencement du xvie siécle. Son mérite lui ayant fait obtenir une charge de professeur en droit, il attira à Montpellier Jean de Ranchin, son frere, grand-vicaire & official d'Uzés, qui fut conseiller en la cour des aydes en 1558. Etienne lui succeda dans cette charge en 1561, & il établit en cette ville une famille nombreuse qui a produit quantité de sujets distinguez dans la robe, dans l'église, dans la médecine & dans les belles-lettres.

Il fit des notes sur les décisions de Guy Pape, qui se trouvent imprimées dans l'édition de Lyon en 1577 ; mais son principal ouvrage est celui qui a pour titre : *Miscellanea decisionum juris tam civilis quam canonici ex magis approbatis & receptis authoribus.*

C'est un sommaire des régles les plus certaines & les plus usitées du droit, où, sans proposer des espéces, comme plusieurs avoient fait avant lui, il se contente, pour rendre son ouvrage plus court, d'indiquer les auteurs qui appuyent ses décisions.

Cet ouvrage in-folio fut imprimé à Lyon en 1580 & dédié à Pierre de Panisla, son bon ami, premier président en la souveraine cour des generaux; c'est le nom qu'on donnoit alors à la cour des aydes.

* Il le composa, comme il le marque lui-même dans la préface de ce livre, durant les premiers troubles de réligion, en 1562. L'interruption des écoles publiques lui en donna le loisir, & la résolution qu'il prit de ne pas quitter la ville dans ce tems orageux le rendit témoin oculaire des désordres qui se passerent à Montpellier, dont il nous a laissé un portrait racourci.

PAGE 370.

Il y déplore le prétexte de réligion dont plusieurs se servoient pour renverser tout : la necessité où les mal intentionnez se trouvoient d'émouvoir le peuple pour en être soûtenus; l'abus que le peuple faisoit du pouvoir qu'on lui avoit laissé prendre, & il finit par cette belle réflexion : « Que si le « peuple dans son état ordinaire sert patiemment, il commande avec un « empire insuportable lorsqu'il est le maître. »

Nous aprenons dans la préface de ce même livre l'obligation que le peuple imposoit à toutes les maisons considérables de loger & de nourrir une troupe de soldats; le renversement que l'on fit de tous les édifices publics qui étoient hors la ville, & particuliérement des écoles du droit & de la tour de l'Université qu'il apelle *opus certe magni laboris & artificii, affabre ædificatum.*

Ce livre a été traduit en françois & imprimé à Geneve en 1709 avec ce titre : Les décisions d'Etienne Ranchin, rangées par ordre alphabétique, avec des annotations par raport aux constitutions de Loüis le Grand, par Philippe Bornier, natif de Montpellier, réfugié en Brandebourg. Mais il est à observer que la préface d'Etienne Ranchin, dont j'ai parlé ci-dessus, a été suprimée dans cette nouvelle édition.

Il eut un frere nommé Jean Ranchin, seigneur de Savillac, dont il fait mention dans son épître dédicatoire à Robert de Girard, evêque d'Uzès, qui est à la tête d'un autre de ses livres, sur le chapitre *Rainetius extra de testamentis.*

C'est une continuation du traité que Benedicti ou Benoît, jurisconsulte & conseiller au parlement de Toulouse, avoit commencé sur le chapitre du sexte, mais qu'il avoit laissé imparfait. Etienne Ranchin en a fait la troisiéme partie que Mr. Benoît n'avoit pû achever, & le tout fut imprimé à Lyon en 1582.

Il laissa un autre frere nommé Guillaume, dont nous parlerons plus bas.

Jean Philippy, président en la cour des aydes de Montpellier & intendant de Languedoc sous le connétable Henry de Montmorency, nâquit à Montpellier en 1518, & eut pour pere Eustache Philippy, conseiller en la même cour.

Il s'est rendu recommandable par deux livres également utiles aux jurisconsultes & aux officiers des cours des aydes, qui furent imprimez pour la premiére fois sous le regne de François II.

Le premier a pour titre *Joannis Philippy responsa juris*, qui contient les décisions qu'il avoit données sur presque toutes les matiéres du droit dans les differentes charges qu'il eut à exercer. Ce livre, qui est un in-folio de trois cens pages en deux colonnes, fut imprimé pour la seconde fois à Montpellier en 1603, son auteur étant âgé de quatre-vingt-cinq ans.

Le second, qui est de la même grandeur, a pour titre: Edits & ordonnances de nos rois concernant l'autorité & jurisdiction des cours des aydes de France, sous le nom de celle de Montpellier; où l'on peut voir l'histoire des cours des aydes du royaume par les edits & les ordonnances que Philippy raporte selon l'ordre des tems, & qu'il a éclairci par des sçavantes notes; mais ce qui réleve le prix de son livre est une préface latine qui a pour titre: *Priscorum nostrorumque munerum summa*, où il parle de toutes les impositions établies autrefois par les anciens, d'où les nôtres ont pû prendre leur origine. Cette préface, qui n'a gueres plus qu'une quarantaine de pages in-folio, vaut un livre entier par l'érudition exacte qui y est employée par le discernement & la clarté qui y regne par tout.

La premiere édition en fut faite par le privilege du roy François II, qui mourut en 1560, & elle fut si recherchée qu'il ne s'en trouvoit plus d'exemplaires en 1596, comme porte le privilege du roy Henry IV. L'auteur le fit imprimer à Montpellier l'année suivante, & y ajoûta un traité qui a pour titre: Arrêts de consequence de la cour des aydes de Montpellier, où l'on voit la jurisprudence de cette cour sur le fait des tailles, des gabeles, de l'équivalent des décimes & autres impositions, dont le jugement est attribué à cette cour.

*Il dédia ses *Responsa juris* à la cour des aydes & à la ville de Montpellier; fes édits à Guillaume Peliffier, fecond du nom, evêque de cette ville, grand homme de lettres & fon bon ami; fes arrêts au connétable Henry de Montmorency, auprès duquel il avoit exercé la charge d'intendant de juftice dans tout le Languedoc en 1577 par ordre du roy Henry III & continué quelques autres années.

Je fais mention de fes epitres dédicatoires, parce que j'y ai trouvé les particularitez que je marque fur fa perfonne & fur fes ouvrages; je crois même pouvoir inferer dans cet article l'épitaphe du connêtable Anne de Montmorency qu'il raporte dans fon épitre au connêtable Henry, où en peu de mots l'on voit l'âge, les combats & les bleffures d'Anne de Montmorency, fon pere, tué à la bataille de Saint-Denis.

Octo qui decies annos peregit,

Octo qui prælia & cruenta geffit,

Octo vulneribus jacet peremptus.

Je n'ai pû découvrir l'année où mourut Jean Philippy, mais par la conclufion qu'il met lui-même à la feconde édition de fes réponfes fur le droit, on aprend qu'il a vêcu au moins jufqu'à quatre-vingt-cinq ans, qu'il a fervi cinq de nos rois durant cinquante-quatre, & vêcu avec fa femme, dont il ne marque point le nom, durant cinquante-trois ans.

Opufculum hoc refponforum, dit-il lui-même, *abfolvi mihi dedit Deus opt. max. anno falutis* 1602 *ætatis meæ ejufdem Dei beneficio anno* 85 *& obfequii quinque noftrorum regum chriftianiff. anno* 54.

Les cinq rois dont il parle font Henry II, François II, Charles IX, Henry III & Henry IV. Le tems qu'il a vêcu avec fa femme eft marqué autour de fon portrait, qui eft au commencement du même livre : *Connubii conjugalis anno* 53, & dans l'endroit de la préface où il nous aprend le nom de fon pere, il marque auffi celui de fon frere Guillaume Philippy, qui fut procureur général de la cour des Aydes.

Il ne laiffa qu'un fils apellé Loüis Philippy de Bucelli, qui lui fucceda en la charge de préfident, & qui ayant toûjours vêcu dans le célibat, parvint à une grande vieilleffe, & avec lui finit en 1635 la famille des Philippy qui avoit donné quatre officiers à la cour des aydes de Montpellier. Leur mérite fit dire à un poëte de ce tems-là :

Define, Roma, tuos deinceps jactare Philippos,

Urbs mage clarentes Monfpelienfis habet.

Antoine Uzillis, étant profeffeur ès loix à Montpellier, fut nommé par le roy Henry II pour remplir une des charges de confeiller au préfidial qu'il venoit de créer en cette ville par fon édit de 1552. Uzillis, pour faire mieux connoître l'efprit de cette création, fit imprimer à Lyon, en 1566, un petit livre qui a pour titre: *Conftitutionis ad curiarum præfidialium authoritatem pertinentis brevis & lucida expofitio.*

Peu de tems après il publia des commentaires fur le livre *De actionibus* 4ᵉ *libr. Inftitut.*

Son mérite diftingué lui attira l'eftime & l'amitié de Guittard de Ratte, evêque de Montpellier, qui lui donna fa fœur Antoinette de Ratte, de laquelle il eut Etienne Uzillis, qui fut fon fucceffeur en la charge de confeiller au préfidial & mourut confeiller en la chambre de l'édit à Caftres.

Jean, fon cadet, lui fucceda en celle de profeffeur, & laiffa un fils nommé auffi Jean, qui mourut doyen des avocats de Montpellier en 1679.

Guillaume Ranchin, profeffeur en droit de l'univerfité de Montpellier, fit imprimer en 1594 un traité fur les fucceffions *ab inteftat*, qui a pour titre*: *Guillelmi Ranchini in Monfpelienfi fchola anteceffioris tractatus de fucceffionibus ab inteftato,* où il concilie fur cette matiere le droit françois avec le droit romain. L'exemplaire que j'en ai vû eft un in-12 de l'imprimerie de Hugues la Porte, à Lyon: il eft dédié à Pierre de Rofel, ancien juge-mage de Nîmes & premier préfident en la cour des aydes de Languedoc, dans le tems de cette édition, c'eft-à-dire en 1594.

Antoine Defpeiffes, que plufieurs perfonnes de Montpellier fe fouviennent d'avoir vû, s'eft rendu récommandable dans le xvIIᵉ fiécle par un grand ouvrage in-folio où toutes les plus importantes matieres du droit romain font méthodiquement expliquées & accommodées au droit françois.

Il y raporte les arrêts des cours fouveraines avec les fentimens des auteurs anciens & modernes qui autorifent fes décifions, & pour le rendre plus à portée de tout le monde, il l'a écrit en françois, ce qui n'a pas peu contribué à rendre fon livre d'un trés-grand ufage dans tout le royaume.

Il traite d'abord de toute forte de contrats comme achat, loüage, fociété, mandemens, prêts, dépôt, commodat, précaire, gages, échange, donation, dot, mariage, tuteurs & curateurs.

Enfuite de ce qu'il apelle accidens des contrats, fçavoir des fervitudes, cautions, hypotéques, & de la conjonction des contractans.

La maniere d'executer ceux qui refufent de fatisfaire à leur contrat fait le fujet du fecond tome avec les moyens par lefquels les obligations des contractans prennent fin.

II. Partie. Livre douzième. 561

Le troisiéme tome comprend la pratique civile & criminelle avec un traité des droits feigneuriaux, dans un fort grand détail.

Enfin, on voit dans le quatriéme la matiere des tailles & de toute forte d'impofitions, traitée à fonds, & enfuite les matiéres bénéficiales.

Il eft facile à comprendre que dans cette diftribution de fon ouvrage, il a renfermé toutes les matiéres du droit dans un ordre très-méthodique ; & ce qui en fait un éloge, qui certainement n'eft pas équivoque, c'eft le grand ufage qu'on fait de fes écrits, non-feulement dans le royaume, mais encore dans les pays étrangers, depuis qu'après fa mort ils ont été traduits en latin.

J'ai tiré les principales circonftances que j'ai à raporter de fa vie de l'épitre dedicatoire à feu Mr. de Fieubet, premier préfident au parlement de Toulouse que les Haguetans de Lyon ont mis à la tête de fon ouvrage, qu'ils ont imprimé diverfes fois. Ils nous aprennent que feu noble Antoine Defpeiffes, « ancien & fameux avocat de Montpellier, avoit paffé les premieres
« années de fa profeffion au parlement de Paris où il forma une fi étroite
« liaifon d'étude avec noble Jean de Bouques, fon compatriote, qu'ils pri-
« rent la refolution d'écrire conjointement & à communes veilles fur
« toutes les matieres du droit civil.

« Leur coup d'effai fur le Traité des fucceffions, imprimé à Paris en 1623
« & dédié au fils de Mr. le chancelier de Sillery, qui les honora depuis de
« fa protection & de fes bons avis pour la continuation de leur travail.

« Defpeiffes ayant perdu fon ami & fon cher compagnon d'étude, fe
« trouva chargé lui feul de tout le poids de l'ouvrage, auquel il travailla
« conftamment durant quarante ans, après avoir pris la refolution de
« quitter le barreau par une occafion affez divertiffante. »

Je la tiens d'un homme de grande probité & qui avoit la confiance de toute fa famille. On raconte que Mr. Defpeiffes, plaidant un jour, & faifant de grandes difgreffions, felon l'ufage de fon tems, vint à parler de l'Ethiopie & en parla long tems. Le procureur, qui l'écoutoit derriere lui, & qui s'ennuyoit fans doute, dit à fes voifins, fans croire être entendu de l'avocat : ah! le voilà dans l'Ethiopie, il n'en fortira jamais. Ces paroles entenduës de Defpeiffes le troublerent fi fort qu'il ne put plus fe remettre, de forte que pliant fa robe & prenant fon procés fous le bras (car il étoit fort vif), il fortit à la hâte du barreau, où il ne voulut plus monter dépuis, & il fe borna à donner chez lui confeil aux parties & à travailler à perfectionner fon grand ouvrage.

*Il donne, dans fon avertiffement au lecteur, les raifons qui le détermi- PAGE 373.
nérent à le compofer en françois, quoiqu'il y promette de le traduire un jour

en latin en faveur des étrangers, mais il en fut empêché par la mort, qui l'enleva d'une manière affez rémarquable, « car à la même heure que fon « imprimeur Haguetan étoit en traité avec lui pour mettre fes manufcrits « fous la preffe, comme il paffoit de fon étude en fa chamb.e avec une « gayeté extraordinaire, il tomba inopinément en une foibleffe agonifante, « de forte que dans peu d'heures, après avoir recommandé fon ame à Dieu « & fon livre à fes amis, il expira auffi tranquile & content (ajoûte Hague-« tan) que feroit une bonne mere, qui après une penible groffeffe & un « douteux accouchement, mourroit toute confolée quand on lui diroit « votre fils vivra. »

Il mourut âgé de 64 ans, dans fa maifon de l'Aiguillerie qui fait coin avec celle de Mr. de Guilleminet. Denis Simon, dans fa Bibliothèque des auteurs du droit, dit que ce fut en 1658, d'où l'on peut déterminer fa naiffance en 1594. Il étoit de la réligion proteftante, & il ne laiffa de fon époufe, Sufanne de Plantavit, qu'une feule fille, qui fut mariée à Mr. de Maffanes, confeiller en la cour des aydes, pere de celui d'aujourd'hui ; mais étant morte fans enfans, fon bien retourna à fa mere, qui eut pour héritieres mademoifelle de St. André & madame de Cadoüanne, mere de Mrs. de Juges, confeillers au parlement.

Boniface, jurifconfulte provençal, parle peu avantageufement des écrits de Defpeiffes, prétendant qu'il n'a fait qu'un foible recuëil de ce qu'il a trouvé dans les autres, & qu'il ne touche les matiéres que fort legerement ; cependant le même Boniface cite fouvent Defpeiffes, & fon propre ouvrage, au jugement des connoiffeurs, ne vaut pas de beaucoup celui qu'il voudroit déprier : on voit affez que l'envie, quelquefois trop ordinaire entre les auteurs, pourroit bien l'avoir fait parler de la forte, mais le public n'eft pas obligé de l'en croire fur fa fimple parole.

Philippe Bornier, auteur du livre qui a pour titre : Conferences des nouvelles ordonnances du roy Loüis XIV, étoit petit-neveu de Philippe de Bornier, confeiller en la chambre des comptes en 1600, & préfident en 1617. Son pere qui portoit auffi le nom de Philippe, fut lieutenant particulier en la fénêchauffée, gouvernement & fiége préfidial de Montpellier. Il lui fucceda dans cette charge qu'il tranfmit à Jacob, fon fils, aujourd'hui juge-mage.

La fcience des loix, qui étoit comme héréditaire dans leur famille, porta l'auteur des conférences à faire voir la conformité qu'il y avoit entre les ordonnances de Loüis XIV & celles des rois, fes prédeceffeurs, & avec le droit romain. Le grand nombre d'éditions qu'on a fait de fon ouvrage en fait un éloge qui ne peut être douteux, puifqu'il n'eft guéres d'avocats qui puissent s'en passer pour résoudre les difficultez qui se présentent pour l'execution des ordonnances.

Son ouvrage est en deux tomes in-4°. Le premier qui contient les matiéres civiles est dédié à M. de Châteauneuf, sécretaire d'état pour la province du Languedoc. Le second, sur les matiéres criminelles, est dedié au fameux M. Pussort, qui avoit dressé les ordonnances de Loüis XIV. Bornier lui dit avec autant d'esprit que de modestie, que si les observations qu'il lui présente ne marquent pas la moindre partie des beautez qu'on pourroit découvrir dans l'ordonnance, elles ont quelque chose de semblable au sablon doré, qui n'ayant que la couleur de l'or, ne laisse pas de marquer la richesse des mines où il prend sa teinture.

La connoissance qu'on avoit à la cour de sa grande capacité pour les affaires le fit choisir pour commissaire du roy dans les sinodes que ceux de la religion eurent permission de tenir jusqu'à la révocation de l'édit de Nantes. Il le fut aussi dans la recherche des nobles, faite en 1668, &, deux ans après, à l'occasion des troubles du Vivarez. Enfin le roy, pour reconnoître ses services, lui fit expedier un brevet de conseiller d'état.

Raymond Martin, jeune avocat de Montpellier, laissa, en mourant à la fleur de son âge, un Traité du domicile, par raport au privilége d'arrêt accordé aux habitans de Montpellier, dans lequel il établit avec beaucoup d'ordre & de clarté les principes sur ce qui doit véritablement constituer le domicile, & il explique l'étenduë & les restrictions que doit avoir le privilege d'arrêt, imprimé chez Jean Martel en 1728.

CHAPITRE TROISIÉME.

PAGE 374.

DE LA FACULTÉ DES ARTS.

L'HISTOIRE des poëtes provençaux, écrite par le moine de l'isle d'Hieres, & par celui de St. Cesaire d'Arles, fait mention de quelques poëtes de Montpellier, qui cultivoient les belles-lettres dans le XIIe siécle.

Jean Nostradamus, qui a continué leur histoire, parle de quelques autres poëtes de la même ville. Ainsi il n'est point douteux que, tandis que la médecine & la science du droit fleurissoient à Montpellier, les beaux arts y fleurissoient aussi, puisqu'ils doivent servir d'entrée à toutes les autres sciences. Nous en avons une preuve encore plus positive, tirée des réglemens faits en 1242 par Jean de Montlaur, evêque de Maguelone, qui fupofent qu'il y avoit à Montpellier longtems avant lui une école toute formée de regens & d'écoliers : l'adreffe de fon mandement en eft une efpéce de démonftration. *Dilectis filiis magiftris & fcolaribus in grammatica & logica apud Montempeffulanum & Montempeffulanulum ftudentibus*. Gariel raporte ce mandement tout au long, mais je me contenterai d'en donner ici le précis.

Il régle d'abord que fa préfente conftitution fervira pour lui & pour fes fucceffeurs à perpetuité : *Per nos & per fucceffores noftros conftitutione perpetua ordinamus*.

« 1º Que perfonne n'enfeignera fans avoir été examiné par l'evêque ou
« par fes députez ; les feuls maîtres de Paris étant exemts de cet examen,
« mais non pas de l'aprobation.

« 2º Après avoir fubi l'examen, on jurera foy & obéïffance à l'evêque &
« à la cour de Monpelieret.

« 3º Chaque nouveau maître commencera fes leçons dans l'églife de
« Ste. Foy, à Montpelieret, ou bien dans quelqu'autre des lieux où l'école
« eft generale.

« 4º Les anciens maîtres qui feront invitez aux premiéres leçons des
« commençans feront tenus de s'y trouver.

« 5º Aucun ne recevra les écoliers d'un autre fur aucun prétexte.

« 6º Les ecoles feront fermées les jours de fête.

« 7º Les maîtres & les ecoliers affifteront à l'enterrement de ceux de
« leur corps.

« 8º Ils feront tenus de fe rendre à Maguelone lorfque l'evêque ou fon
« official les y appelleront pour prendre leur confeil.

« 9º Par quelque motif que ce foit, nul ne fuplantera fon confrere dans
« le loyer de la maifon qu'il aura pris ou qu'il voudra prendre.

« 10º Les maîtres ou écoliers qui auront des bénéfices ou qui feront
« dans les ordres facrez porteront l'habit clerical, & les réguliers celui de
« leur profeffion.

« 11º Ils doivent tous aider de leur confeil leurs confrères lorfqu'ils
« auront à plaider contre quelqu'un qui ne fera pas de leur corps.

« 12º Les rangs & les honneurs feront réglez par l'ancienneté.

« 13º Le doyen fera avertir des jours feriez.

« 14º On lira le préfent règlement à l'ouverture des écoles, & on en
« jurera l'obfervation ; il ajoûte, *ad cautelam*, que le bailly de Montpelieret,
« l'official de l'evêque & le recteur de l'Univerfité en auront chacun une
« copie qu'ils prêteront fans difficulté à qui les demandera, & qui leur
« feront renduës fans retardement.

« Il attache la peine d'excommunication aux infracteurs de ce réglement, « & il donne sa bénédiction à ceux qui les obferveront.

« Signé en plomb à Montpellier, dans la fale de l'evêque, fous la chapelle, « l'an 1242, & le 27 de mars, en préfence de maître Vincent Villas, doyen, « maître Germain, recteur de l'Univerfité, & maître Dieu-Donné de Pratis, « Berenger Arnaudi, & maître Bernard du Fefc, notaire, qui a écrit le pré- « fent acte. »

PAGE 375.

On peut apercevoir dans ces réglemens beaucoup de conformité avec ceux que le cardinal Conrad fit 50 ans après pour l'école de médecine, & il eft à croire que le cardinal voulut faire ufage pour la médecine du bon ordre qu'il trouvoit déjà établi pour l'école des arts; mais il eft à obferver que l'evêque fait mention de Montpelieret, qui lui apartenoit alors, & que ce ne fut pas fans deffein qu'il affigna pour les premières leçons l'églife de Ste-Foy, qui étoit fituée dans la partie epifcopale.

Les arts furent compris dans l'érection que le pape Nicolas IV fit, fur la fin de ce même fiécle, des écoles de Montpellier en univerfité. Alors les rois de Mayorque, voulant attirer cette etude dans la partie de Montpellier qui leur apartenoit, firent bâtir dans la rue de la Blanquerie l'Ecole-Mage, qui conferva ce nom jufqu'aux commencemens des troubles de la religion. Elle étoit fituée dans le même lieu où eft aujourd'hui l'hôpital St. Eloy, & les grandes fenêtres à la gothique qui reftent encore fur la façade ne laiffent aucun doute fur l'ancienneté de fon bâtiment.

C'eft là que des maîtres, gagez par la ville, enfeignerent à la jeuneffe les premiers élemens des fciences jufqu'en 1562, qui fut le tems où les novateurs commencerent de paroître à Montpellier. Ils fe faifirent de l'Ecole-Mage, d'où ils partirent, comme nous l'avons vû, pour s'emparer de l'églife de St. Mathieu, qui n'en eft pas fort éloignée.

Les troubles, qui commencerent dès lors à Montpellier, firent ceffer l'étude des belles-lettres, en forte que, l'Ecole-Mage étant devenuë inutile, nos confuls y transfererent l'hôpital St. Eloy, qui étoit originairement dans le faubourg de Lates.

Ce ne fut qu'en 1596 qu'ils refolurent de rétablir le collége des arts. Ils s'adrefferent pour cet effet au roy Henry IV, qui leur permit, par fes lettres-patentes du 9 juillet, de rétablir le « collége qui jadis fouloit eftre dans cette ville pour l'inftruction de la jeuneffe ».

Alors ils acheterent les maifons que nous avons vû autrefois dans le lieu où eft à préfent la nouvelle églife des jéfuites, où ils établirent un principal, un profeffeur de rhétorique, & des regens fubalternes, tous choifis de la religion proteftante, qui refterent en poffeffion de ce collége jufqu'après le fiége de Montpellier par Loüis XIII.

Dans cet intervale, ils recoururent au roy Henry IV pour éviter de s'adreffer à l'evêque de Maguelone dans la collation du grade de maître-ès-arts : ils lui reprefenterent que les regens & ceux de ce college, aufquels (difoient-ils) il apartient de conferer le degré de maître és-arts, n'avoient ofé l'entreprendre, parce qu'on avoit oublié, par inadvertance, d'en faire mention dans les lettres-patentes de 1595. Sur quoi Henry IV, pour ménager les conjonctures délicates où étoient alors les affaires, donna de nouvelles lettres en 1607 par lefquelles il permit au principal & autres ayant charge audit collége de conferer la maîtrife ès-arts, fans aller recourir ailleurs. « Et fur ce (ajoûte le roy), impofons filence à nôtre procureur general, & interdifons à nôtre cour de parlement de Touloufe d'en prendre connoiffance, laquelle nous refervons à nôtre confeil privé. »

On vécut fous cette derniere loy jufqu'en 1629, qui fut l'année où l'on ôta aux proteftans la direction de ce collége, qui fut donnée aux R. PP. jéfuites. Dès lors les evêques de Montpellier rentrerent dans leur ancien droit de conferer le grade de maître ès-arts, qu'ils donnent fur le témoignage des deux profeffeurs de philofophie, & après un acte public.

Il eft tems que je faffe connoître les auteurs anciens & modernes qui fe font diftinguez à Montpellier par leurs écrits fur les belles-lettres. Le plus ancien eft :

Bernard de Treviez, dit en latin *Bernardus de Tribufviis*, qui vivoit dans le XIIe fiécle. Il eft l'auteur des vers leonins qui font raportés dans Verdale fur les anciens evéques de Maguelone. Il fit auffi les quatre vers qui reftent encore fur la porte de cette église, au bas defquels on voit le nom de Bernard de Treviez, marqué de la forte : *B. de III Viis* d'où, en ôtant les ponctuations & en changeant quelques lettres, ceux qui ont fourni des mémoires à Felibien fur la vie des plus célèbres architectes ont formé le nom de Boiiliviis qu'ils ont donné à un prétendu architecte.

Ce même poëte, pour célébrer les grandes largeffes que Pierre, comte de Melguëil, avoit faites à l'églife de Maguelone, fit un poëme à fon honneur, dont le fameux Rabelais prit occafion, dans le tems qu'il réfidoit à Montpellier, de forger, pour l'amufement du peuple, le roman de Pierre de Provence & de la belle Maguelone, où il femble avoir affecté des anacronifmes continuels, qui ont été relevez par Catel dans fon Hiftoire fabuleufe du Languedoc.

David Daniel, felon Noftradamus dans la Vie des poëtes provençaux, étoit natif de Montpellier, quoique les habitans de Beaucaire & de Tarascon veüillent s'en faire honneur. Il écrivit plufieurs comedies & tragedies dans le goût de fon tems, & il dédia en 1189, au roy Philippe-Augufte, un grand poëme fur des fujets de morale.

On ne trouve point (ajoûte Noftradamus) aucun poëte provençal qui ait écrit plus doctement que lui: Petrarque même l'a imité en plufieurs endroits, & s'eft fervi avantageufement de fes inventions poëtiques.

Urfine des Urcieres, de la ville de Montpellier, eft nommée par Noftradamus entre les dames qui tenoient, fuivant le goût de fon tems, la fouveraine cour qui décidoit des points de galanterie propofés par les poëtes : il parle auffi d'une autre dame de Montpellier nommée Rixinde ou Richilde, de la maifon de Montauban, pour laquelle Roolet de Graffin, célèbre poëte, prit une fi grande paffion que, n'ayant pû rien obtenir d'elle, il abandonna le monde & fe rétira par défefpoir dans un monaftere d'Avignon le plus aufteres qu'il put trouver. Il vivoit en 1229.

Guillaume Durand, dans le XIIIᵉ fiécle, étoit natif de Montpellier, felon le moine des ifles d'Hieres & celui de St. Cefaire, d'Arles. Ils parlent de lui comme d'un grand jurifconfulte & d'un habile poëte.

« Il vécut, difent-ils, en continuelle fobriété, qu'étoit un fingulier moyen pour la confirmation de fa memoire que chacun admiroit; car quand il lifoit quelque beau livre en roman, fût-il en profe ou en rime, il le récitoit incontinent mot à mot. »

La fin de ce poëte a quelque chofe d'approchant de celle d'Abailar & d'Eloïfe, car on raconte qu'ayant réfolu, fuivant la mode des poëtes de fon tems, de fervir une dame de la maifon de Balbe en Provence, il prit une paffion fi forte que fa dame étant tombée malade, & le bruit s'étant répandu qu'elle étoit morte, Durand en mourut lui-même de douleur ; cependant la malade ayant récouvré fa fanté & apris qu'elle étoit caufe de la mort de fon amant, elle en fut fi touchée qu'elle fe retira dans un couvent où elle mourut réligieufe à l'âge de foixante ans. On marque la mort de Guillaume Durand en 1207.

Noftradamus fait mention, pour le XIVᵉ fiécle, d'une dame de Montpellier de la maifon d'Andréa, pour laquelle Pierre Bonifaciis, gentilhomme de Provence, fit plufieurs poëfies qu'il raporte, mêlées de langage du païs & de catalan.

Jacques de Montagne, préfident en la cour des aydes de Montpellier, compofa la Vie de Marie Stuart, reine d'Ecoffe, enfemble l'Hiftoire des chofes mémorables & rémarquables en l'Europe depuis 1557 jufqu'en 1598.

Il eft fait mention de ce dernier ouvrage dans les provifions des differens offices qu'il obtint pendant fa vie.

En 1555, il quitta la charge de procureur du roy en la ville du Puy & baillage du Velay, pour être avocat general en la cour des aydes de Montpellier.

En 1570, il permuta ce dernier office contre celui de juge criminel qu'avoit Alexandre Barenton.

En 1576, il fit enregîtrer en la chambre des comptes les lettres d'anobliſſement qu'il avoit obtenu du roy Henry III, où il eſt qualifié préſident, garde-ſceau à la cour des aydes, maître des requêtes ordinaire de la reine-mere & du duc d'Alençon, frere du roy.

Il réſigna ſon office de préſident à ſon fils Henry, qui ne put y être reçu. Son ſecond* fils, Jacques de Montagne, a laiſſé une poſterité qui exerça de pere en fils, depuis plus de ſoixante ans, la charge de lieutenant principal.

Jacques de Rochemore, dont la famille a donné pluſieurs officiers à la cour des aydes, fit imprimer en 1557 une traduction de Guevarra.

Pierre d'Ampmartin, conſeiller du roy & gouverneur de Montpellier, fit imprimer en 1599 un in-4° qui a pour titre : « La vie de cinquante perſonnes illuſtres, avec l'entre-deux des tems. »

Son premier tome, qui eſt diviſé en cinq livres, contient la vie des empereurs Auguſte, Tibere, Veſpaſien, Nerva & des Antonins, qu'il a écrit dans le goût de Plutarque, en entrant comme lui dans la vie privée de ces princes ; & pour lier leur hiſtoire, il marque les grands évenémens arrivés dans l'intervalle d'un regne à l'autre, ce qu'il apelle l'entre-deux des tems.

Il préparoit au public neuf autres tomes qui auroient contenu chacun la vie de cinq hommes illuſtres, choiſis dans tous les états de l'Europe pour ſervir d'exemple au prince à qui il cherchoit d'être utile, mais la mort, qui le prévint, arrêta l'impreſſion du reſte de ſon ouvrage.

Il dédia ſon premier livre au roy Henry IV, à qui il dit : « Je ferai voir un jour, Dieu aidant, les merveilleuſes particularitez de vôtre regne, par le recit des choſes où j'ai eu quelque part, ayant commencé, il y a trente ans, par le voyage que je fis en Angleterre, ſous le commandement de la reine, votre mere, & depuis ſous vos yeux, ayant eu l'honneur d'être employé à la négociation de pluſieurs grandes affaires, tant dedans que dehors le royaume. »

Dans une autre epître à Mrs. des états du Languedoc, ildit : « l'obligation que j'ai à cette province où je ſuis né, & où mon pere, mon ayeul & mon biſayeul ont exercé des charges honorables, m'a fait rechercher tous les moyens que j'ai pû de lui être utile ; mais les occupations que j'ai eu dès ma jeuneſſe, tant dedans que dehors le royaume, & les calamités publiques que nous avons vûës & fenties avec douleur, m'ont prefque rendu étranger dans ma patrie jufqu'à ce que j'ai regagné le doux abri du Languedoc, pour rendre, Dieu aidant, les derniers foupirs dans le même air que j'ai premièrement refpiré. »

Il promet, fur la fin de cette epitre, de parler des anciennes familles de cette province, en traitant de fes confins, des villes, places, forterefles qui y font, ce qui fe verra (dit-il plus naïvement) en la tiffure du VI. cinquain.

François de Rouffet, originaire de Grenoble, & dont la famille transférée à Montpellier a donné des officiers au préfidial et à la cour des aydes de cette ville, fit imprimer au commencement du dernier fiécle l'Hiftoire tragique de fon tems, qui a été augmentée depuis de plufieurs évenémens funeftes arrivez dans le refte de ce même fiécle.

Son langage eft déjà fort vieux, mais il regne dans tout l'ouvrage beaucoup de jugement & de précifion : je ne fçai même s'il ne feroit pas encore du goût de notre fiécle, s'il étoit traduit en meilleur langage.

Pierre d'Ampmartin fût pourvû en 1585 de l'office de gouverneur de Montpellier, que fouloit tenir Me. Simon Fifes, ainfi raporté dans les régitres du palais où il eft qualifié de procureur général du feu duc d'Anjou, c'eft-à-dire Henry III. Sa famille a donné divers officiers à la cour des aydes.

Guillaume Ranchin, avocat general en la cour des aydes de Montpellier, fit dans l'exercice de cette charge plufieurs difcours qui furent imprimés, en 1604, dans un livre qui a pour titre : Prémier recüeil des publiques actions d'eloquence françoife. On y voit des difcours prononcés par Guy du Faur, feigneur de Pibrac, par Antoine Loifer, Guillaume du Vair & plufieurs autres, parmi lefquels il y a quatre difcours de Guillaume Ranchin, dont le plus rémarquable eft celui qu'il fit en 1598 fur l'enrégitrement des lettres de furvivance au gouvernement du Languedoc, de Henry de Montmorency, fils du dernier connétable de ce nom.

Le même Ranchin, profeffeur ès-loix, fit en cette qualité le Traité des fucceffions *ab inteftat*, dont j'ai parlé dans l'article de la faculté du droit.

David le Sage, bourgeois de Montpellier, a fait en vers patois un livre de poëfies intitulé les Folies du Sage ; il eft rempli de plufieurs fonnets, elegies, fatires & epigrammes, dont voici quelques fragmens.

> * *Lou temps, certos, lou tems nous tombo*
> *De jour en jour dedins la toumbo,*
> *Et la mort, à que penfan pas,*
> *Nous talouno de pas en pas.*

PAGE 378.

Aquest siecle es tant variable,

Que noun s'y trove res de stable,

De ferme, ni d'assegurat.

Una febre per tant pau sié forto,

Dins un tornoman nous emporto;

Et cependant toutes crezen

Vivre may que Mathieu Salem.

Messieurs, que degus non s'offence,

Aquel qu'a may de sen qu'y pense.

Il étoit né huguenot, comme il paroît dans un sonnet qu'il adresse au baron de Peraut, mais il mourut catholique, comme on doit l'inferer de son testament en vers, où il dit qu'il veut être enterré à St. Pierre sans bruit & avec la croix du curé.

Sa catholicité, néanmoins, paroît fort suspecte pour les mœurs, par l'aveu qu'il fait souvent de sa mauvaise conduite & par le dérangement de ses affaires, qui l'obligeoient de recourir souvent à la bourse de ceux qui vouloient lui faire plaisir.

Il paroît aussi par ses ouvrages avoir vecû en assez mauvais ménage avec sa femme, soit par le mauvais exemple qu'il lui donnoit, soit par le dérangement de ses affaires: il s'en explique de la sorte à un de ses amis:

Moun grand diable d'amic, que faren toutes dous?

Tu fies mau maridat, & yeu encaro pire,

De que tu, ni may yeu, noun aven pas à rire;

Car se l'un es negat, l'autre es dedin un pous.

Les vers qu'il fit sur l'entrée à Montpellier de la duchesse de Montmorency, Felice-Marie des Ursins, en 1617, & ceux qu'il composa sur la peste de 1640 donnent lieu de croire qu'il étoit né sur la fin du xvie siécle. On sçait d'ailleurs qu'il mourut vers 1650.

Il avoit de l'imagination & de la facilité à parler sa langue naturelle; mais les obscenitez qu'il a mêlé dans la plûpart de ses ouvrages ont fait dire de lui ce que Despreaux a dit du poëte Renier :

Heureux si ses discours, craints du chaste lecteur,

Ne se sentoient des lieux que frequentoit l'auteur,

Et si du son badin de ses rimes lyriques,

Il n'allarmoit souvent les oreilles pudiques,

Après l'art de le Sage,
* N. Roudil, avocat de Montpellier, qui fit imprimer les Folies du Sage, fit lui-même en langage vulgaire diverses piéces de poésie fort estimées de son tems. De ce nombre est un sonnet sur la belle matineuse.

Page 379.

Ioi sur lou grand mati ieu soui sourtit deforo,
Per refresca moun cor que brullo commo un four,
Quand ai vis pauc à pauc appareisse l'auroro,
Que lasso de dourmi reveillavo lou jour,

Roussindo en memo-temps, doun l'amour me devoro,
Pareis en tant d'atrez qu'elle porto toújour,
Que cadun que la vei tout esbaït demoro,
Et crey qu'acos aqui la maïre de l'amour.

Cependant lou sourel fortis lou cap, mourreges,
E vezen que per tout la terro é lair flammeges,
Et qu'aquello beutat trelusissié may quel,

De pou davé lassroun prez d'aquello poulido,
Sans liou dire dous cops, s'en es fugit d'ausido,
Et Roussindo despioy nous servis de sourel.

On affûre que Mr. Roudil laiffa en manufcrit un dictionnaire patois du langage de Montpellier, que fes héritiers ont négligé de faire imprimer.

Pierre Gariel, natif de Montpellier & chanoine de la cathédrale de cette ville, a compofé divers traitez pour éclaircir l'hiftoire de fon pays.

Il fit imprimer en 1631 un in-12 qui a pour titre « l'origine, les changemens & l'état préfent de l'églife cathedrale St. Pierre de Montpellier. »

En 1645, il fit paroître la fuite des gouverneurs de la province du Languedoc, depuis les Romains jufqu'à nous, qu'il dédia dans la feconde édition à Mr. de Verneüil, gouverneur de cette province.

En 1652, on vit fous fon nom un in-folio qui a pour titre : *Series præfulum Magalonenfium*, écrit avec plus d'ordre & plus de goût que fes autres ouvrages. On lui réprocha pendant fa vie qu'il s'étoit fervi de la plume du pere Bonnefoy, jéfuite, & véritablement on trouve dans le catalogue des écrivains de la fociété que le pere Bonnefoy avoit compofé ce livre fous le nom d'autrui. *Benedictus Bonnefoy natione Gallus, fcripfit alieno nomine feriem feu hiftoriam epifcoporum Magalonenfium*. Ce livre fut réimprimé à Touloufe en 1665, & il a été d'un grand ufage jufqu'à préfent.

En cette même année, Gariel donna au public un petit in-folio fous ce nom : Idée de la ville de Montpellier, où il donne quelques parcelles de l'hiftoire de cette ville qu'il a laiffées fort imparfaites. Son ftile ampoulé, joint à fes digreffions trop fréquentes, rendent fa lecture fort ennuyante.

Charles de Figon, confeiller en la chambre des comptes de Montpellier fous le regne de Charles IX, fit imprimer à Paris, en 1580, chez Guillaume Raurey, ruë St. Jean-de-Beauvais, un état de la France, in-12, qui a pour titre : « Difcours des etats & offices, tant du gouvernement que de la juftice & des finances de France, contenant une briève defcription de l'autorité, jurifdiction, connoiffance & de la charge* particuliere d'un chacun d'iceux, par Charles de Figon, confeiller du roy & maître ordinaire en la chambre des comptes féant à Montpellier. »

PAGE 380.

C'eft un abregé fort fuccint de l'état de la France qui a été augmenté depuis jufques au point où nous le voyons aujourd'huy.

La famille de l'auteur ne fubfifte plus à Montpellier, & il pourroit bien être du nombre de plufieurs autres qui vinrent de Paris & autres villes du royaume, prendre à Montpellier des charges qu'ils ne tranfmirent pas à leur pofterité.

Claude Vanel, confeiller en la cour des comptes, aydes & finances de Montpellier, fit imprimer en 1689 chez Charles Ofmont, à Paris, un Abrégé de l'hiftoire générale des Turcs. Il vendit fon office cette même année pour

II. Partie. Livre douzième.

fe retirer en Hollande, où il compofa une Hiftoire des maîtreffes des rois de France, & enfuite l'Hiftoire d'Angleterre.

David Brueys, de la ville de Montpellier, a compofé plufieurs ouvrages fur differentes matiéres ; je me contente de marquer ici ceux qui regardent les beaux arts.

En 1684, il fit imprimer à Paris, chez la veuve Mauger, une paraphrafe de l'Art poétique d'Horace qu'il dédia à monfeigneur le duc du Maine.

En 1695, il donna au public les comédies du Grondeur & du Muet, qui font imprimées avec les œuvres de Palaprat.

Peu de tems après, il fit paroître la tragédie de Gabinie, qui fut reçuë avec aplaudiffement.

En 1709, il compofa, fur les procés verbaux que Mr. de Bâville lui fit remettre, l'Hiftoire des fanatiques qui affligerent le Languedoc au commencement de ce dernier fiécle. Cette hiftoire eft imprimée en deux tomes in-12, chez Jean Martel, à Montpellier.

Nous verrons plus bas les autres ouvrages du Sr. Brueys.

Henry de Ranchin, confeiller en la cour des comptes, aydes & finances de Montpellier, fit imprimer en 1697, à Paris, chez Delaune, les Pfeaumes de David en vers françois, qu'il dédia au roy Loüis XIV. On fe fouvient encore (pour la fingularité de la penfée) des vers fuivans qu'il fit fur une dame de mérite, foupçonnée de janfenifme.

Au tems qu'à vos apas tout cœur rendoit les armes,

Que tout cœur cedoit à vos charmes,

Par vous le mot de tous n'étoit pas rebuté.

D'où vient donc qu'au tems où nous fommes,

Aux feuls élûs vous l'avez refervé ?

Quoi ! Dieu ne peut-il pas faire pour tous les hommes

Ce qu'à l'égard des cœurs a fait votre beauté !

A tous les ecrivains de la famille de Ranchin dont j'ai déjà parlé, je pourrois ajoûter Jacques de Ranchin, confeiller en la chambre de l'edit, & originaire de Montpellier par fon pere & par fa mere, qui fit le fameux triolet :

Le premier jour du mois de may

Fut le plus beau jour de ma vie, &c.

Ménage le trouva si beau qu'il l'apelle le roy des triolets. Ce même auteur fit les stances du pere Rivalde, son fils, qui ont été traduites dans presque toutes les langues de l'Europe.

Jacques de Griffi, seigneur de St. George & de Juvignac, conseiller en la cour des comptes, aydes & finances en 1664, nous a laissé une paraphrase en * vers sur le *Dies iræ, dies illa*, dans le goût du fameux sonnet de Débarraux, qui commence : Grand Dieu, tes jugemens sont remplis d'équité, &c.

PAGE 381.

Je me contente de donner la premiere stance de cette paraphrase, qui a beaucoup de sentiment & d'élevation. Mais on reproche à l'auteur de retomber souvent dans la même pensée.

Que ce jour sera triste, affreux & lamentable,

Où par ordre divin, de mille endroits divers,

Le feu venant du ciel pour brûler l'univers,

Fera de tout le monde un bucher effroyable.

La fameuse sibille & le prophéte roy,

Ces fidelles témoins, & si dignes de foy,

Nous l'annoncent tous deux d'une voix assurée,

Et chantent dans leurs vers qu'un jour cet element

Descendant du plus haut de la voûte azurée,

Ne produira partout qu'un triste embrasement.

Je pourrois citer plusieurs autres ouvrages de nos poëtes qui sont faits dans ce goût naturel & gay que le climat de Montpellier leur inspire, mais je me borne aux vers suivans sur un point de notre histoire, qu'une dame de la ville (d'un esprit fort cultivé) fit sur la prairie de Maurin, apartenante au chapitre, & qu'elle supose lui avoir été donnée par les deux demoiselles qui donnérent à Montpellier le nom de *Mons Puellarum*.

C'est une agréable prairie,

Toûjours verte, toûjours fleurie,

Dans un endroit nommé Maurin,

Qui passoit pour être mal sain;

II. Partie. Livre douzième.

Mais c'étoit une médifance,
Que l'on avoit pris la licence,
De débiter mal à propos.
Il faut bien vous dire deux mots
De fa prétenduë origine :
On prétend que dame Maurine,
Perfonne de diftinction,
Et fa fœur dont on tait le nom,
Joüiffoit de cet héritage.
Elle fut riche, belle & fage,
Et vécut dans le célibat. * PAGE 382.
Si ce fut fans aucun combat,
Cela n'eft pas de mon hiftoire,
Il vous fera permis de croire
Tout ce que bon vous femblera;
Mais on dit qu'elle eut pour papa
Le roy de l'ifle de Minorque,
Proche de celle de Mayorque,
Peut-être étoit-il roy des deux.
D'abord il fe crut malheureux
De n'avoir produit que deux filles,
Mais quand il les vit fi gentilles,
Il fe confola, ce dit-on,
De n'avoir pas eu de garçon.

Après fa mort nos demoifelles,
Que l'on apelloit les Pucelles,
Se mirent en poffeffion
De fa riche fucceffion.
Pour le fiege de leur empire,
On raconte qu'elles choifirent
Cette ville de grand renom,
Qu'elles nommerent de leur nom.
Je ne fçai pas fi la cadette
Fut en fon temps bien ou mal faite.
La chronique n'en a dit rien,
Ainfi je n'en dis mal ni bien.
On croit qu'elle fut peu de chofe,
A cet article chacun glofe,
C'eft de quoi j'ai peu de fouci,
Et vous pouvez glofer auffi.
Revenons à fa fœur aînée,
Qui fut jadis fi renommée,*
Que fa mémoire en durera,
In fæculorum fæcula.
On conte que cette princeffe
Fut d'une fi grande richeffe,
Qu'elle avoit des fabots d'argent,
Elle alloit donc clopin, clopant :

Cela vous paroît incommode,
Dans ce tems-là c'étoit la mode.
Elle s'ennuya dans la cour,
Et lui préfera le féjour,
De cette campagne charmante,
Que dans ces vers-ci je vous vante ;
Mais il falut finalement
Proceder à fon teftament ;
On dit qu'elle fut fort en peine,
Et même qu'elle eut la migraine
Pour le choix de fon héritier,
Qui fut enfin un grand guerrier,
Qui par fes foins & fa prudence,
Maintint la paix & l'abondance.
Mais pour revenir à Maurin,
Un moine de St. Auguftin,
Qui dirigeoit fa confcience,
Le recherchoit avec inftance,
Et fit fi bien par fon crédit,
Qu'à la fin il y réüffit;
Je ne fçai s'il étoit habile,
Ou la bonne fille imbecile,
Mais je fçai bien qu'à fon couvent
Elle en fit un riche préfent.

PAGE 384.

Que j'aurois lieu d'être contente, *

Si quelque charitable infante

Vouloit bien m'en donner autant,

Ce n'eſt pas que j'aime l'argent ;

J'en fais peu de cas, je vous jure,

Mais j'aimerois ce qu'il procure ;

Et mal employé je le tiens,

Entre les mains de ces faquins,

J'entends de ces faquins de moines,

Car à préſent qu'ils ſont chanoines,

Ils ſont de fort honnêtes gens, &c.

CHAPITRE QUATRIÉME.

DE LA FACULTÉ DE THEOLOGIE

QUOIQUE l'école de théologie n'ait été unie à l'univerſité de Montpellier qu'en 1452, il eſt néanmoins certain qu'on l'enſeignoit en cette ville longtemps avant ſon union : la choſe conſte, par l'expoſé que le recteur & le corps de l'univerſité firent au pape Martin V, qui dit dans ſa bulle, *eorum petitio continebat quod in dicta villa Montiſpeſſulani ſtudium theologiæ non exiſtit authoritate apoſtolica ordinatum, quamvis in locis aliquibus theologia ipſa legatur.*

Ces differens endroits, où il eſt dit qu'on enſeignoit la théologie, étoient les couvens des quatre réligieux mandians, avec celui de la Mercy & des Bernardins, qui furent établis à Montpellier dans le XIIIe ſiécle ; & les monaſteres de Saint Germain & de Saint-Ruf, fondés dans le XIVe.

La preuve, pour Saint-Germain & pour Saint Ruf, eſt tirée des actes de leur fondation, dans l'un deſquels le pape Urbain V dit qu'il veut qu'on étudie dans ce monaſtere de St. Germain, aux ſciences divines & humaines, afin (dit-il) que l'ordre de St. Benoît en reçoive plus de luftre : *& ordo ifte fcientiæ divinæ pariter & humanæ fulgoribus rutilet.*

Le cardinal Anglic, frere d'Urbain V, en fondant le collége de St. Ruf, ordonne qu'il y ait quatre collégiés en théologie, *quatuor in facra pagina.*

Quant aux réligieux mandians, rien n'eft plus ordinaire dans le petit Talamus que d'y voir faire mention des lecteurs en théologie de ces quatre couvens, qui faifoient tour à tour, dans la place de l'Hôtel de Ville, les fermons ufités en ce tems-là pour les proce ffions générales & autres caufes extraordinaires.

Ces lecteurs avoient coûtume, lorfqu'un docteur infigne paffoit par Montpellier, de le prier de faire quelques leçons dans leur école ; ainfi nous voyons dans Wadingue, que St. Antoine de Padoüe étant venu dans cette ville en 12.., il expliqua les faintes lettres, dans l'école des freres mineurs ; ainfi le fameux Raymond Lulle, au raport de Monfieur Fleury, expliqua à Montpellier fon art démonftratif, autrement dit, l'art de trouver la verité, avec lequel il efperoit pouvoir prouver * aux infidelles, les mifteres de l'Incarnation & de la Trinité.

PAGE 385.

Mais la preuve la plus authentique que nous ayons pour l'école de théologie, vient des lettres-patentes du roy Jean, que je raporte au bas de cette page, dans lefquelles le roy lui donne le nom de faculté, quoiqu'elle ne fût pas encore unie au corps de l'univerfité ; & après avoir rélevé le travail & l'application des docteurs en théologie, il leur permet de fe faire précéder par des bedeaux, portant des maffes d'argent, ou telles autres qu'ils voudroient.

Enfin, le pape Martin V, à la follicitation de l'evêque de Maguelone & des autres facultés, les agrégea au corps de l'univerfité de Montpellier, à la charge, que les facultés de théologie & de droit, ne feroient dorénavant qu'un même corps, & que les réligieux mandians ne pourroient exercer la charge de recteur, auquel tous les membres des deux facultez devoient être foûmis. Donné à Rome le XVI des kalendes de janvier, dans la cinquiéme année de fon pontificat, c'eft-à-dire 1422.

Il faut qu'on ait trouvé dans la fuite bien des difficultez à l'execution de cette bulle, puifque ce ne fut qu'en 1471 que les deux facultez convinrent des articles qui devoient être obfervez de part & d'autre : nous trouvons ces articles dans le livre du recteur, où l'on voit les noms de tous ceux qui intervinrent dans cet acte, & les loix particulières qui furent dreffées, au nom de Robert Pinchon, recteur de l'univerfité. Il eft dit dans le préambule que, pour faire finir les differens, qui étoient entre les profeffeurs en droit & les maîtres en fainte théologie, il fait les ftatuts fuivans, duconfeil des doc-

teurs & maîtres des deux facultez, sçavoir : pour celle du droit, Jean Pontier, prieur des docteurs de cette faculté, Pierre Pataran, Leonard Violette, Jacques Arquier, Nicolas Crofet, Raymond Robert, Dieudonné Vernhes, Charles de Frontignan, Antoine Tronchin, tous docteurs ès loix, & du confentement des confeillers de l'univerfité, & de quantité d'hommes nobles licentiés & bacheliers, « sçavoir : Gerard Cornavin, collecteur du pape,
« Hugues, Geraud, archidiacre de l'églife cathédrale de Rhodès, Raymond
« Buxie, Jean Rebuffy, Jean Urbicen, Guillaume Bolet, Michel Simon, Jean
« Barrerie, Jacques Prunet, Pierre Ferdinand, ci-devant recteur, Pierre Durand, prieur de Lunel, Bernard de Conelles, Michel Pierre, Aimery Senglar, du diocèfe de Viviers, Jean Mafot, Antoine Rolais, & plufieurs autres bacheliers *in utroque*. »

« Et pour la faculté de théologie, du confentement & expreffe volonté
« des révérends-maîtres Jean Artauld, doyen de ladite faculté du diocèfe de
« Viviers, Robin, provincial des Auguftins, Privat, chapelain, Jean de Rivo,
« Raymond * Julien, Mandon Balaret, Guillaume Burgorel, Arnaud Ruffi,
« Sauveur de Rive-Male, Jean-Pierre Balaigue, & Jacques de Cabanes, au
« nom & pour toute l'univerfité.

« Il eft établi, qu'il y aura un decan ou doyen de la faculté de théologie,
« pris d'entre les maîtres de ladite faculté : *qui fcilicet fit anterior incorpora-*

JOANNES, Dei gratia Francorum rex, notum facimus univerfis ; quod ad fupplicationem dilectorum noftrorum magiftrorum, baccalariorum & fcolarium facultatis theologiæ univerfitatis Montifpeffulani, & in favorem dictæ fcientiæ, ac dictorum magiftrorum baccalariorum & fcolarium qui pro dicta fcientia acquirenda & ad erudiendum & fovendum populum in fancta fide catholica, ad falutem animarum fidelium & ad laudem & gloriam beatiffimæ Trinitatis, plures dies, noctefque fuftinuerunt & fuftinent vigilias, abftinentias & labores. Magiftris, baccalariis & fcolaribus prædictis ac bedellis fuis modernis & futuris concedimus, ut dicti bedelli de cætero tam in focietate dictorum magiftrorum quam alibi, fuum officium exercendo virgas argenteas vel alias quales voluerint tenere & portare valeant, tenore præfentium concedimus authoritate regia & de gratia fpeciali. Mandantes fenefcallo Bellicadrii, cæterifque jufticiariis noftris, ut dictos bedellos noftra præfenti gratia pacifice gaudere faciant, nec ipfos in contrarium impediant feu impediri permittant à quibufcumque quomodolibet. Et fic volumus in pofterum obfervari, & ut præmiffa perpetuæ ftabilitatis robur obtineant, & vigorem noftrum quo ante regni noftri fufceptum regimen utebamur figillum duximus præfentibus apponendum. Datum apud Montempeffulanum XV die januarii anno Domini M. CCC. L.

« *tione præsens & residens*. Son office sera de veiller à la conservation des pri-
« viléges, libertés & honneurs de la faculté, de même qu'à l'observation
« de ses reglemens.

« *Habeat semper proponere, & apponere in primo loco tam in vesperiis quam in*
« *aula, & invigilare circa fienda principia quæ fiant tempore debito & etiam in in-*
« *ceptione lecturæ dictæ facultatis theologiæ.*

« Il sera tenu de veiller aux propositions hérétiques, erronées ou mal-
« sonnantes, qui pourroient échaper dans le cours desdits actes de théolo-
« gie, & avec le conseil des maîtres de la faculté, il tachera, par ses avertisse-
« mens charitables, de les faire révoquer à ceux qui les auroient avancées.

« Il aura soin de faire distribuer les bonets & les gands qu'on doit don-
« ner, selon la coûtume, au chancelier, au recteur, & à leurs lieutenans &
« autres de l'université.

« Lorsque sa place viendra à vacquer, son successeur sera confirmé par
« le chancelier & par le recteur, comme chefs immédiats de l'université. »

Il jurera tous les ans entre les mains du recteur ou de son lieutenant, de
garder les statuts de l'université faits ou à faire, & d'observer de point en
point ce qui régarde son office de doyen.

« Dès qu'un nouveau recteur de l'université aura été confirmé par le
« chancelier où par son vicaire, & qu'il aura pris possession de sa nouvelle

MARTINUS *episcopus, servus servorum Dei, ad perpetuam rei memoriam. Dum attentæ considerationis intuitu, in mente nostra revolvimus quod thesaurus cujuscumque scientiæ, quo magis in alios studiose diffunditur, eo studii* * *diligentia in docente copiosius augmentatur, quodque quasi lucerna ardens in monte, scilicet in villa Montispessulani diœcesis Magalonensis studii disciplina, ut illic ad vitæ fructum rationalis creaturæ, præsertim doctrina theologicæ facultatis ducat effectum, ne in gustu terrenorum desideriorum vetita veteris prævaricationis illecebra educatur. Cum itaque, sicut exhibita pro parte venerabilis fratris nostri Ludovici episcopi Magalonensis, venerabilis fratris Francisci archiepiscopi Narbonensis camerarii nostri locum-tenentis, necnon dilectorum filiorum rectoris & universitatis studii dictæ villæ petitio continebat quod in ipsa villa studium theologiæ facultatis non existit, authoritate apostolica ordinatum, quamvis in locis aliquibus theologia ipsa legatur; quodque cum inibi artium, medicinæ, ac utriusque juris facultates juxta præfati studii fundationem primævam dumtaxat legantur & audiantur, desiderant quod etiam theologiæ facultatis prædictæ, studium inibi existat authoritate apostolica institutum. Quare cum episcopus Magalonæ pro tempore existens Cancellarius dicti studii existat. Pro parte dictorum episcopi, rectoris & uni-*

« charge, dans l'églife de Ste Eulalie (comme c'eft la coûtume), le doyen
« de théologie lui prêtera ferment, ou en un autre temps, fous le bon plai-
« fir du recteur.

« Le doyen pourra commettre, pour fes fonctions, le plus ancien des
« maîtres de théologie; mais s'il s'abfente au-delà d'un mois, celui qu'il
« aura commis fera tenu de prêter ferment au recteur, pour tous les chefs
« fur lefquels le doyen eft tenu de jurer.

« Les bedeaux de l'univerfité doivent obéïr au doyen de théologie dans
« tout ce qui regarde l'office de doyen; la permiffion en ayant été préala-
« blement demandée par les bedeaux à Mr. le recteur, & obtenuë de lui.

« Le prieur des docteurs en droit, précedera le doyen de théologie, dans
« tous les actes de droit canon ou civil, & le doyen, précedera le prieur
« dans* tous les actes de théologie; mais dans tous les autres actes & au-
« tres lieux, ils fe précederont alternativement l'un & l'autre, d'année en
« année.

« Les provinciaux des quatre ordres mandians ne pourront précéder
« dans l'univerfité le prieur des docteurs en droit, ni le doyen de théologie,
« pas même ceux de leur ordre; mais fi leur général, ou autre notable per-
« fonnage y venoit, on laiffe au jugement de Mrs. le chancelier & recteur,
« de régler leur place.

verfitatis fuit nobis humiliter fupplicatum ut fuper hoc eis & eidem ftudio providere de authoritate apoftolica dignaremur.

Nos igitur cupientes dictæ theologiæ ftudium ampliare, *hujufmodi fupplicationibus inclinati, ex noftra certa fcientia, authoritate apoftolica præfentium tenore ftatuimus, ac etiam ordinamus:* quod in ipfa Montifpeffulani villa deinceps, futuris perpetuis temporibus ftudium generale theologiæ facultatis exiftat *ibique dicta theologiæ facultas, ficut una aliarum facultatum hujufmodi, inibi & aliis generalibus ftudiis legi, doceri, & audiri* confuevit, legatur, doceatur & audiatur; ac in ea quicumque gradus fcolaftici exerceri, necnon baccalariatus, licentiatus, magifteriatus infi-

gnia, ad inftar aliorum ftudiorum generalium tradi, & concedi ac accipi valeant. Quodque *magiftri, doctores licentiati, baccalarii, & ftudentes in eadem theologiæ facultate, in præfato Montifpeffulani ftudio legentes pro tempore* omnibus & fingulis privilegiis, libertatibus, conceffionibus, immunitatibus & gratiis *quibus magiftri, doctores, licentiati, baccalarii, ac ftudentes in eifdem facultatibus ac ftudiis generalibus gaudent* uti ac gaudere poterunt in futurum. Similiter uti & gaudere poffint, debeant, & valeant libere & licite.

Ac nihilhominus quod hujufmodi facrorum canonum & legum facultates in ftudio prædicto, de cœteris unicam univerfitatem faciant, & unum corpus conf-

« Les religieux mandians qui étudieront en médecine, ne feront pas te-
« nus aux ftatuts de l'univerfité, qui font incompatibles avec leur état,
« comme de payer la collecte des docteurs, ni d'être examinez fur leurs
« mœurs & fur leur naiffance, comme auffi de n'être pas tenus d'avoir lû
« un certain nombre d'années pour obtenir la licence : quant aux autres
« ftatuts, déjà faits ou à faire, ils feront tenus de les obferver.

« Tout théologien (foit-il des quatre ordres des mandians, ou autre qui
« fera admis à lire le livre des fentences) jurera entre les mains du chan-
« celier & du recteur qu'il ne prendra point de grade dans une autre uni-
« verfité, ni fous aucun autre maître que celui qui l'aura préfenté à la lec-
« ture ; mais dans le cas d'une longue abfence ou d'infirmité notable de
« fon maître, il aura recours au chancelier & au recteur, qui du confeil de
« tous les maîtres & regens, lui permettront de prendre le bonnet, après
« en avoir donné connoiffance à fon premier maître.

« Tout maître de théologie, qui voudra fe faire incorporer dans celle de
« Montpellier fera tenu de donner *birrum* & *chirotecas*, au chancelier, au
« recteur, & aux maîtres en théologie feulement, de même que les nou-
« veaux docteurs en droit n'en doivent pas donner aux maîtres en théolo-
« gie. »

Le nouvel incorporé en théologie, fera tenu de venir dans la maifon du
recteur, prêter entre fes mains le ferment accoûtumé, & payera pour les
droits de l'univerfité, un demi-franc d'or.

Ceux qui feront admis au grade de bachelier en théologie payeront pour
les droits de l'univerfité, deux moutons d'or, & lorfqu'ils commenceront à
lire les quatre livres des fentences, ils payeront un mouton d'or.

tituant, cujus caput rector fecundum antiqua ftatuta ipfius ftudii eligendus exiftat, ac præfati magiftri, doctores, licentiati, baccalarii, & ftudentes in theologia ftatutis, ac confuetudibus laudabilibus & approbatis ftudii prædicti factis, & canonice faciendis dicto rectori subfint, ejufque monitionibus & mandatis obediant, quemadmodum præfati canonum & legum doctores, licentiati, baccalarii & ftudentes subfunt & obediunt. Ac in his quæ tangerent theologiæ facultatem una cum præfatis doctoribus, licentiatis, baccalariis, ac ftudentibus, poffint ac debeant intereffe, salvo, quod ficut doctores legum & canonum, rectores effe non poffunt fic etiam magiftri in theologia, nullatenus effe poffunt. Ac etiam religiofi de ordine mendicantium, in quocumque gradu vel ftatu conftituti. Nonobftantibus quibufcumque, &c.

Nulli ergo hominum liceat, &c.

Datum Romæ, apud S. Petrum XVI, kal. Januarii. Pont. noftri anno V, de mandato domini noftri papæ. Ja. De Arminio. At de Lufchis.

Ils donneront au bedeau général, & au bedeau du recteur, & à celui des docteurs, & aux banquiers, ce qu'ont coûtume de donner les bacheliers des autres facultés.

PAGE 388.   * Tout théologien qui prendra le bonnet, payera aux trois bedeaux huit écus d'or partagés entr'eux à égales parts.

S'ils font plusieurs qui prennent le bonnet en un même jour, chacun payera un mouton d'or au prieur des docteurs.

Chaque prétendant à la licence de théologie, donnera quatre écus d'or à Mr. le chancelier, pour l'examen & pour la licence.

A chaque docteur-regent, *pro responsione quæstionis*, un demi-franc.

A chaque examinateur, un écu d'or.

Aux deux maîtres qui assisteront à la vesperie, un écu d'or chacun.

Aux quatre maîtres qui assisteront à son aulique, un écu d'or chacun.

Tout bachelier ayant subi l'examen, & étant aprouvé par le plus grand nombre sera apellé par le bedeau, de la part du seigneur chancelier ou de son vicaire, qui lui donneront la licence le jour qu'ils jugeront à propos, pourvû que ce ne soit pas le jour-même de l'examen.

Aucun religieux des quatre ordres mandians, *cujuscumque sit status*, ne pourra être choisi pour être du nombre des douze conseillers.

Celui qui voudra lire en théologie sera presenté par le maître qu'il aura choisi, à M. le chancelier, ou à son vicaire, au recteur ou à son lieutenant.

Nul ne sera admis, s'il se trouve né d'un mariage illégitime, s'il est noté d'infamie, ou si étant religieux, il a apostasié de son ordre.

Aucun religieux mandiant ne sera admis s'il a été incarcéré dedans ou dehors de son cloître pour ses démerites, de quoi il sera interrogé de bonne foi par MMrs. le chancelier & le recteur.

Plus, aucun d'eux ne sera admis à lire, qu'il n'ait une permission par écrit, signée de son supérieur, qu'il représentera à MMrs. le chancelier & recteur.

Les maîtres, licentiez ou bacheliers, qui auront été incorporez, prêteront ferment entre les mains de Mr. le recteur, comme on a accoûtumé de faire dans la faculté du droit; & pour ce ferment, ils payeront au tresorier de l'université, un demi-franc d'or.

Nul ne sera admis à la licence ou doctorat en théologie qu'il n'ait expliqué les quatre livres des sentences, sous le docteur regent, à moins qu'il n'en eût sur cela une dispense speciale du pape.

Les bacheliers liront entierement les quatre livres des sentences, qu'ils tacheront d'expliquer, pour l'utilité de leurs auditeurs, en raportant l'in-

II. Partie. Livre douziéme. 585

terpretation des auteurs les plus récens, & ils ne traiteront point des matieres qui ne puiffent convenir à la faculté.

Ils pourront dicter de mémoire, ou tenir leur cayer devant eux, felon qu'il leur conviendra le mieux.

Les bacheliers feront quatre actes publics, felon la coûtume.

Le premier, à la fête de la St.-Luc.

Le fecond, après la fête de la Nativité.

Le troifiéme, dans le carême.

Et le quatriéme, après l'octave de Pâques.

Les jours en feront affignez par le recteur ; & dans tous ces actes, les bacheliers difputeront fur des matieres convenables.

Qu'ils difputent entr'eux, & qu'ils s'impugnent mutuellement, fans aucune parole offençante, mais avec modération, & qu'ils fe communiquent de bonne foi leurs conclufions, leurs corrolaires, & les repliques qu'ils auront à faire.

Aucun bachelier ne pourra s'abfenter, fans neceffité preffante, dans le cours de fes lectures, de quoi il donnera connoiffance au chancelier & au recteur, ou à leur fubdelegués ; autrement il ne pourra être promû à un grade fuperieur, à moins qu'il n'ait rempli le nombre de fes leçons.

Après les trois premiers actes faits par le bachelier, fon docteur-regent le conduira, auffi-tôt qu'il le pourra, à Mr. le chancelier ou à fon vicaire, & le leur prefentera pour le grade formé de bachelier, & pour fubir l'examen privé : & fur la fuplique & témoignage du docteur-regent, Mr. le chancelier ou fon vicaire, lui affigneront un tems convenable pour l'examen ; & dès-lors il fera apellé, bachelier prefenté.

* Le chancelier ou fon vicaire lui donneront dans la chapelle epifcopale les points tirez du premier & du troifiéme livre du maître des fentences, & ainfi tour à tour à tous les bacheliers qui fe prefenteront. PAGE 389.

Les points feront donnés le matin, foleil levant, pour être répondus le lendemain dans la chapelle épifcopale, fur l'heure des vêpres.

Le bachelier communiquera fes pofitions fur les deux points qui lui ont été donnez, à Mr. le chancelier ou à fon vicaire, s'ils jugent à propos, & à chacun des maîtres qui doivent l'examiner.

Que fi Mr. le chancelier ne veut pas préfider en perfonne à l'examen, il fera fuplié par les maîtres de nommer pour cet acte quelqu'un du corps de l'univerfité, parce que cet examen devant être fait, non-feulement fur la fcience & la littérature, mais encore fur les mœurs, converfation & vie, il arrive qu'on dit alors bien des chofes qui ne doivent pas être connuës hors de la faculté.

Nul maître, licentié ou bachelier, ne fera aucun acte fcolaftique dans cette univerfité, qu'il n'y foit incorporé, avec permiffion du recteur & le doyen apellé.

Fait & réglé dans la chapelle epifcopale le 12 mars 1471, en préfence de réverendiffime pere-en-Dieu Guillaume, par la grace de Dieu, evêque de Maguelone, chancelier de cette univerfité, & de témoins & notaire, fçavoir Robert, bachelier, *in utroque,* prieur du prieuré St. André de Beorfet, diocéfe de Viviers, recteur de l'univerfité de l'étude générale de la ville de Montpellier pour la nation de Bourgogne, Jean Artaud, *in facra pagina profeffor egregius & facræ facultatis theologiæ decanus.*

Dans le refte de la fignature, les maîtres & les docteurs font mêlez conformément aux ftatuts précédens.

Signé noble-homme Hugues Ferrucii, licentié ès loix & bachelier en décret, vicaire & official du feigneur evêque.

Arnaud de Chalet, moine de Pfalmodii, licentié en décret, Jacques Pruneti, Michel Gaychii, qui tous, avec les fufnommez, au commencement de cet acte ont eu recours à l'evêque de Maguelone, *ad quem fpectat.*

On vécut fous ces loix jufqu'en 1562 qui eft la fatale époque du renverfement de tous les monaftéres de Montpellier. Les etudes y cefferent dés-lors, & l'on ne fongea plus à s'affembler à Ste-Eulalie, qui fervoit aux actes de théologie, de même qu'à ceux du droit. Les chofes refterent en cet état durant tout le refte du xvie fiécle, & ce ne fut qu'en 16 . . que Mr. de Fenoüillet voulant rétablir en cette ville les exercices de théologie, fit faire un acte public à un réligieux auguftin qui demandoit à recevoir les grades. Il les lui confera folennellement, après quoi pour commencer à remettre cette étude dans Montpellier, il permit aux PP. Jacobins d'enfeigner la théologie dans leur couvent de St. Mathieu, ce qu'ils continuerent de faire jufqu'en 1682, auquel tems le roy Loüis XIV ayant créé deux charges de profeffeur en théologie à Montpellier, il les unit au collége des jéfuites de cette ville où les étudians vont maintenant prendre leurs leçons, & après y avoir fait dans le cours de leurs études les actes publics, ils vont, fur les certificats des profeffeurs, fubir le dernier examen à l'evêché, où le vice-chancelier de l'evêque leur confere les grades.

Quoique cette faculté foit la moins ancienne de toutes celles de l'univerfité de Montpellier, foit par le tems où elle commença, foit par raport à celui où elle fut rétablie, elle n'a pes laiffé de donner à Montpellier divers théologiens diftinguez par leurs écrits, tels que font :

François-Amé Pouget, natif de cette ville, auteur du catéchifme de Montpellier, qui renferme un cours de théologie entier & complet. Il commença de le faire imprimer en 4 tomes in-12 en 1701, puis en un in-4º en 1703, & enfin en deux in-folio en latin avec les autoritez fur lefquelles il fonde fes décifions. L'accuëil que tous les diocéfes du royaume ont fait à ce catéchifme, & les traductions qu'on en a fait en italien, en efpagnol, en flamand, en anglois & même en chinois, ferviront à ce livre d'un plus grand éloge que tout ce que j'en pourrois dire.

Jacques-Hercule de Crofet, prieur de Camarignan, & docteur de Sorbonne, donna* au public en 1698 les réponfes bu'il fut chargé de faire par Mr. l'evêque aux demandes propofées dans les conferences ecclefiaftiques de fon diocéfe fur le facrement de penitence & fur la fimonie. PAGE 390.

Jean Coudurier, avocat général en la cour des comptes, aydes & finances de Montpellier, avoit fait imprimer en 1667 un petit livre fous ce titre : Harmonie du droit divin avec le droit humain touchant l'ufure, les intérêts & la conftitution de rente qu'il augmenta depuis en 1687 & fit un gros in-12 fur l'ufure où il fait voir fon injuftice, & parcourt les différens prêts qui font permis ou illicites ; il finit par un traité particulier des Monts de Piété qu'il établit à Montpellier pour le foulagement des néceffiteux. Il ne donne dans fon livre aucune règle qu'il n'eût pratiqué luimême, car la mémoire de ce digne magiftrat eft encore en très-grande vénération par les aumônes qu'il fit pendant fa vie & par fes liberalitez pour la décoration des autels.

David Brucis, né à Montpellier dans la réligion proteftante, fe fit catholique en 1683, & pour faire connoître au public les motifs de fa converfion il compofa un livre intitulé : Examen des raifons qui ont donné lieu à la féparation des proteftans, fait fans prévention fur le concile de Trente, fur la confeffion de foy des églifes proteftantes & fur l'écriture fainte. Paris, chez Couterot.

En 1685, il fit imprimer la Défenfe du culte extérieur de l'églife catholique, où il montre auffi les défauts qui fe trouvent dans le fervice public de la R. P. R., à Paris, chez Sebaftien-Mabre Cramoify.

En 1686, il donna au public fa réponfe aux plaintes des proteftans contre les moyens qu'on employe en France pour les réunir à l'églife catholique, où il refute les calomnies qui font contenuës dans le livre intitulé : La politique du clergé de France, & autres libelles de cette nature : à Paris, chez Mabre Cramoify.

En cette même année, il publia un traité de l'Euchariftie en forme d'entretien, dans le goût de Minutius Felix dans fon Octavius, où fans entrer dans dans la controverfe il prouve la réalité fur des véritez avouës de part & d'autre : à Paris, chez le même.

En 1687, il fit un traité de l'églife, où fans entrer dans les queftions qui ont été agitées, il montre que les principes des calviniftes fe contredifent, pour fervir de réponfe aux derniers livres de Mrs. Claude & Jurieu : à Paris, chez Sebaftien-Mabre Cramoify.

En 1700, il fit imprimer à Paris chez Barthelemy Girin, un traité de la fte. meffe, où fans entrer dans la controverfe il montre qu'elle eft fondée fur un dogme de foi & fur des faits avoüez de tous les chrêtiens.

Enfin en 1709, il publia à Montpellier de l'imprimerie de Jean Martel un traité de l'obéiffance des chrêtiens aux puiffances temporelles, où il montre par l'écriture fainte & par l'hiftoire de l'églife, en quoi les chrêtiens doivent obéïr à leurs fouverains, quoique de différentes réligions, en quoi ils doivent refufer de leur obéïr, & quelle conduite ils doivent garder dans leur refus.

Il laiffa en mourant un ouvrage pofthume du legitime ufage de la raifon, principalement fur les objets de la foy, qui a été imprimé après fa mort chez Coignard fils, en 1717.

L'abbé de Pezenes, de la famille de Mrs de Beaulac, qui a donné plufieurs officiers à la cour des aydes & au bureau des finances de cette ville, fit paroître fur la fin du dernier fiécle beaucoup de talent pour la chaire.

En 1690, il prononça le panégirique de St. Loüis dans la chapelle du Louvre devant Mrs. de l'Académie des fciences ; & après fa mort qui arriva peu d'années après, on fit imprimer à Paris un tome de fes fermons qui contient les panégiriques de St. Charles, de St. Loüis, de St. Jofeph, de St. Jean-Baptifte & de St. Benoît, avec des fermons de morale fur la foy, les tentations & la profeffion réligieufe, & fur les miftéres de l'annonciation de la Pentecôte & la fête de tous les faints. Sa mort prématurée priva l'églife d'un excellent prédicateur & fit perdre à la ville de Montpellier, fa patrie, un grand fujet qui lui auroit fait beaucoup d'honneur.

CHAPITRE CINQUIÉME.

DE LA CHAIRE DES MATHEMATIQUES

LE roy Loüis XIV, voulant donner moyen aux gens de mer d'aprendre le pilotage & l'hydrographie, ordonna par une déclaration du mois d'août 1682 qu'il feroit établi des profeffeurs d'hydrographie dans les villes maritimes de fon royaume pour enfeigner la navigation. « Et « d'autant (ajoûte le roy) que la ville de Montpellier eft la plus commode

II. Partie. Livre douzième.

« & la plus proche du port de Sette, qui est le principal de la province du
« Languedoc, Sa Majesté crée, érige & établit en cette ville un professeur
« royal de mathématiques & d'hydrographie de l'université de Montpel-
« lier, pour y être enseigné publiquement par celui qui en seroit pourvû
« les mathématiques & l'hydrographie. »

Mais, afin de connoître mieux les écoliers qui se seront rendus les plus
assidus, Sa Majesté « veut qu'ils soient tenus de s'inscrire une fois tous les
« mois dans le régitre gardé par le professeur dont il envoyera un extrait
« au sécrétaire d'Etat ayant le département de la marine.

« Veut Sa Majesté que les capitaines, maîtres ou patrons de navires
« soient examinez par ledit professeur & tenus de prendre ses lettres d'at-
« testation comme ils ont été trouvés suffisans & capables de faire les
« fonctions desdites charges.

« Que le professeur qui sera établi fasse ses leçons publiques quatre jours
« de la semaine dans les écoles de la faculté du droit, & qu'il aye rang &
« séance immédiatement après les professeurs de ladite faculté, sans pour-
« tant qu'il puisse participer à leurs émolumens, & qu'il joüira des mêmes
« honneurs, prérogatives, prééminences, habillemens & autres avantages,
« tant desdits professeurs en droit que des professeurs en mathématiques
« & d'hydrographie des autres villes de son royaume.

« Elle accorde audit professeur, pour lui tenir lieu d'émolument, la
« somme de trois livres payables pour chaque écolier toutes les fois qu'il
« s'inscrira dans son régitre, & celle de douze livres pour les attestations
« d'étude qu'il leur délivrera après deux années, & autant pour les lettres
« d'attestation que les capitaines, maîtres & patrons de navires seront
« tenus de prendre, se reservant Sa Majesté de pourvoir dans la suite aux
« gages de cette charge.

« Et parce que la ville de Frontignan fait le principal commerce
« maritime de la province du Languedoc, veut Sa Majesté que ledit
« professeur y aille passer les mois d'août, septembre & octobre, pour y
« enseigner publiquement tout ce qui sera nécessaire pour la navi-
« gation ordinaire de cette ville, ordonnant aux consuls de Frontignan
« de lui fournir un lieu propre & commode dans l'hôtel commun de
« cette ville, pour y faire ses leçons publiques, avec défenses aux patrons
« de ladite ville d'admettre dorénavant les jeunes matelots à gagner
« l'entière part (selon le stile maritime dudit lieu) qu'ils n'ayent été
« examinez par ledit professeur, & trouvez capables de conduire les
« bâtiments par tout où lesdits patrons ont accoûtumé d'aller négocier.

« Si mandons, &c. »

Peu de mois après cette déclaration, le roy nomma à la charge de profeffeur de mathématiques qu'il venoit de créer, & en donna des provifions au fr. Nicolas Fifes, docteur & avocat, qui avoit déjà enfeigné les mathématiques & rendu plufieurs perfonnes capables d'être ingénieurs dans les armées du roy (comme fes provifions le portent expreffément). Dès-lors les écoles de mathématiques furent publiquement ouvertes à Montpellier, & ont été continuées jufqu'à préfent par le fieur de Clapiers & par Antoine Fifes, fils & fucceffeur de Nicolas.

Nous avons de ce dernier un traité d'arithmetique imprimé à Montpellier chez J.-R. Gontier en 1688, & dans l'année fuivante il donna au public les *Elémens d'aftronomie où font expliquez les cercles de la fphére, les noms & les mouvemens des aftres, avec les principes de la géographie, de la navigation, du calendrier & des cadrans.

Le fieur de Clapiers, fon fucceffeur dans la chaire de mathématiques, donne au public depuis plufieurs années les éphemerides ou journal des mouvemens des aftres, au méridien de Montpellier.

On a de lui un cours entier de mathématiques qui roule en manufcrit entre les mains des étudians en mathématique.

Parmi les autres bons mathématiciens que la ville de Montpellier a produit, on compte les peres Jean Durranc & P. Caftel, jéfuites, tous deux natifs de cette ville, qui font récommandables par leur fcience & par leurs écrits. Le premier eft profeffeur de mathématiques à Touloufe depuis plufieurs années, & a compofé divers traités qui font prêts d'être mis au jour. Le fecond fut apellé à Paris en 1720 pour travailler aux mémoires de Trevoux fur les ouvrages de mathématique & de philofophie dont il y a plus de cent extraits de lui.

En 1724, il donna deux gros volumes in-12 fur la pefanteur. C'eft un fiftême complet de phifique, qui donne beaucoup plus que le titre ne promet. Cet ouvrage, fans donner dans l'hypothéfe, & en fuivant pas à pas l'hiftoire fimple de la nature, est peut-être auffi nouveau par raport à Neuton & à Defcartes que ceux-ci l'ont été par raport aux anciens.

Ses deux grands fiftêmes des caufes libres & de l'organifation de la terre ont été adoptés par des auteurs célébres, & fes fentimens ont déjà roulé dans les écoles.

En 1729 parut fa Mathématique univerfelle, en un grand in-4°, qui a été fi fort goûté des Anglois qu'ils ont donné à l'auteur une place dans leur fociété royale des fciences, ce qu'ils n'avoient jamais fait à l'égard d'aucun jéfuite ni réligieux.

A ces illuftres mathématiciens, je crois pouvoir joindre les peintres célébres que Montpellier a produit, puifque l'optique fait une partie des mathématiques ; le premier de tous est :

Sebaftien Bourdon, né en cette ville au commencement du dernier fiécle, & mort à Paris en 1669.

Nous aprenons de Felibien, dans fa Vie des peintres, que Bourdon ayant paffé une partie de fa jeuneffe en Italie, vint à Paris où le tableau du may qu'il fit pour NotreDame (repréfentant le crucifiement de faint Pierre) lui attira l'eftime des connoiffeurs qui conçurent dès lors des grandes efperances de lui, parce qu'il étoit jeune, & il avoit beaucoup de facilité & une grande liberté de pinceau dans tout ce qui fe faifoit.

Le plus agréable de tous les tableaux qu'il fit dans fes premiers commencemens étoit chez Mr. de Lizieux, où il avoit reprefenté Alvanius, qui fortant de Rome avec fa femme & fes enfans, après que les Gaulois eurent pris la ville, & rencontrant fur fon chemin le grand-prêtre & les veftales qui alloient à pied, en portant les vafes facrés, il fit defcendre toute fa famille de fon char pour y faire monter les veftales qu'il conduifit où elles vouloient aller.

On voit encore à Chartres deux tableaux de lui, l'un au grand-autel de l'églife de St. André, reprefentant le martyre du faint, & l'autre dans les chapelles baffes où la vierge tient l'enfant Jefus, mais le plus grand de tous fes ouvrages eft la galerie de Mr. de Breton-Villers, dans l'ifle Notre-Dame, qu'il a peint avec une fraîcheur & vivacité de couleur qui furprend d'abord.

Les troubles de Paris qui furvinrent en 1648 obligerent Bourdon de quitter la France pour aller en Suede auprès de la reine Christine, à laquelle il donna ce grand goût pour la peinture qui lui fit ramaffer les tableaux des plus célébres peintres qui parent aujourd'hui les apartemens du palais royal.

A fon retour de Suede, Bourdon vint revoir fa patrie en 1657 & fit à Montpellier les portraits de plufieurs particuliers qu'on y conferve avec beaucoup de foin.

Les confuls de cette ville le prierent de faire leur tableau qu'il fit placer fur la porte de la fale de l'hotel de ville d'où il n'a jamais été ôté, contre le * fort ordinaire de ces fortes de tableaux qui changent de place felon qu'il plaît aux nouveaux confuls.

PAGE 393.

En ce même-tems, les chanoines de St. Pierre lui ayant demandé un tableau pour leur maître-autel, Bourdon prit pour fujet la chûte de Simon le magicien, attribuée aux prieres de faint Pierre, qui eft repréfenté au milieu d'une grande foule de peuple, & au bas du trône de l'empereur Neron. Les spectateurs ont les yeux fixés sur le magicien élevé en l'air, dans le moment qu'il va être renverfé pour fe précipiter en bas. On découvre fur leur vifage divers fentimens de curiofité, de furprife & de frayeur; & fur celui de faint Pierre, beaucoup de ferveur & de confiance dans fa priere. Le peintre s'y eft peint lui-même parmi les fpectateurs, & l'on voit fa tête qui fort au bas du côté droit du tableau.

Quelque eftimable que fût cet ouvrage, un autre peintre de la ville ofa bien en faire une fanglante critique, qu'il donna imprimée au public. Bourdon s'en vengea par les voyes de fait, qui étoient affés ordinaires en ce tems-là. Mais pour tourner en ridicule fon adverfaire, il le peignit fous la figure de l'envie, dans les peintures qu'il fit dans la chambre que le Sr. de Robin preparoit pour le roy Louis XIV, qu'il eut l'honneur de recevoir chez lui en 1660.

Bourdon étant retourné à Paris, fut employé pour le roy au château des Tuileries; mais à peine eut-il achevé le plafond d'une chambre de l'apartement bas, qu'il mourut affés fubitement, étant actuellement recteur de l'académie de peinture.

Depuis ce peintre célèbre, Montpellier a eu Jean Troy, frere de François de Troy, de l'académie royale. Il devint comme naturalifé de Montpellier par le long féjour qu'il y fit durant vingt ou trente années, pendant lefquelles il fit en cette ville plufieurs portraits trés-eftimez. Mr. le cardinal de Bonzi le fit nommer directeur d'une académie de peinture, que la province établit à Montpellier fur la fin du dernier fiécle, & qui a produit des peintres renommez, parmi lefquels eft le Sr. Raoux, qui eft revenu dans ces derniers tems à Montpellier, pour faire les peintures du château de la Mouffon.

L'ouvrage le plus confiderable que Jean de Troy aye fait en cette ville, eft le tableau du paralitique, gueri par faint Pierre à la grande porte du temple de Jerufalem, qu'on a placé fur la même ligne que celui de Bourdon, dans le fanctuaire de l'églife cathédrale, au côté de l'épitre.

Hyacinthe Rigaud, connu dans toute l'Europe par fes beaux portraits, prit fes premières leçons de peinture à Montpellier, où il furpaffa bientôt fes maîtres, & fe fit un chemin aux emplois les plus honorables de fa profeffion. Après avoir été profeffeur & recteur de l'académie royale, il fut choifi pour faire les portraits en grand des rois Loüis XIV & Louis XV.

Henry Verdier, peintre de l'hôtel de ville de Lyon, nâquit à Montpellier en 1655. Il prit dans cette ville fes premières leçons de peinture, fous Ranc le pere, avec le célèbre Hyacinthe Rigaud, qui y étudioit en mêmetems. Ils en partirent enfemble, pour aller fe perfectionner à Paris; mais étant arrivez à Lyon, Verdier y fut arrêté pour divers ouvrages qu'on lui donna, & enfin pour remplir la place de Thomas Blanchet, peintre de l'hôtel de ville, & directeur des ouvrages qu'on fait en tout genre de peinture dans cette grande ville. Verdier s'y arrêta pour le refte de fes jours, & pendant ce tems, il y fit grand nombre de portraits de perfonnes trés-diftinguées, tels que ceux du prince de Danemarc à fon paffage par Lyon, du prince d'Harcourt, du cardinal de Boüillon, du maréchal de Villeroy, & de l'abbeffe de St. Pierre.

On voit de lui, dans la chambre criminelle du palais de juftice, deux grands tableaux, où il a repréfenté deux jugemens mémorables, tirez de l'hiftoire grecque & romaine. Le premier eft de Seleucus légiflateur des Locriens, qui par une de fes loix avoit condamné les adulteres à perdre la vûë, & qui fe trouvant obligé de prononcer contre fon propre fils, furpris dans ce crime, voulut, pour montrer tout à la fois la tendreffe du pere, & l'incorruptible exactitude des juges, qu'on commençât par lui crever un œil à lui-même, & enfuite un * autre à fon fils. Ainfi la loi fut obfervée dans toute fon étenduë, & fon fils ne fut point privé entièrement de la vûë. PAGE 394.

Le fecond jugement eft d'un préteur romain, au fujet d'une mere & de fa fille mariée qui avoit des enfans. L'hiftoire porte que la mere, irritée contre fa fille, entra chez elle & affomma tous fes enfans; fur quoi la fille etant furvenuë prit des mains de fa mere le gros bâton dont elle s'étoit fervie, & l'en affomma elle-même. Le préteur ayant pefé toutes les circonstances de ce parricide, renvoya les parties à comparoître dans cent & un ans.

Nous avons à Montpellier, dans la chapelle des penitens, la prife du Sauveur dans le jardin des Oliviers, de la main de Henry Verdier; & l'on garde chez les carmes déchauffez de Lyon, une copie qu'il a fait du tableau de Garcin, repréfentant l'aparition du Sauveur à fainte Therefe. On dit que lorfque le temps aura donné un caractére d'ancienneté à ce tableau, les connoiffeurs pourront douter fi ce n'eft point l'original même.

Cet habile peintre mourut à Lyon en 1721, âgé de 66 ans.

Jean Ranc, natif de Montpellier, fut reçû academicien en 1703, il a travaillé à Lisbonne pour le roy de Portugal, & il eft actuellement en Efpagne au fervice de leurs majeftés catholiques.

Pierre Granier, de l'academie royale de fculpture, né aux Mateles, à deux lieuës de Montpellier, fut envoyé à Rome par Mr. de Louvois; & après fon retour, on l'employa pour diverfes ftatuës, qui font dans le parc de Verfailles, & dans les fales de l'academie des arts de peinture & fculpture.

CHAPITRE SIXIÉME.

DE LA SOCIÉTÉ ROYALE DES SCIENCES

L'ÉTABLISSEMENT de l'académie royale des fciences, que le roy Loüis XIV fit à Paris en 1699, donna lieu, en 1706, à celui de la fociété royale de Montpellier, qui felon les termes de fes lettres-patentes, eft comme une extenfion & une partie de celle de Paris. Elle eft compofée de trois fortes d'académiciens ; fix honoraires, quinze affociez & quinze élevés, aufquels il eft permis de s'affembler pour faire les obfervations & les recherches que la temperature & la férénité de l'air les met en état de faire plus facilement qu'en aucun autre endroit.

Il eft vrai qu'ils en ont déjà fait de trés-finguliéres, comme celles qu'ils donnerent au public fur l'éclipfe de l'année 1706, fur les colomnes de lumiére qui parurent de nuit fur les montagnes de Cevenes en 1713, fur les propriétés de l'aragnée, d'où l'on tire de la foye, avec laquelle on fait des ouvrages plus fins que ceux des vers à foye ordinaires ; fur la calcination de divers metaux dont ils ont extrait des fels & des huiles d'une propriété finguliére : enfin la carte générale de la province, où les plus petits lieux de chaque diocéfe font marquez dans leur jufte proportion de l'un à l'autre.

Mais pour ne pas prévenir le recüeil qu'ils donneront un jour de toutes leurs découvertes, je me contente de dire qu'ils fe font partagez toutes les fciences fur lefquelles chacun eft engagé de travailler : on en voit la diftribution dans les lettres-patentes de leur établiffement ; & le choix qu'il a plû au roy de faire de quelques-uns d'entr'eux, pour fervir auprès de fa perfonne, n'eft pas un petit éloge de cette illuftre fociété.

Pour les MATHÉMATIQUES, foit à la géométrie, à l'aftronomie, ou aux mécaniques, les Srs de Clapiez & de Plantade, auteurs de la carte générale du Languedoc.

Pour l'anatomie, les frs Aftruc, Gondange & la Peronie, dépuis premier chirurgien du roy.

* Pour la chimie, les frs Riviere, Matte & Gauteron, qui eft d'ailleurs fecrétaire perpetuel de la fociété.

Pour la botanique, les frs de Chicoyneau, dépuis premier médecin du roy, Magnol & Niffole.

Pour la fcience naturelle, les frs Chirac, jadis premier médecin du roy, Rideux & Icher.

II. Partie. Livre douzième.

Tous ces Mrs. s'affemblent chaque jeudy de la femaine pour les exercices de la fociété, & plus particuliérement le jour de St. Loüis, pour affifter au panégirique du faint & à la meffe qu'ils font chanter pour la confervation & la profperité du roy.

Mais la plus remarquable de toutes leurs affemblées fe fait pendant la tenuë des Etats de la province, lorfqu'ils fe tiennent à Montpellier: le lieu de l'affemblée eft dans la grand-fale des Etats où chaque académicien lit fes obfervations en préfence du préfident de la fociété; monfeigneur l'archevêque de Narbonne & des autres académiciens honoraires, Mr. l'evêque de Montpellier, M. le marquis de Caftries, gouverneur de la ville & citadelle de Montpellier; Mr. l'intendant de la province, et Mr. Bon, premier préfident en la cour des comptes, aydes & finances.

M. l'abbé Bignon, confeiller d'Etat, eft auffi nommé pour académicien honoraire de cette fociété, mais fi elle n'a été jamais honorée de fa préfence, elle a le folide avantage de joüir de fa protection & du fecours de la fuperiorité de fes lumiéres fur toutes les fciences.

Conformément a un article de leurs ftatuts, les places qui font venuës à vacquer dépuis leur établiffement ont été remplacées à la pluralité des fuffrages de tous les académiciens honoraires & affociez: ainfi meffire René-François de Beauveau, archevêque de Narbonne, a pris la place de feu meffire Charles le Goux de la Berchere, fon prédeceffeur dans cet archevêché; monfeigneur l'archevêque d'Alby a pris la place de Mr. le marquis de Caftries, fon frere, gouverneur de Montpellier; Mr. de Bernage St. Maurice, celle de Mr. de Bernage, fon pere, intendant de la province, qui avoit fuccedé à Mr. de Bâville, nommé dans les lettres-patentes de la fociété.

HISTOIRE DE MONTPELLIER

LIVRE TREIZIÉME

Des colleges de l'univerfité.

PAGE 397.

COLLEGE DE MEDECINE

FRANÇOIS Ranchin, dans fon *Apollinare facrum*, dit pofitivement que les Guillaumes, feigneurs de Montpellier, firent bâtir ce college dans le douziéme fiécle, environ le tems qu'ils donnerent, en faveur de l'ecole de medecine, la déclaration que j'ai raportée dans l'article de cette faculté.

L'état où eft aujourd'huy fon bâtiment eft une preuve fenfible de fon ancienneté, puifque les fenêtres à la gothique, dont les marques reftent encore fur les murailles, ne peuvent être que de ce tems-là.

Ceux qui le firent bâtir prirent foin d'y ménager tout ce qui pouvoit être commode & néceffaire aux exercices de cette école : un jardin pour les arbuftes & les plantes les plus curieufes ; un théâtre d'anatomie, *olim à majoribus conftruĉtum* (dit celui qui le fit réparer en 1620), une chambre de confeil, avec une grande fale pour les exercices publics, que François Ranchin fit entourer d'un double rang de portraits des plus célébres médecins de la faculté.

Franç. Ranchin.

III. 75

Dans ces derniers tems, premier Chirac, premier medecin du roy, leur a procuré les moyens de faire bâtir un autre théâtre pour les démonſtrations de chimie, où les étudians, aſſis en amphithéatre comme dans celui d'anatomie, peuvent aiſement, ſans s'incommoder les uns les autres, voir & entendre leur démonſtrateur.

La principale façade de ce collége eſt incruſtée de pluſieurs bulles des papes & déclarations de nos rois en faveur de l'ecole de medecine, qui ſont gravées ſur la pierre, la plûpart en lettres gothiques, avec l'éloge de quelques chanceliers & profeſſeurs célébres, qui a été tranſcrit dans l'*Apollinare ſacrum* de François Ranchin.

L'ANCIEN COLLEGE DU DROIT
DIT LA TOUR DE Ste. EULALIE.

Page 398.

NOUS ne connoiſſons ce collége que par les écrits de nos anciens & par les débris qui en reſtoient encore ſur la fin du dernier ſiécle. Etienne Ranchin, qui vivoit dans le tems qu'on le détruiſit, l'apelle *opus certe mdgni laboris & ædificii, affabre ædificatum.* La choſe paroiſſoit encore en 1680 lorſque le ſr. Lefevre, voulant bâtir ſon jardin à la deſcente du couvent de la Mercy, il tira des démolitions & des fondemens de la tour de Ste. Eulalie toute la pierre qu'il lui falut pour ſon logement, pour la clôture de ſon jardin & pour un grand puits très-profond qu'il y fit creuſer.

On a pû voir dans l'article du droit civil & canonique que les actes de cette faculté ſe faiſoient à la tour de Sainte Eulalie, & qu'après que la théologie lui eut été unie, il reſta encore aſſez de bâtiment pour ſervir aux exercices de ces deux facultez, qui après leur rétabliſſement changerent de lieu, comme nous l'avons dit dans leur article.

COLLEGE DE S.-GERMAIN

LE pape Urbain V, en fondant à Montpellier le prieuré de Saint-Germain, ne ſe propoſa pas ſeulement de bâtir une maiſon de l'ordre de Saint Benoît, mais il voulut encore qu'elle ſervît de collége pour ſeize réligieux qui y feroient envoyez par l'abbé de St. Victor de Marſeille.

Statuimus quod in dicto prioratu, debeant esse sexdecim monachi, qui per abbatem Sti. Victoris, tam de ipso suo quam de aliis prioratibus, & locis à dicto monasterio dependentibus ad studendum in jure canonico & civili mittantur. Ils avoient un docteur-régent de leur ordre, dont il est souvent fait mention dans les régitres de l'université, laquelle se rendoit en corps, certains jours de l'année, dans leur maison apellée quelquefois collége de Saint-Germain, & quelqu'autre fois collége de Saint-Benoît. Les sciences y fleurirent jusqu'aux premiers troubles de religion où le monastère ayant été détruit, les exercices de collége y cesserent entiérement.

On dit que leurs écoles étoient dans le lieu où sont aujourd'hui les écuries de l'évêché, où plusieurs personnes vivantes se souviennent d'avoir vû une chaire de pierre qui servoit à leur docteur-régent.

J'ay parlé ailleurs de la grande bibliothéque que le pape Urbain V leur avoit donné dans cette maison.

LE COLLEGE DE S.-RUF

CETTE maison avoit le titre d'église collégiale à cause des personnes qui la composoient, lesquelles étoient tenuës de faire le service divin dans leur chapelle. On lui donnoit aussi le nom de collége à cause des etudians qu'il y avoit & de leur docteur-regent qui étoit agregé à l'université. J'ai raporté dans l'article de l'église collégiale de Saint Ruf les loix particulières qu'on leur prescrivit pour la vie ecclesiastique & réguliere; mais dans cet article je* crois devoir faire mention des statuts que le cardinal Anglic fit pour eux comme étudians.

Page 399.

Il dit dans le IX. article, qu'il fonde dix-huit places d'étudians ; sçavoir, six pour les arts, huit pour le droit canon, & quatre pour la théologie, *quorum sex in scientiis primitivis, octo in jure canonico & civili, & quatuor in sacra pagina.*

Il veut qu'ils soient tous de l'ordre de St. Ruf, & qu'ils ne puissent étudier dans ce collége au-delà de sept ans ; *qui non debent remanere in collegio studendi causa, nisi per septennium.* Que si au-delà de ce nombre, d'autres réligieux du même ordre demandoient à y être reçus, ils ne le pourront qu'en payant leur pension, *sic admissi debent in expensis providere.*

Tous doivent parler latin dans leur conversation ordinaire, parceque (ajoûte-t-il) le fer s'aiguise avec le fer, & que la conversation vaut plus que la simple lecture : *quia ferrum ferro acuitur, & plus valet collatio quam lectio.*

Il leur prescrit des loix très-severes pour la conservation de la bibliothéque ; voulant que dans la chambre la plus commode de la maifon, on tienne les livres attachez par une chaîne de fer, fur des pupitres où chacun pourra venir étudier : & pour cette raifon, chacun aura une clef de la bibliothéque, mais perfonne n'en pourra tirer aucun livre ; au contraire, le prieur fera tenu d'en faire fouvent la vifite, & de faire enchaîner les livres qui par l'ufage fe feroient détachez : il veut que tous ceux qui auroient enlevé quelque livre, foient exclus *ipfo facto* du collége ; que tout prieur entrant en charge jure expreffement l'obfervation de ce ftatut, & que tous les étudians, à leur réception, faffent le même ferment.

Pour prévenir leur inadvertance, par rapport au feu, il ordonne « que « dans fon collége, il y ait un officier apellé garde-feu, nommé chaque « famedy de la femaine, pour faire tous les foirs la vifite des chambres, & « voir fi quelqu'un tient fa chandelle trop proche du lit, ou s'il y a de la « paille dans les chambres inhabitées, qui pût donner lieu à quelque incen- « die : & pour plus grande précaution, il veut que dans le jardin, il y « aye toûjours une grande pile remplie d'eau à laquelle on puiffe récourir « en cas de befoin. »

Il ordonne, pour exercer les étudians, qu'un d'entr'eux, au choix du prieur, faffe tous les jours de folemnité une conference, *litterali fermone ad arbitrium prioris*.

Pour les tenir plus en crainte, il veut que le prieur, avec le confeil du plus grand nombre des chanoines de la maifon, aye droit de mettre dehors les fujets vicieux ou fcandaleux. Qu'aucun étudiant ne forte fans fa permiffion & que s'il revenoit après les portes fermées, il foit pour toûjours exclus du college. Dans cette vûë, il ordonne qu'on ferme la grande porte, lorfqu'on commence le foir à ne pas reconnoître les gens par la ville, & qu'on ne l'ouvre le matin que lorfque les ruës commencent d'être frequentées.

Par un article de fon teftament, il leur donne, pour augmenter leur bibliothèque, tous les livres qu'il avoit à Avignon, fauf quelques-uns dont il avoit déjà difpofé.

Les fciences fleurirent dans cette maifon jufqu'aux premiers troubles des proteftans, qui y firent ceffer tous les exercices d'étude, de même que dans les autres colleges de la ville. Les places des étudians refterent vacantes, & ce ne fut que foixante ans après que, leur maifon ayant été rétablie de la manière que nous l'avons dit, l'abbé général de l'ordre y envoya des jeunes étudians, que nous avons vû jufqu'au commencement de ce fiécle faire, leurs études de grammaire, de philofophie & de théologie, au college des jéfuites ; mais cet ufage a changé, de la manière que je l'ai dit dans l'article de l'églife collégiale de St. Ruf.

COLLEGE DE VALMAGNE

LES lettres de Jacques I, roy d'Aragon & de Mayorque, que je raporterai au bas de cet article, nous apprennent que le college de Valmagne fut établi en 1263, & qu'il étoit situé dans le faubourg de St. Guillem, tout auprès d'un four bannal des seigneurs de Montpellier, & dans un fonds qui avoit servi de cimetiére aux juifs de cette ville. Il paroît par ces mêmes lettres que les moines de Valmagne, avec les forains, étoient admis à cette étude. *Ad opus vestri ordinis, & aliorum qui in dicto studio scientiam sacrarum volent addiscere scripturarum.* Il confte aussi par les titres de l'abbaye de Valmagne, qu'il y avoit un proviseur de l'ordre pour le gouvernement de ce college, & que ses droits augmenterent si considerablement, qu'il acquit avec le tems la directe de toutes les maisons du faubourg qui font sur la droite en sortant de la ville. Mais la guerre ouverte que les réligionnaires firent aux anciennes fondations, & particuliérement à leurs titres, fit perdre aux religieux de Valmagne la plûpart des reconnoissances qu'ils avoient depuis leur college jusqu'aux fossez de la ville.

Il est fait mention de ce college dans un vieux manuscrit de la cathédrale, qui a pour titre, *privilegia ecclesiæ Magalonensis*, où l'on indique un accord fait le 8 & le 9 des kalendes de janvier 1263, entre le chapitre de Maguelone & Bertrand d'Auriac, abbé de Valmagne, au sujet de la fondation de ce college. J'en ai recouvré l'original qui m'a été communiqué par Mrs. de l'abbaye, dans lequel il est dit au sujet des offrandes, dons & droits curiaux de sepulture qui se feroit des étudians dans la chapelle dudit college, que de quatre portions les trois seroient attribuées au Sr. abbé de Valmagne, & la quatriéme au chapitre de Maguelone, & au curé de St. Firmin. Voici les lettres-patentes du roy Jacques I, dont j'ai parlé ci-devant.

Noverint universi quod cum nos Jacobus, Dei gratia rex Aragonum, Majoricarum & Valentiæ, comes Barcinonæ & Urgelli, & dominus Montispessulani, inter alios ordines ordinem Cisterciensem puro corde diligamus, & dilectionem prædictam non verbo tantum, sed verbo & opere eidem ordini ostendere debeamus. Idcirco ad honorem Dei & gloriosæ Virginis matris ejus Mariæ, ob remedium animæ nostræ & nostrorum parentum, damus & concedimus per nos & successores nostros monasterio Vallis-Magnæ & vobis fratri Bertrando abbati, & conventui monachorum ejusdem, & successoribus vestris in perpetuum, totum illum locum ab integro quem habemus in Montepessulano prope illum furnum nostrum, & juxta hortum & domos Vallis-Magnæ antiquas, in quo Judæi Montispessulani sepeliri solebant. Ad faciendum & con-

struendum ibidem studium theologiæ, ad usum vestri ordinis monachorum & aliorum qui in dicto studio scientiam addiscere sacrarum volent scripturarum. Volentes & concedentes vobis & successoribus vestris abbatibus & monachis, monasterii ante dicti, quod dictum locum cum omnibus melioramentis quæ ibi feceritis, teneatis, & possideatis cum introitibus, exitibus, confrontationibus suis & pertinentiis universis, à cœlo in abissum. Ad faciendum inde vestras proprias voluntates, prout melius dici vel intelligi potest, ad vestrum & vestrorum successorum, bonum, & sincerum proficuum & salvamentum. Vobis tamen facientibus in dicto loco studium supra nominatum, concedimus istud de donatione ista quod dictum locum vendere alicui non possitis, nec aliter alienare; sed quod semper sit ad dictum studium deputatum. Et quia in isto studio authorem fundatorem esse volumus & patronum, recipimus sub nostra protectione, defensione, & guidatico speciali dictum locum & monachos, ac etiam omnes alios ibidem habitantes sive habitaturos; vel bona eorum in aliquo loco dominationis nostræ, invadere, offendere, gravere, aut etiam pignorare, culpa, crimine, vel debito alieno, nisi ipsi fuerint principales debitores, aut pro aliis fidejussores constituti. Nec etiam in his casibus nisi prius in ipsis fraus inventa fuerit de directo. Mandantes tenentibus locum nostrum, bajuliis, curialibus, consulibus, * ac aliis officialibus Montispessulani, & universis aliis officialibus & subditis nostris præsentibus & futuris, quod hoc guidaticum nostrum firmum habeant & observent, & contra ipsum non veniant, nec aliquem venire permittant aliquo modo vel aliqua ratione. Imo dictum locum & alios supra nominatos, & bona eorum manuteneant, ubique protegant, & defendant. Ipsis autem querelantibus præbeant justitiæ complementum. Quicumque vero contra hoc guidaticum nostrum venire attentaverit, iram & indignationem nostram, & pœnam mille marabutinorum sine aliquo remedio se noverit incursurum. Damnis & injuria dicto loco, monachis ac aliis supradictis latis, primitus & integre restitutis. Datum Islerdæ septimo idus junii, anno Domini 1263. Testes sunt D. Guillelmus de Entença, Guillelmus de Cardona, Gairaudus de Pinos, Atho de Fabriciis, R. Guardia. Per manum Raymundi, de Rhutenis notarii.

En consequence de ces lettres, il fut passé un compromis entre l'abbé de Valmagne & la communauté des juifs de Montpellier, dans lequel il est dit que les juifs aprouvent le don de leur cimetiére fait par le roy au college de Valmagne, & que l'abbé leur donnera dix livres pour en faire retirer les offemens de leurs morts.

Cet acte est dans les archives de l'abbaye, d'où j'ai tiré tout ce que je viens de raporter du college de Valmagne.

On y voit aussi un privilege accordé en 1265 par le pape Clement IV aux réligieux de se servir de la maison et college de Montpellier pour leurs études, avec les mêmes libertez, immunitez & privileges qui sont accordez aux freres de leur ordre, étudians à Paris.

LE COLLEGE DE BRESSE

IL paroît par des actes qui m'ont été envoyez de Pezenas que ce college fut fondé en 1358 par Bernard Trigardy, evêque de Breſſe dans la Lombardie, qui avoit été auparavant réligieux de l'abbaye de Valmagne, dans le diocéſe d'Agde. Son teſtament, reçû à Breſſe par Conrad-André, notaire, parce qu'il donne * une maiſon qu'il avoit dans le Courrau & fauxbourg de Montpellier pour l'habitation de dix pauvres clercs de la ville de Pezenas, dont il étoit natif lui-même, voulant qu'ils fuſſent pris de ſa famille ou de ſa parenté, s'ils s'en trouvoit, *in gradu & linea præfati teſtatoris & de genere ſuæ ſtirpis ſi in ea extabunt*, & à leur défaut qu'on les prenne indifferemment de la ville de Pezenas, donnant pour cet effet trois mille quatre cens florins d'or avec tous ſes livres & ſes meubles.

PAGE 402.

Il prit la précaution (comme il avoit été réligieux) de demander au pape Innocent VI la permiſſion de teſter & de faire cette fondation, ce qui lui fut accordé par une bulle qui eſt inſerée dans ſon teſtament.

On ajoûte que, s'étant fait porter à Montpellier, il y mourut en 1360, ayant nommé pour ſon executeur teſtamentaire le cardinal d'Albane, qui crut ne pouvoir mieux placer ſon argent que ſur les conſuls de Montpellier

INNOCENTIUS *epiſcopus, ſervus ſervorum Dei, venerabili fratri Bernardo epiſcopo Brixſenſi, ſalutem & apoſtolicam benedictionem. Pia fidelium vota ex quibus fructus ſcientiæ litterarum valeat provenire, apoſtolico libenter favore proſequimur, illiſque aſſenſum benevolum impertimur. Sane petitio pro parte tua nobis exhibita continebat quod tu de ſalute propria cogitans, & terrena in cæleſtia ac tranſitoria in æterna cupiens felici commercio commutare, propoſuiſti & intendis de bonis tibi à Deo collatis, & per te licite acquiſitis, in auxilium & juvamen pauperum clericorum ſtudiis litterarum inſudare volentium, quamdam in loco Montepeſſulano Ma-galonenſis diœceſis, ubi generale ſtudium viget, domum fundare, in qua decem pauperes ſcholares hujuſmodi litterarum vacantes ſtudio & nihilominus in locis ad hoc aptis & congruis perpetuos annuos reditus ex quibus ipſi decem ſcholares in ipſo ſtudio poſſint perpetuis ſucceſſive temporibus ſuſtentari, ita quod eorum ſinguli quinque ſolidi monetæ regalis quæ in regno Franciæ curret pro tempore ſingulis ſeptimanis, ex ipſis reditibus miniſtrentur. Et quod tu jam motu proprio in ejuſmodi tui propoſiti executione procedens nonnulla hoſpitia & annuos reditus ad effectum dicti operis procedendi, & ordinationes præmiſſas & alia quæ ad hoc neceſſaria fuerint faciendi li-*

qui empruntoient alors pour des befoins preffans de la ville. Ils fournirent affez long-tems à l'entretien de ces etudians, mais peut-être avec trop de profufion, car environ quarante ans après, ils prétendirent y avoir employé au-delà des capitaux qu'ils avoient reçû, ce qui donna lieu aux abbez de Valmagne, protecteurs de ce college après la mort du cardinal d'Albane, de faire affigner en cour de Rome les confuls de Montpellier, qui fe plaignirent au roy Charles VI de ce qu'on les apelloit hors du royaume. Sur quoy le roy donna fes lettres du 12 août 1405, par lefquelles il commet le gouverneur de Montpellier pour oüir les parties fur les lieux & terminer leur different fans forme de procès, *abfque ftrepitu & figura judicii.*

Nous ne fçavons pas bien quelle fut la fentence du gouverneur, mais nous ne trouvons plus des veftiges de ce college, & s'il en refta encore après le tems dont nous parlons, il eft certain qu'il finit entiérement durant les troubles de la réligion.

centiam concedere, necnon tibi quoad vixeris, & poft obitum tuum abbati qui eft pro tempore monafterii Vallis-Magnæ ciftercienfis ordinis, Agatenfis diœcefis (in quo olim monachus profeffus extitifti) inftituendi feu ponendi, & deputandi ejufmodi pauperes fcholares, ufque ad præfatum numerum, eofque exinde pro tuo & poft obitum abbatis prædicti arbitrio libere amovendi, tollendi, & revocandi, & alios ibidem collocandi poteftatem concedere de benignitate apoftolica dignaremur. Nos itaque hujufmodi pium propofitum commendantes, quæcumque per te in præmiffis acta funt, rata & grata habentes, illaque authoritate apoftolica approbantes fraternitati tuæ hujufmodi licentiam, per te fuper his ut præmittitur poftulatam authoritate apoftolica largimur. Ac tibi quoad vixeris, & poft obitum tuum ejufdem abbati Vallis-Magnæ jus & poteftatem prædictam in perpetuum concedimus, jure quolibet alieno in prædictis femper falvo. Nonobftantibus dicti ciftercienfis ordinis profefforibus exiftentibus, necnon conftitutionibus & privilegiis apoftolicis vel aliis ftatutis & confuetudinibus ordinis, monafterii & ftudii prædictorum contrariis.

Nulli ergo omnino, &c... Datum Avenione, feptimo idus februarii. Pontificatus noftri anno primo. C'eft-à-dire, en 1352.

LE COLLEGE DE GIRONE

LE procez qu'il y a eu de nos jours au fujet du collége de Girone donna lieu à une tranfaction d'où l'on peut tirer plufieurs éclairciffemens pour la connoiffance de ce collége.

Elle porte que Jean Brugerie, de la ville de Girone, voulant fonder à Montpellier deux places d'étudians en medecine, natifs de la même ville, legua par fon teftament la fomme de huit cens écus d'or pour être employez à l'achat de quelque bien-fonds qui pût fervir à l'entretien defdits étudians, & nomma pour fon executeur teftamentaire, & pour patron meffire Jean du Verger, préfident au parlement de Languedoc, féant alors à Montpellier, lequel ayant requis Catherine Boubal, héritiére de Jean Brugerie, de payer ladite fomme de huit cens écus d'or, pour être employez conformement à la volonté du teftateur, elle ceda par acte du onze décembre 1468 une maifon dont ledit collége joüit actuellement vis-à-vis celui de Mende, & quelques biens-fonds confiftans en metairies, cazal, devois & terres fituées dans les paroiffes de Londres, Roüet & Saint Martin de Londres, avec leurs appartenances & dépendances.

Il paroît par un acte du 21 juillet 1553, raporté dans la tranfaction, que les collégiez avoient joüi de l'effet de cette ceffion jufqu'aux troubles des calviniftes, durant lefquels la ville de Girone ayant difcontinué d'envoyer des ecoliers à Montpellier, noble Simon de Gozon, feigneur de Boutonet & patron du collége de Girone en qualité d'héritier de Jean du Verger, vendit en l'abfence des collégiez (pour le prix de fept cens cinquante écus fol) toutes les terres apartenantes à leur collége, à noble François de Roquefeüil, feigneur de Londres. Page 403.

Les feigneurs de Londres en joüirent jufqu'au rétabliffement de la réligion catholique à Montpellier où les freres prêcheurs de cette ville, prétendant que le collége de Girone étoit abandonné, obtinrent du roy Loüis XIII un don de tous les biens qui lui avoient apartenu; mais lorfqu'ils voulurent en prendre poffeffion, les confuls & jurats de la ville de Girone s'y opoferent comme n'ayant été oüis ni apellez, & ayant mis en inftance le feigneur de Londres avec les freres prêcheurs, ceux-ci furent déboutez de leurs prétentions par arrêt du parlement de Touloufe du 21 mars 1642 & les findics de la ville de Girone maintenus dans la poffeffion des biens dépendans de ladite fondation pour les fruits d'iceux être employez à l'inftruction de deux écoliers de la ville de Girone.

Par ce même arrêt, le fr. de Roquefeüil fut condamné à défifter des biens du collége, ce qui donna lieu à plufieurs vérifications fur la confiftance des biens, qui fe trouvant confondus avec ceux du feigneur de Londres, rendirent la conclufion du procez plus difficile.

Enfin les parties ayant pris le parti d'en venir à une tranfaction, il fut convenu que les terres en litige refteroient en propre au feigneur de Londres, moyennant une rente annuelle de deux cens cinquante livres qu'il payeroit au fìndic du collége de Girone, & pour la reftitution des fruits qu'il avoit perçû depuis plus d'un fiécle, il payeroit une feule fois neuf mille livres pour être employées à la réparation du collége.

L'execution de ce dernier article a été diferée jufqu'à préfent, car le local du collége eft encore vacant, comme il l'étoit du tems des troubles de la réligion; fon emplacement eft toûjours vis-à-vis du collége de Mende (comme il a été dit) & fon entrée attenant la maifon de Patrij, où l'on voit encore une porte de pierre de taille dans le goût du quatorziéme fiécle.

Il eft apellé dans quelques aftes le college de Boutonet, peut être parce que Simon de Gozon, feigneur de Boutonet, avoit fuccedé au droit de patronage de ce collége au préfident du Verger, dont il étoit héritier, mais il ne paroît pas que ce droit fût attaché à fa feigneurie, quoiqu'il le fût à fa perfonne.

LE COLLEGE DE MENDE

DIT DES DOUZE MEDECINS.

J'AI raporté dans le cours de cette hiftoire la bulle de fondation de ce collége faite par le pape Urbain V en 1369, où l'on voit les motifs qu'il eut dans cet établiffement, & les confronts de la maifon qu'il fit bâtir pour douze étudians du diocéfe de Mende dont il étoit originaire lui-même.

J'ajoûterai feulement que nous ne trouvons point les réglemens qu'il promet dans fa bulle de leur donner un jour, non plus que la dotation qu'il leur fait efperer. Il y a lieu de croire qu'il chargea de leur penfion les moines de St. Germain, à qui les chanoines de Saint Pierre ont fuccedé, & qui payent tous les ans une certaine fomme aux étudians de ce collége qui font préfentez au chapitre par l'evêque de Mende.

Il y avoit une riche bibliothéque de manufcrits que le pape Urbain V avoit * pris foin d'y ramaffer. Les places en étoient fi bonnes qu'on les regardoit comme les meilleures de toutes les fondations qu'il y avoit à Montpellier, ce qui donna lieu fans doute à l'infcription qu'on mit alors fur la porte du college, & qui y fubfifte encore.

FELICES VIGEANT MEDICI, QUOS PAPA CREAVIT URBANUS QUINTUS, QUI MIMATENSIS ERAT.

LE COLLEGE DU VERGIER
AUTREMENT DE LA CHAPELLE NEUVE.

L'ACTE le plus poſitif que nous ayons ſur la fondation de ce college eſt un procès-verbal fait par Guillaume Paniſſe, juge du gouvernement de Montpellier, adreſſé au prieur & ſupôts des deux facultez de droit & de médecine, où il eſt dit :

Que ce college fut fondé & doté, premiérement par Me Jean Brugerie, médecin du roy, pour deux étudians en médecine, & enſuite par noble & puiſſant ſeigneur Jean du Vergier, préſident au parlement de Touloufe, pour deux autres étudians en droit, dans une maiſon ſituée à la ruë de la Coyraterie.

Il raporte la teneur des lettres du roy Loüis XI adreſſées à Jean du Vergier, préſident au parlement, & à Hubert Malenfant, ſes conſeillers au parlement de Languedoc, portant que Pierre Matte, tréſorier du roy en la ville & baronnie de Montpellier & Omelas, lui a expoſé que feu Jean Brugerie, maître ès-arts & docteur en médecine, auroit légué par ſon teſtament huit cens écus d'or, avec pluſieurs livres de médecine pour l'établiſſement d'un college où deux écoliers en médecine acheveroient le cours de leurs études, & qu'après la mort dudit Brugerie, ſes exécuteurs teſtamentaires auroient donné une maiſon ſituée en la ruë de la Coyraterie, avec des meubles & immeubles pour la valeur de ſept cens écus d'or, ce qui néanmoins auroit ſouffert difficulté par le peu de ſoin de certains Arragonois, ennemis du roy, qui laiſſoient diſſiper les livres leguez par ledit Brugerie, jadis notre médecin (dit Loüis XI) *qui cum in humanis ageret noſter medicus & phiſicus fuit, & plurima grata nobis impendit officia.* C'eſt pourquoi le roy mande à du Vergier & à Malenfant qu'ils ayent à prendre ſoin de ce college, lequel Sa Majeſté confirme & aprouve, donnant pouvoir à chacun d'eux, l'un pour l'autre, de faire des ſtatuts & réglemens pour cette maiſon, & augmenter le nombre des écoliers, ſi les revenus en devenoient ſuffiſans. Donné à Péronne le 30 août 1468 & de ſon regne le huitiéme.

En conſequence, les ſrs. du Vergier & Malenfant, en qualité de commiſſaires du roy, dreſſerent les ſtatuts ſuivans, où d'abord ils marquent les confronts de ce college, dont le logement avoit jadis apartenu à Jean Raymond Coyratier, habitant de Montpellier, laquelle maiſon (diſent-ils) donne d'un côté fur la ruë qui porte fon nom, & de l'autre fur la ruë qui va de la Coyraterie au Pile St. Gilles.

Ils déclarent qu'à la prière expreffe de Pierre Matte, patron de ce college, il fera apellé college du Vergier, en reconnoiffance des bienfaits que ce feigneur a fait & veut faire pour cet établiffement, en fondant la chapelle dite de Brocamin dans l'églife de Notre-Dame des Tables à l'autel de St. Jean, laquelle chapelle (dont ledit feigneur du Vergier a le patronage) il donne pour la fondation de ce college avec quantité d'autres effets pour fon érection & dotation, ce qui oblige ledit Pierre Matte de reconnoître que ledit feigneur du Vergier en eft le fondateur, & que fans fes foins ce college n'auroit jamais été rétabli.

« On régle donc qu'à l'avenir il y aura dans ce college quatre collegiez,
« dont* les deux pourront étudier en médecine, fi le patron le juge à pro-
« pos, & les deux autres à la jurifprudence, fi on les y trouve propres, auf-
« quels on donnera un ferviteur pour les fervir dans les chofes neceffaires :
« que fi on ne trouve pas des fujets propres pour l'étude de la médecine,
« on laiffe à la volonté du patron Pierre Matte & de fes fucceffeurs, de les
« faire étudier tous quatre à la jurifprudence, & ils vivront tous, tant des
« biens donnez par Brugerie, que par du Vergier.

« Les collegiez ne pourront être reçûs qu'ils n'ayent donné des répon-
« dans de leur fage conduite, lefquels s'obligeront de réparer les domma-
« ges que les collegiez auroient caufé à la maifon, même par faute legere.

« Tous les ans à la fête de St. Jean, le patron nommera un prieur d'en-
« tre les collegiez, qui aura la préference fur les autres. Il pretera ferment
« entre les mains du patron ou de fon procureur, aufquels tous les mois il
« rendra compte de l'adminiftration des biens du college, & il fera libre au
« patron de le deftituer, ou de le continuer plufieurs autres années, en lui
« faifant renouveller fon ferment, & l'obligation de rendre compte.

« Les clefs de la maifon feront toûjours entre les mains du prieur,
« qui prendra foin de la faire ouvrir, & fermer, aux heures convenables.

« Il prendra foin de faire enchaîner fur des pupitres, les livres délaiffez
« par Jean Brugerie, de la manière qu'on fait dans les autres bibliothéques,
« dont on fera autant de clefs qu'il y aura de collegiez : & à la fin de cha-
« que année le prieur vérifiera les livres, & en remettra un inventaire au
« patron, ou à fon procureur.

« Le patron, à toute heure du jour & de la nuit, pourra vifiter les cham-
« bres des collegiez, & les punir felon leurs fautes.

« S'il arrive qu'on établiffe des écoles dans ce college, le prieur (s'il en
« eft capable) pourra y enfeigner.

« La pleine & entiere difpofition pour le choix des collegiez, qui feront
« pris de quelque païs que ce foit, *undecumque affumendorum*, apartiendra
« au patron Pierre Matte, & à fes fucceffeurs, ou ayant caufe; & ils établi-
« ront les collegiez en leur place, fans être tenus d'en donner aucune par-
« ticipation au prieur, aux autres collegiez, ni à aucun prêteur ou juge.

« Les collegiez vivront enfemble dans la même maifon, & mangeront à
« la même table, à laquelle ils ne pourront admettre aucun étranger. Ils ne
« pourront auffi lui donner entrée dans la bibliothèque, fans qu'aucun
« d'eux ne foit préfent, durant tout le tems que l'étranger y étudiera. Ce
« qui (ajoûtent-ils) eft fi important, que plufieurs autres bibliothèques fe
« font perduës, faute de cette précaution, & que les livres ont été mutilez
« ou emportez.

« Le patron, ou fon procureur, pourra faire changer de chambre tant le
« prieur que les collegiez, qui feront tenus de lui obéir en cela, afin qu'il
« n'arrive point de conteftation, ni de procés fur cet article, comme il en
« eft arrivé en plufieurs autres colleges.

« Ils ne pourront s'abfenter de la maifon fans la permiffion du patron,
« qui fans autre forme de procés, pourra dans ce cas donner leur place
« à un autre.

« Ceux qui étudient en médecine, pourront demeurer fix ans dans le
« college, y compris le tems qu'ils auront employé (avec la permiffion du
« patron) à pratiquer ailleurs : & ceux qui étudient en droit, pourront y
« demeurer cinq ans. Que fi après avoir employé tout ce tems à l'étude du
« droit civil ou canonique, ils veulent étudier à l'autre, le patron pourra
« leur accorder un fecond *quinquennium*, & renvoyer même à la grammaire
« ceux qu'il verroit n'être pas affez forts pour la médecine ou pour le droit,
« fans toutefois qu'ils perdent leur place.

« Tous les étudians du college feront tenus d'affifter aux leçons de leur
« docteur, à celles des licentiez ou bacheliers, & à tous les actes publics de
« l'univerfité. Et lorfqu'ils auront rempli leur tems d'étude, ils feront leurs
« leçons pour la licence & pour le doctorat, faute de quoi ils pourront
« être chaffez par le patron.

* « Le prieur & les collegiez diront tous les jours l'office de la vierge, &,
« celui des morts, avec l'oraifon pour Jean Brugerie, fondateur de deux
« places dans leur college, & pour la profpérité du feigneur Jean du Vergier,
« qui en a fondé deux autres. Ils recevront le facrement de l'eucharistie du
« moins deux fois l'année, à moins que leur confeffeur ne le juge autrement.

« Outre les prières ordinaires à la fin & au commencement du répas, ils
« diront un *De profundis*, avec deux oraifons.

« Le jeu leur eft défendu, tant au-dédans qu'au-dehors de la maifon : ils
« n'y auront aucun chien, & il fuffira qu'il y en aye un pour la garde com-
« mune : ils ne pourront porter d'épée, *ultra menfuram unius palmæ*; ils n'i-
« ront de jour ni de nuit par la ville avec des armes, & n'introduiront
« point dans le college des femmes fufpectes, fous peine de privation de
« leur place.

« Les abfens ne joüiront point des fruits de la maifon, & les préfens fe
« contenteront d'une nourriture frugale, afin que le furplus des revenus de
« la maifon puiffe être employé aux reparations. Sur quoi on cite cet
« axiome, *pro præfentibus modicum, pro abfentibus nihil*.

« Ils fe rendront au fon de la cloche à tous les exercices du collége,
« comme au dîner & fouper. Ceux qui y manqueront feront privez du
« pain, du vin & de la pitance.

« Nul ne prendra les grades de bachelier, licentié, ou docteur, aux dé-
« pens du college.

« S'il tombe malade, on ne lui donnera des biens du college que la feule
« portion qu'il auroit en fanté; mais s'il vient à mourir fans laiffer de quoi
« payer fa fepulture, le college en fera les fraix du confentement du patron.

« Nul marié ne peut être reçû dans la maifon; mais à l'égard d'un
« homme veuf le patron pourra ufer de difpenfe.

« Et parce que la pefte qui a affligé le Languedoc dans les années précé-
« dentes a ruiné plufieurs colleges, en caufant la défertion des ecoliers, &
« la ruine des bâtimens : Nous, juge & commiffaire du roy, ordonnons
« que tous les actes quels qu'ils foient, feront paffez au nom du patron du
« college, qui doit en être régardé comme le fondement folide, & auquel
« apartient l'entiere difpofition des biens de la maifon. Que fi le prieur ou
« les collegiez vouloient aller contre ce réglement, nous déclarons en
« vertu de l'autorité royale qui nous eft confiée, nulles de plein droit, tou-
« tes les opofitions qu'ils pourroient y faire.

« Que fi par guerre, pefte, ou autres fléaux de Dieu, les révenus du col-
« lége venoient à périr, le patron pourra diminüer le nombre des écoliers,
« & fuprimer le ferviteur qui y fert à préfent; comme auffi il pourra les
« augmenter, fi les revenus devenoient plus grands, par l'union de quel-
« que benefice, donation, ou autres moyens.

« Le prieur ni les collégiez, ne pourront fe fouftraire à l'autorité de leur
« patron fous quelque prétexte que ce foit, même fous celui d'excommuni-
« cation ou d'interdit, qu'il auroit encouru.

« Ledit patron pourra loger dans le collége avec fes ferviteurs, & il en
« adminiftrera tous les biens, avec un plein & entier pouvoir.

« Les quereleurs & les mal-vivans, feront chaffez de la maifon, fans ef-
« perance d'y rentrer jamais.

« Le patron aura le pouvoir de conftruire une chapelle, dans l'enclos du
« collége ou attenant. Les collégiez qui feront prêtres, feront tenus d'y
« dire la meffe deux fois la femaine, aux jours que le patron leur marquera;
« & en attendant qu'elle foit conftruite, ils diront la meffe à Nôtre-Dame
« des Tables.

« Tous les collégiez, de quelque condition & qualité qu'ils foient, jure-
« ront entre les mains du patron, de lui être obéïffans, de garder les pré-
« fens ftatuts, & de procurer de tout leur pouvoir le bien & l'utilité du col-
« lége.

« Fait & publié dans le collége du Vergier, le 19 novembre 1468, en
« préfence de témoins, &c.

« Quelque tems après, Jean du Vergier qui étoit conseiller-clerc, unit à
« fon college le prieuré de St. Criftol, diocéfe de Nîmes, dont il joüiffoit.
« Ce bénéfice fait maintenant le principal revenu du college, qui entretient PAGE 407.
« quatre collégiez, dont le premier eft ecclefiaftique, & a le titre de prieur :
« fa place eft à vie, & celle de trois autres, n'eft que pour cinq ans. Ils font
« nommez par les profeffeurs & agregez de la faculté du droit, comme il
« a été réglé par divers arrêts de parlement. »

COLLEGE DES JESUITES

LE roy Loüis XIII étant venu dans le Languedoc en 1629 pour les
raifons que nous avons dit dans le cours de cette hiftoire, fit expedier à Nîmes le 15 juillet de la même année un brevet où il eft
dit que « Sa Majefté voulant donner moyen à fes fujets de Languedoc
« d'être mieux inftruits que par le paffé, tant en la doctrine chrétienne
« qu'ès fciences humaines & philofophie, a ordonné que dans la ville de
« Montpellier (une des principales dudit pays) il fera établi un college de
« la compagnie de Jefus au lieu où eft à préfent le college des humanitez.
« La dotation duquel, avec les apartenances, dépendances, privileges,
« droits & exemptions, Sa Majefté donne & octroye aux peres de la com-
« pagnie de Jefus. »

En confequence de cet ordre, les confuls de Montpellier mirent ces peres
en poffeffion de l'ancien college, & Mr. de Fenoüillet, pour agrandir leur

logement, donna la fale (dite) de l'evêque qui n'en étoit feparée que par une ruë, fur laquelle on jetta un pont de bois pour communiquer de l'un à l'autre.

Ces peres refterent dans ce logement compofé de differentes maifons, jufqu'en 1680, où la ville voulant leur donner le moyen de fe loger plus commodément, leur donna trente mille livres, & le roy leur accorda l'emplacement du petit fceau & la ruë dite de Montpelieret, pour pouvoir porter leur nouveau bâtiment fur les fondemens des anciennes murailles de la ville.

Cet édifice ayant été mis en l'état où on le voit aujourd'hui, la ville fit commencer, à fes dépens, la cour des claffes, qui étant achevée, fera de cette maifon un des plus beaux colleges qu'ils ayent dans le royaume.

Les agrémens qu'on y trouve la font rechercher avec empreffement par ceux qui font les plus avancez en âge, ce qui fit dire à un de leurs généraux, *quid eft illud Monfpelium ad quod omnes fenes accurrunt tanquam ad arborem vitæ?* Leurs fuperieurs l'ont toûjours pourvûë des meilleurs fujets de leur province, parmi lefquels celui dont la mémoire eft en plus grande vénération eft fans contredit faint Jean-François Regis qui fit fa profeffion dans cette maifon le 6 novembre 1633, comme on le voit écrit de fa main dans leurs regîtres.

COLLEGE DE S^{TE} ANNE

LORS du rétabliffement des études, après le fiége de Montpellier, on commença de donner le nom de collége Sainte Anne à la maifon qui fert aujourd'hui de fiége à la jurifdiction du petit fceau royal de Montpellier, parce qu'on y établit alors fous le regne de Henry IV les écoles du droit qui avoient été auparavant à la tour de Saïnte Eulalie. On ne doute point qu'Etienne Ranchin, profeffeur en cette faculté, ne contribuât beaucoup à cet établiffement, tant à caufe du grand défir qu'il en avoit, & qu'il témoigne dans plufieurs endroits de* fes ouvrages, que par l'infcription que fon fils François Ranchin, chancelier en medecine, fit graver fur la façade du collége Sainte-Anne, où on lit :

PAGE 408.
Dans la préface de fes Décifions.

D. M.

Stephani Ranchini Uceticenfis, in fuprema fubfidiorum curia fenatoris, & in Placentinea academia profefforis primarii: florentiffimæ familiæ parentis, qui anno

Dni. M. D. LXXXIII ÆTATIS LXXIII, profeſſionis XL, in hoc Montepelio diem obiens noviſſimum, ut poſteris ſuum erga hanc ſcolam teſtaretur amorem, in proxima D. Annæ æde corpus condiri teſtamento juſſit.

D. quoque M.

Guillelmi Ranchini Monſpelienſis, Stephani filii, & ejuſdem in Placentinea profeſſione ſucceſſoris, viri conſularis, & in tribunali Toloſano ſenatoris, defuncti & ſepulti in Montepelio, anno M. DC. V, ÆTAT. XLV, FRANCISCUS RANCHINUS CANCELLARIUS UNIVERSITATIS MEDICINÆ, *illius poſt quinque alios filius, licet uterque in ſcriptis perennet, memor tamen paternæ benedictionis in qua deceſſit, & fraternæ pietatis, poſuit anno Domini* M. DC. XVI.

Ce college ſervit aux écoles du droit juſqu'en 1682 qu'elles furent transferées au college du Vergier ou de la Chapelle Neuve, pour les raiſons que j'ai dit ailleurs, & l'on mit alors au college Ste. Anne la cour royale du petit ſceau, qui y ſubſiſte encore.

RECUEIL
D'ARNAUD DE VERDALE
EVEQUE DE MAGUELONE

Sur les anciens evêques ses prédécesseurs

IN nomine sanctæ & individuæ Trinitatis, Patris & Filii, & Spiritus sancti. Amen.
Incipit catalogus episcoporum Magalonensium, per reverendum in Christo patrem D. Arnaldum de Verdala, Dei providentia Magalonensem episcopum, editus & etiam publicatus. Et primo incipit prologus sic.

Sanctorum Machabæorum gesta referunt & describunt quod Matathias appropinquans morti suæ, dixit filiis suis : Mementote operum patrum quæ fecerunt in generationibus suis, & accipietis gloriam magnam & nomen æternum. Et quoniam omne datum optimum, & omne donum perfectum desursum est, descendens a patre luminum, sicut legitur Jacobi cap : 1°. Quia etiam cujus donum, vel munus frequenter aspicitur, hujus memoria diftrictius retinetur, prout in concilio Viennenfi tit. de reliquiis n° 2, circa medium continetur, idcirco donum iftud, nobis in verbis præaffumptis divinitus infpiratum, debemus æterna memoria commendare [1].

Igitur nos Arnaldus de Verdala, juris utriufque profeffor minimus, Magalonenfium epifcopus licet indignus, opera, gefta feu facta epifcoporum prædecefforum noftrorum Magalonenfium volentes colligere, ut inde nomen æternum & gloriam accipere mereamur, ipfa ad æternam rei memoriam, authoritate noftra ordinaria duximus publicanda, & in archivis publicis noftræ Magolonenfis ecclefiæ confervanda, ne traditiones quas antiquitus a patribus fufcepimus, violentur. Quare, rogati a devotis noftræ ecclefiæ, ut otium devitemus, divino auxilio invocato, catalogum hujufmodi duximus ordinandum.

Sane poft primum annum Caroli imperatoris, qui circa annum domini 727, vel circa imperavit, Sarraceni per mare difcurrentes intrabant infulam Magalonæ, *per Gradus* [2], & inde caftra circum jacentia vaftabant, ideo a dicta infula per dictum Carolum Sarracenis exactis, ædificiis & ecclefia funditus dirutis, ne ibi Sarraceni poffent recipi, & canonicis tunc fæcularibus exiftentibus ad montem de Subftantione mutatis, privilegia, regiftra, & monumenta ipfius ecclefiæ Magalonenfis perdita & deftructa fuerunt. Quapropter paucas fcripturas antiquas præteritorum temporum potuimus reperire, quibus de ftatu dictæ eccle-

---

1 Le pere Labbe dans cet endroit, a fupprimé le refte de la préface, qui ne fait rien à l'hiftoire de Maguelone, j'en ufe de même pour cette raifon.
2 Gradus, Grau, ou paffage des eaux de la mer dans l'étang.

fiæ feu epifcoporum mortuorum daretur nobis cognitio. Illos autem quos reperire potuimus in præfenti catalogo duximus regiftrandos. Quocirca non miretur difcretio legentium, quod primum principem feu fundatorem hujus ecclefiæ minime recenfeamus, cum nihil de illo potuerimus invenire.

BOETIUS

BOETIUS, epifcopus Magalonenfis, qui antea Carpentoracenfis epifcopus fuerat, & tali nomine anno 588 Matifconenfi concilio interfuerat, hoc anno 589, tertio concilio Toletano per Genefium ecclefiæ Magalonenfis archidiaconum & Boëtii vicem gerentem interfuit, ut ex actis hujus concilii compertum eft.

Quod concilium anno quarto piiffimi ac Deo fideliffimi *Recaredi*, regis Hifpaniarum, fub Pelagio, papa fecundo, congregatum fuiffe tradunt omnes hiftorici.

Cum autem Leovigildus decimus-quartus Gothorum rex, Goisvintham, Athanagildi regis filiam, fibi matrimonio conjunxiffet, & antea eidem regi a Theodofia alia fibi uxore filii duo fuiffent, quorum fenior Hermenegildus, junior Recaredus nominabatur, Leovigildus maximo odio profecutus eft filium fuum Hermenegildum, eo quod a fecta parentum abhorreret, & edoctus chriftianam religionem per filiam Childeberti Regis Francorum, quam fibi in matrimonium conjunxerat, palam fe chriftianum profeffus effet, eum tandem extremo capitis fupplicio adfecit. Qua de re paulo poft pœnitens, * ac feptem dies in fletu perdurans, pro iis quæ contra Deum & Hermenegildum filium inique, & crudeliter molitus erat, spiritum exhalavit Leovigildus.

Ei Recaredus, alter filius, successit. Sed patri multo dissimilis fuit, & ab ineunte ætate christianissimus, eo quod a Leandro hispalitano episcopo, & a Fulgentio præsule in fide christiania institutus, primo sui regni anno tam blandis verbis quam firmis rationibus, multis episcopis & pluribus proceribus arianis, hanc hæresim abjurare persuasit, ac sanctissimo decreto statuit ut bona ecclesiæ quæ a predecessoribus suis ablata, & in publicum addicta fuerant ecclesiasticis restituerentur.

Præterea, quarto regni sui anno ob extirpandam arianam hæresim, & reparandum sanctæ ecclesiæ statum, hoc concilium Toleti celebravit, cui sexaginta duo, vel septuaginta episcopi, tam ultramontani quam citramontani, præter sex metropolitanos interfuere, quorum authoritate & decreto ariana hæresis condemnata est, & in hac sancta synodo, rex ipse Recaredus miseratione [divina compunctus, cum Badda uxore sua & omnibus Gothorum proceribus, multis præsulibus, qui hanc hæresim diu professi erant, se catholicæ legi subdiderunt, & accepto sanctæ crucis signaculo, cum chrismatis unctione, crediderunt Jesum Christum Filium Dei æqualem cum Spiritu sancto, regnantes in sæcula sæculorum.

Et quoniam in quarta hujus concilii sessione ordinatum fuerat quod Judæis non liceret christianas habere uxores, nec in usus proprios mancipia comparare christiana, nec alia officia publica agere posse, unde eis occa-

fio tribueretur pœnam Chriftianis inferre, ideo Judæi omnem moverunt lapidem, & totis viribus has conftitutiones infeftas facere nifi funt. Imo ingentem pecuniam Recaredo promiferunt, fi eas refcindere vellet; fed piiffimus rex ad id confentire noluit, & accuratam hac de re Gregorio, qui in pontificatu Pelagio fuccefferat, epiftolam fcripfit. Et interim ipfe rex Recaredus, ut notatur in compendio hiftoriali Roderici Toletani, Gironam appullit, & ibi ad fepulchrum Sti. Felicis coronam regiam Deo dicavit, & accepto refponfo non folum hujus concilii conftitutionibus fubfcripfit, fed & fua authoritate regia figillo regni confirmavit: quin imo, ut & ipfa Bedda regina uxor fua, & quotquot pontifices, & proceres qui concilio adfuerant, ei fubfcriberent. Eodem anno 589, ipfemet Boëtius fecundo Narbonenfi adfuit, cujus præfatio fuit fic : « In
« nomine Domini noftri Jefu-Chrifti, anno feliciter quarto
« regni domini noftri gloriofiffimi Recaredis, regis Narbo-
« næ, Migetius,* Sedatius, Benenatus, Boëtius, Pelagius,
« Nigridius, Agrippinus & Sergius, epifcopi Galliæ pro-
« vinciæ, concilia antiqua patrum, vel decreta, cum Dei
« timore obfervare cupientes, Nos in urbe Narbonæ, fe-
« cundum hoc quod fancta fynodus per ordinationem
« gloriofiffimi domini noftri regis in urbe Toletana defi-
« nivit, die kalendarum novembris, deo aufpice, in unum
« convenimus, & aliquanta quæ pie & jufte funt edita,
« recapitulare fecimus, quæ in ipfa fynodo tenore capitu-
« lorum evidenti jure declarantur. In quorum capitulo-
« rum fubfcriptiones funt :

« Migetius in Chrifti nomine, ecclefiæ catholicæ Nar-

PAGE 412.

« bonenfis epifcopus, has conftitutiones, fecundum quod
« nobis, & fratribus noftris Deo infpirare placuit, relegi &
« fubfcripfi.

« Boëtius in Chrifti nomine ecclefiæ Magalonenfis
« epifcopus in hac conftitutione interfui, & fubfcripfi. »

Vixit ipfe Boëtius, ut probabile eft, in epifcopatu vigintinovem, vel triginta annis.

GENESIUS

GENESIUS, epifcopus Magalonenfis, eum effe puto, qui, ut archidiaconus & Boëtii procurator, tertio concilio Toletano interfuit. Ipfi Boëtio in epifcopatu fucceffit anno 628, vel 629 ; interfuit quarto concilio Toletano, per Stephanum archidiaconum Magalonenfem, & vicarium fuum, ut patet infcriptionibus ejufdem concilii, quod quidem concilium congregatum fuit a Sifemundo, Gothorum rege, qui ope Francorum Hifpaniæ regnum adeptus, plurimas urbes fubjecit, & Judæos fub pœna mortis baptifari præcepit : cui mandato multi metu mortis fteterunt, multi tamen corpore tantum, non corde abluti, ad ipfam quam prius habuerant perfidiam regreffi funt. Plerique ex eis blafphemantes in Chriftum, non folum Judaïcos ritus fequi, fed etiam abominandas circumcifiones exercere prefumpferunt. De quibus confulti piiffimi ac religiofiffimi patres, decreverunt quod deinceps nulla vis inferretur Judæis ad credendum, « cui enim vult
« Deus miferetur & quem vult indurat. Non ergo vi, fed
« libera voluntate ut convertantur fuadendi funt, nec pe-

« nitus impellendi. Qui vero jampridem ad chriſtianita-
« tem coacti fuerunt, ſi ſacramentis divinis ſociati, & bap-
« tiſmi gratiam ſuſceperunt, & corporis ac ſanguinis Do-
« mini facti ſunt participes, oportet ut fidem, quam vi,
« vel neceſſitate amplexi ſunt, tenere cogantur. »

Vixit idem Geneſius in epiſcopatu annis triginta-quin-
que, vel circiter.

EUMERIUS

*EUMERIUS¹ in epiſcopatu Magalonenſi, anno Do-
mini 660, ſucceſſit Geneſio, & anno quinto Receſ-
vindi, Gothorum regis, interfuit concilio Toletano, ubi authoritate quinquagintaduorum epiſcoporum, & plurium
abbatum, & procuratorum, ſanctiſſime ordinatum eſt
præter alia :

« Ne quis pretextu incommodæ ægritudinis Quadrage-
« ſimæ jejunium ſolvat. Quod ſi quis eſum carnium hoc
« tempore præſumpſerit attentare, non ſolum reus erit
« dominicæ reſurrectioni, verum etiam alienus ab ejuſ-
« dem ſancta communione, & hoc illi cumulabitur ad
« pœnam, ita ut toto illius anni curriculo ab omni eſu
« carnium abſtineat gulam, quia ſacrorum dierum oblitus
« eſt diſciplinam. Ille autem, quem morbus incurvat, aut

PAGE 413.

---

1 ' Ste Marthe dans le *Gallia Chriſtiana* & Gariel dans le *Series Præſulum Magalonenſium* n'ont pas compris *Eumerius* parmi les evêques de Maguelone, parce qu'ils l'ont regardé comme un ſimple abbé, qui aſſiſta
au concile de Tolede, dont il eſt ici parlé. J'ai ſuivi leur ſentiment au commencement de ce volume, en
donnant la ſuite de nos evêques ; mais en raportant les écrits de Verdale, je n'ai pas crû pouvoir ſuprimer
ce qu'il a dit d'*Eumerius*.

« langor extenuat vel neceffitas arctat, nihil a fe præfu-
« mat accipere, nifi a facerdote permiffum ei fuerit. »

Per hæc ipfa tempora Eumerius, cum effet vir eloquentia infignis, & in difputando vehementiffimus, adverfus quemdam Pelagium & Thudinum, hæreticos, qui in hac Gallia Gothica juxta Helvedii hærefim affirmabant Mariam beatiffimam Virginem, poft Chriftum, alios de viro fuo Jofeph fufcepiffe filios, impugnare non deftitit. Vixit in epifcopatu annis 12, vel, ut probatum eft, decem & feptem.

GUIMILDUS

GUIMILDUS Eumerio fucceffit anno a nativitate Chrifti 672, & fi Beutherum audimus, anno 677 fub rege Vamba, 24 Hifpaniarum rege.

Tradunt autem hiftorici quod poftquam Vamba Toleti fummo cum apparatu rex proclamatus fuit, & in templo divæ Mariæ regiis infignibus decoratus, quidam Authildericus, comes Nemaufenfis, a fuperiorum regum decretis deficiens, Judæos in provinciam fuam denuo invexit, & faces rebellionis in eam injecit, atque ad defectionem, univerfam Gothiam Gallicam impuliffe retulerunt certiffimi nuntii. Cui adhærentes Guimildus, Magalonenfis epifcopus, & Ramirus abbas, Aregium, Nemaufenfem, de fua fede * expellunt, & cum rebellibus circumjecta Nemaufi loca invadunt & occupant.

Rex igitur Vamba juftum conflans exercitum, duce

Paulo, de mortui regis cognato, jubet illico in hanc provinciam tranfportari, ut illa conjurationis bella retunderet. At ille perfidus arma regia in ipfum regem convertit, & Narbona capta, nomen & infignia regis fibi vindicavit, quodque ut facilius exequatur, jubet afportari diadema quod in fano Sti. Felicis Gerundenfis rex Recaredus in perpetuum anathema appenderat. Quo facto, omnia facra & profana depopulatur, fed brevi Dei vindicem manum fenfit. Nam de his omnibus rex Vamba quam diligentiffime ab Argebaro, Narbonenfi epifcopo certior factus, fortiffimum in rebelles fine mora duxit exercitum, & primo impetu rem abfolvit. Bitteras quippe, Agatham, Magalonam, Barcinonem, & Narbonam in poteftatem fuam redegit & rebellem Paulum cum Guimildo & fuis confociatis intra Nemaufi munimenta compellit, obfidet, capit, & una cum nobilioribus ejufdem facinoris fociis, Toletum jubet afportari, ubi in perpetuam cuftodiam quæ perfidorum eft pœna, lata fententia reconduntur.

Ut autem depopulationes, vaftationes Nemaufo antiquæ Gothicæ-Galliæ illatas refarcirent, eos compelli juffit, Guimildum ab epifcopatu deponi fecit, & ipfe Paulus ut omnibus fpectaculo & ludibrio foret, barba, capilloque abrafis, pedibus ut plurimum & capite nudis in publicum exponitur, tum demum in cœcum ergaftulum, ac prohinde in mortem acerbiffimam mittitur.

Vixit autem Guimildus in epifcopatu annis decem & feptem, vel, fecundum alios, fexdecim tantum.

VINCENTIUS

VINCENTIUS, qui & anteà archidiaconus Magalonenfis fuerat, Guimildo fucceffit, & anno 683 interfuit XIII concilio Toletano, quod anno 4° Ervigii, Hifpaniarum regis authoritate congregatum eft, & fub Leone papa celebratum, ubi per 48. epifcopos & tres metropolitanos fanctiffime conftitutum fuit, ne quis rex, aut alia perfona, viduam defuncti regis uxorem ducere poffet, aut per adulterum fub pœna excommunicationis cum illa mœchari.

Item Vincentius fubfcripfit actis fexti concilii Conftantinopolitani, fub Conftantino quarto recepti. Et paulo poft contra Appolinaris hærefim renovatam : qui duas naturas, divinam fcilicet & humanam, in Chrifto-Jesu negabat. Quæ quidem acta fanctiffimus papa Sergius in Hifpaniam mifit, ut congregatis pontificibus & eorum authoritate confirmata, in toto Gothiæ regno publicarentur.

Vixit autem Vincentius in epifcopatu viginti-duobus annis, vel circiter, ut probabile eft.

SEDES VACAT QUASI PER SÆCULUM

Unde autem hoc ? Caufæ deducendæ funt, tam rationibus, quam authoritatibus fummorum virorum qui hac de re & eodem tempore fcripferunt.

AMICUS EPISCOPUS

SAINTE Marthe aprouve dans son Gallia Christiana les conjectures de Ga-riel, qui dit que cet *Amicus*, frere de St. Benoît d'Aniane, étoit comte de Ma-guelone, & nullement evêque, comme Verdale paroît l'avoir crû. Il met à sa place un *Jean I*, qui est connu par sa souscription au concile de Narbonne, tenu en 788, contre *Felix d'Urgel*.

Après la mort de Jean I, St. Benoît d'Aniane, qui avoit beaucoup de credit auprès de l'empereur Loüis le Débonnaire, procura à l'église de Maguelone Stabellus qui suit, & que Verdale a compris dans son Catalogue en ces termes :

STABELLUS

STABELLUS fuit episcopus Magalonensis anno 804. De illo nihil adhuc reperi, nisi quod interfuit memorabili bello quod eodem tempore apud Roncemvallem factum est.

Idem Stabellus interfuit consecrationi ecclesiæ Anianensis, ut constat ex fundatione ejusdem ecclesiæ.

En cet endroit, les manuscrits que nous avons de Verdale commencent à varier; car les uns confondent Ricuin I. avec Ricuin II., en attribuant à l'un les actions de l'autre, & ils ne font aucune mention des evêques Abbo, Gontier & Wibald, qui avoient précédé Ricuin II.

Quelques autres parlent d'Abbo & de Gontier; mais il est visible que les copistes de Verdale ont inséré dans son livre les remarques que quelques sçavans avoient écrit à la marge, puisqu'on trouve citez dans le corps de l'ouvrage divers auteurs qui n'ont écrit que long-tems après Verdale ; entr'autres le pere Sirmond dans ses Conciles, qui fit sa compilation plusieurs siècles après lui.

Je me borne à continuer de suivre l'exemplaire de feu Mr. Plantavit, evêque de Lodève, lequel me paroît beaucoup moins défectueux que les autres que j'ai pû voir:

RICUINUS *

De isto non reperi aliam certitudinem, nisi quod Ludovicus de quo infra fit mentio, imperabat circa annum Domini 820, & quod in tabulario antiquo Magalonensis ecclesiæ talis antiqua scriptura reperta est :

« Cum rerum gestarum recordatio admodum sit ne-
« cessaria, & humanæ naturæ vis, ad ea quæ gesta sunt se-
« riosius recolenda nequaquam sufficiat; utile plurimum
« mortalibus fuit ut actuum qualitates & modus, scrip-
« tura promulgante, memoriæ mandarentur. Menti ideo
« nobis extitit litteris explicare quanta fuerit diligentia,
« quanta devotio in viris præclarissimis, qui universæ
« carnis viam in Domino abierunt, circa allodia sua pro
« æternæ remunerationis fructu Magalonensis ecclesiæ
« juri mancipanda. »

Placuit itaque retexere primordio quonam modo Montispessuli & Montispessulani villæ cum adjacentiis suis Magalonensi ecclesiæ sint acquisitæ.

Duæ quondam (ut in scriptis & fama pertinace comperimus) fuerunt sorores quarum altera Montempessulanum, altera Montempessulanulum possidebant. Beatus namque Fulcranus a Substantionensium comitum stemmate maternum sanguinem ducens, Magalonensis archidiaconus, gloriosissimus post modum Lutovensium episcopus, istarum frater fuisse comprobatur. Verum istæ cum meliori consilio revolvissent quod inordinato & præcipiti curfu tranfeat mundus, & concupifcentia ejus, de terrena ac tranfitoria poffeffione ftatuerunt efficere, quo poffent cœleftia in perpetuum poffidere. Earum igitur fuit deliberationis confilium, ut poffeffionem & poffeffionis jus quod in iis villis, & in pertinentiis ad eas videbantur habere, ad Magalonenfem ecclefiam jure perpetuo poffidendam transferrent.

Hoc ergo votum Domino perfolventes, has villas cum adjacentiis fuis, Domino Deo & beatis apoftolis Petro & Paulo Magalonenfis fedis, & Ricuino, ejufdem fedis venerabili epifcopo, donatione in perpetuum valitura deftinaverunt.

Erat autem in his partibus tunc temporis vir nobilis quidam Guido nomine, qui (ut nobis traditum eft) ex terris five prædiis cum Melgorienfi comite militabat. Hic quadam die venerabilem adiit Ricuinum Magalonenfem epifcopum, & ut ei Montempeffulum ad feudum donaret, multis precibus impetravit. Accepit ergo Guido à Ricuino Montempeffulum ad feudum, & præftitit ei fidelitatem * & homagium, expofita ei fecuritate, ut ei & Magalonenfis fedis canonicis deinceps fidelis effet in omnibus.

PAGE 417.

Ludovicus etiam, divina miferante gratia, imperator Auguftus, inter fuæ largitatis donaria Magalonenfem ecclefiam non reliquit immunem.

Inter cœtera ergo beneficia quæ eidem ecclefiæ plurima contulit fanctiffimo Argimiro, ecclefiæ præfulante, pro æternæ vitæ præmia capeffendo Villam-Novam (a) pleno Dominio in perpetuum poffidendam Magalonenfi

(a) Villeneuve-lez-Maguelone.

ecclesiæ restituit. Præterea villam de Terraliis (*b*) & villam de Bajanicis (*c*), villam de Vedatio (*d*) & villam de Montelio (*e*), villam de Chaulet (*f*) & villam de Cocone (*g*), cum omnibus pertinentiis suis eidem Magalonensi ecclesiæ delegavit.

<small>(*b*) Le château du Terrail.
(*c*) Baillargues.
(*d*) St. Jean de Vedas.
(*e*) Montels.
(*f*) Chaulet.
(*g*) Cocon.</small>

Berengarius autem, illustrissimus comes Melgoriensis, pro animabus Gislæ comitissæ & Bernardi filii sui, castrum de Gigeano * quod à Ricuino Magalonensi episcopo per donationem acceperat, eidem Magalonensi ecclesiæ reddere congruum duxit.

<small>* De Gigean.</small>

Castrum vero de Veruna, cum omnibus quæ in ejus terminis Fredolus de jure possidebat, Ricuino episcopo Magalonensi in integrum recognovit; & tunc usque in hodiernum diem qui post eum loco ejus hæreditario jure successerunt, a Magalonensi episcopo in beneficium habuerunt.

<small>La Verune.</small>

Giroardus quidem nobilis, quidam vir, villam de Vico, cum omnibus adjacentiis suis Magalonensi ecclesiæ donavit.

<small>Vic.</small>

Bernardus igitur, Melgoriensis nobilissimus comes, villam de Prunesto quæ est in territorio Bitterensi villam Exindrio & villam de Arboratis & Murmuranegues, & in vicaria Agonensi ecclesiam Sti. Bausilii cum omnibus ad ipsam pertinentibus, & villam de Augusanicis & villam de Novigens Magalonensis ecclesiæ dominio subjugavit.

<small>Agonez.
Guzargues.</small>

Australdus autem, præclarissimus quidam vir, villam quæ Virag appellatur Magalonensi ecclesiæ & Ricuino ejusdem sedis episcopo pleno jure tradidit possidendam.

Ipfe etiam Auftraldus villam de Maftalgo, Magalonenfis fedis, prædiis adfcripfit.

Ecclefia autem de Roët, & villa de Perolz, villa Sti. Dyonifii de Gineftet cum omnibus adjacentiis fuis, Magalonenfis fedis ab antiquo allodia, nuncupantur. <small>Roüet, Perolz, St. Denis de Gineftet.</small>

Villam autem de Lunello-Veteri, & villam Sti. Bricii, villam de Pratis, & villam de Jacone cum pertinentiis fuis ecclefia Magalonenfis per tempora multa in allodium poffidet. <small>St. Brez, Prades, Jacou.</small>

Hæc autem ob hoc litteris commendamus, ut legentes noveritis, quod hæc procul dubio fint ecclefiæ Magalonenfis allodia, de quibus & a quibus eidem ecclefiæ tradita funt recolentes *.

ARGEMIRUS

<small>PAGE 418.</small>

DE ifto non reperi certam mentionem, nifi quod in libris antiquis legitur, & fpecialiter in lunario antiquo, quod Ludovicus, divina gratia imperator auguftus, inter alia fuæ largitatis donaria, Magalonenfem ecclefiam non reliquit immunem.

Inter cætera ergo beneficia quæ eidem ecclefiæ contulit, fanctiffimo Argemiro Magalonenfi ecclefiæ præfulante, pro æternæ vitæ præmio capeffendo, Villam-Novam, prope Magalonam, quam Carolus, ejus proavus, in odium Sarracenorum ecclefiæ abftulerat, prout in privilegiis fuis continetur, pleno dominio in perpetuum poffidendam reftituit; præterea villam de Terraliis, villam de <small>Le Terrail.</small>

Baillargues, St. Jean de Vedas. Montels. Chaulet. Cocon.

Bajanicis, villam de Vedatio, villam de Montelio, villam de Chauleto & villam de Cocone cum omnibus pertinentiis fuis eidem epifcopo donavit.

Et reperi in chronico quod Ludovicus ifte imperabat anno ab incarnatione Domini 830.

Sciendum etiam, quod in legenda beati Antonini martyris Appamienfis, inter alia continetur quod cum Theodoricus, Appamiarum rex paganus, beatiffimum Antoninum, fratrem fuum, in duro carcere intrufiffet, & catena ferri maximi ponderis ejus collum alligaffet, contigit quod quidam puer, nomine Almachius, cujufdam viri clariffimi & patricii filius, Spiritus-Sancti gratia roboratus, intravit ad Antoninum in carcere, & catenam in ejus collo pendentem fuftentabat fuis brachiis & miniftrabat eidem. Sed rex paganus, exiftimans fervum Dei ferri pondere & fame defeciffe, venit ad veftibulum carceris, & videns Almachium puerum catenarum pondera fuftentantem, iratus fecit eum ex alto præcipitari. Sed angelus Dei illum fervavit illæfum. Tunc Theodoricus, inveniens Almachium puerum illæfum, interrogavit eum quomodo de tanto præcipitio evafiffet illæfus : puer vero referebat quod, per orationes magiftri fui Antonini, angelus Domini in ejus præcipitio adfuerat, & eum incolumem fervaverat; regi quoque indicans : « prope eft ut Dominus Jefus-Chriftus injurias fervi fui Antonini vindicet, & cruciatus ejus in te retorqueat; ad prælium enim quod imminet in * Pen-

---

* *Pentoniam civitatem.* Cette ville nous eft inconnuë, mais la fuite de la narration de Verdale nous donneroit lieu de croire qu'elle étoit dans le diocéfe de Maguelone, puifqu'il ajoûte les paroles fuivantes : *Theodoricus perrexit ad bellum Magalonenfis infulæ, ubi victus extitit & interfectus.*

toniam civitatem accedes, in quo cum univerſo exercitu
tuo interibis. « Poſt paucos autem dies, ſecundum prophe-
tiam Almachii pueri, Theodoricus rex perrexit ad bellum
Magalonenſis inſulæ, adverſus Pipinum imperatorem*, PAGE 419.
patrem magni Caroli chriſtianiſſimi, ubi victus in fugam
converſus, cum univerſo ſuo exercitu extitit interfectus.

PETRUS, PRIMUS
Hujus Nominis.

DE iſto Petro non invenimus aliquam certam narra-
tionem, niſi quod vidimus inſtrumentum in quo
continetur quod Bernardus, comes Subſtantionenſis, ſe-
dente iſto Petro in epiſcopatu Magalonenſi, donavit
monaſterio Sancti-Michaëlis de Cluſa eccleſiam Sanctæ-
Crucis, quæ eſt prope Melgorium. Quæ donatio fuit facta
anno Domini 1003, regnante Roberto rege. Anno 1003.

ARNALDUS

ARNALDUS, hujus nominis primus, fuit electus anno
Domini 1048; vixit in epiſcopatu annis 30; obiit 1048.
anno Domini 1078, videlicet quarto kal. julii, & in ejus
ſepulchro ſcripti ſunt verſus ſequentes.

Hic jacet Arnaldus, ſedis pater hujus & author,
Annis triginta præditus officio.
Qui poſtquam Ieroſolimam devotus adivit,
Ut redit, in villa fertur obiſſe nova.

Protinus hic julius tranflatus quarto kalendas,
In foribus clauftri fub gradibus fitus eft.
Nocte vero hinc monitus præful per eum Gothofredus,
Ifluc condigno tranftulit obfequio.

Præterea in archivo tales verfus funt reperti de ejus vita.

Magalona.

Hic locus infignis fuit urbs habitata malignis
Gentibus, unde ruit quod fcelerata fuit.
Carolus hanc fregit poftquam fibi marte fubegit,
Ob Sarracenos, quod tueretur eos.

Arenæ Nemau-
fenfes.

Tunc Nemaufenas comburi juffit arenas,
Aptas præfidio perfidiæ populi.
Inde manens annis urbs hæc deferta trecentis,
Tandem pontificem reperit artificem.

PAGE 420.

* *Præfulis Arnaldi fit femper fubdita laudi,*
Cujus nacta vicem, crevit in hunc apicem.
Hic muros jecit, hic turres undique fecit,
Clerum divinis contulit officiis.
Inde gradum claufit, quo prædo piraticus haufit.
Sæpe latrociniis littora noftra fuis.
Navibus introitus per eum, gradus alter apertus,
Non procul a terris eft Magalona tuis;
Illicitumque thorum diffolvit presbyterorum,
Pontem conftituit, poft mare tranfabiit.
Ut rediit moritur, in fua fede fede fepelitur;
A fe compofitum fervet ut ipfe locum.

Ad majorem tamen evidentiam dicendorum sciendum est quod civitas Magalonensis, antea famosa & opibus ditissima, apud veteres floruerat. Erat enim ibi portus maris, vocatus Portus Sarracenus usque ad hodiernum diem, per quem gradum galeæ Sarracenorum liberum habebant ingressum, & inde frequenter adsportabant quæcumque inveniebant. Sed temporibus magni imperatoris Caroli, eo jubente, destructa fuit, non in odium ecclesiæ, sed quia Sarraceni ad ipsam per gradus habebant refugium, & castra seu oppida circumvicina, quæ tunc erant modica, pro eo quod nondum Monspessulanus constructus fuerat, devastabant. Quæ civitas Magalonensis per Carolum funditus destructa, nec christianis habitaculum, nec paganis refugium exhibebat; sed, quamvis pristini decoris honorem perdiderit, nomen tamen retinuit, & caput esse episcopii non reliquit.

Destructio igitur hujus civitatis causa fuit quare libri, regestra, instrumenta, privilegia & antiqua alia monumenta fuerunt pro majori parte perdita & etiam dissipata. Propter quod fundamenta hujus sacræ ecclesiæ, seu gesta patrum precedentium, minime potuimus reperire. Tunc namque canonici sæculares, numero XII in eadem ecclesia existentes, ad civitatem Substantionem, quæ tunc juxta Castrum-Novum, satis fortis existebat, confugerunt, & ibidem trecentis annis permanserunt. Pauci clerici seu presbyteri, qui cantandi habebant officium in eadem ecclesia, apud sanctorum reliquias, quæ multæ atque prætiosissimæ ibidem usque hodie servatæ sunt, sua officiola celebrabant; & ibidem Magalonensis pontifex rarissime accedebat.

PAGE 421.

* Quæ quidem defolatio per multa fuccedentium temporum & epifcoporum curricula perduravit, nec aliquis qui injuriam impediret extitit, fed omnes, ficut levita & facerdos, qui homines latrones inciderat, & femivivus remanferat (ficut in evangelio legitur), pertranfibant; & huic mœftæ & defolatæ fuæ matri ecclefiæ, mifericordiam impendere negligebant.

Et quia claufis oculis pertranfibant, demum Deus de cœlo hanc miferabilem ruinam dictæ ecclefiæ profpiciens, *& compeditorum gemitus audiens, & folvens filios interemptorum, ut annunciarent in Silo nomen Domini, & laudem ejus in Jerufalem, quia placuerunt illi lapides ejus*, dixit illud verbum quod legitur 1° Regum, 2° Cap.: *Sufcitabo mihi facerdotem fidelem, qui juxta cor meum & animam faciat, & ædificabo ei domum fidelem*, &c.

Pf. 101, v. 20.

Sacerdos ifte fuit dictus Arnaldus, bonæ memoriæ, primus hujus nominis, de quo nunc agitur, Magalonenfis epifcopus, qui miferabiles ruinas hujufmodi, quafi in defertum pofitas, refpiciens, & fe ad fublevandas neceffitates ipfas impotentem attendens, cum fibi opes ad fumptus tanti operis non adeffent, præfertim quia poffeffiones & jura epifcopalia erant per nobiles & alios occupata, ad reparationem hujufmodi manus fuas apponere fubito non eft aufus, fed fuum cogitatum jactans in Domino, non abfque anxietate & paupertate nimia, ad dominum Joannem papam XX direxit ocius, pro confilio & auxilio, greffus fuos, & ei miferabilem ftatum fuæ ecclefiæ explicavit.

Dictus autem fummus pontifex, neceffitatem illam

sedula mente considerans, consilium quod potuit negotio huic exhibuit, & omnibus populis Magalonensis diœcesis, ac aliis audituris & intelligentibus, tam propinquis quam longe positis, misit epistolam, quam per omnes episcopos confirmari, & subscribi voluit in hunc modum :

« Joannes episcopus, servus servorum Dei, omnibus
« bona facientibus ecclesiæ Magalonensi, ad honorem
« apostolorum principis Petri & doctoris gentium Pauli
« dedicata, & dedicanda, salutem cum benedictione
« apostolica & absolutione.

« Supradictam Magalonensem ecclesiam peccatis exi-
« gentibus ad nihilum redactam audivimus. Unde valde
« dolemus. Quia ecclesiarum desolatio christianorum
« detrimentum esse dignoscitur, ob hoc quidem tam
« ecclesiæ supradictæ quam & omnibus circum-circa de-
« gentibus suggerere voluimus christianis, ut in restau-
« ratione hujus ecclesiæ laborent. Peccatorum namque
« suorum veniam & indulgentiam promereri, à justo
« judice apostolica authoritate spondemus, quicumque
« de propria hæreditate vel de propriis bonis offerendo,
« aut de beneficiis ipsius * reddendo, ecclesiam supra- PAGE 422.
« dictam reservare nisus fuerit; nam unam & similem
« mercedem accipiet qui propria offeret, & qui bene-
« ficia reddet in commune, & benedictione pariter & ab-
« solutione apostolica fruetur. Quod si aliquis episcopus,
« vel cujuscumque dignitatis homo, quod ibidem obla-
« tum fuerit pravo ingenio alienare, usurpare vel ven-
« dere voluerit, maledictione anathematum percellatur,
« habeaturque extraneus a christianorum consortio, &

« regno Dei. Hoc vero decretum firmari volumus, ab
« omnibus epifcopis quos Arnaldus invitaverit, ficut nos
« feciffe inferius cognofcent ☦☦. Bene valete.

Aldericus, Dei gratia Vercellenfis epifcopus.
Raynaldus, Dei gratia Papienfis epifcopus.
Petrus, quem dicunt epifcopus Stæ. Rufinæ, fubfcribens firmavit.
Ifmundus, archiepifcopus Ebredunenfis firmavit.
Aldericus, epifcopus Aurelianenfis ecclefiæ †.
Raymundus, epifcopus de Mende.
Deodatus epifcopus Cadorcenfis.
Stephanus, Anconenfis epifcopus, firmavit.
Aribertus, epifcopus Lunenfis, firmavit.
Alvicus, epifcopus Aftenfis, firmavit.
Bernardus, Agennenfis, firmavit.
Vaudinus, Taurinenfis, firmavit.
Deodatus, epifcopus Tolonenfis, firmavit.
Petrus, epifcopus Maffilienfis, firmavit.

Hanc igitur epiftolam manu habens Arnaldus, prædictus epifcopus, ab urbe Roma rediit, & deinde juxta dictum apoftoli : *Dum tempus habemus, operemur bonum*, in cuncto labore non defecit, fed fumptibus innumeris præparatis, diem dedicandi ecclefiam conftituit, & profectus circumquofque archiepifcopos & epifcopos, tam ex vicinis quam longinquis partibus, convocavit.

Quod ut melius enucleemus, fingulorum nomina, urbes & provincias præfentialiter inferamus, ut evidentius cognita eorum authoritate & dignitate, fidelis quifque & humilis, dicta eorum cum gaudio legat, vel audiat; infidelis vero vel fuperbus fi quis (quod abfit) fuerit, timore percuffus Domini, & fi non fponte, faltem invitus fufcipiat, alioquin tamquam miferrimus, quicumque fit, juxta vocem Domini remaneat judicatus.

 Hæc funt igitur nomina per fedes & provincias declarata : Gifredus, archiepifcopus Narbonenfis; Leodegarius, archiepifcopus Viennenfis *; Guineminarius, archiepifcopus Ebredunenfis (*a*); Auftencus, epifcopus Anicienfis, Frontinus epifcopus Nemaufenfis; Bernardus, epifcopus Bitterenfis; Gonterius; epifcopus Agathenfis; Roftagnus epifcopus Lodovenfis ; Hugo, epifcopus Entienfis; Alfonfus *(b)*, epifcopus Aftenfis; Gilbertus epifcopus Barcinonenfis ; Arnaldus epifcopus Elnenfis ; Petrus *(c)*, epifcopus Carcaffonnenfis & dictus; Arnaldus, Magalonenfis epifcopus. Quibus in unum congregatis, præfatus pontifex Arnaldus epiftolam præparatam Joannis papæ protulit, & cujus rei gratia convocaffet, feriofius intimavit. Tunc omnibus in commune placuit, ut & ipfa decreta apoftolica confirmarent, & amplius abfolutionem & benedictionem populi & ad honorem fanctæ ecclefiæ augmentarent.

PAGE 423.

Raymbaldus archiepifcopus A-relatenfis.

 Les PP. Benedictins dans leur Hiftoire du Languedoc, tome 2, page 607, dans les notes, mettent la dédicace de la nouvelle églife de Maguelone fous l'evêque Arnaud en 1054, parce que c'eft précifément l'année où les evêques qui affifterent à cette cérémonie, vivoient tous alors.

 Ils font quelques changemens aux noms de ces evêques, qui peuvent fervir à corriger les copiftes de Verdale, par exemple (*a*) au lieu d'*Auftencus* epifcopus Anicienfis, ils font lire *Auftindus archiepifcopus Aufcienfis*, archevêque d'Auch.

 (*b*) Au lieu d'*Alfonfus Aftenfis*, ils font lire *Elephantus Aptenfis*, la ville d'Apt en Provence étant beaucoup plus près de Maguelone que la ville d'Afti en Italie.

 (*c*) Et au lieu de *Pierre de Carcaffonne*, ils mettent *Wifred*, qui étoit alors evêque de cette ville.

« Decreverunt ergo, ut fi quis homo in vita fua hære-
« ditatem fuam ad ecclefiam fupradictam poft mortem
« fuam concefferit, & de peccatis fuis confeffus fuerit,
« & in cimeterio ecclefiæ memoratæ fepultus fuerit, ab
« omnibus peccatis, & de quibus pœnam fufcepit, abfo-
« lutus fit, & particeps fiat vitæ æternæ & regni Dei. »

Addiderunt quoque ut quicumque homo cujufcumque provinciæ ad folemnitatem dedicationis hujus ecclefiæ quæ per fingulos annos celebrabitur advenerit, & de jufto labore fuo aut hæreditate oblationem Deo fecerit, & peccata fua eo die, vel infra octo dies confeffus fuerit, fi infra terminum illius anni mortuus fuerit, apoftolicam abfolutionem & epifcopalem habeat, & remiffionem peccatorum, & vitam æternam accipiat. Super hoc firmaverunt hæc quæ ipfa ecclefia habeat legitime, ut fi quis penitens ad ipfam ecclefiam venerit, & abftinendi ab ecclefiæ introitu in primum præceptum habuerit, ipfam ecclefiam licenter introeat pacis ofculum libere accipiat, & fi qua funt fimilia, præterquam fanctam euchariftiam quam minime accipiat.

Quibus peractis idem beatæ memoriæ Arnaldus epifcopus, ponens manum ad fortia gradum præfatum lapidibus & lignis ante omnia claudere & obftruere feftinavit. Deinde, anxietate nimia preffus, ut tam egredientibus quam ingredientibus infulam (ad quam nullum nifi navale iter effe poterat) liber pateret acceffus,*juxta verbum propheticum fuum, jactans in Domino cogitatum, tam prece quam pretio rates conduxit, & artifices collocavit, ac per ftagni latitudinem, pontis ftravit longitudinem ad utilitatem hominum perpetuo duraturam, permansuram, & sui nominis memoriam perpetuo.

Subsequenter parrochianos suos convocavit, eosdemque ad eleemosynas largiendas, pro reædificatione dictæ ecclefiæ facienda. Piis monitis inducere non omifit, adeoque multi, ejus admonitionibus, terras, prata, vineas, census, allodia, pecunias, & alia bona sua, pro redemptione suorum peccaminum eidem ecclefiæ contulerunt, ex quibus eleemofynis, & aliis bonis suis, ecclesiæ Magalonenfi, turres, muros & omnes officinas necessarias, & fortalitia omnia, quæ usque nunc patent omni intuenti, ædificari solemniter fecit. Demum attendens quod duodecim canonici fæculares cum duodecim præbendatis, tunc in dicta ecclefia exiftentes, in dicta infula refidere nolebant, se relegatos quodammodo reputantes, cogitavit quod regulares canonici (ut pote magis vitæ solitariæ & contemplationi dediti) ibidem melius refiderent, & Deo ac beato Petro in divinis melius defervirent, induxit ejus falutaribus monitis canonicos ipfos fæculares ut religionis beati Auguftini habitum vellent affumere. Qui fibi refpondebant quod pufillum eorum patrimonium minime fufficeret ad omnes expenfas regularium canonicorum hujufmodi fupportandas, quibus vir Dei refpondit : Deus & ego tantum communiæ veftræ de proprio largiemur, quantum vobis & fucceffioribus veftris fufficiet abundanter.

Et tunc idem pontifex emit ftagnum Magalonenfe a quadam comitiffa Melgorii, & ipfius pulmentum, retentis fibi decimis & dominio, ac pratum de Villanova, condaminam & hortum ei contiguum, nec non molendina de Tetragamendico fua propria, planterium de Cocone, dedit liberaliter communiæ canonicorum prædictorum.

Et dum communiam ipfam conftitueret ad ipfos regulares canonicos fuftinendos, fuit ultra mare, ad fepulchrum Domini, & inde rediens apud Villam-Novam, viam fuit univerf carnis ingreffus, & inde portatus Magalonam.

BERTRANDUS

BERTRANDUS electus fuit epifcopus anno 1078, propter crimen simoniæ fuit ab epifcopatu amotus. Quare non meretur inter alios epifcopos nominari, nec ut epifcopus hujus ecclefiæ in catalogo ifto fcribi. Unde ifte non dicitur dicto Arnaldo fucceffiffe, fed potius Gothofredus.

GOTHOFREDUS*

Page 425.

GOTHOFREDUS fucceffit in epifcopatu Arnaldo primo, circa annum Domini 1080, unde verfus.

Inde Deo fidus, fucceffit ei Gothofredus,

Ante simoniaco præfule depofito.

Hic penitus munus virtutum contigit unus,

Doctor veridicus, pontificumque decus.

Nos hic apostolicæ fundavit in ordine vitæ,

 Et libertatem reddidit ecclesiæ.

Militibus tulit ecclesias, comitesque coëgit,

 Se versis vicibus subdere præsulibus.

Post mare transivit, loca contemplatus, obivit,

 Conditus in gremio, Mons-Peregrine, tuo.

Vixit in episcopatu annis 28, obiit anno 1108, & est sciendum quod anno Domini circà 1080, idem bonæ memoriæ Cothofredus Episcopus, quod ejus prædecessor Arnaldus, de Canonicis regularibus instituendis in Magalonensi ecclesia, morte præventus, efficere non potuit, ipse Gothofredus deo annuente complevit. Et ibidem canonicos regulares de novo instituit, & ad eorum sustentationem communiæ, omnes ecclesias Villæ-novæ, ecclesias sanctarum virginum Eulaliæ & Leocadiæ de Valle, Ecclesiam d'Exindrio, Ecclesiam de Maurino, Ecclesiam de Cocone, Ecclesiam de Montelio & de Chauleto, Ecclesiam de Pruneto, Ecclesiam sanctorum Cosmi & Damiani, Ecclesias de Juviniaco & de Alteyranicis, de Pigniano, Sti. Joannis de Vedacio, Sti. Georgii de Dorcas, Sti. Joannis de Muro-Veteri, Ecclesias omnes Montispessulani, de Centrayranicis, de Salzeto, de Novigens, Sti. Petri & Sancti Joannis de Monte Arbedone, Sti. Michaëlis & Sti. Vincentii de Salviniaco, & Sti. Salvatoris de Peyrols, Ecclesias Sti. Joannis de Freganicis, Sti. Marcelli de Frayres, Stæ. Mariæ de Ozorio, Stæ. Agnetis de Menojol, Sti. Sepulchri de Salazone, Sti. Romani de Melgorio, Sti. Stephani de Ginefteto, et Sti. Dyonifii, Ecclefiam Sti. Bricii, Ecclefiam Sti. Felicis de Subftantione. Ecclefias de Caftellonovo & Sti. Ciricii, Ecclefiam de Claperiis, Ecclefiam de Corcone, Sti. Joannis de Pratis, Sti. Bartholomæi de Albanbanicis, Sti, Joannis de Bodia, Sti. Vincentiani, Stæ Mariæ de Gornerio, & ecclefiam de Exalchiato.

Anno 1085, kal. maï Petrus Comes Melgorii Domino Gregorio*, papæ & Romanæ ecclefiæ donavit in perfonis petri Albanenfis epifcopi, apoftolicæ fedis legati, & dicti Gothofredi Magalonenfis epifcopi comitatum Subftantionenfem, & jus quod habebat in epifcopatu Magalonenfi, & pro dicto comitatu promifit ecclefiæ pro cenfu annuo date unam unciam auri.

SEQUITUR INSTRUMENTUM

IN nomine fanctæ & individuæ trinitatis, patris & filii
« & fpiritus fancti, ego Petrus comes Melgorienfis
« pro redemptione animæ meæ, nec non & parentum
« meorum, uxorifque & filii, dono domino Deo, &
« beatis apoftolis ejus Petro & Paulo, meipfum, & totum
« honorem meum, tam comitatum Subftantionenfem,
« quam epifcopatum Magalonenfem, omnemque hono-
« rem eidem epifcopatui appendentem, figut ego & an-
« teceffores mei comites hactenus habuimus, & tenui-
« mus in allodium. Ita utrumque (quantum juris mei
« eft) dono & trado ego per allodium fanctæ ecclefiæ
« romanæ, & sanctis apoftolis Petro & Paulo, nec non
« & papæ Gregorio feptimo, & omnibus fuccefforibus

« ejus, qui in sede apostolica per meliorem partem car-
« dinalium, & reliqui cleri, & populi fuerint canonice &
« catholice electi & consecrati, ut prædisius comitatus
« Substantionensis, & episcopatus Magalonensis, jure pro-
« prio sit beatorum apostolorum Petri & Pauli, ego
« autem prædictum comitatum habeam per manus Ro-
« mani pontificis sub illius fidelitate, & singulis annis
« pro censu persolvam unciam auri optimi. Similiter
« quoque & filius meus, vel quilibet alius omnis qui ex
« hæreditario jure mihi successerit, prædictum comitatum
« per manum romani pontificis ad fidelitatem illius te-
« neat, & prædictum censum (id est) unciam auri optimi
« singulis annis persolvat. Sit vero in potestate romani
« pontificis in episcopatu Magalonæ quem placuerit
« Episcopum juste & canonice ordinare, & per eum
« authoritate ejus liceat Magalonensi ecclesiæ, juxta cons-
« titutiones & decreta sanctorum Patrum, personam
« probabilem & idoneam, ad regendum populum &
« res ecclesiasticas. Liceat inquam, & ex hoc & deinceps
« qualem decrevimus personam scilicet probabilem &
« idoneam in episcopum eligere, absque ulla mei, vel
« alicujus hæredum, aut successorum meorum contra-
« dictione. Si quis autem (quod absit) hæredum aut
« successorum meorum contra hanc donationis & con-
« firmationis nostræ authoritatem, & privilegium insur-
« gere præsemptuose, & obviare attentaverit, & de
« prædicto comitatu dominum suum romanum pon-
« tificem esse debere, recognoscere noluerit, & præno-
« minatum censum de comitatu ; item unciam auri sin-

PAGE 418.

« gulis annis perſolvere recuſaverit, aut in libertate eccle-
« ſiaſtica de ſubſtituendo epiſcopo in epiſcopatu Ma-
« galonenſi ei contradictor extiterit, non valeat vendi-
« care quod injuſte epetit, & perſolvat mulctam, quam
« lex romana per Theodoſium, Arcadium & Honorium
« promulgata, decrevit & inſuper eccleſiaſticæ ſubjaceat
« diſciplinæ quam velut ſacrilegus & ſanctæ eccleſiæ
« deſtructor incurrit. Feci autem prædictam donatio-
« nem de comitatu & epiſcopatu, ego Petrus comes
« beato Petro & romano pontifici, in manu Petri Alba-
« nenſis epiſcopi, romani legati, & Gothofredi Magalo-
« nenſis epiſcopi per inveſtituram annuli mei, & Flo-
« tardi abbatis Thomeriarum, Anno incarnationis 1085,
« indictione VIII. quinto kal. maii, Actum per manum
« Stephani; ſignum Dalmacii † Raymundus † Signum
« Pontii de Montlaur † Petrus ſignavit. Adelmodis co-
« mitiſſa confirmavit; ſignum archidiaconi † Raymundus
« comes filius ejus firmavit. »

Iſti omnes ex præcepto comitis firmaverunt ante altare ſti. Petri. Teſtes Orgerius archidiaconus, & Deodatus canonicus. Teſtis Gothofredus epiſcopus, in cujus manu factum eſt.

Anno 1087. Urbanus papa confirmavit dicto epiſcopo Gothofredo donationem de epiſcopatu, & ſucceſſionem dicti comitatus Subſtantionenſis ſibi factam.

Anno 1090. Guillelmus de Montepeſſulano, guerpivit Gothofredo epiſcopo eccleſias beatæ Mariæ de Montepeſſulano & de Montepeſſulaneto, & juravit eidem epiſcopo fidelitatem.

Anno 1095, Urbanus papa fecundus confirmavit dictis canonicis Magalonenfibus multas ecclefias fibi, ut fupra, per epifcopum Gothofredum donatas.

Anno 1096, in vigilia apoftolorum Petri & Pauli, Urbanus papa fecundus, qui ad vifitandas & confirmandas Galliæ ecclefias tranfiverat, ad preces dicti Gothofredi epifcopi intravit Magalonam, ibique ftetit per quinque dies; & tunc fecunda die adventus fui, fcilicet dominica, congregato totius pene Magalonenfis epifcopatus clero & populo, fermone facto affiftentibus archiepifcopis Pifano & Tarraconenfi ac epifcopis Albanenfi, Signienfi, Nemaufenfi & Magalonenfi, præfentibus comite Subftantionenfi, Guillelmo Montifpeffulani domino, & aliis terræ nobilibus, totam infulam Magalonenfem folemniter confecravit, & omnibus in ea fepultis & fepeliendis abfolutionem omnium delictorum conceffit, & multa alia privilegia eidem ecclefiæ donavit, [& fecundo loco poft Romanam ecclefiam honorificandam* decrevit, & fideles de quibufcumque locis ut fe ibidem fepeliri facerent diligenter monuit.

Et tunc conftitutum eft ab ipfo Gothofredo epifcopo ut, in commemoratione ac veneratione proceffionis hujufmodi, fingulis annis à clero & populo hac die in circuitu dictæ infulæ proceffio folemnis fiat, & duodecim pauperes reficiantur.

Eodem anno 1096, idem papa Urbanus apud Clarum-Montem in Arvernia, generale concilium tenens, audita querela dicti epifcopi Gothofredi, quod monachi Anianenfes nolebant fibi tanquam fuo ordinario obedire, eofdem monachos fortiter arguit, & dictas querelas pro parte dicti epifcopi declaravit.

Anno 1099, Raymundus comes Melgorii, propter naufragium & albergas quas per vim in Villa-Nova & alibi in allodiis Sti. Petri contra teftamentum patris fui accipiebat, à Gothofredo epifcopo excommunicatus eft, & etiam epifcopus ivit Romam, quem paulo poft comes fuit fecutus. Et ambobus exiftentibus coram domino papa Urbano fecundo, epifcopus de comite eft conqueftus, videlicet de violatione teftamenti fui patris Petri, qui honorem, quem dederat ecclefiæ Sti. Petri in allodium perpetuum, auferebat. Et tunc in præfentia cardinalium & multorum nobilium & canonicorum Magalonenfium, dictus comes guerpivit dicto epifcopo Gothofredo in manu domini papæ, juxta teftamentum patris fui, omnes res ecclefiafticas & albergas, quas in honore Sti. Petri exigebat, & facto homagio domino papæ, recepit comitatum ab eo fub cenfu annuo unius unciæ auri.

Die vero nativitatis Stæ. Mariæ, reverfus de Roma, habuit placitum cum dicto epifcopo in præfentia multorum nobilium & canonicorum, & guerpivit omnes ecclefiafticas poffeffiones omnefque malos ufaticas, & albergas quas injufte accipiebat, & epifcopo promifit auxilium & defenfionem per fidem plenariam contra omnes homines.

Et eodem anno, ivit idem comes ad Sanctum-Jacobum, & dimifit ecclefiam Sti. Cofmi, de qua erat quæftio inter canonicos Magalonenfes & monachos Anianenfes, de qua fuerat compromiffum & definitum per Bertrandum

Narbonenfem archiepifcopum reverendiffimum, Nemaufenfem epifcopum & abbatem Sti. Theofredi. Et cartam quam dicti monachi de dicta ecclefia habebant comburi fecit. Et elegit fepulturam fuam in ecclefia Magalonenfi, juxta patrem fuum.

Anno 1085, kal. Maii, Petrus bonæ memoriæ comes Melgorii, dedit Romanæ ecclefiæ & beato Gregorio papæ feptimo, comitatum Subftantionenfem *. PAGE 429.

Et totum jus quod habebat in epifcopatu Magalonenfi, quem antea cum vacabat, pleno jure conferebat. Poftea recepit ipfum comitatum Subftantionenfem pro fe & hæredibus fuis in feudum ab eodem romano pontifice, fub facramento fidelitatis & cenfu annuo unius unciæ auri optimi. Quæ donatio fuit facta in manibus domini Petri Albanenfis epifcopi, apoftolicæ fedis delegati, & Gothofredi Magalonenfis epifcopi.

Anno 1087, Urbanus, papa secundus, pontificatus fui anno decimo conceffit dicto Gothofredo & ejus fuccefforibus totum jus quod dictus comes Subftantionenfis fibi refignaverat in epifcopatu Magalonenfi. Conceffit etiam eidem epifcopo & ejus fuccefforibus infiftere ut clerici ad canonicam & religiofam vitam convertantur, arguendo, obfecrando, increpando.

Anno 1090, dictus Gothofredus epifcopus dedit in feudum monafterio Gellonenfi, alias vocatum Sti. Guillelmi de Defertis, caftrum Sti. Martini de Londris, retentis quibufdam juribus. Item confirmavit abbati & monachis de Pfalmodio ecclefias de Celefio, de Sancta Columba, de Sulfinis & de Mutationibus, retenta fibi quarta parte. St. Martin de Londres.

Item anno 1101. Pontius Jordani dedit bona sua sibi & Sancto-Petro & dedit canoniæ ecclesias de Cas-

Castelnau le Crez. tro-Novo, Sti. Martini de Crecio, Stæ Eulaliæ de Veyruna.

GALTHERIUS

GALTHERIUS succeffit Gothofredo anno 1110, inde versus:

Illi Galtherius succedit filius ejus,

Filius obsequio, filius officio,

Doctus & astutus, percomis, clarus, acutus,

Magnus consilio, magnus & eloquio.

Corpore procerus & religione severus,

Impatiens sceleris, compatiens miseris.

Normæ cultores & nostros auxit honores,

Crevit thesaurus, fabrica, fama, domus.

Inde sequens tristi vestigia forte magistri,

Interiit positus quo pater ante suus.

Vixit in episcopatu annis 23 mensibus 8 diebus 22 ; obiit anno 1133, octavo idus decemb.

PAGE 425. Hic religioni & ordini magnam operam dedit. Caput ecclesiæ Magalonensis ruinosum fulcivit. Turrim sancti sepulchri, cellarium, refectorium & dormitorium à fundamentis fecit, calicem aureum ponderis quatuor marcharum, crucem auream & argenteam, cappas, planetas, tunicas, dalmaticas, pallia ferica & aurea, libros & alia ornamenta pretiofa eidem ecclefiæ contulit, ecclefias de Sancto-Britio & de Laureto communiæ donavit. St. Brez. Laures.

Anno 1118, Ademarus de Monte-Arnaldo guerpivit eidem epifcopo ecclefiam de Sefteiranicis.

Anno 1122, recepit guerpitionem ecclefiæ de Caza-Veteri. Cazevieille.

Anno 1123, recepit recognitionem caftri de Gigeano. Gigean.

Anno 1128, kal. Maii, confirmavit ædificationem ecclefiæ de Murelis, conftructam miraculofe per quemdam presbyterum ignotum, & anniverfarium pro ipfo presbytero inftituit annis fingulis in dicta ecclefia celebrari, prout in quadam fcriptura antiqua dictæ ecclefiæ continetur.

RAYMUNDUS

RAYMUNDUS primus fucceffit Galtherio, anno 1129. Vixit in epifcopatu annis 16, menfibus 3, diebus 10, obiit anno 1148, fecundo kal. januarii.

Hic dum vixit religioni & ordini navavit magnam operam, & ecclefiam Magalonenfem à fundamentis conftruxit, cifternam etiam fieri, & turrim fancti fepulcri à muris fuperius confummavit, & turrim Sanctæ-Mariæ fimiliter à muris fuperexaltavit, & turrim coquinæ à fundamentis ædificavit, altare Sancti-Petri & cathedram epifcopalem retro ipfum, ac lavacrum clauftri fuperioris fimiliter fecit, & cortinale ac portalitia & murum quo clauditur cimeterium laïcorum, domum molendini, & in qua reconduntur lecti lignei, domum converforum, domum in qua recipiuntur equi juxta pontem, ecclefias fancti Defiderii & de Molinis, ac honorem Raymundi Hebrardi de Coconeto communiæ dedit.

<small>St. Brezeri & Molines.</small>

Libris, calicibus & diverfis pretiofis ornamentis ecclefiam Magalonenfem ditavit.

Anno 1137, fecit compofitionem cum militibus de Gigeano.

<small>Château de Lates.</small>

Anno 1140, fecit quandam compofitionem cum Guillelmo de Montepeffulano fuper caftro de Palude.

Anno 1144, fecit unam longam compofitionem cum canonicis Magalonæ quæ eft fcripta in legendario parrochiali ecclefiæ Villæ-Novæ, quæ incipit in proverbiis Salomonis, & finit in epiftolis Pauli ad Romanos, in feptimo folio ultimi quaterni dicti legendarii.

<small>Page 431.</small>

* Anno 1149, emit feudum quod tenebat ab eo B. Aranfredi in parrochia Sti. Dyonifii de Montepeffulanello.

Anno 1155 & menfe aprili, Adrianus papa tertius, confirmavit eidem epifcopo nominatim omnes poffeffiones, caftra, loca & jura tunc eidem ecclefiæ & epifcopatui acquifita.

Anno 1156, Ludovicus, rex Franciæ ac imperator, confirmavit eidem nominatim caftra, loca & jura quæ tenebat.

Anno 1157, acquifivit multas poffeffiones, in parrochia Sti. Dyonifii de Montepeffulanello.

Anno 1146, certi nobiles Sti. Salvatoris de Montilis guerpiverunt dicto domino Raymundo Magalonenfi epifcopo, medietatem decimarum, primitiarum & oblationum quas habebant in dicta parrochia & ecclesia de Montilis.

Montels.

JOANNES DE MONTELAURO

JOANNES de Montelauro, canonicus Magalonenfis, caftri de Montelauro, Magalonenfis diœcefis, primus hujus nominis, fucceffit Raymundo primo circa annum 1158 & tempore electionis fuæ (prout reperitur in quadam chronica antiqua, quæ eft in archivio epifcopali) fuit magna diffentio in capitulo fuper nova creatione præpofiti. Et cum magna pars capituli canonicorum filii Belial, ut refert chronica, nolentes effe fub jugo & difciplina fui epifcopi, vociferando clamaverunt, quod nullo modo fieret electio epifcopi, nifi fieret electio præpofiti, licet duæ partes & amplius nollent præpofitum habere, tamen ad vitandum fcandalum, fuit per totum capitulum definitum, quod crearetur novus præpofitus, falvis, in omnibus dignitate epifcopali, & dignitate prioris majoris, & quod nullo modo fe de fpiritualibus intromitteret, & quod haberet & gubernaret domum vocatam communiæ, & ageret ac defenderet caufas communiæ, & intromitteret fe de temporalibus ad domum communiæ pertinentibus. Et tunc fuit electus in epifcopum hic Joannes primus, & in præpofitum fuit electus Bernardus.

Hujus Joannis tempore, Alexander papa III declaravit quæstionem subortam inter ipsum Joannem episcopum, & Fulcrandum præpositum super provisione beneficiorum, per canonicos Magalonenses gubernari solitorum, quam declarationem Celestinus, papa III, postea circa annum 1180 confirmavit.

Idem dictus Alexander papa declaravit quæstionem subortam inter dictos episcopum & præpositum, super custodia munitionis Magalonensis, quam etiam Honorius papa tertius postea confirmavit.

* Idem etiam Alexander papa declaravit potestatem & jurisdictionem civilem, regularem & criminalem, quam habet episcopus super dictos canonicos.

Anno 1159, dictus Alexander confirmavit nominatim ecclesias per episcopum donatas canonicis, & multa alia bona ad canonicos pertinentia.

Anno 1162, decimo mensis Julii, fuit concorditer inter dictos Joannem & Fulcrandum præpositum concordatum, & per papam Alexandrum tertium confirmatum quod præpositus possit ordinare cellarium Magalonæ, procuratorem communis mensæ, & constituere custodem in pannis, & lecti tæniis mortuorum, cum consilio tamen episc. & sanioris partis capituli.

Item quod vacantibus Ecclesii ad communitatem pertinentibus præpositus habeat custodiam earum, donec consilio episcopi, præpositi & sanioris partis capituli, persona idonea fuerit instituta & quædam ι .

Anno 1163, fuit facta compositio inter ipsos episcopum & præpositum, quod omnis justitia de Villa-Nova pertineat ad episcopum, sed liceat præposito debita & usatica fua ab omnibus fuis exigere, & controverfias civiles fuorum hominum terminare & quædam alia.

Anno 1163, tertio idus aprilis, quæ tunc fuit quarta feria poft Pafcha, Alexander papa tertius, pontificatus fui anno quarto, cum certis cardinalibus & prælatis appulit Magalonam, & ftetit ibi tribus diebus, & fexta feria dedicavit majus altare in ecclefia Magalonæ in honorem apoftolorum Petri & Pauli, & exinde ivit verfus Franciam ad reformandam pacem inter reges Franciæ & Angliæ, & ad animandum eos contra Octavianum fchifmaticum, qui temere fedem Romanam ufurpaverat.

Hic vixit in epifcopatu annis 28, menfibus 8, diebus 12.

Anno 1163, fuit facta alia compofitio inter dictos epifcopum & præpofitum, de qua habetur in archivis five in archivo epifcopali publicum inftrumentum.

Anno 1165 & menfe julii, Pontius Narbonenfis archiepifcopus, Aldebertus Nemaufenfis epifcopus & Gaucelinus Lodovenfis epifcopus arbitri per dictos Joannem epifcopum & Bernardum Gaucelinum præpofitum electi declaraverunt quod oblationes quæ ad manum epifcopi apud Magalonam offeruntur ufque ad fex denarios fint facriftæ & ultra fint epifcopi.

Item quod epifcopus habeat bannum in toto caftro de Villanova, & toto ejus terminio nunc & in futurum in domino facientes excoli, epifcopus habeat tantum proclamationem & coercitionem.

* Anno 1168, Bernardus præpofitus obligavit capitulum ad faciendum anniverfarium pro anima dicti Joannis episcopi, prout in instrumento continetur, quod est in dicto archivo.

<small>De Ganges.</small>

Anno 1168, idem fecit compositionem cum domino Aganthico super clavem & custodiam cloquerii ecclesiæ dicti loci, & quibusdam aliis, de qua prior dicti loci habet publicum instrumentum.

Anno 1168, fuit facta inter eosdem compositio quod episcopus possit recipere de libris armarii sub certa forma & quædam alia.

<small>Lunel-Viel.</small>
<small>Sauffan.</small>

Anno 1169, idem Joannes episcopus donavit dicto Bernardo & capitulo ecclesias de Lunello-Veteri & de Salfano, retentis sinodis & episcopalibus juribus, & pro cartone in ecclesia de Lunello 16 sextarios frumenti, & 24 sextarios hordei, & in ecclesia de Salfano 10 sextarios.

Anno 1180, fecit compositionem cum abbate Vallis-Magnæ, cistercienfis ordinis, super decimis possessionum quas habet in diœcesi Magalonensi.

Anno 1181, recepit recognitionem salinarum de Campo-Novo à Raymundo & Joanne de Flexis.

GUILLELMUS GAUCELINI.

GUILLELMUS Gaucelini reperitur quod sedebat anno Domini 1181, sed aliqua gesta sua non potuimus reperire; videtur tamen tenuisse episcopatum novem annis, cum Guillelmus Raymundi fuerit electus anno 1190.

GUILLELMUS RAYMUNDI.

GUILLELMUS Raymundi, primus hujus nominis canonicus Magalonæ, succeffit domino Joanni de Montelauro. Electus anno 1190, vixit in epifcopatu annis fex, menfibus quatuor, diebus 17, obiit fexto kalendas februarii.

Anno 1190, fecundo menfis novembris, compromifit cum Guidone, præpofito Magalonenfi, supra multis quæftionibus fuper conftructionem munitionis caftri Villæ-Novæ, & decurfu veteris gazilliani, feu cloacæ dicti loci, & fpatio inter muros & domos villæ prædictæ, fuper decimis animalium, hortorum, vinearum, & prædiorum epifcopi quæ habet in decimaria Villæ-Novæ, fuper jurifdictione hominum dicti loci, pifcationibus, falinis, indumentis epifcopi, & quibufdam aliis articulis. Qui articuli fuerunt per arbitros declarati, & per Celeftinum, papam tertium, ipfa fuit declaratio confirmata.

Anno 1197, decimo kalendas maii, Innocentius, papa tertius, * dedit domino dicto epifcopo in feudum comitatum Melgorienfem, cum bulla plumbea, fub his verbis:

« Innocentius epifcopus, fervus fervorum Dei, vene-
« rabili fratri Guillelmo, epifcopo Magalonenfi, falutem
« & apoftolicam benedictionem. Apoftolicæ fedis beni-
« gnitas proinde penfans merita fingulorum his quos
« fibi fideles fpecialiter invenit & devotos, fpecialem con-
« fuevit gratiam exhibere, ut ipfi grata fuæ devotionis

« præmia se gaudeant excepisse, & alii ad ejus obsequia,
« eorum exemplo merito provocentur. Hinc est quod
« devotioni quam tu & Magalonensis ecclesia retroactis
« temporibus ad apostolicam sedem noscimini habuisse,
« ac habere in futurum speramini attendentes, comitatum
« Melgorii sive Montisferrandi, qui ad jus & proprieta-
« tem ecclesiæ Romanæ noscitur pertinere, cum omni-
« bus pertinentiis ejus in feudum concedimus tibi ac
« successoribus tuis, sub annuo censu viginti marcharum
« argenti, nobis & successoribus nostris in festo resurrec-
« tionis dominicæ persolvendo, salvo nihilominus alio
« censu quem pro alia causa ecclesiæ Romanæ debetis.
« Itaque tu & successores tui nobis & successoribus nos-
« tris fidelitatem propter hoc specialiter facietis, & per
« Romanam dumtaxat ecclesiam ipsum recognoscetis &
« tenebitis comitatum, & de ipso facietis guerram & pa-
« cem ad mandatum ipsius. Nec castrum Melgorii seu
« castrum Montisferrandi cum sint comitatus caput,
« cuiquam infeüdare, seu quomodolibet alienare, ullate-
« nus præsumetis absque apostolicæ sedis licentia spe-
« ciali. Minora etiam feuda quæ ad ipsum pertinent comi-
« tatum nulli concedetis omnino extra Magalonensem
« diœcesim commoranti. Nulli ergo homini liceat hanc
« paginam nostræ concessionis infringere, vel ausu teme-
« rario contraïre. Si quis autem hoc attentare præsump-
« serit, indignationem omnipotentis Dei & beatorum
« apostolorum ejus Petri & Pauli noverit se incursurum.
« Datum Laterani 8 kalend. maii, pontificatus nostri
« anno 18. »

Quam infeodationem fubfequenter fere Honorius III, Gregorius IX, Alexander IV, Clemens III, Greg. X, confirmarunt, prout fpecialiter in confirmatione Gregorii decimi continetur.

Sane, quia poffet in pofterum ab aliquibus induratis ecclefiæ revocari in dubium, qualiter dictus comitatus ad Romanam pervenit ecclefiam, fciendum eft quod comes Melgorii, dudum ipfum comitatum in puram eleemofynam Romanæ ecclefiæ contulit, prout inftrumento publico in noftro archivo publico reperto feriofius continetur. Cujus tenor nofcitur effe talis.

In nomine fanctæ & individuæ trinitatis patris, &c. Retro * quare inter gefta Gothofredi quod ibidem fcriptum eft.

Qualiter autem dictus comitatus, prius ad Romanam deinde ad Magalonenfem ecclefiam pervenerit, in quadam epiftola domini Clementis, papæ IV, fereniffimo domino Ludovico Francorum regi tranfmiffa, in dicto præcedenti archivo regiftrata plenius explicatur. Ideo ipfam ad æternæ rei memoriam de verbo ad verbum, nihil remoto vel addito, duximus inferendam :

« Clemens epifcopus, fervus fervorum Dei, cariffimo
« in Chrifto filio Ludovico, regi Francorum illuf-
« tri, falutem & apoftolicam benedictionem. Quia qui-
« dam ex ignorantia, quidam ex malitia veritatem inter-
« dum fepeliunt, interdum quibufdam coloribus adulte-
« rinis obducunt; ideo, fili cariffime, recte agis fi quoties
« tibi aliqua referuntur, quorum tibi expediat plenam
« habere notitiam, caufam quam nefcis diligentius in-

« vestigas, quia judicio cognita constant, sic incognita
« casu sane, quia nuper à nobis tua serenitas requisivit
« quid de comitatu Melgoriensi quem venerabilis frater
« noster Magalonensis episcopus possidet, sentiremus cum
« tuæ celsitudini sit suggestum quod vel tibi vel dilecto
« filio Petro Peleti domino Alesti, vassallo tuo, fiat in-
« juria, ad quam tibi breviter respondemus prout constat
« ex vetustissimis apostolicæ sedis documentis : comita-
« tus prædictus feudem est romanæ ecclesiæ censuale
« quod juste tenuit (ut communiter dicitur) aliquo tem-
« pore bonæ memoriæ Bertrandus comes abavus dicti
« Petri, sed & comes Tolosanus juste, ut ipse dicebat,
« injuste, ut plurimi sentiebant, illud diversis tempori-
« bus tenuerunt. Verum, cum comes Tolosanus pater
« quondam comitis Tolosani proxime jam defuncti, ex
« causis ad judicium apostolicæ sedis pertinentibus per
« se & Innocentium papam prædecessorem nostrum ter-
« ris suis & honoribus privatus, suis meritis congruen-
« tem sententiam excepisset, bonæ memoriæ Petrus de
« Benevento, subdiaconus, in illis partibus apostolicæ
« sedis legatus comitatum prædictum quem idem comes
« eodem tempore possidebat ad jus romanæ ecclesiæ
« (sicut debuit) revocavit, quod tempore præcedente Ray-
« mundus Peleti proavus dicti Petri restitui sibi petiit à
« legato prædicto ; cui nolens sicut ipse debuit eidem ne-
« gare justitiam, auditorio sibi concesso ; Guillelmum Ma-
« galonensem episcopum constituit ad jus romanæ eccle-
« siæ defendendum, fuitque in eodem negotio eousque
« processum, quod lite contestata fuit ex parte procura-

« toris exceptum quod idem comitatus unam libram
« auri debebat annuam Romanæ ecclefiæ cenfualem, &
« erat de ipfius dominio, quam non folverat multo tem-
« pore retro acto. »

« *Quod idem actor fuit de plano confeffus, & nihilo- PAGE 436.
« minus ad probandum jus fuum, quod fuerat à procu-
« ratore negatum, teftes produxit plurimos, & quidquid
« in caufa fuerat, remanfit indecifum; fed tempore fe-
« quenti, cum videret Romana ecclefia dictum Raymun-
« dum, intentionem fuam in judicio non fundaffe, quod
« etiam fi feciffet fibi prodeffe non poterat, propter ceffa-
« tionem canonis annui non foluti; remque litigiofam
« non effe perpendens, quoniam fine fpeciali mandato
« legatus memoratus non potuit deducere in judicio.
« Dicto prædeceffori placuit fupradictum comitatum,
« Magalonenfi epifcopo & fuis fucceffòribus, fub cenfu
« annuo in feudum concedere, ficque ipfe & omnes ejus
« fucceffores exinde pacifice poffederunt. Hoc falvo,
« quod defunctus ultimo comes Tolofanus Melgorium,
« & quædam caftra alia epifcopo abftulit fupradicto, fed
« poftmodum ad fe rediens, reddidit liberaliter & liben-
« ter. Et hæc quæ de dicto legato præmifimus facta no-
« veris antequam recordationis inclytæ pater tuus Fran-
« ciæ rex effectus negotium affumeret Albigenfium, imo
« & antequam pater, vivo crucis facræ fufcepto caractere,
« civitatem diens Tolofam, potenter & viriliter eam
« obfidione vallaffet. Nos autem qui dictum Petrum &
« prædeceffores fuos perfincere dileximus ab antiquo;
« hæc omnia fæpe revolvimus & fideliter laboravimus

« in ſtatu alio conſtituti, ut Magalonenſis eccleſia aliquid
« ei daret, nec potuimus obtinere. Nuper vero ex quo
« licet immeriti ſedem conſcendimus altiorem, ad ejus
« Petri devotam inſtantiam venerabili fratri noſtro Maga-
« lonenſi epiſcopo dedimus poteſtatem ei aliquos reddi-
« tus aſſignandi. Ad quos nos induxit ejuſdem Petri &
« ejus domus dilectio jam præſcripta, & honor ejuſdem
« epiſcopi & utilitas cui credebamus expediens, ut poſſe-
« mus ſcrupulum conſcientiæ, ſi quis erat, redimere,
« vulgi clamoribus ſatisfacere, cum juris neceſſitate ceſ-
« ſante, & dictam domum ſatis ſibi vicinam in ſua gratia
« retinere. Quocirca, fili cariſſime, nemo tibi ſuadeat
« præjudicium in his omnibus, vel eorum aliquo tibi
« factum niſi forſan ad id ſe velint convertere qui de ſede
« apoſtolica male ſibi ſentiunt, ut inquirant quomodo
« Romana eccleſia in regno Franciæ feudum habere po-
« tuerit, cum nec regnum cum regibus natum fuerit nec
« à ſolis regibus acquiſitum. Si enim veteres legant hiſto-
« rias de Narbonenſi acquiſitione provinciæ, perſonales
« labores, invenies Romanorum pontificum & ſudores
« qui non tam regum fuerunt ſocii in victoriis, quam
« regum nunc ſequaces, nunc ſocios habuerunt, tanquam
« Narbonenſis negotii domini principales. »

« Tu ergo contentus regni tui finibus, & latitudine
« quam [a] virtute mirifica noſtris temporibus dominus
« ampliavit, dictum epiſcopum, & in ipſo romanam eccle-
« ſiam non perturbes, nec ſuſurronum ſomniis irriteris,
« qui quanquam loquentes placentia, ſuſurronum ipſo-
« rum ſtimulis credulis auribus, fel mellitum inſtillant.

« Quod in te, fili, poffe non credimus tuæ dudum cir-
« cumfpectionis conftantiam experti.

« Cœterum de moneta Melgorienfi, quam idem epif-
« copus feudi facit, ut dicitur, in feudo ecclefiæ, ei fcri-
« bimus quod juri confonum arbitramur, & chriftianæ
« conveniens honeftati.

« Clemens epifcopus, fervus fervorum Dei, venerabili
« fratri Guillelmo Magalonenfi epifcopo S. & apoftoli-
« cam benedictionem. Irritatus fufurronibus, cariffimus
« in Chrifto filius nofter Ludovicus, rex Francorum illuf-
« tris, fuper Melgorienfi comitatu, quem in fui præjudi-
« cium & injuriam à te poffideri dicebant, prudenter nos
« confuluit, cui plenam fcripfimus veritatem, qua &
« ipfum credimus fore contentum. Idcirco nullius minas
« timeas, nam qui te tanget pupillam oculi, noftri tan-
« get. Noftrum enim in hac parte negotium agitur, &
« non tuum. Sane de moneta milliarenfi, quam in tua
« diocœfi cudi facis, miramur plurimum cujus hoc agas
« confilio ? Non quod injuriam facias dicto regi, fi in
« fundis non fuis fabrices, fed regi gloriæ, extra cujus
« dominium nec hoc potes, nec aliud operari. Quis
« enim catholicus monetam debet cudere cum titulo
« Mahometi ? quis etiam licite poteft effe alienæ monetæ
« percuffor ? Cum nulli eam liceat cudere, nifi cui, vel
« fummi pontificis, vel principis authoritate conceditur.
« Quod nullus unquam fic effufe conceffit, ut omnis
« generis monetæ faceret, data authoritate ad rem cer-
« tam, quonam pacto extendetur ? Si confuetudinem for-
« fan allegas, prædeceffores tuos accufas potius quam

« excufas, cum perverfæ confuetudines dici debeant cor-
« ruptelæ. Quod fi, confuetudine & jure ceffantibus, lucro
« inhias, vide quantum dedeceat excellentiæ pontificalis,
« honores, negotiationem ejufmodi exercere, quam in
« inferiori gradu clericis reprobamus. Cœterum, fi vene-
« rabilem fratrem noftrum Agathenfem epifcopum requi-
« reres, audires utique ab eodem quantum ei diffuafi-
« mus ad opus fimile provocatum, cum effemus in
« ftatu alio conftituti. Hinc eft quod fraternitati tuæ |per
« apoftolica fcripta mandamus, quatenus fi in regiis feu-
« dis hoc facis pareas prohibenti, fi alibi nihilominus
« omnino defiftas. Cum & Deo & nobis difpliceat, &
« non fit tuæ congruum honeftati. Datum Viterbii XVI
« kal. octob., pontificatus noftri an 2°.

Porro ut laborum & expenfarum onera quæ præfatus, venerabilis* prædeceffor nofter Guillelmus, occafione acquifitionis comitatus hujus fuftinuit, pofteris memoriæ miniftrentur, fciendum eft nos in archivis noftris, & in monimentis fide dignis legiffe, quod dictus dominus papa Innocentius III, qui dictum feudum conceffit, à dicto prædeceffore habuit 1220 marchas fterlingiorum argenti, & domini cardinales 500 libras provifionum. Item camerarius domini papæ habuit pro fe 320 libras provifionum, valentes centum marchas fterlingiorum prædictorum. Item habuit unum rocinum & unum mulum qui conftiterant 35 libras. Item capellanis, clericis, notariis, hoftiariis, trocarciis, fcriptoribus & aliis familiaribus domini papæ 500 libras. Item pro litteris fcribendis & bullandis, quinque libras. Item expenderunt procuratores

hujus negotii eundo Romam, ſtando, & redeundo pro equitaturis raubis & aliis expenſis 300 libras. Item conſtiterunt uſuræ dictæ monetæ mutuæ 25000 libras. Et ſic conſtitit dictum negotium quantum ad curiam romanam ultra expenſas alias factas in partibus iſtis, in adipiſcendis poſſeſſionibus, vendicationibus, litigiis & recuperationibus caſtrorum & jurium dicti comitatus 6600 libr. melgorienſes, anno domini 1190, 13 kal. julii præſente ipſo domino Guillelmo, & multis aliis archiepiſcopis & epiſcopis apud Sanctum-Egidium, ad mandatum domini Millonis domini papæ Innocentii III legati, ad partes iſtas. Dominus Raymundus quondam dux Narbonæ & comes Toloſæ, & marchio provinciæ, pro animæ ſuæ remedio conceſſit omnibus eccleſiis & dominibus religioſis provinciarum Viennenſium, Arelatenſium, Auxitanentium, Burdegalenſium & Bituricenſium ſecundum ſtatuta canonum immunitatem, & pleniſſimam libertatem. Videlicet in hæc verba : « Quod albergarias,
« procurationes, ſeu exactiones quaſcumque, ſeu tallias,
« nullo unquam tempore per me, vel per alios requi-
« ram, & requirentes pro poſſe meo fideliter coercebo.
« Defunctis eccleſiarum epiſcopis, vel rectoribus aliis,
« ipſas, vel domos earum, nec per me, nec per alios nul-
« lo modo ſpoliabo, nec adminiſtrationi earum ſeu cuſto-
« diæ, ocaſione alicujus conſuetudinis, vel aliqua alia re,
« me ullatenus immiſcebo, ſed omnia ſine diminutione
« aliqua, defuncti ſucceſſoribus reſerventur. Electioni
« etiam epiſcopi, vel rectoris eccleſiæ faciendæ per me,
« vel quamcumque perſonam me nullatenus immiſcebo;

« nec aliquam malitiam faciam, nec impedimentum
« præstabo, quominus electio libere celebretur. Præterea
« possessiones omnes, & jura ecclesiarum (si qua injuste
« detineo), iis restituere pleno jure promitto. Insuper
« omnia jura ecclesiarum & domorum religiosarum, sicut
« decet catholicum principem in præfatis provinciis *
« totis visceribus protegam. Si quis autem contra præfa-
« tam immunitatem & libertatem à me indultam eccle-
« siis, & aliis domibus religioforum venire præsumpserit,
« ipsum pro posse meo viriliter coercebo. »

Anno 1193, Raymundus episcopus recepit recognitionem à Raymundo de Cornone, domino in parte castellaniæ capitis-castri de Gigeano.

Anno etiam 1193, dedit in acapitum B. de Lausa sex pecias terræ, & sex pecias vineæ ad usaticum 13 sestardiorum hordei, & 13 denar. Melgoriensium.

GUILLELMUS DE FLEXIO.

GUILLELMUS de Flexio secundus hujus nominis canonicus Magalonensis, successit Guillelmo Raymundi circa annum 1197, vixit in episcopatu annis 7, mensibus 9, diebus 6, obiit idibus decembris anno 1203. Confirmavit acapitum mansi de Lausa, datum per dominum Guillelmum Raymundi ejus prædecessorem

Eodem anno, fecit cudi apud Melgorium maximas quantitates melgoriensium solidorum.

Fecit etiam excambium cum præposito Magalonensi, anno 1202, de quibusdam allodiis quæ percipere consueverat, de tribus poffeffionibus, ut latius continetur in libro nigro, fol. 101.!

GUILLELMUS DE ALTINIACO

GUILLELMUS de Altiniaco, tertius hujus nominis, canonicus Magalonenfis, oriundus de diocœfi Lodovenfi, fuit factus epifcopus anno Domini 1203. Emit medietatem vicariæ-curiæ Montifpeffulani quingentos folidos melgorienfes.

Anno 1208, obtinuit confirmationem civitatis Magalonæ, & aliorum locorum temporalium in ipfa confirmatione expreffatorum, ab inclitæ recordationis domino Ludovico, Francorum rege.

Anno 1213, fundavit hofpitale Sancti-Stephani de Brianicis.

Anno 1214, permutavit cum priore Sti. Firmini, tunc gubernante veftioriam Magalonenfem, ecclefiam parrochialem de Grabellis, pro ecclefia parrochiali de Muro-Veteri. [Grabels. Murviel.]

Anno 1215, conceffit confulibus Montifpeffulani duos denarios de illis duodecim quos epifcopus Magalonæ in moneta melgorienfi percipere confuevit.

Eodem anno dedit ad acapitum dictis confulibus Montifpeffulani * totum nemus de Valena, retentis decem albergiis militum annuis, jurifdictione & quibufdam aliis, & habuit inde ab ipfis 25 folidos melgorienfes, prout in inftrumentis inde receptis continetur. [Page 440.]

Anno 1217, impignoravit bajuliam caftri de Melgorio Raymundo de Sancto-Firmino pro duodecim folidis melgorienfibus.

BERNARDUS DE MESUA.

BERNARDUS de Mefua, primus hujus nominis canonicus Magalonenfis, fucceffit domino Guillelmo de Altiniaco, & fuit electus anno 1217, vixit in epifcopatu annis 14, menfibus 5, diebus 14, obiit 8°. kal. januarii anno 1233.

Anno 1218, recuperavit à Raymundo de Sancto-Firmino bajuliam de Melgorio impignoratam pro duodecim folidis melgorienfibus, per dominum Guillelmum de Altiniaco, ejus proximum prædeceflorem.

Anno 1224, videlicet 12 kal. aprilis, obtinuit definitivam fententiam quæ habetur in archivo noftro, quod abbas Anianenfis tenetur venire ad finodum Magalonenfem.

Anno 1225, fecit compofitionem quæ habetur in archivo, cum Roftagno de Monte-Arbedone & confortibus fuis, quod medietas patuorum de Monte-Arbedone effe epifcopi, & alia medietas remaneret dictis confortibus, quam tenent in feudum ab epifcopo.

<small>Montauberon.</small>

Anno 1226, recuperavit caftrum de Balafuco, quod tenebat violenter Guido Capitis-Porci, & licet diu pro dicto caftro litigaverit, finaliter obtinuit fententiam coram archiepifcopo Narbonenfi, à fede apoftolica fuper hoc delegato.

Anno 1221, videlicet 12 kal. feptembris, recepit à domino Agantici recognitionem medietatis caftri de Brixiaco. De Ganges. Briffac.

Anno 1227, dominus de Roquafolio reddidit fibi medietatem caftri de Brixiaco, quam ab eodem epifcopo tenebat in feudum.

Anno 1230, videlicet quarto kal. aprilis, fecit recognitionem cum dominis caftri de Arfatio fuper modo recognofcendi fibi dictum feudum quæ habetur in archivo. Affas.

Anno 1233, obiit 8 kal. januarii, & eodem anno fede vacante, vicarii fundaverunt generale monafterium Sti-Leonis, prope Montem-Laurum, de qua fundatione habetur inftrumentum in archivo. St. Leon de Montlaur.

Anno 1225, circa finem augufti, idem Bernardus conceffit certas poffeffiones apud Coconum & Maurinum, præpofito Magalonenfi, * cenfum annuum duarum albergarum, & de hoc eft inftrumentum in archivo. Cocon. Maurin. PAGE 441.

Eodem anno 5 kal. feptembris, conceffit domino Joanni de Montelauro præpofito, in feudum, dominium caftri de Londris, & de hoc habetur inftrumentum in archivo. De Londres.

Anno 1218, 10 kalendas julii, conceffit ad feudum honoratum, domino Jacobo regi Aragonum, domino Montifpeffulani, quatuor denarios fuper moneta melgorienfi in qualibet libra dictæ monetæ, dedit etiam eidem totum jus quod habebat in caftro de Piniano & Salzano, & domum, ac hominium, & alia quæ dominus Montifpeffulani epifcopo facere tenebatur pro caftris de Frontiniano, de Caftris, de Caftro-Novo, de Senteiranicis, feu Pignan. Sauffan. Caftries. Caftelnau. Centrairargues.

proftratis publicis & ripariis, & patuis, pro quibus omnibus dictus dominus Montifpeffulani, debet dare domino epifcopo & ejus fucceffloribus, annis fingulis, fi ab eis requiratur pro fervitio unum marabotinum auri & valentiam de hominibus dictorum caftrorum, pacto quod fi dicta caftra feparentur à dominatione dictæ villæ Montifpeffulani, epifcopus poffit omnia prædicta feuda recipere pro commiffo. Pro qua infeudatione habuit epifcopus viginti folidos melgorienfes. Inftrumentum eft in archivo, inter inftrumenta monetæ Melgorii.

JOANNES DE MONTELAURO.

JOANNES de Montelauro, dictæ domus de Montelauro fecundus hujus nominis, canonicus Magalonenfis, fucceffit domino Bernardo de Mefua. Anno 1234, fuit electus, vixit in epifcopatu annis 14, menfibus 9, diebus 5 ; obiit anno 1248, nonis maii.

Anno 1235, videlicet 5 kal. octobris, recepit recognitionem à matre Roftagni de Montelauro pro dicto caftro de Montelauro, & de hoc habetur inftrumentum in archivo, fed poftmodum, frater fuus in ejus odium, recognovit dictum casftrum fe tenere à rege, & extunc recuperari non potuit.

Montlaur.

Anno 1234, dedit in emphiteofim manfum de Cafismalis.

St. Geniez, abbaye.

Anno 1236, recognitionem accepit ab abbatiffa de Sancto-Genefio pro dicto monafterio, ut habetur inftrumentum in archivo.

Anno 1240, videlicet 8 kal. augufti, reduxit quatuor albergas, quas faciebat Raymundus Guillelmi de Monte-ferrario pro manfo de Reftinclericis, fito in parrochia Sti. Salvatoris de Pinu, ad 4 capones cenfuales. Et de hoc habetur inftrumentum in archivo. Montferrier.
Reftinclieres.
St. Sauveur du Pin.

* Anno 1241, dedit utrum vini, quod epifcopus habebat in caftro de Gigeano, & multas alias libertates hominibus & univerfitati de Gigeano. PAGE 442.

Anno 1242, fecit compofitionem ecclefiæ Magalonenfi fatis inutilem cum præceptore Grandis-Montis prope Montem-Arbedonem, quæ habetur in archivo. Gramont.
Montauberon.

Anno 1243, videlicet 8 idus junii, recepit recognitionem caftri de Montelauro, quod tunc ab epifcopo Magalonenfi tenebatur, & baneria epifcopalis, fuper turrim dicti caftri ponebatur à Bermundo de Sumidrio, filio Bertrandi. Quæ recognitio & alia de qua fupra facta eft mentio habetur in archivo epifcopali. Sommiere.

Anno 1246, recepit recognitionem folemnem, & juramentum fidelitatis fuper corpore Chrifti, pofito fuper altare Sti. Firmini de Montepeffulano à domino Jacobo, rege Aragonum & Majoricarum, domino villæ Montifpeffulani, & caftro de Palude, vulgariter dicto de Latis. Château de Lates.

Anno 1233, exiftentes præpofitus Magalonenfis & vicarius generalis, fede vacante, fundavit monafterium Sti. Germani, tunc exiftens in monte Sti. Leonis, & habetur de hoc inftrumentum in archivo. Et fuper eo retinuit epifcopus canonem, unum obolum aureum, in fynodo Sti. Lucæ annis fingulis perfolvendum.

Anno Domini 1230, 1° kal. martii, dictus dominus

Joannes dedit & univit cum confilio domini Petri, archiepifcopi Narbonæ, & capituli Magalonenfis, hofpitale de Silva-Gauterii, diœcefis Magalonenfis, monialibus Sti. Leonis, cum ecclefia in eodem hofpitali fita, cum omnibus juribus & pertinentiis, nemoribus, pafcuis, filvis, venationibus, faltibus, devefiis & omnibus rebus mobilibus & immobilibus, corporalibus & incorporalibus, ad ipfum hofpitale pertinentibus quoquomodo, retentis tamen fibi & fucceffioribus fuis epifcopis Magalonenfibus, duobus feftariis olei boni & pulchri, in fefto Sti. Vincentii, apud Montempeffulanum, in aula epifcopali afportandis, pro cenfu annuo perfolvendis, prout conftat per inftrumentum publicum, manu magiftri Bernardi de Cofta Montifpeffulani, & curiæ dicti domini epifcopi confectum.

[Silve Gautier.]

RAYNERIUS.

FRATER Raynerius, de ordine FF. prædicatorum Lombardus, fucceffit domino Joanni de Montelauro fecundo, vixit in epifcopatu annum & dimidium, obiit anno 1248, idibus januarii.

* Anno 1248 & menfe decembri, creavit officium veftiarii, cum antea folveretur veftiaria canonicorum per priorem Sti. Firmini, qui tenebat ecclefias de Grabellis & de Juviniaco, de quibus eft inftrumentum in archivo.

Eodem anno, 3° idus decembris, fecit compofitionem cum abbate Francarum-Vallium, ordinis ciftercienfis,

[Page 443.]

[Franquevaux.]

super juribus garrigiæ de Pinu, quæ in archivo episcopali habetur.

Anno 1248, videlicet 12 kal. septembris, vendidit emolumenta temporalia quæ habebat episcopus in castro de Agusanicis, priori dicti loci, retento usatico 40 solidorum melgoriensium, & hoc pretio centum librarum, prout in instrumento quod habetur in archivo continetur. <small>Guzargues.</small>

Audivimus etiam dici ab antiquis pluribus fide dignis, qui ut dicebant jurati in casibus nostris, à majoribus suis audierant, quod dictus episcopus fuit cum hostia consecrata veneno interfectus; & tunc fuit in ecclesia Magalonensi ordinatum ut diaconus & subdiaconus in altari majori beati Petri cum presbytero assistentes, de manu sacerdotis ibidem celebrantis, & de eadem hostia consecrata, & de eodem sanguine communicarent.

Anno 1247, kal. aprilis, acquisivit ecclesiam parrochialem beatæ Mariæ de Melgorio episcopali mensæ, præposito & capitulo. Et dedit eis pro excambio ecclesias Sti. Petri de Cornone, Sti. Juliani de Casaligniis, Sti. Stephani de Castriis, & Sti. Theodoriti de Veranicis, cum earum capellis, retentis tamen in eisdem sibi, & successoribus suis reverentiæ episcopali debitas procurationes, & antiquas sinodos & paradas. <small>Cornom. Comballiaux. Verargues.</small>

PETRUS DE CONCHIS

PETRUS de Conchis, oriundus de Montepessulano, canonicus Magalonensis, primus hujus nominis, succeffit domino Raynerio, anno 1248. Vixit in epifcopatu annis fex, menfibus 10.

Anno 1249, fecit quamdam compofitionem cum rege Aragonum, tunc dominum Montifpeffulani, quæ habetur in archivo.

Anno 1250, de menfe januarii, fecit quamdam compofitionem cum veftiario Magalonenfi, feu ejus procuratore, quod pro viginti folidis veftiarii, fibi debitis per ipfum veftiarium, haberet decem albergas annuas, quas faciebat dicto veftiario Guillelmo de Valloquefio, pro feudo baffæ jurifdictionis de Grabellis, quæ compofitio habetur in archivo.

Murviel.

PAGE 441.

Anno 1251, obtinuit à priore de Muro-Veteri, qui tunc erat,* jurifdictionem temporalem, quam dictus prior habebat in dicto caftro de Muro-Veteri, & quam ab epifcopo tenebat. Et pro recompenfatione dedit fibi unum modium frumenti, & unum modium vini quem percipiebat pro cartone in ipfa ecclefia, & unum modium mixturæ quem habebat pro ufatico, prout cavetur in inftrumento quod eft in archivo.

Anno 1252, dedit confulibus maris Montifpeffulani poteftatem faciendi gradum & turrim in plagia noftra de Melgorio, fub cenfu annuo quatuor librarum piperis valde boni, & perieriis noftris de Cornone præjudiciabilem, fed tamen eis ufi non fuerunt.

GUILLELMUS CHRISTOPHORI

GUILLELMUS Christophori, oriundus de Montepessulano, hujus nominis tertius, canonicus Magalonensis, successit domino Petro de Conchis anno 1256, vixit in episcopatu annis sex, mensibus 8, minus uno die. Obiit anno 1263, 19 kal. februarii.

Anno 1257, dedit ad acapitum, hominibus de Balaluco, certas possessiones de Brauft (?), de Molena, de Aquis, de Moleria, de Malras de Podio-Mejano, ad usatica quatuor sextariorum hordei, & habuit pro intrata decem libras melgorienses. Bains de Balaruc.
Puy-Mejan.

Anno 1260, compromisit cum domino Jacobo, rege Aragonum, tunc domino Montispessulani, in dominum Guidonem Fulcodi Narbonensem electum, super jurisdictione partis episcopalis Montispessulanuli, cognitione & punitione criminis hæresis, & bonis hæreticorum confiscatis, limitatione jurisdictionis temporalis in Montepessulano, judæis in parte episcopali commorantibus, juramento fidelitatis per homines montispessulani præstando; furnis in parte episcopali faciendis, peissonaria & tincto rubro recognitio facienda episcopo per ipsum regem, de Montepessulano, & castro de Latis, & etiam de appellationibus à curia dicti regis emittendis. Et hæc compositio habetur in quaterno. Ecarlate.

Anno 1261, ordinavit fieri monetam melgoriensem usque ad centum millia librarum.

<small>Caudillargues.</small> Anno 1262, kal. julii, recepit recognitionem manfi de Ravat, quod eft prope Sanctam Crucem de Quintillianicis.

BERENGARIUS FREDOLI.

<small>PAGE 445.</small>

BERENGARIUS Fredoli, domus de Veyruna, canonicus Magalonenfis, fucceffit domino Guillelmo Chriftophori anno Domini 1262, vixit in epifcopatu annis 34, menfibus 8, diebus 3. Obiit anno 1295, nonis januarii.

Anno 1262, fecit compofitionem cum veftiario Magalonenfi fuper jurifdictione de Grabellis.

<small>Grabels.</small>

Eodem anno acquifivit à procuratore fratrum minorum Montifpeffulani novem feftaria & tres cartones bladi cenfualia.

Anno 1263, fecit compofitionem cum fratribus prædicatoribus Montifpeffulani, quæ habetur in archivo.

Eodem anno emit à Bonifacio Guidonis-Capitis-Porci 158 feftaria hordei, & undecim libras 14 folidos melgorienfes cenfualia, quæ habebat in parrochiis de Juviniaco, de Grabellis, de Subftantione, de Caunellis, de Vallere-Donefio, de Monte-Arnaldo, & quidquid juris in eis habebat pretio viginti folidorum melgorienfium; inftrumentum eft in archivo.

<small>Juviniac. Grabels. Subftantion. Caunelles. Valredonez. Montarnaud.</small>

<small>Métairie dite de la Magdelaine, appartenante aujourd'hui à Mrs. Duché.</small> Anno 1265, recepit recognitionem caftri de Montelauro; à Bermundo de Sindrio inftrumentum eft in archivo.

Anno 1268, 13 kal. julii, emit à Guillelmo Deodato de Podio firmam de Balafuco, pretio centum librarum magalonenfium, & leudas de Gigeano à B. de Grafilhanicis, pretio undecim librarum.

Grazillargues.

Anno 1271, limitavit territoria caftrorum de Gigeano & de Balafuco.

Anno 1277, fecit aliam limitationem caftrorum cum domino Jacobo, rege Aragonum.

Anno 1278, 2 kal. julii, fecit compofitionem cum rege Majoricarum Jacobo, cum compromiffo in dominum Petrum de Montebruno, Narbonenfem epifcopum, in qua fuit declaratum quod bajulus curiæ epifcopalis, ad denunciationem vel requifitionem bajuli curiæ dicti regis, in capiendis reis in parte fua, eo dumtaxat neceffitatis debito teneatur, quo bonus & juftus judex ad denunciationem privati cujuflibet, ex feipfo, vel fui officii debito teneretur. Item fuit definitum quod vocato procuratore regis, & non ante, liceat curiæ epifcopali ex caufa pœnam corporalem mitigare, & in pœnam pecuniariam convertere, de qua debet dare tertiam partem dicto procuratori regis, & quod bajulus epifcopi juret, in fui electione in prædictis bene & fideliter fe habere, & nullam fraudem committere.

* Item, quod tenentes in parte epifcopali falfas menfuras, & pondera, & ibi delinquentes in eis, in curia epifcopali ftent juri, & prædicta ibi definiantur, & puniantur, falvo quod fi mors, vel membri mutilatio pro prædictis imponenda, fiat ut fupra eft declaratum.

PAGE 446.

Item, quod jurifdictio ftagni gradus de Carnone, & de

Magalona pertineat ad epifcopum, falvo quod delinquentes, vel contrahentes in caftro de Latis, fi fugiant, gentes regis poffint eos ibi capere & retinere.

Debent tamen gentes epifcopi, fi ibi fint, hoc fignificare, quod ipfum reum volunt inde extrahere, ubi reus ipfe faceret larem, in parte epifcopali Montifpeffulanelli, nam tunc debet fervari antiqua compofitio.

Item, quod curiales regis non intrent cum armis in partem epifcopalem ad capiendum reos, nifi flagrante crimine ibi confugientes. Sed & tunc fine licentia curialium epifcopi inde non extrahantur.

Item, quod rex in feptem tabulis recipiat lumbos porcorum, & media pectora vaccarum.

Item, quod homines partis epifcopalis recipiantur per curiam regis in corretarios* & proxenetas*, efto tamen quod non mutent fe in parte regia.

Item, quod rex feu gentes ejus non impediant directe vel indirecte epifcopum, feu ejus officiales, quominus poffint libere uti jurifdictione ecclefiaftica, & clericos, feu perfonas ecclefiafticas capere, feu capi facere, cum armis, vel fine armis, prout res exiget, commorantes feu inventos delinquentes in parte regia, & inde extrahere, fi per hoc temporali jurifdictioni regis præjudicium minime generetur.

Et quod nuntii curiæ epifcopalis, & regis, poffint portare libere baculos, in parte utraque, ut fic cujus curiæ fint nuntii cognofcantur, nec per hoc alicui jus accrefcat.

Item, quod fuper curfum monetarum melgorienfium

---

* * Termes fynonymes.

fervetur compofitio facta cum domino Jacobo, rege Aragonum.

Anno 1280, die 22 octobris, fuit fundatum ftudium Montifpeffuli per dominum Nicolaüm papam III.

Anno eodem kal. decembris, fundavit & dotavit capellam Sti. Blafii, quæ eft inter aulam & cameram epifcopales Melgorii, in qua ordinavit inftitui capellanum perpetuum qui tenetur * quotidie miffam in ea celebrare, & in horis canonicis in parrochiali ecclefia beatæ Mariæ, ibi contigua intereffe. Cui capellano pro victu affignavit de bonis menfæ epifcopalis, in ecclefia de Aleyranicis octo feftarios frumenti & octo hordei, in ecclefia Sti. Nazarii de Medullo duodecim feftarios, & unum modium vini puri in ecclefia de Balhanicis, & feftarios frumenti, & duo hordei apud Montempeffulanum vel Melgorium portandos, & oblationes denariorum ad manus ipfius capellani venientes. Et quod capellanus poffit comedere in domo, cum aliis capellanis, quando epifcopus erit ibi; & quod epifcopus habeat fibi clericum qui juvet in officio, & portet alia onera capellæ; poftea fuit dictæ capellaniæ bona vinea collata.

Eodem anno, videlicet 5 kal. februarii, quia comes Ruthenenfis & dominus de Roquafolio tenebat ab eo in feudo medietatem caftri de Brixiaco, nolebat fibi facere recognitionem, expugnavit caftrum ipfum, & vi armorum cœpit ipfum, & gentes ipfius comitis quæ intus erant.

Anno 1280, dedit in emphiteofim univerfitati de Balafuco, fub certis conditionibus, patua dicti loci pro quibus habuit quinquaginta libras melgorienfes.

Marginal notes: PAGE 447. — Lairargues. Mezouls. Baillargues. — Château de Briffac.

Anno 1282, dotavit ecclefiam ruralem Sti. Michaëlis de Villa-Paterna, prope Gigeanum, de uno modio frumenti & alio hordei, quos prior de Montebafeno faciebat pro cartone, retentis pullis, caponibus, vifitatione, procuratione. Poftea permutavit dictam ecclefiam cum ecclefia parrochiali Sanctæ-Perpetuæ prope Melgorium, cum prioriffa & monialibus Sti. Felicis de Monte-Sevo.

Anno 1282, fecit tertiam compofitionem cum rege Aragonum & confulibus Montifpeffulani fuper moneta melgorienfi.

Eodem anno, 2 nonas januarii, limitavit cum domino Jacobo, rege Aragonum, omnia caftra, aquas, terras inter fe contiguas.

Anno 1285, menfe octobri, confirmavit compofitionem factam inter Bertrandum de Duroforti, veftiarium, & Bertrandum de Vallauquefio, domicellum, fuper baffa jurifdictione loci de Grabellis.

Anno 1286, univit menfæ epifcopali ecclefias de Muro-Veteri & de Tribus-Viis, & divifit ecclefiam de Agantico, & quartonem de Columbiis.

* Anno eodem, videlicet 12 kal. feptembris, conceffit multas præjudiciales libertates hominibus, & univerfitati caftri epifcopalis de Villa-Nova.

Anno 1288, emit furnum de Muro-Veteri, pretio fexdecim librarum melgorienfium.

Anno 1292, attendens quod rex Majoricarum nimis opprimebat jurifdictionem temporalem in Montepeffulano, ideo jurifdictionem ipfam permutavit cum domino Philippo, Francorum rege, pro cujus recompenfatione

habuit bajuliam Salveti & Duroforti, & castrum de Pos- Sauve.
Durfort.
Pouffan.
fano. Fuit exterminator & assignator ad hoc deputatus
dominus Petrus de Capella, tunc Carcassonæ episcopus.

Anno 1295, emit à domino de Veyruna medietatem
molendini de Balafuco, quartam partem stagni de Aygues, Balaruc.
Les bains de Ba-
laruc.
& medietatem usaticorum certarum terrarum de Balafuco,
pretio 150 librarum melgoriensium.

Anno eodem emit apud Melgorium condaminam de
Sancta-Cruce, & illam quæ est in exitu portalis Sanctæ-
Crucis, pretio 20 solidorum melgoriensium, & fecit
aulam & cameram episcopalem dicti loci.

GAUCELINUS DE GARDA

SCIENDUM est quod mortuo domino Berengario
Fredoli, canonici Magalonenses in discordia elege-
runt dominum Bernardum de Viridisco, canonicum Magalonensem & priorem Sancti-Firmini, illitteratum & indignum. Et accedens ad papam Bonifacium apud Ana-
gniam, cum instructoribuis suis, propter insufficientiam
non fuit admissus, & data potestas instructoribus ut alium
idoneum de se nominarent. Et quia non potuerunt con-
cordare, petierunt dictum dominum Gaucelinum, qui tunc
erat episcopus Lodovensis. Et tunc dictus dominus Boni-
facius ipsum transtulit ad episcopatum Magalonensem, &
erat clericus sæcularis domus de Garda, mimatensis diœcesis, anno 1296, de mense augusti. Vixit in episcopatu
annis octo, mensibus sex, diebus tribus. Obiit anno 1305,
videlicet 5 idus martii.

Anno 1296, de menfe decembri, fuit fibi data poteftas per capitulum generale Magalonæ (quia erat difcors fuper collatione beneficiorum canonicorum) quod poffet conferre omnia beneficia canonicorum ufque ad quinque annos tunc proxime futuros, et ita fecit.

PAGI. 449.
* Anno 1297, 7 idus junii, recenfuit ftatuta facta per dominum Berengarium Fredoli, ejus prædecefforem, fuper bonis canonicorum mortuorum, & tranflatorum.

Eodem anno, fecit compofitionem cum confulibus Montifpeffulani fuper furtis nemoris de Valena.

Eodem anno, fecit aliam compofitionem cum confulibus de Frontiniano fuper ftagno vocato Aigues, fito in territorio de Balafuco. Qua compofitione confules ipfi debent dare fingulis annis, pro ufatico dicti ftagni, epifcopo Magalonenfi, in carnis privio quindecim libras.

Eftang de Tau.
Anno 1303, limitavit ftagnum de Tauro, & quantum in eo diœcefis Magalonenfis, & Agathenfis fe extendunt, cum epifcopo Agathenfi, de quo habetur inftrumentum in archivo.

Eodem anno 1303, nonis martii, fecit teftamentum fuum.

PETRUS DE LEVIS.

PETRUS de Levis, fecundus hujus nominis, clericus fecularis, domus marefcalli Mirapifcenfis, provifus per dominum Clementem, papam quintum, fucceffit domino Gaucelino de Garda, anno Domini 1304, ftetit epifcopus Magalonenfis ferme quinque annis.

Deinde fuit tranflatus ad epifcopatum Cameracenfem. Anno 1308, permutavit certa ufatica quæ faciebat dominus præceptor Sancti-Salvatoris domus Theutonicorum Montifpeffulani, cum quibufdam aliis ufaticis, per eumdem præceptorem fibi datis.

JOANNES DE CONVENIS.

JOANNES de Convenis, hujus nominis tertius, filius comitis Convenarum, clericus fæcularis, provifus per dominum papam Joannem XXII, fucceffit domino Petro de Levis anno 1309; ftetit epifcopus Magalonenfis annis octo. Deinde fuit 7 de menfe novembris tranflatus per eumdem dominum papam ad novum archiepifcopatum Tolofanum.

Anno 1313, limitavit caftrum Melgorii cum caftro de Caftriis.

* Anno 1316, die 3 junii, propter defectum confrarii Magalonenfis, in capitulo generali fecit gubernatorem confrariæ, de quo habetur inftrumentum in archivo.

GAILHARDUS SAUMATE.

GAILHARDUS Saumate, oriundus de Villa-Nova, Ruthenenfis diœcefis[1], clericus fecularis, provifus per dictum dominum Joannem papam XXII, cujus erat

---

[1] Il faut lire Rienfis diœcefis, au lieu de Ruthenenfis, felon la remarque de Mr. de Sainte-Marthe, qui *Gallia Chriftiana*. dit l'avoir ainfi vérifié dans les actes du Vatican.

familiaris. Succeffit domino Joanni de Convenis anno Domini 1317, de menfe novembris, ftetit epifcopus 9 menfibus. Deinde fuit tranflatus per eumdem dominum papam ad archiepifcopatum Arelatenfem, anno 1318 de menfe augufti.

Anno à nativitate Domini 1317, 14 kalendas decembris, fecit vicarium generalem dominum Oldericum, avunculum fuum.

Anno ab incarnatione Domini 1317, videlicet 22 die menfis februarii, dictus dominus Oldericus, vicarius generalis, cepit manfum de duabus cazis parrochiæ Sti. Vincentii in commiffum, pro eo quod Raymundus de Conchis negaverat fe tenere dictum manfum ab eo. Sed poftea, ad preces domini Petri de Offa, fratris dicti domini papæ Joannis XXII, cujus dictus dominus Raymundus fe dicebat confanguineum, dictus dominus Oldericus dedit eidem Raymundo de Conchis dictum manfum ad novum acapitum. Et de hoc habetur inftrumentum in archivo.

ANDREAS FREDOLI.

ANDREAS Fredoli, domus de Veyruna, qui antea exiftens canonicus Magalonenfis, fuerat factus epifcopus Ucetienfis, tranflatus inde fuit per dominum Joannem papam XXII ad epifcopatum Magalonenfem, anno à nativitate Domini 1318, die octava februarii. Vixit in epifcopatu annis X, diebus 23; obiit die ultima februarii.

Anno 1324, 8 kal. februarii, idem dominus papa ordinavit quod nullus canonicus Magalonæ poffit effe judex authoritate domini papæ, nifi fit in dignitate vel beneficio conftitutus, &c.

JOANNES DE VIRIDISCO.

JOANNES de Viridifco, hujus nominis quartus, dicti loci de Viridifco Lodovenfis diocœfis, oriundus; antea præpofitus & canonicus Magalonenfis decretorum doctor, fuit provifus per dominum Joannem papam XXII.

Anno à nativitate Domini 1328, die 8 aprilis, fuccefsit domino Andreæ Fredoli. Vixit in epifcopatu annis fex, diebus 11, obiit anno 1334, die octava augufti.

Anno 1330, die 24 aprilis, publicavit ftatuta facta fuper divifione carnaligiorum totius diœcefis in fynodo pafchali.

Anno 1331, in capitulo generali omnium fanctorum prefidens, publicavit magna ftatuta, quæ incipiunt «Salvator, &c,» cum inftrumento recepto per magiftrum Guillelmum Clari.

Eodem anno, & in eodem generali capitulo, divifit feu feparavit ecclefias parrochiales de Matellis & de Caza-Veteri, ab ecclefia parrochiali Sti. Joannis de Cucullis. *Les Matelles & Cazevieille. St. Jean de Cuculles.*

Eodem anno, fecit compofitionem cum domino Agantici fuper cuftodia campanili Agantici, & multis aliis articulis, de quibus recepit inftrumentum magifter Guillelmus de Clari. *Ganges.*

Anno 1332, limitavit territorium de Melgorio cum territorio partis regiæ Montifpeffulani, excambiatæ cum domino rege Franciæ. De qua limitatione habetur inftrumentum in archivo.

PICTAVINUS DE MONTESQUINO.

PICTAVINUS de Montefquino, nobilis domus de Montefquino, Auxitanæ diœcefis, oriundus, clericus fecularis, legum doctor, fuit provifus per dominum papam Joannem XXII, anno 1334, de menfe octobris, fucceffit domino Joanni de Viridifco. Stetit ibi epifcopus 4 annis, menfibus 3, diebus 17, & fuit tranflatus per dominum Benedictum ad epifcopatum Albienfem, anno à nativitate Domini 1339.

Eodem anno fecit compofitionem hominibus Aquarum-Mortuarum fuper leudas & ftatuta per eos folvenda in paffu ftagni de Cornon.

DEO GRATIAS.

EXPLICIT LIBER CATALOGI.

TABLE
DES
NOMS DES LIEUX ET DE PERSONNES
CITÉS
DANS L'HISTOIRE ECCLÉSIASTIQUE DE MONTPELLIER

Correspondant au second volume de la première édition & au troisième volume de la seconde

NOTA. — La pagination suivie est celle de la présente édition. — Les *italiques* indiquent les noms de lieux

A

Abailard, 567.
Abbo ou Abbon, évêque de Maguelone, 17, 18, 625.
Archer (Guérin d'), 119.
Achéry (d'), auteur déjà cité, 351.
Aciscle (saint), 144.
Acre, 44.
Actiles (de), voy. *Fabri de Actiles*.
Adalphredus, prêtre, 18.
Adèle, comtesse de Melgueil, 29.
Adelmondis, comtesse de Melgueil, 644.
Ademar (Bernard), 88.
Adémar, clerc, 332.
Adémar (Pierre), nommé évêque de Maguelone, 212, 213.
Adémar (Pierre), évêque de Lescar, puis de Maguelone, 298.
Adémar (Raymond), damoiseau, 118.
Adhémar de Montarnaud, 649.
Adisson, 373 (*note*).
Adriatique (L'), 338.
Adrien, pape, 312, — III, pape, III.

650, — IV, pape, 51, 53, — V, pape, 294.
Ætherius, le plus ancien évêque de Maguelone connu, 8.
Afinel, lisez Astinel (Hugues d'), prieur claustral, 133.
Afrique (L'), 14, 343.
Aganticum, voy. *Ganges*.
Agatha, voy. *Agde*.
Agde, surpris par le comte Paul, 10, — pris par le roi Vamba, 623, — 7, 13, 378, — (diocèse d'), 367, — (archidiacre d'), 41, — (évêque d'), 18, 86.
Agelabus, archevêque de Narbonne, 10.
Agen, 24.
Agnès, 60, 70.
Agonensis vicaria, voy. *Agonez*.
Agonez, 21, 628.
Agremont (Mgr d'), archevêque de Bordeaux, 555.
Agrippinus, évêque de Gaule, 619.
Agritius, 7.
Agueffeau (d'), intendant de la province, 504, 490.

Agufanicis (villa de), voy. *Guzargues*.
Aiguillon (le P. Gautier), 463.
Aigalades (les), 432.
Aigrefeuille (Bernard d'), consul, 153.
— (Guillaume d'), cardinal, 187, 193.
— (Pierre d'), archidiacre de Maguelone, 65, — président, 123.
— (Aigline d'), sœur Prouillane, 465.
Aiguelongue (tènement de l'), près M., 99.
Aigues, 673, 680.
Aigues-Mortes, 155, 406, 470, 684.
Aiguillon (d'), président de la cour des Aides de M., 502.
— (Léonard d'), prévôt de M., 258, 307.
— (clos d'), sur le chemin de Nimes, 437.
Aigulfe, comte de Maguelone, 309.

Aimeric, 21.
— métropolitain, 316.
Aimery, archevêque de Narbonne, 20.
— vicomte de Narbonne, 71.
Aimon (Guillaume), 21.
— le moine, 16.
Aire (Atin d'), treforier de l'ordre de Malte, 132.
Aire, 300.
Airebaudoufe (d'), préfident, 268.
Aires (prieur d'), 100.
Aix, 326.
Aix (archer d'), 80.
Aix-la-Chapelle, 16, 310, 312.
Alais (baron d'), voy. *Verger* (Jean du).
Alais, interdit à Bernard Pelet, 56.
Alanus, auteur cité, 330.
Albane (cardinal), 603.
Albano, 209.
— (l'évêque d'), 35.
— (évêque d'), voy. *Grimoard*.
Albanhanicae, 642.
Albert, patriarche de Jérufalem, 432.
— (Raymond), archidiacre, 112.
Albi ou Le Blanc, camérier du monaftère St-Benoît, 238.
Albia, docteur en droit de M., 498.
Albigeois (les), 59, 66, 99.
Albon (Pierre), 146.
Albornos (d'), fa mort, 186.
— (Gilles Alvarès d'), cardinal, 185.
— (le cardinal d'), 209.
Alby, fon diocèfe eft divifé pour former celui de Caftres, 126, 7.
— (évêque d'), 18.
Alcala, 435.
Alciat (André), 555.
Alcuin, abbé de St-Martin-de-Tours, 311.
Alcuin, 312.
Aldebertus, évêque de Nimes, 653.
Aldericus, évêque, 636.
— évêque de Verceil, 636.
Aleman (Louis), nommé évêque de Maguelonne, 215.
— évêque de Maguelone, puis archev. d'Arles, 299.

Alemande (Senezone), fœur du monaftère de Brouillan, 457.
Alemandi (Barthélemy), 389.
Alemannes (Bernard), doéteur en décret de M., 202.
Alençon (la duchefie d'), 422.
— (le comte d'), 344.
— (le duc d'), 568.
Alefto (Jean de), chapelain du pape Clément V, 515, 520, 523.
Aleth, 7.
— érigé en évêché par le pape Jean XXII, 125.
Alexandre III, pape, vifite Maguelone, 56.
— pape, aborde à Maguelone, 56.
— pape, fe rend à Maguelone, 432.
— pape, prend fous fa protection les religieufes du Vignogoul, 454, 92, 94, 181, 451, 304, 351, 415, 431, 94, 98.
— IV, pape, 202, 435 522, 434.
— VI, pape, 368, 548.
— VII, pape, 488.
Alexandrie, 514.
Alexio (Jean de), 433.
Alfonfus, évêque d'Afti, lifez: Elephantus, évêque d'Apt, 423.
Algar (baronnie d'), 335.
Alimburge, abbeffe de St-Geniez, 450, 449.
Alife (comté d'), 132.
Allemagne (l'), 48, 81, 309, 314, 322, 486, 528.
Almace (d'), archevêque, tient un concile à Narbonne, 3.
Almachils, 630.
Almande (Marguerite), abbeffe du Vignogoul, 459.
Almanfor, célèbre médecin, 520.
Almeras (Pierre d'), 146.
Almodis, femme de Pierre de Melgueil, 32.
Alphonfe, comte de Touloufe, 48.
— duc de Ferrare, 275.
— roi de Caftille, 48.
— de Caftille, 336.
— IIᵉ roi de Caftille, 343.
— de Tolède, fyndic du cou-

vent des Auguftins de M., 166.
— frère de Louis IX, 100.
Alquier, archidiacre de Lodève, 32.
Alface (l'), 491.
Alteyranicae, voy. *Teyran*.
Altiniac (Guillaume d'), abbé d'Aniane, 79.
— élu évêque de Maguelone, 70.
— (Guillaume d'), 74, 76.
— évêque de Maguelone, 220.
Altiniac (Guillaume d'), 385.
Aluin (duchefie d'), 471.
Alvanius, 591.
Alvicus, évêque d'Aft, 24, 638.
Amalfi, dans la Pouille, 533.
Amalri, auteur cité, 296.
Amalric, archevêque de Narbonne, 77.
— (Pierre de), bourgeois, 375.
— vicomte de Narbonne, 119, 288, 336.
Amaury, comte de Montfort, 79.
Ambriofi (Deodat), bally royal de M., 464.
Ambialet, dans le diocèfe d'Albi, 247.
Amboife (George d'), cardinal, 294.
— (Louis de), évêque d'Albi, confacre la cathédrale Ste-Cécile, 294.
Ambroife (le P.), fupérieur des Carmes Déchauffés de M., 445.
Amédée, abbé de Valmagne, 59.
— duc de Savoie, élu pape, 216.
Amicus, frère de St-Benoît d'Aniane, 625.
— (le cardinal d'), 208.
Anagnie (Anagni), 116, 118, 208, 679.
Anaftafe IV, pape, 50, 73.
Anatico (Pons de Gaudet de), 119.
Ancelin (Gilles), archevêque de Narbonne, 113.
André (Guillaume), conful, 154.
— (Guillaume d'), 239.
— (Jean), profeffeur de droit à M., 536.
Andréa (maifon d'), ancienne famille de M., 567.
Andrieu (Jean), prêtre des dames de Ste-Urfule de M., 469.

cités dans l'Histoire de Montpellier. 687

Andrieu (Pierre), prieur de St-Mathieu de M., 218,—503.
Ange-Gardien (confrérie de l'), 405.
Angeli (Jean), professeur ès-lois, 458.
Angelis (Jean), chancelier de l'Ecole de Médecine de M., 524.
Angera, 13.
Anges, 13.
Anglade (Pierre), prêtre, 255.
Anglais (les), lèvent le siège d'Orléans, 218. 590.
Angleterre (l'), sa guerre avec la France, 203.
Angleterre (l'), 48, 518, 486, 568, 653.
Anglia, voy. *Angleterre*.
Anglic, cardinal, frère du pape Urbain V, 599.
— cardinal, 183, 201, 366, 484.
— cardinal, frère d'Urbain V, 579.
— Voy. *Grimoard*.
Angoulême (duchesse d'), 228.
— régente, 422.
Aniane (monastère d'), fondé par Saint-Benoit, 310.
Aniane (l'abbé d'), 511, 120, 220.
— Voy. *Vernobs* (Pierre de).
— les religieuses d'), 35.
— (moines d'), 41.
Anjou (le duc d'), 181, 202, 205, 207, 337, 382, 423, 545, 464, 512, 569. — Se venge de Montpellier, 360.
Anne d'Autriche passe à M., 471, 273.
Annecy en Savoie, patrie de Pierre de Fenouillet, 267, 272, 470.
Annian, ruisseau, 310.
Anselme (saint), archevêque de Cantorbéry, 36.
Anthennius (Publius), 123.
Anthomne (Guillaume de), sénéchal de Beaucaire & de Nimes, 101.
Antibes, 439.
Antilla (Philippe de), recteur, 179.
Antonins (les), 568.
Antoine (archevêque d'Arles), 43.
— (Guillaume), docteur ès lois, 206.

Antoine de Padoue (saint), 421.
Anvers, 528.
Aphrodise (saint), évêque de Béziers, 6.
Apicius, son traité *De re culinaria*, 138.
Apollinaire, hérétique, 624.
Apollinaris, voy. *Apollinaire*.
Apt (évêque d'), 18.
Aquaria (Imbert de), archevêque d'Arles, préside à la construction de l'église de Ste-Croix de M., 66.
Aquaria (Imbert de), 395 (*note*).
Aquasparsa (Mathieu de), ministre général de l'ordre de St-François, 421.
Aquapendente, 337.
Aquae, voy. *Aigues*.
Aquitaine (l'), 24.
Aragon (maison d'), 56.
Aragon (l'), 161, 343.
Aramont (Marguerite d'), abbesse du Vignogoul, 458, 459.
Aranfredus, 650.
Aranfredy (Bernard), 50.
Arboras, 21, 628.
Arboralis (villa de), voy. *Arboras*.
Arcadius, pape, 644.
Archange (le P.), provincial des Capucins, 268.
Ardo (l'abbé), 16.
Aregius, évêque de Nimes, 10, 622.
Aresquiers (bois d'), 44, 66, 76.
Argemire, évêque de Maguelone, 16, 372.
Argentiers (l'), 327.
Argebarus, évêque de Narbonne, 623.
Argemire, 628.
— évêque de Maguelone, 629.
Argenvilié (Dom Joseph), abbé de Septfons, 362.
Argoud (Pierre), sacristain, 361.
Aribert, évêque de Luna, 24, 636.
Aribertus, voy. *Aribert*.
Arimini (Grégoire de), général Augustins, 436.
Arnaldus, évêque d'Elne, 637.
— voy. *Arnaud*.
Aristeri (Pierre), prieur de St-Martin-de-Saffargues, 368, 401.
Arles, 6, 7, 8, 17, 66, 109, 216,

217, 326, 339, 340, 481, 525.
— (archevêques d'), 18, 80.
— (Guillaume d'), 409.
— (Pierre d'), vicaire général à M., 268.
— vicaire général de M. de Fenouillet, 396.
Armagnac (le comte de), gouverneur de la province, 512, 344.
Armazan, dans le diocèse de Nimes, 360.
Arménie (commandeur d'), 132.
Armengaud (Blaise), célèbre médecin de M., 520.
Arnail (le clos d'), où fut bâtie l'église des sœurs Prouillanes, 463.
Arnail (Bernard), fait une donation aux religieuses de Vignogoul, 454.
Arnal (Guillaume), 21.
Arnaud, abbé de Citeaux, 324.
— archevêque de Narbonne, 46.
— évêque de Maguelone, ferme le grau qui faisait communiquer l'étang à la mer, 26.
— Ier, évêque de Maguelone, 22, 92, 347, 631.
— (Béranger), chanoine de Maguelone, 86, 101.
— (Guillaume), inquisiteur, 331.
— (Pierre), notaire, 332.
— vicomte de Polignac, 119.
Arnaudi (Arnal), moine de St-Germain de M., 254.
— (Berenger), 565.
Arnauld, évêque d'Elne, 25.
Arquier (Jacques), docteur ès lois, 580.
Arras, 343.
Arreblay (comte d'), 438.
Arrufat (Guillaume), cardinal, 291.
Artaud, 395 (*note*).
Arsatium, voy. *Assas*.
Artauld (Jean), doyen de la Faculté de droit, de la Faculté de théologie, de Viviers 580, 586.
Arts (Faculté des) à M., 563 & suiv.
Arufat (Florence), abbesse de St-Geniez, 450.

688 *Table des noms des lieux & de perfonnes*

Arzas (Roftang d'), 47.
Afpiran, 13.
Affas, 107.
— (château d'), 88, 667.
Affas (confeigneurs d'), 81.
Affife (faint François d'), 492.
Aft, 24.
Atbrand (champ d'), 85.
Atbrand (Jean), prévôt de Maguelone, 108, 121.
— prévôt de Maguelone, 305.
— (Raymond), feigneur du Sauffan & de Pegueiroles, 117.
Athanagilde, fille du roi Léovigilde, 617.
Athon (Raymond), évêque de Mirepoix, 156.
Aubert (Audouin), neveu d'Innocent VI, nommé évêque de Maguelone, 168.
Aubert (Etienne), cardinal, puis pape fous le nom d'Innocent VI, 167.
Aubijoux (d'), gouverneur de la ville & citadelle de M., 430.
Aubrac, en Rouergue, 117.
— (Religion d'), leur règle eft confirmée par Alexandre III à M., 56.
Auch, 319.
Audibert (Antoine), prêtre, 217.
Auger, archidiacre de Maguelone, 32, 36.
— auteur cité, 296.
Augufte, empereur romain, 568.
Auguftins (églife des), agrandie & facrée par Mgr Pradel, 284.
— (couvent des) à M., 435.
— (le pont des), 485.
Aulagne (Henri), 502.
Aumelas (Mme d'), 503.
Aura (d'), cardinal, abbé de Montolieu, 156.
— (d'), 160.
— (Guillaume d'), 164.
— cardinal, 536.
Aurad (Arnaud), 40.
Auriac (Bertrand d'), abbé de Valmagne, 601.
Auribel (Martial), général de l'ordre des Frères Prêcheurs, 458.
Aurillac, concile, 294.

Auriol (Jean), bailly de M., 547.
Auroux (prieuré d'), 367.
Auffac (Agnès de), prieure du couvent des Prouillanes, 465.
Aufanicis (chapelle de), 164.
Aufone (évêque d'), 18.
Auftencus, évêque du Puy, lisez : Auftindus, archevêque d'Auch, 637.
Auftindus, archevêque d'Auch, 25.
Auftraldus, 21, 628.
Authildericus, comte de Nimes, 622.
Autun, 34.
Auvergne (l'), 6, 311, 527, 554.
Avignon, 125, 156, 165, 177, 190, 201, 203, 207, 295, 344, 357, 418, 457, 462, 470, 481, 523, 544, 627.
Auxerre, 168.
Avena (Gaudiofe de), abbeffe du Vignogoul, 459.
Averroès, 509, 514.
Avicenne, 509, 514.
Avignonet, 332.
Avila, en Efpagne, 343.
Aviler (Auguftin d'), architecte, 283.
Avitus, 8.
Aycard (Pierre), conful, 153.
Aymard (Berenger), 47.
Aymé, grand prieur de St-Gilles, 370.
Aymeri (Pierre), 429.
Azebes (Diego de), évêque d'Ofma, 70, 324.
Azemar (Jeanne), abbeffe du Vignogoul, 459.
Azo, profeffeur de droit à M., 509.
— vient enfeigner le droit à M., 533, — 553.

B

Babote (tour de la), à M., 183.
Badda, femme de Récarède, 618.
Baillargues, lieu de naiffance de Pierre Rebuffi, 555, — 16, 52, 60, 627, 677.
Baillarguet, 224.
Baillet, auteur cité, 339.
Bailly (Jean de), confeiller du roi, 547.

Bajanicis (villa de), voy. *Baillargues*.
Baladun (Guillaume de), 119.
Balaigue (Jean-Pierre), 580.
Balanicis (églife de), 42.
Balaruc, 528, 666, 673, 679.
— (château de), 82, 85.
Balafucum, voy. Balaruc.
Balbe (maifon de), 567.
Bâle, 216, 218, 548.
Baluze, fes *Capitulaires*, 17.
— cité, 18, 66, 74, 152, 166, 184, 190, 209, 276, 290, 293, 337, 360, 415, 512, 534.
Bar (comteffe de), voy. Yoland.
Barach (Bertrand), 417.
Barbeirargues (feigneurie de), 75.
Barcelone, prife par le roi Vamba, 623.
Barcelone, 13, 29, 88, 305, 343, 421, 425, 601.
Barcinona, voy. *Barcelone*.
Barenton (Alexandre), juge criminel, 568.
Barjac, 327, 486.
Baro (Barthélemy), 416.
Baroche (Mgr Rouffeau de), évêque de Céfarée, 488.
Baronius, cardinal, 339.
Barral, vicomte de Marfeille, époufe Marie de M., 345.
Barre (Bernard de), 119.
— (Pierre de) chevalier, 119.
Barrerie (Jean), 580.
Barrey (Fulcrand), grand vicaire de J. de Bonzi, 268.
Barrès (Fulcrand de), évêque d'Agde, 472.
Barri (archevêque de), voy. *Prignano* (Barthélemy de).
Barrière (Albert de), 226.
— (Barthélemy), grand vicaire de Maguelone, 211.
— (Ifarn de), nommé évêque de Maguelone, 222, 299, 307, 368, 401.
Bar-fur-Aube, 491.
Barthe (Fulgence de la), fupérieur des Récollets, 442.
Barthélemy, vend fa maifon aux fœurs de Ste-Urfule de M., 472.
Barthélemy (Antoine), moine de St-Germain de M., 254.

Barthélemy (Jacques), prieur de St-Thomas, 379.
— (Jean), vice-bailli, 112.
Bas (Guillaume de), général de la Mercy, 334, 429.
Bas, 335.
Baffole (Dieudonné), chancelier de l'école de médecine de M., 524.
— médecin ordinaire du roi Charles VII, 521.
Baftier (Pierre), chanoine de Maguelone, 254.
Baudan, préfident, 271, 349.
Baudouin, empereur de Conftantinople, 88.
Baume (de la), lieutenant de roi de M., 531.
— (feigneur de la), voyez *Bonail (Barthélemy)*.
Baux (Jean de), archevêque d'Arles, 164 (voy. *Beaux*).
Baux (le feigneur de), fait affaffiner le comte de Melgueil, 50.
Baville (de), 430, 573, 595.
Bayle, fon Dictionnaire, 138.
Bayonne, 528.
Bazas (evêque de), voy. *Montefquiou*.
— 300.
Béatrix, abbeffe du Vignogoul, 459.
— époufe de Bernard Pelet, 73.
— fille d'Adèle de Melgueil, 29.
— fille de Bernard de Melgueil, 48.
Beaucaire, 109, 566.
— (le fénéchal de), 100, 108, 128, 150, 211, 219, 223.
Beauchâtel (Arnaud de Becorton de), 119.
Beaufort (comte de), 344.
— (Charles de), marquis de Canillac, 306.
— (Guillaume de), frère de Clément VI, 192.
— (Philippe de), bachelier ez lois, 206.
Beaujeu (Mgr de), préfide l'affemblée d'Orléans, 548.
Beaulac (de), 588.
Beaulieu (Aigline de), 492.
— (Guiraud de), 492.

Beaulieu (Guy de), 80.
— (Petronille de), 80.
Beaulieu (feigneurie de), 258.
Beaupry (Raymond de), prévôt de Maguelone, 123, 305.
Beauté (château de), où meurt Charles V, 210.
Beauvais en Picardie, patrie du profeffeur Jean Hucher, 525.
Beauvau (François-René de), archevêque de Narbonne, 595, 303.
Beaux (R. de), prince d'Orange, 86.
Beauxhortes (Jean-Antoine de), prévôt de M., 308.
Beauxhoftes (Mlles de), 503.
Becorton (de), voy. *Beauchâtel*.
Bedoc (François), chanoine d'Aix, 354.
— (Guillaume), 60.
— (Louis), 379.
— (Raymond), 389.
Bedos (Guigon), 461.
Bego & fes frères, 448.
Beiffac, diocèfe de Limoges, pays natal d'Innocent VI.
Bellay, 470.
Bellegarde (de), 119.
Belleval, 409.
— (François-Ignace de), prévôt du Chapitre de M., 308.
— (Martin Richer de), chancelier de l'Ecole de médecine de M., 525.
Bellièvre (Pompone de), chancelier, 267.
Benedicti ou Benoît, jurifconfulte au Parlement de Touloufe, 558.
Benenatus, évêque 619.
Bénévent (Guiraud de), 492.
— (Pierre de), 104.
Benoit XI, pape, 187.
— XII, pape, 155, 161, 162, 169, 298, 536.
— XIII, pape, 212, 214, 298, 301, 545.
Benoit d'Aniane (faint), 15, 16.
— fils d'Aigulfe, 309, 625.
Berald (François), tué à l'églife St-Pierre, 440.
Berardi (Pierre), évêque d'Agde, 166.

Beraud (Françoife), mère de Ch.-J. Colbert, 283.
— (Joachim), grand audiencier de France, 283.
Berchère (Charles Le Goux de la), archevêque de Narbonne, 595.
Berengarius, voy. *Bérenger*.
Bérenger, comte de Melgueil, 21, 628.
— évêque de Barcelone, 334.
— (Hugues), fait une donation aux chevaliers de St-Jean, 370.
— Voy. *Eléazar* (le P.)
Bermond (le P. Nicolas), 439.
Bernage (de). Voy. *St-Maurice*.
Bernard, abbé d'Aniane, 60.
— comte de Cominges, 304.
— comte de Melgueil, 21, 286.
— comte de Subftantion, 631, 448.
— duc de Septimanie, 16.
— Ier, évêque d'Agde, 87.
— évêque d'Agen, 24, 636.
— évêque de Béziers, 25, 637.
— évêque de Brixia, en Vénétie, 175.
— (Frère), furnommé le Délicieux, 292, 295.
— prévôt de Maguelone, 55.
— prieur clauftral de Maguelone, 65.
— le Pénitent, 57, 321.
— (faint), 48, 513.
— de Sienne (faint), 438.
Bernarde, abbeffe du Vignogoul, 459.
Bernardus, voy. *Bernard*.
Bernis (Gabrielle de), abbeffe du Vignogoul, 459.
— (L.-Angélique de Bérard de), abbeffe du Vignogoul, 459.
Berry (Le), 311, 554.
Bertier (Jean-Louis de), évêque de Rieux, 300.
Bertold, duc de Turinge, 514.
— (Pierre), archidiacre de Maguelone, 58.
Berton (Pierre), prieur, 206.
Bertrand, abbé de Villemagne, 601.
— archev. de Narbonne, 646.

Bertrand (Pierre), cardinal d'Autun, 535, 544.
— évêque de Béziers, 59.
— évêque de Maguelone, déposé pour simonie, 30, 218, 640.
— évêque d'Oftie, 354, 357.
— facriftain de Maguelone, 60.
— (Antoinette de), abbeffe de St-Geniez, 450.
Bertrandus, voy. Bertrand.
Befançon, 325, 491.
Befons (Armand-Bazin de), évêque d'Aire, 300.
— (de) intendant du Languedoc, 300, 442.
Beffan, 378.
Beffède (Guillaume), 146.
Beffeire, 331.
Beterris, voy. Béziers.
Béthanie, 5.
Beuther, auteur cité, 345, 622.
Beutherus, voy. Beuther.
Bezaffe (Marie), 375.
Béziers, furpris par le comte Paul, 10.
— pris par le roi Vamba, 623, — cité, 8, 13, 57, 324, 442, 461, — (évêque de), 18.
Béziers (Guillaume de) chancelier de l'Ecole de médecine de M., 523.
Bias (Jeanne de), abbeffe de St-Geniez, 450.
Bignon (l'abbé), 490.
— confeiller d'Etat, 595.
Billom, en Auvergne, 470.
Biron (duc de), 265.
Bifcayé (la), 11.
Bitterœ, voy. Béziers.
Blaifois, (le), 525.
Blanche, mère de Louis IX, 101.
Blancher (Raymond), 377.
Blanchet (Thomas), peintre, 593.
Blanchon (Firmin), moine de St-Germain de M., 254.
— Marcellin, chanoine de Maguelone, 254.
Blandiac (Bertrand), 88.
— (Guillelm), 88.
— (Jean de), évêque de Nimes, 166, 191.
— prieur de St-Jacques de Fabrègues, 238.

Blanquerie (porte de la), 381.
— (la), Mgr de Fenouillet, y fait conftruire le couvent de la Vifitation, 471.
Blaquière (Antoine), conful de M., 427.
Bocadus ou Bocaudius (Jean), docteur de l'école de M., 75, 527.
Bocaud, préfident, 396.
— (Pierre de), 1er préfident en la cour des aides, 551.
Bociacis (Raymond de), prévôt de Maguelone, 107, 580.
— prieur de St-Firmin, 305.
Boëri (Nicolas), célèbre jurifconfulte, 44, 550, 553.
— (Vincent), 554.
Boëtius, évêque de Gaule, 619.
— de Maguelone, 9, 10, 617, Boirargues (de), 342.
Boifferon, brûlé par Amaury, 79.
Boiffière (mas de la), 171.
Boiffière (Marthe), fœur Prouillane, 465.
Boiffon (Pierre), maréchal, de M., 461.
Bollandus, auteur cité, 314, 321.
Bolet (Guillaume), 580.
Bologne, 425, 528, 533, 552.
Bon (Guillaume), une claufe de fon teftament, 381, 390.
Bon, premier préfident en la cour des comptes de M., 595.
Bona (Jacques), fonde à M. un hôpital pour les pauvres orphelins, 480.
Bonafuce, abbeffe de St-Geniez, 450.
Bonail (Barthélemy), 221.
— (Jean), nommé évêque de Maguelone, 221, 299, 306, 494.
— (Secondin), prieur de Ste-Marie de Londres, 239, 253.
Bonami (Pierre), fa maifon eft acquife pour fervir d'Hôtel de Ville, 401.
— (Raymonde), fœur Prouillane, 465.
Bonet (Etienne), moine de St-Germain de M., 254.
— d'Avignon, 86.

Boniface, jurifconfulte, 562.
— pape, 6.
— VIII, fon démêlé avec Philippe le Bel, 118, 116, 288, 290, 294, 375, 421, 534, 679.
Bonifaci (Pierre), conful, 385.
Bonlieu, voy. Vignogoul.
Bonnefoy (le P.), jéfuite, 572.
Bononia (Bologne), 360.
Bonpas (Chartreux de), 9.
Bon-Pafteur (établiffement du), à M., 477.
Bonzi (Jean de), évêque de Béziers, 268.
— (Pierre de), cardinal, 302, 438, 450, 592.
— (Elifabeth de), marquife de Caftries, 300, 302.
Bordeaux, 301, 430, 432, 528, 554.
Bordes (L.), fondeur, 350.
Bornier (Jacob de), juge mage à Montpellier, 562.
— (Philippe de), auteur cité, 557, 562.
Borron (Pierre), prieur des frères Prêcheurs à M., 208.
Borrut, chanoine de Maguelone, 550.
Bofanquet, 470.
Bofc (Afturge de), fœur du monaftère de Prouillan, 457.
— (Bernard de), chanoine de Maguelone, 227.
Bofquet, auteur cité, 32, 74, 169.
— (Mgr François de), évêque de M., établit à Lunel les fœurs de St-Charles, 473.
— meurt d'apoplexie, 278.
— érige Ste-Anne en églife paroiffiale, 401.
— (François de), cité, 276, 391, 405, 442.
Bofquette (Eléonore), fœur du monaftère de Prouillan, 457.
Boffuge (Raymond de), prieur de St-Firmin, 305.
Boffuet, évêque de Meaux, 489.
Boubal (Catherine), héritière de Jean Brugerie, 605.
Boucaut (François de), évêque d'Aleth, 302.
Boucicaut (Geoffroy de), dit le

Maingre, gouverneur du Dauphiné, 339.
Bouïs (Dieudonné), 153.
Buiffon (Antoine), 379.
Boulogne, 209, 216, 358.
— (le cardinal de), 181.
Bouques (Daniel), 501.
— (Jean de), 561.
Bourbon (Armand de), prince de Conti, 300.
— (François de), 267.
— (Louis de), 211.
Bourdaloue (le P.), à M., 280.
Bourdon (Sébaftien), peintre célèbre de M., 591.
Bourgdieu (le Fr.), 441.
Bourges. Il y est tenu un concile, 294 ; — cité, 352, 554, 555.
Bourges (Jacquette), religieufe de St-Gilles, 468.
Bourgogne (Mathilde de), époufe de Guillaume de M., 372.
— (les ducs de), 344.
Bourgoin (le P.), général de l'Oratoire, 472.
Bourguignons (les), 537.
Boufquet, préfident, 441.
— (Mme du), 476.
— de Montlaur, abbé de Franquevaux, 350, 503.
Boursier (Marie), petite nièce de l'archevêque Guillaume de Cambrai, 554.
Bouffagues (Déodat de), feigneur de Puyfalicon, 498.
Bouffigues (Anne de), fondatrice du couvent de Ste-Urfule de M., 472.
Boutonnet, 373, 432, 507.
Boyer (Jean), prieur de St-Thomas, 379.
— nom donné par quelques auteurs à Jacques Boeri. Voy. *Boëri*.
Braconet (feigneur de), 119.
Brancacio (Landolphe), cardinal, 291.
Brandebourg, 557.
Brando (Caftiglione), vicaire gén. de Maguelone, 217.
Bravard (Charles), chanoine de la cathédrale de St-Pierre, 476.
Breffe, en Italie, 339.

Breffe, (collége de), fa fondation, 603 & fuiv.
— lifez *Brefcia*, 603.
Breton-Villers (de), 591.
Briçonet (Guillaume), évêque de Lodève, 227.
Briges (Anne de), abbeffe de St-Geniez, 450.
Brigite (fainte), de Suède, 190.
Brigitte (fainte), fa prédiction au pape Urbain, 203.
Brignac (Jean de), prieur de St-Brès, 253.
Brignon (Charles-Raymond de), prévôt du chapitre de M., 307, 350, 391.
Brinhon (Guillaume de), 119.
Brioude, 327, 486.
Briffac, 667.
— (château de), 82, 107, 212, 447.
— (terre de), 88.
Briffac (de), cède fa maifon pour en faire le couvent de St-Charles, 474.
— (Marguerite de), religieufe du couvent de St-Gilles de M., 468.
Briffonet (Pierre), général des finances en Languedoc, 386.
Brixiacum, voy. *Briffac*.
Broa (Agnès de), 389.
— (Guillaume de), 98.
— archevêque de Narbonne, 288.
— (Martial de), 390.
— (Rigaud de), marchand de M., 389.
Broue (Guillaume de la), 102.
Brueys (David), écrivain natif de M., 573, 587.
Brugerie (Jean), médecin de Louis XI, 404.
— de Girone, fonde à M. deux bourses d'étudiants en médecine, 605, 607.
Bruguier, premier directeur de l'hôpital St-Jacques de Montpellier, 497.
Bruguières (Bernard de), prieur de St-Martin de Londres, 100.
Brun (aire de), à M., 498.
Brunenchi (Jean), jurifconfulte, 202, 211.

Brunier (Gafparde-Angélique), fupérieure des fœurs de la Vifitation de M., 470.
Bucelin (Gabriel), 321.
Buccelli (Jacques), conful de M., 427.
— (Louis-Philippy de), 559.
— (Marguerite), veuve de Jean de Narbonne, 226.
— (Tanneguin de), commandeur de M., 227.
Bugey (Le), 215.
Buiboux (Jean de), 132.
Burgorel (Guillaume), 580.
Burgues (métairie de), 463.
Burgues, 423.
Butkes (Dom Chriftophle), 321.
Buxie, voy. *Bociacis*.
Bzovius, auteur cité, 184, 333.

C

Cabanes (Jacques), 580.
— (Pons de), conful de M., 206.
Cabanier (Bernard), prieur de Teiran, 376.
Cabaffe (Raymond), vicaire de l'inquifiteur, 214.
Cabrera (Don Alphonfe de), 344.
Cabreroles (Adémar de), prévôt de Maguelone, 107, 110, 117, 305.
Cabride (François), chancelier de l'école de médecine de M., 524.
Cadouanne (Mme de), 562.
Cadoule (Ginette de), fœur du monaftère de Prouillan, 457.
Caen, 261.
Cahors, 125, 331, 555.
Cailar (François), chanoine de Maguelone, 254.
Calciat (églife de), 31.
Calixte II, pape, excommunie l'empereur Henri, 43.
— 181
— III, pape, 94,
Calmez (Jacques), prieur de Villegly, 255.
Calvin, 411.
— (Jacques), moine de St-Germain de M., 254.

Calviſſon (Françoiſe de), abbeſſe du Vignogoul, 459.
Calviſſon (le marquis de), 371, 535.
Camargue (la), 371.
Cambacérès (de), 396.
Cambous (de), 265.
Cambray, 122, 228.
Cambray (Etienne de), évêque d'Agde, 220.
— (Guillaume de), archevêque de Bourges, 554.
Caminade, préſident au parlement, 207.
Campan, 488, 491.
Camponovo, 59.
Camps (Guillaume de), prieur de Maguelone, 58.
Camulat (Jean), imprimeur à Paris, 276.
Candillargues, 674.
Canet (P.), marchand de M., 390.
Caniboici (Guillaume), profeſſeur en droit canon, 254.
Canillac (le cardinal de), mort à Avignon, 181, 184, 193, 362, 365, 544.
— (Garcine de), femme de Guillaume de Beaufort, 192.
— (Marc de), 119.
— (Pons de), abbé d'Aniane, 107.
— Raymond (de), vicaire général & prieur de St-Firmin, 131.
— (Raymond de), archevêque de Toulouſe, 298.
— tranſige avec Piétavin de Monteſquiou, 306.
— prieur de St-Firmin, 499.
— ſa mort, 192.
— cité, 132, 151.
— prévôt de Maguelone, 164.
Cannes (le P. Honoré de), prêche la miſſion de M., 281.
Cantorbery, 36.
Cap de Porc (Guy), 82, 98, 107.
Capelle-Nove (la), 381.
— (rue de la), 472.
Capucins (les PP.), à Montpellier, leur établiſſement, 409, 440.
Capvillers (Firmin), vicaire, 547.
Caravettes (bois & ſeigneurie de), 157, 171, 191, 220.

Carbon (Raymond de), frère mineur, 332.
Carcaſſo (Carcaſſonne), 8.
Carcaſſonne, 109, 156, 295, 299, 325, 425, 439.
— (évêque de), 18.
— voy. Creſcent.
— (ſénéchauſſée de), 215.
Cardaillac (Bertrand de) évêque de Cahors, 182.
Careſcauſes (fief de), 118.
Carlencas (Marguerite de), 529.
Carman, 324.
Carmel (mont), 432.
Carmes (rue des), 199.
— (tour des), à M., 183.
Carmes (les) de M., interdits par Raymond de Canillac, 131.
Carmes-Déchauſſés (les), à M., 443.
Carolus imperator, voy. Charles-Martel.
Carnon, 155, 675.
Carrete (Emmanuel de), amiral, 132.
Carrière (vallée de), 44.
Carſan (Hugues de), recteur de la Part-Antique, 128, 162.
Cafenove (Jean), entrepreneur de M., 388.
Caſis-Malis, 668.
Caſſan (chanoines de), 58.
— (égliſe de), 43.
Caſtanet (Bernard de), promu cardinal par Jean XXII, 125.
— cardinal, chapelain de Clément IV, 293.
Caſtanis (Cauſide de), ſœur Prouillane, 465.
Caſtel (le P.), mathématicien, 590.
Caſtelan (Honoré), profeſſeur à l'école de médecine de M., 527.
— médecin de la faculté de M., 521.
Caſtellan (Pierre), profeſſeur de Louvain, 526.
Caſtellane (Alphonſe de), 253.
Caſtellar (Raymond de), recteur de l'Univerſité de M., 208.
Caſtelnau, dit Caſtelnau-le-Lez, près M., 14, 141, 181, 302, 348, 361, 442, 498, 507, 667.
— (château de), 78.

Caſtelnau (égliſe de), 31.
— (maladrerie de), ſon établiſſement, 481.
— (pont de), emporté par le Lez, 151.
Caſtelnau (Bernard de), docteur en droit de M., nommé évêque de Cahors par Urbain V, 182, 544.
— (évêque de St-Papoul), 190.
— (Hugues de), 40.
— (Pierre de), archidiacre de Magnelone, 65.
— (Pierre de), aſſaſſiné à St-Gilles, 70.
— (Pierre de), légat du Saint-Siège, 324.
— (Bernard de), meurt à M., 203.
Caſtelnaudary, 334.
Caſtres, érigé en évêché par le pape Jean XXII, 126.
— cité, 7, 560.
Caſtries, 305, 667.
— (château), 51, 341.
— (égliſe de), 89.
Caſtries (Aigline de), 288.
— (Eléazar de), 43, 80.
— (Ermenſende de), 52.
— (Henriette de la Croix de), ſupérieure des ſœurs de la Viſitation de Montpellier, 472.
— (Louiſe-Thérèſe de la Croix de), abbeſſe de St-Geniez, 451.
— (Renée-Angélique de la Croix de), abbeſſe de St-Geniez, 451.
— prieure de Saint-Félix de Montceau, 454.
— (Mme de), 442.
— (Raymond de), 65.
— (baron de), 420, 441.
— (le marquis de), 342, 405, 444, 595.
— (de), voy. Dalmas.
— (marquis de), voy. La Croix de Caſtries.
Caſtrum-Novum, voy. Caſtelnau.
Catalan (Angélique de), 476.
— (Bernard), 534.
— (Bertrand), 534.
Catalans (les), 537.

Catalogne, 17, 163, 288, 335.
Catel, auteur cité, 17, 18, 33, 169, 184, 218, 342, 533, 553, 566.
Catherine de Sienne (fainte), 203.
Caton (Guillaume), 379.
Caturce (Jean), 381.
— (Raymond), bourgeois de M., 297.
— (maifon des), 297.
Caunelles, 674.
Caufide (Marguerite), fœur Prouillane, 465.
Caufit (Guillaume), bourgeois de la ville de M., 356.
Caufiti (Pierre), fonde une chapelle à l'hôpital de la Magdeleine de M., 131.
— (Pierre), 499.
Cauffe (Antoine), profeffeur en droit à M., 404, 551.
Cavaillon, 32.
Cavalier (Guillaume), prieur de Saint-Paul de M., 376.
Caze-Dieu, 39, — voy. *Chaize-Dieu*.
Cazeneuve, auteur cité, 32.
Cazertes, 252.
Cazes (Gaudiofe de), fœur Prouillane, 465.
Cazevieille, 305, 649, 683.
— (églife de), 89.
Cazillac, 218.
— (églife de), 60.
Cazouls (Guillaume de), évêque de Lodève, 288.
Cécèles (églife de), 429.
Celaigo, 37.
Celefium, voy. *Cécèles*.
Céleftin, pape, 304.
— II, pape, 48, 50.
— III, pape, 62, 64, 93, 495, 652.
Cellani (Pierre), touloufain, 331.
Cellenenve, près M., 353, 463.
Centrairargues, 667.
— (églife de), 45.
Cérémonieux (Pierre le), roi d'Aragon, 210, 335.
Cerrarius (Martin), commandeur de Ste-Eulalie de M., 430.
Cers (églife de), 642.
Céfaire, prieur d'Heifterbach, en Allemagne, 518.

Céfelly (de), préfident, 437.
Ceffac, en Quercy, 166.
Cette, 589.
Cévennes (les), 282, 594.
Cézaire, moine d'Heifterbach, 383.
Cezène, dans la Romagne, 338.
Chailar (Pons Bremond du), 119.
Chaife (Mme de la), tante du P. de la Chaife, 466.
Chaize-Dieu (la), 19.
— (moines de la), 151.
Chalet (Arnaud de), moine de Pfalmodi, 586.
Châlon (l'évêque de), ambaffadeur à Rome, 228.
Chalons-fur-Marne, 265.
Chambéry, 470.
Chambron (Jean de), archidiacre, 117.
Chamdori (Girard), chanoine de Maguelone, 253.
— cité, 298.
Champs (M. des), 502.
Chanac (Foulques de), archevêque de Paris, 169.
Chantal (Mme de), fupérieure générale de l'ordre de la Vifitation, 470.
Chapelle (Pierre de la), évêque de Carcaffonne, 679.
Chapelles (Durand des), évêque de Maguelone, 306, 467.
— (des), voy. *Durand*.
Chapelle-Neuve (la), 403.
Charité (hôpital de la), établi à M., au fauxbourg Pila St-Gély, 481, 502.
Charlemagne foumet l'Italie, 310.
— chaffe les Lombards de l'Italie, 533.
— 16, 24, 311.
Charles Martel ruine Maguelone, 309, cité, 5, 14, 22, 90, 616.
— empereur, 633.
— le Bel accorde des priviléges à l'Univerfité de M., 129, 547.
— V, roi de France, 169, 178, 188, 190, 196, 203, 205, 337, 500.
— meurt au château de Beauté, 210.
— VI, roi de France, prend

un médecin de la faculté de M., 521.
Charles VI. Affemblées de l'églife de France tenues à Paris par fon ordre, 545.
— donne des lettres de nobleffe à Jacques Rebuffi, 553.
— vifite M., 211.
— cité, 298, 501, 341, 604.
— VII, facré à Reims, 218, 299.
— roi de France, 216.
— à Poitiers, 547.
— arrive à M., 547.
— fait lever aux Anglais le fiège d'Orléans, 402, 521, 306.
— VIII fonde à M. deux nouvelles chaires de profeffeurs, 522, cité, 226, 299, 521, 386, 424, 425.
— IX augmente les gages des prof. de M., 522, cités 258, 260, 521; — à M., 393, 559, 572.
— roi de Navarre, 426, 492.
— le Boiteux, roi de Naples, 421.
— IV, empereur, 189, 519.
Charles-Quint, empereur, 227.
Charpenne (François de), grand vicaire & provincial des Auguftins, 268.
Charrot (Jean), 417.
Charroux (monaftère de), dans le diocèfe de Poitiers, 311.
Chartres, 260, 591.
Chartres (Renaud de), 219.
Chateauneuf, près de Subftantion, voy. *Caftelnau*.
Château-Neuf-St-Remezi (Guillaume de), 119.
Chateauneuf (Vincent de), 427.
— (de), fecrétaire d'État pour la province de Languedoc, 563.
Châtillon (amiral de), devant M., 400, 437, — (le duc de), 490.
Chaulet, 16, 628.
— (églife de), 31, 641.
Chaulet, cardinal, 425.
Chauliac (Guy de), médecin de la Faculté de M., 520.

Chaume (Guillaume de), seigneur de Pouffan, 529.
Chazaut (garrigue del), 100.
— (moulin de), 76.
Chefdebien (de), préfident à la cour des aides de M., 503.
Cherlieu (fondation de), appartenant à l'abbaye des fœurs de St-Geniez, 448.
Cheval-Vert (l'isle du), dans le faub. de la Saunerie, 505.
Cheval-Vert (le logis du), 354.
Chicoyneau, profeffeur de botanique, premier médecin du roi, 594.
— (François), chancelier de l'Univerfité de Montpellier, 521, 526.
— (Gafpard), chancelier de l'école de médecine de M., 526.
— (Michel), chancelier de l'école de médecine de M., 526.
Chièvres (Guillaume de), 227.
Childebert, roi des Francs, 617.
Childebertus, voy. Childebert.
Chinon, patrie de Rabelais, 527.
— en Touraine, 291.
Chirac (Pierre), profeffeur à la Fac. de méd. de M., 521.
— de la Société royale des fciences de M., 594.
— premier médecin du roi, 598.
Chiriac (monaftère de), dans le diocèfe de Mende, 177.
Chomeil (Louis-Pierre), dernier abbé de S-Ruf, 361.
Chouet (François), imprimeur à Genève, 524.
Chrétien (le P. Antoine), 440.
Chriftine, reine de Suède, 591.
Chriftol (Jean), 493.
Chriftophle (Guillaume), archidiacre, puis évêque de Maguelone, 99, 101, 289, 673.
Christophorus, voy. Chriftophle.
Ciaconius, auteur cité, 169.
Cinus-Sigisbuld, profeffeur de droit, 536.
Circium, voy. Cers.
Clair, 438.

Clairvaux, 320.
Claparède (Jean), 153.
Claperium, voy. Clapiers.
Clapiers (de), profeffeur de mathématiques, 590 594.
— (Catherine de), prieure du monaftère de Prouillan, 457, 465.
Clapiers (église de), 31, 642.
Claret (Guillaume de), 239.
— (Louis de), prévôt du chapitre de M., 268, 307.
— évêque de St-Papoul, 300.
— confeiller au parlement, 428, 409.
Clarus-Mons, voy. Clermont-d'Auvergne.
Clary (Etienne), notaire de M., 490.
Claude, 588.
Clauzel (Hugues), moine de St-Germain de M., 254.
Clavet (M. de), 420.
Clément I, pape, 454.
— III, pape, 34, 61, 657.
— IV, pape, 94, 99, 104, 106, 108, 288, 602, 657, voy. Fulcodi.
— V, pape, fa mort, 124, 480, 515, 541, 121, — vient à M., 122, 181, 290, 296, 398, 680.
— VI, pape, fuccède à Benoît XII, 164 ; — meurt à Avignon, 167, cité, 169, 297, 343, 344, 354, 357, 465, 522.
— VII, élu pape, 208, cité, 211, 229, 231, 422, 439, 484.
— VIII, pape, 267.
— X, pape, 483.
Clermont-d'Auvergne, 9, 35, 48, 645.
Clovius, auteur cité, 265.
Cluny, il y est tenu un concile par Calixte II, 43.
Clufa (monaftère de), en Piémont, 21.
Clufel (Barthélemy), docteur ès-lois à M., 535.
Cluzenet (église de), 82.
Cocon, 16, 28, 31, 40, 52, 305, 628, 640, 642, 667.
Cocone (villa de), voy. Cocon.

Cocon (Guillaume-Hebrard de), 47.
Codo (Jean de), prêtre, 469.
Cogat (Raymond), orfèvre, 129.
Coignard fils, 588.
Colbert, évêque d'Auxerre, 283.
— nommé évêque de M., 283, — sacre l'église des Carmes Déchauffés de M., 445, cité, 350.
— (Jean-Baptifte), archevêque de Rouen, 283, 293.
Cologne, 9, 425, 436, 535, 555.
Colombani (Guillaume), docteur, 161, 544.
Colombier (Jean), 202.
— (Morin du), aumônier du roi, 488.
Colombière, fœur du monaftère de Prouillan, 457.
Colombis (le P.), 334, 336.
Combret (Hugues de), chanoine de Maguelone, 382.
Colomby, auteur cité, 169.
— (les demoifelles de), dirigent le couvent du Bon-Pafteur à M., 476, 477.
Colonis (Bernard de), chancelier de l'Ecole de médecine de M., 523.
Combaillaux, 671.
Combaillaux (château de), 162.
Cominges, 7.
Cominges (Arnaud Roger de), premier évêque de Lombez, 126.
Cominges (Jean de), occupe le fiège de Maguelone, 122, — archevêque de Touloufe, 297, — élu cardinal, 130, — (Mgr de), facre l'églife de la Vifitation de M., 471, 681.
Cominges (le comte de), 345.
— (Simon de), fa mort, 126.
Compaigne (Ange), 238.
— (Gautier), fonde un hôpital à M., 480.
Compiègne, 17, 176.
Compoftelle (archev. de), voy. Landorre, 537.
Conches (Raymond de), 127, 682.
Conchis (Guillaume de), hiftorien cité, 24.
— (Pierre de), chanoine, puis évêque de Maguelone, 97, 100, 289, 417, 671.

Conchis (Thomas de), 1er conful de M., 97.
Condom, 439.
Condom (évêque de), voy. Alemannes.
Conelles (Bernard de), 580.
Conques (monaftère de), dans le diocèfe de Rodez, 311.
Conrad, cardinal, fait des règlements pour les écoles de M., 514, cité, 565.
— André, notaire de M., 603.
Corandius (Jean), chancelier de l'école de médecine de M., 524.
Conftance, 213, 340, 433, 545.
Conftance, empereur, 8.
— fille de Mainfroy, fon mariage avec Pierre d'Aragon, 385, cité, 165.
Conftantin, cité, 8.
— empereur, 7, 276.
— IV, 624.
— frère convers des Chartreux, 74.
Conftantinople, 322.
Conti (prince de), gouverneur du Languedoc, 300, 302, 389.
Convene, voy. Comminges.
Conzié (François de), légat à Avignon, 215.
Corbières, ruiffeau, autrefois Annian, 310.
Cordeliers (le clos des), 492.
Cordove, 144, 514.
Coriolan (Ambroife de), général des Auguftins, 436.
Cormery (abbaye de), 311.
Cornavin (Gérard), collecteur du pape, 580.
Cornelia, fille de Lucius, 123.
Corneto, en Italie, 186, 190, 204.
Cornon, 671, — (églife de), 89, — (étang de), 684.
Cornon (Guillaume de), 42, 44.
— (Huguette de), religieufe de Montfeau, 451.
— (Othon de), 44, 59, 451.
— (Pierre de), feigneur de Cornonterrail, 117, 76.
— (Raymond de), 62.
Cornonterrail, 76. — Voy. Cornon.
Coron, dans la Morée, 402.

Coronate (Adelaïs), abbeffe de St-Geniez, 450.
Cortade (églife de), dans le diocèfe d'Albi, 234.
Cortaud (Jean), médecin de M., 521.
Cofta (Aimeric de), prieur de Baillargues, 239, 253.
— (Bernard de), 442.
— (Jean de), docteur en droit, 223.
— (Jean de), prévôt du Chapitre de Maguelone, 306, 368.
Coftanni (Galhard), moine de St-Germain de M., 254.
Cofte (le fieur de la), 489.
Cofte-Frège, ancien quartier de M., 178, — où eft fondé le couvent de St-Ruf, 209.
Courbeffac, 224.
Courdurier (Jean), avocat général à la cour des comptes de M., 587.
Courlande (duché de), 495.
Cournonterral, démolition de fon temple, 277. Voy. Cornonterrail.
Couterot, imprimeur de Paris, 587.
Coyraterie (la), ancienne rue de M., 607-608.
Crefcent, évêque de Carcaffonne, 6.
Crez (Agnès du), religieufe de St-Gilles de M., 468.
Chriftophle (Guillaume), prieur de St-Firmin, 497.
Croiffy (marquis de), voy. Colbert.
Croix (de la), 378.
— (Godefroy de la), tréforier des guerres, 389.
— (La), voy. La croix de Caftries.
Cros (Pierre de), archevêque d'Arles, 200.
Crofet (Jacques-Hercule de), docteur de Sorbonne, 587.
— (Nicolas), docteur ès lois, 580.
Crouzet, juge-mage, 430.
Crozols (Philippe de), 153.
Cruffol (comte de), 439.
— (François de), 226.
Cuculles (étang de), 66, 304.
Cujas, auteur cité, 258.

Cumbas, appartenant aux religieufes du Vignogoul, 455.
Cunny (de), premier conful de Lunel, 473.

D

Dacier, frère du comte de Cruffol, 439.
Dactiles (Faber), prévôt de Maguelone, 306.
Dafis (Bernard), évêque de Lombez, 300.
— (Jacques), avocat général, 261.
Dalefme, confeiller au parlement de Bordeaux, 554.
Dalmas, archidiacre de Maguelone, 29.
— (Beranger), 88.
— de Caftries, 42.
Dampmartin (Pierre), confeiller du roi, 568.
— gouverneur de M., 569.
Danville, 257.
— s'unit avec les Huguenots, 258.
Danemark (le prince de), traverfe Lyon, 593.
Daniel (David), auteur de la vie des poètes provençaux, 566.
Dauphiné (le), 209.
Dauria (Garcias), frère prêcheur, 332.
Debraufi, 673.
Dèce, empereur, 6.
De Clary (Magdeleine), mère de Pierre Rebuffi, 555.
Defaut, habitant de M., 268.
Degrefeuille (Pierre), 1er conful de M., 402. Voy. Aigrefeuille.
Dejan (Girbert), évêque de Carcaffonne, 166.
— (Pierre), docteur ès-lois à M., 535.
Deidier (Antoine), profeffeur de médecine à l'école de M., 532.
Delfau, 273.
Delort, cité, 440.
Denis (faint), év. de Paris, 6.
— de Sens, 119.
Déodat, chanoine, 644.

Déodat, évêque de Cahors, 636.
— évêque de Maguelone, 176. 179.
— évêque de Toulon, 24, 636.
Deodatus, voy. *Déodat.*
Desbaraux, auteur cité, 574.
Descartes, 590.
Despeisses (Antoine), 561.
Desports (Marie), prieure de St-Félix, 454.
Despréaux, 571.
Deucio (Bertrand de), cardinal, 536.
— (Gaucelin de), évêque de Maguelone, 183, 201.
— voy. & *Deuxio.*
Deux (Bertrand de), évêque de Nîmes, 184.
— (Gaucelin de), év. de Mag., 189, — sa mort, 192, 221.
— (Jacques de), évêque de Nîmes, 184.
— (Paul de), évêque de Nîmes, 184. Voy. *Deucio* & *Deuxio.*
Deuxio (Bertrand de), archevêque d'Embrun, 161.
— (Paul de), moine & camérier de St-Guilhem-du-Désert, 161.
— voy. *Deucio* & *Deuxio.*
Deux-Cases (métairie de), 127.
Deux-Vierges (Paul des), grand-vicaire de Maguelone, 157.
Devèze (Claude), syndic du collège St-Germain, 253.
Didier, évêque de Cavaillon, 32.
Die (Guillaume de), 40.
Diedo (François), sénateur de Venise, 339, 337.
Dieudonné (Raymond), consul, 154.
— évêque de Rodez, 316.
Dijon, 310, 352, 491.
Dimecre (les dames du), 480.
Dioclétien, 7.
Demenge (Jean), 498.
— (Marthe), religieuse de St-Gilles de M., 468.
Dominique (saint), cité, 70, 331, 423, 426, 463, — établit à M. l'ordre des frères Prêcheurs, 79.
— (le P.), général des Carmes Déchaussés, 443.

l'ordre de Florence, évêque de St-Pons, 466, — archevêque de Toulouse, 169.
Donat (Pierre), 482.
Donseilhas (font de las), 400.
Dorgier (Légier), gouverneur de M., 423.
Doumergue (Pierre), prieur de Gornies, 253.
Douze-Médecins (collège de), fondé à M. par Urbain V, 189.
Droit (ancien collège de), 598.
— (Ecole de) de M., 533 & suiv.
Du Cange, cité, 516.
Ducas (Michel), 276.
Duchesne, auteur cité, 13, 42, 57,
— auteur de la *Vie des cardinaux français*, 293.
Duclos (Pierre), cardinal, 168.
Duché, 221.
Dumas (Jean), 221.
Dumont (Jérôme), docteur, 429.
Dupin (Pierre), auteur cité, 337.
Duprat, chancelier, 527.
Dupuy (Arnaud), conseigneur du lieu de Puyvoisin, 458.
— (Bernard), évêque d'Agde, 268.
— (Dieudonné), 107.
— (Guillaume), chevalier, 354, 390.
— (Imbert), promu cardinal, 130, 297, — fonde l'église collégiale de St-Sauveur, 495, 354.
— (Jean), prieur de N.-D. des Tables, 216.
— (Raymond), écuyer, 390.
— (Mrs), auteurs cités, 119, 552.
Duranc (Bernardin), 253.
Durand (Guillaume), jurisconsulte & poëte, 567.
— (Pierre), prieur de Lunel, 580.
— des Chapelles, évêque de Maguelone, 169, 175.
Duranti (Jean-Etienne), premier président, 261.
Durantin (Antoine), prieur de Vendargues, 253.
Durfort, 113, 211, 216, 448.
— (château de), 170.

Durfort (Bertrand), vestiaire de Maguelone, 107, 447.
Durranc (le P. Jean), mathématicien, 590.
Dutil (Raymond), inquisiteur, 215.
Duvergier (collége), 607 & suiv.

E

Ecole-Mage (l'), sa fondation, 565.
Edesse, 322.
Edouard III, roi d'Angleterre, 190.
Eginon, cardinal, fait des règlements pour l'école de droit de M., 509, 289. voy. *Urach.*
Egassieu (porte de l'), 433.
Eléazar (le P.), fondateur de l'abbaye de St-Geniez.
Elephantus, évêque d'Apt, 25.
Elipand, archevêque de Tolède, 311.
Elisabeth de Savoie, 275.
Elna, 7, 13; voy. *Elne.*
Elne (évêque d'), 18, 111, 305.
Eloïse, 567.
Emard (Charles), évêque de Chalon, 232.
Embrun, 24, 326, 481.
Embrun (archev. d'), 18; — voy. *Deucio.*
Emperi (terroir de l'), 220.
Emposte (châtellenie d'), 132.
Engaran (Raymond), chanoine de Maguelone, 254.
Enguerran, chanoine de St-Pierre, 503.
Enoch, 8.
Epine (Mme de l'), 430.
Eraut (Hérault), rivière, 310.
Erfort (l'évêque d'), 518.
Ermemirus, 17, 18.
Ermengarde, fille de Rostang, abbesse de St-Geniez, 450.
— abbesse du Vignogoul, 459.
— vicomtesse de Narbonne, 57.
Ermengaud, doyen du monastère de St-Gille, 76.
Ermensende, femme de G. de Fabrègues, 44.
Ervige, 14.
Ervigius, roi d'Espagne, 624.

Escures (Alexandre des), comte de Lyon, prend la qualité de vicaire général de l'ordre du St-Esprit, 487, 491.
Espagne (l'), 7, 144, 209, 343, 395, 421, 424, 486.
Espériac (Guillaume d'), sénéchal de Beaucaire, 163.
Espinasson (Guillaume d'), docteur en droit, 165.
Esplanade (l'), 381.
Estang (Pierre de l'), 389.
Este (le cardinal d'), 277, 296.
Etampes, 148.
Ethiopie (l'), 561.
Etienne, archidiacre de Maguelone, 10, 620.
— (Bertrand), 239.
— comte de Thiers, fondateur des religieux de Grammont, 628.
— évêque d'Ancône, 24, 636.
— évêque de Narbonne, 6.
— VI, pape, 17, 19.
Etiennette, abbesse de St-Geniez, 450.
Eudoxie, femme de Guillaume de M., 60.
Eugène III, pape, écrit à Guillaume de M., 49, cité, 50, 53.
— IV, élu pape au concile de Bâle, 548, cité, 453, 216, 218.
Eugenius, évêque de Nimes, 9.
Eulalie (sainte), 144, — vierge & martyre, 352.
Euménius, abbé, figure au 5ᵉ concile de Tolède, 10.
Eumérius, évêque de Maguelone, succède à Genesius, 621.
Eunnes (l'abbé d'), 452.
Europe (l'), 14.
Eustrogie, mère de saint Fulcrand, 315.
Eute (le P. Isidore de l') récollet de la citadelle de M., 462.
Evreux, 492.
Exindrio, 641.
— (villa de), 417.
Exupère, 7.

F

Faber (Marie-Renée), supérieure des sœurs de la Visitation de M., 470.
— (Jean), professeur de droit à M., 536.
Fabien, pape, envoie des apôtres dans les Gaules, 6.
Fabre, chanoine de St-Pierre, 503.
— (Jeanne de), prieure de St-Félix, 454.
— (Pierre), dit Piquet, 377.
Fabrègues, 44, 213.
Fabrègues (Béranger de), 100, 128, 306.
— (Guillaume de), 44, 117.
— (Marie de), femme de B. de Montlaur, 485.
Fabri (le P. Dieudonné de), 463.
— de Actiles, prévôt de Maguelone, 219.
Falgario (Raymond de), prieur, 425.
Farlet, 441.
Farre (Anne de la), prieure de St-Félix, 454.
Faucher, chanoine & vicaire général, 434.
— ministre protestant de M., 270.
Faucon (Françoise de), évêque, 299.
Faugerolles (Frederic de), maréchal, 132.
Faur (Guy du), seigneur de Pibrac, 569.
Fayet (Gabrielle de Bertrand de), abbesse de St-Geniez, 451.
Félibien, 566, 591.
Félix d'Urgel, 311.
— IV, pape, 216.
— (saint), 10.
Fenouillet (Pierre de), 267, 271, 273, 349, 377, 397, 430, 440, 462, 470, 473, 586, 611, — meurt à Paris, 274, — déclare paroissiale l'église de N.-D. des Tables, 389.
Fenouillette (métairie de), 455, 456.
Ferdinand, fils du roi de Mayorque, 295.
— (Pierre), 580.

Ferdinand (maison de), 497.
Ferrand (Jean), moine de St-Germain de M., 254.
Ferrare, 218, 528.
Ferrare (maison de), 275.
Ferrarius, auteur cité, 323.
Ferrier (saint Vincent), prédicateur, 212.
Ferrières, 491.
Ferrières (Pierre de), 498.
Ferruccii (Hugues), vicaire et official de l'évêque de M., 586.
Ferté (le P. de la), prédicateur à M., 281.
Fesc (Bernard de), notaire, 86, 555.
Fesquet, 442.
— (seigneur du), voy. *Bonail* (Barthélemy).
Ficher, auteur cité, 533.
Fieubet (de), 1ᵉʳ président au parlement de Toulouse, 501, 561.
Figères, en Espagne, 288.
Figon (Charles de), conseiller en la chambre des comptes de M., 572.
Figuières (Pierre de), 88.
— (Pons de), 88.
Finard (Guillaume), de l'ordre des frères prêcheurs de Provence, 457.
Firmin (saint), évêque d'Uzès, 9.
Fises (Simon), 569.
— (Antoine), professeur de mathématiques, 590.
— (Nicolas), nommé par Louis XIV à la chaire de professeur de mathématiques, 590.
Flagellans (les), 124.
Flandres, guerres avec Philippe le Bel, 295, — (les), 322.
Flavacourt (Guillaume de), archevêque de Rouen, 295.
Fleires (Pierre de), évêque de St-Pons, 268.
Fleix (Guillaume de), évêque de Maguelone, 64, — sa mort, 67, cité, 289, 324, 395 (*note*), 664.
— (Jean de), 59, 654.
— (Raymond de), 59, 654.
Flexio (G. de), voy. *Fleix*.
Fleury, auteur de l'*Histoire ecclésiastique*, 97, 102, 109, 125, 169, 296.

Fleury (André-Hercule de), cardinal, 301, 337, 509, 511, 533, 534.
Fleyres (Jean-Jacques de), coadjuteur de St-Pons, 300, voy. *Fleires*.
Florac (Raymond d'Anduze de), 119.
Florence, 344.
Florensac, 378.
Florentins (les), excommuniés par le pape, 203.
Floret (François), 556.
Flotard, abbé de Thomières, 644.
Flour (saint), évêque de Lodève, 6.
Foix (le duc de), gouverneur du Languedoc, 217.
— (Pierre de), vicaire général à Avignon, 481.
Folzerats, 47.
Fondi, 208.
— (comte de), voy. Honorat.
Fontanez, 216.
Fontanon (maison du sieur) où fut établi le couvent du Bon-Pasteur, 477.
Fontanon (Denis), docteur de la faculté de M., 527.
Fontès (Marie de), fondatrice du couvent de Ste-Ursule de M., 472.
Fontfroide (l'abbé de), 452.
Fontfroide (abbaye de), 324.
Forcalquier (comté de), 109.
Forest (de la), voy. *Toiras*.
Forêt (de la), 444.
Formi (Samuel), chirurgien de M., 531.
Fornoles (Géraud de), sacristain de Maguelone, 76.
Fortanier, clerc, 332
Fosseneuve (abbaye de), ordre de Citeaux, 204.
Fosseneuve (moines de), 205.
Foulques, comte d'Anjou, 34.
Four-du-Castel (ile du), où les Carmes bâtirent une chapelle, 414.
Fourelhet (Jean), de M., 461.
Fourillet (Pierre), 379.
Fournier (Jacques), évêque de Mirepoix, puis pape sous le nom de Benoît XII, 156.
Fournier (Jeanne), 554.
Francfort, 527, 512, 555.

François Ier nomme Boëri président du parlement de Bordeaux, 554, — cité, 227, 229, 256, 300, 347, 422, 521, 555.
— II, roi de France, 521, 378, 558, 559.
François (saint), 329, 421.
Franquevaux, 670.
Franquevaux (l'abbé de). Sa maison devient le couvent des sœurs de la Providence, 474.
Frayres, voy. *Fréjargues*.
Freauville (Nicolas de), 292.
Frédéric, empereur excommunié au concile de Lyon, 88, cité, 87, 424.
Fredol (André de), transféré de l'évêché de d'Uzès à celui de Maguelone, 127, — mort à Avignon, 130, cité, 162, 296, 682.
— (Berenger de), chanoine, puis évêque de Maguelone, 106, — cède à Philippe le Bel tous les droits qu'il avait sur M., 113, — consacre l'église des Prouillanes, 463, — cité, 111, 171, 221, 288, 290, 296, 305, 420, 426, 513, 535, 628.
— (Guillaume de), évêque de Béziers, 163, 212, 296.
— (maison de), 293.
— (Pierre de), abbé de Franquevaux, 128, — seigneur de La Vérune, 21, 117, 296.
— de Subftantion, 16.
Fredolus, voy. Fredol.
Freganicæ, voy. *St-Jean de Fréjorgues*, 641.
Fréjorgues, 641.
Fréjus (l'évêque de), voy. *Fleury*.
Frelloni, imprimeur à Lyon, 527.
Frères-Mineurs (les), 421.
Frizon, auteur cité, 296.
Frodon de Barcelone, 17, 18.
Frontignan, 140, 155, 227, 257, 297, 306, 349, 589, 680, — (château de), 78, 85.
Frontignan (Charles de), docteur ès-lois, 580.
— (Henri de), 219.

Frontinus, évêque de Nîmes, 637.
Froterius, évêque de Nîmes, 25.
Fubfifart (?), docteur en droit canon, 389.
Fulbold, 16.
Fulci (Guillaume), prieur de Montauberou, 153.
Fulcodi (Guy), de St-Gilles, 100, — pape sous le nom de Clément IV, 288, cité, 673.
Fulcran, archidiacre de Maguelone, 55, 304, 652, puis évêque de Lodève, 286, 315, 347, 626.
— (les sœurs de saint) donnent M. & Montpellieret à l'évêque Ricuin, 20.
— évêque de Toulouse, 92.
Fulgence, évêque de Séville, 618.
Fulgentius, voy. Fulgence.
Fumée (Adam), docteur de M., premier médecin du roi Charles VII, 521.

G

Gachon (Vital), recteur, 549.
Gadagne (prieuré de), dans le comtat d'Avignon, 361.
Gadiran (rivière de), 455.
Gaifier, duc d'Aquitaine, 311.
Gaillard (N.), 146.
— voy. *Saumate*.
Gaillon (château de), 301.
Galberti (Guillaume), chancelier de l'école de médecine de M., 523.
Galdemar (Bernard), 41.
Galiac (Jean de), 406.
Gallen, 520.
Galières, 441.
Gallar, 13.
Galliciane, abbesse de St-Geniez, 450.
Galfa, appartenant à l'abbaye de Vignogoul, 455.
Galtherius, évêque de Maguelone, successeur de Gothofredus, 648.
Galtier (Sébastien), archidiacre, 253.
Ganges, 52, 212, 221, 667, 678, 683, — (église de), son union avec la manse épiscopale, 129.

Ganges (Guillaume de), 485.
Ganges (feigneur de), 82.
Gama (Marguerite de), abbeffe de St-Geniez, 450.
Gap, 267.
Garcin (P.), archidiacre de Maguelone, 76.
— peintre, 593.
Garcinde, femme de Pons, comte de Touloufe, 20.
Garde (Gaucelin de la), décédé au château du Terrail, 400.
— (Pons de la), évèque de Mende, 298.
— prieur de St-Firmin, 362.
Gardès (Jeanne de), fondatrice du couvent de Ste-Urfule de M., 472.
Gariel (Pierre), chanoine de la cathédrale de M., hiftorien de M., 5, 8, 19, 46, 53, 61, 97, 152, 166, 175, 184, 196, 205, 217, 220, 228, 256, 266, 330, 346, 368, 386, 397, 432, 461, 499, 564, 572, 621, *note*, 625.
Garnier (Jean), nommé évèque de Maguelone par Henri IV, 265, cité, 306, 393, 409, — prieur de Cardonnet, 457.
Garrigue (Pierre), prêtre & prieur, 352.
Garfabalde (Jeanne), prieure de St-Félix, 454.
Gafc (Jean), abbé d'Aniane, 178.
Gafcogne (la), 310.
Gafc, abbé d'Aniane, nommé évèque de Nîmes, 184.
Gafque (Raymonde), prieure des religieufes de St-Gilles de M., 468.
Gaffendi, célèbre jurifconfulte, 551.
Gafton (Pierre), chanoine d'Albi, 544.
— de France, 273.
Gatien, 6.
Gaucelin, évèque de Lodève, 59.
— (Béranger), archevêque de Narbonne, 70.
— (Bernard), chanoine, 36, 55, — prévôt du chapitre de Maguelone, 303, 653.
— (Guillaume), 146, — évèque de Maguelone, 654.
— (Guillaume-Raymond), 44.

Gaucelin (Pierre), 218.
— (Pons), chanoine, 36.
— (Raymond), feigneur de Lunel, 86, 104, 399, 534, — (maifon des) feigneurs de Lunel, 304.
Gaudalric, prévôt de Maguelone, 305.
Gaudet (de), voy. *Anatico*.
Gaudette (Pierre de), 418.
Gaudiaufe, fille de Bernard de Florenfac, 376.
— veuve de Pierre l'Eftang, 389.
Gauldemar (Bernard), chevalier, 107.
Gaules (les), 6.
Gaulois (les), 591.
Gauffette, fœur du monaftère de Prouillan, 457.
Gauteron, fecrétaire perpétuel de la Société royale des sciences de M., 594.
Gautier, évèque de Maguelone, 39, 90, 289, 398, — hermite, fonde à M. un hôpital pour les étrangers, 123.
— (Géraud), 100.
— (Marquette), 100.
— (Nicolas), 329, 487.
Gaychii (Michel), 586.
Gelafe II, pape, arrive à Maguelone, 42, cité, 181.
Gellone (monaftère de), nom primitif de St-Guillaume-le-Défert, 37, 647.
— origine de ce monaftère, 312.
Gendron (Pierre), entrepreneur de M., 388.
Genebrard, hiftorien cité, 24.
Gènes, arrivée du pape Urbain V, 185, cité, 57, 204.
Genefius, archidiacre de Maguelone, 9, 10, 617.
Genève, 396, 470, 524, 525.
Genève (cardinal de), voy. *Robert*.
Geniez (faint), 417.
Génois (les), ravagent les côtes des environs de M., 57, cités, 185.
Genouillac (Martial de), chancelier de l'Ecole de médecine de M., 524.
Gentil (Hilaire), 502.

Gerard, 21.
Geraud, évèque de Nîmes, 448.
— (Hugues), archidiacre de l'églife cathédrale de Rodez, 580, — évèque de Cahors, dégradé, 292.
Germain, recteur de l'Univerfité de M., 565.
Geura, femme de Raymond Pons, 44.
Gévaudan (évèque du), 7.
— (le), 177.
Giaconius, cité, 193.
Gibret (château de), 316.
Gifroid, archevêque de Narbonne, 25.
Gigean, 45, 50, 58, 107, 157, 346, 453, 628, 649, 669.
Gigeano (caftrum de), voy. *Gigean*.
Gigean (château de), réparé par les foins de Mgr Bofquet, 278, cité, 21.
Gigean (Béranger de), 62.
— (les religieufes de), 451.
Gignac, 270, 474.
Gilbert, évèque de Barcelone, 25 637.
Gilles (Jacques) ou Ægidii, chancelier de l'Ecole de médecine de M., 523.
Gimier (faint), évèque de Carcaffonne, 7.
Gineflet, 641.
Giniens (Bernard), 377.
Girard (Raymond), archiprêtre, 76.
— donne à l'évèque de Maguelone Vic avec fes dépendances, 628.
— (Robert de), évèque d'Uzès, 557.
Girin (Barthélemy), imprimeur de Paris, 588.
Girardus, voy. *Girard*.
Girona, voy. *Girone*.
Girone, vifitée par le roi Recarède, 10, cité, 17, 18, 29, 288, 605, 619.
Gironne (Jean, comte de), 210.
Girone (collège de), 604 et fuiv.
Gifla, comteffe de Melgueil, femme de Berenger, 628.
Godefroy, évèque de Maguelone, 30, 34, 303, 376, 380, 383.

Godmar, 17, 18.
Goifvintha, fille du roi Athanagilde, 617.
Gondi (Pierre de), cardinal, 261.
Gondran, voy. *Eléazar* (le P.)
Gonnet (le P.), cité, 403, 425.
Gontard de Montpellier, 81.
Gontier, évêque d'Agde, 25, 637,
— évêque de Maguelone, 19, 20, 625.
— (R.), imprimeur de M., 590.
Gonzaga, cité, 439.
Gonzague (François), hiftorien, 421.
Gordièges, 302.
Gordon (Jean), médecin de la Faculté de M., 520.
Gornerium, voy. *Gornies*.
Gorniès (église de), 641.
Gothard, 338.
Gothie (la), 310.
Gothofredus, ou Gothofridus évêque de Maguelone, 640, 657.
Goths (les), 533, 617.
Gouffier-Boiffy (Artus de), 227.
Goufe (Simon), 502.
Gozon (Aftorg de), prévôt, 306.
— (Jean de), prieur de Fabrègues, 216.
— (Simon de), feigneur de Boutonnet, & patron du collége de Girone, 605.
Grabels, 107, 128, 665, 670, 674.
— (église de), 89, — (prieuré de), 140, 164.
Grace (monaftère de la), Gélafe II figne une bulle en fa faveur, 42.
Grammont (religieufes de), 417.
Gramon (Hugues), chanoine de St-Pierre, 503.
Gramont, 660.
Grandis (le P.), 463.
Granier (Jean), évêque de Maguelone, *lifez* & *voyez* Garnier (Jean).
— (Pierre de), 329, — de l'Académie de M., 593.
Granfelve (abbaye de), 319.
Gras (Pierre), fondateur de l'hôpital de Ste-Marthe, à M., 500.
Grafcy (Marie-Jacqueline), fupérieure des fœurs de la Vifitation de M., 470.
Grafillargues, 675.

Grafillargues (Bernard de), 107.
Graffe (Pierre-Raymond de), général des Carmes, 434.
Graffet (Gabriel de), procureur gén. en la chambre des comptes, 402.
Graffin (Jean), médecin ordinaire de Charles VIII, 521.
— chancelier de l'école de médecine de M., 524.
— (de), poète, 567.
Grave (marquis de), 397.
Gravero (Mathieu), recteur, 549.
Grecs (les), 533.
Greffe (de la). Son jardin fert d'emplacement aux Petites-Maifons de M., 508.
— (Antoine Trinquaire de la), 440.
Grégoire, 371, — pape, 366, 545, 642 — fucceffeur de Pélage, 619.
— IV, pape, 17.
— VII, pape, 31, 34, 647.
— VIII, pape, 183.
— IX, pape, 83, 84, 95, 382, 522, 451, 657.
— X, pape, tient un concile à Lyon, 294, cité, 214, 304, 486, 657.
— XI, pape, fucceffeur d'Urbain V, 169, — s'en retourne à Rome, 203, — meurt à Rome, 207, cité, 179, 193, 205, 337, 362.
— XV, pape, 487.
— de Tours, 6.
Grenade, 336, — (royaume de), 343.
Grenoble, 32.
Grenouillères (métairie de), 66, 304.
Griffi (Jean), prieur de l'église collégiale de Ste-Anne, 549.
Griffi (Gilbert), chancelier de l'école de médecine de M., 524.
Grille (Antoine de), général des aides, 409, 503.
Grimoard (Anglic), évêque d'Albano, 204, — frère d'Urbain V, 187.
— cardinal, 209, 298, 464, — fonde l'église collégiale de St-Ruf, 358.

Grimoard (Guillaume), pape fous le nom d'Urbain V, 165, 544, — feigneur de Grifac, 177, — docteur & doyen de Cluny, 165.
Grœvius, auteur cité, 123 (note).
Gros (Giraud), 106.
— (Jean), orfèvre de M., 106.
Guardia, 602.
Guazanhaire (Pierre), chancelier de l'Ecole de médecine de M., 523.
Guerre (Raymond), 76.
Gui, fouche des Guillaume, 20.
Guibert de Ravenne, 34.
Guido (Bernard), évêque de Lodève, 24, 294, 297, 627, — prévôt de Maguelone, 433.
Guienne, 433.
Guifredus, archev. de Narbonne, 29, 636.
Guigues (Jacques), conful de M., 206.
Guilhermin (de), archidiacre, 389.
Guillaume, évêque d'Alet, 166,
— évêque d'Avignon, 370, — évêque de Maguelone, 171, — oncle de Guy, 485, 586, — évêque de Laon, 219, — évêque de Nîmes, 370.
Guillaume, fils d'Ermengarde, 32, 40, 286, 372, 380.
— fils d'Ermenfende, fonde l'églife Ste-Croix, 392, 464, — fait une donation à l'hôpital St-Lazare, 482, cité, 303, 318, 351, 372, 383, 414.
— fils de Mathilde, 351, 372, 395, 417, 482, 514, 552.
— de M. époufe Sibille, 46.
— fils de Sibille, 303, 351, 372, 395.
— (Raymond), évêque d'Agde, 287, — évêque de Lodève, 286, — évêque de Maguelone, 61, — de Pofquières, 286, — évêque de Nîmes, 286.
— le Chevelu, 19.
— le Conquérant, 351.
— neveu de Charlemagne, 312
— II, évêque de Béziers, 286.
— IV, évêque de Maguelone, 305.

Guillaume (maifon de), hôte, 500.
— de Entença, 602.
— (les), feigneurs de M., 379, 644, 597.
Guillem (Bernard), 335.
Guillemeau (Charles), médecin de Paris, 521.
Guilleminet (de), 561.
Guimaude, mère de G. de Fabrègues, 44.
Guimildus, évêque de Maguelone, fucceffeur d'Eumerius, 10, 622.
Guineminarius(?), archev. d'Yverdun, 637.
— archevêque d'Embrun, 25.
Guiramende (Sibille), fœur du monaftère de Prouillan, 457.
Guiraud, prieur du couvent des frères Prêcheurs de M., 108, 426.
Guintonia (Henry de), chancelier de l'école de médecine de M., 523.
Guy, archevêque de Vienne, élu pape, 43.
— prévôt de Maguelone, 61.
— de Montpellier, fondateur des Hofpitaliers du St-Efprit, 326.
— frère de Guillaume de M., 55.
— 4ᵉ fils de Guillaume, fondateur de l'hôpital du St-Efprit, 485.
— (Pierre), prieur du couvent des Auguftins de M., 166, 436.
— dit Tête-de-Porc, 666.
Guy-Pape, 557.
Guzargues, 52, 671.

H

Haguetans (les), de Lyon, 561.
Halene (Guillaume), recteur de Ste-Foy, 382.
Harcourt (Iean d'), archevêque de Narbonne, 220.
Hallé (François de), archevêque de Narbonne, 222, 307.
Harcourt (le prince d'), 593.

Harlay (Mgr Roger de), évêque de Lodève, 473.
Harfy (Jean), imprimeur, 525.
Haudessens (François de), prévôt de M., 308.
Hébrard (Raymond), 650.
Hedofe, prieur de St-Paul de Fenouillet, 156.
Helena (Elne), 8.
Hélie, général des Jacobins, 205.
Helladius (?), évêque de Lodève, 7, 9.
Henin-Lietard (J.-Fr.-Gabriel de), évêque d'Alais, 302.
Henri Iᵉʳ, roi de France, 29.
— II, 260, 521, 559.
— III, 261, 408, 559, 568, 569.
— IV, empereur, 34.
— IV, roi de France, 261, 261, 263, 265, 274, 300, 387, 408, 440, 487, 521, 525, 551, 558, 576, 612.
— V, empereur, 42.
— (Jean, chanoine), 219.
Henry, archevêque de Trèves, dépofé, 293.
Herberie (place de l') à M., 401.
Hermenegilde (faint), 144.
— fils de Leovigilde, roi des Goths, 617.
Hermet (Pierre), apothicaire de M., 461.
Héro ou *Noirmouftiers* (île d'), 311.
Heufière (Laure de), fous-prieure des fœurs Prouillanes, 465.
Hierofolyma (Jérufalem), 28.
Hilaire, évêque de Narbonne, 6.
— (Hugues), mercier, 375.
— (faint), évêque de Carcaffonne, 7; — évêque de Poitiers, 8.
Hildebrand, conful des Pifans, 57.
Hilduin, abbé de St-Denis, 6.
Hippocrate, 527.
Hippolyte (faint), martyr, 352.
Holanic (Jean), notaire de M., 382.
Holans (Guillaume), 155.
Holftenius, bibliothécaire du Vatican, 313.
Hollande (la), 573.
Hongrie (royaume de), 214, 486,
— (prieur de), 132.
Honorat, comte de Fondi, 204.
Honoré II, pape, 41.

Honoré III, pape, fucceffeur d'Innocent III, 486, 78, 81, 95, 183, 345, 419, 423, 486, 514, 546.
Honorius, pape, 652, 657.
Hôpital-Général. Tous les biens et revenus de l'ordre St-Lazare lui font réunis, 484.
— de M. Son établiffement, 504 & fuiv.
Horace, poète latin, 573.
Hucher(Jean), chancelier de l'école de médecine de M., 525.
Hue (Jean), doyen de la faculté de théologie de Paris, 549.
Huefca en Aragon, 106, 429.
— (l'évêque de), 193.
Hugo, évêque, 637.
Hugues, archevêque de Lyon, 34.
— comte de Rodez, 88, 104.
— évêque, 25, — évêque d'Agde, 193 ; — évêque de Grenoble, 32.
— (Honoré), prieur de Grammont, 260.
Huile (plan de l'), 401.
Humbert, cité, 424.
Hyères (les moine de l'île d'), 563.

I

Icher, de la Société royale des fciences de M., 594.
Ildefonfe d'Aragon, 56.
Ilderic, comte de Nîmes, 10.
Imbert, cardinal, 425.
Inde (monaftère d'), près d'Aix-la-Chapelle, 313.
Inguimbert (Guillaume), 239.
— moine de St-Germain-de-M., 254.
Innocent II, pape, vient à Maguelone, 47.
— pape, en guerre avec Roger, roi de Sicile, 533.
— III, pape, donne à l'évêque de Maguelone le comté de Melgueil, 74, cité, 65, 655, — (mort d'), 78, cité, 70, 220, 324, 329, 333, 395, 486, 663.

Innocent IV, pape, fe réfugie en France, 87, — fixe le nombre de religieufes qui doivent être reçues au Vignogoul, 455, — prend fous fa protection les religieufes de St-Félix de Montceau, 452, cité, 99, 333, 335.
— V, pape, donne l'évêché d'Albi à B. de Caftanet, 294.
— VI, pape, élu à Avignon, 167, — fa mort, 177, cité, 176, 193, 512, 603.
— X, pape, 275, 277.
Irnerius, profeffeur de droit à Bologne, 533, 552.
Ifabelle, fille de Jacques le Conquérant, 321. Voy. Izabelle.
Ifidore (faint), évêque de Séville, 10.
Ifle-Barbe (monaftère de l'), 311.
Ifmundus, évêque d'Yverdun, 422.
Italie (l'), 14, 161, 314, 486, 528, 533, 591.
Izabelle, marquife de Montferrat, 196.
Izalquier (Raymond), 196.
Izarn, évêque de Maguelone, 223.

J

Jacob (Ermenfende), fœur du monaftère de Prouillan, 457.
Jacobi (Jean), maître en médecine à M., 189.
— (Pierre), profeffeur de droit à M., 535.
Jacobins (les), établis à Touloufe, 425.
Jacobus (Jean), chancelier de l'école de médecine de M., 523.
— voy. *Jacques*.
Jacone (villa de), voy. *Jacou*.
Jacou, 224, 629.
Jacou (Béatrix de), 56.
Jacques, archevêque de Narbonne, affemble un concile général à M., 102.
— les rois d'Aragon & feigneurs de M., 78 ; 85, 98, 102, 110, 115, 123, 130, 186, 218, 289, 297, 305, 321, 334, 335, 337, 338, 380, 421, 422, 426, 428, 432, 452, 454, 455, 463, 484, 496, 519, 601, 667, 673, 675.
Janfenius, 277.
Jaucels (monaftère de), dans le diocèfe de Béziers, 317.
Jaufferan, confeiller au préfidial, 498.
Jean, abbé de Valmagne, 457.
— archiprêtre de St-Firmin, 482.
— cardinal de St-Marc, puis de Ste-Sabine, 169.
— évêque de Maguelone, 15, 415, 651 et suiv.
— évêque de Nîmes, 193.
— prêtre, bâtit l'églife de Murles, 43.
— prieur de Saint-Firmin, 52.
— VIII, pape, 17.
— XX, pape, adreffe une lettre aux fidèles du diocèfe de Maguelone, 23, cité, 634.
— XXI, pape, 294.
— XXII, élu pape à Avignon, 125 ; érige Lombez en évêché, 125, cité, 7, 151, 292, 295, 297, 418, 429, 522, 681.
— XXIII, 214.
— II, roi de France, 392, 426, 433, 464, 546, 579.
— roi de Bohême, vient confulter les médecins de M., 519.
Jeanne, fille de Raymond de Touloufe, époufe Alphonfe, frère de Louis IX, 100.
— de France, époufe Charles de Navarre, 492.
— reine de Naples, 177, 631, 208.
Jérufalem, 37, 286, 322, 432, 631.
Jéfuites (collège des), fon établiffement à M., 611.
Joannin (Gérald), 65.
— (Jean), conful, 154.
Joannis, voy. *Jean*.
Joly, avocat général à la cour des aides, 268.
— évêque d'Agen, 411.

Joly (Catherine de), prieure de St-Félix, 454.
Jordan, cardinal, 425.
Jorymar, notaire du chapitre de Maguelone, 255.
Jorzi (Thomas), cardinal, 291.
Joubert (Ifaac), fils de Laurent, docteur de l'école de M., 529.
— (Laurent), chancelier de l'école de médecine de M., 525, 648.
Jourdau (Pons), 37.
Joyeufe (de), 439.
Judith, fille de Gondran, 447.
Jugée (Hugues de la), évêque de Béziers, 166.
— (Pierre de la), archevêque de Narbonne, tient un concile provincial à Béziers, 166, 181, 193.
Juges (de), confeiller au parlement, 562.
Jules II, pape, fes différends avec Louis XII, 227.
Julien (Raymond), 580.
— de Tolède, 12, 13.
Juncharias (Jonquières), 19.
Jurieu, 588.
Juft (faint), 144.
Juftinien, empereur, 533.
Juftus (Volfgang), auteur cité, 526, 527.
Juvénal (pont), emporté par le Lez, 151.
Juvignac, 107, 674, — (dîmerie de), 118, — (églife de), 31, 89, 641 ; — paroiffe de), 367 ; — (prieuré de), 160, 164 ; — (feigneur de), voy. *Griffy* (Jacques de).

K

Krantzius, auteur cité, 337.

L

Labbe (le P.), 157, 616 (*note*).
La Chaife (le P. de), 490.

La Croix (André de), officier du préfidial, 551.
— de Caftries (Armand-Pierre de), archevêque, 302.
La Garde (Gaucelin de), évêque de Maguelone, meurt à fon château du Terrail, 120, cité, 115, 456, 679.
— (Pons de), prieur de St-Firmin, 194, 176.
Lairargues, 677.
Lallemant (Louis), évêque de Maguelone, 546.
Lambert (Pierre), légat du Saint-Siège, 254; — fecrétaire du pape, 253.
Lambia, 13.
Lamouſſon (La Moſſon), rivière près de M., 29, 37, 47, 52, 76.
Lamuſa, 13.
Lancaſtre (le duc de), 202.
Landorre (Béranger de), général des Jacobins, 535.
— (Guillaume de), abbé d'Aniane, 157.
Lanfranc, général de l'ordre de St-Auguſtin, 435.
Languedoc (le), ravagé par la peſte, 102, cité, 5.
Languiſſel d'Aubais (Bernard de), 119.
Lantiſſargue, 361.
Lanuejols, 100.
Laporte (Hugues), 561.
Lara (maiſon de), 336.
Largentière, 486.
Larida, voy. Lerida.
Larzac, 221.
Laſtour (Béranger de), 161.
Lateroſa, 13.
Lates, 40, 59; — (terroir de), 62, 211, 351, 361; — (château de), 48, 103, 356, 669, 49; — (port de), 49; — (porte de), 381.
La Tour (Guillaume de), prévôt de Maguelone, 127, 306.
Latran, 59, 546.
Latude (fœur de), du couvent de St-Charles de Lunel, 473.
Laudun (Guillaume de), veſtiaire de Maguelone, 133, 157, 164, 192, 172.
Launac (château de), 67; — (terre de), 398.

Laurens (André du), chancelier de la fac. de médecine de M., 1er médecin d'Henri IV, 521, 525, 529.
— (Gafpard du), archevêque d'Arles, 339.
Lauret, 39, 224, 649.
Lauri (Guillaume), 86.
Laufelergues (Jean de), 238, 253.
Lauthier (Raymond), conful de M., 206.
Lautier (Pierre & Jean), 376.
Lauze (métairie de la), 67, 88; — (terroir de la), 390.
Lauze (Bernard de la), 62.
Lauzière (Pons de), chanoine de Lodève, 171.
Lavanet, 393.
Lavaur, 7.
La Vérune, 37, 141, 259; — (château de), 52, 212, 270; — (terre de), achetée par Mgr Pradel, 282, 290.
La Vérune (Frédol de), prieur de Caftries, 101.
— (Pierre de), 59, 62.
Laverune, 628.
Lazare, 5.
Léandre, évêque, 618.
Le Blanc (Jean), 99.
Lechas, prieur de Cluzenet, 82.
Le Féron, 219, 521, 536.
Lefèvre, 598.
Legados (porte du), à M., 188.
Léger, archevêque de Vienne, 25.
— évêque de Maguelone, 453.
Leidrade, archevêque de Lyon, 311, 312.
Le Jeune (le P.), prêtre de l'Oratoire, 411.
Le Mazuyer, préſident au parlement, 207.
Lemire, auteur cité, 323.
L'Enfant, cité, 434.
Léocadie (paroiſſe de), 107.
Léocadie (ſainte), 144.
Leodegarius, archev. de Vienne, 422.
Léon (ſaint), pape, 8.
— III, pape, 24, 312.
— X, pape, 300, 555, 453, 624.
Leovigilde, roi des Goths, 617.
Le Puî (le P.), prieur, 428.

Lerida (Gimond de), 62.
Le Roy (Guillaume), évêque de Maguelone, 217.
Le Sage (David), poète de M., 569.
Leſcarrie (métairie de), 223.
Leſdiguières (connétable de), 409, 428.
Leftang (Chriftophle de), évêque de Carcaſſonne, 268.
Leuſe (Pierre de), conful de M., 427.
Lévis (Guy de), 121.
— (Pierre de), ſuccède à Gaucelin de Lagarde, évêque de Maguelone, 680, 121; — archevêque de Cambrai, 297.
Levefon (Bermond de), évêque de Beziers, 451.
Leytoure, 439.
Lez (le), rivière près M., 14, 47, 82, 86, 107, 192, 356, 414.
Liban (Mont), 320.
Lille, 424.
Limoges, 6.
Limoges (Guillaume de), 40.
Limouſin, 418.
Linden (Van der), auteur cité, 521.
Linfernet (moulin de), 76.
Lisbonne, 593.
Livière (terre de), 534.
Livonie, 495.
Lizieux (de), 591.
Lodève, 7, 8, 13, 227, 317, 473.
Lodève (évêque de), 18.
Lombardie (La), 338, 603.
Lombards (les), font irruption en Italie, 533.
Lombez, érigé en évêché par le pape Jean XXII, 125; — cité, 300.
Londres, près Montpellier, 605.
— (château de), 304.
Long (B.), de M., 86.
Lothaire trouve à Amalfi un exemplaire du Digeſte, 533.
Loubens (de), voy. *Verdale*.
Louis, duc d'Anjou, frère de Charles V, 203.
— roi d'Aquitaine, 311.
— roi de Sicile, 211.
— Ier, dit le Débonnaire, roi de France, 16, 24, 51, 312, 625.

Louis II, dit le Bègue, roi de France, 17.
— VI, dit le Gros. Gélafe II implore fa protection, 42
— VII, dit le Jeune, roi de France, 48, 51, 650.
— VIII, roi de France, ordonne la démolition des murailles de Narbonne, 71, 665.
— IX, roi de France, reçoit de l'évêque Pierre de Conchis une reconnaiffance pour la partie de Montpellieret, 100; — fait le premier règlement pour l'école de droit de M., 534; — canonifé fous Boniface VIII, 295, cité, 105, 108, 288, 289, 293, 297, 432, 518, 556.
— XI, confirme l'établiffement du collége Duvergier à M., 607, cité, 404, 524.
— XII, attire à fa cour le jurifconfulte Boëri, 554, cité, 223; — roi de France, 226, 352.
— XIII donne aux frères prêcheurs les biens qui avaient appartenu au collége de Girone, 603; — vient en Languedoc, 611, cité, 91, 147, 207, 269, 273, 300, 342, 349, 358, 367, 380, 396, 409, 437, 440, 441, 443, 451, 512, 487, 566.
— XIV, paffe à M., 471, 592; — établit un hôpital général à M., 504; — crée deux charges de profeffeur de théologie à M., 586; — cité, 275, 279, 301, 397, 418, 438, 443, 466, 484, 522, 532, 573, 588, 592.
— XV, roi de France, 301, 521.
— (faint), évêque de Toulouse, 421; — canonifé à Avignon, 125; — de Marfeille, 422.
Loupian, 213, 367.

Louviers ou Loviers (Antoine de), nommé évêque de Maguelone, cité, 211; — cité, 221, 306, 392, 545, 436.
Louvois (de), grand-maître des chevaliers de St-Lazare, 489.
— miniftre de Louis XIV, 593.
Louvre (le); il y eft tenu une affemblée de feigneurs & prélats contre le pape Boniface VIII, 118.
Loyfel (et non Loifer), auteur cité, 556, 569.
Lozière (Cécile de), prieure de St-Félix, 454.
— (Ermefende de), abbeffe de St-Geniez, 450.
Lucius II, pape, 50.
— III, pape, 60.
Ludovicus, voy. Louis.
Lulle (Raymond), 579.
Lombard (Pierre), facriftain de St-Germain, 550.
Lune (Pierre de), élu pape à Avignon, 212, 211, 179, 209, 545.
Lunel, 141, 211, 473.
Lunel (Pons de), facriftain, 121.
Lunel-Viel, 127, 304, 654; — (églife de), 55.
Lupus, ravage les environs de Béziers, 13.
Luques, 360.
Lufignan (Pierre de), roi de Chypre, 189.
Luteba, voy. Lodève.
Lyon, 6, 87, 97, 125, 228, 290, 327, 455, 525, 527, 546, 556, 593.
Lyfippi (Pierre), chanoine de Maguelone, 219.

M

Mabillon (le P.), fes *Analectes*, 46.
Mabre-Cramoify (Sébaftien), imprimeur à Paris, 587.
Macaï, 13.
Madalou (Aymeric), prieur de St-Guillem de M., 112.
Madières (Guillaume de), 286.
Magalona, voy. Maguelone.

Magat (Antoine), conful de M., 427.
Magdeleine, 5.
Magdeleine (hôpital de la), fondé à M., 131, 499.
Maguelone, prife par le roi Vamba, 414, 8.
Maguelone, 8, 272, 346, 349, 365, 546, 616, 623; — (graude), 14.
Maguelone (év. de), 5.
Mahania (Jacques de la). Voy. Manhania.
Maillac (de), 490.
Maine (le duc du), 573.
Mainfroy, roi de Sicile, 385.
Mairofe (Bérenger), fait une donation en faveur des religieufes de St-Gilles de M., 171.
Maiffende (Jacques), juge de la cour du palais de M., 206.
Majoricæ, voy. *Majorque*.
Majorque, 5, 57; voy. *Mayorque*.
Malbofc (Anne de), abbeffe de St-Geniez, 450.
— (Maragde de), abbeffe de St-Geniez, 450.
Maldura (Louis), auteur cité, 337.
— (Pierre-Louis), 338.
Malenfant (Hubert), 607.
Malède (F.), cité, 417.
Male-Vieille (cap), 327.
Malhiac (Jacques), prêtre, curé de St-Guilhem de M., 458, 485.
Malipelli (Pierre), chanoine de Maguelone, 254.
Mallemont ou *Maumont* en Limoufin, 343.
Malras, 673.
Malrive (Jean de), 406.
Malthe (chevaliers de), 67.
Maltois, fculpteur, 349.
Malveiranègues, propriété des fœurs du Vignogoul, 455.
Malvenda, hiftorien cité, 80.
— (Thomas), cité, 423.
Mandagout (Guillaume de), archevêque d'Embrun, 290.
— (Hugues de), prévôt d'Embrun, 544.
Mandon-Balaret, 580.
Mandronet (arc de), 373.
Manhania (Hugues de), évêque de Segovie, 206, 208.
— (Jacques de), conful de M., 179, 422, 464.

Manny (Pierre), 239.
Manny (la maison de), où s'établissent les sœurs de Ste-Ursule, 472.
Manse (de), trésorier, 434.
Manso (Jacques de), moine de St-Germain de M., 239, 254.
Maranègues (terroir de), 394.
Marc (Jacques), seigneur de Boutonnet, 157.
— (Jean), jurisconsulte, 122.
— (Pierre), 74.
Marca (de), historien cité, 24, 276.
Marc-Aurèle, empereur, 6.
Marcianicis (de), dans le comté de Substantion, 448.
Marcillia (Jacques de), chancelier de l'école de médecine de M., 523.
Marguerite de Provence, femme de Louis IX, 83.
— de Navarre, 525.
Mariana, son *Histoire d'Espagne*, 7, 8.
Marie de M. donne aux religieuses de Montfeau le château de Mirevaux, 451.
Marie de Montpellier, citée, 304, 321, 345, 482.
— fille de Charles-le-Boiteux, roi de Naples, 422.
Marie-Thérèse d'Autriche, 301, 411.
Marignac (Marie Bournet de), prieure de St-Félix, 454.
Marigny (Louise-Dorothée de), fondatrice du couvent de la Visitation de M., 470.
Mark (de la), évêque de Liége, 292.
— (maison de la), 545.
Marliac (Elisabeth de), mère de Pierre de Levis, 122.
Marquerose (marquis de la), voy. Pradel.
Marquise (la), en Camargue, 371.
Marseille, Grégoire XI y séjourne, 204; — cité, 24, 190, 228, 327, 432, 518.
— (église de), 5.
— (évêques de), 18, 80.
Marsillan, 367.
Marsille (Théodore), auteur cité, 265.

Martègue, en Provence, 262.
Martel (Jean), imprimeur de M., 563, 573.
Martène (le P.), cité, 331, 424.
Marthe, 5.
Martial, 6.
Martin V, élu pape au concile de Constance, 545; — unit la théologie aux autres facultés de l'Université de M., 511; — cité, 215, 216, 299, 453, 578.
— (Barthélemy), moine de St-Germain de M., 254.
— (Jean), doyen du chapitre de Maguelone, 253.
— (Raymond), de M., 206, 563.
— (saint), confesseur, 352.
— (Marie de), supérieure des sœurs de Ste-Ursule de M., 472.
Martinengue (Etienne), recteur de l'Université de M., 161, 165, 544.
Martini (Jean), premier médecin du roi Charles VIII, 621.
Mas (Pierre), prévôt de M., 308.
Mas-de-Dieu (Guillaume du), 76.
Masel (Mathieu), prieur de Suffargues, 390.
Manse (mas de), 18.
Massanes (de), conseiller à la cour des aides, 562.
Masses (Meraulde de), grand prieur de St-Gilles, 370.
Massiac ou Messay en Berry, 311.
Massilargues, 534.
Massot (Jean), 580.
Mastalgo (villa de), 21, 417.
Matathias, 615.
Matelles (les), 683.
Mathe, chanoine, 262.
Matte, de la Société royale des sciences de M., 594.
— (Pierre), trésorier du roi, 607.
Matthæi (Bertrand), chanoine de Viviers, & official de Maguelone, 112.
Mauger (Vve), imprimeur à Paris, 573.
Mauguio, 681, voy. Melgueil.
Maureillan, 99; — (l'étang de), 66; — (métairie de), 56.

Maures d'Espagne (les), 18, 105, 336, 395.
Maurin, 52, 81, 667; — (église de) 641.
Maurine (Dame), 575.
Mayorque, 41, 163, 601.
Mayorque (évêché de), 433.
— (Isabelle de), fille de Jacques III, 422.
Mazères (Guillaume de), 520.
Meaux, 299.
Médecine (collège de), sa fondation par les Guillaumes, 597.
Médicis (Catherine de), 228, 259.
— (Marie de), 525.
Méditerranée (la), 28.
Meirargues, près de M., 80, 492, — près de M., 552.
Melgorio, voy. Melgueil.
Melgueil reçoit la visite du pape Gélase II, 43 ; — démolition de son temple, 277; — cité, 151, 212, 306, 360, 641; — (comté de), 74, 162.
Melgueil (Guiraud de), 88.
— (Raymond de), 73.
— (comte de), voy. Pradel, (les comtes de), 481.
Même (Henri de), président, 276.
Ménage, auteur cité, 574.
Menard (Dom Hugues), 321.
Menat ou Manlieu (monastère de), en Auvergne, 311.
Mende, 7, 24, 294, 304, 606 ; — (chanoines de), 58 ; — (collège de) ou des Douze-Médecins, 606 & suiv. ; — (diocèse de), 116.
Mercadier (Guiraud), 146.
Mercy (couvent de la), 598.
Mercy (religieux de la), leur établissement à M., 88.
Merdanson (le), 125, 498.
Merven (Guillaume), chancelier de l'école de médecine de M., 524.
Mesclas (métairie de), 223.
Mesmin (monastère de), 311.
Mesoa (B. de), voy. Mezoa.
Mésopotamie (La), 322.
Messanergue (terroir de), 84.
Mesua, voy. Mezex.
Meyrose (Béranger), riche bourgeois de M., 467.
Mèze, 367.

Mezoa (Bernard de), évêque de Maguelone, 77 ; — confacre à M. l'églife des frères Prêcheurs, 80 ; — meurt en allant à Rome, 82 ; — cité, 146, 289, 304, 385, 424, 516 (*note*), 666.
Mezouls, 677.
Michaelis (Sébaftien), auteur cité, 265.
Micy (monaftère de), 311.
Migetius, évêque de Gaule, 619.
Milhau en Rouergue, 85, 486.
Milhau (Pierre de), général des Carmes, mort à M., 434, 431.
Milon, légat, 70.
Mineurs (couvent des frères), à M.; affemblée tenue au sujet de Boniface VIII, 119.
Mineurs (frères), leur établiffement à M., 80 ; — leur querelle avec les frères Prêcheurs de M., 108, 109.
Minorettes (fœurs), 461.
Minorque, 575.
Minutius (Félix), 587.
Mirabel (Pons de), 119.
Miramar (Hugues de), 83, 146.
Mirepoix, 7.
Mirepoix (maréchal de), 680.
Mirevaux, 107 ; — (Mireval), 37, 367 ; — (château de), donné par Marie de M. aux religieufes de Montceau, 451 ; — cité, 85, 346.
Mirevaux (André de), 221.
Miron (Tripot de), 461.
Miféricorde (dame de la), 476.
Miffon, 373 (*note*).
Modène (maifon de), 275.
Moine (Bertrand le), 47.
Moiffac, 331.
— (monaftère de), en Quercy, 311.
Moiffac (l'abbé de), 200.
— (le fénéchal de), 487.
Molanus, auteur cité, 523.
Molines, 649 ; — (églife de), 47.
Molette (Anne de), abbeffe de St-Geniez, 450.
— (Catherine de), abbeffe de St-Geniez, 450.
Moncontour, 400.

Mongranier, 350.
Mongros le vieux, habitant de M., 534.
Mons-Arbedo, voy. *Montauberon*.
Mons-Peregrinus, voy. *Mont-Pélerin*.
Montagnac (Pierre-Bernard de), 65.
Montagne (Jacques de), 567.
Montaigu (Giraud de), hofpitalier de l'ordre de Malte, 132.
Montalet (Marie de), voy. *Veftric*.
Montana, 13.
Montaner, auteur cité, 345.
Montanier (Pierre), fupérieur des religieufes Prouillanes, 465.
Montarac (Pierre de), cardinal, 194.
Montardier (archiprêtre de), voy. *Barrière* (Barthélemy).
Montarnaud, 107, 408, 649, 674.
Montarnaud (Adhémar de), 45.
— (Berenger Paliffa de), 154.
— (le prieur de), intente un procès aux religieufes du Vignogoul, 456.
Montaruc (Pierre de), cardinal, 193, 298 ; — évêque de Pampelune, 362.
Montauban, 7, 17.
Montauberon, 81, 140, 219, 417 ; — (églife de), 641.
Montauberon (Guillaume de), 76.
Montauberon (Roftang de), 81, 666.
Montbazin (églife de), 59 ; — prieur de, 161.
Montbrun (Pierre de), archevêque de Narbonne, 288.
Montbrun (comté de), 286.
Montchal (de), archevêque de Touloufe, 273, 333.
Montdidier (Erméniarde de), 84.
Montefiafcone, près de Viterbe, 188, 205.
Monteils (Pierre de), 88.
Montel, 353. Voy. *Montels*.
Manteleon (Pierre de), 76.
Montelium, voy. *Montels*.
Montenard (Jeanne de), abbeffe du Vignogoul, 459.
Montels, 16, 140, 651 ; — (églife de), 31, 641.
Monterenc (Arnaud de), 119.
Monteriis (Raymond de), chancelier de l'école de médecine de M., 523.
Montefevo (églife de), 50 ; — (montagne de), 305.
Montefevo, voy. *St-Félix de Montfeau*.
Montefquino (de), voy. *Montefquiou*.
Montefquiou (Piétavin de), nommé évêque de Maguelone, 152, 536 ; — nommé à l'évêché de Maguelone par le pape Jean XXII, 684 ; — transféré à Albi par Benoît XII, 156 ; — cité, 298, 155, 162, 172.
Montfaucon (de), 441.
Montfavet (Bertrand de), promu cardinal par Jean XXII, 125.
Montferrand, 212, 656 ; — (château de), 42 ; — cité, 78, 154, 257, 270 ; — (comté de), 162, 108.
Montferrand (comte de), voy. *Pradel*.
Montferrat (le marquis de), 422.
Montferrier, 669.
Montferrier (Antoine du Caylar de), chanoine de Maguelone, 349.
— (confeigneurs de), 88.
Montferrier (Guillaume de), 62 ; — (maifon de), 393.
Montfleur (Jean de), fyndic de l'Univerfité de droit de M., 544.
Montfort (Simon de), 71, 74, 334, 398.
Montjoye (Guillaume de), évêque de Béziers, 220.
Montlaur (château de), 668.
Montlaur (de), 441.
— (Antoine de), prieur de Novigens, 239, 253.
— (Bertrand de), 485.
— (Guillaume de), conful, 385 ; — cité, 54, 157.
— (Jean de), archidiacre de Maguelone, 456 ; — évêque de Maguelone, fait des règlements pour l'école des arts de M., 510 ; — cité, 26, 54, 58, 81, 82, 90, 112, 117 ; — prieur de Saint-Firmin, 128,

146, 286, 289, 303, 304, 564 ; — fucceſſeur de Raymond Ier, 651, 668.
Montlaur (feigneur de), voy. *Verger* (Jean du).
— (Jeanne de), prieure de St-Félix, 453, 454.
— (Marguerite de), abbeſſe de Vignogoul, 457, 459.
— (Pierre de), damoiſeau, 119.
— (Pons de), père de l'évêque de Maguelone, 54 ; — prévôt de Maguelone, 32 ; — cité, 47, 303.
— (Raymond de), 107.
— (Ricarde de), 65.
— (Roſtang de), 83, 668.
— (Triſtan de), feigneur de Murles, 219.
Mont-Majour (l'abbé de) 180.
Montmirac (Bertrand de), 76.
— (Marie de), 76.
Montmorency (chevalier de), 269.
— (duc de), gouverneur de M., 207.
— (Anne de), 559.
— (Henri de), connétable, vient à M, 269, 307.
— (ducheſſe de), voy. *Urſins* (Félicie-Marie des).
— (P.-H. Thibaut de), grand-maître de l'ordre du St-Eſprit, 489.
— (Paul-Sigiſmond de), 490.
Montolieu, dans le diocèſe de Carcaſſonne, 536.
Montpeiroux (Gaucelin de), 100.
— (Michel de), 107.
— (maiſon de), 300.
Mont-Pèlerin, 289. — Godefroy, évêque de Maguelone, y eſt enſeveli, 641.
Montpellieret, cédé à Philippe-le-Bel, 305 ; — étendue de la paroiſſe, 381 ; — cité, 20, 52, 85, 100, 128, 150, 347.
Montpenſier (duc de), 267.
Montpezat (chevalier de), 269 ; — (Roſtang de), 86.
Montrodat (Guillaume de), 119.
Montredon, 128.
Montredon (Bertrand de), 45.
— (Elzéar de), 45.

Montrieu (Chartreuſe de), 83.
Montſeau, voy. *St.-Félix-de-Montſeau*.
Mor ou *Mormonſter*, près de Saverne, 312.
Moralez (Ambroiſe), auteur de *Chroniques d'Eſpagne*, 9.
Moreri, auteur cité, 296.
Morèze (Michel de), 101.
Morlin (Jean), 422.
Moular, en Savoye, 470.
Mounier (Guillaume), prêtre, 381.
Mourgues (métairie de las), 462.
Mudaiſon, 37, 647.
Mujolan (Raymond de), 163.
Murat (de), voy. *Vernobs* (Pierre de).
Murcie (royaume de), 335.
Muret, bataille contre les Albigeois, 345.
Murles, 107 ; — (château de), 164, 649 ; — (la rue de M. de), où fut établi le couvent du Bon-Paſteur, 477.
Murles (Pierre de), 336 ; — feigneur de, 54, 269 ; — voy. *Montlaur* (Triſtan de) ; 476.
Murmuranègues, 20, 628.
Murs (Flandrine de), 451.
— (Pons de), 451.
Murus-Veterus, voy. *Murviel*.
Murviel, 99, 122, 456, 641, 665, 678 ; — (égliſe de), 45.
— (Antoine de), 218.
— (Bernard de), prévôt de Maguelone, 89, 100, 304.

N

Naples, voyage de Clément VII, allant viſiter la reine Jeanne, 208, 343, 533.
Narbona, voy. *Narbonne*.
Narbonnaiſe (la), 7.
Narbonne, pris par Paul, 623 ; — cité, 6, 8, 33, 57, 103, 156, 276, 288, 305, 316, 324, 326, 433, 481, 536.
— (archev. de), 80.
Narbonne (l'archevêque de), 451, 511 ; — voy. *Fulcodi* (Guy).

Narbonne (évêque de), voy. *Vervins* (de).
— (Etienne de), frère mineur, 332.
— (Jean de), 227.
Natalibus (Pierre de), auteur cité, 337.
Navarre (reine de). Des honneurs funèbres lui ſont rendus à M., 201.
Néfridius, archevêque de Narbonne, 312.
Nemauſus [Nîmes], 8.
Neme, voy. *Nieme*.
Néron, empereur romain, 591.
Nerva, empereur romain, 568.
Neſtorius, 311.
Neuville, diocèſe de Beauvais, 58.
Nèves (Philibert de), ſous-bailli de M., 547.
Newton, 590.
Nicolas, 420.
— III, pape, 294, 677.
— IV, pape, érige les écoles de M. en univerſité, 510, 565 ; — cité, 111, 181, 295, 421, 429.
— V, ſuccède au pape Eugène IV, 548.
Nieme (Pierre de), 545.
Nigridius, évêque de Gaule, 619.
Nîmes, 7, 10, 216, 472 ; — (évêques de), 18.
Niſſole, célèbre botaniſte de M., 594.
Noals, 88.
— (Garrigue de), 107, 305.
Noailles (le cardinal de), 301, 490.
— (le duc de), commandant de la province de Languedoc, 280.
Nogaret (Guillaume de), profeſſeur de droit, 534 ; — accuſe le pape Boniface VIII, 118.
— (Mathieu de), 534.
Nolaſque (ſaint Pierre), ſe rend à M., 428 ; — cité, 334.
Nolhac (Hugues de), chanoine de Maguelone, 266.
Normandie (la), 261, 276.
Noſtradamus, ſon *Hiſtoire de Provence*, 209.
— (Jean), cité, 563, 566.

708 *Table des noms de lieux & de perfonnes*

Notre-Dame (églife de), facrée par Mgr. Pradel, 281.
— *d'Adau* (prieuré de), près d'Arles, 224.
— *de Bethléem* (confrérie de), inftituée à M., 202.
— *-des-Bonnes-Nouvelles* (églife de), origine de fa fondation, 402.
— *-du-Grau,* 409.
Notre-Dame-de-Paris, Philippe-le-Bel y fait affembler les feigneurs & prélats de fon royaume, 118.
— *-du-Pont-Ambroix,* 450.
— *-des-Ports,* 17.
— *de Rouviège,* 353.
— *des Tables,* érigée en paroiffe, 76; — citée, 29, 53, 78, 84.
— (hôpital de), à la porte de Lates, 480; — (l'île), 591.
Nouaillé (monaftère de), dans le diocèfe de Poitiers, 311.
Nougarède (Pierre), célerier du monaftère St-Benoît, 238.
Nouvelles (Marie-Eléonore des), fupérieure des fœurs de la Vifitation de M., 470.
Novempopulanie (La), 310.
Novigens, 21; — (St-André de), 641.
Nuremberg, 526.

O

Obilion (hôpital de la porte d'), 492; — (porte d'), plus tard porte de Lates, 80, 452, 86, 103.
Obilion (Pons d'), 47.
Octavien, fchifmatique, 653.
Odon & fes fils, 448.
Olargues (Pons d'), chanoine de Maguelone, 175; — prévôt, 306.
Olderic, évêque d'Orléans, 24; — de Verceil, 24; — vicaire général de Maguelone, 682.
Olives (Arnaud d'), 132.
Olivet (chapelle d'), près de Villeneuve, 247.

Olivier (d'), confeiller au parlement, 476.
Omelas (Berenger d'), facriftain, 112, 117, 456.
Onufre, cité, 169.
Oraifon (marquis d'), 269.
Orange, 8, 545.
— (prince d'), voy. *Beaux.*
Orléans. Une affemblée y eft convoquée par Louis XI, 548; — cité, 24, 218, 299, 403, 535, 546.
Orléans (le duc d'), régent, 301.
Orthoman (Nicolas d'), de la faculté de M., 1er médecin d'Henri IV, 521; — profeffeur de médecine à M., 529.
— (Pierre d'), profeffeur de médecine de M., 529.
Ortouls (Etienne), prieur de l'églife de Montferrier, 112.
Ofmido, archevêque d'Embrun, 24.
Ofmont (Charles), imprimeur à Paris, 572.
Ofnabruc, 545.
Offa ou Eufe (Jacques d'), cardinal, puis pape fous le nom de Jean XXII, 125.
— (Pierre d'), frère du pape Jean XXII, 127.
— (le cardinal d'), 260.
Offone (duc d'), 503.
Oftie, 204; — (évêque de), voy. Aubert (Audouin).
Oftie (évêque d'), voy. Bertrand.
Ourbion ou la *Grace,* diocèfe de Carcaffonne, 311.
Ozario, 140.
Ozorium, voy. *St-Aunès-d'Auroux.*

P

Pacius (Laurens), 551.
Padoue, 372.
Padoue (St-Antoine de), 579.
Palas appartenait aux fœurs de Vignogoul, 455.
Paléologue (Jean), empereur de Conftantinople, 189.
Paleftine (la), 44.
Paliffa (de), voy. *Montarnaud* (Bérenger de).

Palma (Eléazar de), 218.
Palmière (Braidette), femme de Izarn Teinturier, 390.
Palulongue (la), 371.
Pamiers, érigé en évêché par le pape Boniface VIII, 126, 7.
Pance (Louis), conful, 427.
Pancirole, auteur cité, 533.
Paniffe (Guillaume), juge du gouvernement de M., 607.
— (Pierre), 557.
Pannat (Louis de), 457.
— (Marguerite de), abbeffe de Vignogoul, 459.
— (Philippe de), feigneur d'Aleft, 457.
Papoul (faint), difciple de Saturnin, 6.
Pâquier, habitant de M., 268.
Pardelles (Guillaumette de), abbeffe de St-Geniez, 450.
Paris, 43, 212, 267, 333, 344, 352, 433, 457, 464, 556, 572, 587.
Paris (Mathieu), cite l'école de médecine de M., 518.
Part-Antique (la), 181.
Pataran (Pierre), docteur ès-lois, 580.
Pafcal II, pape, 34, 42, 95.
— (Dominique), conful de M., 206.
Pafquier (Etienne), 533, 552.
Pafteur (faint), 144.
Patin (Guy), auteur cité, 521.
Patouillet (le P.), prédicateur à M., 281.
Paul, archevêque d'Aquilée, 312.
— (le comte), fa révolte contre Vamba, 10, 623.
— (le P.) du St-Sacrement, 444.
— (Serge), prêche l'évangile à Narbonne, 6.
— III, pape, 231, 236, 252, 300, 348, 555.
— V, pape, 487.
Paulin, 7.
— évêque de Trèves, 8.
Paulus, voy. *Paul.*
Paufe (Jean Plantavit de la), évêque de Lodève, 71, 276, 277, 282, 317.
Pavie, 24, 310, 528.

Pavo (Bérenger de), gouverneur de M., 206.
Paz (Laurens), docteur ès lois, 206.
Pechabon, 146, voy. *Puéchabon*.
Pechfalicon (Puiffalicon), 196.
Peirade (la), jetée qui allait du pont de Maguelone jufqu'à Villeneuve, 127.
Peire (Aftorg de), 119.
Peirelade (Arnaud de), jurifconfulte, 111.
Peirefc (Nicolas-Claude), 551.
Peirolis (Durand de), 153.
Peiroso (Bernard de), fyndic, 154.
Peirou (le), réparation de fes murailles, 179; — (promenade du), fa conftruction fous M. de Bâville, 430, voy. *Peyrou*.
Pelage, pape, 617.
— évêque de Gaule, 619, 622.
Pélegrin (Jean), 239.
Pélerin, en Syrie, 45.
Pélerin (château), près de Tripoli, où mourut l'évêque Godefroy, 38.
Pelet (Bernard), 55; — comte d'Alais, 104.
— (Bertrand), 56.
— (Gafpard de), lieutenant de roi, 261.
— (Guillaume), prieur de St-Vincent de Lunel, 238; — prévôt, 258, 307.
— (Pierre), 105, 107.
— (Raymond), feigneur d'Alais, 119, 658.
Peliffier (François), clerc de Melgueil, 254.
— (Guillaume), évêque de Maguelone, 226, 228, 237, 253, 246, 299.
— II, évêque de M., 300, 367, 439, 461, 559.
Pellier (Robert), fondateur de l'hôpital de la porte de Lates, 492.
Pénitents-Blancs (confrérie des), 408.
Pennafort (Raymond de), confeffeur du roi Jacques, 334.
Pentonia civitas, 630.
Pepin-le-Bref, fils de Charles-Martel, 15, 309, 631.

Péraut (baron de), 570.
Percin (Le P.), religieux dominicain, 331.
Perdrix (Gafpard), officier du préfidial, 551.
— (Philippe de), 551.
Perefixe (Guillaume), 80.
Peregrin (Guillaume), 153.
Perez (Nicolas), 13e général de l'ordre de la Merci, 429.
Périer (le jardin de), 492.
Périgueux, 439.
Périnel (Olivier), chanoine de Maguelone, 254.
Pérols, 224, 470, 629; — (églife de), 641.
Péronne, 607.
Perpignan, 7, 288, 335, 464.
Perpignan (Guy de), 433.
Perrin (de), 371.
Petites-Maifons (l'hôpital des) à M.; fa fondation, 507.
Pertuis (Jean), 227.
— (Hugues de), 206.
Petra (Pons de), feigneur de Ganges, 117, 122.
Pétrarque vient étudier le droit à M., 535; — cité, 177, 567.
Peyrols, voy. *Pérols*.
Peyrou (portail du), 461.
Pézenas, 423, 472, 548, 603.
Pezènes (l'abbé de), prédicateur, 588.
Philippe, 6.
— Ier, roi de France, époufe Bertrade, 34.
— II, dit Augufte, roi de France, confirme les privilèges de l'évêque de Maguelone, 76; — cité, 61, 567.
— III, dit le Hardi, roi de France, 268, 321.
— IV, dit le Bel, fon démêlé avec le pape Boniface VIII, 118; — fait l'acquifition de Montpellier, 290, 295; — roi de France, 305, 337, 352, 422, 464, 534, 678.
— V, dit Le Long, roi de France, 125, 292.
— de Valois, 371, 67, 86, 131, 155, 163, 297, 426.

Philippy, préfident, 403, 408; — cité, 307, 400, 500, 533.
— (Jean), préfident en la cour des aides, 558.
Phœbus (François-Marie), archevêque de Tarfe, 489.
Pibris (Simon), gardien des PP. Recollets de M., 461.
Pictor (de), 269.
Pie II, pape, 220, 481.
Piechagut, 157.
Piémont (le), 21.
Pierre, abbé de Cluny, 414.
— archevêque d'Aix, 32.
— archevêque de Narbonne, 49.
— comte de Melgueil, 30, 566, 642.
— comte de Subftantion, 303.
— évêque de Carcaffonne, 637.
— évêque de Lodève, 70.
— IV, évêque de Lodève, 516 (*note*).
— évêque de Maguelone, 21, 448, 631.
— évêque de Marfeille, 24, 636.
— évêque de Ste-Ruffine, 24.
— roi d'Aragon, époufe Marie de M., 345; — cité, 70, 163, 384, 417.
— feigneur de la Vérune, 37.
— (Bertrand de), 212.
— (Michel), 580.
— & Arnaud de M., frères jumeaux, leur hiftoire, 333.
Pierrefixe (Guillaume de), fonde à M. l'hôpital St-Jacques, 496.
Pierre-Fort (Bremond de), feigneur de Ganges, 119.
Pierre-Serriette (Guichard de), 119.
Pignan, démolition de fon temple, 277; — cité, 44, 81, 667; — (château de), 78; — (églife de), 31, 641.
Pignan (Guillaume de), fait une donation aux religieufes du Vignogoul, 454; — cité, 161.
Pignianum, voy. *Pignan*.
Pile-St-Gilles, ancienne porte & quartier de M., 181, 381, 608.
Pinchon (Robert), recteur de l'univerfité de M., 218; — cité, prieur de Burjet, 547, 579.

Pinel (Jean), moine de St-Germain de M., 254.
Pinet, 52.
Pipinus, voy. *Pépin*.
Piquet (Honoré), premier médecin de Louis XII, 521 ; — chancelier de l'école de médecine de M., 524.
Pifans (les), 185.
Pife, 89, 204, 227.
Pife (l'archevêque de), 35.
Pifis (Jean de), chevalier de l'école de médecine de M., 523.
Piſtoie, 536.
Placentin, profeſſeur de droit à M., 509 ; — ſe rend à Bologne pour y étudier le droit, 533 ; — cité, 494, 552.
Plaiſance, 34, 37, 338.
Planaſtel, 437.
Plancy (Pierre de), prieur de Malte, 131.
Plan-d'Agde, 87.
Planque, 393.
Plantade (Jean-Jacques de), conſeiller à la cour des comptes, 272 ; — de la Société royale des ſciences de M., 394.
Plantavit, 6.
— (de), évêque de Lodève, 625.
— (Suzanne de), 562.
— voy. *Pauſe* (de la).
Pleſſis-lez-Tours, 352.
Pleſſis-Pralin (maréchal de), 471.
Plutarque, 568.
Poitiers, aſſemblée générale du clergé, 300 ; — cité, 8, 290, 547.
Poitiers (comte de), voy. *Philippe le Long*, 125.
Poitou (le), 311.
Poligny, 491.
Pologne (la), 491.
Pomaret (Denis), chirurgien de M., 531.
Pomereu (de), 490.
Ponceau (Jacques), premier médecin du roi Charles VIII, 521.
Pons, abbé de Cluny, 43.
— comte de Toulouſe, 20.
— évêque de Narbonne, 653.
— prévôt de Maguelone, 29, 32.

Pons, (Antoine), procureur général de l'ordre du St-Eſprit, 487.
— (Godefroy), 62.
— (Raymond), 44.
— II, prévôt de Maguelone, 305.
— (ſaint), martyr, 20.
Pontanès (liſez *Fontanès*), 113.
Pontier (Jean), prieur des docteurs de la faculté de M., 580.
Popian appartenait à l'abbaye du Vignogoul, 455.
Portalière (la), lieu d'exécution à M., 215.
Portale (Martine), fœur prouillane, 465.
Porto, 295.
Porcher (Roftaing), agrandit l'hôpital de la porte de Lates, 492.
Poſſel (Jeanne), religieuſe de St-Gilles de M., 468.
Portovenere, arrivée d'Urbain V à —, 186.
Poſquières, près de Vauvert, 46, 360.
Poſquières (Roſtang de), 80.
Pouderoux, prieur de Saint-Paul, 377, 420.
Pouget, chanoine de la cathédrale de M., 228.
— (François-Amé), théologien, auteur du catéchiſme de M., 586.
Pouille (la), 533.
Pouſſan, démolition de ſon temple, 277 ; — cité, 19, 113, 151, 211, 218, 222 ; — (château de), 78, 170, 679.
Pradel (Charles de), nommé évêque de M., 279 ; — bénit la chapelle des fœurs du Vignogoul, 458 ; — transfère à M. les fœurs de St-Charles de Lunel, 474 ; — cité, 350, 358, 367, 391, 450, 475, 504.
— (Claude de), prévôt de M., 308.
— (fœur de), du couvent de St-Charles de Lunel, 473.
Pradelles (Gaucelin de), nom donné par Bzovius à Gaucelin de Deux, 184.

Prades, 60, 107, 629, 425 ; — (égliſe de), 425 ; — (ſeigneur de), 75.
Pradines (Iſabeau de), abbeſſe du couvent de Ste-Claire de M., 461.
Prague, 9.
Prati (Dieudonné de), 565.
Pratis (villa de), voy. *Prades*.
Prêcheurs (frères), leur établiſſement à M., 79 ; — leur querelle avec les frères Mineurs de M., 109 ; — cités, 423.
Preneſte, 298.
Prignano (Barthélemy de), archev. de Barri, élu pape, 207.
Privas, aſſiégé par Richelieu, 271, 349.
Proſa bien de l'abbaye du Vignogoul, 455.
Proulhe, 205, voy. *Prouille*.
Prouillan (monaſtère de), 457.
Prouillanes (les), religieuſes de St-Dominique de M., 462 & fuiv.
Prouille (monaſtère de), dans le diocèſe de St-Papoul, 463. Voy. *Proulhe*.
Provence (la), 5, 109, 527, 310, 325, 342, 425, 433, 439, 567.
Providence (maiſon de la), 474.
Pruneſto, 628.
Prunet, 21.
— (égliſe de), 31, 641.
Prunet (Jacques), 580, 586.
Pruſſe (la), 495.
Pſalmodi, 37.
Pſalmodi (l'abbé de), directeur des fœurs de St-Geniez, 306, 448.
Pſellus, auteur cité, 276.
Pulveret (Etienne), évêque d'Aleth, 205.
Puſſort, auteur des ordonnances de Louis XIV, 563.
Puy (le), en Auvergne, 7, 295, 305, 470, 568.
Puy (Bernard du), chanoine de Maguelone, 118.
— (évêque du), voy. *Fulcodi* (Guy).
— (Imbert du), cardinal, mort à M., 165.
— (Pierre du), 37.

Puylaurens (Guillaume de), 331, 346.
Puy-Maurin, 456.
— -*Méjan*, 673.
Puyferguier (Berenger de), 57.

Q

Quarante (Béatrix de), fœur Prouillane, 465.

R.

Rabaval, 13.
Rabelais, 526, 566.
Rabin (de). Voy. *Robin* (de), 258.
Rading, auteur cité, 109.
Rafinefque (fire), 502.
Raimbaud, cité, 370.
Rambaut, archevêque d'Arles, 25, 637.
Ramir ou Raminir, 10.
Ramire, abbé, 622.
Ranc père, 592.
— (Jean), né à M., académicien, 593.
Ranchin (de), 270.
— grand vicaire, 350.
— (Etienne), 512, 550, 556, 598, 612.
— (François), profeffeur à la faculté de médecine de M., 522 ; — auteur de l'*Apollinare facrum*, 597 ; — auteur cité, 308, 339, 340, 529, 612.
— (Guillaume), avocat général à la cour des aydes, 551, 569 ; — profeffeur de droit à Montpellier, 560.
— (Jacques de), 573.
— (Henri de), 573.
— (Jean), licencié en droit, 255, 556 ; — feigneur de Sanillac, 557.
— (Pierre), provincial des frères Prêcheurs de Provence, 457.
Ranco (Bernardin de), veftiaire de Maguelone, 238 ; — recteur,

550 ; — (Pons de), chanoine de la cathédrale de Nîmes, 254.
Randon (Guillaume de), 119.
Raoul, moine, 324.
Raftagnal (moulin de), 107.
Ratisbonne, 312.
Ratte (de), préfident, 503.
— (Antoinette de), 560.
— (Guitard de), archidiacre, 260 ; — évêque de Maguelone, 261, 263, 268, 300, 387, 407, 560.
— (Pierre de), moine de St-Germain de M., 254 ; — confeiller à la cour des aides, 264.
Rautey (Guillaume), imprimeur de Paris, 572.
Ravaud (Jean), imprimeur de Lyon, 525.
— (Pierre), imprimeur à Lyon, 530.
Raymbaldus. Voy. Rambaut.
Raymond, chanoine & archidiacre de Touloufe, 332.
— comte de Melgueil, 29, 646.
— -Bernard, comte de Melgueil, a un différend avec l'évêque Godefroy, 36.
— comte de Touloufe, 38, 54, 73, 220, 325.
— damoifeau, 166.
— évêque d'Agde, 70, 118.
— (Pierre), évêque de Lodève, 49.
— (Les) évêques de Maguelone, 46, 90, 351, 370, 433, 482, 649.
— évêque de Mende, 24, 636.
— (Florence), 381.
— notaire, 602.
— -Guillaume, de M., 395 (*note*).
— (Ricarde), prieure de St-Félix, 453, 454.
Raymondi (Antoine), dit de Brignon, chanoine de Maguelone, 254.
Raynaud, chanoine de Cavaillon, 544.
— évêque de Pavie, 24, 636.
Raynerius (Raynier). Voy. *Reynier*.
Razès, auteur arabe, 7.

Réalmont, en Albigeois, 529.
Rebuffi (Audémar), 556.
— grand-vicaire, 350.
— (Jacques), docteur ez lois, 206 ; — enfeigne le droit civil à M., 544, 553.
— (Jean), 547, 555, 580.
— (Nicolas), affaffiné près de Caftelnau, 410.
— (Pierre), grand vicaire, 410, 550, 555.
Récarède, roi Vifigoth, 9, 623, 617.
Récollets (les), à M., 442, 462.
Récollets (Eglife des), rebâtie & facrée par Mgr. Pradel, 281.
Regio, 275.
Régis (faint Jean-François), 612.
Regourd (le P.), jéfuite, 411.
Reilhac (Marie de), fondatrice du couvent de Ste-Urfule de M., 472.
Reims, 48, 218, 299.
Relavie (Guillaume de), grand commandeur de Malte, 132.
Remiffe, 503.
Remond (Alphonfe), auteur cité, 335.
Renaud, cardinal d'Efte, nommé évêque de M., 275.
— de Montpellier, évêque de Béziers, 287.
Renaudot (Théophrafte), médecin de M., 521.
René, prêtre, 152.
Renier, 571.
Renofcinde (le duc), réfifte au roi Vamba, 10, 11.
Repenties (les), 476.
Reftinclières, 100, 669.
Reuter, auteur cité, 346.
Revel, patrie d'Antoine de Louvier, évêque de Maguelone, 211.
Reynie (de la), 490.
Reynier, évêque de Maguelone, empoifonné par une hoftie, 96 ; — cité, 89, 305, 670.
Rhazès, médecin arabe, 520.
Rhodes (Pierre), marchand de M., 500.
Rhodez, 294, 602.
Rhône (le), 470.
Rhutenis, voy. *Rhodez*.

Ribafora, 13.
Ribanſon (le), voy. *Merdanſon*.
Ribera, 13.
Ricarde (Florence), fœur Prouillane, 465.
Richard, de Sienne, 290.
Richelieu vient à M. & arrête les travaux de la cathédrale, 271; — cité, 349, 503.
Richilde, voy. *Rixinde*.
Ricuin, évêque de Maguelone, fondateur de l'égliſe St-Pierre de la Salle, 396; — cité, 16, 20, 316, 347, 626.
Rideux, de la Société royale des ſciences de M., 594.
Rieux, érigé en évêché par le pape Jean XXII, 125; — cité, 7, 300.
Rieux (comte de), 269.
Riez, 126.
Riez (évêque de), 80.
Rigaud (Hyacinthe), célèbre peintre, 592.
Rigaudon (le P.), 430.
Rignac (de). Les religieuſes du Vignogoul achètent ſa maiſon pour s'y établir, 458; — cité, 107, 121, 438.
— (Jean de), conſeiller à la cour des aydes, 45.
Rimini, dans la Romagne, 338.
Ripa (Jean de), 106.
Ris (Faucon de), 299.
Rivalde (le P.), 574.
Rivarius, auteur cité, 346.
Rivemale (Sauveur de), 580.
Rives (Pierre), frère Prêcheur, 206.
Rivière (Lazare), profeſſeur de l'Ecole de medecine de M., 531; — de la Société royale des ſciences de M., 594.
— (Martin), auditeur en la chambre des comptes, 531.
Rivo (Jean de), 580.
Rixinde, 567.
Robert (l'hôpital), 452.
Robert, bachelier, 580.
— cardinal de Genève, élu pape, 208.
— (comte), 16.

Robert, roi de France, 21, 631.
— roi de Naples, 343.
— (Raymond), docteur ès-lois, 580.
— (André), 440.
Robin, préſident, 266, cité, 258, 466.
— provincial des Auguſtins, 580.
— (de), 592.
— (Géraud de), évêque de Lodève, 268.
Roch (Etienne), 336, 390.
— (Imbert), député de M. auprès de Grégoire XI, 337.
— (Jacques), évêque d'Huefca, ſecrétaire de Jacques le Conquérant, 336.
— (Pierre), 535.
— (Raymond), député auprès de Pierre le Cérémonieux, 336.
— (ſaint), ſa mort à M., 129, 130; — ſa vie & ſa mort, 337 & ſuiv.; — cité, 341.
— (famille de), 336.
Roche (Raymond de la), veſtiaire de Maguelone, 99; — moine de St-Guilhem, prieur de St-Martin de Londres & ſeigneur d'Aſſas, 128.
Rocheblave (Vincent de), vicaire de Lanuéjols, 254.
Rochefort (Bernard de), frère prêcheur, 332.
— (Gontran Amic de), 119.
— (Marguerite de), fœur du Vignogoul, 458.
Rochemaure, 503.
Rochemore (Jacques de), 568.
Rochon (Alexis), cloîtrier de St-Ruf, 361.
Rocinola, 13.
Rodes (Pierre de), marchand pelletier, 375.
Rodez, 305; — (diocèſe de), 547, voy. *Rhodez*.
Roger (Pierre), cardinal de St-Nérie, 164; — pape Grégoire XI, 191.
— comte de Foix, 325.
— (Pierre), fils du comte de Beaufort, 344.

Roger, roi de Sicile & de Naples, 533.
Rolais (Antoine), 580.
Romagne (La), 338.
Romain (Hiérome), hiſtorien, 435.
— (les), 207.
Roman, ſergent, 396.
Romant (Garrigue del), 99.
Rome, l'évêque Godefroy y fait un voyage, 36; — cité, 17, 25, 59, 75, 184, 190, 203, 205, 227, 312, 333, 338, 345, 252, 273, 327, 328, 416, 421, 443, 471, 482, 486, 513, 528, 546, 549, 579, 583, 591, 646.
Rome (Jacques de), fondateur des écoles de la Miſéricorde, 122.
Roncevaux, défaite des troupes de Charlemagne, 625.
Rondelet (Guillaume), chancelier de l'école de médecine de M., 524, 527.
Roque-Ainier (la), 52, 163.
Roquefeuil (Eliſabeth de), 88.
— (Henri de), 107.
— (Raymond de), 82, 88, 119; — (de), 605; — (ſeigneur de), 667, 677.
Roquemaure, 124.
Roqueſel (Guillaume de), 395 (*note*).
Roquette (Fredol de la), 76.
— (Gaudioſe), fœur du monaſtère de Prouillan, 457.
Roſeguio (Bernard de), archevêque de Toulouſe, 221.
Roſel (Pierre de), premier préſident en la cour des aides, à M., 502, 560.
Roſſet (Alexandre), 422.
— de Roquezel (Jean-Louis de), 301.
Roſtang (Alexix), 56.
— évêque de Lodève, 25, 637.
— (Guillaume), docteur ès-lois, 375.
Roſveide, auteur cité, 323.
Roudil (N.), avocat de M., 571.
Roue (Claude de la), auteur cité, 337.
Rouen, 270, 343.
Rouen (archevêque de), voy. *Colbert*.

Rouergue (le), 56, 316.
Rouet (le), 42, 52, 605, 629.
Rouille (Pierre de la), abbé, 258; — évêque de M.. 307.
Roure (le comte de), lieutenant général de la province de Languedoc, 362.
Rouffet (François de), 569. Voy. Roffet.
Rouffillon (le), 439.
Rouvière, 2e conful, 430.
Rouvres (Robert de), nommé évêque de Maguelone, 218; cité, 306.
Roux (Guillaume de), entrepreneur, de M., 388.
Roveirac (Roger de), fénéchal de Beaucaire, 150.
Rovere (Bérenger de), vicaire général & official de Maguelone, 206.
Rovere (Guillaume de), archidiacre de Maguelone, 58.
Roy (Bertrand), 406.
Rudavel, miniftre, 411.
Rue (le P. de la) prédicateur à M., 281.
Ruffi (Arnaud), 580.
Ruffi (Pierre), 60.
Rufus, 13.
Rufticus (Ruftique), évêque de Narbonne, 8, 9.

S

Sabrans (Pons), conful de M., 464.
St-Acace (églife de), 225, 373.
Saint-Adrien d'Adiffan, 235.
— -*Amans de Cambous* (églife de), dans le diocèfe d'Albi, 234.
Saint-Amans (Guy de), 535.
Saint-Andoque (églife de), 18.
Saint-André (Mlle de), 562.
Saint-André de Buèges (églife de), 31; — *de Bodia*, 235;
— *de Cuculles* (églife de), 60.
— — *de Maurin*, 62, 140.
— — *de Molines*, 234.
— — *de Vérargues*, 235.
Saint-Ange (George de), cardinal, 62.

Saint-Antoine (hôpital de), fondé à M. par le roi Sanche, 128, 480;
— (commanderie de), 497.
Saint-Antoine de Cadoule, 67.
Saint-Antonin, cité, 24.
Saint-Arnaud (églife de), 401.
Saint-Auban (de), 269.
Saint-Aunès, 491.
— — d'*Auroux*, 641.
Saint-Barthélemy, cimetière fondé par l'évêque Arnaud, 29, 408, 552.
— — (hôpital de), à M., 480.
— — *de Baillargues*, 31.
— *Bauzeli* (églife de), 21.
— *Bauzille* (églife de), 44.
— *Bauzile de Montmel*, 305; — (prieuré de), 453.
— — *de Montfeau*, 107.
— — *de Putois*, 234.
— *Benoît* (églife de), 549.
— *Bertin* (abbaye de), 322.
— *Bertrand de Comminges*, 291.
Saint-Bonnet (Frédol de), évêque du Puy, 146.
— — de Toiras (Claude de), prévôt de Montpellier, 307.
— — (Claudine de), abbeffe du Vignogoul, 459.
— — (Simon de), voy. Toiras.
Saint-Brès, 39, 42, 52, 224, 629, 649; — (églife de), 31.
Saint-Cefaire d'Arles (le moine de), 563.
Saint-Chaffre (monaftère de), dans le diocèfe du Puy, 311.
— *Charles* (monaftère de), 473 & fuiv.
Saint-Claude (de), 444.
— (confrérie de), 407.
Saint-Clément de Fons (églife de), 42.
— *Come* (églife de), 31, 373;
— — (chapellenie de), 225.
— — *Cofme & St-Damien* (églife de), 392, 641.
— *Criftol* (prieuré de), dans le diocèfe de Nimes, 611.
— *Damien* (églife de), 31.
— *Denis* de M., 52; — pa-

roiffe érigée à M. par Mgr Colbert, 383; — (églife de), 31.
Saint-Denis (paroiffe de), 17, 371, 650.
— *Denis de Gineflet*, 141, 235.
Saint-Didier (Ermeniarde de), abbeffe de St-Geniez, 450
— Dominique (religieufes de), 109.
Saint-Drezery (églife de), 47, 234, 650.
Sainte-Anne (collège de), 612-613; — (églife de), fa fondation, 368, 373.
Sainte-Catherine (confrérie de), 406; — (religieufes de), 467 & fuiv.
— — de Sienne (religieufes de), 484.
Ste-Cécile des Trois-Loups (églife de), 225, 373.
Sainte-Cécile (le cardinal de), légat du St-Siège, 288.
Sainte-Chriftine de Melgueil (paroiffe de), propriété des religieufes de Montfeau, 452; — (églife de), 110.
Sainte-Claire (abbaye de), 98, 459 & fuiv., 471.
Sainte-Claire (les filles de), 109, 442.
Sainte-Colombe, 37.
— — (paroiffe de), 84;
— — (prieuré de), 450.
— — (églife de), 647.
Sainte-Colombe (de), voy. Beauxhostes, 308.
Sainte-Croix, églife de M., fa fondation, 351, 392, 394; — citée, 100, 216, 373; — (églife de), près de Melgueil, 21; — (territoire de), 162.
Sainte-Croix (confrérie de), 406.
Sainte-Eulalie (églife de), 31; — (paroiffe de), 107.
— *Foy* (églife de), annexe de St-Denis, 382.
— *Léocadie du Val* (églife de), 31.
Saint-Elpide (Alexandre de), général des Auguftins, 436.

Sainte-Marie (hôpital de), 486.
Sainte-Marie (cardinal de), voy. Verdale.
— — de Bethléem (confrérie de), 406.
Sainte-Marie de Fabrègues (églife de), 42.
— — du Garnier (églife de), 31.
— — de Lèzes (églife de), 398.
— — des Teutons, ancien hôpital de M., au faubourg de la Saunerie, 354.
— — de Valence (églife de), 234.
— — du Château, églife de M., proche le palais, 352.
— — Magdeleine (églife de), 373.
— — Marthe (hôpital de). Sa fondation à M., 500.
Sainte-Marthe (MM. de), auteurs cités, 9, 118, 152 ; —, 168, 184, 211, 228, 286, 303, 621, 625.
Sainte-Phamfel, 491.
— Radegonde (monaftère de) 311.
Saint-Efprit (hôpital du), à M., fa fondation, 480, 485 & fuiv. — cité, 81.
— Etienne de Caftries, 235.
— — de Cazevieille, 234.
— — de Ginefret (églife de), 31.
— — de-Montaut, 529.
— — de St-Nuntio (églife de), 42.
— — de Pignan, 455.
— — de Viols (églife de), 42.
Sainte-Trinité (églife collégiale de la), à Maguelone, fa fondation, 362.
Ste-Trinité (frères de la), leur établiffement à M., 79.
Sainte-Urfule (le jardin de) à M., 467.
Sainte-Urfule (religieufes de), 472 & fuiv.
Saint-Félix de Montfeau (monaftère de), près de Gigean, 453 ; — cité, 82, 110, 380, 346, 451.
Saint-Félix (Jeanne de Claret de), abbeffe du Vignogoul, 459.
Saint-Félix-de-Murles (églife de), 42.
— — de Subftantion (églife de), 31.
— Filbert (monaftère de), dans l'île de Noirmoutier, 311.
— Firmin (églife de), foudroyée, 192 ; — citée, 78, 546 ; — (paroiffe de), 17, 371 ; — (le prieur de), 49.
Saint-Firmin (Raymond de), 82, 666.
Saint-Fructueux (églife de), 55.
— Geniès (abbaye de), 84, 447 & fuiv., 668 ; — (églife des religieufes de), 21, 60.
— George, près de M., 31, 425, 455.
Saint-George, préfident, 524.
— — (feigneurs de). Voy. Griffi (Jacques de).
Saint-Germain (églife de), à M., 406, 550 ; — (monaftère de), fondé à M. par Urbain V, 178 ; — fa defcription, 197 & fuiv. ; — cité, 200, 230 ; — (monaftère de), 669.
— — d'Auxerre (abbaye de), 177.
— — de Forneils (églife de), 82.
— — en Laye, 128.
Saint-Germain-de-Fournez (prieuré de), 453.
— Gervais (Bernard de), chanoine de Maguelone, 76.
— — (Pierre de), commandeur de l'hôpital de Salaifon, 81.
Saint-Gilles, où meurt le pape Gelafe II, 43 ; — cité, 48, 74, 286, 325.
Saint-Gilles (l'abbé de), 57, 120 ; — (religieufes de), 467 & fuiv.
Saint-Gilles (St-Gély) du Fefc, 45, 235.
— — de Vauvert, 360.
— Guillem (églife de), annexe de St-Firmin, 379 ; — hôpital de M., fa fondation, etc., 484 & fuiv. ; — cité, 452, 464, 480.
— — du Défert, 40.
Saint-Ibéri (l'abbé de), 201.
Saint-Jacques (chapelle de, 373 ; — faubourg de M., 373 ; — (hôpital de), à M., 480, 493, 496.
— — de Compoftelle, 80, 496.
— — de Prades, 224.
— Jean (églife collégiale de), fon établiffement à M., 370 ; — citée, 546.
Saint-Jean (Burgonde de), abbeffe de St-Geniez, 450.
Saint-Jean de Buéges, 141, 642 ; — (églife de), 31.
— — de Cocon, 18.
— — de Cuculles, 234, 683.
— — de Félines (églife de), 42.
— — de Murviel (églife de), 31.
— — de Nods, diocèfe de Rodez, 234.
— — de Védas, 165, 437, 628 ; — (églife de), 31, 641.
Saint-Julien-de-Tournefort (hôpital de), fa fondation à M., 501.
— Juft (Bertrand de), damoifeau de Montferrier, 107.
— — (Bernard de), damoifeau de Montferrier, 305.
— — (Pons de), évêque de Béziers, 288.
Saint-Laurens de Pfalmodi, 406.
— Lazare (hôpital), à M., 482.
— Léon (monaftère de), établi par Jean de Montlaur, 453 ; — cité, 82, 110, 667.
— Loup (pic de), 192.
— Maixant (monaftère de), dans le diocèfe de Poitiers, 311.

cités dans l'Histoire de Montpellier. 715

Saint-Martin (château de), 458.
— — *de Caveirac* (prieuré de), 361.
— — *du Crés*, 37, 51, 648; — (église de), 43.
— — *de Lairargues*, 353.
— — *de Londres*, 37, 88, 605, 647, 667; — (église de), 40, 76.
— — *de Prunet*, 225, 373, 462; — (église de), 399.
— — *d'Escophiac* (église de), 42, 60, 361.
— — *de Florac*, 529.
— — *de Suffargues*, 368.
— — *de Valleratenfi* (église de), 42.
— — *du Vignogoul*, 455.
— *Mathieu*, église de M., 29, 373.
— *Maur* (couvent de), sur le chemin de Castelnau, 192; — (hôpital), 496.
— — *de Subftantion* (église de), 42.
— *Maurice* (église de), 373.
St-*Maurice* (De Bernage de), 595.
Saint-Maurice-de-Sauret (prieuré de), 223, 306.
Saint-*Michel* (de), grand vicaire, 278.
Saint-Michel de Guzargues, 43.
— — *de Mujolan* (église de), 60.
— *Nazaire* (prieuré de), 367.
— — *de Briffac*, 234.
— *Nicolas* (chapelle de), fon ancienneté, 29, 33, 393.
— *Omer*, 322.
— *Papoul*, érigé en évêché par le pape Jean XXII, 125; — cité, 7, 300, 332.
St-*Papoul* (évêque de), voy. *Castelnau* (Bernard de).
Saint-Paul (église de M.), 29, 273.
— — *de Cabrières* (église de), 55.
— — *de Frontignan* (église de), 42; — (prieur de), 220.
— — *de la Magdeleine*, 225.
— — *de Merojol* (église de), 60.

Saint-*Paulin* (le P. Martial de), premier fupérieur des carmes déchauffés de M., 445.
— — (le P. Eugène de), frère du précédent, 445.
Saint-Pierre (église cathédrale de), fon hiftorique, 347 & fuiv..
— — *de-Blagnaux*, 235.
— — *de Die*, en Dauphiné, 209.
— — *de Ganges* (église de), 60.
— — *de la Salle* (église de), 396.
— — *de Maguelone* (église de), 16.
— — *de Pouffan* (église de), 40.
— — *de Vebron*, 529.
— *Pons*, érigé en évêché par Jean XXII, 125; — cité, 7, 300; — abbaye, 20.
— — *de Mauchiens*, 196.
Saint-*Prifque* (cardinal de), 66, 395.
— *Quentin* (Guillelme de), fœur du monaftère de Prouillan, 457.
— *Roch* (confrérie de), 405.
— *Romain* (Bernard de), 429.
Saint-Romain de Melgueil (église de), 45.
Saint-*Roman*, 396.
— — (de), neveu de Fenouillet, 273.
Saint-*Ruf* (collège de), 599 & fuiv.
— (église de), fondée par Grimoard, 358.
Saint-*Ruf* (chanoines de), 58.
— *Sacrement* (confrérie du), 405.
Saint-Salvaire (Portalière de) ou St-*Sauveur*, à M., au fauxbourg de la Saunerie, 357.
— *Saturnin d'Agonez*, 234.
— *Sauveur* (collège de), de M., 451; — (église de), fondée par Imbert du Puy, 165.

St-*Sauveur d'Aniane* (l'abbé de), réunit les deux monaftères de St-Félix et de St-Léon, 453; — cité, 546; — (église de), 16.
Saint-Sauveur de Montils, près Lunel, 235.
— — *du Pin* (église de), 42, 669.
Saint-Savin, en Poitou, 311.
— *Sébaftien de Caffunhac*, 225.
— — *de Marolio* (église de), 42.
— — *de Meirargues* (église de), 43.
— *Seine* (monaftère de), près de Dijon, 310.
— *Seriez* (église de), 31.
— *Sernin* (église de), à Touloufe, 168.
— *Sigalène de Grave*, 234.
— *Silveftre de Brouffes* (église de), 42.
Saint-*Suffren* (confrérie de), 406.
Saint-Thibery, 314. Voy. Saint-Ibéri.
— *Thomas* (église de), annexe de St-Firmin, 378; — cité, 29.
Saint-*Véran* (de), 376.
Saint-*Victor* (monaftère de), de Marfeille, 177.
Saint-*Vincent* (paroiffe de), 127.
— — *de Jonquières*, 19; — (église de), 40.
— — *Vincentien* (église de), 31.
Saint-*Yrier* (Elie de), évêque d'Uzès, 166.
Sala (Dominique de), 401.
— (Raymond de), hoftalier d'Orillac, 208.
Salaifon (hôpital de), 81.
Salaifon (Adélaïs de), religieufe de Montfeau, 451.
— (Guillaume de), 451.
Salas (Mathieu), conful de M., 206.
— (Pierre), conful, 154.
Sale (Jean de la), chanoine de Maguelone, 254.
— (Pierre de la), moine de St-Germain de M., 254.
Sales (faint François de), 267, 272, 470.

Sales (Jean-François de), frère de St-François, 470.
Salon, en Provence, 121, 217.
Salfas (Ermengarde de), 45.
— (Pierre de), 45.
Salviniacum, voy. *Sauviac*.
Salzanum, voy. *Sauffan*.
Salzeiret (bois de), 76.
Sambia, 13.
Sambuc (Jean), auteur cité, 526.
Sancerre (Louis de), maréchal de France, 383, 389.
Sanche, roi de Mayorque, 422 ; — roi d'Aragon, cité, 338 ; — sa mort, 129.
— seigneur de M., fonde l'hôpital St-Antoine, 480 ; — seigneur de M., cité, 123, 497.
Sancta-Agnes de Menojol, voy. *St-Aunès d'Auroux*.
Sancta-Eulalia de Valle (Mireval), 425.
Sancta-Leocadia de Valle (Mireval), 425.
Sanctus-Bricius, voy. *St-Brès*.
Sanctus Johannes de Bodia, voy. *St-Jean de Buéges*.
Sanfuhac (seigneur de), voy. *Pierre-Fort*.
Sarlat, 303.
Sarnelli (Jean), 239.
Sarniac, dans le diocèse de Nimes, 361.
Saporis (Bernard), consul de M., 206.
— (Léger), évêque de Maguelone, 218, 299, 403.
Saporta (Antoine), chancelier de l'école de médecine de M., 524.
— (Jean), médecin de M., 525.
— (Louis), professeur de médecine, 524.
Sarraceni, voy. *Sarrazins* (les).
Sarragoce (le cardinal de), 181.
Sarrasins (les), 14, 22, 42, 616, 632.
Sarrat (Jean de), prévôt de Maguelone, 237.
— (Michel de), prévôt, 307.
— (Secundin de), prévôt, 306, 307.
Sarremejean, 437.
Sarret (de), 437, 497.

Sartre (Jean de), conseiller à la cour des comptes, 442, 466.
— (Mme Marie de), 476.
Saturnin (saint), 6.
— évêque d'Arles, 8.
Saulnier (Pierre), protes., 327.
Sault (François, chevalier de), 1er évêque d'Alais, 283.
Saumate (Gaillard de), évêque de Maguelone, puis archevêque d'Arles, 126, 681.
— (Oldéric de), oncle de l'évêque de Maguelone, 127.
Saunerie (la), faubourg de M., 131, 354 ; — (porte de la), 461.
Saure, 170.
Sauret, sur le Lez, fondation d'un couvent de religieux de Cluny, 413.
Saurin (Jean de), 238 ; — moine de St-Germain de M., 254.
Sauffan, 304, 654, 667.
Sauffan (Jean), 163.
Sauffay, cité, 323.
Sauteyrargues, 649 ; — (église de), 641.
Sauve, 216, 679 ; — (baillie de), 113.
— (baronnie de), aliénée par Mgr Pradel, 282, 463.
Sauve (baron de), voy. *Pradel*.
— (Bérenger de), chanoine de Maguelone, 191.
— (Catherine), reclufe, brûlée à M., 214.
Sauviac (église de), 641.
Sauzet (église de), 641.
Savaron, préfid. en la fénéchauffée de Clermont en Auvergne, 8 & 9.
Savelli (Luc), 204.
— (maison de), voy. *Honoré III*.
Savillac, 557.
Savoie (duc de), voy. *Amédée*.
Saxius, auteur d'une *Histoire des archevêques d'Arles*, 9.
Schomberg (Mme Alwin de), 434.
Schyron (Jean), chancelier de l'école de médecine de M., 524, 528.
Sedatius, évêque, 619.

Segni (l'évêque de), 35.
Ségovie (évêque de), voy. *Manhania* (Hugues de).
Seguier, chancelier, 276.
— (Pierre), consul de M., 464.
Seinen (comte de), voy. Urach.
Seleucus, 593.
Selva, 17, 18.
Senar, 273.
Senaret (Guibert de), comte de Montferrand, 119.
— (Guy de), 119.
Sengla, 1er consul, 430.
— Sengla (Aimar), bachelier, 547, 580.
Senilhac (Jean), consul de M., 427.
Senigal (duché de), 495.
Sens, 83, 94.
Sens (l'archev. de), 439.
Septfons (abbaye de), 362.
Serano (Dominique), général de l'ordre de la Mercy, 343 ; — cité, 429, 535.
Serge, pape, 624.
Sergius, évêque de Gaule, 619.
Sernel (Guigonne de), 406.
Serre (la), 98.
Serres (de), cité, 396, 401, 408.
Serriete (Brulhon de), 119.
Servian (prieuré de), 367.
Servus-Dei, 17.
Sette (Cette), 175.
— voy. *Cette*.
Séville, 10.
Sextaflatio (substantion), 14.
Sibille, femme de Guillaume de M., 46.
— mère de Guillaume de M., 236.
Sciences (Soc. royale des), établie à M., 594.
Sicile (La), 14, 486, 533.
Sidoine Appollinaire, cité, 265.
Sigifmond, empereur, arrive à M., 213, 434.
Sillery (chancelier), 561.
Silve-Gautier, 670.
Simeonis (Michel), licencié ès-lois, 377.
Simon (Denis), auteur cité, 552, 562.
— (Michel), 580.
— le Lépreux, 5.
Sindrio (Bermond de), 674.

Singrio (église de), 31.
Sirmond (le P.), 8, 18, 625.
Sifemundus, roi des Goths, 620.
Sixte (faint), martyr, 352.
— IV, pape. Ses différends avec Louis XI, 487, 548.
Smaragde (Ardon), difciple de faint Benoît, 314.
Sobeyran (Guillaume de), archidiacre de Maguelone, 58.
Soconcio (François de), archevêque de Narbonne, 546.
Soiffons (l'évêque de), 118.
Solaiges (Bernard de), 239.
Solas (Jean de), confeiller au préfidial, 551.
— (Pierre de), 551.
Solempnias (Gibert de), 119.
Solier (Pierre), moine de St-Germain de M., 254.
Solo (Gérald de), chancelier de l'école de médecine de M. 524.
Solognac, près de Limoges, 311.
Sommières, 101, 212, 669.
Soquier (Jean), prieur, 202.
— (Pierre), bourgeois, 390.
Sorège (Pons), facriftain de Maguelone, 108, 305.
Sorègue (Pierre de), prévôt de l'églife de Maurcillan, 99.
Sosbix [?] (Arnaud), prieur de Montech, 325.
Souabe (La), 339.
Soubez (Jeanne de Carcaffonne de), prieure de St-Félix, 454.
Souche (le logis de la), 497.
Sponde (Henry), évêque de Pamiers, 276.
Stabellus, évêque de Maguelone, 16, 625.
Staleth, 13.
Stephanus, voy. *Etienne*.
Stoc (Simon), 432.
Strella (Arnaud de), curé de N.-D.-des-Tables, 378.
Stremoine, 6.
Strobelberger (Jean-Etienne), médecin allemand, 526, 529.
Stuart (Marie), reine d'Ecoffe, 567.
Subjet (Antoine), évêque de Maguelone, 258, 307, 418, 502.
Subftantion, les chanoines de Maguelone s'y retirent, 22; — devient fiège épifcopal, 633; — cité, 14, 15, 91, 107, 144, 315, 347, 674; — (églife de), 641.
Subftantion (chanoines de), 20.
— (les comtes de), 16, 481.
Suède (la), 591.
Suffredi (Jacques), chanoine célerier, 389.
Suffrède (faint), évêque de Carpentras, 377.
Suger (l'abbé), premier miniftre de Louis le Gros, 42.
Suiffe (La), 339.
Sulpice-Sévère, 6.
Surgerius, profeffeur de droit, 110.
Surianus ou Soarius, premier comte d'Urgel, 19.
Suriech (Guillaumette de), prieure de St.-Félix, 454.
Surius, auteur cité, 339.
Sufiac (Etienne de), cardinal, 290.
Suffargues, 21.
Sylvius, auteur cité, 258.

T

Taillade (Pierre de la), 162.
Taixier (Raymond), grand-vicaire, 164.
Talaifac (Pierre), moine de St-Germain de M., 254.
Talerand de Périgord, cardinal, 168.
Tarafcon, 567.
Tarbes, 300.
Tarenta (Valefcus de), médecin de M., 520.
Tarente (Louis de), 2e époux de la reine Jeanne, 177.
Tarn (Le), 331.
Tarragone, 17; — voy. *Terragone*.
Tau (étang de), 118, 175, 680.
Taur (églife du), à Touloufe, 168.
Tedivius, évêque d'Agde, 516 (note).
Teinturier (Izarn), 390.
Teirargues, 80.
Templiers (les), leur procès, 290.
Terier (Raymond), 389.
Terracine, 204.
Terrade (la), 487.
Terragone (l'archevêque de), 35, 218.
— (le cardinal de), 181.
Terrail (le), 16, 52, 71; — (château du), réparé par les foins de Mgr Bofquet, 278; — cité, 88, 151, 170, 220, 628, 629.
Terraliis (villa de), voy. *Terrail*.
Terre-Sainte (la), 26, 45, 88, 176, 518.
Téfin (Teffin), fleuve d'Italie, 310.
Tetramendic (moulin de), 28, 37.
Teule (Pierre), conful de M., 206.
Teutons (hôpital des), à M., 480, 495.
Texeri (Bernard de), prieur de Frontignan, 153.
Texeriis (Guillaume de), chanoine de Nimes, 354.
Texier (Bernard), bailly royal de M., 465.
— (Sibille), fœur Prouillane, 465.
Teftoris jeune, confeiller du recteur, 550.
Teyran (château de), féjour de Foulques de Villaret, 130; — (églife de), 425.
Teyferi (Pierre), 153.
Thauleri (Guérin), commandeur de l'hôpital du St-Efprit, 218.
Théobald, évêque de Coron, dans la Morée, 176.
Théodoric, 630.
Théodard (faint), archevêque de Narbonne, 17.
Théodofe, pape, 644.
Théodofia, femme de Léovigilde, roi des Goths, 617.
Théodulfe, évêque d'Orléans, 311, 314.
Théologie (faculté de), fon établiffement à M., 578 & fuiv.
Thibaut, évêque de Coron, 402.
Thierry, évêque de Lodève, 315.
Thomas (faint), fes reliques volées, 205-206.
— d'Aquin (faint), 204, 426.
Thomaffin (Philippe), cité, 536.
Thou (de), 258, 525, 552.
Thudinus, hérétique, 622.
Tibère, empereur romain, 568.
Tibre (Le), 328.

Ticas (Pierre), 33.
Tilhol (Nolafque), 430.
Tinel (Guy), gardien des frères Mineurs, 178.
Toiras (de la Foreft de), fénéchal de M., 387, 388, 430 ; — maifon de), 300 ; — voy. Saint-Bonnet (de).
Tolède, 9, 13, 143, 144, 618, 621.
Tolède (Alphonfe de), docteur en théologie, 436.
Toletum, voy. *Tolède*.
Tolofa (Touloufe), 8.
Tornamire (Jean de), doyen de la faculté de médecine de M., 520.
Tortofe, frère de Guillaume de M., 51, 55.
— (Guillaume de), 51, 52.
Tortozet, 335.
Tofcane, 337.
Toulon, 24.
Touloufe (arrivée de Charles le Bel à), 128 ; — les réformés s'en rendent maîtres, 206-207 ; — cité, 6, 8, 18, 29, 168, 203, 205, 216, 221, 264, 266, 276, 319, 324, 331, 425, 470, 481, 546, 572, 590, 659.
Touraine (la), 527.
Tournefort, 532 ; — (hôpital de), 493.
Tournel (Guérin de), 119.
Tournemire, 361.
Tournemire (Jean de), chancelier de l'école de médecine de M., 524 ; — profeffeur en médecine, 189 ; —médecin du pape, 465.
Tournon (le cardinal de), 528.
— (Guiot de), 119.
Tour-Ste-Eulalie, 598.
Tours, 6, 302, 415.
Touzart (le P. Séraphin), 443.
Treille (Bernard de la), facriftain de Maguelone, 76.
— (Guillaume de la), facriftain de Maguelone, 304.
— (mère de la), première fupérieure du couvent de St-Charles de Lunel, 473.
Trémolet (Antoine), médecin de François Ier, 521.
Trépaffens (Pierre de), 76, 417.
Treffan (de), 269.

Treffan (Françoife de), fondatrice du couvent de Ste-Urfule de M., 472.
Trèves, 8.
— (église de), adminiftrée par Bernard de Caftanet, 293.
Tréviers, 678.
Tréviers (Bernard de), chanoine de Maguelone, 26, 45, 58, 566.
Trial (Jean), marchand de foie, 375.
— (Pierre), prieur de St-Jean de la Roque-Ainier, 253, 254.
— (Raymond), 502.
Trigardy (Bernard), évêque de Breffe en Lombardie, 603.
Trincaire (Pierre), chanoine de Maguelone, 254.
— (André de), juge mage, 540. Voy. *Trinquère*.
Trincavel, vicomte de Béziers, 288.
Trinitaires (hôpital des), 496.
Trinitaires (les) de M., 419.
Trinquère (Jean de), 418.
— (de), juge-mage, 466.
— (Samuel), juge-mage, 503.
— (Ricarde), fœur Prouillane, 465.
Tripoli, 38.
Trithème, auteur cité, 89.
Trivulce (Augufte), cardinal, 232, 247.
Tronchin (Antoine), docteur èslois, 580.
Trontin (Jean de), vicaire, 112.
Trophime, 6.
Troffellery (Jean), médecin de Charles VIII, 521.
Troy (François de), frère de Jean de Troy, 592.
— (Jean de), peintre célèbre de M., 592.
Troyes, 17, 328, 486.
Tudenfis (Lucas), 13.
Tufani (Marguerite), veuve d'Antoine de Grille, 503.
Tulles, 299.
Turcs (les), menacent l'île de Rhodes, 131.
Turcs (les), 572.
Turculhas-Piftor (André), 389.
Turin, 24.

Turinge (Bertold de), 81.
Turnèbe, auteur cité, 258.
Turquie (la), 214.

U

Ughel, hiftorien cité, 296.
Univerfité (tour de l'), 550.
Urach (Conrad d'), légat du pape à M., 81.
— (Epignon d'), comte de Seinen, 514.
Urbain Ier, pape, 427.
— II, pape, 32, 34, 71, 92, 181, 645.
— IV, pape, 429.
— V, vient à M., 426 ; — fait bâtir à M. le collège des Douze-Médecins, 522 ; —fonde le collège de St-Germain, 598 ; — cité, 168, 176, 178, 189, 195, 198, 200, 205, 207, 230, 342, 359, 416, 422, 433, 520, 606.
— VI, élu pape, 207.
— VIII, pape, 275, 487.
Urbicen (Jean), 580.
Urcières (Urfine des), 567.
Urgel (évêque d'), 18 ; — 312, 425.
Urgellum, voy. *Urgel*.
Urfins (Félicie-Marie des), 570.
— (Guillaume-Juvénal des), 219.
Urfulines de Lunel, établies à M. fous le nom de fœurs de St-Charles, 281.
Uzès, 556.
Uzès (chanoines d'), 58.
Uzès (évêque d'), 18.
Uzillis (Antoine), profeffeur de droit à M., 560.

V

Vabres, en Rouergue, 252, 303 ;
— (diocèfe de), 347.
Vacher (Bertrand), profeffeur en théologie, 434.

Vadingue, auteur cité, 337, 422, 439, 492.
Vailhauquès (Guillaume de), voy. *Valhauquez*, 672.
Vair (de), facriftain de Cluny, 90.
— (Guillaume du), 569.
Valcourtois, 503.
Valena, voy. *Valène*.
Valence, 425, 429, 601 ; — en Dauphiné, 234, 525 ; — royaume, 335, 344.
Valencé (de), gouverneur de M., 410.
Valène (le bois de), propriété municipale, 75, 88, 108, 157, 171, 220, 506, 665.
Valenot (Nicolas), 379.
Valentia, voy. *Valence*.
Valentinien, empereur, 8.
Valernod (Pierre de), évêque de Nîmes, 268.
Valette (Planque de la), confeiller au préfidial, 404.
Valeville (Maur de), nommé évêque de Maguelone, 219.
Valflaunès (prieuré de), 220.
Valhauqués, 164.
Valhauquez (le prieur de), intente un procès aux religieufes du Vignogoul, 456.
— (Bernard de), 54.
— (Bertrand de), 107.
— (Guillaume de), 128.
— (Pons de), 99.
Vailhauquez (Raymond de), évêque de Béziers, 288.
Vallier (Dlle de), fœur de St-Charles de Lunel, 473.
Vallis-Magna, voy. *Villemagne*.
Vallon (Marie-Marguerite de), fupérieure des fœurs de la Vifitation de M., 470.
Valmagne, 59 ; — (abbaye de), 287; — dans le diocèfe d'Agde, 603; — (collège de), 601 & fuiv.
Valmagne (l'abbé de), directeur des religieufes du Vignogoul, 455 ; — chargé par le pape de reformer le monaftère de Montfeau, 120, 452, 481.
Valois (Guillaume de), chanoine, 219.
Valredonès, 674.
Valricher (abbaye de), 261.

Valfernay (Pierre de), cité, 287.
— hiftorien, 326.
Valz (monaftère de), 295.
Vamba, roi des Vifigoths, 10 ; — cité, 14, 622.
Vander-Linden (Jean-Antoni de), auteur cité, 526.
Vanel (Claude), confeiller à la cour des comptes de M., 572.
Varanda (David), profeffeur èslois, 503.
— (Jean), médecin de M., 529.
Varènes (Jean de), fénéchal de Beaucaire, 119.
Vargas, hiftorien de l'ordre de la Mercy, 88, 336, 344.
Vafcofan, imprimeur, 527.
Vaffadel (Raymond), 107.
Vaudinus, évêque de Turin, 636.
Vaudois (les), 59, 330.
Védas, 16.
Vedatio (villa de), voy. *St-Jean de Védas*.
Veirargues, 305, 671 ; — (églife de), 89.
Veiras, 492.
Veiffière, 393.
Velay (le), 568.
Venaiffin (comtat), 189.
Venejean (Guillaume de), 395 (note).
Venife, 256, 339, 340, 528.
Vénitiens (les), 185.
Ventadour (Guy de), prévôt du chapitre de Maguelone, 65, 76, 304, 410.
Verceil, 24.
Verceil (Jean de), mort à M., 424.
Verchant, 493, 503.
Verdale (Arnaud de), nommé évêque de Maguelone, 156 ; — donne des ftatuts au chapitre de Maguelone, 157-158 & fuiv. ; — évêque de Maguelone. Son recueil fur les anciens évêques, fes prédéceffeurs, 615 & fuiv. ; — fa mort, 166 ; — cité, 16, 21, 31, 39, 61, 81, 88, 91, 105, 116, 147, 155, 286, 298, 303, 315, 347, 376, 381, 436, 536, 544.

Verdale (Hugues de Loubens de), grand maître de Malte, 156.
Verdier (Henri), peintre de l'hôtel-de-ville de Lyon, né à M., 592.
Verger (collège du), 404.
Verger (Jean du), préfident au parlement de Touloufe, 404, 605.
Vergne (Pierre de la), cardinal, 544.
Vernet (Françoife de), fœur Prouillane, 465.
Verneuil (de), gouverneur de la province de Languedoc, 572.
— (duchefſe de), 475.
Vernicle (Jean de), grand vicaire de Maguelone, 157.
Vernobs (Pierre de), nommé à l'évêché de Maguelone, 201 ; — quitte Avignon, 210 ; — évêque de Maguelone, 465.
Vernhes (Dieudonné), docteur ès-lois, 580.
Verrières (métairie), 107, 305.
Verteil (Guillaume de), bailli, 112.
Veruna (caftrum de), voy. *Lavérune*
Vérune (terre de la), 98 ; voy. *La Vérune*.
Vervins (Mgr de), évêque de Narbonne, 207.
— (Louis de), archevêque de Narbonne, 268.
Vefenobre (Guillaume de), prieur de St-Denis, 467.
Vefpafien, empereur romain, 568.
Veftric, 437.
Veftric (Marie de Bérard de), abbeffe du Vignogoul, 459.
Vetere (camp de), 504.
Viator, évêque de Maguelone, foufcrit au concile de Prague, 9.
Vic, 52, 65, 107, 155.
Vic (feigneur de), 66 ; — (confeigneur de), 107.
Victoire (fainte), 144.
Victor II, pape, ordonne un concile contre les fimoniaques, 29.
— III, pape, 32.
Vidal, chanoine de St-Pierre, 503.

Vidal (Rique), sœur Prouillane, 465.
Vienne, en Dauphiné, 108, 123, 212, 290, 326, 425, 436, 481.
Vienne (Gaſton de), 329.
Vigne (Louis de), évêque d'Uzès, 268.
— (Michel de la), médecin de Paris, 521.
— (de), procureur général à cour des comptes, 397.
— (Louis), procureur général, 551.
— (N...), 423.
Vignogoul (le), 380; — abbaye du), 98, 454 & ſuiv.; — (religieuſes du), tranſférées à M., 281; — citées, 466.
Viguorio (Brémond de), 119.
Villa-Nova, voy. Villeneuve.
— Paterna, 447.
— Portus (N.-Dame-des-Ports) 15, 17.
Villani, 292, 297.
Villaret (Foulques de), grand maître de Rhodes, 130; — cité, 370, 398.
Villaris (Jean), moine, 547.
Villars (le comte de), 257.
Villas (Vincent), 565.
Villefranche (faubourg de), à M., 85, 373, 497; — (portalière de), 498.
Villegly, dioçèſe de Carcaſſonne, 255.
Villemagne, 314, 601.
Villeneuve, 16, 20, 55, 58, 76, 91, 137, 149, 216, 221, 224, 304, 349, 367, 652, 653; — dioçèſe de Riez, 126; — (égliſe de), 641; — (faubourg de), 373.
Villeneuve (Arnaud de), médecin du pape Clément V, 520.

Villeneuve (Bérenger de), chanoine de Lodève, 171.
— (Bertrand de), veſtiaire de Maguelone, 128, 153.
— (Elion de), grand-maître de Rhodes), tient à M. un chapitre général de l'ordre, 131.
— (Geoffroy de), prieur de St-Firmin, 133.
Villeneuve-la-Crémade, dans le dioçèſe de Béziers, 361.
— lez - Avignon (Chartreuſe de), 168.
— lez-Maguelone, 61, 259, 627, 639.
Vincennes, 196, 352.
Vincent, archidiacre de Maguelone, 624.
— Ier, évêque de Maguelone, 9.
— II, évêque de Maguelone, 13, 14.
— de Beauvais, hiſtor. cité, 24.
— Ferrier (ſaint), 427, 434.
— frère dominicain, 334.
Violette (Léonard), docteur ès-lois, 580.
Viols, 88.
Virag, 21, 628.
Viridiſcus, voy. Viſſec.
Viſigoths (les), 9.
Viſitation (religieuſes de la) 470 & ſuiv.
Viſſec (Bernard de), archidiacre, 112; — chanoine de Maguelone, 679.
— (Jean de), tient un ſynode à M., 131; — évêque de Maguelone, 130; — ſa mort, 151; — cité, 150, 162, 296; prévôt, puis évêque de Maguelone, 306.

Vitalis, 216.
Viterbe, 105, 109, 186, 662.
Vivarais (le,, 563.
Vivens (Jacques), vicaire général de Maguelone, 220.
Viviers, 7; — (évêque de), 40.
Volſques (étang des), 5.
Voute (Raymond de la), 119.
Vraie-Croix (confrérie de la), 406.
Vuibald ou Vuabald, évêque de Maguelone, 20.

W

Wadingue, auteur cité, 579, voy. Vadingue.
Waudin, évêque de Turin, 24.
Wibald, évêque de Maguelone, 415; — voy. Vuibald.
Wifred, évêque de Carcaſſonne, 25, 637 (note).
Willis, ſavant anglais, 531.

X

Xindrio, 21, 52.

Y

Yoland, comteſſe de Bar, 210.
Yſard (Ademard), ſacriſtain de St-Ruf, 550.

Z

Zurita, cité, 345, 346.

TABLE DES MATIÈRES

CONTENUES EN CETTE SECONDE PARTIE

Nota. — La pagination est celle de la première édition, dont les chiffres ont été maintenus en manchettes dans les marges de cette réimpression.

A

	Pages
Abbaye de St. Geniez.	295
Abbaye de Gigean.	298
Abbaye du Vignogoul.	300
Abbaye de Ste. Claire dite du Paradis, & de St. Damien.	305
Abbé (l') Suger, visite à Maguelone le pape Gelase II de la part du roy Loüis le Gros.	25
Abbo, evêque de Maguelone.	10
Ætherius, evêque de Maguelone.	
André-Hercule de Fleury, cardinal.	199

André de Fredol, pris du chapitre de Maguelone pour être evêque d'Usès, fut transferé de cette eglise par le pape Jean XXII pour retourner à Maguelone ; il y travaille pour pacifier son chapitre & son diocése. 83

Antoine Subjet est nommé à l'evêché de Montpellier par le roy Charles IX. Il soûtient tout ce qu'il a à souffrir dans son diocèse, par un grand courage & par une vie fort exemplaire. 170

Antoine de Louvier est nommé à l'evêché de Maguelone par Clement VII, dont il étoit trésorier. Il gouverna son diocése par son vicaire, & le voyage de Charles VI en Languedoc ayant attiré à Montpellier l'evêque de Maguelone, il en reçut plusieurs marques de protection. Après sa mort il fut porté à Vienne en Dauphiné d'où il étoit. 139

Argemirus, evêque de Maguelone. 10

Armand Basin de Bezons, archevêque de Roüen. 199

Arnaud I fait la dédicace de Maguelone, introduit la vie régulière dans son chapitre, assiste à divers conciles, fait le voyage de la Terre Sainte, & meurt à son retour. 18

Arnaud de Verdale, auteur de l'Histoire des evêques de Maguelone, ses prédecesseurs. Il tient un sinode pour son diocèse & s'employe beaucoup pour l'Université. Il a des affaires à la cour de France & à la cour de Rome qu'il termine heureusement. Fait recevoir à son chapitre les bulles de Benoît XII pour les eglises cathédrales ; il acquiert la terre de St. Jean de Vedas du roy de Mayorque, qui commence à démembrer la seigneurie de Montpellier. 107

Verdale assiste au concile de Beziers tenu par Pierre de la Jugie. 108

Arnaud (St.) Eglise dans la ville aujourd'hui Ste. Anne. 266

Assemblée de toute la noblesse du Languedoc dans le couvent des freres mineurs à Mont-

pellier au sujet des differens de Boniface VIII & le roy Loüis le Jeune. 78
Audoüin Albert, neveu du pape Innocent VI qui le fit cardinal. Il fonda à Touloufe le collége de Maguelone, fut cardinal d'Oftie, & comme tel il facra le pape Urbain V. 112
Azile (*Droit d'*) prétendu par plufieurs religieux, p. 86. Par les Auguftins, p. 101. Par les Carmes 101

B

Bâtimens de l'ifle de Maguelone. 96
Benoit (*St.*) d'Aniane. 205
Berenger de Fredol reçoit l'hommage de plufieurs feigneurs de fon diocèfe, & continuë de faire battre la monnoye de Melgueil. Il fe fert de l'autorité du pape pour arrêter plufieurs abus qui s'étoient gliffés parmi les religieux nouvellement établis. Il conferve fes droits fur l'Univerfité, qui furent réglés par la bulle de Nicolas IV & échange avec le roy Philippe le Bel la feigneurie de Montpellieret. 69
Bernard le penitent. 213
Bernard de Mefoa, evêque, tranfige avec les confuls de Montpellier, après l'acquifition du comté de Melgueil, voit fonder plufieurs maifons religieufes à Montpellier. Il fit donner par le cardinal Eginon des réglemens à l'École de Médecine. 50
Bertrand I eft dépofé comme fimoniaque. 19
Bertrand II étoit préfident à la cour des aydes de Paris lorfqu'il fut fait evêque de Maguelone. 144
Boëtius, evêque de Maguelone, affifte au concile III de Tolede, & à celui de Narbonne en 589. 4

C

Capucins (*les*) 291
Cardinal (*le*) de *Canillac*. 129
Cardinal (*le*) de *Caftagnet*. 194
Carmes (*les*) Déchauffés. 293
Caftiglioné-Brando, depuis cardinal, avoit été veftiaire de Maguelone & grand-vicaire de l'evêque Guillaume le Roy. 143
Caufes civiles & caufes criminelles des chanoines de Maguelone. 114
Celerier de Maguelone. 89

Chaire de mathématiques. 391
Chanoines prieurs. 76
Chanoines clauftraux. 76
Chapelle de l'Hôtel de Ville. 100
Eft bénite par l'evêque de Coron dans la Morée. 127
Chapelle du Confulat. 266
Chapelle-Neuve. 267
Charles de Pradel fut donné pour coadjuteur à fon oncle François de Boufquet, evêque de Montpellier. Il employa tout le tems de fon epifcopat en œuvres de charité ou de zèle pour la converfion des réligionnaires & pour la perfection de fon diocèfe. Il mourut des fatigues qu'il avoit pris dans fes vifites.
Charles-Joachin Colbert, nommé à l'evêché de Montpellier en 1696.
Eft facré à Paris l'année fuivante.
Arrive à Montpellier où il donne des grandes marques de zèle & fait compofer le catéchifme dit de Montpellier.
Il érige la paroiffe St. Denis pour les fauxbourgs de la ville.
Il fait bâtir la chapelle de la Verune.
Forme une bibliothèque des plus belles de la province.
Eft magnifique dans fes ornemens d'eglife.
Tombe malade à la quarante-deuxiéme année de fon epifcopat de la maladie dont il mourut en 1738.
Eft enterré à l'hôpital général de cette ville dont il fit les pauvres fes héritiers univerfels. 187
Collége de St. Ruf, fondé à Montpellier par le cardinal Anglic Grimoard. 137
Collége de médecine. 397
Collége du droit, dit la Tour de Sainte-Eulalie. 398
Collége de St. Ruf. ibidem.
Collége de Valmagne. 400
Collége de Breffe. 400
Collége de Gironne. 404
Collége de Mende, dit des Douze-Médecins. 403
Collége du Vergier, autrement dit la Chapelle neuve. 404
Collége des jéfuites. 407
Collége de Ste. Anne. ibidem.
Comté de Melgueil, rendu feudataire au St. Siège par le comte Pierre. 20
Principales régles des chanoines réguliers de Maguelone. 20
Concile de *Villa-Portus*. 10 & 11
Concile de St. Vincent de Jonquiéres. 11
Confrérie de N. Dame de Bethléem à la cha-

pelle de l'Hôtel de Ville, fondée en 1374, détruite en 1662.
Confréries de piété. 268
Confrérie de Pénitens blancs. 270
Confrérie de la vraye Croix. 268
Confrérie de St. Claude. 269
Consécration de l'eglise Ste. Croix, par le cardinal de St. Prisque. 43
Cosme (St.) St. Damien, eglise particuliére de Montpellier. 260
Croix (Ste.) Eglise particuliére de Montpellier. 261

D

Dédicace de l'eglise de Maguelone, par l'evêque Arnaud. 16
Denis (St.) Paroisse de Montpellieret. 252
Déodat, evêque de Maguelone, sous qui fut faite la bénédiction de la chapelle de l'Hôtel de Ville. 118
Description de l'eglise & monastére de St. Germain. 129
Dominique Serano, onzième général de l'ordre de la Mercy & cardinal. 218
Droit d'entrée des chanoines de Maguelone. 98
Durand des Chapelles prête hommage au roy des terres de son evêché rélévant de la couronne. Il ramene par sa patience la plûpart de son chapitre, qui l'avoit fort mal reçû lorsqu'il se présenta à Maguelone. 115

E

Ecoles anciennes de Montpellier. 339
Eglise cathédrale de St. Pierre. 231
Eglise collégiale de Nôtre-Dame du Palais. 233
Eglise collégiale de St. Sauveur. 235
Eglise collégiale de la Ste. Trinité. 241
Eglise collégiale de Ste. Anne. 244
Eglise collégiale de St. Jean. 245
Eglise collégiale de St. Ruf. 238
Eglise du seminaire. 268
Epitre de St. Rustique, archevêque de Narbonne, & des evêques de sa suffragance au pape St. Leon. 3
Evêques pris de la maison de Guillaume, seigneur de Montpellier. 189
Autres evêques pris des maisons confidérables du diocése. 9
Ceux que la seule maison de Fredol a donné. 192 & 196

F

Faculté de médécine. 342
Faculté du droit. 354
Faculté des arts. 374
Faculté de théologie. 384
Flagellants à Montpellier. 81
Fonds pour l'entretien des offices de Maguelone. 91
Foy (Ste.) Annexe de St. Denis dans la ville. 253
François Bosquet, evêque de Montpellier, récommandable par son sçavoir & par sa vie episcopale. 182
Fulcrand (St.), evêque de Lodeve. 209

G

Gaillard de Saumate est nommé par le pape Jean XXII à l'evêché de Maguelone qui le retient auprès de lui à Avignon, neuf mois après il le transfére à l'archevêché d'Arles. 83
Gaucelin de Lagarde, le chapitre lui transfere pour cinq ans le pouvoir de nommer à tous les bénéfices. Il est protégé par le pape Boniface VIII pour la possession du comté de Melgueil. Il prend part aux démêlez de Loüis le Jeune & de Boniface VIII. 75
Gaucelin de Deucio est nommé à l'evêché de Maguelone par Urbain V dans le tems que ce pape étoit à Montpellier, il fut long-tems dans ses bonnes graces, fut fait trésorier du Comtat Venaissin, & après la mort d'Urbain, étant revenû à Montpellier, il eût des grands démêlez avec les consuls pour la justice du bois de Valene. 124
Gaucelin la Garde I du nom.
Gaucelin de Pradeles II du nom.
Gautier, evêque de Maguelone, fait beaucoup de présens à son eglise cathédrale & aux autres de son diocése. Il y termine plusieurs differends, & part pour la Palestine où il meurt. 28
Genesius, evêque de Maguelone, assista par procureur au concile de Tolede. 4
Germain (St.) Prieuré à Montpellier. Bulle de sa fondation par Urbain V. 126
Godefroy, evêque de Maguelone, reçoit l'hommage du seigneur de Montpellier, 21. Perfectionne la régularité dans son chapitre, 20. Assiste à plusieurs conciles, part pour la Terre Sainte & y meurt. 24

	Pages
Gontier, evêque de Maguelone.	21
Guillaume Raymond, evêque de Maguelone, fait plufieurs traités avec fon chapitre & reçoit plufieurs reconnoiffances de divers feigneurs de fon diocéfe. Il laiffa plufieurs preuves de fon fçavoir & de fa piété.	39
Guillaume de Fleix donne lieu à la Décretale *Cum olim de sententiâ & re judicatâ*. Il fait confacrer l'eglife Ste. Croix. Il garantit fon diocéfe des erreurs des Albigeois. Il eft dépofitaire du teftament du dernier de nos Guillaumes.	42
Guillaume d'Altiniac obtient une fauve-garde du pape Innocent III pour les habitans de Montpellier durant la guerre des Albigeois. Affifte au concile de Montpellier en 1214. Canons de ce concile. Union du comté de Melguëil à l'evêché de Maguelone.	45
Guillaume Chriftophle fait tenir dans fon diocéfe un concile provincial par Jacques, archevêque de Narbonne en 1224. Il termine par la médiation de Clement IV les démêlez des evêques, fes prédéceffeurs, avec le roi d'Aragon.	66
Il finit par le même moyen, les démandes du comte Pelet de la comté de Melguëil.	68
Guillaume le Roy, fucceffeur immédiat de Loüis Alleman, acheva l'union de la théologie à l'Univerfité commencée fous fon prédéceffeur.	143
Guillaume Pelliffier, I du nom, evêque de Maguelone. De fon tems fe tint à Montpellier la fameufe conférence entre Guillaume de Chievres & Artus de Gouffier-Boiffi, pour les intérêts de Charles-Quint & François I. Pelliffier affifta Gouffier dans fa derniere maladie. Il fit une réformation de tous les livres à l'ufage de fon eglife & réfigna fon evêché en faveur de fon neveu.	150
Guillaume Pelliffier II du nom fut en réputation d'homme de lettres & très-propre pour les affaires. Le roy François I l'employa au traité de Cambray & l'envoya à Rome pour la fécularifation du chapitre de Maguelone & pour lui récouvrer de grace plufieurs manufcrits. Il fit à Montpellier la tranflation des religieufes de Ste. Claire dans la maifon dite la petite Obfervance, mais il eut le malheur de voir cette ville livrée à l'héréfie de Calvin, non fans foupçon de l'avoir protegée.	170
Guilaume (F.), de Montpellier, réligieux de Cîteaux.	221
Guillaume Arnaud, inquifiteur de la foy & martir.	220
Guillaume le Roy V.	
Guillem (St.) Annexe de St. Firmin dans les fauxbourgs.	252
Guimilde, evêque.	8
Guitard de Rate eft nommé à l'evêché de Montpellier par le roy Henry IV qui avoit éprouvé fa fidelité en plufieurs occafions; il foûtint le tems orageux de fon epifcopat avec beaucoup de fermeté, & mourut trop tôt pour fon diocéfe en allant à Touloufe.	173
Guy de Vantadour, prévôt de Maguelone.	201
Guy de Montpellier, fondateur des hofpitaliers du St. Efprit.	217

H

Hofpitalité exercée à Maguelone.	88
Hôpitaux anciens & modernes de la ville de Montpellier.	317
Hôpital St. Guillem.	320
Hôpital du St. Efprit.	322
Hôpital St. Eloy.	325
Hôpital & Cimetiére Saint-Barthélemy.	237
Hôpital des Teutons.	328
Hôpital St. Maur ou des Trinitaires.	328
Hôpital St. Jacques.	329
Hôpital St. Antoine.	330
Hôpital de la Magdelaine.	331
Hôpital de Tournefort.	332
Hôpital de la Charité.	333
Hôpital général.	334
Hôpital des Petites Maifons.	337

I

Jean de Montlaur I du nom termine plufieurs differents dans fon diocéfe, donne des marques de fon zéle pour la difcipline ecclefiaftique & pour fon chapitre, fait plufieurs réparations à fon eglife, affifte au concile général de Latran contre les Albigeois. 39 & fuivantes.

Jean de Montlaur II du nom a des grandes broüilleries avec le roy Jacques d'Arragon, p. 55, qui à l'exclufion de la juftice ecclefiaftique, attribuë tout à la juftice royale.

Jean de Cominges termine à Villeneuve un grand different. Fait fa demeure ordinaire à Murviel. Il fecourt extraordinairement.

son diocése dans une contagion, est nommé par Jean XXII, archevêque de Touloufe.
Jean Gafc, abbé d'Aniane, met la premiére pierre à l'eglife de St. Germain. 118
Jean Bonail étoit vestiaire de Maguelone quand il en fut fait evêque ; il fut sacré par l'archevêque de Toulouse, le fiége de Narbonne étant vacant. Il se rendit recommandable par son esprit de paix, par son sçavoir & par sa charité envers les pauvres. 146
Jean de Barriere fut fait evêque de Maguelone par le crédit de François de Halé, archevêque de Narbonne & de Jean de Costa, prévôt de Maguelone. A son entrée il prêta son serment de fidélité au roy, il pacifia les diffensions entre les professeurs de l'Université & les chanoines de Maguelone, il se régla avec eux fur la collation des bénéfices de son diocése, il fit des réglemens pour l'élection des professeurs & confirme la fondation de la collégiale de Sainte Anne. 148
Jean de Viffec vit à Montpellier tenir un chapitre général de l'ordre des chevaliers de St. Jean de Jerufalem ; à leur exemple il en tint un à Maguelone où l'on fit les réglemens les plus amples que nous ayons pour le chapitre de Maguelone. 86
Apaise une émotion entre le peuple & les consuls de Montpellier. 98
Jean Garnier est nommé à l'evêché de Montpellier par le roy Henry IV, rétablit N. Dame des Tables, part pour Toulouse, & en revient avec la maladie dont il mourut. 175
Imbert du Puy, cardinal. 197
Infirmier de Maguelone. 91
Inondation extraordinaire à Montpellier. 81
Inquifition, premier acte d'inquifition fait à Montpellier. 141
Jumeaux (les deux B. B.) de Montpellier. 221

L

Leger Saporis fit la bénédiction de la chapelle de N. Dame des Bonnes Nouvelles, il reçut pluffeurs hommages dans son diocéfe, il ne vécut pas plus de deux ans dans son evêché. 143
Limites Anciennes de la province ecclefiaftique de Narbonne. 6
Loüis Alleman est fait evêque de Maguelone par le crédit de François de Conzié, son oncle, archevêque de Narbonne, légat à

Avignon. Loüis unit la Faculté de théologie à l'Université, il reçut pluffeurs graces du roy Charles VII, & peu de tems après il fut transféré à Arles par Martin V & fait cardinal. 142

M

Maladrerie de Caftelnau. 319
Mandat quotidien à Maguelone. 89
Marie de Montpellier, reine d'Aragon. 229
Marie (Ste) de Lezes, eglife des Templiers. 263
Martin (St.) de Prunet, eglife particuliére hors la ville. 264
Mathieu (St.) Annexe de S. Firmin dans la ville. 250
Maure de Valleville étoit chanoine de Maguelone lorsqu'il en fut sacré evêque par Jean de Harcourt, archevêque de Narbonne. Il baptifa à Montpellier pluffeurs Maures qui demandérent à embraffer la réligion chrétienne. Il donna un exemple de déclaration à nos confuls fur le bois de Valene & le mas de Caravetes. 145
Monafteres anciens & modernes de la ville de Montpellier. 273
Murviel. Son ancienneté. 80

N

Nicolas (St.), eglife particuliére de Montpellier. 260
Nôtre-Dame des Tables érigée en paroiffe. 50
Nôtre-Dame des Bonnes-Nouvelles. 266
Nourriture des chanoines de Maguelone. 89

O

Office de l'église de Maguelone. 93

P

Paroiffe de S. Firmin. 247
Paradis, abbaye exemptée de la jurifdiction epifcopale, par l'evêque Pierre de Conchis. 64
Pafteur (le Bon). 315
Paul (St.) Annexe de Saint-Firmin dans la ville. 250

	Pages
Pierre (St.) de la Sale, églife particuliére de Montpellier.	263
Pierre de Caftelnau, légat du St. Siége, & martir à St. Giles.	215
Pierre de Conchis, evêque de Maguelone, reconnoît au roy S. Loüis la feigneurie de Montpellier.	66
Pierre de Levis eft nommé par Clement V au fiege de Maguelone pour pacifier le chapitre ; il a le bonheur de voir à Montpellier le pape, fon bienfaiteur, qui le transfére à l'archevêché de Cambray.	60
Pierre de Vernobs, abbé d'Aniane, eft nommé à l'evêché de Maguelone par le pape Grégoire XI. Il refta longtemps à Avignon où il étoit tréforier du pape. Durant fon féjour, on fit à Montpellier les honneurs funébres de la reine de Navarre. Il écrivit aux habitans de Montpellier au fujet des Florentins excommuniez du pape. Revient à Maguelone, & y tient un chapitre général. Il eut l'honneur de recevoir à Montpellier dans l'églife de Nôtre-Dame des Tables le roy Charles VI.	132
Pierre Ademar eft nommé à l'evêché de Maguelone par le fameux Pierre de Lune, qui l'avoit connu à Montpellier lorfqu'ils y enfeignoient enfemble dans l'Univerfité de cette ville.	140
Pierre de Fenoüillet eft nommé à l'evêché de Montpellier par le roy Henry IV. Il affifte au concile de Narbonne, introduit les Capucins à Montpellier, fait l'oraifon funebre du roy Henry IV. Affifte aux Etats Généraux tenus à Paris, exhorte le roy Loüis XIII à entreprendre le fiége de Montpellier, après lequel il apelle dans la ville tous les réligieux qui en avoient été chaffez, fait donner le collége de la ville aux jefuites, fonde la vifitation & entreprend de bâtir une cathédrale.	178
Pictavin de Montefquiou tranfige avec les habitans d'Aigues-Mortes pour le paffage de Cornon, il permet aux confuls de fonder la chapelle de l'hôtel de ville, p. 102. Eft transféré à Alby par Benoît XII.	102
Pont de Maguelone.	97
Prévôt de Maguelone, fes principaux dévoirs envers la communauté de Maguelone.	87
Prieuré de Pouffan, confirmé aux Moines de la Chaife-Dieu par Jean de Viffec.	99

R

	Pages
Raymond, evêque de Maguelone, fait plufieurs réparations à fa communauté, s'attire la confiance de Bernard, comte de Melgüeil, reçoit le pape Innocent II, réfugié en France, fes démélez avec le feigneur de Montpellier & avec fon chapitre, fait une donation à l'hôpital St. Jean de Jerufalem. Il obtient du roy Loüis le Jeune la confirmation des priviléges de fon églife.	29
Raymond de Canillac, prévôt de Maguelone.	203
Récollets.	292
Récueil d'Arnaud de Verdale, evêque de Maguelone, fur les anciens evêques, fes prédeceffeurs.	
Réfectorier de Maguelone.	90
Reinier, evêque de Maguelone, étoit réligieux de St. Dominique quand il fut nommé à ce fiége, il fit plufieurs difpofitions en faveur du veftiaire de fon églife, & mourut d'une mort funefte.	58
Religieufes de St. Léon, fondées par Jean de Montlaur.	55
Religieufes de St. Dominique dites les Proüilanes.	305
Religieufes de Ste. Cathérine & de St. Giles.	308
Religieufes de la Vifitation.	310
Religieufes de Ste. Urfule.	311
Religieufes de St. Charles.	312
Religieufes du Refuge.	313
Religieux de Cluny, près de Sauret.	273
Religieux de Gramont.	275
Religieux Trinitaires.	277
Religieux Conventuels de Saint François.	278
Religieux de St. Dominique dit les Freres Prêcheurs.	279
Religieux de la Mercy.	283
Religieux Carmes.	285
Religieux Auguftins.	287
Religieux de l'Obfervance.	289
Reliques de St. Thomas d'Aquin procurées à l'Univerfité de Montpellier par le pape Grégoire XI.	134
Robert de Prouves fut garde du fceau & exerça la chancellerie fous le roy Charles VII, auprès de qui il paffa tout fon epifcopat. Nous n'avons de lui que la nomination de fes grands vicaires & l'hommage qu'ils prêterent pour lui au fénéchal de Beaucaire.	145
Roch (St.).	224
Ricuin I du nom, evêque de Maguelone.	9
Ricuin II.	

S

	Pages
Sacriftain de Maguelone.	94
Secherefſe extrême à Montpellier en 1313.	81
Secularifation du chapitre de Maguelone.	151
La bulle eſt publiée à Montpellier.	167
Sigifmond, empereur, paſſe à Montpellier pour aller en Eſpagne.	140
Simon.	
Sinagogue des juifs établie à Montpellier ſous Pierre de Vernobs.	138
Société royale des ſciences.	394
Stabellus, evêque de Maguelone.	9

T

	Pages
Tables (Notre-Dame des), érigée en paroiſſe dans le XIII ſiècle.	254
Thomas (St.) Annexe de S. Firmin dans les fauxbourgs.	251
Trinité (fondation du collège de la) par le cardinal de Canillac.	128

V

	Pages
Veſtiaire, office de la communauté de Maguelonne.	91
Viator, evêque de Maguelone.	4
Vie privée des chanoines de Maguelone.	93
Vignogoul, abbaye, tranfige avec l'evêque de Maguelone, Pierre de Conchis.	64
Urbain II, pape, vient à Maguelone, où il bénit & conſacre l'égliſe.	22
Vincent Ferrier (St.) ſéjourna à Montpellier.	140
Vincent I, evêque de Maguelone eſt regardé comme le ſucceſſeur immédiat d'Æterius.	4
Vincent II, evêque de Maguelone, ſucceda immédiatement à l'evêque Guimildus.	6
Union du comté de Melgueïl à l'evêché de Maguelone.	48
Urbain V Guillaume Grimoard eſt élû pape; il vient à Montpellier, y fait la dédicace de l'égliſe de St. Germain, nomme à l'evêché de Maguelone Gaucelin de Deucio.	121
Wibal, evêque à Subſtantion.	12

NOTA. — Cette table eſt remplie d'erreurs de pagination commiſes par les premiers éditeurs & que le lecteur eſt prié de rectifier à l'aide de la table générale des noms propres de lieux & de perſonnes.

TABLE
DES MATIÈRES

CONTENUES DANS L'HISTOIRE ECCLÉSIASTIQUE

	Pages
PRIVILÈGE DU ROY	VII
DÉDICACE à Monſeigneur Berger de Charancy	IX
PRÉFACE	XI
SUITE CHRONOLOGIQUE des évêques de Maguelone & de Montpellier	3
LIVRE PREMIER. — Contenant la ſuite des évêques de Maguelone juſqu'au renverſement de cette iſle ſous Charles Martel	5

CHAPITRE PREMIER. — I. Sentiment de Gariel ſur l'origine de l'égliſe de Maguelone. II. Ce que l'on peut croire de ſon ſentiment. III. Preuves certaines de ſes évêques dans le cinquième ſiècle 5

CHAPITRE SECOND. — I. Succeſſeurs d'Ætherius dans l'évêché de Maguelone. II. Revolte de l'évêque Guimildus contre le roy Vamba. III. Irruption des Sarraſins dans le Languedoc qui occaſionnerent la deſtruction de Maguelone. IV. Et le changement du ſiège à Subſtantion . . 9

LIVRE SECOND (*Première partie*). — Contenant la ſuite des évêques qui réſidèrent à Subſtantion depuis 737 juſqu'au onzième ſiècle 15

CHAPITRE PREMIER. — I. Raiſons du vuide qui ſe trouve dans l'hiſtoire des premiers évêques qui réſiderent à Subſtantion. II. Suite de ceux qui nous ſont connus. III. Premier & ſecond concile de Villa-Portus, dans le dioceſe de Maguelone 15

CHAPITRE SECOND. — Concile de St-Vincent de Jonquieres. II. Suite des evêques juſqu'à Arnaud premier. III. Qui forme le deſſein de rétablir l'égliſe de Maguelone 19

CHAPITRE TROISIÈME. — I. Paroles de Verdale ſur le deſſein projetté par l'evêque Arnaud. II. Bulle qu'il obtient pour cet effet du pape Jean XX. III. Obſervations ſur Verdale. IV. Dédicace de l'égliſe de Maguelone 22

CHAPITRE QUATRIÈME. — I. Bertrand, évêque de Maguelone, eſt dépoſé comme ſimoniaque. II. Godefroy eſt mis à ſa place. III. Il perfectionne la régularité déjà établie dans ſon chapitre. IV. Pierre, comte de Melgueil, ſe rend feudataire du Saint Siège. V. Le ſeigneur de Montpellier rend hommage à Godefroy. VI. Qui aſſiſte à pluſieurs conciles 30

CHAPITRE CINQUIÈME. — I. Règles principales des chanoines réguliers de Maguelone. II. Le pape

Table des Matières

Pages

Urbain II à Maguelone où il benit & confacra l'églife. III. Suite de la vie de l'evêque Godefroy. IV. Son voyage & fa mort dans la Paleftine. 34

CHAPITRE SIXIÈME. — I. Gautier fuccède à Godefroy. II. Il fait plufieurs prefents à fon eglife cathedrale & aux autres de fon diocèfe. III. Il y termine plufieurs différents. IV. Le pape Gelafe II à Maguelone, où l'abbé Suger va le vifiter de la part du roy Loüis le Gros. V. Suite de la vie de l'evêque Gautier. VI. Son voyage & fa mort dans la Paleftine 39

CHAPITRE SEPTIÈME. — I. Raymond Ier fait plufieurs réparations à Maguelone. II. S'attire la confiance de Bernard, comte de Melguëil. III. Reçoit à Maguelone le pape Innocent II, réfugié en France. IV. Doutes que l'on a s'il sçut fe conferver les bonnes graces de ce pape. V. Ses démêlez avec les feigneurs de Montpellier. VI. Et avec fon chapitre. VII. Il fait une donation à l'hôpital St-Jean de Jerufalem. VIII. Reçoit des graces d'Anaftafe & d'Adrien quatrième. IX. Et obtient du roy Loüis le Jeune la confirmation des privilèges de fon églife. X. Fin de la vie de cet evêque 46

CHAPITRE HUITIÈME. — I. Election de Jean de Montlaur à l'evêché de Maguelone. II. Il termine plufieurs grandes affaires dans fon diocèfe. III. Donne des marques de fon zèle pour la difcipline eccléfiaftique & pour fon chapitre. IV. Fait plufieurs reparations à fon églife. V. Obtient diverfes graces du roy Loüis le Jeune. VI. Affifte au concile général de Latran contre les Albigeois, dont il preferve fon diocèfe. VII. Actions particulieres de cet evêque avant fa mort 54

CHAPITRE NEUVIÈME. — I. Guillaume Raymond, abbé d'Aniane, fuccede à Jean de Montlaur. II. Il fait plufieurs traitez avec fon chapitre. III. Reçoit les reconnoiffances de divers feigneurs de fon diocèfe. IV. Preuves qui nous reftent de la fcience & de la piété de ce prélat . 61

CHAPITRE DIXIÈME. — I. L'élection de Guillaume de Fleix eft confirmée par le pape Céleftin III. II. Un different arrivé dans fon chapitre donne lieu à la decretale *cum olim*. III. Tranfactions entre le prevôt de Maguelone & quelques feigneurs de fon voifinage. IV. Confécration de l'églife de Ste-Croix à Montpellier. V. Soins de l'evêque pour garantir fon diocèfe de l'herefie des Albigeois. VI. Et pour en entretenir les hôpitaux. VII. Il eft dépofitaire du teftament du dernier des Guillaumes, feigneurs de Montpellier 64

LIVRE SECOND (*Deuxième partie*). — Contenant la vie des évêques de Maguelone qui tinrent le fiège de cette ville sous la domination des rois d'Aragon et de Mayorque 69

CHAPITRE PREMIER. — I. Guillaume d'Altiniac, évêque de Maguelone. II. Sauvegarde du pape Innocent III, pour les habitants de Montpellier, durant la guerre des Albigeois. III. Canons du concile de Montpellier en 1215. IV. Union du comté de Melguëil à l'evêché de Maguelone. V. Vente des bois. VI. Acquifitions faites par le chapitre. VII. Erection de N.-Dame des Tables en paroiffe 69

CHAPITRE SECOND. — I. Commencemens de Bernard de Mezoa, évêque de Maguelone. II. Protection du pape Honoré III pour la ville de Montpellier. III. Fondations qui y furent faites de plufieurs maifons religieufes. IV. Reglemens pour l'école de médecine. V. Temporel de l'evêché 77

CHAPITRE TROISIÈME. — I. Fondation des religieufes de St. Leon, par Jean de Montlaur. II. Commencements de cet evêque. III. Hugues de Miramar. IV. Abbaye de St. Geniez. V. Brefs du pape Gregoire IX pour Montpellier. VI. Broüillerie entre le roy Jacques I & l'evêque de Maguelone. VII. Faculté des arts. VIII. Premier concile de Lyon 82

CHAPITRE QUATRIÈME. — I. Reinier, évêque de Maguelone. II. Defcription des anciens bâtimens de cette églife. III. Maniere de vivre des anciens chanoines. IV. Le prevôt eft fubftitué au pouvoir du prieur majeur pour le fpirituel. V. Differens entre le prevôt & l'evêque. VI. Collation des benefices. VII. Prieurés de la campagne. VIII. Dépendance de tous les membres du chapitre. IX. Dignitez & offices clauftraux. X. Mort de l'evêque Reinier. . . . 89

CHAPITRE CINQUIÈME. — I. Election de Pierre de Conchis. II. Religieufes du Vignogoul & du Paradis. III. Reglemens d'Alexandre quatriéme pour le chapitre de Maguelone. IV. Affaires particulières de l'evêché & du chapitre. V. Reconnoiffance faite par l'evêque au roy St. Loüis.

Table des Matières

VI. Guillaume Criſtophle ſuccede à Pierre de Conchis. VII. Son accommodement avec le roy d'Aragon. VIII. Il eſt protégé auprès du roy St. Loüis par Clément IV. IX. Lettre du pape ſur la monnoye de Melgueïl. 97

CHAPITRE SIXIÈME. — I. Berenger de Fredol, evêque de Maguelone. II. Affaires temporelles qu'il eut dans ſon dioceſe. III. Autres affaires avec les réguliers. IV. Autres avec le roy d'Aragon au ſujet de l'univerſité. V. Bulle du pape Nicolas IV. VI. Differens entre les officiers du roy & ceux de l'evêque. VII. Qui finiſſent par un interdit géneral. 106

LIVRE TROISIÈME. — Evêques de Maguelone depuis l'acquiſition de Montpellieret par le roy Philippe le Bel, juſqu'à l'acquiſition de Montpellier par Philippe de Valois 115

CHAPITRE PREMIER. — I. Gaucelin de la Garde eſt transferé de Lodève à Maguelone. II. Il travaille à pacifier ſon chapitre. III. Il eſt protegé par Boniface VIII au ſujet de la comté de Melgueïl. IV. Il reçoit pluſieurs reconnoiſſances des ſeigneurs de ſon dioceſe. V. Il prend part aux démêlez entre Boniface VIII & Philippe le Bel. VI. Il meurt en 1303. 115

CHAPITRE SECOND. — I. Troubles dans le chapitre pour donner un ſucceſſeur à Gaucelin de la Garde. II. Le pape nomme à ſa place Pierre de Levis, qu'il transfere enſuite à Cambray. III. Jean de Cominges lui ſuccede. IV. Grande ſechereſſe à Montpellier. V. Jean de Cominges eſt fait premier archevêque de Touloufe 120

CHAPITRE TROISIÈME. — I. Gaillard de Saumate, evêque de Maguelone, transferé à Arles. II. André de Fredol lui ſuccede. III. Affaire qu'il eut avec ſon chapitre & avec les ſeigneurs de ſon dioceſe. IV. Mort de ſaint Roch ſuivie de celle d'André de Fredol. V. Jean de Viſſec, evêque de Maguelone. VI. Chapitre général des chevaliers de Rhodes tenu à Montpellier. VII. Grands règlemens faits par les chanoines de Maguelone 126

CHAPITRE QUATRIÈME. — I. Hoſpitalité exercée à Maguelone. II. Mandat quotidien. III. Celerier, refectorier, nourriture des chanoines. IV. Veſtiaire, infirmier. V. Fonds pour l'entretien de tous les officiers. 134

CHAPITRE CINQUIÈME. — I. Vie privée des chanoines. II. Office de l'égliſe. III. Sacriſtain & ſes fonctions. IV. Bâtimens de l'iſle. V. Pont de Maguelone. VI. Droit d'entrée des chanoines. 142

CHAPITRE SIXIÈME. — I. Dernieres actions de Jean de Viſſec. II. Pictavin de Monteſquiou lui ſuccede. III. Ses differends avec les conſuls & les Auguſtins. IV. Chapelle de l'hôtel de ville. V. Dernieres actions de Pictavin avant ſa tranſlation à Alby 150

CHAPITRE SEPTIÈME. — I. Arnaud de Verdale, evêque de Maguelone, auteur de l'Hiſtoire des evêques, ſes prédéceſſeurs. II. Commencement de ſon epiſcopat. III. Sinode qu'il tient pour ſon dioceſe. IV. Ses ſoins pour l'univerſité. V. Affaires particulières qu'il eut. VI. Sa mort & ſon éloge. 156

LIVRE QUATRIÈME. — Contenant la ſuite des evêques, depuis Philipe de Valois juſqu'à la ſécularifation de Maguelone ſous François Ier. 167

CHAPITRE PREMIER. — I. Audoüin, cardinal, nommé à l'evêché de Maguelone. II. Il fonda le college de ce nom dans la ville de Touloufe. III. Durand des Chapelles lui ſuccede. IV. Qui prête ferment au roy. V. Et tranſige avec ſes chanoines 167

CHAPITRE SECOND. — I. La chapelle de l'hôtel de ville conſacrée ſous Deodat, evêque de Maguelone. II. Création du pape Urbain V. III. Qui fonde le prieuré de St. Germain à Montpellier. IV. Son arrivée en cette ville. V. Il y fait la dédicace de l'autel de St. Germain. VI. Il nomme à l'evêché de Maguelone Gaucelin de Deux 176

CHAPITRE TROISIÈME. — I. Gaucelin dans les bonnes graces du pape. II. Urbain part de Marſeille pour Rome. III. Bulle de la fondation du prieuré St. Germain de Montpellier. IV. Naiſſance de Charles, fils du roy de France. V. Fondation du college des douze médecins. VI. Retour du pape Urbain à Avignon, & ſa mort. VII. Arrivé de Gaucelin à Montpellier, où il meurt. 184

CHAPITRE QUATRIÈME. — I. Mort du cardinal de Canillac. II. Fondation de ſon collège de la Trinité. III. Deſcription de l'egliſe & monaſtere de St. Germain 192

732   *Table des Matières*

Page

CHAPITRE CINQUIÈME. — I. Nomination de Pierre de Vernobs à l'evêché de Maguelone. II. Lettres qu'on reçoit de lui à Montpellier. III. Grégoire XI transfere le St. Siege d'Avignon à Rome. IV. Il procure à l'univerſité de Montpellier une relique de St. Thomas d'Aquin. V. Il meurt à Rome & Urbain VI eſt élu à ſa place. VI. Robert de Geneve diſpute la papauté à Urbain VI. VII. Le cardinal Anglic fonde à Montpellier le college de St. Ruf 201

CHAPITRE SIXIÈME. — I. Suite de l'article de Pierre de Vernobs, évêque de Maguelone. II. Clement VII nomme à ſa place Antoine de Lovier. III. Particularitez de la vie de cet évêque. IV. Pierre Ademar lui eſt ſubrogé après ſa mort. V. L'empereur Sigiſmond à Montpellier. VI Paſſage de St. Vincent Ferrier par cette ville 210

CHAPITRE SEPTIÈME. — I. Aggrégation de l'ecole de théologie au corps de l'univerſité par Loüis Aleman, evêque de Maguelone. II. Qui eſt transferé à l'archevêché d'Arles. III. Guillaume le Roy lui ſuccede à Maguelone. IV. Puis Leger Saporis. V. Bertrand. VI. Et Robert de Rouvres 215

LIVRE CINQUIÈME. — Depuis la ſécularisation du chapitre de Maguelone juſqu'au rétabliſſement de la religion catholique dans Montpellier ſous le roy Loüis XIII 229

CHAPITRE PREMIER. — I. Premier motif de la tranſlation de l'evêché de Maguelone. II. Difficulté qu'on y trouve. III. Expediens qu'on prend pour les ſurmonter. IV. Bulle du pape Paul troiſième pour cet effet. V. Il ſuprime les deux égliſes de Maguelone & de St. Germain pour en former celle de Montpellier. VI. Il décore cette ville du titre de cité. VII. Partage des benefices entre l'evêque, les dignitez, perſonats & chanoines du nouveau chapitre. VIII. Noms de tous les particuliers. IX. Leur rang & leur place dans le chœur & ailleurs 229

CHAPITRE SECOND. — I. Privileges accordez aux nouveaux chanoines. II. Droits de l'evêque. III. Droits du prévôt. IV. Reduction de pluſieurs places après la mort des titulaires. V. Collation des dignitez & canonicats du chapitre. VI. Maniere de les conferer. VII. Droit d'entrée de chacun du chapitre. VIII. Etabliſſement d'un théologal. IX. Service de l'ancienne égliſe de Maguelone. 241

CHAPITRE TROISIÈME. — I. Formalités obſervées pour la publication de la bulle. II. Signification qui en fut faite à Montpellier. III. Inſtallation des nouveaux chanoines. IV. Continuation de l'evêque Peliſſier. V. Renverſement de la religion catholique à Montpellier 253

CHAPITRE QUATRIÈME. — I. Antoine Subjet eſt nommé par le roy Charles IX à l'evêché de Montpellier. II. Il eut beaucoup à ſouffrir durant ſon epiſcopat. III. Qu'il ſoûtint avec beaucoup de courage & par une vie fort exemplaire. IV. Guitard de Ratte eſt nommé à ſa place par le roy Henry IV. V. Il fait ſon entrée publique à Montpellier. VI. Prête ſerment au chapitre. VII. Il rétablit le culte dû aux ſaintes reliques. VIII. Viſite ſon diocéſe. IX. Et meurt en allant à Touloufe 258

CHAPITRE CINQUIÈME. — I. Jean Garnier ſuccede à Guitard de Ratte. II. Il travaille efficacement pour ſon diocéſe. III. Rétablit l'égliſe N. Dame des Tables. IV. Reprime les ministres prétendus réformés. V. Va à Toulouſe & en revient avec la maladie dont il mourut. VI. M. de Fenoüillet lui ſuccède. VII. Naiſſance de cet évêque & ſes progrès. VIII. Il aſſiſte au concile de Narbonne. IX. Introduit les capucins à Montpellier. X. Il fait l'oraiſon funèbre du roi Henry IV. XI. Aſſiſte aux etats généraux tenus à Paris. XII. Exhorte le roy Loüis XIII d'entreprendre le ſiége de Montpellier. XIII. Après lequel il apelle tous les religieux qui en avoient été chaſſez. Fait donner le collège de la ville aux jeſuites. Fonde le monaſtère de la Viſitation & de Ste Urſule. Entreprend de bâtir une cathédrale 265

CHAPITRE SIXIÈME. — I. François Boſquet ſuccede à M. de Fenoüillet. II. Il ſe rend recommandable par ſon grand ſçavoir & par une vie epiſcopale. III. Son neveu, Charles de Pradel, eſt ſon coadjuteur, dont la vie fut toute employée au ſoin de ſon diocéſe. IV. Charles-Joachim Colbert gouverne après lui l'égliſe de Montpellier & tint le ſiége durant quarante-deux ans. V. Le roi nomme à ſa place George-Lazare Berger de Charenci 276

LIVRE SIXIÈME. — Contenant le nom de pluſieurs autres évêques, pris du clergé de ce diocèſe. 285

Table des Matières

Pages

CHAPITRE PREMIER. — I. Evêques pris de la maifon des Guillaumes, feigneurs de Montpellier. II. Quelques autres des maifons confidérables du diocèfe. III. Ceux que la feule maifon de Fredol a donné.................. 285

CHAPITRE SECOND. — I. Le cardinal de Caftanet. II. Suite des évêques de la maifon de Fredol. III. Le cardinal Imbert Dupuy..................... 293

CHAPITRE TROISIÈME. — Suite des prévôts du chapitre de Montpellier........... 303

LIVRE SEPTIÈME. — Des perfonnes diftinguées par leur fainteté dans le diocèfe de Montpellier. 309
    I. Saint Benoit d'Aniane, fondateur de l'abbaye de ce nom........... 309
    II. Saint Fulcran, évêque de Lodève........................ 315
    III. Frère Guillaume de Montpellier, religieux de Citeaux.............. 318
    IV. Bernard, dit le penitent............................ 321
    V. Le B. Pierre de Caftelnau, martir....................... 324
    VI. Guy de Montpellier, fondateur des hofpitaliers du St. Efprit........... 326
    VII. S. Guillaume Arnaud, inquifiteur de la foy & martir............. 331
    VIII. Les deux jumeaux de Montpellier...................... 333
    IX. Guillaume de Bas, fecond general de la Mercy................. 334
    X. Saint-Roch.................................. 336
    XI. Dominique Serano, onzième général de la Mercy, cardinal........... 343
    XII. Marie de Montpellier, reine d'Aragon..................... 345

LIVRE HUITIÈME. — Des églifes particulières..................... 347
CHAPITRE PREMIER. — De l'églife cathédrale St-Pierre de Montpellier.......... 347
CHAPITRE SECOND. — Des églifes collégiales...................... 351
        L'églife collégiale de Notre-Dame du palais dite du château...... 351
        L'églife collégiale de Saint Sauveur.................. 354
        L'églife collégiale de Saint Ruf..................... 358
        L'églife collégiale de la Sainte Trinité................. 362
        L'églife collégiale de Sainte Anne.................... 368
        L'églife collégiale de Saint-Jean..................... 370
    Eglifes paroiffiales............................... 371
        L'églife paroiffiale Saint-Firmin..................... 371
        St. Paul, annexe de St. Firmin dans la ville.............. 376
        St. Mathieu, annexe de St. Firmin dans la ville............ 377
        St. Thomas, annexe de St. Firmin dans les fauxbourgs......... 378
        St. Guillem, annexe de St. Firmin dans les fauxbourgs......... 379
        St. Denis, paroiffe de Montpellieret................... 380
        Ste. Foy, annexe de St. Denis dans la ville............... 382
        Notre-Dame des Tables, erigée en paroiffe dans le XIIIe fiècle...... 383
    Eglifes particulières.............................. 392
        St. Cofme & St. Denis.......................... 392
        St. Nicolas................................. 393
        Ste. Croix................................. 394
        St. Pierre de la Sale........................... 396
        Ste. Marie de Lezes............................ 398
        St. Martin de Prunet........................... 399
        St. Arnaud, aujourd'huy Ste. Anne.................... 401
        La chapelle du confulat.......................... 401
        Notre-Dame des Bonnes-Nouvelles.................... 402
        La chapelle neuve............................. 403
        L'églife du feminaire........................... 404
    Anciennes confreries de pieté......................... 405
        La confrerie de la vraye Croix...................... 406

		Pages
Confrerie de St. Claude.		407
Confrerie des Penitens blancs.		408

LIVRE NEUVIÈME. — Des monastères anciens & modernes de la ville de Montpellier 413
CHAPITRE PREMIER. — Les religieuses de Cluny, près de Sauret 413
CHAPITRE SECOND. — Les religieux de Grammont 417
CHAPITRE TROISIÈME. — Les trinitaires. 419
CHAPITRE QUATRIÈME. — Les pères mineurs conventuels. 421
CHAPITRE CINQUIÈME. — Les frères precheurs. 423
CHAPITRE SIXIÈME. — Les religieux de la Mercy. 428
CHAPITRE SEPTIÈME. — Les religieux Carmes. 431
CHAPITRE HUITIÈME. — Les religieux Augustins. 435
CHAPITRE NEUVIÈME. — Les religieux de l'Observance. 428
CHAPITRE DIXIÈME. — Les peres Capucins. 440
CHAPITRE ONZIÈME. — Les Recollets. 442
CHAPITRE DOUZIÈME. — Les Carmes Dechauffez. 443

LIVRE DIXIÈME. — Des monastères de filles dans le diocèse de Montpellier 447
CHAPITRE PREMIER. — Abbaye de Saint-Geniez. 447
CHAPITRE SECOND. — Abbaye de Saint-Félix de Montfeau, de Montefevo, ou les religieuses de Gigean. 451
CHAPITRE TROISIÈME. — L'abbaye de Bonlieu ou du Vignogoul. 454
CHAPITRE QUATRIÈME. — L'abbaye de Sainte-Claire, dite du Paradis & de St. Damien. ... 459
CHAPITRE CINQUIÈME. — Les religieuses de St. Dominique, dites les Prouillanes. 462
CHAPITRE SIXIÈME. — Les religieuses de Ste. Catherine & de St. Gilles 467
CHAPITRE SEPTIÈME. — Les religieuses de la Visitation. 470
CHAPITRE HUITIÈME. — Les religieuses de Sainte-Ursule. 472
CHAPITRE NEUVIÈME. — Second monastère de Sainte-Ursule dit Saint-Charles. 473
CHAPITRE DIXIÈME. — Notre-Dame du Refuge. 475
CHAPITRE ONZIÈME. — Le Pon Pasteur. 477

LIVRE ONZIÈME. — Hôpitaux anciens & modernes de la ville de Montpellier 479
CHAPITRE PREMIER. — La Maladrerie de Castelnau. 481
CHAPITRE SECOND. — Hôpital de St. Guillem. 484
CHAPITRE TROISIÈME. — Hôpital du Saint-Esprit, chef-lieu de l'ordre. 485
CHAPITRE QUATRIÈME. — Hôpital de la porte d'Obilion ou de Lates dit aujourd'hui l'hôpital Saint-Eloy. 492
CHAPITRE CINQUIÈME. — Hôpital & cimetière Saint-Barthelemy. 493
CHAPITRE SIXIÈME. — Hôpital des Teutons. 495
CHAPITRE SEPTIÈME. — Hôpital Saint-Maur, ou des Trinitaires. 496
CHAPITRE HUITIÈME. — Hôpital Saint-Jacques. 496
CHAPITRE NEUVIÈME. — Hopital, ou commanderie de Saint-Antoine. 497
CHAPITRE DIXIÈME. — Hôpital de la Magdeleine. 499
CHAPITRE ONZIÈME. — Hôpital Sainte-Marthe. 500
CHAPITRE DOUZIÈME. — Saint Julien de Tournefort. 501
CHAPITRE TREIZIÈME. — L'hôpital de la Charité. 502
CHAPITRE QUATORZIÈME. — L'hôpital général. 504
CHAPITRE QUINZIÈME. — L'hôpital des Petites Maisons. 507

Table des Matières 735

	Pages
LIVRE DOUZIÈML. — Des anciennes écoles de Montpellier & de fon univerfité d'aujourd'huy .	509
CHAPITRE PREMIER. — De la faculté de médecine.	513
CHAPITRE SECOND. — De la faculté de droit	533
CHAPITRE TROISIÈME. — De la faculté des arts	563
CHAPITRE QUATRIÈME. — De la Faculté de théologie	578
CHAPITRE CINQUIÈME. — De la chaire des mathématiques	588
CHAPITRE SIXIÈME. — De la Société royale des fciences	594
LIVRE TREIZIÈME. — Des colleges de l'Univerfité	597
L'ancien collège du droit dit de la tour Sainte-Eulalie	598
College de Saint-Germain	598
Le college de Saint-Ruf	599
College de Valmagne	601
Le college de Breffe	603
Le college de Girone	604
Le college de Mende dit des Douze Medecins	606
Le college du Vergier autrement de la Chapelle Neuve	607
College des Jefuites	611
College de Sainte-Anne	612

RECUEIL D'ARNAUD DE VERDALE, evêque de Maguelone, fur les anciens evêques fes prédé-
cefseurs 615

  Boetius, 617 ; — Genefius, 620 ; — Eumerius, 621 ; — Guimildus, 622 ; — Vincentius, 624 ; — Amicus 625 ; — Stabelus, 625 ; — Ricuinus, 626 ; — Argemirus, 629 ; — Petrus primus hujus nominis, 631 ; — Arnaldus, 631 ; — Bertrandus, 640 ; — Gothofredus, 640 ; — Galtherius, 648 ; — Raymundus, 649 ; — Joannes de Montelauro, 651 ; — Guillelmus Gaucelini, 654 ; — Guillelmus Raymundi, 655 ; — Guillelmus de Flexio, 664 ; — Guillelmus de Altiniaco, 665 ; — Bernardus de Mefua, 666 ; — Joannes de Montelauro, 668 ; — Raynerius, 670 ; — Petrus de Conchis, 671 ; — Guillelmus Chriftophori, 673 ; — Berengarius Fredoli, 674 ; Gaucelinus de Garda, 679 ; — Petrus de Levis, 680 ; — Joannes de Convenis, 681 ; — Gailhardus Saumate, 681 ; — Andreas Fredoli, 682 ; — Joannes de Viridifco, 683 ; — Piétavinus de Montefquino 684

TABLE DES NOMS DE LIEUX ET DE PERSONNES cités dans l'hiftoire ecléfiaftique de Montpellier.	685
TABLE DES MATIÈRES contenues en cette seconde partie	721
TABLE DES MATIÈRES contenues dans ce volume	729

FIN DU TROISIÈME VOLUME.

ERRATUM. — Il fe trouvera réuni à celui du quatrième volume. En outre les principales correétions que réclament des textes auffi défectueux que ceux de 1737 & de 1739 feront le fujet de notes dans le courant de ce volume.

www.ingramcontent.com/pod-product-compliance
Lightning Source LLC
Chambersburg PA
CBHW071700300426
44115CB00010B/1270